Jürgen Wolf

GIMP 2.8
Das umfassende Handbuch

Liebe Leserin, lieber Leser,

Sie halten ein Buch in Händen, das Autor und Verlag mit viel Sorgfalt und Liebe zum Detail für Sie erstellt haben. Es bietet alles, was Sie für die tägliche Arbeit mit GIMP 2.8 benötigen: Einsteiger z. B. führt es Schritt für Schritt in die Software ein. Es beginnt bei der Arbeitsumgebung und beschreibt dann alle Werkzeuge, Funktionen und Techniken. Auf verständliche Art und Weise wird außerdem auch das nötige Hintergrundwissen rund um die Bildbearbeitung vermittelt. Dabei geht Jürgen Wolf aber nicht theoretisch vor, sondern zeigt Ihnen in zahlreichen Workshops, wie Sie mit GIMP schnell kreativ werden können.

Fortgeschrittenen GIMP-Anwendern wird dieses Buch als unverzichtbares Nachschlagewerk dienen. Über den ausführlichen Index und das komfortable Inhaltsverzeichnis gelangen Sie schnell zum gesuchten Thema, und viele Tipps und Tricks zeigen Ihnen, wie Sie die Klippen der Software (Stichwort CMYK) geschickt umschiffen bzw. die fehlenden Möglichkeiten selbst in GIMP einbauen. Das Buch bietet nämlich einen ausführlichen Teil zur Erweiterung von GIMP, in dem nicht nur gezeigt wird, wie Sie Plugins installieren, sondern auch, wie Sie eigene Skript-Fu-Programme bauen. Dazu benötigen Sie Kenntnisse in der GIMP-eigenen Programmiersprache Scheme, die Sie hier sukzessive erlernen.

Zum überzeugenden Rundum-Paket dieses Buchs gehört auch die randvoll gefüllte Buch-DVD, die neben den aktuellen Versionen von GIMP 2.8, diversen Plugins und Tools und dem kompletten Beispielmaterial des Buchs besonders auch mehr als 1 Stunde Video-Lektionen bietet. So haben Sie die Möglichkeit, sich wichtige Themengebiete von GIMP 2.8 anhand einer neuartigen Lernmethode anzueignen.

Wenn Sie Fragen, Kritik oder Anregungen haben, freuen Verlag und Autor sich über Ihre Rückmeldung.

Ich wünsche Ihnen viel Erfolg bei der Arbeit mit GIMP!

Ihre Ruth Lahres
Lektorat Rheinwerk Design
ruth.lahres@rheinwerk-verlag.de

www.rheinwerk-verlag.de
Rheinwerk Verlag • Rheinwerkallee 4 • 53227 Bonn

Auf einen Blick

Teil I	Grundlagen	35
Teil II	Bildkorrektur	133
Teil III	Rund um Farbe und Schwarzweiß	205
Teil IV	Schärfen und Weichzeichnen	321
Teil V	Ebenen	351
Teil VI	Zuschneiden, Bildgröße und Ausrichten	459
Teil VII	Auswählen und Freistellen	513
Teil VIII	Reparieren und Retuschieren	569
Teil IX	Pfade und Formen	607
Teil X	Typografie	637
Teil XI	RAW, HDR und DRI	685
Teil XII	Filter, Effekte und Tricks	727
Teil XIII	Präsentieren und Weitergeben	767
Teil XIV	GIMP erweitern	815
Teil XV	Anhang	877

Inhalt

Vorwort 28

TEIL I Grundlagen

1   Die Arbeitsoberfläche

1.1	Die Arbeitsoberfläche im Schnellüberblick	35
	Unterschiede zwischen Windows, Linux und Mac OS X	36
1.2	Die Menüleiste	37
1.3	Der Werkzeugkasten	40
	Werkzeuge im Werkzeugkasten	42
	Werkzeugkasten weiter anpassen	43
1.4	Die einzelnen Werkzeuge und ihre Funktionen	43
	Auswahlwerkzeuge	44
	Malwerkzeuge	44
	Transformationswerkzeuge	45
	Mess- und Navigationswerkzeuge	46
	Text-Werkzeug	46
	Pfade-Werkzeug	46
	Vordergrund- und Hintergrundfarbe	47
	Werkzeugübersicht und Tastenkürzel	47
1.5	Die andockbaren Dialoge	49
	Das Menü »Fenster«	49
	Menü »Andockbare Dialoge«	50
	Dialoge an- und abdocken	54
	Funktionen der Dialoge	58
1.6	Das Bildfenster	59
1.7	Werte eingeben und verändern	63
	Steuerelemente	63
	Schaltflächen in Dialogen	65

2 Umgang mit Dateien

2.1	Dateien öffnen	67
	Mehrere Bilder öffnen	69
	Bilder aus dem Web laden	70
	Zuletzt geöffnete Bilder	70
2.2	Dateien von Kamera oder Scanner importieren	71
2.3	Eine neue Datei anlegen	73
	Ein Bildschirmfoto erstellen	74
2.4	Dateien schließen	75
2.5	Geöffnete Bilder verwalten	76
2.6	Dateien speichern bzw. exportieren	78
2.7	Dateiformate und Kompression	81
	Datenkompression	81
	Wichtige Dateiformate für Bilder	83
	Bilder komprimieren	91
	Das richtige Format verwenden	91
	Von GIMP unterstützte Dateiformate	92

3 Genaues Arbeiten auf der Arbeitsoberfläche

3.1	Hilfsmittel zum Zoomen und Navigieren	95
	Abbildungsgröße und Bildausschnitt	95
	Die Bildansicht ändern	96
	Der Dialog »Navigation«	100
	Das Bildfenster	101
3.2	Informationen zum Bild	104
	Statusleiste	104
	Werkzeugeinstellungen	105
	Der Dialog »Zeiger«	105
	Bildeigenschaften	106
	EXIF-Informationen	106
3.3	Hilfsmittel zum Ausrichten und Messen	107
	Lineal am Bildrand	107
	Winkel und Strecken mit dem Maßband bestimmen	109
	Raster einstellen und verwenden	111
	Hilfslinien einstellen und verwenden	113

Inhalt

4 Grundlagen der Bildbearbeitung

4.1	Pixel- und Vektorgrafiken	117
	Die Pixelgrafik – Punkt für Punkt	117
	Die Vektorgrafik – das mathematische Bild	118
4.2	Bildgröße und Auflösung	119
	Absolute Auflösung für Bildschirmgrafiken	119
	Relative Auflösung für den Druck	120
	Die ideale Auflösung im Web	120
4.3	Grundlagen zu Farben	121
	Farbmodelle	121
	Farbraum (Bildmodus) ermitteln und ändern	123
	Zerlegen in Farbmodelle	128
	Farbtiefe	132

TEIL II Bildkorrektur

5 Grundlegendes zur Bildkorrektur

5.1	Was kann noch repariert werden?	136
5.2	Grundlegende Tipps für die Korrektur	137
5.3	Rückgängigmachen von Arbeitsschritten	138
	Rückgängigmachen per Tastatur und Menü	138
	Der Dialog »Journal« (Historie)	139
	Dialog zurücksetzen	142

6 Tiefen und Lichter korrigieren

6.1	Histogramme lesen und analysieren	143
	Das Histogramm von GIMP	144
	Histogramme auswerten	145
6.2	Werkzeuge zur Tonwertkorrektur	148
	Tonwertkorrektur-Werkzeug	148
	Gradationskurve – der Kurven-Dialog	150
	Die automatischen Funktionen	154
6.3	Tonwertkorrekturen in der Praxis	156
	Flaue Bilder korrigieren	156
	Zu dunkle und zu helle Bilder korrigieren	160
	Farbstich entfernen	164

	Korrektur bei Bildern ohne Schwarz oder Weiß	166
	Tonwertkorrektur bei Graustufenbildern	168
	Kontrast verbessern mit der S-Kurve	168
6.4	**Tonwertumfang reduzieren**	171
6.5	**Werkzeuge zum Nachbelichten und Abwedeln**	172

7 Farbkorrektur und Farben ändern

7.1	**Farbanalyse**	177
	Graubalance messen	177
	Farbstich über Graubalance beheben	179
7.2	**Farbabgleich durchführen**	183
7.3	**Farbton und Sättigung regulieren**	185
7.4	**Farbkorrekturen mit dem Dialog »Filterpaket«**	192

8 Helligkeit und Kontrast korrigieren

8.1	**Helligkeit und Kontrast im Detail**	195
8.2	**Der Helligkeit/Kontrast-Dialog**	198
8.3	**Geeignete Werkzeuge für die Korrektur**	201
	Die Gradationskurve – Mädchen für alles	201
	Das Tonwertkorrektur-Werkzeug	203

TEIL III Rund um Farbe und Schwarzweiß

9 Mit Farben malen

9.1	**Farben einstellen**	207
	Farbwahlbereich: Vordergrund- und Hintergrundfarbe	207
	Der Farbwähler von GIMP	208
	Der andockbare Dialog »Farben«	210
	Der (Farb-)Paletten-Dialog	212
	Farben mit der Farbpipette auswählen	218
9.2	**Die Malwerkzeuge**	220
	Gemeinsame Werkzeugeinstellungen	221
	Das Pinsel-Werkzeug	231
	Das Stift-Werkzeug	231

		Die Sprühpistole	232
		Der Radierer	233
		Eigene Pinselformen erstellen und verwalten	238
		Die Tinte	254
	9.3	**Flächen füllen**	256
		Füllen mit Farben und Muster	256
		Eigene Muster erstellen und verwalten	259
		Menübefehle zum Füllen	269
		Das Farbverlauf-Werkzeug	269
		Eigene Farbverläufe erstellen und verwalten	273

10   Farbverfremdung

10.1		**Bilder tonen**	287
		»Einfärben«-Dialog	287
		Gradationskurve	288
		Tonwertkorrektur-Werkzeug (»Werte«-Dialog)	289
		Bilder mit Verlauf tonen	290
10.2		**Funktionen zum Verändern von Farbwerten**	293
		Posterisieren – Farbanzahl reduzieren	293
		Invertieren – Farbwerte und Helligkeit umkehren	293
		Wert umkehren – Helligkeitswerte umkehren	294
		Alien-Map – Farben mit trigonometrischen Funktionen ändern	294
		Bilder mit der Palette tonen	295
		Farben drehen oder gegen andere Farben im Bild tauschen	296
		Farben vertauschen	298
		Kolorieren – Schwarzweißbilder mit Farbverlauf oder anderen Bildern einfärben	299
		Farbe zu Transparenz	301
		Heiß – der PAL- und NTSC-Konverter	302
		Maximales RGB – Thermografiebilder erstellen	302
		Retinex – visuelle Darstellung verbessern	303

11   Schwarzweißbilder

11.1	**Was bedeutet Schwarzweiß genau?**	305
11.2	**Schwarzweißbilder erzeugen**	306
	Farbe entfernen mit »Entsättigen«	306
	Graustufen-Modus	308

		Mit dem Kanalmixer in Schwarzweiß konvertieren	311
		Schwarzweiß im RAW-Modus erstellen	314
11.3		Bitmaps erzeugen	315
11.4		Der Schwellwert – schwarze und weiße Pixel trennen	318

TEIL IV Schärfen und Weichzeichnen

12 Bilder schärfen

12.1	Schärfe im Detail	323
12.2	Häufige Fehler beim Schärfen	324
12.3	Der Klassiker – »Unscharf maskieren«	325
12.4	Schärfen fürs Grobe	328
12.5	Schärfen mit dem NL-Filter	329
12.6	Spezielle Schärfe-Techniken	329
	Hochpass-Schärfen	329
	Schärfen im Lab-Modus	332
	Schärfen mit Kontrastverbesserung	334
12.7	Partielles Schärfen	336
	Werkzeug »Weichzeichnen/Schärfen«	336
	Partielles Schärfen mit Ebenenmaske	337

13 Bilder weichzeichnen

13.1	Gaußscher Weichzeichner	341
13.2	Selektiver Gaußscher Weichzeichner	342
13.3	Kachelbarer Weichzeichner	343
13.4	Bewegungsunschärfe	345
13.5	Weichzeichnen mit dem NL-Filter	347
13.6	Verpixeln	348
13.7	Die Automatik	348
13.8	Partielles Weichzeichnen und Verschmieren	349

TEIL V Ebenen

14 Die Grundlagen von Ebenen

14.1	Transparenz (Alphakanal)	355
	Alphakanal hinzufügen oder entfernen	356
	Farbe zu Transparenz	356
	Alpha-Schwellwert	359
	Transparenz schützen	361
14.2	Deckkraft und Anordnung	362
	Ebenendeckkraft	362
	Anordnung der Ebenen	362
14.3	Typen von Ebenen	363
	Hintergrundebenen	363
	Bildebene	365
	Textebene	365
	Schwebende Auswahl (schwebende Ebene)	366

15 Der »Ebenen«-Dialog – die Steuerzentrale

15.1	Ebenen auswählen	369
	Aktuell zu bearbeitende Ebene	369
	Ebene auswählen	369
	Pixel-Sperre für Ebenen	370
	Sichtbarkeit von Ebenen	371
15.2	Ebenen anlegen	373
	Ebenen über »Neue Ebene«	373
	Neue Ebene durch Duplizieren	373
	Neue Ebene durch Einkopieren	374
	Neue Ebenen aus Sichtbarem	376
15.3	Ebenen benennen	377
	Automatische Namensvergabe	377
	Nachträglich benennen	378
15.4	Ebenen löschen	378
15.5	Ebenen verwalten	379
	Ebenen verketten	379
	Ebenen anordnen	380
	Ebenenminiaturansicht ändern	381
	Ebenen zusammenfügen	382
	Bilder mit Ebenen speichern	386

Inhalt

16 Grundlegende Ebenentechniken

16.1	Ebenengröße anpassen	387
	Ebenengröße festlegen	387
	Ebene an Bildgröße anpassen	394
	Ebene skalieren	395
	Auf Auswahl zuschneiden	396
	Transformation von Ebenen	397
16.2	Ebenen ausrichten	401
	Ebenen mit dem Menübefehl ausrichten	401
	Ebenen mit dem Ausrichten-Werkzeug anordnen	403
	Der Klassiker – mit Hilfslinien ausrichten	407
16.3	Ebenen gruppieren	407
	Funktionsweisen von Ebenengruppen	407
	Ebenengruppen organisieren	408
16.4	Verschieben von Ebeneninhalten	412

17 Ebenenmasken

17.1	Funktionsprinzip von Ebenenmasken	414
17.2	Befehle und Funktionen	416
	Eine neue Ebenenmaske anlegen	417
	Ebenenmaske anwenden	420
	Ebenenmaske löschen	421
	Ebenenmaske im Bildfenster anzeigen	421
	Ebenenmaske bearbeiten	421
	Ebenenmaske ausblenden	422
	Auswahlen und Ebenenmasken	423
17.3	Ebenenmasken in der Praxis	425

18 Ebenenmodus

18.1	Ebenenmodi im Überblick	440
18.2	Praxisbeispiele	451
	Weiße Hintergründe beseitigen ohne Freistellen	451
	Bilder aufhellen mit den Ebenenmodi	452
	Bilder abdunkeln mit den Ebenenmodi	454
	Kontrastarme Bilder	455

Inhalt

TEIL VI Zuschneiden, Bildgröße und Ausrichten

19 Bilder zuschneiden

19.1	Das Zuschneiden-Werkzeug	461
19.2	Zuschneiden-Befehle	467
	Auf Auswahl zuschneiden	467
	Automatisch zuschneiden	469
	Fanatisch zuschneiden	469
	Guillotine – nach Hilfslinien zuschneiden	470

20 Bildgröße und Auflösung ändern

20.1	Pixelmaße ändern – absolute Auflösung	471
	Pixelmaße ändern über »Bild skalieren«	471
	Pixelmaße ändern mit »Ebene skalieren«	475
	Pixelmaße ändern mit dem Werkzeug »Skalieren«	475
20.2	Druckgröße bestimmen – relative Auflösung	478
	Relative Auflösung für den Druck einstellen	478
	Druckgröße auf dem Bildschirm anzeigen (Punkt für Punkt)	480
20.3	Leinwandgröße (Bildfläche) erweitern	482
	Beispiele in der Praxis	483

21 Bilder ausrichten

21.1	Perspektive korrigieren (Transformation)	487
	Werkzeugeinstellungen der Transformationswerkzeuge	487
	Drehen	493
	Scheren	493
	Perspektive	494
	Spiegeln	495
	Skalieren	495
21.2	Bilder gerade ausrichten mit dem Drehen-Werkzeug	495
	Befehle zum Drehen von Bildern	498
21.3	Objektivfehler korrigieren	499
	Kissen- und tonnenförmige Verzerrung	499
	Verzeichnung (Kanten)	499

		Vergrößerung	500
		Vignettierung	500
		X-Verschiebung und Y-Verschiebung	500
		Stürzende Linien	501
	21.4	**Bild durch Verzerren korrigieren**	502
		Verzerren mit dem Perspektive-Werkzeug	502
		Verzerren mit IWarp	506
		Das Käfig-Transformation-Werkzeug	508

TEIL VII Auswählen und Freistellen

22 Auswahlen im Detail

22.1	Die Auswahlwerkzeuge im Überblick	515
22.2	Allgemeine Werkzeugeinstellungen	516
	Modus	517
	Kanten glätten	518
	Kanten ausblenden	519
22.3	Einfache Auswahlwerkzeuge	520
	Rechteckige Auswahl	520
	Elliptische Auswahl	523

23 Auswahlbefehle und -optionen

23.1	**Auswahlbefehle**	525
23.2	**Auswahloptionen**	526
	Auswahl ausblenden	527
	Auswahl schärfen	528
	Auswahl verkleinern	528
	Auswahl vergrößern	531
	Auswahl mit Rand	531
	Abgerundetes Rechteck	532
	Auswahl verzerren	532
23.3	**Weitere Auswahlen von GIMP**	533
	Der »Auswahleditor«-Dialog	533
	Schwebende Auswahl	534
	Neue Hilfslinien aus Auswahl	535
	Auswahl nachziehen	536
23.4	**Auswahl(en) aus Alphakanal erstellen**	537

23.5	Auswahlen in Ablagen verwalten	538
	Dialog »Ablagen«	539
23.6	Wichtige Auswahltechniken	541
	Auswahllinie verschieben	541
	Auswahlinhalte verschieben	542
	Auswahlinhalt löschen	542

24 Bildbereiche freistellen mit Auswahlen

24.1	Werkzeuge für komplexe Auswahlen	543
	Freie Auswahl (Lasso-Werkzeug)	543
	Zauberstab	545
	Nach Farbe auswählen	549
	Magnetische Schere	550
	Vordergrundauswahl	553
24.2	Schnellmaske verwenden	556
	Farbe und Deckkraft der Schnellmaske ändern	557
	Eine neue Auswahl mit der Schnellmaske anlegen	558
	Eine vorhandene Auswahl mit der Schnellmaske bearbeiten	559
24.3	Kanäle und Auswahlmasken	562
	Der »Kanäle«-Dialog	562
	Auswahlmasken	563

TEIL VIII Reparieren und Retuschieren

25 Bildstörungen beheben und hinzufügen

25.1	Flecken und Rauschen beheben	571
	NL-Filter	572
	Flecken entfernen	572
	Selektiver Gaußscher Weichzeichner	574
	Plugin »Wavelet denoise«	574
25.2	Streifen entfernen	575
25.3	Entflackern	576
25.4	Bildstörungen hinzufügen	576

26 Retuschewerkzeuge

26.1	Retusche mit dem Klonen-Werkzeug	581
	Klonen über Bildgrenzen hinaus	588
	Transparenz beim Klonen	589
26.2	Retusche mit dem Heilen-Werkzeug	590
	Anregung: Alte Bilder restaurieren	596
26.3	Retusche mit dem Werkzeug »Perspektivisches Klonen«	596

27 Eingescannte Bilder nachbearbeiten

| 27.1 | Bildqualität verbessern | 599 |
| 27.2 | Unerwünschter Raster-Effekt – Moiré abschwächen | 602 |

TEIL IX Pfade und Formen

28 Pfade erstellen und anpassen

28.1	Was sind Pfade?	609
	Einsatzgebiete für Pfade	609
	SVG – das Datenformat für Pfade	610
28.2	Das Pfade-Werkzeug	611
	Grundlegende Bedienung des Pfade-Werkzeugs	611
	Werkzeugeinstellungen	612
	Pfade mit geraden Linien	612
	Pfade mit Kurven	613
	Pfad schließen	615
	Pfade und Knotenpunkte verschieben	615
	Pfadsegmente bearbeiten	616
	Knotenpunkte hinzufügen oder entfernen	617
28.3	Der »Pfade«-Dialog	618
	Schaltflächen	619
	Kontextmenü	619
28.4	Pfade und SVG-Dateien	623
	Pfade exportieren	627

Inhalt

29 Pfade und Auswahlen

29.1	Pfad aus Auswahl erstellen	629
29.2	Auswahl aus Pfad erstellen	630
	Bilder nachzeichnen	631
29.3	Pfad nachziehen	634

TEIL X Typografie

30 Das Text-Werkzeug

30.1	Text eingeben und editieren	639
	Grundlegende Bedienung	640
	Einzeiliger Text	640
	Mehrzeiliger Text	641
	Textrahmen anpassen	643
	Text editieren über den Editiermodus	645
30.2	Text gestalten	647
	Grundlegende Textgestaltung über die Werkzeugeinstellungen	647
	Text mit Styles gestalten	651
30.3	Textebene in eine Ebene umwandeln	654

31 Texteffekte

31.1	Texteffekte im Überblick	657
31.2	Eigene Texteffekte erstellen	659
	Mit vorhandenen Filtern	659
	Texteffekte selbst erstellen	660
31.3	Erweiterungen für Texteffekte	664

32 Praktische Typografietechniken

32.1	Text-Bild-Effekte	665
32.2	Text mit Verlauf und Muster füllen	672
32.3	Text und Pfade	673
	Text in Pfade konvertieren	673
	Text auf den richtigen Pfad gebracht	678

TEIL XI RAW, HDR und DRI

33 Bilder im RAW-Format mit UFRaw entwickeln

33.1	Wissenswertes zum RAW-Format	687
	Vorteile des RAW-Formats	688
	Nachteile des RAW-Formats	689
	Verschiedene RAW-Formate	689
	RAW-Dateien importieren	690
33.2	Das UFRaw-Plugin	690
	Die Arbeitsoberfläche	691
	Belichtungskorrektur	692
	Weißabgleich	694
	Schwarzweißbilder	697
	Linsenkorrektur	698
	Gradationskurve (Tonwerte)	698
	Farbverwaltung	699
	Farbkorrektur	701
	Helligkeit einzelner Farbtöne regeln	702
	Zuschneiden und Drehen	703
	Speichern	704
	EXIF-Daten	705
	Live-Histogramm	705
	Schaltflächen unter der Vorschau	707
	Basis-RAW-Entwicklung	708

34 Die DRI-Technik

34.1	Was ist DRI?	713
34.2	Bilder für DRI erstellen	714
34.3	DRI-Techniken in der Praxis	715
	Exposure Blending mit GIMP	715
	HDR mit »Luminance HDR«	721

TEIL XII Filter, Effekte und Tricks

35 Die Filter von GIMP

35.1	Weichzeichnen	730

Inhalt

35.2	Verbessern	731
35.3	Verzerren	732
35.4	Licht und Schatten	736
35.5	Rauschen	738
35.6	Kanten finden	738
35.7	Allgemein	739
35.8	Kombinieren	740
35.9	Künstlerisch	741
35.10	Dekoration	743
35.11	Abbilden	745
35.12	Render	747
35.13	Web	753
35.14	Animation	753
35.15	Alpha als Logo	754

36 Effekte und Tricks mit Filtern

36.1	Andy-Warhol-Effekt	755
36.2	Sin-City-Effekt	761

TEIL XIII Präsentieren und Weitergeben

37 GIMP für das Internet

37.1	GIF-Animation	769
	Eine eigene Animation erstellen	769
	Animation optimieren	775
	»Animation«-Filter	776
	»Semi-Abflachen«	778
37.2	Buttons und Banner	779
	Buttons (Schaltflächen)	779
	Werbebanner erstellen	785
37.3	Eine Image-Map erstellen	788
37.4	Bilder für das Internet	794
	Bildgröße (Pixelgröße)	794
	Für das Web speichern	795

37.5	Bilder aus dem Internet	797
	Bilder vom Internet öffnen	798
	Bildschirmfoto einer ganzen Webseite erstellen	799

38 Drucken mit GIMP

38.1	Auflösung und Bildgröße ändern	801
38.2	Bildeigenschaften für das Drucken einrichten	802
	Mehrere Fotos drucken	803
38.3	Visitenkarten erstellen	803
38.4	Bilderrahmen erstellen	808
	Rahmen von GIMP verwenden	808
	Eigene Rahmen erstellen	809
	Rahmen über Plugins erstellen	813

TEIL XIV GIMP erweitern

39 GIMP erweitern über Plugins und Skript-Fu

39.1	GIMP um Plugins erweitern	818
	Plugins installieren	819
	Einige nützliche Plugins im Überblick	822
39.2	Eigene Plugins in C schreiben oder übersetzen	825
39.3	GIMP mit Skript-Fu-Programmen erweitern	826
	Skript-Fu-Programme installieren	826
	Nützliche Skript-Fu-Programme im Überblick	829

40 Eigene Skript-Fu-Programme schreiben

40.1	Eine Einführung in Scheme	831
	Wohin mit dem Code?	832
	Aufbau einer Anweisung	832
	Variablen	834
	Prozeduren (Funktionen) schreiben	838
	Listen	840
	Weiteres zu Scheme	844

40.2	Das erste Scheme-Skript für GIMP	844
	PDB-Datenbank	845
	Skript erstellen und speichern	847
	Prozedur erstellen	848
	Prozedur registrieren und ausführen	850
	Fehlersuche	858
40.3	Eigenes Skript-Fu-Programm bauen	859
	Ein Skript auf ein bestehendes Bild anwenden	859
	Skript um Fallunterscheidungen erweitern	861
	Skript mit nur einem Schritt rückgängig machen	872
	Fortschrittsbalken	873
	Plugins verwenden	873
	Wie geht's weiter?	873
40.4	Python-Skripte verwenden	874
	Was ist GIMP-Python?	874
	Installieren	874
	GIMP-Python-Skripte installieren	876

Anhang

A Tastenkürzel von GIMP

A.1	Werkzeuge und ihre Tastenkürzel	879
A.2	Die wichtigsten Tastenkürzel	880
A.3	Werkzeuge und Maus	883
A.4	Tastenkombinationen konfigurieren	885
A.5	Windows- oder Linux- und Mac-Tastatur	889

B GIMP installieren

B.1	Betriebssysteme für GIMP	891
	Unterschiede der Tastenbelegung beim Mac	891
B.2	GIMP installieren	892
	Microsoft Windows (XP, Vista und Windows 7)	892
	Mac OS X	892
	Linux	893
	Hilfesystem installieren und verwenden	893
B.3	GIMP-Versionsnummern	894

C Vergleich mit Photoshop

C.1	GIMP als Photoshop-Alternative	895
	Drucken und CMYK	895
	Scannen	896
	Bequemlichkeitsfaktoren	896
	Vektorgrafik	896
	Bilderverwaltung	897
	Schlussbemerkung	897

D Einstellungen von GIMP ändern

D.1	Umgebung	899
D.2	(Benutzer-)Oberfläche	901
D.3	Thema	902
D.4	Hilfesystem	903
D.5	Werkzeugeinstellungen	903
D.6	Werkzeugkasten	905
D.7	Neue Bilder erstellen (Voreinstellung)	906
D.8	Standardraster	907
D.9	Bildfenster	907
	Allgemeine Einstellungen	907
	Darstellung	909
	Titel und Status	910
D.10	Anzeige	913
D.11	Farbverwaltung	913
D.12	Eingabegeräte	913
D.13	Fensterverwaltung	915
D.14	Ordner	916
D.15	Einstellungen wiederherstellen	917
D.16	Neue Maßeinheiten definieren	917
D.17	Eigene Werkzeug-Voreinstellungen erstellen	918

E GEGL-Operationen ... 921

F Farbmanagement und Farbprofile

F.1 Farbprofile – der Vermittler zwischen den Geräten 924
Kalibrierung und Profilierung von Geräten 925
Standard-Farbprofil sRGB 927
Das etwas bessere Profil: Adobe RGB (1998) 927
Das Profil für die Profis: ProPhoto RGB 928
Für die Druckvorstufe: ECI-RGB 928

F.2 Farbmanagement mit GIMP 928

G Die DVD zum Buch 933

Index 935

Workshops

Grundlagen der Bildbearbeitung
- ▶ RGB nach CMYK konvertieren (Plugin Separate+) 127

Tiefen und Lichter korrigieren
- ▶ Kontrast verbessern 157
- ▶ Bilder aufhellen 161
- ▶ Drei Wege zur Farbstichentfernung 164
- ▶ Einzelne Bildpartien aufhellen 173

Farbkorrektur und Farben ändern
- ▶ Graubalance messen 178
- ▶ Farbstich beheben 180
- ▶ Farbsättigung von über- oder unterbelichteten Bildern wiederherstellen 188
- ▶ Einzelne Primärfarben verschieben 189

Mit Farben malen
- ▶ Radierer verwenden 235
- ▶ Fertige Pinsel installieren 238
- ▶ Eigene Pinselspitze erstellen und verwenden 240
- ▶ Bild als Pinselspitze 243
- ▶ Farbigen Pinsel aus Bild erstellen 245
- ▶ Animierte Pinselspitze erstellen 247
- ▶ Muster nachinstallieren 262
- ▶ Photoshop-Muster in GIMP importieren 265
- ▶ Farbverläufe nachinstallieren 276
- ▶ Eigenen Farbverlauf erstellen 281

Farbverfremdung
- ▶ Bilder mit Farbverlauf füllen 291
- ▶ Farben austauschen 297

Schwarzweißbilder
- ▶ Farben bei komplexeren Bilder erhalten 308
- ▶ Schwarzweißbilder mit dem Kanalmixer erstellen 311
- ▶ Schöne Bitmaps erzeugen 315

Workshops

Bilder schärfen
- Bilder schärfen mit »Unscharf maskieren« 327
- Schärfen im Hochpass 329
- Schärfen im Lab-Modus 332
- Einzelne Bildbereiche schärfen 337

Die Grundlagen von Ebenen
- Transparenten Hintergrund mit Farbverlauf füllen 356

Grundlegende Ebenentechniken
- Ein Foto in mehrere Fotos aufteilen 389

Ebenenmasken
- Doppelgänger erzeugen 426
- Eine Bildkomposition mit dem Verlaufswerkzeug 429
- Text aus Bild erstellen 432
- Bilder halb in Farbe und halb in Schwarzweiß 435

Ebenenmodus
- Dunkle Bilder mit Ebenenmodus aufhellen 453
- Glänzende Stellen abdecken 455

Bilder zuschneiden
- Bild optimal zuschneiden 465

Bildgröße und Auflösung ändern
- Bilder strecken 473
- Eine Auswahl skalieren 476

Bilder ausrichten
- Horizont gerade ausrichten 496
- Perspektive durch Verzerren anpassen 502
- Einzelne Bildteile mit dem Käfig-Transformation-Werkzeug transformieren 508

Auswahlbefehle und -optionen
- Einfachen Bilderrahmen erstellen 528

Bildbereiche freistellen mit Auswahlen
- Zauberstab verwenden 546
- Objekt mit Vordergrundauswahl extrahieren 553
- Auswahl verfeinern mit der Schnellmaske 560
- Bild mit Hilfe der Auswahlmaske freistellen 565

Retuschewerkzeuge
- ▶ Unerwünschte Objekte entfernen 585
- ▶ Hautunreinheiten korrigieren 591
- ▶ Fältchen entfernen 594
- ▶ »Perspektivisches Klonen« verwenden 597

Eingescannte Bilder nachbearbeiten
- ▶ Scannerschwächen ausgleichen 600
- ▶ Moiré-Effekt reduzieren 603

Pfade erstellen und anpassen
- ▶ Kreative Ornamente erstellen 619
- ▶ SVG-Dateien mit Pfaden in GIMP importieren 624
- ▶ Pfade als SVG-Datei exportieren 627

Pfade und Auswahlen
- ▶ Aus Bildern Grafiken erstellen 631

Texteffekte
- ▶ Transparenten Glastext erstellen 660

Praktische Typografietechniken
- ▶ Bild mit Text versehen 665
- ▶ Text in Foto montieren 668
- ▶ Text mit Verlauf und Muster füllen 672
- ▶ Text als Pfad transformieren 674
- ▶ Text verformen 676
- ▶ Text auf einen Pfad gebracht 678
- ▶ Einen kreisförmigen Text erstellen 680

Bilder im RAW-Format mit UFRaw entwickeln
- ▶ Ein RAW-Bild entwickeln 708

Die DRI-Technik
- ▶ Ein einfaches Exposure Blending erstellen 716
- ▶ HDR-Bilder erstellen 721

Die Filter von GIMP
- ▶ Rote Augen entfernen 731

Effekte und Tricks mit Filtern
- ▶ Warhol-Effekt erstellen 755
- ▶ Sin-City-Effekt erstellen 761

Workshops

GIMP für das Internet
- GIF-Animation erstellen 770
- Runden Button erstellen 780
- Einen Banner erstellen 785
- Verweissensitive Bereiche erstellen 789

Drucken mit GIMP
- Visitenkarte erstellen 804
- Eigenen Rahmen über Auswahlen erstellen 810

GIMP erweitern über Plugins und Skript-Fu
- Plugins installieren 820
- Skript-Fu installieren 826

Eigene Skript-Fu-Programme schreiben
- GIMP-Prozedur mit Parameter suchen 845

Tastenkürzel von GIMP
- Tastenkürzel dynamisch anlegen 886
- Tastenkürzel mit dem Editor anlegen und bearbeiten 887

Einstellungen von GIMP ändern
- Eigene Werkzeug-Voreinstellung erstellen 919

Videolektionen

Auf der DVD zum Buch finden Sie folgende Video-Lektionen, die dem Video-Training »GIMP 2.8« von Bernhard Stockmann entnommen wurden (ISBN 978-3-8362-1724-8) und auf die Inhalte des Buchs abgestimmt sind.

Kapitel 1: Grundlegende Techniken
1.1 Die Ebenentechnik verstehen (14:05 Min.)
1.2 Bild- und Dateiformate (15:37 Min.)
1.3 Arbeitsschritte protokollieren (02:58 Min.)

Kapitel 2: Bildkorrektur
2.1 Kontraste schärfen (06:36 Min.)
2.2 Helligkeitswerte ausgleichen (04:07 Min.)
2.3 Bilder drehen und zuschneiden (06:45 Min.)

Kapitel 3: Komplexe Effekte mit GIMP
3.1 HDR/DRI simulieren (28:03 Min.)
3.2 Digitales Feuer erzeugen (13:32)

Vorwort

Bevor Sie in die Tiefen von GIMP einsteigen, möchte ich noch ein paar Zeilen für Hinweise zum Buch und für persönliche Worte verwenden. Auch eine kurze Installationsanleitung zu GIMP und dem Hilfesystem soll hier noch hinzugefügt werden.

Ziel des Buches

Der Buchtitel »**GIMP 2.8 – das umfassende Handbuch**« lässt es schon erahnen: Das Buch will ein umfassender und unverzichtbarer Begleiter für die Arbeit mit GIMP werden. Natürlich habe ich ganz besonders darauf geachtet, dass nicht eine trockene und schwergewichtige Bedienungsanleitung daraus wird.

Ich beschreibe also nicht nur alle Werkzeuge und Funktionen der Software ausführlich, sondern biete Ihnen auch viele nützliche Schritt-für-Schritt-Anleitungen, damit Sie die Werkzeuge und Funktionen auch in der Praxis nachvollziehen können.

Und natürlich bleibt das Buch nicht nur auf dem Hauptweg von GIMP, sondern beschreibt auch die Nebenwege, wie etwa unverzichtbare und grundlegende Themen rund um die digitale Bildbearbeitung. Anfänger finden daher einen einfachen Einstieg in GIMP und alle Bereiche, und fortgeschrittene Leser können das Buch immer wieder zum Nachschlagen wichtiger Themen verwenden und auch das eine oder andere dazulernen.

Arbeiten mit dem Buch

Zum Nachlesen
Solche Querverweise auf andere Kapitel finden Sie im Buch, wenn ich auf ein Thema vorgreife oder darauf zurückkomme, was in dem entsprechenden Abschnitt gegebenenfalls nützlich für das bessere Verständnis ist.

Wie es sich für ein Handbuch gehört – oder eigentlich gehören sollte –, müssen Sie das Buch nicht streng Kapitel für Kapitel durcharbeiten. Die einzelnen Kapitel wurden größtenteils unabhängig voneinander verfasst. Ich habe möglichst immer darauf geachtet, nicht auf spätere Kapitel oder Teile vorzugreifen. Natürlich lässt sich dies nicht immer einhalten. In solchen Fällen finden Sie aber gewöhnlich einen Querverweis in der Marginalie.

Gliederung | In **Teil I** des Buches lernen Sie vorwiegend die Arbeitsoberfläche von GIMP und den grundlegenden Umgang damit kennen. Natürlich erfahren Sie hier auch gleich alles zum Umgang mit den verschiedenen Grafikdateien. Bevor Sie dann mit

Teil zwei voll einsteigen können, werden am Ende noch die notwendigen Grundlagen der digitalen Bildbearbeitung behandelt.

In **Teil II** des Buches wird mit der Bildkorrektur ein sehr wichtiges Thema beschrieben. Hier erfahren Sie alles zu den klassischen Vorgehensweisen und Werkzeugen der Bildkorrektur. Selbstverständlich wird das Thema nicht stur abgehandelt und stets ein Blick über den Tellerrand geworfen.

In **Teil III** geht es um alle möglichen Veränderungen oder Manipulationen von Pixeln und deren Farben. Dabei widme ich mich neben den klassischen Mal-, Füll- und Verlaufswerkzeugen auch den Themen Schwarzweiß und Farbverfremdung.

Wie Sie Ihre Bilder nachträglich sinnvoll schärfen oder weichzeichnen und welche Funktionen und Techniken es hierbei gibt, erfahren Sie in **Teil IV** des Buches.

Mit **Teil V** lernen Sie eine der Techniken moderner Bildbearbeitungen schlechthin kennen, ohne die vieles nicht möglich wäre: die Ebenen. Auch fortgeschrittene Themen wie die Ebenenmasken werden hier ausführlich beschrieben.

In **Teil VI** erfahren Sie, wie Sie Bilder ins rechte Licht rücken. Hierzu gehören Themen wie das Zuschneiden, das Ausrichten und das Seitenverhältnis von Bildern. Auch das Skalieren und das Verändern der Perspektive werden hier beschrieben.

Ein weiteres sehr wichtiges Thema lernen Sie mit den Auswahlen in **Teil VII** kennen. GIMP selbst bietet sieben verschiedene Auswahlwerkzeuge und ein eigenes Menü an.

Das Reparieren von Bildstörungen (Kratzer, Rauschen usw.) oder ein Wegretuschieren unerwünschter Bildbereiche sind die Hauptthemen von **Teil VIII**. Da auch Scannerschwächen verschiedene Bildstörungen produzieren, erfahren Sie außerdem, wie Sie diese Fehler beheben.

Ähnlich wie mit Vektorgrafik-Programmen können Sie mit GIMP auch echte Bézierkurven zeichnen, wie **Teil IX** mit den Pfaden zeigt.

Teil X dreht sich rund um die Typografie. Hier erfahren Sie alles zum Text-Werkzeug und wie Sie den Text gestalten können.

GIMP selbst kann zwar kein RAW-Format bearbeiten, aber dafür gibt es das Plugin *UFRaw*, mit dem sich **Teil XI** vorwiegend beschäftigt. Neben dem RAW-Format wird in diesem Kapitel auch die DRI-Technik (wie Exposure Blending oder HDR) behandelt. Hierbei werden Sie auch erfahren, dass GIMP selbst zwar kein HDR kann, es aber dafür auch andere Wege gibt. Der komplette Teil XI ist somit vorwiegend für die Freunde der digitalen Fotografie interessant.

In **Teil XII** werden die mitgelieferten Filter von GIMP beschrieben. Zusätzlich finden Sie hier ein paar interessante Workshops, wie Sie selbst coole Effekte erstellen können.

Wie Sie Bilder für das Web erstellen, präsentieren und weitergeben, erfahren Sie in **Teil XIII**. Auch auf das Drucken mit GIMP gehe ich in diesem Teil kurz ein.

Teil XIV zeigt Ihnen, wie Sie GIMP um fertige Skript-Fu- oder Python-Programme und Plugins erweitern. Wem das nicht ausreicht, der findet in diesem Teil auch eine Einführung in die Skript-Fu-Programmierung mit Scheme, um eigene Skript-Fu-Programme zu entwickeln.

Schritt für Schritt | Viele Themen, Werkzeuge oder Dialoge werden im Buch in Schritt-für-Schritt-Anleitungen beschrieben, die jeweils gesondert gekennzeichnet sind. Diese Anleitungen dokumentieren praktisch jeden Mausklick und Tastendruck und sind vielfach mit passenden Bildern und Screenshots illustriert. Im Buch erkennen Sie diese Anleitungen an einer roten Überschrift, die immer mit den Wörtern »Schritt für Schritt« beginnt.

Beachten Sie, dass sich diese Schritt-für-Schritt-Anleitungen im Buch immer nur auf den Anwendungsfall des Beispielbildes beziehen. Um die Anleitung auf Ihre eigenen Bilder anzuwenden, werden Sie in der Regel andere Werte verwenden müssen, da jedes Bild anders ist. Ich rate Ihnen aber auf jeden Fall dazu, diese Beispiele selbst in der Praxis zu testen, um sich so mehr Praxiswissen anzueignen. Mit Hilfe dieser Kenntnisse werden Sie bald immer eigenständiger mit GIMP arbeiten und eigene Lösungen für neue Anwendungsfälle entwickeln. Dies ist auch der Grund, warum das Buch nicht nur stur die einzelnen Funktionen rund um GIMP abhandeln kann, sondern auch auf Themen rund um die digitale Bildbearbeitung eingehen muss.

Neben diesem Icon in der Marginalspalte wird der Name der Bilddatei angegeben, die Sie auf der Buch-DVD vorfinden.

Bilder für die Praxis | Viele der Bilder im Buch finden Sie auch auf der Buch-DVD. Diese Dateien helfen Ihnen dabei, die Schritt-für-Schritt-Anleitungen nachzuvollziehen oder einfach selbst einen Versuch zu den beschriebenen Funktionen zu starten. Bilder, die Sie auf der Buch-DVD finden, werden in der Marginalspalte mit einem DVD-Icon und dem entsprechenden Dateinamen gekennzeichnet.

Fragen zum Buch | Sollten Sie Fragen, Anregungen, Kritik oder Hinweise zum Buch haben, so können Sie mich gerne über den Verlag oder über *wolf@pronix.de* kontaktieren. Ich bin stets bemüht, Ihnen bei Problemen mit dem Buch zu helfen.

GIMP 2.6 vs. 2.8 – was ist neu?

Die Entwicklungszeit der Version 2.8 von GIMP hat doch etwas länger gedauert, als von den Entwicklern geplant war. Aber gute Dinge brauchen eben auch ihre Zeit. Aber das Warten hat sich, denke ich, gelohnt. Es sind größere und auch viele kleinere Neuerungen zur Version 2.8 hinzugekommen. Allerdings soll hier gar keine Zeit damit verschwendet werden, alle Neuerungen in GIMP 2.8 aufzulisten. Daher finden Sie im Buch in der Marginalie ein entsprechendes Icon dazu. Trotzdem soll natürlich jetzt schon vorlaut verkündet werden, dass sich die Benutzeroberfläche mit der Version 2.8 erheblich verbessert hat. Die Bedienung wurde deutlich erleichtert, und es gibt jetzt endlich auch einen **Einzelfenster-Modus**. Ich denke, das Thema Einzelfenster-Modus oder nicht war wohl die häufigste Diskussion im Rahmen der Entwicklung der neuesten Version. Hier gab es natürlich wieder ein Pro- und ein Contra-Lager. Daher haben sich die Entwickler glücklicherweise entschlossen, dem Anwender beide Möglichkeiten an die Hand zu geben. Auch erwähnen will ich jetzt schon, dass GIMP endlich auch ein gescheites **Text-Werkzeug** bekommen hat, was sich wie bei einer Office-Anwendung benutzen lässt. Auch das neue Käfig-Transformation-Werkzeug sollte nicht unerwähnt bleiben. Ansonsten finden Sie noch viele weitere Neuerungen in GIMP 2.8, welche im Verlauf des Buches beschrieben werden.

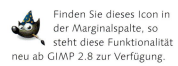

Finden Sie dieses Icon in der Marginalspalte, so steht diese Funktionalität neu ab GIMP 2.8 zur Verfügung.

Danksagung

Niemand schreibt ein Buch ohne die Hilfe anderer Menschen. Daher möchte ich hier alle erwähnen, die maßgeblich zum Gelingen des Buches beigetragen haben.

Zunächst muss ich natürlich meiner Familie danken, die mir in den letzten Monaten den Rücken freigehalten hat, so dass ich mich zu 100 % auf das Buch konzentrieren konnte.

Ebenso möchte ich mich wieder beim Verlag bedanken, der mir dieses Buch überhaupt ermöglicht hat. Ganz besonders danke ich meinen beiden Lektorinnen Katharina Geißler und Ruth Lahres, die mir ein angenehmes Arbeiten ermöglicht und mir stets mit Rat und Tat zur Seite gestanden haben. Auch bei der Korrektorin Annette Lennartz möchte ich mich bedanken, die in diesem Buch mehr als nur ihre Arbeit gemacht hat.

Ein besonderer Dank geht auch an die vielen Fotografen, die mir ihre Fotos großzügig zur Verfügung gestellt haben. Zwar gebe ich die Quellen auch jeweils bei den einzelnen Bildern an, den-

noch möchte ich die Beiträger auch an dieser Stelle gerne noch einmal namentlich erwähnen:
- Ingo Jung (*http://www.digital-express-labor.de*)
- Clarissa Schwarz (*http://www.clarissa-schwarz.ch* und *http://www.sockstar-monster.com*)
- Stefan und Traudel Lubahn (*http://slubahn.dnsalias.net/traudel/index.html* und *http://www.litteldog.de*)
- Martin Conrad (*http://www.ipernity.com/home/nochjemand*)
- Berny J. Sackl (*http://www.ipernity.com/home/45114*)
- Hanspeter Bolliger und Brigitte Bolliger
- Marcus Kamp (*http://www.marcuskamp.com*) und seine Models:
  - Isabel Ruzafa (*http://www.isabel-ruzafa.de*)
  - Amanda Nentwig
  - Cristina Pelixo
- Marco Barnebeck

Nun bleibt mir nur noch, Ihnen recht viel Spaß mit diesem Buch und mit GIMP zu wünschen.

Jürgen Wolf

Teil I
Grundlagen

Kapitel 1
Die Arbeitsoberfläche

Dieses Kapitel macht Sie mit der Arbeitsoberfläche von GIMP und den einzelnen Bedienelementen vertraut. Wenn Sie GIMP zum ersten Mal verwenden, dürfte Ihnen die Arbeitsoberfläche ein wenig eigenwillig erscheinen. Aber nach einer kurzen Einarbeitungszeit und der Lektüre dieses Buches werden Sie alle Ecken und Kanten von GIMP kennen- und schätzen lernen.

1.1 Die Arbeitsoberfläche im Schnellüberblick

Die Oberfläche von GIMP teilt sich gewöhnlich in drei Bereiche auf:

- **Werkzeugkasten** ❶: Darin finden Sie alle vorhandenen Werkzeuge von GIMP als kleine Schaltflächen wieder. Darunter sehen Sie die Werkzeugeinstellungen ❷ zum ausgewählten Werkzeug. Die Werkzeugeinstellungen lassen sich aber auch abdocken, so dass nur der Werkzeugkasten mit den Werkzeugen angezeigt wird. Schließen Sie das Fenster Werkzeugkasten, beenden Sie auch GIMP damit.
- **Bildfenster** ❸: Öffnen Sie eine Datei oder erstellen Sie eine neue, wird sie Ihnen im Bildfenster angezeigt. Mit ihm steuern Sie (fast) das komplette Programm. Alle Befehle zum Öffnen, Speichern und Bearbeiten von Bildern können Sie über die Menüleiste ❹ aufrufen.
- **Docks** mit verschiedenen Reitern ❺: Ein Fenster wie dieses wird als Dock bezeichnet, da es der Ablageplatz für die andockbaren Dialoge ist. Sie können ein Dock jederzeit um weitere andockbare Dialoge erweitern oder reduzieren. Auch sonst sind Docks sehr flexibel; sie werden in Abschnitt 1.5, »Die andockbaren Dialoge«, näher beschrieben.

▲ **Abbildung 1.1**
Das Startfenster von GIMP

Mindestens vorhandene Fenster

Um GIMP nicht versehentlich zu beenden, müssen mindestens der Werkzeugkasten ❶ und das Bildfenster ❸ geöffnet bleiben. Die Werkzeugeinstellungen ❷ und das Fenster mit den andockbaren Dialogen ❺ können Sie schließen.

Haben Sie versehentlich (oder absichtlich) die andockbaren Dialoge geschlossen, können Sie diesen Arbeitsbereich jederzeit wieder über das Menü Fenster • Kürzlich geschlossene Docks im Bildfenster aufrufen.

Kapitel 1   Die Arbeitsoberfläche

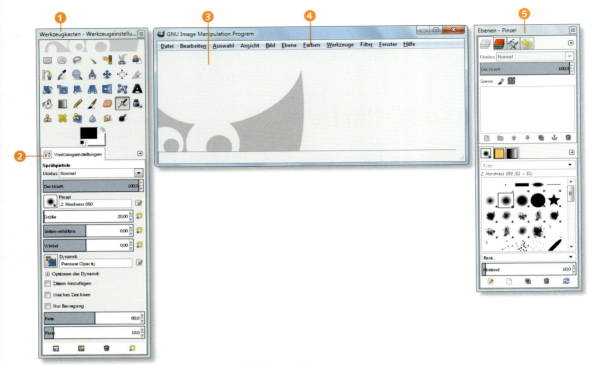

▲ **Abbildung 1.2**
Die Standardansicht der Oberfläche nach dem ersten Start

Neu hinzugekommen ist in Gimp 2.8 der lang ersehnte Einzelfenster-Modus. Dieser Modus ist optional und kann beliebig ein- und abgeschaltet werden. Wechseln zu dem Einzelfenster-Modus können Sie jederzeit über den Menübefehl FENSTER • EINZELFENSTER-MODUS. Etwas ausführlicher wird auf das Bildfenster und den Einzelfenster-Modus in Abschnitt 1.6, »Das Bildfenster«, eingegangen.

Abbildung 1.3 ▶
Die Standardansicht im Einzelfenster-Modus

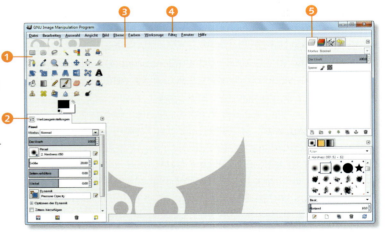

Unterschiede zwischen Windows, Linux und Mac OS X

Rein funktionell unterscheiden sich die GIMP-Versionen auf den verschiedenen Systemen nicht. Lediglich das »Look & Feel« entspricht logischerweise der entsprechenden Umgebung – bzw. dem auf dem System verwendeten Fenstermanager.

1.2 Die Menüleiste

Die Menüs in der Menüleiste des Bildfensters sind bei GIMP recht ähnlich wie bei vielen bekannten anderen Programmen. Anwendbare Elemente in den Menüs werden in schwarzer Schrift angezeigt. Elemente in grauer Schrift sind nicht anwählbar. Bei vielen Menüelementen finden Sie außerdem Tastenkürzel neben dem Befehl, mit denen Sie diesen Befehl auch über die Tastatur aufrufen können. Um beispielsweise eine Datei zu öffnen, können Sie statt des Menübefehls Datei • Öffnen auch die Tastenkombination [Strg]/[Ctrl]+[O] verwenden.

Menübefehl aktivieren
Wenn Sie noch kein Bild geöffnet haben, werden am Anfang die meisten Befehle ausgegraut sein. Öffnen Sie einfach ein Bild von der Buch-DVD, an dem Sie herumprobieren können, ohne dabei etwas »kaputtzumachen«.

▲ **Abbildung 1.4**
Die Menüleiste des Bildfensters von GIMP

Das Menü »Datei« | Das Menü Datei bietet, wie bei vielen anderen Programmen auch, Kommandos zum Öffnen, Speichern und Drucken von Dateien. Sie finden hier praktisch alle Befehle für die Verwaltung und Steuerung von Dateien.

Das Menü »Bearbeiten« | Das Menü Bearbeiten stellt die Funktionen zum Rückgängigmachen von Befehlen zur Verfügung sowie die Standardbefehle rund um die Zwischenablage zum Ausschneiden, Kopieren, Einfügen, Löschen und spezielle Versionen davon. Auch vereinfachte Befehle zum Füllen von Flächen oder Nachziehen von Konturen sind hier vorhanden. Die grundlegenden Einstellungen zu GIMP selbst lassen sich ebenfalls über diesen Dialog aufrufen.

Das Menü »Auswahl« | Neben Ebenen sind Auswahlen das wichtigste Gestaltungsmittel in der digitalen Bildbearbeitung. Im Menü Auswahl finden Sie viele Ergänzungen zu den Auswahlwerkzeugen aus dem Werkzeugkasten, mit denen Sie Auswahlen nachträglich ändern können.

Das Menü »Ansicht« | Das Menü Ansicht stellt vorwiegend Befehle bereit, die sich auf die Darstellung des aktuellen Bildes, die Hilfsmittel wie Lineale und Raster oder das Anzeigen von Ebenenrahmen und Auswahlen beziehen.

▲ **Abbildung 1.5**
Das Menü Datei

▲ **Abbildung 1.6**
Das Menü Bearbeiten

▲ **Abbildung 1.7**
Das Menü Auswahl

▲ **Abbildung 1.8**
Das Menü Ansicht

▲ **Abbildung 1.9**
Das Menü Bild

Das Menü »Bild« | Im Menü Bild finden Sie alle Befehle, um ein Bild zu drehen, zu spiegeln oder seine Größe und Form zu ändern. Auch den Bildmodus können Sie über diesen Befehl anpassen. Neben ein paar Befehlen zu den Ebenen können Sie sich hier auch einige Informationen zum Bild anzeigen lassen.

Das Menü »Ebene« | Neben der Auswahl sind die Ebenen eines der – wenn nicht *das* – Arbeitsmittel in der Gestaltung von Fotomontagen mit GIMP. Dementsprechend umfangreich ist auch das Menü Ebene ausgestattet.

▲ **Abbildung 1.10**
Das Menü Ebene

Das Menü »Farben« | Die wichtigsten Befehle und Dialoge zur Korrektur von Bildern und Anpassung oder Manipulation von Farben sind im Menü FARBEN versammelt.

Das Menü »Werkzeuge« | Im Menü WERKZEUGE finden Sie alle Kommandos, mit denen Sie die GIMP-Werkzeuge, die sich auch im Werkzeugkasten befinden, aktivieren können.

▲ Abbildung 1.11
Das Menü FARBEN

▲ Abbildung 1.12
Das Menü WERKZEUGE

Das Menü »Filter« | Zusätzlich zu den ersten drei Kommandos zum Steuern von Filtern finden Sie im Menü FILTER verschiedene Plugins und Skript-Fu-Progamme, mit denen Sie das Aussehen des Bildes verändern oder verbessern.

Das Menü »Fenster« | Im Menü FENSTER verwalten Sie die verschiedenen Fenster und andockbaren Dialoge in GIMP und rufen sie auf.

Das Menü »Hilfe« | Im Menü HILFE finden Sie verschiedene Kommandos, die Ihnen beim täglichen Arbeiten mit GIMP helfen. Bei den meisten Funktionen müssen Sie entweder das Handbuch von GIMP auf dem Rechner installiert haben, oder Sie lesen das Handbuch oder das entsprechende Thema online (aktive Internetverbindung vorausgesetzt).

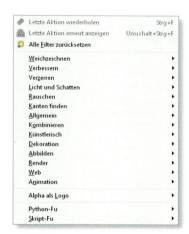

▲ Abbildung 1.13
Das Menü FILTER

▲ Abbildung 1.14
Das Menü FENSTER

▲ Abbildung 1.15
Das Menü HILFE

Kapitel 1 Die Arbeitsoberfläche

▲ **Abbildung 1.16**
Der Werkzeugkasten, hier ohne Werkzeugeinstellungen

1.3 Der Werkzeugkasten

Neben dem Bildfenster ist der Werkzeugkasten die Steuerzentrale in GIMP. Schließen Sie zum Beispiel das Werkzeugfenster, beenden Sie auch das komplette Programm – also GIMP.

Das Fenster mit dem Werkzeugkasten lässt sich in drei Teile aufteilen:

▶ **Werkzeugsymbole** ❶: Durch Anklicken eines dieser Symbole aktivieren Sie das entsprechende Werkzeug, um es für weitere Arbeiten im Bildfenster zu verwenden.

▶ **Vordergrund-/Hintergrundfarbe** ❷: Hier sehen Sie, welche Vorder- und Hintergrundfarbe derzeit verwendet wird. Viele Werkzeuge und andere Funktionen machen von diesen eingestellten Farben Gebrauch. Nach Anklicken einer dieser beiden Schaltflächen ändern Sie die Farbe mit dem sich öffnenden Farbdialog.

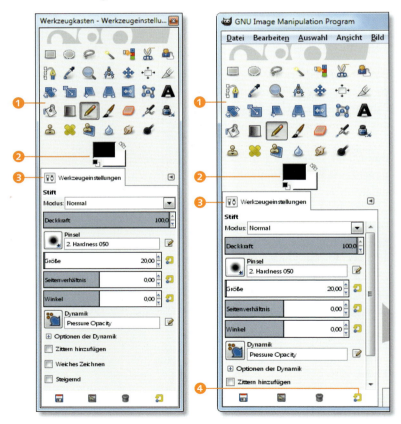

Abbildung 1.17 ▶
Gewöhnlich werden die Werkzeuge und die Einstellungen im Fenster WERKZEUGKASTEN angezeigt.

Abbildung 1.18 ▶▶
Gleiches gilt natürlich auch für den Einzelfenster-Modus.

▶ **Bereich für andockbare Dialoge** ❸: Beim ersten Start von GIMP finden Sie hier gewöhnlich die Werkzeugeinstellungen zum ausgewählten Werkzeug. Allerdings handelt es sich hierbei um einen andockbaren Dialog, den Sie jederzeit aus dem Bereich entfernen können, oder Sie gruppieren dort einen oder gar mehrere Dialoge mit Reitern und fügen Dialoge hinzu. Wie genau das geht, erfahren Sie in Abschnitt 1.5, »Die andockbaren Dialoge«.

Sollten Sie den Dialog WERKZEUGEINSTELLUNGEN versehentlich oder absichtlich geschlossen haben, können Sie ihn jederzeit wieder über FENSTER • ANDOCKBARE DIALOGE • WERKZEUGEINSTELLUNGEN aufrufen.

Werte zurücksetzen

Wenn Sie die Standardeinstellungen eines Werkzeugs wiederherstellen wollen, klicken Sie einfach bei den Werkzeugeinstellungen unten rechts auf die entsprechende Schaltfläche ❹, und die Einstellungen des Werkzeugs werden wieder zurückgesetzt. Halten Sie während des Anklickens die ⇧-Taste gedrückt, werden die Werkzeugeinstellungen aller Werkzeuge wiederhergestellt.

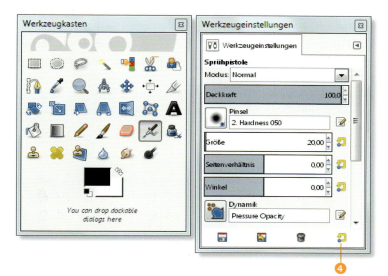

◄ **Abbildung 1.19**
Hier wurden die Werkzeugeinstellungen vom Fenster WERKZEUGKASTEN abgedockt.

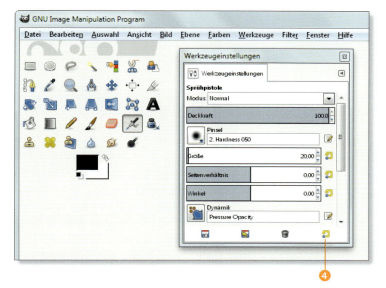

◄ **Abbildung 1.20**
Auch im Einzelfenster-Modus lassen sich die andockbaren Dialoge, wie hier die WERKZEUGEINSTELLUNGEN, frei schwebend auf dem Bildschirm anordnen. Nur der Werkzeugkasten ist beim Einzelfenster-Modus nicht als schwebender Dialog realisierbar.

▲ Abbildung 1.21
Minihilfe in der Werkzeugleiste

Minihilfe | Wenn Sie im Werkzeugkasten mit der Maus eine Weile über den Schaltflächen verweilen, wird eine Minihilfe zum Werkzeug angezeigt. Nach dem Werkzeugnamen, gefolgt von einem Doppelpunkt, lesen Sie hier eine kurze Beschreibung zum Werkzeug. Am Ende finden Sie in fetter Schrift die Tastenkombination, mit der Sie das Werkzeug ebenfalls aktivieren können.

Werkzeuge im Werkzeugkasten

Über den Dialog BEARBEITEN • EINSTELLUNGEN • WERKZEUGKASTEN können Sie die Reihenfolge der Werkzeuge im Werkzeugkasten ändern oder einzelne Werkzeuge ausblenden.

Wenn Sie im Dialog WERKZEUGE ein Werkzeug anklicken ❶, wird dieses auch gleich als aktives Werkzeug verwendet. Das Werkzeug, das Sie in diesem Dialog aktiviert haben, wird mit einem blauen Hintergrund ❷ markiert. Über die Pfeiltasten ❺ unterhalb des Dialogs können Sie jetzt das Werkzeug im Werkzeugkasten verschieben. Die Änderung wird sofort sichtbar (wie hier mit dem Werkzeug RECHTECKIGE AUSWAHL gezeigt wird). Über die Schaltfläche rechts unten ❸ stellen Sie den Ursprungszustand wieder her.

Werkzeug ausblenden

Um ein Werkzeug aus dem Werkzeugkasten auszublenden, brauchen Sie nur das Augensymbol ❹ vor dem Werkzeugnamen zu entfernen (wie in Abbildung 1.22 mit dem Werkzeug FREIE AUSWAHL demonstriert wird). Das Werkzeug lässt sich allerdings nach wie vor über das Menü WERKZEUGE oder mit der entsprechenden Tastenkombination aufrufen.

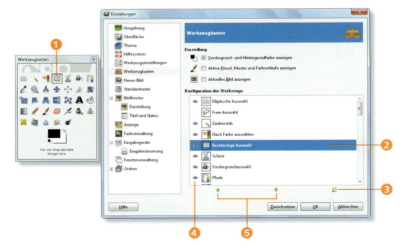

Abbildung 1.22 ▶
Über den Dialog WERKZEUGE ändern Sie die Reihenfolge der Werkzeuge oder blenden diese aus.

Weitere Werkzeuge hinzufügen | Ebenfalls sehr hilfreich ist die Option, Werkzeuge aus dem Menü FARBEN zum Werkzeugkasten hinzuzufügen. Auch hierfür nutzen Sie den Dialog BEARBEITEN • EINSTELLUNGEN • WERKZEUGKASTEN. Wenn Sie im Dialog WERKZEUGE nach unten scrollen, finden Sie viele Einträge aus dem Menü FARBEN, die Sie ebenfalls mit Hilfe des Augensymbols ❻ im Werkzeugkasten ein- oder ausblenden können. Gerade bei den sehr häufig verwendeten Dialogen KURVEN und FARBWERTE ist dies sehr komfortabel und sinnvoll.

1.4 Die einzelnen Werkzeuge und ihre Funktionen

◄ **Abbildung 1.23**
Auch Werkzeuge aus dem Menü FARBEN lassen sich im Werkzeugkasten einblenden.

Werkzeugkasten weiter anpassen

Den Bereich ❼ zwischen den Werkzeugsymbolen und den andockbaren Dialogen können Sie ebenfalls geringfügig anpassen. Hierzu wählen Sie im Menü BEARBEITEN • EINSTELLUNGEN die Einstellung WERKZEUGKASTEN ❽ aus und (de-)aktivieren bei DARSTELLUNG ❾ die entsprechenden Checkboxen. Neben der aktuellen Vorder- und Hintergrundfarbe lassen sich hier die Optionen AKTIVE PINSEL, MUSTER UND FARBVERLÄUFE ANZEIGEN und AKTUELLES BILD ANZEIGEN einstellen.

Natürlich handelt es sich bei den beiden letztgenannten Optionen wieder um interaktive Anzeigen, über die Sie durch Anklicken einen entsprechenden Dialog öffnen können.

◄ **Abbildung 1.24**
Auch der Bereich zwischen den Werkzeugsymbolen und den andockbaren Dialogen lässt sich anpassen.

1.4 Die einzelnen Werkzeuge und ihre Funktionen

Grob teilt GIMP seine Werkzeuge in Auswahlwerkzeuge, Malwerkzeuge, Werkzeuge zur Transformation und die restlichen, nicht kategorisierbaren Werkzeuge auf. Gegliedert nach diesen einzelnen Gruppen werden diese Werkzeuge hier kurz vorgestellt.

▲ Abbildung 1.25
Die Auswahlwerkzeuge im Werkzeugkasten

Auswahlwerkzeuge

Wenn Sie die Reihenfolge im Werkzeugkasten nicht verändert haben, sind die ersten sieben Werkzeuge *Auswahlwerkzeuge*. Dass Auswählen ein zentraler und bedeutungsvoller Bereich in der digitalen Bildbearbeitung sind, lässt sich schon daran erkennen, dass es hierfür einen eigenen Menüpunkt Auswahl gibt. Sinn und Zweck dieser Werkzeuge ist es, bestimmte Bildbereiche auszuwählen und unabhängig vom übrigen Bild zu bearbeiten. Statt über den Werkzeugkasten können Sie diese Auswahlwerkzeuge auch über das Menü Werkzeuge • Auswahlwerkzeuge aufrufen.

❶ Rechteckige Auswahl: Damit wählen Sie rechteckige Bildbereiche aus.

❷ Elliptische Auswahl: Hiermit lassen sich kreisförmige Bildbereiche auswählen.

❸ Freie Auswahl: Das Werkzeug ist auch als Lassowerkzeug bekannt. Mit ihm wählen Sie Bildbereiche manuell aus.

❹ Zauberstab: Mit diesem Werkzeug wählen Sie einen zusammenhängenden Bereich einer bestimmten Farbe im Bild aus.

❺ Nach Farbe auswählen: Das Werkzeug funktioniert ähnlich wie der Zauberstab, nur dass bei diesem Werkzeug die ausgewählten Pixel sich nicht nebeneinander im Bild befinden müssen, sondern irgendwo sein können.

❻ Magnetische Schere: Das Werkzeug ist eine Mischung aus dem Lassowerkzeug (Freie Auswahl) und dem Pfade-Werkzeug. Der Zusatz »magnetisch« kommt daher, dass dieses Werkzeug Bildbereiche auswählen kann, die sich deutlich (zum Beispiel anhand von Farbkanten) von anderen Bereichen abgrenzen. Die Magnetische Schere ist recht nützlich bei der Verwendung von komplexeren Auswahlen. Beachten Sie, dass Sie im Menü Werkzeuge als Intelligente Schere benannt ist.

❼ Vordergrundauswahl: Hiermit lassen sich einzelne Objekte aus einem Bild extrahieren.

▲ Abbildung 1.26
Auch über das Menü Werkzeuge • Auswahlwerkzeuge können Sie entsprechende Werkzeuge aktivieren.

Malwerkzeuge

Im unteren Bereich des Werkzeugkastens befinden sich die 13 Malwerkzeuge von GIMP. Natürlich handelt es sich hierbei nicht nur um Malwerkzeuge im klassischen Sinne, sondern ihre Funktionen gehen weit über das alleinige »Malen« hinaus. Allen Werkzeugen gemein ist jedoch, dass Sie mit ihnen Pixeleigenschaften wie Transparenz und Farbe ändern.

Diese Malwerkzeuge können Sie sowohl im Werkzeugkasten als auch über das Menü Werkzeuge • Malwerkzeuge aufrufen.

1.4 Die einzelnen Werkzeuge und ihre Funktionen

❶ Füllen: Hiermit füllen Sie größere Flächen mit einer Farbe oder einem Muster.

❷ Farbverlauf: Mit diesem Werkzeug füllen Sie Flächen mit einem Farbverlauf.

❸ Stift: Der Stift ist das klassische Malwerkzeug und dient dem Zeichnen.

❹ Pinsel: Zusammen mit dem Stift ist der Pinsel das eigentliche Malwerkzeug, das Sie ebenfalls zum Zeichnen verwenden können.

❺ Radierer: Wie mit einem echten Radiergummi löschen Sie mit dem Radierer Bildbereiche.

❻ Sprühpistole: Mit diesem Werkzeug malen Sie wie mit einem Airbrush farbige Flächen.

❼ Tinte: Damit zeichnen Sie ähnlich wie mit einem Füllfederhalter Striche.

❽ Klonen: Das Werkzeug wird häufig für Bildreparaturen oder Retuschearbeiten verwendet.

❾ Heilen: Auch dieses Werkzeug nutzen Sie für Bildreparaturen und Retuschearbeiten, es eignet sich im Gegensatz zum Klonen-Werkzeug allerdings eher für kleinere und feinere Bereiche.

❿ Perspektivisches Klonen: Eine Mischung aus dem Klonen- und dem Perspektive-Werkzeug, mit der Sie eine beliebige Perspektive klonen.

⓫ Weichzeichnen/Schärfen: Damit ändern Sie gezielt den Schärfegrad eines bestimmten Bildbereichs.

⓬ Verschmieren: Der Name des Werkzeugs spricht für sich – es verschmiert die Farben unter der Werkzeugspitze.

⓭ Abwedeln/Nachbelichten: Dieses Werkzeug können Sie dazu verwenden, gezielt die Helligkeit von bestimmten Bildbereichen anzupassen. Es kommt häufig bei Fotomontagen zum Einsatz.

▲ Abbildung 1.27
Die Malwerkzeuge im Werkzeugkasten

▲ Abbildung 1.28
Auch über das Menü Werkzeuge • Malwerkzeuge können Sie die entsprechenden Werkzeuge aktivieren.

Transformationswerkzeuge

Im mittleren Bereich des Werkzeugkastens finden Sie acht Transformationswerkzeuge. Im Gegensatz zu den Malwerkzeugen, mit denen Sie Eigenschaften wie Farbe und Transparenz der Pixel ändern, werden mit den Transformationswerkzeugen Pixel hinzugefügt, gelöscht und verschoben.

❶ Verschieben: Das Werkzeug wird zum Verschieben von Ebenen oder Auswahlen verwendet.

❷ Ausrichten: Mit diesem Werkzeug können Sie mehrere Ebenen im Bild ausrichten und verteilen.

▲ Abbildung 1.29
Die Transformationswerkzeuge im Werkzeugkasten

 Das wirklich coole Werkzeug Käfig-Transformation wurde neu mit GIMP 2.8 eingeführt.

45

Kapitel 1   Die Arbeitsoberfläche

▲ Abbildung 1.30
Auch über das Menü WERKZEUGE • TRANSFORMATIONEN können Sie die entsprechenden Werkzeuge aktivieren.

❸ ZUSCHNEIDEN: Das Werkzeug verwenden Sie, um rechteckige und nicht benötigte Bildbereiche zu entfernen.

❹ DREHEN: Das Werkzeug ermöglicht Ihnen, Ebenen, Auswahlen oder Pfade in einem bestimmten Winkel zu drehen.

❺ SKALIEREN: Mit diesem Werkzeug ändern Sie die Größe von Ebenen, Auswahlen oder Pfaden.

❻ SCHEREN: Mit diesem Werkzeug neigen Sie Bilder, Ebenen, Auswahlen oder Pfade.

❼ PERSPEKTIVE: Zum perspektivischen Verzerren von Ebenen, Auswahlen und Pfaden verwenden Sie dieses Werkzeug.

❽ SPIEGELN: Dieses Werkzeug spiegelt eine Ebene oder Auswahl vertikal oder horizontal.

❾ KÄFIG-TRANSFORMATION: Mit diesem Werkzeug legen Sie zunächst eine Auswahl (Käfig) um einen Bereich, den Sie anschließend separat transformieren können.

Mess- und Navigationswerkzeuge

Die Werkzeuge, die ich Ihnen in diesem Abschnitt vorstellen möchte, werden von GIMP eigentlich in keiner festen Gruppe versammelt, passen aber bestens zum Thema Mess- und Navigationswerkzeuge. Diese Werkzeuge können Sie auch über das Menü WERKZEUGE aktivieren.

▲ Abbildung 1.31
Die Mess- und Navigationswerkzeuge im Werkzeugkasten

❶ FARBPIPETTE: Mit diesem Werkzeug wählen Sie die Farbe für den Vorder- oder Hintergrund aus einem Bild aus. Auch einen Informationsdialog zur aktuell ausgewählten Farbe können Sie anzeigen lassen.

❷ VERGRÖSSERUNG: Damit können Sie in das Bild hinein- oder herauszoomen.

❸ MASSBAND: Mit diesem Werkzeug messen Sie Entfernungen oder Winkel in einem Bild.

Text-Werkzeug

Mit dem Werkzeug TEXT **A** fügen Sie einen Text zum aktuellen Bild oder zur aktuellen Ebene hinzu. Schrift, Farbe und die gewünschte Form lassen sich dabei einstellen. Das TEXT-Werkzeug können Sie auch über das Menü WERKZEUGE aufrufen.

▲ Abbildung 1.32
Die restlichen Werkzeuge lassen sich ungruppiert über das Menü WERKZEUGE aktivieren.

Pfade-Werkzeug

Das Werkzeug PFADE könnte man auch bei den Auswahlwerkzeugen einordnen, da sich hiermit auch eine gewisse Art von Auswahl, nämlich sogenannte *Bézierkurven*, erstellen lässt. Allerdings sind die Pfade doch etwas spezieller und (auf den ersten Blick) etwas komplexer, um diese einfach zu den Auswahlwerkzeugen hinzuzufügen. Man könnte auch sagen, das PFADE-Werkzeug ist eine Art Lassowerkzeug mit Bézierkurven. Was es genau damit auf sich hat, erfahren Sie in Teil IX des Buchs.

Vordergrund- und Hintergrundfarbe

Ebenfalls im Werkzeugkasten finden Sie die beiden Farbfelder mit den aktuellen Arbeitsfarben (Vordergrund- und Hintergrundfarbe). Das PINSEL- und das FÜLLEN-Werkzeug verwenden zum Beispiel die aktuell eingestellte Vordergrundfarbe zum Malen. Das Verlaufswerkzeug hingegen benutzt die Vordergrundfarbe ❶ und die Hintergrundfarbe ❹. Der RADIERER wiederum greift auf die Hintergrundfarbe zurück, wenn die Ebene keinen Alphakanal besitzt.

Über das kleine Pfeilsymbol rechts oben ❷ tauschen Sie die beiden Farben. Das Gleiche erreichen Sie auch mit dem Tastenkürzel X (für *e*x*change color*) oder mit dem Menübefehl WERKZEUGE • FARBEN VERTAUSCHEN.

Mit dem Schwarzweißsymbol links unten ❸ stellen Sie die Standardfarben für die Vorder- und Hintergrundfarbe wieder her. Auch hier können Sie das Gleiche mit dem Tastenkürzel D (für *d*efault color) oder dem Menübefehl WERKZEUGE • STANDARDFARBEN durchführen.

▲ **Abbildung 1.33**
Das PFADE-Werkzeug im Einsatz beim Erstellen einer Bézierauswahl

▲ **Abbildung 1.34**
Vorder- und Hintergrundfarbe einstellen

Werkzeugübersicht und Tastenkürzel

In Tabelle 1.1 finden Sie alle Werkzeuge aus dem Werkzeugkasten und eine Übersicht, mit welchem Tastenkürzel Sie das Werkzeug ebenfalls erreichen.

Werkzeug	Symbol	Tastenkürzel
RECHTECKIGE AUSWAHL		R
ELLIPTISCHE AUSWAHL		E
FREIE AUSWAHL		F
ZAUBERSTAB		U
NACH FARBE AUSWÄHLEN		⇧ + O
MAGNETISCHE SCHERE		I
VORDERGRUNDAUSWAHL		keines

◀ **Tabelle 1.1**
Werkzeuge und ihre Tastenkürzel

Kapitel 1 Die Arbeitsoberfläche

Werkzeug	Symbol	Tastenkürzel
Pfade		B
Farbpipette		O
Vergrösserung		Z
Massband		⇧+M
Verschieben		M
Ausrichten		Q
Zuschneiden		⇧+C
Drehen		⇧+R
Skalieren		⇧+T
Scheren		⇧+S
Perspektive		⇧+P
Spiegeln		⇧+F
Käfig-Transformation		⇧+G
Text		T
Füllen		⇧+B
Farbverlauf		L
Stift		N
Pinsel		P
Radierer		⇧+E
Sprühpistole		A
Tinte		K
Klonen		C
Heilen		H
Perspektivisches Klonen		keines
Weichzeichnen/Schärfen		⇧+U
Verschmieren		S
Abwedeln/Nachbelichten		⇧+D

▲ **Tabelle 1.1**
Werkzeuge und ihre Tastenkürzel (Forts.)

1.5 Die andockbaren Dialoge

Jetzt wurde schon des Öfteren von den andockbaren Dialogen geschrieben, deshalb soll hier noch einmal genauer auf sie eingegangen werden. Mit den andockbaren Dialogen können Sie die Arbeitsoberfläche von GIMP sehr flexibel Ihren persönlichen Bedürfnissen anpassen.

Containerfenster (Docks) | Standardmäßig steht Ihnen beim ersten Start von GIMP ein Containerfenster (auch Docks genannt) zur Verfügung, das die gängigsten Dialoge gruppiert. Dieses Containerfenster lässt sich sehr flexibel verändern und den persönlichen Bedürfnissen anpassen. Sie können jederzeit Dialoge aus diesem Fenster herauslösen oder neue Dialoge hinzufügen.

Das Menü »Fenster«

Einen Überblick zu geöffneten Fenstern und Dialogen können Sie sich jederzeit über das Menü FENSTER verschaffen. Haben Sie mindestens ein Bild geöffnet, besteht dieser Menüeintrag aus drei, bei frei schwebenden Dialogen aus vier Bereichen:

1 Dock-Befehle: Über die Optionen im ersten Eintrag KÜRZLICH GESCHLOSSENE DOCKS können Sie diese(n) erneut anzeigen. Im Untermenü ANDOCKBARE DIALOGE können Sie alle vorhandenen andockbaren Dialoge von GIMP öffnen. Haben Sie den Werkzeugkasten geschlossen, können Sie diesen auch hier wieder aktivieren (geht auch mit `Strg`+`B`).

2 Geöffnete Bilder: Im mittleren Bereich finden Sie eine Liste mit den aktuell in GIMP geöffneten Bildern, die Sie hier durch Anklicken auch in den Vordergrund holen können. Alternativ können Sie diese Bilder auch mit `Alt`+`1`, `Alt`+`2` bis maximal `Alt`+`0` (für das zehnte Bild) in den Vordergrund holen. Sind keine Bilder geöffnet, ist dieser Bereich leer.

3 Geöffnete Dialoge: Dieser Teil des Menüs bietet eine Übersicht zu allen im Augenblick geöffneten und frei schwebenden Dialogen in GIMP. Befindet sich ein Bindestrich dazwischen, wie in der Abbildung bei EBENEN – PINSEL, dann befinden sich diese Dialoge auch im selben Fenster, sind aber übereinander gruppiert. Natürlich können Sie diese (gruppierten) Dialoge auch hier über das Anklicken in den Vordergrund holen.

4 Im letzten Viertel finden Sie den Befehl DOCKS VERBERGEN, um alle Dialoge (inkl. Werkzeugkasten) aus- bzw. einzublen-

Dialoge aus-/einblenden
Um alle Dialoge rund um das Bildfenster auszublenden, drücken Sie bei aktivem Bildfenster die `Tab`-Taste. Jetzt werden keine Docks mehr das Bildfenster verdecken. Wollen Sie die Dialoge wieder hervorholen, betätigen Sie einfach erneut die `Tab`-Taste.

▲ Abbildung 1.35
Das vordefinierte Containerfenster von GIMP beim ersten Start

▲ Abbildung 1.36
Das Menü FENSTER liefert einen Überblick, welche Fenster und Dialoge gerade geöffnet sind.

Kapitel 1   Die Arbeitsoberfläche

▲ Abbildung 1.37
Die andockbaren Dialoge

den. So erhalten Sie eine uneingeschränkte Sicht auf das Bild im Bildfenster. Als letzten Befehl finden Sie hier Einzelfenster-Modus, womit Sie den Modus (de-)aktivieren können. Der Modus ist aktiv, wenn sich ein Häkchen neben diesem Befehl befindet.

Menü »Andockbare Dialoge«

Aufrufen können Sie die verschiedenen Dialoge über das Menü Fenster • Andockbare Dialoge. Aktivieren Sie einen Dialog, der bereits geöffnet ist (siehe im Menü Fenster), wird dieser in den Vordergrund geholt. Das Gleiche gilt für einen Dialog, der in einem Fenster gruppiert ist. In diesem Fall wird die ganze Gruppe angezeigt, die den Dialog enthält. Allerdings wird zuvor der entsprechende Reiter aktiviert.

Übersicht zu den Dialogen | Da GIMP viele Dialoge anbietet, die Sie einzeln aufrufen und gruppieren können, folgt hier ein kurzer Überblick zu den einzelnen Dialogen. Detaillierter gehe ich auf diese Dialoge erst im Rahmen der passenden Themen ein.

▲ Abbildung 1.38
Über den Dialog Werkzeugeinstellungen nehmen Sie die Einstellungen für das ausgewählte Werkzeug vor.

▲ Abbildung 1.39
Der Dialog Gerätestatus fasst die aktuellen Einstellungen für Eingabegeräte wie Maus oder (falls vorhanden) Grafiktabletts zusammen. Als Core Pointer wird die Maus bezeichnet.

▲ Abbildung 1.40
Der Ebenen-Dialog wird für die Verwaltung von Ebenen verwendet.

1.5 Die andockbaren Dialoge

▲ **Abbildung 1.41**
Mit dem KANÄLE-Dialog verwalten Sie die einzelnen RGB-Kanäle.

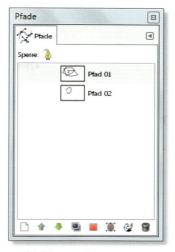

▲ **Abbildung 1.42**
Der Dialog PFADE dient dem Verwalten von Pfaden.

▲ **Abbildung 1.43**
Mit diesem Dialog bearbeiten Sie die FARBTABELLE eines Bildes im Modus INDIZIERT.

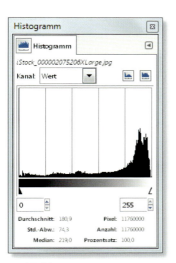

▲ **Abbildung 1.44**
Der Dialog HISTOGRAMM liefert verschiedene Informationen zu Werten der Farb- und Helligkeitsverteilung im Bild.

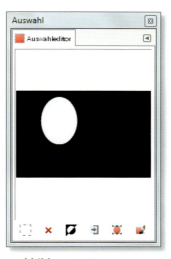

▲ **Abbildung 1.45**
Mit dem AUSWAHLEDITOR verwalten Sie Auswahlen.

▲ **Abbildung 1.46**
Über den ANSICHTSNAVIGATION-Dialog können Sie einfach durch das Bild navigieren und hinein- und herauszoomen.

▲ **Abbildung 1.47**
Der Dialog JOURNAL listet die zuletzt verwendeten Befehle auf. Jeder Eintrag enthält ein Vorschaubild, das den Zustand des Bildes nach der Ausführung des Kommandos zeigt. Durch Anklicken eines Eintrags können Sie jederzeit zu diesem Stand des Bildes zurückkehren.

▲ **Abbildung 1.48**
Der Dialog ZEIGERINFORMATIONEN zeigt die aktuelle Position der Maus und die Werte der Farbkanäle des entsprechenden Pixels an.

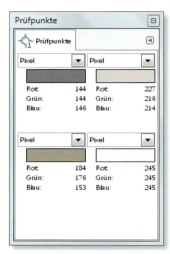

▲ **Abbildung 1.49**
Mit dem Dialog können Sie vier Prüfpunkte gleichzeitig im Bild erstellen und die entsprechenden Farbwerte ermitteln. Prüfpunkte erzeugen Sie, indem Sie mit gehaltener Strg/Ctrl-Taste auf einem der beiden Lineale am Bildrand den Mauszeiger auf die entsprechende Position im Bild ziehen.

▲ **Abbildung 1.50**
Mit dem Dialog VG/HG-FARBE stellen Sie die Vordergrund- und Hintergrundfarbe, ähnlich wie bei den Farbwählern im Werkzeugfenster, ein.

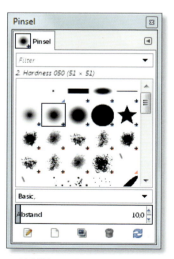

▲ **Abbildung 1.51**
Mit dem Dialog PINSEL können Sie die Pinselspitzen für die Malwerkzeuge auswählen und verwalten.

▲ **Abbildung 1.52**
Hiermit wählen und verwalten Sie die MUSTER, die Sie mit den Werkzeugen FÜLLEN, KLONEN oder dem Kommando MIT MUSTER FÜLLEN verwenden können.

1.5 Die andockbaren Dialoge

▲ **Abbildung 1.53**
In diesem Dialog wählen und verwalten Sie FARBVERLÄUFE.

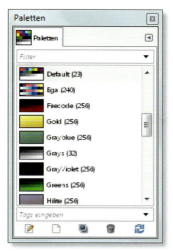

▲ **Abbildung 1.54**
Mit diesem Dialog können Sie (Farb-)PALETTEN auswählen und verwalten.

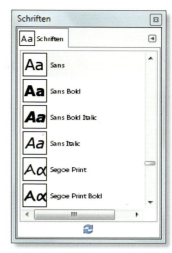

▲ **Abbildung 1.55**
Im Dialog SCHRIFTEN erhalten Sie einen Überblick zu den vorhandenen Schriftarten und können diese auch aktivieren, um sie mit dem TEXT-Werkzeug zu verwenden.

▲ **Abbildung 1.56**
Im Dialog WERKZEUG-VOREINSTELLUNGEN können Sie bestimmte Einstellungen von einem Werkzeug sichern, um so jederzeit mit denselben Einstellungen erneut arbeiten zu können.

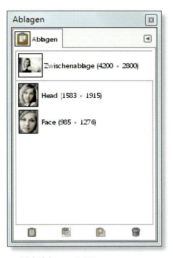

▲ **Abbildung 1.57**
GIMP bietet eine spezielle Zwischenablage an, mit der Sie nicht nur an die normale Zwischenablage des Betriebssystems gebunden sind. Mit Hilfe des Dialogs ABLAGEN können Sie diese Ablage komfortabel verwalten.

▲ **Abbildung 1.58**
Dieser Dialog zeigt alle aktuell in GIMP geöffneten Bilder an. Hier können Sie diese Bilder durch Anklicken in den Vordergrund bringen.

▲ **Abbildung 1.59**
Der DOKUMENTENINDEX listet Ihnen die zuletzt geöffneten Bilder auf.

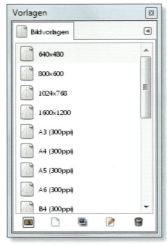

▲ **Abbildung 1.60**
Hiermit erstellen Sie ein neues Bild aus einer Vorlage oder verwalten die Vorlagen.

▲ **Abbildung 1.61**
In diesem Dialog finden Sie manchmal nützlichere Fehlermeldungen als in den Fehlerdialogen, die Sie von GIMP erhalten. Die Fehlermeldung(en) aus diesem Dialog können Sie separat in einer Datei speichern.

Dialoge an- und abdocken

Das An- und Abdocken eines Dialogs funktioniert immer gleich, egal ob ein Dialog bereits gruppiert wurde oder allein steht: Sie gehen mit dem Mauszeiger über den rechteckigen Bereich mit dem Namen (nicht die Titelleiste) des Dialogs, der auch »sensibler Bereich« genannt wird ❶. Jetzt halten Sie die linke Maustaste gedrückt und bewegen die Maus. Der Dialog ist nun ausgegraut, und Sie haben einen rechteckigen Bereich ❷ mit dem Titel und Icon des Dialogs. Ziehen Sie diesen Bereich mit gedrückter Maustaste zu einer der Andockleisten, und lassen Sie ihn fallen (Maustaste loslassen).

In jedem Modus möglich
Hier sollte natürlich noch hinzugefügt werden, dass alles hier Beschriebene sowohl im Einzelfenster-Modus also auch im Nicht-Einzelfenster-Modus funktioniert.

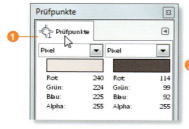

▲ **Abbildung 1.62**
Wählen Sie den »sensiblen Bereich« aus…

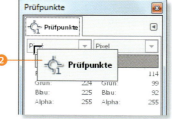

▲ **Abbildung 1.63**
…und lösen Sie ihn mit gedrückter Maustaste vom Dock.

1.5 Die andockbaren Dialoge

Andockleisten | Wenn Sie einen Dialog an einen anderen Dialog oder eine Gruppe von Docks andocken wollen, gibt es zwei Bereiche (wenn bereits Reiter vorhanden sind, dann drei), wo Sie diesen hinzufügen können:

- **In Reiter gruppieren**: Hierbei brauchen Sie lediglich den Dialog mitten im Zieldialog fallen zu lassen. Im Zieldialog wird ein Rahmen ❸ an der Stelle angezeigt, wo der Dialog anschließend angezeigt und hinzugefügt wird.

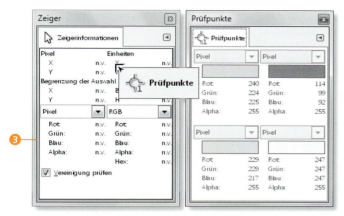

▲ **Abbildung 1.64**
Ziehen Sie den Dialog mitten auf einen anderen Dialog, und lassen Sie ihn fallen (siehe Abbildung 1.65)…

- **Untereinander gruppieren**: Hier lassen Sie den Dialog im speziell hervorgehobenen ❺ unteren Bereich des Zieldialogs fallen.

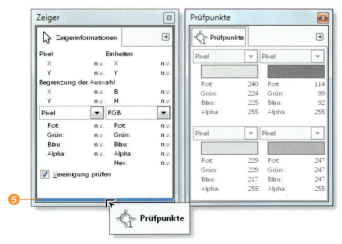

▲ **Abbildung 1.66**
Lassen Sie den Dialog im unteren Bereich des Zieldialogs fallen…

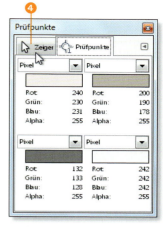

▲ **Abbildung 1.65**
…und Sie haben zwei Dialoge in Reiter gruppiert, die Sie durch Anklicken des entsprechenden Symbols in der Reiterleiste ❹ aktivieren können.

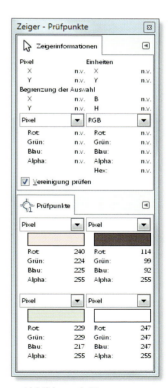

▲ **Abbildung 1.67**
…werden beide Dialoge untereinander gruppiert.

55

Größere Stapel

Natürlich können Sie auch mehr als nur zwei Dialoge untereinander aufstapeln. Dies hängt allerdings auch von der Größe des Bildschirms ab, den Sie verwenden. Während bei einem 15"-Monitor mehr als zwei aufeinandergestapelte Dialoge kaum sinnvoll sind, können Sie bei einem 19"-Monitor locker drei bis vier Gruppen aufeinanderstapeln. Gruppieren Sie diese Stapel dann zusätzlich mit Reitern, können Sie so sinnvoll alle Dialoge in einem Dockfenster unterbringen.

▶ **Nebeneinander gruppieren**: Hierbei lassen Sie die Dialoge auch im speziell hervorgehobenen ❶ linken oder rechten Bereich des Zieldialogs fallen.

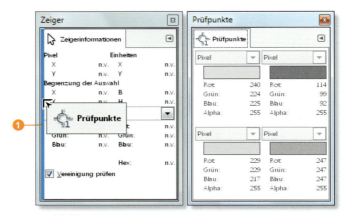

▲ **Abbildung 1.68**
Lassen sie den Dialog hingegen im linken (oder rechten) Bereich des Zieldialogs fallen,…

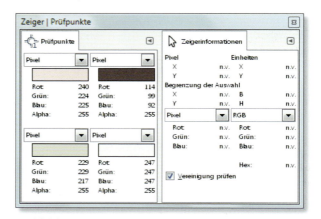

▲ **Abbildung 1.69**
…werden beide Dialoge nebeneinander in Spalten gruppiert.

▶ **Dialog zu gruppierten Dialogen hinzufügen**: Eine weitere Möglichkeit haben Sie, wenn Sie einen Dialog zu einer bereits in Reitern gruppierten Einheit hinzufügen wollen. Lassen Sie hierbei den Dialog einfach in der Mitte des Fensters fallen, wird er an das Ende der Reitergruppe angefügt. Schieben Sie den Dialog hingegen direkt auf einen Reiter ❷, wird er vor diesem Reiter eingefügt.

Reiter umgruppieren

Die einzelnen Dialoge, die in mehreren Reitern gruppiert sind, lassen sich jederzeit umsortieren. Ziehen Sie hierzu einfach das entsprechende Reitersymbol mit gedrückt gehaltener Maustaste auf das Reitersymbol, vor dem es eingefügt werden soll, und lassen Sie es fallen.

1.5 Die andockbaren Dialoge

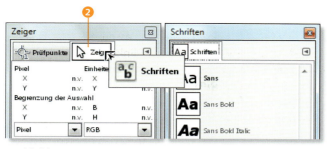

▲ **Abbildung 1.70**
Ziehen Sie den Dialog direkt auf einen Reiter im Zielfenster …

▲ **Abbildung 1.71**
… wird er vor dem markierten Reitersymbol eingefügt.

Dialoge aus der Gruppe herauslösen | Das Herauslösen von Dialogen aus einer Gruppe funktioniert im Grunde genauso wie das Andocken. Gehen Sie mit dem Mauszeiger über den Namen des Dialogs ❸. Halten Sie jetzt die Maustaste gedrückt, ziehen Sie den Dialog aus dem Bereich heraus ❹, und lassen Sie ihn in einem freien Bereich auf dem Bildschirm fallen.

▲ **Abbildung 1.72**
Wählen Sie den Dialog zum Herauslösen aus, …

Abbildung 1.73 ▲
… ziehen Sie ihn mit gedrückt gehaltener Maustaste heraus …

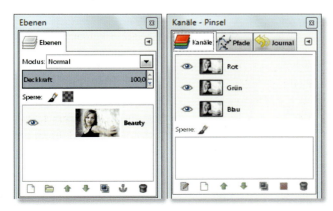

◄ **Abbildung 1.74**
… und der Dialog steht als einzelnes Fenster zur Verfügung.

▲ Abbildung 1.75
Bei einigen Dialogen lässt sich das zu bearbeitende Bild bestimmen, falls mehrere Bilder geöffnet sind.

GIMP zurücksetzen

GIMP speichert für gewöhnlich den zuletzt verwendeten Zustand der einzelnen Fenster und Dialoge, um beim nächsten Start mit den zuletzt verwendeten Einstellungen weiterarbeiten zu können. Wollen Sie alle Containerfenster (Docks) wieder auf dem Ursprungszustand wie nach der Installation zurücksetzen, dann müssen Sie nur im Menü BEARBEITEN • EINSTELLUNGEN bei FENSTERVERWALTUNG die Schaltfläche FENSTERPOSITIONEN JETZT AUF STANDARDWERT SETZEN anklicken. Beim nächsten Neustart von GIMP sollten alle Containerfenster wieder wie nach der Installation an Ort und Stelle angezeigt werden.

Andockbarer Bereich im Werkzeugkasten

Alles, was hier zu den Docks geschrieben wurde, gilt natürlich auch für den andockbaren Bereich unterhalb des Werkzeugkasten-Fensters ❹.

Funktionen der Dialoge

Bildauswahl im Dialog | Manche Dialoge enthalten eine spezielle Dropdown-Liste ❶, die alle aktuell geöffneten Bilder auflistet. Dies ist recht hilfreich, wenn Sie mit einem Dialog ein Bild bearbeiten und dasselbe auch mit einem anderen Bild machen wollen. Über die Dropdown-Liste brauchen Sie dann nur das entsprechende Bild in der Liste auszuwählen und müssen nicht extra das entsprechende Bildfenster aktivieren. Mit der Schaltfläche AUTO ❷ wird automatisch das Bild aktiviert, das im Augenblick den Fokus der Maus hat.

(De-)Aktivieren können Sie diese Bildauswahl über das Reitermenü ❸ des entsprechenden Dialogs mit dem Befehl BILDAUSWAHL ANZEIGEN.

Reitermenü | Jeder Dialog hat noch dockspezifische Funktionen, die sich über das Reitermenü ❸ des entsprechenden Dialogs auswählen lassen. Hier finden Sie auch Funktionen zum Erstellen, Herauslösen oder Schließen von andockbaren Dialogen.

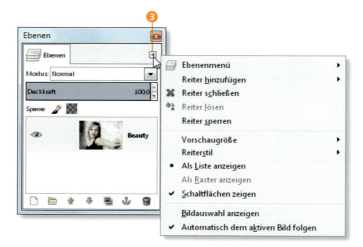

▲ Abbildung 1.76
Jeder Dialog hat ein eigenes Reitermenü mit weiteren Funktionen.

Der erste Menüeintrag in diesem Reitermenü ist immer das Kontextmenü des entsprechenden Dialogs, das sich auch mit einem Rechtsklick auf den Dialog aufrufen lässt. Die restlichen Befehle dienen zur Verwaltung der Dialoge im Allgemeinen und bieten einige weitere Kommandos, bei denen es sich häufig um Ansichtsoptionen der Elemente im Dialog handelt.

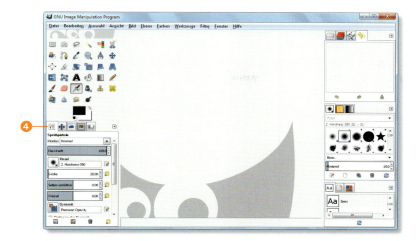

◀ **Abbildung 1.77**
Dank der Flexibilität der andockbaren Dialoge lässt sich alles, was Sie häufiger benötigen, auf kleinstem Raum zusammenfassen. Hier meine persönliche Zusammenstellung der Dialoge im Einzelfenster-Modus.

1.6 Das Bildfenster

Egal, ob Sie ein Bild geöffnet haben oder nicht, das Bildfenster in GIMP wird immer angezeigt. Das ist auch sinnvoll, denn das Bildfenster ist die Steuerzentrale zu allen in GIMP vorhandenen Kommandos und Funktionen.

Fenstermodus für das Buch
Ob Sie jetzt den Einzelfenster-Modus verwenden wollen oder nicht, ist wohl eher eine Frage des persönlichen Geschmacks. Für den weiteren Verlauf des Buches spielt es keine große Rolle, welchen Fenstermodus Sie bevorzugen und verwenden.

▲ **Abbildung 1.78**
Das Bildfenster ist in GIMP immer vorhanden, auch wenn kein Bild geöffnet ist.

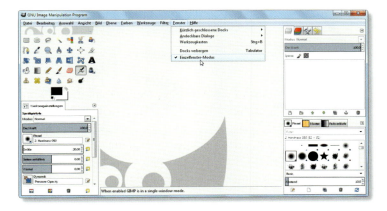

◀ **Abbildung 1.79**
Beim Einzelfenster-Modus, den Sie jederzeit über FENSTER • EINZELFENSTER-MODUS (de-)aktivieren können, finden Sie das komplette Bildfenster mitsamt dem Werkzeugkasten und den dockbaren Dialogen in einer kompakteren Form vor.

Kapitel 1   Die Arbeitsoberfläche

▲ **Abbildung 1.80**
Das Bildfenster mit einem geöffneten Bild

▲ **Abbildung 1.81**
Nochmals dasselbe Bildfenster im Einzelfenster-Modus mit einem geöffneten Bild

Foto: iStock

1.6 Das Bildfenster

Folgende Elemente eines Bildfensters sind in der Standardeinstellung enthalten:

- **Titelleiste** ❶: Die Titelleiste zeigt viele Informationen zum Bild auf engstem Raum, neben einer Miniaturvorschau und dem Dateinamen (hier »beauty.xcf«). Dahinter finden Sie eine eindeutige Bildidentifizierung (hier »1«) und eine spezielle Nummer der Ansicht, auf der das Bild gezeigt wird (hier ».0«). Als Nächstes stehen hier der Bildtyp (hier »RGB«) und die Anzahl der Ebenen (hier »1 Ebene«), gefolgt von der Bildbreite und Bildhöhe in Pixeln. Das Aussehen des Bereichs hängt natürlich vom verwendeten Betriebssystem bzw. Fenstermanager ab.
- **Menüleiste** ❷: Die Menüleiste unterhalb der Titelleiste ist die Hauptsteuerzentrale von GIMP. Alle Kommandos und Werkzeuge lassen sich über diese Menüleiste aufrufen. Das Menü erreichen Sie auch über einen rechten Mausklick im Bild. Auch über die Menüschaltfläche ❸ links oben direkt unter der Menüleiste können Sie das Menü öffnen. Schneller geht dies mit dem Tastenkürzel ⇧+F10.
- **Lineal** ❹: Standardmäßig erscheint das Lineal mit den aktuellen Koordinaten des Bildes im Bildfenster an der oberen und linken Kante. Die Voreinstellung der Maßeinheit lautet zwar Pixel, lässt sich aber nachträglich ändern.
- **Bild vergrößern** ❿: Aktivieren Sie diese Schaltfläche rechts oben neben dem Lineal, wird bei der Änderung der Bildfenstergröße automatisch die Bildgröße so angepasst, dass immer das komplette Bild zu sehen ist.
- **Bildrahmen** ⓫: Hierbei handelt es sich um einen inaktiven Bildrahmen. Dieser wird nur dann angezeigt, wenn das Bild oder die Ansicht des Bildes kleiner als das Bildschirmfenster ist. Dieser Bereich kann farblich verändert werden.
- **Bildanzeige** ⓬: Mitten im Bildfenster wird das Bild angezeigt. Die schwarz-gelb gestrichelte Linie um das Bild markiert die Grenzen einer Ebene.
- **Schnellmaske umschalten** ❺: Damit (de-)aktivieren Sie die Schnellmaske. Die Maske ist ein sehr nützliches Hilfsmittel, um Auswahlen zu bearbeiten.
- **Navigationsschaltfläche** ⓭: Wenn Sie die Schaltfläche gedrückt halten, wird eine Miniaturansicht eingeblendet, mit der Sie die Ansicht des Bildbereichs ändern können. Dies ist sehr hilfreich bei größeren Bildern und Bildern in vergrößerter Ansicht.
- **Zeigerposition** ❻: Wenn Sie sich mit dem Mauszeiger im Bildfenster befinden, werden hier die X-/Y-Koordinaten der Mausposition angezeigt. Standardmäßig ist hier als Maßeinheit Pixel

> **Titel- und Statusleiste anpassen**
>
> Die Titelleiste können Sie jederzeit Ihren persönlichen Bedürfnissen anpassen. Das Format stellen Sie über BEARBEITEN • EINSTELLUNGEN • BILDFENSTER • TITEL UND STATUS ein. Mehr dazu erfahren Sie in Anhang D.

▲ **Abbildung 1.82**
Diese Navigation wird eingeblendet, wenn Sie die Navigationsschaltfläche ⓭ rechts unten im Bildfenster gedrückt halten.

> **Tipp: Werkzeugkasten und Docks schnell ausblenden**
>
> Recht nützlich ist es, mal schnell alle Docks und auch den Werkzeugkasten auszublenden, um das komplette Bildschirmfenster zum Arbeiten benutzen zu können. Diese Docks können Sie jederzeit mit einem Tastendruck auf ⇥ ein-/ausblenden.

Bildgröße im Speicher

Der Wert, der hier angegeben wird, ist meistens erheblich größer als die tatsächliche Größe der Bilddatei. Ein Bild im Arbeitsspeicher benötigt mehr Speicher, weil GIMP für die Ansicht das Bild zunächst in eine PNG-Datei komprimiert. Zusätzlich werden Informationen zum Rückgängigmachen gespeichert, und es ist immer auch eine Kopie des Bildes im Speicher.

eingestellt. Über die Dropdown-Liste daneben ❼ können Sie diese Einheit ändern.

▶ **Maßeinheit** ❼: Über diese Dropdown-Liste stellen Sie die Maßeinheit ein, die GIMP für Werkzeuge, Lineale und in anderen Dialogen verwenden soll. Standardmäßig wird hier Pixel (PX) verwendet.

▶ **Bildansicht anpassen** ❽: Über diese Dropdown-Liste ändern Sie die Vergrößerungsstufe des Bildes.

▶ **Statusleiste** ❾: Standardmäßig werden hier der Name der aktiven Ebene und die aktuelle Speichergröße des Bildes angegeben. Wenn Sie andere Operationen ausführen, werden hier auch für ein paar Sekunden entsprechende Informationen angezeigt. Bei rechenintensiveren Aufgaben werden zum Beispiel ein Fortschrittsbalken ⓮ (Abbildung 1.83) und eine ABBRECHEN-Schaltfläche ⓯ eingeblendet, mit der Sie einen aktiven Arbeitsschritt vorzeitig beenden können.

▲ **Abbildung 1.83**
Rechenintensivere Aufgaben haben meistens eine Fortschrittsbalken und bieten auch die Möglichkeit, den Vorgang abzubrechen.

Abbildung 1.84 ▶
Neu mit GIMP 2.8 wurde auch noch ein Feedback für längere Berechnungen hinzugefügt, welche direkt auf der Arbeitsfläche anzeigt wird.

Vollbildmodus und normaler Modus | Über das Menü ANSICHT • VOLLBILD oder mit der Taste [F11] schalten Sie zwischen dem normalen Modus und dem Vollbildmodus hin und her. Standardmäßig wird ein Bild immer im normalen Modus geöffnet.

Im Vollbildmodus erstreckt sich das Bildfenster ohne eine Titelleiste über den gesamten Bildschirm. Durch ein erneutes Drücken von [F11] gelangen Sie zurück in die normale Ansicht.

Menü »Ansicht«

Die Voreinstellungen für Bildfenster über BEARBEITEN • EINSTELLUNGEN können Sie jederzeit über das Menü ANSICHT im Bildfenster ändern. Allerdings sind diese Einstellungen nur im Augenblick gültig. Beim nächsten Neustart von GIMP gelten wieder die Einstellungen von BEARBEITEN • EINSTELLUNGEN.

Darstellung des Bildfensters | Wie Bilder im Bildfenster oder im Vollbildmodus dargestellt werden, können Sie jederzeit über das Menü BEARBEITEN • EINSTELLUNGEN • BILDFENSTER • DARSTELLUNG anpassen. Die Einträge des Dialogs sprechen für sich. Mit dem (De-)Aktivieren von Häkchen schalten Sie die entsprechenden Einstellungen ein bzw. ab.

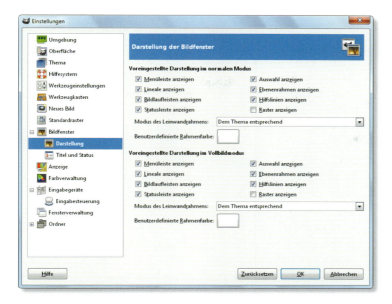

◄ **Abbildung 1.85**
Voreinstellungen des Bildfensters anpassen

1.7 Werte eingeben und verändern

Im Grunde dürften Sie die Steuerelemente, mit denen Sie die verschiedenen Werte von Werkzeugen oder Dialogen verändern, von anderen Programmen her bereits kennen.

Steuerelemente

Trotzdem soll hier ein wenig genauer auf die Steuerelemente von GIMP und ihre Bedienung eingegangen werden.

Buttons (Schaltflächen) | Die einfachsten Steuerelemente, und fast überall anzutreffen, sind die Buttons (Schaltflächen) zum Anklicken. Nach dem Anklicken eines Buttons wird gewöhnlich immer ein Befehl ausgeführt oder gestartet (oder auch abgebrochen).
Andere Buttons, die Sie ebenfalls häufig sehen werden, bleiben nach dem Anklicken niedergedrückt, bis Sie eine andere Schaltfläche in der gleichen Gruppe anklicken, ähnlich wie bei Radioschaltflächen. Solche Buttons werden als »Toggle Buttons« bezeichnet.

Dropdown-Listen | Dropdown-Listen werden in verschiedenen Formen angeboten. In GIMP finden Sie die einfache Textversion ❸ und eine etwas erweiterte Version mit Icons als Vorschaubild ❹, die häufig weitere Schaltflächen und Funktionen enthält. Um ein Element in dieser Liste auszuwählen, klicken Sie den gewünschten Eintrag an.

▲ **Abbildung 1.86**
Gewöhnliche Buttons ❶ und sogenannte »Toggle Buttons« ❷ treffen Sie häufig in GIMP an.

Abbildung 1.87 ▶
Links eine typische Dropdown-Liste und rechts eine erweiterte Liste

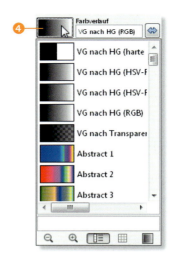

▲ **Abbildung 1.88**
Ein typischer Schieberegler in GIMP enthält gewöhnlich auch ein Texteingabefeld, um Werte manuell über die Tastatur einzugeben.

Werte per Tastatur ändern
Die Werte der Schieberegler und der Texteingabefelder lassen sich auch über die Tastatur ändern, indem Sie das Steuerelement zunächst aktivieren und die Werte dann mit den Pfeiltasten auf Ihrer Tastatur reduzieren oder erhöhen.

 Diese Schieberegler wurden neu in GIMP 2.8 eingeführt und sind wesentlich intuitiver als die klassischen Schieberegler. Die neuen Regler werden von GIMP vorwiegend bei den Werkzeugeinstellungen verwendet.

Klassische Schieberegler | Bei einem Schieberegler lassen sich gewöhnlich die Werte durch Verschieben des Reglers ❺ mit gedrückter Maustaste ändern. Meistens liegt neben dem Schieberegler der Wert als Texteingabefeld ❻ vor, so dass Sie auf Wunsch den Wert auch über dieses Steuerelement ändern können.

Neue Schieberegler | Die neuen Schieberegler lassen sich auf drei verschiedene Arten verwenden:
▶ Klicken Sie im unteren Bereich des Schiebereglers, ändert sich der Mauszeiger zu einem Doppelpfeil nach links und rechts ❼. Hierbei können Sie dann den Wert mit gedrückt gehaltener Maustaste in kleinen Schritten in beiden Richtungen ändern.
▶ Klicken Sie hingegen etwas oberhalb des Schiebereglers, ändert sich der Mauszeiger zu einem Pfeil, der nach oben zeigt ❾. Damit können Sie mit einem Mausklick direkt an diese Position springen.
▶ Natürlich gibt es noch die dritte Möglichkeit, den Wert direkt über das Textfeld ❽ der Tastatur einzugeben und zu ändern.

▲ **Abbildung 1.89**
Sieht der Mauszeiger so aus, können Sie den Wert in kleinen Schritten nach links oder rechts mit gedrückt gehaltener Maustaste ändern.

▲ **Abbildung 1.90**
Bei diesem Mauszeiger springen Sie direkt an die angegebene Position, wenn Sie einen Mausklick ausführen.

Texteingabefeld | Über ein Texteingabefeld können Sie den Wert manuell über die Tastatur eingeben. Klicken Sie hierzu lediglich in das Textfeld, und ändern Sie den Wert durch manuelle Eingabe. Häufig befinden sich auch kleine Pfeile neben dem Texteingabefeld, um die Werte durch Anklicken der Pfeile mit der Maus zu ändern.

▲ Abbildung 1.91
Eingabe von Werten über die Tastatur oder die kleinen Pfeile auf der rechten Seite

Suchfeld | Bei manchen erweiterten Dropdown-Listen finden Sie neben der Schaltfläche für die Dropdown-Liste ein Suchfeld ❿. Geben Sie hier einen oder mehrere Buchstaben ein, werden die Einträge aufgelistet, die mit diesem (oder diesen) Buchstaben beginnen.

▲ Abbildung 1.92
Bei umfangreichen Listen, wie hier den verschiedenen Schriftarten, ist das Suchfeld sehr nützlich.

Radioschaltflächen | Bei mehreren Radioschaltflächen, die in einer Gruppe zusammengefasst sind, können Sie immer nur eine Option auswählen. Eine Option ist gewöhnlich per Standard vordefiniert. Klicken Sie mit der Maus auf eine andere Option, wird diese aktiviert und die vorherige deaktiviert.

▲ Abbildung 1.93
Bei einer Gruppe von Radioschaltflächen lässt sich nur eine Option wählen.

Checkboxen | Checkboxen lassen sich wie Radioschaltflächen mit einem Mausklick (de-)aktivieren. Im Gegensatz zu den Radioschaltflächen können Sie hierbei allerdings mehrere oder alle Optionen einer Gruppe auswählen.

▲ Abbildung 1.94
Bei Checkboxen können Sie verschiedene Optionen gleichzeitig (de-)aktivieren.

Schaltflächen in Dialogen

Mit dem Auswählen von Menübefehlen starten Sie häufig ein weiteres (Dialog-)Fenster mit verschiedenen Funktionen, in dem Sie über die Steuerelemente bestimmte Werte ändern und das Aussehen der Bilder beeinflussen können. Diese Funktionen werden Sie im Laufe des Buches kennenlernen. In diesem Abschnitt geht es nur um die grundlegende Ausführung der Dialoge, die fast immer recht ähnlich ist.

Viele Dialoge bieten im unteren Teil ❶ bestimmte Schaltflächen, die ich nicht bei jeder Beschreibung der Funktionen in diesem Buch erneut erwähne. Folgende Schaltflächen sind sehr häufig anzutreffen:

- ▶ Hilfe: Über diese Schaltfläche zeigen Sie die Beschreibung zur entsprechenden Funktion des GIMP-Benutzerhandbuches an. Ist dieses Handbuch nicht installiert, können Sie es auch online lesen.
- ▶ Zurücksetzen: Wenn Sie die Werte eines Dialogfensters verändert haben und das Bild in der Vorschau nicht zum gewünschten Ergebnis geführt hat, können Sie mit dieser Schaltfläche die Werte wieder auf den voreingestellten Standard zurücksetzen.
- ▶ OK: Mit dieser Schaltfläche wenden Sie Funktion(en) des Dialogs mit den gemachten Einstellungen auf das Bild, eine Ebene oder eine Auswahl an.
- ▶ Abbrechen: Damit schließen Sie das Dialogfenster, ohne dass irgendwelche Änderungen am Bild oder einer Auswahl durchgeführt werden.

Abbildung 1.95 ▶
Im unteren Teil des Dialogfensters finden sich bei fast allen Funktionen dieselben Schaltflächen.

Kapitel 2
Umgang mit Dateien

In diesem Kapitel werden Sie die Grundlagen zum Dateimanagement mit GIMP kennenlernen. Dazu gehören Themen wie das Öffnen und Speichern von Dateien in und mit GIMP. Natürlich erfahren Sie auch, wie Sie eine leere Datei anlegen oder ein Bild aus dem Web laden. Selbstverständlich behandele ich hier auch die Themen Speichern und die entsprechenden Dateiformate.

2.1 Dateien öffnen

GIMP bietet mehrere Möglichkeiten an, eine Datei zu öffnen. Die wohl gängigste Variante dürfte das Menü DATEI • ÖFFNEN (oder das Tastenkürzel [Strg]/[Ctrl]+[O]) sein.

▲ **Abbildung 2.1**
Bild(er) ÖFFNEN über das Menü DATEI

Der GIMP-Dialog zum Öffnen von Dateien bietet eine schöne Anzahl an nützlichen Features und lässt kaum Wünsche offen. Ganz oben wird in einer Liste mit Schaltflächen ❻ (Abbildung 2.2) das Verzeichnis angezeigt, in dem Sie sich gerade befinden. Hierbei können Sie jederzeit in ein übergeordnetes Verzeichnis wechseln, indem Sie auf die entsprechende Schaltfläche klicken.

Datei per Drag & Drop öffnen
Wenn Sie GIMP bereits gestartet haben, können Sie jederzeit eine Bilddatei aus dem Dateimanager (beispielsweise Windows Explorer) direkt auf das Bildfenster ziehen und fallen lassen, um sie schnell zu öffnen. Bei Mac OS X müssen Sie das Bild auf das GIMP-Icon im Dock ziehen, um dasselbe zu erreichen. Ziehen Sie ein Bild in ein Bildfenster von GIMP, in dem bereits ein Bild geöffnet wurde, wird dieses Bild als neue Ebene hinzugefügt. Ein Bild als neue Ebene in einer bereits geöffneten Datei zu öffnen, ermöglicht auch der Menüpunkt DATEI • ALS EBENEN ÖFFNEN (oder [Strg]/[Ctrl]+[Alt]+[O]). Mehr zu den Ebenen erfahren Sie in Teil V des Buches.

Kapitel 2   Umgang mit Dateien

Tipp: Dateinamen eingeben
Über die Schaltfläche links oben ❶ (oder mit [Strg]/[Ctrl]+[L]) im Dialog BILD ÖFFNEN können Sie eine Datei durch die Eingabe des Namens öffnen. Dies ist besonders hilfreich, wenn sich sehr viele Dateien in einem Verzeichnis befinden. Sobald Sie etwas in der sich öffnenden Textzeile eingeben, wird eine Liste mit Vorschlägen angezeigt, die im aktuellen Verzeichnis mit der Tastatureingabe übereinstimmen.

Im Listenfeld ORTE ❷ wählen Sie das Laufwerk oder Verzeichnis aus, wo Sie ein Bild öffnen wollen. Hier finden Sie häufig auch das Benutzerverzeichnis und die systemspezifischen Verzeichnisse für Bilder und Dokumente. Wenn Sie hierbei ZULETZT VERWENDET anklicken, werden in der Mitte des Dialogs ❽ die Bilder aufgelistet, die Sie zuletzt in GIMP geöffnet haben.

Hätten Sie gerne noch andere Verzeichnisse im Listenfeld ORTE aufgelistet, erzeugen Sie diese über die Schaltfläche HINZUFÜGEN ❹, und unerwünschte Verzeichnisse löschen Sie über die Schaltfläche ENTFERNEN ❸.

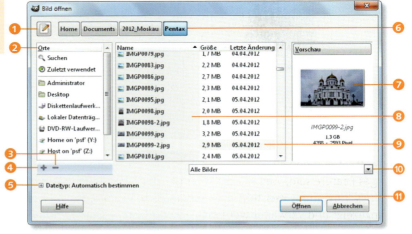

Abbildung 2.2 ▶
Der Dialog zum Öffnen einer Datei

Mehrere Dateien öffnen
Wollen Sie mehrere Dateien auf einmal mit dem Dialog BILD ÖFFNEN in GIMP laden, halten Sie die Taste [⇧] gedrückt, um mehrere Bilder hintereinander zu markieren, oder die Taste [Strg]/[Ctrl], um einzelne Dateien zu markieren. Mit einem Klick auf die Schaltfläche ÖFFNEN ⓫ werden diese Bilder jeweils in einem separaten Bildfenster geöffnet.
Das Gleiche erreichen Sie auch, wenn Sie vom Dateimanager (beispielsweise Windows Explorer) mehrere Dateien auf das Bildfenster von GIMP fallen lassen. Bei Mac OS X müssen Sie diese Dateien auf das GIMP-Icon im Dock fallen lassen.

In der Mitte des Dialogs wird der Inhalt ❽ des ausgewählten Verzeichnisses oder Laufwerks angezeigt. Finden Sie hierbei auch gleich ein Ordnersymbol und klicken Sie dieses an, so zeigt der Dialog diesen Ordnernamen in der Liste mit Schaltflächen an, so dass Sie jederzeit in alle übergeordneten und auch wieder in den untergeordneten Ordner wechseln können. Markieren Sie ein Bild ❾ in der Mitte des Dialogs, erhalten Sie eine kleine VORSCHAU ❼ dazu. Sollte keine Vorschau zu sehen sein, klicken Sie mit der linken Maustaste in den Vorschau-Bereich.

Wollen Sie nicht, dass, wie in der Standardeinstellung vorgegeben, alle Bildformate aufgelistet werden, können Sie den Inhalt mit Hilfe des Dropdown-Menüs ❿ nach bestimmten Datenformaten filtern. Sollte GIMP außerdem einen Datentyp nicht erkennen, weil beispielsweise die Dateiendungen (etwa »*.jpg« oder »*.tiff«) ausgeblendet sind, können Sie den Dialog über DATEITYP: AUTOMATISCH BESTIMMEN ❺ explizit dazu veranlassen, einen bestimmten Datentyp auszuwählen.

Um jetzt eine Datei in GIMP zu öffnen, reicht es aus, wenn Sie diese in der Mitte des Dialogs markiert haben und auf die Schaltfläche ÖFFNEN ⓫ klicken, oder Sie klicken die gewünschte Datei im mittleren Bereich mit der linken Maustaste doppelt an.

Tipp

Wenn Sie eine Bilddatei auf den Werkzeugkasten von GIMP ziehen und fallen lassen, wird das Bild immer in einem neuen Fenster oder, beim Einzelfenster-Modus, in einem neuen Reiter der Navigationsleiste geöffnet, und Sie müssen nicht aufpassen, dass das Bild nicht über ein anderes Bild als neue Ebene hinzugefügt wird.

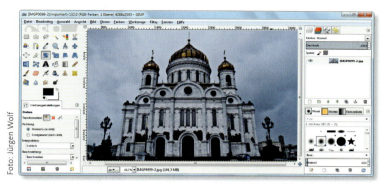

◀ Abbildung 2.3
Nach dem Öffnen einer Bilddatei kann es losgehen.

Mehrere Bilder öffnen

Verwenden Sie nicht den Einzelfenster-Modus und öffnen Sie mehrere Bilder, wird für jedes Bild ein gesondertes Bildfenster geöffnet. Für den einen oder anderen Leser mag dies ein eigenartiges Feature sein, weil es doch eher üblich ist, dass neue Fenster eines Programms meistens auch innerhalb des Programms selbst angezeigt und verwaltet werden.

◀ Abbildung 2.4
Jedes Bild in GIMP wird in einem eigenen Bildfenster dargestellt, falls nicht der Einzelfenster-Modus verwendet wird. Bei zwei geöffneten Bildern werden somit auch zwei Bildfenster verwendet.

Viele Anwender waren mit dem Verhalten, dass für jedes Bild ein neues Bildfenster verwendet wird, nicht zufrieden, und Einsteiger hat es oft davon abgehalten, GIMP überhaupt erst zu verwenden.

Hier haben die Entwickler jetzt reagiert und GIMP auch einen EINZELFENSTER-MODUS spendiert, den Sie über das Menü FENSTER jederzeit ein- und abschalten können.

Dieser Einzelfenster-Modus enthält auch eine Navigationsleiste 1 oberhalb des geöffneten Bildes, womit Sie ganz einfach zwischen den geöffneten Bildern mit einem Mausklick wechseln können.

Abbildung 2.5 ▶
Dank der neuen Fenster-Navigationsleiste 1 im neuen Einzelfenster-Modus ist es bei mehreren geöffneten Bildern jetzt wesentlich einfacher, zwischen den geöffneten Bildern zu wechseln.

Bilder aus dem Web laden

Über den Menübefehl DATEI • ADRESSE ÖFFNEN laden Sie ein Bild direkt aus dem Internet in ein neues Bildfenster. Geben Sie hierzu die komplette URL zur Bilddatei im Textfeld ein. Mit ⏎ oder der Schaltfläche ÖFFNEN versucht GIMP, eine Verbindung zum entsprechenden Webserver aufzubauen und das Bild zu laden.

Schneller laden

Auch hier können Sie Bilder direkt aus dem Webbrowser in GIMP öffnen, indem Sie das Bild mit gedrückter Maustaste ziehen und auf ein Bildfenster von GIMP fallen lassen. Bei Mac OS X funktioniert dies auch, allerdings müssen Sie hier das Bild auf dem GIMP-Icon im Dock fallen lassen.

▲ **Abbildung 2.6**
Bilder direkt aus dem Web laden: Hier soll GIMP ein Cover für ein Buch herunterladen.

Zuletzt geöffnete Bilder

Wenn Sie Bilder geschlossen oder GIMP beendet haben und später mit einem bestimmten Bild weiterarbeiten wollen, können Sie diese Datei über das Menü DATEI • ZULETZT GEÖFFNET wieder aufrufen. Alternativ öffnen Sie diese Bilder mit den Tastenkombinationen [Strg]/[Ctrl]+[1] bis [Strg]/[Ctrl]+[9] (und [Strg]/[Ctrl]+[0] für das zehnte Bild) – allerdings werden Sie wohl kaum auswendig wissen, welches Bild Sie vor fünf oder sechs Bildern geschlossen haben. Aufgelistet werden über dieses Menü die zehn zuletzt geöffneten Bilder.

Dialog »Dokumentenindex« | Reicht Ihnen das nicht aus, können Sie über DATEI • ZULETZT GEÖFFNET • DOKUMENTENINDEX oder FENSTER • ANDOCKBARE DIALOGE • DOKUMENTENINDEX die zuletzt geöffneten Dateien auflisten lassen. Auch bei diesem Dialog lässt sich die Ansicht (Vorschaugröße und Listen- oder Rasteransicht) über das Reitermenü ❷ ändern.

▲ **Abbildung 2.7**
Im Menü DATEI • ZULETZT GEÖFFNET können Sie komfortabel Bilder öffnen, die Sie kürzlich geschlossen haben.

Doppelklicken Sie ein Bild in der Miniaturvorschau, wird dieses in einem neuen Bildfenster geladen oder, falls es schon geöffnet war, in den Vordergrund geholt. Verwenden Sie die erste Schaltfläche unten links ❸ auf einen markierten Bildeintrag, wird das Bild geladen. Ist das Bild bereits geöffnet, wird es erneut geladen. Wollen Sie dies vermeiden und nur das bereits geladene Bild in den Vordergrund holen, halten Sie beim Klick auf diese Schaltfläche die [⇧]-Taste gedrückt. Mit gedrückter [Strg]/[Ctrl]-Taste können Sie den Dialog BILD ÖFFNEN anzeigen lassen. Mit der zweiten Schaltfläche ❹ entfernen Sie einen Eintrag aus der Liste. Die dritte Schaltfläche ❺ löscht alle Einträge aus der Liste, und mit der letzten Schaltfläche ❻ erneuern Sie die Vorschau. Sinnvoll ist dies mit gehaltener [Strg]/[Ctrl]-Taste, womit alle nicht mehr gefundenen Einträge entfernt werden.

▲ **Abbildung 2.8**
Der Dialog DOKUMENTENINDEX

2.2 Dateien von Kamera oder Scanner importieren

Bilder von einer am Rechner angeschlossenen Kamera oder einem Scanner importieren Sie über den Menübefehl DATEI • ERSTELLEN • SCANNER/KAMERA. Daraufhin erscheint ein Dialog, in dem Sie das Gerät auswählen.

◄ **Abbildung 2.9**
Wählen Sie die Quelle aus, von der Sie etwas importieren wollen.

Kamera wird nicht aufgelistet

Wenn Ihre Kamera nicht in der Liste von QUELLEN aufgelistet wird, liegt dies wahrscheinlich daran, dass ein bestimmter Treiber fehlt, der Ihre Kamera als Bildbearbeitungsgerät auf dem System erkennt. Dies ist allerdings auch nicht weiter schlimm, denn Sie können Ihre Kamera immer noch wie einen gewöhnlichen Wechseldatenträger verwenden und die Bilder über den Arbeitsplatz oder den Finder per klassischem Copy & Paste in ein beliebiges Verzeichnis importieren.

RAW-Format

Natürlich können Sie mit GIMP trotzdem Bilder im rohen Format (RAW) über ein Plugin laden und bearbeiten. Wie dies funktioniert, erfahren Sie in Teil XI des Buches.

Was nach der Auswahl des Geräts erscheint, ist systemabhängig – sprich, GIMP bietet keine eigenen Funktionen oder Dialoge an, um Bilder zu importieren oder einzuscannen, sondern nutzt die Funktionen, die das Betriebssystem hierzu verwendet. Leider bedeutet das häufig auch, dass nur die gängigen Formate (JPEG, TIFF, PNG) erkannt werden und gerade das beliebte RAW-Format hier außen vor bleibt. Dann müssen Sie wieder manuell die Bilder vom Verzeichnis der Kamera auf den Rechner kopieren.

▲ **Abbildung 2.10**
Der Windows-Dialog zum Importieren von Bildern von einer Kamera

Bildbetrachter für Mac OS X

Mac OS X-Anwender haben mit dem Programm iPhoto meistens von Haus aus ein wirklich sehr gutes Bildbetrachtungs- und Verwaltungsprogramm mit sehr vielen nützlichen Zusatzfunktionen und werden kaum eine bessere (kostenlose) Alternative finden.

▲ **Abbildung 2.11**
Das Fenster zum Importieren von Bildern vom Scanner unter Windows

2.3 Eine neue Datei anlegen

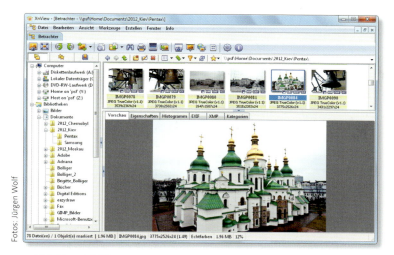

▲ **Abbildung 2.12**
XnView ist ein toller Bildbetrachter mit vielen sehr schönen Funktionen.

> **Bildbetrachter für Windows**
>
> Die Stärken von GIMP liegen nicht unbedingt in der Kommunikation mit anderen Geräten oder der Verwaltung von Bildern, sondern eindeutig bei der Bearbeitung von Bildern. Falls Sie auf der Suche nach einem kostenlosen, aber leistungsstarken Bildbetrachter sind, mit dem Sie auch sehr komfortabel Bilder (inklusive des RAW-Formats) von der Kamera importieren und verwalten können, dann empfehle ich Ihnen das Programm **XnView**, das für alle gängigen Systeme erhältlich ist. Mehr Informationen zu dem wirklich sehr funktionsreichen Programm finden Sie unter *http:///www.xnview.com/de*.

2.3 Eine neue Datei anlegen

Eine neue leere Bilddatei legen Sie über den Menübefehl DATEI • NEU oder das Tastenkürzel [Strg]/[Ctrl]+[N] an. Als Einsteiger darf man sich solch eine leere Bilddatei wie ein Blatt Papier vorstellen, auf das Sie malen, schreiben oder weitere Bilder kleben können. Wenn Sie den Menübefehl aufgerufen haben, öffnet sich der Dialog aus Abbildung 2.13.

Über VORLAGEN ❶ wählen Sie aus einer Liste von vorgegebenen Werten wie Bildtyp, Abmessungen, DIN-Normen, Auflösung usw. aus. Das ist sehr nützlich, wenn Sie zum Beispiel die Maße für DIN A3, A4 oder A5 nicht im Kopf haben. Reichen die vorgegebenen Vorlagen nicht aus, können Sie jederzeit über das Menü FENSTER • ANDOCKBARE DIALOGE • VORLAGEN im gleichnamigen Dock eigene Vorlagen erstellen (siehe Abbildung 2.14). Die im Dock erstellten Vorlagen werden anschließend auch im Dialog EIN NEUES BILD ERSTELLEN unter VORLAGEN ❶ aufgelistet.

Maße ❷ für das neue Bild geben Sie über BREITE und HÖHE ein. Standardmäßig ist als Maßeinheit Pixel (PX) eingestellt. Aber über die Dropdown-Liste ❾ hinter HÖHE können Sie die Maßeinheit verändern (beispielsweise Zoll, Millimeter, Zentimeter). Darunter stellen Sie ein, ob das Bild im Hoch- oder Querformat ❸ erstellt werden soll. Im Grunde werden hierbei nur die Werte von HÖHE und BREITE getauscht. Die ERWEITERTEN EINSTELLUNGEN öffnen Sie über das kleine Plus-Symbol ❹. Hier legen Sie die Auflösung ❺ für das Bild und auch deren Maßeinheit fest.

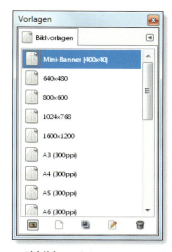

▲ **Abbildung 2.13**
Auch eigene Vorlagen können Sie beim Erstellen beliebig benennen und mit einem eigenen Icon versehen (in der Abbildung beispielsweise MINI-BANNER (400×40)).

Abbildung 2.14 ▶
Der Dialog zum Erstellen einer neuen leeren Datei

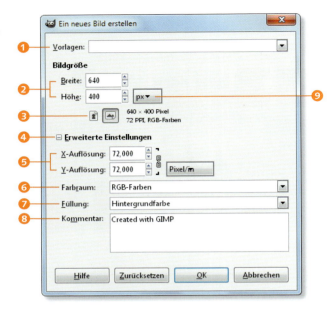

Darunter wählen Sie den FARBRAUM ❻ (RGB oder Graustufen) aus. Womit der Hintergrund des neu erstellten Bildes gefüllt werden soll, bestimmen Sie unter FÜLLUNG ❼. Neben der aktuell eingestellten VORDER- und HINTERGRUNDFARBE können Sie auch direkt WEISS und TRANSPARENZ (durchsichtig) auswählen.

Ob der KOMMENTAR, den Sie im gleichnamigen Textfeld ❽ eingeben können, auch im Bild gespeichert wird, hängt immer vom verwendeten Dateiformat ab.

Ein Bildschirmfoto erstellen

Sehr nützlich ist auch die Funktion, den Bildschirm zu fotografieren. Zwar ist dies mit den hauseigenen Mitteln des Betriebssystems gewöhnlich auch möglich, aber häufig nicht so komfortabel und vielen Benutzern auch nicht so geläufig. Die entsprechende Funktion in GIMP rufen Sie über den Menübefehl DATEI • ERSTELLEN • BILDSCHIRMFOTO auf.

Im nun erscheinenden Dialogfenster haben Sie die Option, ein Bildschirmfoto eines einzelnen Fensters aufzunehmen. Abhängig vom System öffnet sich für diese Option ein weiterer Dialog, in dem Sie mit gedrückt gehaltener Maustaste ein Fadenkreuz auf das Fenster ziehen und fallen lassen, das Sie aufnehmen wollen. Bei Mac OS X und Linux hingegen wird der Zeiger sofort zu einem Fadenkreuz, mit dem Sie anschließend das gewünschte Fenster anklicken. Des Weiteren können Sie bei Mac OS X und Linux entscheiden, ob Sie den FENSTERRAHMEN EINBEZIEHEN wollen.

Zum Weiterlesen

Mehr zur Auflösung und zum Thema Farbraum können Sie in Abschnitt 4.2, »Bildgröße und Auflösung«, und Abschnitt 4.3, »Grundlagen zu Farben«, nachlesen. Wie Sie in GIMP Farben für Vorder- und Hintergrund auswählen, erfahren Sie in Abschnitt 9.1, »Farben einstellen«.

Tastenkombinationen

Zwar ist dies nicht Bestandteil von GIMP, aber jedes Betriebssystem enthält spezielle Tastenkombinationen, um den Bildschirm aufzunehmen. Unter Linux und Windows beispielsweise kopieren Sie mit der/n Taste(n) `Druck` bzw. `Strg`+`Druck` den kompletten Bildschirm in die Zwischenablage. Bei Mac OS X erreichen Sie dies mit `Apfel`+`⇧`+`3`. Das Bild aus der Zwischenablage öffnen Sie in GIMP mit DATEI • ERSTELLEN • AUS ZWISCHENABLAGE.

▲ **Abbildung 2.15**
Dialog zum Erstellen eines Bildschirmfotos (Windows-Systeme)

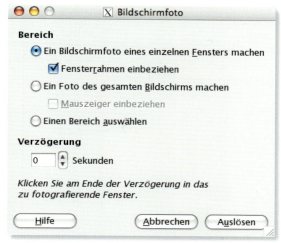

▲ **Abbildung 2.16**
Bildschirmfoto erstellen unter Mac OS X und Linux

Mit der zweiten Funktion erstellen Sie ein Foto des kompletten Bildschirms. Unter Mac OS und Linux können Sie hierbei auch noch auswählen, ob Sie den Mauszeiger einbeziehen wollen. Ebenfalls nur unter Mac OS X und Linux finden Sie zusätzlich die Option Einen Bereich auswählen, mit der Sie mit dem Fadenkreuz des Mauszeigers einen rechteckigen Bereich festlegen, von dem das Bildschirmfoto erstellt werden soll.

Auf allen drei Betriebssystemen können Sie eine bestimmte Zeit angeben, die gewartet werden soll, bis der von Ihnen ausgewählte Bereich aufgenommen wird. Dies ist beispielsweise sinnvoll, wenn Sie vorher noch ein Menü öffnen wollen, das ebenfalls mit aufgenommen werden soll.

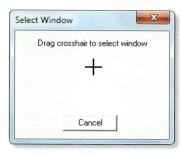

▲ **Abbildung 2.17**
Dieser Dialog wird angezeigt, wenn ein einzelnes Fenster aufgenommen werden soll.

2.4 Dateien schließen

Ein Bild schließen können Sie jederzeit über das Menü Datei • Schliessen (oder das Tastenkürzel [Strg]/[Ctrl]+[W]). Haben Sie mehrere Bilder auf einmal geöffnet, können Sie alle auf einmal mit Datei • Alle Schliessen (oder dem Tastenkürzel [Strg]/[Ctrl]+[⇧]+[W]) schließen. Sollten Sie ein oder mehrere Bilder schließen, die noch ungespeicherte Änderungen enthalten, erscheint ein entsprechender Hinweisdialog, der Sie darüber informiert und auch gleich anbietet, das Bild zu speichern (siehe Abbildung 2.19).

Schließen über den Fenstermanager

Natürlich können Sie ein Bild alternativ auch über das kleine X-Symbol rechts oben – oder links oben beim Mac – schließen. Auch im Einzelfenster-Modus finden Sie oberhalb der Bilder in der Navigationsleiste ein kleines X-Symbol, mit dem Sie ein Bild schließen können.

▲ **Abbildung 2.18**
Einzelne Bild-Dateien können im Einzelfenster-Modus über das kleine X oberhalb des Bildes in der Navigationsleiste geschlossen werden.

▲ **Abbildung 2.19**
Dieser Dialog erscheint, wenn Sie versuchen, eine Datei zu schließen, die noch ungespeicherte Änderungen enthält.

Allerdings geht GIMP (ab der Version 2.8) beim Speichern von geänderten Bildern einen etwas anderen Weg, worauf in Abschnitt 2.6, »Dateien speichern bzw. exportieren«, etwas ausführlicher eingegangen wird. Wie Sie am Bildschirmfoto sehr schön erkennen können, bezeichnet GIMP das Bild von Anfang an gleich als »Unbenannt« und verhindert so, dass Sie versehentlich das Original überschreiben. Und auch wenn Sie auf die Schaltfläche SPEICHERN UNTER ❶ klicken, erhalten Sie nur die Möglichkeit, das Bild ins GIMP-eigene Format XCF zu speichern. Aber, wie gesagt, dazu gleich mehr.

2.5 Geöffnete Bilder verwalten

In einem laufenden Workflow mit GIMP kommt es oft vor, dass man relativ viele Bilder gleichzeitig geöffnet hat. Falls Sie GIMP dann nicht im Einzelfenster-Modus verwenden (wollen), wird das schnell unübersichtlich. Um sich einen Überblick zu den Bildern zu verschaffen oder ein gewünschtes Bild in den Vordergrund zu bringen, eignet sich der Dialog BILDER (aufzurufen über FENSTER • ANDOCKBARE DIALOGE • BILDER) sehr gut.

▲ **Abbildung 2.20**
Mögliche Darstellungsgrößen der Vorschau im BILDER-Dialog

Abbildung 2.21 ▶
Der Dialog BILDER; links ist die Vorschaugröße auf MITTEL und rechts auf SEHR GROSS eingestellt.

2.5 Geöffnete Bilder verwalten

Über das Reitermenü ❶ passen Sie die Vorschaugröße der Bilder an. Auch die Ansicht können Sie hier mit der Listen- oder Rasterdarstellung einstellen. Klicken Sie eines der Bilder im Dialog an, können Sie es mit der ersten Schaltfläche ❷ links unten als aktives Bild in den Vordergrund holen. Schneller geht dies, wenn Sie auf das Bild in der Miniaturvorschau des Dialogs doppelklicken.

Im Einzelfenster-Modus hingegen lassen sich die geöffneten Bilder auch sehr komfortabel mit der Navigationsleiste ❺, die ebenfalls mit einer Miniaturvorschau daherkommt, oberhalb des Bildes verwalten und durch Anklicken der einzelnen Reiter wechseln.

Neue Ansicht
Eine neue Ansicht für ein Bild (keine Kopie) können Sie auch über den Menübefehl ANSICHT • NEUE ANSICHT erstellen und so GIMP mit mehreren Bildfenstern verwenden. An dieser Stelle ist es auch einmal von Vorteil, dass GIMP nicht nur den Einzelfenster-Modus anbietet. Im Einzelfenster-Modus fehlt nämlich eine direkte Vergleichsansicht (oder zweite Ansicht) zweier (gleicher oder unterschiedlicher) Bilder.

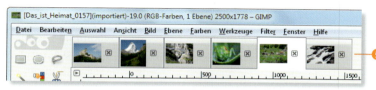

▲ **Abbildung 2.22**
Dank der neuen Navigationsleiste im neuen Einzelfenster-Modus lässt es sich recht komfortabel zwischen den Bildern wechseln.

Mit der zweiten Schaltfläche ❸ daneben erstellen Sie vom aktuell gewählten Bildfenster eine zweite Ansicht. Es wird allerdings keine Kopie davon erzeugt. Das bedeutet: Alles, was Sie im Fenster der ersten oder zweiten Ansicht ändern, wirkt sich auch auf das andere Fenster aus. Die zweite Ansicht ist sehr nützlich, wenn Sie während der Bearbeitung eines Bildes mehrere Ansichtsgrößen haben wollen. Die letzte Schaltfläche im BILDER-Dialog ❹ hat keine Wirkung.

Menü »Fenster«
Alternativ holen Sie über das Menü FENSTER die geöffneten Bilder in den Vordergrund. Leider ist hier die Vorschau recht klein. Allerdings hat dieses Menü den Vorteil, dass hier auch die Bilder in der neuen Ansicht mit aufgelistet werden. Bilder in der ersten Ansicht haben dort die Endung »Bildname.jpg-1.**0**«. Bei jeder weiteren Ansicht wird dieser Wert um 1 erhöht (beispielsweise »Bildname.jpg-1.**1**«, »Bildname.jpg-1.**2**« usw.).

 chrysler_vegas.jpg

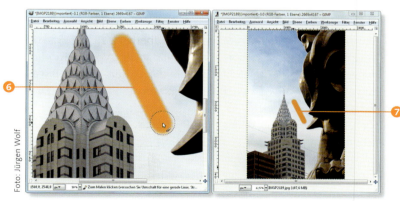

▲ **Abbildung 2.23**
Für das Bild wurde eine zweite Ansicht erstellt. Zur Demonstration wurde hier im Bild links ❻ mit dem Pinsel ein Strich gemalt. Dieser Strich wird natürlich auch auf der rechten Seite in der zweiten Ansicht sichtbar ❼.

2.6 Dateien speichern bzw. exportieren

 Das geänderte Speichern und die Export-Funktion wurden neu mit GIMP 2.8 eingeführt. Hierbei können Sie jetzt über die Befehle SPEICHERN bzw. SPEICHERN UNTER die Dateien zunächst nur im GIMP-eigenen Format XCF speichern. Um die Bilder in herkömmliche Formate wie JPEG, PNG, TIFF usw. zu sichern, stehen die neuen Export-Funktionen zur Verfügung.

Während Sie das Bild bearbeiten, sollten Sie den Fortschritt auch des Öfteren abspeichern. Am schnellsten sichern Sie ein Bild über DATEI • SPEICHERN (oder das Tastenkürzel [Strg]/[Ctrl]+[S]). An dieser Stelle hatte ich früher immer den Hinweis gegeben, dass Bild zuvor unter einem anderen Namen zu speichern, um das Originalbild nicht zu überschreiben. Allerdings haben sich auch hier die GIMP-Entwickler Gedanken gemacht und das Speichern von Dateien in GIMP (ab 2.8) geändert.

Wird das Bild zum ersten Mal gespeichert oder haben Sie den Menübefehl DATEI • SPEICHERN UNTER (Tastenkürzel [Strg]/[Ctrl]+[⇧]+[S]) verwendet, erscheint der Dialog BILD SPEICHERN (siehe Abbildung 2.24).

Bedienung des Dialogs
Abgesehen vom verwendbaren Dateiformat und der Schaltfläche SPEICHERN, entspricht die Bedienung dieses Dialogs genau der des Dialogs zum Exportieren von Dateien.

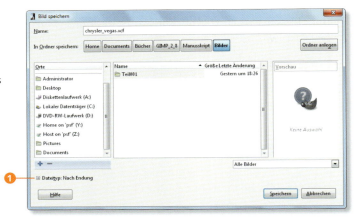

Abbildung 2.24 ▶
Der Dialog für das Speichern eines Bildes.

Anwender der Vorgängerversion von GIMP und Umsteiger von anderen Bildbearbeitungsprogrammen werden ungläubig dreinblicken, wenn Sie die Befehle SPEICHERN bzw. SPEICHERN UNTER zum ersten Mal verwenden. Beim Anklicken des Plus-Symbols vor DATEITYP: NACH ENDUNG ❶ werden Sie feststellen, dass es nur noch möglich ist, die Bilder im **GIMP-eigenen XFC-Format** zu sichern.

Das geänderte Datei-speichern-Verfahren hat zunächst den Vorteil, dass Sie so nie mehr das Originalbild überschreiben. Des Weiteren bleiben hiermit alle anderen Informationen zum Bild, wie zum Beispiel Ebenen, Farbtiefe usw., erhalten. Genau genommen, entspricht dies einem typischen Workflow: Sie öffnen ein Bild, bearbeiten es und sichern den Zwischenstand als GIMP-eigene XCF-Datei ab. Erst ganz am Ende der Bearbeitung exportieren Sie die fertige Arbeit in ein typisches Grafikformat wie JPEG, PNG, TIFF usw.

2.6 Dateien speichern bzw. exportieren

◄ **Abbildung 2.25**
SPEICHERN bzw. SPEICHERN UNTER erlaubt nur das Sichern im GIMP-eigenen Format XCF.

Datei als JPEG, PNG oder TIFF speichern | Um jetzt Ihre Bilder in ein übliches Grafikformat wie JPEG, PNG, TIFF usw. zu sichern, müssen Sie die Export-Funktionen verwenden. Hier gibt es zunächst der Befehl DATEI • EXPORTIEREN NACH (Tastenkürzel [Strg]/[Ctrl]+[E]) was dem ursprünglichen Speichern-Befehl entspricht. Wurde ein Bild praktisch schon einmal in ein bestimmtes Grafikformat exportiert, wird es mit diesem Befehl erneut ohne weiteren Dialog in dasselbe Grafikformat exportiert.

Wird das Bild zum ersten Mal exportiert oder haben Sie den Befehl DATEI • EXPORTIEREN (Tastenkürzel [Strg]/[Ctrl]+[⇧]+[E]) verwendet, erscheint der Dialog BILD EXPORTIEREN (siehe Abbildung 2.26).

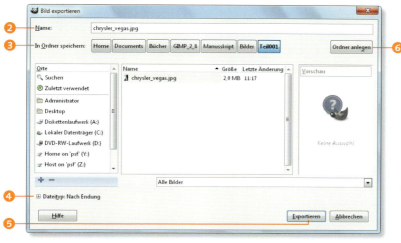

◄ **Abbildung 2.26**
Der Dialog zum Exportieren eines Bildes entspricht exakt dem Dialog zum Speichern, nur dass hierbei unter DATEITYP: NACH ENDUNG ❹ jetzt alle Grafikformate (ohne die GIMP-eigenen Formate) aufgelistet und verwendet werden können.

Den Namen und die Dateiendung geben Sie unter NAME ❷ ein. Darunter finden Sie mit IN ORDNER SPEICHERN ❸ den Ordner-Browser, den ich bereits zuvor in Abschnitt 2.1, »Dateien öffnen«, beschrieben habe, als es um das Öffnen eines Bildes ging. Zusätzlich finden Sie hier allerdings eine Schaltfläche zum Anlegen eines Ordners ❻.

Zum Weiterlesen
Welche Einstellungen es zu den gängigsten Dateiformaten gibt und für welchen Zweck Sie welches Format wählen, erfahren Sie im nächsten Abschnitt.

Da nicht jeder die Erweiterung aller Dateitypen kennt, können Sie in diesem Fall das Plus-Symbol ❹ vor DATEITYP: NACH ENDUNG anklicken. Daraufhin öffnet sich eine Liste mit allen Dateiformaten, die GIMP zur Speicherung unterstützt. Als Standardeinstellung ist NACH ENDUNG aktiviert, was bedeutet, dass Sie als Anwender die Endung selbst an den Namen anhängen sollen. Wenn Sie in der Liste ein Dateiformat auswählen, wird die Endung im Feld NAME ❷ automatisch angepasst.

Wenn Sie alles nach Ihren Wünschen eingestellt haben, klicken Sie auf die Schaltfläche EXPORTIEREN ❺. Abhängig vom Dateityp, den Sie für das Exportieren ausgewählt haben, erscheint jetzt ein weiterer Dialog, wo Sie weitere Einstellungen des Dateiformats vornehmen können.

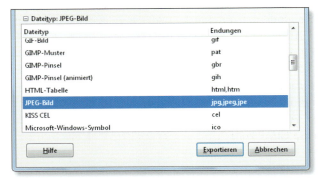

▲ **Abbildung 2.27**
Beim Exportieren stehen Ihnen alle gängigen Dateiformate zur Verfügung.

▲ **Abbildung 2.28**
Weitere Befehle zum Speichern von Bildern

Als Kopie speichern | Über DATEI • KOPIE SPEICHERN finden Sie einen ähnlichen Befehl wie eben mit SPEICHERN UNTER, mit dem Unterschied, dass Sie hiermit das in GIMP geöffnete Bild nach dem Speichervorgang nach wie vor mit dem ursprünglichen Namen und dem Änderungsstatus verwenden. Sie speichern mit diesem Befehl quasi nur den aktuellen Zustand des Bildes unter einem anderen Namen ab (aber auch hier wieder im GIMP-eigenen Format).

Dialog »Vorlagen«
Zum Verwalten von Vorlagen gibt es den entsprechenden Dialog über FENSTER • ANDOCKBARE DIALOGE • VORLAGEN. Mehr zu diesem Dialog erfahren Sie in Abschnitt 2.3, »Eine neue Datei anlegen«.

Als Vorlage speichern | Mit dem Kommando DATEI • ALS VORLAGE ERSTELLEN erstellen Sie aus der aktuellen Bildgröße und dem verwendeten Farbmodus eine neue Vorlage. Über den sich öffnenden Dialog vergeben Sie den Namen der Vorlage. Die so gespeicherte Vorlage können Sie dann über den Dialog EIN NEUES BILD ERSTELLEN (aufzurufen über DATEI • NEU) in der Dropdown-Liste VORLAGEN auswählen.

◀ **Abbildung 2.29**
Vom geladenen Bild werden die Eigenschaften Bildbreite, Bildhöhe und Farbmodus verwendet, um eine Vorlage daraus zu erstellen.

2.7 Dateiformate und Kompression

Ein Dateiformat beschreibt die Art, in der Informationen abgespeichert werden. Zur Unterscheidung der Formate werden unterschiedliche Dateinamenserweiterungen verwendet.

Wenn Sie eine Datei in einem bestimmten Format speichern, erscheint häufig, abhängig vom ausgewählten Format, ein weiterer Dialog, in dem Sie Einstellungen zum Speichern des Bildes vorgeben können.

Welche gängigen Formate es gibt, wozu Sie diese verwenden können und was sie bewirken, beschreiben die folgenden Abschnitte. Außerdem finden Sie hier einen Überblick, welche Dateiformate GIMP zum Lesen und Schreiben unterstützt.

Zum Weiterlesen
Wie Sie eine Datei speichern, wird in Abschnitt 2.6, »Dateien speichern bzw. exportieren«, beschrieben.

Datenkompression

Im Zusammenhang mit bestimmten Bildformaten ist häufig von der **Datenkompression** die Rede. Diese Datenkompression ist nicht mit dem Dateiformat zu verwechseln. Vielmehr handelt es sich um ein Verfahren zur Reduzierung des Speicherbedarfs von Daten.

Drei mögliche Arten der Speicherung werden bei der Datenkompression unterschieden:

- **Unkomprimierte Speicherung**: Bei der unkomprimierten Speicherung werden Bilder Pixel für Pixel auf die Festplatte geschrieben. Im RGB-Modus bei 300 ppi ergibt dies bis zu 3 Byte pro Pixel. Hochgerechnet auf ein Bild mit 3.543 × 3.150 Pixeln haben Sie so schnell einen Speicherumfang von 33 Megabytes.
- **Verlustfreie Kompression**: Wenn die kodierten Daten nach der Kodierung exakt denen des Originals entsprechen, spricht man von einer verlustfreien Kompression. Dieses Verfahren eignet sich besonders für flächige Bilder mit geringen Farbabstufungen. Fotos hingegen können kaum oder nicht so stark reduziert werden, da sie aus einer Vielzahl von Farben bestehen. Häufige Anwendungen zur verlustfreien Kompression

Datenmenge reduzieren
Die Reduzierung der Datenmenge wird erreicht, indem eine günstigere Repräsentation ermittelt wird, die die gleichen Informationen in kürzerer Form darstellt. Diese Arbeit übernimmt ein Kodierer. Der komplette Vorgang wird als **Kompression** oder **Kodierung** bezeichnet.

Kompression in der Theorie
Die Kompression lässt sich anhand der Zeichenfolge »aaabbb« erklären. Im RLE-Verfahren wird aus dieser Zeichenfolge »a3b3«. Das erste Zeichen steht für den Buchstaben, gefolgt von der Anzahl seiner Wiederholungen. Ähnlich funktionieren einige Algorithmen, die nach sich wiederholenden Bildinhalten suchen und diese Ähnlichkeiten im Bild speichern.

sind die Kompressionsverfahren **RLE**, **ZIP** und **LZW**. Bei diesen handelt es sich um mathematische Verfahren, sogenannte Algorithmen. So verwenden die Formate GIF und TIFF eine LZW-Kompression von Bilddaten, obwohl es sich hierbei um unterschiedliche Formate handelt. Bei TIFF haben Sie neben den ZIP- und JPEG-Kompressionsverfahren zusätzlich die Möglichkeit, ohne Bildkomprimierung zu speichern.

▶ **Verlustbehaftete Kompression**: Von einer verlustbehafteten Kompression spricht man, wenn Daten nicht mehr fehlerfrei rekonstruiert werden können. Das beste Beispiel hierfür ist das **JPEG-Verfahren**. Hierbei werden Bilder in 8 × 8 Pixel große Farbblöcke zerlegt. Die Farben der Pixel werden dabei so verändert, dass möglichst viele gleiche 8 × 8 Pixel große Blöcke im Bild entstehen. Hierbei können Sie auch die Kompressionsrate erhöhen, um die Datei zu verkleinern – dabei verschlechtert sich allerdings zugleich die Bildqualität.

Das JPEG-Verfahren ist eher für Fotos geeignet und weniger für Grafiken mit scharfen Kanten. Die Kompression von Fotos erkaufen Sie allerdings mit einigen Nachteilen: Je stärker die Kompression, desto eher kommt es zu Kompressionsartefakten im Bild. Kompressionsartefakte sind Signalstörungen wie unscharfe Kanten, Unschärfe, Kästchenmusterbilder (Verblockung) oder Farbverfälschung.

▲ **Abbildung 2.30**
Bei Bildern mit weichen Farbübergängen fallen die Artefakte bei zu starker Kompression stark auf, wie hier im Verlauf im Himmel.

2.7 Dateiformate und Kompression

Wichtige Dateiformate für Bilder

GIMP bietet Ihnen eine Menge verschiedener Dateiformate an. In der Regel werden Sie aber mit ein paar gängigen Formaten auskommen. In den folgenden Abschnitten finden Sie einen Überblick zu den üblichsten Formaten und eine kurze Beschreibung der wichtigsten Einstellungen.

ohneKompression.tiff, mitKompression.jpg

Bild im JPEG-Format speichern | Die JPEG-Kompression wurde für Pixelbilder der Fotografie und computergenerierte Bilder (CGI) entwickelt. JPEG ist das beste Dateiformat für Fotos mit einer möglichst kleinen Dateigröße. Dieses Format wird zudem vorwiegend im Web verwendet. Auch die Kompressionsverfahren für bewegte Bilder, MPEG-1 und MPEG-2, bauen auf dem JPEG-Standard auf.

Das Format JPEG (**J**oint **P**hotographic **E**xperts **G**roup; manchmal auch JPG) ist ideal, um Bilder ins Web zu stellen, da es von allen Webbrowsern wiedergegeben werden kann. Bilder mit gleichmäßigen, großen Farbflächen und scharfen Kanten werden wegen des Kompressionsverfahrens jedoch eher unsauber dargestellt. Mit 16,7 Millionen Farben deckt JPEG dafür aber die gesamte Farbpalette des menschlichen Auges ab.

▶ **Vorteile:**
   ▶ Bis 16,7 Millionen Farben sind darstellbar.
   ▶ Ist sehr weit verbreitet und kann fast immer problemlos auf verschiedenen Plattformen, Webbrowsern, Grafikprogrammen usw. angezeigt werden.
   ▶ Qualität und Bildgröße lassen sich sehr flexibel einstellen (gutes Speicherplatz-Qualitäts-Verhältnis).
   ▶ EXIF-Informationen (Metadaten) lassen sich in diesem Format sichern.

▶ **Nachteile:**
   ▶ JPEG komprimiert immer mit Verlusten. Jedes weitere Abspeichern führt dabei zu Qualitätsverlusten.
   ▶ Das Format ist nicht für den professionellen Druck geeignet.

Beachten Sie, dass JPEG eigentlich den Algorithmus bezeichnet, mit dem die Grafik verlustbehaftet komprimiert wird. Die entsprechenden Dateiendungen lauten meistens »*.jpeg«, »*.jpg« oder auch »*.jpe«. Beim Speichern von Bildern im JPEG-Format gehen viele erweiterte Funktionen (zum Beispiel Ebenen) verloren. Die Kompression können Sie bei diesem Format unterschiedlich einstellen. Je stärker die Kompression, desto geringer ist der Speicherverbrauch, aber desto schlechter ist auch die Bildqualität. Bei zu starker Kompression entstehen Kompressionsartefakte.

> **JPEG als Arbeitsformat**
> Als Arbeitsformat ist das JPEG-Format weniger geeignet. Bei jedem Speichern wird mit Verlusten komprimiert (auch wenn Sie die Option 100% VERLUSTFREI verwenden). Wenn Sie JPEG-Bilder des Öfteren überarbeiten und abspeichern, bemerken Sie irgendwann sichtbare Qualitätsverluste im Bild.

> **Zum Weiterlesen**
> Wenn Sie bei der Bilddatei weitere Ebenen hinzugefügt haben, folgt eine Warnung, dass JPEG keine Ebenen speichern kann, mit weiteren Optionen. Was Sie bei Bildern mit mehreren Ebenen machen können, beschreibt Seite 386, »Bilder mit Ebenen speichern«.

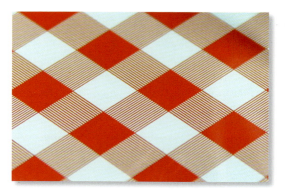 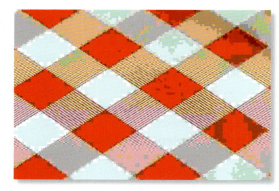

▲ **Abbildung 2.31**
Das Muster links wurde ohne besondere Komprimierung gespeichert. Im rechten Bild wurde zur Demonstration eine sehr starke Kompression verwendet, um Ihnen den Begriff »Kompressionsartefakte« bildlich zu zeigen.

Datei als JPEG speichern | Wenn Sie ein Bild im JPEG-Format speichern wollen, erscheint ein Dialogfenster für die JPEG-Kompression.

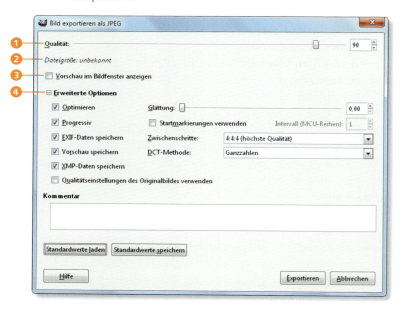

Abbildung 2.32 ▶
Der Dialog BILD EXPORTIEREN ALS JPEG mit Erweiterten Optionen

Mit dem Schieberegler QUALITÄT ❶ bestimmen Sie die Stärke der Kompression. Beachten Sie stets, dass es beim Speichern im JPEG-Format auch bei 100%iger Qualität zu Verlusten kommt. Um die Verluste, die durch die Komprimierung entstanden sind, nachvollziehen zu können, sollten Sie ein Häkchen vor VORSCHAU im Bildfenster anzeigen ❸ setzen. Dies bewirkt zudem die Berechnung der Dateigröße ❷.

Erweiterte Optionen ❹ werden erst angezeigt, wenn Sie auf das Plus-Symbol davor klicken. Zwar reicht es im Grunde meistens aus, die Qualität des JPEG-Bildes über den gleichnamigen Regler ❶ einzustellen, aber trotzdem sollen die Erweiterten Optionen kurz beschrieben werden.

Bei den erweiterten Optionen ist das Häkchen vor Optimieren unverzichtbar. Damit wird die Dateigröße kleiner bei gleicher Qualität. Um die Kompressionsartefakte abzuschwächen, können Sie den Regler Glättung etwas nach rechts schieben. Das Bild wird allerdings dann leicht weichgezeichnet. Mit Progressiv können Sie dafür sorgen, dass sich das Bild bei der Darstellung auf einer Internetseite schrittweise aufbaut. Wenn Sie EXIF-Daten speichern aktivieren, werden auch die Metadaten abgespeichert, die jede moderne Digitalkamera für die Aufnahme sichert (unter anderem Verschlusszeit, Blende, Uhrzeit, Datum, Brennweite, ISO-Einstellungen, Blitz). Zusätzlich können Sie über Zwischenschritte eine Kompressionsmethode auswählen. Der voreingestellte Wert 4:4:4 (höchste Qualität) ist eine gute Wahl.

Über Vorschau speichern wird eine Vorschau im Bild mitgespeichert. Bei DCT-Methode können Sie die Berechnungsart der Kompression angeben. Die höchste Qualität erhalten Sie mit Fliesskommazahlen.

Falls beim Bild XMP-Daten vorhanden sind, können Sie diese Metadaten über die entsprechende Checkbox mitspeichern. Wenn das Originalbild der JPEG-Datei von keiner standardisierten Qualitätseinstellung stammt, können Sie die Option Qualitätseinstellungen des Originalbildes verwenden wählen, um etwa die gleiche Qualität und Dateigröße zu erhalten. Einen Kommentar können Sie im gleichnamigen Textfeld dem Bild hinzufügen und speichern. Die Option Startmarkierungen verwenden fügt im Bild eine spezielle Markierung ein, die im Falle einer Unterbrechung beim Laden des Bildes aus dem Internet an der unterbrochenen Stelle fortsetzt wird, so dass das Bild nicht erneut komplett geladen werden muss.

Mit den Schaltflächen Standardwerte laden und Standardwerte speichern können Sie die vorgenommenen Einstellungen als Standardwerte sichern und wieder laden.

Bild im TIFF-Format speichern | Ebenfalls bereits ein »Oldie« ist das weitverbreitete TIFF-Format. TIFF (**T**agged **I**mage **F**ile **F**ormat, manchmal auch TIF) ist eigentlich das Dateiformat schlechthin, wenn es um den **Austausch von hochwertigen Bildern** (ohne

---

100%-Ansicht

Um die Verschlechterung der Qualität bei einer Bildkomprimierung wirklich beurteilen zu können, sollte die Ansicht des Bildes immer auf 100% (bzw. 1:1) stehen; am schnellsten stellen Sie diese Ansicht mit der Taste 1 ein. Dies gilt nicht nur für das Speichern im JPEG-Format.

Ideale Qualität

Mit einem Wert von 85–90% bei der Qualität ❶ erreichen Sie meistens ein recht gutes Ergebnis. Es empfiehlt sich dennoch, etwas mit den Optionen und der Kompression zu spielen und die Ergebnisse miteinander zu vergleichen. Natürlich hängt das Resultat immer auch vom jeweiligen Einsatzbereich ab. Bei einem Urlaubsbildchen im Anhang einer E-Mail ist die Qualität nicht so wichtig wie bei einem Bild für den Internetauftritt oder einem Bewerbungsfoto.

XMP-Daten

XMP (*Extensible Metadata Platform*) ist ein Standard, um Metadaten in einem Foto zu speichern. Damit ist es beispielsweise möglich, Informationen über den Autor, Kopierrechte, Aufnahmeort, Datum usw. in das Bild einzubetten.

TIFF und Ebenen
Wenn Sie beispielsweise Erfahrung mit Bildbearbeitungsprogrammen von Adobe haben, sind Sie es vielleicht gewohnt, dass Sie hier mit dem TIFF-Format mehrere Ebenen speichern können. Mit GIMP ist dies nicht möglich. Auf Seite 386, im Abschnitt »Bilder mit Ebenen speichern«, finden Sie eine Beschreibung, wie Sie dennoch Bilder mit mehreren Ebenen speichern können.

Ebenen) geht. Auch mit Transparenz bei voller Farbtiefe kann TIFF sehr gut umgehen. Dieses Format speichert die Dateien verlustfrei. Diese sind allerdings recht groß, da TIFF keine hohe Kompressionsrate besitzt.

Sie sollten vorsichtig mit JPEG-Kompressionen bei TIFF-Bildern umgehen, da sich sonst recht schnell Verluste bemerkbar machen. Ein weiterer Nachteil ist – wenn man diese Funktion benötigt –, dass TIFF keine Ebenen kennt.

In der Praxis ist TIFF neben PDF und EPS das wichtigste Format zum Austausch von Daten in der Druckvorstufe, weil TIFF das für den Druck benötigte CMYK-Farbprofil unterstützt. TIFF ist somit quasi ein **Standardformat für Bilder mit hoher Qualität**.

▶ **Vorteile:**
   ▶ Erreicht die beste Bildqualität für den professionellen Druck.
   ▶ Beherrscht sowohl verlustfreie als auch verlustbehaftete Kompression.
   ▶ Beherrscht Transparenz (16-Bit-Alphakanal).
▶ **Nachteil:**
   ▶ Die Dateien sind sehr groß.

Datei als TIFF speichern | Wenn Sie ein Bild im TIFF-Format speichern wollen, erscheint ein Dialogfenster für verschiedene TIFF-Kompressionen.

Abbildung 2.33 ▶
Mögliche Kompressionsarten für TIFF

CCITT-Gruppe-3/4-F
Die beiden Optionen können Sie nur dann auswählen, wenn Sie das Bild zum Speichern auf 1 Bit (Schwarzweißpalette) mit indizierten Farben reduzieren (BILD • MODUS • INDIZIERT).

Die beste Qualität erzielen Sie mit der Option KEINE ❶. Hiermit wird das Bild unkomprimiert gespeichert, weshalb dies zu sehr großen Dateien führt. Ebenfalls sehr beliebt ist der klassische LZW-Algorithmus ❷, weil hierbei die Komprimierung verlustfrei erfolgt. Auch die anderen beiden Algorithmen, PACKBITS und

DEFLATE, führen eine verlustfreie Komprimierung durch, wenn sie auch nicht so häufig verwendet werden. Einzig der JPEG-Algorithmus ❸ führt bei der Komprimierung zu Verlusten bei den Bildinformationen. Die letzten beiden Algorithmen, CCITT-GRUPPE-3-FAX und CCITT-GRUPPE-4-FAX, werden zur Komprimierung von Binärbildern verwendet und eignen sich somit für die Übertragung von Bildern mit Telefaxgeräten.

Setzen Sie ein Häkchen vor FARBWERTE AUS TRANSPARENTEN PIXELN SPEICHERN ❹, werden die Farbwerte auch dann gespeichert, wenn die Pixel transparent sind. Im Feld KOMMENTAR ❺ können Sie einen solchen eingeben und mit dem Bild speichern.

Bild im GIF-Format speichern | GIF ist ein richtiger Klassiker unter den Dateiformaten und immer noch ein beliebtes Format im Webdesign. GIF bietet eine relativ gute, verlustfreie Komprimierung mit 256 Farben an. GIF wird bei Grafiken mit wenigen Farbabstufungen, wie beispielsweise Buttons, Logos und Grafiken, im Web verwendet. Beliebt ist GIF auch, weil sich damit Animationen erstellen lassen. Zudem unterstützt GIF Transparenz. Für das Speichern von Fotos ist dieses Format allerdings ungeeignet. Als Alternative zu GIF gilt das PNG-Format, das GIF mittlerweile in technischen Belangen überlegen ist – abgesehen davon, dass PNG keine Animationen unterstützt.

GIF und Drucken
Für das Drucken eignen sich GIF-Dateien überhaupt nicht, weil das Format grundlegende Eigenschaften von Bildern, darunter auch die Druckauflösung, nicht speichert.

Foto: Hanspeter Bolliger/pixelio.de

▲ **Abbildung 2.34**
Das Bild links wurde als GIF-Datei gespeichert. Auf den ersten Blick fällt nicht auf, dass das Bild von 16 Millionen Farben auf 256 Farben reduziert wird. Erst mit der 1:1-Ansicht – wie im rechten Bild zu sehen – lässt sich die Reduzierung der Farben erkennen und zeigt, warum dieses Format für Fotos ungeeignet ist.

Kapitel 2   Umgang mit Dateien

▶ **Vorteile:**
  ▶ Bietet eine sehr gute Komprimierung, daher sehr kleine Dateien.
  ▶ Beherrscht Transparenz (aber ohne Alphakanal).
  ▶ Es lassen sich Animationen erstellen.
▶ **Nachteile:**
  ▶ Kennt keinen Alphakanal und daher nur vollständige oder keine Transparenz – sprich, es sind keine Abstufungen (teilweise durchsichtig) möglich.
  ▶ Für den Druck überhaupt nicht geeignet, weil diese Informationen verworfen werden.
  ▶ Beherrscht nur 256 Farben.

Zum Weiterlesen

Was es mit der indizierten Palette für Bilder auf sich hat und wie Sie eine manuelle Indizierung durchführen, wird auf Seite 121, »Farbmodelle«, beschrieben.

Datei als GIF speichern | Wenn Sie ein Bild in das GIF-Format speichern, wird dieses automatisch auf 256 Farben reduziert, falls Sie diese Reduktion nicht zuvor selbst anhand einer indizierten Palette durchgeführt haben.

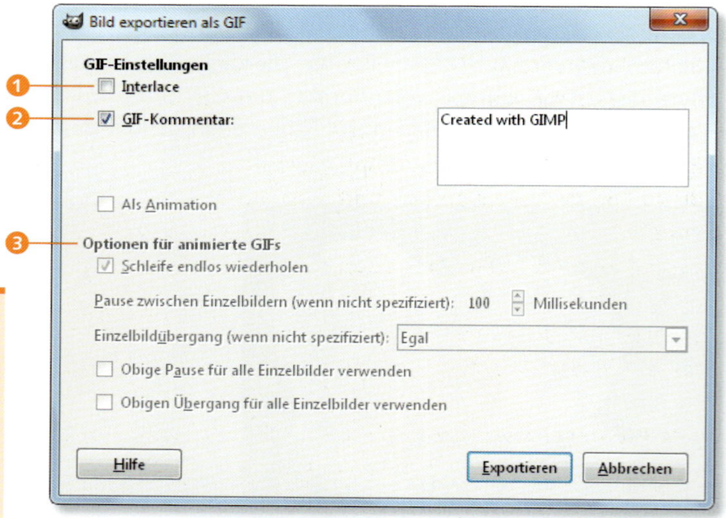

Indizierte Palette

Bei indizierten Farben bekommt jedes Pixel im Bild nicht einen direkten Farbwert, sondern einen Index (genauer eine Nummer) auf einen Eintrag einer Farbtabelle (oder auch Farbpalette), die die im Bild verwendeten Farben auflistet.

▲ **Abbildung 2.35**
Der Dialog zum Abspeichern von GIF-Dateien

GIF-Animationen

Wie Sie eigene GIF-Animationen erstellen, wird auf Seite 769, »Eine eigene Animation erstellen«, näher beschrieben.

Wenn Sie die Option INTERLACE ❶ aktivieren, wird das Bild beim Laden einer Webseite zeilenweise aufgebaut. Die Einstellung ist heutzutage bei den schnellen Internetverbindungen überflüssig geworden und kaum noch sinnvoll. Auch beim GIF-Format können Sie zusätzlich einen GIF-KOMMENTAR ❷ in der Datei speichern. Beachten Sie allerdings, dass Sie hierbei nur ASCII-Code-Zeichen (also keine deutschen Umlaute) verwenden können. Die OPTIONEN FÜR ANIMIERTE GIFS ❸ sind nur dann aktiviert, wenn das Bild mehrere Ebenen enthält. Jede Ebene ist dabei dann ein Einzelbild einer Animation.

Bild im PNG-Format speichern | Da es mit GIF bis Oktober 2006 noch Probleme bezüglich der Lizenzierung gab, haben fleißige Entwickler das PNG-Format als freie Alternative entworfen. PNG hat dieselben Eigenschaften wie GIF, es ist damit jedoch nicht möglich, Animationen zu erstellen. Im Gegensatz zum JPEG-Format hat PNG den Vorteil, dass die Daten bis zu 100 % verlustfrei komprimiert abgespeichert werden. Zudem ist PNG weniger komplex als TIFF. Neben unterschiedlichen Farbtiefen (256 oder 16,78 Millionen Farben) unterstützt PNG auch Transparenz per Alphakanal. Auch hier können Sie beim Speichern die Kompression einstellen. PNG ist somit ein ideales Grafikformat für das Web.

Wem die PNG-Dateien wegen der verlustlosen Kompression dann doch zu groß für das Web sind, der kann auch hier die Farben über BILD • MODUS • INDIZIERT auf 256 Farben reduzieren.

> **Animiertes PNG**
> Mit dem MNG- und APNG-Format sind PNG-Animationen möglich. Doch diese Formate wurden bisher kaum beachtet.

▶ **Vorteile:**
  ▶ Bietet hochwertiges Speicherplatz-/Qualitätsverhalten, da eine verlustfreie Kompression verwendet wird.
  ▶ Beherrscht Transparenz mit Alphakanal.
  ▶ EXIF-Daten (Metadaten) sind speicherbar.
  ▶ Bis zu 16,7 Millionen Farben sind darstellbar.
▶ **Nachteile:**
  ▶ Es sind keine direkten Animationen möglich (nur als MNG und APNG).
  ▶ Es treten möglicherweise Probleme bei alten Browsern (Internet Explorer 6) auf.

Datei als PNG speichern | Wenn Sie ein Bild im PNG-Format speichern, erscheint das Dialogfenster aus Abbildung 2.36.

Wie schon beim GIF-Format bietet auch das PNG-Format INTERLACING (ADAM7) ❶ (Abbildung 2.36) an, um das Bild beim Laden zeilenweise aufzubauen. Diese Option ist bei den heutigen schnellen Internetverbindungen nicht mehr sinnvoll. HINTERGRUNDFARBE SPEICHERN ❷ speichert die aktuell einstellte Hintergrundfarbe von GIMP mit im PNG-Bild ab. Wenn Sie diese Option nicht aktivieren und ein Webbrowser nicht richtig mit Transparenz umgehen kann, verwendet GIMP als Standardfarbe Grau.

> **Wozu Hintergrundfarbe sichern?**
> Diese Option wird für ältere Webbrowser (beispielsweise Internet Explorer 6) benötigt, die ein PNG nur vollkommen durchsichtig oder voll sichtbar darstellen konnten.

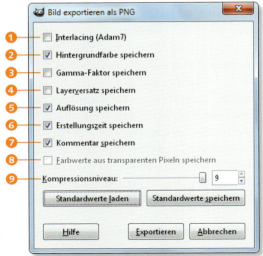

Abbildung 2.36 ▶
Der Dialog zum Abspeichern von PNG-Dateien

Kompressionsgrad = Qualität?
Da eine Kompression beim PNG-Format verlustfrei ist, wirkt sich die Einstellung hier nicht (wie irrtümlicherweise angenommen) auf die Bildqualität aus. Daher können Sie jederzeit den höchsten Kompressionsgrad (= 9) verwenden. Ein niedrigerer Kompressionsgrad hat nur Einfluss auf den Zeit- und Speicherbedarf beim Speichern selbst.

Der Gamma-Faktor bestimmt die Helligkeit eines Bildes auf dem Bildschirm. Dieser Wert wird benötigt, um die Darstellung der Farbwerte auf den verschiedensten Computern zu korrigieren und etwa gleich hell bzw. gleich dunkel darzustellen. Mit dieser Option ❸ werden diese Informationen in der PNG-Datei gespeichert, um so eine farbgetreuere Darstellung auf anderen Computern zu ermöglichen.

Die Option LAYERVERSATZ SPEICHERN ❹ speichert den Versatzwert (Offset) von links oben im Bild. In der Praxis wird empfohlen, diesen Wert nicht mitzuspeichern, weil der Wert in GIMP fehlerhaft und inkompatibel mit anderen Programmen ist. Bei mehreren Ebenen sollten Sie GIMP die Ebenen vor dem Speichern zusammenfügen lassen.

Im Gegensatz zur GIF-Datei können Sie bei der PNG-Datei die Druckauflösung mitspeichern, wenn Sie die Option AUFLÖSUNG SPEICHERN ❺ aktivieren. Mit ERSTELLUNGSZEIT SPEICHERN ❻ sichern Sie das Datum der letzten Speicherung im Bild. Wenn das Bild bereits einen Kommentar hatte, können Sie diesen über die Option KOMMENTAR SPEICHERN ❼ sichern. FARBWERTE AUS TRANSPARENTEN PIXELN SPEICHERN ❽ speichert die Werte der Pixel, auch wenn diese im Bild komplett transparent sind. Diese Option ist beispielsweise sinnvoll bei einem Schlagschatten. Die letzte Option ist das KOMPRESSIONSNIVEAU ❾. Hier legen Sie fest, wie stark die Kompression sein soll. Mit den Schaltflächen STANDARDWERTE LADEN und STANDARDWERTE SPEICHERN können Sie die vorgenommenen Einstellungen als Standardwert sichern und wieder laden.

2.7 Dateiformate und Kompression

Bild im XCF-Format speichern | Was für Photoshop das PSD-Format ist, ist für GIMP das XCF-Format. Das XCF-Format bietet Ihnen die Möglichkeit, GIMP-eigene Informationen wie Pixeldaten für die Ebenen, zusätzliche Kanäle, Pfade und noch einiges mehr mitzuspeichern.

Die Daten im XCF-Format werden ebenfalls verlustfrei mit einem RLE-Algorithmus komprimiert gespeichert. Dadurch gehen beim Laden und Speichern im Gegensatz zum JPEG-Format keinerlei Informationen verloren. Allerdings sind auch XCF-Dateien relativ groß: Ein 1.000 × 1.000 Pixel großes Bild im RGB-Modus mit drei Kanälen kann durchaus 100 Megabyte groß sein.

Bilder komprimieren

Statt mit Hilfe von Komprimierungsprogrammen können Sie die Dateien direkt beim Speichern in GIMP packen. Hierzu müssen Sie lediglich hinter dem Dateiformat die Endung ».gz« oder ».bz2« anfügen. Speichern Sie beispielsweise »EinBild.xcf« als »EinBild.xcf.gz«, so wird die Datei automatisch von GIMP mit »gzip« komprimiert. Damit lassen sich mehr als 50 % an Speicherplatz einsparen. Das Gleiche gilt natürlich ebenfalls für die Endung ».bz2«, mit der Sie die gewünschte Datei mit »bzip2« komprimieren.

Wenn Sie diese Dateien wieder mit GIMP öffnen, werden sie automatisch entpackt. Wollen Sie die Dateien auf einem Rechner ohne GIMP verwenden, müssen die Programme auf diesem Rechner vorhanden sein, oder Sie müssen die Daten erst dekomprimieren, bevor Sie die Bilder ansehen können.

Das richtige Format verwenden

In Tabelle 2.1 biete ich Ihnen noch eine kurze Übersicht an, wofür welches Datenformat sich am besten eignet.

Format	Fotos	Web	Ebenen	Transparenz
GIF		X		X
JPEG	X	X		
PNG		X		X
TIFF	X			X
XCF			X	X

▲ **Tabelle 2.1**
Ratgeber: Das ideale Format für welchen Zweck

PSD-Format
PSD ist das Format von Photoshop und Photoshop Elements und speichert alles, was diese beiden Anwendungen können. PSD ist so etwas wie ein Standardformat und kann von anderen Bildbearbeitungsprogrammen – auch GIMP – ebenfalls verwendet werden. Allerdings kann GIMP nicht alle Eigenschaften dieses Dokuments wiedergeben. PSD verwendet keinerlei Kompressionen und speichert sämtliche Ebenen. Daher ist eine PSD-Datei ziemlich groß.

Bilder packen
Das Packen der Bilder durch Hinzufügen der Endungen ».gz« bzw. ».bz2« ist natürlich nicht nur auf das Dateiformat XCF beschränkt, sondern lässt sich auch auf alle anderen Dateiformate umsetzen.

Das beste Arbeitsformat
Wenn Sie Ihre Bilder bearbeiten, sollten Sie immer gelegentlich den aktuellen Zustand abspeichern. Wenn Sie hierbei Ebenen, Auswahlen oder Pfade im Bild haben, bleibt Ihnen nur das GIMP-eigene Format XCF. Damit werden alle möglichen Daten gespeichert. Ansonsten – wenn Sie keine Ebenen haben und das Bild im bestmöglichen Format zwischenspeichern wollen – würde ich Ihnen das TIFF-Format empfehlen, weil es die Dateien verlustfrei speichert.

Von GIMP unterstützte Dateiformate

In Tabelle 2.2 erhalten Sie einen Überblick zu den verschiedenen Datenformaten, die GIMP lesend und/oder schreibend unterstützt.

Endung	Dateityp	Öffnen	Schreiben
.avi	unkomprimiertes AVI-Video von Microsoft	ja	ja
.bmp	Windows-Bitmap	ja	ja
.c, .h	C-Quelltext	nein	ja
.cel	KISS CEL	ja	ja
.dcm, .dicom	digitale Bilderzeugung in der Medizin	ja	ja
.fits, .fit	Astronomiegrafiken	ja	ja
.fli	Animationen von Autodesk	ja	ja
.g3	G3 Fax	ja	nein
.gbr, .gpb, .gih	GIMP-Pinsel	ja	ja
.gif	Compuserve GIF (Graphics Interchange Format)	ja	ja
.html	HTML, Tabelle mit farbigen Zellen	nein	ja
.ico	Microsoft-Windows-Icons	ja	ja
.im1, .im8, .im24, .im32, .rs, .ras	Sun-Rasterfile-Bilder	ja	ja
.jpeg, .jpg, .jpe	JPEG-Fotos (Joint Photographics Group Images)	ja	ja
.jp2, .j2k, .jpf, .jpx, .jpm	JPEG 2000	ja	nein
.mng	Multiple Network Graphic Layered Image File – animiertes PNG	nein	ja

Tabelle 2.2 ▶
Dateitypen, die GIMP ohne weitere Plugins unterstützt

2.7 Dateiformate und Kompression

Endung	Dateityp	Öffnen	Schreiben
.pat	GIMP-Muster	ja	ja
.pcx	Zsoft PCX-Bild	ja	ja
.pdf	PDF-Dokument	ja	nein
.pix, .matte, .mask, .alpha, .als	Alias Pix Image	ja	ja
.png	Portable Network Graphics	ja	ja
.pnm, .ppm, .pgm, .pbm	PNM-Bilder	ja	ja
.ps, .eps, ps.gz	PostScript	ja	ja
.ps, .psd	Adobe Photoshop	ja	ja
.psp, .tub	Paint-Shop-Pro-eigenes Format	ja	ja
.sgi, .rgb, .bw, .icon	Silicon-Graphics-IRIS-Bilder	ja	ja
.svg	Scalable Vector Graphics mit exportiertem Pfad	ja	ja
.tga	Trueversion TarGA	ja	ja
.tiff, .tif	Tagged Image File Format	ja	ja
.txt, .ansi, .text	ASCII-Bilder (nur wenn »aalib« vorhanden ist)	nein	ja
.wmf, .apm	Windows-WMF-Datei	ja	nein
.xbm, .bitmap	X-Bitmap-Bild	ja	ja
.xcf, .xcf.gz, .xcf.bz2	GIMP-eigener Dateityp	ja	ja
.xjt, .xjtgz, .xjtbz2	GIMP-komprimiertes XJT-Bild	ja	ja
.xpm	X-Pixmap-Bild	ja	ja
.xwd	X-Window-Speicher	ja	ja

◄ **Tabelle 2.2**
Dateitypen, die GIMP ohne weitere Plugins unterstützt (Forts.)

Kapitel 3
Genaues Arbeiten auf der Arbeitsoberfläche

In diesem Kapitel erfahren Sie, wie Sie sich mit vielen kleinen Helferlein das Bildbearbeitungsleben erleichtern können. Wenn Sie zuvor noch nicht mit GIMP gearbeitet haben, ist dieses Kapitel ideal, um sich mit der Bedienung der Arbeitsoberfläche vertraut zu machen.

3.1 Hilfsmittel zum Zoomen und Navigieren

Für ein bequemes Arbeiten mit Ihrer Software müssen Sie wissen, wie Sie Ihre Bildansicht vergrößern, den Bildausschnitt verändern und überhaupt im Bild navigieren.

Abbildungsgröße und Bildausschnitt

Die Abbildungsgröße (auch »Zoomstufe«) des Bildes können Sie dem Dropdown-Menü unter dem Bild ❶ entnehmen. Eine Zoomstufe von 15 % (wie in Abbildung 3.1 zu sehen) bedeutet hierbei nicht, dass das Bild verkleinert wurde, sondern bezieht sich lediglich auf die Darstellung des Bildes auf dem Bildschirm. Die tatsächliche Bildgröße (Breite × Höhe) zeigt GIMP rechts oben ❷ in der Titelleiste an.

Dass bei der 100 %-Ansicht des Bildes nur noch ein Teil angezeigt wird, sollte logisch sein. Haben Sie z. B. bei Ihrem Monitor eine Auflösung von 1.280 × 720 Pixeln eingestellt, können darauf 1.280 Pixel in der Breite und 720 Pixel in der Höhe dargestellt werden. Bilder, die z. B. mit einer 10,2-Megapixel-Kamera gemacht wurden, haben eine Abmessung von 3.872 × 2.592 Pixeln. Folglich kann ein solches Bild auf einem Monitor mit 1.280 × 720 Pixeln nicht im Originalzustand angezeigt werden.

Zum Weiterlesen

Mehr zum Thema Pixel- und Monitordarstellung finden Sie in Abschnitt 4.2, »Bildgröße und Auflösung«.

Pixeldarstellung

Bei einem Abbildungsmaßstab von 100 % wird genau 1 Pixel auf einem Monitorpixel angezeigt. Ist der Abbildungsmaßstab größer oder kleiner als 100 %, so müssen die Originalpixel für die Darstellung auf dem Monitor umgerechnet werden. Auf einem Monitorpixel werden dann zum Beispiel 0,8 oder 1,3 Pixel dargestellt.

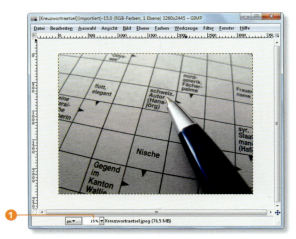

▲ **Abbildung 3.1**
15%-Ansicht

▲ **Abbildung 3.2**
Bei der 100%-Ansicht ist nur noch ein Teil des Bildes darstellbar.

Die Bildansicht ändern

Eine der häufigsten Operationen auf dem Bildschirm dürfte das Anpassen der Bildansicht sein. Oft müssen Sie einen Bildbereich zum Bearbeiten stark vergrößern, oder Sie benötigen eine 100%-Vollansicht.

▲ **Abbildung 3.3**
Die Werkzeugoptionen des VERGRÖSSERUNG-Werkzeugs

Zoomen mit dem Vergrößerung-Werkzeug | Das Standardwerkzeug für das Vergrößern und Verkleinern der Bildansicht ist wohl das VERGRÖSSERUNG-Werkzeug (Tastenkürzel Z für »Zoom«). Wenn Sie mit dem VERGRÖSSERUNG-Werkzeug über das Bild fahren, erscheint der Mauszeiger als Lupe mit einem Plus- oder Minus-Symbol, je nachdem, welche Option Sie gewählt haben.

Das Werkzeug hat im Grunde nur zwei Optionen: zum einen die Eigenschaft FENSTERGRÖSSE AUTOMATISCH ANPASSEN ❶, die, wenn aktiviert, das Fenster (sofern möglich und sinnvoll) an die Größe des Bildes anpasst. Unter RICHTUNG ❷ stellen Sie den Modus des Werkzeugs entweder auf VERGRÖSSERN (Standardeinstellung) oder VERKLEINERN. Entsprechend dem Modus arbeitet das Werkzeug dann, wenn Sie damit ins Bild klicken. Sie können allerdings den jeweils gegenteiligen Modus auch mit der Strg/Ctrl-Taste verwenden. Ist beispielsweise der Modus VERGRÖSSERN eingestellt und halten Sie die Strg/Ctrl-Taste gedrückt und klicken in das Bild, wird die Bildansicht verkleinert. Alternativ stellen Sie die Vergrößerungsstufe mit gehaltener Strg/Ctrl-Taste und dem Mausrad ein.

Die Verwendung des Werkzeugs ist einfach: Um die Ansicht des Bildes zu verändern, klicken Sie einfach in das Bild, und dieses wird, entsprechend dem eingestellten Werkzeugmodus unter RICHTUNG ❷, vergrößert oder verkleinert.

Um beim Hineinzoomen in das Bild nicht den Überblick zu verlieren, hierzu zwei Tipps:

1. Klicken Sie immer direkt auf den Bildbereich, den Sie vergrößern wollen. Wenn Sie nämlich direkt auf ein bestimmtes Objekt klicken, erscheint das Objekt bei der vergrößerten Ansicht auch mittig, und Sie sparen sich unnötiges Scrollen.
2. Mit gedrückt gehaltener Maustaste können Sie mit dem VERGRÖSSERUNG-Werkzeug einen Rahmen um den Bereich ziehen, den Sie vergrößern wollen. Lassen Sie die Maustaste los, erscheint dieser Bereich anschließend vergrößert auf dem Bildschirm.

darkwater.jpg

▲ **Abbildung 3.4**
Mit gedrückt gehaltener Maustaste wird hier mit dem VERGRÖSSERUNG-Werkzeug ein Rahmen aufgezogen. Sobald Sie die Maustaste loslassen, wird dieser Rahmen…

▲ **Abbildung 3.5**
…vergrößert im Bildfenster dargestellt.

Zoomen über das Menü »Ansicht« | Weitere Befehle zum Vergrößern oder Verkleinern der Bildansicht finden Sie über das Menü ANSICHT und speziell das Untermenü ANSICHT • VERGRÖSSERUNG. Zugegeben, Sie werden wohl kaum hergehen und die Bildansicht über das Untermenü VERGRÖSSERUNG anpassen, aber hier finden Sie sehr nützliche Tastenkürzel, deren Kenntnis sich lohnt. Mit ihnen lässt sich die Bildansicht sehr komfortabel mit der Tastatur anpassen, ohne das VERGRÖSSERUNG-Werkzeug oder das Untermenü VERGRÖSSERUNG zu verwenden. Hier die wichtigsten Befehle dazu:

Maximale Vergrößerung

Maximal können Sie ein Bild bis auf 25.600 % vergrößern. In der allgemeinen Praxis dürften Sie allerdings selten eine solche Zoomstufe benötigen. Die minimale Verkleinerung geht bis 0,391 %. Auch diese Verkleinerung wird in der Praxis wohl kaum benötigt.

Zum Weiterlesen
Wie Sie eigene Tastenkürzel erstellen, erfahren Sie in Anhang A, »Tastenkürzel von GIMP«.

- VERGRÖSSERUNG (5%) ZURÜCKSETZEN: Mit diesem Kommando machen Sie eine Vergrößerung oder Verkleinerung rückgängig. Damit wird der Vergrößerungsfaktor auf den vorigen Wert zurückgesetzt. Das Tastenkürzel ` ` ` wird auf einer deutschen Tastatur nicht funktionieren, daher würde ich Ihnen empfehlen, dieses Tastenkürzel über BEARBEITEN • TASTENKOMBINATIONEN selbst anzupassen. Ich habe hierfür stattdessen das Zeichen ` ´ ` verwendet.
- VERKLEINERN: Das Kommando spricht für sich – es reduziert die Größe der Bildansicht, und zwar um jeweils ca. 30%. Dasselbe gilt übrigens auch für das VERGRÖSSERUNG-Werkzeug. Schneller erledigen Sie dieses Kommando mit dem Tastenkürzel `-`.
- VERGRÖSSERN: Das Gegenstück zu VERKLEINERN; es vergrößert die Größe der Bildansicht jeweils um ca. 30%. Schneller erreichen Sie dies mit einem Tastendruck auf `+`.
- BILD IN FENSTER EINPASSEN: Mit diesem Kommando wird das Bild so weit vergrößert oder verkleinert, dass es komplett in das Bildfenster passt. Naturgemäß wird mit diesem Befehl selten das komplette Bildfenster gefüllt. Das Tastenkürzel dafür lautet `⇧`+`Strg`/`Ctrl`+`J`.
- FENSTER FÜLLEN: Wollen Sie hingegen das Bild so weit vergrößern, dass das Bildfenster komplett ausgefüllt wird, wobei das Bild die Fenstergröße entweder in der Höhe oder der Breite eventuell überschreitet, sollten Sie den Befehl FENSTER FÜLLEN verwenden.

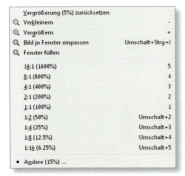

▲ Abbildung 3.6
Befehle des Untermenüs ANSICHT • VERGRÖSSERUNG

- FENSTER ANPASSEN: Der Befehl ist nicht Bestandteil vom Untermenü VERGRÖSSERUNG, sondern ist über ANSICHT • FENSTER ANPASSEN oder das Tastenkürzel `Strg`/`Ctrl`+`J` zu erreichen. Dieser Befehl ergänzt die beiden Befehle zuvor. Rufen Sie diesen Befehl auf, wird das Bildfenster an die Bildgröße angepasst. Dies funktioniert natürlich nur, wenn die Bildansicht kleiner als das Bildfenster ist.
- 16:1 (1600%), 1:1 (100%); 1:16 (6,25%) etc.: Über diese Werte wählen und verwenden Sie eine der vorgegebenen Vergrößerungsstufen. Sehr nützlich ist das Tastenkürzel `1`, mit dem Sie die Bildansicht auf 1:1 (100%) setzen.
- ANDERE: Mit dem letzten Befehl im Untermenü VERGRÖSSERUNG öffnet sich ein Dialog, in dem Sie die Vergrößerung beliebig einstellen können. Hierbei stellen Sie entweder das Verhältnis bei SKALIERUNG ❶ ein oder die Prozentangabe bei MASSSTAB ❷.

▲ Abbildung 3.7
Auch eine benutzerdefinierte Vergrößerung per Dialog ist möglich.

Die folgenden Abbildungen demonstrieren Ihnen den Unterschied zwischen den Befehlen BILD IN FENSTER EINPASSEN, FENSTER FÜLLEN und FENSTER ANPASSEN.

▲ Abbildung 3.8
Die ursprüngliche Bildansicht

▲ Abbildung 3.9
Nach dem Befehl BILD IN FENSTER EINPASSEN

▲ Abbildung 3.10
Nach dem Befehl FENSTER FÜLLEN

▲ Abbildung 3.11
Nach dem Befehl FENSTER ANPASSEN

Zoomen über die Statusleiste | Eine weitere Möglichkeit, die Bildansicht anzupassen, finden Sie über die Statusleiste (falls diese angezeigt wird). Die Anzeige des Zoomfaktors in dieser Zeile hat nämlich nicht nur eine informative Funktion. Über die Dropdown-Liste ❸ am unteren Rand können Sie aus vordefinierten Faktoren auswählen und die Bildansicht einstellen. Oder Sie verwenden das Texteingabefeld ❹, um den Zoomfaktor manuell einzugeben. Als Werte werden hierbei sowohl Prozentangaben (»20%«, »88%« usw.) als auch das Verhältnis (»1:9«, »3:1« usw.) akzeptiert.

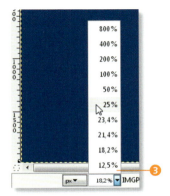

◀ Abbildung 3.12
Auch eine manuelle Eingabe des Zoomfaktors über die Tastatur ist in der Statusleiste möglich.

▲ Abbildung 3.13
Den Zoomfaktor in der Statusleiste auswählen

Der Dialog »Navigation«

Den Dialog NAVIGATION rufen Sie über FENSTER • ANDOCKBARE DIALOGE • NAVIGATION auf. Er eignet sich hervorragend als Ergänzung zum VERGRÖSSERUNG-Werkzeug.

Innerhalb des NAVIGATION-Dialogs erkennen Sie am weißen Rahmen, welcher Bildausschnitt gerade im Bildfenster angezeigt wird. Außerdem ist der nicht angezeigte Bereich abgedunkelt. Dies ist bei besonders großen Bildern oder stark vergrößerten Bildansichten sehr hilfreich.

Abbildung 3.14 ▶
Der NAVIGATION-Dialog informiert Sie darüber, welchen Bildausschnitt Sie im Bildfenster sehen. Hier wurde der Dialog unterhalb des Werkzeugkastens neben den Werkzeugeinstellungen gruppiert.

Der Dialog NAVIGATION bietet mehrere Möglichkeiten an, die Zoomstufe und den Bildausschnitt festzulegen:

▶ Die Zoomstufe für das Bild im Bildfenster können Sie über den Schieberegler ❶ stufenlos verstellen. Alternativ verwenden Sie mit aktiviertem Schieberegler die Pfeiltasten zum Verändern der Zoomstufe. Wenn Sie immer weiter aus dem Bild herauszoomen, wird irgendwann auch der Rahmen verschwinden.

▶ Mit den ersten beiden Schaltflächen ❷ zoomen Sie aus dem Bild heraus bzw. in das Bild hinein.

▶ Mit der dritten Schaltfläche ❸ stellen Sie den Bildausschnitt auf 1:1 (100 %).

▶ Die Funktionen der letzten drei Schaltflächen ❹ haben Sie bereits auf Seite 96, »Die Bildansicht ändern«, mit den Befehlen BILD IN FENSTER EINPASSEN, FENSTER FÜLLEN und FENSTER ANPASSEN kennengelernt.

Den weißen Navigationsrahmen ❺ verschieben Sie mit gedrückt gehaltener Maustaste innerhalb des Bereichs. Gleichzeitig verschieben Sie natürlich auch den Bildausschnitt im Bildfenster.

3.1 Hilfsmittel zum Zoomen und Navigieren

◀ **Abbildung 3.15**
Mit diesem Dialog lässt sich der Bildausschnitt schnell und flexibel verändern.

Das Bildfenster

Das Bildfenster selbst hält auch ein paar nützliche Funktionen in den (im wahrsten Sinne des Wortes) Ecken parat.

Navigieren über das Bildschirmfenster | Rechts unten ❻ im Bildfenster finden Sie eine kleine Navigationsschaltfläche. Klicken Sie diese Schaltfläche an und halten Sie die Maustaste gedrückt, können Sie innerhalb eines stark vergrößerten Bildausschnitts den sichtbaren Bereich verschieben. Der gewählte Bildausschnitt wird hierbei, wie schon beim Dialog NAVIGATION, in einem weißen Rahmen ❼ dargestellt. Natürlich ist dieser Rahmen nur dann sichtbar, wenn das Bild größer ist als das Bldfenster.

▲ **Abbildung 3.16**
Es muss nicht unbedingt der Dialog NAVIGATION sein. Im Grunde genügt auch die Navigationsschaltfläche ❻ in der rechten unteren Ecke des Bildfensters, um die Ansicht anzupassen.

▲ **Abbildung 3.17**
Die Lupe ist aktiviert. Eine Größenänderung des Bildfensters wirkt sich auch auf die Größe der Bildanzeige aus.

Bild automatisch an Fenstergröße anpassen | In der rechten oberen Ecke des Bildschirms finden Sie eine Lupen-Schaltfläche ❽.

101

▲ **Abbildung 3.18**
Die Lupe ist deaktiviert. Eine Größenänderung des Bildfensters hat keinen Einfluss auf die Größe der Bilddarstellung im Bildfenster, diese bleibt in derselben Zoomstufe.

Wenn Sie diese aktivieren, wird bei einer Größenänderung des Bildfensters auch die Darstellung des Bildes darin mit vergrößert bzw. -verkleinert. Das ist beispielsweise nützlich, wenn Sie immer das komplette Bild im Bildfenster sehen wollen.

Größe des Bildfensters ändern | Die Größe des Bildfensters (auch im Einzelfenster-Modus) können Sie beispielsweise manuell über den Rahmen anpassen. Gehen Sie mit dem Mauszeiger an den Rand, bis der Mauszeiger zu einem Pfeil ❹ wird. Der Pfeil zeigt an, in welche Richtung Sie das Bildfenster vergrößern oder verkleinern können. Mit gedrückt gehaltener Maustaste ändern Sie so jetzt die Größe des Bildfensters. Dies funktioniert an jeder Stelle des Bildfensterrahmens.

▲ **Abbildung 3.19**
Die Größe des Bildfensters können Sie über den Bildfensterrahmen ❹ verändern.

Systemspezifisches
Bei der Mac OS X- und Linux-Version von GIMP haben die Schaltflächen zum Minimieren, Maximieren und Schließen natürlich ein anderes Aussehen (Look & Feel) und im Fall von Mac OS X auch eine andere Position (links oben). Aber die Funktion bleibt immer dieselbe.

Natürlich können Sie hierbei auch über das Bildfenster die üblichen Schaltflächen zum Minimieren ❶ oder Maximieren ❷ verwenden. Wollen Sie das Bild in eine Vollansicht schalten, verwenden Sie alternativ den Menübefehl ANSICHT • VOLLBILD oder das Tastenkürzel F11 .

Bildfenster schließen | Ein Bildfenster mit geladenem Bild können Sie jederzeit über die typische SCHLIESSEN-Schaltfläche ❸ rechts oben im Fenster schließen. Das Gleiche erreichen Sie auch über das Menü Datei • Schliessen (oder das Tastenkürzel [Strg]/[Ctrl]+[W]). Sollten sich im Bild noch ungespeicherte Informationen befinden, erscheint eine Nachrichtenbox, die Sie darauf hinweist und auch gleich anbietet, das Bild zu speichern.

◄ **Abbildung 3.20**
Es wurde versucht, ein Bildfenster mit nicht gespeicherten Änderungen zu schließen.

Beachten Sie außerdem, dass Sie automatisch GIMP beenden, wenn Sie das leere Bildfenster schließen, in dem sich kein Bild mehr befindet.

Bilder vergleichen (Neue Ansicht) | Es wurde bereits kurz beschrieben (Abschnitt 2.5, »Geöffnete Bilder verwalten«), wie Sie verschiedene Ansichten von ein und demselben Bild erzeugen. Wenn Sie über Ansicht • Neue Ansicht eine zweite Ansicht von einem Bild erzeugen, handelt es sich um ein und dasselbe Bild. Jede Operation auf dem einen Bild wird auch in der anderen Ansicht zu sehen sein. Dass es sich nur um eine zweite Ansicht und nicht um eine Kopie des Bildes handelt, können Sie in der Titelleiste hinter dem Bildnamen ablesen. Hier steht beispielsweise »6.0« ❺. Das bedeutet, die Bild-Identifikationsnummer lautet hier 6, und die Nummer der Ansicht ist 0. In der Titelleiste des zweiten Bildfensters ❻ haben Sie dieselbe Bild-Identifikationsnummer, aber eine andere Nummer der Ansicht (hier »1«).

> **Bild duplizieren**
> Benötigen Sie statt einer zweiten Ansicht eine Kopie des Bildes, können Sie dieses schnell mit Bild • Duplizieren oder der Tastenkombination [Strg]/[Ctrl]+[D] kopieren. Das neue Bild wird sofort in einem neuen Bildfenster angezeigt.

Einzelfenster-Modus
Natürlich können Sie auch den Einzelfenster-Modus für die neue Ansicht verwenden, allerdings können Sie hiermit dann niemals zwei Ansichten vergleichen, sondern müssen immer in der Navigationsleiste zwischen den Bildern hin- und herwechseln.

◄ **Abbildung 3.21**
Hier wurde eine zweite Ansicht für das Bild geöffnet. Dass es sich hierbei nur um eine weitere Ansicht desselben Bildes handelt, erkennen Sie im Bildtitel an der Nummer der Ansicht.

Wenn Ihnen der Stil mit der Bild-ID und Nummer der Ansicht nicht gefällt, können Sie auch einen eigenen Text basteln. Im Beispiel habe ich über BEARBEITEN • EINSTELLUNGEN • BILDFENSTER • TITEL UND STATUS in der Textzeile FORMAT DES BILDTITELS Folgendes eingegeben:

```
%D*%f-(Bild-ID:%p/Ansicht-Nr.:%i) (%t,%L)%wx%h (%z%%)
```

Als Ergebnis erhalten Sie eine etwas aussagekräftigere Titelleiste, wie in Abbildung 3.22 zu sehen ist.

Abbildung 3.22 ▶
Eine benutzerdefinierte Titelleiste

3.2 Informationen zum Bild

Es gibt zweierlei Informationen: zum einen diejenigen, die während der Bearbeitung eines Bildes angezeigt werden, und zum anderen Details zum Bild selbst. Wie und wo Sie diese Informationen erhalten, beschreibe ich hier kurz.

Ukraine.jpg

Statusleiste

Gängige Informationen während der laufenden Arbeit über die Koordinaten oder die Größe von Auswahlen erhalten Sie über die Statusleiste. Bei vielen Werkzeugen werden die Informationen auch in den Werkzeugeinstellungen angezeigt.

Statusleiste ein-/ausblenden
Die Statusleiste können Sie jederzeit über das Menü ANSICHT • STATUSLEISTE ANZEIGEN ein- und ausblenden.

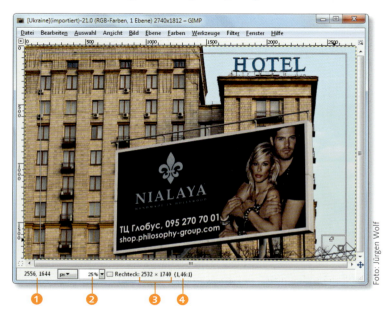

Abbildung 3.23 ▶
Die Statusleiste

In der Statusleiste finden Sie links unten ❶ die Informationen zu den aktuellen Koordinaten des Mauszeigers. Abhängig vom Werkzeug wird außerdem der Werkzeugname bei der Verwendung aufgelistet, und es werden, wie hier mit einem Auswahlwerkzeug, auch der Auswahlbereich ❸ und das Verhältnis ❹ angezeigt. Standardmäßig werden diese Werte in Pixel angegeben. Ändern können Sie die Maßeinheit allerdings jederzeit mit der Dropdown-Liste ❷ in der Statusleiste.

Werkzeugeinstellungen

Die Werkzeugeinstellungen enthalten häufig auch noch nützliche Informationen. Hier finden Sie beispielsweise zusätzlich unter Position ❺ die Koordinaten, wo die linke obere Ecke der Auswahl anfängt, und unter Grösse ❻, wie groß die Auswahl tatsächlich ist. Auch hier werden die Werte in Pixel angezeigt, Sie können sie aber über die entsprechende Dropdown-Liste ändern.

◀ **Abbildung 3.24**
Die Werkzeugeinstellungen

Der Dialog »Zeiger«

Der andockbare Dialog ZEIGER, den Sie über FENSTER • ANDOCKBARE DIALOGE • ZEIGER aufrufen, zeigt Ihnen ebenfalls Informationen zur aktuellen Mausposition an und zusätzlich die Werte der Farbkanäle des entsprechenden Pixels dieser Position.

Informationen der Farbpipette
Im Grunde können Sie auf den Dialog ZEIGER verzichten, weil GIMP die Koordinaten-Informationen ohnehin in der Statusleiste anzeigt. Und Farbinformationen können Sie mit dem Werkzeug FARBPIPETTE ermitteln. Mehr zu diesem Werkzeug erfahren Sie auf Seite 218, »Farben mit der Farbpipette auswählen«.

Die Position der X- und Y-Koordinaten finden Sie hier unter PIXEL ❶. Diese Position geht immer von der linken oberen Ecke des Bildes aus. Das Gleiche gilt daneben für die EINHEITEN ❷ in Zoll (*inches*). Leider lassen sich diese Maßeinheiten nicht ändern.

Abbildung 3.25 ▶
Der Dialog ZEIGER

Zum Weiterlesen
Mehr zu den verschiedenen Farbmodellen erfahren Sie auf Seite 121, »Farbmodelle«.

Über die beiden Dropdown-Listen ❸ können Sie aus den Farbmodellen PIXEL, RGB, HSV und CMYK auswählen und darunter ❹ die Farbwerte der Kanäle anzeigen lassen und miteinander vergleichen. Die Angabe HEX ist die HTML-Notation der Pixelfarbe.

Wenn Sie die Checkbox VEREINIGUNG PRÜFEN ❺ aktivieren, werden alle Ebenen beim Ermitteln des Farbwertes beachtet, als wäre es eine Ebene. Ohne diese Option wird nur die aktive Ebene beim Messen berücksichtigt.

Bildeigenschaften

Einfache Informationen zu den Eigenschaften des Bildes rufen Sie über BILD • BILDEIGENSCHAFTEN oder die Tastenkombination Alt+↵ auf. Im sich öffnenden Dialog finden Sie drei Reiter. Der erste Reiter EIGENSCHAFTEN informiert Sie über allgemeine Bildeigenschaften, wie Größe, Druckgröße, Auflösung, Farbmodell, Dateigröße usw. Im Reiter FARBPROFIL wird der Name des verwendeten Farbprofils angezeigt, mit dem das Bild gerade bearbeitet wird, und im Reiter KOMMENTAR können Sie den Kommentar des Bildes, falls vorhanden, lesen oder auch bearbeiten.

▲ **Abbildung 3.26**
Einfache Eigenschaften des Bildes lassen sich über die BILDEIGENSCHAFTEN anzeigen.

EXIF-Informationen

Wollen Sie hingegen EXIF-Informationen betrachten, finden Sie diese über das Menü DATEI • EIGENSCHAFTEN. Bei den EXIF-Daten handelt es sich um Informationen, die die Digitalkamera im aufgenommenen Bild speichert. Diese werden auch *Metadaten* genannt. Meistens sind dort Angaben wie Datum und Uhrzeit der Aufnahme, Brennweite, Belichtungszeit, Blendeneinstellung, ISO-Wert, Kameramarke und noch vieles mehr gespeichert.

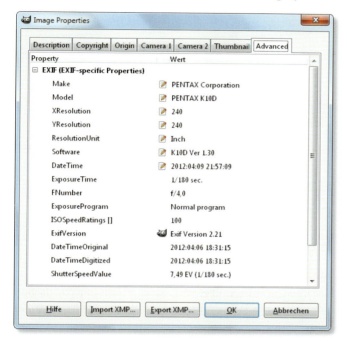

◀ **Abbildung 3.27**
GIMP kann seit der Version 2.8 auch EXIF-Informationen anzeigen, allerdings nur in Englisch.

3.3 Hilfsmittel zum Ausrichten und Messen

Beim Ausrichten von Bildern, Ebenen und Text sollten Sie sich nicht nur auf das Augenmaß verlassen, sondern die nützlichen Hilfsmittel zum Ausrichten und Messen verwenden und kennen. Daher geht dieser Abschnitt kurz darauf ein.

Lineal am Bildrand

Das Lineal ist ein sinnvolles Hilfsmittel beim Platzieren von Elementen oder um auf dem Bild bei den verschiedenen Zoomstufen den Überblick zu behalten. Das Lineal können Sie jederzeit über das Menü Ansicht • Lineale anzeigen oder mit der Tastenkombination ⇧+Strg/Ctrl+R (englisch *ruler* = Lineal) ein- und ausblenden. Der Ursprungspunkt (oder auch »Nullpunkt«) beginnt immer an der linken oberen Ecke des Bildes.

Berehynia.jpg

Kapitel 3 Genaues Arbeiten auf der Arbeitsoberfläche

▲ Abbildung 3.28
Die Dreiecke im Lineal zeigen die Mausposition an.

Wenn Sie mit dem Mauszeiger über das Bildfenster fahren, wird die aktuelle Mausposition mit den zwei kleinen schwarzen Dreiecken ❶ und ❷ angezeigt.

Die voreingestellte Maßeinheit für das Lineal ist PIXEL. Diese Einheit können Sie aber jederzeit und schnell über die Dropdown-Liste ❸ in der Statusleiste ändern.

Abbildung 3.29 ▶
Maßeinheit des horizontalen und vertikalen Lineals einstellen

Welche Maßeinheit wofür?

Für die Bearbeitung von Bildern am Monitor (für das Internet, Präsentationen usw.) verwendet man gewöhnlich Pixel als Maßeinheit. Zentimeter und Millimeter (und gegebenenfalls Zoll) sind die Maßeinheiten für die Druckvorstufe. Die Maßeinheiten Punkt und Pica werden bevorzugt für die Schriftgröße in der Typografie verwendet.

Nullpunkt | Es wurde bereits kurz erwähnt, dass der Nullpunkt (oder auch »Ursprungspunkt«) des horizontalen und vertikalen Lineals immer an der linken oberen Ecke des Bildes liegt. Ist die Bildansicht kleiner als das Bildfenster oder verschieben Sie die Bildfläche über den unteren oder rechten Scrollbalken, bleibt der Nullpunkt des Bildes trotzdem erhalten, nur werden dann die Werte des Lineals nach links und nach oben ins Negative überlaufen.

Abbildung 3.30 ▶
Ist der Bildausschnitt kleiner als das Bildfenster, werden nach links und nach oben negative Werte im Lineal angezeigt, immer ausgehend von der linken oberen Ecke des angezeigten Bildes.

3.3 Hilfsmittel zum Ausrichten und Messen

Winkel und Strecken mit dem Maßband bestimmen

Sehr nützlich, um die Maße eines Bildobjekts zu messen, ist das Werkzeug MASSBAND (Tastenkürzel ⇧/Ctrl+M). Mit ihm können Sie eine Streckenlänge und Winkel messen. Das Ergebnis der Messung können Sie in einem Informationsfenster anzeigen lassen.

Mondaufgang.jpg

Werkzeugeinstellungen | Das Werkzeug selbst hat nur eine Einstellung, und zwar eine Checkbox INFO-FENSTER VERWENDEN, womit – wenn aktiviert – die aktuellen Messdaten in einem Informationsfenster angezeigt werden. Das Fenster ist nicht unbedingt nötig, weil Sie die Messdaten auch in der Statuszeile finden.

▲ **Abbildung 3.31**
Die Werkzeugeinstellungen des Maßbands bieten eine einzige Option.

Werkzeug verwenden | Eine bestimmte Strecke oder einen Winkel messen Sie, indem Sie am Anfang des Messbereichs die Maustaste gedrückt halten und die Maus zum Zielmessbereich ziehen. Dadurch entsteht eine Messlinie mit einem Startpunkt ❹ und einem Endpunkt ❺. Diese Messlinie bleibt auch dann erhalten, wenn Sie die Maustaste loslassen. Wenn Sie jetzt auf einen der beiden Messpunkte gehen, finden Sie am Mauszeiger ein Verschieben-Symbol, mit dem Sie die einzelnen Messpunkte jederzeit nachträglich verschieben können.

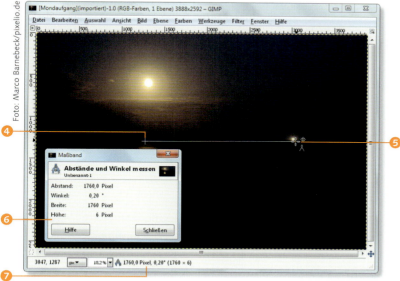

◀ **Abbildung 3.32**
Das MASSBAND im Einsatz mit dem Info-Fenster

Die Werte der Messung können Sie jetzt entweder im Info-Fenster ❻ oder aus der Statusleiste ❼ ablesen. Der erste Wert ist immer der ABSTAND zwischen dem ersten ❹ und dem zweiten ❺ Messpunkt. Der WINKEL wird immer im angezeigten Quadranten im Wertebereich von 0° bis 90° angegeben. Der dritte Wert im Bunde ist die Größe unter HÖHE und BREITE, die den Koordinaten des Mauszeigers relativ zum ersten Messpunkt entspricht, im Grunde die gleichen Werte, als wenn Sie einen Rahmen aufziehen würden. Noch mehr können Sie aus diesem Werkzeug mit Tastenkombinationen herausholen.

▲ **Abbildung 3.33**
Winkel messen mit gedrückt gehaltener ⇧-Taste

Winkel zur Messlinie messen | Wenn Sie beispielsweise bereits eine Strecke zum Messen gezogen haben, können Sie die ⇧-Taste gedrückt halten. Am Mauszeiger erkennen Sie jetzt ein kleines Plus-Symbol. Mit diesem Plus-Symbol können Sie jetzt aus einem Messpunkt heraus mit gedrückt gehaltener Maustaste einen dritten Messpunkt herausziehen. Auf diese Weise messen Sie den Winkel zur vorherigen Linie. Die Position der drei Messpunkte können Sie auch hier jederzeit nachträglich ändern.

Waagerechten oder senkrechten Bereich messen | Wenn Sie das Messwerkzeug mit gehaltener Strg/Ctrl-Taste verwenden, wird es auf ein Vielfaches von 15° beschränkt. Die Linien rasten dann immer in 15°-Schritten (bspw. 0°, 15°, 30°, 45° usw.) ein. Dies ist sehr nützlich, wenn Sie exakt waagerechte oder senkrechte Objekte messen wollen.

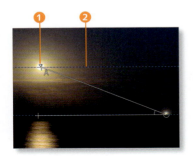

▲ **Abbildung 3.34**
Eine horizontale Hilfslinie wurde am Messpunkt hinzugefügt.

Hilfslinien am Messpunkt setzen | Sie können auch eine horizontale Hilfslinie exakt an einem Messpunkt setzen. Halten Sie hierzu genau auf einem Messpunkt Strg/Ctrl gedrückt, bis sich der Mauszeiger in ein entsprechendes Symbol ❶ verwandelt. Klicken Sie jetzt mit der linken Maustaste, wird eine Hilfslinie ❷ an der Stelle hinzugefügt. Dasselbe funktioniert auch mit einer vertikalen Hilfslinie, nur müssen Sie hierbei die Alt-Taste an einem Messpunkt gedrückt halten. Halten Sie Strg/Ctrl+Alt genau über einen Messpunkt gedrückt, können Sie an dieser Stelle mit einem Mausklick eine horizontale und eine vertikale Hilfslinie hinzufügen.

Messlinie verschieben | Wollen Sie die komplette Messlinie verschieben, halten Sie Strg/Ctrl+Alt über der Messlinie gedrückt, wodurch am Mauszeiger ein Verschieben-Symbol erscheint. Jetzt können Sie die Messlinie mit gedrückter Maustaste verschieben. Achten Sie dabei darauf, dass Sie nicht Strg/Ctrl+Alt über einem Messpunkt gedrückt halten, weil sich hiermit sonst eine vertikale und horizontale Hilfslinie am Messpunkt erstellen lässt.

Raster einstellen und verwenden

Wenn Sie Bildobjekte exakt positionieren wollen, ist das allein mit der Maus recht schwierig. Verwenden Sie hierfür beispielsweise ein Raster (ein Gitter). Solche Raster werden natürlich nicht auf einem Drucker wiedergegeben und lassen sich auch magnetisch einstellen. Ein- und Ausblenden können Sie ein Raster über den Menübefehl ANSICHT • RASTER ANZEIGEN.

sleeping in red bricks.jpg

Raster einstellen | Standardmäßig ist das Raster in 10 × 10 Pixel große Zellen aus schwarzen Linien eingestellt. In der Praxis sind diese Einstellungen nicht immer sinnvoll. Bei sehr großen Bildern oder dunklem Hintergrund erkennen Sie damit kaum etwas.

◀ **Abbildung 3.35**
Die Standardeinstellung des Rasters ist nicht immer sinnvoll.

Die Größe des Rasters hängt somit immer von der Bildgröße und dem Anwendungsfall ab und lässt sich glücklicherweise über BILD • RASTER KONFIGURIEREN anpassen. Über LINIENSTIL ❶ (Abbildung 3.36) bestimmen Sie die Darstellung des Rasters. Standardmäßig wird hier DURCHGÄNGIG verwendet, was durchgehende Linien in der ausgewählten VORDERGRUNDFARBE ❷ erzeugt. Testen Sie einfach andere Linienstile. Für alle Linienstile wird die eingestellte VORDERGRUNDFARBE verwendet, die Sie auch durch Anklicken über einen Farbwähler ändern können. Nur für den Linienstil DOPPELT GESTRICHELT werden VORDERGRUNDFARBE und HINTERGRUNDFARBE ❸ benutzt.

Über den ABSTAND ❹ ändern Sie die Größe (BREITE × HÖHE) der Rasterzellen. Der Standardwert ist PIXEL. Sie können aber auch in der Zeile darunter eine andere Maßeinheit einstellen. Solange die Kette ❺ unterhalb der beiden Werte geschlossen ist, werden die beiden Werte im selben Verhältnis verändert. Wollen Sie das ändern, klicken Sie auf das Kettensymbol, und Sie können die Werte anschließend unabhängig voneinander eingeben.

Abbildung 3.36 ▶
Raster konfigurieren

Mit den Angaben in VERSATZ ❻ verschieben Sie den Abstand der ersten Rasterzelle vom Nullpunkt, der gewöhnlich die linke obere Ecke des Bildes ist.

Abbildung 3.37 ▶
Für die Rasterlinien wurde eine weiße VORDERGRUNDFARBE und für die BREITE und HÖHE wurden jeweils 100 Pixel verwendet. Der LINIENSTIL ist DURCHGÄNGIG, und es wurde kein VERSATZ eingestellt.

Raster magnetisch machen | Um Objekte noch genauer an einem Raster auszurichten, können Sie die Rasterlinien magnetisch machen. Diese Funktion schalten Sie über ANSICHT • MAGNETISCHES RASTER ein- oder aus. Damit bleiben Bild- oder Textelemente, Auswahlen und Ebenenkanten am Rastergitter »kleben«.

3.3 Hilfsmittel zum Ausrichten und Messen

◄ **Abbildung 3.38**
Dank magnetischen Rasters ist es relativ einfach, solch genaue Auswahlen zu erstellen.

Hilfslinien einstellen und verwenden

Sind Ihnen Raster nicht flexibel genug und wollen Sie die Objekte auf das Pixel genau ausrichten, sollten Sie Hilfslinien verwenden. Dabei können Sie mehrere horizontale und/oder vertikale Linien auf das Bild ziehen. Diese Linien werden natürlich ebenfalls weder mit gedruckt noch im Bild abgespeichert.

Hilfslinien ein-/ausblenden
Standardmäßig werden die Hilfslinien nach ihrer Erzeugung angezeigt. Sollten Sie allerdings diese Option deaktiviert haben, können Sie die Hilfslinien jederzeit über Ansicht • Hilfslinien anzeigen oder die Tastenkombination ⇧+Strg/Ctrl+T ein- und ausblenden. Beachten Sie, dass sich bei nicht angezeigten Hilfslinien trotzdem neue Hilfslinien anlegen lassen, auch wenn diese im Augenblick nicht sichtbar sind.

Foto: Jürgen Wolf

 Winter2012.jpg

◄ **Abbildung 3.39**
Die Textebene wurde mit Hilfe von Hilfslinien im Bild positioniert.

Hilfslinien manuell erstellen | Eine vertikale oder horizontale Hilfslinie erzeugen Sie, indem Sie sie mit gedrückter Maustaste aus dem Lineal herausziehen. Während des Ziehens sehen Sie

113

eine durchgehende Linie ❶. Erst wenn Sie die Maustaste loslassen, wird daraus eine blau-schwarz gestrichelte Hilfslinie ❷, der Mauszeiger wird zum Verschieben-Symbol ❸, und das Werkzeug VERSCHIEBEN ist aktiviert. Gehen Sie jetzt nachträglich mit dem VERSCHIEBEN-Werkzeug auf die Hilfslinie, und die Linie ändert sich in eine rot-schwarz gestrichelte Hilfslinie ❹, was bedeutet, dass Sie diese Linie weiter verschieben können.

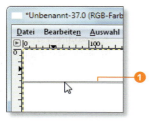

▲ **Abbildung 3.40**
Eine horizontale Hilfslinie wird aus dem Lineal herausgezogen.

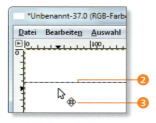

▲ **Abbildung 3.41**
Die Hilfslinie ist bereit.

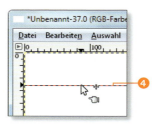

▲ **Abbildung 3.42**
Mit dem VERSCHIEBEN-Werkzeug können Sie die Hilfslinie weiter verschieben.

Zum Nachlesen
Mehr zum VERSCHIEBEN-Werkzeug lesen Sie auf Seite 541, »Auswahllinie verschieben«.

Sie können hiermit so viele horizontale und vertikale Linien erzeugen, wie Sie wollen. Für das nachträgliche Positionieren müssen Sie allerdings immer das VERSCHIEBEN-Werkzeug (Tastenkürzel [M]) verwenden. Damit es mit dem VERSCHIEBEN-Werkzeug auch klappt, müssen in den Werkzeugeinstellungen unter VERSCHIEBEN das erste Icon ❺ und bei WERKZEUGMODUS die Option EBENE ODER HILFSLINIE AUSWÄHLEN ❻ aktiviert sein.

Hilfslinie exakt positionieren | Um die Hilfslinie exakt zu positionieren, können Sie die Koordinaten links unten ❼ in der Statusleiste verwenden. Damit Sie sich nicht damit befassen müssen, was X ist und was Y, zeigt das VERSCHIEBEN-Werkzeug ebenfalls einen Eintrag wie HILFSLINIE HINZUFÜGEN: [POS] mit der Position an ❽. Auch hier erfolgen die Angaben standardmäßig in Pixel.

▲ **Abbildung 3.43**
Die nötigen Werkzeugeinstellungen, um die Hilfslinien nachträglich zu verschieben

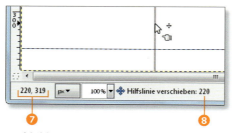

▲ **Abbildung 3.44**
Die Statusleiste gibt Ihnen Auskunft über die aktuelle Position der Hilfslinie.

3.3 Hilfsmittel zum Ausrichten und Messen

Eine weitere Möglichkeit, eine neue Hilfslinie exakt an einer horizontalen oder vertikalen Position anzulegen, führt über ein Skript-Fu-Programm, das Sie über BILD • HILFSLINIEN • NEUE HILFSLINIE aufrufen. Im sich öffnenden Fenster geben Sie über RICHTUNG an, ob Sie eine horizontale oder eine vertikale Hilfslinie erzeugen wollen, und mit POSITION, wo die Hilfslinie, ausgehend vom Nullpunkt des Lineals, platziert werden soll. Die Maßeinheit lautet hier immer Pixel und kann nicht geändert werden.

> **Hilfslinien in Prozent**
> Über das Menü BILD • HILFSLINIEN • NEUE HILFSLINIE (IN PROZENT) können Sie wie mit dem Befehl NEUE HILFSLINIE eine vertikale oder horizontale Hilfslinie anlegen. Nur haben Sie hier die Möglichkeit, Hilfslinien prozentual anzulegen. Das ist sehr nützlich und erspart Ihnen die eine oder andere Rechnerei.

◀ **Abbildung 3.45**
Hilfslinie über ein Dialogfenster anlegen

Hilfslinie aus einer Auswahl erstellen | Ebenfalls enorm hilfreich ist das Kommando BILD • HILFSLINIEN • NEUE HILFSLINIEN AUS AUSWAHL, mit dem Sie rund um die Auswahl im Bild mehrere Hilfslinien legen.

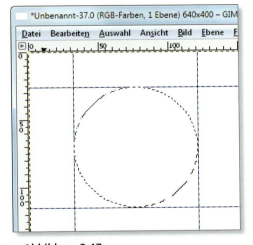

▲ **Abbildung 3.46**
Hier wurde eine einfache kreisrunde Auswahl erstellt, …

▲ **Abbildung 3.47**
… während hier nach dem Befehl NEUE HILFSLINIEN AUS AUSWAHL rund um die Auswahl Hilfslinien angelegt wurden.

Objekt an Hilfslinien ausrichten (de-)aktivieren | Wie auch beim Raster können Sie die Hilfslinien magnetisch machen, damit Objekte von den Kanten der Hilfslinien angezogen werden. Standardmäßig sind die Hilfslinien magnetisch. Den Befehl zum (De-) Aktivieren dieser Option finden Sie im Menü unter Ansicht • Magnetische Hilfslinien.

Hilfslinien entfernen | Einzelne Hilfslinien entfernen Sie ganz einfach, indem Sie sie mit dem Verschieben-Werkzeug ✥ (M) zurück zum Rand des entsprechenden Lineals schieben.

Alle Hilfslinien auf einmal löschen Sie über den Menüpunkt Bild • Hilfslinien • Alle Hilfslinien entfernen.

Kapitel 4
Grundlagen der Bildbearbeitung

Nachdem Sie viele etwas theoretische Seiten zur Benutzeroberfläche hinter sich haben und der nächste Teil des Buches etwas mehr Praxis enthält, ist hier der ideale Zeitpunkt, um auf einige wichtige Grundlagen der Bildbearbeitung einzugehen.

4.1   Pixel- und Vektorgrafiken

In der Darstellung von digitalen Bildinformationen unterscheidet man generell zwischen Pixelgrafik (auch Rastergrafik genannt) und Vektorgrafik.

Die Pixelgrafik – Punkt für Punkt

Das Prinzip, auf dem gewöhnlich die digitalen Bildbearbeitungsprogramme wie GIMP aufbauen, sind Pixelgrafiken. Bei einer Pixelgrafik werden die einzelnen Bildinformationen Punkt für Punkt mit einer Farbfläche aufgeteilt. Jedes einzelne Pixel (wird häufig mit *px* abgekürzt) enthält weitere Informationen wie Farbe, Helligkeit, Sättigung oder Transparenz.

Digitalkamera und Scanner
Natürlich sind auch alle Bilder, die Sie mit einer Digitalkamera aufgenommen oder einem Scanner eingescannt haben, automatisch Pixelbilder.

◄ **Abbildung 4.1**
Der Bildausschnitt rechts ist eine starke Vergrößerung der rot markierten Wimper. Hierbei werden die einzelnen Pixel des Bildes sichtbar.

Foto: Clarissa Schwarz

117

Solche (meistens quadratischen) Bildpunkte fallen natürlich auf den ersten Blick auf dem Bildschirm nicht auf. Erst wenn Sie weit über die 1:1-Ansicht ins Bild hineinzoomen, erkennen Sie die einzelnen Pixel (bzw. Raster).

Die Vektorgrafik – das mathematische Bild

Programme für Vektorgrafiken
Bei den kommerziellen und professionellen Programmen sind hier InDesign, Illustrator, CorelDraw, Quark, PageMaker und FreeHand zu nennen. Auf der kostenlosen Seite sollte hier unbedingt Inkscape erwähnt werden, allein schon weil Sie damit gespeicherte SVG-Grafiken mit Pfaden auch in GIMP öffnen und mit diesen Pfaden weiterarbeiten können.

Vektorgrafiken werden nicht in einzelnen Bildpunkten, sondern mit mathematischen Funktionen beschrieben. Um beispielsweise einen Kreis zu zeichnen, benötigen Sie nur einen Radius, die Linienstärke und eventuell eine Farbe. Der Vorteil dabei ist, dass sich die Grafik beliebig skalieren lässt, ohne dass ein Qualitätsverlust entsteht. Und der Speicherverbrauch von Vektorgrafiken ist auch sehr bescheiden.

Auf fotorealistische Darstellungen müssen Sie bei Vektorgrafiken allerdings verzichten. Die Stärke von Vektorgrafiken liegt in der Erstellung von grafischen Primitiven (Linien, Kreise, Polygone, Kurven usw.), womit sich diese Grafiken bestens für die Erstellung von Diagrammen, Logos und natürlich kreativen Arbeiten eignen.

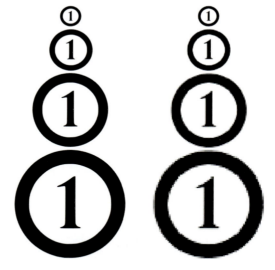

Abbildung 4.2 ▶
Links wurde ausgehend vom obersten Kreis mit der Zahl 1 eine Vektorgrafik immer um ein paar Prozent größer skaliert. Beim Vergrößern entsteht hierbei kein Qualitätsverlust. Das Gleiche wurde rechts mit einer gleich großen Pixelgrafik gemacht. Hierbei erkennen Sie, dass, je größer Sie skalieren, die Kanten auch umso pixeliger werden.

Zum Nachlesen
Alles zum Thema Pfade und zur SVG-Datei erfahren Sie in Teil IX des Buches.

Ohne Probleme können Sie übrigens in GIMP SVG-Dateien (**S**calable **V**ector **G**raphics) öffnen, ein Format für Vektorgrafiken, das immer beliebter wird. Zwar kann GIMP keine Vektorgrafik im Vektorformat bearbeiten, aber die Pfade im SVG-Format werden genauso dargestellt wie in GIMP. Somit können Sie mit GIMP auch Bilder mit Pfaden als SVG-Datei speichern und in einem anderen Vektorprogramm öffnen.

4.2 Bildgröße und Auflösung

Jetzt wissen Sie, dass Bilder aus der Kamera oder dem Scanner aus vielen kleinen farbigen Bildpixeln bestehen. Die Menge dieser Pixel in einem Bild bestimmt die Auflösung. Allerdings gibt es hierbei zwei Begriffe, die häufig durcheinandergebracht werden:
- die **absolute Auflösung**
- die **relative Auflösung**

Absolute Auflösung für Bildschirmgrafiken

Die absolute Auflösung wird entweder mit der Gesamtzahl der Pixel oder der Anzahl von Pixeln pro Spalte (vertikal) und Zeile (horizontal) angegeben. In der Werbung heben die Hersteller von Digitalkameras meistens die Gesamtzahl der Pixel (beispielsweise 12 Megapixel) hervor. Die Angabe der absoluten Auflösung über die Anzahl der vertikalen und horizontalen Pixel (beispielsweise 4.048×3.040 Pixel) ist eher bei Grafikkarten oder Bildschirmen gängig.

Wenn es wichtig ist, dass Sie die Bilder für den Bildschirmbereich optimieren, z. B. für eine Darstellung im Web, dann sind die Angaben der vertikalen und horizontalen Pixel von Bedeutung. Betrachten Sie hierzu Abbildung 4.3, wo jeweils dasselbe Bild mit 400×300 Pixeln im Webbrowser geladen wurde. Allerdings mit dem Unterschied, dass im linken Bild die Bildschirmauflösung des Monitors auf 800×600 Pixel und im rechten auf 1.280×720 Pixel gestellt wurde.

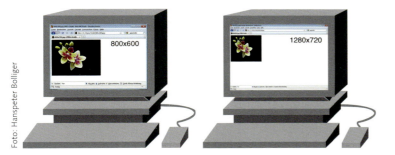

An diesem Beispiel erkennen Sie sehr schön, dass das Bild umso kleiner dargestellt wird, je größer die Bildschirmauflösung ist. Daher müssen Sie sich beim Optimieren von Bildern auf dem Bildschirm von vornherein überlegen, in welcher Auflösung Sie das Bild skalieren.

Zum Nachlesen

Das Thema wird hier nur rein theoretisch behandelt. Wie Sie tatsächlich die absolute und relative Auflösung von Bildern in der Praxis verändern und welche Aus- und Nebenwirkungen dabei auftreten, beschreibt Kapitel 4.2, »Bildgröße und Auflösung«.

 400x300.jpg

◄ **Abbildung 4.3**
Das Bild mit 400×300 Pixeln auf der linken Seite bei einer Bildschirmauflösung von 800×600 Pixeln und das gleiche Bild mit 400×300 Pixeln auf der rechten Seite bei einer Bildschirmauflösung von 1.280×720 Pixeln.

> **Inch/Zoll**
>
> *Inch* ist der englische Begriff für die internationale Einheit Zoll. Ein Zoll misst exakt 25,4 mm, also 2,54 cm.

Relative Auflösung für den Druck

Die relative Auflösung beschreibt die tatsächliche Dichte der Pixel eines Bildes. Damit ist die Anzahl der Pixel für eine bestimmte Längeneinheit (hier Inch/Zoll) gemeint. Bezeichnet wird diese Auflösung mit ppi (*pixel per inch*) oder dpi (*dots per inch*). Die Angabe ppi wird gewöhnlich als Auflösung von Bilddateien verwendet.

Beim Druck ist die relative Auflösung besonders wichtig. Je mehr Pixel pro Inch/Zoll vorhanden sind, desto feiner und höher aufgelöst sind die einzelnen Bildpunkte beim Druck und desto größer können Sie Ihre Bilder in hoher Qualität ausdrucken.

Wichtig sind hierbei auch die Werte für die Pixelmaße (Höhe und Breite). Allerdings wirken sich die Pixelmaße nicht direkt auf die Qualität beim Druck aus. Um ein Bild mit einer hohen Auflösung zu drucken, muss auch die Pixelanzahl des Bildes groß genug sein. Zwar können Sie auch ein Bild mit 200 × 100 Pixeln in sehr hoher Auflösung drucken, dann aber nur in Daumengröße. Ein Bild muss also für den Druck nicht nur über eine hohe Auflösung verfügen, sondern auch über eine entsprechend hohe Anzahl von Pixeln in Höhe und Breite.

Auflösung	Anwendungsgebiet
300 ppi	professioneller Vierfarbdruck (Vierfarbdruck = CMYK)
200 ppi 150 ppi	Drucken mit Laser- oder Tintenstrahldrucker
72 ppi 96 ppi	Bilder für das Web

Tabelle 4.1 ▶
Übersicht, welche Auflösung sich wofür am besten eignet

Die ideale Auflösung im Web

Sichtliche Verwirrung herrscht häufig um die Auflösung von Bildern im Web. Genau genommen, spielt die relative Auflösung im Web keine Rolle. Egal, ob Sie das Bild mit einer Auflösung von 72, 150 oder 300 ppi verwenden, die Anzeige von Bildern auf dem Computerbildschirm erfolgt immer in der Relation zu anderen auf dem Bildschirm angezeigten Elementen. Da hierbei die üblichen Systemvorgaben den Pixelangaben unterworfen sind, reichen auch für Bilder auf dem Bildschirm und für das Web die Pixelangaben aus.

Folglich gibt es keine verbindlichen Standards für die Auflösung von Bildern, die auf einem Bildschirm oder im Web dargestellt werden. Ein Großteil der Bilder im Web hat allerdings eine Auflösung von 72 ppi, weil diese Bilder weniger Speicherplatz benötigen als solche mit einer Auflösung von 300 ppi. Da Ladezeiten im Internet nach wie vor eine wichtige Rolle spielen, empfiehlt sich eine Auflösung von 72 bis 96 ppi.

4.3 Grundlagen zu Farben

Farben sind keine Naturgesetze, sondern lediglich subjektive Sinnesreize, die durch die Reflexion von Licht auf einer Oberfläche hervorgerufen werden. Wie genau allerdings der gelb schimmernde Sand oder das blau reflektierende Meer in unserem Gehirn als Farbwahrnehmung verarbeitet wird, ist wissenschaftlich noch nicht ganz geklärt. Wie dem auch sei, Farben zählen in der Bearbeitung von Grafiken oder digitaler Fotografien zu den wichtigsten Ausdrucksmitteln.

> **Buchtipp**
> Falls Sie sich mehr mit dem Thema Farben und wie diese auf uns wirken beschäftigen wollen, empfehle ich Ihnen das Buch »Grundkurs – Grafik und Gestaltung« von Claudia Runk (ISBN 978-3-8362-1437-7). Wie Sie aus dem Buchtitel unschwer herauslesen können, behandelt das Buch natürlich noch viele andere Themen rund um Grafik und Gestaltung.

Farbmodelle

Bilder werden immer in irgendeinem Farbmodell gespeichert. Jedes Farbmodell bestimmt dabei, wie die Farben von einem Ein- oder Ausgabegerät (Monitor, Digitalkamera, Scanner, Drucker, TV usw.) erkannt und dargestellt werden. Mittlerweile gibt es über 40 (!) verschiedene Farbmodelle. Jedes Farbmodell hat dabei seine Anwendungsgebiete. Beschränkt man die Farbmodelle auf die digitale Bildbearbeitung, bleiben höchstens drei bis vier Modelle übrig, die sich hierfür sehr gut eignen. Schränkt man dann auch noch digitale Bildbearbeitung auf die Praxis ein, bleiben eigentlich nur noch das **RGB-Farbmodell** und das **CMYK-Farbmodell** übrig, die von wichtiger Bedeutung sind.

> **Primär-, Sekundär- und Tertiärfarben**
> Als Primärfarben werden die Grundfarben des RGB- und des CMYK-Modells bezeichnet. Werden zwei Primärfarben gemischt, spricht man von Sekundärfarben. Werden alle Primärfarben miteinander vermischt, entsteht eine Tertiärfarbe.

RGB-Farbmodell | Das RGB-Modell ist wohl das gängigste Modell und wird vorwiegend bei Digitalkameras, Monitoren, TV-Geräten und Scannern verwendet, also Geräten, die mit Licht arbeiten. Beim RGB-Modell handelt es sich um eine additive Farbsynthese, also eine Mischung von Lichtfarben. Die Primärfarben dieser Farbmischung sind **R**ot, **G**rün und **B**lau. Wenn alle drei Farben auf einen Punkt strahlen, ergibt dies die Farbe Weiß. Schwarz entsteht, wenn – logischerweise – kein Licht strahlt. Leuchten jeweils nur zwei der drei Farben, entstehen die Sekundärfarben Gelb, Magenta und Cyan.

Jedes Pixel in einem RGB-Farbmodell besteht aus den drei Kanälen Rot, Grün und Blau. Wenn alle drei Kanäle den Wert 0 haben, wird somit kein Licht verwendet, und das Pixel bleibt schwarz. Bei voller Leuchtstärke von 255 der Kanäle Rot, Grün

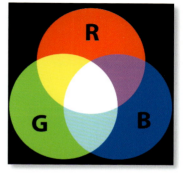

▲ Abbildung 4.4
Das RGB-Farbmodell

und Blau (jeder Kanal besitzt den Wert 255) leuchtet das Pixel weiß. Je höher der Wert ist, desto größer ist also die Intensität. Über diese drei Kanäle lassen sich somit 16,7 Millionen Farben (256×256×256) darstellen – mehr, als unser menschliches Auge unterscheiden kann. Tabelle 4.2 listet die grundlegenden Farbmischungen der Primär- und Sekundärfarben auf.

Farbe	Rot-Wert	Grün-Wert	Blau-Wert
Rot	255	0	0
Grün	0	255	0
Blau	0	0	255
Gelb	255	255	0
Magenta	255	0	255
Cyan	0	255	255
Weiß	255	255	255
Schwarz	0	0	0
Grau	127	127	127

Tabelle 4.2 ▶
Grundlegende Farbmischungen im RGB-Farbmodell

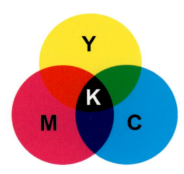

▲ **Abbildung 4.5**
Das CMYK-Farbmodell

Tipp: CMYK-Farbwähler
Wollen Sie ein wenig mit den Prozentwerten und den Auswirkungen des CMYK-Farbmodells experimentieren, verschieben Sie einfach einmal im Farbwähler (siehe Seite 208, »Der Farbwähler von GIMP«) die CMYK-Schieberegler.

CMYK-Farbmodell | Das CMYK-Farbmodell wird bevorzugt bei Druckverfahren eingesetzt, und daher dürfte es auch logisch sein, dass dieses Modell im Gegensatz zum RGB-Modell keine Mischung mit Licht ist – das würde beim Drucken auch nicht viel nutzen. Das CMYK-Farbmodell ist eine subtraktive Farbmischung und beschreibt eine Farbmischung von nicht selbst leuchtenden Farben. Die Abkürzung CMYK steht für **C**yan (Türkis), **M**agenta (Fuchsinrot), **Y**ellow (Gelb) und Blac**k** (Schwarz).

Eigentlich würden Cyan, Magenta und Yellow rein theoretisch ausreichen, um Schwarz zu erstellen. Hierfür müssten lediglich alle drei Werte auf 100 % gestellt werden (CMYK-Farben werden mit Prozentwerten definiert). Allerdings eben nur rein theoretisch und nicht praktisch. Daher wird außerdem die Farbe Schwarz verwendet, damit auch Kontrast und Tiefe zufriedenstellend dargestellt werden können. Genau genommen, dient Schwarz nur dazu, die Helligkeit der CMY-Farben einzustellen. Beim Drucken wird hierbei vom Vierfarbdruck gesprochen.

GIMP kann das CMYK-Farbmodell derzeit noch nicht direkt verwenden. Zwar können Sie CMYK-Bilder mit GIMP öffnen, aber diese werden gleich nach dem Öffnen in das RGB-Modell konvertiert. Mit dem Plugin *Separate+* können Sie dieses Manko allerdings umgehen (siehe Abschnitt »CMYK-Modus« auf Seite 127).

HSV-Farbmodell | Das HSV-Farbmodell soll hier nicht unerwähnt bleiben, weil es der Art, wie wir Farben wahrnehmen, am nächsten kommt. HSV steht für **H**ue (Farbton), **S**aturation (Sättigung) und **V**alue (Helligkeitswert). Und so fällt es uns auch leichter, Farben zu erkennen. Die Farbe erkennen wir am Farbton, und erst dann nehmen wir die Helligkeit (zu hell oder zu dunkel) und Sättigung der Farbe wahr. Mit GIMP können Sie beispielsweise mit diesem Farbmodell mit dem Farbwähler die Vordergrund- und/ oder Hintergrundfarbe auswählen (siehe Seite 208, »Der Farbwähler von GIMP«). Auch der Einfärben-Dialog, den Sie über Farben • Einfärben aufrufen, arbeitet nach dem HSV-Farbmodell (siehe Seite 287, »Einfärben-Dialog«). Des Weiteren funktionieren auch einige Filter aus dem gleichnamigen Menü nach dem HSV-Modell.

Farbraum (Bildmodus) ermitteln und ändern

In welchem Farbraum Sie ein Bild in GIMP gerade bearbeiten, erkennen Sie in der Titelleiste ❶.

◀ **Abbildung 4.6**
Das Bild ist im RGB-Farbraum geöffnet.

Das Gleiche können Sie auch über das Untermenü Bild • Modus ermitteln. Der Eintrag, vor dem sich ein Punkt ❷ befindet, zeigt, in welchem Farbraum Sie das Bild gerade bearbeiten.

◀ **Abbildung 4.7**
Das Bild wird im Graustufen-Modus bearbeitet.

Farbraum (Bildmodus) festlegen | Über das Untermenü Bild • Modus konvertieren Sie den eingestellten Bildmodus in einen anderen. Beachten Sie allerdings, dass Sie beim Wechseln des Farbraums auch die Farbwerte ändern, die bei einer Rückkonvertierung nicht mehr wiederhergestellt werden können. Zur Konvertierung von einem in den anderen Modus wählen Sie im Untermenü Bild • Modus den Modus RGB, Graustufen oder Indiziert aus. Den Bitmap-Modus gibt es auch, aber dieser ist nur über Indiziert zu erreichen.

Bild neu anlegen
Wenn Sie über Datei • Neu ein neues Bild erstellen, können Sie in der Dropdown-Liste Farbraum zwischen den Farbmodi RGB und Graustufen auswählen.

Kapitel 4 Grundlagen der Bildbearbeitung

Briefmarken.jpg

RGB-Modus | Im RGB-Modus arbeitet GIMP standardmäßig, und damit dürfte es am wenigsten Probleme geben. Auch beim Importieren von der Kamera oder vom Scanner werden Bilder gewöhnlich im RGB-Modus übertragen. Außerdem können Sie sich nur im RGB-Modus sicher sein, dass Sie alle Funktionen von GIMP verwenden können. Auch die meisten Webbrowser verwenden bevorzugt den RGB-Modus und können teilweise gar keine Bilder in einem anderen Modus wiedergeben.

Abbildung 4.8 ▶
Im RGB-Modus gespeichertes Bild

Zum Nachlesen
Auf das Erstellen von Schwarzweißbildern geht Kapitel 11, »Schwarzweißbilder«, ein.

Graustufen-Modus | Konvertieren Sie ein Bild in den Graustufen-Modus, wird das Bild nur noch in einem Kanal mit 8 Bit gespeichert; im RGB-Modus waren es drei Kanäle mit je 8 Bit. Das Bild wird hier praktisch auf 256 Graustufen reduziert. Mit 0 (hellstes Weiß) bis 255 (tiefstes Schwarz) wird die Darstellung des Bildes erzielt.

Abbildung 4.9 ▶
Das Bild wurde im Graustufen-Modus gespeichert.

4.3 Grundlagen zu Farben

Modus »Indiziert« | Wenn Sie Bilder in den Modus INDIZIERT konvertieren, wird jedem Pixel im Bild anstelle eines RGB-Wertes ein Index auf den Wert einer Farbpalette zugewiesen. Jedes Pixel erhält bei diesem Modus vor der Konvertierung eine Indexnummer. Zu dieser Nummer wird dann aus einer Farbtabelle eine möglichst ähnliche Farbe gesucht und mit der entsprechenden Farbe im Bild getauscht. Auch hier ist die Anzahl der Farben auf 8 Bit, also 256 Farben, beschränkt.

Da weniger Informationen zum Speichern nötig sind, wird natürlich auch die Bildgröße geringer. Eine geringere Speichergröße ist eher im Webbereich für Grafikformate wie GIF oder PNG interessant. Zur Bildbearbeitung ist diese Farbreduzierung eher nicht geeignet.

> **Ausgegraute Funktionen**
>
> Wenn Sie Bilder im Graustufen-Modus oder im Modus INDIZIERT bearbeiten, sind viele Funktionen (beispielsweise im Menü FARBEN) ausgegraut. Dies liegt daran, dass viele Funktionen nur im RGB-Modus auf alle drei Kanäle wirken und verwendet werden können.

▲ **Abbildung 4.10**
Um den Effekt der indizierten Farben im Buch überhaupt erkennen zu können, habe ich das Ausgangsbild auf die 100 %-Ansicht gestellt …

▲ **Abbildung 4.11**
… und die maximale Anzahl der Farben auf 16 reduziert.

Wenn Sie ein Bild in den Modus INDIZIERT konvertieren wollen, öffnet sich ein Dialog dazu. Hier müssen Sie zunächst unter FARBTABELLE (Abbildung 4.12) eine Tabelle auswählen, mit der die Farben im Bild ausgetauscht werden sollen. Hier stehen Ihnen zur Verfügung:

- OPTIMALE PALETTE ERZEUGEN: Damit erzielen Sie das beste Ergebnis. Hierbei können Sie zusätzlich über MAXIMALE ANZAHL DER FARBEN die Farben reduzieren. Maximal sind 256 Farben möglich (Standardeinstellung).
- INTERNET-OPTIMIERTE PALETTE VERWENDEN: Erstellt eine Palette mit websicheren Farben. Diese Option ist eigentlich heutzutage überflüssig und veraltet.
- SCHWARZ/WEISS-PALETTE (1-BIT) VERWENDEN: Damit reduzieren Sie die Farben des Bildes auf Schwarz und Weiß und erzeugen praktisch ein Bitmap. Um allerdings zu erkennen, dass es

sich tatsächlich um reines Schwarz und Weiß und nicht um ein Graustufenbild handelt, sollten Sie zur Überprüfung nach der Konvertierung etwas mehr in das Bild hineinzoomen.

▶ Eigene Palette verwenden: Hier können Sie aus einer Reihe von vorinstallierten oder selbst erstellten Paletten auswählen. Mit dem Befehl Nicht verwendete Farben aus der Palette entfernen löschen Sie Farben, die Sie gar nicht im Bild benötigen, endgültig aus der Palette.

Abbildung 4.12 ▶
Bild in indizierte Farben umwandeln

Unterhalb von Rasterung können Sie den Verlusten gegensteuern, die bei Farbverläufen auftreten. Hiermit werden die Farben so vermischt, dass wieder ein Farbverlauf entsteht.

▲ **Abbildung 4.13**
Solch unschöne Effekte beim Reduzieren der Farben eines Farbverlaufs können Sie mit einer …

▲ **Abbildung 4.14**
… Farbrasterung mittels Floyd-Steinberg (normal) vermeiden.

▲ **Abbildung 4.15**
Hier wurde eine spezielle Farbtabelle unter Eigene Palette verwenden zum Indizieren verwendet, und zwar »Reds« (eine Standardpalette von GIMP).

CMYK-Modus | Es wurde bereits erwähnt, dass GIMP CMYK-Bilder nach dem Laden sofort in RGB-Bilder umwandelt. Für den professionellen Druck kommen Sie allerdings nicht um CMYK herum. Daher sollten Sie sich hierfür das Plugin Separate+ näher anschauen.

Zum Nachlesen
Wie Sie GIMP mit Plugins erweitern, erläutert Kapitel 39 näher.

◄ **Abbildung 4.16**
Bild im CMYK-Modus, dank des Plugins Separate+

Schritt für Schritt:
RGB nach CMYK konvertieren (Plugin Separate+)

Falls Sie ein Bild vom RGB- in den CMYK-Farbraum konvertieren müssen, empfehle ich Ihnen das Plugin Separate+. Das Plugin können Sie sich von der Webseite http://registry.gimp.org herunterladen. Diese kurze Anleitung geht davon aus, dass Sie das Plugin bereits installiert haben.

1 Separate-Dialog aufrufen
Wenn Sie das RGB-Bild in GIMP geladen und das Plugin installiert haben, können Sie dieses über BILD • SEPARATE • SEPARATE aufrufen. Klicken Sie im SEPARATE-Fenster auf DESTINATION COLOR SPACE ❶ (Abbildung 4.17), und wählen Sie im sich öffnenden Fenster das CMYK-Profil aus.

Die Auswahl hängt ein wenig von den installierten Profilen ab. Setzen Sie außerdem ein Häkchen vor MAKE CMYK PSEUDO-COMPOSITE ❷. Klicken Sie auf die Schaltfläche OK, und das Bild wird in einem neuen Fenster als CMYK-Bild geöffnet.

Kapitel 4   Grundlagen der Bildbearbeitung

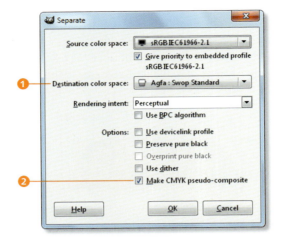

Abbildung 4.17 ▶
Einstellungen für die Konvertierung

2 Bild als CMYK speichern

Um das Bild als CMYK-Bild zu speichern, müssen Sie nur noch Bild • Separate • Export aufrufen und im folgenden Dialog den Namen, Pfad und das Format wählen, in dem Sie das Bild im CMYK-Farbmodell speichern wollen.

Abbildung 4.18 ▶
Bild im CMYK-Farbmodus exportieren

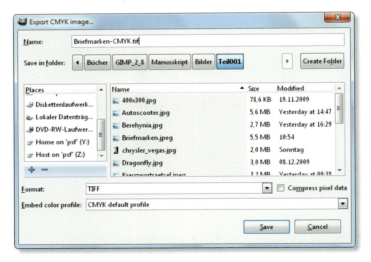

Zerlegen in Farbmodelle

Über den Befehl Farben • Komponenten • Zerlegen öffnet sich ein Dialog, mit dem Sie ein Bild in die einzelnen Farbkanäle verschiedener Farbmodelle zerlegen können. Beachten Sie allerdings, dass die einzelnen Kanäle als Graustufenbilder abgebildet werden. Wenn Sie die zerlegten Farbkanäle später mit Farben • Komponenten • Wieder zusammenfügen, ist das Bild wieder komplett in Farbe zu sehen.

Schärfen im Lab-Modus

Ein solches Beispiel, wie Sie ein Bild in die einzelnen Teile des Lab-Farbmodells zerlegen und schärfen können, finden Sie auf Seite 332, »Schärfen im LAB-Modus«.

Der Vorteil, wenn Sie Bilder in ihre einzelnen Kanäle auflösen, liegt darin, dass Sie hiermit, richtig angewendet, Bilder verbessern oder bessere Schwarzweißbilder erstellen können.

Über FARBMODUS ❸ legen Sie fest, in welche einzelnen Komponenten Sie das Bild zerlegen wollen. In welche Modelle Sie die Farbkanäle trennen können, erläutere ich gleich.

Wenn Sie die Option IN EBENEN ZERLEGEN ❹ verwenden, wird ein neues Bild erzeugt, in dem jede Ebene einen separaten Farbkanal präsentiert. Verwenden Sie diese Option nicht, wird für jeden Farbkanal ein neues Bild in einem eigenen Bildfenster erzeugt.

Mit der zweiten Option VORDERGRUND ALS REGISTERFARBE ❺ lassen Sie jedes Pixel der aktuell eingestellten Vordergrundfarbe in den zerlegten Bildern bzw. Ebenen in Schwarz anzeigen. Diese Option ist allerdings nur für den CMYK-Druck interessant.

▲ **Abbildung 4.19**
Der Dialog zum Zerlegen eines Bildes in die einzelnen Farbkanäle

▲ **Abbildung 4.20**
Das Ausgangsbild soll in die einzelnen RGB-Kanäle zerlegt werden.

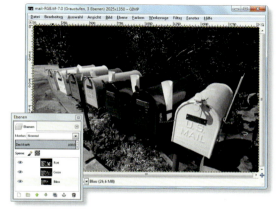

▲ **Abbildung 4.21**
Nach dem Zerlegen wird ein neues Bild mit den drei Farbkanälen Rot, Grün und Blau in den Ebenen erzeugt. Ohne die Option IN EBENEN ZERLEGEN wären diese drei Ebenen in jeweils drei einzelne Bildfenster aufgeteilt worden.

Die folgenden Werte können Sie für den FARBMODUS auswählen, um die Bilder in dementsprechende Kanäle zu extrahieren:

- ▶ **RGB**: Damit erzeugen Sie ein Graustufenbild, das die Kanäle Rot, Grün und Blau in je einer Ebene bzw. in drei Bildfenstern (abhängig von der Option IN EBENEN ZERLEGEN) und die Kanäle Grau und Transparenz (Deckkraft) enthält.
- ▶ **RGBA**: Wie RGB, nur wird hier eine zusätzliche Ebene bzw. ein zusätzliches Bildfenster erzeugt, in der bzw. in dem die Transparenzwerte (Alphakanal) des Bildes enthalten sind. Transparente Pixel werden in Schwarz und deckende Pixel in Weiß angezeigt.

Zum Nachlesen

Wenn Sie Einsteiger sind, werden Sie im Augenblick mit Begriffen wie »Ebenen« und »Alphakanal« bombardiert. Diese wichtigen Themen werden noch gesondert in Teil V des Buches ausführlich behandelt. Machen Sie sich an dieser Stelle noch keine Gedanken darüber. Hier geht es ohnehin eher um ein theoretischeres Thema.

CMYK mit Separate+
Dass Sie Bilder trotzdem in das CMYK-Farbmodell umwandeln und entsprechend speichern können, wurde bereits in der Schritt-für-Schritt-Anleitung »RGB nach CMYK konvertieren« auf Seite 127 mit dem Plugin Separate+ demonstriert.

- **HSV, HSL**: HSV erzeugt ein Graustufenbild mit den Ebenen »Farbton« (*Hue*), »Sättigung« (*Saturation*) und »Helligkeit« (*Value*). Auch hier gilt: Es wird zwar alles in Graustufen angezeigt, aber die Ebene »Farbton« präsentiert trotzdem Farbwerte. HSL ist recht ähnlich, nur dass hier der dritte Wert anstelle der Helligkeit (*Value*) in die relative Helligkeit (L = *Lightness*) extrahiert wird.
- **CMY, CMYK**: Damit wird das Originalbild in drei bzw. vier Ebenen mit Graustufen für Cyan, Magenta, Yellow (und Schwarz) zerlegt. Sollten Sie diese CMY(K)-Zerlegung allerdings für den Druck verwenden wollen, rate ich davon ab, weil die Zuverlässigkeit des CMY(K)-Farbmodells von GIMP nicht gegeben ist.
- **Alpha**: Hiermit extrahieren Sie nur den Alphakanal (Transparenz) eines Bildes. Die transparenten (durchsichtigen) Pixel werden in Schwarz und die deckenden Pixel in Weiß angezeigt.
- **LAB**: Damit zerlegen Sie das Bild in die drei Ebenen bzw. Bildfenster für *Luminance* (Leuchtkraft, Helligkeit), a (Farbtöne zwischen Grün und Rot) und b (Farbtöne zwischen Blau und Gelb). Bei diesem Modell wird ein Kanal für die Leuchtkraft verwendet, die anderen beiden Kanäle bilden die Farbtöne ab.
- **YCbCr**: Früher wurde dieses Modell für analoge Videos im PAL-Standard verwendet. In GIMP gibt es mehrere solcher YCbCr-Versionen, bei denen immer jeweils drei Ebenen bzw. Bilder erzeugt werden, eine Ebene/ein Bild für die Leuchtkraft und je eine Ebene/ein Bild für bläuliche und für rötliche Farben.

Wieder zusammenfügen | Um die zerlegten Graustufenbilder wieder zu einem farbigen Bild zusammenzufügen, verwenden Sie das Kommando Farben • Komponenten • Wieder zusammenfügen. Die einzelnen Kanäle werden dabei zu dem Bild zusammengefügt, das Sie zum Zerlegen verwendet hatten. Dies setzt natürlich voraus, dass Sie dieses Bild noch in GIMP geöffnet haben. Ein erneutes Öffnen funktioniert hier auch nicht mehr, weil GIMP für jedes neue Bildfenster eine andere Identifikationsnummer (Bild-ID) vergibt.

Zusammensetzen | Mit dem Befehl Wieder zusammensetzen fügen Sie ein Bild vom extrahierten Farbmodell wieder zum selben Farbmodell zusammen. Wenn Sie beispielsweise ein RGB-Bild in die einzelnen RGB-Kanäle zerlegt haben, wird das Bild mit Wieder zusammensetzen wieder in ein RGB-Bild zusammengesetzt.

Wesentlich flexibler ist hierbei der Befehl Farben • Komponenten • Zusammensetzen, bei dem Sie zum einen das Farbmodell (Farbmodus), wie das Bild zusammengesetzt werden soll, wählen und die einzelnen Kanäle zuweisen (tauschen) können. Damit lassen sich durchaus interessante Effekte erzielen.

Über KANÄLE ZUSAMMENSETZEN wählen Sie mit dem FARBMODUS ❶ aus, in welche Komponenten das Bild zusammengesetzt werden soll. Die einzelnen Farbmodi wurden bereits bei der Funktion WIEDER ZUSAMMENSETZEN beschrieben.

Über KANAL-ZUWEISUNGEN ❷ wählen Sie aus, welche Ebene bzw. welches Bild in welchem Farbkanal des gewählten FARBMODUS ❶ verwendet werden soll. Natürlich können Sie hierbei auch Farbkanäle tauschen. Über die Dropdown-Liste der einzelnen Kanäle können Sie auch einen Wert MASKENWERT auswählen. Danach können Sie für diesen Kanal einen MASKENWERT von 0 bis 255 auf der rechten Seite einstellen.

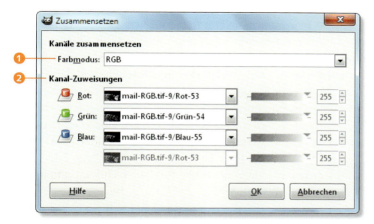

◀ **Abbildung 4.22**
Der Dialog zum Zusammensetzen extrahierter Kanäle in einen beliebigen FARBMODUS

◀ **Abbildung 4.23**
Das Bild wurde zunächst in die einzelnen RGB-Kanäle zerlegt und dann mit dem Dialog ZUSAMMENSETZEN wieder im RGB-Modus zusammengesetzt. Für den blauen Kanal wurde hierbei ein auf 150 reduzierter MASKENWERT verwendet.

Farbtiefe

Der Begriff *Farbtiefe* ist fast jedem geläufig, der schon einmal einen Monitor eingestellt hat. Neben der Auflösung lässt sich hier immer die Farbtiefe bestimmen. Die Farbtiefe beschreibt die Farbeigenschaft eines einzelnen Pixels – genauer gesagt, wie viel Farbe ein einzelnes Pixel aufnehmen kann.

Und wie viel, das hängt natürlich auch wieder vom verwendeten Bildmodus ab. Bei einem reinen Schwarzweißbild, einem Bitmap, wo es eben nur die beiden Pixel Schwarz und Weiß gibt, spricht man von 1 Bit Farbtiefe. Ein Bit ist auch die kleinste Datenmenge in der Informatik und kann entweder den Wert 0 oder 1 haben. Um Schwarz oder Weiß darzustellen, ist lediglich 1 Bit nötig: Hat das Bit den Wert 0, ist unser Bild schwarz. Hat das Bit den Wert 1, dann haben wir die Farbe Weiß.

RGB-Bilder hingegen speichern Bilder in 8 Bit (= 256 Farben) pro Kanal. Somit ergeben sich bei drei Kanälen (Rot, Grün und Blau) insgesamt 24 Bit Farbtiefe. Für ein einziges Pixel im RGB-Modus stehen also 16,7 Millionen Farbmöglichkeiten (2^{24} = 16.777.216) zur Verfügung.

Dann wären hier noch die Graustufenbilder zu nennen, die 256 Graustufen in einem Kanal enthalten. Somit haben Graustufenbilder eine Informationsdichte von 8 Bit Farbtiefe.

> **16 Bit Farbtiefe**
> Noch unterstützt GIMP keine 16 Bit je Kanal. Dank der Implementierung von GEGL dürfte es aber eher eine Frage der Zeit sein, bis GIMP Bilder mit 16 Bit Farbtiefe bearbeiten kann.

▲ **Abbildung 4.24**
Ein Farbverlauf mit 1 Bit Farbtiefe

▲ **Abbildung 4.25**
Ein Farbverlauf als 8-Bit-Graustufenbild

▲ **Abbildung 4.26**
Ein Farbverlauf mit allen RGB-Kanälen in 24 Bit Farbtiefe

Teil II
Bildkorrektur

Kapitel 5
Grundlegendes zur Bildkorrektur

Auch wenn es so etwas wie das perfekte Bild wohl nie geben wird – mit dem nötigen Wissen kommen Sie sehr nahe an dieses Ideal heran.

Ob Sie ein gutes Foto schießen, hängt von vielen Faktoren ab. Neben der Umgebung (Landschaft, Fotostudio, Motiv…), der Tageszeit und den Witterungsbedingungen (Tag, Nacht, Regen, Schnee, Sonne…) sind die Einstellung der Kamera (Belichtungswert, ISO-Werte, Weißabgleich, Automatikeinstellung…), die Kamera selbst (Funktionsumfang, Objektiv…) und natürlich auch der eigene Standort entscheidende Faktoren, die sich auf das Bild auswirken. Alle Faktoren zu berücksichtigen, erfordert Planung, Vorbereitung und Zeit – oder kurz, eine Menge an Erfahrung.

Meistens hat man eben einfach seine Kamera dabei und drückt ab, wenn das passende Motiv gefunden wurde. Bei bewegten Objekten hat man häufig nicht einmal mehr Zeit, die Kameraeinstellungen zu berücksichtigen, und schießt die Fotos im Automatikmodus der Kamera, in der Hoffnung, dass diese ihren Dienst verrichtet. Mittlerweile ist dieser Automatikmodus schon sehr ausgeklügelt und liefert bei guten Bedingungen (klarer Himmel, Sonnenschein) sehr gute Ergebnisse.

Trotzdem gibt es immer wieder Bilder, die einfach nicht so recht passen wollen. Zu den Standardproblemen gehören: zu dunkel, zu hell, schlechte Farben, Farbstich, kaum Kontrast. In solchen Fällen sind meistens ein bis zwei Schritte nötig, um das Bild ins rechte Licht zu rücken.

> **Bildkorrektur ist kein Hexenwerk**
>
> Hier soll gleich von vornherein klargestellt werden, dass die Korrektur von Bildern nicht zufällig geschieht, sondern bestimmten, aber trotzdem sehr variablen Regeln folgt, die Sie in diesem Kapitel noch kennenlernen werden. Auch hängt eine gute Korrektur nicht vom Preis einer Software ab (selbst wenn dies gerne behauptet wird). Natürlich handelt es sich hierbei nicht um allgemeingültige Dogmen, aber wenn Sie die Grundlagen der Bildkorrektur verstanden haben, können Sie sich einiges an Frust ersparen. Dafür haben Sie sich ja das Buch gekauft, und von diesen Grundlagen handelt auch dieser komplette Teil.

Kapitel 5 Grundlegendes zur Bildkorrektur

5.1 Was kann noch repariert werden?

Es gibt sicherlich Dinge, die sich nicht mehr beheben lassen. Sind beispielsweise Details in einem Bild komplett ins Schwarz abgesunken oder von Weiß zerfressen, ist nichts mehr zu machen. Wo keine Struktur (Informationen) im Bild vorhanden ist, wo eigentlich *etwas* sein sollte, lässt sich auch nichts mehr herbeizaubern.

SaintBasil.jpg

Abbildung 5.1 ▶
Dieses Bild ist ein solches Extrembeispiel, bei dem sich nicht mehr viel machen lässt. Die Personen und die Kathedrale sind insgesamt zu dunkel und müssten aufgehellt werden. Der Himmel ist allerdings schon vom Weiß verschluckt und müsste eigentlich verdunkelt werden.

Abbildung 5.2 ▶
Nach dem Aufhellen ist das Gesamtbild zwar besser, aber der Himmel und jetzt auch noch das Pflaster werden nun noch mehr vom Licht zerfressen.

Abbildung 5.3 ▶
Selbst extremes Abdunkeln holt den blauen Himmel nicht mehr wirklich zurück. Somit lohnt sich hier auch eine partielle Verdunklung mit dem NACHBELICHTEN-Werkzeug nicht mehr.

5.2 Grundlegende Tipps für die Korrektur

Oft sieht man auf den ersten Blick, was an einem Bild verbessert oder korrigiert werden könnte. Hier ist die Rede von klar sichtbaren Dingen wie zu hell, zu dunkel, zu viel oder zu wenig Farbe, wie einem Farbstich oder einem zu schwachen Kontrast. In der Praxis werden Sie meistens auch nur ein oder zwei kleinere Korrekturen durchführen müssen. Natürlich geht es dabei lediglich um die üblichen Bildkorrekturen und nicht um eine Bildmanipulation.

Die folgenden kurzen Empfehlungen möchte ich Ihnen für diese offensichtlichen Korrekturen mit auf den Weg geben:

- **Analysieren Sie das Bild**: Stellen Sie erst einmal sachlich fest, was an dem Bild korrigiert werden muss. Bildfehler haben im Grunde klar sichtbare Mängel. Verwenden Sie das Histogramm (siehe Abschnitt 6.1, »Histogramme lesen und analysieren«) zur Kontrolle, oder führen Sie eine Graubalance-Messung (siehe Seite 177, »Graubalance messen«) durch, und verlassen Sie sich nicht auf den Bildschirm.
- **Zuerst die großen Korrekturen**: Beheben Sie immer zuerst die eindeutig sichtbaren Bildfehler. In der Praxis sollten allerdings kaum mehr als ein, zwei echte Korrekturen anfallen.
- **100%-Ansicht**: Gerade wenn Sie Bilder aufhellen oder abdunkeln, kommt schnell ein unschönes Bildrauschen zutage. Stellen Sie daher gelegentlich das Bild auf die 100%-ANSICHT (beispielsweise mit dem Tastenkürzel 1), um zu überprüfen, ob sich nicht durch die Korrektur weitere Korrekturen auftun und Sie damit anfangen, hin und her zu korrigieren.
- **Korrekturen im RGB-Modus**: Die Bilder kommen gewöhnlich von der Kamera oder vom Scanner im RGB-Modus, weshalb ich Ihnen auch empfehle, Ihre Korrekturen in diesem Modus durchzuführen. Hierbei ersparen Sie sich auch gleich weitere Qualitätseinbußen, die bei der Umwandlung in CMYK auftreten.
- **Neutraler Arbeitsbereich**: Verwenden Sie eine neutrale Rahmenfarbe für das Bildfenster. So können Sie die Qualität des Bildes besser beurteilen. In der Praxis hat sich ein neutrales Grau bewährt, weil diese Farbe das Urteilsvermögen (genauer den Simultankontrast) nicht so stark beeinträchtigt. Natürlich hängt die Rahmenfarbe auch von der Farbe des Bildmotivs ab. Auch bewährt haben sich hier die (Unbunt-)Farben Schwarz (= Bild wirkt wärmer) und Weiß (= Bild wirkt zurückhaltender). Die Rahmenfarbe stellen Sie ein über BEARBEITEN • EINSTELLUNGEN • BILDFENSTER • DARSTELLUNG mit der Option BENUTZERDEFINIERTE RAHMENFARBE.

RAW-Format verwenden

Sollte Ihre Kamera Bilder im RAW-Format aufnehmen, empfehle ich Ihnen, dieses Format auch zu verwenden. Der Grund ist ganz einfach: Im RAW-Format können Sie häufig ein Bild noch nachträglich ohne größere Verluste korrigieren. Mehr zum RAW-Format finden Sie in Kapitel 33, »Bilder im RAW-Format mit UFRaw entwickeln«.

▲ **Abbildung 5.4**
Eine neutrale Rahmenfarbe, wie hier auf der linken Seite, ist ebenfalls hilfreich dabei, ein Bild besser zu beurteilen. Die knallige rote Farbe als Rahmen auf der rechten Seite lenkt vom eigentlichen Bild ab und beeinträchtigt auch die subjektive Erscheinung des Bildes im Auge des Betrachters.

5.3 Rückgängigmachen von Arbeitsschritten

Der wohl häufigste Befehl dürfte sein, ein oder mehrere Arbeitsschritte rückgängig zu machen. Wenn Sie eine Korrektur durchführen, werden Sie oft mehrere Anläufe brauchen, bis Sie mit dem Ergebnis zufrieden sind.

Rückgängigmachen per Tastatur und Menü

Der schnellste Weg, immer den zuletzt gemachten Arbeitsschritt rückgängig zu machen, führt über die Tastenkombination [Strg]/[Ctrl]+[Z] oder den Menübefehl BEARBEITEN • RÜCKGÄNGIG: [*Arbeitsschritt*].

Natürlich sollte Ihnen hierbei klar sein, dass es, sobald Sie das Bild geschlossen haben, keine Möglichkeit mehr gibt, zuvor gemachte Arbeitsschritte rückgängig zu machen. Haben Sie hingegen ein Bild gespeichert und es immer noch mit GIMP geöffnet, können Sie die Arbeitsschritte nach wie vor rückgängig machen.

Schritte wiederholen | Das Gegenstück zum Rückgängigmachen finden Sie mit dem Menübefehl BEARBEITEN • WIEDERHOLEN: [*Arbeitsschritt*] bzw. der Tastenkombination [Strg]/[Ctrl]+[Y]. Damit stellen Sie eine zuvor rückgängig gemachte Aktion wieder her. Natürlich setzt dies voraus, dass der zuletzt gemachte Vorgang das RÜCKGÄNGIG-Kommando war. Führen Sie nach einem RÜCK-

Ein Arbeitsschritt

Jeder Befehl, den Sie verwenden, jeder Mausklick mit einem Werkzeug auf dem Bild oder jeder Dialog oder Filter, den Sie mit OK bestätigt haben, gilt als ein Arbeitsschritt. Beachten Sie beispielsweise beim Malen mit dem PINSEL-Werkzeug, dass jedes Absetzen den Arbeitsschritt beendet und jedes erneute Ansetzen wieder als weiterer Arbeitsschritt gezählt wird.

gängig-Kommando eine andere Aktion aus, ist das Wiederholen-Kommando ausgegraut, und Sie haben keinen Zugriff mehr darauf.

Verblassen | Der Befehl Bearbeiten • Verblassen hat eigentlich nicht direkt etwas mit dem Rückgängigmachen zu tun. Dieser Befehl ist nur aktiv, wenn der letzte Arbeitsschritt mit dem Werkzeug Füllen ([⇧]+[B]) oder dem Farbverlauf ([L]) durchgeführt wurde. Auch bei der Verwendung diverser Filter auf das Bild ist der Menübefehl aktiviert.

Mit diesem sich öffnenden Dialog haben Sie die Möglichkeit, den zuletzt angewandten Effekt (Füllen, Farbverlauf oder Filter) abzuschwächen (oder eben zu verblassen) – sprich die Deckkraft ❷ zu reduzieren. Des Weiteren können Sie auch den Füllmodus ❶ einstellen.

Wenn Sie das an Ebenen erinnert, dann liegen Sie richtig. Intern wird beim Funktionsaufruf von Verblassen der letzte Arbeitsschritt (Füllen, Farbverlauf oder Filter) rückgängig gemacht und auf einer neuen, transparenten Ebene wiederholt. Auf dieser Ebene können Sie jetzt die Deckkraft und den Modus, wie von den Ebenen her gewohnt, setzen. Wenn Sie die Schaltfläche Verblassen ❸ betätigen, wird die so erstellte Ebene wieder mit dem Bild vereint. Als Anwender bekommen Sie diese Ebenenaktionen allerdings nicht zu sehen.

▲ **Abbildung 5.5**
Der Verblassen-Dialog

Zuletzt gespeicherte Version wiederherstellen | Die zuletzt gespeicherte Version des Bildes können Sie über den Menübefehl Datei • Wiederherstellen laden.

Der Dialog »Journal« (Historie)

Um einzelne Schritte rückgängig zu machen, reichen die Menü- und Tastenbefehle aus. Wenn Sie aber eine umfangreichere Bildbearbeitung mit Korrektur und Manipulation in mehreren Dutzend Arbeitsschritten durchführen, dann verlieren Sie schnell den Überblick. Oder wissen Sie, wie das Bild vor zehn Arbeitsschritten aussah? Hier bietet das Journal von GIMP erheblich mehr Komfort.

Dialog aufrufen | Sie rufen das Journal über Bearbeiten • Journal oder Fenster • Andockbare Dialoge • Journal auf. Der Dialog ist auch dockbar. Darin finden Sie eine Liste der zuletzt ausgeführten Befehle. Praktisch ist auch die Miniaturvorschau ❶ (siehe Abbildung 5.6), die den Zustand des Bildes nach der Ausführung des

Zum Nachlesen

Mehr zum An- und Abdocken von Dialogen finden Sie in Abschnitt 1.5, »Die andockbaren Dialoge«.

Kommandos zeigt. Der zuletzt ausgeführte Schritt ist immer ganz unten ❷ und der früheste Arbeitsschritt an erster Stelle aufgelistet.

Abbildung 5.6 ▶
Der Journal-Dialog

Mit dem Journal arbeiten | Wenn Sie zu einem beliebigen Arbeitsschritt im Journal zurück- oder vorspringen wollen, brauchen Sie nur auf den entsprechenden Eintrag im Dialog zu klicken. So können Sie jederzeit zwischen den verschiedenen Zuständen des Bildes springen. Das Basisbild stellen Sie wieder her, indem Sie ganz oben im Dialog auf den entsprechenden Eintrag ❸ klicken.

Abbildung 5.7 ▶
Durch Anklicken der einzelnen Schritte können Sie jederzeit einen bestimmten Zustand des Bildes wiederherstellen. Hier wurde das Basisbild mit dem Urzustand des Bildes angeklickt ❸, wodurch auch das Bild im Bildfenster in diesen Zustand versetzt wird.

5.3 Rückgängigmachen von Arbeitsschritten

Wenn Sie einen bestimmten Zustand im JOURNAL auswählen und anschließend einen neuen Arbeitsschritt durchführen, werden die noch folgenden Arbeitsschritte aus dem JOURNAL gelöscht.

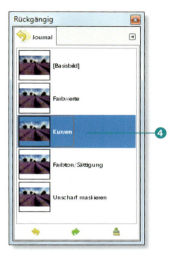 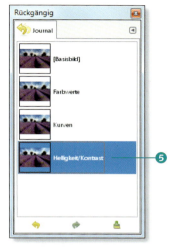

◀ **Abbildung 5.8**
Hier wurde im linken Dialog der Zustand nach KURVEN ❹ angesprungen. Anschließend wurde eine HELLIGKEIT/KONTRAST-Korrektur durchgeführt. Auf der rechten Seite sehen Sie, dass dieser Arbeitsschritt ❺ mit in das JOURNAL aufgenommen wurde und alle dahinterliegenden Arbeitsschritte von zuvor gelöscht wurden.

Die Schaltflächen des Journals | Unten im JOURNAL-Dialog finden Sie außerdem drei kleine Schaltflächen. Mit der ersten Schaltfläche ❼ führen Sie das RÜCKGÄNGIG-Kommando wie im Menü BEARBEITEN bzw. mit [Strg]/[Ctrl]+[Z] aus, machen also den zuletzt erfolgten Arbeitsschritt rückgängig. Im JOURNAL wird hierbei eine Zeile nach oben gesprungen.

Die mittlere Schaltfläche ❽ ist das Gegenstück, nämlich das WIEDERHOLEN-Kommando, das Sie auch über das Menü BEARBEITEN oder die Tastenkombination [Strg]/[Ctrl]+[Y] ausführen können. Damit gehen Sie, sofern vorhanden, einen Arbeitsschritt nach vorn. Im JOURNAL springen Sie hierbei eine Zeile tiefer.

Mit der letzten Schaltfläche ❾ löschen Sie die Liste aller Operationen im JOURNAL, um so von GIMP belegten Speicherplatz wieder freizugeben. Dies ist beispielsweise sinnvoll, wenn sich die einzelnen Arbeitsschritte immer zäher anfühlen (wenn zum Beispiel ein Filter ungewöhnlich lange dauert). Da Sie das Löschen nicht mehr rückgängig machen können, fragt GIMP zur Sicherheit nochmals nach und informiert Sie auch gleich dabei, wie viel Speicherplatz durch diesen Vorgang denn tatsächlich freigegeben würde.

Gelöscht wird alles im JOURNAL bis auf den aktuell aktiven Zustand des Bildes bzw. die aktuelle Position im JOURNAL. Das Bild, das Sie im Bildfenster gerade sehen, bleibt allerdings im aktuellen Zustand erhalten.

▲ **Abbildung 5.9**
Die Schaltflächen des JOURNAL-Dialogs

▲ **Abbildung 5.10**
Die Löschung des Journals ist unwiderruflich, und es kann nicht mehr wiederhergestellt werden, wenn Sie die Schaltfläche LEEREN betätigt haben.

Ressourcenverbrauch
Welche Werte Sie hierbei verwenden, hängt immer von der Leistung und vom Arbeitsspeicher des Rechners sowie vom persönlichen Gebrauch ab. Persönlich bin ich mit einem Journal von 20 Arbeitsschritten immer recht gut gefahren.

Anzahl der Journal-Schritte | Die maximale Anzahl von Arbeitsschritten, die Sie mit GIMP rückgängig machen können, passen Sie über das Menü Bearbeiten • Einstellungen über Umgebung ❶ mit Minimale Anzahl an Journalschritten ❷ an. Hier können Sie auch gleich über Maximaler Speicher für das Journal ❸ die Größe des Arbeitsspeichers festlegen, den Sie dafür reservieren wollen.

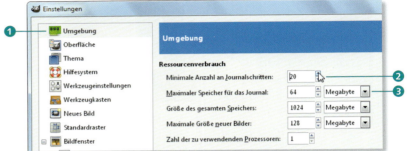

Abbildung 5.11 ▶
Zum Ressourcenverbrauch der Umgebung gehört auch das Journal.

Dialog zurücksetzen

Wenn Sie die Standardeinstellungen in einer Dialogbox wiederherstellen möchten, reicht in fast allen Dialogboxen ganz einfach ein Klick auf die Schaltfläche Zurücksetzen ❹. Leider gibt es hierbei allerdings (noch) keine Möglichkeit, den Zustand vor der letzten Änderung wiederherzustellen, was beispielsweise beim Gradationswerkzeug recht nützlich wäre.

Abbildung 5.12 ▶
Fast jeder Dialog besitzt die Schaltfläche Zurücksetzen, mit der Sie die Standardwerte des Dialogs wiederherstellen.

Kapitel 6
Tiefen und Lichter korrigieren

Der erste Schritt bei der Bildkorrektur sollte immer die Anpassung der Lichter und Tiefen sein – also der hellsten und dunkelsten Bereiche im Bild. Das Ziel einer solchen Korrektur liegt darin, dass weiße Bildbereiche im Bild tatsächlich auch weiß und schwarze Bereiche auch wirklich schwarz sind. Die Tonwertkorrektur ist meist die einzige nötige Korrektur, weil sich hiermit neben zu dunklen und zu hellen Bereichen auch die Kontraste oder ein Farbstich beheben lassen.

6.1 Histogramme lesen und analysieren

Bevor ich die einzelnen Werkzeuge der Tonwertkorrektur vorstelle, ist es notwendig, etwas ausführlicher auf das Histogramm einzugehen. Es ist so etwas wie ein Eckpfeiler der digitalen Bildbearbeitung im Allgemeinen.

Das Histogramm ist bei digitalen Bildern allgegenwärtig. Auch in diesem Buch machen wir regen Gebrauch von dem Tonwertkorrektur-Werkzeug und der Gradationskurve. Daher ist es unerlässlich, Ihnen einen umfassenden Einblick dazu zu geben.

Sie finden das Histogramm bei fast jeder Digitalkamera und in jedem Bildbearbeitungsprogramm. Im Grunde zeigt es zunächst einmal nichts anderes als die Lichter und Tiefen an, also die hellsten und dunkelsten Bereiche im Bild. Natürlich gibt es zwischen den Tiefen und Lichtern auch noch Pixel im mittleren Tonwertbereich (die Mitteltöne). Das hört sich zunächst recht unspektakulär an, aber so funktioniert im Grunde auch unser Sehen.

Angestrebt wird bei einem idealen Histogramm, dass die hellsten Bereiche im Bild tatsächlich weiß und die dunkelsten Bereiche auch schwarz sind. Ist dies nicht der Fall, sollten Sie den Weißpunkt und Schwarzpunkt im Bild durch eine Tonwertkorrektur festlegen. Häufig verbessert eine solche Korrektur auch die Kontraste im Bild oder behebt einen vorhandenen Farbstich. Beachten Sie allerdings, dass bei einer Änderung der hellsten und/oder

Fehlerfreies Foto?
Zwar werden die Digitalkameras immer ausgeklügelter und reagieren im Automatikmodus häufig sehr zuverlässig. Aber hier gibt es häufig immer noch technische Grenzen. Sofern Sie also nicht in einem Fotostudio fotografieren, gibt es so etwas wie ein perfekt belichtetes Foto recht selten.

tiefsten Bereiche im Bild auch die Mitteltöne verändert werden. Die GIMP-Werkzeuge dazu lernen Sie gleich kennen. Zunächst soll aber noch das Histogramm erläutert werden.

Das Histogramm von GIMP

Um die Tonwertverteilung eines Bildes zu prüfen, bietet GIMP ein reines Informationshistogramm über den Menübefehl FARBEN • INFORMATIONEN • HISTOGRAMM an.

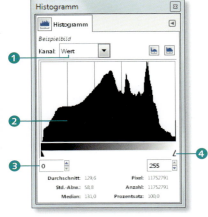

▲ **Abbildung 6.1**
Das Histogramm

Die Balken ❷ bzw. die schwarze Fläche im Histogramm bilden die Tonwerte aller im Bild vorhandenen Pixel ab. Ganz links ❸ finden Sie die schwarzen Pixel mit dem Tonwert 0 (im RGB-Modus). Dazwischen liegen die Mitteltöne, die von links nach rechts von den dunklen zu den hellen Tönen hin verlaufen. Auf der rechten Seite ❹ des Histogramms sehen Sie die hellsten Töne, die weißen Pixel mit dem Tonwert 255 (im RGB-Modus). Die Höhe der Balken zeigt an, wie häufig der Tonwert im Bild vorhanden ist. Je häufiger ein Tonwert im Bild vorkommt, desto höher ist der Balken. Umgekehrt gilt: Je niedriger der Balken ist, desto weniger kommt der Tonwert im Bild vor. Die Tonwertverteilung gilt normalerweise für das gesamte Bild. Einzelne Farbkanäle können Sie sich über die Dropdown-Liste neben KANAL ❶ anzeigen lassen.

Sie können auch nur einen bestimmten Bereich für die Statistik unterhalb des Histogramms verwenden. Wählen Sie hierfür mit gedrückter linker Maustaste den Bereich des Histogramms aus, oder verwenden Sie die Zahleneingabefelder unterhalb des Histogramms. Rechts oben können Sie an den beiden Schaltflächen ❻ auswählen, ob das Histogramm mit einer linearen (Standard und in Abbildung 6.1 zu sehen) oder einer logarithmischen Y-Achse angezeigt wird. Für Bilder ist die lineare Y-Achse besser geeignet. Welche Ebene gerade analysiert wird, können Sie unter dem Schriftzug HISTOGRAMM ❺ nachlesen (hier »Beispielbild«).

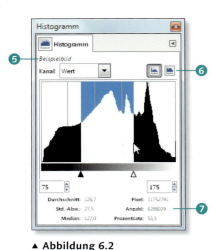

▲ **Abbildung 6.2**
Histogramm mit ausgewähltem Bereich

Unterhalb des Histogramms finden Sie einige Statistiken ❼. Der DURCHSCHNITT gibt die durchschnittliche Helligkeit des Bildes (zwischen 0 und 255) an. Liegt der Wert unter 128, so erscheint das Bild dunkler; liegt er darüber, erscheint es heller. Der Wert in STD.-ABW. informiert darüber, wie stark die Helligkeitswerte variieren. Wie hell oder wie dunkel der mittlere Farbwert eines Bildes ist, stellt der MEDIAN dar. Unter PIXEL sehen Sie die Gesamtzahl der Pixel, die das Histogramm bilden. ANZAHL gibt die Anzahl der Pixel in einer Spitze zurück, wenn Sie das Histogramm anklicken oder einen Bereich markiert haben. Der Prozentsatz ist daher das Verhältnis zwischen der Anzahl der markierten Pixel und allen Pixeln der aktiven Ebene oder Auswahl.

Live-Histogramm | Wenn Sie die Tonwerte anschließend beispielsweise mit dem WERTE-Dialog oder der Gradationskurve ändern, können Sie im Informationshistogramm die Änderung live verfolgen. Die hellgrauen Balken ❽ zeigen den aktuellen Wert an und die schwarzen Balken ❾ die tatsächliche Auswirkung der durchgeführten Tonwertänderung.

Histogramme auswerten

Sie wissen nun, dass ein Tonwert der Helligkeitswert eines Pixels in einem Farbkanal ist. Im Normalfall, bei einem RGB-Bild mit 8 Bit Farbtiefe, liegt dieser Wert zwischen 0 (keine Helligkeit vorhanden; Schwarz) und 255 (maximale Helligkeit; Weiß).

Zur Demonstration betrachten wir eine einfache Grafik – mit schwarzen ❿, weißen ⓫ und grauen ⓬ Tonwerten – und das zugehörige Histogramm. Das Histogramm zeigt drei Balken an. Der erste Balken ⓭ links mit dem Helligkeitswert 0 repräsentiert die schwarzen und dunkelsten Pixel im Bild, die Tiefen. Der zweite Balken ⓮ in der Mitte mit dem Helligkeitswert 127 steht für die grauen Pixel (Mitteltöne), und der dritte Balken rechts ⓯ mit dem Helligkeitswert 255 zeigt die hellsten und weißen Pixel an (die Lichter).

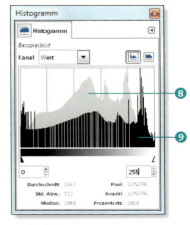

▲ **Abbildung 6.3**
Die Änderungen der Tonwerte können Sie im Informationshistogramm live mitverfolgen.

▲ **Abbildung 6.4**
Die Grafik …

Histogramm dunkler Bilder | Die Balken in Abbildung 6.6 türmen sich sehr stark am linken Rand der dunklen Tonwerte. Der hohe Berg auf der linken Seite stammt von dem vielen Schwarz und den dunklen Farben im Bild. Würde man hier versuchen, die Tiefen ein wenig aufzuhellen, riskierte man, das Bild stark zu verrauschen.

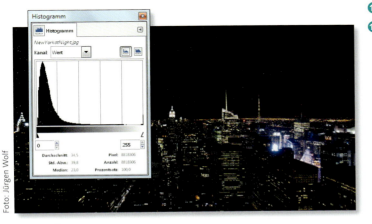

▲ **Abbildung 6.6**
Bei (zu) dunklen Bildern türmen sich die Balken im Histogramm vorwiegend auf der linken Seite auf.

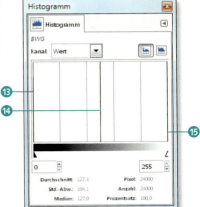

▲ **Abbildung 6.5**
… und das Histogramm mit den drei Tonwerten

NewYorkatNight.jpg

Kapitel 6 Tiefen und Lichter korrigieren

Histogramm heller Bilder | Ein Beispiel für das andere Extrem, ein Bild mit sehr hellen Tonwerten, zeigt Abbildung 6.7. Auch hier türmen sich die hellen Tonwerte im Histogramm weit über den rechten Rand hinaus. Die hohen Balken im rechten Bereich ergeben sich aus dem weißen und hellen Hintergrund, dem Schnee. Daher muss man hier mit Zeichnungsverlusten in den Lichtern im Bereich der Brillenbügel rechnen. Hier ist eine eventuelle Reparatur der zu hellen Bereiche kaum möglich, da die nötigen Bildinformationen (genauer die Tonwertabstufungen) fehlen.

Sonnenbrille.tif

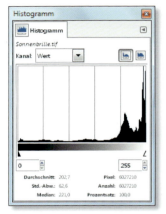

Abbildung 6.7 ▲▶
Das Bild weist Zeichnungsverluste im hellen Bereich auf.

AmFluss.jpg

Histogramm kontrastarmer Bilder | Ist das Histogramm eher zu schmal, befinden sich also die hellsten Lichter und dunkelsten Tiefen vorwiegend in der Mitte des Histogramms, so hat das Bild häufig nur wenige Kontraste. Meistens entsteht hierbei der Eindruck eines Grauschleiers, der über dem Bild liegt. Kontrastarme Bilder lassen sich oft mit ein oder zwei Arbeitsschritten korrigieren.

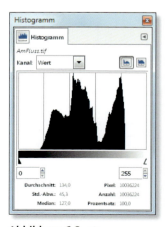

Abbildung 6.8 ▲▶
Wenn sich die Balken vorwiegend in der Mitte befinden, wirkt das Bild kontrastarm und flau, wie hinter einem Nebelschleier.

6.1 Histogramme lesen und analysieren

Ein ausbalanciertes Histogramm | Das Histogramm zu Abbildung 6.9 weist eine gleichmäßige Helligkeitsverteilung und keine auffälligen Spitzen in den Tiefen oder Lichtern auf. Vielmehr sind viele Helligkeiten mit ähnlichem Anteil vorhanden. Histogramme von Bildern mit gleichmäßiger Helligkeitsverteilung haben in der Regel keine auffälligen Berge. Der abfallende Berg auf der linken Seite bei den Lichtern deutet darauf hin, dass relativ wenig Schwarz im Bild vorhanden ist.

InsideGUM.jpg

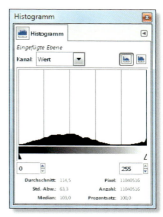

◂▴ **Abbildung 6.9**
Das weder zu helle noch zu dunkle Bild wirkt ausbalanciert und stimmig.

Das ideale Histogramm | Bei einem idealen Histogramm mit mittlerer Helligkeit und durchschnittlichem Kontrastumfang verteilen sich die Balken glockenförmig von der Mitte aus und an den Rändern auslaufend. Wenn die Histogrammbalken nicht die gesamte Breite des Diagramms einnehmen, wirkt das Bild meistens flau und kontrastarm.

Fruehling.jpg

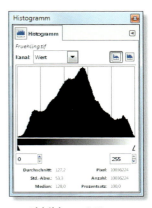

◂▴ **Abbildung 6.10**
Das Bild hat ein fast perfektes glockenförmiges Histogramm mit nahezu perfekten Lichtern und Tiefen.

Zusammenfassend könnte man das Histogramm eines idealen Fotos wie folgt charakterisieren:
- Die Hügel des Histogramms laufen sanft an den Rändern aus.
- Die gesamte Breite des Histogramms wird verwendet.
- Die »Hügelkette« des Histogramms weist keine Lücken auf.

Belichtungstipp zum Fotografieren | Zunächst sollten Sie bei der Erstellung des Fotos, falls technisch möglich, darauf achten, dass Sie die Bilder eher unterbelichtet aufnehmen. Bei überbelichteten Fotos haben Sie den Nachteil, dass an den überbelichteten Stellen keinerlei Informationen (alles weiß) mehr vorhanden sind. Ohne die relevanten Bildinformationen ist leider auch keine Korrektur mehr möglich. Bei etwas zu dunkel geratenen Stellen im Bild hingegen kann man meistens noch etwas herausholen.

Durchlöchertes Histogramm | Sicherlich fallen Ihnen nach der Überarbeitung mit der Tonwertkorrektur im HISTOGRAMM-Bedienfeld die Lücken (auch Tonwertspreizung genannt) auf. Bei einer Tonwertkorrektur werden keine neuen Tonwerte hinzugefügt, sondern die bestehenden Tonwerte nur verschoben bzw. gestreckt. Solange die Lücken nicht sehr groß sind oder die Anzahl der Pixel gering ist, ist das kein Problem. Sollten Sie also ein Bild mit einem durchlöcherten Histogramm vor sich haben, hat sich jemand schon an den Tonwerten zu schaffen gemacht.

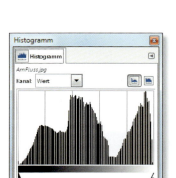

▲ **Abbildung 6.11**
Das Histogramm ist aus dem Bild »AmFluss.jpg« entstanden, nachdem eine Tonwertkorrektur durchgeführt wurde.

6.2 Werkzeuge zur Tonwertkorrektur

Die Werkzeuge für die Tonwertkorrektur sind das Tonwertkorrektur-Werkzeug (das bei GIMP als WERTE bekannt ist) und natürlich die Gradationskurve (die bei GIMP schlicht KURVE heißt).

Tonwertkorrektur-Werkzeug

Das Tonwertkorrektur-Werkzeug von GIMP rufen Sie über den Menübefehl FARBEN • WERTE auf. Im entsprechenden Dialog werden Sie das mittlerweile bestens bekannte Histogramm wieder vorfinden. Wie Sie dieses jetzt analysieren und lesen, wissen Sie ja bereits.

Mit der Dropdown-Liste KANAL ❷ geben Sie an, ob Sie die Tonwertkorrektur für alle drei (RGB-)Kanäle (= WERT) oder für jeden Kanal einzeln durchführen wollen. Am einfachsten ist es zwar, mit RGB (= WERT) alle Tonwerte im gesamten Bild auf einmal zu korrigieren, aber exakter geht dies mit den einzelnen

Zum Weiterlesen
Wenn Sie noch nicht mit dem Histogramm vertraut sind, sollten Sie zunächst Abschnitt 6.1, »Histogramme lesen und analysieren«, lesen. Das Histogramm zu verstehen, ist die Grundlage für die Tonwertkorrektur.

Kanälen ROT, GRÜN oder BLAU (bzw. auch dem ALPHA-Kanal, falls vorhanden). Gerade wenn das Bild einen Farbstich hat, kommen Sie nicht darum herum, den Tonwert eines einzelnen Farbkanals zu korrigieren.

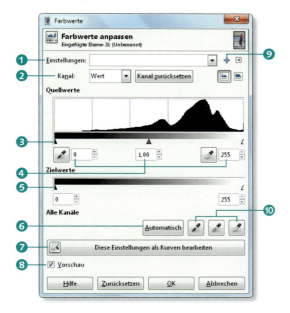

◀ **Abbildung 6.12**
Der WERTE-Dialog zur Tonwertkorrektur

Einstellungen speichern
Eine interessante Möglichkeit bietet das Dropdown-Menü EINSTELLUNGEN ❶, in dem Sie über das Plus-Symbol ❾ Einstellungen zu den Favoriten hinzufügen und später bei Bedarf wieder aufrufen können. Auch importieren und exportieren können Sie solche Einstellungen. Dies ist beispielsweise sinnvoll, wenn Sie eine Serie von Bildern mit denselben Belichtungseinstellungen aufgenommen haben. Über die Dropdown-Liste greifen Sie dann schnell auf die zuvor gemachten bzw. gespeicherten Einstellungen zu.

Unterhalb des Histogramms finden Sie drei kleine Pfeile ❸, mit deren Hilfe Sie hauptsächlich die Tonwertkorrektur vornehmen. Jeder dieser Regler lässt sich mit gedrückter linker Maustaste verschieben.
▶ Der schwarze Regler auf der linken Seite verändert die Tiefen (den Schwarzpunkt).
▶ Der weiße Regler rechts beeinflusst die Lichter (den Weißpunkt).
▶ Mit dem grauen Regler in der Mitte passen Sie die Helligkeit des Bildes an.

Unterhalb der Tonwertspreizungsregler in den Zahlenfeldern ❹ wird dann der entsprechende Tonwert angezeigt, den Sie mit dem Regler eingestellt haben. Alternativ geben Sie die Werte in den Zahlenfeldern per Tastatur ein.
  Mit den Reglern bei ZIELWERTE ❺ reduzieren Sie – der Name sagt es bereits – den Umfang der Tonwerte. Mit der Schaltfläche AUTOMATISCH ❻ führen Sie eine automatische Tonwertkorrektur durch. GIMP versucht hierbei, die dunkelsten Pixel auf Schwarz (0) und die hellsten Pixel auf Weiß (255) zu setzen.
  Mit den Pipetten ❿ im Dialog können Sie den Schwarz-, Grau- und Weißpunkt selbst bestimmen, indem Sie diesen Punkt im Bild

Vorschau
Damit Sie die gemachten Veränderungen auch immer gleich im Bildfenster sehen können, sollten Sie die Checkbox VORSCHAU ❽ immer aktiviert lassen.

Änderungen an den Tonwerten wirken sich beim Dialogfenster erst auf das Bild aus, wenn Sie mit OK bestätigen. Mit der Schaltfläche ZURÜCKSETZEN stellen Sie die Regler wieder zurück, und mit der Schaltfläche ABBRECHEN beenden Sie den Dialog ohne irgendwelche Auswirkungen auf das Bild.

Wollen Sie sehen, wie das Histogramm nach dem Drücken von OK aussehen würde, wählen Sie das Live-Histogramm über den Menübefehl FARBEN • INFORMATIONEN • HISTOGRAMM aus.

direkt anklicken. Es ist allerdings relativ schwierig, diese Punkte bei Bildern mit vielen Megapixeln zu finden und exakt anzuklicken.

Der Clou an diesem Dialog ist, dass Sie, wenn Sie mit dem Werkzeug eine Tonwertkorrektur durchführen, mit den aktuellen Einstellungen auch gleich die Gradationskurve über die entsprechende Schaltfläche ❼ aufrufen und die Korrektur dort fortsetzen können. Hier erkennen Sie auch gleich den engen Zusammenhang zwischen den Dialogen WERTE und KURVEN.

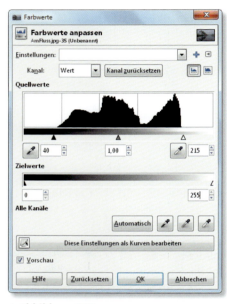

▲ **Abbildung 6.13**
Hier wurde die Korrektur für ein flaues Bild durchgeführt, indem die Regler für die hellen und dunklen Bereiche jeweils nach innen zum Anfang der Histogramm-Balken gezogen wurden.

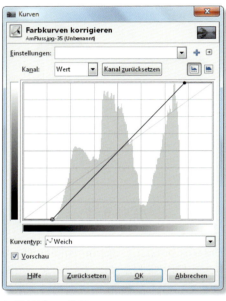

▲ **Abbildung 6.14**
So sieht der Vorgang dann in der Gradationskurve aus, wo Sie die Korrektur nach Belieben weiterführen können. Hätten wir den mittleren Regler beim WERTE-Werkzeug verschoben, würde dies zu einer Kurve beim Gradationswerkzeug führen.

Gradationskurve – der Kurven-Dialog

Noch eine Spur leistungsfähiger als das Tonwertkorrektur-Werkzeug ist die Gradationskurve. Allerdings ist ihre Verwendung auch erheblich komplexer. Wenn Sie das Werkzeug beherrschen, können Sie weitaus bessere Ergebnisse als mit dem WERTE-Werkzeug erzielen. Sie erreichen das Werkzeug über das Menü FARBEN • KURVEN.

Die verschiedenen Werkzeugeinstellungen der Gradationskurve sind dem WERTE-Werkzeug recht ähnlich. Für die Verwendung wählen Sie zunächst den KANAL ❶ aus, den Sie verändern

Werte vs. Kurven
Dass Sie mit dem Dialog KURVEN ein besseres Ergebnis als mit dem WERTE-Dialog erreichen können, liegt daran, dass Sie die Tonwerte mit den KURVEN punktuell verändern können. Sie können hierbei mehrere Punkte im Bild setzen und verändern.

wollen. Der Kanal WERT steht auch hier für alle drei RGB-Kanäle. Ansonsten können Sie hier die einzelnen Kanäle ROT, GRÜN, BLAU (was gerade bei einem Farbstich sinnvoll ist) und, falls vorhanden, den ALPHA-Kanal auswählen und ändern.

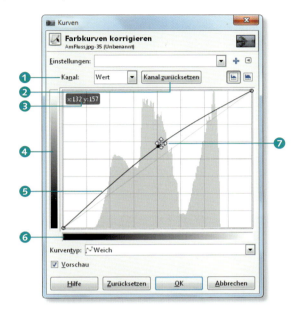

◄ **Abbildung 6.15**
Die Gradationskurve

Das Objekt der Begierde ist der Bearbeitungsbereich, also die Kurve ❺. Die Kurve ist auf einer weißen Fläche mit einem Raster angezeigt und verläuft in einer geraden Linie von links unten nach rechts oben. Die aktuelle X- und Y-Position der Maus werden links oben ❸ angezeigt. Zu Beginn ist diese Gradationskurve immer eine gerade Linie, damit jeder Eingabewert demselben Ausgabewert entspricht. Der horizontale Farbverlauf ❻ repräsentiert hierbei die Eingabewerte (X-Achse; Wertebereich von 0 [schwarz] bis 255 [weiß]) und der vertikale Farbverlauf ❹ die Ausgabewerte (Y-Achse; Wertebereich von 0 [schwarz] bis 255 [weiß bzw. farbig]).

Wenn Sie jetzt auf der Linie klicken, wird ein neuer Kontrollpunkt erstellt. Bewegen Sie den Mauszeiger über diesen Kontrollpunkt, nimmt dieser die Form von einem Pfeil mit vier Richtungen ❼ an. Mit gedrückter linker Maustaste können Sie diesen Kontrollpunkt nun beliebig ziehen. Insgesamt können Sie 15 weitere Kontrollpunkte (ohne den Start- und Endpunkt) anlegen und verwenden.

Einen Kontrollpunkt entfernen Sie, indem Sie ihn seitlich über einen anderen Kontrollpunkt ziehen. Alle Kontrollpunkte löschen Sie mit der Schaltfläche KANAL ZURÜCKSETZEN ❷.

Höhen und Tiefen
Damit Sie die Orientierung nicht verlieren: Im linken unteren Bereich befinden sich die Tiefen und im rechten oberen Bereich die Höhen eines Bildes.

Kapitel 6   Tiefen und Lichter korrigieren

 Traumstrand.jpg

Abbildung 6.16 ▶
Ausgangsbild

Hierzu ein paar beliebte Beispiele mit dem Ausgangsbild »Traumstrand.jpg«.

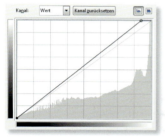

Abbildung 6.17 ▲▶
Hier wurden die Höhen mehr auf Weiß gezogen, was die Helligkeit verbesserte.

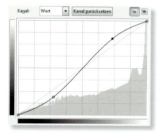

Abbildung 6.18 ▲▶
Die klassische S-Kurve, mit der Sie die Kontraste erhöhen, indem Sie Tiefen und Höhen verbessern

6.2 Werkzeuge zur Tonwertkorrektur

Die folgenden Beispiele zeigen, dass man mit dem Histogramm auch Bildverfremdungen durchführen kann.

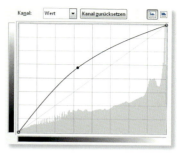

◄▲ **Abbildung 6.19**
Extremes Aufhellen des Bildes.
Zögen Sie die Kurve nach unten, würde das Bild verdunkelt.

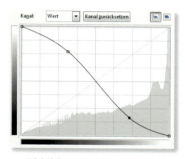

◄▲ **Abbildung 6.20**
Kurve invertiert (umgekehrt) und eine klassische S-Kurve

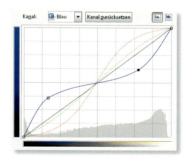

◄▲ **Abbildung 6.21**
Natürlich geht es auch kreativer. Hier wurde eine Crossprozess-Entwicklung simuliert. Hierfür wurde für den roten Kanal eine verstärkte und für den grünen Kanal eine schwächere S-Kurve verwendet. Beim blauen Kanal hingegen wurde eine umgekehrte S-Kurve benutzt.

Kapitel 6   Tiefen und Lichter korrigieren

Wem die Gradationskurve noch nicht flexibel genug ist, der kann unter KURVENTYP ① FREIHAND auswählen und die Kurve mit einem Stift mit der linken Maustaste auf das Diagramm zeichnen – zum Experimentieren eine tolle Sache.

Wenn Sie mit dem KURVENTYP FREIHAND im Diagramm gezeichnet haben und anschließend wieder den KURVENTYP WEICH auswählen, wird die Kurve geglättet.

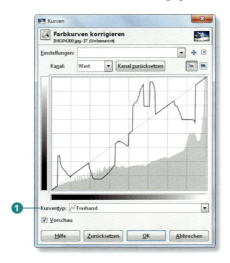

Abbildung 6.22 ▶
Die totale Freiheit erhalten Sie mit dem KURVENTYP ① FREIHAND. Allerdings ist dieser Typ schwer zu kontrollieren und daher eher für kreative Zwecke geeignet.

Die automatischen Funktionen

Wenn es schnell gehen muss oder Sie keine Lust haben, sich mit dem Histogramm auseinanderzusetzen, bietet GIMP über das Menü FARBEN • AUTOMATISCH mehrere automatische Befehle an, die das für Sie übernehmen.

▲ **Abbildung 6.23**
Für schnelle Korrekturen ohne das Histogramm finden Sie über FARBEN • AUTOMATISCH verschiedene automatische Funktionen.

Die automatischen Funktionen machen intern natürlich nichts anderes, als die Farbkanäle des Histogramms zu strecken. Helle Pixel werden dabei nach rechts geschoben und dunkle Pixel nach links, um so den Kontrast zu verstärken.

Der Unterschied zwischen den verschiedenen Befehlen im Untermenü FARBEN • AUTOMATISCH liegt darin, dass einige Befehle alle drei Farbkanäle (Rot, Grün und Blau) gleichzeitig ändern und andere diese getrennt voneinander ändern. Daher führen alle Befehle zu unterschiedlichen Ergebnissen.

Folgende Automatik-Funktionen stehen Ihnen zur Verfügung, und folgendes Ergebnis wird damit versucht zu erzielen:

▶ ABGLEICHEN: Mit diesem Kommando wird versucht, die Luminanz (Helligkeit) der aktiven Ebene so einzustellen, dass die Helligkeitswerte im Histogramm möglichst gleichmäßig verteilt sind. Das Ergebnis sollte ein höherer Kontrast sein.

6.2 Werkzeuge zur Tonwertkorrektur

- **Weissabgleich:** Mit diesem Befehl werden die einzelnen Farbkanäle Rot, Grün und Blau gestreckt, um bei Bildern, die kein sauberes Weiß oder Schwarz enthalten, reine Farben zu erzeugen. Weil diese Funktion nur auf den Farbkanälen Rot, Grün und Blau arbeitet, können Sie sie nur auf Bilder anwenden, die im RGB-Modus vorliegen.
- **Farbverbesserung:** Mit dieser Funktion wird die aktive Ebene zunächst in das HSV-Modell umgewandelt. In diesem Modell wird das Histogramm des Farbsättigungskanals verbessert. Anschließend wird die Ebene wieder in das RGB-Farbmodell zurückkonvertiert. Als Ergebnis sollte die Sättigung der Farbe verbessert sein.
- **HSV strecken:** Diese Funktion entspricht exakt der Funktion Kontrastspreizung, mit dem Unterschied, dass hierbei mit dem HSV-Farbmodell gearbeitet wird und somit der Farbton möglichst unangetastet bleibt.
- **Kontrastspreizung:** Damit wird versucht, die einzelnen Farbkanäle Rot, Grün und Blau zwischen den kleinstmöglichen und größtmöglichen Wert zu strecken. Dadurch werden hellere Farben heller und dunklere Farben dunkler, was den Kontrast erhöht. Diese Automatik entspricht im Grunde der Funktion Normalisieren, nur dass die Spreizung hierbei auf jeden der drei Farbkanäle angewendet wird und sich nicht nur auf die Helligkeitswerte bezieht.
- **Normalisieren:** Mit dieser Funktion wird versucht, die Luminanz des Bildes so zu verbessern, dass die hellsten Pixel im Bild nahezu weiß und die dunkelsten Pixel schwarz sind. Die Funktion wirkt sich auf alle drei Farbkanäle gleichzeitig aus. Als Ergebnis erhalten Sie ein kontrastreicheres Bild.

Manuell oder Automatik

Als echte Puristen verwenden wir natürlich keine Automatik. Da bei der Automatik nicht genau vorhersehbar ist, wie das Ergebnis aussieht, würde ich von den Automatiken abraten. Man kann sicherlich mal probieren, wie das Resultat bei der Automatik aussieht, und es mit dem manuellen Ergebnis vergleichen. Aber wenn Sie wissen, was Sie tun (dafür haben Sie ja dieses Buch gekauft), dann erzielen Sie meistens mit den Werkzeugen Werte oder Kurven die besseren Ergebnisse.

▼ **Abbildung 6.24**
Das Histogramm links stammt von einem unbearbeiteten Bild, und beim Histogramm rechts wurde die Automatik Farben • Automatisch • Normalisieren durchgeführt. An den Löchern im Histogramm erkennen Sie eine Tonwertspreizung.

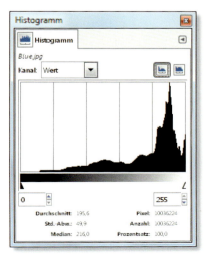
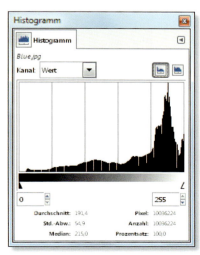

6.3 Tonwertkorrekturen in der Praxis

Nachdem ich bis hierher viele Aspekte nur theoretisch behandelt habe, sollen nun ein paar Praxisbeispiele zur Tonwertkorrektur vorgeführt werden. Dabei spreche ich noch weitere Themen an, die ich bisher noch nicht aufgegriffen habe.

Flaue Bilder korrigieren

Ideal zum Korrigieren flauer Bilder ohne Lichter und Tiefen ist das Tonwertkorrektur-Werkzeug (FARBEN • WERTE).

Die Mitteltöne lassen sich nachträglich noch mit der Gradationskurve (FARBEN • KURVEN) verbessern. Zwar können Sie alles auch ausschließlich über die Gradationskurve erledigen, aber mit dem WERTE-Dialog haben Sie ein besseres Gefühl, da Sie die Schieberegler an den Anfang des Histogrammberges stellen können.

Bilder wirken flau und kontrastärmer, wenn Sie entweder nur wenige verschiedene Tonwerte enthalten oder reines Schwarz und Weiß fehlen. Solche Bilder erkennen Sie im Histogramm daran, dass die Tonwerte rechts und links wenig oder kaum belegt sind.

Den Kontrast solcher Bilder können Sie verstärken, indem Sie jeweils den Weißpunktregler nach links und den Schwarzpunktregler nach rechts jeweils zum Anfang des Histogrammberges ziehen.

AmFluss.jpg

▲ **Abbildung 6.25**
Das Bild ist flau und kontrastarm.

6.3 Tonwertkorrekturen in der Praxis

Schritt für Schritt:
Kontrast verbessern

1 Werte-Dialog aufrufen

Laden Sie das Bild, und rufen Sie anschließend den Dialog FARBEN • WERTE auf. Im Histogramm erkennen Sie deutlich, dass dem Bild sowohl schwarze als auch weiße Tonwerte fehlen.

▲ Abbildung 6.26
Da es hier an weißen und schwarzen Tonwerten mangelt, wirkt das Bild recht flau.

2 Kanal aufrufen

Im nächsten Schritt sollten Sie entscheiden, ob Sie die Tonwertspreizung mit den einzelnen RGB-Kanälen (ROT, GRÜN und BLAU) durchführen oder gleich alle drei Kanäle auf einmal (WERTE) bearbeiten wollen. Im Beispiel sollen alle drei Kanäle einzeln gespreizt werden. Wählen Sie daher bei KANAL zunächst ROT ❶ (Abbildung 6.27) aus.

3 Tonwertspreizung durchführen

Ziehen Sie jetzt den Schwarzpunktregler ❷ nach rechts bis an den Anfang des Histogrammberges; im Beispiel ist dies ungefähr der Wert 40. Führen Sie dasselbe jetzt auch auf dem Weißpunktregler ❺ aus, indem Sie diesen Regler nach links an den Anfang des Histogrammberges ziehen; im Beispiel ist dies der Wert 190. Je nach Ausgangsbild erhält Ihr Bild jetzt einen roten Farbstich, der aber am Ende des Workshops wieder verschwinden wird.

Live-Histogramm verwenden
Um zu sehen, wie sich das Gesamthistogramm und das Histogramm des roten Kanals auf das Ergebnis auswirken, schauen Sie sich mit FARBEN • INFORMATIONEN • HISTOGRAMM ein Live-Histogramm an.

157

Kapitel 6   Tiefen und Lichter korrigieren

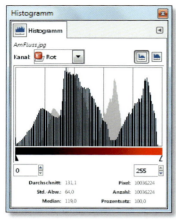

▲ **Abbildung 6.27**
Sehr nützlich zur Information über die Tonwertspreizung während des Vorgangs ist das Live-Histogramm, das Sie ebenfalls einblenden können.

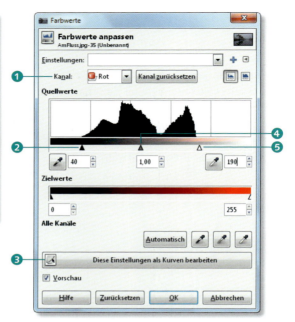

Abbildung 6.28 ▲
Tonwertspreizung beim roten Kanal durchführen

4   Arbeitsschritte 2 und 3 wiederholen

Wiederholen Sie die Arbeitsschritte 2 und 3 mit dem Grün- und Blaukanal; der (zuvor rötliche) Farbstich sollte jetzt verschwunden sein, und die Kontraste des Bildes sollten sich erheblich verbessert haben. Sind Sie mit dem Ergebnis zufrieden, betätigen Sie die OK-Schaltfläche. Wollen Sie jetzt noch die Mitteltöne bearbeiten, verwenden Sie entweder den mittleren grauen Regler ❹ dazu, oder aber Sie klicken auf Diese Einstellungen als Kurven bearbeiten ❸, wofür wir uns hier auch tatsächlich entscheiden.

Abbildung 6.29 ▶
Das Ergebnis nach der Tonwertspreizung hat deutlich mehr Kontrast.

5 Nebel verstärken

Wem das Hinzufügen des Kontrasts jetzt zu viel war und die Lichter zu hell geworden sind, der kann jetzt noch den Nebel, also das Grau, wieder ein wenig verstärken. Setzen Sie hierbei zunächst in der Mitte der Kurve einen Anker ❼. Ziehen Sie jetzt die Kurve rechts oben ❻, zwischen dem mittleren Anker und dem Ende der Kurve, ein wenig nach unten, und der Nebel kehrt zurück. Der Anker in der Mitte ❼ wurde hinzugefügt, damit beim Herunterziehen der Lichterseite nicht auch ein Teil der Tiefen mit hinuntergezogen wird. Dadurch würden einige Bereiche wie z. B. die Baumreihe und ihre Spiegelung im Bild zu dunkel werden.

Werte vs. Kurven (2)
Der Vorgang, zuerst die Tiefen und Lichter mit dem WERTE-Dialog und anschließend das Fein-Tuning mit dem KURVEN-Dialog zu bearbeiten, wird gerne verwendet und ist ein sehr effektiver Workflow, um Bilder zu korrigieren und zu verbessern. Nicht umsonst haben die Entwickler von GIMP dafür extra eine Schaltfläche auf dem WERTE-Dialog implementiert.

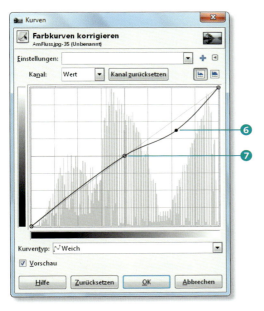

◀ **Abbildung 6.30**
Mit Hilfe der Gradationskurve sollen die Mitteltöne noch verbessert werden. Im Beispiel wollen wieder ein wenig Nebel hinzufügen, ohne die Lichter und Tiefen zu stark zu beeinträchtigen.

▲ **Abbildung 6.31**
Links finden Sie das unbehandelte Bild, rechts das Bild nach dem kompletten Workshop mit deutlich mehr Kontrast und trotzdem noch vorhandenem Nebel.

Zur Korrektur, die hier ja kanalweise (Rot, Grün und Blau) durchgeführt wurde, muss noch erwähnt werden, dass dies nicht immer so funktioniert. Besonders bei Bildern ohne Schwarz oder Weiß verliert ein Bild seine natürliche Charakterform. Mehr dazu finden Sie ab Seite 166 im Abschnitt »Korrektur bei Bildern ohne Schwarz oder Weiß«.

Zu dunkle und zu helle Bilder korrigieren

Auch zum Aufhellen oder Abdunkeln von Bildern sind das Tonwertkorrektur-Werkzeug (WERTE-Dialog) und die Gradationskurve (KURVEN-Dialog) ideale Werkzeuge. Für das Aufhellen oder Abdunkeln von Bildern, deren Histogramm weder in den Lichtern noch in den Tiefen leere Flächen aufweist, können Sie bei der Tonwertkorrektur den mittleren Regler – auch Gammaregler genannt – verwenden. Ziehen Sie den Regler nach links, wird das Bild aufgehellt, und ziehen Sie ihn nach rechts, wird es abgedunkelt.

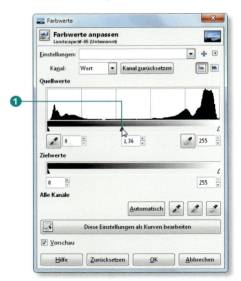 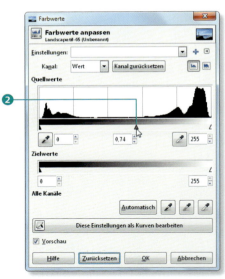

▲ Abbildung 6.32
Ziehen Sie den mittleren, grauen Regler ❶ nach links, wird das Bild aufgehellt.

▲ Abbildung 6.33
Das Gegenteil erreichen Sie, wenn Sie den mittleren, grauen Regler ❷ nach rechts ziehen, womit Sie das Bild abdunkeln.

Das Gleiche können Sie natürlich auch mit der Gradationskurve, nur wesentlich feiner, durchführen. Ziehen Sie hierbei beispielsweise die Kurve von der Mitte aus nach oben ❸, hellen Sie das Bild auf, und ziehen Sie die Kurve nach unten ❹, dunkeln Sie das Bild ab.

6.3 Tonwertkorrekturen in der Praxis

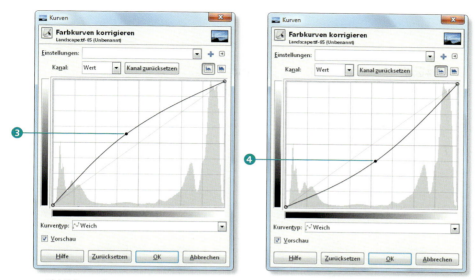

▲ **Abbildung 6.34**
Mit einer gebogenen Kurve nach oben hellen Sie das Bild auf.

▲ **Abbildung 6.35**
Ziehen Sie hingegen die Kurve nach unten, wird das Bild dunkler.

Schritt für Schritt:
Bilder aufhellen

Anhand des folgenden Bildes soll demonstriert werden, wie Sie Bilder mit Hilfe des Tonwertkorrektur-Werkzeugs (WERTE-Dialog) und der Gradationskurve (KURVEN-Dialog) aufhellen. Analog funktioniert dies natürlich auch mit dem Abdunkeln.

 Landscape.jpg

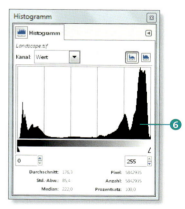

▲ **Abbildung 6.36**
Die sehr schöne Bergaufnahme hat in den Schatten der Felsen ❺ einige sehr dunkle Tiefen. Im Histogramm finden Sie diese Tiefen zahlreich auf der linken Seite ❻ wieder. Da die Tiefen aber nicht über den Rand hinauslaufen, können wir hier die Details beim Aufhellen erhalten.

161

1 Bild aufhellen

Rufen Sie FARBEN • WERTE auf, und ziehen Sie den mittleren, grauen Regler ❶ nach links auf den Wert 1,30. Als Ergebnis sollten die dunklen Schatten an den Felsen verschwunden sein.

Abhängig vom Bildmaterial sollte dieser Arbeitsschritt häufig ausreichen zum Aufhellen von Bildern, weshalb Sie hier dann die Schaltfläche OK ❸ betätigen könnten. Im Beispiel wollen wir aber noch ein wenig am Detail feilen. Klicken Sie daher auf die Schaltfläche DIESE EINSTELLUNGEN ALS KURVEN BEARBEITEN ❷.

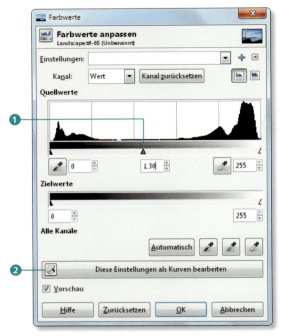
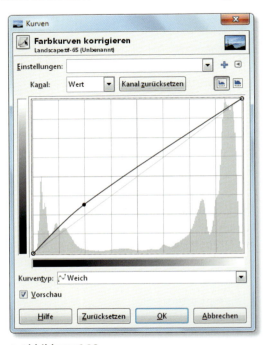

▲ **Abbildung 6.37**
Bild mit dem Tonwertkorrektur-Werkzeug und dem mittleren Regler aufhellen

▲ **Abbildung 6.38**
So sieht die Korrektur vom WERTE-Dialog dann als Kurve aus.

2 Tiefen schützen

Der Dialog WERTE hat hier leider den Nebeneffekt, dass er gnadenlos alle Mitteltöne aufhellt, weshalb – abhängig vom Bildmaterial – das Bild fast schon zu hell wirkt. In diesem Beispiel wurde daher bei der Kurve bei den ansteigenden Bergen des Histogramms ein Anker ❸ hinzugefügt und so die Kurve dahinter wieder geradegerichtet.

6.3 Tonwertkorrekturen in der Praxis

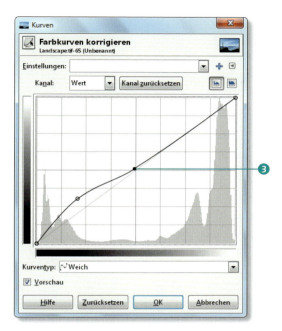

◄ **Abbildung 6.39**
Dem zu intensiven Aufhellen wird hier gegengesteuert.

3 Sättigung verbessern

Durch das Aufhellen der Tonwerte hat das Bild auch ein wenig an Farbe verloren. Rufen Sie daher FARBEN • FARBTON/SÄTTIGUNG auf, und erhöhen Sie die SÄTTIGUNG ❹ auf 25, ehe Sie den Dialog mit OK bestätigen.

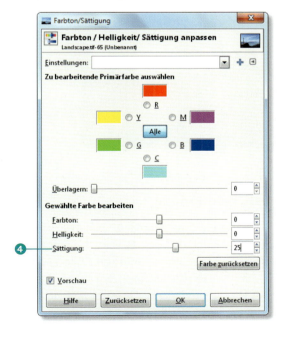

◄ **Abbildung 6.40**
SÄTTIGUNG der Farbe wieder zurückholen

163

Kapitel 6   Tiefen und Lichter korrigieren

▲ Abbildung 6.41
Das Ausgangsbild

▲ Abbildung 6.42
Das Bild nach dem Workshop

Blaustich.jpg

Farbstich entfernen

Auch für Farbstiche lassen sich die Allzweckwerkzeuge WERTE und KURVEN verwenden. Das folgende Bild zeigt einen leichten Blaustich. Den hätte man mit einem Blitzlicht beim Fotografieren vermeiden können. Analog gelten die folgenden Arbeitsschritte des hier gezeigten Beispiels natürlich auch für einen roten oder grünen Farbstich.

Abbildung 6.43 ▶
Der »Rote Platz« in Moskau ist zwar nicht rot, hat aber hier einen eindeutigen Blaustich.

Foto: Jürgen Wolf

Schritt für Schritt:
Drei Wege zur Farbstichentfernung

Graubalance messen
Für die Behebung eines Farbstichs ist es auch nützlich, die Graubalance eines Bildes zu messen. Mehr dazu erfahren Sie auf Seite 177 im Abschnitt »Graubalance messen«.

1   Farbstich entfernen (1)
Die erste Möglichkeit ist eine automatische. Sofern Ihr Bild eindeutig schwarze, graue oder weiße Flächen besitzt, können Sie die Pipetten von FARBEN • WERTE verwenden. Da unser Bild viele graue Flächen enthält, habe ich die graue Pipette ❷ im WERTE-Dialog ausgewählt. Gehen Sie jetzt mit der Pipette in das Bild,

und klicken Sie eine graue Fläche ❶ an. Hiermit sollte der Blaustichstich aus dem Bild entfernt sein.

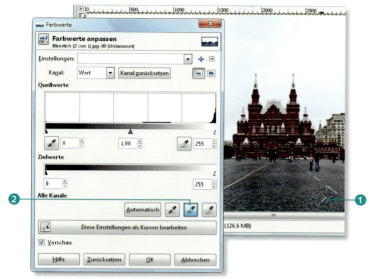

◀ **Abbildung 6.44**
Blaustich per Pipette entfernen

❷ Farbstich entfernen (2)

Machen Sie gegebenenfalls den Arbeitsschritt zuvor rückgängig. Die zweite Möglichkeit, einen Blaustich mit dem WERTE-Dialog zu entfernen, bietet der blaue Kanal. Rufen Sie hierzu FARBEN • WERTE auf, und wählen Sie bei KANAL die Option BLAU ❸ aus. Ziehen Sie jetzt den mittleren Regler ❹ nach rechts, um den Blaustich zu entfernen. Hier wurde der Regler auf den Wert 0,72 gezogen.

Anderer Farbstich
Hat Ihr Bild einen roten oder grünen Farbstich, dann verwenden Sie natürlich den entsprechenden Farbkanal.

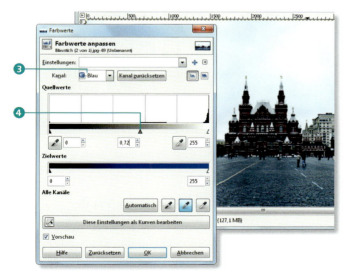

◀ **Abbildung 6.45**
Mit dem blauen Kanal wird auch der Blaustich behandelt.

3 **Farbstich entfernen (3)**

Die dritte Möglichkeit ähnelt der zweiten, nur verwenden wir hierfür die Gradationskurve. Machen Sie gegebenenfalls den vorherigen Arbeitsschritt rückgängig, und wählen Sie Farben • Kurven. Verwenden Sie bei Kanal den Wert Blau **1**. Ziehen Sie hierbei die Kurve an einem Kontrollpunkt **2** nach unten, um den Blaustich zu beheben.

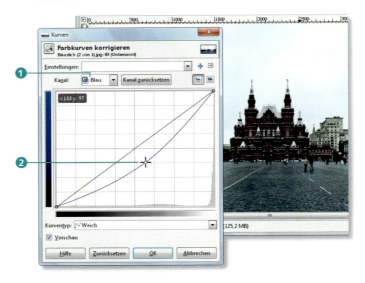

Abbildung 6.46 ▶
Blaustich über die Gradationskurve beheben

In der Praxis gibt es noch eine vierte Möglichkeit, und zwar über Farben • Farbabgleich. Dieser Dialog wird in Abschnitt 7.2, »Farbabgleich durchführen«, näher erläutert.

▲ **Abbildung 6.47**
Das Ausgangsbild mit einem blauen Farbstich

▲ **Abbildung 6.48**
Das Bild nach der Korrektur des Farbstichs

Korrektur bei Bildern ohne Schwarz oder Weiß

Sonnenuntergang.jpg

Ein Histogramm allein entscheidet aber nicht immer über die Bildqualität und das Vorgehen bei der Bildkorrektur. Bei manchen Bildern führt die Methode, die Regler kanalweise (Rot, Grün und

Blau) bis zum Anfang der Histogrammberge zu ziehen, nicht zum gewünschten Ergebnis. Dies ist besonders bei Motiven der Fall, die weder ein richtiges Schwarz noch ein richtiges Weiß enthalten. In solchen Fällen sollten Sie die kanalweise Lösung nicht verwenden und stattdessen eine Korrektur mit dem allgemeinen Kanal (WERTE) durchführen, sofern dies überhaupt sinnvoll erscheint. Denn oft zerstören Sie in solchen Bildern die Farbwirkung, wenn Sie eine Tonwertkorrektur durchführen.

▲ **Abbildung 6.49**
Bilder mit Sonnenuntergängen beispielsweise werden meistens von roter Farbe dominiert. Grüne und blaue Farber füllen die Histogrammbreite des Bildes selten aus.

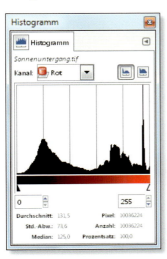 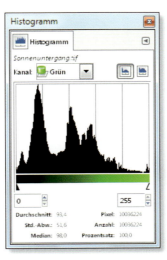 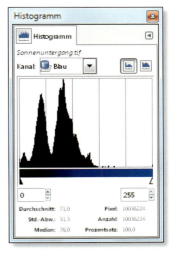

▲ **Abbildung 6.50**
Das Histogramm des roten, grünen und blauen Kanals bestätigt die Aussage zum Bild. Besonders der blaue Kanal wird nur zur Hälfte genutzt.

Kapitel 6 Tiefen und Lichter korrigieren

Abbildung 6.51 ▶
Das ist das Ergebnis, wenn Sie hier die typische kanalweise Tonwertkorrektur durchführen – die Natürlichkeit des Bildes geht verloren.

Tonwertkorrektur bei Graustufenbildern

Bei Graustufenbildern können Sie selbstverständlich auch eine Tonwertkorrektur durchführen, wie dies auf den letzten Seiten beschrieben wurde. Allerdings mit dem Unterschied, dass es bei einem Graustufenbild nur den Kanal ❶ Wert gibt. Die Kanäle Rot, Grün und Blau stehen bei Graustufenbildern nicht mehr zur Verfügung und sind ausgegraut. Die Tonwerte bei Graustufenbildern reagieren auf Änderungen daher etwas empfindlicher, als Sie dies vielleicht von den RGB-Bildern her gewohnt sind.

Foto: Jürgen Wolf

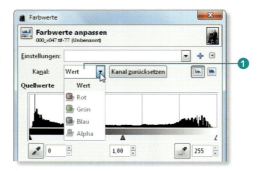

Abbildung 6.52 ▲▶
Bei Graustufenbildern steht nur noch ein Kanal ❶, Wert, zur Verfügung.

Z-Kurve

Neben der S-Kurve gibt es auch die sogenannte Z-Kurve, die im Grunde nur eine umgedrehte S-Kurve ist. Die Z-Kurve wird relativ selten verwendet. Damit werden die Mitteltöne abgeflacht und die Schatten und Lichter auseinandergezogen.

Kontrast verbessern mit der S-Kurve

Um Bildern den letzten Schliff zu geben, wird am Ende gerne noch der Kontrast mit einer S-Kurve erhöht. Die S-Kurve ist eine klassische Technik aus der analogen Fotografie, um ein knackig und scharf wirkendes Bild zu erzeugen, bei dem der Kontrast von den Mitteltönen lebt. Mit dieser Technik werden die Mitteltöne gespreizt und die Schatten und Lichter zusammengedrängt.

Natürlich erstellen Sie eine solche Kurve mit dem Gradationswerkzeug über FARBEN • KURVEN. Je stärker Sie dabei die S-Kurve erstellen, desto stärker wird der Kontrast.

Karussell.jpg

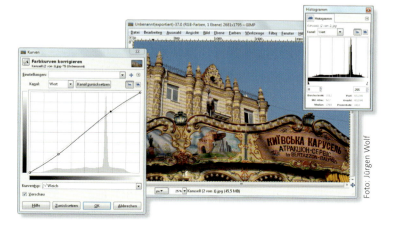

◄ **Abbildung 6.53**
Hier wurde eine leichte S-Kurve für eine leichte Kontrastanhebung verwendet. Im Histogramm erkennen Sie die Spreizung der Mitteltöne (zu sehen an den Löchern) und die Erhöhung der Tiefen und Lichter.

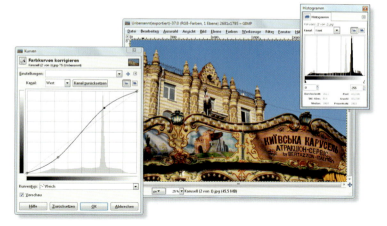

◄ **Abbildung 6.54**
Eine etwas stärkere S-Kurve, mit der eine mittelstarke Kontrastanhebung des Bildes realisiert wird. In diesem Bild ist die Kontrastanhebung gerade noch an der Grenze.

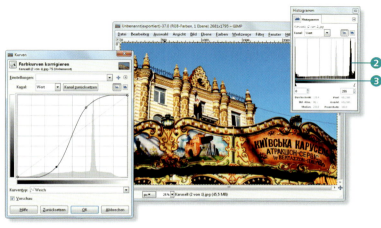

◄ **Abbildung 6.55**
Eine extrem starke S-Kurve für eine extra starke Kontrastanhebung. Für das Bild ist die S-Kurve aber zu stark, wie Sie am Histogramm erkennen, wo die Lichter ❷ und Tiefen ❸ über den Rand hinausgeschoben werden und somit Informationen verloren gehen.

Kapitel 6 Tiefen und Lichter korrigieren

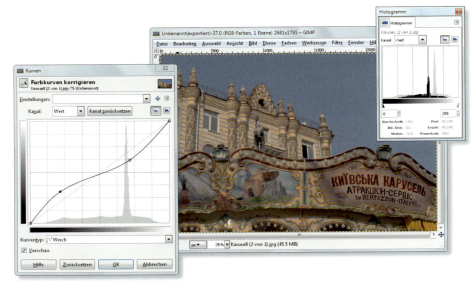

Abbildung 6.56 ▲
Zur Reduzierung des Kontrasts können Sie eine umgekehrte S-Kurve (auch Z-Kurve genannt) verwenden. Hier sehen Sie auch schön den umgekehrten Effekt im Histogramm im Gegensatz zur S-Kurve. Die Mitteltöne werden erhöht und die Tiefen und Lichter gespreizt.

Kurveneinstellungen wiederverwenden | Kurveneinstellungen, wie beispielsweise die S-Kurve, werden Sie immer wieder verwenden. Hier lohnt es sich, einige Einstellungen zu den Favoriten hinzuzufügen, so dass Sie jederzeit darauf Zugriff haben.

Eigene Favoriten anzulegen ist einfach: Erstellen Sie die gewünschte Kurve, und klicken Sie dann im KURVEN-Dialog auf das Plus-Symbol ❶. Im sich öffnenden Dialogfenster benennen Sie die Einstellung dann. Über die Dropdown-Liste ❷ links neben dem Plus-Symbol können Sie diese Einstellung dann jederzeit bei einem beliebigen Bild aufrufen.

Abbildung 6.57 ▶
Kurveneinstellungen zu Favoriten hinzufügen

6.4 Tonwertumfang reduzieren

Sicherlich ist Ihnen beim WERTE-Dialog (FARBEN • WERTE) der Balken ZIELWERTE ❸ unterhalb der QUELLWERTE aufgefallen. Hier finden Sie einen schwarzen ❹ und einen weißen ❺ Schieberegler und einen Wertebereich von 0 bis 255.

Um welchen Wert Sie den Tonwertumfang reduzieren sollten, hängt vom verwendeten Druckverfahren und dem verwendeten Papier ab. Je schlechter die Qualität ist, desto mehr müssen Sie den Tonwertumfang nachbearbeiten. Leider mit dem Nebeneffekt, dass das Bild immer mehr an Kontrast verliert.

 StPatricksCathedral.jpg

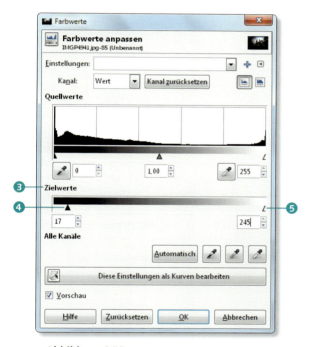

▲ Abbildung 6.58
Mit den Reglern von ZIELWERTE begrenzen Sie den Tonwertumfang.

Der Sinn und Zweck der ZIELWERTE lässt sich schnell erklären: Mit ihnen reduzieren Sie den Tonwertumfang für den Druck. Hierbei müssen Sie bedenken, dass das Ergebnis, das Sie auf Ihrem Bildschirm sehen, so nicht immer im Druck wiedergegeben werden kann. Dies gilt natürlich vor allem für die Lichter und Tiefen eines Bildes.

Wenn Sie beispielsweise auf dem Bildschirm bei hellen oder dunklen Pixeln noch eine Struktur erkennen, wird beim Druck hier unter Umständen nur noch ein komplettes Weiß oder Schwarz gedruckt, und es ist keine Struktur mehr zu erkennen.

Prozent vs. Pixel
Beim Druck werden Prozentwerte verwendet. 0 % steht hier für Weiß und 100 % für Schwarz. Dies müssen Sie auch beim Ändern des Tonwertumfangs beachten. Erhalten Sie die Vorgabe, die Tiefen auf 90 % Flächendeckung zu reduzieren, müssen Sie Folgendes berechnen:

2,55 × (100 − **90**) = 25,5

Somit müssten Sie den schwarzen Schieberegler auf den Wert 25 oder 26 setzen.

Kapitel 6 Tiefen und Lichter korrigieren

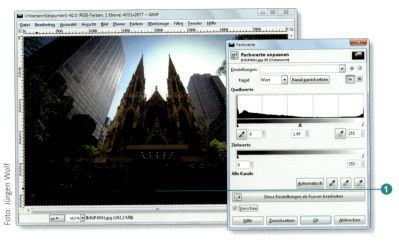

▲ **Abbildung 6.59**
Während ich am Bildschirm bei diesem Bild noch die Personen unterhalb der Kirche ❶ sehen kann, wird beim Druck womöglich gar nichts mehr angezeigt und somit nur reines Schwarz ausgedruckt.

Abbildung 6.60 ▶
Hier habe ich den Tonwertumfang des Bildes bei den Tiefen ❷ um den Wert 45 ❸ begrenzt (ein übertrieben hoher Wert), womit zwar das gesamte Bild an Kontrast verliert und weniger brillant erscheint, aber die Details besser sichtbar werden.

6.5 Werkzeuge zum Nachbelichten und Abwedeln

Wenn Sie einzelne Bildteile aufhellen oder abdunkeln wollen, können Sie das Werkzeug ABWEDELN/NACHBELICHTEN (Tastenkombination ⇧+D) verwenden.

Die Begriffe »Abwedeln« und »Nachbelichten« werden häufig in ihrer Funktion verwechselt. Dies kommt wohl eher vom Begriff **Nachbelichten**, der nicht, wie man vielleicht annehmen würde, die Pixel aufhellt, sondern **abdunkelt**. Zum Aufhellen wird der Abwedler verwendet.

6.5 Werkzeuge zum Nachbelichten und Abwedeln

Das Werkzeug ist weniger für die Verbesserung von Bildern geeignet. Beachten Sie, dass Sie hierbei eine Pixelveränderung auf der Bildebene durchführen. In der Praxis eignet sich das Werkzeug eher für kleine Nachbesserungen und Detailanpassungen von Retuschearbeiten.

Werkzeugoptionen für Abwedeln/Nachbelichten | Mit dem Typ ❹ stellen Sie den Modus des Werkzeugs ein. Wählen Sie hier zwischen ABWEDELN und NACHBELICHTEN. Sie können auch jederzeit den anderen Modus während des Arbeitens verwenden, indem Sie [Strg]/[Ctrl] gedrückt halten. Im Modus NACHBELICHTEN werden die Farben der überstrichenen Bereiche abgedunkelt und im Modus ABWEDELN aufgehellt.

Mit dem UMFANG ❺ legen Sie fest, auf welche Tonwerte das ABWEDELN bzw. NACHBELICHTEN wirken soll. Hierbei stehen Ihnen mit SCHATTEN (= Tiefen), MITTEN (= Mitteltöne) und GLANZLICHTER (= Lichter) drei Modi zur Verfügung. Mit SCHATTEN werden nur die dunklen Bildbereiche, mit MITTEN die mittlere Helligkeit und mit GLANZLICHTER die hellen Bildbereiche beachtet.

Mit dem Schieberegler BELICHTUNG ❻ stellen Sie die Wirkungsstärke des ausgewählten Typs ein. Je höher dieser Wert, desto stärker ist die Wirkung. Der Standardwert von 50 wirkt allerdings in der Praxis oft viel zu hart. Ein guter Wert für fast alle Zwecke dürfte hier zwischen 10 und 20 liegen.

> **Pinseleinstellungen**
> Die allgemeinen Eigenschaften der Pinseleinstellungen sind bei fast allen Malwerkzeugen von GIMP gleich. Daher werden diese gesondert im Abschnitt »Gemeinsame Werkzeugeinstellungen« ab Seite 221 behandelt.

Schritt für Schritt:
Einzelne Bildpartien aufhellen

Im folgenden, bereits bekannten, stimmigen Bild sind die Tiefen am Eingang der Kathedrale ein wenig zu sehr ins Schwarz abgerutscht. Ein komplettes Aufhellen des Bildes macht allerdings diese tolle Stimmung zunichte. In diesem Fall hilft uns also eine partielle Korrektur.

▲ **Abbildung 6.61**
Die Werkzeugeinstellungen von ABWEDELN/NACHBELICHTEN

StPatrickCathedral.jpg

◀ **Abbildung 6.62**
Das Ausgangsbild ist an einigen Stellen zu dunkel geworden.

▲ Abbildung 6.63
Die Werkzeugeinstellungen für das Aufhellen festlegen

Tipp zum Aufhellen

Gute Ergebnisse erzielen Sie hierbei, wenn Sie den Pinsel beim Aufhellen nicht absetzen (also die Maustaste nicht gleich loslassen), weil sonst erneut aufgehellt wird und das Ergebnis dann ziemlich auffallen würde, wenn eine Stelle doppelt aufgehellt würde.

1 Abwedeln einstellen

Wählen Sie das Werkzeug ABWEDELN/NACHBELICHTEN aus. Verwenden Sie eine weiche Pinselspitze (hier HARDNESS 025), und skalieren Sie sie auf die gewünschte Größe (hier 200,00). Wählen Sie als TYP das ABWEDELN ❶ aus, falls dies nicht schon standardmäßig angewählt ist. Für den UMFANG verwenden Sie SCHATTEN ❷ (für die Tiefen). Die BELICHTUNG ❸ stellen Sie auf den Wert 30,0.

2 Bereiche aufhellen

Zoomen Sie mit ⊞ etwas näher in den Bildbereich, den Sie aufhellen wollen. Umfahren Sie mit gedrückter linker Maustaste die dunklen Bereiche mit dem Werkzeug ❹. Die Details sollten jetzt allmählich deutlicher werden.

Wollen Sie einige Bereiche noch mehr aufhellen, sollten Sie gegebenenfalls die Pinselgröße nochmals etwas anpassen und die BELICHTUNG auf ca. 10,0 verringern. Je öfter Sie aufhellen (bzw. abdunkeln), desto präziser müssen Sie arbeiten.

▲ Abbildung 6.64
Malen Sie zum Aufhellen auf die dunklen Stellen im Bild.

3 Nach der Korrektur

Mit dem Werkzeug lassen sich häufig noch Details aus einem Bild hervorholen, wo man vielleicht keine mehr vermuten würde. Allerdings sollten Sie dieses Werkzeug wirklich nur für kleinere Details verwenden. Schnell bringt dieses Werkzeug auch unschöne Effekte wie Bildrauschen oder unerwünschte Artefakte zum Vorschein.

6.5 Werkzeuge zum Nachbelichten und Abwedeln

◀ **Abbildung 6.65**
Das Ausgangsbild war zu dunkel geraten, besonders im unteren Bereich.

◀ **Abbildung 6.66**
Die Details rund um den Eingang der Kathedrale sind jetzt wesentlich besser zu erkennen.

Kapitel 7
Farbkorrektur und Farben ändern

Eine weitere grundlegende Korrektur neben der Tonwertkorrektur ist die Farbkorrektur. Die häufigste Fehlerquelle sind unerwünschte Farbstiche, die schnell entstehen, wenn eine Aufnahme unter Kunstlicht gemacht wird. Sie haben ja bereits gesehen, wie Sie einen Farbstich beheben. Nicht immer ist es allerdings deutlich, welche Farbe der Stich eigentlich hat. Für solche Fälle gibt es mit der Messung der Graubalance eine spezielle Technik, die ich Ihnen in diesem Kapitel zeigen will.

7.1 Farbanalyse

Um einen Farbstich zu erkennen, bedarf es durchaus ein wenig Erfahrung. Aber als echter (Hobby-)Fotograf überlassen wir so etwas natürlich nicht dem Gefühl und der Anzeige des Bildes auf dem Monitor – wir messen den Farbstich.

Farbkorrektur = Farbstich
Die einzige wirklich echte Farbkorrektur ist das Beheben eines Farbstichs. Alle anderen in diesem Kapitel folgenden Werkzeuge dienen vorwiegend der Bild- und Pixelmanipulation- oder -verfremdung.

Graubalance messen

Am besten erkennen Sie den Farbstich eines Bildes anhand der Grautöne. Stimmt diese Graubalance, dann haben die anderen Farben im Bild in der Regel auch keinen Stich.

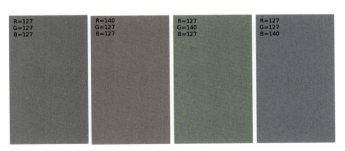

◄ Abbildung 7.1
Anhand der Grautöne dürften Sie schnell erkennen, welchen Farbstich das Bild hat. Der erste Grauton ist ein neutraler Grauton, wie er sein sollte. Der zweite Grauton hat einen rötlichen, der dritten einen grünlichen und der vierte einen bläulichen Farbstich. Die entsprechenden RGB-Werte sprechen für sich.

Warum sich hier Grau bestens zum Messen von Farbstichen eignet, soll Abbildung 7.2 anhand von roten Farbtönen demonstrieren.

Können Sie hierbei noch auf den ersten Blick beurteilen, welcher Rotton zu viel Blau, zu viel Grün oder zu viel von beidem enthält?

Abbildung 7.2 ▶
Im Gegensatz zu Grautönen ist es bei anderen Farben, wie hier zum Beispiel bei roten Flächen, nicht mehr so einfach, zu beurteilen, wo zu viel grüne oder blaue Anteile enthalten sind.

Schritt für Schritt: Graubalance messen

Brunnen.jpg

1 Farbpipette einstellen

Wählen Sie das FARBPIPETTE-Werkzeug (0) aus dem Werkzeugkasten aus. Setzen Sie bei den Werkzeugeinstellungen ein Häkchen vor ABTASTGRÖSSE ❶, und stellen Sie einen passenden RADIUS über den Schieberegler ❷ ein, womit Sie festlegen, wie groß der Bereich ist, aus dem die Farbe aufgenommen wird. Im Beispiel habe ich 10 Pixel eingestellt. Gegebenenfalls probieren Sie es auch mit einem kleineren Wert; dies hängt natürlich vom Bild und dessen Größe ab. Im AUSWAHLMODUS entscheiden Sie sich für NUR AUSWÄHLEN ❸. Setzen Sie außerdem ein Häkchen vor INFO-FENSTER VERWENDEN ❹.

2 Grauton messen

Im Bild in Abbildung 7.4 ist ein Farbstich vorhanden. Da das Bild viele Grautöne enthält, haben Sie den Farbstich vielleicht schon mit bloßem Auge entdeckt.

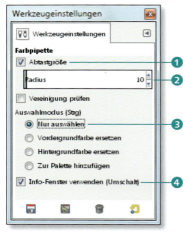

▲ **Abbildung 7.3**
Werkzeugeinstellungen für die FARBPIPETTE

Abbildung 7.4 ▶
Bei diesem Bild wollen wir den Farbstich ermitteln.

Klicken Sie mit dem Farbpipette-Werkzeug auf einen Bereich im Bild, an dem Sie einen Grauton messen wollen. Im Informationsdialog der Farbpipette erhalten Sie jetzt das Ergebnis.

Vermutlich werden Sie hierbei mehrere Bereiche messen müssen, aber das Ergebnis ist immer eindeutig und zeigt, dass der Grauwert nicht ausgeglichen ist. Der gemessene Wert weist darauf hin, dass fast immer der Grünanteil ❺ im Bild der höchste ist. Dies können Sie sowohl an der Pixelangabe als auch an der Prozentangabe ablesen. Folglich hat unser Bild einen Grünstich.

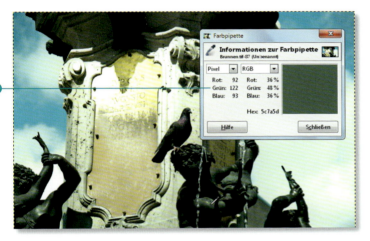

▲ **Abbildung 7.5**
Grautonwerte können Sie im Informationsfenster der Farbpipette auslesen.

Graubalance messen ohne Grau | Wie Sie im Bild zuvor gesehen haben, ist es nicht immer leicht, einen perfekten und neutralen grauen Bereich zu finden. Es gibt auch Bilder ganz ohne Grau. Hier erfordert es etwas mehr Gefühl, einen möglichst passenden Messbereich im Bild zu finden. Das wird nicht immer gleich so klappen, wie Sie es gerne hätten. Trotzdem empfehle ich Ihnen, bei Bedarf immer nach dieser eben gezeigten Methode die Graubalance zu messen.

Farbstich über Graubalance beheben

Nachdem Sie in der letzten Schritt-für-Schritt-Anleitung »Graubalance messen« im Bild »Brunnen.jpg« eine grünen Stich ermittelt haben, will ich Ihnen drei Möglichkeiten zeigen, diesen Farbstich zu entfernen.

Schritt für Schritt:
Farbstich beheben

1 Möglichkeit 1: Gradationskurve aufrufen

Die Möglichkeit, mit der Gradationskurve Farbstiche zu korrigieren, wurde ja bereits auf Seite 150, »Gradationskurve – der Kurven-Dialog«, gezeigt und kann hier genauso verwendet werden. Rufen Sie das Gradationswerkzeug über FARBEN • KURVEN auf. Wählen Sie den entsprechenden KANAL ❶ aus (im Beispiel GRÜN), je nach Farbe, in der Sie einen Farbstich gemessen haben. Ziehen Sie die Kurve am Kontrollpunkt ❷ leicht (weniger ist hier besser als mehr) nach unten, und bestätigen Sie den Dialog mit OK.

Lichter und Tiefen
Der Vorteil bei der Verwendung der Gradationskurve gegenüber dem WERTE-Dialog liegt darin, dass Sie theoretisch nur den Farbstich in den Tiefen oder/und Lichtern beheben müssen, indem Sie die Kurve nur oberhalb oder unterhalb der Linie nach unten ziehen.

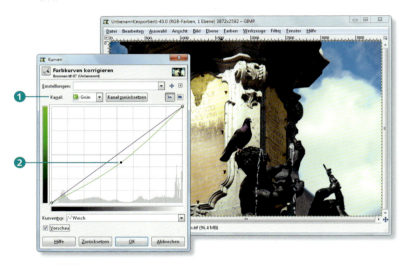

▲ **Abbildung 7.6**
Farbstich mit dem Gradationswerkzeug beheben

2 Möglichkeit 2: Werte-Dialog aufrufen

Machen Sie gegebenenfalls den Arbeitsschritt mit der Gradationskurve zuvor rückgängig. Die zweite Möglichkeit mit dem WERTE-Dialog kennen Sie ebenfalls bereits aus dem Abschnitt »Tonwertkorrektur-Werkzeug« von Seite 148. Verwenden Sie hierzu den Dialog FARBEN • WERTE, und wählen Sie den grünen KANAL ❸ aus. Ziehen Sie hierbei den mittleren, grauen Regler ❹ nach rechts.

Auch hier gilt: Weniger ist zunächst besser als mehr. Im Beispiel habe ich den Wert auf 0,80 gezogen. Bestätigen Sie den Dialog mit OK.

Tipp
Wenn Sie im Bild einen ganz klaren Weiß-, Grau- oder Schwarzpunkt haben, können Sie auch die Pipetten ❺ im WERTE-Dialog verwenden. Allerdings sollten Sie hierfür KANAL auf WERTE stellen.

7.1 Farbanalyse

◀ **Abbildung 7.7**
Farbstich mit dem WERTE-Dialog beheben

3 Möglichkeit 3: Farbabgleich durchführen

Die dritte Möglichkeit ist mein persönlicher Favorit für solche Zwecke. Rufen Sie hierzu FARBEN • FARBABGLEICH auf. Mit Hilfe des sich öffnenden Dialogs beeinflussen Sie die Farbbalance der RGB-Werte (zu der auch die Graubalance gehört). Dieser Dialog ist somit ein unmittelbarer Kandidat für die Korrektur eines Farbstichs. Da es sich in unserem Fall um einen Grünstich handelt, ziehen Sie den Regler 8 von GRÜN nach links in Richtung MAGENTA bis zum Wert –15. Als Bereich wurden hier mit MITTEN 6 die Mitteltöne verwendet. Da im hellen Bereich der Wolken immer noch ein leichter grünlicher Teint vorhanden ist, können Sie auch noch den Bereich GLANZLICHTER 7 (für Lichter) auswählen und hier den Regler auf –10 ziehen. Bestätigen Sie den Dialog mit OK.

◀ **Abbildung 7.8**
Die wohl beste Möglichkeit, einen Farbstich zu beheben, dürfte der FARBABGLEICH-Dialog sein.

181

Kapitel 7 Farbkorrektur und Farben ändern

4 Grautöne nachmessen

Jetzt müssen Sie erneut die Graubalance mit der FARBPIPETTE, wie auf Seite 178 in der Schritt-für-Schritt-Anleitung »Graubalance messen« gezeigt wurde, prüfen.

In diesem Fall haben wir schon im ersten Schritt den Grünstich ❾ fast komplett beseitigt. Falls der Grünanteil noch zu hoch ist, müssen Sie Schritt 1 (je nachdem, für welche Methoden Sie sich entschieden haben) wiederholen und dann nochmals nachmessen. Haben Sie es übertrieben, dann können Sie natürlich jederzeit alles mit ⌈Strg⌉/⌈Ctrl⌉+⌈Z⌉ rückgängig machen.

▲ **Abbildung 7.9**
Nach einer Korrektur des Farbstichs sollten Sie immer nochmals nachmessen.

▲ **Abbildung 7.10**
Links das Ausgangsbild und rechts das Bild nach der Korrektur des Farbstichs

7.2 Farbabgleich durchführen

Den FARBABGLEICH-Dialog haben Sie bereits im vorigen Abschnitt kurz kennengelernt, als es darum ging einen Farbstich zu beseitigen, was auch eine der Hauptanwendungen des Dialogs ist. Selbstverständlich können Sie einen Farbabgleich auch beschränkt auf nur eine Ebene oder Auswahl durchführen.

Über den Dialog FARBABGLEICH stellen Sie die Intensität der RGB-Farben ein. Sie erreichen ihn über FARBEN • FARBABGLEICH. Allerdings findet hier keine Reduzierung der Farbe statt, sondern die Farben werden am Farbkreis gegeneinander verschoben.

Komplementärfarbe

Das Wort »komplementär« steht für »ergänzend«, weshalb hierbei auch oft die Rede von Ergänzungsfarbe ist. Dabei handelt es sich um Farben, die einander ergänzen, sich aber auch gegenseitig ausschließen. Jede Farbe hat eine Komplementärfarbe, die ihr im Farbkreis gegenüberliegt. Beide Farben unterstützen sich gegenseitig und sind in einem Gleichgewicht miteinander verbunden.

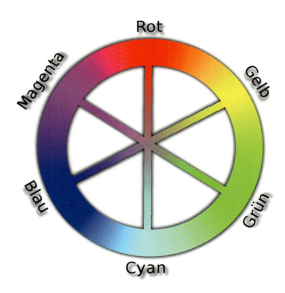

▲ **Abbildung 7.11**
Die zwei jeweils durch den Schieberegler veränderbaren Farben liegen sich im Farbkreis gegenüber (Komplementärfarben). Reduzieren Sie den Blauwert, wird der Gelbwert erhöht. Erhöhen Sie den Grünwert, reduziert sich der Magentawert. Reduzieren Sie Rot, dann erhöhen Sie den Cyanwert usw.

Über das Plus-Symbol ❺ (Abbildung 7.12) können Sie die Einstellung zu den Favoriten hinzufügen und später bei Bedarf über die Dropdown-Liste daneben ❻ wieder laden. Dies ist beispielsweise sinnvoll, wenn Sie eine Serie mit denselben Bedingungen aufgenommen haben.

Über DEN ZU BEARBEITENDEN BEREICH WÄHLEN ❶ bestimmen Sie, welche Tonwerte durch den Farbabgleich im Bild verändert werden sollen. Zur Auswahl stehen hier die SCHATTEN (= Tiefen), die MITTEN (= Mitteltöne) und die GLANZLICHTER (= Lichter).

Tiefen, Mitten und Lichter

Das Schöne am FARBABGLEICH-Dialog ist, dass Sie alle drei Bereiche unabhängig voneinander anpassen können, ohne dass Sie den Dialog verlassen müssen.

Kapitel 7 Farbkorrektur und Farben ändern

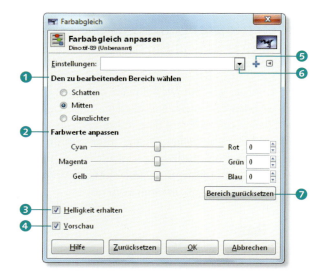

Abbildung 7.12 ►
Der FARBABGLEICH-Dialog

Mit den drei Farbreglern unter FARBWERTE ANPASSEN ❷ regeln Sie den gewünschten Farbwert. Die Farbe auf der linken Seite ist immer jeweils die Ergänzungsfarbe (Komplementärfarbe) der rechten Seite. Ist vor der Eigenschaft HELLIGKEIT ERHALTEN ❸ kein Häkchen gesetzt und bewegen Sie die Schieberegler nach links, wird das aktuelle Bild abgedunkelt. Verschieben Sie den Regler nach rechts, werden die Farben aufgehellt.

Ansonsten – wenn ein Häkchen vor HELLIGKEIT ERHALTEN ❸ gesetzt ist – verschieben Sie nur den jeweiligen Farbbereich, und der Dialog ändert die Helligkeit nicht. Erhöhen Sie beispielsweise den Grünwert, reduziert sich automatisch der Magentawert usw.

Figuren.jpg

Um sich sofort ein Bild von den Veränderungen zu machen, empfiehlt es sich, die Checkbox VORSCHAU ❹ immer angehakt zu lassen. Mit der Schaltfläche BEREICH ZURÜCKSETZEN ❼ können Sie außerdem den Farbwert des aktuell zu bearbeitenden Bereichs (SCHATTEN, MITTEN oder LICHTER) zurücksetzen.

Abbildung 7.13 ►
Das Bild wurde bei Kunstlicht aufgenommen, weshalb es einen bläulichen Stich enthält…

184

▲ **Abbildung 7.14**
…daher wurde der Regler ❿ der Ergänzungsfarber GELB und BLAU nach links gezogen, um den Blaustich zu entfernen. Auch der Magenta-Anteil war ein wenig zu hoch, weshalb hier auch noch der Regler ❾ der Ergänzungsfarben von MAGENTA und GRÜN etwas nach rechts gezogen wurde. Vorwiegend erfolgten diese Korrekturen im Bereich MITTEN ❽. Geringfügig wurde hier auch bei GLANZLICHTER geregelt.

7.3 Farbton und Sättigung regulieren

Über den Menübefehl FARBEN • FARBTON/SÄTTIGUNG ändern Sie den FARBTON, die SÄTTIGUNG und die HELLIGKEIT der aktuellen Ebene oder Auswahl. Als Modell wird hierbei der HSV-Farbraum verwendet, bei dem die Farbe anhand des Farbkreises mit Hilfe des Farbtons (*Hue*), der Farbsättigung (*Saturation*) und der Helligkeit bzw. des Hellwertes (*Value*) definiert wird – daher auch HSV (= **H**ue, **S**aturation und **V**alue).

In der Praxis eignet sich dieser Dialog vor allem dazu, bei Bildern die Farbsättigung anzupassen. Sie können ihn aber auch verwenden, um die Farbe des kompletten Objekts oder auch nur einzelne Farben zu ändern.

Auch in diesem Dialog können Sie über das Plus-Symbol ❶ (Abbildung 7.15) wieder fertige Farbeinstellungen zu den Favoriten hinzufügen, um darauf bei Bedarf wieder zuzugreifen. Dies ist beispielsweise recht nützlich, wenn Sie eine ganze Serie von Bildern mit den gleichen Einstellungen mit FARBTON/SÄTTIGUNG regulieren wollen.

Unter ZU BEARBEITENDE PRIMÄRFARBE AUSWÄHLEN ❷ können Sie über die Radioschaltflächen eine gesonderte Primärfarbe nach dem HSV-Kreis (siehe Abbildung 7.16) auswählen, die Sie behandeln wollen. Mit Hilfe der Schieberegler lässt sich diese Farbe dann separat verändern. Standardmäßig ist hierbei allerdings die

Zum Nachlesen
Mehr zum Thema Farben und deren Modelle können Sie auf Seite 121 im Abschnitt »Farbmodelle« nachlesen.

Schalfläche ALLE ❸ ausgewählt, was bedeutet, dass alle Farben des HSV-Farbkreises durch die Bearbeitung des Dialogs behandelt werden. Wenn Sie den FARBTON verändern, wird dies auch gleich angezeigt.

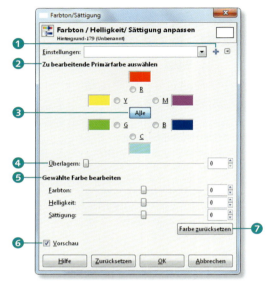

▲ **Abbildung 7.15**
Der Dialog FARBTON/SÄTTIGUNG

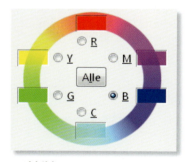

▲ **Abbildung 7.16**
Zum besseren Verständnis wurde hier der HSV-Farbkreis über den Bereich zum Auswählen der Primärfarben gelegt.

Mit dem Schieberegler ÜBERLAGERN ❹ legen Sie fest, wie weit sich die Farbbereiche im HSV-Farbkreis überschneiden dürfen. Der Regler ist nur bei sehr ähnlichen Farben sinnvoll (siehe auch Abbildung 7.17 und Abbildung 7.18).

Im Bereich GEWÄHLTE FARBE BEARBEITEN ❺ finden Sie drei Regler, um alle Primärfarben oder nur die ausgewählte nach dem HSV-Farbmodell zu regulieren:

▶ FARBTON: Mit diesem Regler verschieben Sie den Farbton im HSV-Farbkreis von seinem Anfangswert 0 im Bereich von −180° bis 180° (insgesamt also um 360°). Der Farbton (**H**ue) ist der Farbwert, der die Art der Farbe bestimmt (zum Beispiel Rot, Grün, Lila oder Gelb).

▶ HELLIGKEIT: Mit diesem Schieberegler regulieren Sie die Helligkeit von −100 bis 100 mit dem Anfangswert 0 dazwischen. Schieben Sie den Regler nach links, wird die Helligkeit reduziert (negativer Wert), ziehen Sie ihn nach rechts, dann wird die Helligkeit erhöht (positiver Wert). Mit dem Helligkeitswert (**V**alue) legen Sie fest, wie stark die Farben leuchten.

▶ SÄTTIGUNG: Der dritte Regler im HSV-Modell ist die Sättigung (**S**aturation), mit der Sie bestimmen, wie farbig und intensiv

7.3 Farbton und Sättigung regulieren

die Farben wirken sollen. Auch hier können Sie den Regler von seinem Anfangswert 0 im Bereich von –100 bis 100 regulieren. Ziehen Sie den Regler nach links (negativer Wert), reduzieren Sie die Sättigung. Nach rechts gezogen, wird die Sättigung erhöht (positiver Wert).

Nützlich ist auch die Schaltfläche FARBE ZURÜCKSETZEN ❼, mit der Sie die Primärfarben wieder auf den Standardwert zurückstellen können. Wollen Sie außerdem die Veränderung des Dialogs gleich im Bild sichtbar machen (sehr zu empfehlen), dann sollten Sie die Checkbox VORSCHAU ❻ angehakt lassen.

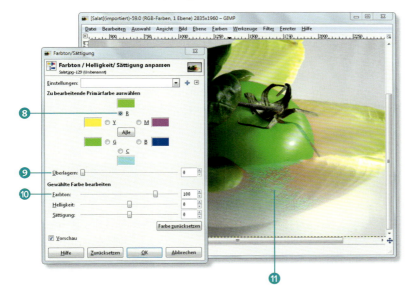

◄ **Abbildung 7.17**
Das folgende Beispiel soll den Regler ÜBERLAGERN ❾ etwas näher erläutern. Hier wurde Rot ❽ als Primärfarbe gewählt und der FARBTON ❿ nach rechts auf den Wert 100 gezogen, womit die rote Tomate in Grün umgefärbt wurde. Leider wurden hier auch Bildbereiche mit umgefärbt ⓫, bei denen das nicht erwünscht war.

Foto: Brigitte Bolliger/pixelio.de

◄ **Abbildung 7.18**
Mit dem Regler ÜBERLAGERN ⓬ begrenzen wir den zu überschneidenden Farbbereich, und der Bereich unter der umgefärbten Tomate ist so, wie wir es gewollt hatten.

187

Abendrot.jpg

▲ **Abbildung 7.19**
Der stimmungsvolle Sonnenuntergang wurde durch die Belichtungsautomatik überbelichtet.

Foto: Hanspeter Bolliger

Schritt für Schritt:
Farbsättigung von über- oder unterbelichteten Bildern wiederherstellen

Nicht immer ist die Automatikeinstellung der Kamera, eine bestimmte Helligkeit zu erreichen, von Vorteil. Im Bild aus Abbildung 7.19 kommt die Abenddämmerung aufgrund der starken Überbelichtung der Kamera nicht mehr zu Geltung. Solche Über- und Unterbelichtungen werden gewöhnlich mit den Werkzeugen KURVEN oder WERTE ausgeglichen, die ja bereits ausführlich behandelt wurden. Was Sie allerdings fast immer bei über- oder unterbelichteten Bildern nachträglich verbessern müssen, ist die Sättigung der Farbe. Hierzu ein typischer Arbeitsablauf zur Korrektur solcher Probleme.

1 Lichter abdunkeln
Zunächst sollen die Lichter im Bild heruntergeregelt werden. Verwenden Sie hierzu FARBEN • KURVEN. Ziehen Sie die Kurve im oberen Teil ❶ bei den Lichtern nach unten, und bestätigen Sie den Dialog mit OK.

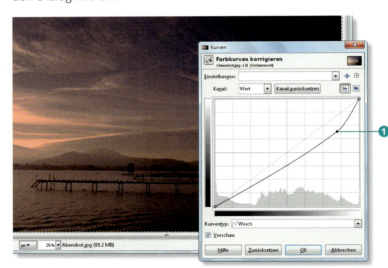

Abbildung 7.20 ▶
Lichter mit dem Gradationswerkzeug reduzieren

2 Sättigung verbessern
Durch die Begrenzung der Lichter (analog gilt dasselbe auch bei den Tiefen) wirkt das Bild möglicherweise recht farblos (bei Überbelichtung häufiger der Fall). Die Sättigung erhöhen Sie jetzt mit dem Dialog FARBEN • FARBTON/SÄTTIGUNG. Ziehen Sie den Regler SÄTTIGUNG ❸ auf den Wert 40, um die Farbintensität zu erhöhen. Reduzieren Sie außerdem die HELLIGKEIT ❷ ein wenig (hier auf

–5), damit gerade das Abendrot nicht so stark leuchtet. Bestätigen Sie den Dialog mit OK.

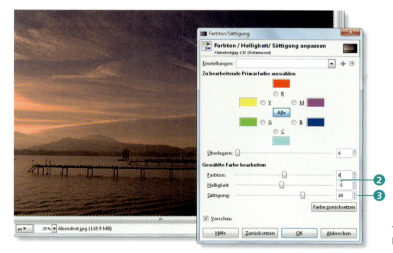

◄ **Abbildung 7.21**
Intensität der Farbe erhöhen

3 **Nach der Korrektur**
Nach der Korrektur hat unser Bild die richtige Dämmerungsstimmung. Vermutlich intensiver als es tatsächlich war – aber das ist ja das Schöne an der Bildkorrektur und dem Nachbearbeiten von Bildern.

▲ **Abbildung 7.22**
Links der Originalzustand. Rechts nach der Korrektur ist das Bild wesentlich lebhafter und stimmiger geworden.

Schritt für Schritt:
Einzelne Primärfarben verschieben

Natürlich können Sie so auch jederzeit einzelne oder mehrere ausgewählte Primärfarben verschieben, um z. B. einen Farbton zu ändern oder seine Farbe komplett zu entziehen.

 BlueDoor.jpg

Abbildung 7.23 ▶
Das Ausgangsbild

1 Blau umfärben

Rufen Sie FARBEN • FARBTON/SÄTTIGUNG auf. Im Beispiel soll die blaue Tür umgefärbt werden. Wählen Sie daher Blau ❶ als Primärfarbe aus. Ziehen Sie den Regler für FARBTON ❸ nach links (hier bis auf dem Wert –123), um den Farbton in Grün umzufärben. Damit sich der Effekt nicht zu stark überschneidet, sollten Sie den Regler ÜBERLAGERN ❷ ca. auf den Wert 50 stellen.

Abbildung 7.24 ▶
Die blaue Tür mit grüner Farbe umfärben

2 Nur Blau erhalten

Natürlich können Sie hier auch den gegenteiligen Effekt erzielen, indem Sie nur Blau erhalten und alle anderen Farben reduzieren. Machen Sie dazu gegebenenfalls den zuvor gemachten Arbeitsschritt rückgängig. Wählen Sie jetzt zunächst die Primärfarbe Ma-

7.3 Farbton und Sättigung regulieren

genta ❹ aus, und ziehen Sie den Regler von Sättigung ❺ ganz nach links auf den Wert −100. Verfahren jetzt genauso bei den Farben Gelb (Y), Rot (R) und Grün (G). Jetzt sollte nur noch der blaue Farbton das Bild dominieren.

◀ **Abbildung 7.25**
Natürlich können Sie auch einzelnen Farben die Sättigung entziehen.

3 Nach der Manipulation

Der Dialog Farbton/Sättigung lädt geradezu zum Spielen mit den Reglern ein. Allerdings ist die Farbabstufung nicht immer so klar und einfach strukturiert wie in diesem Bild. Bei schwierigeren Fällen müssen Sie meistens zuvor eine Auswahl um das zu schützende oder umfärbende Objekt legen, um anschließend einzelne oder alle Farben zu manipulieren.

▲ **Abbildung 7.26**
Zwei Beispiele, die aus dem Ausgangsbild mit Hilfe des Dialogs Farbton/Sättigung entstanden sind. Beim rechten Bild wurden alle Farben bis auf Rot entsättigt.

191

7.4 Farbkorrekturen mit dem Dialog »Filterpaket«

Einen wirklich beeindruckenden und komfortablen Dialog erreichen Sie über FARBEN • FILTERPAKET. Hier finden Sie mehrere Funktionen in einem, um die Farbe in einem Bild zu ändern. Damit können Sie beispielsweise Helligkeit, Farbsättigung und Farbstiche per Mausklick regulieren.

Über ORIGINAL ❶ erkennen Sie den Ausgangszustand des Bildes. Daneben sehen Sie unter AKTUELL ❺ eine Vorschau des Bildes, wie es aussähe, wenn Sie das Filterpaket mit der Schaltfläche OK anwenden würden. Unter ZEIGEN ❷ stellen Sie mit drei Optionen ein, was in der Vorschau von ORIGINAL und AKTUELL gezeigt werden soll. Die Eigenschaften GESAMTES BILD, NUR AUSWAHL (Standardeinstellung) und AUSWAHL MIT UMGEBUNG sprechen für sich selbst.

Darunter legen Sie über BETROFFENER BEREICH ❸ fest, auf welche Bildbereiche sich der Filter auswirken soll. Hier haben Sie die üblichen drei Verdächtigen mit SCHATTEN (Tiefen) für die dunklen Bereiche, MITTEN (Mitteltöne) für die mittleren Bereich und GLANZLICHTER (Lichter) für die hellen Bereiche im Bild. Über ERWEITERT ❼ können Sie diesen betroffenen Bereich noch etwas genauer festlegen. Dazu gleich mehr.

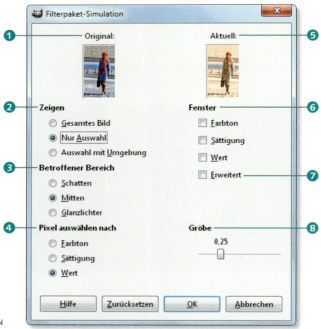

Abbildung 7.27 ▶
Der Dialog FILTERPAKET-SIMULATION

7.4 Farbkorrekturen mit dem Dialog »Filterpaket«

Ganz unten bestimmen Sie über den Bereich PIXEL AUSWÄHLEN NACH ❹, welcher HSV-Kanal für die Veränderung der Pixel verwendet werden soll. Entsprechend dem HSV-Modell stehen Ihnen hierbei FARBTON (**H**ue), SÄTTIGUNG (**S**aturation) und (Helligkeits-)WERT (**V**alue) zur Verfügung.

Unter FENSTER ❻ blenden Sie die einzelnen Filter des Pakets ein- oder aus. Zum Einblenden setzen Sie einfach ein Häkchen vor den entsprechenden Filter. Wie stark die einzelnen Korrekturschritte wirken, wenn Sie auf ein Vorschaubild klicken, legen Sie mit dem Schieberegler GRÖBE ❽ im Wertebereich von 0 bis 1 (Standard = 0,25) fest.

Folgende Filter stehen hier zur Auswahl:

- FARBTON: Hiermit passen Sie den Farbton des Bildes an, indem Sie auf verschiedene Vorschaubilder klicken. Entsprechend der Vorschaubilder, die Sie anklicken, wird der Farbwert eingestellt. Wollen Sie einen gewählten FARBTON wieder rückgängig machen, klicken Sie einfach auf der gegenüberliegenden Seite (siehe HSV-Modell). Klicken Sie zum Beispiel auf GELB und wollen dies wieder rückgängig machen, müssen Sie anschließend auf BLAU klicken. Wie stark sich die Änderung auswirkt, stellen Sie über den Schieberegler GRÖBE ein. Die Funktion eignet sich prima, um einen Farbstich zu beheben.

- SÄTTIGUNG: Wie intensiv die Farben wirken sollen, stellen Sie über die SÄTTIGUNG ein. Hierbei können Sie entweder Farbsättigung hinzufügen oder reduzieren, indem Sie das entsprechende Vorschaubild anklicken. Wie stark ein Klick wirkt, regulieren Sie auch hier über den Schieberegler GRÖBE.

- WERT: Wie stark die Farbe leuchten soll, stellen Sie über den (Helligkeits-)WERT ein. Hierbei können Sie die Helligkeit erhöhen oder reduzieren, indem Sie das entsprechende Vorschaubild anklicken. Wie stark einmaliges Anklicken wirkt, bestimmen Sie auch hier mit dem Schieberegler GRÖBE.

- ERWEITERT: Über dieses Fenster können Sie erweiterte Einstellungen für das Filterpaket festlegen. Die VORSCHAUGRÖSSE ❾ (Abbildung 7.31) stellen Sie mit dem gleichnamigen Schieberegler ein; der Standardwert ist 80 Pixel. Der maximale Wert von 125 Pixeln ist allerdings auch nicht unbedingt viel größer. Mit der Einstellung BETROFFENER BEREICH ❿ bestimmen Sie den genauen Bereich von Schatten, Mitten und Glanzlichtern, auf der den Filter angewendet wird, wenn eine entsprechende Option ausgewählt ist. Diese Option sollten Sie allerdings nur dann ändern, wenn Sie mit dem Lesen des Histogramms vertraut sind.

Zum Nachlesen
Mehr zum Thema Farben und deren Modelle können Sie auf Seite 121 unter »Farbmodelle« nachlesen.

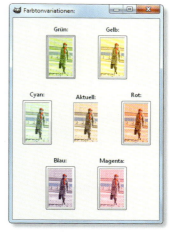

▲ **Abbildung 7.28**
Farbtoneigenschaften ändern mit dem Filterpaket

▲ **Abbildung 7.29**
Farbsättigungseigenschaften ändern mit dem Filterpaket

▲ **Abbildung 7.30**
Helligkeitseigenschaften ändern mit dem Filterpaket

Vorschaugröße

Die Vorschaugröße dürfte wohl der einzige Kritikpunkt an dem umfangreichen Werkzeug sein. Gerade in der digitalen Fotografie ist es sehr empfehlenswert, gelegentlich zur 100%-Ansicht zu wechseln. Eine Live-Vorschau wäre daher sehr wünschenswert für das Filterpaket.

Abbildung 7.31 ▶
Erweiterte Einstellungen für das Filterpaket

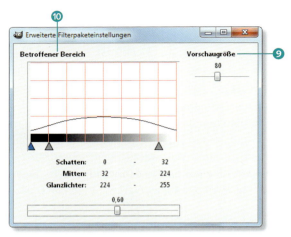

▲ **Abbildung 7.32**
Das Filterpaket eignet sich nicht für Farbverbesserungen. Auch kreative Effekte wie dieser Retro-Effekt im rechten Bild (zum Vergleich das Ausgangsbild links) lassen sich mit dem Filterpaket erstellen.

Kapitel 8
Helligkeit und Kontrast korrigieren

Helligkeit und Kontrast korrigiert man gewöhnlich bei farblich ausgeglichenen Bildern. Daher ist es empfehlenswert, diese Korrektur erst nach der Farbkorrektur durchzuführen.

8.1 Helligkeit und Kontrast im Detail

Die Auswirkungen einer Änderung der Helligkeit oder des Kontrasts lässt sich sehr schön am Histogramm ablesen. Das Histogramm zur Information rufen Sie über FARBEN • INFORMATION • HISTOGRAMM auf.

Was passiert nun genau bei den Einstellungen zu Helligkeit und Kontrast?

Wenn Sie eine einfache und klassische Helligkeitskorrektur am Bild vornehmen, wirkt sich dies auf das komplette Bild aus. Beim Aufhellen werden alle Bildpixel aufgehellt, auch die Farben (= Farbhelligkeit). Übertreibt man es hierbei, enthält das Bild kein Schwarz mehr. Es wirkt dann, als würde man es durch ein trübes Glas betrachten. Wenn Sie das Bild abdunkeln, ist der Effekt natürlich ähnlich. In beiden Fällen können Farbinformationen in Lichtern oder Tiefen verloren gehen.

Recht ähnlich verläuft dies beim Anpassen des Kontrasts. Im Grunde kann man sagen, dass die Kontrastanpassung nichts anderes ist als eine besondere Helligkeitskorrektur, nur dass hierbei die Lichter und Tiefen entgegengesetzt angepasst werden. Wenn Sie den Kontrast erhöhen, werden die Lichter heller und die Tiefen dunkler. Als Ergebnis wirken das Bild und seine Farben viel knackiger und die Kanten viel schärfer. Allerdings muss man

> **Zum Nachlesen**
> Mehr zum Histogramm und wie Sie es lesen, finden Sie in Abschnitt 6.1, »Histogramme lesen und analysieren«.

> **Zusammenhang mit Kurven-Dialog**
> Sie werden vielleicht verwundert sein, dass die gleich folgenden Histogramme zur Demonstration nicht mit dem Dialog HELLIGKEIT/KONTRAST erstellt wurden, sondern mit dem KURVEN-Dialog. Aber dazu später mehr.

natürlich auch hier darauf achten, dass die Lichter und/oder die Tiefen nicht nach außen hin verlorengehen.

Helligkeit anpassen | Verändern Sie die Helligkeit des Bildes, werden im Histogramm die hellen Tonwerte zusammengeschoben ❶ und die restlichen Tonwerte gespreizt ❷ (Histogramm hat Löcher). Umgekehrt, wenn Sie die Helligkeit eines Bildes reduzieren, werden die tiefen Bereiche im Bild zusammengeschoben ❸ und die hellen Bildbereiche gespreizt ❹.

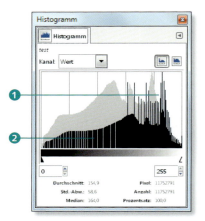 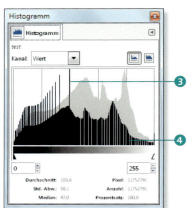

Abbildung 8.1 ▶
Auswirkung einer Aufhellung im Histogramm

Abbildung 8.2 ▶▶
Auswirkung einer Abdunkelung im Histogramm

Kontrast anpassen | Wenn Sie den Kontrast eines Bildes erhöhen, macht sich dies im Histogramm bemerkbar, indem die Mitteltöne gespreizt ❺ und die Tiefen und Lichter zusammengeschoben ❻ sind. Das Gegenteil passiert bei einer Kontrastreduzierung, wo die Spreizung der Tonwerte bei Tiefen und Lichtern ❽ stattfindet und die Mitteltöne zusammengeschoben ❼ sind.

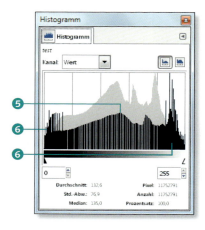 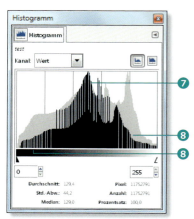

Abbildung 8.3 ▶
Auswirkung einer Kontrasterhöhung im Histogramm (mit Hilfe einer S-Kurve)

Abbildung 8.4 ▶▶
Auswirkung einer Kontrastreduzierung im Histogramm (mit Hilfe einer umgekehrten S-Kurve; auch Z-Kurve genannt)

8.1 Helligkeit und Kontrast im Detail

Helligkeit mit Bedacht ändern | Gerade bei Bildern mit extrem hellen oder extrem dunklen Bereichen müssen Sie auf den Tonwertverlauf des Bildes achten, damit nicht durch das Aufhellen oder Abdunkeln die Tonwerte nach außen überlaufen und Informationen verloren gehen, indem sie zu reinem Schwarz oder Weiß werden. Wenn Sie beispielsweise die Gesamthelligkeit bei einem Bild mit hellen Werten wie 225 (R = 225; G = 225 und B = 225) extrem erhöhen, steigen diese Werte eventuell bis auf 255 und würden somit in reines Weiß übergehen. Hier können Sie meistens noch mit dem Erhöhen des Kontrasts gegensteuern.

▲ **Abbildung 8.5**
Hier wurde absichtlich ein solches Negativbeispiel zur Ansicht erstellt. Bei dem Ausgangsbild links wurde die Helligkeit extrem erhöht, womit im Endbild rechts viele Strukturen in reines Weiß übergingen und diese Informationen somit verloren sind.

Bildrauschen | Gerade wenn Sie Bilder in der Dämmerung oder im Dunklen aufnehmen, wird häufig zu wenig Licht auf den Sensor der Kamera geworfen, so dass es zu einem Bildrauschen (hier Dunkelrauschen) kommt. Häufig wird hierzu auch ein höherer ISO-Wert in der Kamera verwendet, womit die Lichtempfindlichkeit (abhängig von der Kamera) größer ist. Auf den ersten Blick wird dieses Rauschen häufig gar nicht wahrgenommen, und die Bilder können auch verwendet werden. In den helleren Bereichen wird das Rauschen häufig gar nicht bemerkt.

Problematisch wird es eher, wenn Sie versuchen, Bilder mit extrem dunklen Bildbereichen aufzuhellen. Zwar holen Sie hiermit viele Details im Bild wieder hervor, verstärken aber leider auch das Bildrauschen. Allerdings müssen Sie schon auf 100%-Ansicht umstellen, um das Bildrauschen erkennen zu können.

 Rauschen01.jpg, Rauschen02.jpg

Bildrauschen

Das Thema Bildrauschen wird hier nur am Rande behandelt, da es weniger zur Bildbearbeitung als zur Fotografie zählt und daher nicht wirklich in ein Handbuch zu GIMP gehört. Für mehr Informationen empfehle ich Ihnen, sich entsprechende Literatur zu beschaffen oder den Suchbegriff »Bildrauschen« bei *de.wikipedia.org* einzugeben.

Kapitel 8 Helligkeit und Kontrast korrigieren

▲ **Abbildung 8.6**
Ein Bildausschnitt aus dem Hintergrund eines Fotos bei 100 %-Ansicht. Der Bereich enthält natürlich schon ein leichtes Dunkelrauschen, aber es ist noch verschmerzbar.

▲ **Abbildung 8.7**
Der gleiche Bildausschnitt nach dem – zur Verdeutlichung für das Buch – extremen Aufhellen. Das Bildrauschen wurde hierbei extrem verstärkt.

8.2 Der Helligkeit/Kontrast-Dialog

Für Umsteiger
Der Dialog HELLIGKEIT/KONTRAST wirkt sich anders auf die Tonwerte aus, als Sie dies beispielsweise von Photoshop CS oder Photoshop Elements her kennen.

GIMP bietet zwar auch den Dialog HELLIGKEIT/KONTRAST, den Sie vielleicht auch schon von anderen Grafikanwendungen her kennen, aber dieser Dialog wirkt anders auf die Tonwerte, als Sie es gewohnt sind (siehe Abschnitt 8.1, »Helligkeit und Kontrast im Detail«), und ist daher in der Praxis weniger für das Anpassen der Helligkeit oder des Kontrasts eines Bildes geeignet. Für eine ernsthafte Bildkorrektur eignet sich der Dialog HELLIGKEIT/KONTRAST also **nicht**. Hierfür empfehle ich Ihnen wieder, die Werkzeuge WERTE und KURVEN zu verwenden. Dennoch möchte ich Ihnen den HELLIGKEIT/KONTRAST-Dialog kurz vorstellen.

Abbildung 8.8 ▶
Der HELLIGKEIT/KONTRAST-Dialog

Mit dem Dialog, den Sie über FARBEN • HELLIGKEIT/KONTRAST erreichen, können Sie die Helligkeit und den Kontrast der aktuellen Ebenen oder Auswahl ändern. Wie allerdings bereits erwähnt

8.2 Der Helligkeit/Kontrast-Dialog

wurde, ist das Werkzeug weniger für ernsthafte digitale Fotografien geeignet.

Auch in diesem Dialog können Sie über das Plus-Symbol ❶ fertige Einstellungen zu den Favoriten hinzufügen, um darauf bei Bedarf wieder zuzugreifen.

Schieben Sie den Regler HELLIGKEIT ❷ nach links, um ein Bild abzudunkeln, oder nach rechts, um es aufzuhellen. Der Wertebereich reicht vom Anfangswert 0 nach links bis –127 und nach rechts bis 127 (also den kompletten Tonwertumfang). Wenn Sie den Regler verschoben haben und dann das Histogramm betrachten, werden Sie überrascht sein, was dieses Werkzeug damit macht (siehe Abbildung 8.9 und Abbildung 8.10).

Bildinformationen erhalten

Trotz der bedingten Tauglichkeit des Dialogs HELLIGKEIT/KONTRAST muss man diesem trotzdem zugutehalten, dass er immer versucht, keinerlei Bildinformationen zu verlieren. Sehr dunkle oder sehr helle Pixelinformationen saufen bei diesem Dialog nicht so schnell ins totale Schwarz bzw. Weiß ab.

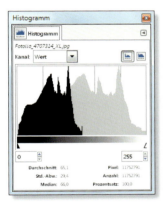

▲ **Abbildung 8.9**
In diesem Beispiel wurde der Regler HELLIGKEIT auf –127 geschoben, wodurch alle Pixel im Histogramm von 0 bis 255 auf den dunkleren Bereich von 0 bis 127 zusammengeschoben wurden. Als Ergebnis erhalten Sie ein Histogramm eines unterbelichteten Bildes.

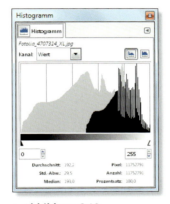

▲ **Abbildung 8.10**
Hier wurde der Schieberegler von HELLIGKEIT auf 127 gezogen, womit alle Fixel im Histogramm von 0 bis 255 auf den hellen Lichterbereich 128 bis 255 geschoben werden. Informationen, die nicht mehr in diesen Bereich passen, werden zusammengezogen. Das Ergebnis ist oft ein flaues und trübes Bild.

Das Gleiche gilt auch für den Regler KONTRAST ❸, mit dem Sie den Kontrast des Bildes verringern, indem Sie ihn nach links ziehen, und erhöhen, wenn Sie den Regler nach rechts ziehen. Dabei haben Sie denselben Wertebereich und Startwert wie schon beim Regler HELLIGKEIT. Auch die Auswirkungen im Histogramm sind nicht unbedingt das, was man sich unter einer echter Erhöhung bzw. Reduzierung des Kontrasts vorstellt (Abbildung 8.11/8.12).

Mit der Schaltfläche DIESE EINSTELLUNG ALS WERTE BEARBEITEN ❹ können Sie mit den aktuellen Einstellungen zum Dialog WERTE wechseln. Wenn Sie außerdem diese Änderungen sofort auf dem Bild sehen wollen, sollten Sie die Checkbox vor VORSCHAU ❺ aktivieren bzw. aktiviert lassen.

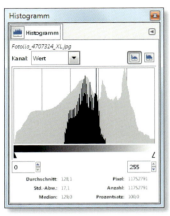

▲ **Abbildung 8.11**
Hier wurde KONTRAST auf –90 geschoben, wodurch das komplette Histogramm auf die Mitteltöne zusammengestaucht wird. Alle Höhen und Tiefen werden in die Mitten gezogen. Trotzdem versucht die Funktion, die Bildinformationen zu erhalten.

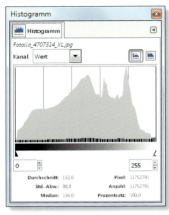

▲ **Abbildung 8.12**
Stellen Sie den Regler KONTRAST auf 90, werden sämtliche Mitteltöne extrem gespreizt und an den Rand der Höhen und Tiefen gedrängt.

In der Praxis eignet sich der Dialog zwar wenig für die Korrektur. Aber wenn Sie mit den Reglern ein bisschen herumspielen, lassen sich mit diesem Dialog interessante Effekte erzielen, die sich auch für die Webgestaltung eignen.

▼ **Abbildung 8.13**
Ausgehend vom linken Bild wurden diese Effekte zunächst mit dem HELLIGKEIT/KONTRAST-Dialog erstellt und anschließend mit dem EINFÄRBEN-Dialog (FARBEN • EINFÄRBEN) bearbeitet.

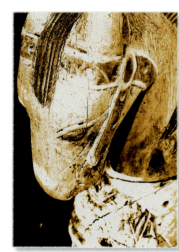

8.3 Geeignete Werkzeuge für die Korrektur

Auch zur Verbesserung des Kontrasts und der Helligkeit sind ganz klar die Gradationskurve und das Tonwertkorrektur-Werkzeug die erste Wahl. Da diese Werkzeuge bereits ausführlich beschrieben wurden, soll hier nur kurz darauf eingegangen werden, wie Sie mit ihnen die Helligkeit und/oder den Kontrast erhöhen oder reduzieren.

Zum Nachlesen
Die Grundlagen zu Helligkeit und Kontrast wurden bereits in Abschnitt 8.1, »Helligkeit und Kontrast im Detail«, beschrieben.

Die Gradationskurve – Mädchen für alles

Das wohl beste und flexibelste Werkzeug für die Einstellung von Helligkeit und Kontrast dürfte auch hier wieder die Gradationskurve (FARBEN • KURVEN) sein.

Helligkeit mit der Gradationskurve regeln | Die Helligkeit erhöhen Sie mit der Gradationskurve, indem Sie die Kurve nach oben ziehen. Allerdings haben Sie hierbei, im Gegensatz zum Dialog WERTE, die Wahl, wo Sie das Bild aufhellen. Hier können Sie die Tiefen, Mitten, Lichter oder mehrere Bereiche bzw. alle zusammen verwenden.

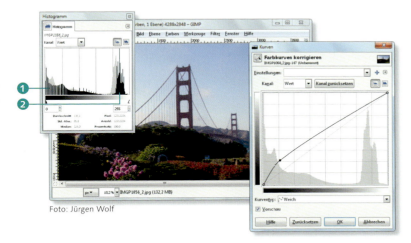

Foto: Jürgen Wolf

▲ **Abbildung 8.15**
Ein Anheben der Kurve bewirkt in der Regel eine Erhöhung der Helligkeit, wobei die dunklen Bereiche im Bild gespreizt ❶ und die hellen zusammengeschoben ❷ werden. Im Beispiel wurde die Kurve mehr in den dunklen Bereichen angehoben, weshalb auch mehr die Tiefen aufgehellt wurden.

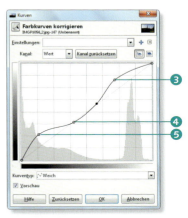

▲ **Abbildung 8.14**
Natürlich spricht auch nichts, sofern sinnvoll, gegen folgende Kurve, wo nur die Lichter ❸ und Tiefen ❺ aufgehellt wurden. Die Mitten ❹ wurden dabei auf die Linie heruntergezogen.

Das Gleiche gilt natürlich auch, wenn Sie die Helligkeit mit Hilfe der Gradationskurve reduzieren wollen, nur dass Sie hierbei die Kurve nach unten ziehen müssen. Und selbstverständlich haben Sie auch dabei die Wahl, nur die Tiefen, Mitten, Lichter oder mehrere bzw. alle zusammen zu regulieren.

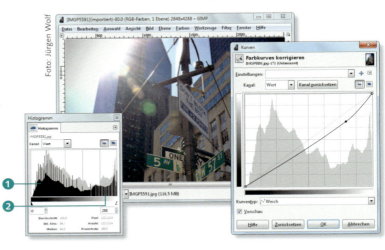

Abbildung 8.16 ▶
Hier wurde die Kurve mehr im Lichterbereich heruntergezogen, weshalb dieser Bereich auch etwas abgedunkelt wird. Im Histogramm erkennen Sie dies daran, dass die dunklen Bereiche zusammengeschoben ❶ und die hellen gespreizt ❷ wurden.

Zum Nachlesen
Mehr zur Anhebung (und Reduzierung) des Kontrasts mit der S-Kurve (bzw. Z-Kurve) finden Sie auf Seite 168, »Kontrast verbessern mit der S-Kurve«.

Kontrast mit der Gradationskurve | Da das Thema Kontrast mit dem Gradationswerkzeug bereits behandelt wurde, soll auch hier nur kurz darauf eingegangen werden. Den Kontrast erhöhen Sie mit der klassischen S-Kurve, indem Sie also die Kurve bei den Tiefen nach unten und bei den Höhen nach oben ziehen. Dadurch entsteht ein leichtes »S«. Je stärker diese S-Kurve, desto stärker wird der Kontrast angehoben.

Abbildung 8.17 ▶
Hier wurde die Kurve bei den Tiefen nach unten und bei den Lichtern nach oben gezogen. Im Histogramm erkennen Sie diese Kontrastanhebung anhand der Spreizung der Mitteltöne ❸ und dem Zusammenschieben der Tiefen ❹ und Lichter ❺.

Ähnlich funktioniert dies natürlich auch mit der Reduzierung des Kontrasts, auch wenn das in der Praxis eher seltener benötigt wird. Den Kontrast reduzieren Sie, indem Sie die Kurven bei den Tiefen nach oben und bei den Lichtern nach unten ziehen, wodurch eine umgekehrte S-Kurve (auch »Z-Kurve« genannt) entsteht. Auch hier gilt: Je stärker diese Z-Kurve wird, desto mehr wird der Kontrast reduziert.

▲ **Abbildung 8.18**
Hier wurden die Tiefen nach oben und die Lichter nach unten gezogen, wodurch der Kontrast reduziert wurde. Im Histogramm erkennen Sie dies daran, dass die Lichter ❽ und Tiefen ❼ gespreizt und die Mitteltöne zusammengeschoben ❻ wurden.

Das Tonwertkorrektur-Werkzeug

Auch der WERTE-Dialog (FARBEN • WERTE) lässt sich dafür einsetzen, die Helligkeit zu regulieren, allerdings nicht ganz so flexibel wie die Gradationskurve. Der Kontrast lässt sich hingegen nicht so direkt damit regulieren.

Helligkeit mit der Tonwertkorrektur | Die Helligkeit kontrollieren Sie beim WERTE-Dialog mit dem mittleren Regler ❾. Schieben Sie den Regler nach links, wird das Bild aufgehellt; schieben Sie den Regler nach rechts, dann wird es abgedunkelt.

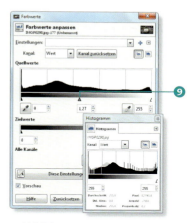

▲ **Abbildung 8.19**
Mit dem mittleren Regler ❾ steuern Sie die Helligkeit über den WERTE-Dialog. Entsprechend wird auch das Histogramm geändert.

Teil III
Rund um Farbe und Schwarzweiß

Kapitel 9
Mit Farben malen

In diesem Teil des Buches dreht sich alles um die Manipulation von Farben. Es werden sämtliche Funktionen und Werkzeuge behandelt, mit denen Sie die Farbe der einzelnen Pixel ändern können. Hierzu gehören unter anderem die Standardwerkzeuge wie Pinsel, Stift oder Radierer sowie die Werkzeuge Füllen und Farbverlauf. Neben vielen Funktionen zu Farbverfremdungen werden auch die klassischen Schwarzweißbilder behandelt.

9.1 Farben einstellen

Wenn Sie eine bestimmte Farbe für weitere Arbeiten, wie beispielsweise Malen oder Füllen, benötigen, bietet Ihnen GIMP mehrere Möglichkeiten an, diese einzustellen.

Farbwahlbereich: Vordergrund- und Hintergrundfarbe

Den besten Überblick und den schnellsten Zugriff, um die Farben für ein bestimmtes Werkzeug einzustellen, haben Sie über den Farbwahlbereich im Werkzeugkasten.

Standardmäßig ist für die Vordergrundfarbe ❶ Schwarz und für die Hintergrundfarbe ❸ Weiß eingestellt. Wenn Sie hier andere Farben vorfinden, können Sie den Standard jederzeit mit der kleinen Schaltfläche ❹ links unten oder mit dem Tastenkürzel D (für *default colors*) wiederherstellen. Wollen Sie die Vordergrund- mit der Hintergrundfarbe tauschen, klicken Sie auf die kleine Schaltfläche ❷ rechts oben. Schneller geht dies mit dem Tastenkürzel X (für *exchange colors*).

▲ **Abbildung 9.1**
Der Farbwahlbereich befindet sich im Werkzeugkasten.

Vordergrund- oder Hintergrundfarbe verwenden | Ob die Vordergrund- oder die Hintergrundfarbe verwendet wird, hängt vom

Kapitel 9   Mit Farben malen

Farbwahlbereich ein-/ausblenden

Sollte der Farbwahlbereich bei Ihnen nicht angezeigt werden oder wollen Sie ihn ein- oder ausblenden, erreichen Sie dies über BEARBEITEN • WERKZEUGKASTEN, indem Sie die Checkbox vor VORDERGRUND- UND HINTERGRUNDFARBE ANZEIGEN (de-)aktivieren.

Werkzeug ab. Die Malwerkzeuge PINSEL, STIFT, SPRÜHPISTOLE und TINTE benutzen die eingestellte Vordergrundfarbe.

Das FÜLLEN-Werkzeug verwendet zwar in der Voreinstellung auch die Vordergrundfarbe, aber dies können Sie in den Werkzeugeinstellungen ändern. Der FARBVERLAUF hingegen berücksichtigt Vorder- und Hintergrundfarbe. Der RADIERER jedoch operiert verstärkt mit der Hintergrundfarbe, wenn die zu bearbeitende Ebene keinen Alphakanal besitzt.

Der Farbwähler von GIMP

Der wohl gängigste Weg, die Vorder- und/oder Hintergrundfarbe einzustellen, dürfte der Farbwähler sein. Sie erreichen ihn, indem Sie im gewünschten Farbwahlbereich in der Werkzeugleiste klicken. Daraufhin öffnet sich ein Farbwähler, der auch über andere Filter aufgerufen wird.

Je nachdem, ob Sie mit der linken Maustaste auf die Vorder- oder auf die Hintergrundfarbe klicken, erscheint ein Dialog mit dem Titel VORDERGRUNDFARBE ÄNDERN oder HINTERGRUNDFARBE ÄNDERN.

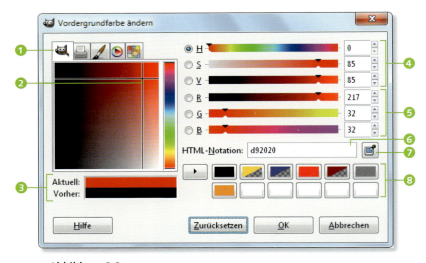

▲ Abbildung 9.2
Der GIMP-Farbwähler

Zum Nachlesen

Mehr zu den verschiedenen Farbmodellen können Sie auf Seite 121 im Abschnitt »Farbmodelle« nachlesen.

Standardmäßig ist der GIMP-Farbwähler ❶ zum Einstellen der Farbe aktiv. Damit wählen Sie die Farbe aus, indem Sie die HSV- ❹ oder die RGB-Werte ❺ eingeben. Wenn Sie sich mit der HTML-Notation (auch Hextriplet genannt) von Farben auskennen (oder den Wert benötigen), können Sie diesen im Textfeld HTML-NOTATION ❻ eingeben (bzw. ermitteln). Neben HTML-Notationen sind übrigens auch CSS-Schlüsselwörter (wie beispielsweise `red`, `blue`, `white`, `whitesmoke`) erlaubt.

Neben diesem Feld finden Sie auch eine FARBPIPETTE ❼, mit der Sie z. B. die Farbe aus einem Bild ermitteln können. Die Farben können Sie auch mit der Maus auswählen, indem Sie die vertikalen Farbbalken von H, S, V, R, G oder B mit gedrückter linker Maustaste in die entsprechende Position verschieben. Eine Feinabstimmung können Sie auch im großen rechteckigen Bereich mit einem Fadenkreuz ❷ durchführen. Unterhalb ❸ des rechteckigen Bereichs werden die ursprüngliche Farbe (VORHER) und die neu ausgewählte Farbe (AKTUELL) angezeigt.

Neben dem GIMP-Farbwähler ❶ bietet GIMP vier weitere Methoden an, die Sie über die Registerkarten des Dialogs erreichen. Sie unterscheiden sich nur durch den rechteckigen Bereich. Vorhanden bleiben jeweils die Schieberegler H, S, V, R, G und B und die zwölf Farbschalter ❽, in denen die zuletzt ausgewählten Farben gespeichert sind, die Sie mit einem Klick auf den jeweiligen Schalter wieder auswählen können. Klicken Sie auf die Schaltfläche OK, wird die ausgewählte Farbe als neue Vorder- bzw. Hintergrundfarbe im Werkzeugkasten angezeigt.

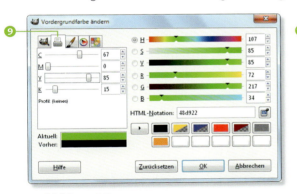

▲ Abbildung 9.3
Der Farbwähler CMYK

▲ Abbildung 9.4
Der Farbwähler WASSERFARBEN

Mit dem Farbwähler CMYK ❾ wählen Sie die Farben aus, basierend auf den Komponenten C (Cyan = Türkis), M (Magenta = Fuchsinrot), Y (Yellow = Gelb) und K (Key = Schlüsselfarbe) des Farbmodells CMYK.

Der Farbwähler WASSERFARBEN ❿ wirkt ein wenig anders als die anderen Farbwähler. Haben Sie beispielsweise als Vordergrundfarbe Gelb gewählt und klicken Sie jetzt im rechteckigen Farbbereich auf einen blauen Farbbereich, wird die Vordergrundfarbe bläulich getönt. Je öfter Sie dabei klicken, desto mehr wird der Effekt verstärkt.

Unter ⑪ können Sie die Farbe mit dem HSV-Farbkreis wählen. Der Farbton (H) ist hierbei auf einem Kreis angeordnet, den Sie durch das Drehen des Dreiecks auswählen können. Im Dreieck bestimmen Sie durch Verschieben des Punktes in horizontaler Richtung die Helligkeit (V) und in vertikaler Richtung die Sättigung (S). Mit dem Farbwähler Palette ⑫ wählen Sie Farben aus der aktuell eingestellten Palette (Fenster • Andockbare Dialoge • Paletten) aus.

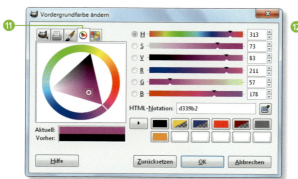

▲ **Abbildung 9.5**
Der Farbwähler HSV

▲ **Abbildung 9.6**
Der Farbwähler Palette

Der andockbare Dialog »Farben«

Neben dem üblichen Farbwähler, der über den Werkzeugkasten und auch einige andere Filter gewählt wird, gibt es den andockbaren Dialog Farben zur Einstellung der Vordergrund- und Hintergrundfarbe. Auch hierbei stehen Ihnen die Methoden GIMP, CMYK, Wasserfarben, HSV-Rad, Palette und die H-, S-, V-, R-, G- und B-Schieberegler zur Verfügung.

Diesen dockbaren Dialog rufen Sie über Fenster • Andockbare Dialoge • Farben auf. Im Gegensatz zum Farbwähler aus dem Werkzeugkasten finden Sie hier keine zwölf Farbschalter mit den zuletzt ausgewählten Farben, und auch die H-, S-, V-, R-, G- und B-Schieberegler sind nicht permanent sichtbar. Sie erreichen sie hier über eine eigene Schaltfläche ⑥.

Die Bedienung ist ähnlich, wie Sie sie vom Farbwähler aus dem Werkzeugkasten her kennen. Links unten sehen Sie die aktuelle Vordergrundfarbe ❸ und die aktuelle Hintergrundfarbe ❺. Mit der kleinen Schaltfläche links unten ❹ stellen Sie die Standardeinstellung (Schwarz/Weiß) der Farben wieder her (Tastenkombination [D]), und mit dem kleinen Icon rechts oben ❷ tauschen Sie die Farben miteinander aus (Tastenkombination [X]). Je nachdem, ob Sie die Vordergrund- oder die Hintergrundfarbe aus-

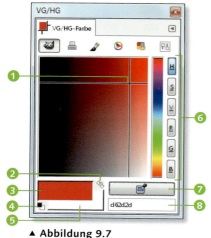

▲ **Abbildung 9.7**
Standardmäßig ist auch hier der GIMP-Farbwähler aktiv.

wählen wollen, müssen Sie diesen Bereich zuvor über ❸ oder ❺ aktivieren.

Die Farbe wählen Sie hier im rechteckigen Bereich mit dem Fadenkreuz ❶ aus. Rechts daneben ❻ finden Sie ein Farbband mit den Schaltflächen H, S, V, R, G und B, mit denen Sie die HSV- bzw. RGB-Komponente für den rechteckigen Bereich einstellen. Außerdem sehen Sie hier auch eine FARBPIPETTE ❼ zum Auswählen einer Farbe aus einem Bild und die HTML-Notation ❽, über die Sie auch wieder CSS-Schlüsselwörter verwenden können.

Ansonsten unterscheiden sich die Methoden nicht von den zuvor Beschriebenen aus dem Farbwähler des Werkzeugkastens.

▲ **Abbildung 9.8**
Der CMYK-Farbwähler

▲ **Abbildung 9.9**
Der WASSERFARBEN-Farbwähler

▲ **Abbildung 9.10**
Das HSV-RAD

▲ **Abbildung 9.11**
Die Palette zur Farbauswahl

▲ **Abbildung 9.12**
Die HSV- und RGB-Schieberegler zur Farbauswahl

Der (Farb-)Paletten-Dialog

Viele Anwender werden in der Praxis so gut wie nie mit einer (Farb-)Palette arbeiten. Sie können diesen Abschnitt gerne überspringen und bei Bedarf hierhin zurückkehren. Trotzdem, wie es sich für ein Handbuch gehört, soll das Thema hier ausreichend beschrieben werden. Denn auch als »normaler« Anwender können Sie mit Paletten in Berührung kommen, wenn Sie vorhaben, ein Bild im GIF-Format zu speichern.

Hauptsächlich werden (Farb-)Paletten für folgende zwei Anwendungen benötigt:

- Die vorhandenen Paletten werden bei indizierten Bildern mit 256 Farben (beispielsweise GIFs) verwendet.
- Die Farben dienen der Auswahl, um nur mit festen und bestimmten Farben zu malen.

Standardmäßig steht Ihnen eine ganze Menge an Paletten zur Verfügung. Reicht Ihnen dies nicht aus, können Sie natürlich weitere Paletten erstellen und hinzufügen.

Den dockbaren Dialog erreichen Sie über den Menüeintrag FENSTER • ANDOCKBARE DIALOGE • PALETTEN.

> **Farbtabelle vs. Farbpalette**
>
> Den Dialog FARBTABELLEN dürfen Sie bitte nicht mit dem Dialog PALETTEN verwechseln. Während der Dialog PALETTEN Ihnen eine Liste mit allen verfügbaren Farbpaletten auflistet, zeigt der Dialog FARBTABELLE nur die aktuell im Bild verfügbaren Farben. Und das auch nur, wenn das Bild im Modus INDIZIERT vorliegt (siehe Seite 123, »Farbraum (Bildmodus) ermitteln und ändern«).

▲ **Abbildung 9.13**
Der Dialog PALETTEN in der Listenansicht

▲ **Abbildung 9.14**
Der Dialog PALETTEN in der Rasterdarstellung

Die Listenansicht können Sie über die kleine Schaltfläche DIESEN REITER KONFIGURIEREN ❶ anpassen. Neben der Listen- und Rasterdarstellung können Sie hier auch die Vorschaugröße ändern. Eine Palette aktivieren Sie, indem Sie sie im Dialog anklicken oder mit den Pfeiltasten auswählen.

Mit einem rechten Mausklick im PALETTEN-Dialog erreichen Sie außerdem ein weiteres Kontextmenü ❷. Viele dieser Befehle

9.1 Farben einstellen

finden Sie auch bei den Schaltflächen unterhalb des PALETTEN-Dialogs aufgelistet.

◄ **Abbildung 9.15**
Über einen rechten Mausklick erreichen Sie das Kontextmenü mit vielen Befehlen der Schaltflächen unterhalb des Dialogs und noch einigen mehr.

Farbe als Vordergrund- oder Hintergrund auswählen | Wenn Sie eine Farbe aus der aktiven Palette als Vordergrund- oder Hintergrundfarbe auswählen wollen, können Sie den Farbwähler verwenden, indem Sie im Werkzeugkasten die Vorder- oder Hintergrundfarbe anklicken und über den entsprechenden Dialog den Reiter PALETTE ❸ verwenden. Das Gleiche gilt auch bei dem dockbaren FARBEN-Dialog mit der Schaltfläche PALETTE ❹.

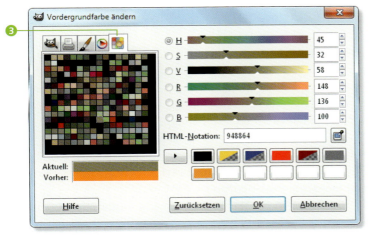

▲ **Abbildung 9.16**
Über die Dialoge VORDERGRUNDFARBE oder HINTERGRUNDFARBE ÄNDERN können Sie auch einzelne Farben der aktiven Palette auswählen.

▲ **Abbildung 9.17**
Auch der andockbare Dialog FARBEN eignet sich sehr gut, um die Vordergrund- oder Hintergrundfarbe aus der aktiven Palette auszuwählen.

213

Das sind die üblichen Wege, eine Farbe aus der Palette für die Vordergrund- bzw. Hintergrundfarbe auszuwählen. Aber natürlich können Sie auch direkt über den PALETTEN-Dialog gehen. Doppelklicken Sie hierzu einfach auf ein Symbol ❶ in der Palette, und es wird der PALETTENEDITOR ❷ geöffnet.

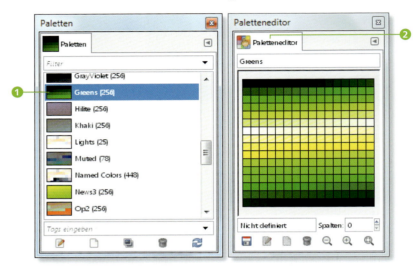

▲ **Abbildung 9.18**
Durch das Doppelklicken einer Palette im PALETTEN-Dialog wird der PALETTENEDITOR geöffnet.

Durch das Anklicken einer Farbe im Paletteneditor wählen Sie diese als Vordergrundfarbe aus. Wollen Sie stattdessen die Hintergrundfarbe bestimmen, halten Sie die ⌜Strg⌝/⌜Ctrl⌝-Taste beim Auswählen der Farbe gedrückt.

Schreibgeschützte Paletten
Die Paletten, die mit GIMP ausgeliefert wurden, lassen sich weder ändern noch löschen. Dies gilt auch für die Änderung eines Namens. Wollen Sie eine solche Palette dennoch Ihren eigenen Bedürfnissen anpassen, müssen Sie sie zuvor über die Schaltfläche PALETTE DUPLIZIEREN ❻ kopieren. Anschließend können Sie diese kopierte Palette über einen Doppelklick oder die Schaltfläche PALETTE BEARBEITEN ❹ mit dem Paletteneditor ändern.

Paletteneditor: Palette erstellen | Eine neue Palette legen Sie an, indem Sie auf das kleine Schaltflächensymbol EINE NEUE PALETTE ERSTELLEN ❺ unterhalb des PALETTEN-Dialogs klicken. Daraufhin öffnet sich der PALETTENEDITOR. Darin können Sie im Textfeld auch den Namen ❼ für die Palette vergeben. Die Angaben werden sofort im PALETTEN-Dialog ❸ aktualisiert.

Am Anfang ist die neue Palette natürlich noch leer. Die Anzahl der Farben sehen Sie jederzeit im PALETTEN-Dialog in der Listenansicht hinter dem Palettennamen.

Im Paletteneditor selbst finden Sie ganz unten eine Leiste mit kleinen Schaltflächen mit den Funktionen des Dialogs. Fast genau dieselben Funktionen sehen Sie auch im Kontextmenü des Paletteneditors. Allerdings gibt es dort zusätzlich die Funktionen NEUE FARBE AUS VORDERGRUND ❽ und NEUE FARBE AUS HINTER-

GRUND 9, um eine aktive Vorder- bzw. Hintergrundfarbe in die Palette aufzunehmen.

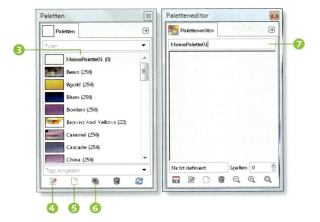

Funktionen ausgegraut

Sollte eine Funktion ausgegraut sein, bedeutet dies entweder, dass Sie eine schreibgeschützte Palette von GIMP bearbeiten wollen oder dass Sie eine Palette erstellt haben, in der es noch keine Farben gibt.

◂ **Abbildung 9.19**
Eine neue Palette wird angelegt und im Paletteneditor bearbeitet.

Unterhalb der Farbpalette im Paletteneditor finden Sie ein weiteres Textfeld 10, wo Sie nach dem Anklicken einer Farbe in der Palette einen Namen oder eine Bezeichnung vergeben können. Daneben wählen Sie in SPALTEN 16 aus, in wie vielen Spalten die Farben im Paletteneditor angezeigt werden sollen. Diese Einstellung der Spalten wirkt sich auch auf die Miniaturvorschau im Paletteneditor aus.

▴ **Abbildung 9.20**
Die Funktionen des Paletteneditors lassen sich auch mit einem rechten Mausklick über das Kontextmenü aufrufen.

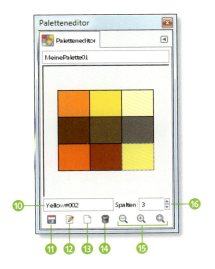

◂ **Abbildung 9.21**
Hier haben wir unsere Palette um einige Farben erweitert. Außerdem haben wir die einzelnen Farben betitelt und die Auflistung in drei Spalten eingeteilt.

Mit der Schaltfläche SPEICHERN 11 links unten sichern Sie den aktuellen Zustand im angegebenen Palettennamen im Ordner PALETTES des persönlichen GIMP-Profils mit der Dateiendung »*.gpl«. Die Schaltfläche DIESEN EINTRAG BEARBEITEN 12 ist erst aktiv, wenn Sie eine Farbe im aktiven Farbfeld ausgewählt haben.

> **Farbe mit Farbpipette hinzufügen**
>
> Sie können auch Farben mit der FARBPIPETTE 🖉 (O) auswählen, wenn Sie in den Werkzeugeinstellungen die Option ZUR PALETTE HINZUFÜGEN aktivieren.

Wenn Sie auf diese Schaltfläche klicken, können Sie die Farbe des aktiven Farbfeldes mit einem Farbwähler wie beim Aussuchen der Vordergrund- oder Hintergrundfarbe ändern.

Mit der Schaltfläche NEUEN EINTRAG AUS VORDERGRUNDFARBE ⓭ fügen Sie die aktive Vordergrundfarbe aus dem Werkzeugkasten zur Palette hinzu. Wollen Sie die Hintergrundfarbe zur Palette hinzufügen, halten Sie zusätzlich die [Strg]/[Ctrl]-Taste gedrückt. Mit dem Mülleimersymbol daneben ⓮ entfernen Sie die aktive Farbe aus der Palette. Die letzten drei Schaltflächen, HERAUSZOOMEN, HEREINZOOMEN und ALLES ANZEIGEN ⓯, sprechen für sich und dienen der Darstellung der Farbfelder im Paletteneditor.

Palette löschen | Selbst erstellte Paletten können Sie jederzeit über das Mülleimer-Symbol ❶ im PALETTEN-Dialog löschen. Es folgt daraufhin noch eine Sicherheitsabfrage, ob Sie die Palette wirklich unwiderruflich von der Festplatte entfernen wollen. Beachten Sie hierbei, dass Sie diesen Vorgang nicht mehr rückgängig machen können.

▲ **Abbildung 9.22**
Über das Mülleimer-Symbol löschen Sie eine Palette aus dem persönlichen GIMP-Profil …

▲ **Abbildung 9.23**
… zuvor folgt noch eine Sicherheitsabfrage.

Palette importieren | Wenn Sie im PALETTEN-Dialog mit der rechten Maustaste klicken, finden Sie im Kontextmenü einen Befehl namens PALETTE IMPORTIEREN ❷.

Mit Hilfe dieses Befehls erzeugen Sie eine Farbpalette aus einem Farbverlauf, einem geöffneten Bild oder einer gespeicherten Palettendatei. Im sich öffnenden Dialog müssen Sie zunächst die QUELLE AUSWÄHLEN ❸, aus der Sie eine Farbpalette erstellen wollen. Hier haben Sie die folgenden drei Quellen zur Verfügung:

▶ FARBVERLAUF: Damit wählen Sie aus allen in GIMP vorhandenen Farbverläufen (siehe Seite 269, »Das Farbverlauf-Werkzeug«) aus.

▶ BILD: Hier erstellen Sie eine Farbpalette aus einem geöffneten Bild. Dabei können Sie noch die Optionen VEREINIGUNG PRÜFEN und NUR AUSGEWÄHLTE PIXEL aktivieren. Mit VEREINIGUNG PRÜFEN werden Farben von allen sichtbaren Ebenen ver-

▲ **Abbildung 9.24**
Über einen rechten Mausklick im PALETTEN-Dialog ist der Befehl PALETTE IMPORTIEREN aufrufbar.

wendet. Ansonsten werden nur die Pixel der aktuellen Ebene verwendet, auch wenn diese nicht (!) sichtbar sind. Mit der Option NUR AUSGEWÄHLTE PIXEL können Sie einen Auswahlbereich im Bild erstellen, aus dem dann die Pixel verwendet werden.

▶ PALETTENDATEI: Mit dieser Option importieren Sie eine Palettendatei in GIMP. Dabei ist es auch möglich, Palettendateien von Adobe Photoshop (Elements) mit der Endung »*.aco« zu importieren. Allerdings lassen sich beim Importieren von Adobe-Paletten die IMPORTEINSTELLUNGEN nicht verändern und sind daher ausgegraut.

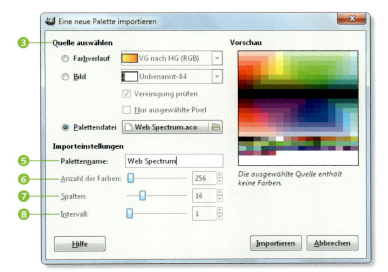

◀ Abbildung 9.25
Der Dialog zum Importieren von Paletten

256 Farben

Dass hier 256 Farben eingestellt sind, ist kein Zufall. Das GIF-Format speichert Bilder mit maximal 256 Farben, Bilder im Farbmodus INDIZIERT verwenden maximal 256 Farben, und auch ein Farbverlauf besteht aus 256 verschiedenen Farben.

Weitere Angaben für den Import machen Sie bei den IMPORTEINSTELLUNGEN. Den Namen vergeben Sie unter PALETTENNAME ❺. Existiert der Name bereits, wird eine Erweiterung in der Form »#1«, »#2« usw. hinzugefügt.

Über den Schieberegler ANZAHL DER FARBEN ❻ legen Sie fest, wie viele Farben die neue Farbpalette haben soll. Standardmäßig sind 256 Farben eingestellt (maximal sind 10.000 Farben möglich). Verwenden Sie mehr Farben, als überhaupt vorhanden sind, werden die zusätzlichen Farben als Zwischenwerte der zu importierenden Farbe eingefügt. Der Regler SPALTEN ❼ hat lediglich wieder einen Einfluss auf die Darstellung der Farbpalette. Damit geben Sie die Anzahl der Spalten an, in denen die zu importierende Farbpalette angezeigt werden soll. Der letzte Regler, INTERVALL ❽, ermöglicht es Ihnen, bei sehr vielen ausgewählten Farben ähnliche Farben in einem Durchschnittswert zu gruppieren.

Ordner »palettes«

Wo sich der Ordner PALETTES auf Ihrem System befindet, können Sie über BEARBEITEN • EINSTELLUNGEN • ORDNER • PALETTEN ermitteln. Den Pfad von bereits erstellten Paletten ersehen Sie im PALETTEN-Dialog, indem Sie mit der rechten Maustaste darauf klicken und im Kontextmenü SPEICHERORT DER PALETTE auswählen. Dabei wird der Pfad zur Palette in die Zwischenablage kopiert. Fügen Sie diesen Text in ein Textverarbeitungsprogramm ein, und Sie sehen die Pfadangabe.

Farben mit der Farbpipette auswählen

Mit der FARBPIPETTE (Tastenkürzel O) aus dem Werkzeugkasten setzen Sie sehr bequem eine Farbe aus einem Bild als Vorder- oder Hintergrundfarbe. Gerade beim Retuschieren ist dieses Werkzeug unverzichtbar, um beispielsweise einen gleichmäßigen Farbton für eine Haut zu finden. Aber auch für Messungen – zum Beispiel ob das Bild einen Farbstich hat – eignet sich dieses Werkzeug bestens (siehe Abschnitt »Graubalance messen« auf Seite 177).

Bildansicht beim Messen
Um eine möglichst genaue Messung mit der FARBPIPETTE durchzuführen, sollten Sie möglichst tief in das Bild zoomen, damit Sie auch wirklich die gewünschten Pixel erfassen. Eine 100%-Ansicht (Tastenkürzel 1) ist hierbei Pflicht.

Bedienung der Farbpipette | Die Bedienung der FARBPIPETTE ist ziemlich einfach: Klicken Sie mit der Pipette in einem Bild eine Stelle an, und schon wird die Farbe als neue Vordergrundfarbe im Farbwahlbereich des Werkzeugkastens verwendet. Wollen Sie stattdessen die Hintergrundfarbe festlegen, halten Sie beim Anklicken der Farbe zusätzlich die Strg/Ctrl-Taste gedrückt.

▲ **Abbildung 9.26**
Hier wurde mit der FARBPIPETTE ❶ mit gedrückter ⇧-Taste ins Bild geklickt, wodurch auch ein Informationsfenster ❸ für diese Farbe geöffnet wurde. Unabhängig davon, ob Sie die ⇧-Taste gedrückt haben, wird auch die Vordergrundfarbe ❷ (bzw. bei gehaltener Strg/Ctrl-Taste die Hintergrundfarbe) neu gesetzt.

Drücken Sie während des Anklickens die ⇧-Taste, wird ein Informationsfenster zur ausgewählten Farbe angezeigt. Die Vordergrund- bzw. Hintergrundfarbe im Farbwahlbereich wird trotzdem neu gesetzt. Für die Hintergrundfarbe mit Informationsfenster müssen Sie natürlich die Tasten ⇧ und Strg/Ctrl gleichzeitig drücken, während Sie mit der Pipette ins Bild klicken.

Werkzeugeinstellungen | Sofern Sie die Werkzeugeinstellungen nicht abgedockt haben, werden sie unterhalb des Werkzeugfensters angezeigt. Ansonsten können Sie die Werkzeugeinstellungen jederzeit über Fenster • Andockbare Dialoge • Werkzeugeinstellungen wieder anzeigen und dann andocken.

◀ **Abbildung 9.27**
Die Werkzeugeinstellungen der Farbpipette

Wenn Sie die Checkbox Abtastgrösse ❹ aktivieren, wird auch der Schieberegler Radius aktiviert. Damit stellen Sie eine quadratische Fläche in Pixel ein, aus der der durchschnittliche Farbwert ermittelt werden soll. Hierbei können Sie aus einer Abtastgröße von 1 bis 300 Pixeln wählen.

Mit der Checkbox Vereinigung prüfen ❺ wird das Mischungsverhältnis der selektierten Farbe aus der Sichtbarkeit der einzelnen Ebenen verwendet.

Über die Optionen bei Auswahlmodus ❻ bestimmen Sie, was mit dem aufgenommenen Farbwert der Pipette gemacht werden soll. Folgende Möglichkeiten stehen Ihnen hierbei zur Verfügung:

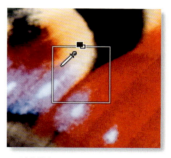

▲ **Abbildung 9.28**
Hier wurde der Radius der Abtastgrösse auf 50 Pixel gestellt. Die Pipette zeigt diese 50×50 Pixel große Fläche beim Auswählen einer Farbe im Bildfenster auch gleich an.

- Nur auswählen: Der aufgenommene Farbwert wird nur im Informationsfenster angezeigt. Es wird keine Vorder- oder Hintergrundfarbe gesetzt oder geändert.
- Vordergrundfarbe ersetzen: Der aufgenommene Farbwert der Pipette ersetzt den Farbwert der Vordergrundfarbe.
- Hintergrundfarbe ersetzen: Der aufgenommene Farbwert der Pipette ersetzt den Farbwert der Hintergrundfarbe.
- Zur Palette hinzufügen: Hiermit fügen Sie die von der Pipette aufgenommene Farbe zur aktuellen Farbpalette hinzu. Dies funktioniert allerdings nur bei Farbpaletten, die im persönlichen GIMP-Verzeichnis gespeichert sind. Farbpaletten von GIMP sind schreibgeschützt und können hierfür nicht verwendet werden. In beiden Fällen öffnet sich hierbei der Paletteneditor.

Mit der letzten Checkbox, Info-Fenster verwenden ❼, wird das Informationsfenster sofort angezeigt. Im Informationsfenster können Sie über zwei Dropdown-Listen ❽ (Abbildung 9.29) die Werte von zwei verschiedenen Kanälen eines bestimmten Farbmodells anzeigen lassen. PIXEL und RGB sind die Voreinstellungen des Dialogs. Folgende vier Kanalwerte des gewählten Farbmodells können angezeigt werden:

- PIXEL: Hierbei werden die Werte der RGB-Kanäle (ROT, GRÜN, BLAU und, falls vorhanden, ALPHA) als Zahlen von 0 bis 255 ausgegeben.
- RGB: Zeigt ebenfalls die Werte der RGB-Kanäle (ROT, GRÜN, BLAU und, falls vorhanden, ALPHA) an, in diesem Fall allerdings als Prozentwert. Zusätzlich wird der Farbwert in hexadezimaler Schreibweise für die HTML-Notation ausgegeben.
- HSV: Die Ausgabe der Werte erfolgt als HSV-Komponente. Der Farbton wird hier in Grad angezeigt, und die Werte für SÄTTIGUNG, WERT (Helligkeit) und (falls vorhanden) ALPHA werden in Prozent ausgegeben.
- CMYK: Hierbei erfolgt die Ausgabe der Werte von CYAN, MAGENTA, GELB, SCHWARZ und (falls vorhanden) ALPHA in Prozent.

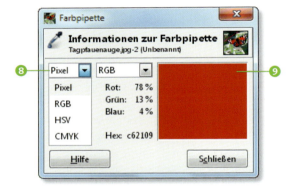

Abbildung 9.29 ▶
Das Informationsfenster der FARBPIPETTE

Im viereckigen Bereich ❾ auf der rechten Seite wird außerdem die gewählte Farbe dargestellt.

9.2 Die Malwerkzeuge

In diesem Abschnitt beschreibe ich die Malwerkzeuge. Allerdings gehe ich an dieser Stelle nur auf die klassischen Malwerkzeuge ein, also die Werkzeuge, mit denen Sie Farbe auf ein Bild auftragen. Das sind der PINSEL, der STIFT, die SPRÜHPISTOLE und der RADIERER.

Zu den insgesamt dreizehn Malwerkzeugen von GIMP gehören auch die Werkzeuge TINTE, (Seite 254), KLONEN (Abschnitt 26.1), HEILEN (Abschnitt 26.2), PERSPEKTIVISCHES KLONEN

(Abschnitt 26.3), Weichzeichnen/Schärfen ▲ (ab Seite 336), Verschmieren ✎ (Abschnitt 13.8) und Abwedeln/Nachbelichten ✎ (Abschnitt 6.5).

Gemeinsame Werkzeugeinstellungen

Alle diese Werkzeuge lassen sich ähnlich bedienen und haben eines gemeinsam: Bewegen Sie mit gedrückter linker Maustaste den Mauszeiger im Bildfenster auf einem Bild, verändern die Pinselstriche die darunterliegenden Pixel. Wie die Pixel darunter verändert werden, beschreibe ich in den Abschnitten zu den einzelnen Werkzeugen. Hier erläutere ich zunächst nur die allgemeinen Werkzeugeinstellungen, die für alle Malwerkzeug gleichermaßen gelten.

Das in diesem Abschnitt zu Pinsel ✎, Stift ✎, Sprühpistole ✎ und Radierer ✎ Gesagte gilt also auch für die Werkzeuge Klonen ✎, Heilen ✎, Perspektivisches Klonen ✎, Weichzeichnen/Schärfen ▲, Verschmieren ✎ und Abwedeln/Nachbelichten ✎. Die erweiterten Optionen der einzelnen Werkzeuge lernen Sie in den entsprechenden Abschnitten zu den Werkzeugen kennen.

Grafiktablett
Sollten Sie ein Grafiktablett besitzen oder vorhaben, eines zu erwerben, kann ich nur empfehlen, dieses auch zu verwenden. Mit einem solchen Tablett fühlen sich die Malwerkzeuge noch viel realistischer an. Auch die Ergebnisse sind wesentlich besser als mit der Maus. Einstellen können Sie das Grafiktablett über Bearbeiten • Einstellungen • Eingabegerät. Wählen Sie die Schaltfläche Erweiterte Eingabegeräte konfigurieren.

Werkzeugeigenschaften | Mit dem Modus ❶ stellen Sie ein, wie das Werkzeug auf den zu behandelnden Bildbereich wirken soll. Die Liste der verfügbaren Modi und deren Bedeutung werden in Kapitel 18, »Ebenenmodus«, noch genauer beschrieben. Für die Malwerkzeuge gibt es zusätzlich ein paar besondere Modi (genauer: Vernichtend, Hinter und Farbe entfernen), die ich im nächsten Abschnitt »Modi für Malwerkzeuge« beschreibe.

Über den Schieberegler Deckkraft ❷ legen Sie fest, wie stark das Werkzeug auf das Bild wirken soll. Um das Thema Deckkraft besser zu verstehen, empfehle ich Ihnen, den Abschnitt »Ebenendeckkraft« auf Seite 362 anzusehen.

Den Regler können Sie von 0 (keine Deckkraft = keine Wirkung) bis 100 (volle Deckkraft; das ist der Standardwert) einstellen. Wie die Deckkraft auf das Bild wirkt, hängt natürlich auch vom verwendeten Modus ❶ ab.

Mit dem Pinsel ❸ legen Sie die Werkzeugspitze für das Malwerkzeug fest, die auf das Bild angewendet wird. Hierbei können Sie aus vielen verschiedenen Pinseltypen wählen. Mehr hierzu lesen Sie im übernächsten Abschnitt »Pinselspitzen«. Abgesehen vom Tinte-Werkzeug ✎ verwenden alle Malwerkzeuge diese Pinselspitzen (auch als *Brushes* bekannt).

Die Werkzeugeinstellungen von Malwerkzeugen wurden mit GIMP 2.8 stark erweitert und verbessert.

Kapitel 9   Mit Farben malen

Abbildung 9.30 ▶
Allgemeine Werkzeugeinstellungen von Malwerkzeugen (hier beispielsweise vom Pinsel-Werkzeug)

Über den Schieberegler Grösse ❹ stellen Sie die Größe der ausgewählten Pinselspitze ein. Neu in GIMP 2.8 hinzugekommen ist jetzt der Schieberegler Seitenverhältnis ❺, womit der Pinsel anhand der horizontalen/vertikalen Achse verschoben (gequetscht) werden kann (siehe Abbildung 9.31). Ebenso neu mit der Version 2.8 wurde mit der Einstellung Winkel ❻ endlich die Möglichkeit eingeführt, die Pinselspitze zu rotieren (von –180° bis +180°) (siehe Abbildung 9.32).

▲ **Abbildung 9.31**
Hier wurde die Pinselspitze jeweils mit der Einstellung Seitenverhältnis ❺ geändert. Mit positiven Werten wird die Spitze in der horizontalen Achse und bei negativen Werten in der vertikalen Achse verschoben.

▲ **Abbildung 9.32**
Hier wurde die Pinselspitze mit der Einstellung Winkel ❻ verändert, womit eine Drehung der Spitze um die eigene Achse von 360° möglich ist.

Ebenso neu dabei ist jetzt im Pinsel-Einstellungsfenster eine Dropdown-Liste Dynamik ❼ mit vordefinierten Pinseldynamiken zum einfachen Auswählen (siehe Abbildung 9.33). Diese vordefinierten Dynamiken können Sie jederzeit als andockbaren Dialog dauerhaft über FENSTER • ANDOCKBARE DIALOGE • ZEICHENDYNAMIK einblenden lassen.

Anschließend finden Sie bei den Malwerkzeugen vier weitere fortgeschrittene und komplexere Einstellungen vor, und zwar OPTIONEN DER DYNAMIK ❽, ZITTERN HINZUFÜGEN, WEICHES ZEICHNEN und STEIGERND.

▶ Klicken Sie auf OPTIONEN DER DYNAMIK ❽, öffnen sich weitere nützliche Optionen zur Einstellung der Dynamik des aktuellen Pinsels. Diese Optionen haben aber wirklich nur dann eine Auswirkung auf die Dynamik der Pinselspitze, wenn eine entsprechende Zeichendynamik (hier VERBLASSEN und FARBE) in der Abbildungsmatrix auch **aktiv** ist (siehe Abbildung 9.36). Mehr dazu erfahren Sie noch im Abschnitt »Pinselspitzen«.

  ▶ Mit der Eigenschaft LÄNGE DES VERBLASSENS blenden Sie einen Pinselstrich entlang einer vorgegebenen Länge aus. Den Effekt erkennen Sie in der obersten Linie ⓬. Auch wenn das Werkzeug hier anhand eines klassischen Malwerkzeugs demonstriert wird, funktioniert dies auch bei allen anderen Malwerkze0ugen.

  ▶ Mit UMKEHREN können Sie den Effekt umkehren, so dass der Effekt entweder am Anfang oder am Ende des Pinselstrichs sichtbar wird. Ob und wie die Wiederholung des Verblassens erfolgen soll, können Sie mit WIEDERHOLUNG einstellen. Hier gilt dasselbe wie schon bei den gleich folgenden FARBOPTIONEN.

  ▶ Die Option FARBOPTIONEN ist nur noch bei den klassischen Malwerkzeugen wie STIFT, PINSEL und SPRÜHPISTOLE enthalten. Mit dieser Option wird statt der aktiven Vordergrundfarbe ein ausgewählter Farbverlauf zum Zeichnen verwendet. Mit dem Schieberegler LÄNGE DES VERBLASSENS (!) stellen Sie hier dann ein, nach welcher Länge sich der Farbverlauf beim Pinselstrich wiederholt (falls eingestellt). Auch die Maßeinheit (Standard = Pixel) können Sie hierbei verändern. Wie und ob die Wiederholung erfolgt, wenn die LÄNGE DES VERBLASSENS erreicht ist, geben Sie mit WIEDERHOLUNG an. Mehr hierzu entnehmen Sie bitte dem Abschnitt »Das Farbverlauf-Werkzeug« auf Seite 269. Die letzte Linie ⓯ demonstriert einen solchen gemalten Farbverlauf. Mit UMKEHREN können Sie die Farben im Farbverlauf umkehren.

  ▶ Soll eine Linie nicht mehr kerzengerade gezeichnet werden, verwenden Sie die Option ZITTERN HINZUFÜGEN ❾. Über den Schieberegler MENGE bestimmen Sie die Stärke des Zitterns. Je

▲ **Abbildung 9.33**
Vorgefertigte Pinseldynamiken zum Auswählen

▲ **Abbildung 9.34**
Weitere Einstellungen bei den Malwerkzeugen

223

höher dieser Wert ist, desto mehr werden die Abdrücke verstreut. Den Effekt sehen Sie in der zweiten Linie ⓭.

Abbildung 9.35 ▶
Auswirkungen der Einstellungen

▶ WEICHES ZEICHNEN ❿: Sind die Striche in der Voreinstellung immer noch zu hart, brauchen Sie nur diese Checkbox zu aktivieren und können über QUALITÄT die Tiefe der Glättung und mit GEWICHT die Schwerkraft des Stiftes einstellen. Je höher der Wert hier ist, desto »schwerfälliger« reagiert der Pinselstrich.

▶ STEIGERND ⓫: Mit dieser Option wird bei jedem weiteren Pinselstrich über dieselbe Stelle die Deckkraft gesteigert. Der Modus wird auch als »inkrementeller Malmodus« bezeichnet. Die dritte Linie ⓮ demonstriert diesen Modus an den sich kreuzenden Linien.

Abbildung 9.36 ▶
Damit die OPTIONEN DER DYNAMIK auch einen Effekt haben, müssen in der Abbildungsmatrix auch entsprechende Dynamiken aktiviert sein.

Zum Nachlesen
Hier ist häufiger die Rede von der Transparenz. Was das genau ist und wozu sie gut ist, davon wird noch die Rede sein. Mehr zu diesem Thema können Sie in Teil V des Buches bei den Ebenen nachlesen.

Modi für Malwerkzeuge | Neben den allgemeinen Modi, die in Kapitel 18, »Ebenenmodus«, beschrieben werden, bieten die Malwerkzeuge drei weitere Modi an:

▶ VERNICHTEND: Der Modus ist sehr gut geeignet, um mit einen groben und unscharfen Pinsel zu malen. Er ersetzt die verwendete Vordergrundfarbe zum Teil durch eine Transparenz (Abbildung 9.38).

9.2 Die Malwerkzeuge

▶ Hinter: Mit diesem Modus wird nur in den transparenten Bereichen des Bildes eine Farbe aufgetragen. Natürlich funktioniert dies auch mit den Werkzeugen Farbverlauf und Füllen . Wenn Sie mit Ebenen vertraut sind (siehe Teil V des Buches), wird Sie dieser Modus an den Effekt erinnern, den Sie erreichen, wenn Sie unterhalb einer transparenten Ebene eine weitere transparente Ebene anlegen und darauf malen (Abbildungen 9.39–9.41).

▲ Abbildung 9.37
Die Modi Vernichtend, Hinter und Farbe entfernen sind spezielle Modi, die es nur bei den Malwerkzeugen gibt.

▲ Abbildung 9.38
Linien im Modus Vernichtend. Die Deckkraft der linken Linie war 100 %, die mittlere hat 70 % und die rechte Linie 20 %.

▲ Abbildung 9.39
Malen mit dem Pinsel an den Kanten des freigestellten Blattes im Modus Normal…

▲ Abbildung 9.40
…dasselbe nochmals, nur jetzt im Modus Hinter. Das Blatt wurde nicht übermalt, obwohl der Pinsel darüberging. Es wird nur der transparente Hintergrund berücksichtigt.

▲ Abbildung 9.41
Der Modus Hinter funktioniert natürlich auch mit anderen Malwerkzeugen (hier beispielsweise mit dem Verlaufswerkzeug).

▶ Farbe entfernen: Mit diesem Modus löschen Sie im Bild immer den Bereich mit der eingestellten Vordergrundfarbe. Das heißt, die Farbe, die Sie als Vordergrundfarbe eingestellt haben, wird transparent gemacht. Natürlich sollte hierbei die Ebene einen Alphakanal haben, damit der Effekt sichtbar wird.

225

▲ **Abbildung 9.42**
Das Ausgangsbild

▲ **Abbildung 9.43**
Hier wurde das Blatt im Modus FARBE ENTFERNEN mit einer braunen Vordergrundfarbe übermalt, wodurch es teilweise transparent wurde.

▲ **Abbildung 9.44**
Hier wurde zur Demonstration ein Hintergrund mit einem Farbverlauf verwendet, womit der transparente Hintergrund des Blattes besser zu Geltung kommt.

Mehr Pinselspitzen

Wem die mitgelieferten Pinselspitzen nicht ausreichen, der kann selbstverständlich eigene Pinselspitzen erstellen oder neue Spitzen aus dem Internet herunterladen. Wie Sie weitere Pinselspitzen hinzufügen, erfahren Sie ab Seite 238 unter »Eigene Pinselformen erstellen und verwalten«.

Pinselspitzen | Standardmäßig stellt Ihnen GIMP eine Reihe von vorinstallierten Pinseln zu Verfügung, die Sie für verschiedene Arbeiten auswählen und verwenden können. Alle Malwerkzeuge, abgesehen von der TINTE , greifen auf diese Pinselspitzen zurück.

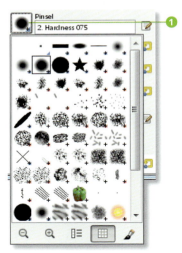

Abbildung 9.45 ▶
Nach Anklicken der Schaltfläche ❶ neben PINSEL können Sie aus einer Reihe von Pinselspitzen auswählen.

▲ **Abbildung 9.46**
Einige Beispiele mit normalen Pinselspitzen

GIMP unterscheidet zwischen verschiedenen Typen von Pinselspitzen. Zwar werden Sie sich in den meisten Fällen keine Gedanken um die gerade verwendete Spitze machen müssen, aber einige kleine Unterschiede zwischen den Spitzen sollten Sie kennen:

▶ **Normale Pinselspitzen**: Diese Pinselspitzen werden Sie wohl am meisten verwenden. Sie werden zwar als Graustufen angezeigt, aber sobald Sie sie zum Malen verwenden, werden die Farbtöne in die aktuell ausgewählte Vordergrundfarbe übersetzt. Das Symbol der Pinselspitze entspricht auch der Form, wie Sie im Bild aufgetragen wird.

▶ **Farbige Pinselspitzen**: Diese Pinselspitzen erkennen Sie an einem farbigen Symbol in der Pinselauswahl. Mit diesen Pinselspitzen werden die Pinselformen mit der Farbe angewendet, wie sie auch im Symbol angezeigt werden. Die eingestellte Vordergrundfarbe spielt bei diesen Pinseln keine Rolle. Bei Werkzeugen, die nicht zum Malen verwendet werden, wirkt diese Pinselspitze wie eine gewöhnliche Pinselspitze auch.

▶ **Animierte Pinselspitzen**: Diese Pinselspitzen erkennen Sie am roten Dreieck rechts unten im Symbol der Pinselspitze. Wenn Sie mit dieser Pinselspitze malen, wird nicht immer exakt die Form aufgemalt, sondern die Position dieser Pixelflächen wird variiert. Einige dieser Pinselspitzen sind wieder Mischungen aus animierten und normalen oder animierten und farbigen Pinselspitzen. Das heißt, bei einigen der Pinsel ist die Vordergrundfarbe entscheidend für die Pinselfarbe, bei anderen wiederum hat diese Einstellung keinen Einfluss.

▶ **Parametrisierte Pinselspitzen**: Diese Pinselspitzen erstellen Sie mit Hilfe des Pinseleditors (siehe Abschnitt »Pinselspitzen mit dem Pinseleditor« ab Seite 250). Sie lassen sich einfach durch ein Dialogfenster anlegen und jederzeit nachträglich ändern.

▲ **Abbildung 9.47**
Farbige Pinsel wirken beim Malen so, wie sie aussehen.

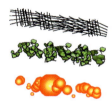
▲ **Abbildung 9.48**
Einige animierte Pinselspitzen

Abstand einstellen | Wie Sie die Pinselgröße über den Regler GRÖSSE in den Werkzeugeinstellungen einstellen, wissen Sie ja bereits. Es gibt aber noch eine Einstellung, die leider (noch) nicht über die Werkzeugeinstellungen möglich ist – und zwar den ABSTAND ❷.

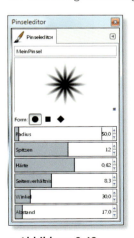
▲ **Abbildung 9.49**
Eigene parametrisierte Pinsel erstellen Sie mit dem Pinseleditor.

▲ **Abbildung 9.50**
Über den Regler ❷ stellen Sie den Abstand zwischen zwei hintereinanderliegenden Abdrücken der Pinselspitze beim Malen ein.

▲ **Abbildung 9.51**
Die oberste Linie wurde mit einem Abstand von 100,0 gemalt, die mittlere Linie mit 50,0, und bei der untersten Linie wurde der Abstand 1,0 verwendet.

Tablett-Unterstützung

Zwar dürfte das Tablett bei jedem als »Maus ohne Pinseldynamik« funktionieren, aber bis zur Drucklegung war die Unterstützung von Grafik-Tabletts noch nicht 100 % gegeben. Leider kann es hierbei auch sein, dass die vollständige Grafiktablett-Unterstützung erst mit GIMP 3.0 (oder 2.10) voll unterstützt wird. Persönlich hatte ich mit einem Wacom-Tablett gute Erfahrungen mit GIMP 2.8 gemacht und keine Probleme. Die Option DRUCK funktionierte hier anstandslos. Ich habe hierbei den neuesten Treiber von Wacom verwendet und mich nicht auf den Standardtreiber vom Betriebssystem verlassen. Einstellen können Sie das Tablett dann üblicherweise über BEARBEITEN • EINGABEGERÄTE.

Abbildung 9.52 ▶
Mit GIMP 2.8 wurden die Pinseldynamiken enorm erweitert.

Farbe und Verblassen

Wenn Sie ein Häkchen bei FARBE und/oder VERBLASSEN setzen, hängt das Ergebnis natürlich vom eingestellten Wert unter OPTIONEN DER DYNAMIK in der entsprechenden Werkzeugeinstellung ab. Die FARBE entspricht dem FARBVERLAUF und das VERBLASSEN dem Wert LÄNGE DES VERBLASSENS.

Mit diesem Wert stellen Sie den Abstand zwischen zwei hintereinanderliegenden Abdrücken der Pinselspitze beim Malen ein. Den entsprechenden Dialog dazu rufen Sie beispielsweise über FENSTER • ANDOCKBARE DIALOGE • PINSEL (oder die Tastenkombination [Strg]/[Ctrl]+[⇧]+[B]) auf.

Pinseldynamik und Abbildungsmatrixs | Die Pinseldynamik wurde bereits kurz bei OPTIONEN DER DYNAMIK beschrieben. Hiermit passen Sie die DRUCK(empfindlichkeit) von Grafiktabletts, die GESCHWINDIGKEIT und den ZUFALL an. Die letzten beiden Einstellungen sind aber auch für Anwender interessant, die nur die Maus benutzen. Neu mit der Version 2.8 sind hierbei auch noch Dynamiken für die RICHTUNG, die NEIGUNG (vom Stift für Grafiktabletts), das MAUSRAD und VERBLASSEN hinzugekommen.

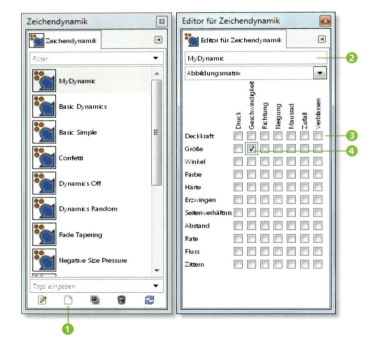

Die vordefinierten Dynamiken sind natürlich schreibgeschützt und lassen sich nicht ändern. Aber Sie können diese duplizieren und unter einem neuen Namen nachträglich bearbeiten. Natürlich lassen sich eigene Dynamiken erstellen. Rufen Sie hierzu den Dialog ZEICHENDYNAMIK über das Menü FENSTER • ANDOCKBARE DIALOGE auf. Um eine neue Dynamik zu erstellen, klicken Sie hier auf die Schaltfläche ❶. Daraufhin öffnet sich der EDITOR FÜR ZEICHENDYNAMIK, wo Sie im Textfeld ❷ einen Namen für die Dynamik eingeben sollten. In den Checkboxen ❸ darunter finden Sie ein wahres Eldorado von Einstellungen für die Pinseldynamik.

Im Beispiel wurde beispielsweise die Checkbox ❹ bei GESCHWINDIGKEIT und GRÖSSE abgehakt. Das bedeutet hier, je schneller der Pinselstrich erfolgt, desto schmaler ❺ wird dieser gezeichnet. Die Größe des Pinselstrichs hängt dann quasi von der Geschwindigkeit ab, mit der Sie malen. Natürlich lassen sich auch mehrere Checkboxen miteinander kombinieren.

So komplex diese Abbildungsmatrix auf den ersten Blick erscheint, so ist sie dennoch überschaubar geblieben. Sie können sie recht einfach lesen. Zunächst müssen Sie für ihre Dynamik entscheiden, auf welche Aktion Sie reagieren wollen, also auf Dinge in den Spalten wie GESCHWINDIGKEIT oder RICHTUNG. Anschließend entscheiden Sie, wie Sie darauf reagieren wollen, also mit welchen Optionen in den einzelnen Reihen, wie DECKKRAFT, GRÖSSE oder FARBE. Genau an dieser Stelle machen Sie dann ihr Häkchen oder auch mehrere (sofern dies sinnvoll erscheint).

Wem diese Einstellungen immer noch nicht genug sind, der kann einzelne Einstellungen auch separat bearbeiten und mittels Kurve (!) steuern. Hier müssen Sie nur in der Dropdown-Liste ❻ eine entsprechende Einstellung wählen.

▲ **Abbildung 9.53**
Dieser Strich wurde sehr schnell mit der Kombination aus GRÖSSE und GESCHWINDIGKEIT ❹ gezeichnet.

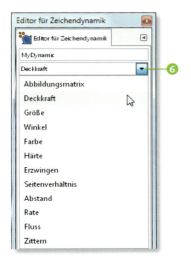

▲ **Abbildung 9.54**
Fein-Tuning können Sie dann auch noch …

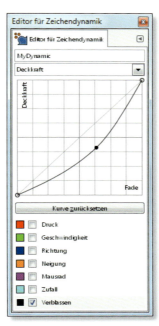

▲ **Abbildung 9.55**
… mit Hilfe von Kurven betreiben.

Schnelle Farbauswahl

Wollen Sie, während Sie ein Malwerkzeug verwenden, eine Vordergrundfarbe auswählen, brauchen Sie nur schnell die `Strg`/`Ctrl`-Taste zu drücken. Dann verwandelt sich die Werkzeugspitze kurz in das FARBPIPETTE-Werkzeug (siehe Abschnitt »Farben mit der Farbpipette auswählen« ab Seite 218). Beim RADIERER wird dadurch hingegen die Hintergrundfarbe ausgewählt. Das KLONEN-Werkzeug wählt mit `Strg`/`Ctrl` einen Referenzpunkt aus, und bei den Werkzeugen WEICHZEICHNEN/SCHÄRFEN und ABWEDELN/NACHBELICHTEN schalten Sie mit `Strg`/`Ctrl` zwischen den Werkzeugen um.

Gerade Linien zeichnen | Eine häufig gestellte Frage ist, wie man gerade Linien mit den Malwerkzeugen erzeugen kann. Hierzu setzen Sie lediglich einen Startpunkt mit einem der Malwerkzeuge (einmal klicken) und halten dann die `⇧`-Taste gedrückt. Jetzt erkennen Sie eine dünne Hilfslinie ❷ zwischen dem Startpunkt ❶ und der Position des Mauszeigers ❸. Wenn Sie nun erneut mit der linken Maustaste klicken, wird eine gerade Linie zur aktuellen Position des Mauszeigers gezogen. Dieses erneute Klicken dient als erneuter Startpunkt, von dem aus die nächste Linie gezeichnet würde, wenn Sie immer noch – oder wieder – die `⇧`-Taste gedrückt halten. So zeichnen Sie ohne großen Aufwand eine verbundene Linie.

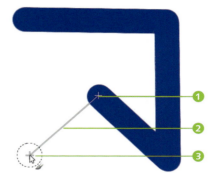

▶ **Abbildung 9.56**
Zeichnen von geraden Linien mit gehaltener `⇧`-Taste.

Senkrechte und waagerechte Linien zeichnen | Hierbei gehen Sie exakt so vor wie bei den geraden Linien, nur dass Sie in dem Fall `Strg`/`Ctrl` und zusätzlich die `⇧`-Taste gedrückt halten. Jetzt können Sie Linien in 15°-Schritten zeichnen, also auch senkrechte und waagerechte Linien.

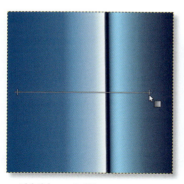

▲ **Abbildung 9.58**
Auch sehr nützlich ist das Zeichnen von senkrechten und waagerechten Linien in Verbindung mit dem FARBVERLAUF-Werkzeug, um einen exakten Verlauf zu zeichnen.

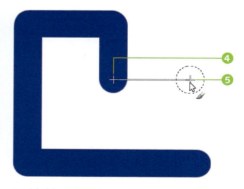

▲ **Abbildung 9.57**
Für winkelgenauere (15°-genau) Linien müssen Sie nach einem Startpunkt ❹ und gehaltener `Strg`/`Ctrl`-Taste zusätzlich die `⇧`-Taste gedrückt halten. Durch Bewegen des Mauszeigers ❺ zeichnen Sie jetzt Linien in 15°-Schritten.

Das Pinsel-Werkzeug

Mit dem klassischen PINSEL-Werkzeug (Tastenkürzel P) aus dem Werkzeugkasten ❻ zeichnen Sie Striche auf ein Bild oder ein leeres Dokument. Abhängig vom verwendeten Pinsel haben diese Striche entweder weiche oder harte Kanten. Als Malfarbe wird immer die eingestellte Vordergrundfarbe verwendet.

Die Verwendung des Pinsels ist denkbar einfach: Wenn Sie eine Freihandzeichnung erstellen wollen, stellen Sie die Pinselspitze über das Bild oder leere Dokument und bewegen die Maus mit gedrückter linker Maustaste darüber. Wenn Sie die Maustaste loslassen, wird der Zeichenvorgang (gilt als ein Arbeitsschritt) beendet. Das Zeichnen von geraden, senkrechten oder waagerechten Linien wurde in den beiden vorigen Abschnitten »Gerade Linien zeichnen« und »Senkrechte und waagerechte Linien zeichnen« beschrieben.

Die WERKZEUGEINSTELLUNGEN ❼ befinden sich normalerweise unterhalb des Werkzeugfensters. Falls dies nicht der Fall ist, können Sie dieses Fenster jederzeit über FENSTER • ANDOCKBARE DIALOGE • WERKZEUGEINSTELLUNGEN aufrufen und unterhalb des Werkzeugfensters andocken. Die Eigenschaften des Werkzeugs sind dieselben wie bei fast allen Malwerkzeugen. In diesem Fall wurden alle Eigenschaften bereits im Abschnitt »Gemeinsame Werkzeugeinstellungen« ab Seite 221 näher beschrieben.

▲ **Abbildung 9.59**
Das PINSEL-Werkzeug und die Werkzeugeinstellungen

Das Stift-Werkzeug

Das STIFT-Werkzeug (Tastenkürzel N) aus dem Werkzeugkasten wird bevorzugt zum Freihandzeichnen verwendet. Im Grunde ist dieses Werkzeug dem PINSEL sehr ähnlich. Auch die Verwendung und die Werkzeugeinstellungen sind, bis auf die Option HÄRTE bei der PINSELDYNAMIK, identisch. Der Unterschied zwischen dem PINSEL und dem STIFT liegt darin, dass der STIFT niemals weiche Kanten erzeugt, selbst dann nicht, wenn Sie eine Pinselspitze mit weichen Kanten verwenden. Diese harten Kanten sind besonders wichtig, wenn Sie Detailarbeiten oder kleine Bilder, Icons oder Symbole verwenden, bei denen Sie mit extremer Vergrößerung und pixelgenau arbeiten müssen.

Außerdem ist der STIFT das einzige Malwerkzeug, das nicht auf Subpixelebenen arbeitet. Subpixelebenen sind vergleichbar mit dem Antialiasing für Text. Diese Technik verhindert, dass die Linien, die Sie mit den Malwerkzeugen zeichnen, zu zackig wirken. Der STIFT ist somit das einzige Malwerkzeug, bei dem diese zackigen Kanten gemalt werden und dieses Subpixel-Antialiasing abgeschaltet ist.

Die Eigenschaften des Werkzeugs wurden bereits im Abschnitt »Gemeinsame Werkzeugeinstellungen« ab Seite 221 näher beschrieben.

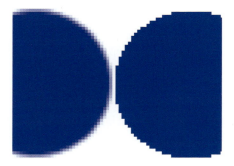

▲ **Abbildung 9.60**
Hier finden Sie identische Pinselabdrücke mit identischen Größen. Allerdings wurde beim linken Abdruck das PINSEL-Werkzeug und beim rechten Abdruck das STIFT-Werkzeug verwendet. Hierbei erkennen Sie links eindeutig den Effekt des Subpixel-Antialiasings, das rechts nicht mehr vorhanden ist.

Die Sprühpistole

Im Vergleich zu PINSEL und STIFT können Sie mit der SPRÜHPISTOLE (Tastenkürzel A) noch weicher malen, und tatsächlich wird dieses Werkzeug in der Praxis auch meistens verwendet, um weiche und farbige Flächen zu erstellen.

Das Werkzeug arbeitet auch wie eine Sprühpistole (*Airbrush*). Im Gegensatz zum PINSEL- oder STIFT-Werkzeug, wo nur Farbe aus der Werkzeugspitze kommt, wenn Sie den Mauszeiger mit gedrückter linker Maustaste bewegen, versprüht die SPRÜHPISTOLE ihre Farbe auch beim Ruhighalten der Maus. Verweilen Sie so länger auf derselben Stelle, bildet sich ein immer kräftigerer »Fleck« an dieser Stelle. Das Gleiche gilt auch bei Linien, die sich kreuzen; auch hier wird diese Überkreuzung dunkler sein als der Rest der Linie.

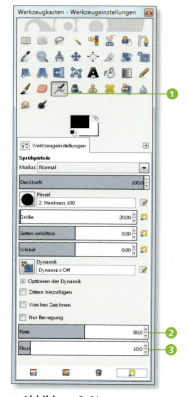

▲ **Abbildung 9.61**
Das SPRÜHPISTOLE-Werkzeug ❶ und die Werkzeugeinstellungen

Werkzeugeinstellungen | Neben den allgemeinen Eigenschaften des Werkzeugs, die bereits unter »Gemeinsame Werkzeugeinstellungen« ab Seite 221 näher beschrieben wurden, finden Sie hier mit RATE ❷ und FLUSS ❸ zwei weitere Optionen, die folgende Bedeutung haben:

▶ RATE ❷: Hiermit stellen Sie ein, wie schnell die Farbe aus der SPRÜHPISTOLE auf das Bild bzw. leere Dokument gebracht wird, wenn Sie die linke Maustaste gedrückt halten. Vereinfacht heißt dies, dass der »Fleck«, je höher dieser Wert ist, umso schneller dunkler wird, wenn Sie die Maustaste an derselben Position gedrückt halten. Das Gegenteil ist natürlich der Fall, wenn Sie den Wert verringern.

▶ Fluss ❸: Damit stellen Sie ein, mit welchem Druck die Farbe aus der Sprühpistole gedrückt wird. Je höher dieser Wert ist, desto mehr Farbe wird auf einmal gesprüht. Ein höherer Wert bedeutet sofort eine dunklere Farbe.

▲ Abbildung 9.62
An den Positionen, wo die Werkzeugspitze länger mit gedrückter Maustaste stand, wurde die Farbe dicker aufgetragen.

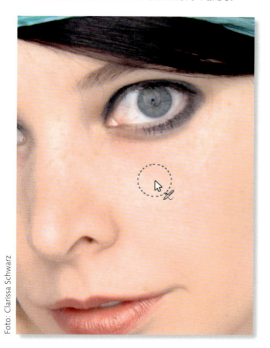

◀ Abbildung 9.63
Auch für die leichte digitale Schminke eignet sich die Sprühpistole bestens, wenn Sie die Deckkraft etwas reduzieren und mit einer entsprechenden Hautfarbe sprühen. Idealerweise verwenden Sie eine weitere transparente Ebene und einen anderen Ebenenmodus.

Der Radierer

Das Gegenstück zu den Werkzeugen Pinsel, Stift und Sprühpistole ist der Radierer (Tastenkürzel ⇧+E) ❶ (Abbildung 9.66), mit dem Sie Pixel oder zuvor aufgetragene Pixel wieder entfernen.

Verwendung des Radierers | Die Verwendung des Radierers ist denkbar einfach: Gehen Sie mit dem Mauszeiger auf die gewünschte Position im Bild oder im leeren Dokument, die Sie löschen möchten. Jetzt können Sie mit gedrückter linker Maustaste radieren. Natürlich können Sie auch hier gerade Linien und/oder senkrechte/waagerechte Linien radieren, wie dies in den Abschnitten »Gerade Linien zeichnen« und »Senkrechte und waagerechte Linien zeichnen« auf Seite 230 beschrieben wurde.

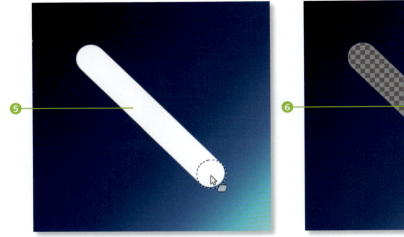
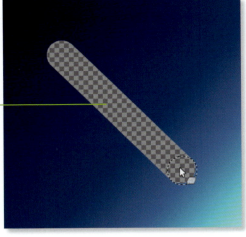

▲ Abbildung 9.64
Die Fläche hat keinen Alphakanal, weshalb der radierte Bereich in der eingestellten Hintergrundfarbe gefärbt wird.

▲ Abbildung 9.65
Jetzt hat die Fläche einen Alphakanal, wodurch der radierte Bereich transparent ist.

▲ Abbildung 9.66
Der RADIERER und seine Werkzeugeinstellungen

Eine der zwei Möglichkeiten trifft jetzt auf die radierte Fläche zu:
▶ Die radierte Fläche ❺ wird mit der eingestellten Hintergrundfarbe ❷ eingefärbt. Dies ist der Fall, wenn Sie den RADIERER auf einer Fläche verwenden, die keinen Alphakanal besitzt – siehe Abschnitt 14.1, »Transparenz (Alphakanal)«.
▶ Die radierte Fläche erscheint als transparenter (durchsichtiger) Bereich ❻. Dies ist der Fall, wenn die radierte Fläche einen Alphakanal besitzt.

Und weil der RADIERER, im Gegensatz zu den anderen Malwerkzeugen, die eingestellte Hintergrundfarbe (statt der Vordergrundfarbe) bevorzugt, stellen Sie beim RADIERER, wenn Sie die [Strg]/[Ctrl]-Taste für die Pipette gedrückt halten, die Hintergrundfarbe ein, wenn Sie dabei eine Farbe im Bild anklicken.

Werkzeugeinstellungen | Neben den allgemeinen Werkzeugeinstellungen, die bereits im Abschnitt »Gemeinsame Werkzeugeinstellungen« ab Seite 221 näher beschrieben wurden, finden Sie beim RADIERER folgende zwei Einstellungen:
▶ HARTE KANTEN ❸: Hiermit stellen Sie den RADIERER quasi auf den STIFT-Modus. Sie schalten damit praktisch das Subpixel-Antialiasing (siehe Abschnitt »Das Stift-Werkzeug« ab Seite 231) des RADIERERS ab, so dass alle Pixel an der Kante des RADIERERS vollständig gelöscht werden. Dieser Modus eignet sich besonders für pixelgenaues Arbeiten an kleinen Details oder kleinen Bildern (wie Icons oder Symbolen).

9.2 Die Malwerkzeuge

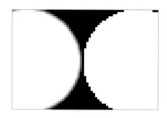

◄ **Abbildung 9.67**
Links wurde der RADIERER ganz normal verwendet. Rechts wurde die Option HARTE KANTEN aktiviert. Der Bildausschnitt wurde natürlich extrem vergrößert, damit der Effekt auch im Buch deutlich zu erkennen ist.

▶ UN-RADIEREN ❹: Mit dieser Option stellen Sie einen bereits wegradierten Bereich wieder her. Das ist praktisch, wenn Sie zu viel wegradiert haben und einen Teil wieder sichtbar machen wollen. Allerdings muss hierbei die Ebene einen Alphakanal (siehe Abschnitt 14.1, »Transparenz (Alphakanal)«) haben, damit dies auch funktioniert. Schneller können Sie diesen UN-RADIEREN-Modus verwenden, wenn Sie bei aktivem RADIERER-Werkzeug die [Alt]-Taste gedrückt halten.

Nicht ganz unerwähnt bleiben sollte hier auch die DECKKRAFT bei den Werkzeugeinstellungen. Beim RADIERER bestimmen Sie damit, wie stark gelöscht wird, um so mehr Durchsichtigkeit zu erzielen.

Schritt für Schritt: Radierer verwenden

Im Gegensatz zu den anderen Malwerkzeugen, wie beispielsweise PINSEL oder STIFT, ist der RADIERER doch ein wenig spezieller. Deshalb habe ich hierzu eine Schritt-für-Schritt-Anleitung erstellt, um Ihnen ein besseres Gefühl für das Werkzeug zu vermitteln.

UncleHo.jpg

1 Radierer auswählen und Optionen einstellen
Verwenden Sie den RADIERER aus dem Werkzeugkasten (zum Beispiel mit [⇧]+[E]). Wählen Sie anschließend die Werkzeugspitze aus, und bestimmen Sie, wie groß diese zunächst sein soll. Für unser Beispiel habe ich die Spitze unter GRÖSSE auf den Wert 5,0 skaliert.

2 Alphakanal hinzufügen oder nicht
Als Nächstes laden Sie das Bild in GIMP und entscheiden, wie radiert werden soll. Soll zum Beispiel anschließend die eingestellte Hintergrundfarbe an der radierten Fläche erscheinen, oder soll diese Fläche transparent sein? In unserem Fall wollen wir eine transparente Fläche haben. Fügen Sie daher einen Alphakanal über das Menü EBENE • TRANSPARENZ • ALPHAKANAL HINZUFÜGEN ❶ (Abbildung 9.68) hinzu.

Ebenen, Transparenz, Alphakanal?
Bei diesem Workshop greife ich auf Themen wie Ebenen und Transparenz vor. Das sind sehr wichtige Themen in der digitalen Bildbearbeitung. Der komplette Teil V des Buches befasst sich daher mit diesem Thema.

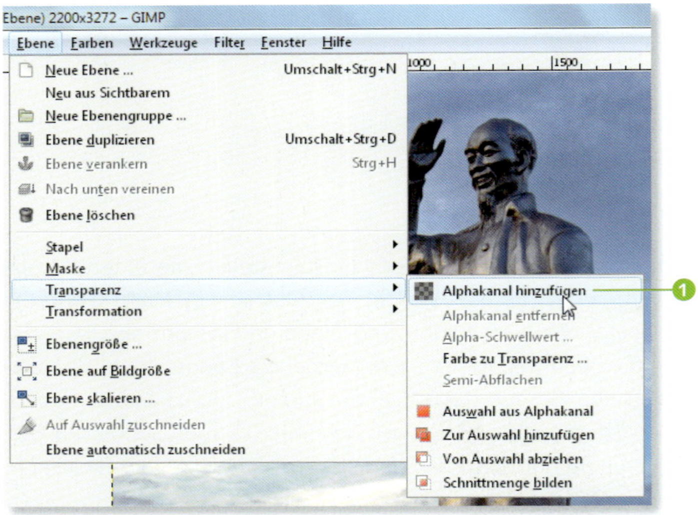

Abbildung 9.68 ▶
Damit die radierten Flächen anschließend transparent sind, benötigt das Bild einen Alphakanal.

Tipp: Große Flächen löschen
Haben Sie eine große Fläche zu entfernen, können Sie auch die Pinselgröße auf den maximalen Wert skalieren. Außerdem können Sie mit gehaltener ⇧-Taste beim Entfernen des Bereichs mit einer geraden Linie sauberer und schneller arbeiten.

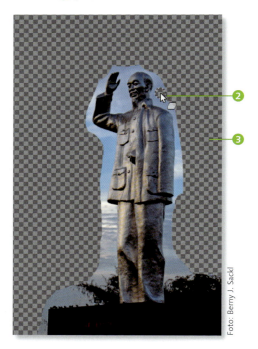

3 Hintergrund löschen

Führen Sie jetzt den Mauszeiger über den Bildbereich, den Sie entfernen wollen, und halten Sie die linke Maustaste gedrückt, während Sie den Mauszeiger über den zu löschenden Bereich ❷ bewegen. In diesem Beispiel wollen wir den Himmel um die Statue entfernen. Am Anfang können Sie noch grob den Bereich um die Statue löschen. Im Hintergrund erscheint der transparente Bereich ❸ (zu erkennen am Schachbrettmuster).

Abbildung 9.69 ▶
Hier wurde der Hintergrund zunächst einmal grob gelöscht.

4 Detaillierter radieren

Der nächste Schritt ist das detaillierte Radieren. Hierbei müssen Sie näher in das Bild zoomen (mindestens auf 100 %). Ebenso werden Sie häufiger die Größe der Pinselspitze anpassen müssen. Hilfreich ist es hier auch, ganze Linien mit gehaltener ⇧-Taste zu radieren. Haben Sie einmal zu viel radiert, können Sie diesen Bereich jederzeit wieder mit gehaltener Alt-Taste (oder der Werkzeugeinstellung UN-RADIEREN) wiederherstellen.

Tipp: Übung macht den Meister
Gerade beim detaillierten Entfernen von Pixeln sind ein wenig mehr Übung und eine ruhige Hand hilfreich. Sollte es anfänglich nicht so klappen, geben Sie nicht auf.

◀ **Abbildung 9.70**
Für detailliertere Arbeiten sind ein größerer Bildausschnitt und ein kleinerer RADIERER nötig.

5 Übersicht

Im Grunde haben Sie hier nichts anderes gemacht, als das Bild freizustellen. Das Thema wird in Teil VII des Buches noch genauer behandelt. Das so freigestellte Bild können Sie jetzt woanders einfügen oder ihm einen anderen Hintergrund hinzufügen. Hierzu sind allerdings wieder Kenntnisse über die Ebenen notwendig, die in Teil V des Buches beschrieben werden.

▲ **Abbildung 9.71**
Die Ausgangsdatei

▲ **Abbildung 9.72**
Hier wurde ein einfacher Farbverlauf zum transparenten Hintergrund hinzugefügt.

▲ **Abbildung 9.73**
Hier wurde der Himmel ausgetauscht und das Bild in ein Schwarzweißbild umgewandelt.

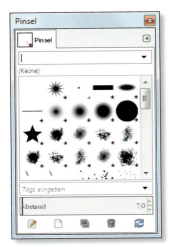

▲ **Abbildung 9.74**
Der PINSEL-Dialog mit der Übersicht der vorhandenen Pinselspitzen

Eigene Pinselformen erstellen und verwalten

GIMP bietet von Haus viele vordefinierte Pinselspitzen an. Eine Übersicht verschaffen Sie sich beispielsweise über den Dialog FENSTER • ANDOCKBARE DIALOGE • PINSEL oder die Tastenkombination ⇧+Strg+B/Ctrl+B.

Reichen diese Pinselformen nicht aus oder benötigen Sie eine besondere Pinselspitze, können Sie jederzeit weitere Spitzen aus dem Internet herunterladen und installieren oder selbst welche erstellen. Wie dies geht, erfahren Sie in den folgenden Abschnitten.

Für den privaten Gebrauch sind die meisten Pinsel übrigens kostenlos. Bei kommerzieller Anwendung sollten Sie nochmals bei dem Urheber nachfragen.

Fertige Pinsel installieren | Der wohl bequemste Weg dürfte es sein, sich vorgefertigte Pinselspitzen aus dem Internet herunterzuladen und zu installieren. Wirkliche Top-Quelle für Pinsel (englisch *brushes*) sind die Webseiten *http://browse.deviantart.com/* (nach dem Suchbegriff »gimp brushes« suchen) und *http://www.obsidiandawn.com/*.

Schritt für Schritt:
Fertige Pinsel installieren

1 Pinselspitzen besorgen

Zunächst müssen Sie sich die Pinselspitzen besorgen. Ich habe mir beispielsweise von der Webseite *http://redheadstock.deviantart.com/* ein Paket mit mehreren Pinseln aus geheimnisvollen Kreissymbolen heruntergeladen.

2 Pinselspitzen installieren

Im nächsten Schritt können Sie die Pinselspitzen bereits installieren. Meistens werden mehrere Pinselspitzen in einem ZIP-Paket zusammengepackt sein. Daher müssen Sie diese Pinsel erst noch mit einem Entpacker auspacken. Die Pinselspitzen haben Dateiendungen wie »*.gbr«, »*.gih« und »*.vbr«.

Die so entpackten Pinselspitzen brauchen Sie jetzt nur noch in das persönliche Pinselverzeichnis von GIMP zu kopieren. Wo dieses Verzeichnis auf Ihrem System liegt, ermitteln Sie über BEARBEITEN • EINSTELLUNGEN • ORDNER • PINSEL. Hierbei empfehle ich immer, das Verzeichnis des eingeloggten Benutzers und nicht das Programmverzeichnis zu verwenden.

9.2 Die Malwerkzeuge

◂ Abbildung 9.75
Ermitteln Sie das persönliche Verzeichnis, in das die Pinsel kopiert werden sollen.

3 Pinsel neu laden
Zum Schluss öffnen Sie den Dialog FENSTER • ANDOCKBARE DIALOGE • PINSEL (Tastenkombination ⇧+Strg+B/Ctrl+B) und klicken dort auf die Schaltfläche PINSEL NEU LADEN ❷ rechts unten. Jetzt werden auch die geheimnisvollen Kreise im PINSEL-Dialog ❶ mit aufgelistet.

4 Pinsel verwenden
Die Pinselspitze können Sie jetzt wie bei allen Malwerkzeugen bei den Werkzeugeinstellungen auswählen ❸ und, wie gewohnt, verwenden.

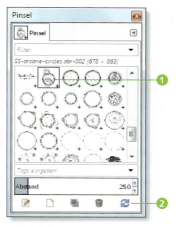

▴ Abbildung 9.76
Im PINSEL-Dialog müssen die Pinsel neu geladen werden, ehe sie angezeigt werden.

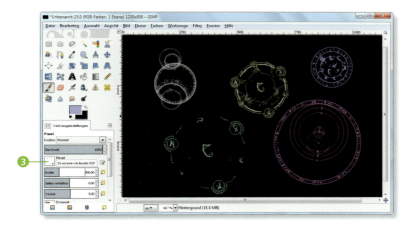

◂ Abbildung 9.77
Die installierten Pinselspitzen im Einsatz. Pinsel: *www.obsidian-dawn.com*

Photoshop-Pinsel (»*.abr«) installieren | Eine häufig gestellte Frage ist, ob und wie man Pinsel mit der Dateiendung »*.abr«, die beispielsweise mit und für Adobe Photoshop erstellt wurden, in GIMP verwenden kann. Die Antwort ist absolut einfach: Genauso, wie Sie es eben in der Schritt-für-Schritt-Anleitung mit fertigen GIMP-Pinseln gesehen haben. Kopieren Sie einfach die Pinselspitzen in das persönliche Pinselverzeichnis von GIMP, und laden Sie die Pinsel über den PINSEL-Dialog neu. Allerdings gibt es auch hier einige Spezialitäten (speziell bei Pinseln, die mit den Photoshop-Versionen CS3 und CS4 erstellt wurden), die nicht mit GIMP kompatibel sind. Aber die Chancen stehen sehr gut.

Gewöhnliche Pinselspitzen erstellen | Eine gewöhnliche Pinselspitze können Sie im Grunde aus allem erstellen. Dazu müssen Sie lediglich ein Bild im Graustufen-Modus erstellen oder konvertieren und dann dieses Bild mit der Endung »*.gbr« (kurz für **G**IMP **Br**ush) im persönlichen Pinselverzeichnis speichern oder hineinkopieren.

Schritt für Schritt:
Eigene Pinselspitze erstellen und verwenden

> **Wasserzeichen erstellen**
> So wie in der Schritt-für-Schritt-Anleitung »Eigene Pinselspitze erstellen und verwenden« können Sie auch vorgehen, wenn Sie ein originelles Wasserzeichen zum Schutz Ihrer Bilder erstellen wollen.

1 Grafik erstellen
Der erste Schritt ist das Erstellen einer Grafik (oder eines Symbols). Wie Sie dabei vorgehen und was Sie erstellen, bleibt Ihrem persönlichen Geschmack überlassen. Auf diesen Punkt gehe ich nicht im Detail ein, um den Umfang des Kapitels nicht allzu sehr zu überstrapazieren und vom eigentlichen Thema abzulenken. Im Beispiel habe ich ein einfaches Schildchen mit 500×500 Pixeln mit der Aufschrift »Too hot« erstellt. Alternativ würde auch ein einfacher Strich oder ein einfacher Text zum Testen ausreichen.

Toohot.xcf

▲ **Abbildung 9.78**
Eine einfache Grafik, aus der eine Pinselspitze erstellt werden soll

2 Bild in Graustufen umwandeln
Als Nächstes konvertieren Sie das Bild in Graustufen. Dies machen Sie über BILD • MODUS • GRAUSTUFEN. Der Schritt ist wichtig, damit GIMP anschließend aus dem Stempel wirklich nur die vorhandenen Umrisse verwendet und nicht das komplette Bild (mitsamt dem weißen Hintergrund). Probieren Sie es am besten einmal mit und einmal ohne den Graustufen-Modus aus, dann wissen Sie, was gemeint ist.

3 Pinsel speichern
Jetzt exportieren Sie das Bild in das persönliche Pinselverzeichnis mit der Dateiendung »*.gbr« über DATEI • EXPORTIEREN. Wenn Sie nicht wissen, wo auf Ihrem System das persönliche Verzeichnis für die Pinsel (Brushes) ist, ermitteln Sie dies MIT BEARBEITEN • EINSTELLUNGEN • ORDNER • PINSEL. Da Sie das Bild zuvor in Graustufen umgewandelt haben, kümmert sich GIMP jetzt selbst darum, dass nur die nicht weißen Pixel für den Pinsel verwendet werden. Anschließend folgt noch ein Dialogfenster, in dem Sie den ABSTAND ❶ des Pinsels angeben können, mit der dieser bei

Verwendung aufgetragen wird, und bei BESCHREIBUNG ❷, unter welchem Namen der Pinsel erscheinen soll.

▲ **Abbildung 9.79**
Pinselspitze exportieren

▲ **Abbildung 9.80**
Abstand und Name der Pinselspitze vorgeben

4 Pinselspitzen neu laden und verwenden
Öffnen Sie den Dialog FENSTER • ANDOCKBARE DIALOGE • PINSEL (Tastenkombination ⇧+Strg+B/Ctrl+B), und klicken Sie dort auf die Schaltfläche PINSEL NEU LADEN ❼ rechts unten. Jetzt wird auch die neue Pinselspitze im PINSEL-Dialog ❻ mit aufgelistet. Die Pinselspitze können Sie wie üblich mit allen Malwerkzeugen bei den Werkzeugeinstellungen auswählen ❺ und, wie gewohnt, verwenden, natürlich auch mit jeder beliebigen Vordergrundfarbe ❸. Wenn Sie ein Wasserzeichen erstellt haben, sollten Sie bei der Verwendung des Pinsels zum Aufstempeln des Wasserzeichens zuvor die DECKKRAFT ❹ etwas reduzieren.

▼ **Abbildung 9.81**
Der neue Pinsel im Einsatz

Foto: Ingo Jung/www.digital-expresslabor.de

Pinselspitzen mit Tags zu versehen, ist neu mit der Version 2.8 hinzugekommen.

Pinselspitzen mit Tags versehen | Mit der Zeit sammelt man eine Menge an Pinselspitzen an und verliert dann schnell mal den Überblick darüber. Hierfür gibt es jetzt die Möglichkeit, die Pinselspitzen mit Tags zu versehen. Hierbei können Sie einer markierten Pinselspitze ❷ entweder über die Dropdown-Liste ❶ ein vorhandenes Tag zuweisen oder eben ein neues Tag im Textfeld ❸ eingeben. Auflisten nach entsprechenden Tags können Sie dann die einzelnen Pinselspitzen über das obere Textfeld ❹, indem Sie entweder das gesuchte Tag eingeben oder mit Hilfe der Dropdown-Liste auswählen. Auch mehrere Tags lassen sich so – durch ein Komma getrennt – vergeben und verwenden.

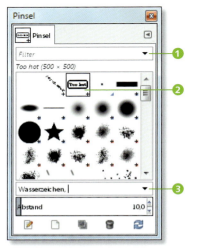

▲ **Abbildung 9.82**
Der markierten Pinselspitze ❷ wird das Tag »Wasserzeichen« ❸ zugewiesen.

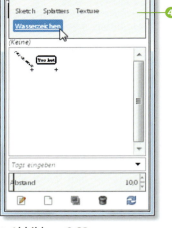

▲ **Abbildung 9.83**
Damit lassen sich die Pinselspitzen einfacher nach Kategorien auflisten und wiederfinden.

Eigene Pinselspitze aus einem Bild erstellen | Das, was Sie eben mit einer selbst erstellten Grafik gemacht haben, können Sie natürlich auch mit einem Bild oder Bildausschnitt machen. Voraussetzung ist auch hier wieder, dass Sie das Bild in Graustufen umwandeln. Damit allerdings auch aus Bildbereichen brauchbare Pinselspitzen entstehen, müssen Sie zwei Dinge beachten:

▶ **Weißer Hintergrund**: Um gut sichtbare Konturen rund um den Pinsel zu erkennen, sollten Sie möglichst Bilder mit einem hellen, besser noch weißen Hintergrund verwenden. Bei schwierigen Fällen können Sie das Bild in eine Bitmap umwandeln: BILDER • MODUS • INDIZIERT und dort SCHWARZ/WEISS-PALETTE (1-BIT) VERWENDEN auswählen. Alternativ verwenden Sie hierfür auch FARBEN • SCHWELLWERT.

Tipp: Radierer verwenden
Wenn Sie aus einem Bildausschnitt eine Pinselspitze machen wollen und der Hintergrund eher dunkel ist, können Sie auch den RADIERER verwenden. Das Bild sollte hierbei keinen Alphakanal haben (gegebenenfalls mit EBENE • TRANSPARENZ • ALPHAKANAL ENTFERNEN löschen), und als Hintergrundfarbe (zum Radieren) sollte Weiß eingestellt sein.

▶ **Kontrast und Helligkeit**: Häufig werden Sie den Kontrast stark erhöhen müssen, damit die Pinselspitze beim Auftragen nicht zu schwach sichtbar ist. Hierbei empfiehlt es sich, den KURVEN-Dialog mit einer S-Kurve (siehe den Abschnitt »Kontrast verbessern mit der S-Kurve« ab Seite 168) zu verwenden.
▶ **Bildgröße**: Zwar ist die Bildgröße nicht unbedingt begrenzt, aber in der Praxis sollten Sie bedenken, dass eine übergroße Pinselspitze nur unnötig den Arbeitsspeicher füllt.

Schritt für Schritt:
Bild als Pinselspitze

Das Bild aus Abbildung 9.84 mit weißem Hintergrund eignet sich ideal für eine Pinselspitze.

Blatt.jpg

1 Bild in Bitmap umwandeln
Wandeln Sie das Bild über BILD • MODUS • INDIZIERT in eine Bitmap um, indem Sie die Option SCHWARZ/WEISS-PALETTE (1-BIT) VERWENDEN ❺ auswählen und die Schaltfläche UMWANDELN ❻ betätigen.

▲ **Abbildung 9.84**
Dank des schneeweißen Hintergrunds ist das Blatt ein idealer Kandidat für eine Pinselspitze.

◀ **Abbildung 9.85**
Bild in eine Bitmap konvertieren

2 Feinarbeiten durchführen
Sollten Sie jetzt noch außerhalb des Blattes schwarze Punkte oder störenden Flecken vorfinden, verwenden Sie den RADIERER ❼, und entfernen Sie diese Bereiche im Bild ❾ damit. Damit diese Bereiche auch durch eine weiße Farbe ersetzt werden, muss Weiß als Hintergrundfarbe ❽ gesetzt sein, und es darf kein Alphakanal vorhanden sein. Gegebenenfalls löschen Sie den Alphakanal mit

EBENE • TRANSPARENZ • ALPHAKANAL ENTFERNEN. Ist dieser Befehl ausgegraut, besitzt die Ebene keinen Alphakanal.

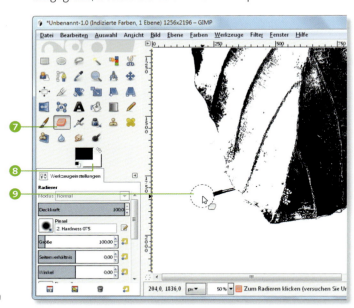

Abbildung 9.86 ▶
Punkte und Flecken wegradieren

3 In Graustufen umwandeln und Pinselspitze speichern
Jetzt können Sie die Pinselspitze wieder in ein Graustufenbild umwandeln und mit der Endung »*.gbr« speichern. Gehen Sie ab hier einfach so vor, wie Sie dies bereits zuvor in der Schritt-für-Schritt-Anleitung »Eigene Pinselspitze erstellen und verwenden« auf Seite 240 ab Arbeitsschritt 2 bis zum Schluss gemacht haben. Anschließend können Sie die Pinselspitze wieder, wie gewohnt, in den verschiedensten Farben und Größen verwenden.

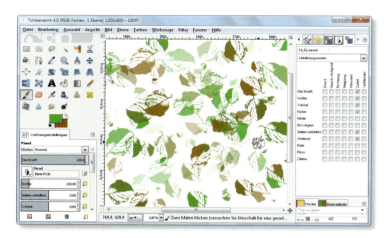

Abbildung 9.87 ▶
Die selbst erstellte Pinselspitze aus einem Bild im Einsatz. Hier wurde noch eine benutzerdefinierte Pinseldynamik dafür verwendet.

9.2 Die Malwerkzeuge

Farbige Pinselspitzen erstellen | Farbige Pinselspitzen lassen sich im Grunde genauso erstellen wie normale Pinselspitzen. Allerdings müssen Sie hierbei ein RGB-Bild mit Alphakanal verwenden. Den gewünschten Inhalt, der als Stempel verwendet werden soll, müssen Sie hierbei freistellen, sonst wird das komplette Bild mitsamt Hintergrund als Pinselspitze verwendet, was nicht sonderlich interessant aussehen würde.

Damit es mit farbigen Pinseln auch klappt, braucht ihr Bild einen **Alphakanal**, und Sie müssen den **Hintergrund**, den Sie nicht als Pinsel verwenden wollen, **transparent** machen. Für das Transparentmachen haben Sie viele Möglichkeiten. Zum Beispiel können Sie hier die Bildbereiche mit dem RADIERER entfernen oder eines der Auswahlwerkzeuge wie den ZAUBERSTAB verwenden. Wir verwenden allerdings für diesen Workshop ein etwas einfacheres Beispiel.

Zum Nachlesen
Auch hier wird wieder auf Themen wie Alphakanal und Transparenz vorgegriffen, d. e, wenn Sie das Buch von vorn nach hinten durchlesen, erst in Abschnitt 14.1, »Transparenz (Alphakanal)«, näher beschrieben werden.

Schritt für Schritt:
Farbigen Pinsel aus Bild erstellen

In diesem kurzen Workshop will ich Ihnen zeigen, wie Sie einen farbigen Pinsel aus einem Bildmotiv erstellen. Einfacher geht dies natürlich mit einer selbst erstellten Grafik. Hierzu zeichnen Sie einfach etwas auf einem transparenten Hintergrund und speichern den Pinsel dann.

1 Bildmotiv auswählen
Da die Münze schön rund ist, können wir hierfür das Werkzeug ELLIPTISCHE AUSWAHL [E] verwenden. Ziehen Sie mit dem aktiven Werkzeug zunächst mit gedrückt gehaltener linker Maustaste eine grobe Auswahl um die Münze. Über die vier einzelnen Seiten ❶ oder Ecken ❷ können Sie jetzt jederzeit die Auswahl anpassen, so dass diese am Ende genau über der Münze liegt.

Euro.jpg

▲ **Abbildung 9.88**
Aus dieser Münze soll eine farbige Pinselspitze erstellt werden.

Zum Weiterlesen
Die Auswahlwerkzeuge werden umfassend ab Abschnitt 22.1, »Die Auswahlwerkzeuge im Überblick«, beschrieben.

◀ **Abbildung 9.89**
Je genauer die Auswahl, desto besser ist das Ergebnis.

Kapitel 9   Mit Farben malen

2   Neues transparentes Bild aus Auswahl

Kopieren Sie jetzt mittels BEARBEITEN • KOPIEREN (bzw. ⌃Strg/Ctrl+C) die Auswahl in die Zwischenablage, und fügen Sie diese mit BEARBEITEN • EINFÜGEN ALS • NEUES BILD (bzw. mit ⇧+Ctrl/Strg+V) ein. Praktischerweise wird unser Bild gleich mitsamt Transparenz eingefügt.

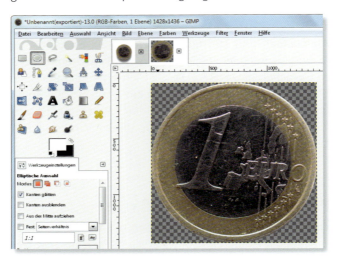

Abbildung 9.90 ▶
Mitsamt Transparenz müssen Sie die Münze nur noch als Pinselspitze speichern.

3   Pinsel speichern und verwenden

Jetzt können Sie die Pinselspitze speichern und verwenden, wie Sie dies bereits in der Schritt-für-Schritt-Anleitung »Eigene Pinselspitze erstellen und verwenden« auf Seite 240 ab Arbeitsschritt 2 bis zum Schluss gemacht haben – mit dem Unterschied, dass Sie das Bild **nicht** in Graustufen umwandeln und **nicht** den Alphakanal entfernen. Anschließend können Sie die Pinselspitze wieder, wie gewohnt, in den verschiedensten Größen verwenden, nur hat die Vordergrundfarbe auf diese Pinselspitze keinen Einfluss.

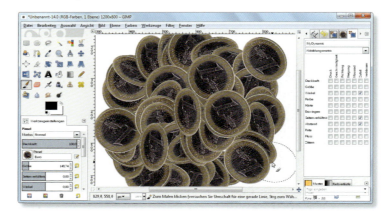

Abbildung 9.91 ▶
Der Pinsel mit dem virtuellen Geldregen im Einsatz. Auch hier wurde wieder eine benutzerdefinierte Dynamik für die Pinselspitze verwendet.

Animierte Pinselspitzen erstellen | Das Erstellen von animierten Pinselspitzen ist etwas komplexer, aber trotzdem durchschaubar. Um hierbei verschiedene Einzelbilder zu erhalten, müssen Sie mehrere Ebenen verwenden und das Bild dann mit der Dateiendung »*.gih« (**G**IMP **I**mage **H**ose = Bilderschlauch) speichern. Daraufhin erscheint ein Dialog, in dem Sie das Format beschreiben können.

Zwar können Sie ja im Grunde dank dynamischer Pinselspitzen auch eine gewisse Art von animierten Pinselspitzen erstellen, aber mit einer echten animierten Pinselspitze können Sie zusätzlich auch noch verschiedene Bilder verwenden. Bezogen auf die Münze im Beispiel zuvor können Sie somit auch jederzeit Kopf und Zahl abwechselnd zeichnen.

Zum Nachlesen
Auch hierbei muss wieder auf Themen wie Ebenen und Transparenz zurückgegriffen werden, die erst in Teil V des Buches näher beschrieben werden.

Schritt für Schritt:
Animierte Pinselspitze erstellen

Da das Erstellen von animierten Pinselspitzen etwas komplexer ist, soll an dieser Stelle ein einfaches Beispiel demonstriert werden. Öffnen Sie hierfür die beiden Dateien »Zahl.xcf« und »Kopf.xcf«. Beide Dateien verfügen bereits über die **nötige Transparenz**. Alternativ benutzen Sie auch einfach Zahlen, Buchstaben oder Wörter, die Sie mit dem TEXT-Werkzeug  angelegt haben.

Kopf.xcf; Zahl.xcf; Kopf_oder_Zahl.gih

1 Ebenen übereinanderlegen
Für das Beispiel habe ich den Einzelfenster-Modus verwendet. Gehen Sie mit dem Mauszeiger auf die Miniaturvorschau von Zahl.xcf ❶, und ziehen Sie die Miniaturvorschau mit gedrückt gehaltener linker Maustaste auf die Miniaturvorschau von Kopf.xcf ❷, womit das Bild Kopf.xcf aktiviert wird. Mit immer noch gedrückter Maustaste lassen Sie dann Zahl.xcf auf das Bild (im Bildfenster) Kopf.xcf ❸ fallen.

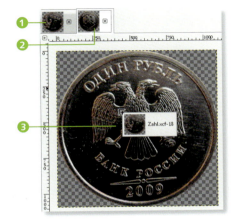

▲ **Abbildung 9.92**
Unsere Vorlage, aus der ein animierter Pinsel erstellt werden soll

◄ **Abbildung 9.93**
Eine Ebene über eine andere Ebene per Drag & Drop kopieren

2 Ebenen gegebenenfalls duplizieren oder drehen

Öffnen Sie jetzt den EBENEN-Dialog vom Bild Kopf.xcf mit ⌈Strg⌉/⌈Ctrl⌉+⌈L⌉, in dem Sie jetzt beide Ebenen (Kopf ❺ und Zahl ❹) vorfinden sollten. Hier könnten Sie jetzt mit tiefer gehenden Kentnissen einzelne Ebenen duplizieren und/oder gegebenenfalls drehen (oder farblich verändern) usw. Natürlich können Sie auch noch weitere Bilder (hier verschiedene Münzen) hinzufügen. Im Beispiel belassen wir es der Einfachheit halber bei diesen beiden Ebenen.

Abbildung 9.94 ▶
Wir machen einen animierten Pinsel aus zwei Ebenen.

Dimensionen und Reihen
Die Schritt-für-Schritt-Anleitung demonstriert das Erstellen von animierten Pinselspitzen nur stark vereinfacht. In der Praxis lässt sich damit natürlich einiges mehr machen, als hier gezeigt, besonders wenn Sie hierbei mit den Dimensionen (alias ABMESSUNG) und Reihen (alias RANG) experimentieren. Außerdem können Sie die Ebenen auch in mehrere Zellen einteilen. Vielleicht verstehen Sie jetzt, warum ich hier nur ansatzweise darauf eingehe. Ansonsten müsste ich Sie hier mit dreidimensionalen Feldern bombardieren.

3 Als animierte Pinselspitze speichern

Speichern Sie jetzt die Pinselanimation mit DATEI • EXPORTIEREN im persönlichen Pinselverzeichnis von GIMP. Das Verzeichnis auf Ihrem System ermitteln Sie über BEARBEITEN • EINSTELLUNGEN • ORDNER • PINSEL. Fügen Sie beim Speichern die Dateiendung »*.gih« beim Namen ❻ hinzu. Wenn Sie jetzt die Datei speichern, erscheint der Dialog ALS PINSELANIMATION SPEICHERN, wo Sie die Einstellungen für die Animation vorgeben.

Mit ABSTAND (PROZENT) ❼ legen Sie den Abstand der aufeinanderfolgenden Pinselabdrücke fest. Die Prozentangabe bezieht sich hierbei auf den 100%igen Pinseldurchmesser. BESCHREIBUNG ❽ entspricht dem Namen der Pinselspitze. Mit ZELLGRÖSSE ❾ geben Sie an, wie viel von der Größe der Zellen der Ebenen abgeschnitten werden soll. Voreinstellung ist immer die Größe der Ebene(n), die Sie meistens so stehen lassen können. Bei ZELLANZAHL ❿ geben Sie am besten die Anzahl der Ebenen an, damit alles klappt. Unter ANZEIGEN ALS ⓫ sehen Sie, wie die Zellen in der Ebene angeordnet wurden (in unserem Beispiel wurde lediglich ein eindimensionaler Bilderschlauch erstellt). Mit DIMENSIONEN ⓬ bestimmen Sie die Anzahl der Dimensionen für die Pinselspitze. Maximal können Sie vier Dimensionen verwenden. Da wir hier nur eine Dimension benutzen, brauchen Sie bei REIHEN ⓭ auch nur eine Reihe zu bearbeiten. Geben Sie auch hier die Anzahl der Ebenen an, und wählen Sie den Modus ⑭ aus, der beim Malen angewendet werden soll. Mit RANDOM wurde hier ein zufälliger Auswahlmodus verwendet.

▲ Abbildung 9.95
Die Datei muss mit der Endung »*.gih« gespeichert werden.

▲ Abbildung 9.96
Der Dialog, um die animierte Pinselspitze einzurichten

4 Pinselspitze verwenden

Jetzt müssen Sie nur noch die Pinsel neu laden, und dann können Sie die Pinselspitze wie gewöhnlich verwenden. Bei der Pinselspitze finden Sie hierbei natürlich auch das dazugehörende rote Dreieck rechts unten.

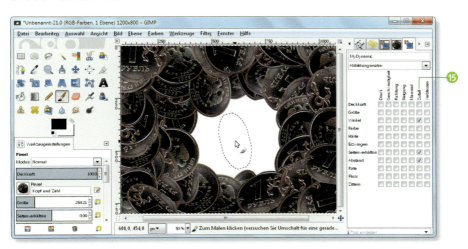

▲ Abbildung 9.97
Die neu erstellte animierte Pinselspitze im Einsatz. Auch hier wurde der Effekt der »Animation« noch weiter mit Hilfe einer benutzerdefinierten Pinseldynamik ⑮ verstärkt, indem bei der Aktion ZUFALL die Optionen WINKEL, SEITENVERHÄLTNIS und ABSTAND aktiviert wurden.

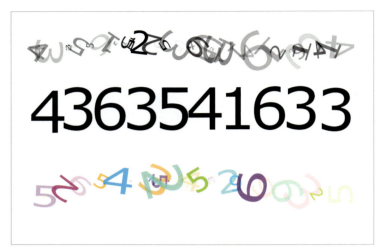

▲ Abbildung 9.98
Hier wurde ein animierter Pinsel …

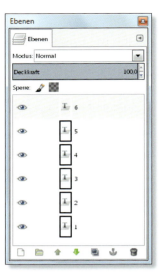

▲ Abbildung 9.99
… mit den Zahlen 1 bis 6 erstellt.

Pinselspitzen mit dem Pinseleditor | Sie brauchen gar keine so komplexen Pinselspitzen, wie in den Abschnitten zuvor beschrieben? Dann ist der Pinseleditor Ihr Freund. Er ist ein einfacher, aber sehr nützlicher Dialog, mit dem Sie eigene Pinsel erstellen, die so aussehen wie die von GIMP mitgelieferten Standardpinselspitzen. Den Pinseleditor rufen Sie über den PINSEL-Dialog (FENSTER • ANDOCKBARE DIALOGE • PINSEL oder Strg/Ctrl+⇧+B) auf, indem Sie auf die Schaltfläche NEUER PINSEL ❶ klicken.

Der Pinseleditor ist sehr vielseitig, weshalb hier die einzelnen Parameter etwas genauer erläutert werden sollen. Im oberen Rand des Editors finden Sie ein Textfeld ❷, in dem Sie den Namen des Pinsels angeben. Darunter sehen Sie den Vorschaubereich ❸ der aktuellen Pinselspitze. Jetzt folgen die Schieberegler, über die Sie die Pinselspitze einstellen:

▶ FORM ❹: Hiermit legen Sie die geometrische Form für die Pinselspitze fest. Zur Auswahl stehen ein Kreis, ein Quadrat und ein Karo.
▶ RADIUS ❺: Mit dem RADIUS geben Sie den Abstand zwischen der Mitte und dem Rand der Form an. Verwenden Sie beispielsweise einen Kreis mit einem RADIUS von 20 Pixeln, beträgt der Gesamtdurchmesser der Werkzeugspitze 40 Pixel.
▶ SPITZEN ❻: Hiermit bestimmen Sie die Anzahl der Ecken und Kanten der Pinselspitzen. Beim Kreis erzeugen Sie damit eine Blumenform, beim Quadrat ein Polygon, und das Karo verwandelt sich in einen Stern.

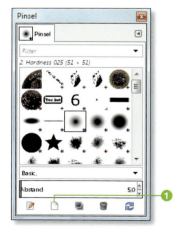

▲ Abbildung 9.100
Über die entsprechende Schaltfläche ❶ rufen Sie den Pinseleditor auf.

▶ HÄRTE ❼: Legen Sie hier die HÄRTE der Kante der Pinselspitze fest. Die Einstellungen reichen von 0,00 (ganz weich) bis 1,00 (maximal harte Kante).

▶ SEITENVERHÄLTNIS ❽: Verwenden Sie nur zwei Spitzen ❻, bezieht sich dieser Wert auf das Verhältnis von Höhe und Breite zu den Pinselspitzen. Sobald Sie allerdings mehr als zwei Spitzen verwenden, bezieht sich das Ganze auf die Höhe der Spitzen. Probieren Sie es am besten selbst aus.

▶ WINKEL ❾: Hiermit lässt sich die Pinselspitze vom Zentrum aus im Bereich von 0° bis 180° drehen.

▶ ABSTAND ❿: Geben Sie mit diesem Regler den ABSTAND an, der zwischen zwei Pinselabdrücken entsteht, wenn Sie die Pinselspitze mit gedrückter linker Maustaste verwenden.

Sobald Sie eine neue Pinselspitze anlegen, wird diese automatisch im persönlichen Pinselverzeichnis von GIMP (siehe BEARBEITEN • EINSTELLUNGEN • ORDNER • PINSEL) mit der Dateiendung »*.vbr« (**v**ariable **Br**ush) und dem Namen »Unbekannt« gesichert. Die Pinselspitze steht somit auch sofort ohne ein direktes Speichern zur Verfügung.

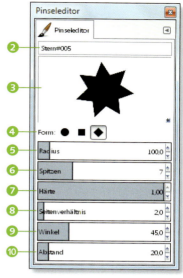

▲ **Abbildung 9.101**
Mit dem Pinseleditor erstellen Sie ganz einfach neue Pinselspitzen.

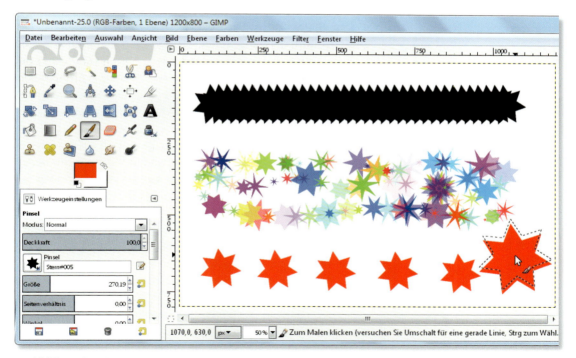

▲ **Abbildung 9.102**
Die neue parametrisierte Pinselspitze im Einsatz

▲ Abbildung 9.103
Alles, was Sie aktuell in die Zwischenablage kopiert haben, können Sie ebenfalls als Pinselspitze verwenden.

Zwischenablage-Pinsel | Wenn Sie eine Ebene oder eine Auswahl mit den Kommandos BEARBEITEN • KOPIEREN bzw. BEARBEITEN • AUSSCHNEIDEN in die Zwischenablage kopieren, wird dieser Bereich als neue Pinselspitze mit dem Namen ZWISCHENABLAGE hinzugefügt. Diese neue temporäre Pinselspitze finden Sie in der linken oberen Ecke ❶ des PINSEL-Dialogs. Der Pinsel kann wie ein gewöhnlicher Pinsel verwendet werden und bleibt so lange erhalten, bis Sie GIMP beenden oder etwas anderes in die Zwischenablage kopieren.

Wollen Sie die Pinselspitze in der Zwischenablage als dauerhaften Pinsel verwenden, erreichen Sie dies mit BEARBEITEN • EINFÜGEN ALS • NEUER PINSEL. Im sich öffnenden Dialogfenster geben Sie PINSELNAME, DATEINAME und ABSTAND an, mit dem die einzelnen Abdrücke gezeichnet werden sollen. Der Pinsel wird dann im persönlichen Pinselverzeichnis von GIMP mit dem Dateinamen und der Endung »*.gbr« dauerhaft gespeichert.

Pinsel verwalten im »Pinsel«-Dialog | Jetzt haben Sie viele Möglichkeiten kennengelernt, wie Sie weitere Pinselspitzen erstellen und hinzufügen. Was jetzt noch fehlt, ist ein kurzer Überblick darüber, wie Sie die Pinsel verwalten.

Den Dialog dazu, den PINSEL-Dialog, haben Sie bereits des Öfteren auf den vorangehenden Seiten gesehen, aber es wurde niemals so richtig darauf eingegangen. Der PINSEL-Dialog ist ebenfalls dockbar und lässt sich über FENSTER • ANDOCKBARE DIALOGE • PINSEL aufrufen. Alternativ erreichen Sie eine vereinfachte Fassung dieses Dialogs (Abbildung 9.104) aber auch über die Werkzeugeinstellungen eines jeden Malwerkzeugs, das eine Pinselspitze verwendet. Hierzu klicken Sie einfach auf das PINSEL-Symbol ❷ in den Werkzeugeinstellungen und dann rechts unten auf die Schaltfläche mit dem Pinsel ❸. Zusätzlich können Sie über diesen vereinfachten PINSEL-Dialog aus der Werkzeugleiste mit den anderen Schaltflächen die Größe der Vorschaubilder ❹ ändern und zwischen einer Listenansicht ❺ und einer Rasteransicht ❻ (Standardeinstellung) wählen.

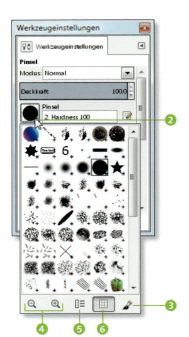

▲ Abbildung 9.104
Den vereinfachten PINSEL-Dialog können Sie über die Werkzeugeinstellungen aufrufen.

Der eigentliche PINSEL-Dialog ist etwas umfangreicher gestaltet als der vereinfachte PINSEL-Dialog aus der Werkzeugleiste.

Über den PINSEL-Dialog können Sie ebenfalls jederzeit eine Pinselspitze für ein Malwerkzeug auswählen, indem Sie darauf klicken. Wenn Sie auf einer Pinselspitze doppelklicken, wird der Pinseleditor für diese Spitze geöffnet. Sofern die Pinselspitze nicht schreibgeschützt ist, können Sie diesen Pinsel dann nachträglich damit ändern. In der Praxis funktioniert dies allerdings nur mit Pinseln, die Sie mit dem Pinseleditor selbst erstellt haben bzw. die mit einer blauen Ecke in der Miniaturvorschau versehen sind. Womit wir gleich bei den Symbolen in der linken Ecke der Miniaturvorschau wären. Diese haben folgende Bedeutung:

- Blaue Ecke ❼: Hierbei handelt es sich um einen normalen Pinsel, den Sie mit dem Pinseleditor bearbeiten können. Ist die Pinselspitze schreibgeschützt, können Sie diese duplizieren und dann die Kopie im Pinseleditor bearbeiten.
- Kleines Kreuz ❽: Das Symbol zeigt an, dass die Pinselspitze mit reduzierter Größe dargestellt wird. Wenn Sie die linke Maustaste auf dieser Pinselspitze gedrückt halten, wird die normale Größe der Spitze angezeigt.
- Rote Ecke ❾: Hierbei handelt es sich um einen animierten Pinsel. Halten Sie hier die linke Maustaste über der Pinselspitze gedrückt, können Sie sich die Animation ansehen. Häufig finden Sie die rote Ecke kombiniert mit dem kleinen Kreuz ❽.

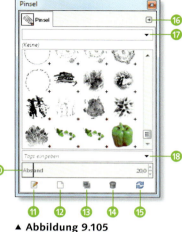

▲ **Abbildung 9.105**
Der PINSEL-Dialog

▲ **Abbildung 9.106**
Drei verschiedene Symbole treffen Sie in der Miniaturvorschau an.

Jetzt noch zu den verschiedenen Schaltflächen, die Sie unterhalb des PINSEL-Dialogs vorfinden und mit denen Sie die einzelnen Pinsel verwalten:

- ABSTAND ❿: Der Schieberegler ist sehr nützlich und gehört eigentlich zu den Werkzeugeinstellungen. Mit ihm können Sie jederzeit nachträglich den Abstand zwischen zwei Pinselspitzen beim Malen mit gedrückter linker Maustaste einstellen. Mögliche Werte sind 1 bis 200.
- PINSEL BEARBEITEN ⓫: Hiermit bearbeiten Sie einen ausgewählten Pinsel mit dem Pinseleditor. Das Gleiche erreichen Sie auch mit einem Doppelklick auf dem Pinsel. Bearbeiten können Sie allerdings nur Pinsel mit einer blauen Ecke rechts unten. Schreibgeschützte Pinselspitzen müssen Sie zuvor duplizieren ⓭, um sie mit dem Pinseleditor zu bearbeiten.
- NEUER PINSEL ⓬: Damit erstellen Sie eine neue Pinselspitze mit dem Pinseleditor. Die Pinselspitze wird automatisch im persönlichen Pinselverzeichnis von GIMP gespeichert.
- PINSEL DUPLIZIEREN ⓭: Hiermit können Sie eine Pinselspitze mit einer blauen Ecke rechts unten duplizieren. Die Pinselspitze wird daraufhin im Pinseleditor zur Bearbeitung geöffnet.

Größe Miniaturvorschau ändern
Die Größe der Miniaturvorschau ändern Sie über die kleine Dockschaltfläche ⓰ rechts oben. Im sich öffnenden Menü finden Sie ein Untermenü VORSCHAUGRÖSSE, wo Sie die Größe einstellen können.

Die Kopie der Pinselspitze wird automatisch im persönlichen Pinselverzeichnis von GIMP gespeichert.

▶ Pinsel löschen ⑭: Mit dem Mülleimersymbol löschen Sie die aktive Pinselspitze. Löschen können Sie allerdings nur Pinselspitzen, die sich im persönlichen Pinselverzeichnis von GIMP befinden. Beachten Sie, dass Sie diesen Vorgang nicht mehr rückgängig machen können.

▶ Pinsel neu laden ⑮: Wenn Sie einen neuen Pinsel ohne den Pinseleditor erstellt und im persönlichen Pinselverzeichnis von GIMP gespeichert haben, müssen Sie diesen Pinsel über diese Schaltfläche erst neu laden, damit er im Dialog angezeigt wird.

▶ Neu in 2.8 hingekommen ist im unteren Teil ein Textfeld ⑱ bzw. eine Dropdown-Liste, wo Sie einen markierten Pinsel mit Tags (Stichwörtern) versehen können, um diesen dann bei Bedarf über den Filtern ⑰ (ebenfalls eine Mischung aus Textfeld und Dropdown-Liste) einfacher wieder aufzufinden. Wenn die Sammlung der Pinselspitzen immer umfangreicher wird, ist es besonders sinnvoll, diese mit Schlagwörtern zu versehen.

Mit einem rechten Mausklick im Pinsel-Dialog erscheint ein Kontextmenü mit vielen Befehlen, die Sie bereits von den Schaltflächen unterhalb des Dialogs her kennen. Zusätzlich biete das Menü hingegen:

▶ Pinsel als Bild öffnen: Hiermit öffnen Sie animierte und farbige Pinsel mit GIMP als Bild (inklusive aller Ebenen). Mit parametrisierten Pinseln, die mit dem Pinseleditor erstellt wurden, und mit Photoshop-Pinseln (mit der Endung »*.abr«) funktioniert dies allerdings nicht.

▲ Abbildung 9.107
Das Kontextmenü öffnet sich über einen rechten Mausklick im Pinsel-Dialog.

▶ Speicherort des Pinsels kopieren: Damit wird der Pfad zum Speicherort des Pinsels als Text in die Zwischenablage kopiert.

▶ Elliptisch, Rechteckig …: Unten finden Sie noch vier Befehle (genauer Skript-Fu-Programme), mit denen Sie über einen Dialog harte oder weiche elliptische oder rechteckige Pinselspitzen erstellen können. Die Pinsel werden automatisch im persönlichen Pinselverzeichnis von GIMP gespeichert.

Die Tinte

Das Werkzeug Tinte (Tastenkürzel K) ist zwar ebenfalls ein Malwerkzeug ähnlich wie der Pinsel oder der Stift, doch verwendet sie im Gegensatz zu diesen spezielle Werkzeugeinstellungen statt der Pinselspitzen zum Malen. Mit dem Tinte-Werkzeug sind Sie praktisch in der Lage, Aussehen und Form der Zeichenspitze unabhängig von den GIMP-Pinselspitzen anzupassen. Der Effekt beim Malen entspricht eher dem eines Füllfederhalters.

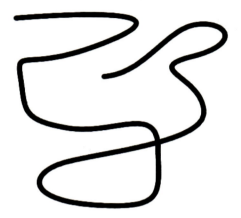

▲ Abbildung 9.108
Diese Zeichnung wurde mit dem PINSEL-Werkzeug erstellt. Die Linien wirken recht langweilig und schlicht.

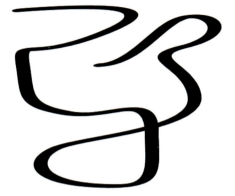

▲ Abbildung 9.109
Das Gleiche noch einmal, nur wurde hier mit der TINTE gezeichnet. Durch das TINTE-Werkzeug erhält das Gezeichnete wesentlich mehr Schwung und wirkt daher recht dynamisch.

Werkzeugeinstellungen | Abgesehen von MODUS und DECKKRAFT sind die Werkzeugeigenschaften von TINTE etwas anders als bei den anderen Malwerkzeugen. Die beiden Eigenschaften MODUS und DECKKRAFT wurden bereits im Abschnitt »Gemeinsame Werkzeugeinstellungen« ab Seite 221 beschrieben. Die weiteren Werkzeugeinstellungen teilen sich in JUSTIERUNG, EMPFINDLICHKEIT und FORM auf. Zunächst zu den Werten von JUSTIERUNG:

▶ GRÖSSE ❶: Dies ist der Durchmesser, mit dem Sie die Tinte auftragen. Der Wert reicht von 0 bis 200.
▶ WINKEL ❷: Dies entspricht dem Neigungswinkel der Füllfeder, mit der die Tinte aufgetragen wird. Hierbei können Sie Werte von –90° bis +90° einstellen.

Die Einstellungen bei EMPFINDLICHKEIT sind von Bedeutung, wenn Sie ein Grafiktablett zum Schreiben oder Malen benutzen. Die Werte haben folgende Auswirkung:

▶ GRÖSSE ❸: Je höher der Wert hierbei ist, desto mehr Tinte wird ausgegeben.
▶ NEIGUNG ❹: Bestimmt den Neigungswinkel für die Tintenspitze.
▶ GESCHWINDIGKEIT ❺: Je höher dieser Wert ist und je schneller Sie auf dem Grafiktablett zeichnen, desto dünner werden die Striche. Je niedriger dieser Wert ist, desto mehr Tinte wird aufgetragen.

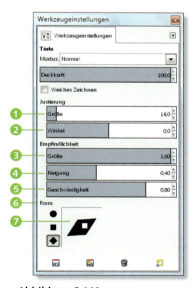

Abbildung 9.110 ▲
Werkzeugeinstellungen des TINTE-Werkzeugs

> **Werkzeug für Grafiktabletts**
>
> Mit der Maus werden Sie es schwierig haben, sauber mit der Tinte zu arbeiten. Der Hauptgrund, dass in GIMP ein Tinte-Werkzeug eingeführt wurde, liegt an einer besseren Unterstützung für Grafiktabletts mit GIMP. Hier gibt es bei den Werkzeugeinstellungen auch die Optionen Größe, Neigung und Geschwindigkeit.

Ganz am Ende können Sie noch die Form ❻ wählen, aus der die Feder bestehen soll. Hierbei stehen Ihnen ein Kreis, ein Quadrat und ein Karo zur Verfügung. Über die Schaltfläche rechts neben den Grundformen ❼ können Sie die Tintenfeder noch weiter durch Verschieben des Mittelpunkts verändern.

Sehr hilfreich ist das Tinte-Werkzeug in Verbindung mit dem Pfade-Werkzeug. Ziehen Sie hierbei die erstellten Pfade mit der Werkzeugeinstellung Pfad nachziehen mit einer zuvor eingestellten Tintenspitze nach, können Sie sehr schöne Ornamente oder verschiedene stilvolle Schriften, wie beispielsweise Kanji erzeugen.

> **Zum Nachlesen**
>
> Das Pfade-Werkzeug wird gesondert in Teil IX des Buches behandelt.

▲ **Abbildung 9.111**
Einige Anregungen, was sich mit dem Tinte-Werkzeug machen lässt. Solche dynamischen und schwungvollen Linien erreichen Sie mit einem normalen Pinsel nicht. Pinsel: *http://www.obsidiandawn.com*

9.3 Flächen füllen

In diesem Abschnitt lernen Sie mit den Werkzeugen Füllen und Farbverlauf zwei weitere Malwerkzeuge kennen. Zwar handelt es sich hierbei nicht um klassische Malwerkzeuge mit einer Pinselspitze, trotzdem gehören sie zu dieser Gruppe.

> **Zum Nachlesen**
>
> Das Thema Auswahlen spielt in der Bildbearbeitung neben den Ebenen eine zentrale Rolle, weshalb Sie auch hierzu einen gesonderten Teil – Teil VII – im Buch finden.

Füllen mit Farben und Muster

Das Werkzeug Füllen (Tastenkürzel ⇧+B) wird verwendet, um transparente oder gefärbte Flächen wie Ebenen oder Auswahlen mit einer Farbe oder einem Muster zu füllen.

9.3 Flächen füllen

Bedienung des Werkzeugs | Die grundlegende Bedienung des Werkzeugs ist relativ einfach: Klicken Sie mit dem FÜLLEN-Werkzeug ❶ auf die Bildoberfläche oder eine ausgewählte Fläche ❹, wird der angeklickte Bereich mit der aktuell eingestellten Vordergrundfarbe ❷ gefüllt. Halten Sie hingegen beim Füllen die [Strg]/[Ctrl]-Taste gedrückt, wird zum Füllen die aktuell eingestellte Hintergrundfarbe ❸ verwendet.

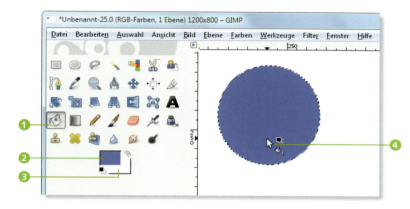

◀ **Abbildung 9.112**
Standardmäßig wird die eingestellte Vordergrundfarbe ❷ zum Füllen von Farbe verwendet.

Am einfachsten funktioniert das FÜLLEN-Werkzeug auf gleichfarbigen Flächen. Bei Bildbereichen mit verschiedenfarbigen Konturen müssen Sie den Schwellwert (SCHWELLE) bei den Werkzeugeinstellungen anpassen. Mit diesem Wert beeinflussen Sie, wie die gefüllte Farbe auf dem Bildbereich verteilt wird, wenn dieser nicht einfarbig ist.

Ganze Auswahl füllen

Wollen Sie unabhängig vom verwendeten Schwellwert schnell und ohne Kompromisse eine ganze Fläche mit verschiedenfarbigen Konturen mit einer Farbe oder einem Muster füllen, halten Sie einfach die ⇧-Taste gedrückt.

▲ **Abbildung 9.113**
Wenn Sie mit den Standardeinstellungen des FÜLLEN-Werkzeugs diesen Farbverlauf mit einer Farbe füllen …

▲ **Abbildung 9.114**
… hängt das Ergebnis vorwiegend vom verwendeten Schwellwert der Werkzeugeinstellung ab.

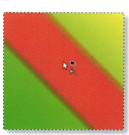
▲ **Abbildung 9.115**
Noch ein Beispiel, diesmal mit einem höheren Schwellwert, wodurch noch mehr Pixel gefüllt werden

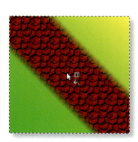
▲ **Abbildung 9.116**
Das Gleiche gilt natürlich auch für das Füllen mit Mustern.

Werkzeugeinstellungen | Die Einstellungen MODUS und DECKKRAFT wurden bereits im Abschnitt »Gemeinsame Werkzeugeinstellungen« ab Seite 221 näher beschrieben.

Abbildung 9.117 ▶
Werkzeugeinstellungen des
Füllen-Werkzeugs

Unter Füllart ❶ stehen Ihnen folgende drei Optionen zur Verfügung:

▶ VG-Farbe (Vordergrundfarbe): Damit erfolgt die Füllung mit der aktuellen Vordergrundfarbe. Wenn HG-Farbe aktiv ist, können Sie kurzfristig mit gedrückter [Strg]/[Ctrl]-Taste die VG-Farbe verwenden.

▶ HG-Farbe (Hintergrundfarbe): Füllung mit aktueller Hintergrundfarbe. Wenn VG-Farbe aktiv ist, können Sie mit gedrückter [Strg]/[Ctrl]-Taste die HG-Farbe verwenden.

▶ Muster: Wenn Sie diese Option wählen, wird beim nächsten Füllen das aktuelle Muster verwendet. Innerhalb der Werkzeugeinstellungen wählen Sie über die entsprechende Schaltfläche ❷ aus verschiedenen von GIMP vordefinierten Mustern.

Unterhalb von Betroffenerer Bereich ❸ können Sie aus einer der beiden folgenden Optionen auswählen:

▶ Ganze Auswahl füllen: Mit dieser Einstellung füllen Sie die komplette Auswahl bzw. Ebene, unabhängig vom Schwellwert und verschiedenfarbigen Konturen. Wenn Ähnliche Farben füllen aktiv ist, können Sie kurzfristig mit gedrückter ⇧-Taste zu Ganze Auswahl füllen wechseln.

▶ Ähnliche Farben füllen: Das ist die Standardeinstellung und lässt sich mit den weiteren Werten unterhalb von Ähnliche Farben finden ❹ einstellen. Wenn Ganze Auswahl füllen aktiv ist, können Sie kurzfristig mit gedrückter ⇧-Taste zu Ähnliche Farbe füllen wechseln.

9.3 Flächen füllen

Die Einstellungen von ÄHNLICHE FARBEN FINDEN ❹ sind nur dann aktiviert, wenn Sie die Option ÄHNLICHE FARBEN FÜLLEN aktiviert haben. Hier finden Sie alle Optionen, wie die Farben bei verschiedenfarbigen Konturen gefüllt werden sollen. Folgende Bedeutungen verbergen sich hinter diesen Einstellungen:

- TRANSPARENTE BEREICHE FÜLLEN: Mit Hilfe dieser Option werden auch transparente (durchsichtige) Bereiche mit geringer oder gar keiner Deckkraft gefüllt.
- VEREINIGUNG PRÜFEN: Aktivieren Sie diese Option, werden auch die darunterliegenden sichtbaren Ebenen mit berücksichtigt.
- SCHWELLWERT: Mit diesem Regler stellen Sie ein, wie ähnlich die Farben sein sollen, die beim Füllen berücksichtigt werden. Je niedriger dieser Wert ist, desto weniger ähnliche Farben werden bei der Füllung erfasst. Je höher dieser Wert, desto mehr Farben werden berücksichtigt. Beim maximalen Wert von 255 werden alle Farben der Ebene oder Auswahl berücksichtigt und bei einem Wert von 0 keine Farben.
- FÜLLEN NACH: Mit dieser Option wählen Sie aus, nach welchen Farbkriterien die Füllung erfolgen soll. Mit ROT, GRÜN oder BLAU erfolgt die Auswahl nach Farben im roten, grünen oder blauen Kanal (nicht Farbe!). Mit FARBTON werden ähnliche Farbtöne, mit SÄTTIGUNG ähnliche Sättigungen und mit WERT ähnliche Helligkeitswerte ausgewählt.

Eigene Muster erstellen und verwalten

Im Grunde sind Muster nichts anderes als kleine Bildstücke, die sich sauber und nahtlos aneinanderreihen, wenn Sie damit eine größere Fläche füllen.

▲ **Abbildung 9.118**
Ohne Aktivieren der Option TRANSPARENTE BEREICHE FÜLLEN wird die rechte obere Ecke, die hier komplett transparent ist, nicht mit einer Farbe gefüllt.

▲ **Abbildung 9.119**
Erst mit Aktivieren der Option TRANSPARENTE BEREICHE FÜLLEN klappt es auch mit dem Einfärben des transparenten Bereichs.

Zum Nachlesen

Das Thema Farbkanäle wird in Abschnitt 24.3, »Kanäle und Auswahlmasken«, behandelt.

▲ **Abbildung 9.121**
Das Tigermuster reiht sich bei seiner Verwendung nahtlos aneinander. Muster: *http://www.obsidiandawn.com*

▲ **Abbildung 9.120**
Ein 512×512 Pixel großes Tigermuster

259

Abbildung 9.122 ▶
Zur Demonstration ein Muster, das nicht nahtlos ist. Hier sind eindeutig die einzelnen Kacheln des Musters zu erkennen.

Zum Nachlesen
Das KLONEN-Werkzeug wird in Abschnitt 26.1, »Retusche mit dem Klonen-Werkzeug«, näher behandelt.

Werkzeuge für die Verwendung von Mustern | Neben dem hier behandelten Werkzeug FÜLLEN 🪣 können Sie Muster auch mit dem Werkzeug KLONEN 🖈 (C) und dem Kommando BEARBEITEN • MIT MUSTER FÜLLEN verwenden.

Besonders häufig wird nachgefragt, wie man mit Mustern nahtlos malen kann. Die Lösung ist das KLONEN-Werkzeug. Solange Sie hier die Pinselspitze nicht absetzen (Maustaste loslassen), können Sie mit diesem Werkzeug mit allen Pinselspitzen nahtlos arbeiten. Alternativ ziehen Sie auch eine Auswahl oder einen Pfad über das Menü BEARBEITEN • AUSWAHL NACHZIEHEN oder BEARBEITEN • PFAD NACHZIEHEN mit einem Muster nach.

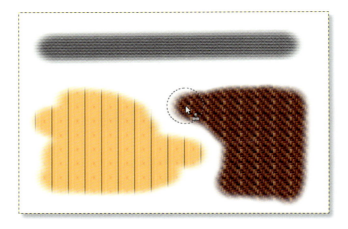

Abbildung 9.123 ▶
Echtes Aufmalen eines nahtlosen Musters funktioniert nur mit dem KLONEN-Werkzeug.

Die Muster von GIMP | GIMP verfügt zwar von Haus aus über einige vordefinierte Muster, diese reichen aber in keinem Fall für die Praxis aus. Von vordefinierten Mustern, Pinseln und vielleicht auch Farbverläufen kann man nie genug haben, um für kreative Fälle gerüstet zu sein.

9.3 Flächen füllen

Eine gute Übersicht über die Auswahl an vorhandenen Mustern dürften Sie meistens über die Werkzeugeinstellungen vom FÜLLEN- oder KLONEN-Werkzeug erhalten, indem Sie MUSTER ❶ und dann die entsprechende Schaltfläche ❷ anklicken. Darauf öffnet sich ein vereinfachter MUSTER-Dialog, in dem Sie aus den vorhandenen Mustern durch Anklicken eins auswählen können.

Über die ersten beiden Schaltflächen links unten ❸ im vereinfachten MUSTER-Dialog verkleinern bzw. vergrößern Sie die Vorschaugröße der einzelnen Muster. Mit den nächsten beiden Schaltflächen ❹ wählen Sie zwischen einer Listen- und einer Rasterdarstellung der Vorschau. Mit der letzten Schaltfläche ❺ rufen Sie den MUSTER-Dialog auf.

Der »Muster«-Dialog | Neben der MUSTER-Auswahl über die Werkzeugeinstellungen von FÜLLEN und KLONEN erreichen Sie den MUSTER-Dialog auch über das Menü FENSTER • ANDOCKBARE DIALOGE • MUSTER oder die Tastenkombination [Strg]/[Ctrl]+[⇧]+[P]. Im Dialog können Sie über die kleine Schaltfläche rechts oben ❻ die Ansicht der Miniaturvorschau auf Listen- oder Rasterdarstellung umschalten sowie die Vorschaugröße ändern. Das Muster, das Sie hierbei auswählen (anklicken), wird auf alle Werkzeuge und Kommandos angewendet, die auf ein Muster zugreifen.

▲ **Abbildung 9.124**
Der vereinfachte MUSTER-Dialog

▲ **Abbildung 9.125**
Der MUSTER-Dialog in der Listendarstellung. Hierbei finden Sie den Namen des Musters und dessen Größe in Pixel gleich neben der Miniaturvorschau vor.

▲ **Abbildung 9.126**
Kontextmenü des MUSTER-Dialogs

> **Kontextmenü**
>
> Wenn Sie mit der rechten Maustaste im MUSTER-Dialog klicken, erscheint ein Kontextmenü mit denselben Befehlen wie im MUSTER-Dialog selbst. Zusätzlich finden Sie hier den Befehl SPEICHERORT DES MUSTERS KOPIEREN ❼, mit dem Sie den Pfad zur Datei des Musters als Text in der Zwischenablage sichern können.

Kapitel 9   Mit Farben malen

▲ Abbildung 9.127
Der MUSTER-Dialog in der Rasterdarstellung mit Name und Größe des Musters in der Titelleiste ❷.

Zwischenablage als Muster
Sie können auch jederzeit aus der Zwischenablage über das Kommando BEARBEITEN • EINFÜGEN ALS • NEUES MUSTER ein neues Muster erstellen. Im sich öffnenden Dialog (einem Skript-Fu-Programm) brauchen Sie nur noch MUSTERNAME und DATEINAME anzugeben. Das Muster wird dann im persönlichen Musterverzeichnis mit der Endung »*.pat« (für *pattern*) gespeichert.

▲ Abbildung 9.128
Muster aus der Zwischenablage

Mit dem Mülleimersymbol ❻ löschen Sie Muster. Allerdings ist diese Schaltfläche nur aktiv, wenn sich die Muster im persönlichen Musterverzeichnis von GIMP befinden, also im Grunde nur bei den Mustern, die Sie selbst zu GIMP hinzugefügt haben. Die vorinstallierten Muster von GIMP können Sie hiermit nicht löschen.

Mit der mittleren Schaltfläche ❺ laden Sie die Muster neu. Dies wird beispielsweise nötig, wenn Sie ein neues Muster erstellt und gespeichert oder installiert haben. Mit der dritten und letzten Schaltfläche ❹ können Sie das aktive Muster im Bildfenster laden und gegebenenfalls bearbeiten (zum Beispiel Umfärben und als neues Muster speichern). Wie auch schon bei den Pinselspitzen wurden auch hier neu mit der Version 2.8 die Stichwort-Tags hinzugefügt. Im unteren Teil können Sie über ein Textfeld bzw. eine Dropdown-Liste ❸ ein markiertes Muster mit einem Stichwort-Tag versehen und bei Bedarf über den Filter ❶, der ebenfalls eine Mischung aus Textfeld und Dropdown-Liste ist, ein Muster einfacher wieder auffinden bzw. ausfiltern. Bei einer umfangreichen Sammlung von Mustern kann dies sehr hilfreich sein.

Das Zwischenablage-Muster | Wie schon bei den Pinselspitzen finden Sie einen Bildbereich, den Sie mit BEARBEITEN • KOPIEREN oder BEARBEITEN • AUSSCHNEIDEN in die Zwischenablage kopieren, als Muster in der linken oberen Ecke ❼ des MUSTER-Dialogs wieder. Dieses Muster, das in derselben Form auch im PINSEL-Dialog vorhanden ist und verwendet werden kann, können Sie so lange nutzen, bis Sie einen anderen Bildbereich in die Zwischenablage kopieren oder GIMP beenden.

Muster aus dem Internet installieren | GIMP um fertige Muster aus dem Internet zu erweitern, ist ein Kinderspiel und in nur vier Schritten erledigt.

Schritt für Schritt:
Muster nachinstallieren

1   Muster herunterladen
Zunächst müssen Sie sich fertige Muster für GIMP herunterladen. Eine riesige Auswahl hochwertiger Muster finden Sie unter *http://browse.deviantart.com/*. Geben Sie hier in der Suche »gimp pattern« ein, und Sie erhalten eine eindrucksvolle Liste mit hochwertigen Mustern für GIMP. Meine persönliche Lieblingsseite ist allerdings *http://www.obsidiandawn.com/*. Entscheiden Sie sich

9.3 Flächen füllen

für ein Muster (oder eine Sammlung), und laden Sie das Gewünschte herunter.

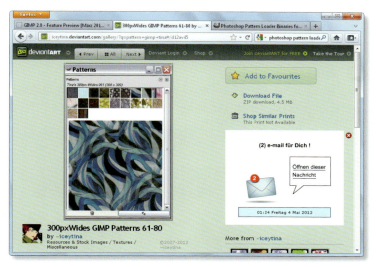

Speicherort der Muster
Wo das Musterverzeichnis von GIMP abgelegt ist, können Sie über BEARBEITEN • EINSTELLUNGEN • ORDNER • MUSTER ermitteln und dort gegebenenfalls weitere Verzeichnisse hinzufügen.

Lizenzierung beachten
Zwar sind die meisten Muster für den privaten (und teilweise auch kommerziellen) Gebrauch kostenlos. Trotzdem sollten Sie zur Sicherheit immer erst beim Urheber der Muster nachfragen, wenn Sie Größeres mit dem Muster vorhaben.

▲ **Abbildung 9.129**
Suchen Sie sich ein Muster aus. Hier wird eine ganze Sammlung mit 20 Mustern heruntergeladen.

2 Muster installieren
Meistens werden die Muster in ein ZIP- oder TAR-Paket verpackt sein, so dass Sie sie zunächst mit einem Packprogramm extrahieren (entpacken) müssen. Danach brauchen Sie diese Datei(en) nur noch in ein persönliches Musterverzeichnis von GIMP zu kopieren. Die Muster haben die Dateiendung »*.pat« (kurz für englisch *pattern* = Muster). Das persönliche Musterverzeichnis ermitteln Sie über BEARBEITEN • EINSTELLUNGEN • ORDNER • MUSTER.

 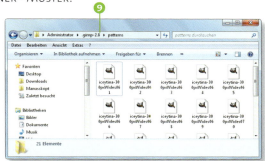

▲ **Abbildung 9.130**
Nachdem Sie das persönliche Musterverzeichnis von GIMP ermittelt haben ❽, kopieren Sie die Muster dorthin ❾.

▲ Abbildung 9.131
Muster neu laden mit dem MUSTER-Dialog

3 Muster neu laden
Öffnen Sie jetzt den MUSTER-Dialog über FENSTER • ANDOCKBARE DIALOGE • MUSTER (oder ⇧+Strg/Ctrl+P). Klicken Sie im Dialog auf die Schaltfläche MUSTER NEU LADEN ❶. Daraufhin sollten die neuen Muster angezeigt werden.

4 Muster verwenden
Nun können Sie die neuen Muster wie üblich mit dem FÜLLEN-Werkzeug oder dem KLONEN-Werkzeug verwenden.

Abbildung 9.132 ▶
Die neuen Muster im Einsatz, hier mit dem FÜLLEN-Werkzeug. Muster: Christina Roberts/http://www.netthrilldesigns.com

> **Alte Photoshop-Muster**
> Ältere Photoshop-Muster (vor der Photoshop-Version CS2) mit der Endung »*.pat« können Sie tatsächlich noch mit GIMP öffnen und verwenden.

Photoshop-Muster mit Plugin verwenden | Falls Sie schon versucht haben, Photoshop-Muster, die ja auch die Dateiendung »*.pat« haben, zu öffnen, werden Sie eine Fehlermeldung zurückbekommen haben, dass dies nicht möglich ist. Das liegt daran, dass Photoshop seine Muster etwas anders organisiert.

Abbildung 9.133 ▶
Hier wurde versucht, ein Photoshop-Muster zu öffnen.

> **Plugin installieren**
> Wie Sie Plugins in GIMP installieren und verwenden, beschreibt Abschnitt 39.1, »Plugins installieren«.

Da ich diesen Abschnitt in das Buch eingefügt habe, werden Sie sich schon denken können, dass es trotzdem möglich ist, Photoshop-Muster in GIMP zu öffnen. In der Tat hilft dabei das Plugin *Photoshop Pattern Loader* aus. Das Plugin können Sie sich unter http://registry.gimp.org/node/11003 herunterladen.

Das Plugin selbst hat allerdings zunächst nur die Funktion, dass Sie Muster, die für und mit Photoshop erstellt wurden, in GIMP öffnen können. Sie picken hiermit quasi die einzelnen Muster aus den Ebenen heraus und speichern sie dann als einzelnes Muster im persönlichen Musterverzeichnis. Das Plugin öffnet nämlich alle in der Photoshop-Datei vorhandenen Muster in einer Datei mit vielen Ebenen. Diese so geöffnete Datei jetzt als GIMP-Muster zu speichern, wäre nicht sehr sinnvoll.

◄ **Abbildung 9.134**
Das Plugin Photoshop Pattern Loader kann nur die Photoshop-Muster als Ganzes auf mehrere Ebenen verteilt öffnen. Muster: *http://www.obsidiandawn.com/*

Hierzu möchte ich Ihnen ebenfalls eine kurze Anleitung mit auf den Weg geben, wie Sie einzelne Muster aus den Ebenen extrahieren und als Muster im persönlichen GIMP-Verzeichnis speichern. Ich gehe davon aus, dass Sie bereits das Plugin Photoshop Pattern Loader installiert und ein Photoshop-Muster heruntergeladen haben (z. B. von *http://www.obsidiandawn.com/*).

Schritt für Schritt:
Photoshop-Muster in GIMP importieren

1 Ebenen ausblenden
Wenn Sie das Photoshop-Muster geöffnet haben, rufen Sie den EBENEN-Dialog mit [Strg]/[Ctrl]+[L] auf. Klicken Sie mit gehaltener [⇧]-Taste im EBENEN-Dialog auf das Augensymbol ❸ (Abbildung 9.135) der Ebene, deren Muster Sie sehen wollen. Durch das Halten der [⇧]-Taste werden alle anderen Ebenen ausgeblendet, und nur die eine Ebene wird noch im Bildfenster angezeigt ❷.

Zum Nachlesen
Das Thema Ebenen wird in Teil V des Buches umfassend behandelt.

Kapitel 9 Mit Farben malen

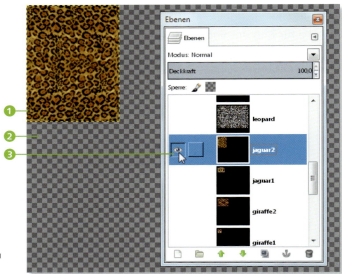

Abbildung 9.135 ▶
Ein Muster anzeigen, alle anderen ausblenden

2 Muster kopieren

Kopieren Sie jetzt dieses Muster mit BEARBEITEN • KOPIEREN (oder Strg/Ctrl+C) in die Zwischenablage. Mit dem Kommando erfassen Sie nur die aktuelle Ebene, die im Bildfenster mit dem gelb-schwarzen Ebenenrahmen ❶ angezeigt wird.

3 Als Muster speichern

Das Muster in der Zwischenablage speichern Sie jetzt mit BEARBEITEN • EINFÜGEN ALS • NEUES MUSTER als ein neues GIMP-Muster. Im sich öffnenden Dialog brauchen Sie nur noch den Namen für das Muster ❹ und den Dateinamen ❺ anzugeben. Das Muster wird dann im persönlichen Musterverzeichnis von GIMP unter dem angegebenen Dateinamen mit der Endung »*.pat« gespeichert.

Muster nachbearbeiten
Wollen Sie vorher das Muster nachbearbeiten oder überprüfen, was Sie da aus der Zwischenablage überhaupt als Muster speichern, können Sie auch das Kommando BEARBEITEN • EINFÜGEN ALS • NEUES BILD verwenden. Dann wird das Muster in einem neuen Bildfenster geöffnet. Allerdings müssen Sie dann das Muster manuell mit der Dateiendung »*.pat« im persönlichen Musterverzeichnis von GIMP speichern.

▲ **Abbildung 9.136**
Das Skript-Fu-Programm hilft Ihnen, das Muster komfortabel im persönlichen Musterverzeichnis von GIMP zu speichern.

4 Muster verwenden

Wollen Sie weitere Photoshop-Muster speichern, wiederholen Sie die Schritte 1 und 2 mit anderen Ebenen im EBENEN-Dialog. Anschließend müssen Sie nur noch die Muster über den MUSTER-Dialog neu laden, und Sie können die neuen Muster, wie gewohnt, verwenden.

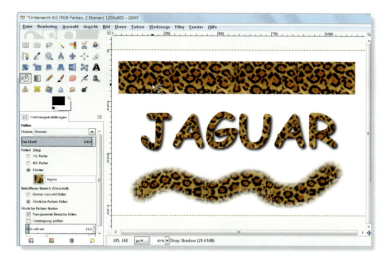

◀ **Abbildung 9.137**
Verwendung des neuen Musters, hier mit dem FÜLLEN-Werkzeug

Wem die hier gezeigte Methode, ein Photoshop-Muster Ebene für Ebene zu zerlegen, zu aufwendig erscheint und wer hierbei gleich an Skript-Fu denkt, dem kann ich das Plugin *GAP* empfehlen. GAP ist ein weiteres GIMP-Plugin, mit dem Sie Animationen mit einzelnen Frames in Form von Ebenen erstellen können.

Wenn Sie das Plugin GAP installiert haben, brauchen Sie nur die Datei mit den Photoshop-Mustern und mehreren Ebenen im persönlichen Musterverzeichnis von GIMP mit der Endung »*.xcf« zu speichern. Rufen Sie jetzt die Funktion VIDEO • SPLIT IMAGE INTO FRAMES des Plugins GAP auf. Verwenden Sie als EXTENSION (für die Dateiendung) »*.pat«, und bestätigen Sie mit OK. Anschließend folgt für jede Ebene ein Hinweis, dass die Dateiendung mit vielen Dingen nicht umgehen kann. Klicken Sie daher immer auf die Schaltfläche EXPORTIEREN. Am Schluss löschen Sie die »*.xcf«-Datei im Musterverzeichnis löschen und laden die Muster neu.

> **Andere Dateiendung als *.pat**
> In neueren GIMP-Versionen (> 2.2) können Sie auch die Dateiformate PNG, JPEG, BMP, GIF und TIFF verwenden, wenn Sie ein Bild als Muster speichern wollen.

Eigene Muster erstellen und installieren | Es gibt viele Möglichkeiten, eigene Muster für GIMP zu erstellen. Sie können dabei Ihrer Kreativität freien Lauf lassen, aber auch auf vorhandene Hilfsmittel zurückgreifen. Ich möchte die Möglichkeiten hier nur stichpunktartig auflisten. Ein so erstelltes Muster speichern Sie

Abbildung 9.138
Diese Funktionen für Muster finden Sie im Menü DATEI • ERSTELLEN • MUSTER.

Abbildung 9.139 ▶
Einige Beispiele der Muster-Skripte, von links nach rechts: 3-D-TRUCHET, FLACHLAND, KACHELSTRUDEL, LAND, LANDKARTE ERSTELLEN, STRUDELIG, TARNUNG, TRUCHET

dann einfach mit der Dateiendung »*.pat« im persönlichen Musterverzeichnis von GIMP.

▶ Im Menü DATEI • ERSTELLEN • MUSTER finden Sie viele vorinstallierte Skripte, mit denen Sie über verschiedene Einstellungen interessante und nahtlose Muster erstellen können.

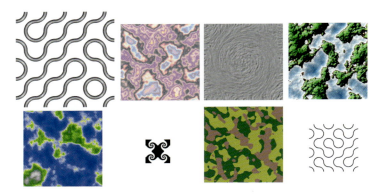

▶ Weitere Muster können Sie über die Renderfilter (FILTER • RENDER) erstellen. Viele dieser Filter bieten die Möglichkeit, das Resultat nahtlos (kachelbar) zu machen. Um die Ränder nahtloser zu machen, ist Ihnen auch der Filter KACHELBARER WEICHZEICHNER (FILTER • WEICHZEICHNEN • KACHELBARER WEICHZEICHNER) behilflich.

▶ Um Bilder oder Bildausschnitte nahtlos oder kachelbar zu machen, finden Sie in FILTER • ABBILDEN einige nützliche Werkzeuge. Besonders der Filter NAHTLOS MACHEN lässt sich für Muster sehr schön verwenden. Das Prinzip von NAHTLOS MACHEN basiert im Grunde auf dem Vierteilen von Bildern und ist relativ einfach auch manuell erstellt. Das Prinzip wird sehr schön hier erklärt: *http://www.designspongeonline.com/2008/05/welcome-julia-and-how-to-make-a-repeat-pattern.html*.

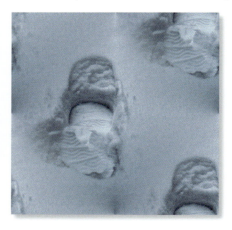

▲ **Abbildung 9.140**
Das Ausgangsbild für unser Muster

◀ **Abbildung 9.141**
Hier wurde das Bild als quadratischer Bereich zugeschnitten und mit FILTER • ABBILDEN • NAHTLOS MACHEN präpariert und auf eine Größe von 256 × 256 klein skaliert.

◀ **Abbildung 9.142**
Das Ergebnis des Musters mit den Spuren im Schnee kann sich nach dem Speichern und Neuladen sehen lassen.

Menübefehle zum Füllen

Im Menü BEARBEITEN finden Sie drei weitere Befehle – MIT VORDERGRUNDFARBE FÜLLEN (oder [Strg]/[Ctrl]+[.]), MIT HINTERGRUNDFARBE FÜLLEN (oder [Strg]/[Ctrl]+[.]) und MIT MUSTER FÜLLEN (oder [Strg]/[Ctrl]+[:]) –, mit denen Sie eine Ebene oder einen (ausgewählten) Bildbereich mit der aktuell eingestellten Vordergrund- oder Hintergrundfarbe bzw. einem Muster füllen. Alle drei Befehle füllen allerdings die Fläche kompromisslos aus und achten nicht auf unterschiedliche Farbkonturen oder transparente Bildbereiche. Bezogen auf das FÜLLEN-Werkzeug verwenden diese Befehle alle einen Schwellwert von 255 (siehe Werkzeugeinstellung SCHWELLWERT auf Seite 257).

Konturen nachfahren
Auch zum Nachziehen einer Auswahl oder eines Pfades finden Sie im Menü BEARBEITEN entsprechende Befehle. Mehr dazu erfahren Sie auf Seite 536, »Auswahl nachziehen«, und im Abschnitt 29.3, »Pfad nachziehen«.

Das Farbverlauf-Werkzeug

Mit dem FARBVERLAUF-Werkzeug (Tastenkürzel [L]) füllen Sie einen Bildbereich mit einem Verlauf. Solche Verläufe werden in der Praxis für kreative Arbeiten oder fortgeschrittene Techniken verwendet.

Bedienung des Werkzeugs | Zum Füllen eines bestimmten Bildbereichs mit dem FARBVERLAUF-Werkzeug klicken Sie auf den Startpunkt ❷ im Bildfenster und ziehen mit gedrückter linker Maustaste eine Linie in die Richtung des Verlaufs. Der Verlauf endet an der Position, an der Sie die Maustaste wieder loslassen ❶ (Endpunkt).

Mit diesen beiden Punkten bestimmen Sie die Richtung des Verlaufs. Wie weich der Übergang wird, hängt von der Länge der Linie (und ein wenig vom verwendeten Verlauf) ab. Je länger diese ist, desto weicher wird der Verlauf. Um einen Verlauf zu beschränken, müssen Sie vorher noch eine Auswahl anlegen.

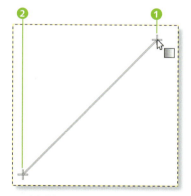

▲ **Abbildung 9.143**
Mit dem Start- und Endpunkt legen Sie die Richtung des Verlaufs fest. Anhand der Länge der Linie bestimmen Sie, wie weich der Verlauf werden soll.

▲ **Abbildung 9.144**
Ein Farbverlauf über die ganze Bildfläche

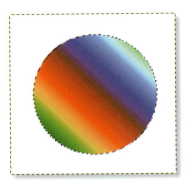
▲ **Abbildung 9.145**
Ein eingeschränkter Farbverlauf innerhalb einer Auswahl

▲ **Abbildung 9.146**
Die Werkzeugeinstellungen von FARBVERLAUF

Werkzeugeinstellungen | Zunächst finden Sie auch hier wieder, wie bei fast allen Malwerkzeugen, die beiden Einstellungen MODUS und DECKKRAFT, die bereits im Abschnitt »Gemeinsame Werkzeugeinstellungen« auf Seite 221 näher beschrieben wurden.

Unter FARBVERLAUF ❶ können Sie aus einer Liste von vordefinierten Farbverläufen auswählen. Standardmäßig ist hierbei ein linearer Farbverlauf eingestellt, der aus der eingestellten Vorder- und Hintergrundfarbe gebildet wird. Mit UMKEHREN ❷ können Sie die Richtung des eingestellten Farbverlaufs umdrehen.

Mit VERSATZ ❺ verschieben Sie den Anfangspunkt des Farbverlaufs von links nach rechts – sprich, Sie verändern hiermit die Größe des Farbübergangs (schieben diesen nach rechts). Bei der Standardeinstellung von 0 ergibt sich ein weicherer Übergang. Je höher dieser Wert wird, desto mehr wird der Farbübergang nach rechts beschränkt. Bei einem maximalen Wert von 100 besteht der Farbverlauf nur noch aus der Farbfüllung der ersten Farbe im Verlauf.

▲ **Abbildung 9.147**
Versatz von 0 %

▲ **Abbildung 9.148**
Versatz von 50 %

▲ **Abbildung 9.149**
Versatz von 80 %

Eine weitere wichtige Werkzeugeinstellung ist Form ❸, womit Sie vorgeben, mit welcher Form der Farbverlauf aufgetragen wird. Hierbei können Sie zwischen folgenden Farbverlaufsformen auswählen:
- Linear: Das ist die Standardeinstellung, mit der ein linearer und gerader Übergang zwischen den verwendeten Farben entsteht.
- Bi-linear: Wie Linear, nur generiert diese Option einen gespiegelten linearen und geraden Übergang zwischen den Farben.
- Kreisförmig: Zeichnet einen kreisförmigen Farbübergang vom Startpunkt als Mittelpunkt bis zum Endpunkt als Radius.
- Quadratisch: Wie Kreisförmig, nur wird hierbei ein quadratischer Farbübergang vom Startpunkt als Zentrum bis zum Endpunkt des Verlaufs erstellt. Zu dieser Version gehören auch Formangepasst (winklig), Formangepasst (sphärisch) und Formangepasst (dimpled).
- Konisch: Hier gibt es mit symmetrisch und asymmetrisch zwei Varianten, mit denen Sie konische Farbverläufe erstellen.
- Spirale: Auch hiervon gibt es mit rechtsdrehend und linksdrehend zwei verschiedene Varianten, die einen Farbverlauf als Spirale zeichnen.

> **Senkrechter oder waagerechter Verlauf**
>
> Benötigen Sie einen exakten senkrechten oder waagerechten Verlauf, halten Sie einfach die ⎣Strg⎦/⎣Ctrl⎦-Taste gedrückt, nachdem Sie den Startpunkt festgelegt haben. Neben waagerechten und senkrechten Linien können Sie auch Verläufe in 15°-Schritten erstellen.

◀ **Abbildung 9.150**
Übersicht zu den verschiedenen Formen von Farbverläufen, von links nach rechts: Linear, Bi-Linear, Kreisförmig, Quadratisch, Konisch (symmetrisch), Konisch (asymmetrisch), Formangepasst (winklig), Formangepasst (sphärisch), Formangepasst (dimpled), Spirale (rechtsdrehend), Spirale (linksdrehend)

Unterhalb der Form finden Sie die Option Wiederholung ❹, mit der Sie für die Formen Linear, Bi-Linear, Kreisförmig und Quadratisch einstellen, ob und wie sich die Verläufe wiederholen sollen. Standardmäßig ist hier keine Wiederholung eingestellt. Zur Auswahl stehen die Sägezahnwellen, mit denen der Übergang nach dem Start- und Endpunkt des Farbverlaufs von Neuem beginnt. Die Übergänge dazwischen sind allerdings dann abrupt und hart. Mit Dreieckswelle hingegen wird die Wiederholung sanfter.

  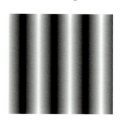

◀ **Abbildung 9.151**
Hier der Vergleich von Wiederholung bei einem linearen Farbverlauf, von links nach rechts: Keine Wiederholung, Sägezahnwellen, Dreieckswellen

Mit der Werkzeugoption RASTERUNG ❻ (Abbildung 9.146) verwenden Sie eine Dithering-Methode für den Farbverlauf, und mit ANPASSENDE HOCHRECHNUNG ❼ wird, wenn aktiviert, an härteren Übergängen ein Antialiasing durchgeführt. Bei Aktivierung erscheinen zwei weitere Einstellungsmöglichkeiten: Mit den Werten MAX. TIEFE und SCHWELLWERT können Sie die Intensität des Antialiasings verstärken. Je höher der Wert ist, desto mehr Farbwerte werden einbezogen.

Filter »Auf Farbverlauf«
Mit dem Filter FARBEN • ABBILDEN • AUF FARBVERLAUF füllen Sie ein Bild mit Farben eines Farbverlaufs.

Werkzeuge für die Verwendung von Farbverläufen | Neben dem Werkzeug FARBVERLAUF können Sie auch mit PINSEL, STIFT und SPRÜHPISTOLE einen Farbverlauf aufmalen. Hierfür müssen Sie bei den entsprechenden Werkzeugen bei FARBOPTIONEN ❷ einen entsprechenden FARBVERLAUF auswählen. Entscheidend, um dann auch einen Farbverlauf aufzumalen, ist die ausgewählte DYNAMIK ❶. Hier müssen Sie einen entsprechenden Pinsel auswählen, bei dem auch ein Häkchen bei FARBE ❸ in der Zeichendynamik gesetzt ist. Im Beispiel wurde die Dynamik RANDOM COLOR (leider zur Drucklegung noch nicht eingedeutscht) dafür verwendet. Allerdings können Sie hierfür jederzeit eine eigene Zeichendynamik erstellen.

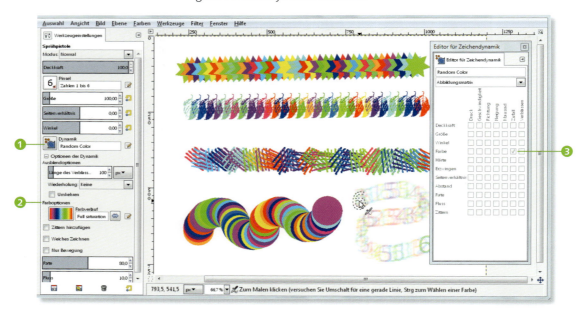

▲ **Abbildung 9.152**
Einige Malwerkzeuge bieten auch die Option an, mit Farbverläufen zu zeichnen. Damit das allerdings auch funktioniert, muss eine entsprechende Dynamik ausgewählt (oder erstellt) werden, bei der ein Häkchen vor FARBE ❸ gesetzt ist.

Eigene Farbverläufe erstellen und verwalten

GIMP liefert von Haus aus eine sinnvolle Menge an vorinstallierten Farbverläufen. In der Praxis kann man aber auch hier nicht genügend Auswahl haben. Es ist kein Problem, weitere Farbverläufe aus dem Internet nachzuinstallieren oder eigene Farbverläufe zu erstellen. Eine Übersicht zu den Farbverläufen erhalten Sie vereinfacht über den Farbverlaufsbrowser, den Sie beispielsweise über die Werkzeugeinstellungen von FARBVERLAUF durch einen Klick auf das Icon ❶ öffnen.

Unterhalb des Farbverlaufsbrowsers können Sie über die beiden Lupensymbole ❷ die Miniaturvorschau der Farbverläufe verkleinern oder vergrößern. Mit den nächsten beiden Symbolen ❸ wechseln Sie zwischen der Listen- und Rasterdarstellung, und mit der letzten Schaltfläche ❹ öffnen Sie den FARBVERLÄUFE-Dialog, mit dem Sie die Verläufe verwalten (dazu gleich mehr).

Ein paar Worte noch zu den ersten fünf Farbverlaufeinträgen ❺, weil es sich hierbei um spezielle Fälle handelt:

Farbverlauf und Transparenz
Bei der Übersicht im Verlaufsbrowser werden Sie feststellen, dass hier viele Verläufe vorhanden sind, die nicht komplett deckend sind. Verwenden Sie solche transparenten Farbverläufe, scheint an der nicht völlig deckenden Stelle die ursprünglich Farbe darunter durch.

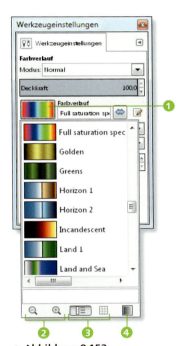

▲ Abbildung 9.153
Der Farbverlaufsbrowser

▲ Abbildung 9.154
Die ersten fünf Einträge bei den Farbverläufen sind spezielle Versionen.

- **VG NACH HG (HARTE KANTEN):** Der Farbverlauf trennt die eingestellte Vorder- und Hintergrundfarbe hart und erzeugt daher keine Farbabstufung (ein harter Übergang).
- **VG NACH HG (HSV):** Hier finden Sie je eine Version im und gegen den Uhrzeigersinn. Dabei werden alle Farbtöne im Farbkreis zwischen der eingestellten Vorder- und Hintergrundfarbe verwendet.
- **VG NACH HG (RGB):** Hiermit wird ein Farbverlauf von der aktuellen Vordergrundfarbe zur Hintergrundfarbe im RGB-Modus gezeichnet.

 Der Verlauf VG NACH HG (HARTE) KANTEN wurde neu mit GIMP 2.8 eingeführt.

273

▶ VG nach Transparent: Der Farbverlauf verwendet nur die eingestellte Vordergrundfarbe mit abnehmbarer Deckkraft. Standardmäßig wird hier ein Verlauf von vollständig deckend bis vollständig transparent gezeichnet.

Der »Farbverläufe«-Dialog | Sie rufen den dockbaren Farbverläufe-Dialog entweder über den Farbverlaufsbrowser bei den Werkzeugeinstellungen auf, über das Menü Fenster • Andockbare Dialoge • Farbverläufe oder mit der Tastenkombination Strg/Ctrl+G.

Klicken Sie im Dialog einen Farbverlauf an, wird dieser automatisch ausgewählt und bei allen Werkzeugen, die einen Farbverlauf verwenden, benutzt. Doppelklicken Sie einen Farbverlauf, wird dieser mit dem Farbverlaufseditor zum Bearbeiten geöffnet. Das Gleiche erreichen Sie auch, wenn Sie die kleine Schaltfläche links unten ❶ im Dialog anklicken. Allerdings können Sie hierbei nur Farbverläufe nachträglich bearbeiten, die im persönlichen Farbverlaufsverzeichnis gespeichert sind. Die Farbverläufe von GIMP sind schreibgeschützt.

Über die kleine Schaltfläche rechts oben ❽ ändern Sie die Größe der Miniaturvorschau oder schalten zwischen der Listen- und Rasterdarstellung um.

Vordefinierte Verläufe ändern
Wollen Sie trotzdem in GIMP vordefinierte Farbverläufe ändern, müssen Sie diese zuvor über die mittlere Schaltfläche ❸ des Farbverläufe-Dialogs duplizieren. Der duplizierte Verlauf wird auch gleich mit der Namenserweiterung »-Kopie« im Farbverlaufseditor zum Bearbeiten geöffnet.

▲ **Abbildung 9.155**
Der Farbverläufe-Dialog in der Listendarstellung

▲ **Abbildung 9.156**
Der Farbverläufe-Dialog in der Rasterdarstellung

Klicken Sie auf die Schaltfläche Neuer Farbverlauf ❷, wird ein neuer Farbverlauf in Schwarzweiß im Verlaufseditor geöffnet, wo Sie diesen bearbeiten können. Der Farbverlauf wird auch gleich automatisch im persönlichen Farbverlaufsverzeichnis von GIMP gespeichert und steht künftig dauerhaft zur Verfügung.

Selbst erstellte oder nachträglich im persönlichen Farbverlaufsverzeichnis von GIMP gespeicherte Verläufe können Sie mit dem Mülleimersymbol ❹ jederzeit wieder löschen. Mit der letzten Schaltfläche ❺ im Dialog laden Sie die Farbverläufe im persönlichen GIMP-Verzeichnis neu. Dies ist dann nötig, wenn Sie einen neuen Verlauf in dem Verzeichnis abgelegt haben und diesen gleich verwenden wollen.

Auch hier stehen Ihnen die neu in 2.8 eingeführten Stichwort-Tags zur Verfügung. Wie gehabt, können Sie hier im unteren Teil über das Textfeld bzw. die Dropdown-Liste ❻ einen markierten Verlauf mit einem Stichwort-Tag versehen. Zum schnellen Auffinden können Sie dann danach im Textfeld bzw. in der Dropdown-Liste FILTER ❼ danach suchen.

Sämtliche Befehle stehen Ihnen auch zur Verfügung, wenn Sie mit der rechten Maustaste auf den FARBVERLÄUFE-Dialog klicken. Im daraufhin erscheinenden Kontextmenü finden Sie drei zusätzliche Befehle:

▶ ALS POV-RAY-DATEI SPEICHERN ❾: Damit sichern Sie einen Farbverlauf im POV-Ray-Format, so dass er vom 3D-Grafikprogramm POV-Ray geöffnet und verwendet werden kann.

▶ SPEICHERORT DES FARBVERLAUFS KOPIEREN ❿: Damit legen Sie den vollständigen Pfadnamen zur Farbverlaufsdatei als Text in die Zwischenablage.

▶ EIGENER FARBVERLAUF ⓫: Mit diesem Skript-Fu-Programm erzeugen Sie ein Bild, das mit dem ausgewählten Farbverlauf gefüllt ist. Hierbei öffnet sich ein Dialog, in dem Sie die Höhe und Breite des zu erstellenden Bildes einstellen können. Das Bild kann allerdings nur mit den Farbverläufen waagerecht von rechts nach links bzw. links nach rechts gefüllt werden.

▲ **Abbildung 9.157**
Das Kontextmenü wird nach einem rechten Mausklick auf den FARBVERLÄUFE-Dialog angezeigt.

Farbverläufe aus dem Internet nachinstallieren | Nicht immer hat man zum passenden Thema den passenden Farbverlauf. In diesem Fall müssen Sie eben einen eigenen Farbverlauf erstellen, oder Sie laden sich aus den vielen Quellen des Internets einen herunter. Eine tolle Quelle hierfür ist beispielsweise die Webseite *http://browse.deviantart.com/*. Weitere sehr gute Pakete finden Sie auf der Webseite *http://gimp-tutorials.net/*. Geben Sie in der Suche »gradients gimp« ein, und Sie sehen eine Liste mit vielen schönen Farbverlaufspaketen.

Lizenzierung beachten
Die meisten Farbverläufe sind zwar kostenlos zu haben, aber natürlich gilt auch hier, dass Sie bei Verwendungszwecken, die weit über den privaten Bereich hinausgehen, auf jeden Fall beim Urheber nachfragen sollten.

Schritt für Schritt:
Farbverläufe nachinstallieren

1 Farbverlauf besorgen

Als Erstes müssen Sie sich einen Farbverlauf besorgen.

Im Beispiel habe ich mir ein ganzes Paket mit 30 Farbverläufen von der Webseite *http://gimp-tutorials.net/* heruntergeladen. Meistens werden mehrere Farbverläufe in einem ZIP-Paket gepackt sein, weshalb Sie mit einem Packprogramm die einzelnen Verläufe mit der Dateiendung »*.ggr« (kurz für **G**IMP **Gr**adient) erst noch entpacken müssen.

2 Farbverläufe installieren

Im nächsten Schritt kopieren Sie die Farbverläufe mit der Endung »*.ggr« in das persönliche Farbverläufeverzeichnis von GIMP. Den Pfad auf Ihrem System ermitteln Sie über BEARBEITEN • EINSTELLUNGEN • ORDNER • FARBVERLÄUFE (oder Sie fügen hier einen weiteren hinzu).

▲ **Abbildung 9.158**
Den Pfad zum Farbverläufeverzeichnis ermitteln …

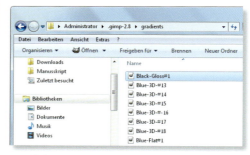

▲ **Abbildung 9.159**
… und dorthin kopieren

▲ **Abbildung 9.160**
Farbverläufe im entsprechenden Dialog neu laden. Farbverläufe: *http://gimp-tutorials.net*

3 Farbverläufe neu laden

Öffnen Sie den FARBVERLÄUFE-Dialog über FENSTER • ANDOCKBARE DIALOGE • FARBVERLÄUFE oder mit [Strg]/[Ctrl]+[G], und klicken Sie dort auf die Schaltfläche FARBVERLÄUFE NEU LADEN ❶.

Jetzt sollten die in das persönliche Farbverläufeverzeichnis kopierten Verläufe im Dialog aufgelistet werden.

4 Farbverläufe verwenden

Jetzt können Sie die neuen Farbverläufe wie gewöhnlich auswählen und einsetzen.

9.3 Flächen füllen

◀ **Abbildung 9.161**
Die neuen Farbverläufe im Einsatz

Eigene Farbverläufe mit dem Farbverlaufseditor erstellen | Natürlich können Sie mit dem Farbverlaufseditor auch eigene Farbverläufe erstellen. Den Editor öffnen Sie am einfachsten über den FARBVERLÄUFE-Dialog. Hierzu reicht in der Regel ein Doppelklick auf den entsprechenden Farbverlauf (oder ein Klick auf die Schaltfläche FARBVERLAUF BEARBEITEN ❷) aus. Doppelklicken Sie hierbei allerdings einen Farbverlauf von GIMP, ist dieser schreibgeschützt und kann nicht direkt mit dem Farbverlaufseditor bearbeitet werden. Hierzu müssten Sie den Farbverlauf vorher über die entsprechende Schaltfläche ❹ duplizieren. Wollen Sie hingegen einen komplett neuen Farbverlauf von Anfang an erstellen, klicken Sie die Schaltfläche NEUER FARBVERLAUF ❸ an.

◀ **Abbildung 9.162**
Über den FARBVERLÄUFE-Dialog rufen Sie den Farbverlaufseditor auf.

Informationen zum Farbbereich
Wenn Sie mit dem Mauszeiger über den Farbbereich gehen, werden an der entsprechenden Stelle die Position, der RGB- und HSV-Wert, die BRILLANZ und die DECKKRAFT angezeigt.

Der Farbverlaufseditor kommt auf den ersten Blick recht nüchtern daher. Im oberen Bereich vergeben Sie den Namen ❺ für den Farbverlauf. Darunter finden Sie den Anzeigebereich ❻ des aktuellen Farbverlaufs. Hier können Sie auch durch das Anklicken innerhalb des Verlaufs die Vordergrundfarbe (oder mit gehalte-

277

ner Strg/Ctrl-Taste die Hintergrundfarbe) neu bestimmen. Die vorgenommenen Einstellungen werden sofort im Farbverlauf angezeigt.

Abbildung 9.163 ▶
Der Farbverlaufseditor

Mehrere Segmente aktivieren
Mehrere Segmente gleichzeitig aktivieren Sie, indem Sie diese anklicken und dabei die ⇧-Taste gedrückt halten.

Unterhalb des Farbverlaufs finden Sie eine Leiste mit dreieckigen weißen und schwarzen Reglern. Mit diesen Reglern passen Sie das Aussehen des Verlaufs an. Diese Aufteilung besitzt ein festes Schema: Zwei benachbarte schwarze Dreiecke ❼ beschreiben **ein Segment** und werden als **Begrenzungsregler** bezeichnet. Ein Segment besteht sinnvollerweise aus zwei verschiedenen Farben. Zwischen diesem Segment finden Sie noch einen weißen Regler ❽, den **Kontrollregler**, mit dem Sie den Farbübergang in dem Segment einstellen.

Das gerade aktive Segment wird blau ❾ hinterlegt, und die inaktiven sind weiß ❿. Ein Segment aktivieren Sie, wenn Sie zwischen den beiden Begrenzungsreglern klicken.

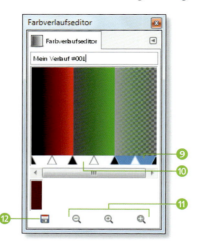

Abbildung 9.164 ▶
Ein Farbverlauf mit zwei Segmenten

Unterhalb des Dialogs finden Sie noch fünf Schaltflächen. Mit der ersten ⓬ speichern Sie den aktuellen Zustand des Farbverlaufs im persönlichen Farbverlaufsverzeichnis von GIMP. Die zweite Schaltfläche wird bei den aktuellen GIMP-Versionen nicht mehr benötigt. Mit den letzten drei Schaltflächen ⓫ zoomen Sie in den Farbverlauf hinein bzw. aus ihm heraus und zeigen wieder alles 1:1 an. Das Vergrößern und Verkleinern der Anzeige des Farbverlaufs ist sehr nützlich, wenn Sie viele Begrenzungs- und Kontrollschieberegler verwenden und ändern wollen. Hierfür können Sie aber auch den Dialog in die Breite ziehen.

Die volle Vielfalt des Farbverlaufseditors eröffnet sich erst bei einem rechten Mausklick über dem Farbverlauf oder über dem Reitermenü.

Aufgeteilt sind diese Kommandos des Kontextmenüs in die folgenden fünf Bereiche:

- Farben der Endpunkte bearbeiten ❶ (Abbildung 9.165): Die Funktionen sind hierbei in jeweils vier linke und vier rechte Kommandos aufgeteilt .
    - Über das Untermenü LINKE FARBE und RECHTE FARBE wählen Sie jeweils die aktuelle Vorder- oder Hintergrundfarbe. Sprich, sobald Sie die entsprechende Vordergrund- oder Hintergrundfarbe ändern, wird diese auch sofort im Verlauf verwendet. Die Standardeinstellung ist es, eine feste Farbe zu verwenden, die unabhängig von der eingestellten Vorder- bzw. Hintergrundfarbe ist.
    - Mit FARBE DES LINKEN ENDPUNKTES und FARBE DES RECHTEN ENDPUNKTES können Sie die Farbe des linken bzw. rechten Endpunktes des ausgewählten Segments über einen Farbwähler auswählen und ändern. Dieses Kommando ist allerdings nur dann aktiv, wenn die Einstellung von LINKE FARBE bzw. RECHTE FARBE auf FEST steht.
    - Das Untermenü LINKE FARBE LADEN VON und RECHTE FARBE LADEN VON bietet viele Möglichkeiten an, eine Farbe für die entsprechende Seite auszuwählen. Für einen besonders fließenden Übergang bietet sich beispielsweise das Kommando RECHTER ENDPUNKT DES LINKEN NACHBARN oder das Gegenstück LINKER ENDPUNKT DES RECHTEN NACHBARN an.
    - Sehr nützlich sind auch die Kommandos des Untermenüs LINKE FARBE SPEICHERN IN und RECHTE FARBE SPEICHERN IN, mit denen Sie eine Farbe für eine spätere Verwendung speichern und über das Untermenü LINKE FARBE LADEN VON und RECHTE FARBE LADEN VON wieder aufrufen können.
- Funktionen zum Überblenden ❷: Im Untermenü VERLAUFSFUNKTION FÜR SEGMENT legen Sie die Form des Farbübergangs

Kein Rückgängigmachen
Ein größeres Manko des Farbverlaufseditors ist, dass er keine Funktion zum Rückgängigmachen besitzt. Bedenken Sie dies, wenn Sie einen Verlauf mit unzähligen Segmenten erstellt haben und damit herumexperimentieren.

Tipp: Verlauf testen
Während Sie den Verlauf im Farbverlaufseditor bearbeiten, ist dieser Verlauf auch automatisch aktiv. Sie können den Verlauf praktisch jederzeit auf einem leeren Bilddokument testen.

innerhalb des Segments fest. Zur Verfügung stehen LINEAR, KURVEN, SINUSARTIG, SPHÄRISCH (ZUNEHMEND) und SPHÄRISCH (ABNEHMEND).

Abbildung 9.165 ▶
Das Kontextmenü zeigt die eigentliche Vielfalt des Farbverlaufseditors.

▶ Einfärben von Segmenten ❸: Über das Untermenü FÄRBUNGS-ART FÜR SEGMENT stellen Sie das Farbmodell ein, das bestimmt, wie die beiden Segmentfarben ineinander übergehen. Standardmäßig ist RGB ausgewählt, womit immer der Farbverlauf von der eingestellten Vordergrund- zur Hintergrundfarbe verwendet wird. Verwenden Sie hingegen eines der HSV-Modelle, werden zusätzlich die Farben des HSV-Farbkreises dazwischen im oder gegen den Uhrzeigersinn verwendet.

▶ Segmente bearbeiten ❹: Jetzt folgt eine Reihe von Funktionen, um ein einzelnes Segment zu bearbeiten oder zu verwalten. Hierbei können Sie auch mehrere Segmente gleichzeitig bearbeiten, wenn Sie diese mit gehaltener ⇧-Taste auswählen.

▶ SEGMENT SPIEGELN: Damit kehren Sie das Segment um.

▶ SEGMENT DUPLIZIEREN: Hiermit kopieren Sie das aktuelle Segment. Das Original-Segment und das Duplikat müssen sich hierbei den Platz des ursprünglichen Segments teilen.

▶ SEGMENT MITTIG TEILEN: Damit teilen Sie das aktive Segment in zwei Segmente auf, wodurch Sie einen weiteren weißen Kontrollregler erhalten.

▶ Segment gleichmässig aufteilen: Wie die Funktion zuvor, nur wird das Segment hiermit in der Mitte aufgeteilt.

▶ Segment löschen: Löscht die ausgewählten Segmente. Die schwarzen Begrenzungsregler außerhalb des Bereichs werden miteinander verschmolzen und die dazugehörenden Segmente vergrößert.

▶ Mittelpunkt des Segments zentrieren: Damit richten Sie den weißen Kontrollregler zwischen den beiden schwarzen Bezugspunkten des Segments mittig aus.

▶ Punkte gleichmässig im Segment verteilen: Bei einem Segment entspricht diese Funktion der zuvor erwähnten. Bei mehreren markierten Segmenten (mit gehaltener ⇧-Taste) werden alle ausgewählten Segmente gleichmäßig verteilt.

▶ Farben mitteln ❺: Die letzten beiden Funktionen stehen nur dann zur Verfügung, wenn Sie mit gehaltener ⇧-Taste mehrere Segmente aktiviert haben. Mit Farben der Endpunkte mitteln werden die Farben an den Endpunkten eines Segments (die schwarzen Regler) so geändert, dass dieser Verlauf möglichst weich erscheint. Das Gleiche erreichen Sie auch mit der Deckkraft über das Kommando Deckkraft der Endpunkte mitteln.

Schritt für Schritt:
Eigenen Farbverlauf erstellen

Die Theorie zu den vielen Funktionen zum Erstellen eines Farbverlaufs ist nicht gerade einfach. Aber gerade weil es leider noch keine Funktion zum Rückgängigmachen gibt, sollten Sie sich vorher ein wenig mit den Funktionen befassen.

In dieser Schritt-für-Schritt-Anleitung wollen wir einfach eine Nationalflagge erstellen. GIMP liefert von Haus aus ja schon vordefinierte Flaggen mit einem harten und einem weichen Übergang an. So etwas wollen wir hier auch anlegen. Als Beispiel habe ich mir die Flagge von Thailand ausgesucht, deren Farbenkombination Rot-Weiß-Blau-Rot-Weiß ist. Der blaue Streifen ist dabei in doppelter Höhe vorgegeben. Natürlich soll dieses Beispiel nur eine Anregung sein, wie Sie einen eigenen Farbverlauf erstellen. Die Möglichkeiten mit dem Farbverlaufseditor sind enorm vielseitig, was die Auswahl und Aufteilung der Segmente betrifft.

1 **Neuen Farbverlauf anlegen**
Öffnen Sie den Farbverläufe-Dialog (zum Beispiel mit Strg/Ctrl+G), und klicken Sie hier auf die zweite Schaltfläche Neuer

Tipp: Kopie erstellen
Gerade wenn Sie anfangs mit dem Farbverlaufseditor und den vielen Funktionen noch nicht so vertraut sind, sollten Sie des Öfteren den Verlauf sichern und dann über den Farbverläufe-Dialog duplizieren, bevor Sie einfach einmal eine Funktion testen, dessen Wirkung Ihnen noch nicht ganz klar ist.

▲ Abbildung 9.166
Die Nationalflagge von Thailand soll zur Übung als Farbverlauf erstellt werden.

FARBVERLAUF ❶. Jetzt öffnet sich der Farbverlaufseditor mit dem voreingestellten Schwarzweißverlauf. Hier können Sie auch gleich den Namen ❷ des Farbverlaufs eintippen.

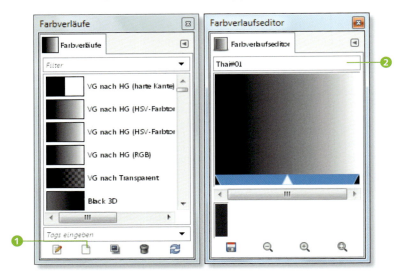

Abbildung 9.167 ▶
Neuen Farbverlauf anlegen

2 Anzahl der Segmente auswählen

Im nächsten Schritt soll die Anzahl der Segmente erstellt werden. Klicken Sie hierzu mit der rechten Maustaste in den Farbverlauf im Farbverlaufseditor, und wählen Sie im Kontextmenü SEGMENTE GLEICHMÄSSIG AUFTEILEN. Da unsere Flagge in fünf Farben aufgeteilt ist, ziehen Sie den Schieberegler ❸ auf fünf Segmente; bestätigen Sie den Dialog mit der Schaltfläche TEILEN ❹. Anschließend sollte der Farbverlauf im Farbverlaufseditor in fünf Teile ❺ aufgeteilt sein.

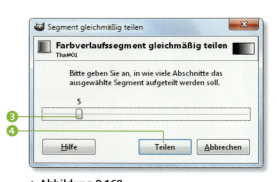

▲ **Abbildung 9.168**
Farbverlauf in mehrere gleichmäßige Segmente aufteilen

▲ **Abbildung 9.169**
Nach der Aufteilung des Farbverlaufs in fünf Segmente

9.3 Flächen füllen

3 Segmente mit Farben füllen

Aktivieren Sie das erste Segment von links ❻ im Farbverlauf, und klicken Sie wieder mit der rechten Maustaste in den Farbverlauf. Wählen Sie im Kontextmenü FARBE DES LINKEN ENDPUNKTES, und wählen Sie im Farbwähler eine rote Farbe ❼ aus. Machen Sie das Gleiche mit derselben Farbe auch noch mit der linken Seite über den Befehl FARBE DES RECHTEN ENDPUNKTES. Das erste Segment sollte jetzt komplett in Rot eingefärbt sein.

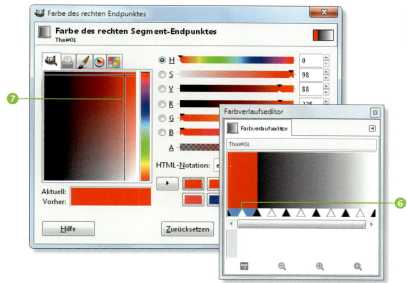

◀ Abbildung 9.170
Das erste Segment wurde komplett in Rot eingefärbt.

4 Schritt 3 wiederholen

Wiederholen Sie Arbeitsschritt 3 mit dem zweiten, dritten, vierten und fünften Segment. Verwenden Sie hierbei die Farben entsprechend der Flagge. Der Reihe nach sind dies die Farben Weiß, Blau, Weiß und dann nochmals Rot.

5 Größe der Segmente anpassen

Da das mittlere, blaue Segment bei der Flagge die doppelte Größe haben soll, sollten Sie bei diesem Segment bei der linken ❽ und rechten ❾ Seite die Regler nach außen bis zum weißen Kontrollregler des benachbarten Segments ziehen. Aktivieren Sie jetzt die ersten beiden Segmente (Rot ❿ und Weiß ⓫) mit gehaltener ⇧-Taste. Rufen Sie mit der rechten Maustaste das Kontextmenü auf, und wählen Sie PUNKTE GLEICHMÄSSIG IN SEGMENT VERTEILEN aus. Wiederholen Sie diesen Vorgang mit den letzten beiden Segmenten (Weiß und Rot).

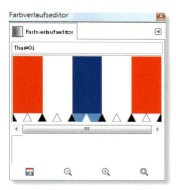

▲ Abbildung 9.171
Der Farbverlauf nach der Verteilung der Farben an die einzelnen Segmente

Kapitel 9 Mit Farben malen

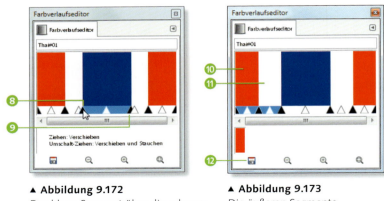

▲ **Abbildung 9.172**
Das blaue Segment über die schwarzen Begrenzungsregler vergrößern

▲ **Abbildung 9.173**
Die äußeren Segmente gleichmäßig verteilt

6 Verlauf speichern und duplizieren

Speicherort
Den erstellten Farbverlauf finden Sie jetzt im persönlichen Farbverlaufsverzeichnis von GIMP wieder.

Speichern Sie den Farbverlauf, indem Sie auf die erste Schaltfläche ⑫ im Farbverlaufseditor klicken. Schließen Sie den Editor. Jetzt haben Sie einen harten Farbverlauf von der Flagge, den Sie nun verwenden können. Wir wollen hiervon allerdings zur Übung auch noch einen weichen Verlauf erstellen. Öffnen Sie daher nochmals den FARBVERLÄUFE-Dialog, wählen Sie den neuen Farbverlauf aus, und duplizieren Sie diesen über die entsprechende Schaltfläche ⑬. Benennen Sie den Farbverlauf im Farbverlaufseditor im Textfeld ⑭ aussagekräftig.

Abbildung 9.174 ▶
Eine Kopie des Originals erstellen und weiter bearbeiten

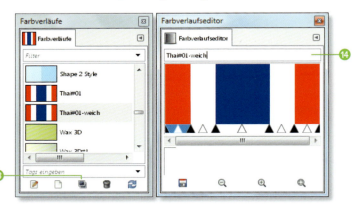

▲ **Abbildung 9.175**
Der Farbverlauf mit weichen Übergängen

7 Weichen Verlauf erzeugen

Um einen weichen Verlauf zu erzeugen, brauchen Sie nur das entsprechende Segment auszuwählen und über die Kontextmenübefehle LINKE FARBEN LADEN VON • RECHTER ENDPUNKT DES LINKEN NACHBARN oder RECHTE FARBEN LADEN VON • LINKER ENDPUNKT VOM RECHTEN NACHBARN wählen. Das Fein-Tuning können Sie noch über die Schieberegler durchführen.

9.3 Flächen füllen

▲ Abbildung 9.177
Der Farbverlauf mit weichen Übergängen

▲ Abbildung 9.176
Die fertigen Farbverläufe können Sie jetzt wie gewöhnliche Verläufe verwenden.

Skript-Fu-Programme für Farbverläufe | Zwei Erweiterungen, die im Zusammenhang mit Farbverläufen sehr nützlich sind und die nicht fehlen sollten, muss ich hier noch vorstellen:

▶ Zum einen wäre hier das Skript-Fu-Programm *2-Dimensional Gradient v1.2* zu nennen, mit dem Sie zweidimensionale Farbverläufe erzeugen. Mit dem Skript-Fu-Programm können Sie Farbverläufe mit Farben oder wiederum anderen Farbverläufen von jeder Ecke erstellen. Hiermit lassen sich wirklich einzigartige Effekte erzielen, die sich sonst nicht so einfach erstellen lassen. Wenn Sie das Programm installiert haben, rufen Sie es über FILTER • RENDER • MUSTER • 2-DIMENSIONAL GRADIENT auf.

Erweiterungen installieren
Wie Sie bei GIMP die Erweiterungen installieren, wird in Abschnitt 39.3, »GIMP mit Skript-Fu-Programmen erweitern«, näher beschrieben.

◀ Abbildung 9.178
Das Skript-Fu-Programm »2-Dimensional Gradient« bei der Ausführung

285

Abbildung 9.179 ►
Einige Farbverläufe, die mit dem Skript-Fu-Programm »2-Dimensional Gradient« erzeugt wurden

► Ein weiteres Skript-Fu-Programm, das immer wieder nützlich ist, ist *Blue Sky & Clouds*. Mit diesem Programm versehen Sie ausgebrannte weiße Himmel mit einem blauen Farbverlauf (mit Wolken). Im Grunde legen Sie bei dem Filter nur die obere ❶ und untere ❷ Himmelfarbe fest und entscheiden, ob Sie Wolken hinzufügen wollen ❸. Den Rest übernimmt das Skript-Fu-Programm für Sie (auch das Erstellen einer Maske).

Abbildung 9.180 ►
Das Skript-Fu-Programm »Blue Sky & Clouds« bei der Ausführung

▲ **Abbildung 9.181**
Bei diesem Bild ist der Himmel total ins Weiß abgesunken.

▲ **Abbildung 9.182**
Nach der Ausführung von »Blue Sky & Clouds« ist der Himmel nicht mehr ganz so blass.

Kapitel 10
Farbverfremdung

Immer häufiger werden verschiedene Farbverfremdungen durchgeführt, um Bildern den letzten Schliff zu geben. Farbverfremdungen machen oft erst das gewisse Etwas bei vielen Bildern aus. Wenn man allerdings wild und gefühllos mit den Farben herumspielt, wirkt das schnell kitschig. Damit Sie ein Gefühl für den Umgang mit Farbverfremdung (und Farben) bekommen, zeige ich Ihnen in diesem Kapitel, wie Sie diese einsetzen und tolle Effekte damit erzielen.

10.1 Bilder tonen

Ein sehr beliebtes Stilmittel in der digitalen Bildbearbeitung ist das *Tonen* von Bildern. Nicht umsonst bieten die Hersteller von Kameras neuerdings dieses Tonen schon intern als spezielle Funktion in der Kamera an. Durch das Tonen in einer bestimmten Farbe erhält das Bild einen bestimmten Look. Mit einer Sepiatonung beispielsweise wirkt das Bild, als stamme es aus früheren Zeiten. Eine blaue Tonung hingegen lässt das Bild moderner und auch kälter wirken.

Die Art der Tonung hängt natürlich auch immer vom Motiv ab. Mit GIMP haben Sie mehrere direkte und indirekte Möglichkeiten, ein Bild nach Ihrem Geschmack zu tonen.

»Einfärben«-Dialog

Mit dem Dialog FARBEN • EINFÄRBEN wird die aktuelle Ebene zunächst in ein Graustufenbild konvertiert und dann mit einem variablen Farbton eingefärbt. Das Einfärben erfolgt hierbei nach dem HSV-Farbmodell (siehe Seite 121, »Farbmodelle«).

Über den Schieberegler FARBTON ❸ (Abbildung 10.1) färben Sie den Farbton anhand des HSV-Farbkreises ein. Wie es sich für einen Kreis gehört, reichen die einzustellenden Werte von 0 bis 360. Standardmäßig ist der Wert 180 eingestellt. Mit dem Regler

SÄTTIGUNG ❹ darunter stellen Sie die Farbsättigung ein und mit dem letzten Schieberegler die HELLIGKEIT ❺. Ist das Häkchen vor VORSCHAU ❻ gesetzt, sehen Sie die Veränderungen sofort im Bild.

> **Tonungen zu Favoriten**
>
> Über EINSTELLUNGEN können Sie bestimmte Farbeinstellungen speichern. Haben Sie zum Beispiel eine Sepiatonung erstellt, klicken Sie auf das Plus-Symbol ❶ und benennen diese Einstellung entsprechend. Sie können jederzeit über die Dropdown-Liste ❷ neben EINSTELLUNGEN darauf zurückgreifen.

▲ **Abbildung 10.1**
Der EINFÄRBEN-Dialog

▲ **Abbildung 10.2**
Das Ausgangsbild

Bremen.jpg

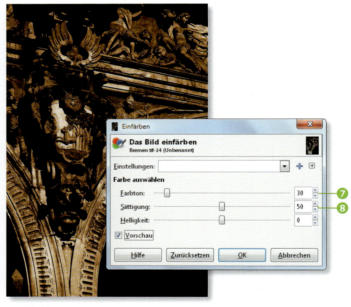

▲ **Abbildung 10.3**
Mit Hilfe des Dialogs EINFÄRBEN wurde hier eine Sepiatonung angewendet. Der Wert für den FARBTON ❼ beträgt 30. Die SÄTTIGUNG ❽ wurde auf 50 belassen, und die HELLIGKEIT blieb ebenso unverändert.

Gradationskurve

Die Möglichkeit des Tonens über das Werkzeug WERTE • KURVEN wird häufig vergessen. Wenn Sie beispielsweise ein Schwarzweißbild vor sich haben (zum Beispiel über FARBEN • ENTSÄTTIGEN), können Sie auch hiermit das Bild sehr flexibel tonen. Hierzu wählen Sie einfach zunächst den (Farb-)KANAL ❿ und manipulieren anschließend die Kurve ⓫. Das Prinzip ist dem EINFÄRBEN-Dialog ähnlich, nur ist es mit der Gradationskurve möglich, das Bild mit mehreren Farben zu vertonen.

Bergsee.jpg

◀ **Abbildung 10.4**
Das Ausgangsbild

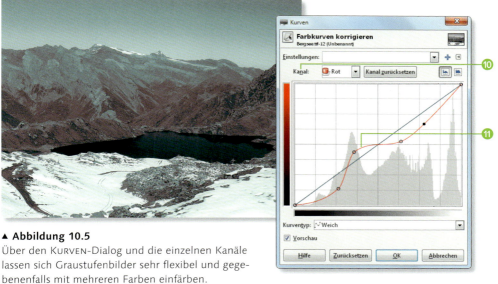

▲ **Abbildung 10.5**
Über den KURVEN-Dialog und die einzelnen Kanäle lassen sich Graustufenbilder sehr flexibel und gegebenenfalls mit mehreren Farben einfärben.

Tonwertkorrektur-Werkzeug (»Werte«-Dialog)

Wie zuvor mit dem KURVEN-Dialog können Sie auch über FARBEN • WERTE den entsprechenden (Farb-)KANAL ⓬ auswählen und die Anfasser von ZIELWERTE ⓮ zusammenschieben, bis Sie zufrieden sind. Die Helligkeit passen Sie dann mit dem grauen Anfasser ⓭ unter QUELLWERTE an.

Kapitel 10 Farbverfremdung

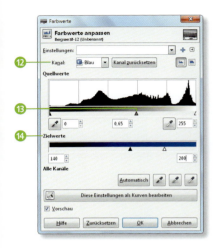

▲ **Abbildung 10.6**
Auch mit dem WERTE-Dialog können Sie Graustufenbilder einfärben.

Bilder mit Verlauf tonen

Wenn Sie Bilder mit einem Farbverlauf tonen wollen, können Sie die Funktion FARBEN • ABBILDEN • AUF FARBVERLAUF verwenden. Diese Funktion hat allerdings leider keine Optionen und wird unmittelbar auf die aktive Ebene angewendet. Die dunklen Pixel im Bild erhalten die linke Farb e des Farbverlaufs und die hellen Pixel die rechte Farbe. Die Töne dazwischen werden entsprechend mit den restlichen Farben im Verlauf abgebildet.

Zum Nachlesen
Mehr zu den Farbverläufen lesen Sie auf Seite 269, »Das Farbverlauf-Werkzeug«.

Golden_Girl.jpg

Foto: Clarissa Schwarz

▲ **Abbildung 10.7**
Das Ausgangsbild

▲ **Abbildung 10.8**
Nach der Verlaufstonung mit einem pastelfarbenen Farbverlauf von GIMP

10.1 Bilder tonen

Als Farbverlauf wird immer der aktive Verlauf verwendet. Diesen wählen Sie beispielsweise über den Dialog FENSTER • ANDOCKBARE DIALOGE • FARBVERLÄUFE (oder mit [Strg]/[Ctrl]+[G]) aus.

Schritt für Schritt:
Bilder mit Farbverlauf füllen

Da die Verlaufstonung mit der Funktion AUF FARBVERLAUF etwas zu hart und kaum steuerbar ist, folgt hier eine kurze Anleitung, wie Sie etwas mehr Kontrolle über die Wirkung dieser Funktion bekommen.

1 Transparente Ebene anlegen

Nachdem Sie das Bild geöffnet haben, rufen Sie den EBENEN-Dialog mit [Strg]/[Ctrl]+[L] auf. Erzeugen Sie eine neue transparente Ebene, indem Sie auf die entsprechende Schaltfläche ❷ klicken. Wählen Sie im Dialog NEUE EBENE unter EBENENFÜLLART die TRANSPARENZ ❶ aus.

2 Farbverlauf erstellen

Stellen Sie den MODUS der Ebene auf FARBE ❹. Verwenden Sie jetzt das Werkzeug FARBVERLAUF ❸. Suchen Sie sich bei den Werkzeugeinstellungen einen Verlauf aus. Im Beispiel habe ich den Verlauf GOLDEN verwendet. Gehen Sie jetzt auf das Bild, und halten Sie die linke Maustaste auf der Stelle gedrückt, wo der Verlauf beginnen soll. Ziehen Sie eine Linie ❺ bis zu der Stelle, wo der Verlauf aufhören soll, und lassen Sie die Maustaste wieder los.

▲ **Abbildung 10.9**
Eine neue transparente Ebene anlegen

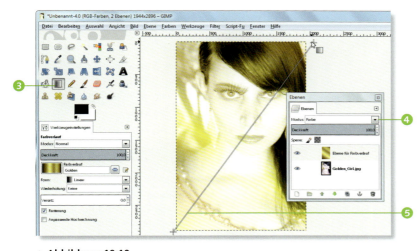

▲ **Abbildung 10.10**
Einen Verlauf auf der transparenten Ebene ziehen

Zum Nachlesen
Das Thema der Ebenen wird in Teil V des Buches behandelt.

Zum Nachlesen
Mehr zum FARBVERLAUF-Werkzeug erfahren Sie auf Seite 269, »Das Farbverlauf-Werkzeug«.

3 Bild vereinen

Bevor Sie die Ebenen über einen rechten Mausklick auf eine der beiden Ebenen im EBENEN-Dialog mit BILD ZUSAMMENFÜGEN ❸ zu einem Bild vereinen, können Sie auch noch mit den verschiedenen Modi ❶ und der Deckkraft ❷ der neu erstellen Ebene experimentieren.

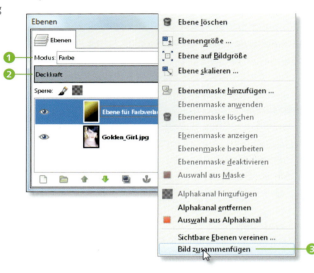

▶ **Abbildung 10.11**
Beide Ebenen zu einem Bild zusammenfügen

▲ **Abbildung 10.12**
Das Bild mit dem goldenen Farbverlauf und dem Modus NACHBELICHTEN

▲ **Abbildung 10.13**
Der gleiche Farbverlauf noch einmal mit dem Modus FARBTON

10.2 Funktionen zum Verändern von Farbwerten

Posterisieren – Farbanzahl reduzieren

Mit der Funktion FARBEN • POSTERISIEREN verringern Sie die Farbanzahl einer Ebene oder einer Auswahl. Mit dem Schieberegler FARBANZAHL ❹ reduzieren Sie in diesem Dialog die Farbe. Stellen Sie den Regler, wie Sie es in Abbildung 10.14 sehen, auf drei Farben, so bedeutet dies, dass die Farben für jeden RGB-Kanal auf drei reduziert werden. So sind im Bild je drei rote, drei blaue und drei grüne Farbtöne vorhanden. Dabei wird angestrebt, sofern möglich, dass die Farben noch eine Ähnlichkeit mit dem Ausgangsbild haben. Sie können das Bild mit diesem Dialog auf ein Minimum von acht Farben (Regler auf 2 setzen = 2^3 = $2 \times 2 \times 2$ = 8) reduzieren. Ist das Häkchen vor VORSCHAU ❺ gesetzt, sehen Sie die Änderungen sofort im Bild.

old_ussr.jpg

▲ Abbildung 10.14
Das Bild wurde mit POSTERISIEREN auf drei Farben pro RGB-Kanal reduziert.

Invertieren – Farbwerte und Helligkeit umkehren

Mit dem Kommando FARBEN • INVERTIEREN, das keine weiteren Einstellungen hat, kehren Sie die Farb- und Sättigungswerte der aktuellen Ebene oder Auswahl um. Das Kommando funktioniert allerdings nur mit RGB- und Graustufenbildern. Die Farben werden dabei durch ihre Komplementärfarben ersetzt. Das heißt, eine Farbe, die zuvor den RGB-Wert 0 (für Schwarz) hatte, wird jetzt in die Farbe 255 (für Weiß) umgewandelt, die Farbe mit dem Wert 1 wird zu 254, 2 zu 253, 3 zu 252 usw.

Achtung
Verwechseln Sie diesen Befehl nicht mit dem gleichnamigen Gegenstück im Menü AUSWAHL, das ungünstigerweise auch noch dasselbe Icon verwendet.

Kapitel 10 Farbverfremdung

▲ **Abbildung 10.15**
Wenn Sie diese Farben invertieren, ...

▲ **Abbildung 10.16**
... erhalten Sie folgende (Komplementär-)Farben zurück.

Wert umkehren – Helligkeitswerte umkehren

Das ebenfalls dialoglose Kommando FARBEN • WERT UMKEHREN ist dem Befehl INVERTIEREN recht ähnlich, nur dass Sie mit diesem Befehl statt der Farb- und Sättigungswerte die Helligkeitswerte der aktiven Ebene oder Auswahl umkehren.

▲ **Abbildung 10.17**
Das Ausgangsmaterial ...

▲ **Abbildung 10.18**
... nach dem Aufruf von WERT UMKEHREN ...

▲ **Abbildung 10.19**
... und zum Vergleich, was das Kommando INVERTIEREN mit dem Ausgangsmaterial macht

Alien-Map – Farben mit trigonometrischen Funktionen ändern

Mit dem Filter FARBEN • ABBILDEN • ALIEN-MAP verändern Sie die Farben auf Basis trigonometrischer Funktionen. Dieser Filter arbeitet sowohl mit dem RGB- als auch mit dem HSV-Farbmodell.

Setzen Sie das Häkchen vor VORSCHAU ❷, können Sie im Miniaturvorschaufenster darüber ❶ zusehen, wie sich die Einstellungen auf das Bild auswirken. Mit den Zoomwerkzeugen ❹ daneben zoomen Sie in diese Ansicht hinein und aus ihr heraus. Im Bereich MODUS ❸ wählen Sie über die Radioschaltflächen aus, ob Sie den RGB- oder den HSL-Farbraum verwenden wollen. Abhängig vom verwendeten Farbmodell können Sie dann bei den Checkboxen daneben festlegen, welche Kanäle Sie für die Veränderung der Farbe verwenden wollen.

Ebenfalls vom verwendeten Farbraum im Bereich MODUS ❸ hängen dann die Schieberegler ❺ im unteren Bereich des Dialogs ab. Für jeden Kanal stehen hierbei ein Frequenz-Schieberegler und eine Phasenverschiebung zur Verfügung. Die Frequenz können Sie jeweils im Wertebereich von 0 bis 5 ändern. Je höher diese Frequenz ist, desto größer wird die Variation von Pixelveränderungen – und desto mehr »Alien« wird das Bild (daher auch der Name des Filters). Mit den Phasenverschiebungen hingegen ändern Sie die Transformation der Farbwerte mit einer Sinus-Kosinus-Funktion im Bereich von 0° bis 360°.

RGB- oder HSV-Kanäle
Die Checkboxen und Schieberegler des Kommandos ALIEN-MAP sind abhängig davon, ob das RGB- oder das HSV-Farbmodell verwendet wird. Im RGB-Farbmodell bearbeiten Sie den roten, blauen und grünen Kanal. Beim HSV-Modell hingegen werden der Farbton-, der Sättigungs- und der Helligkeitskanal verwendet.

Broadway.jpg

10.2 Funktionen zum Verändern von Farbwerten

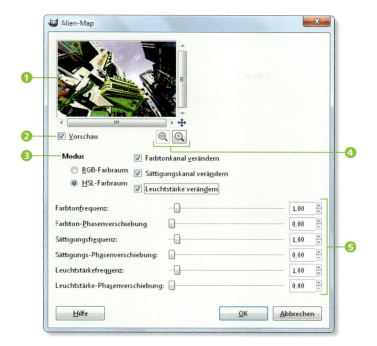

◀ **Abbildung 10.20**
Der Dialog ALIEN-MAP bei der Ausführung

▲ **Abbildung 10.21**
Das Ausgangsbild

▲ **Abbildung 10.22**
Nach der Verwendung von ALIEN-MAP

Bilder mit der Palette tonen

Über den Befehl FARBEN • ABBILDEN • AUF PALETTE ersetzen Sie den Inhalt einer Ebene oder Auswahl durch die Farben der aktiven Palette. Das Kommando können Sie nur auf RGB- und Graustufenbildern ausführen. Den PALETTEN-Dialog zum Auswählen öffnen Sie über FENSTER • ANDOCKBARE DIALOGE • PALETTEN.

Ersetzt wird jedes Pixel anhand eines Pixels in der Palette, dessen Helligkeitswert recht ähnlich ist. Ein schwarzes Pixel mit dem Wert 0 wird durch den Eintrag in der Palette mit dem niedrigsten

Kapitel 10 Farbverfremdung

Santa_Monica_Pier.jpg

Farbwert ersetzt. Genauso ist es auch andersherum: Ein weißes Pixel mit dem Wert 255 wird durch den hellsten Wert in der Palette ersetzt.

▲ **Abbildung 10.23**
Das Ausgangsbild

▲ **Abbildung 10.24**
Im Fenster Paletten wurde die Farbpalette Firecode ❶ ausgewählt und auf das Bild angewendet.

Farben drehen oder gegen andere Farben im Bild tauschen

Die Funktion Farben • Abbilden • Farben drehen… ist sehr komfortabel und einfach zu verwenden, wenn Sie Farben im HSV-Farbkreis gegen andere Farben im HSV-Farbkreis austauschen wollen. Das Prinzip des Dialogs ist einfach: Im Bereich Von wählen Sie den Farbbereich aus, der dann durch den Farbbereich Bis ersetzt werden soll.

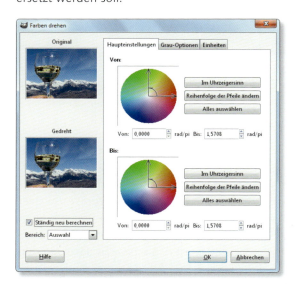

Abbildung 10.25 ▶
Der Dialog Farben drehen

10.2 Funktionen zum Verändern von Farbwerten

Da Grau nicht als Farbe behandelt wird, können Sie über GRAU-OPTIONEN weniger gesättigte Farben oder Graustufenbilder über einen Farbkreis einfärben. Unter dem Reiter EINHEITEN können Sie die Maßeinheit auswählen, die für die Winkelangabe in den beiden Farbkreisen verwendet werden soll.

Schritt für Schritt:
Farben austauschen

Im folgenden Bild soll ein Weißwein in einen Rosé verwandelt werden. Diese Alchemie werden wir natürlich mit dem Dialog FARBEN DREHEN durchführen.

 Wein.jpg

1 Farbe(n) auswählen

Öffnen Sie das Bild, und rufen Sie den Dialog zum Farbendrehen über FARBEN • ABBILDEN • FARBEN DREHEN auf. Wählen Sie im Farbkreis VON ❸ über die beiden Pfeile darin vorwiegend den gelben Farbbereich. Sie können jeden der beiden Pfeile unabhängig voneinander verschieben. Da ich zuvor die Maßeinheit über den Reiter EINHEITEN ❷ auf GRAD gestellt habe, habe ich den Bereich von 30° bis 65° ausgewählt. Dieser Farbbereich, den Sie mit den beiden Pfeilen ausgewählt haben, soll anschließend ausgetauscht werden.

Bogenmaß verändern
Natürlich können Sie den Bogen mit den beiden Pfeilen auch einfach nur drehen, ohne das Bogenmaß zu verändern, aber in diesem Fall hätten Sie hiermit auch die Hand im unteren Bildbereich mitgefärbt.

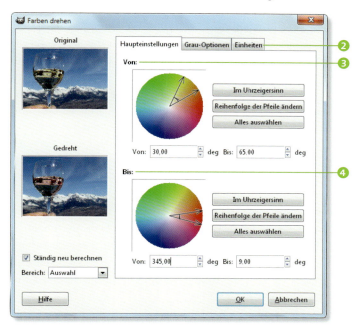

▲ **Abbildung 10.26**
Farbbereich VON mit den Farben des Bereichs BIS austauschen

2 Farbbereich zum Tauschen wählen

Im Farbkreis BIS ❹ wählen Sie jetzt ebenfalls über die beiden Pfeile den Farbbereich aus, mit dem Sie den eingestellten Farbbereich aus VON ❸ austauschen wollen. Im Beispiel habe ich die Pfeile auf den Bereich von 345° bis 9° eingestellt. Bestätigen Sie den Dialog mit OK.

▲ **Abbildung 10.27**
Das Ausgangsbild

▲ **Abbildung 10.28**
Das Bild mit der neuen Weinfarbe

▲ **Abbildung 10.29**
Zu dezent? Natürlich geht es auch krachiger. In diesem Beispiel wurde der blaue Farbbereich gegen einen rötlichen ausgetauscht.

Farben drehen oder Farben vertauschen

Zum Austauschen von Farben in Bildern kennen Sie jetzt neben dem FARBTON/SÄTTIGUNG-Dialog auch noch die Filter FARBEN DREHEN und FARBEN AUSTAUSCHEN. Jedes der Werkzeuge spielt irgendwo seine Stärken aus. Wo FARBTON/SÄTTIGUNG eher ein Allrounder ist, eignet sich FARBEN DREHEN für komplexe Bilder. Für Grafiken oder Bilder mit weniger Farben ist FARBEN VERTAUSCHEN das ideale Werkzeug.

Farben vertauschen

Farben können Sie auch mit dem Filter FARBEN • ABBILDEN • FARBEN VERTAUSCHEN tauschen. In der Praxis ist dieser Filter allerdings weniger für komplexe Strukturen geeignet als der Filter FARBEN DREHEN. Dazu arbeitet er zu ungenau. Zwar gibt es für jeden RGB-Kanal einen Schwellwert-Regler, mit dem Sie, wenn Sie den Wert erhöhen, mehrere Farbpixel in den Filter einbeziehen können, aber auch damit lässt sich bei komplexen Bildern selten viel erreichen. Bei Bildern und Grafiken mit klaren Farben und wenig Struktur funktioniert der Filter allerdings sehr gut.

Das Prinzip ist einfach: Sie wählen im Bereich QUELLFARBE ❻ die Farbe aus, die mit dem Filter bearbeitet werden soll. Alternativ können Sie auch mit der mittleren Maustaste auf die Vorschau ❺ klicken, wodurch die Farbe des angeklickten Pixels als Quellfarbe verwendet wird. Die Farbe tauschen Sie entweder über die drei Schieberegler ❽ ROT, GRÜN und BLAU mit dem Wertebereich 0,0 bis 1,0 oder über einen Farbauswahldialog, der sich öffnet, wenn Sie auf die Schaltfläche ❼ mit der Farbe klicken. Über den Schieberegler für den Schwellwert können Sie die Toleranz der Quellfarbe erhöhen.

Die ZIELFARBE ❾ zum Austauschen der Quellfarbe stellen Sie ebenfalls mit den drei Schiebereglern ⓫ ROT, GRÜN und BLAU ein. Auch hier können Sie nach einem Klick auf die Schaltfläche ❿ die

10.2 Funktionen zum Verändern von Farbwerten

Zielfarbe per Farbauswahldialog auswählen. Im Vorschaubild ❺ sehen Sie die Auswirkungen der aktuellen Einstellung.

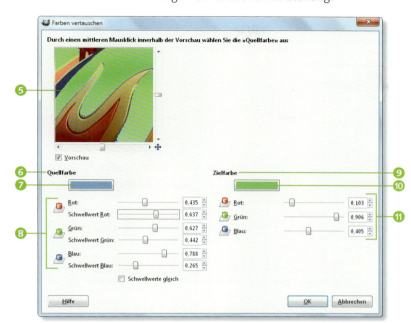

◀ **Abbildung 10.30**
Der Dialog FARBEN VERTAUSCHEN

Kolorieren – Schwarzweißbilder mit Farbverlauf oder anderen Bildern einfärben

Mit dem Filter FARBEN • ABBILDEN • KOLORIEREN färben Sie Schwarzweißbilder unter Verwendung eines Farbverlaufs oder eines anderen Bildes ein. Das Bild muss dabei im RGB-Modus vorliegen.

Auf der linken Seite ❹ (Abbildung 10.31) finden Sie die Vorschau für das Zielbild und daneben die Quelle ❿, die auf das Bild angewendet werden soll. In der Dropdown-Liste ZIEL ❶ ist standardmäßig das Bild ausgewählt, mit dem Sie den Filter aufgerufen haben. Hier können Sie jederzeit, wenn Sie mehrere Bilder geöffnet haben, auch diese auswählen und kolorieren. Mit der Dropdown-Liste BEISPIELBILD ❾ (was wohl eher »Quelle« heißen sollte) wählen Sie einen Farbverlauf (auch einen invertierten) oder ein anderes Bild als Quelle aus, mit der das Zielbild koloriert werden soll.

Beide Bilder, Ziel und Quelle, haben eine Checkbox AUSWAHL ZEIGEN ❷, mit der Sie zwischen dem gesamten Bild oder (falls vorhanden) einer Auswahl umschalten. Mit der Checkbox FARBE ZEIGEN ❸ wechseln Sie zwischen Farbe und Graustufen.

Auch für farbige Bilder

Auch wenn hier vom Kolorieren von Schwarzweißbildern gesprochen wird, können Sie den Filter selbstverständlich auch auf farbige Bilder anwenden und müssen nicht extra das Bild in ein Schwarzweißbild konvertieren. Wie Sie Bilder in Schwarzweiß umwandeln, erfahren Sie ab Kapitel 11, »Schwarzweißbilder«.

Kapitel 10   Farbverfremdung

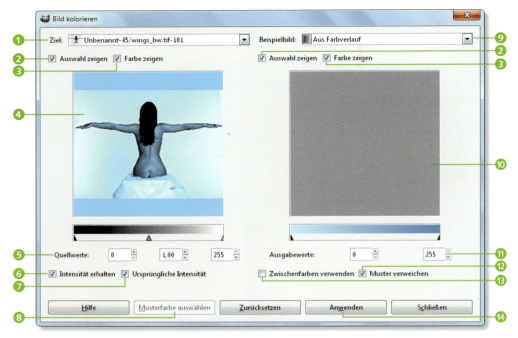

▲ **Abbildung 10.31**
Der Dialog BILD KOLORIEREN

»Musterfarbe auswählen« langsam
Wenn Sie die Schaltfläche MUSTERFARBE AUSWÄHLEN bei großen Bildern verwenden, dauert es eventuell ziemlich lange, bis unterhalb des Quellbildes ein Balken daraus generiert wird.

Schaltfläche »Anwenden«
Wenn Sie das Kolorieren mit der Schaltfläche ANWENDEN ⓮ starten, beachten Sie bitte, dass der Dialog BILD KOLORIEREN nicht geschlossen wird, obwohl die Arbeit schon längst ausgeführt wurde. Der Dialog wurde darauf konzipiert, weitere Bilder zu kolorieren, die in GIMP geöffnet sind.

wings_bw.jpg

Die Schaltfläche MUSTERFARBE AUSWÄHLEN ⓼ ist nur aktiv, wenn Sie als BEISPIELBILD ⓽ ein Bild ausgewählt haben. Klicken Sie dann diese Schaltfläche an, wird aus dem Bild ein Verlaufsbalken unterhalb des Quellbildes erzeugt. Aus diesem Verlaufsbalken können Sie dann das Zielbild einfärben.

Da es bei einem Graustufenbild nur Helligkeitsinformationen gibt, können Sie mit der Checkbox ZWISCHENFARBEN VERWENDEN ⓭ Farben gemischt auf ein Pixel übertragen, anstatt nur die Hauptfarbe aufzutragen. Enthält das Quellbild oder der Verlauf sehr wenige Farben oder ist die Quelle recht stufig, können Sie mit dem Setzen von MUSTER VERWEICHEN ⓬ einen etwas weicheren Übergang erzeugen.

Mit der Checkbox INTENSITÄT ERHALTEN ⓺ bleibt die durchschnittliche Helligkeit des Bildes unverändert. Ähnlich ist es mit URSPRÜNGLICHE INTENSITÄT ⓻, womit die Intensität des Quellbildes (bzw. Farbverlaufs) ignoriert und somit die Intensität des Zielbildes beibehalten wird.

Mit den Reglern von QUELLWERTE ⓹ stellen Sie ähnlich wie bei der Tonwertkorrektur mit dem WERTE-Dialog die Tiefen, Mitteltöne und Lichter ein. Die beiden Regler von AUSGABEWERTE ⓫ dienen dazu, den Farbbereich zu beschränken, den Sie zum Einfärben verwenden.

▲ Abbildung 10.32
Das Ausgangsbild

▲ Abbildung 10.33
Nach dem Einfärben mit dem Dialog BILD KOLORIEREN und einem bräunlichen Farbverlauf

Farbe zu Transparenz

Mit dem Befehl FARBEN • FARBE ZU TRANSPARENZ… wandeln Sie eine bestimmte Farbe in Transparenz um. Hat das Bild noch keinen Alphakanal, wird dieser automatisch angelegt. Das Schöne an diesem Befehl ist, dass nicht einfach nur die ausgewählte Farbe im Bild selektiert und transparent gemacht wird, sondern es bleiben auch die weichen Kanten erhalten. Allerdings wird das Hauptmotiv dabei meistens auch leicht transparent gemacht.

Mit einem Klick auf die Schaltfläche VON ⓯ können Sie über einen Farbwähler auswählen, welche Farben transparent werden sollen.

Freistellen

Wenn Sie nicht diesen weichen Übergang der Funktion FARBE ZU TRANSPARENZ haben wollen oder ein Bild freistellen müssen, sollten Sie das Werkzeug NACH FARBE AUSWÄHLEN (siehe Seite 549, »Nach Farbe auswählen«) verwenden, manuell einen Alphakanal zum Bild hinzufügen und den ausgewählten Bereich löschen.

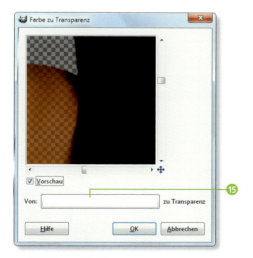

▲ Abbildung 10.34
Der Dialog FARBE ZU TRANSPARENZ

wings.jpg

Kapitel 10 Farbverfremdung

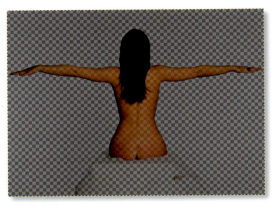

▲ Abbildung 10.35
Hier wurde der Dialog auf die weiße Farbe angewendet.

▲ Abbildung 10.36
Hier wurde der transparente Hintergrund mit einem neuen Farbverlauf gefüllt. Das klappt am besten mit der Farbe, die zuvor transparent gemacht wurde.

Heiß – der PAL- und NTSC-Konverter

Mit dem Filter HEISS optimieren Sie Bilder, die Sie im TV-Standard PAL oder NTSC aufgenommen haben. Im Bereich MODUS ❶ wählen Sie hierzu den verwendeten TV-Standard aus, und bei AKTION ❸ bestimmen Sie, was Sie optimieren lassen wollen. Standardmäßig wird die Optimierung auf einer neuen Ebene ausgeführt, sofern dies nicht deaktiviert ❷ wurde.

▲ Abbildung 10.37
Der Dialog HEISS

Maximales RGB – Thermografiebilder erstellen

Mit dem Filter FARBEN • MAXIMALES RGB reduzieren Sie die Farben des Bildes auf Rot, Grün und Blau. Jedes Pixel wird dabei in denjenigen Farbkanal umgewandelt, in dem es die höchste oder niedrigste Intensität hat (abhängig davon, welche der beiden Optionen ❹ Sie wählen). Damit lässt sich eine Art Thermografiebild (ein Wärmebild) erstellen.

◂◂ **Abbildung 10.38**
Der Dialog MAXIMALER RGB-WERT

◂ **Abbildung 10.39**
Angewendet auf ein Gebäude wirkt dies wie ein Wärmebild

Retinex – visuelle Darstellung verbessern

Der Filter FARBEN • RETINEX (Retinex = *Retina* [Netzhaut] + *Kortex* [Hirnrinde]) hilft Ihnen, bei stark unterbelichteten Fotos noch Details ins Bild zu holen. Der Algorithmus wird übrigens auch in der Astronomie und der Medizin dazu verwendet, Dinge sichtbar zu machen, die mit dem bloßen Auge unentdeckt bleiben. Der Filter nutzt den MSRCR-Algorithmus (*Multiscale Retinex with Color Restoration*). Der Algorithmus ist sehr mathematisch, wie auch die Einstellungen des Dialogs. Am besten dürften Sie daher klarkommen, wenn Sie ein wenig damit experimentieren.

Unterbelichtete Fotos retten?
Der Filter ist nicht unbedingt für die digitale Fotografie gedacht. Da außer den ins Dunkle geratenen Bereichen auch vermehrt Rauschen hervorgeholt wird, eignet sich dieser Filter eher für ermittlungsspezifische Arbeiten, um zu sehen, ob an der entsprechenden Stelle noch Bildinformationen vorhanden sind. Für unterbelichtete Fotos sollten Sie nach wie vor auf die Tonwertkorrektur mit dem KURVEN- oder WERTE-Dialog (siehe Kapitel 6, »Tiefen und Lichter korrigieren«) zurückgreifen.

◂ **Abbildung 10.40**
Der Dialog RETINEX

Kapitel 11
Schwarzweißbilder

Das Thema Schwarzweiß darf in keinem Buch zur digitalen Bildbearbeitung fehlen. Immer mehr Fotografen verwenden Schwarzweißbilder als Stilmittel. Gerade bei Akt- und Porträtfotos werden Schwarzweißbilder immer beliebter, weil hier Kontraste – genauer Spitzlichter – stärker betont werden können, was interessante künstlerische Möglichkeiten bietet.

11.1 Was bedeutet Schwarzweiß genau?

Schwarzweißbilder werden in der Fotografie häufig falsch verstanden. Wenn die Rede von der Schwarzweißfotografie ist, bedeutet dies, dass es sich um eine visuelle Darstellung von Bildern ohne Verwendung von Farben handelt. Stattdessen umfasst sie die Grauwerte. Genau genommen müsste man von Graustufenbildern sprechen.

Schwarzweiß aus der Kamera

Mittlerweile bieten auch die meisten Digitalkameras an, Bilder im Schwarzweißmodus zu fotografieren, um sich so eine nachträgliche Konvertierung am Rechner zu sparen. Ich möchte Ihnen davon eher abraten, weil die Möglichkeiten der digitalen Kamera doch noch beschränkt sind. Mit dem Rechner können Sie mehr herausholen. Nehmen Sie daher Ihre Bilder nach wie vor in Farbe auf, und erledigen Sie die Schwarzweißarbeiten nachträglich am Rechner.

Foto: Ingo Jung/www.digital-express-labor.de

◄ **Abbildung 11.1**
Ein solches Schwarzweißbild ist nicht nur schwarz und weiß, sondern besteht aus vielen verschiedenen Grautönen.

Exkurs: So kommen die Bilder in die Kamera

Wenn Sie bei Ihrer Kamera den Auslöser gedrückt haben, nimmt der Kamerasensor ein Graustufenfoto auf. Die Farben entstehen erst im Chip der Kamera, wo jedem Pixel, neben der Rohdatenspeicherung, drei Farbwerte in den Grundfarben Rot, Grün und Blau hinzugefügt werden.

50 % der Pixel sind grün, und die restlichen 50 % teilen sich auf Rot und Blau auf. Fehlende Informationen werden von der Kamera berechnet. So gesehen und einfach ausgedrückt, werden digitale Bilder in der Kamera aus drei unterschiedlichen Graustufenbildern erstellt.

Abbildung 11.2 ▶
Aus den drei Graustufenbildern links mit dem roten, grünen und blauen Kanal wird das Ergebnis rechts erstellt, so wie Sie es gewöhnlich als Benutzer der Kamera zu Gesicht bekommen.

11.2 Schwarzweißbilder erzeugen

Um Schwarzweißbilder mit GIMP zu erzeugen, stehen Ihnen mehrere Möglichkeiten zur Verfügung. Welche Methode besser geeignet ist und welche eher nicht, soll auf den folgenden Seiten aufgelöst werden.

Farbe entfernen mit »Entsättigen«

Der schnellste Weg, ein Bild, die aktive Ebene oder eine Auswahl in Graustufen umzuwandeln, führt über das Kommando FARBEN • ENTSÄTTIGEN.

Zum Entsättigen des Bildes stehen drei Modi ❶ zur Verfügung: HELLIGKEIT, LEUCHTKRAFT und DURCHSCHNITT. Alle drei Modi unterscheiden sich durch ihre mathematische Formel, nach der die Farben entzogen werden. Auf die Formeln soll hier aber nicht näher eingegangen werden. Wenn Sie das Häkchen vor VORSCHAU ❷ gesetzt haben, können Sie die Wirkung des entsprechenden Modus auch gleich im Bild betrachten.

Entsättigen = Graustufenbild?
Nur weil Sie die Farben aus dem Bild entfernen, heißt dies nicht, dass Sie automatisch ein Bild im Graustufen-Modus erzeugen. Nach dem ENTSÄTTIGEN stehen nach wie vor die drei Kanäle Rot, Grün und Blau zur Verfügung, und das Bild kann somit jederzeit wieder nachträglich eingefärbt werden. Voraussetzung für das Kommando ENTSÄTTIGEN ist außerdem, dass das Bild im RGB-Farbmodell vorliegt.

11.2 Schwarzweißbilder erzeugen

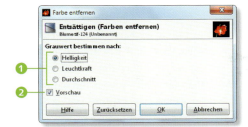

❶
❷

Der Dialog zum Kommando
ENTSÄTTIGEN

Außer den verschiedenen Modi bietet diese Methode keine weiteren Einstellungen, hat aber im Gegensatz zum echten Graustufen-Modus den Vorteil, dass die Bilder nach wie vor im RGB-Modus vorliegen und weiter eingefärbt werden können.

Blume.jpg

▲ **Abbildung 11.4**
Das Ausgangsbild

▲ **Abbildung 11.5**
Entsättigen mit dem Modus HELLIGKEIT

▲ **Abbildung 11.6**
Entsättigen mit dem Modus LEUCHTKRAFT

▲ **Abbildung 11.7**
Entsättigen mit dem Modus DURCHSCHNITT

Graustufen-Modus

Eine weitere Möglichkeit, ein Bild in ein Schwarzweißbild umzuwandeln, ist die Konvertierung des Modus RGB in GRAUSTUFEN (Menübefehl: BILD • MODUS • GRAUSTUFEN). Allerdings werden in diesem Modus alle nötigen Farbinformationen verworfen. Statt der drei RGB-Kanäle gibt es nur noch einen Graustufenkanal. Somit haben Sie keine Möglichkeit mehr, eine Farbe hinzuzufügen. Außerdem arbeiten viele Funktionen nicht mit dem Graustufen-Modus und sind daher ausgegraut.

Der einzige sinnvolle Grund, ein Bild in den Graustufen-Modus zu konvertieren, ist der, dass Sie dabei Speicherplatz sparen, da die Bilder nun weniger Informationen speichern müssen. Tests haben gezeigt, dass Bilder im Graustufen-Modus durchschnittlich nur ein Drittel an Speicherplatz im Vergleich zu Bildern im RGB-Modus benötigen. Allerdings ist Speicherplatz heutzutage billiger denn je zuvor.

> **Bildmodi**
> Mehr zu den verschiedenen Bildmodi lesen Sie auf Seite 123, »Farbraum (Bildmodus) ermitteln und ändern«.

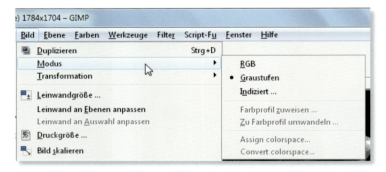

Abbildung 11.8 ▶
Die ungünstigste Möglichkeit, ein Bild in Schwarzweiß zu konvertieren, dürfte das Ändern des Modus von RGB nach GRAUSTUFEN sein.

> **Auswahlwerkzeuge**
> Mehr zu den Auswahlwerkzeugen und rund um das Thema Freistellen erfahren Sie in Teil VII des Buches.

Farben zum Teil erhalten | Wie man Bilder nur teilweise entsättigt, wurde bereits in Abschnitt 7.3, »Farbton und Sättigung regulieren«, näher behandelt. Der Dialog FARBTON/SÄTTIGUNG ist das ideale Werkzeug dafür. Allerdings ist es nicht immer so simpel, dass es reicht, nur den Schieberegler SÄTTIGUNG der entsprechenden Farbe nach links zu ziehen. Gelegentlich werden Sie eine Auswahl erstellen müssen, um einen bestimmten Bereich zu schützen.

Schritt für Schritt:
Farben bei komplexeren Bilder erhalten

NewYork.jpg

Im folgenden Bild sollen die Farben der berühmten »Yellow Cabs« aus New York erhalten bleiben.

Wenn Sie hier mit dem Dialog FARBTON/SÄTTIGUNG alle Regler bis auf den gelben entsättigen würden, würden auch die roten Lichter bei den Taxis grau werden. Wenn Sie allerdings die rote

Farbe nicht entsättigen, würden wiederum einige Gebäude und Lichter störend auffallen.

◀ **Abbildung 11.9**
Eine Straßenszene vor dem Flatiron Building in New York

1 Speziellen Bereich auswählen

Wählen Sie mit dem Werkzeug Freie Auswahl (F) den Bereich im Bild aus, bei dem Sie gesondert die Farben entsättigen wollen. Im Beispiel wurden hier die beiden vorderen »Yellow Cabs« ganz knapp ausgewählt ❶.

Andere Auswahlwerkzeuge
Im Beispiel wurde zwar das Werkzeug Freie Auswahl verwendet, aber in der Praxis können Sie für solche Arbeiten auch sämtliche anderen Auswahlwerkzeuge oder -techniken benutzen. Dies hängt vom Anwendungsfall ab.

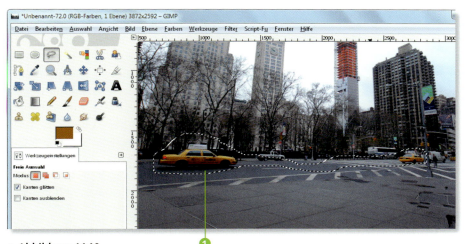

▲ **Abbildung 11.10**
Einen speziellen Bereich auswählen

2 Auswahl entsättigen

Öffnen Sie den Dialog Farben • Farbton/Sättigung, und entsättigen Sie alle Primärfarben bis auf Gelb und Rot. Jetzt sollten im ausgewählten Bereich alle anderen Farben entsättigt sein. Bestätigen Sie den Dialog mit OK.

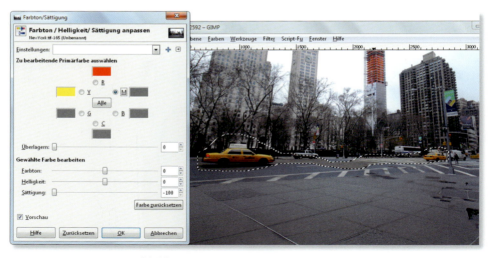

▲ **Abbildung 11.11**
Auswahl bis auf gelbe und rote Farbe entsättigen

3 Auswahl invertieren
Invertieren Sie die Auswahl über AUSWAHL • INVERTIEREN oder Strg/Ctrl+I, wodurch Sie jetzt alles andere ohne die ursprüngliche Auswahl markiert haben.

4 Invertierte Auswahl entsättigen
Öffnen Sie erneut den Dialog FARBEN • FARBTON/SÄTTIGUNG, und entsättigen Sie alle Farben, indem Sie den Regler SÄTTIGUNG nach links ziehen. Jetzt sollte auch der Hintergrund der Bildes entsättigt sein. Entfernen Sie jetzt noch die Auswahl mit Strg/Ctrl+⇧+A.

Abbildung 11.12 ▼
Der Rest wird entsättigt.

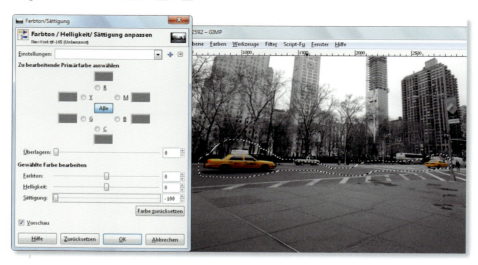

11.2 Schwarzweißbilder erzeugen

▲ **Abbildung 11.13**
Das Bild vor und nach dem gezielten Entfernen von Farbe

Mit dem Kanalmixer in Schwarzweiß konvertieren

Der Filter FARBEN • KOMPONENTEN • KANALMIXER dient dazu, die Werte des RGB-Kanals zu kombinieren. Für die Konvertierung in Graustufenbilder bietet der KANALMIXER den RGB-Modus (Standardeinstellung) oder den MONOCHROM-Modus an.

Mit dem AUSGABEKANAL ❶ wählen Sie einen Kanal (ROT, GRÜN oder BLAU), in den Sie die Werte der anderen Kanäle hineinmixen wollen. Wenn Sie die Eigenschaft MONOCHROM ❸ aktiviert haben, ist dieses Menü ausgegraut. Mit den drei Reglern ❷ ROT, GRÜN und BLAU steuern Sie, wie stark die einzelnen Farbkanäle beim Mixen berücksichtigt werden. Um zu helle Bilder zu vermeiden, die sich bei zu großen Werten eventuell ergeben, können Sie die Checkbox LEUCHTSTÄRKE ERHALTEN ❹ aktivieren. Über die Schaltfläche ÖFFNEN können Sie zuvor gespeicherte Einstellungen des Filters laden. Speichern können Sie Ihre Einstellungen mit der gleichnamigen Schaltfläche.

Abbildung 11.14 ▲
Der Dialog KANALMIXER

Schritt für Schritt:
Schwarzweißbilder mit dem Kanalmixer erstellen

Diese Schritt-für-Schritt-Anleitung demonstriert die Erstellung von Schwarzweißbildern mit dem Kanalmixer. Bei den verwendeten Werten handelt es sich **nicht** um fixe Werte, die Sie für jedes andere Bild übernehmen können.

Musikanten.jpg

1 Bild laden und Kanalmixer öffnen

Laden Sie zunächst das Bild in GIMP, und öffnen Sie anschließend den Dialog FARBEN • KOMPONENTEN • KANALMIXER.

▲ **Abbildung 11.15**
Das Ausgangsbild

2 Schwarzweißbild erzeugen

Um aus dem Bild jetzt ein Schwarzweißbild zu erzeugen, aktivieren Sie die Checkbox MONOCHROM ❹. Setzen Sie außerdem ein Häkchen vor LEUCHTSTÄRKE ERHALTEN ❺, um gegebenenfalls zu starken Aufhellungen entgegenzusteuern.

▲ **Abbildung 11.16**
Schwarzweißbild mit dem KANALMIXER erstellen

3 Kanäle bearbeiten

Die Intensität des Schwarzweißbildes passen Sie jetzt mit den Schiebereglern ROT, GRÜN und BLAU an. Hiermit färben Sie nichts ein, sondern fügen mehr oder weniger Daten zum ursprünglichen Kanal hinzu.

Bei Porträts beispielsweise wird gewöhnlich der ROT-Kanal mehr angehoben, da sich damit der Kontrast erhöhen lässt. Landschaftsaufnahmen hingegen vertragen etwas mehr vom GRÜN-Kanal. Mit dem GRÜN-Kanal können Sie zur Detailveränderung beitragen. Der blaue Kanal eignet sich für die Veränderung von Rauschen und Körnigkeit.

Im Beispiel wurden die Werte 60 für ROT ❶, 40 für GRÜN ❷ und 20 für BLAU ❸ verwendet.

11.2 Schwarzweißbilder erzeugen

▲ **Abbildung 11.17**
Das erstellte Schwarzweißbild

▲ **Abbildung 11.18**
Nachbearbeitet und mit einem sepiafarbenen Farbverlauf gefüllt

Schwarzweiß mit GEGL | Noch etwas versteckt sind die GEGL-Operationen von GIMP, aber auch hier finden Sie zwei sehr nützliche Werkzeuge, die aus einem Farbbild ein Schwarzweißbild erstellen. Die GEGL-Operationen rufen Sie über WERKZEUGE • GEGL-OPERATIONEN auf. Über die Dropdown-Liste OPERATION erreichen Sie die einzelnen Operationen.

> **GEGL-Operationen**
> Mehr zu den GEGL-Operationen und was es damit auf sich hat, können Sie in Anhang E, »GEGL-Operationen«, nachlesen.

◄ **Abbildung 11.19**
Der Dialog zum Auswählen der GEGL-Operationen

Eine ähnliche Funktion wie der KANALMIXER bietet die GEGL-Operation MONO-MIXER ❼ an, der ein Bild automatisch in ein Graustufenbild umwandelt. Über die Regler RED, GREEN und BLUE ❻ regeln Sie Helligkeit und Kontrast. Die Ergebnisse sind allerdings nicht mit denen des Kanalmixers zu vergleichen, außerdem arbeitet die GEGL-Operation viel feiner, weshalb Sie die Werte mit Gefühl ändern müssen.

Wirklich beeindruckende Ergebnisse, die allerdings mit einem enormen Rechenaufwand verbunden sind, erzielen Sie mit der GEGL-Operation C2G (kurz für *color2grey*). Dieses Werkzeug erzeugt HDR- und Tonemapping-Effekte. Neben dem Einstellen von Kontrasten und harten Belichtungen lässt sich hiermit auch Körnigkeit simulieren.

▲ **Abbildung 11.20**
Ähnlich wie der KANALMIXER arbeitet die GEGL-Operation MONO-MIXER.

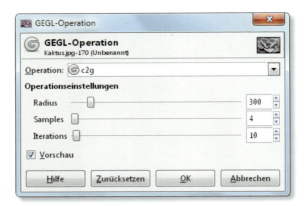

 Kaktus.jpg

▲ **Abbildung 11.21**
Die GEGL-Operation C2G liefert beeindruckende Ergebnisse.

▲ **Abbildung 11.22**
Das Ausgangsbild

Die folgenden Bilder demonstrieren den Vergleich zwischen den beiden GEGL-Operationen MONO-MIXER und C2G. Das linke Bild wurde mit dem MONO-MIXER in Schwarzweiß konvertiert und das rechte mit C2G.

Foto: Brigitte Bolliger/pixelio.de

▲ **Abbildung 11.23**
Mit dem MONO-MIXER in Schwarzweiß konvertiert

▲ **Abbildung 11.24**
Das gleiche Bild, nur wurde hier die GEGL-Operation C2G verwendet. Beeindruckend, nicht wahr?

Schwarzweiß im RAW-Modus erstellen

Die beste Möglichkeit, ein Schwarzweißbild zu erstellen, ist natürlich über das Rohbild. GIMP selbst bietet zwar noch keine Möglichkeit an, mit dem RAW-Format zu arbeiten, aber mit Hilfe des Plugins *UFRaw* oder der Software *RawTherapee* ist das auch kein Problem mehr. Mehr zum Rohformat (RAW) und wie Sie damit arbeiten, erfahren Sie in Kapitel 33, »Bilder im RAW-Format mit UFRaw entwickeln«.

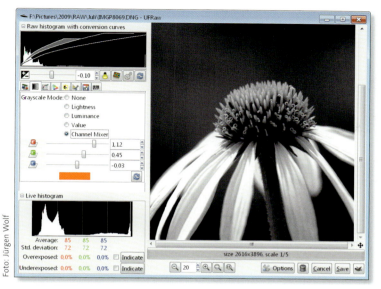

▲ **Abbildung 11.25**
Das Plugin UFRaw bietet Optionen, um Schwarzweißbilder direkt aus dem Rohformat zu erstellen.

11.3 Bitmaps erzeugen

Bitmaps erzeugt man häufig aus eingescannten Strichzeichnungen. Solche Bitmaps wiederum werden dann gerne verwendet, um als Schwarzweißvorlagen auf einem Laserdrucker in höchster Auflösung ausgegeben zu werden. Allerdings ist bei einem eingescannten Bild selten die Farbe Weiß auch komplett weiß, wie auch die Farbe Schwarz selten komplett schwarz ist. In der folgenden Schritt-für-Schritt-Anleitung zeige ich Ihnen, wie Sie aus einem eingescannten, handgezeichneten Bild eine Bitmap erstellen.

Zum Nachlesen
Bitmaps sind Bilder mit 1 Bit Farbtiefe. Ein Pixel kann hierbei nur schwarz oder weiß sein. Mehr dazu erfahren Sie auf Seite 132, »Farbtiefe«.

Schritt für Schritt:
Schöne Bitmaps erzeugen

1 Schwarz verstärken
Wenn Sie das Bild geöffnet haben, rufen Sie FARBEN • WERTE auf. Ziehen Sie hier den schwarzen Regler ❷ nach rechts bis zum Wert 154, womit die schwarzen Striche auf dem Bild deutlicher hervortreten. Ziehen Sie auch den weißen Regler ❶ ein wenig nach links bis auf den Wert 239, wodurch das Weiß des Papiers deutlicher wird. Bestätigen Sie den Dialog mit OK.

 Comic.jpg

Abbildung 11.26 ▶
Mit Hilfe der Tonwertkorrektur werden viele Graustufen im Bild entfernt.

Zum Nachlesen
Das Thema Scharfzeichnen hat mit Kapitel 12, »Bilder schärfen«, ein eigenes Kapitel im Buch bekommen.

2   Kanten schärfen
Um die Striche deutlicher hervorzuheben, sollten Sie jetzt die Kanten schärfen. Dies erledigen Sie am besten mit FILTER • VERBESSERN • UNSCHARF MASKIEREN. Im Beispiel wurde der Wert von RADIUS auf 50 und von MENGE auf 2 gesetzt. Die Werte können allerdings variieren und sind auch teilweise abhängig von der Größe des Bildes, das ja hier recht klein ist. Bestätigen Sie den Dialog mit OK.

Abbildung 11.27 ▶
Mit dem Filter UNSCHARF MASKIEREN werden die Striche deutlicher.

3   Schwellwert verwenden
MIT FARBEN • SCHWELLWERT entfernen Sie die Graustufen endgültig, so dass es im Bild nur noch Schwarz und Weiß gibt. Ziehen

Sie den schwarzen Regler ❸ nach rechts bis auf den Wert 200. Je weiter Sie diesen Regler nach rechts ziehen, desto mehr schwarze Pixel werden angezeigt. Bestätigen Sie den Dialog mit OK.

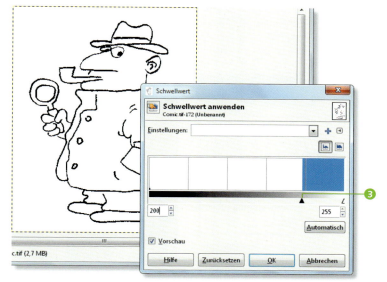

◀ **Abbildung 11.28**
Mit dem SCHWELLWERT steuern Sie die weißen und schwarzen Pixel.

4 In Bitmap konvertieren

Um das Bild am Ende in eine Bitmap zu konvertieren, rufen Sie den Dialog BILD • MODUS • INDIZIERT auf, wählen dort die Option SCHWARZ/WEISS-PALETTE (1-BIT) VERWENDEN und bestätigen mit OK.

▲ **Abbildung 11.29**
Eine Bitmap erzeugen

Anstatt eine Bitmap zu erzeugen, können Sie das Bild auch mit dem Pinsel oder dem Füllen-Werkzeug kolorieren. Beim Füllen-Werkzeug müssen Sie nur darauf achten, dass die Bereiche, die Sie füllen, geschlossen sind. Dies können Sie ansonsten nachträglich mit einem schwarzen Stift beheben.

▲ **Abbildung 11.30**
Links sehen Sie das eingescannte Ausgangsbild. Das Bild in der Mitte zeigt das Ergebnis nach der Bitmap-Konvertierung, und das Bild rechts wurde nachträglich koloriert.

11.4 Der Schwellwert – schwarze und weiße Pixel trennen

Den Schwellwert haben Sie bereits im Abschnitt zuvor kurz kennengelernt. Mit diesem Werkzeug wandeln Sie die aktive Ebene oder Auswahl in ein reines Schwarz und Weiß um – also ohne Graustufen. Nützlich ist dies beispielsweise bei eingescannten Bildern mit Text, um die Lesbarkeit des Textes zu verbessern. Den Dialog rufen Sie über Farben • Schwellwert auf.

Über das Plus-Symbol ❷ können Sie aktuelle Einstellungen speichern und über die Dropdown-Liste daneben ❶ jederzeit wieder laden.

Die Helligkeitswerte des Bildes werden hier in einem Histogramm ❸ dargestellt. Den Schwellwert passen Sie mit dem schwarzen ❻ und dem weißen ❼ Schieberegler (oder den entsprechenden Eingabefeldern) darunter an. Mit diesen Reglern legen Sie fest, welche Pixel zu Weiß und welche zu Schwarz konvertiert werden sollen. Der ausgewählte Bereich wird blau markiert ❹ im Histogramm angezeigt, und der Rest erscheint weiß ❺.

> **Antialiasing**
> Da Ihnen für dieses Werkzeug nur die Farben Schwarz und Weiß zur Verfügung stehen, sollte auch klar sein, dass hiermit auch eventuell vorhandenes Antialiasing verloren geht.

11.4 Der Schwellwert – schwarze und weiße Pixel trennen

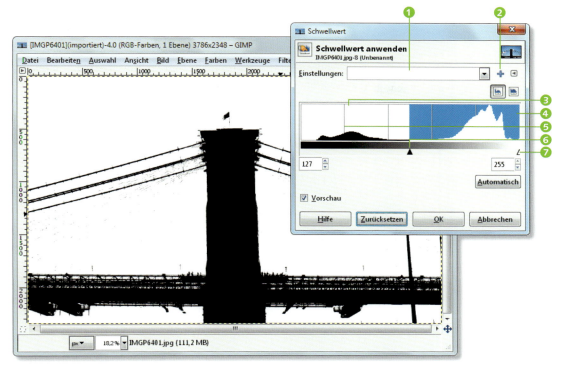

▲ **Abbildung 11.31**
Der Dialog SCHWELLWERT

Hellste und dunkelste Pixel anzeigen | Mit Hilfe des Dialogs SCHWELLWERT können Sie sehr gut die hellsten und dunkelsten Pixel in einem Bild ermitteln. Hierzu verschieben Sie den Regler einfach in die Richtung, in der Sie den Bereich ermitteln wollen.

▼ **Abbildung 11.32**
Um die hellsten Pixel in einem Bild zu ermitteln, schieben Sie den schwarzen Regler ❽ nach rechts.

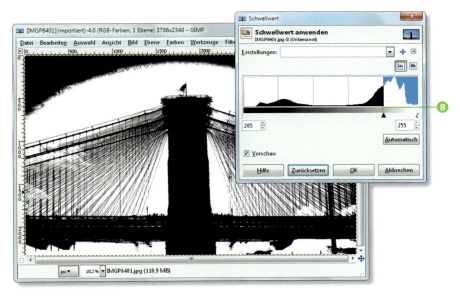

Kapitel 11   Schwarzweißbilder

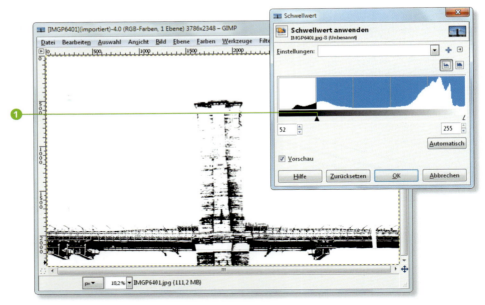

▲ **Abbildung 11.33**
Für die dunkelsten Pixel brauchen Sie den schwarzen Regler ❶ nur nach links zu ziehen.

Teil IV
Schärfen und Weichzeichnen

Kapitel 12
Bilder schärfen

Der letzte Arbeitsschritt, um einem Bild den Feinschliff zu verpassen, ist häufig das Nachschärfen. Auch bei Bildern, in denen durch Skalieren oder Einscannen Unschärfe entstanden ist, kann das Nachschärfen noch einiges verbessern.

12.1 Schärfe im Detail

In vielen Büchern über digitale Fotografie oder Bildbearbeitung wird Schärfe kurz und bündig als das Hervorheben von Details und Konturen zusammengefasst. Dies ist natürlich richtig, aber eben nur eine kurze Zusammenfassung.

Genau genommen, ist es so, dass der Schärfeeindruck ganz besonders stark vom Kontrast abhängt. Je höher die Helligkeitsunterschiede bei den Details eines Bildes sind, desto schärfer wirkt das Bild auf den Betrachter. Aber auch andere Faktoren, wie die Sättigung von Farben und das Zusammenpassen von verschiedenen Farbtönen, spielen eine wichtige Rolle in unserer Wahrnehmung von Schärfe.

▲ **Abbildung 12.1**
Je höher die Helligkeitsunterschiede bei den Details, desto kontrastreicher und schärfer erscheint das Bild.

▲ **Abbildung 12.2**
Hier das Gegenstück, das diesen Zusammenhang demonstrieren soll. Das Bild wurde nur heller gemacht.

▲ **Abbildung 12.3**
Hier wurde eine schwache Farbsättigung mit ähnlichen Farbtönen verwendet, wodurch das Bild nicht so kontrastreich und scharf wirkt.

▲ **Abbildung 12.4**
Das krasse Gegenteil: In diesem Beispiel wurde eine hohe Farbsättigung verwendet, und die rote Schrift lässt sich auf dem grünen Hintergrund sehr gut lesen, wodurch wieder ein kontrastreicherer und schärferer Eindruck entsteht.

▲ **Abbildung 12.5**
Und natürlich der Klassiker zum Thema Schärfen: Das Bild wirkt unscharf, weil die Kanten nicht klar und deutlich erkennbar sind. Je abrupter die Übergänge von hell zu dunkel sind, desto schärfer ist die Abbildung.

Zum Nachlesen
Auf das RAW-Format geht Teil XI des Buches näher ein.

Schärfen in der Kamera | Wie scharf Sie ein Bild mit einer Kamera erstellen können, hängt im großen Maße vom verwendeten Objektiv, vom Bildsensor und vom eingebauten Prozessor ab. Je leistungsfähiger (und leider meistens auch teurer) diese einzelnen Komponenten sind, desto bessere Ergebnisse werden Sie erzielen. Der Prozessor der Kamera schärft das Bild vor dem Abspeichern durch eine Kontrastanhebung und Kantenkorrektur häufig noch nach. Bei vielen Kameras lässt sich diese Option manuell nachregulieren oder ganz abstellen. Denn das Nachschärfen in der Kamera ist nicht dasselbe wie das Nachschärfen am Computer.

12.2 Häufige Fehler beim Schärfen

Zunächst sollten Sie nicht den Fehler machen, das nachträgliche Schärfen mit dem Scharfstellen eines Objektivs zu vergleichen. Das Scharfzeichnen ist eine reine Rechenoperation des Rechners, bei der er benachbarte Pixel miteinander vergleicht. Immer dort, wo die Pixel mit einer bestimmten unterschiedlichen Helligkeit nebeneinanderliegen, erhöht ein Schärfefilter den Kontrast zwischen den Pixeln.

Wie stark dieser Kontrast erhöht wird, hängt wiederum davon ab, wie Sie mit den Schiebereglern der Schärfen-Werkzeuge arbeiten. Übertreiben Sie es hier mit den Werten, wirkt das Bild schnell überschärft, und es treten unerwünschte Artefakte mit auffälligem Bildrauschen oder ein weißer Saum um die Kontrastgrenzen (auch Halo-Effekt genannt) auf.

Das Problem soll an den folgenden Abbildungen, einer Blüte in der 100%-Ansicht, demonstriert werden. Das Bild links oben ❶ ist unser ungeschärftes Ausgangsbild. Das Bild daneben ❷ wurde normal geschärft. Das Bild unten links ❸ wurde bereits

Bluete_normal.jpg,
Bluete_geschaerft.jpg,
Bluete_ueberschaerft.jpg,
Bluete_total_ueberschaerft.jpg

leicht überschärft, wodurch es bei den Farbübergängen schon zu unerwünschten Artefakten kommt. Das Bild rechts unten ❹ wurde extrem überschärft, weshalb hier auch der weiße Saum (Halo-Effekt) und eine Verfälschung der Farben die Folge waren.

◀ **Abbildung 12.6**
Verschiedene Schärfestufen im Vergleich

Schärfung beurteilen | Anhand der Darstellungen der Blüte dürften Sie festgestellt haben, dass das Nachschärfen doch eine anspruchsvollere Aufgabe ist. Wichtig ist auf jeden Fall, dass Sie, um das Schärfen überhaupt beurteilen zu können, die Ansicht des Bildes auf 100 % (1:1) stellen, z. B. mit dem Tastenkürzel 1. Nur in dieser Ansicht können Sie das nachträgliche Schärfen und mögliche Fehler, die damit passieren können, beurteilen.

12.3 Der Klassiker – »Unscharf maskieren«

Immer noch das beliebteste und wohl bekannteste Werkzeug zum Nachschärfen von Bildern dürfte UNSCHARF MASKIEREN (kurz USM) sein. Diesen Filter rufen Sie über FILTER • VERBESSERN • UNSCHARF MASKIEREN auf.

▲ **Abbildung 12.7**
Zur Beurteilung der Schärfe am Bildschirm müssen Sie die Ansicht des Bildes auf mindestens 100 % stellen. Hier wurde der Dialog NAVIGATION verwendet.

Kapitel 12 Bilder schärfen

Bildausschnitt ändern
Die Vorschau wird natürlich in der 100%-Ansicht (1:1) angezeigt. Mit gedrückter linker Maustaste innerhalb der Vorschau ❶ oder mit den beiden Scrollbalken können Sie den Bildausschnitt verschieben. Gleiches erreichen Sie auch mit dem kleinen Verschieben-Symbol ❻ rechts unten in der Vorschau.

Wenn Sie das Häkchen VORSCHAU ❷ aktiviert lassen, wird das Bild in der Vorschau ❶ so behandelt, als wäre der Filter auf das Bild angewendet worden.

Abbildung 12.8 ▶
Der Filter UNSCHARF MASKIEREN

Mehrmals schärfen
Anstatt einmal einen großen Wert zum Schärfen zu verwenden, geht man mittlerweile in der Praxis dazu über, eher mehrmals mit einem kleinen Wert nachzuschärfen, was das Risiko der Überschärfung minimiert.

Mit dem Schieberegler RADIUS ❸ stellen Sie ein, wie viele Pixel auf jeder Seite der geschärften Kanten ebenfalls mit geschärft werden sollen. Der geeignete Wert hängt immer von der Pixelauflösung des Bildes ab. Je höher die Auflösung des Bildes ist, desto höher kann auch dieser Wert sein. Der Wert reicht von 0 bis 120.

Mit dem Schieberegler MENGE ❹ bestimmen Sie die eigentliche Stärke der Schärfung. Der Wert reicht hier von 0,0 bis 10,0. Natürlich hängt der zu verwendende Wert auch vom Bildmotiv ab, allerdings werden Sie wohl selten einen Wert höher als 2,5 verwenden.

»Schwellwert« verwenden
Der SCHWELLWERT ist ein zwiespältiger Wert. In der Praxis ist es selten sinnvoll, diesen Wert zu erhöhen, weil Sie hiermit letztendlich nur den zu hoch eingestellten Wert von MENGE wieder ausbügeln würden. Als Folge müssten Sie wiederum den Wert von MENGE erhöhen.

Mit dem SCHWELLWERT ❺ wählen Sie einen Farbbereich von 0 bis 255. Damit legen Sie fest, wie hoch der Wertunterschied zwischen zwei Pixeln sein muss, damit diese geschärft werden. Je niedriger dieser Wert ist, desto stärker wird geschärft. Dieser Wert ist beispielsweise bei weichen Farbübergängen nützlich oder um Bildfehler wie Bildrauschen und Körnungen bei zu starkem Schärfen zu verringern.

In der Praxis würde ich Ihnen empfehlen, das Bild vorher in den Lab-Modus zu zerlegen und anschließend nur auf dem Helligkeitskanal den Filter UNSCHARF MASKIEREN anzuwenden (siehe Seite 332, »Schärfen im Lab-Modus«).

12.3 Der Klassiker – »Unscharf maskieren«

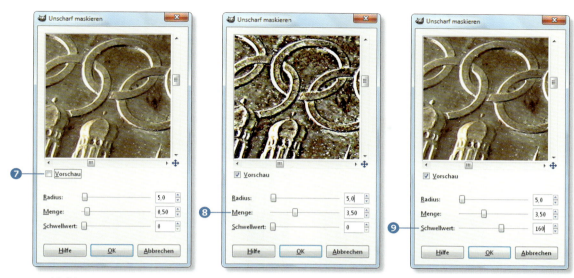

▲ **Abbildung 12.9**
Im linken Bild habe ich das Häkchen vor der Vorschau ❼ entfernt, damit Sie die 1:1-Ansicht der Münze ohne Schärfung sehen können. Im mittleren Bild wurde die Vorschau aktiviert und mit dem Wert 3,50 bei Menge ❽ extrem überschärft. Im dritten Bild werden diese Nebenwirkungen mit dem Regler Schwellwert ❾ ausgebügelt, wodurch unterm Strich keine Verbesserung zum Ausgangsbild zu sehen ist. In der Praxis würde der Regler Schwellwert natürlich nicht so stark angewendet, aber hier sollte demonstriert werden, dass der Regler Schwellwert häufig nur ein zu starkes Schärfen mit dem Regler Menge rückgängig macht.

Schritt für Schritt:
Bilder schärfen mit »Unscharf maskieren«

Statue.jpg

Im Folgenden gebe ich Ihnen eine kurze Einführung, wie Sie gewöhnlich vorgehen können, um Bilder mit dem Filter Unscharf maskieren nachzuschärfen. Die verwendeten Werte sind natürlich nicht allgemeingültig und lassen sich nur in diesem Fall so anwenden.

1 »Unscharf maskieren« aufrufen
Laden Sie das Bild in GIMP, und rufen Sie Filter • Verbessern • Unscharf maskieren auf. Suchen Sie sich jetzt über die Vorschau ❿ einen geeigneten Bildausschnitt aus, um ihn beim anschließenden Nachschärfen im Auge zu behalten.

2 Bild schärfen
Zum Einstellen der Schärfe sollten Sie zunächst den Schieberegler Menge erhöhen. Achten Sie darauf, dass es nicht zu Farbverfälschungen kommt oder weiße Säume entstehen. In diesem

▲ **Abbildung 12.10**
Der Filter Unscharf maskieren im Einsatz

Beispiel wurde der Regler auf den Wert 0,75 gestellt. Um diesen geschärften Bereich auf die benachbarten Pixel der geschärften Kanten auszuweiten, können Sie den Wert für RADIUS erhöhen. Im Beispiel wurde dieser Wert auf 5 belassen. Bestätigen Sie den Dialog mit OK.

3 Analyse

In diesem Beispiel hätte man durchaus noch mit einem erhöhten RADIUS-Wert experimentieren können. Ich empfehle Ihnen ohnehin, diesen Filter ausgiebig zu testen, um ein Gefühl dafür zu bekommen.

▲ **Abbildung 12.11**
Das Ausgangsbild

▲ **Abbildung 12.12**
Das Bild nach dem Nachschärfen. Jetzt ist die Struktur viel deutlicher geworden.

12.4 Schärfen fürs Grobe

Im Menü FILTER • VERBESSERN • SCHÄRFEN finden Sie einen weiteren Filter zum Nachschärfen von Bildern. Allerdings bietet dieser Filter keine so feine Steuerung wie UNSCHARF MASKIEREN und eignet sich daher höchstens einmal für ein einfaches Nachschärfen. Deswegen empfehle ich Ihnen, stattdessen auf UNSCHARF MASKIEREN zurückzugreifen.

Mit einem Häkchen vor VORSCHAU ❷ wirken sich die Einstellungen sofort auf den dargestellten Bildausschnitt ❶ aus. Die Stärke der Schärfung stellen Sie mit dem Schieberegler SCHÄRFE ❸ auf einen Wert von 1 bis 99 ein. Je höher der Wert, desto stärker wird das Bild nachgeschärft.

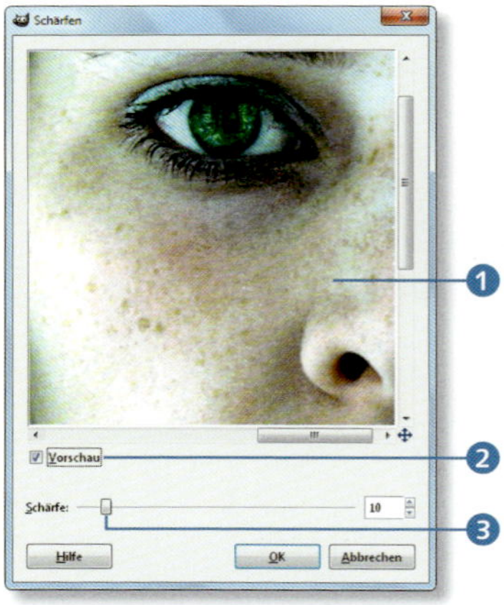

▲ **Abbildung 12.13**
Der Filter SCHÄRFEN eignet sich eher für einfaches Nachschärfen.

12.5 Schärfen mit dem NL-Filter

Den Dialog NL-FILTER (NL = nicht linear) würde man nicht auf den ersten Blick als Schärfe-Methode erkennen, aber der Filter, den Sie über FILTER • VERBESSERN • NL-FILTER aufrufen, ist ein gemischtes Werkzeug zum Entfernen von Flecken, zum Weichzeichnen und zur Kantenverstärkung (und somit auch Schärfenerhöhung).

Um den NL-FILTER zum Schärfen zu verwenden, wählen Sie unter FILTER die Option KANTENVERSTÄRKUNG ❹ aus. Wie Sie schon am Namen herauslesen, hebt diese Funktion die Kanten hervor, was, wie Sie mittlerweile wissen, die Schärfung verbessert. Wie stark die Kanten betont werden sollen, steuern Sie mit dem Regler ALPHA ❺. Je höher Sie hierbei den Wert zwischen 0,00 und 1,00 ziehen, desto mehr verstärken Sie die Kanten. Mit dem zweiten Schieberegler, RADIUS ❻, regulieren Sie die Größe des Bereichs, der für diese Kantenverstärkung verwendet wird.

Zum Nachlesen
Die restlichen Funktionen dieses Filters werden in Abschnitt 13.5, »Weichzeichnen mit dem NL-Filter, auf Seite 572, »NL-Filter«, und in Abschnitt 27.2, »Unerwünschter Raster-Effekt: Moiré abschwächen«, beschrieben.

Abbildung 12.14 ▲
Mit dem NL-FILTER können Sie das Bild auch nachschärfen. Ein guter Einstiegswert liegt hier bei ALPHA mit 0,30 und RADIUS mit 0,80.

12.6 Spezielle Schärfe-Techniken

Die vorgestellten Techniken setzen Kenntnisse über Ebenen voraus und richten sich daher eher an fortgeschrittene Anwender. Trotzdem ist es natürlich auch möglich, die Schritt-für-Schritt-Anleitungen ohne besondere Vorkenntnisse umzusetzen.

Hochpass-Schärfen

Das Hochpass-Schärfen ist ideal bei plastischen Bildern mit vielen Kanten. Der Vorteil dieser Methode ist, dass sie nicht so viele unerwünschte Artefakte erzeugt. Leider bietet GIMP von Haus aus keinen Hochpass-Filter an, so dass Sie diese Arbeitsschritte entweder selbst durchführen oder ein entsprechendes Plugin nachinstallieren müssen. Auf beide Varianten gehe ich hier ein.

Zum Nachlesen
Das Thema »Ebenen« wird im gleichnamigen Teil V des Buches ausführlich beschrieben.

Schritt für Schritt:
Schärfen im Hochpass

1 Ebenen duplizieren
Laden Sie das Bild in GIMP, und öffnen Sie den EBENEN-Dialog (z. B. mit `Strg`/`Ctrl`+`L`). Duplizieren Sie jetzt das zu schärfende Bild über die entsprechende Schaltfläche ❶ (Abbildung 12.15) im EBENEN-Dialog (oder mit `Strg`/`Ctrl`+`⇧`+`D`) zweimal, so dass Sie insgesamt drei gleiche Ebenen im EBENEN-Dialog vorfinden.

Lion.jpg

2 Hochpass vorbereiten

Wählen Sie die oberste Ebene ❸ im EBENEN-Dialog aus, und invertieren Sie die Farben über FARBEN • INVERTIEREN. Stellen Sie jetzt noch den MODUS ❷ der Ebene auf FASER MISCHEN, und Sie sollten ein graues Bild ❹ erhalten (weil sich beide Farben aufheben).

▲ **Abbildung 12.15**
Ebene zweimal duplizieren

Abbildung 12.16 ▶
Die Fläche zum Hochpass-Schärfen vorbereiten

3 Ebene weichzeichnen

Wählen Sie erneut die oberste Ebene, und rufen Sie FILTER • WEICHZEICHNEN • GAUSSSCHER WEICHZEICHNER auf. Abhängig davon, wie stark Sie jetzt den WEICHZEICHENRADIUS ❺ für HORIZONTAL und VERTIKAL einstellen, wird anschließend das Bild umso stärker (!) geschärft. Im Beispiel habe ich für beide Radien den Wert 20 verwendet. Bestätigen Sie mit OK.

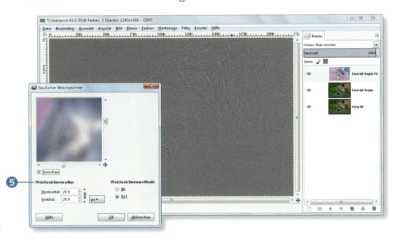

Abbildung 12.17 ▶
Durch das Weichzeichnen stellen Sie jetzt schon die Bildschärfe ein.

4 Hochpass-Schärfen

Wählen Sie die oberste der drei Ebenen aus. Rufen Sie im Menü EBENE • NACH UNTEN VEREINEN auf. Jetzt haben Sie nur noch zwei Ebenen im EBENEN-Dialog.

12.6 Spezielle Schärfe-Techniken

Verwenden Sie nun die graue Ebene ❽ im EBENEN-Dialog, und stellen Sie den MODUS ❻ auf ÜBERLAGERN. Anschließend sollten Sie im Bild eine deutliche Schärfeverbesserung erkennen. Wollen Sie das Bild noch stärker schärfen, duplizieren Sie einfach die oberste graue Ebene ❽ über die entsprechende Schaltfläche ❾ im EBENEN-Dialog (oder mit [Strg]/[Ctrl]+[⇧]+[D]). Wirkt die Schärfung dann zu unruhig, können Sie auch die DECKKRAFT ❼ der obersten Ebene etwas reduzieren.

◀ Abbildung 12.18
Fertig ist das Hochpass-Schärfen.

5 Bild zusammenfügen

Klicken Sie jetzt noch mit der rechten Maustaste im EBENEN-Dialog auf eine der Ebenen, und wählen Sie im Kontextmenü BILD ZUSAMMENFÜGEN aus.

▲ Abbildung 12.19
Das Ausgangsbild

▲ Abbildung 12.20
Das Bild nach dem Schärfen mit der Hochpass-Technik

Foto: Stephan Lubahn

Kapitel 12 Bilder schärfen

Zum Nachlesen
Wie Sie GIMP um Skript-Fu-Programme erweitern, beschreibt Abschnitt 39.3, »Skript-Fu-Programme installieren«.

Abbildung 12.21 ▶
Schneller geht das Hochpass-Schärfen mit dem Skript-Fu-Programm HighPass Sharpen. Den Weichzeichenradius stellen Sie hier über BLUR RADIUS ein. Die Deckkraft der beiden Ebenen bestimmen Sie mit SHARPENING LAYER OPACITY. Aktivieren Sie die Option FLATTEN IMAGE, werden die Ebenen auch gleich zu einem Bild zusammengefügt.

Sextant.jpg

Plugin »HighPass Sharpen« | Den ganzen Vorgang gibt es auch als komplettes Skript-Fu-Programm auf *http://registry.gimp.org* unter dem Namen *HighPass Sharpen*. Nach der Installation rufen Sie es über FILTER • EG • SHARPEN (HIGHPASSFILTER) auf.

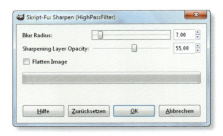

Schärfen im Lab-Modus

Da wir in GIMP das Bild auch im Lab-Modus zerlegen können, sollten Sie diese Möglichkeit der Schärfung bevorzugen. Zwar verwenden Sie hier auch den Filter UNSCHARF MASKIEREN, aber in diesem Fall nur auf den Helligkeitswert bzw. Helligkeitskanal (oder kurz »L« für *Luminance*). Der Vorteil des Schärfens in diesem Modus liegt darin, dass hierbei weniger weiße Säume, weniger Farbrauschen und auch weniger (JPEG-)Artefakte auftreten. Auch diese Methode können Sie entweder manuell durchführen oder ein Skript-Fu-Programm verwenden.

Schritt für Schritt: Schärfen im Lab-Modus

▲ **Abbildung 12.22**
Bild in die einzelnen Kanäle des Lab-Modus zerlegen

1 Bild in Lab-Modus zerlegen
Zunächst zerlegen Sie das Bild in die einzelnen Kanäle des Lab-Modus, und zwar mit FARBEN • KOMPONENTEN • ZERLEGEN. Wählen Sie bei FARBMODUS ❶ LAB aus. Lassen Sie außerdem das Häkchen vor IN EBENEN ZERLEGEN ❷ gesetzt. Mit OK wird das Bild zerlegt und in einem neuen Bildfenster als Graustufenbild mit den drei Ebenen »L«, »A« und »B« geöffnet.

2 Helligkeitskanal schärfen
Öffnen Sie gegebenenfalls den EBENEN-Dialog (beispielsweise mit [Strg]/[Ctrl]+[L]), und wählen Sie die oberste Ebene mit dem Buchstaben »L« (den Helligkeitskanal) aus. Rufen Sie FILTER • VERBESSERN • UNSCHARF MASKIEREN auf, und schärfen Sie die Ebene. Im Beispiel wurde für RADIUS ❸ der Wert 5,0 und für MENGE ❹ der Wert 1,00 verwendet. Bestätigen Sie den Dialog mit OK ❺.

12.6 Spezielle Schärfe-Techniken

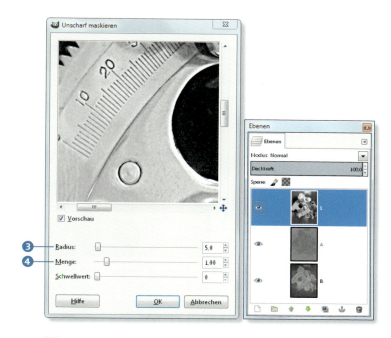

◄ **Abbildung 12.23**
Den Helligkeitskanal schärfen

3 Bild wieder zusammenfügen

Setzen Sie jetzt das Bild über Farben • Komponenten • Wieder zusammenfügen zusammen. Das Fenster mit dem Graustufenbild, in dem das Bild in den Lab-Modus zerlegt wurde, können Sie wieder schließen. Das Bild, das Sie zuvor im Lab-Modus zerlegt haben, sollte jetzt eindeutig schärfer geworden sein.

▲ **Abbildung 12.24**
Das Ausgangsbild

▲ **Abbildung 12.25**
Das Bild nach dem Schärfen des Helligkeitskanals

Vergleichsanalyse | Was ist denn nun so viel besser am Schärfen im Lab-Modus im Vergleich zum normalen RGB-Modus, werden Sie sich fragen. Am besten dürfte es sein, Sie probieren beides mit einem etwas übertriebenen MENGE-Wert im UNSCHARF MASKIEREN-Dialog aus. In den folgenden Abbildungen wurde bei MENGE jeweils der Wert 3,0 verwendet. Urteilen Sie selbst nach Prüfung der 100%-Ansicht…

▲ **Abbildung 12.26**
Das Ausgangsbild vor dem Schärfen

▲ **Abbildung 12.27**
Schärfen mit dem Filter UNSCHARF MASKIEREN im Lab-Modus

▲ **Abbildung 12.28**
Schärfen mit UNSCHARF MASKIEREN mit demselben Wert im RGB-Modus. Farbfehler, ein weißer Saum und erhöhtes Bildrauschen treten im Vergleich zum Schärfen im Lab-Modus extrem auf.

Plugin »LAB Sharpen« | Auch für das Schärfen im Lab-Modus gibt es natürlich längst ein Skript-Fu-Programm auf http://registry.gimp.org unter dem Namen LAB Sharpen. Sie erreichen es nach der Installation über FILTER • AK • LAB SHARPEN.

Abbildung 12.29 ▶
Das Plugin LAB Sharpen. Die drei Regler entsprechen in der Reihenfolge exakt den Reglern des Dialogs UNSCHARF MASKIEREN, der hier allerdings nur auf den Helligkeitskanal (im Lab-Modus) ausgeführt wird.

Zum Nachlesen
Wie Sie GIMP um Skript-Fu-Programme erweitern, lesen Sie in Abschnitt 39.3, »Skript-Fu-Programme installieren«.

Schärfen mit Kontrastverbesserung

Die einfachste, aber selten bedachte Methode zur Schärfung von Bildern ist die Erhöhung des Kontrasts bzw. das Anpassen der Tonwerte im Histogramm. Durch die Verbesserung des Kontrasts erhöht sich immer der **subjektive Schärfeeindruck**. Der Vorteil dieser Methode ist natürlich, dass Sie sich nicht mit negativen Effekten wie Bildrauschen, Artefakten usw. auseinandersetzen müssen. Dazu zeige ich Ihnen ebenfalls ein kleines Beispiel.

In der Abbildung mit der Statue erfolgte zunächst eine einfache Tonwertkorrektur mit dem WERTE-Dialog. Hierbei wurden zunächst die Lichter und Tiefen der Kanäle ROT, GRÜN und BLAU an den Anfang der Histogrammberge verschoben. Der Kontrast wurde anschließend noch mit dem KURVEN-Dialog mit einer S-Kurve verstärkt.

Zum Nachlesen
Wie Sie eine Tonwertkorrektur mit den Dialogen KURVEN und WERTE erstellen, erfahren Sie Abschnitt 6.2, »Werkzeuge zur Tonwertkorrektur«.

▲ Abbildung 12.30
Eine Tonwertkorrektur hilft schon mal, die Lichter und Tiefen des Bildes an das Histogramm anzupassen …

▲ Abbildung 12.31
… und der KURVEN-Dialog unterstützt Sie enorm beim Verbessern des Kontrasts.

 Marschall_Zhukov.jpg

▲ Abbildung 12.32
Als Ausgangsbild dient diese kontrastarme Statue von Marschall Zhukov.

▲ Abbildung 12.33
Nach einer Tonwertkorrektur mit dem WERTE-Dialog und einer Verbesserung mit dem KURVEN-Dialog in Form einer S-Kurve wirkt das Bild deutlich schärfer, ohne dass hier wirklich geschärft wurde.

12.7 Partielles Schärfen

Natürlich können Sie auch nur einzelne Bildbereiche schärfen. Auch dafür bietet GIMP ein Werkzeug an. Wie Sie gleich sehen werden, ist dieses Werkzeug allerdings nicht unbedingt die erste Wahl, deshalb will ich Ihnen anschließend eine spezielle Technik zeigen, die für das partielle Schärfen besser geeignet ist als das Werkzeug.

Werkzeug »Weichzeichnen/Schärfen«

Wenn Sie einzelne Bildbereiche schärfen (oder auch weichzeichnen) wollen, können Sie das Werkzeug WEICHZEICHNEN/SCHÄRFEN (Tastenkürzel ⇧+U) verwenden.

Ich möchte Ihnen aber von diesem Schärfen-Werkzeug abraten, denn seine Wirkung verstärkt sich mit jeder weiteren Anwendung, so dass meistens ein unerwünschtes Bildrauschen auftritt. Das Risiko der Überschärfung und der Überzeichnung ist bei Anwendung dieses Werkzeugs sehr groß.

▲ **Abbildung 12.34**
Die Werkzeugeinstellungen von WEICHZEICHNEN/SCHÄRFEN

Werkzeugoptionen | Der Großteil der Werkzeugoptionen zum Einstellen der Pinselspitze im Allgemeinen wird auf Seite 221, »Gemeinsame Werkzeugeinstellungen«, beschrieben, weil diese Einstellungen bei den Malwerkzeugen identisch sind.

Unter VERKNÜPFUNGSART ❷ wählen Sie aus, ob Sie das Werkzeug zum WEICHZEICHNEN oder zum SCHÄRFEN verwenden wollen. Sie können hier auch mit gehaltener Strg/Ctrl-Taste im laufenden Betrieb zwischen beiden Werkzeugen wechseln.

Mit dem Regler RATE ❸ bestimmen Sie, wie stark das Werkzeug angewendet wird. Je höher der Wert ist, desto stärker wird scharf- bzw. weichgezeichnet. Allerdings ist der Standardwert 50 häufig schon zu stark.

Werkzeug anwenden | Das Werkzeug ist wie ein gewöhnlicher Pinsel anzuwenden. Mit gedrückter linker Maustaste überstreichen Sie den Bereich im Bild, den Sie schärfen oder weichzeichnen wollen. Beachten Sie allerdings, dass das Werkzeug leider verstärkend arbeitet. Das bedeutet, jedes Mal, wenn Sie einen bestimmten Bereich überstreichen, wird die Wirkung des Werkzeugs verwendet und meistens leider auch verstärkt. Mit dem Reduzieren der DECKKRAFT ❶ können Sie diesen Effekt abmildern.

12.7 Partielles Schärfen

◄ **Abbildung 12.35**
Das SCHÄRFEN-Werkzeug im Einsatz

Partielles Schärfen mit Ebenenmaske

Besser als mit dem SCHÄRFEN-Werkzeug geht das partielle Schärfen über eine Ebenenmaske. Die folgende Anleitung richtet sich ganz klar an fortgeschrittene Anwender, ist aber auch ohne Vorwissen leicht umzusetzen.

In dieser Schritt-für-Schritt-Anleitung werden Sie sehen, wie Sie einzelne Bereiche in einem Bild ganz einfach nachschärfen können. Hier wollen wir uns nochmals des Bildes von Marschall Zhukov bedienen.

Zum Nachlesen
In diesem Abschnitt werden neben Ebenen, die in Teil V des Buches beschrieben werden, auch Ebenenmasken verwendet, die in Kapitel 17, »Ebenenmasken«, behandelt werden.

Schritt für Schritt:
Einzelne Bildbereiche schärfen

1 Ebene duplizieren
Laden Sie das Bild in GIMP, und öffnen Sie den EBENEN-Dialog (beispielsweise mit [Strg]/[Ctrl]+[L]). Duplizieren Sie die Ebene mit der entsprechenden Schaltfläche ❶ (Abbildung 12.36) im EBENEN-Dialog (oder mit [Strg]/[Ctrl]+[⇧]+[D]). Jetzt sollten Sie zwei gleiche Ebenen im EBENEN-Dialog vorfinden.

2 Untere Ebene schärfen
Wählen Sie jetzt die untere Ebene ❹ (Abbildung 12.37) im EBENEN-Dialog, und schärfen Sie sie. Im Beispiel habe ich einfach FILTER • VERBESSERN • UNSCHARF MASKIEREN verwendet. Der Wert für RADIUS ❷ betrug 5,0 und für die MENGE ❸ 0,40. Bestätigen Sie den Dialog mit OK.

Marschall_Zhukov_2.jpg.tif

▲ **Abbildung 12.36**
Ebene duplizieren

Kapitel 12 Bilder schärfen

Weitere Schärfetechniken
Ich kann Ihnen als Schärfetechnik auch noch das Schärfen im Lab-Modus empfehlen, wie dies auf Seite 332, »Schärfen im Lab-Modus«, beschrieben wurde.

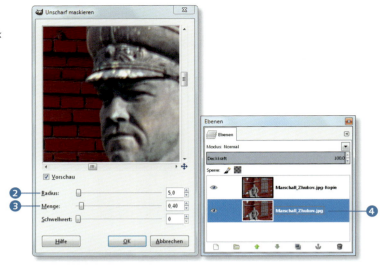

Abbildung 12.37 ▶
Untere Ebene schärfen

Schärfentiefe
Dieser dritte Arbeitsschritt ist optional. Damit können Sie aber die Schärfentiefe des Bildes verbessern. In unserem Beispiel führt es dazu, dass die Statue im Vordergrund noch besser vom Hintergrund abgehoben wird.

3 Obere Ebene weichzeichnen

Wählen Sie jetzt die obere Ebene ❻ im Dialog aus, und zeichnen Sie sie über Filter • Weichzeichnen • Gaussscher Weichzeichner weich. Als Weichzeichnenradius ❺ für Horizontal und Vertikal wurde jeweils der Wert 30,0 verwendet. Bestätigen Sie den Dialog mit OK, und Sie haben eine scharf- und eine weichgezeichnete Ebene im Ebenen-Dialog. Wie stark Sie weichzeichnen, hängt natürlich auch vom verwendeten Motiv ab.

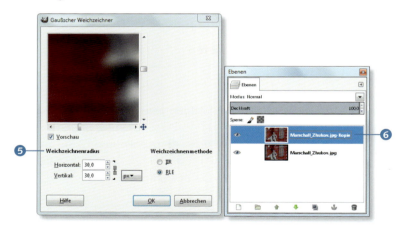

Abbildung 12.38 ▶
Optional: obere Ebene weichzeichnen

4 Ebenenmaske hinzufügen

Während nach wie vor die obere Ebene ❾ im Ebenen-Dialog ausgewählt ist, rufen Sie jetzt Ebene • Maske • Ebenenmaske hinzufügen auf. Wählen Sie im sich öffnenden Dialog unter Ebenenmaske initialisieren mit die Option Weiss (volle Deckkraft) ❼, und klicken Sie auf die Schaltfläche Hinzufügen ❽.

12.7 Partielles Schärfen

◀ Abbildung 12.39
Ebenenmaske hinzufügen

5 Pinsel einstellen

Jetzt sind noch die letzten Vorkehrungen zu treffen. Wählen Sie das PINSEL-Werkzeug ❿ aus, und verwenden Sie einen ausreichend großen Pinsel über GRÖSSE ⓬. Benutzen Sie die Standardfarben für Vordergrund- und Hintergrundfarbe, indem Sie auf ⓫ beim Farbauswahlbereich klicken. Aktivieren Sie jetzt im EBENEN-Dialog die Ebenenmaske ⓮. Dies ist wichtig, weil Sie sonst anschließend mit schwarzer Farbe ins Bild malen würden. Hier wollen wir keine Dynamik des Pinsels, weshalb DYNAMICS OFF ⓭ ausgewählt wurde.

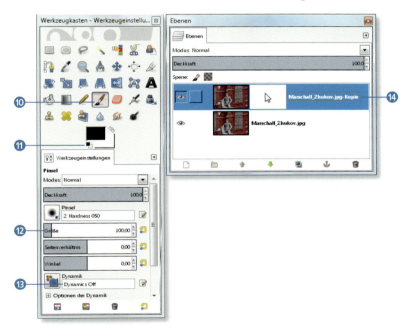

◀ Abbildung 12.40
Letzte Vorkehrungen treffen

6 Schärfe freimalen

Vergrößern Sie den Bildausschnitt, und malen Sie mit dem schwarzen Pinsel auf die vorderen Statuenpartien ⓰; es kommt der ge-

Abbildung 12.41 ▼
Schärfe der unteren Ebene freimalen

schärfte Bereich der unteren Ebene ⑮ zum Vorschein. In der Ebenenmaske erkennen Sie diesen Bereich an der schwarzen Farbe ⑰. Wenn Sie zu viel Schärfe vom unteren Bild freigemalt haben, verwenden Sie einfach einen weißen Pinsel und decken den Bereich wieder ab. Für die Details werden Sie öfter die Pinselgröße ändern müssen, und es kann auch nützlich sein, eine weiche Pinselspitze zu verwenden, damit die Übergänge zwischen der weichgezeichneten und der geschärften Ebene nicht zu hart werden.

7 Bild zusammenfügen

Wenn Sie fertig sind, klicken Sie eine der Ebenen im EBENEN-Dialog mit der rechten Maustaste an und wählen im Kontextmenü BILD ZUSAMMENFÜGEN.

▲ **Abbildung 12.42**
Das Ausgangsbild

▲ **Abbildung 12.43**
Das Bild nach der partiellen Schärfung mit Hilfe von Ebenenmasken

Foto: Jürgen Wolf

Kapitel 13
Bilder weichzeichnen

Das Gegenstück zum Schärfen ist das Weichzeichnen (englisch blur), womit die Bildschärfe reduziert wird. Neben den Scharfzeichnen-Filtern gehören die Weichzeichnen-Filter zu den am häufigsten verwendeten Filterarten.

13.1 Gaußscher Weichzeichner

Der wohl bekannteste Weichzeichner ist der *Gaußsche Weichzeichner*, den Sie in GIMP über FILTER • WEICHZEICHNEN • GAUSSSCHER WEICHZEICHNER aufrufen. Der Filter wird in der Praxis unter anderem gerne verwendet, um bei Bildern noch mehr Schärfentiefe zu erzeugen und so die Aufmerksamkeit noch mehr auf ein bestimmtes Bildobjekt zu lenken.

Den Gaußschen Weichzeichner können Sie auf jede Ebene oder Auswahl anwenden. Dabei stellen Sie den WEICHZEICHNENRADIUS über HORIZONTAL ❶ (Abbildung 13.1) und VERTIKAL ❷ ein. Je höher Sie den Wert einstellen, desto mehr umliegende Pixel werden auf einen mittleren Farbwert gesetzt – oder genauer, desto stärker wird weichgezeichnet.

Standardmäßig wird das Weichzeichnen in die horizontale und vertikale Richtung gleichmäßig angewandt. Wollen Sie allerdings einen Bereich unterschiedlich stark weichzeichnen, klicken Sie das Kettensymbol ❸ an, damit diese Verbindung getrennt wird.

Außerdem stehen Ihnen mit IIR ❹ und RLE ❺ zwei verschiedene Methoden zur Verfügung. IIR (kurz für *Infinite Impulse Response*) ist die schnellere Version und ideal bei Bildern mit vielen verschiedenen Farbwerten, also Bildern, die nicht an einem Computer entstanden sind. RLE (kurz für *Run Length Encoding*) eignet

Workshop Schärfentiefe
Eine Schritt-für-Schritt-Anleitung, wie Sie bei einem Bild mehr Schärfentiefe mit dem GAUSSSCHEN WEICHZEICHNER hinzufügen, finden Sie auf Seite 337, »Partielles Schärfen mit Ebenenmaske«.

Kapitel 13 Bilder weichzeichnen

> **Tipp: Fotografieren mit Schärfentiefe**
>
> Wollen Sie echte Schärfentiefe beim Fotografieren erzielen, müssen Sie die Blende so weit wie möglich öffnen. Natürlich bedeutet dies meistens auch, dass Sie nicht mehr im Automatikmodus fotografieren können. Mehr Tipps und Rezepte zum Fotografieren finden Sie im Buch »Digitale Fotopraxis – Rezepte für bessere Fotos« von Jacqueline Esen, das ebenfalls beim Rheinwerk Verlag erschienen ist.

sich hingegen besser für Bilder mit großen gleichfarbigen Bereichen, was meistens auf am Computer erstellte Bilder zutrifft.

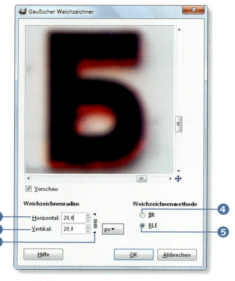

 nostep.jpg

▲ **Abbildung 13.1**
Der Filter Gaussscher Weichzeichner

▲ **Abbildung 13.2**
Gaussscher Weichzeichner nur mit horizontalem Weichzeichnenradius

▲ **Abbildung 13.3**
Gaussscher Weichzeichner nur mit vertikalem Weichzeichnenradius

13.2 Selektiver Gaußscher Weichzeichner

USflag.jpg

Den Filter Selektiver Gaussscher Weichzeichner erreichen Sie über Filter • Weichzeichnen • Selektiver Gaussscher Weichzeichner.

13.3 Kachelbarer Weichzeichner

In der Praxis eignet sich der Filter für kreative und künstlerische Zwecke. Er kann aber auch verwendet werden, um vorhandene JPEG-Artefakte zu entfernen. Ein weiteres Anwendungsgebiet ist das Entrauschen von Bildern. Besonders hilfreich ist es dabei, dass die Kanten erhalten bleiben.

Er wirkt nicht auf alle Pixel des Bildes oder der Auswahl, sondern nur auf die Pixel, deren Farben höchstens um den Wert von MAX. DELTA ❼ von den Farben der Pixel daneben abweichen. Wie viele Nachbarpixel zum Berechnen des Filters verwendet werden, geben Sie mit WEICHZEICHNENRADIUS ❻ an. Der Vorteil des Filters ist, dass Sie mit Hilfe des Werts von MAX. DELTA, im Gegensatz zum GAUSSSCHEN WEICHZEICHNER, Kanten gegen das Weichzeichnen schützen können.

Der Weichzeichner ist allerdings sehr rechenintensiv, und die Anwendung (wie auch die Vorschau) kann daher ein wenig dauern.

Abbildung 13.4 ▲
Der Dialog SELEKTIVER GAUSSSCHER WEICHZEICHNER

▲ **Abbildung 13.5**
Das Bild links ist das Ausgangsbild. Im mittleren Bild wurde der SELEKTIVE GAUSSSCHE WEICHZEICHNER mit einem WEICHZEICHNENRADIUS von 40 verwendet. Sie erkennen hierbei sehr schön, wie klare Bildkanten erhalten bleiben. Der gleiche Radius wurde auch für das rechte Bild benutzt, nur wurde hier zum Vergleich der GAUSSSCHE WEICHZEICHNER eingesetzt.

13.3 Kachelbarer Weichzeichner

Der Filter KACHELBARER WEICHZEICHNER, oder genauer gesagt das Skript-Fu-Programm, erstellt weiche Übergänge an den Bildrändern. Vorwiegend wird dieser Filter daher zur Erstellung von Mustern (Texturen) verwendet, um für weiche Ränder zu sorgen, wo die Muster (bzw. hier Kacheln) aneinanderstoßen. Den Filter rufen Sie über FILTER • WEICHZEICHNEN • KACHELBARER WEICHZEICHNER auf.

Anhand der Parameter dürften Sie vielleicht schon erahnen, dass dieses Skript-Fu-Programm intern den GAUSSSCHEN WEICHZEICHNER verwendet, um weiche Ränder zu erzeugen. Mit dem Wert RADIUS ❶ (Abbildung 13.5) stellen Sie ein, wie stark weich-

Zum Nachlesen

Wie Sie eigene Muster (Texturen) mit GIMP erstellen, wird auf Seite 259, »Eigene Muster erstellen und verwalten«, ausführlich behandelt.

gezeichnet werden soll, je größer der Wert, desto stärker die Wirkung. Mit Vertikal weichzeichnen ❷ und Horizontal weichzeichnen ❸ bestimmen Sie, ob Sie die Ränder vertikal und/oder horizontal weichzeichnen wollen.

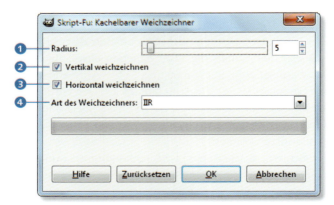

▲ Abbildung 13.6
Der Dialog Kachelbarer Weichzeichner

Über die Art des Weichzeichners ❹ wählen Sie zwischen den Algorithmen IIR und RLE, die bereits im Abschnitt 13.1 »Gaußscher Weichzeichner« beschrieben wurden.

▲ Abbildung 13.7
Im linken Bild sehen Sie ein erstelltes Muster (Textur, Kachel), das mit dem Füllen-Werkzeug auf eine Fläche gefüllt wurde. Hier erkennen Sie klar die Übergänge der Kacheln an den vier Seiten. Im rechten Bild wurde der Kachelbare Weichzeichner verwendet. Die Ränder, an denen die Kacheln zusammenstoßen, sind nicht mehr so deutlich zu sehen. Beide Bilder wurden natürlich sehr stark (300 %) vergrößert, um den Unterschied deutlicher zu zeigen.

13.4 Bewegungsunschärfe

Sehr vielseitig ist der Filter BEWEGUNGSUNSCHÄRFE, mit dem Sie dem Bild eine gewisse Dynamik hinzufügen können. Mit ihm erstellen Sie Bewegungen in linearer, kreisförmiger und zoomartiger Richtung im Bild. Den Filter starten Sie über FILTER • WEICHZEICHNEN • BEWEGUNGSUNSCHÄRFE. Hierbei muss allerdings auch wieder hinzugefügt werden, dass dieser Filter bei großen Bildern recht rechenintensiv ist und die Anwendung, abhängig von der Leistung des Rechners, etwas länger dauern kann.

Unter WEICHZEICHNUNGSART ❺ legen Sie die Bewegung fest, die Sie im Bild erzeugen wollen. Folgende Möglichkeiten stehen hierbei zur Verfügung:

▶ LINEAR: Mit dieser Einstellung wird die Bewegung in einer Richtung ausgeführt. Mit dem Regler LÄNGE ❻ stellen Sie ein, wie stark weichgezeichnet wird. Der Regler WINKEL ❼ hingegen gibt vor, in welche Richtung (0 bis 90°) die Bewegung ausgeführt wird.

▶ RADIAL: Damit führen Sie eine kreisförmige Bewegung aus. Der Regler LÄNGE ist hierbei deaktiviert. Mit dem Regler WINKEL stellen Sie ein, wie stark die Drehung erfolgen soll.

▶ ZOOM: Wenn Sie diese Option wählen, vermittelt das Bild den Eindruck, als hätte man bei einer etwas längeren Belichtungszeit die Brennweite verändert. Als Ergebnis erhalten Sie den Effekt eines Hereinzoomens ins Bild. Ausgehend vom UNSCHÄRFEZENTRUM ❽ nimmt dieser Effekt nach außen hin immer stärker zu. Wie stark der Effekt ausführt wird, geben Sie mit dem Regler LÄNGE an. Der Regler WINKEL ist hierbei ausgegraut.

Wichtig für die Verwendung des Filters ist auch das UNSCHÄRFEZENTRUM ❽, wo Sie die X-/Y-Position des Anfangspunkts der Bewegung festlegen. Diesen Punkt müssen Sie allerdings per Hand ermitteln, indem Sie mit dem Mauszeiger über dem gewünschten Bildpunkt verharren. Die entsprechende Position lesen Sie aus der Statusleiste ab und geben sie manuell bei den X- und Y-Werten ein.

Die lineare Bewegungsunschärfe im folgenden Bild wurde genauso eingearbeitet wie die Schärfentiefe in der Schritt-für-Schritt-Anleitung »Einzelne Bildbereiche schärfen« auf Seite 337. Nur wurde im dritten Schritt statt des GAUSSSCHEN WEICHZEICHNERS der Filter BEWEGUNGSUNSCHÄRFE verwendet.

▲ **Abbildung 13.8**
Der Filter BEWEGUNGSUNSCHÄRFE

Jump.jpg

Kapitel 13 Bilder weichzeichnen

▲ Abbildung 13.9
Das Ausgangsbild

▲ Abbildung 13.10
Das Bild nach der Verwendung des Filters Bewegungsunschärfe mit der Weichzeichnungsart Linear

Um einen Anfangspunkt für die Weichzeichnungsarten Radial und Zoom zu ermitteln, können Sie mit einem beliebigen Werkzeug auf den gewünschten Mittelpunkt ❶ ins Bild gehen und die Koordinaten links unten ❷ in der Statusleiste ablesen. Anschließend brauchen Sie diese Koordinaten nur im Filter Bewegungsunschärfe unter dem Unschärfezentrum ❸ bei dem X- und Y-Wert einzugeben.

Abbildung 13.11 ▲
Einen Mittelpunkt für das Unschärfezentrum ermitteln

Ausgehend von diesem Unschärfezentrum sehen Sie dann zur Demonstration in Abbildung 13.12 ein Beispiel mit Radial als Weichzeichnungsart und in Abbildung 13.13 eines mit der Weichzeichnungsart Zoom.

▲ Abbildung 13.12
Hier wurde der Filter BEWEGUNGSUNSCHÄRFE mit RADIAL als WEICHZEICHNUNGSART verwendet. Als WINKEL wurde hier der Wert 3 eingesetzt.

▲ Abbildung 13.13
Hier wurde ZOOM als WEICHZEICHNUNGSART mit einer LÄNGE von 5 verwendet.

13.5 Weichzeichnen mit dem NL-Filter

Der NL-FILTER wurde bereits in Kapitel 12.5, »Schärfen mit dem NL-Filter«, kurz behandelt. Der Filter ist sehr vielseitig und eignet sich auch zum Weichzeichnen. Sie erreichen ihn über FILTER • VERBESSERN • NL-FILTER. Dass der Filter in der Kategorie VERBESSERN liegt, hat damit zu tun, dass er vorwiegend zum Entfernen von Bildrauschen und Flecken im Bild verwendet wird und nicht als Weichzeichen-Filter.

Die Optionen zum Weichzeichnen mit diesem Filter sind:

- ALPHABASIERTER MITTELWERT ❹: Mit dieser Option erhalten Sie eine Mischung aus **Weichzeichnen** und **Flecken entfernen**. Ein empfohlener Startwert ist hier für ALPHA ❼ 0,8 und für RADIUS ❽ 0,6.
- OPTIMALE SCHÄTZUNG ❺: Rein für die **Reduzierung von Bildrauschen** eignet sich diese Option bestens. In der Praxis können Sie hier mit einem Startwert von 0,2 für ALPHA und 1,0 für RADIUS beginnen. Jetzt erhöhen Sie falls notwendig ALPHA so lange, bis Sie das optimale Ergebnis erhalten.

Mit dem Regler KANTENVERSTÄRKUNG ❻ heben Sie bei Bedarf die Kanten hervor, was die Schärfung im Bild verbessert. Dieser Wert wird **nicht** für das Weichzeichnen benötigt.

Abbildung 13.14 ▲
Der Dialog NL-FILTER und die zwei Optionen ALPHABASIERTER MITTELWERT ❹ und OPTIMALE SCHÄTZUNG ❺ sind sehr gut geeignet, um Bildrauschen und Flecken auf dem Bild zu entfernen.

PixelWorld.jpg

13.6 Verpixeln

Mit dem Filter VERPIXELN reduzieren Sie ein Bild oder eine Auswahl in große Blöcke. Dies entspricht in etwa dem Effekt, den die Medien verwenden, um ein Gesicht unkenntlich zu machen, damit Personen nicht identifizierbar sind. Der Effekt kann aber auch für künstlerische und kreative Zwecke verwendet werden. Sie rufen den Filter über FILTER • WEICHZEICHNEN • VERPIXELN auf.

Über PIXELBREITE ❶ und PIXELHÖHE ❷ stellen Sie die Breite bzw. Höhe der Blöcke ein. Solange das Kettensymbol ❸ dahinter geschlossen ist, sind Höhe und Breite immer voneinander abhängig. Wenn Sie die Kette öffnen, können Sie diese beiden Werte unabhängig voneinander einsetzen. Als Maßeinheit wird auch hier standardmäßig Pixel verwendet. Über die Dropdown-Liste ❹ können Sie die Einheit ändern.

▲ **Abbildung 13.15**
Der Filter VERPIXELN

▲ **Abbildung 13.16**
Das Ausgangsbild

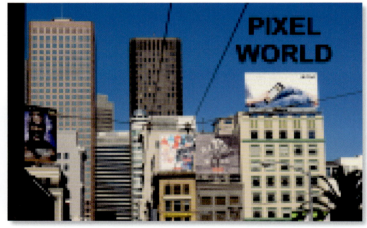

▲ **Abbildung 13.17**
Nach der Verwendung von VERPIXELN. Hier wurde eine klassische 8-Bit-Pixel-Welt erschaffen.

13.7 Die Automatik

Über FILTER • WEICHZEICHNEN • WEICHZEICHNEN finden Sie einen Weichzeichner ohne irgendwelche Einstellungen. Dieser Filter verwendet immer das angrenzende Pixel und weist anhand eines Mittelwertes den entsprechenden Farbwert zu. Sie könnten ihn zum Reduzieren des Bildrauschens ausprobieren. Allerdings hat der Filter den Nachteil, dass er alle Bilder gleich behandelt, egal wie groß sie sind. Daher wirkt er auf kleine Bilder stärker als auf größere Bilder.

13.8 Partielles Weichzeichnen und Verschmieren

Um bestimmte Bildbereiche weichzuzeichnen, können Sie das Werkzeug WEICHZEICHNEN/SCHÄRFEN (⇧+U) verwenden. Im Grunde wurde dieses Werkzeug bereits auf Seite 336, »Werkzeug ›Weichzeichnen/Schärfen‹«, beschrieben. Zwar wurde dort vorwiegend das Thema Schärfen behandelt, aber für die Werkzeugeinstellungen und die Anwendung des Weichzeichners gilt analog dasselbe.

Für gerichtetes Weichzeichnen sollten Sie das Werkzeug VERSCHMIEREN (S) verwenden. Zum Verschmieren wird immer die Farbe unterhalb der Werkzeugspitze benutzt. Ansonsten entspricht auch dieses Werkzeug in Verwendung und Werkzeugeinstellungen exakt dem Werkzeug WEICHZEICHNEN/SCHÄRFEN.

Anwendungsgebiet
Nützlich sind beide Werkzeuge, wenn Sie bei einer Fotomontage ein Objekt in einen anderen Hintergrund eingefügt haben. Durch Weichzeichnen oder Verschmieren der Kanten des eingefügten Objekts können Sie dafür sorgen, dass der Übergang nicht so hart wirkt und die Montage nicht gleich auf den ersten Blick auffällt. Trotzdem sollten Sie beide Werkzeuge sparsam verwenden. Unbedachter und großflächiger Einsatz führt schnell zu einem Farbenbrei, der nicht mehr schön aussieht.

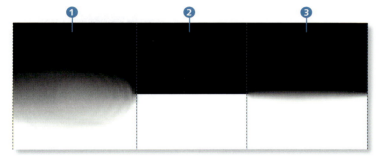

▲ **Abbildung 13.18**
Diese Abbildung zeigt den Unterschied zwischen dem Verschmieren und dem Weichzeichnen. Im linken Drittel ❶ wurde das Werkzeug VERSCHMIEREN verwendet. Der mittlere Teil ❷ ist unbearbeitet, und im rechten Drittel ❸ wurde das Werkzeug WEICHZEICHNEN eingesetzt.

Teil V
Ebenen

Kapitel 14
Die Grundlagen von Ebenen

In vielen Workshops und Kapiteln im Buch werden sie verwendet, und häufig wird daher auf diesen Buchteil verwiesen. Ohne sie wäre ein Grafik- und Bildbearbeitungsprogramm nur halb so vielseitig. Ganz klar – die Rede ist von den Ebenen.

Das Prinzip von Ebenen ist schnell erklärt: Jedes Bild, das Sie bearbeiten, besitzt mindestens eine Ebene, die sogenannte Hintergrundebene. Wenn Sie zum Beispiel ein Bild, das Sie mit Ihrer Digitalkamera aufgenommen haben, zum ersten Mal in GIMP öffnen, wird im EBENEN-Dialog nur diese eine Ebene ❶ angezeigt. Auf ihr liegt Ihr Bild. Für die Bearbeitung des Bildes haben Sie anschließend die Möglichkeit, weitere Ebenen hinzuzufügen.

Speichern mehrerer Ebenen
Um bei der Arbeit mit mehreren Ebenen die einzelnen Teilbilder beim Speichern zu erhalten, müssen Sie als Dateiformat das GIMP-eigene Format XCF verwenden. Mehr dazu lesen Sie auf Seite 386, »Bilder mit Ebenen speichern«.

◀ **Abbildung 14.1**
Jedes Bild hat mindestens eine Ebene – die Hintergrundebene ❶.

wilber.xcf

Am einfachsten stellen Sie sich eine Ebene als eine durchsichtige Folie vor, auf der Sie etwas zeichnen können oder auf der bereits etwas gezeichnet ist. Auf diese Folie können Sie jederzeit weitere durchsichtige Folien legen. Die Summe aller Folien ergibt am Ende das Gesamtbild.

▲ **Abbildung 14.2**
Aus diesen drei Ebenen wurde …

▲ **Abbildung 14.3**
… dieses Bild zusammengesetzt.

Für die Bearbeitung von Bildern mit Ebenen wird der EBENEN-Dialog verwendet. Wenn dieser Dialog nicht eingeblendet ist, öffnen Sie ihn beispielsweise über FENSTER • ANDOCKBARE DIALOGE • EBENEN (oder schneller mit der Tastenkombination [Strg]/[Ctrl]+[L]).

Das Prinzip von Ebenen ist in den verschiedenen Bildbearbeitungsprogrammen recht ähnlich: Sie verwenden zunächst ein Hintergrundbild ❷. Auf dieses Hintergrundbild, das im Grunde auch nur eine Ebene darstellt, legen Sie jetzt weitere Ebenen, wie zum Beispiel freigestellte und transparente Bildmotive ❶.

Natürlich lassen sich mit Ebenen nicht nur lustige Grafiken zusammenbasteln. Auch für ernsthafte Manipulationen kommen Sie nicht um die Ebenen herum.

Steinglider.xcf

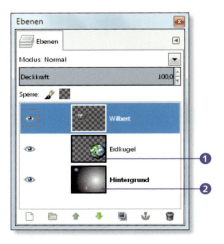

Abbildung 14.4 ▶
Das Bild aus Abbildung 14.3 mit seinen Ebenen im EBENEN-Dialog

14.1 Transparenz (Alphakanal)

▲ **Abbildung 14.5**
Auch für echte Fotomanipulationen sind Ebenen unverzichtbar. Bei diesen beiden Bildern wurde beim ersten Bild der Paraglider freigestellt und in das zweite Bild als neue Ebene eingefügt ...

▲ **Abbildung 14.6**
... und zwar so, dass die Manipulation kaum auffällt.

14.1 Transparenz (Alphakanal)

Wenn Sie Abbildung 14.7 betrachten, fällt sofort das hellgrau-dunkelgraue **Schachbrettmuster** im Hintergrund des Bildes auf. Dieses Muster symbolisiert die Ebenentransparenz – oder einfacher, den durchsichtigen Teil einer Ebene.

Schachbrettmuster ändern
Die Größe des Schachbrettmusters und seine Farbe können Sie über BEARBEITEN • EINSTELLUNGEN • ANZEIGE bei TRANSPARENZ einstellen.

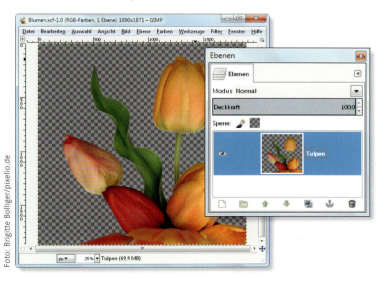

◄ **Abbildung 14.7**
Transparente (durchsichtige) Bereiche eines Bildes werden mit einem Schachbrettmuster angezeigt.

GIMP bietet für den Alphakanal einige spezielle Befehle im Untermenü EBENE • TRANSPARENZ an, die an dieser Stelle etwas näher erläutert werden sollen.

▲ Abbildung 14.8
Im Untermenü EBENE • TRANSPARENZ finden Sie verschiedene Befehle für den Alphakanal.

Farbtiefe des Alphakanals
In der Regel besitzt ein Alphakanal dieselbe Farbtiefe wie ein Farbkanal eines Bildes. Gewöhnlich wären dies bei einer Farbtiefe von 8 Bit für ein Bild 256 verschiedene Transparenzstufen. Das PNG-Dateiformat unterstützt aber auch 16 Bit Farbtiefe beim Alphakanal. In der Praxis spricht man hierbei auch von einer Grafik mit vier Kanälen, was auch mit RGBA abgekürzt wird (Rot, Grün, Blau, Alpha).

»Nach Farbe auswählen«
Die Funktion FARBE ZU TRANSPARENZ ist nicht gleichzusetzen mit dem Freistellen von Motiven, wie Sie dies mit dem Werkzeug NACH FARBE AUSWÄHLEN (⇧+O) durchführen. Mehr zu diesem Werkzeug erfahren Sie auf Seite 549, »Nach Farbe auswählen«.

Salam.jpg

Alphakanal hinzufügen oder entfernen

Mit den Befehlen EBENE • TRANSPARENZ • ALPHAKANAL HINZUFÜGEN/ALPHAKANAL ENTFERNEN fügen Sie der aktiven Ebene einen Alphakanal hinzu bzw. löschen ihn. Beide Befehle erreichen Sie auch mit einem rechten Mausklick auf eine Ebene im EBENEN-Dialog über das Kontextmenü.

Ist der Befehl ALPHAKANAL HINZUFÜGEN ausgegraut, bedeutet dies, dass die aktive Ebene bereits einen solchen Kanal hat. Sind hingegen der Befehl ALPHAKANAL ENTFERNEN und weitere ausgegraut, so besitzt diese Ebene noch keine Transparenz.

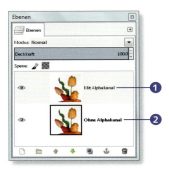

▲ Abbildung 14.9
Eine Ebene mit und eine ohne Alphakanal im EBENEN-Dialog

Hat eine Ebene keinen Alphakanal, wird der Name der Ebene in fetter Schrift ❷ angezeigt. Bei Ebenen mit einem Alphakanal hingegen wird die Schrift der Namen normal ❶ angezeigt.

Farbe zu Transparenz

Den Befehl FARBE ZU TRANSPARENZ rufen Sie über EBENE • TRANSPARENZ oder über den Menüpunkt FARBEN auf. Mit diesem Befehl wandeln Sie eine bestimmte Farbe in Transparenz um. Besitzt die entsprechende Ebene noch keinen Alphakanal, legt diese Funktion automatisch einen an. Beachten Sie allerdings, dass damit Pixel, die nur gering mit der gewählten Farbe besetzt sind, ebenfalls schwach transparent werden. Diese Methode eignet sich gut, wenn Sie eine ganz sanfte Transparenz benötigen.

Schritt für Schritt:
Transparenten Hintergrund mit Farbverlauf füllen

In diesem einfachen Workshop wollen wir eine bestimmte Farbe transparent machen und anschließend diesen Hintergrund mit einem Farbverlauf füllen.

14.1 Transparenz (Alphakanal)

Foto: Clarissa Schwarz

◄ **Abbildung 14.10**
In diesem Bild soll die schwarze Farbe transparent werden.

1 Farbe für Transparenz auswählen

Öffnen Sie das Bild, und rufen Sie EBENE • TRANSPARENZ • FARBE ZU TRANSPARENZ auf. Im folgenden Dialog wählen Sie die Farbe aus, indem Sie auf die Schaltfläche neben VON ❸ klicken. Mit Hilfe des Farbwählers können Sie die Farbe (auch aus dem Bild) bestimmen, die anschließend transparent sein soll. Im Beispiel wurde die Farbe Schwarz verwendet. Alternativ wählen Sie in einem Kontextmenü die Farben Schwarz, Weiß oder die eingestellte Vorder- oder Hintergrundfarbe aus, indem Sie mit der rechten Maustaste auf die entsprechende Schaltfläche klicken. Bestätigen Sie dann mit der Schaltfläche OK.

▼ **Abbildung 14.11**
Farbe auswählen, die anschließend transparent sein soll

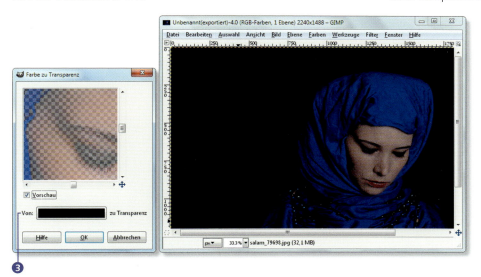

2 Neue Ebene anlegen

Legen Sie jetzt eine neue transparente Ebene an, indem Sie beispielsweise auf das entsprechende Icon ❶ (Abbildung 14.12) im EBENEN-Dialog klicken. Die Einstellungen im Dialog NEUE EBENE können Sie belassen, wie sie sind. Nur die EBENENFÜLLART sollten

Sie auf TRANSPARENZ ❸ stellen. Schieben Sie jetzt die neue Ebene im EBENEN-Dialog unter ❷ die Ebene mit der verschleierten Frau.

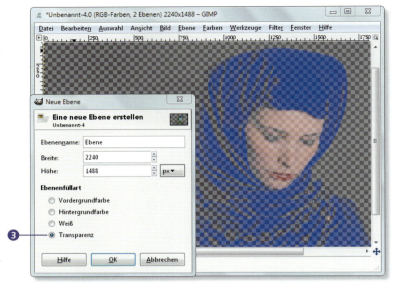

Abbildung 14.12 ▲▶
Neue Ebene unterhalb der transparenten Bildebene anlegen

Zum Nachlesen
Das FARBVERLAUF-Werkzeug wird auf Seite 269, »Das Farbverlauf-Werkzeug«, näher behandelt.

Abbildung 14.13 ▼
Ein Farbverlauf wird erstellt.

3 Leere Ebene mit Farbverlauf füllen

Aktivieren Sie die neue leere Ebene ❹ im EBENEN-Dialog, und verwenden Sie das FARBVERLAUF-Werkzeug ▣ (L). Die FORM des Farbverlaufs ist LINEAR ❻, und als FARBVERLAUF ❺ selbst wurde BLUE 3D#8 (http://gimp-tutorials.net) verwendet. Ziehen Sie jetzt mit gedrückter linker Maustaste einen Farbverlauf in die leere Ebene. Im Beispiel wurde ein Farbverlauf von rechts unten nach links oben erstellt.

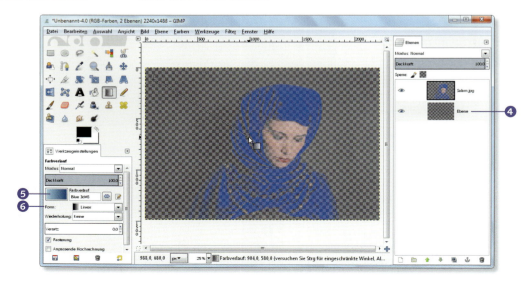

14.1 Transparenz (Alphakanal)

◄ Abbildung 14.14
Das fertige Bild mit dem neuen Farbverlauf als Hintergrund.

Alpha-Schwellwert

Mit dem Befehl EBENE • TRANSPARENZ • ALPHA-SCHWELLWERT wandeln Sie halbtransparente Bereiche im Bild anhand eines Schwellwertes in binär transparente Bereiche um. Binäre (*bi* = lateinisch für zwei) Transparenz verwendet beispielsweise das GIF-Format, wo es eben nur Volltransparenz oder Nichttransparenz gibt. Diese Funktion ist nur aktiv und nicht ausgegraut, wenn erstens ein Alphakanal vorhanden ist und zweitens dieses Bild im RGB-Modus vorliegt.

Halbtransparenz
Um hier keine Verwirrung zu stiften: Das Dateiformat GIF unterstützt nur eine komplette Transparenz und keine Halbtransparenz. Bei einer kompletten Transparenz beträgt der Alphawert 0 oder 255. Bei einer Halbtransparenz können zusätzlich die Alphawerte 1 bis 254 verwendet werden.

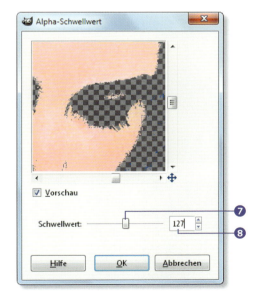

◄ Abbildung 14.15
Mit diesem Wert stellen Sie den Transparenzwert ein, der als Schwellwert verwendet wird.

Mit dem Schieberegler ❼ oder mit der Zahleneingabe ❽ stellen Sie einen SCHWELLWERT im Bereich von 0 bis 255 ein. Alle Werte, die über dem SCHWELLWERT liegen, werden im Alphakanal komplett sichtbar (deckend), und alle Werte unterhalb werden vollständig unsichtbar angezeigt.

Foto: Clarissa Schwarz

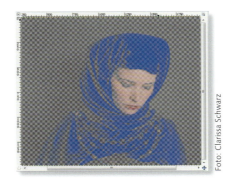

Abbildung 14.16 ►
Auf dieses Bild wurde der Befehl FARBE ZU TRANSPARENZ angewendet.

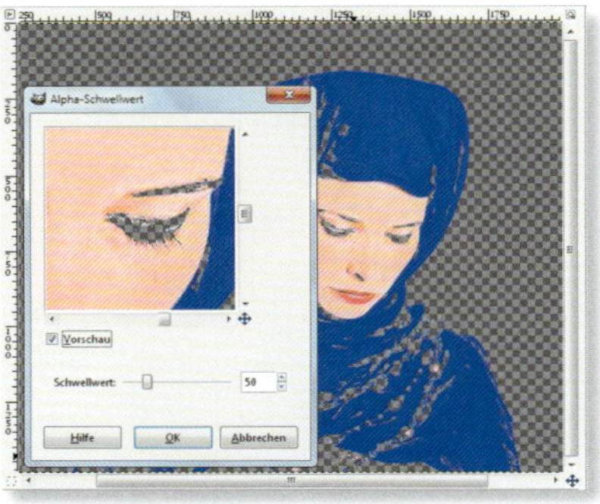

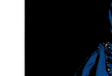

Abbildung 14.17 ►
Durch Festlegen eines Schwellwerts von 50 wurden sehr viele Pixel im Alphakanal deckend gemacht.

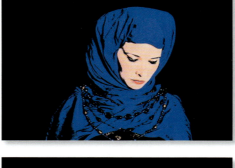

Abbildung 14.18 ►
Hier wurde ein Schwellwert von 50 verwendet und ein Hintergrund mit schwarzer Farbe.

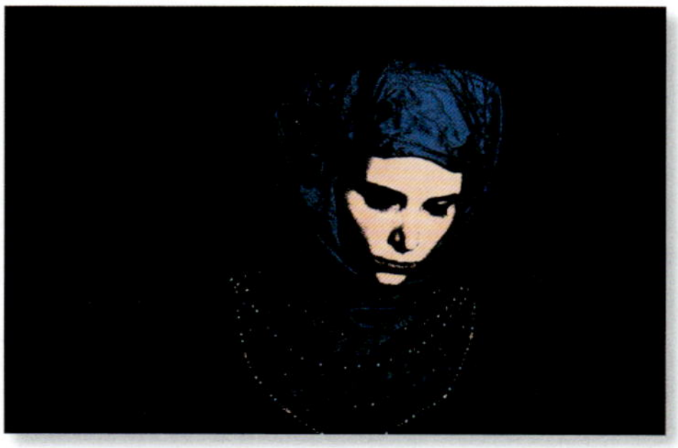

Abbildung 14.19 ►
In diesem Beispiel beträgt der Schwellwert bereits 150, und die sichtbaren Details des Bildes verschwinden allmählich in die Transparenz.

14.1 Transparenz (Alphakanal)

Transparenz schützen

Damit transparente Bildbereiche (der Alphakanal) einer Ebene nicht versehentlich mit einer Farbe gefüllt werden, können Sie diesen Bereich über ALPHAKANAL SPERREN ❶ im EBENEN-Dialog schützen. Wurde der Button aktiviert, kann nicht auf transparente Bereiche in der Ebene gemalt werden.

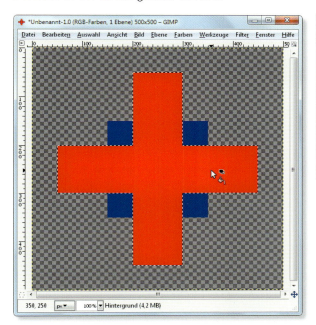

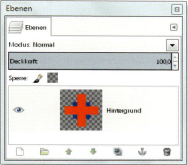

◄ **Abbildung 14.20**
In der aktiven Ebene wurde eine Auswahl über ein blaues Quadrat mit einer roten Farbe komplett gefüllt. Auch der transparente Hintergrund wurde rot übermalt.

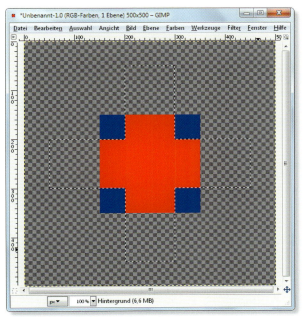

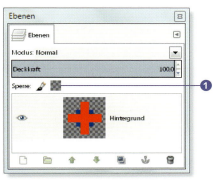

◄ **Abbildung 14.21**
Hier wurde dasselbe gemacht, nur wurde vorher der Alphakanal gesperrt ❶, weshalb der transparente Bereich im Bild jetzt unverändert bleibt. Hier wurden nur nichttransparente Bereiche mit Rot gefüllt (also Teile des darunterliegenden blauen Quadrats).

14.2 Deckkraft und Anordnung

Neben der Transparenz spielen auch die Deckkraft und die Anordnung der Ebenen eine wichtige Rolle.

Ebenendeckkraft

Die DECKKRAFT einer Ebene lässt sich über den gleichnamigen Schieberegler ❶ im EBENEN-Dialog reduzieren. Damit können Sie praktisch eine Ebene teilweise durchsichtig machen – genauer, Sie lassen beispielsweise bei einer Ebene durchscheinen, was unter der Ebene liegt (sofern eine weitere Ebene darunter liegt). Mit dem Regler DECKKRAFT steuern Sie somit die Transparenz der Ebene.

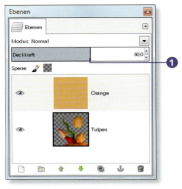

▲▶ **Abbildung 14.22**
Wäre hier die DECKKRAFT der Ebene »Orange« nicht auf 60 % reduziert worden, würde die Ebene »Tulpen« darunter von der orangenen Ebene überdeckt und nicht angezeigt.

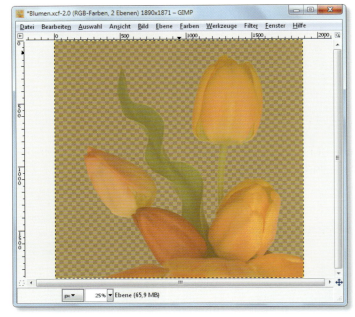

Anordnung der Ebenen

Das wohl Wichtigste, was Sie zum Verständnis der Funktion von Ebenen wissen müssen, dürfte die richtige Anordnung sein. Ebenen werden im EBENEN-Dialog von oben nach unten angeordnet. Daraus folgt, dass das, was ganz oben im EBENEN-Dialog liegt, alles andere darunter überdeckt. Wie die untere Ebene überdeckt wird, hängt natürlich auch wieder von der Transparenz (siehe Abschnitt 14.1) und der Deckkraft (Seite 362, »Ebenendeckkraft«) aller Ebenen ab.

> **Ebenen anordnen**
> Wie Sie einzelne Ebenen nachträglich anordnen, erfahren Sie auf Seite 380, »Ebenen anordnen«

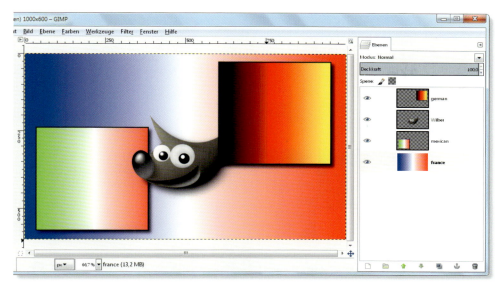

▲ **Abbildung 14.23**
Im Beispiel finden Sie vier Ebenen. Damit hier Wilbers Ohr nicht von der Ebene »german« überdeckt wird, müssten Sie im EBENEN-Dialog die Ebene »Wilber« über der Ebene »german« platzieren.

 wilber2.xcf

14.3 Typen von Ebenen

Ebene ist nicht gleich Ebene. Es gibt verschiedene Ebenentypen, die sich in ihrer Verwendung und ihrer Bearbeitung teilweise voneinander unterscheiden.

Hintergrundebenen

Jedes normale Foto, das Sie mit GIMP öffnen, oder jede Datei, die Sie neu anlegen (abgesehen von einem transparenten Hintergrundinhalt), ist im Grunde eine Hintergrundebene. Im EBENEN-Dialog wird diese Ebene auch gleich mit dem Namen HINTERGRUND ❷ (Abbildung 14.24) (bei einer neuen Bilddatei) oder dem Namen der Bilddatei gekennzeichnet.

Wenn der Name der Ebene (was gewöhnlich bei einer normalen Hintergrundebene der Fall ist) im EBENEN-Dialog in Fettdruck erscheint, besitzt diese Ebenen keinen Alphakanal (= keine Transparenz). Einen solchen Kanal können Sie jederzeit nachträglich über den Kontextmenübefehl ALPHAKANAL HINZUFÜGEN ❸ (rechter Mausklick auf die Ebenenminiatur) anlegen. Dasselbe erreichen Sie auch über den Menübefehl EBENE • TRANSPARENZ • ALPHAKANAL HINZUFÜGEN; darauf wurde bereits in Abschnitt 14.1, »Transparenz (Alphakanal)«, näher eingegangen.

Dateiformate und Transparenz
Gängige Grafikformate, bei denen Sie Transparenzinformationen des Alphakanals mitspeichern können, sind beispielsweise TIFF, PNG und TGA. Natürlich bleiben auch beim GIMP-eigenen Format XCF diese Informationen voll erhalten. Das GIF-Format unterstützt zwar auch Transparenz, aber hierbei wird ein minimaler Alphakanal (binärer Alphakanal) mit nur einem Bit verwendet. Daher kann hier ein Bildpunkt nur vollständig transparent oder nichttransparent (auch »opak« genannt) sein.

Kapitel 14 Die Grundlagen von Ebenen

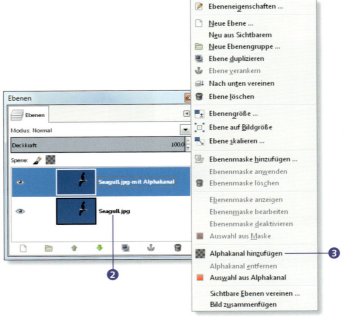

Abbildung 14.24 ▶
Am Fettdruck einer Ebene erkennen Sie, dass diese Ebene keinen Alphakanal enthält. Über einen rechten Mausklick auf die entsprechende Ebene können Sie im Kontextmenü mit dem Befehl ALPHAKANAL HINZUFÜGEN einen solchen für die Ebene erstellen.

▲ **Abbildung 14.25**
Bei diesem Bild wurde der Hintergrund mit dem Werkzeug NACH FARBE AUSWÄHLEN ausgewählt …

▲ **Abbildung 14.26**
… und mit [Entf] gelöscht. Der Hintergrund wurde hierbei mit der aktuell eingestellten Hintergrundfarbe des Werkzeugkastens (hier Gelb) gefüllt.

▲ **Abbildung 14.27**
Hier wurde dasselbe wiederholt, also der blaue Himmelhintergrund mit dem Werkzeug NACH FARBE AUSWÄHLEN ausgewählt. Nur wurde jetzt, bevor die Auswahl mit der Taste [Entf] gelöscht wurde, ein Alphakanal zum Bild hinzugefügt. Dank des Alphakanals wird der Hintergrund jetzt nach dem Löschen transparent (durchsichtig).

Bildebene

Ist die Rede von einer *Bildebene*, sind meist die normalen Ebenen gemeint, die nachträglich angelegt wurden. Gewöhnlich enthält diese Bildebene auch einen Alphakanal und somit auch eine Transparenz.

Beachten Sie hierbei allerdings, dass Sie, wenn Sie eine Ebene (gilt auch für die Hintergrundebene) duplizieren, auch die Eigenschaften der Farbtiefe mitkopieren. Das bedeutet bei einem Hintergrundbild ohne Alphakanal, dass die duplizierte Ebene ebenfalls keinen Alphakanal besitzt und Sie diesen gegebenenfalls manuell hinzufügen müssen. Darauf weise ich ausdrücklich hin, weil andere Bildbearbeitungsprogramme häufig einen anderen Weg gehen.

Bildebene in Hintergrundebene umwandeln | Wenn Sie einer Hintergrundebene einen Alphakanal hinzufügen, erstellen Sie hiermit praktisch eine Bildebene. Umgekehrt ist dies ähnlich: Um aus einer Bildebene eine Hintergrundebene ohne Alphakanal zu machen, klicken Sie einfach die Ebene mit einem rechten Mausklick auf der Ebenenminiaturvorschau an, und führen Sie den Befehl ALPHAKANAL ENTFERNEN im Kontextmenü aus.

Alphakanal vorhanden?

Es wurde bereits erwähnt, aber da es wichtig ist, hier noch einmal zur Erinnerung: Ist im EBENEN-Dialog der Name einer Ebene in Fettschrift geschrieben, so hat diese Ebene keinen Alphakanal.

▲ **Abbildung 14.28**
Eine Ebene mit und eine ohne Alphakanal

Textebene

Wenn Sie das TEXT-Werkzeug A verwenden, legt GIMP automatisch eine neue Textebene an. Eine Textebene erkennen Sie am großen »T« ❶ im EBENEN-Dialog. Solange Sie in der Ebene das große »T« sehen können, lässt sich der Text noch nachträglich editieren. Eine Textebene besitzt automatisch einen Alphakanal, und die Ebene ist zwischen den Buchstaben transparent.

Zum Weiterlesen

Das Thema »Text und Textgestaltung« wird an anderer Stelle ausführlich behandelt. Mehr dazu finden Sie in Teil X des Buches.

◀ **Abbildung 14.29**
Eine Textebene erkennen Sie am großen »T« ❶ in der Ebenenminiatur.

Schwebende Auswahl (schwebende Ebene)

Die schwebende Auswahl (auch »schwebende Ebene«) werden Sie noch auf Seite 534, »Schwebende Auswahlen«, kennenlernen. Schwebende Auswahlen unterscheiden sich zunächst kaum von normalen Ebenen. Schwebende Auswahlen sind zunächst nichts anderes als eine temporäre Ebene, die Sie verankern müssen. Verankern heißt hier, die schwebende Ebene mit der zuletzt aktiven Ebene zu verbinden. Dies erreichen Sie beispielsweise über das Ankersymbol ❸ im EBENEN-Dialog. Allerdings ist es auch möglich, mit der ersten Schaltfläche unten links ❷ im EBENEN-Dialog eine neue Ebene aus der schwebenden Auswahl zu erstellen.

Jedes Bild kann nur eine einzige schwebende Auswahl enthalten. Wenn ein Bild eine schwebende Auswahl enthält, können Sie keine Operationen auf den anderen Ebenen durchführen! Auf die schwebende Auswahl hingegen können Sie nach wie vor alle Funktionen anwenden. Erst wenn Sie die schwebende Auswahl verankert haben, können Sie mit dem restlichen Bild bzw. den Ebenen weiterarbeiten.

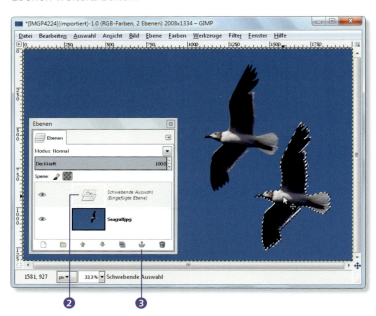

Abbildung 14.30 ▶
Diese schwebende Auswahl ❷ im EBENEN-Dialog wurde durch Kopieren der Möwe in die Zwischenablage und anschließendes normales Einfügen erzeugt.

Kapitel 15
Der »Ebenen«-Dialog – die Steuerzentrale

Das Werkzeug schlechthin, um mit Ebenen zu arbeiten, ist der Ebenen-Dialog, über den Sie alle Befehle und Steuerungen für Ebenen durchführen. Zwar stehen sämtliche Befehle (und noch einige mehr) auch über das Menü »Ebene« zur Verfügung, aber ohne Umwege und schneller geht es immer über den »Ebenen«-Dialog.

▲ Abbildung 15.1
Alle Befehle zu den Ebenen finden Sie auch im Menü EBENE.

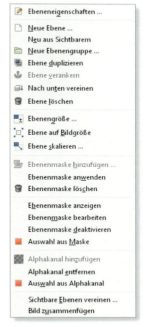

▲ Abbildung 15.2
Das Kontextmenü mit vielen wichtigen Ebenenbefehlen wird angezeigt, wenn Sie eine Ebene im EBENEN-Dialog mit der rechten Maustaste anklicken.

Wenn der EBENEN-Dialog nicht angezeigt wird, öffnen Sie ihn über FENSTER • ANDOCKBARE DIALOGE • EBENEN (oder schneller mit der Tastenkombination [Strg]/[Ctrl]+[L]).

Jede einzelne Ebene im EBENEN-Dialog wird in einer eigenen Zeile mit einer Miniaturvorschau und dem Namen dargestellt. Zu jeder Ebene werden zudem die DECKKRAFT und der Ebenenmodus angezeigt.

 weltraum.xcf

Die wichtigsten und häufig verwendeten Ebenenfunktionen finden Sie gleich am unteren Rand des EBENEN-Dialogs als kleine Schaltflächen vor. Klicken Sie mit der rechten Maustaste auf eine Ebene im EBENEN-Dialog, erscheint außerdem ein Kontextmenü mit vielen wichtigen Ebenenbefehlen (siehe Abbildung 15.2).

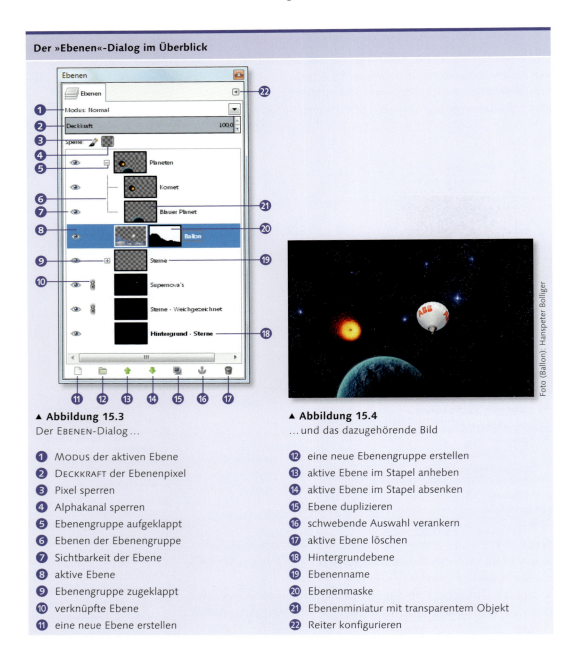

▲ **Abbildung 15.3**
Der EBENEN-Dialog …

▲ **Abbildung 15.4**
… und das dazugehörende Bild

① MODUS der aktiven Ebene
② DECKKRAFT der Ebenenpixel
③ Pixel sperren
④ Alphakanal sperren
⑤ Ebenengruppe aufgeklappt
⑥ Ebenen der Ebenengruppe
⑦ Sichtbarkeit der Ebene
⑧ aktive Ebene
⑨ Ebenengruppe zugeklappt
⑩ verknüpfte Ebene
⑪ eine neue Ebene erstellen
⑫ eine neue Ebenengruppe erstellen
⑬ aktive Ebene im Stapel anheben
⑭ aktive Ebene im Stapel absenken
⑮ Ebene duplizieren
⑯ schwebende Auswahl verankern
⑰ aktive Ebene löschen
⑱ Hintergrundebene
⑲ Ebenenname
⑳ Ebenenmaske
㉑ Ebenenminiatur mit transparentem Objekt
㉒ Reiter konfigurieren

15.1 Ebenen auswählen

Eine Ebene auszuwählen, klingt zwar zunächst trivial, aber Sie werden feststellen, dass es dabei einiges zu beachten gibt. Schon allein die Frage, welche Ebene gerade aktiv ist, hat große Bedeutung für die Bearbeitung von Ebenen.

Aktuell zu bearbeitende Ebene

Wenn Sie viele Ebenen verwenden, wird es schnell unübersichtlich. Es ist immer wichtig, zu wissen, mit welcher Ebene Sie gerade arbeiten, da sich jede Bearbeitung auf die aktive Ebene auswirkt. Im EBENEN-Dialog erkennen Sie die aktive Ebene an der blauen Markierung ❷. Im Bildfenster informiert Sie die Statusleiste ❶.

> **Benutzerdefinierte Titelleiste**
>
> Mir persönlich ist es lieber, wenn die aktive Ebene in der Titelleiste angezeigt wird. Dies bewerkstelligen Sie nachträglich über BEARBEITEN • EINSTELLUNGEN • BILDFENSTER • TITEL UND STATUS unter FORMAT DES BILDTITELS durch Hinzufügen des Formatzeichens %n. Mehr dazu im Abschnitt »Titel und Status« auf Seite 910.

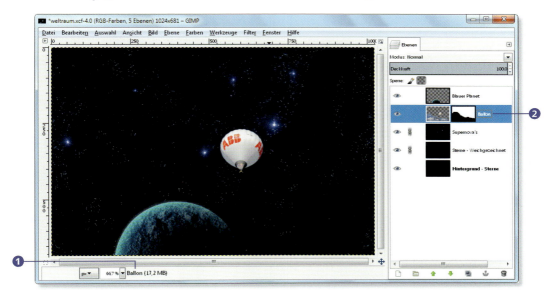

▲ **Abbildung 15.5**
Im EBENEN-Dialog und in der Statusleiste erhalten Sie Auskunft, welche Ebene gerade bearbeitet wird (hier ist es die Ebene »Ballon«).

Ebene auswählen

GIMP bietet mehrere Möglichkeiten an, eine Ebene auszuwählen:
▶ Die einfachste Möglichkeit dürfte es sein, die entsprechende Ebene im EBENEN-Dialog anzuklicken.
▶ Mit den Tasten ↑ und ↓ wechseln Sie im EBENEN-Dialog eine Ebene höher bzw. eine Ebene tiefer. Mit der Taste Ende springen Sie ganz schnell auf die unterste Ebene im Stapel und mit Pos1 auf die oberste Ebene.

Kapitel 15 Der »Ebenen«-Dialog – die Steuerzentrale

▲ **Abbildung 15.6**
Werkzeugoptionen für das VERSCHIEBEN-Werkzeug, die Ihnen beim Auswählen von Ebenen helfen

Abbildung 15.7 ▼
Die gestrichelte gelbe Linie ❺ zeigt die im EBENEN-Dialog ausgewählte Ebene ❻.

▶ Alle Befehle finden Sie auch über das Menü EBENE • STAPEL.
▶ Auch mit dem VERSCHIEBEN-Werkzeug (M) können Sie eine Ebene direkt im Bild auswählen. Bei den Werkzeugeinstellungen muss hierbei das Icon EBENE ❶ aktiviert und die Radioschaltfläche EBENE ODER HILFSLINIE AUSWÄHLEN ❷ ausgewählt sein. Befinden Sie sich mit dem Mauszeiger auf einem Element, das zur aktiven Ebene gehört, finden Sie ein zusätzliches Fadenkreuz ❸ am Mauszeiger. Eine Hand ❹ am Mauszeiger hingegen zeigt an, dass der Mauszeiger nicht über der aktiven Ebene steht. Verschieben Sie eine Ebene, die nicht die aktive ist, wird sie zum Zeitpunkt des Verschiebens kurz die aktive Ebene, bis Sie die Maustaste loslassen.

Sofern die ausgewählte Ebene nicht den kompletten Bildschirm ausfüllt, erkennen Sie im Bildfenster eine gestrichelte gelbe Linie ❺ um diese Ebene, den Ebenenrahmen. Natürlich wird auch um eine Ebene, die den kompletten Bildschirm ausfüllt, eine solche gestrichelte Linie gezogen, aber hier ist diese nicht so eindeutig auszumachen.

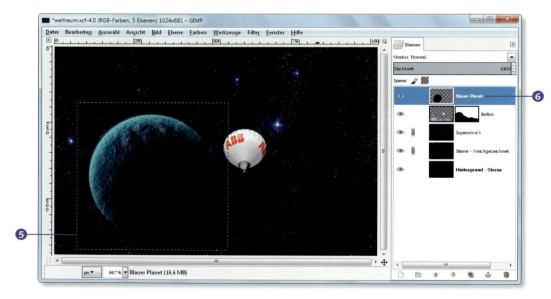

Pixel-Sperre für Ebenen

 Die Pixel-Sperre wurde neu mit der Version 2.8 eingeführt.

Wollen Sie eine Ebene vor unbeabsichtigtem Übermalen schützen, brauchen Sie diese nur zu markieren ❽ und dann die kleine Schaltfläche ❼ zur Pixel-Sperre zu aktivieren. Dank dieser Sperre ist es jetzt nicht mehr möglich, etwas auf diese Ebene zu malen. Wenn Sie mit einem der Malwerkzeuge trotzdem auf diese Ebene gehen und malen wollen, finden Sie beim aktiven Werkzeugsymbol ein zusätzliches Stopp-Zeichen ❾, welches diese Pixel-Sperre anzeigt. Aufheben können Sie die Pixel-Sperre, indem Sie erneut auf die kleine Schaltfläche ❼ klicken.

◀ **Abbildung 15.8**
Hier wurde die aktive Ebene »Blauer Planet« ❽ über die kleine Schaltfläche ❼ mit einer Pixel-Sperre versehen, um vor versehentlichem Übermalen zu schützen.

Sichtbarkeit von Ebenen

Die Sichtbarkeit einer Ebene wird durch das Augensymbol ❿ ganz links im EBENEN-Dialog angezeigt. Ist das Symbol sichtbar, ist auch die Ebene im Bildfenster sichtbar. Das Augensymbol können Sie jederzeit durch Anklicken ein- und ausblenden und damit die entsprechende Ebene anzeigen bzw. verbergen.

Diese Sichtbarkeit einer Ebene ist auch wichtig, wenn Sie ein Bild ausdrucken oder in ein bestimmtes Dateiformat exportieren wollen. Auch hierbei werden nur die Ebenen verwendet, die sichtbar sind. Das Gleiche gilt auch für den einen oder anderen Befehl in GIMP, wie beispielsweise das Ändern der LEINWANDGRÖSSE wo es ebenfalls eine Option wie ALLE SICHTBAREN EBENEN gibt – siehe Abschnitt »Leinwandgröße (Bildfläche) erweitern« in Abschnitt 20.3.

▲ **Abbildung 15.9**
Das Stoppsymbol ❾ wird angezeigt, wenn Sie versuchen, mit einem Malwerkzeug auf einer Ebene zu zeichnen, welche eine Pixel-Sperre enthält.

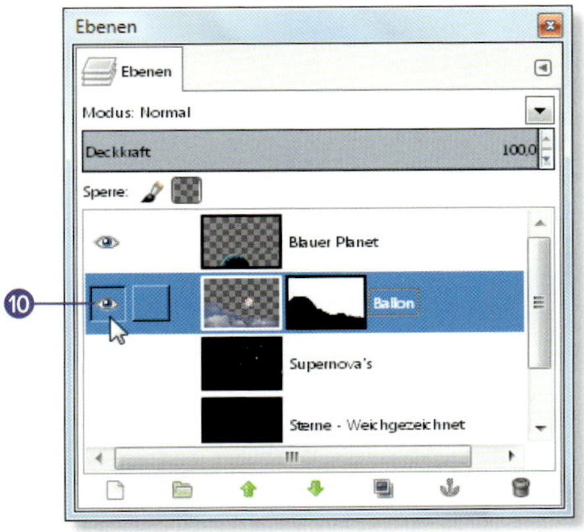

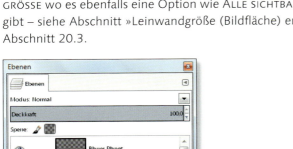

◀ **Abbildung 15.10**
Mit einem Klick auf das Augensymbol blenden Sie die Ebene aus und wieder ein.

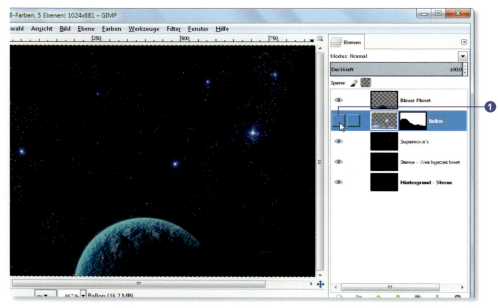

▲ **Abbildung 15.11**
Hier wurde im EBENEN-Dialog die Ebene »Ballon« ❶ ausgeblendet, weshalb im Bildfenster an diesem Bereich jetzt nur noch der Weltraum zu sehen ist.

Sichtbarkeit umkehren | Wenn Sie an einem Bild mit vielen Ebenen arbeiten, werden Sie häufiger nur eine davon sehen und bearbeiten wollen. Hier müssen Sie nicht extra bei allen anderen Ebenen im EBENEN-Dialog das Augensymbol deaktivieren. Klicken Sie einfach mit gedrückter ⇧-Taste im EBENEN-Dialog das Augensymbol an, das anschließend allein sichtbar sein soll. Ein erneutes Klicken mit gehaltener ⇧-Taste auf dasselbe Augensymbol macht alle Ebenen auf einmal wieder sichtbar.

Abbildung 15.12 ▼
Hier wurde mit gehaltener ⇧-Taste auf das Augensymbol ❷ geklickt, wodurch nur noch diese Ebene im Bildfenster sichtbar ist.

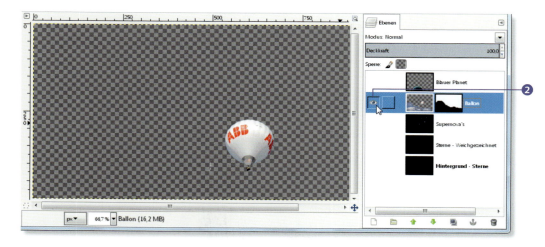

15.2 Ebenen anlegen

Um eine neue Ebenen anzulegen, haben Sie wieder mehrere Möglichkeiten.

Ebenen über »Neue Ebene«

Die einfachste und gängigste Methode führt wohl über das kleine Icon ⬜ links unten im EBENEN-Dialog. Wenn Sie diese Schaltfläche anklicken, erscheint ein Dialogfenster NEUE EBENE, wo Sie EBENENNAME, BREITE, HÖHE und EBENENFÜLLART einstellen (siehe Abbildung 15.13).

Wollen Sie eine Ebene ohne den Dialog anlegen, halten Sie während des Anklickens von ⬜ die ⇧-Taste gedrückt. Dann wird sofort eine neue Ebene mit den zuletzt verwendeten Werten erstellt. Die neue Ebene wird immer über der aktiven Ebene im EBENEN-Dialog einsortiert.

Eine neue Ebene können Sie auch mit der Tastenkombination Strg/Ctrl+⇧+N oder mit dem Menübefehl EBENE • NEUE EBENE anlegen. In beiden Fällen wird ein Dialogfenster angezeigt.

▲ **Abbildung 15.13**
Der Dialog zum Anlegen einer neuen Ebene

Neue Ebene durch Duplizieren

Ein ebenfalls oft genutzter Weg, eine neue Ebene anzulegen, ist das Kopieren einer existierenden Ebene. Das ist besonders dann sinnvoll, wenn Sie ein wenig experimentieren und dafür nicht gleich die Originalebene verwenden wollen. Häufig werden auch zwei gleiche Ebenen in Verbindung mit einem bestimmten Füllmodus benutzt. Folgende Methoden stehen Ihnen zur Verfügung, um eine Ebene zu duplizieren:

▶ Der schnellste und wohl üblichste Weg, eine Ebene zu duplizieren, dürfte auch hier wieder das kleine Icon 🗒 unterhalb des EBENEN-Dialogs sein. Klicken Sie dieses Icon an, wird ein Duplikat der aktiven Ebene erstellt und zum Ebenenstapel hinzugefügt. Als Ebenenname wird der Zusatz »Kopie« zum aktuellen Ebenennamen hinzugefügt.
▶ Ziehen Sie die Ebene, die Sie duplizieren möchten, mit gedrückter linker Maustaste auf das Icon 🗒 unterhalb des EBENEN-Dialogs, und lassen Sie sie dort fallen. Auch hierbei wird der Zusatz »-Kopie« an den aktuellen Ebenennamen angehängt.
▶ Klicken Sie mit der rechten Maustaste auf die Ebene, und wählen Sie im Kontextmenü EBENE DUPLIZIEREN aus.
▶ Eine Kopie legen Sie auch mit der Tastenkombination Strg/Ctrl+⇧+D oder über den Menübefehl EBENE • EBENE

Wo ist das Duplikat?
Wenn Sie ein Bild duplizieren, hat dies zunächst keine sichtbaren Auswirkungen auf das Gesamtbild (wenn kein ausdrücklicher Ebenenmodus verwendet wurde), weil das Duplikat normalerweise immer an (oder genauer über) derselben Stelle eingefügt wird wie die Ausgangsebene.

DUPLIZIEREN an. Denselben Menübefehl erreichen Sie auch, wenn Sie im Bildfenster die Ebene mit der rechten Maustaste anklicken.

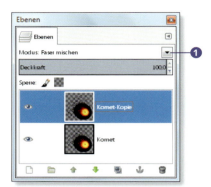

Abbildung 15.14 ▶
Hier wurde ein Duplikat der Ebene »Komet« erstellt, um einen Bildeffekt mit dem Ebenenmodus FASER MISCHEN ❶ zu nutzen.

Neue Ebene durch Einkopieren

Wenn Sie Bildinhalte oder komplette Ebenen von einem Bild ins andere kopieren, wird auch dann eine neue Ebene angelegt. Um das zu bewerkstelligen, haben Sie folgende Möglichkeiten:

▶ **Drag & Drop** – Um eine Ebene von einem Bildfenster in ein anderes zu kopieren, müssen Sie zunächst beide Bilder geöffnet haben. Am einfachsten ziehen Sie dann die gewünschte Quellebene aus dem EBENEN-Dialog ❷ mit gedrückter linker Maustaste auf das Bildfenster mit der Zielebene ❸ und lassen sie dort fallen (Maustaste loslassen).

Abbildung 15.15 ▼
Per Drag & Drop lässt sich am einfachsten eine Ebene in ein anderes Bild kopieren.

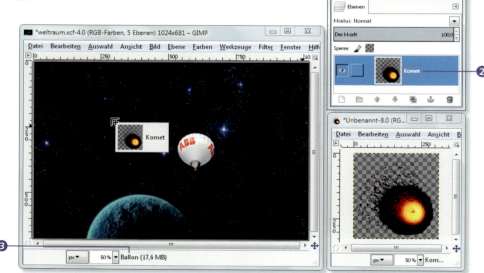

▶ **Drag & Drop (Einzelfenster-Modus)**: Im Einzelfenster-Modus können Sie das Drag & Drop auch mit Hilfe der Navigationsleiste der Fensternavigation durchführen. Hierfür müssen Sie nur in der Miniaturvorschau des Quellbildfensters ❹ die linke Maustaste gedrückt halten und zur Miniaturvorschau des Zielbildfensters ❺ ziehen. Dann gehen Sie im Zielbildfenster herunter ❻ auf das Bild und lassen dort das Quellbild fallen. Natürlich sollte klar sein, dass Sie hiermit keine einzelnen Ebenen einer ganzen Komposition verschieben können. Für diese müssen Sie wieder auf den EBENEN-Dialog zurückgreifen.

▼ **Abbildung 15.16**
Drag & Drop funktioniert auch ganz komfortabel im Einzelfenster-Modus mit Hilfe der Miniaturvorschau der Navigationsleiste.

▶ **Kopieren und Einfügen**: Zwar funktionieren hier auch das klassische Kopieren einer Ebene in die Zwischenablage mit BEARBEITEN • KOPIEREN (oder ⌜Strg⌝/⌜Ctrl⌝+⌜C⌝) und das Einfügen einer Ebene über BEARBEITEN • EINFÜGEN (oder ⌜Strg⌝/⌜Ctrl⌝+⌜V⌝). Allerdings wird hiermit zunächst nur eine temporäre Ebene (eine sogenannte schwebende Auswahl ❼) erzeugt. Um aus einer schwebenden Auswahl eine echte Ebene zu machen, klicken Sie auf die Schaltfläche NEUE EBENE ❽ links unten im EBENEN-Dialog.

Systemweite Zwischenablage
Der Vorteil beim klassischen Kopieren und Einfügen ist, dass Sie nicht von GIMP abhängig sind und aus der Zwischenablage jede beliebige Grafik, die Sie beispielsweise im Webbrowser kopiert haben, einfügen können.

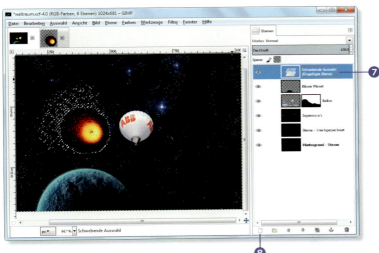

◀ **Abbildung 15.17**
Beim klassischen Kopieren und Einfügen wird zunächst nur eine schwebende Auswahl eingefügt.

Das Gleiche funktioniert natürlich auch über den gleichnamigen Befehl aus dem Menü EBENE, über das Kontextmenü des EBENEN-Dialogs und natürlich mit den Tasten ⇧+Strg/Ctrl+N.

Tipp: Eigenes Tastenkürzel
Wenn Sie den Befehl EINFÜGEN ALS • NEUE EBENE oder auch einen anderen Befehl sehr oft verwenden, können Sie sich über BEARBEITEN • EINSTELLUNGEN bei OBERFLÄCHE über die Schaltfläche TASTENKOMBINATIONEN KONFIGURIEREN ein eigenes Tastenkürzel dafür einrichten.

▶ **Kopieren und Einfügen als neue Ebene**: Natürlich hat GIMP einen speziellen Befehl, um nach dem Kopieren einer Ebene mit BEARBEITEN • KOPIEREN (oder Strg/Ctrl+C) diese gleich als neue Ebene einzufügen. Diese spezielle Einfügemethode finden Sie über den Menübefehl BEARBEITEN • EINFÜGEN ALS • NEUE EBENE. Die Ebene wird dann über der aktiven Ebene im EBENEN-Dialog einfügt.

Neue Ebenen aus Sichtbarem

Klicken Sie mit der rechten Maustaste auf eine Ebene im EBENEN-Dialog, finden Sie einen Befehl mit dem Namen NEU AUS SICHTBAREM. Denselben Befehl sehen Sie auch im Menü EBENE. Die Funktion ist dem Befehl SICHTBARE EBENEN VEREINEN recht ähnlich (siehe Seite 382, »Ebenen zusammenfügen«). Mit NEU AUS SICHTBAREM werden alle sichtbaren Ebenen im EBENEN-Dialog auf eine Ebene reduziert und als neue Ebene über der aktiven Ebene im Stapel eingefügt. Vorwiegend dient diese Funktion dazu, die Ebenen weiter zu bearbeiten, aber das bereits Erstellte zu sichern. Oder auch umgekehrt, um das bereits Erstellte zu bearbeiten (zum Beispiel mit Ebenenmasken) und die einzelnen Ebenen zu sichern.

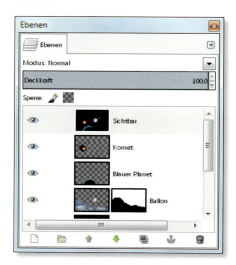

Abbildung 15.18 ▶
Die oberste Ebene, »Sichtbar«, wurde aus allen sichtbaren Ebenen im EBENEN-Dialog mit dem Befehl NEU AUS SICHTBAREM erstellt und wird ebenfalls als ganz normale Ebene behandelt.

15.3 Ebenen benennen

Wenn Sie eine neue Ebene über EBENE • NEUE EBENE, die Tastenkombination [Strg]/[Ctrl]+[⇧]+[N] oder die kleine Schaltfläche [ ] links unten im EBENEN-Dialog erstellen, erscheint ein Dialog, wo Sie unter anderem auch gleich den Namen der neuen Ebene eingeben können. Ich empfehle Ihnen unbedingt, Ebenen mit einem aussagekräftigen Namen zu versehen, damit Sie nicht irgendwann die Übersicht verlieren.

▲ **Abbildung 15.19**
Wenn die Ebenen wie in dieser Abbildung benannt sind, werden Sie schon bald die Übersicht verlieren.

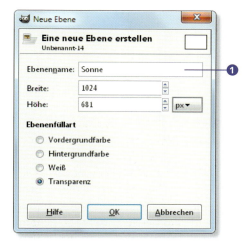

◄ **Abbildung 15.20**
Der Dialog erscheint normalerweise, wenn Sie eine neue Ebene erzeugen.

Automatische Namensvergabe

Wenn Sie eine neue Ebene anlegen wollen, wird im Textfeld ❶ des Dialogs dazu der zuletzt eingegebene Ebenenname vorgegeben. Wenn Sie diesen Namen nicht ändern und hier auf die Schaltfläche OK klicken, obwohl eine Ebene mit diesem Namen bereits existiert, wird beim Namen der Zusatz »#1« ❻ hinzugefügt. Je öfter Sie dies machen, desto weiter wird diese Nummer hochgezählt (»#1«, »#2«, »#3« …).

Beim Duplizieren einer Ebene hingegen wird der Zusatz »-Kopie« ❺ am Ende des Namens hinzugefügt. Duplizieren Sie diese Ebene erneut, wird auch hier wieder der Zusatz »#1« ❹ (und »#2«, »#3« …) hinter den Zusatz »-Kopie« gesetzt.

Kopieren Sie ein Bild in die Zwischenablage und fügen Sie es mit dem Befehl BEARBEITEN • EINFÜGEN ALS • NEUE EBENE ein, wird als Ebenenname »Zwischenablage« ❸ verwendet. Beim klassischen Kopieren und Einfügen beispielsweise mittels [Strg]/[Ctrl]+[V] lautet dann der Ebenenname »Eingefügte Ebene« ❷.

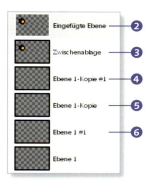

▲ **Abbildung 15.21**
Auch die automatische Namensvergabe folgt einem bestimmten Schema.

Nachträglich benennen

Wenn Sie einen Ebennennamen nachträglich verändern wollen, so ist das überhaupt kein Problem. Am einfachsten ist es, im EBENEN-Dialog auf den Text ❶ des Ebenennamens doppelzuklicken und diesen dann zu editieren.

Alternativ wählen Sie im Kontextmenü (rechter Mausklick auf die Ebene) den Befehl EBENENEIGENSCHAFTEN aus. Daraufhin öffnet sich ein Dialog mit einem Editierfeld ❷, in dem Sie den Ebennennamen ändern können. Das Gleiche klappt auch mit einem Doppelklick auf die Ebenenminiatur.

▲ **Abbildung 15.22**
Den Ebenennamen über den EBENEN-Dialog editieren

▲ **Abbildung 15.23**
Der Dialog lässt sich über den Kontextmenübefehl EBENENEIGENSCHAFTEN oder einen Doppelklick auf die Ebenenminiatur aufrufen.

15.4 Ebenen löschen

Da sich bei einer Ebenenkomposition mit der Zeit jede Menge Ebenen im EBENEN-Dialog ansammeln können, sollten Sie zwischendurch nicht mehr benötigte Ebenen löschen. Bedenken Sie, dass auch die nicht sichtbaren Ebenen denselben Speicherplatz benötigen wie die sichtbaren. Außerdem lasten umfangreiche Ebenenkompositionen den Arbeitsspeicher eventuell ziemlich schnell aus. Folgende Möglichkeiten stehen Ihnen zur Verfügung, um nicht mehr benötigte Ebenen über den EBENEN-Dialog zu löschen:

▶ Markieren Sie die Ebene, und klicken Sie auf das Papierkorb-Icon ❸ im Bedienfeldmenü unterhalb des EBENEN-Dialogs.
▶ Ziehen Sie die Ebene mit gedrückter linker Maustaste auf das Papierkorb-Icon ❸ unterhalb des EBENEN-Dialogs.
▶ Markieren Sie die Ebene im EBENEN-Dialog, führen Sie einen Rechtsklick darauf aus, und rufen Sie im Kontextmenü EBENE LÖSCHEN ❹ auf.
▶ Markieren Sie die Ebene im EBENEN-Dialog, und wählen Sie den Menübefehl EBENE • EBENE LÖSCHEN aus.

Mehrere Ebenen löschen?
Leider ist es (noch) nicht möglich, mehrere Ebenen gleichzeitig zu löschen. Sie müssen nach wie vor Ebene für Ebene markieren und entfernen.

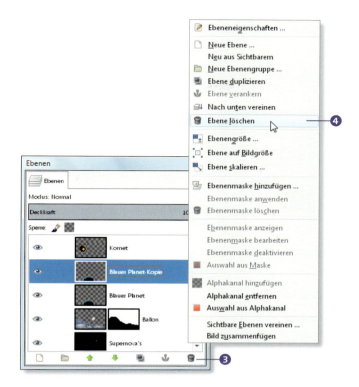

◄ **Abbildung 15.24**
Auch das Kontextmenü bietet sich an, um überflüssige Ebenen zu löschen.

15.5 Ebenen verwalten

Um wirklich effektiv mit den Ebenen zu arbeiten, müssen Sie die einzelnen Ebenen sinnvoll verwalten. Dies gilt ganz besonders, wenn die Anzahl der Ebenen im Ebenen-Dialog immer umfangreicher und unübersichtlicher wird. GIMP bietet zur Verwaltung viele kleinere Funktionalitäten an, die Ihnen das Leben mit den Ebenen einfacher machen.

Ebenen verketten

Wollen Sie mehrere Ebenen gleichzeitig bearbeiten (beispielsweise verschieben, transformieren, skalieren, drehen), müssen Sie diese verketten. Dafür klicken Sie auf das Kettensymbol ❶ (Abbildung 15.25) rechts neben dem Augensymbol. Wiederholen Sie diesen Schritt mit jeder Ebene, die Sie verketten wollen. Klicken Sie erneut auf das Kettensymbol, wird diese Ebene wieder aus der Verkettung gelöst.

Natürlich ist eine solche Verknüpfung nur dann sinnvoll, wenn Sie mindestens zwei Ebenen miteinander verketten. Die Ebenen müssen allerdings nicht aneinandergrenzen.

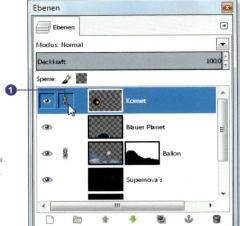

Abbildung 15.25 ▶
Hier wurden die Ebenen »Komet« und »Ballon« miteinander verkettet. Wenn Sie eine der beiden Ebenen verschieben oder transformieren, wirkt sich dies simultan auf die andere Ebene aus.

Ebenen anordnen

Entscheidend für eine Ebenenkomposition ist natürlich auch die Anordnung der Ebenen in der richtigen Reihenfolge. Damit entscheiden Sie letztendlich, was angezeigt wird und welche Bildteile von anderen Bildteilen überdeckt werden. Zum Anordnen von Ebenen stehen Ihnen folgende Möglichkeiten zur Verfügung:

▶ **Drag & Drop**: Die gängigste und schnellste Möglichkeit, die Reihenfolge der Ebene zu ändern, dürfte das Einfache Ziehen und Fallenlassen (Drag & Drop) bieten. Hierbei fassen Sie einfach die Ebene mit gedrückter linker Maustaste an und lassen sie in der gewünschten Zeile im EBENEN-Dialog fallen, indem Sie die Maustaste loslassen.

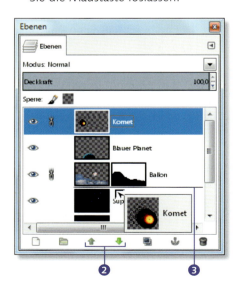

Abbildung 15.26 ▶
Hier wird die Ebene »Komet« per Drag & Drop zwischen die Ebenen »Ballon« und »Supernova« gezogen. Wo die Ebene nach dem Fallenlassen eingefügt wird, erkennen Sie an der Linie ❸ zwischen den Ebenen.

15.5 Ebenen verwalten

▶ **Schaltflächen im »Ebenen«-Dialog**: Ebenfalls sehr komfortabel können Sie eine aktive Ebene über die beiden Pfeil-Schaltflächen ❷ unterhalb des EBENEN-Dialogs im Stapel nach oben oder unten bewegen. Mit ⬆ schieben Sie die Ebenen eine Zeile höher und mit ⬇ eine Zeile tiefer im Stapel. Drücken Sie dabei gleichzeitig die ⬧-Taste, wird die Ebene ganz nach oben bzw. ganz nach unten im Stapel geschoben.

▶ **Menü**: Natürlich sind sämtliche Befehle auch über das Menü EBENE • STAPEL erreichbar. Dort finden Sie außerdem den Befehl REIHENFOLGE DER EBENEN UMKEHREN, mit dem Sie den kompletten Ebenenstapel umdrehen.

▲ **Abbildung 15.27**
Die Befehle im Menü EBENE • STAPEL

Ebenenminiaturansicht ändern

Die Ebenenminiaturansicht können Sie jederzeit über den EBENEN-Dialog ändern. Klicken Sie hierzu auf das kleine Dreieck ❹ rechts oben. Im Untermenü von VORSCHAUGRÖSSE wählen Sie dann von WINZIG bis GIGANTISCH verschiedene Ansichtsgrößen.

Alternativ passen Sie diese Miniaturansicht über BEARBEITEN • EINSTELLUNGEN über OBERFLÄCHE an.

▲ **Abbildung 15.28**
Anpassen der Ebenenminiaturgröße

▲ **Abbildung 15.29**
Halten Sie die linke Maustaste auf der Ebenenminiatur länger gedrückt, erhalten Sie eine vergrößerte Vorschau.

Eine vorübergehend größere Ansicht erhalten Sie, wenn Sie etwas länger die linke Maustaste auf der Ebenenminiatur gedrückt halten ❺. Lassen Sie die Maustaste wieder los, verschwindet die vergrößerte Ansicht.

Ebenen zusammenfügen

Wenn Ihr Bild viele Ebenen enthält, wird das unter Umständen sehr unübersichtlich. Den Speicherplatz der Datei und den Arbeitsspeicherverbrauch dürfen Sie dabei auch nicht ignorieren. Sind Sie mit dem Bild fertig, können Sie die Ebenen zusammenfügen; manchmal ist auch die Rede von »Ebenen reduzieren«. Hierzu bietet Ihnen GIMP mehrere Möglichkeiten.

Nach unten vereinen | Diesen Befehl erreichen Sie nur über das Menü EBENE • NACH UNTEN VEREINEN. Damit fügen Sie die aktuell markierte Ebene mit der nächsten sichtbaren (!) darunterliegenden Ebene zusammen. Sichtbare Ebenen erkennen Sie am Augensymbol im EBENEN-Dialog. Dieser Befehl berücksichtigt außerdem die Eigenschaften der aktiven Ebene wie beispielsweise die Transparenz und den Ebenenmodus.

Gerade wenn Sie hierbei unbedacht den Ebenenmodus (siehe Kapitel 18) verwenden, kann dies zu ungewollten Seiteneffekten führen, wie Abbildung 15.30 und Abbildung 15.31 demonstrieren.

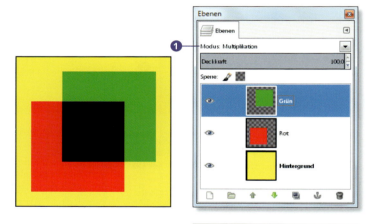

Abbildung 15.30 ▶
Bei der Ebene »Grün« wurde als Ebenenmodus MULTIPLIKATION ❶ verwendet…

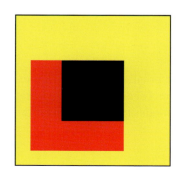
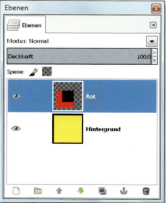

Abbildung 15.31 ▶
…wodurch nach dem Befehl NACH UNTEN VEREINEN die Ebene »Grün« mit der Ebene »Rot« zusammengefügt wurde und ein vielleicht nicht so gewollter Effekt auftrat.

15.5 Ebenen verwalten

Sichtbare Ebenen vereinen | Mit dem Kommando SICHTBARE EBENEN VEREINEN fügen Sie alle sichtbaren Ebenen (Ebenen mit dem Augensymbol) im EBENEN-Dialog zu einer einzigen Ebene zusammen. Sie führen den Befehl entweder über den Menübefehl BILD • SICHTBARE EBENEN VEREINEN aus, mit dem Tastenkürzel [Strg]/[Ctrl]+[M] oder, nach einem rechten Mausklick auf irgendeiner Ebene im EBENEN-Dialog, über den gleichnamigen Befehl im Kontextmenü.

Wie die sichtbaren Ebenen vereint werden sollen, wählen Sie im anschließend angezeigten Dialogfenster EBENEN VEREINEN aus:

Nur noch eine Ebene!
Beachten Sie bei diesem Befehl, dass hiermit alle sichtbaren Ebenen nach dem Zusammenfügen verschwunden sind. Haben Sie die Ebenenkomposition nicht abgespeichert und liegt Ihnen nur das komplette Bild vor, haben Sie später keine Möglichkeit, mehr die einzelnen Ebenen zu bearbeiten.

◄ **Abbildung 15.32**
Der Dialog EBENEN VEREINEN

- NACH BEDARF ERWEITERT ❷: Dies ist die Standardeinstellung (Abbildung 15.34), mit der die erzeugte Ebene so groß sein wird, dass alle Ebenen vollständig hineinpassen. Das heißt, dass, wenn Ebenen beispielsweise über den sichtbaren Rand hinausragen, dies bei der erzeugten Ebene berücksichtigt wird. Allerdings bedeutet das nicht, dass der Bereich, der über den sichtbaren Rand hinausragt, anschließend sichtbar wird, sondern nur, dass die Ebene größer sein kann als das Bild.
- AUF BILD BESCHNITTEN ❸: Wollen Sie das, was Sie in Abbildung 15.34 sehen, vermeiden, verwenden Sie diese Einstellung. Damit legen Sie fest, dass die erzeugte Ebene die Größe des Bildes haben muss. Sind die vereinten Ebenen größer als das Bild (in Pixel), werden sie automatisch auf die Bildgröße zugeschnitten.
- AUF UNTERSTE EBENE BESCHNITTEN ❹: Verwenden Sie diese Einstellung, werden alle Ebenen im EBENEN-Dialog auf die Größe der untersten Ebene im Stapel zugeschnitten. Ebeneninhalte, die sich nicht in diesem Bereich befinden, werden beschnitten.

Abbildung 15.33 ▶
Die Ebene »Komet« wurde hier absichtlich über den Bildrand hinausgeschoben.

Abbildung 15.34 ▶▶
Nach dem Befehl SICHTBARE EBENEN VEREINEN, wo die Option NACH BEDARF ERWEITERT ❷ verwendet wurde, wurde die fertige Ebene um diesen überstehenden Bereich erweitert.

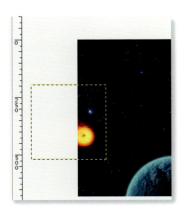

Zusätzlich finden Sie im Dialog die Checkbox NUR MIT AKTIVER GRUPPE VEREINEN ❺ womit beim Zusammenfügen nur die sichtbaren Ebenen einer Ebenengruppe berücksichtig werden. Die Checkbox ist ausgegraut, wenn (wie im Beispiel gegeben) keine Ebenengruppe vorhanden ist. Die zweite Checkbox im Dialog ist UNSICHTBARE EBENEN LÖSCHEN ❻. Standardmäßig ist sie nicht aktiviert. Setzen Sie hier ein Häkchen, werden alle im EBENEN-Dialog nicht sichtbaren Ebenen (ohne Augensymbol) – die ja sonst standardmäßig nach dem Befehl SICHTBARE EBENEN VEREINEN noch vorhanden wären – gelöscht.

Abbildung 15.35 ▶
EBENEN-Dialog mit Ebenen vor der Vereinigung

Abbildung 15.36 ▶▶
Der EBENEN-Dialog nach einem Aufruf von SICHTBARE EBENEN VEREINEN mit den Standardeinstellungen

Bild zusammenfügen | Wenn Sie mit der Ebenenkomposition fertig sind, können Sie den Befehl BILD ZUSAMMENFÜGEN aufrufen. Mit diesem Kommando werden alle sichtbaren Ebenen eines Bildes ohne Nachfrage zu einer Ebene zusammengefügt. Beachten Sie allerdings, dass dieses Kommando auch vorhandene Alphakanäle (Transparenz) entfernt. Passen die Ebenen außerdem nicht auf die Bildgröße, werden sie automatisch darauf beschnitten. Des Weiteren werden die nicht sichtbaren Ebenen (Ebenen ohne Augensymbol) im EBENEN-Dialog gelöscht.

Diesen Befehl führen Sie über BILD • BILD ZUSAMMENFÜGEN oder einen Rechtsklick auf eine Ebene im EBENEN-Dialog über den gleichnamigen Befehl im Kontextmenü aus.

Ebenen verankern | Zwar handelt es sich bei dem Befehl EBENEN VERANKERN nicht direkt um eine Vereinigung von Ebenen, aber er passt trotzdem ganz gut hierher. Denn wenn Sie eine Ebene per Copy & Paste eingefügt haben, erscheint sie als SCHWEBENDE AUSWAHL im EBENEN-Dialog. Und wenn Sie die Schaltfläche mit dem Ankersymbol ❷ unterhalb des EBENEN-Dialogs anklicken, verankern Sie die schwebende Ebene direkt mit der nächsten sichtbaren darunterliegenden Ebene. Den Befehl zum Verankern erreichen Sie auch per rechtem Mausklick auf die Ebenenminiatur der schwebenden Auswahl über das Kontextmenü, über das Menü EBENE • EBENE VERANKERN oder das Tastenkürzel `Strg`/`Ctrl`+`H`.

Das Verankern einer Ebene entspricht also im Grunde dem Befehl NACH UNTEN VEREINEN, nur dass Sie hierbei nicht mehr auf die anderen Ebenen zugreifen können. Wollen Sie die schwebende Auswahl nicht mit der darunterliegenden Ebene verankern, können Sie auch eine neue Ebene daraus machen, indem Sie beispielsweise auf das kleine Symbol ❶ links unten im EBENEN-Dialog klicken.

Alternative für »Bild zusammenfügen«
Brauchen Sie lediglich ein Gesamtbild aller sichtbaren Ebenen, können Sie auch den Befehl EBENE • NEU AUS SICHTBAREM oder BEARBEITEN • SICHTBARES KOPIEREN ausführen und aus der Zwischenablage die eben kopierten sichtbaren Ebenen mit BEARBEITEN • EINFÜGEN ALS • NEUES BILD in ein neues Bild einfügen.

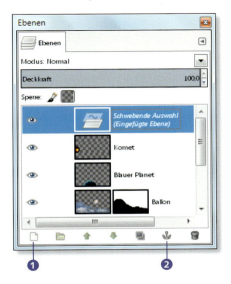

◄ **Abbildung 15.37**
Eine schwebende Auswahl im EBENEN-Dialog verankern

Bilder mit Ebenen speichern

Zum Weiterlesen
Mehr über verschiedene Datenformate und das Speichern von Dateien lesen Sie in Abschnitt 2.7, »Dateiformate und Kompression«.

Wenn Sie mit Ihrer Ebenenkomposition fertig sind und Ihre Arbeit (zwischen-)speichern wollen, haben Sie folgende zwei Möglichkeiten:

- **Bild mit Ebenen sichern**: Wenn Sie das Bild mit Ebenen sichern wollen, bleibt Ihnen nur das GIMP-eigene XCF-Format übrig, um Ihre Komposition mit allen Ebenen zu speichern. Alternativ könnten Sie hierfür auch das Photoshop-Format PSD verwenden; allerdings müssen Sie hierbei das Bild exportieren.
- **Bild ohne Ebenen sichern**: Wollen Sie das Bild an andere weitergeben, ist das XCF-Format nicht dafür geeignet. Dann müssen Sie die Ebenenkomposition über Datei • Speichern unter in das gewünschte Format (beispielsweise JPEG, PNG oder TIFF) überführen. Beachten Sie hierbei, dass der Alphakanal nicht von allen Formaten unterstützt wird, transparente Bereiche also möglicherweise verloren gehen.

In der Praxis sollten Sie auf jeden Fall eine Ebenenkomposition immer vorher im XCF-Format (zwischen-)speichern, um nachträglich noch Änderungen vornehmen zu können.

Kapitel 16
Grundlegende Ebenentechniken

Selten passen neue Ebenen, die Sie einfügen oder erstellen, auf Anhieb mit den anderen Ebenen in Ihrem Bild zusammen. Häufig kommen Sie um ein Anpassen der Größe und Perspektive nicht herum.

16.1 Ebenengröße anpassen

Wenn Sie Ebenen erstellen, neue hinzufügen und andere Ebenen wieder entfernen, wird wohl im seltensten Fall alles von der Größe und Ausrichtung her passen. Daher erfahren Sie in diesem Kapitel, wie Sie die Ebenen auf das Bild anpassen und ausrichten. Im Grunde sind Ihnen diese Funktionen schon in Verbindung ohne Ebenen bekannt. Hier lernen Sie jetzt die Gegenstücke für Ebenen kennen.

Ebenengröße festlegen

Die Größe einer Ebene muss nicht zwangsläufig der sichtbaren und absoluten Pixelgröße des Bildes entsprechen. Der Befehl, mit dem Sie die Größe der im EBENEN-Dialog aktiven Ebenen ändern, erreichen Sie über das Menü EBENE • EBENENGRÖSSE oder mit einem rechten Mausklick auf der Ebene im EBENEN-Dialog über den gleichnamigen Befehl im Kontextmenü. Der sich daraufhin öffnende Dialog entspricht fast dem Dialog von LEINWANDGRÖSSE, den Sie über das Menü BILD aufrufen. Nur finden Sie hier, im Gegensatz zum Dialog LEINWANDGRÖSSE FESTLEGEN, keine zusätzlichen Optionen für Ebenen, weil sich ja der Dialog schon auf die aktuelle Ebene bezieht.

Zum Weiterlesen
Der Dialog LEINWANDGRÖSSE FESTLEGEN wird in Abschnitt 20.3, »Leinwandgröße (Bildfläche) erweitern«, beschrieben.

Kapitel 16 Grundlegende Ebenentechniken

Logische Auflösung
Unabhängig davon, welche Maßeinheit ❺ Sie einstellen, ändert sich die absolute Auflösung des Bildes auch hier nach der Vergrößerung oder Verkleinerung der Ebenen nicht. Zur Kontrolle finden Sie daher unterhalb der Eingabefelder ❷ Höhe und Breite die künftige Größe in Pixel und die logische Auflösung in dpi (PPI).

Über die Eigenschaften Breite und Höhe ❶ geben Sie die gewünschte neue Ebenengrösse an. Im Dropdown-Menü ❺ neben Höhe können Sie eine andere Maßeinheit einstellen. Standardmäßig wird hier Pixel verwendet. Solange das Kettensymbol ❻ zwischen Höhe und Breite verknüpft (geschlossen) ist, bleibt das Seitenverhältnis beim Ändern der Größe erhalten. Durch ein Anklicken des Kettensymbols heben Sie diese Verknüpfung auf.

Mit dem Versatz in Richtung X und Y ❸ legen Sie die Position bzw. die Anordnung des Ebeneninhalts auf der Bildfläche fest. Der Nullpunkt liegt dabei in der linken oberen Ecke. Neben den Eingabefeldern können Sie den Versatz unter anderem auch durch Ziehen des Vorschaubildes positionieren. Sehr nützlich ist hierbei auch die Schaltfläche Zentrieren ❹, mit der der Ebeneninhalt horizontal und vertikal zur neuen Ebenengröße mittig angeordnet wird.

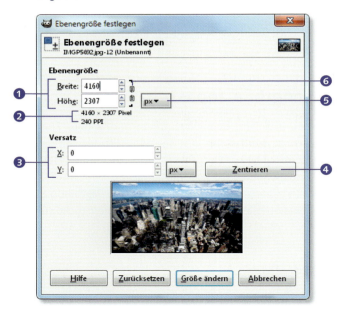

Abbildung 16.1 ▸
Der Dialog zum Festlegen der Ebenengröße

Folgende zwei Gründe kann es geben, die Größe einer einzelnen Ebene zu ändern:
▸ Sie wollen den bearbeitbaren Bereich im Bild erweitern, um beispielsweise etwas darauf einzufügen, zu zeichnen oder einen Text zu schreiben. Dann müssen Sie die Ebenenfläche erweitern.
▸ Sie haben eine neue Ebene in eine Bilddatei eingefügt oder angelegt und brauchen nur einen kleinen Teil vom Ebeneninhalt; dann können Sie den Ebeneninhalt verkleinern. Der Vorteil dabei ist, dass die Ebene dann viel einfacher verschiebbar ist

Ebene automatisch zuschneiden
Wenn Sie eine erweiterte Ebene wieder auf die Bildbegrenzung zuschneiden wollen, verwenden Sie einfach den Menübefehl Ebene • Ebene automatisch zuschneiden.

und sich auch einfacher mit anderen Ebenen ausrichten lässt. Beachten Sie allerdings, dass ein Teil der Ebene beim Verkleinern verloren geht.

Schritt für Schritt:
Ein Foto in mehrere Fotos aufteilen

In dieser Schritt-für-Schritt-Anleitung soll ein vielleicht weniger attraktiver Bildausschnitt mit Hilfe des Dialogs EBENENGRÖSSE FESTLEGEN in mehrere Fotos aufgeteilt werden, wodurch das Bild ein wenig interessanter wirkt.

 Skyline.jpg

◄ **Abbildung 16.2**
Diesen Bildausschnitt von der New Yorker Skyline wollen wir in mehrere Bilder zerlegen.

1 Ebene mehrfach duplizieren
Öffnen Sie zunächst das Bild, und duplizieren Sie die Ebene mehrfach (je nachdem, in wie viele Einzelbilder Sie das Foto zerlegen wollen). Für alle Ebenen benötigen Sie einen Alphakanal, den Sie gegebenenfalls mit einem rechten Mausklick auf der Ebene über den Kontextmenübefehl ALPHAKANAL HINZUFÜGEN erstellen. Im Beispiel wurden über die kleine Schaltfläche ❼ zum Duplizieren unterhalb des EBENEN-Dialogs insgesamt vier Kopien erstellt. Somit finden Sie im EBENEN-Dialog insgesamt fünf gleiche Ebenen vor.

▲ **Abbildung 16.3**
Fünf gleiche Ebenen mit Alphakanal befinden sich im EBENEN-Dialog.

2 Ebenengröße anpassen
Wählen Sie jetzt die oberste Ebene ❶ (Abbildung 16.4) im EBENEN-Dialog, und entfernen Sie bei allen anderen Ebenen das Augensymbol, womit nur noch die aktive Ebene sichtbar ist. Rufen Sie EBENE • EBENENGRÖSSE auf, und reduzieren Sie die HÖHE und BREITE der Ebenengröße ❷. Im Beispiel wurde das Bild auf 1.800 Pixel in der Breite und 998 Pixel in der Höhe verkleinert. Der Versatz wurde hier manuell in der Miniaturvorschau ❸ mit gedrückter linker Maustaste auf dem Bild verschoben. Mit der Schaltfläche GRÖSSE ÄNDERN ❹ weisen Sie die neue Ebenengröße zu.

Kapitel 16 Grundlegende Ebenentechniken

Abbildung 16.4 ►
Ebenengröße verringern

Abbildung 16.5 ▼
So könnte das Beispiel aussehen, wenn alle Ebenen in unterschiedlicher Größe und mit unterschiedlichem Versatz verändert wurden.

3 Schritt 2 wiederholen
Wiederholen Sie jetzt Arbeitsschritt 2 bei allen anderen Ebenen, nur mit dem Unterschied, dass sich der Versatz jedesmal woanders befinden sollte und natürlich die Höhe und Breite nicht immer gleich sein müssen. Hier können Sie gerne selbst kreativ werden.

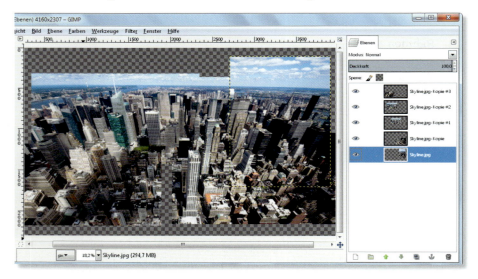

Tipp: Polaroid-Format
Wenn Sie mit Bedacht vorgehen, können Sie hierbei auch einen Polaroid-Rahmen erstellen.

4 Ebenen einrahmen
Um den Eindruck zu erwecken, unser Bild sei aus mehreren Fotos zusammengesetzt, soll jeweils ein Rahmen um die einzelnen Ausschnitte gezeichnet werden. Wählen Sie hierzu die unterste oder oberste Ebene im EBENEN-Dialog aus. Rufen Sie hierfür erneut den Menübefehl EBENE • EBENENGRÖSSE auf. Um einen Rahmen um die Ebene zu legen, müssen Sie zunächst die Ebenengröße erhöhen. Im Beispiel wurde einfach der Wert der BREITE und HÖHE

um 100 Pixel erhöht. Durch das Öffnen des Kettensymbols ❺ vermeiden Sie, dass der Rahmen automatisch an das Seitenverhältnis angepasst wird. Damit der Rahmen auch schön gleichmäßig um das Bild gezogen wird, sollten Sie ihn über die Schaltfläche ZENTRIEREN ❻ mittig setzen. Mit der Schaltfläche GRÖSSE ÄNDERN vergrößern Sie die Ebene.

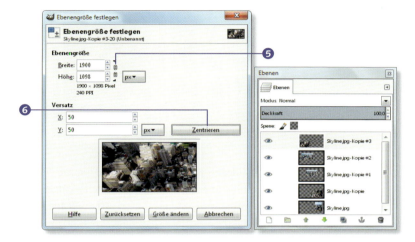

◄ **Abbildung 16.6**
Jetzt soll die Ebene vergrößert werden.

5 Rahmen einfärben

Wählen Sie das FÜLLEN-Werkzeug (⇧+B), und suchen Sie eine Rahmenfarbe aus. Im Beispiel ist die Hintergrundfarbe auf Weiß ❼ eingestellt, weshalb bei den Werkzeugoptionen die FÜLLART auf HG-FARBE ❽ gestellt wurde. Klicken Sie jetzt mit dem FÜLLEN-Werkzeug auf den in Arbeitsschritt 4 erweiterten leeren Ebenenbereich ❾, der sich dadurch mit weißer Farbe füllen sollte.

▼ **Abbildung 16.7**
Rahmen um eine Ebene erstellen

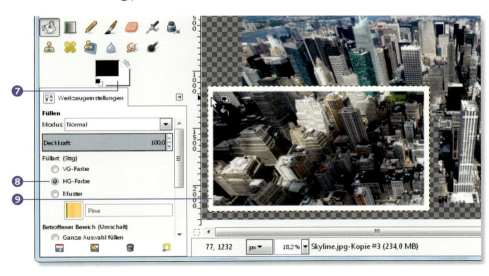

Kapitel 16 Grundlegende Ebenentechniken

6 Arbeitsschritte 4 und 5 wiederholen
Wiederholen Sie die die Arbeitsschritte 4 und 5 mit allen anderen Ebenen.

Abbildung 16.8 ▶
So könnte es aussehen, nachdem alle Ebenen mit einem Rahmen versehen wurden.

7 Schlagschatten hinzufügen
Damit einzelne Fotos bzw. hier Ebenen ein wenig mehr Perspektive erhalten, können Sie noch einen Schlagschatten über FILTER • LICHT UND SCHATTEN • SCHLAGSCHATTEN erstellen. Denken Sie auch gleich daran, dass Sie die Ebene, die Sie mit einem Schlagschatten (mit dem Namen: »Drop Shadow«) versehen haben, mit dem Befehl EBENE • NACH UNTEN VEREINEN zusammenfügen, damit am Ende jeweils Bild mit Rahmen und Schlagschatten immer eine Ebene bilden.

Abbildung 16.9 ▶
Einen Schlagschatten hinzufügen

8 Reihenfolge anpassen
Wenn Sie die Reihenfolge des Ebenenstapels ändern wollen, ist jetzt noch Gelegenheit dazu, dies per Drag & Drop im EBENEN-Dialog zu erledigen.

16.1 Ebenengröße anpassen

◄ **Abbildung 16.10**
Nach dem Hinzufügen von Schlagschatten und dem Ändern der Reihenfolge im Ebenenstapel kann sich das Ergebnis allmählich sehen lassen.

9 Perspektive ändern

Damit die Komposition nicht zu flach wirkt, können Sie die Perspektive der einzelnen Ebenen ändern, wodurch unser Bild mehr »Raum« bekommt. Verwenden Sie das PERSPEKTIVE-Werkzeug 🔲 (⇧+P), und wählen Sie dann zunächst die vorderste bzw. oberste Ebene im EBENEN-Dialog.

Tipp: Perspektive bei allen Ebenen ändern

Wollen Sie die Perspektive bei allen Ebenen gleichzeitig verändern, verknüpfen Sie diese Ebenen miteinander, indem Sie sie im EBENEN-Dialog mit dem Kettensymbol versehen.

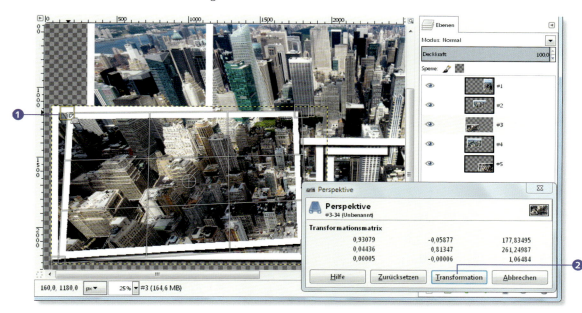

Klicken Sie jetzt mit dem PERSPEKTIVE-Werkzeug auf die Ebene, und es erscheinen vier Griffpunkte ❶, an denen Sie die Perspektive verändern können. Wenn Sie mit der neuen Perspektive zufrieden sind, klicken Sie auf die Schaltfläche TRANSFORMATION ❷ im Dialog PERSPEKTIVE. Wiederholen Sie diesen Vorgang bei den anderen Ebenen.

▲ **Abbildung 16.11**
Die Perspektive der obersten Ebene wird geändert.

393

Abbildung 16.12 ▶
Die fertige Komposition nach dem Ändern der Perspektive

Blue.xcf

Ebene an Bildgröße anpassen

Mit dem Befehl EBENE AUF BILDGRÖSSE, den Sie entweder über das Kontextmenü mit einem rechten Mausklick auf eine Ebene im EBENEN-Dialog oder über das Menü EBENE erreichen, passen Sie die Größe der Ebene an die tatsächliche Bildgröße an. Der Inhalt der Ebenen bleibt dabei unverändert. Sinn und Zweck dabei ist es in der Regel, die Ebene im selben Umfang wie die Bildgröße verwenden zu können. Die aktive Ebene lässt sich nur auf Basis der Ebenengröße bearbeiten. Und ist die Ebenengröße kleiner als die Bildgröße, ist auch die Bearbeitungsfläche kleiner. In folgenden Fällen ist diese Funktion beispielsweise recht nützlich:

▶ Die Leinwandgröße des Hintergrundbildes wurde verändert, und die Ebene(n) wurde(n) nicht mit angepasst.
▶ Eine Ebene wurde einkopiert und ist größer oder kleiner als die Hintergrundebene; dann können Sie auch hier die Ebene an die Bildgröße anpassen.

Abbildung 16.13 ▶
Die gelb-schwarzen Hilfslinien ❶ zeigen den Ebenenrahmen an. Die Ebene »Blue« ist kleiner als die Ebene »Hintergrund«. Wollen Sie beispielsweise den Bereich hinter dem Ebenenrahmen ❷ der aktiven Ebene »Blue« über der Ebene »Hintergrund« bearbeiten (zum Beispiel etwas mit einem Pinsel aufmalen), ist dies nicht möglich, weil die Zeichenfläche nur so groß wie die Ebene ist.

16.1 Ebenengröße anpassen

◀ **Abbildung 16.14**
Nach dem Aufruf von EBENE AUF BILDGRÖSSE wurde die Ebene »Blue« an die Größe der Ebene »Hintergrund« angepasst, wie Sie am gelb-schwarz gestrichelten Ebenenrahmen ❸ sehen. Jetzt könnten Sie auch die Ebene »Blue« im vollen Umfang wie die Ebene »Hintergrund« verwenden und bearbeiten.

Ebene skalieren

Das Kommando EBENE SKALIEREN aus dem Menü EBENE oder dem Kontextmenü des EBENEN-Dialogs entspricht im Grunde dem SKALIEREN-Werkzeug (⇧ + T) aus dem Werkzeugkasten, wo Sie ja ebenfalls über die Werkzeugoptionen (standardmäßig eingestellt) einzelne Ebenen skalieren können.

Der Unterschied zwischen dem SKALIEREN-Werkzeug und dem Dialog EBENE SKALIEREN liegt darin, dass Sie beim Dialog EBENE SKALIEREN zusätzlich die QUALITÄT ❺, genauer die INTERPOLATION, auswählen können. Allerdings kann die INTERPOLATION auch beim SKALIEREN-Werkzeug über die Werkzeugeinstellungen eingestellt werden.

Über die BREITE und HÖHE ❹ bestimmen Sie die Größe des Bildes der markierten Ebene im EBENEN-Dialog. Wenn Sie eine andere Maßeinheit als Pixel benötigen (Prozentangaben sind hier auch häufig sinnvoll), stellen Sie dies in der Dropdown-Liste ❻ neben HÖHE ein. Über die Schaltfläche SKALIEREN ❼ wird die Ebene dann skaliert.

Zum Nachlesen
Die Bedeutung der Interpolation wird ab Seite 471, »Pixelmaße ändern über ›Bild skalieren‹«, näher beschrieben. Blättern Sie daher bei Bedarf dorthin. Sie finden alles, was es zum Dialog EBENE SKALIEREN zu sagen gibt, in diesem Abschnitt, weshalb ich Sie für das Thema »Skalieren« im Allgemeinen an diese Stelle verweisen will. Das SKALIEREN-Werkzeug hingegen wird auf Seite 475 »Pixelmaße ändern mit dem Werkzeug ›Skalieren‹«, behandelt.

◀ **Abbildung 16.15**
Der Dialog EBENE SKALIEREN

395

Einen Nachteil hat der Dialog EBENE SKALIEREN gegenüber dem SKALIEREN-Werkzeug: Beim Dialog werden keine Griffpunkte auf der Ebene im Bildfenster angezeigt, mit denen Sie die Ebene mit gedrückter linker Maustaste visuell vorskalieren können.

Auf Auswahl zuschneiden

Zum Nachlesen
Das Thema »Auswahlen« wird umfassend in Teil VII des Buches behandelt.

Wenn Sie **die aktive Ebene** auf eine im Bild befindliche Auswahl zuschneiden wollen, hilft Ihnen der Befehl EBENE • AUF AUSWAHL ZUSCHNEIDEN. Damit entfernen Sie alle Bereiche außerhalb der Auswahl. Die Bereiche einer weichen Auswahlkante (Befehl: AUSWAHL • AUSBLENDEN) bleiben hingegen erhalten und werden nicht abgeschnitten. Beachten Sie außerdem, dass dieser Befehl keine Auswirkung auf die Bildgröße hat. Wenn es im Bild keine Auswahl gibt, ist dieser Befehl ausgegraut und nicht anwählbar.

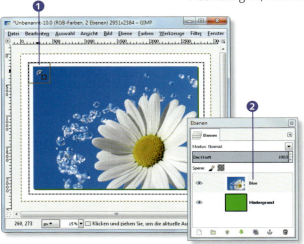

▲ **Abbildung 16.16**
Hier wurde auf der Ebene »Blue« ❷ eine rechteckige Auswahl ❶ erstellt.

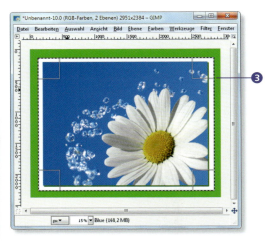

▲ **Abbildung 16.17**
Nachdem der Befehl AUF AUSWAHL ZUSCHNEIDEN ausgeführt wurde, wird der grüne Hintergrund der darunterliegenden Ebene »Hintergrund« ❸ sichtbar.

Zum Nachlesen
Das Werkzeug zum ZUSCHNEIDEN wird in Abschnitt 19.1, »Das Zuschneiden-Werkzeug«, genauer beschrieben.

Wollen Sie hingegen **alle Ebenen** auf eine Auswahl im Bild zuschneiden, verwenden Sie den Befehl BILD • AUF AUSWAHL ZUSCHNEIDEN. Dieser Befehl wirkt sich auf alle Ebenen im Bild aus.

Noch flexibler ist das ZUSCHNEIDEN-Werkzeug ([⇧]+[C]), mit dem Sie beide Fliegen mit einer Klappe schlagen können, indem Sie über seine Werkzeugeinstellungen entweder nur die aktive Ebene oder alle Ebenen auf einmal zuschneiden.

Transformation von Ebenen

Im Untermenü EBENE • TRANSFORMATION finden Sie verschiedene Befehle, um Ebenen zu drehen oder zu spiegeln.

Zum Nachlesen
Auch die Befehle zum Transformieren lassen sich alle – und das zum Teil wesentlich flexibler – über die Werkzeuge im Werkzeugkasten auf einzelne Ebenen anwenden. Mehr zu diesen Werkzeugen erfahren Sie in Kapitel 21, »Bilder ausrichten«.

◄ **Abbildung 16.18**
Was die einzelnen Befehle bewirken, soll mit dem Text »Coffee« demonstriert werden.

Horizontal und vertikal spiegeln | Mit den Kommandos EBENE • TRANSFORMATION • HORIZONTAL SPIEGELN und EBENE • TRANSFORMATION • VERTIKAL SPIEGELN spiegeln Sie die aktive Ebene horizontal entlang der senkrechten bzw. vertikal entlang der waagerechten Mittellinie. Beides können Sie auch über das SPIEGELN-Werkzeug (⇧ + F ; siehe Seite 495) bewerkstelligen.

 coffee.xcf

▲ **Abbildung 16.19**
Horizontales Spiegeln

▲ **Abbildung 16.20**
Vertikales Spiegeln

Drehen | Um die aktive Ebene zu drehen, stehen unter EBENE • TRANSFORMATION mit UM 90° IM UHRZEIGERSINN DREHEN, UM 90° GEGEN DEN UHRZEIGERSINN und UM 180° DREHEN drei automatische und mit BELIEBIG DREHEN eine manuelle Möglichkeit zur Verfügung. Alle vier Funktionen lassen sich natürlich auch mit dem DREHEN-Werkzeug (⇧ + R) aus dem Werkzeugkasten auf einzelne Ebenen anwenden.

Dabei ist garantiert, dass der Ebeneninhalt bei der Drehung verlustfrei bleibt. Genauer: Die Form der Ebene wird hierbei nicht verändert oder beschnitten, wenn die Kanten bei der Dre-

Mittelpunkt beim Drehen
Bei den automatischen Drehungen um 180° und 90° im und gegen den Uhrzeigersinn erfolgt die Drehung immer um den Mittelpunkt der Ebene. Wollen Sie den Mittelpunkt der Ebene ändern, müssen Sie die Funktion BELIEBIG DREHEN verwenden.

hung über den Rand der Bildgröße hinausragen. Auch wenn Sie diesen Rand nach der Drehung nicht sehen können, ist er noch vorhanden und kann durch Verschieben der gedrehten Ebene wieder hervorgeholt werden.

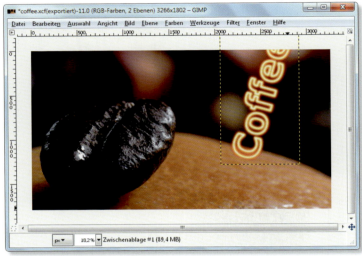

Abbildung 16.21 ▶
Der Text wurde um 90° gegen den Uhrzeigersinn gedreht, wodurch ein Teil des Textes jetzt nicht mehr sichtbar ist …

Abbildung 16.22 ▶
… aber trotzdem noch vorhanden ist. Hier wurde der Text mit dem VERSCHIEBEN-Werkzeug wieder in die (sichtbare) Bildgröße gezogen.

Bei dem Kommando BELIEBIG DREHEN verwendet GIMP ohnehin intern das Werkzeug DREHEN (⇧ + R ; siehe Abschnitt 21.2).

Im Gegensatz zu den anderen automatischen Drehfunktionen können Sie hier den WINKEL über den Dialog DREHEN per Zahleneingabe ❶, mit dem Schieberegler ❷ oder mit gedrückter linker Maustaste im Bildfenster auf der Ebene drehen. Standardmäßig wird die vertikale und horizontale Mitte des Bildes als Drehmittelpunkt verwendet, aber per Drag & Drop können Sie diesen Mittelpunkt ❹ im Bildfenster versetzen. Das Gleiche können Sie auch beim Dialog über die Zahleneingaben von ZENTRUM X und ZENTRUM Y ❸ durchführen. Auch die Maßeinheit ❺ des zu versetzenden Mittelpunkts können Sie ändern. Hierbei wird häufig gerne eine Prozentangabe verwendet. Mit einem Klick auf die Schaltfläche ROTIEREN ❻ oder das Betätigen von ⏎ wird die Ebene gedreht.

▼ **Abbildung 16.23**
Freies Drehen der Ebene über das Kommando BELIEBIG DREHEN

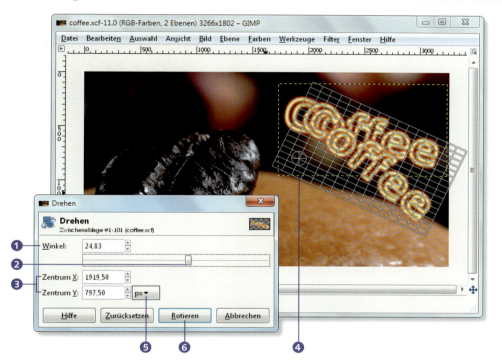

Versatz | Mit dem Befehle EBENE • TRANSFORMATION • VERSATZ (Tastenkürzel: ⇧+Strg/Ctrl+O) verschieben Sie den Ebeneninhalt der aktiven Ebene. Wie weit Sie den Inhalt der Ebene in die entsprechende Richtung verschieben, geben Sie mit den Eigenschaften X ❼ (Abbildung 16.24) für die horizontale und Y ❽ für die vertikale Richtung an. Dahinter können Sie über das Dropdown-Menü auch noch die Maßeinheit einstellen.

Wie der durch den Versatz entstehende leere Bereich der Ebene gefüllt werden soll, bestimmen Sie über die Radioschaltflächen von KANTENVERHALTEN ❿. Folgende drei Möglichkeiten stehen hier zur Auswahl:

▶ FALTEN: Verwenden Sie diese Einstellung, werden Ebeneninhalte, die aus der Ebene herausgeschoben werden, auf der

Versatz um (x/2), (y/2)

Wenn Sie diese Schaltfläche ❾ anklicken, werden die Werte für X ❼ und Y ❽ automatisch eingestellt, so dass der Ebeneninhalt um die halbe Breite und halbe Höhe der Ebene verschoben wird.

anderen Seite wieder eingefügt, wodurch kein Inhalt verloren geht.

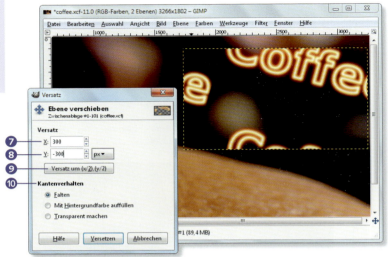

Abbildung 16.24 ▶
Bei einem Versatz von 300 Pixeln nach rechts und −300 Pixeln nach oben erscheint der sonst verschwundene Ebeneninhalt mit dem KANTENVERHALTEN FALTEN auf der jeweils gegenüberliegenden Seite wieder.

▶ MIT HINTERGRUNDFARBE AUFFÜLLEN: Mit dieser Option wird der Bereich der Ebenen, dessen Inhalt herausgeschoben wird, mit der im Werkzeugkasten aktuell eingestellten Hintergrundfarbe gefüllt.

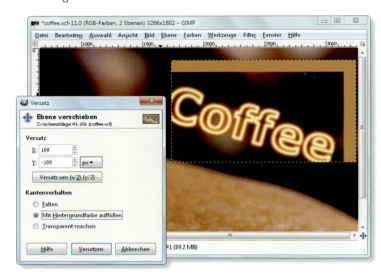

Abbildung 16.25 ▶
Die Auswirkung der Option MIT HINTERGRUNDFARBE AUFFÜLLEN auf die Ebene mit dem Text

▶ TRANSPARENT MACHEN: Wirkt ähnlich wie die Option MIT HINTERGRUNDFARBE AUFFÜLLEN, nur werden jetzt die Bereiche der aktiven Ebene, deren Inhalte herausgeschoben werden, transparent.

◄ **Abbildung 16.26**
Durch die Option TRANSPARENT MACHEN wird der Versatz um je 100 Pixel links und oben transparent gemacht.

16.2 Ebenen ausrichten

Wenn Sie mehrere Ebenen exakt ausrichten müssen, bietet Ihnen GIMP dafür einen Befehl per Menü und ein Werkzeug an.

Ahnen.xcf

Ebenen mit dem Menübefehl ausrichten

Mit dem Befehl BILD • SICHTBARE EBENEN AUSRICHTEN können Sie die sichtbaren Ebenen im Bild sehr genau ausrichten. Wie die Ebenen genau ausgerichtet werden sollen, stellen Sie zunächst im sich öffnenden Dialogfenster ein.

Experimentieren
Diese Funktion wird beispielsweise gerne verwendet, um eine Animation mit vielen Ebenen zu erstellen. Damit Sie ein Gefühl für den Dialog bekommen, empfehle ich Ihnen, damit zu experimentieren.

◄ **Abbildung 16.27**
Zur Demonstration verschiedener Einstellungen wird diese einfache Ahnengalerie verwendet, die Sie auch auf der Buch-DVD wiederfinden.

Bezugsobjekt für die Ausrichtung

Der Bezug für die Ausrichtung ist standardmäßig die Zeichenfläche. Um eine Ebene als Bezugsobjekt für die Ausrichtung zu verwenden (was Sie meistens wünschen werden), aktivieren Sie die Option DIE UNTERSTE (UNSICHTBARE) EBENE ALS BASIS VERWENDEN ❺.

Mit den Optionen HORIZONTALER STIL ❶ und VERTIKALER STIL ❸ legen Sie fest, wie Sie die Ebenen ausrichten wollen. Folgende Einstellungen stehen Ihnen hierfür zur Verfügung:

▶ KEIN: In dieser Orientierung erfolgt keine Ausrichtung. Stehen beide Optionen auf KEIN, passiert logischerweise auch gar nichts.

▶ ZUSAMMENFASSEN: Wählen Sie diese Einstellung, werden alle Ebenen an der Zeichenfläche ausgerichtet. Die Zeichenfläche stellen Sie mit HORIZONTALE BASIS ❷ und/oder VERTIKALE BASIS ❹ ein.

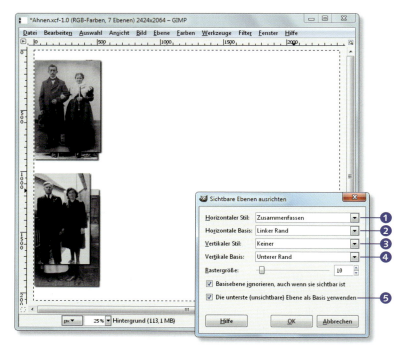

Abbildung 16.28 ▶
Diese Ebene wurde horizontal am linken Rand der Zeichenfläche zusammenfassend ausgerichtet.

Ebenen für »Füllen«

Um die »Füllen«-Einstellungen verwenden zu können, müssen mindestens drei Ebenen im Bild sichtbar sein.

▶ FÜLLEN (VON LINKS NACH RECHTS) und FÜLLEN (VON OBEN NACH UNTEN): Mit dieser Einstellung werden die Ebenen so aneinander ausgerichtet, dass sie möglichst nicht überlappend und auffüllend versetzt werden. Welche Kanten hier als Zeichenfläche verwendet werden sollen, geben Sie wieder mit HORIZONTALE BASIS und VERTIKALE BASIS vor.

▶ FÜLLEN (VON RECHTS NACH LINKS) und FÜLLEN (VON UNTEN NACH OBEN): Diese Einstellungen entsprechen FÜLLEN (VON LINKS NACH RECHTS) bzw. FÜLLEN (VON OBEN NACH UNTEN), nur dass es eben in die jeweils entgegengesetzte Richtung geht.

16.2 Ebenen ausrichten

◄ **Abbildung 16.29**
Hier wurden die Ebenen in horizontal und vertikal auffüllender Ausrichtung an der Zeichenfläche vom linken oberen Rand zum rechten unteren Rand hin angeordnet.

▶ AM GITTER AUSRICHTEN: Mit dieser Option können Sie die Ebenen auf einem Gitter ausrichten. Die Rastergröße des Gitters stellen Sie mit dem Schieberegler RASTERGRÖSSE ein. In der Praxis würde ich Ihnen hierzu eher magnetische Hilfslinien (ANSICHT • MAGNETISCHE HILFSLINIEN) empfehlen.

Ebenen mit dem Ausrichten-Werkzeug anordnen

Komfortabler und einfacher richten Sie einzelne Ebenen mit dem AUSRICHTEN-Werkzeug (Q) aus dem Werkzeugkasten aus. Wenn Sie das Werkzeug aktiviert haben, erkennen Sie das an der Hand des Mauszeigers (siehe Abbildung 16.30). Wählen Sie eine auszurichtende Ebene aus, wird diese mit kleinen Quadraten in den Ecken markiert ❻.

Natürlich lassen sich so auch mit gedrückter ⇧-Taste mehrere Ebenen auf einmal markieren. Alternativ wählen Sie auch mehrere Ebenen gleichzeitig aus, indem Sie mit gedrückter linker Maustaste einen Rahmen um die gewünschten Ebenen ziehen. Lassen Sie die Maustaste los, werden alle sich in diesem Rahmen befindenden Ebenen selektiert. Über die verschiedenen Schaltflächen in den Werkzeugeinstellungen können Sie jetzt die Ebenen ausrichten und verteilen. Hier können Sie auch gleich das Zielobjekt (an andere Ebene, Auswahl, Pfad etc.) auswählen, an dem die Ebene(n) ausgerichtet werden soll(en).

ausrichten.xcf

▲ **Abbildung 16.30**
Das AUSRICHTEN-Werkzeug ist aktiv.

▲ **Abbildung 16.31**
Diese Ebene wurde mit dem AUSRICHTEN-Werkzeug ausgewählt.

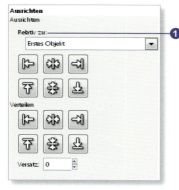

▲ **Abbildung 16.32**
Werkzeugoptionen des
AUSRICHTEN-Werkzeugs

▲ **Abbildung 16.33**
Anhand dieser Abbildung (die Sie auch wieder auf der Buch-DVD finden) sollen die einzelnen Werkzeugoptionen vom AUSRICHTEN-Werkzeug demonstriert werden.

Entscheidend für die Ausrichtung ist das Dropdown-Menü RELATIV ZU ❶. Hier bestimmen Sie, welches Zielobjekt für die Ausrichtung verwendet werden soll. Folgende Möglichkeiten stehen Ihnen dafür zur Verfügung:

▶ ERSTES OBJEKT: Hiermit wählen Sie zuerst eine Ebene als Zielobjekt aus, die dann als die Ebene gilt, an der die weiteren Ebenen ausgerichtet werden, die Sie jetzt mit gedrückter ⇧-Taste hinzufügen können. Natürlich können Sie auch hier mehrere Ebenen auswählen. Allerdings gibt es nicht die Möglichkeit, mit gedrückter linker Maustaste einen Rahmen aufzuziehen, um mehrere Ebenen auszuwählen.
Diese Option ist ideal, wenn Sie einzelne Objekte verteilen oder aneinander ausrichten wollen. Außerdem ist diese Einstellung **erste Wahl**, wenn es um das **gleichmäßige Ausrichten einzelner Objekte** geht.

Abbildung 16.34 ▶
Hier wurde erst »Button 04« als ERSTES OBJEKT mit dem AUSRICHTEN-Werkzeug ausgewählt. Anschließend wurden »Button 05« und »Button 06« mit gedrückter ⇧-Taste markiert. Durch Anklicken der Schaltfläche AM ZENTRUM DES ZIELS AUSRICHTEN ❷ wurden die beiden Schaltflächen zentriert an der Schaltfläche »Button 04« ausgerichtet.

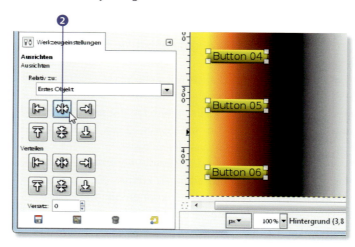

16.2 Ebenen ausrichten

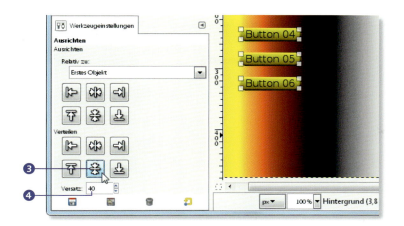

◀ **Abbildung 16.35**
Um auch gleich noch die Schaltflächen in einem gleichmäßigen Abstand zu verteilen, wurde der VERSATZ ❹ auf 40 Pixel eingestellt und die Schaltfläche VERTIKALE ZENTREN DER ZIELE VERTEILEN ❸ betätigt. Auch beim Verteilen gilt die Einstellung von RELATIV ZU mit ERSTES OBJEKT (in diesem Fall immer noch die Schaltfläche »Button 04«).

▶ BILD: Hiermit wird das Bild (die Bildgröße) als Ziel der Ausrichtung verwendet. Diese Einstellung ist sinnvoll, wenn Sie die Objekte relativ auf dem kompletten Bild verteilen oder ausrichten wollen.

◀ **Abbildung 16.36**
Hier wurden drei Buttons mit gedrückter ⇧-Taste und dem AUSRICHTEN-Werkzeug markiert. Durch die Einstellung BILD bei RELATIV ZU wurden die Buttons nach dem Anklicken der Schaltfläche AN DER OBEREN KANTE DES ZIELS AUSRICHTEN ❺ am oberen Bildrand ausgerichtet.

▶ AUSWAHL: Damit wird eine gewöhnliche Auswahl als Zielobjekt zum Anordnen und Verteilen verwendet.

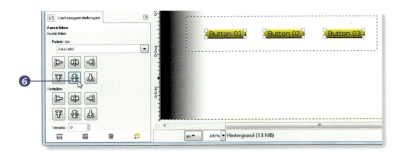

◀ **Abbildung 16.37**
Hier wurde mit dem Werkzeug RECHTECKIGE AUSWAHL eine Auswahl im Bild aufgezogen. Nachdem im AUSRICHTEN-Werkzeug die Option RELATIV ZU auf AUSWAHL eingestellt wurde und drei Buttons mit gehaltener ⇧-Taste ausgewählt wurden, wurden die drei Buttons durch Anklicken der Schaltfläche AN DER MITTE DES ZIELS AUSRICHTEN ❻ mittig in der Auswahl ausgerichtet.

▶ AKTIVE EBENE: Mit dieser Option wird die aktive Ebene ❿ im EBENEN-Dialog als Zielobjekt zum Anordnen und Verteilen verwendet. Diese Einstellung ist ebenfalls bestens geeignet, um einzelne Ebenenobjekte auszurichten und gleichmäßig zu verteilen.

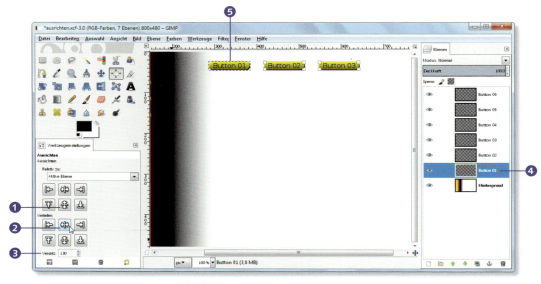

▲ **Abbildung 16.38**
Hier wurde die aktive Ebene im EBENEN-Dialog ausgewählt ❹. An dem gelb-schwarz gestrichelten Ebenenrahmen ❺ (hier »Button 01«) erkennen Sie die Ebene. Mit gehaltener ⇧-Taste können Sie jetzt die weiteren Ebenen auswählen, die an der aktiven Ebene ausgerichtet und verteilt werden sollen. Im Beispiel wurden die Ebenen zunächst mit der Schaltfläche AN DER MITTE DES ZIELS AUSRICHTEN ❶ angeordnet und dann mit der Schaltfläche HORIZONTALE ZENTREN DER ZIELE VERTEILEN ❷ mit einem VERSATZ ❸ von 130 Pixeln gleichmäßig verteilt.

▶ AKTIVER KANAL: Die Ausrichtung und Verteilung der Ebenen erfolgt an einer aktiven gespeicherten Auswahlmaske (siehe Abschnitt 24.3, »Kanäle und Auswahlmasken«).

Abbildung 16.39 ▶
Hier wurde zunächst eine Auswahlmaske erstellt und gespeichert. Im Dialog KANÄLE wurde diese Auswahlmaske ❾ aktiviert. Anschließend wurden drei Schaltflächen mit gedrückter ⇧-Taste und dem AUSRICHTEN-Werkzeug markiert. Zunächst wurden die Ebenen mit der Schaltfläche AM ZENTRUM DES ZIELS AUSRICHTEN ❻ mittig zur Auswahlmaske gesetzt, ehe sie dann mit der Schaltfläche OBERE KANTE DER ZIELE VERTEILEN ❼ und einem VERSATZ ❽ von 50 Pixeln gleichmäßig innerhalb der Auswahlmaske verteilt wurden.

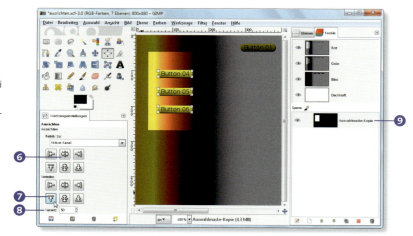

▶ AKTIVER PFAD: Die Ausrichtung und Verteilung der Ebenen erfolgt an dem aktiven Pfad (siehe Teil IX des Buches).

Der Klassiker – mit Hilfslinien ausrichten

Der Klassiker zum Ausrichten von einzelnen Ebenen ist immer noch das Lineal (ANSICHT • LINEALE ANZEIGEN) in Verbindung mit magnetischen Hilfslinien. Hierzu ziehen Sie die gewünschten Hilfslinien aus dem linken oder oberen Lineal heraus und positionieren sie. Damit die Ebenen anschließend auch an den Hilfslinien einrasten, muss ANSICHT • MAGNETISCHE HILFSLINIEN aktiviert sein. Anschließend richten Sie mit dem VERSCHIEBEN-Werkzeug ✥ (M) die einzelnen Ebenen anhand der Hilfslinien aus.

Zum Nachlesen
Die Hilfslinien werden ab Seite 113, »Hilfslinien einstellen und verwenden«, beschrieben; Näheres zum Lineal finden Sie auf Seite 107, »Lineal am Bildrand«, und zum VERSCHIEBEN-Werkzeug in Abschnitt 16.4.

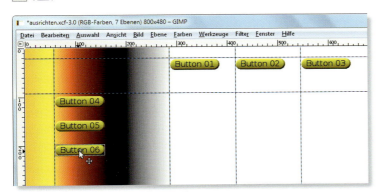

◀ **Abbildung 16.40**
Lange vor dem AUSRICHTEN-Werkzeug wurden magnetische Hilfslinien zum Ausrichten verwendet.

16.3 Ebenen gruppieren

Einzelne Ebenen können Sie auch in Gruppen verschachteln. Gerade Grafiker oder Webdesigner können hiermit unzählige Ebenen übersichtlicher im EBENEN-Dialog verwalten. Vieles, was Sie bei der Verwaltung von Ebenen kennengelernt haben, können Sie auch bei den Ebenengruppen anwenden. Trotzdem soll noch ein wenig detaillierter auf einige spezielle Dinge eingegangen werden.

Funktionsweisen von Ebenengruppen

Das Prinzip von Ebenengruppen funktioniert recht ähnlich wie bei einer Ordnerstruktur des Rechners. Das oberste Element ist der Gruppenname ❹ (wie hier im Beispiel »Navigation«), und die dahinter gruppierten, mit einer dünnen Linie ❸ folgenden Elemente sind die eigentlichen Ebenen dieser Gruppe.

Ein Minus-Zeichen ❷ vor der Ebenengruppe zeigt an, dass diese Gruppe im EBENEN-Dialog aufgeklappt ist. Ein Plus-Symbol ❶ vor der Ebenengruppe bedeutet, dass diese zugeklappt ist. Auf- und Zuklappen können Sie diese Ebenengruppen jederzeit, indem Sie auf das Minus- oder Plus-Symbol im EBENEN-Dialog klicken. Ist

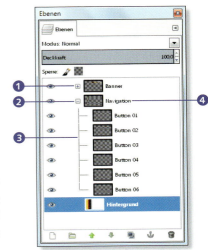

Abbildung 16.41 ▲
Dank der Ebenengruppen ist es nun möglich, umfangreiche Ebenenkompositionen übersichtlicher in einzelnen Gruppen zu verwalten.

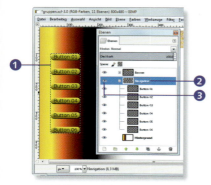

▲ **Abbildung 16.42**
Die ausgewählte Ebenengruppe ❷ im EBENEN-Dialog wird im Bildfenster mit einer gestrichelten blauen Linie ❶ angezeigt.

eine Ebenengruppe im EBENEN-Dialog markiert, können Sie das Auf- und Zuklappen auch mit den Tasten ＋ und − durchführen.

Sichtbarkeit von Ebenengruppen | Wenn Sie eine Ebenengruppe ❷ im EBENEN-Dialog auswählen, wird diese Gruppe im Bildfenster mit einer blau gestrichelten Linie ❶ angezeigt.

Die Sichtbarkeit der Ebenengruppe wird durch das Augensymbol ❸ im Gruppennamen der Ebene angezeigt. Ist das Symbol sichtbar, sind alle (sichtbaren) Ebenen der Gruppe ebenfalls sichtbar. Durch Anklicken des Augensymbols werden automatisch alle Ebenen der Ebenengruppe aus- bzw. wieder eingeblendet. Sie können eine ausgeblendete Ebenengruppe an den durchgestrichenen Augensymbolen ❺ der einzelnen Ebenen im EBENEN-Dialog erkennen. Und natürlich können Sie auch hier die Sichtbarkeit umkehren, indem Sie mit gedrückt gehaltener ⇧-Taste auf das Augensymbol ❻ der Ebenengruppe klicken (in der Abbildung bereits ausgeschaltet), wodurch nur die Ebenen der Ebenengruppe im Bildfenster angezeigt werden.

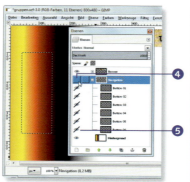

▲ **Abbildung 16.43**
Mit einem Klick auf das Augensymbol ❹ der Ebenengruppe können alle darin enthaltenen Ebenen auf einmal ein- bzw. ausgeblendet werden.

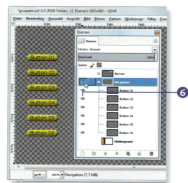

▲ **Abbildung 16.44**
Klicken Sie mit gehaltener ⇧-Taste auf das Augensymbol ❻ der Ebenengruppe im EBENEN-Dialog werden nur noch die (sichtbaren) Ebenen der Ebenengruppe im Bildfenster angezeigt.

 Die Ebenengruppen (oder auch Ebenen-Sets) wurden neu mit GIMP 2.8 hinzugefügt.

 gruppen.xcf

Ebenengruppen organisieren

Wie normale Ebenen lassen sich auch Ebenengruppen anlegen, löschen, umbenennen oder anordnen.

Ebenengruppe anlegen und löschen | Eine neue Ebenengruppe legen Sie am einfachsten mit dem Icon 🗁 im EBENEN-Dialog

16.3 Ebenen gruppieren

an. Alternativ können Sie auch im Menü EBENE • NEUE EBENEN-GRUPPE auswählen oder den gleichen Befehl über einen rechten Mausklick im EBENEN-Dialog im Kontextmenü. Löschen können Sie eine im EBENEN-Dialog markierte Ebenengruppe genauso wie schon eine gewöhnliche Ebene, beispielsweise mit Hilfe des Mülltonnensymbols.

Ebenengruppe benennen | Umbenennen können Sie eine Ebenengruppe, indem Sie im EBENEN-Dialog auf dem Namen ❼ doppelklicken. Alternativ können Sie auch im Kontextmenü (rechter Mausklick auf der Ebenengruppe) den Befehl EBENENEIGENSCHAFTEN auswählen oder auf das Miniatursymbol der Ebenengruppe doppelkicken. In beiden Fällen öffnet sich dann ein Dialog, über den Sie die Ebenengruppe umbenennen können.

Ebenengruppen anordnen | Die Anordnung der Ebenengruppe (und auch eines leeren Ordners einer Ebenengruppe) lässt sich natürlich auch hier, wie gewohnt, per Drag & Drop oder über die Icons ⬆ bzw. ⬇ im EBENEN-Dialog verändern.

Um eine Ebene in einer Ebenengruppe zu verwalten, muss diese ganz einfach im EBENEN-Dialog per Drag & Drop auf die entsprechende Gruppe gezogen werden, und zwar bis ein Rahmen um diese Gruppe sichtbar wird ❽. Jetzt lassen Sie die Ebene dort fallen. Umgekehrt ist es natürlich jederzeit möglich, eine Ebene per Drag & Drop wieder aus einer Ebenengruppe herauszuziehen und entweder in einer anderen Gruppe oder wieder als alleinige Ebene fallenzulassen.

▲ **Abbildung 16.45**
Eine neue Ebenengruppe mit dem Namen »Ebenengruppe« wurde angelegt. Eine leere Ebenengruppe wird mit dem Ordnersymbol dargestellt.

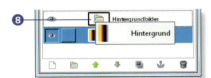

▲ **Abbildung 16.46**
Einfach eine Ebene auf eine Ebenengruppe ziehen und fallen lassen...

▲ **Abbildung 16.47**
...und schon wird die Ebene von der Ebenengruppe verwaltet.

Natürlich ist es auch möglich, eine Ebenengruppe innerhalb einer Ebenengruppe zu verschachteln, indem Sie beispielsweise eine ganze Ebenengruppe in eine Ebenengruppe ziehen und fallen lassen (Abbildung 16.48).

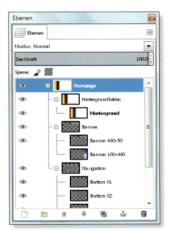

▲ **Abbildung 16.48**
Auch tieferes Verschachteln von Ebenengruppen ist kein Problem.

Ebenengruppe verschieben | Wenn Sie alle Ebenen einer Ebenengruppe verschieben wollen, so ist dies überhaupt kein Prob-

Transformation von Ebenengruppen
Was für das Verschieben von ganzen Ebenengruppen gilt, gilt natürlich ebenso für Aktionen wie Skalieren, Rotieren oder das Ändern der Perspektive. Wenn Sie eine Ebenengruppe ausgewählt haben (gestrichelter blauer Rahmen ❷ im Bildfenster), wirken sich alle Transformationen auf alle einzelnen Ebenen dieser Ebenengruppe aus.

lem. Hierzu müssen Sie nur die Ebenengruppe im EBENEN-Dialog aktivieren, so dass Sie den gestrichelten blauen Rahmen ❷ um die Ebenengruppe im Bildfenster sehen können. Verwenden Sie jetzt das VERSCHIEBEN-Werkzeug ✥ (M), und wählen Sie in der Werkzeugoption AKTIVE EBENE VERSCHIEBEN ❶ aus. Jetzt können Sie wie bei einer gewöhnlichen Ebene die ganze Ebenengruppe mit gedrückt gehaltener linker Maustaste verschieben.

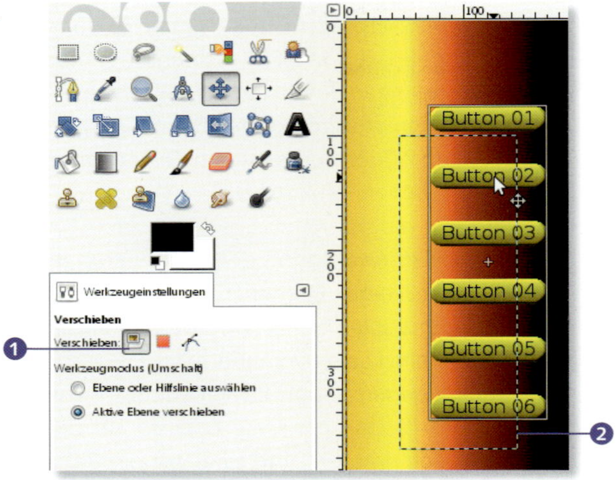

Abbildung 16.49 ▶
Mit Hilfe von Ebenengruppen ist es kein Problem, alle Ebenen in dieser Gruppe auf einmal zu verschieben.

Ebenengruppen verketten | Für den Fall, dass Sie mehrere Ebenengruppen gleichzeitig bearbeiten, also verschieben, transformieren, skalieren oder drehen müssen, können Sie auch diese mit dem Kettensymbol ❸ neben dem Augensymbol verketten.

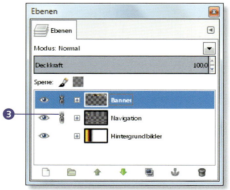

Abbildung 16.50 ▶
Wenn Sie zwei Ebenengruppen miteinander verketten (wie hier »Banner« und »Navigation«) und eine der beiden Ebenengruppen verschoben oder transformiert wird, wirkt sich dies simultan auf die andere Ebenengruppe aus.

Ebenengruppe duplizieren | Wenn Sie eine Ebenengruppe zum Beispiel über das Icon im EBENEN-Dialog duplizieren, wird die komplette Ebenengruppe mitsamt den darin enthaltenen Ebenen mit der Erweiterung »-Kopie« dupliziert.

16.4 Ebenen gruppieren

Ebenengruppe vereinen | Wollen Sie aus den sichtbaren Ebenen einer Ebenengruppe eine einzelne Ebene machen, brauchen Sie nur den Befehl EBENE • EBENENGRUPPE VEREINEN oder über einen rechten Mausklick im Kontextmenü den gleichnamigen Befehl auszuführen.

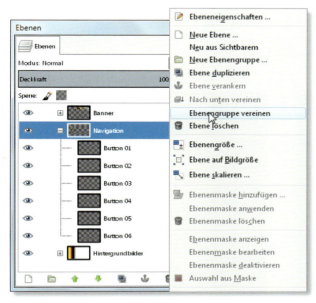

▲ **Abbildung 16.51**
Die Option »Ebenengruppe vereinen« macht genau das und vereint alle sichtbaren Ebenen in der Ebenengruppe …

▲ **Abbildung 16.52**
… zu einer einzigen Ebene.

16.4 Verschieben von Ebeneninhalten

Um den Inhalt einer Ebene zu verschieben, muss die entsprechende Ebenen aktiviert und das VERSCHIEBEN-Werkzeug ([M]) ausgewählt sein. Wenn diese Voraussetzungen erfüllt sind, können Sie die Ebene mit gedrückter linker Maustaste auswählen und verschieben. Dabei wird die gestrichelte gelbe Umrandung ❶ (der Ebenenrahmen) im Bildfenster zu einer durchgehenden weißen Umrandung ❷.

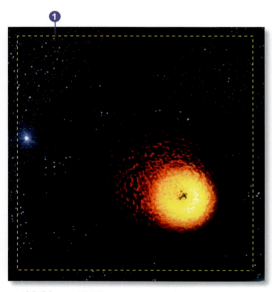

▲ **Abbildung 16.53**
Die gestrichelte Umrandung wird angezeigt, wenn die Ebene im EBENEN-Dialog ausgewählt wurde.

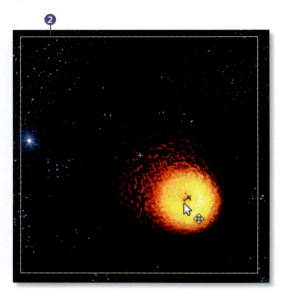

▲ **Abbildung 16.54**
Der durchgehende Rahmen wird angezeigt, wenn der Ebeneninhalt mit dem VERSCHIEBEN-Werkzeug verschoben wird.

Winkel beschränken
Drücken Sie **während** des Verschiebens die [Strg]/[Ctrl]-Taste, beschränken Sie die Verschiebung der Maus auf 45°-Schritte. Achten Sie darauf, die [Strg]/[Ctrl]-Taste nicht gleichzeitig mit der Maustaste gedrückt zu halten, sondern erst, *nachdem* Sie den Verschiebe-Vorgang begonnen haben, weil Sie hiermit sonst nur den Modus für das Verschieben auf PFADE stellen würden.

Alternativ können Sie eine ausgewählte Ebene auch mit den Pfeiltasten der Tastatur verschieben. Mit gedrückter [⇧]-Taste wird die Ebene um jeweils 10 Pixel pro Tastendruck verschoben.

Kapitel 17
Ebenenmasken

Ebenenmasken sind neben den Auswahlen die beste Technik für alle Arten von Manipulationen und Bildmontagen. Auch für Fälle, in denen nur Teile eines Bildausschnitts angezeigt werden sollen, sind die Ebenenmasken bestens geeignet. Kurz gesagt, die Ebenenmasken sind sehr vielseitig und universell einsetzbar.

In diesem Abschnitt wird das Funktionsprinzip der Ebenenmasken erläutert und deren Anwendung demonstriert. Wichtige Anwendungsgebiete von Masken sind unter anderem:

▶ Bei Auswahlen mit weichen Kanten sind Ebenenmasken flexibel und sehr genau steuerbar. Dadurch lassen sich beispielsweise sehr schöne sanfte Übergänge zwischen bearbeiteten und nicht bearbeiteten Bildbereichen erstellen.

 Mahnwache.xcf und Kircheneingang.xcf

Foto: Jürgen Wolf

◂▴ **Abbildung 17.1**
Mit Hilfe von Ebenenmasken lassen sich solche sanften Übergänge zwischen mehreren Ebenen mit einem Handgriff realisieren.

▶ Mit Ebenenmasken können Sie Bildbereiche kurzzeitig ausblenden. Eine prima Alternative zum RADIERER oder zu einem Auswahlwerkzeug, mit dessen Hilfe Sie die Auswahl mit `Entf` oder BEARBEITEN • LÖSCHEN ausblenden müssen.

- Blenden Sie Bildbereiche mit Ebenenmasken aus, können Sie sie jederzeit wiederherstellen. Während zum Beispiel mit dem Radierer das Löschen endgültig ist und die Bildpixel unwiderruflich verloren sind, werden die Pixel bei den Ebenenmasken nicht einmal angefasst und können jederzeit wieder eingeblendet werden.
- Bei der Bildmontage können Sie sehr genau und viel effektiver arbeiten. Jederzeit können Sie einzelne Pixel ein- und wieder ausblenden. Sie malen damit die Bildmontage quasi mit dem Pinsel auf und können dasselbe auch wieder zurücknehmen.

▲ **Abbildung 17.2**
Ein Kircheneingang ...

▲ **Abbildung 17.3**
... oder ein Durchgang woanders hin. Mit den Ebenenmasken können Sie jederzeit hin- und herschalten und natürlich wieder nachträglich ändern.

▲ **Abbildung 17.4**
Dasselbe nochmals nur mit einem anderem Bild am Eingang.

Fotos: Jürgen Wolf/Brigitte Bolliger (pixelio.de)

17.1 Funktionsprinzip von Ebenenmasken

Eine Ebenenmaske können Sie zu jeder Ebene hinzufügen. Sie besitzt die gleiche Größe und Pixeldichte wie die dazugehörende Ebene. Mit solchen Ebenenmasken können Sie Ausschnitte der dazugehörenden Ebene (auch die komplette Ebene) ausblenden oder andere verdeckte Bereiche hinter der Ebene freigeben. Im Unterschied zu Werkzeugen, wie beispielsweise dem Radierer (⇧+E), werden bei einer Ebenenmaske die Bereiche nur ausgeblendet und nicht gelöscht. Bildbereiche, die mit der Ebenenmaske entfernt wurden, lassen sich jederzeit wiederherstellen.

Auf den ersten Blick scheinen beide Varianten identisch zu sein. Allerdings sollten Sie bedenken, dass Sie mit dem Radierer direkt auf den einzelnen Pixeln der Ebene operieren. Mit der Version der Ebenenmaske bleiben die Pixel der Ebene unangetastet und können jederzeit wieder eingeblendet werden. Wie das geht, erfahren Sie in den folgenden Abschnitten.

17.1 Funktionsprinzip von Ebenenmasken

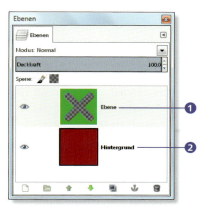

◄ **Abbildung 17.5**
Hier wurde mit dem RADIERER auf der grünen Ebene ❶ der Hintergrund wegradiert, so dass die rote Farbe der Ebene darunter ❷ zum Vorschein kam.

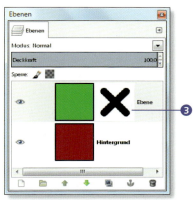

◄ **Abbildung 17.6**
Hier wurde dasselbe nochmals gemacht, nur wurde eine Ebenenmaske ❸ für die grüne Ebene verwendet, und das »X« wurde mit einem Pinsel mit schwarzer Farbe aufgepinselt.

Graustufenmaske und Alphakanal | Ebenenmasken selbst werden als Graustufenmasken, die auf einem Alphakanal basieren, realisiert, bei dem Sie jedem einzelnen Pixel der Maske einen Graustufenwert zuordnen können, und zwar von 0 für Schwarz bis 255 für Weiß. Ein schwarzes Pixel ist hierbei ein komplett transparentes Pixel, und ein weißes Pixel beeinflusst die Ebene überhaupt nicht.

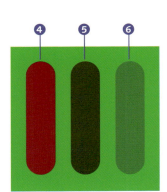
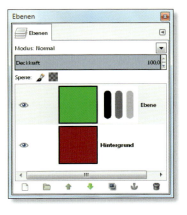

◄ **Abbildung 17.7**
Hier wurden auf der Ebenenmaske drei Striche mit dem PINSEL-Werkzeug aufgemalt. Beim ersten Pinselstrich links ❹ wurde schwarze Farbe mit dem Wert 0 (Rot, Grün und Blau sind 0) verwendet. Für den mittleren Pinsel ❺ betrug der Graustufenwert 127 (Rot, Grün und Blau sind 127) und für die letzte Linie ❻ 200 (Rot, Grün und Blau sind 200). Je heller die Graustufenfarbe ist, desto geringer scheint die rote Farbe darunter durch.

(Un-)Maskieren

Wenn Sie einen bereits maskierten Bereich mit einer weißen Farbe einfärben, ist er wieder unmaskiert – sprich, der Bildbereich der aktuellen Ebene ist wieder sichtbar. Und hier haben Sie auch gleich den Vorteil von Ebenenmasken gegenüber beispielsweise dem Radierer: Sie können jederzeit den maskierten und unmaskierten Bildbereich nachbearbeiten und müssen nie direkt auf die Pixel der Ebene zugreifen.

Maskiert und unmaskiert | Das Prinzip ist also recht einfach: Bemalen Sie die Ebenenmaske mit schwarzer Farbe, wird dieser Bereich der Ebene komplett ausgeblendet, wodurch der darunterliegende Teil durchscheint. Man spricht dabei von einem **maskierten** Bereich. Alle anderen Stellen, an denen die Ebenenmaske weiß – und somit das Bild der aktuellen Ebene sichtbar – ist, wird als **unmaskierter** Bereich bezeichnet. Und weil Ebenenmasken mit Graustufen realisiert sind, können Sie auch andere Grautöne (1 bis 254) verwenden, so dass je nach Intensität des Grautons weniger oder mehr durchscheint. Dadurch lassen sich zum Beispiel Bilderkompositionen mit fließenden Übergängen erstellen.

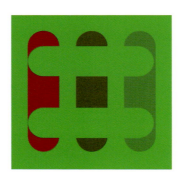
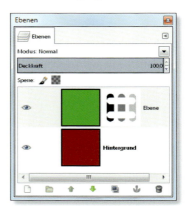

Abbildung 17.8 ▶
Ausgehend von wurde hier mit einem Pinsel mit weißer Farbe über einen maskierten Bereich gemalt, wodurch an diesem Bildbereich die Ebene mit der Ebenenmaske wieder komplett sichtbar ist.

17.2 Befehle und Funktionen

Zum Verwenden von Ebenenmasken bietet GIMP einige Funktionen und Befehle an. Alle sind über das Menü Ebene • Maske erreichbar. Die wichtigsten Kommandos lassen sich auch per rechten Mausklick auf eine Ebene im Ebenen-Dialog über das Kontextmenü aufrufen.

▲ **Abbildung 17.9**
Befehle für die Ebenenmaske über das Menü Ebene • Maske

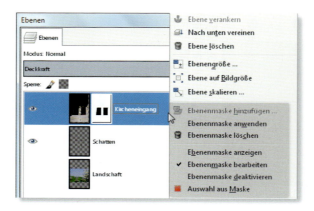

Abbildung 17.10 ▶
Die gängigsten Befehle lassen sich auch über das Kontextmenü im Ebenen-Dialog aufrufen.

Eine neue Ebenenmaske anlegen

Eine Ebenenmaske zu aktiven Ebenen hinzufügen, können Sie mit dem Befehl Ebene • Maske • Ebenenmaske hinzufügen oder mit dem gleichnamigen Befehl aus dem Kontextmenü im Ebenen-Dialog. Dieser Befehl ist ausgegraut, wenn die Ebene bereits eine Ebenenmaske besitzt. Wenn Sie den Befehl aufgerufen haben, müssen Sie in einem Dialog auswählen, wie Sie die Ebenenmaske initialisieren wollen. Folgende Möglichkeiten stehen Ihnen zur Verfügung, um die Ebenenmaske zu initialisieren:

▶ Weiss (volle Deckkraft): Wenn Sie diese Einstellung verwenden, werden Sie zunächst keine Veränderung der aktiven Ebene feststellen, weil die Ebenenmaske mit voller Deckkraft gefüllt wird. Um die Ebene zu maskieren, malen Sie mit einer schwarzen Farbe auf der Ebenenmaske. Dadurch werden Bildbereiche hinter der aktiven Ebene sichtbar. Mit verschiedenen Grautonwerten (1 bis 254) stellen Sie die Stärke der Transparenz ein. Um diesen Bereich wieder komplett zu demaskieren, tragen Sie weiße Farbe auf die Ebenenmaske auf. Die Ebenenmaske wird in der Miniaturvorschau im Ebenen-Dialog neben der aktiven Ebene als weiße Fläche ❶ angezeigt.

▲ **Abbildung 17.11**
Mit dem Dialog Ebenenmaske hinzufügen muss die Ebenenmaske initialisiert werden.

 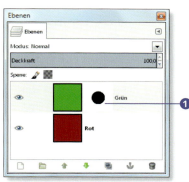

◀ **Abbildung 17.12**
Hier wurde die grüne Ebene mit einer Ebenenmaske nach Weiss (volle Deckkraft) initialisiert. Das schwarze Loch wurde mit dem Pinsel-Werkzeug und schwarzer Farbe aufgemalt, wodurch im Bild die rote Fläche darunter angezeigt wird.

▶ Schwarz (volle Transparenz): Diese Einstellung bewirkt das Gegenteil der Option Weiss (volle Deckkraft). Die aktive Ebene verschwindet komplett, weil die Ebenenmaske sie komplett transparent macht. Somit ist nur die darunterliegende Ebene sichtbar. Um hierbei etwas von der aktiven Ebene (mit der Ebenenmaske) zu sehen, müssen Sie weiße Farbe auf die Maske auftragen. Auch hier bestimmen Sie mit verschiedenen Grautonwerten (254 bis 1) die Stärke der Transparenz. Komplett maskieren können Sie diesen Bereich wieder, indem Sie mit schwarzer Farbe auf der Ebenenmaske zeichnen. Die Ebenenmaske wird in der Miniaturvorschau im Ebenen-Dialog neben der aktiven Ebene als schwarze Fläche ❷ angezeigt.

Abbildung 17.13 ▶

Hier wurde die grüne Ebene mit einer Ebenenmaske nach SCHWARZ (VOLLE TRANSPARENZ) initialisiert. Das weiße Loch wurde mit dem PINSEL-Werkzeug und weißer Farbe aufgemalt, wodurch im Bild die grüne Fläche der Ebene in dem Ausschnitt wieder angezeigt wird (die mit Schwarz ja ansonsten völlig maskiert und somit unsichtbar ist).

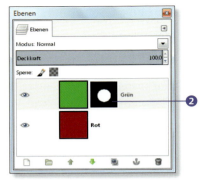

Foto: Janine Grab-Bolliger/pixelio.de

▲ **Abbildung 17.14**
Diese Ebenenmaske entstand mit der Einstellung ALPHAKANAL DER EBENE.

▶ ALPHAKANAL DER EBENE: Mit dieser Einstellung wird der Alphakanal der aktiven Ebene auf volle Deckkraft zurückgesetzt – sprich, die Maske wird mit den Werten des Alphakanals erstellt. Transparente Pixel bleiben dabei transparent und nichttransparente bleiben nichttransparent. Zugegeben, das verwirrt zunächst, ergibt aber durchaus Sinn, wenn Sie beispielsweise den Befehl EBENE • TRANSPARENZ • FARBE ZU TRANSPARENZ ausführen und darunter ein weiteres Bild legen. Dadurch wird die Transparenz in halbtransparenten Bereichen der aktiven Ebene noch mehr erhöht. Die Ebenenmaske wird in der Miniaturvorschau im EBENEN-Dialog neben der aktiven Ebene als eine Art Negativ ❸ des Alphakanals angezeigt.

▶ ALPHAKANAL DER EBENE ÜBERNEHMEN: Die Einstellung entspricht im Grunde ALPHAKANAL DER EBENE, nur dass Sie hiermit den Alphakanal der aktiven Ebene auf die volle Deckkraft zurücksetzen und nicht wie bei ALPHAKANAL DER EBENE belassen. Das bedeutet auch, dass, wenn Sie die Ebenenmaske löschen, es auch keine Transparenz mehr in dieser Ebene gibt. Vergleichen Sie die Miniaturvorschaubilder der beiden Ebenen von Abbildung 17.15, und Sie wissen, was gemeint ist.

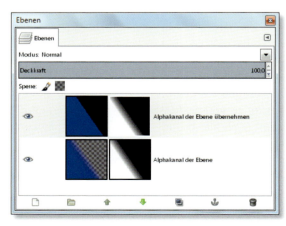

Abbildung 17.15 ▶
Mit der Einstellung ALPHAKANAL DER EBENE ÜBERNEHMEN wird der Alphakanal auf volle Deckkraft gesetzt, wie Sie hier an der Miniaturvorschau sehen.

▶ Auswahl: Mit dieser Einstellung wird eine aktuelle Auswahl der aktiven Ebene zum Inhalt einer neuen Ebenenmaske konvertiert. Der ausgewählte Bereich der aktiven Ebene ist dann deckend, und die Bereiche außerhalb der Auswahl werden transparent. Im Ebenen-Dialog wird die Miniaturvorschau der Ebenenmaske in Form der Auswahl angezeigt ❹.

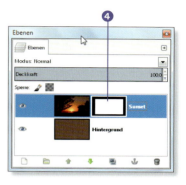

▲ **Abbildung 17.16**
Hier wurde zur rechteckigen Auswahl eine Ebenenmaske mit der Einstellung Auswahl hinzugefügt. Alles, was sich in dieser Auswahl befindet, wird angezeigt, und alles außerhalb ist hier transparent, weshalb die braune Hintergrundebene hervortritt. Hier könnten Sie beispielsweise noch die Auswahl ausblenden, um einen sanften Übergang zwischen Rahmen und Bild zu erzielen.

▶ Graustufenkopie der Ebene: Damit wird die neue Ebenenmaske mit einer Graustufenkopie der aktuellen Ebene gefüllt. Die aktive Ebene wird in ein Graustufenbild umgewandelt, als Ebenenmaske hinzugefügt und dient dann als Grundlage für die Transparenz. Diese Funktion ist recht nützlich für verschiedene Effekte oder wenn Sie einen neuen Inhalt in die Ebene einfügen wollen. In der Ebenenminiatur wird diese Ebenenmaske auch als Graustufenbild ❺ angezeigt.

▶ Kanal: Hiermit wird die Ebenenmaske mit einer Auswahlmaske (siehe Abschnitt 24.3, »Kanäle und Auswahlmasken«) erstellt – die Transparenz und Deckkraft werden also anhand der Auswahlmaske eingerichtet. Wenn mehrere Masken vorhanden sind, können Sie aus dem Dropdown-Menü eine auswählen. In der Miniaturansicht im Ebenen-Dialog wird die Auswahlmaske in Form der Auswahl ❻ (Abbildung 17.18) vom Dialog Kanäle angezeigt.

▲ **Abbildung 17.17**
Hier wurde die Einstellung Graustufen-Kopie der Ebene als Ebenenmaske verwendet.

Kapitel 17 Ebenenmasken

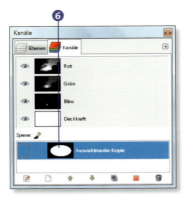

▲ **Abbildung 17.18**
Die Ebenenmaske wurde mit der Einstellung KANAL initialisiert. Aus dieser Auswahlmaske, die Sie im Dialog KANÄLE finden, holt sich die Ebenenmaske die Informationen zur Transparenz und Deckkraft.

Am Ende des Dialogfensters EBENENMASKE HINZUFÜGEN finden Sie noch eine Checkbox MASKE INVERTIEREN. Wenn Sie diese Checkbox aktivieren, werden bei der erstellten Ebenenmaske alle Bereiche umgekehrt. Das bedeutet, alle transparenten Bereiche werden deckend, und alle deckenden Bereiche werden transparent.

Ebenenmaske anwenden

Wollen Sie die Ebenenmaske auf die aktive Ebene anwenden, rufen Sie den Befehl EBENE • MASKE • EBENENMASKE ANWENDEN (oder auch über das Kontextmenü des EBENEN-Dialogs) auf. Das Kommando wird selbstverständlich nur dann angezeigt, wenn die aktive Ebene auch eine Ebenenmaske besitzt. Ansonsten ist das Kommando ausgegraut.

Beim Aufruf des Befehls wird die Transparenz, die sich aus der Ebenenmaske ergibt, auf den Alphakanal der aktiven Ebene übertragen. Besitzt die aktive Ebene mit Ebenenmaske keinen Alphakanal, wird dieser auch gleich automatisch hinzugefügt.

▲ **Abbildung 17.19**
In der linken Miniaturvorschau sehen Sie noch die Ebenenmaske ❶. In der rechten Vorschau ❷ wurde nach dem Aufruf EBENENMASKE ANWENDEN die Maske gelöscht und die Transparenz auf den Alphakanal der Ebene übertragen.

Ebenenmaske löschen

Mit dem Befehl EBENE • MASKE • EBENENMASKE LÖSCHEN (oder dem gleichnamigen Befehl im Kontextmenü des EBENEN-Dialogs) wird die Ebenenmaske der aktiven Ebene gelöscht und nicht auf die Ebene angewendet. Besitzt die aktive Ebene keine Ebenenmaske, ist dieser Befehl ausgegraut.

Ebenenmaske im Bildfenster anzeigen

Mit dem Befehl EBENE • MASKE • EBENENMASKE ANZEIGEN (auch über das Kontextmenü im EBENEN-Dialog aufrufbar) blenden Sie das Bild im Bildfenster aus, so dass Sie nur die Ebenenmaske sehen. In der Menüoption und im Kontextmenü ist vor dem Befehl dann ein Häkchen gesetzt, und der Rahmen der Miniaturvorschau im EBENEN-Dialog ist grün ❸. Erneutes Aufrufen des Befehls macht die Ebene wieder sichtbar.

Ebenenmaske schneller anzeigen

Die Ebenenmaske können Sie auch im Bildfenster anzeigen und wieder ausblenden, wenn Sie im EBENEN-Dialog mit gehaltener ⌥-Taste auf das Ebenenmasken-Miniaturbild klicken.

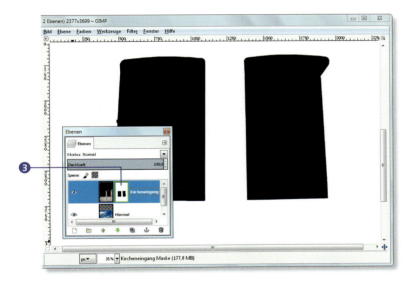

◄ **Abbildung 17.20**
Unverzichtbar für detailliertes Arbeiten ist die reine Ansicht der Ebenenmaske. Natürlich können Sie die Ebenenmaske in dieser Ansicht nach wie vor bearbeiten.

Ebenenmaske bearbeiten

Wenn Sie beim Bearbeiten der aktiven Ebene mit Ebenenmaske zwischen Ebenenmaske und Ebene umschalten wollen, rufen Sie den Befehl EBENE • MASKE • EBENENMASKE BEARBEITEN (auch zu erreichen mit einem rechten Mausklick über das Kontextmenü des EBENEN-Dialogs) auf. Befindet sich ein Häkchen vor dem Befehl, ist die Ebenenmaske als aktuelle Komponente zum Bearbeiten ausgewählt. Sie erkennen die aktive Komponente auch im EBENEN-Dialog, wenn der Rahmen der Miniaturvorschau weiß ❷ (Abbildung 17.21) ist. Die inaktive Komponente besitzt einen schwarzen

Ebenenmaske beim Anlegen

Wenn Sie eine Ebenenmaske anlegen, ist diese standardmäßig zunächst immer die aktive Komponente der aktuellen Ebene.

Rahmen ❶. Schneller wechseln Sie zwischen den gewünschten Komponenten, indem Sie direkt im EBENEN-Dialog darauf klicken.

▲ **Abbildung 17.21**
Hier ist die Ebenenmaske die aktive Komponente ❷ in der Zeile, was Sie am weißen Rahmen (wenn hier auch sehr schlecht) erkennen können. Der schwarze Rahmen ❶ daneben markiert die inaktive Komponente.

▲ **Abbildung 17.22**
Hier ist die Ebenenmaske ❹ die aktive Komponente. Mit einem schwarzfarbenen Pinsel ❸ wurde ein Teil der Ebene transparent gemacht.

Abbildung 17.23 ▶
Jetzt ist die Ebene selbst die aktive Komponente ❻, weshalb der schwarzfarbene Pinsel auch wirklich mit dem Pixelwert ❺ auf die Bildebene malt.

Ebenenmaske ausblenden

Wollen Sie das Ergebnis der Ebenenmaske komplett ausblenden, rufen Sie den Befehl EBENE • MASKE • EBENENMASKE DEAKTIVIEREN (oder über das Kontextmenü im EBENEN-Dialog) auf. Mit Hilfe des Befehls wird die Ebenenmaske vorübergehend deaktiviert. Ein Kontrollhäkchen zeigt auch hier vor dem Befehl an, ob die Funktion aktiv ist oder nicht. Im EBENEN-Dialog erkennen Sie eine deaktivierte Ebenenmaske an einem roten Rahmen ❼ um die Miniaturansicht.

Schneller Ebenenmaske deaktivieren

Die Ebenenmaske können Sie auch schneller (de-)aktivieren, indem Sie im EBENEN-Dialog mit gehaltener `Strg`/`Ctrl`-Taste auf das Ebenenmasken-Miniaturbild klicken.

17.2 Befehle und Funktionen

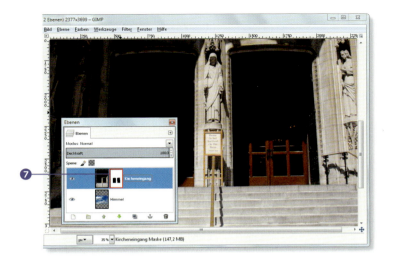

◀ **Abbildung 17.24**
Am roten Rahmen ❼ der Ebenenmaske erkennen Sie, dass diese deaktiviert wurde, weshalb hier die eigentliche Ebene ohne die transparenten Bereiche angezeigt wird.

Wenn Sie die Ebenenmaske deaktivieren und nur die Ebene haben wollen, müssen Sie trotzdem noch die Ebene im EBENEN-Dialog auswählen (siehe Seite 421, »Ebenenmaske bearbeiten«). Die Deaktivierung der Ebenenmaske bedeutet nämlich nicht automatisch, dass die Ebene zum Bearbeiten ausgewählt ist.

Auswahlen und Ebenenmasken

Wollen Sie aus den weißen Bereichen der Ebenenmaske der aktiven Ebene eine Auswahl erstellen, verwenden Sie den Befehl EBENE • MASKE • AUSWAHL AUS MASKE (oder den gleichnamigen Befehl aus dem Kontextmenü im EBENEN-Dialog). Schwarze Bereiche befinden sich außerhalb der Auswahl. Enthält die Ebenenmaske halbtransparente Bereiche, genauer graue Bereiche, werden diese in eine weiche Auswahlkante konvertiert. Die Ebenenmaske bleibt nach dem Aufruf des Befehls unverändert.

Zum Nachlesen
Mehr über das Thema Auswahlen können Sie in Teil VII des Buches nachlesen.

Richtige Ebene auswählen
Achten Sie außerdem darauf, wenn Sie die Auswahl kopieren und/oder als neue Ebene verwenden wollen, dass Sie hierbei vorher noch die aktive Ebene zum Bearbeiten auswählen, weil Sie sonst nur eine weiße Fläche (hier mit Loch) benutzen würden. Mehr dazu erfahren Sie auf Seite 421 in Abschnitt »Ebenenmaske bearbeiten«.

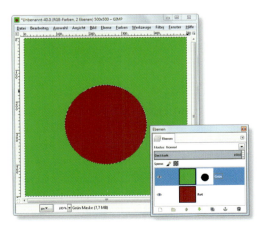

◀ **Abbildung 17.25**
Hier wurde aus der Ebenenmaske der aktiven Ebene eine Auswahl erstellt. Ausgewählt wurde der grüne Bereich mit einem transparenten Loch in der Mitte.

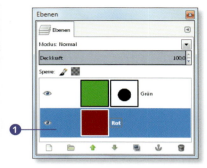

▲ **Abbildung 17.26**
Um den transparenten sichtbaren Bereich einer invertierten Auswahl hinter der Ebene mit der Ebenenmaske zu kopieren, müssen Sie diese Ebene aktivieren.

Noch etwas sollte hierzu erwähnt werden, weil es immer wieder zu Missverständnissen führt: Wer bei einer Auswahl der Ebenenmaske diese anschließend invertiert (beispielsweise mit [Strg]/[Ctrl]+[I]), um sich somit den anderen Teil der Auswahl zu sichern und um diesen zu kopieren, der sollte bedenken, dass der invertierte und kopierte Teil einer Ebenenmaske sich auf die aktive Ebene bezieht. Bezogen auf Abbildung 17.25 würde anstatt des roten gefüllten Kreises, wie vielleicht beabsichtigt, in der Mitte nur ein grüner Kreis der aktiven grünen Ebene kopiert. Um also den Bereich zu kopieren, den Sie mit der Ebenenmaske freigestellt haben, sollten Sie diese Ebene aktivieren. Im Beispiel müssen Sie daher nur die Ebene mit der roten Fläche auswählen ❶. Die erstellte Auswahl bleibt ja bestehen.

Zur Auswahl hinzufügen | Der Befehl EBENE • MASKE • ZUR AUSWAHL HINZUFÜGEN entspricht im Grunde dem Befehl AUSWAHL AUS MASKE, nur dass hierbei zusätzlich eine bereits vorhandene Auswahl hinzugefügt wird.

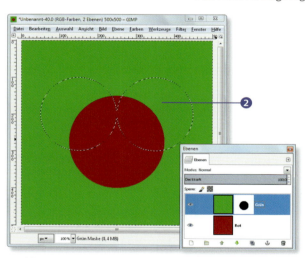

▲ **Abbildung 17.27**
Hier wurde auf der grünen Ebene mit der Ebenenmaske eine Doppelkreisauswahl ❷ angelegt, auf die anschließend die Befehle ZUR AUSWAHL HINZUFÜGEN, VON AUSWAHL ABZIEHEN und SCHNITTMENGE BILDEN ausgeführt werden.

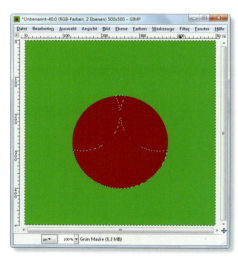

▲ **Abbildung 17.28**
Nach dem Aufruf von ZUR AUSWAHL HINZUFÜGEN sieht die Auswahl so aus.

Von Auswahl abziehen | Der Befehl EBENE • MASKE • VON AUSWAHL ABZIEHEN ist das Gegenstück von ZUR AUSWAHL HINZUFÜGEN. Zunächst wird auch hier die Ebenenmaske der aktiven Ebene in eine Auswahl umgewandelt, ehe diese Auswahl von der bereits im Bild befindlichen Auswahl abgezogen wird. Ansonsten gilt das, was schon beim Befehl AUSWAHL AUS MASKE beschrieben wurde.

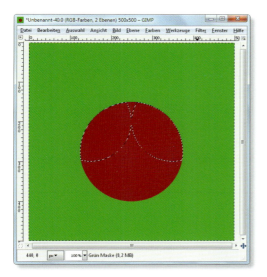

◄ **Abbildung 17.29**
Die Auswahl nach dem Aufruf von
Von Auswahl abziehen

Schnittmenge bilden | Mit dem Befehl Ebene • Maske • Schnittmenge bilden wandeln Sie ebenfalls die Ebenenmaske der aktiven Ebene in eine Auswahl um und bilden dann die Schnittmenge aus dieser Auswahl. Ansonsten gilt, was bereits bei Auswahl aus Maske beschrieben wurde.

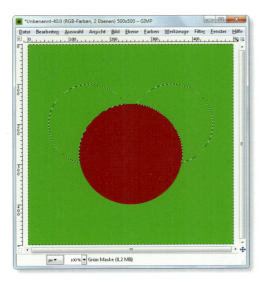

◄ **Abbildung 17.30**
Die Auswahl nach dem Aufruf von
Schnittmenge bilden

17.3 Ebenenmasken in der Praxis

Nach der etwas trockeneren Theorie will ich Ihnen einige beliebte Beispiele zu den Ebenenmasken aus der Praxis demonstrieren.

Kapitel 17 Ebenenmasken

Schritt für Schritt:
Doppelgänger erzeugen

Franzi1.jpg, Franzi2.jpg, Franzi3.jpg, Franzi4.jpg

Ein netter Effekt und ideal für die Ebenenmasken ist das Erstellen von digitalen Doppelgängern. Alles, was Sie hierzu benötigen, ist eine Kamera, die alle Bilder von einem festen Standpunkt aus aufnimmt (am besten mit einem Stativ). Außerdem sollten Sie immer dieselbe Belichtungseinstellung verwenden. Am besten schalten Sie die Automatik ab und stellen auf manuelle Belichtung um. Jetzt machen Sie mehrere Aufnahmen von einer Person oder auch einem Objekt an verschiedenen Positionen innerhalb des festen Standpunkts (Kameraposition auf keinen Fall ändern).

Abbildung 17.31 ▼
Aus diesen vier Einzelbildern sollen mit Hilfe von Ebenenmasken mehrere digitale Doppelgänger erstellt werden.

Foto: Ingo Jung/ www.digital-express-labor.de

1 Bilder öffnen und in Ebene kopieren
Öffnen Sie das Bild »Franzi1.jpg« ganz normal in GIMP. Ein zweites Bild, »Franzi2.jpg«, öffnen Sie jetzt als neue Ebene, beispielsweise über DATEI • ALS EBENEN ÖFFNEN (oder [Strg]/[Ctrl]+[Alt]+[O]). Jetzt sollten Sie zwei Bilder im EBENEN-Dialog ❶ vorfinden, die pixelgenau im Bildfenster übereinanderliegen.

426

17.3 Ebenenmasken in der Praxis

▲ **Abbildung 17.32**
Zwei Bilder liegen jetzt pixelgenau übereinander.

2 **Ebenenmaske anlegen**

Klicken Sie mit der rechten Maustaste auf die obere ❹ der beiden Ebenen im EBENEN-Dialog, und wählen Sie EBENENMASKE HINZUFÜGEN (oder über das Menü EBENE • MASKE • EBENENMASKE HINZUFÜGEN) aus. Initialisieren Sie die Maske nach WEISS (VOLLE DECKKRAFT) ❷, und klicken Sie dann auf die Schaltfläche HINZUFÜGEN ❸.

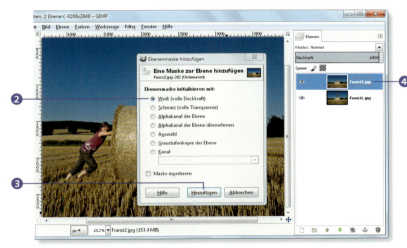

◀ **Abbildung 17.33**
Ebenenmaske für die obere Ebene anlegen

3 **Zweite Person maskieren**

Verwenden Sie jetzt das schwarze PINSEL-Werkzeug (P). Wählen Sie eine zum Bild passende Größe der Pinselspitze. Hier wurde die Pinselgröße auf 150 erhöht ❻ (Abbildung 17.34). Als Vordergrundfarbe ❺ bestimmen Sie, falls nicht bereits standard-

Abbildung 17.34 ▼
Durch das Maskieren scheint die zweite Person in der unteren Ebene durch.

mäßig eingestellt, Schwarz. Bei DYNAMIK wurde DYNAMICS OFF gewählt. Malen Sie nun mit schwarzem Pinsel ❾ auf der Ebenenmaske ❽, um den digitalen Doppelgänger unter der aktuellen Ebene mit der Ebenenmaske zu maskieren, so dass dieser komplett durchscheint und sichtbar wird.

4 Ebenen zusammenfügen

Klicken Sie mit der rechten Maustaste im EBENEN-Dialog auf die Ebenenmaske, und wählen Sie im Kontextmenü BILD ZUSAMMENFÜGEN aus. Jetzt haben Sie wieder ein einzelnes Bild im EBENEN-Dialog mit einem digitalen Doppelgänger.

Tipp
Um auch zu sehen, wo sich die zweite Person in der unteren Ebene befindet, können Sie vorübergehend die Deckkraft ❼ der Ebene zum Beispiel auf 80 % reduzieren.

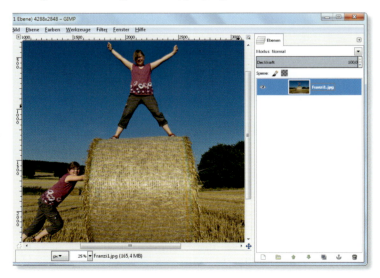

Abbildung 17.35 ▶
Das Ergebnis mit dem digitalen Doppelgänger

5 Schritte 1 bis 4 wiederholen

Wenn Sie noch weitere digitale Doppelgänger haben und verwenden wollen, wiederholen Sie die Schritte 1 bis 4.

◀ **Abbildung 17.36**
Das Endergebnis aus vier Bildern mit vier digitalen Doppelgängern

Schritt für Schritt:
Eine Bildkomposition mit dem Verlaufswerkzeug

Die Ebenenmaske wird auch oft verwendet, um einen sanften Übergang zwischen zwei oder mehreren Bildern zu erzeugen. Dies lässt sich mit ein paar Schritten erledigen. Wie dies geht, erfahren Sie im folgenden Workshop.

 Auto_Classic.jpg, Kran.jpg

1 Bilder öffnen und in Ebene kopieren

Öffnen Sie das Bild »Auto_Classic.jpg« ganz normal in GIMP. Das zweite Bild, »Kran.jpg«, öffnen Sie jetzt als neue Ebene, z. B. über DATEI • ALS EBENE ÖFFNEN (oder [Strg]/[Ctrl]+[Alt]+[O]). Nun sollten Sie zwei Bilder im EBENEN-Dialog ❶ (Abbildung 17.38) vorfinden, die im Bildfenster übereinanderliegen.

▲ **Abbildung 17.37**
Diese beiden Bilder sollen mit einem weichen Übergang verschmelzen.

Kapitel 17   Ebenenmasken

Abbildung 17.38 ▶
Beide Ebenen liegen übereinander.

2   Ebenenmaske anlegen

Klicken Sie mit der rechten Maustaste auf die obere ❹ der beiden Ebenen im EBENEN-Dialog, und wählen Sie EBENENMASKE HINZUFÜGEN (oder über das Menü EBENE • MASKE • EBENENMASKE HINZUFÜGEN) aus. Initialisieren Sie die Ebenen nach WEISS (VOLLE DECKKRAFT) ❷, und klicken Sie dann auf die Schaltfläche HINZUFÜGEN ❸.

Abbildung 17.39 ▶
Ebenenmaske hinzufügen

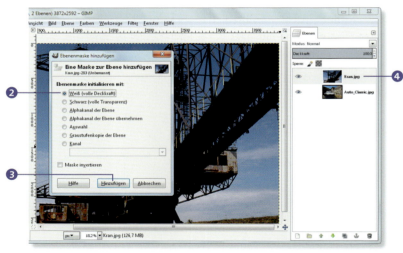

Tipp

Interessante Effekte können Sie auch mit verschiedenen Formen ❼ bei den Werkzeugeinstellungen von FARBVERLAUF erzielen. Experimentieren Sie einfach ein wenig damit. Mehr über das FARBVERLAUF-Werkzeug lesen Sie auf Seite 269, »Das Farbverlauf-Werkzeug«.

3   Ebenenmaske mit Verlauf füllen

Wählen Sie das FARBVERLAUF-Werkzeug (L). Als Vordergrund- und Hintergrundfarbe sollten Sie Schwarz und Weiß verwenden. Am schnellsten stellen Sie dies mit dem kleinen Icon ❺ zum Wiederherstellen der Farbe ein. Wählen Sie bei den Werkzeugeinstellungen unter FARBVERLAUF ❻ VG NACH HG (RGB)

17.3 Ebenenmasken in der Praxis

(kurz für »Vordergrund nach Hintergrund«) aus. Als Form ❼ bietet sich Linear an. Gehen Sie jetzt mit dem Werkzeug auf das Bildfenster, ziehen Sie etwa in der Mitte des Bildes mit gedrückter linker Maustaste eine Linie ❽ auf die Ebenenmaske, und lassen Sie die Maustaste los. Je kürzer die Linie, desto kürzer wird der Übergang des Verlaufs, und je länger die Linie, desto länger wird er. Hier können Sie nach Belieben experimentieren.

▼ **Abbildung 17.40**
Das Farbverlauf-Werkzeug im Einsatz für einen sanften Übergang der beiden Bilder

4 Bilder zusammenfügen

Wenn Sie mit dem Ergebnis des Übergangs zufrieden sind, reduzieren Sie die Ebenen auf ein Bild, und zwar nach einem rechten Mausklick auf eine Ebene im Ebenen-Dialog mit dem Befehl Bild zusammenfügen ❾, und speichern die Datei.

▼ **Abbildung 17.41**
Fertig ist der sanfte Übergang zweier Bilder.

431

Hier einige fertige Beispiele, bei denen verschiedene Formen von Verläufen verwendet wurden.

▲ **Abbildung 17.42**
Hier wurde, wie im Workshop gezeigt, für FORM der Wert LINEAR verwendet.

▲ **Abbildung 17.43**
In diesem Beispiel wurde für die FORM der Wert FORMANGEPASST (WINKLIG) benutzt.

▲ **Abbildung 17.44**
Und hier nochmals eine etwas ungewöhnlichere FORM mit SPIRALE (RECHTSDREHEND)

Schritt für Schritt: Text aus Bild erstellen

GrandCanyon.jpg

Ebenfalls sehr beliebt und schnell erstellt sind sogenannte Bild-Schrift-Montagen aus Ebenenmasken. Auch solche Dinge lassen sich dank der Ebenenmasken mit ein paar Handgriffen erledigen.

Abbildung 17.45 ▶
Das Ausgangsbild für unseren nächsten Workshop, um eine Bild-Schrift-Montage zu erstellen.

Zum Nachlesen
Das TEXT-Werkzeug und seine Verwendung beschreibt Teil X des Buches.

1 Bild öffnen und mit Text versehen
Laden Sie das Bild in GIMP, und aktivieren Sie das TEXT-Werkzeug A (T). Wählen Sie eine SCHRIFT ❶ und die GRÖSSE ❷ aus. In diesem Beispiel wurde »Arial Heavy« mit 1000 Pixeln Größe benutzt. Die sinnvolle Schriftgröße hängt natürlich auch von der

Größe des Bildes ab, welches Sie verwenden. Verwenden Sie zusätzlich eine passende Farbe ❸, die im Bild auch zu erkennen ist. Hier fiel die Wahl einfach auf Weiß. Ziehen Sie jetzt mit gedrückter linker Maustaste Ihren Rahmen für den Text auf, und geben Sie diesen ein. Je nachdem, was Sie vorhaben, wie viel Text Sie geschrieben haben und wie groß Ihre Buchstaben sind, können Sie jetzt noch den Zeilenabstand ❹ und Zeichenabstand ❺ etwas reduzieren oder erweitern.

▼ **Abbildung 17.46**
Textebene zum Bild hinzugefügt

2 Auswahl aus Text

Wählen Sie die Textebene im Ebenen-Dialog aus. Verwenden Sie jetzt das Werkzeug Nach Farbe auswählen (⇧+O), und klicken Sie damit im Bildfenster auf den Text. Jetzt sollte der komplette Text ausgewählt sein. Die Textebene können Sie jetzt im Ebenen-Dialog über das Augensymbol ❻ ausblenden. Kehren Sie nun noch die Auswahl mit Auswahl • Invertieren um.

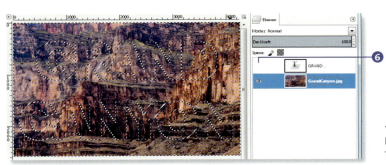

◀ **Abbildung 17.47**
Hier wurde eine Auswahl aus dem Text erstellt.

Kapitel 17   Ebenenmasken

3   Ebenenmaske erstellen

Wählen Sie die Ebene mit dem Bild ❸ im EBENEN-Dialog aus. Legen Sie für diese Ebene eine Ebenenmaske über einen rechten Mausklick mit EBENENMASKE HINZUFÜGEN (oder dem Menü EBENE • MASKE • EBENENMASKE HINZUFÜGEN) an. Initialisieren Sie diese Ebenenmaske im Dialog mit AUSWAHL ❶, und klicken Sie dann auf die Schaltfläche HINZUFÜGEN ❷. Am Ende können Sie die Ebenen zusammenfügen.

Abbildung 17.48 ▼
Eine Ebenenmaske zur Auswahl hinzufügen

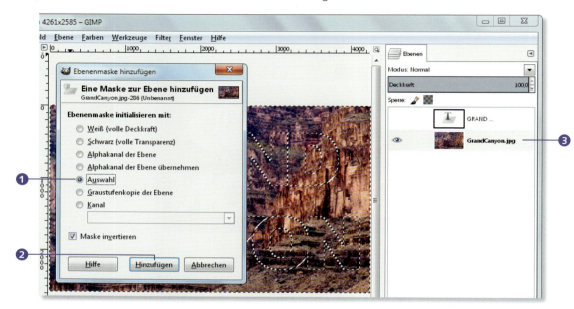

Als Ergebnis erhalten Sie das Bild aus Abbildung 17.49 (dort wurden noch eine weiße Hintergrundebene und ein Schlagschatten hinzugefügt).

▲ **Abbildung 17.49**
Experimentieren erlaubt! Mit nur wenig Aufwand lässt sich das obige Beispiel weiterentwickeln.

▲ **Abbildung 17.50**
Das Ergebnis

Schritt für Schritt:
Bilder halb in Farbe und halb in Schwarzweiß

Ein toller Effekt ist ein Übergang von Farbe in Schwarzweiß. Auch das realisieren Sie mit Ebenenmasken in ein paar Schritten.

Traumstrand.jpg

◀ **Abbildung 17.51**
Das Bild soll halb in Farbe und halb in Schwarzweiß dargestellt werden.

1 Bild öffnen und duplizieren
Laden Sie das Bild in GIMP, und duplizieren Sie die Ebene gleich über die entsprechende Schaltfläche ❹ im EBENEN-Dialog, so dass jetzt zweimal dasselbe Bild pixelgenau übereinanderliegt.

2 Bild in Schwarzweiß umwandeln
Wandeln Sie eine der beiden Ebenen in Schwarzweiß um. Im Beispiel habe ich die obere Ebene ❽ im EBENEN-Dialog gewählt. Verwenden Sie hierzu den Befehl FARBEN • KOMPONENTEN • KANALMIXER. Aktivieren Sie die Checkboxen MONOCHROM ❻ und LEUCHTSTÄRKE ERHALTEN ❼. Stellen Sie dann den Schieberegler ROT auf 100, GRÜN auf 130 und BLAU auf 75 ❺. Bestätigen Sie den Dialog mit OK, und die obere Ebene wird in ein Schwarzweißbild konvertiert.

▲ **Abbildung 17.52**
Zwei gleiche Bilder liegen übereinander.

Zum Nachlesen
Mehr Informationen zum Thema Schwarzweißbilder erhalten Sie in Kapitel 11, »Schwarzweißbilder«.

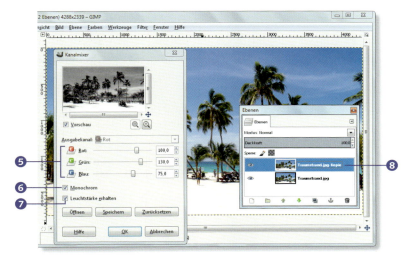

◀ **Abbildung 17.53**
Über den Kanalmixer wandeln Sie eines der Bilder in Schwarzweiß um.

3 Ebenenmaske hinzufügen

Klicken Sie die oberste Ebene im EBENEN-Dialog mit der rechten Maustaste an, und wählen Sie im Kontextmenü EBENENMASKE HINZUFÜGEN aus. Initialisieren Sie die Ebenenmaske mit WEISS (VOLLE DECKKRAFT) ❶, und klicken Sie auf die Schaltfläche HINZUFÜGEN ❷.

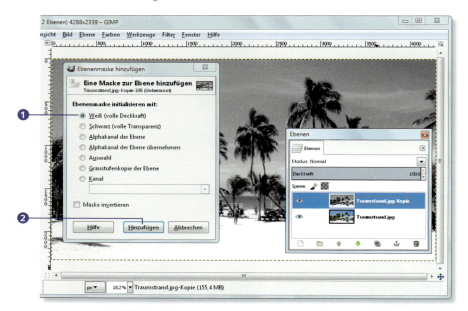

▲ **Abbildung 17.54**
Ebenenmaske hinzufügen

4 Ebenenmaske mit Verlauf füllen

Zum Nachlesen
Mehr über das FARBVERLAUF-Werkzeug erfahren Sie auf Seite 269, »Das Farbverlauf-Werkzeug«.

Wählen Sie das FARBVERLAUF-Werkzeug ▨ (L). Als Vordergrund- und Hintergrundfarbe sollten Sie Schwarz und Weiß verwenden. Am schnellsten erreichen Sie dies mit Hilfe des kleinen Icons ❸ zum Wiederherstellen der Farbe. Stellen Sie bei den Werkzeugeinstellungen unter FARBVERLAUF ❹ VG NACH HG (RGB) (kurz für »Vordergrund nach Hintergrund«) ein. Als FORM ❺ schlage ich LINEAR vor.

Gehen Sie jetzt mit dem Werkzeug auf das Bildfenster, ziehen Sie etwa in der Mitte des Bildes mit gedrückter linker Maustaste eine Linie ❻ auf die Ebenenmaske, und lassen Sie die Maustaste los. Je kürzer die Linie, desto kürzer ist der Übergang, und je länger die Linie, desto länger auch der Übergang.

17.3 Ebenenmasken in der Praxis

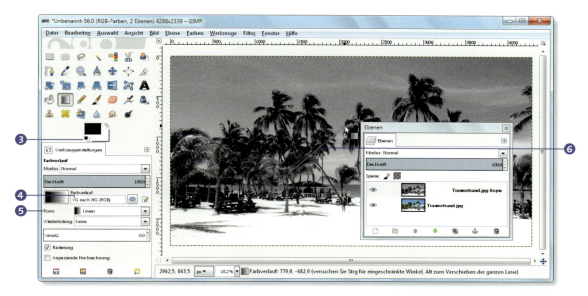

▲ **Abbildung 17.55**
Mit dem FARBVERLAUF-Werkzeug erzeugen Sie den Übergang zwischen Farbe und Schwarzweiß.

Nachdem Sie die Ebenen über das Kontextmenü (rechte Maustaste + Klick) und EBENENMASKE HINZUFÜGEN zusammmengefügt haben, sieht das Ergebnis etwa aus wie in Abbildung 17.56.

◄ **Abbildung 17.56**
Ein sanfter Übergang von Farbe nach Schwarzweiß dank Ebenenmasken

Kapitel 18
Ebenenmodus

Die Ebenen haben Sie bisher immer in der richtigen Reihenfolge oder mit Ebenenmasken verwendet. Alles, was über einer Ebene lag, überdeckte den unteren Teil der Ebene. Sie kennen die Möglichkeit, durch Reduzieren der Deckkraft den unteren Teil einer Ebene durchscheinen zu lassen, aber es gibt noch eine weitere Methode für das Überblenden zweier übereinanderliegender Ebenen: den Ebenenmodus (oder auch »Ebenenfüllmodus«). Diese Blendung (auch »Blendmodus« genannt) wird mit Pixelverrechnungen erzielt. GIMP stellt 21 verschiedene solcher Ebenenmodi zur Verfügung.

Der verwendete Modus der aktiven Ebene wirkt sich dabei immer auf die darunterliegende Ebene aus. Somit hat ein Ebenenmodus nur einen Effekt, wenn sich unterhalb der aktiven Ebene eine weitere Ebene befindet – genauer gesagt, legen Sie mit dem Ebenenmodus fest, wie jedes einzelne Pixel der aktiven Ebene (die Maske) mit dem Pixel der darunterliegenden Ebene verrechnet (kombiniert) wird. Den Ebenenmodus können Sie unter Modus ❶ im Ebenen-Dialog ändern.

 Swamp.xcf

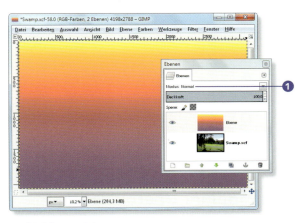

▲ **Abbildung 18.1**
Liegen zwei Ebenen mit dem Ebenenmodus Normal übereinander, überdeckt die obere Ebene immer die untere.

▲ **Abbildung 18.2**
Die 21 Ebenenmodi von GIMP

Kapitel 18 Ebenenmodus

Abbildung 18.3 ▶
Nach einer Änderung des Ebenenmodus auf FARBE wird der Farbverlauf auf das darunterliegende Bild angewendet (genauer: damit verrechnet).

Foto: Jürgen Wolf

Zum Nachlesen
Mehr zu den Modi der Malwerkzeuge können Sie im Abschnitt »Modi für Malwerkzeuge« auf Seite 224 nachlesen.

Das Vermischen von Pixeln ist auch bei vielen Mal- und Retuschewerkzeugen als Methode vorhanden. Neben den im folgenden Abschnitt benannten Ebenenmodi bieten die Werkzeuge mit HINTER und FARBE ENTFERNEN zwei weitere Modi an. Die Modi der Werkzeuge arbeiten nach demselben Prinzip und auch mit demselben Algorithmus wie die Ebenenmodi. Jedoch brauchen Sie für die Werkzeuge lediglich eine Ebene zur Anwendung. Die Modi des aktiven Malwerkzeugs wirken sich auf die aktive Ebene aus.

Abbildung 18.4 ▶
Bei vielen Mal- und Retuschewerkzeugen finden Sie ebenfalls einen MODUS zum Auftragen von Farbpixeln.

ebenenmodus.xcf

18.1 Ebenenmodi im Überblick

Auf den folgenden Seiten werden die einzelnen Modi etwas genauer erläutert. Als Beispiel für die Pixelberechnungen werden die beiden Bilder aus Abbildung 18.5 verwendet.

18.1 Ebenenmodi im Überblick

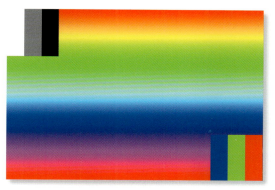 

▲ **Abbildung 18.5**
Das linke Bild wird als Maske (obere Ebene) verwendet, die mit dem rechten Bild (untere Ebene) mit den entsprechenden Pixeln kombiniert wird.

Beachten Sie bitte, dass die hier gezeigten Beispiele nur ein ungefähres Bild der verschiedenen Ebenenmodi liefern. Das Endergebnis hängt in der Regel sehr stark von den Farben beider Ebenen ab. Hier kann ich Ihnen nur empfehlen, möglichst viel zu experimentieren. Duplizieren Sie beispielsweise eine Ebene, und testen Sie so die verschiedenen Ebenenmodi. Die Ebenenmodi sind auf jeden Fall ein sehr mächtiges Instrument, mit dem sich oft beeindruckende Ergebnisse erzielen lassen.

Normal | Der Ebenenmodus NORMAL ist die Standardeinstellung für Ebenen. Bei dieser Einstellung findet zwischen den übereinanderliegenden Pixeln keine Berechnung statt. Die obenliegenden Pixel verdecken hierbei immer die Pixel der darunterliegenden Ebene. Mit einer Ausnahme: Wenn Sie die Deckkraft der oberen Ebene reduzieren, dann scheint auch die untere Ebene durch.

▲ **Abbildung 18.6**
Anhand dieser beiden Ebenen werden die Ebenenmodi ❸ demonstriert.

◄ **Abbildung 18.7**
Nur weil hier die Deckkraft auf 50 % reduziert wurde, ist das darunterliegende Bild sichtbar.

Kapitel 18 Ebenenmodus

Vernichtend | Bei Ebenen mit 100 % Deckkraft und ohne Transparenz entspricht der Modus VERNICHTEND dem Modus NORMAL. Übergänge, die kleiner als 100 % sind, stellt der Modus VERNICHTEND körnig dar. Für die grobe Körnung wird ein Zufallsmuster verwendet, auf das Sie keinen Einfluss haben. Wollen Sie den Ebenenmodus bei Ebenen ohne Transparenz verwenden, bräuchten Sie nur die DECKKRAFT der Ebene zu reduzieren. In der Praxis wird dieser Ebenenmodus hauptsächlich für Malwerkzeuge, wie zum Beispiel den PINSEL ([P]), verwendet.

Abbildung 18.8 ▶
Da die Deckkraft hier auf 60 % reduziert wurde, können Sie den Effekt des Modus VERNICHTEND erkennen.

Multiplikation | Der Ebenenmodus MULTIPLIKATION bringt meistens als Ergebnis ein verdunkeltes Bild. Dies resultiert daraus, dass alle Farbwerte der oberen und unteren Ebene multipliziert und durch 255 dividiert werden. Pixel, die auf der unteren und der oberen Ebene schwarz sind, bleiben im Ergebnis auch schwarz (Farbwert Schwarz = 0; also 0 × 255 / 255 = 0). Beim Multiplizieren zweier weißer übereinanderliegender Pixel findet ebenfalls keine Änderung statt (Farbwert Weiß = 255; also 255 × 255 / 255 = 255). Liegen hingegen schwarze und weiße Pixel übereinander, so ist das Ergebnis immer Schwarz.

Abbildung 18.9 ▶
Der Ebenenmodus MULTIPLIZIEREN

Division | Mit dem Modus DIVISION werden die übereinanderliegenden Farbwerte dividiert. Als Ergebnis erhalten Sie in der Regel ein helleres Bild. Liegt beispielsweise oben ein schwarzes Pixel und unten ein weißes, ist das Resultat ein weißes Pixel. Andersherum genauso: Liegt oben ein schwarzes Pixel und unten ein weißes, ergibt sich daraus ein schwarzes Pixel.

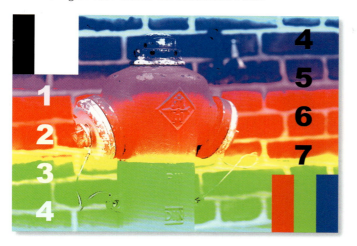

◀ **Abbildung 18.10**
Der Ebenenmodus DIVISION

Bildschirm | Zunächst arbeitet der Ebenenmodus BILDSCHIRM wie der Modus MULTIPLIKATION. Nur wird vor der Multiplikation der Wert der Farbe invertiert (durch 255 dividiert), und am Ende wird das Ergebnis nochmals invertiert. Das Endergebnis wirkt dann häufig heller, und dunkle Farben im Bild erscheinen wesentlich durchsichtiger. Bei schwarzen übereinanderliegenden Pixeln passiert nichts; alles bleibt schwarz. Befindet sich hingegen mindestens ein weißes Pixel darunter, ist das Endergebnis immer Weiß. Dieser Modus wirkt sich hauptsächlich auf dunklere Farben aus.

◀ **Abbildung 18.11**
Der Ebenenmodus BILDSCHIRM

Überlagern | Der Überlagern-Modus ist eine Kombination aus Multiplikation und Division. Entscheidend für diesen Modus ist die obere Ebene. Je heller die Farben der oberen Ebene sind, desto heller wird der mittlere Farbbereich der unteren Ebene. Umgekehrt gilt natürlich: Je dunkler die Farben der oberen Ebene, desto dunkler werden auch die Mitteltöne des Ergebnisses. Im Gegensatz zum Ebenenmodus Multiplikation wirkt sich der Modus Überlagern allerdings nicht so stark verdunkelnd aus.

Abbildung 18.12 ▶
Der Ebenenmodus Überlagern

Abwedeln | Wie Sie aus dem Namen schon herauslesen, wirkt sich der Modus Abwedeln in Regel aufhellend aus. Allerdings können auch Farben invertiert werden. Legen Sie hierbei beispielsweise zwei gleiche Bilder übereinander und hat das Bild einen grauen Schleier, verbessert der Modus Abwedeln diese Schatten im Bild. Allerdings entsteht hierbei auch schnell der Eindruck, dass das Bild, wenn es bereits sehr hell ist, überbelichtet ist. Deshalb sind Sie hier gut beraten, die Deckkraft ein wenig zu reduzieren. Der Effekt lässt sich übrigens sehr gut bei einem Schwarzweißbild einsetzen. Das Bild kann hiermit noch mehr Brillanz erhalten. Schwarze und weiße Farbwerte bleiben hiervon allerdings unberührt.

▲ **Abbildung 18.14**
Im Bild oben wurden beide Hydranten übereinandergelegt und mit dem Ebenenmodus Abwedeln verrechnet. Zum Vergleich das Ausgangsbild unten.

Abbildung 18.13 ▶
Der Ebenenmodus Abwedeln

Nachbelichten | Nachbelichten ist das Gegenstück zu Abwedeln und entspricht im Grunde auch dem Ebenenmodus Abwedeln, nur eben mit invertierten Werten. Somit trifft alles eben Beschriebene von Abwedeln auf Nachbelichten zu, nur dass es hier um das Abdunkeln statt um das Aufhellen geht. Bei zwei übereinanderliegenden gleichen Bildern lassen sich damit die zu hellen Lichter abdunkeln. Allerdings muss auch hier oft mit Hilfe des Reglers Deckkraft feinjustiert werden, weil das Ergebnis, abhängig vom Bild, schnell unterbelichtet wirkt. Schwarze Pixel bleiben unverändert.

▲ Abbildung 18.15
Der Ebenenmodus Nachbelichten

▲ Abbildung 18.16
Im Bild oben wurden beide Hydranten übereinandergelegt und mit dem Ebenenmodus Nachbelichten verrechnet. Die Deckkraft musste hier allerdings auf 50 % reduziert werden, sonst wäre das Endergebnis zu dunkel geworden. Zum Vergleich unten das Ausgangsbild.

Harte Kanten | Der Modus Harte Kanten ist ideal, um zwei gleiche Bilder übereinanderzulegen und dabei die helleren Farben und scharfen Kanten zu erhalten. Als Ergebnis erhalten Sie ein Bild, das den Eindruck erweckt, es sei mit einem Licht angestrahlt oder mit einem Blitzlicht fotografiert worden.

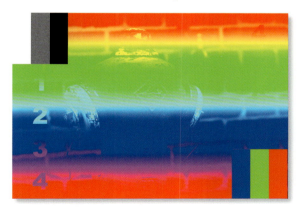

▲ Abbildung 18.17
Der Ebenenmodus Harte Kanten

▲ Abbildung 18.18
Im oberen Bild wurden beide Hydranten übereinandergelegt und mit dem Ebenenmodus Harte Kanten verrechnet. Damit der Effekt nicht zu heftig ausfällt, wurde die Deckkraft auf 60 % reduziert. Zum Vergleich das Ausgangsbild unten.

Weiche Kanten | Der Modus WEICHE KANTEN entspricht in GIMP exakt dem Modus ÜBERLAGERN. Er macht die Kanten im Bild etwas weicher und die Farben etwas sanfter. Abgesehen vom Namen hat dieser Modus allerdings nichts mit dem Modus HARTE KANTEN zu tun.

Abbildung 18.19 ▶
Der Ebenenmodus WEICHE KANTEN

Filmkörnung

Hierbei handelt es sich um die kleinsten Strukturen des entwickelten Films bei der analogen Fotografie, die erst nach einer starken Vergrößerung sichtbar werden.

Faser extrahieren | Der Modus FASER EXTRAHIEREN entfernt die Körnigkeit (Filmkörnung). In der Praxis ist dies beispielsweise sinnvoll, um eine neue Ebene zu erstellen, die nur aus dieser Struktur besteht, oder um Bildern ein plastisches Aussehen zu verleihen.

▲ Abbildung 18.21
Im oberen Bild wurde der Ebenenmodus FASER EXTRAHIEREN auf die Originalebene angewandt. Darunter wurde eine weiße Ebene gelegt.

▲ Abbildung 18.20
Der Modus FASER EXTRAHIEREN

Faser mischen | Der Modus FASER MISCHEN ist eine Umkehrung des Ebenenmodus FASER EXTRAHIEREN. Hierbei wird die erzeugte körnige Struktur mit der darunterliegenden Ebene überblendet.

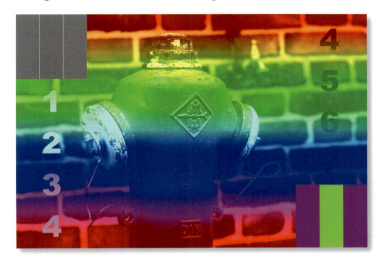

◄ **Abbildung 18.22**
Der Ebenenmodus FASER MISCHEN

Unterschied | Der Modus UNTERSCHIED subtrahiert die übereinanderliegenden Farbwerte und bildet einen absoluten Wert. Meistens erhält man ein Bild mit invertierten Farben. Der Modus eignet sich hervorragend, um zwei identische und aufeinanderliegende Ebenen (oder auch Bilder) auf Deckungsgleichheit zu prüfen. Decken sich beide Ebenen, ist das Ergebnis schwarz.

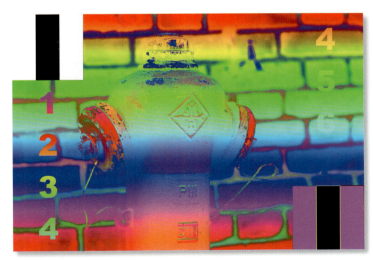

▲ **Abbildung 18.23**
Der Ebenenmodus UNTERSCHIED

▲ **Abbildung 18.24**
In beiden Abbildungen wurde der Ebenenmodus UNTERSCHIED verwendet, und es lagen jeweils zwei gleiche Ebenen übereinander. Oben sind die beiden Ebenen absolut deckungsgleich, weshalb das Bild auch komplett schwarz ist. Unten liegen die beiden Ebenen nicht deckungsgleich übereinander, weshalb hier eine Art Dopplungseffekt wie bei einem 3D-Bild entsteht.

▲ **Abbildung 18.26**
Oben wurden zwei gleiche Ebenen mit dem Ebenenmodus Addition übereinandergelegt. Das Basisbild unten dient dem Vergleich.

Addition | Mit dem Ebenenmodus Addition werden die Pixelwerte beider Ebenen addiert. Das Ergebnis ist ein helleres Bild. Einige Stellen werden hierbei nur noch weiß sein.

▲ **Abbildung 18.25**
Der Ebenenmodus Addition

Abziehen | Bei dem Ebenenmodus Abziehen (der ehemals »Subtraktion« hieß) handelt es sich um das Gegenstück von Addition. Hierbei werden die Pixelwerte der oberen Ebene von den Werten der unteren Ebene abgezogen. Als Ergebnis erhalten Sie ein dunkleres Bild. Bei negativen Werten wird das Ergebnis auf 0 (also Schwarz) begrenzt. Bei zwei gleichen Bildern, die übereinanderliegen, können Sie auch hier, wie schon beim Ebenenmodus Unterschied, die Deckungsgleichheit prüfen.

Abbildung 18.27 ▶
Der Ebenenmodus Abziehen (ehemals »Subtraktion«)

Nur Abdunkeln | Der Modus Nur Abdunkeln vergleicht die Pixel der oberen und unteren Ebene miteinander und verwendet als Ergebnis immer den kleineren Wert. Schwarze Pixel ergeben somit auch einen schwarzen Bereich im Endbild. Weiße Pixel hingegen ändern nichts am Ergebnis.

◀ **Abbildung 18.28**
Der Ebenenmodus Nur Abdunkeln

Nur Aufhellen | Nur Aufhellen ist das Gegenstück zum Ebenenmodus Nur Abdunkeln. Hierbei werden ebenfalls die einzelnen Pixel der oberen und unteren Ebene miteinander verglichen. Das Ergebnis ist hier der größere der beiden Werte. Weiße Pixel ergeben somit auch einen weißen Bereich im Endbild. Schwarze Pixel hingegen ändern nichts am Ergebnis.

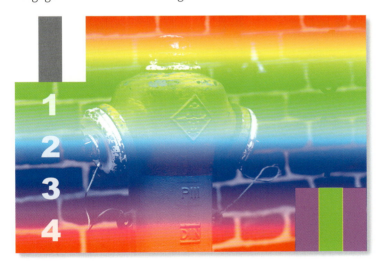

◀ **Abbildung 18.29**
Der Ebenenmodus Nur Aufhellen

Farbton | Beim Modus FARBTON wird der Farbton der oberen Ebene mit der Helligkeit und Sättigung der unteren Ebenen vermischt.

Abbildung 18.30 ▶
Der Ebenenmodus FARBTON

Sättigung | Im Modus SÄTTIGUNG wird die Sättigung der oberen Ebene mit dem Farbton und der Helligkeit der unteren Ebene vermischt und als Ergebnis wiedergegeben.

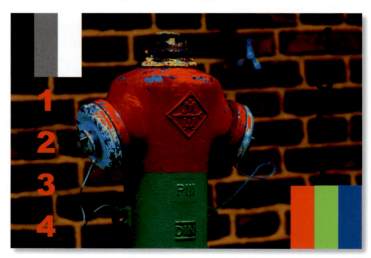

Abbildung 18.31 ▶
Der Ebenenmodus SÄTTIGUNG

Farbe | Als Ergebnis des Ebenenmodus FARBE erhalten Sie eine Mischung aus der Luminanz (Helligkeit) der unteren Ebene und der Sättigung der oberen Ebene.

◄ **Abbildung 18.32**
Der Ebenenmodus FARBE

Wert | WERT ist das Gegenstück zum Modus FARBE. Das Ergebnis ist eine Mischung aus der Helligkeit der oberen Ebene und der Sättigung der unteren Ebene.

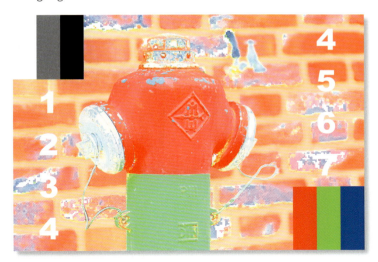

◄ **Abbildung 18.33**
Der Ebenenmodus WERT

18.2 Praxisbeispiele

Die Anwendungsmöglichkeiten der Ebenenmodi sind unglaublich vielfältig. Einige davon will ich Ihnen hier erläutern.

Weiße Hintergründe beseitigen ohne Freistellen

Wenn Sie mehrere Bilder mit weißen Hintergründen eng übereinanderlegen wollen, ohne gleich ein aufwendiges Freistellen der

 sockstar.xcf

Kapitel 18 Ebenenmodus

Bilder durchzuführen, dann können Sie den Ebenenmodus Multiplikation oder Nur Abdunkeln dazu verwenden.

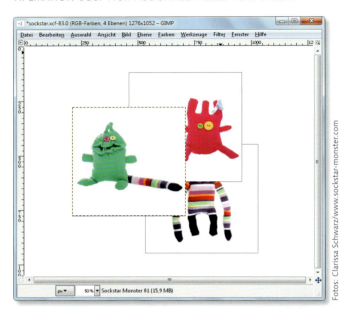

Abbildung 18.34 ▲▶
Hier wurden drei Ebenen übereinandergelegt. Zur Verdeutlichung wurden hier zusätzlich die Kanten sichtbar gemacht.

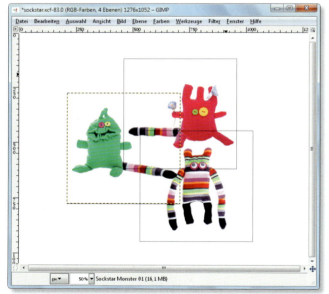

Abbildung 18.35 ▲▶
Dasselbe nochmals, nur wurden jetzt die oberen beiden Ebenen mit dem Modus Multiplikation ❶ versehen, und die weißen Kanten sind verschwunden. Der Trick funktioniert allerdings nur mit weißer Farbe.

Bilder aufhellen mit den Ebenenmodi

So wie in der folgenden Schritt-für-Schritt-Anleitung können Sie immer vorgehen, wenn Sie Bilder mit Hilfe der Ebenenmodi verbessern oder auch nur verändern wollen.

18.2 Praxisbeispiele

Schritt für Schritt:
Dunkle Bilder mit Ebenenmodus aufhellen

1 Allgemeine Korrekturen durchführen
Bevor Sie anfangen, aufzuhellen, sollten Sie zunächst alle anderen Korrekturen, wie beispielsweise Farbkorrekturen oder Schärfen, abgeschlossen haben. Führen Sie solche Korrekturen erst nachträglich durch, werden Sie viele Bildfehler nur noch verstärken.

Live-cooking.jpg

Foto: Jürgen Wolf

◄ **Abbildung 18.36**
Die Aufnahme ist leider zu dunkel geraten, weil kein Blitz verwendet werden durfte.

▲ **Abbildung 18.37**
Hintergrundebene duplizieren

2 Ebene duplizieren
Duplizieren Sie die Ebene mit ⇧+Strg/Ctrl+D oder dem entsprechenden Icon ❷ im EBENEN-Dialog.

3 Ebenenmodus und Deckkraft einstellen
Stellen Sie jetzt den MODUS für die obere Ebene ein. Da das Bild zu dunkel ist, eignet sich in diesem Beispiel der MODUS ADDITION ❸. Alternativ böten sich hier auch die Modi BILDSCHIRM (hellt nicht so kräftig auf) oder ABWEDELN (erhöht zusätzlich den Kontrast) an. Sollte das Aufhellen mit dem Ebenenmodus ADDITION noch nicht ausreichen (wie es im Beispiel der Fall ist), duplizieren Sie einfach diese Ebene nochmals, und verwenden Sie erneut denselben Ebenenmodus. Wirkt sich der Effekt dann zu stark aus, reduzieren Sie einfach die DECKKRAFT der Ebene. Im Beispiel wurde die DECKKRAFT ❹ der obersten Ebene auf 50 % verringert. Mit Hilfe der Deckkraft können Sie quasi den Effekt feinjustieren.

▲ **Abbildung 18.38**
Dank des Ebenenmodus ADDITION wird das Bild jetzt aufgehellt.

Abbildung 18.39 ▶
Das Bild nach der Aufhellung mit dem richtigen Ebenenmodus

Bilder abdunkeln mit den Ebenenmodi

Ist ein Bild zu hell, eignet sich der Ebenenmodus MULTIPLIKATION sehr gut. Enthält das Bild nicht zu viele dunkle Stellen, liefert auch der Modus NACHBELICHTEN gute Ergebnisse.

Kreml.jpg

Abbildung 18.40 ▶
Das Bild ist überbelichtet und wirkt eine Spur zu hell.

Foto: Jürgen Wolf

Abbildung 18.41 ▲▶
Das Bild wurde mit dem Ebenenmodus MULTIPLIKATION ❶ mit einer DECKKRAFT ❷ von 80 % abgedunkelt.

Kontrastarme Bilder

Wollen Sie einem Bild mit einem Ebenenmodus mehr Kontrast verleihen, eignen sich die Modi ÜBERLAGERN und WEICHE KANTE sehr gut dafür. Hat ein Bild hingegen zu viel Kontrast (was wohl in der Praxis eher selten der Fall ist), können Sie diesen mit dem Modus DIVISION reduzieren.

 Love.jpg

◀ **Abbildung 18.42**
Das Original-Bild ist sehr schön, könnte aber noch eine Prise mehr Kontrast vertragen.

◀◀ **Abbildung 18.43**
Mit einer duplizierten Ebene und dem Ebenenmodus ÜBERLAGERN bekommt das Bild noch mehr Kontrast.

Schritt für Schritt: Glänzende Stellen abdecken

Wenn Objekte eine glatte und spiegelnde Oberfläche haben und viel Licht darauf scheint (oder ein Blitzlicht verwendet wurde), reflektiert dies häufig, so dass auf dem Bild glänzende Stellen zu sehen sind – ein Effekt, der auch bei Porträtfotos auftreten kann. Die folgende Schritt-für-Schritt-Anleitung zeigt Ihnen eine Möglichkeit, diese glänzenden Stellen mit dem Ebenenmodus NUR ABDUNKELN abzumildern.

 Nashorn.jpg

Kapitel 18 Ebenenmodus

Abbildung 18.44 ▶
Das Ausgangsbild mit vielen glänzenden Stellen, die durch Lichtreflexionen entstanden sind.

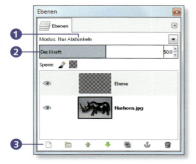

▲ **Abbildung 18.45**
Ebene duplizieren und MODUS einstellen

1 **Leere Ebene erzeugen und Modus einstellen**
Erstellen Sie eine leere transparente Ebene mit ⇧+Strg/Ctrl+N oder mit der entsprechenden Schaltfläche ❸ im EBENEN-Dialog. Stellen Sie den MODUS der leeren Ebene auf NUR ABDUNKELN ❶, und reduzieren Sie die DECKKRAFT ❷ auf 50 %.

2 **Farbe zum Abdecken auswählen**
Aktivieren Sie die Farbpipette (O) ❹ aus dem Werkzeugkasten, und stellen Sie beim AUSWAHLMODUS den Wert VORDERGRUNDFARBE ERSETZEN ❺ ein. Wählen Sie im Bild mit der Pipette ❻ die Farbe aus, die Sie zum Übermalen der glänzenden Stellen verwenden wollen. Sollten im Bild mehrere Farben vorhanden sein, müssen Sie natürlich immer die entsprechende Farbe auswählen, die dem zum übermalenden Bereich am ähnlichsten ist.

Abbildung 18.46 ▶
Farben zum Abdunkeln auswählen

3 Glänzende Stellen übermalen

Verwenden Sie jetzt den PINSEL (P), und stellen Sie eine ausreichend große Pinselspitze über GRÖSSE ein. Wählen Sie bei DYNAMIK den Wert DYNAMIC OFF aus.

Übermalen ❼ Sie großzügig die glänzenden Bereiche auf der leeren transparenten Ebene ❾. Passen Sie gegebenenfalls die Pinselgröße an.

Dank des Ebenenmodus NUR ABDUNKELN werden die glänzenden Stellen abgesoftet. Sie sollten beim Übermalen darauf achten, dass Sie nicht über das Farbobjekt hinausmalen.

Gegebenenfalls zeichnen Sie am Ende noch die transparente Ebene, auf die Sie ja jetzt gemalt haben, weich (FILTER • WEICHZEICHNEN • GAUSSCHER WEICHZEICHNER), damit eventuell aufgetretene harte Kanten abgemildert werden. Bei Bedarf reduzieren Sie noch die DECKKRAFT ❽ der transparenten Ebene.

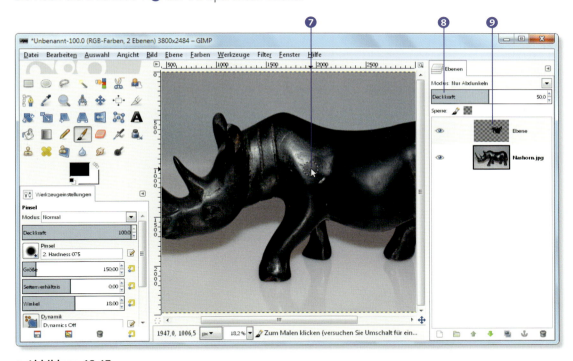

▲ **Abbildung 18.47**
Glänzende Stellen wegmalen

Das Endergebnis, nachdem die Ebenen zusammengefügt wurden, sehen Sie in Abbildung 18.48.

Abbildung 18.48 ▶
Das Ergebnis, nachdem die glänzenden Stellen abgesoftet wurden. Die in der Schritt-für-Schritt-Anleitung beschriebene Methode lässt sich natürlich auch prima bei einem Porträtfoto mit glänzender Haut anwenden.

Teil VI
Zuschneiden, Bildgröße und Ausrichten

Kapitel 19
Bilder zuschneiden

Das Zuschneiden (englisch crop) von Bildern wird relativ häufig verwendet, um den optimalen Ausschnitt zu erhalten, störende Hintergrundelemente zu entfernen oder einfach mehr Nähe zu erzeugen. Meistens ist nämlich der Bildausschnitt entscheidend dafür, wie das abgebildete Motiv wirkt. Mit Hilfe des Zuschneidens ändern und steuern Sie den Blick des Betrachters. Häufig können Sie ein Bild mit dem Beschneiden von störenden Nebenelementen noch retten. Ein weiterer Grund für das Zuschneiden von Bildern ist das Trimmen auf eine spezifische Bildgröße.

19.1 Das Zuschneiden-Werkzeug

Das ZUSCHNEIDEN-Werkzeug ([⇧]+[C]) im Werkzeugkasten wird verwendet, um einen rechteckigen Bildausschnitt auszuwählen und alles außerhalb des Rahmens zu entfernen.

Verwendung | Zur Erstellung eines Bildausschnitts klicken Sie mit der linken Maustaste innerhalb des Bildes, ziehen mit weiter gedrückter Maustaste einen rechteckigen Bereich auf und lassen die Maustaste los. Nun erscheint der abzuschneidende Bereich außerhalb des Rahmens in einem dunkleren, transparenten Bereich ❶.

◄ **Abbildung 19.1**
Die Auswahl eines Bildausschnitts mit dem ZUSCHNEIDEN-Werkzeug

Kapitel 19 Bilder zuschneiden

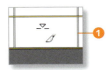

▲ **Abbildung 19.2**
An den Seiten lässt sich der Zuschnittbereich nur horizontal oder vertikal ändern. Der Mauszeiger zeigt die Richtung an.

▲ **Abbildung 19.3**
Über die Ecken können Sie den Zuschnittbereich horizontal und vertikal ändern. Entsprechend stellt sich auch der Mauszeiger dar.

▲ **Abbildung 19.4**
Ein Zuschnittbereich wird verschoben. Entsprechend sieht auch wieder das Symbol des Mauszeigers aus.

Abbildung 19.5 ▶
Die Werkzeugeinstellungen des ZUSCHNEIDEN-Werkzeugs

Die Größe des ausgewählten Bereichs können Sie jederzeit über die Griffbereiche an den Seiten ❶ und Ecken ❷ mit gedrückter linker Maustaste verändern. Alternativ können Sie den Wert und die Position auch in den Werkzeugeinstellungen nachträglich ändern.

Sobald Sie mit dem ausgewählten Bereich zufrieden sind und das Bild darauf zuschneiden wollen, klicken Sie entweder mit der linken Maustaste innerhalb des ausgewählten Bereichs, oder betätigen Sie die Taste ⏎. Haben Sie es sich anders überlegt, können Sie den ausgewählten Bereich durch das Anklicken eines Bereichs außerhalb der Auswahl (im dunklen, transparenten Bereich) oder mit Esc entfernen.

Verschieben können Sie den ausgewählten Bereich mit gedrückter linker Maustaste. Dass Sie die Position des Zuschnittbereichs verändern können, erkennen Sie am Verschieben-Symbol ❸ des Mauszeigers.

Werkzeugeinstellungen | Das ZUSCHNEIDEN-Werkzeug bietet eine große Auswahl an Werkzeugeinstellungen.

Setzen Sie ein Häkchen vor NUR DIE AKTIVE EBENE ❹, wird nur die aktive Ebene durch das Zuschneiden verändert. Ohne das Häkchen werden alle vorhandenen Ebenen gleichermaßen zugeschnitten.

Wenn Sie ein Häkchen vor VERGRÖSSERN ZULASSEN ❺ setzen, können Sie mit dem Werkzeug auch eine Größenänderung außerhalb der Bild- bzw. Ebenengrenze oder gar der Leinwandgröße durchführen.

▲ **Abbildung 19.6**
Ohne die Option VERGRÖSSERN ZULASSEN ist am Rand eines Bildes, einer Ebene oder der Leinwandgröße Schluss.

▲ **Abbildung 19.7**
Mit der Option VERGRÖSSERN ZULASSEN überspringen Sie diese Grenze…

▲ **Abbildung 19.8**
…und nehmen diesen Bereich sogar in das Endergebnis auf.

Aktivieren Sie die Option AUS DER MITTE AUFZIEHEN ❻, wird die angeklickte Position zum Mittelpunkt des Rechtecks. Das Gleiche erzielen Sie auch, wenn Sie die Option nicht aktivieren und stattdessen die `Strg`/`Ctrl`-Taste gedrückt halten.

Aktivieren Sie die Eigenschaft FEST ❼, wird das Rechteck anhand einer festen Länge oder eines bestimmten Verhältnisses aufgezogen. In der Dropdown-Liste daneben wählen Sie diesen Wert aus. Die möglichen Einstellungen hierfür sind:

- Mit SEITENVERHÄLTNIS – der Standardeinstellung – bleibt das Verhältnis der Breite und Höhe des Bildes bewahrt, solange in der Textzeile ❽ der Wert AKTUELL steht. Sie können hierbei aber auch eigene Seitenverhältnisse vorgeben (beispielsweise 3:2, 16:9, 3:1, 1:1). Rechts neben dem Texteingabefeld ⓯ können Sie zwischen Hochformat und Querformat wählen.
- BREITE: Die Breite wird mit einem fest ausgewählten Wert in der Textzeile ❽ fixiert. Die Voreinstellung ist 100 Pixel. Über die Dropdown-Liste daneben stellen Sie die Maßeinheit (darunter auch %) ein.
- HÖHE: Wie BREITE, gibt jedoch eine feste HÖHE vor.
- Mit der Option GRÖSSE und der Textzeile darunter stellen Sie sowohl Höhe als auch Breite als festen Wert ein (beispielsweise 600×400, 100×200). Auch hier können Sie rechts neben dem Texteingabefeld ⓯ zwischen Hochformat und Querformat wählen.

Über die beiden Werte von POSITION ❾ wird der linke obere Startpunkt für das Zuschneiderechteck angezeigt. Der linke Wert

> **Größe und Seitenverhältnis**
> Die aktuelle Größe und das Seitenverhältnis des Rechtecks, das vom ZUSCHNEIDEN-Werkzeug erstellt wird, werden während der Erstellung auch in der Statusleiste angezeigt.

Goldener Schnitt
Der Goldene Schnitt wird als harmonisches Gestaltungsmittel in der Mathematik verwendet und eignet sich auch bestens für die Bildaufteilung in der digitalen Fotografie. Ein Bild wirkt demnach besonders harmonisch, wenn Sie das Hauptmotiv nicht exakt in der Mitte platzieren.

dient der horizontalen und der rechte Wert der vertikalen Position. Natürlich können Sie diese Werte jederzeit nachträglich ändern und somit diese Position verschieben. Standardmäßig ist hierbei Pixel als Einheit eingestellt, was Sie aber über das Dropdown-Listenfeld ⓰ daneben ändern können.

Diese Maßeinheit der Dropdown-Liste gilt dann auch für die nächsten beiden Eingabefelder von GRÖSSE ⓾. Diese zeigen die aktuelle Größe des Zuschnittrechtecks an. Hier können Sie die Größe auch jederzeit nachträglich verändern.

Der dunkle, transparente Hintergrund um das Rechteck wird bei aktiver Option von HERVORHEBEN ⓫ dunkler angezeigt.

In der Dropdown-Liste darunter können Sie Hilfslinien ⓬ auswählen, die beim Erstellen des rechteckigen Rahmens gezeigt werden. Aus folgenden Hilfslinien können Sie auswählen:

▶ KEINE HILFSLINIEN: Mit der Standardeinstellung wird keine Linie beim Aufziehen des Zuschnittrechtecks verwendet.
▶ MITTELLINIEN: Hiermit wird je eine horizontale und eine vertikale Mittellinie angezeigt, so dass der Zuschnittbereich in vier gleiche rechteckige Bereiche aufteilt wird und es einen Mittelpunkt gibt.
▶ DRITTELREGEL: Zeigt den aufgezogenen Zuschnittbereich mit Hilfslinien auf Basis der Drittelregel an. Die Hilfslinien werden also auf 3×3 (insgesamt 9) gleichmäßig große Rechtecke aufgeteilt.
▶ FÜNFTELREGEL: Zeigt den aufgezogenen Zuschnittbereich mit Hilfslinien auf Basis der Fünftelregel an. Die Hilfslinien werden also auf 5×5 (insgesamt 25) gleichmäßig große Rechtecke aufgeteilt.
▶ GOLDENER SCHNITT: Damit werden die Linien im Goldenen Schnitt angezeigt.
▶ DIAGONALE LINIEN: Die Methode wird auch Diagonalmethode genannt und ist eine weitere beliebte Kompositionsregel, um die Bilder passend zuzuschneiden. Hierbei finden Sie diagonale Linien eines Quadrats vor.

Auf den ersten Blick hat die Funktion AUTOMATISCH SCHRUMPFEN ⓭ keine Auswirkung, wenn Sie diese Schaltfläche anklicken. Diese Schaltfläche können Sie verwenden, wenn Sie einen Zuschnittbereich ausgewählt haben und ihn auf ein bestehendes Bildobjekt anwenden wollen. Der Effekt funktioniert allerdings nur bei klar farblich oder monochrom isolierten Objekten, die sich deutlich vom Hintergrund abheben.

▲ Abbildung 19.9
Bild mit deutlich hervortretendem Objekt und einem Zuschnittrechteck

Setzen Sie das Häkchen bei der letzten Option, VEREINIGUNG MITSCHRUMPFEN ⑭, werden die Informationen aller sichtbaren Ebenen verwendet, also nicht nur die der aktuellen Ebene.

Schritt für Schritt:
Bild optimal zuschneiden

Im Bild aus Abbildung 19.11 soll »Schneewittchen« noch etwas näher herangeholt werden. Durch einen gezielten Bildausschnitt können Sie hierfür das Gefühl der Nähe verstärken. Außerdem soll der Zuschnitt nach der Regel des Goldenen Schnitts« erfolgen.

1 Zuschneiden-Werkzeug verwenden

Laden Sie das Bild »Schneewittchen.tif« in GIMP. Wählen Sie im Werkzeugkasten das ZUSCHNEIDEN-Werkzeug (⇧+C). In diesem Bild wollen wir ein festes Seitenverhältnis verwenden. Setzen Sie daher ein Häkchen vor FEST ❶, und wählen Sie in der Dropdown-Liste daneben SEITENVERHÄLTNIS aus. Tippen Sie jetzt im Textfeld ❷ darunter das gewünschte Verhältnis ein. Passend zum Thema wollen wir das beliebte 16:9-Verhältnis verwenden.

▲ **Abbildung 19.10**
Nach einem Klick auf die Schaltfläche AUTOMATISCH SCHRUMPFEN ⑬ hat sich der Zuschnittbereich auf das Hauptobjekt verkleinert.

 Schneewittchen.jpg

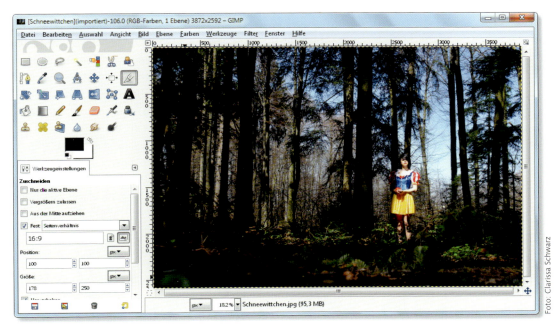

▲ **Abbildung 19.11**
Einstellungen für den Zuschnitt

2 Zuschnittrahmen aufziehen

Ziehen Sie mit gedrückter linker Maustaste von der linken unteren Ecke ❸ (Abbildung 19.12) aus ein Rechteck um den Bereich, den Sie zuschneiden wollen, und lassen Sie die Maustaste an der

465

rechten oberen Ecke ❹ wieder los. Durch die Einstellung FEST haben Sie nur einen Einfluss auf die Größe des Rahmens, nicht aber auf das Seitenverhältnis. Stört Sie das, so entfernen Sie das Häkchen vor FEST ❶, dann können Sie über die Griffleisten an den Seiten und Ecken nach Belieben einen Rahmen aufziehen.

Abbildung 19.12 ▶
Einen Zuschnittrahmen aufziehen

3 Zuschnitt anpassen

Jetzt können Sie jederzeit nachträglich manuell die POSITION ❺ der linken oberen Ecke pixelgenau ausrichten. Das Gleiche gilt auch für die GRÖSSE ❻ bei den Werkzeugeinstellungen. Wenn Sie eine feste Größe verwenden wollen (beispielsweise 3.000 × 1.800), müssen Sie natürlich das Häkchen vor FEST entfernen. In unserem Fall soll das Seitenverhältnis allerdings fixiert bleiben.

Der übliche Weg, die Position und Größe nachträglich zu ändern, führt allerdings meistens über den Zuschnittrahmen selbst. An den Ecken und Seiten des Zuschnittrahmens ändern Sie über die Griffleisten die Größe und in der Mitte des Zuschnittrahmens die Position.

▲ **Abbildung 19.13**
Solange der Zuschnitt nicht durchgeführt wurde, können Sie die Werte jederzeit über das Bildfenster oder die Werkzeugeinstellungen ändern.

4 Goldenen Schnitt erstellen

Wir wollen das Bild anhand des Goldenen Schnitts zuschneiden. Wählen Sie daher in der entsprechenden Dropdown-Liste ❼ die gleichnamigen Hilfslinien aus. Positionieren Sie jetzt den Rahmen so, dass die vertikale Linie des hinteren Drittels ❽ über der Person im Bild liegt. Achten Sie außerdem darauf, dass der Schnittpunkt der vertikalen hinteren Hilfslinie mit der horizontalen Hilfslinie des oberen Drittels auf der Brust der abgebildeten Person liegt ❾. Ändern Sie gegebenenfalls die Bildgröße.

19.2 Zuschneiden-Befehle

◄ **Abbildung 19.14**
Der Rahmen wurde nach den Regeln des Goldenen Schnitts verschoben.

5 Zuschnitt ausführen

Sind Sie mit der Auswahl zufrieden, führen Sie den Zuschnitt durch, indem Sie mit der linken Maustaste innerhalb des Zuschnittrahmens klicken oder ⏎ betätigen.

Durch den Zuschnitt wirkt die Person auf dem Bild wesentlich näher, ohne dass die Harmonie des Bildes verloren ging.

▲ **Abbildung 19.15**
Das Ausgangsbild

▲ **Abbildung 19.16**
Das Bild nach dem Zuschnitt

19.2 Zuschneiden-Befehle

Im Menü Bild und im Menü Ebene finden Sie einige weitere Befehle, mit denen sich Bilder oder Ebenen zuschneiden lassen.

Auf Auswahl zuschneiden

Auch auf eine Auswahl können Sie ein Bild oder eine Ebene zuschneiden. Hierfür bietet GIMP zwei verschiedene Versionen an.

Es ist zwar egal, welche Form die Auswahl hat, aber zugeschnitten wird immer ein rechteckiger Bereich an der linken, rechten, oberen und unteren Kante der vorhandenen Auswahl.

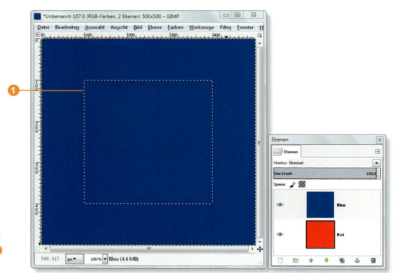

Abbildung 19.17 ▶
Das Ausgangsbild. Hier wurden eine blaue und eine rote Ebene sowie mit dem Werkzeug RECHTECKIGE AUSWAHL eine Auswahl ❶ auf der blauen Ebene erstellt.

Bild auf Auswahl zuschneiden | Mit dem Befehl BILD • AUF AUSWAHL ZUSCHNEIDEN schneiden Sie alle vorhandenen Ebenen auf die Auswahl zu.

Ebene auf Auswahl zuschneiden | Wenn Sie nur die aktuelle Ebene auf eine Auswahl zuschneiden wollen, verwenden Sie stattdessen den Befehl EBENE • AUF AUSWAHL ZUSCHNEIDEN.

▲ **Abbildung 19.18**
Nach dem Befehl BILD • AUF AUSWAHL ZUSCHNEIDEN werden alle Ebenen auf diese Auswahl zugeschnitten. Im vorliegenden Fall wurde also auch die darunterliegende Ebene auf die Auswahl reduziert.

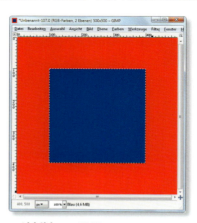

▲ **Abbildung 19.19**
Hier wurde der Befehl AUF AUSWAHL ZUSCHNEIDEN im Menü EBENE verwendet, wodurch nur die aktuelle Ebene zugeschnitten wurde und die darunterliegende Ebene unberührt blieb.

Automatisch zuschneiden

Der Befehl BILD • AUTOMATISCH ZUSCHNEIDEN eignet sich beispielsweise sehr gut, wenn Sie einfarbige Randbereiche eines Bildes entfernen wollen. Die Funktion nimmt allerdings keine Rücksicht auf darunterliegende Ebenen – sprich, die unteren Ebenen werden ebenfalls so wie die aktuelle Ebene beschnitten.

▲ **Abbildung 19.20**
Das Ausgangsbild

▲ **Abbildung 19.21**
Mit dem Befehl AUTOMATISCH ZUSCHNEIDEN wurden die Ränder mit roter Farbe entfernt.

Fanatisch zuschneiden

Mit dem Kommando BILD • FANATISCH ZUSCHNEIDEN können Sie ähnlich wie mit dem Befehl AUTOMATISCH ZUSCHNEIDEN einfarbige Ränder aus dem Bild entfernen. Zusätzlich beschneidet FANATISCH ZUSCHNEIDEN allerdings auch Bereiche innerhalb des Bildes, die dieselbe Farbe wie die zu beschneidenden Randbereiche haben. Neben der aktiven werden auch alle anderen Ebenen (ohne Rücksicht auf deren Inhalt) beschnitten.

▲ **Abbildung 19.22**
Das Ausgangsbild

▲ **Abbildung 19.23**
Das Bild nach dem Befehl FANATISCH ZUSCHNEIDEN

Guillotine – nach Hilfslinien zuschneiden

Wollen Sie ein Bild anhand der verwendeten Hilfslinien zuschneiden, führen Sie den Befehl BILD • TRANSFORMATION • GUILLOTINE aus. Dabei wird das Bild entlang der Hilfslinien aufgeteilt und jeder Zuschnitt in einem neuen Bildfenster geöffnet. In folgenden Bereichen ist diese Funktion recht nützlich:

- wenn Sie Gruppenbilder zur Aufteilung in einzelne Porträts verwenden wollen
- für das Bearbeiten von Scans, die mehrere einzelne Fotos enthalten
- im Webbereich, um eine Grafik in mehrere Teile (Slices) zu zerschneiden

Die Hilfslinien werden auf Seite 113, »Hilfslinien einstellen und verwenden«, genauer beschrieben.

▲ **Abbildung 19.24**
Ein alter Scan mit vielen Fotos, die noch aufgeteilt werden müssen. Dank der Hilfslinien, die hier angelegt wurden …

▲ **Abbildung 19.25**
… und der Funktion GUILLOTINE wurden aus diesem Scan schnell sechs einzelne Bilder, die jetzt nur noch jeweils gedreht und zugeschnitten werden müssen.

Kapitel 20
Bildgröße und Auflösung ändern

Den theoretischen Teil zu diesem Thema finden Sie in Abschnitt 4.2, »Bildgröße und Auflösung«. In diesem Kapitel erfahren Sie, wie Sie die absolute und die relative Auflösung für den Bildschirm oder Druck einstellen oder die allgemeine Zeichenfläche vergrößern oder verkleinern.

20.1 Pixelmaße ändern – absolute Auflösung

Bei der absoluten Auflösung handelt es sich, wie Sie in Abschnitt 4.2.1, »Absolute Auflösung für Bildschirmgrafiken«, nachlesen können, um die Anzahl der vertikalen und horizontalen Pixel (beispielsweise 3.000 × 2.000) von Bildern. Sie wird für Bilder, die der Anzeige am Bildschirm dienen sollen, bevorzugt.

Die absolute Auflösung eines Bildes (also die Pixelmaße) können Sie über den Menübefehl BILD • BILD SKALIEREN oder mit dem SKALIEREN-Werkzeug anpassen.

Abbildungsgröße auf dem Bildschirm
Mehr zur Darstellung von Bildern auf dem Bildschirm erfahren Sie auf Seite 95, »Abbildungsgröße und Bildausschnitt«.

Pixelmaße ändern über »Bild skalieren«

Den Dialog zum Ändern der Pixelmaße rufen Sie über BILD • BILD SKALIEREN auf. Bei BREITE und HÖHE ❶ (Abbildung 20.1) tragen Sie jetzt die neuen gewünschten Pixelmaße für das Bild ein. Das Kettensymbol ❹ dahinter bedeutet, dass Sie die Proportionen (das Seitenverhältnis) des Bildes nicht verändern können. Sollten Sie BREITE und HÖHE unabhängig voneinander ändern wollen – etwa um das Bild zu strecken –, klicken Sie auf dieses Symbol. Natürlich müssen Sie als Maßeinheit nicht zwangsläufig Pixel (PX) verwenden. Im Dropdown-Menü ❺ hinter HÖHE können Sie auch eine andere Einheit auswählen.

X-/Y-Auflösung
Analog dazu können Sie auch die X-AUFLÖSUNG und die Y-AUFLÖSUNG ❷ ändern. Allerdings haben diese Qualitätsmerkmale nichts mit den Pixelmaßen des Bildes zu tun und sind viel eher für den Druck wichtig. Mehr zur X-/Y-Auflösung erfahren Sie auf Seite 120, »Relative Auflösung für den Druck«.

Abbildung 20.1 ▶
Der Dialog BILD SKALIEREN

Bild neu berechnen

Wenn Sie die Pixelmaße verändern (englisch *resampling*), wirkt sich die Neuberechnung nicht nur auf die Anzeigegröße aus, sondern auch auf die Druckausgabe und die Bildqualität. Reduzieren Sie die Anzahl der Pixel im Bild (*downscaling*), so werden zugleich Informationen aus dem Bild entfernt. Analog werden beim Vergrößern eines Bildes (*upscaling*) neue Pixel hinzugefügt. Diese neuen Pixel werden aus den Farbwerten der benachbarten Pixel errechnet. Hierbei verliert das Bild an Schärfe. Grundsätzlich gilt, dass eine Skalierung von 30 % oder mehr die Qualität eines Bildes drastisch verschlechtert. Beim Vergrößern sollten Sie hierbei nur maximal 10 % verwenden.

Maßgeblich an der Qualität des skalierten Bildes beteiligt ist die Art der INTERPOLATION ❸, die Sie im Dialog auswählen können. Folgende Interpolationen stehen Ihnen hierfür zur Verfügung:

▶ KEINE: Hier wird keine Interpolation durchgeführt. Einzelne Pixel werden entweder durch Duplizieren oder Weglassen hinzugefügt bzw. entfernt. Diese Option liefert die schlechteste Qualität (skaliert aber am schnellsten).
▶ LINEAR: Diese Interpolation liefert eine mittlere Qualität und liegt zwischen keiner und kubischer Interpolation.
▶ KUBISCH: Die Standardeinstellung und im Grunde auch die beste Lösung mit dem besten Ergebnis beim Verkleinern.
▶ SINC (LANCZOS3): Die Methode ist seit Version 2.4 vom GIMP dabei und erhält die Bildschärfe am besten.

Zur Demonstration, wie sich eine Interpolation auf ein Bild auswirkt, möchte ich Ihnen drei Abbildungen zeigen. In Abbildung 20.2 sehen Sie das Bild ohne eine Skalierung. In Abbildung 20.3 habe ich für die Skalierung eine kubische Interpolation verwendet, und in Abbildung 20.4 erfolgte keine Interpolation. Hierbei muss ich natürlich anmerken, dass ich es hier mit den Einstellungen extrem übertrieben habe, damit Sie den Effekt auch wirklich auf den Fotos erkennen können.

Abbildung 20.2 ▶
Eine Glasmalerei in einer Kirche

20.1 Pixelmaße ändern – absolute Auflösung

▲ **Abbildung 20.3**
Dasselbe Bild wurde mit kubischer Interpolation verkleinert.

▲ **Abbildung 20.4**
Dieser Ausschnitt wurde ebenfalls verkleinert, nur wurde dabei komplett auf eine Interpolation verzichtet, was die Qualität erheblich verschlechtert hat.

Schritt für Schritt:
Bilder strecken

Ein beliebter Effekt ist es, Bilder im unproportionalen Verhältnis von Breite und Höhe zu skalieren, um sie beispielsweise schmaler oder breiter wirken zu lassen. Damit lässt sich quasi eine Weitwinkelaufnahme simulieren.

 RedSquare.jpg

1 Bild strecken

Öffnen Sie das Bild »RedSquare.jpg« in GIMP. Rufen Sie BILD • BILD SKALIEREN auf. Wählen Sie als Maßeinheit PROZENT ❽ aus, und öffnen Sie das Kettensymbol ❼ zwischen BREITE und HÖHE. Vergrößern Sie jetzt nur die BREITE ❻ auf 105 bis 110 %, und bestätigen Sie den Dialog mit SKALIEREN.

Bild nur einmal skalieren

Anhand der kleinen Bildausschnitte zuvor haben Sie gesehen, dass ein Ändern der Pixelmaße, egal welche Interpolation Sie verwenden, immer mit Informationsverlusten behaftet ist. Solche Informationen lassen sich nicht mehr nachträglich wiederherstellen. Skalieren Sie daher ein Bild höchstens einmal. Sind Sie mit dem Ergebnis nicht zufrieden, machen Sie den Vorgang rückgängig, und fangen Sie von vorn an.

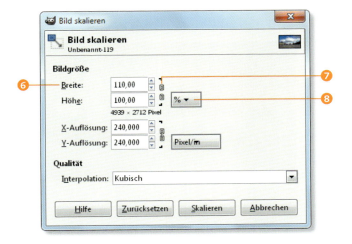

◀ **Abbildung 20.5**
Das Kettensymbol müssen Sie deaktivieren, um das Bild unproportional zu skalieren.

Tipp: Andere Schärfemethode
Alternativ würde sich hierfür auch das Hochpass- oder Lab-Schärfen eignen. Mehr zum Thema Schärfen lesen Sie in Kapitel 12, »Bilder schärfen«.

2 Nachschärfen

Beim Skalieren verliert das Bild oft ein wenig an Schärfe, weil hier ja Pixel gestreckt oder zusammengestaucht werden. Ein häufiger Arbeitsschritt nach dem Skalieren ist daher einer moderates Schärfen. Im Beispiel wurde hierfür FILTER • VERBESSERN • UNSCHARF MASKIEREN mit den Werten »5,0« für RADIUS ❶ und »0,25« für MENGE ❷ verwendet. Bestätigen Sie den Dialog mit OK.

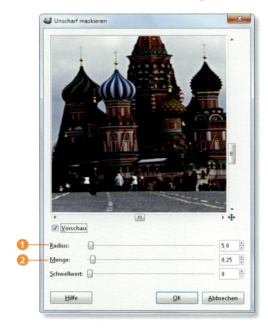

Abbildung 20.6 ▶
Das skalierte Bild nachschärfen

3 Vorher-nachher-Vergleich

Wenn Sie die Bilder vergleichen, entsteht tatsächlich der Eindruck, als wäre das Resultat in einem anderen Winkel aufgenommen worden.

▲ **Abbildung 20.7**
Links sehen Sie das Ausgangsbild und rechts die gestreckte Version.

20.1 Pixelmaße ändern – absolute Auflösung

Pixelmaße ändern mit »Ebene skalieren«

Wenn Sie mit dem Dialog BILD SKALIEREN die Größe eines Bildes ändern, wirkt sich diese Größenänderung der aktiven Ebene auch auf alle anderen vorhandenen Ebenen aus. Wollen Sie nur die aktive Ebene skalieren, finden Sie über den Menübefehl EBENE • EBENE SKALIEREN das passende Gegenstück dazu. Die Werte der X- und Y-Auflösung für die Druckerauflösung gibt es logischerweise nicht für eine einzelne Ebene. Solche Werte lassen sich nur für das gesamte Bild einstellen.

Pixelmaße ändern mit dem Werkzeug »Skalieren«

Mit dem Werkzeug SKALIEREN (Tastenkürzel ⇧+T) können Sie die Größe von Ebenen, Auswahlen und Pfaden auch mit gedrückter linker Maustaste auf der Ebene, Auswahl oder dem Pfad verändern. Das Werkzeug hat gegenüber dem Menübefehl den Vorteil, dass es einige nützliche Werkzeugeinstellungen bietet.

Alle Ebenen skalieren
Das SKALIEREN-Werkzeug wirkt sich nur auf die aktive Ebene aus. Wollen Sie alle Ebenen bearbeiten, müssen Sie den Befehl BILD • BILD SKALIEREN verwenden.

Verwendung des Werkzeugs | Wenn Sie das Werkzeug ausgewählt haben und ins Bild klicken, erscheint der Dialog SKALIEREN, mit dem Sie die Einstellungen für HÖHE und BREITE vorgeben. Mit gedrückter linker Maustaste an den Ecken und Seiten können Sie das Bild auch per Maus skalieren. Der skalierte Bereich wird dann in einer Vorschau angezeigt. Mit einem Klick auf die Schaltfläche SKALIEREN wird dann tatsächlich skaliert. Wollen Sie das Bild abhängig vom Seitenverhältnis von Breite und Höhe skalieren, müssen Sie das Kettensymbol ❸ schließen.

▲ **Abbildung 20.8**
Dieser Dialog öffnet sich, wenn Sie mit aktivem SKALIEREN-Werkzeug in das Bild klicken.

Werkzeugeinstellungen | Da die Werkzeugeinstellungen bei den Transformationswerkzeugen (DREHEN, SKALIEREN, SCHEREN und PERSPEKTIVE) fast identisch sind, werden diese Einstellungen auf Seite 487 im Abschnitt »Werkzeugeinstellungen der Transformationswerkzeuge« beschrieben.

▲ **Abbildung 20.9**
Die Werkzeugeinstellungen des SKALIEREN-Werkzeugs

475

Kapitel 20 Bildgröße und Auflösung ändern

Verhältnis beibehalten ❷ ist eine spezielle Werkzeugeinstellung, die nur beim Werkzeug Skalieren vorhanden ist. Wenn Sie davor ein Häkchen setzen, bleibt das Seitenverhältnis von Höhe und Breite konstant, wenn Sie das Bild über die Griffleisten an den Ecken und Seiten mit gedrückter linker Maustaste skalieren. Das Gleiche erreichen Sie auch, wenn Sie während der Verwendung des Werkzeugs die `Strg`/`Ctrl`-Taste gedrückt halten.

Schritt für Schritt:
Eine Auswahl skalieren

Patriot.jpg

Auch Auswahlen oder Pfade lassen sich skalieren. Ein solches Beispiel soll hier gezeigt werden.

1 Auswahl zum Skalieren auswählen

Öffnen Sie das Bild in GIMP, und wählen Sie mit dem Werkzeug Rechteckige Auswahl ▢ (`R`) mit gedrückter linker Maustaste den Rahmen um die US-Fahne im Bild aus. Wenn die Auswahl nicht gleich passt, können Sie sie jederzeit über die Griffleisten an den Ecken und Seiten anpassen.

2 Auswahl skalieren

Wählen Sie das Werkzeug Skalieren 🔲 (`⇧`+`T`) aus. Achten Sie darauf, dass Sie bei den Werkzeugeinstellungen unter Transformation die erste Schaltfläche Ebene ❶ ausgewählt haben. Bei der Einstellung Beschneidung verwenden Sie den Wert Anpassen ❷. Optional setzen Sie das Häkchen vor Verhältnis beibehalten ❸. Bestätigen Sie die Skalierung mit der Schaltfläche Skalieren ❹.

▲ **Abbildung 20.10**
Eine rechteckige Auswahl

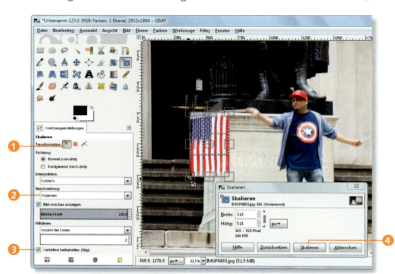

Abbildung 20.11 ▶
Auswahl skalieren

20.1 Pixelmaße ändern – absolute Auflösung

3 **Auswahl verankern**
Durch das Skalieren wurde eine schwebende Auswahl erzeugt. Öffnen Sie daher den EBENEN-Dialog (beispielsweise mit [Strg]/[Ctrl]+[L]), und klicken Sie auf das Ankersymbol **5**, um die schwebende Auswahl mit dem Bild darunter zusammenzufügen.

◄ **Abbildung 20.12**
Schwebende Auswahl verankern

Diese Art, einzelne Elemente zu skalieren, ist recht nützlich, um einzelne Objekte etwas mehr hervorzuheben.

▲ **Abbildung 20.13**
Links die Version mit dem Originalbild und rechts das Bild mit dem vergrößerten Bereich.

Skalierten Bereich verschieben | Da ja aus einem skalierten Auswahlbereich eine schwebende Auswahl erzeugt wird, können Sie diesen Bereich über den kleinen Mittelpunkt **6** (Abbildung 20.14) bei Bedarf auch mit gedrückter linker Maustaste verschieben.

Abbildung 20.14 ▶
Ein Auswahl, die skaliert wird, kann auch verschoben werden.

20.2 Druckgröße bestimmen – relative Auflösung

Die Grundlagen zur relativen Auflösung für den Druckbereich können Sie ab Seite 120 unter »Relative Auflösung für den Druck« nachlesen. In diesem Abschnitt geht es um den praktischen Teil; Sie erfahren, wie Sie die relative Auflösung ändern und wie Sie eine solche Auflösung auf dem Bildschirm zum Vergleich anzeigen.

Relative Auflösung für den Druck einstellen

Die relative Auflösung für den Druck können Sie theoretisch auch über den Menübefehl BILD • BILD SKALIEREN ändern, über den Sie auch die Pixelmaße bearbeiten können. Allerdings bietet GIMP hierfür einen eigenen und gerade für Einsteiger einfacheren und logischeren Dialog, den Sie über das Menü BILD • DRUCKGRÖSSE aufrufen.

Über HÖHE und BREITE ❶ stellen Sie den zu druckenden Bereich ein. Standardmäßig ist hier als Maßeinheit Millimeter (MM) vorgegeben. Über die Dropdown-Liste können Sie aber auch andere Einheiten (Zoll, Zentimeter usw.) einstellen. Wollen

20.2 Druckgröße bestimmen – relative Auflösung

Sie die Werte unabhängig voneinander ändern (also verzerren), müssen Sie das Kettensymbol ❸ hinter X-Auflösung/Y-Auflösung deaktivieren. Analog zu Höhe und/oder Breite ändert sich auch die X-Auflösung und Y-Auflösung ❷. Je höher Sie die Höhe und/oder Breite setzen, desto geringer wird die X-Auflösung/Y-Auflösung.

◀ **Abbildung 20.15**
Der Dialog zum Ändern der Druckgröße und -auflösung

Andersherum verläuft dies recht ähnlich: Verändern Sie die X-Auflösung oder Y-Auflösung, verändert sich automatisch auch die Höhe bzw. Breite. Je höher Sie die Auflösung setzen, desto kleiner wird die Druckgröße.

Druckgröße vs. Pixelgröße
Beachten Sie bitte bei allen drei Beispielen, dass hierbei nur die Druckgröße und Auflösung verändert wird. Die Pixelgröße der Bilder bleibt in allen drei Fällen dieselbe. Es ist wichtig, zu verstehen, und kann gar nicht oft genug erwähnt werden, dass die Druckgröße nicht mit der Pixelgröße gleichgesetzt werden darf.

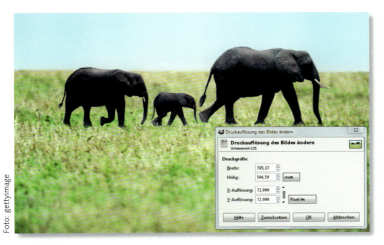

Foto: gettyimage

▲ **Abbildung 20.16**
Das Ausgangsbild mit einer Druckgröße von 765 × 506 Millimetern und einer Auflösung von 72 dpi. Die Ansicht wurde bei allen drei Beispielen auf Punkt für Punkt gestellt, womit die tatsächliche Druckgröße auf dem Bildschirm angezeigt wird.

479

Abbildung 20.17 ▶
Hier wurde die Druckgröße auf 1.500 × 993 Millimeter vergrößert. Allerdings wurde im Gegensatz dazu automatisch die Auflösung auf ca. 36 dpi verringert, wodurch das Bild pixeliger wurde.

Abbildung 20.18 ▶
Erhöhen Sie hingegen die Auflösung, wie hier beispielsweise auf 200 dpi, wird das Bild zwar schärfer, aber es verringert sich automatisch auch die Druckgröße (hier auf 275 × 182 Millimeter).

Druckgröße auf dem Bildschirm anzeigen (Punkt für Punkt)

Standardmäßig erfolgt bei GIMP die Ausgabe auf dem Bildschirm Pixel für Pixel (was bei GIMP »Punkt für Punkt« genannt wird). Wenn Sie hierbei ein Bild mit einer Zoomstufe von 100 % betrachten, entspricht jedes Pixel des Bildes einem Bildschirmpixel. Für die Bearbeitung von Fotos, Webgrafiken oder Icons ist diese Ansicht natürlich bestens geeignet. Wollen Sie aber wissen, wie es sich auf den Druck auswirkt, wenn Sie zum Beispiel die Auflösung verändert haben, dann müssen Sie diese Ansicht deaktivieren.

Die Ansicht PUNKT FÜR PUNKT schalten Sie über den Menübefehl ANSICHT • PUNKT FÜR PUNKT ein und wieder aus.

Bei den drei folgenden Fotos wurde dasselbe Bild mit den Pixelmaßen 3.118 × 2.234 verwendet, lediglich die Auflösung des Bildes wurde jeweils verändert. Damit Sie das im Buch auch besser erkennen können, habe ich die Größe des Bildfensters bei

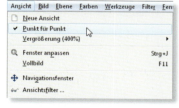

▲ **Abbildung 20.19**
Befindet sich ein Häkchen vor dem Menüeintrag PUNKT FÜR PUNKT, erfolgt die Bildschirmdarstellung nach Pixelmaßen. Ist diese Option deaktiviert, erfolgt die Darstellung in Druckgröße.

100%-Ansicht immer gleich gelassen. Die Option PUNKT FÜR PUNKT müssen Sie hierbei deaktivieren, weil wir ja die Druckgröße anzeigen lassen wollen.

◄ **Abbildung 20.20**
Hier hat das Bild eine Auflösung von 72 ppi. Für den Druck ist eine solche Auflösung zu groß, so dass nur ein Ausschnitt dargestellt wird.

◄ **Abbildung 20.21**
Dasselbe Bild jetzt mit einer Auflösung von 150 ppi und Dokumentenmaßen von nur noch 527 × 378 Millimetern

◄ **Abbildung 20.22**
Hier wurde das Bild an die für den Druck typische Auflösung von 300 ppi angepasst. Die Pixelmaße liegen nach wie vor bei 3.118 × 2.234, aber das Dokumentenmaß beträgt nur noch 263 × 189 Millimeter.

20.3 Leinwandgröße (Bildfläche) erweitern

Wollen Sie die Bildfläche (sichtbare Zeichenfläche) an einer oder allen vier Seiten eines Bildes vergrößern (oder auch verkleinern), ohne die Größe des Bildinhalts zu ändern, bietet Ihnen GIMP über den Menübefehl BILD • LEINWANDGRÖSSE einen entsprechenden Dialog an.

Leinwandgröße vs. Skalieren
Um Sie hier jetzt nicht zu verwirren, die Rede ist von der echten Bildfläche bzw. Leinwandgröße des Bildes in Pixel. Über den Dialog LEINWANDGRÖSSE ist es möglich, diese Fläche zu erweitern (oder auch zu verkleinern). Setzen Sie dies also bitte nicht mit BILD SKALIEREN gleich, wo Sie die Bildgröße verändern.

▲ Abbildung 20.23
Der Dialog zum Ändern der Leinwandgröße

Logische Auflösung
Unabhängig davon, welche Maßeinheit ❺ Sie einstellen, ändert sich die absolute Auflösung des Bildes auch nach der Vergrößerung oder Verkleinerung der Leinwandgröße nicht. Zur Kontrolle finden Sie daher unterhalb der Eingabefelder ❻ HÖHE und BREITE die künftige Größe in PIXEL und die logische Auflösung in PPI.

Über die Eigenschaften BREITE und HÖHE ❶ geben Sie die gewünschte Leinwandgröße (Bildschirmfläche) ein. Im Dropdown-Menü ❺ neben HÖHE können Sie eine andere Maßeinheit einstellen. Standardmäßig wird hier Pixel (PX) verwendet. Solange das Kettensymbol ❹ zwischen HÖHE und BREITE verknüpft (geschlossen) ist, bleibt das Seitenverhältnis beim Ändern der Größe erhalten. Durch ein Anklicken des Kettensymbols können Sie diese Verknüpfung aufheben.

Mit dem VERSATZ in Richtung X und Y ❷ geben Sie die Position bzw. die Anordnung des aktuellen Bildes auf der neuen Bildfläche an. Der Nullpunkt liegt dabei an der linken oberen Ecke. Außer mit den Eingabefeldern können Sie den Versatz unter anderem

20.3 Leinwandgröße (Bildfläche) erweitern

auch durch Anklicken und Ziehen des Vorschaubildes ❽ festlegen. Sehr nützlich ist hierbei auch die Schaltfläche ZENTRIEREN ❼, mit der das Bild horizontal und vertikal zur neuen Leinwandgröße mittig angeordnet wird.

Im Bereich EBENEN legen Sie über das Dropdown-Menü EBENENGRÖSSE ÄNDERN ❸ fest, welche Ebene angepasst wird (falls Sie mehrere Ebenen verwenden). Folgende Einstellungen können Sie hierbei auswählen:

▶ KEINE (Standardeinstellung): Hier wird keine besondere Ebene verändert, sondern nur die Leinwand.
▶ ALLE EBENEN: Diese Option erweitert oder reduziert alle Ebenen auf die Leinwandgröße.
▶ EBENEN IN BILDGRÖSSE: Hier werden nur die Ebenen auf die Leinwandgröße erweitert oder reduziert, die dieselbe Größe wie das Bild haben.
▶ ALLE SICHTBAREN EBENEN: Es werden nur die eingeblendeten Ebenen auf die Leinwandgröße erweitert oder reduziert, die mit dem Augensymbol im EBENEN-Dialog markiert sind.
▶ ALLE VERKNÜPFTEN EBENEN: Hierbei werden all die verknüpften Ebenen auf die Leinwandgröße erweitert oder reduziert, die im EBENEN-Dialog mit dem Kettensymbol markiert sind.

Beispiele in der Praxis

Im Folgenden will ich Ihnen einige Beispiele zeigen, wie Sie die Bildfläche über die Funktion LEINWANDGRÖSSE ändern.

Zum Weiterlesen
Mehr Informationen zu den Ebenen erhalten Sie in Teil V des Buches.

Bild zusammenfügen
Wenn Sie auf die Schaltfläche GRÖSSE ÄNDERN ❾ klicken und nicht auf den hinzugefügten Bereich zugreifen können, dann sollten Sie das Bild mit BILD • BILD ZUSAMMENFÜGEN bearbeiten. Damit wird der neue Bereich mit dem Bild zu einer Ebene zusammengefasst. Das Gleiche können Sie auch mit einer einzelnen Ebene über EBENE • EBENE AUF BILDGRÖSSE durchführen.

Der hinzugefügte Bereich im Bild wird immer mit der eingestellten Hintergrundfarbe gefüllt.

Hubschrauber.tif

◀ **Abbildung 20.24**
Das Originalbild mit den Maßen 2.126 × 1.444 Pixel

▲ **Abbildung 20.25**
Hier wurde das Kettensymbol deaktiviert und nur die Höhe des Bildes erweitert, wodurch ein typischer Filmbalken entstand. Um die Balken sauber mittig zu setzen, wurde das Bild mit der Schaltfläche Zentrieren versetzt. Damit die schwarz eingestellte Hintergrundfarbe auch gleich angezeigt wird, wurde die Option von Ebenengrösse ändern auf Alle Ebenen gestellt.

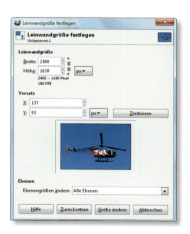

▲ **Abbildung 20.26**
In diesem Beispiel wurde eine zusätzliche Arbeitsfläche in Höhe und Breite mit einer roten Farbe hinzugefügt. Der so entstandene Bilderrahmen wurde zudem zentriert.

20.3 Leinwandgröße (Bildfläche) erweitern

 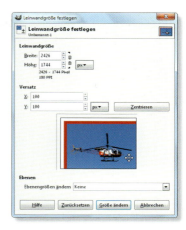

▲ **Abbildung 20.27**
Diesmal wurde die Bildfläche links oben dreimal um jeweils 100 Pixel erweitert. Über das Vorschaubild wurde der VERSATZ durch Ziehen nach rechts unten gezogen.

 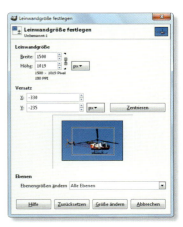

▲ **Abbildung 20.28**
Hier erfolgte ein rechteckiger Zuschnitt. Den Bereich, der zugeschnitten werden soll, müssen Sie in der Bildervorschau anpassen. In der Praxis ist hierfür allerdings das ZUSCHNEIDEN-Werkzeug besser geeignet.

Kapitel 21
Bilder ausrichten

Wie es sich für ein perfektes Bildbearbeitungsprogramm gehört, bietet auch GIMP verschiedene Funktionen und Werkzeuge an, um Bilder horizontal und vertikal auszurichten.

21.1 Perspektive korrigieren (Transformation)

Insgesamt liefert Ihnen GIMP acht sogenannte Transformationswerkzeuge, von denen Sie bereits die Werkzeuge AUSRICHTEN, VERSCHIEBEN und ZUSCHNEIDEN näher kennengelernt haben.

Im Gegensatz zu den Malwerkzeugen, wo Eigenschaften wie Farbe und Transparenz eines Pixels bearbeitet werden, werden mit den Transformationswerkzeugen Pixel verschoben. Natürlich auch mit den Nebenwirkungen, dass hierbei Pixel gelöscht oder hinzugefügt werden.

Werkzeugeinstellungen der Transformationswerkzeuge

Die meisten Transformationswerkzeuge, wie DREHEN, SKALIEREN, SCHEREN und PERSPEKTIVE, haben dieselben Werkzeugeinstellungen, weshalb diese hier in einem Abschnitt zusammengefasst werden. Optionen, die nur für ein spezielles Werkzeug zur Verfügung stehen, werden dort beschrieben, wo das jeweilige Werkzeug vorgestellt wird.

▲ **Abbildung 21.1**
Die Transformationswerkzeuge lassen sich neben dem Werkzeugkasten auch über das Menü WERKZEUGE • TRANSFORMATIONEN aufrufen. Auf KÄFIG-TRANSFORMATION gehen wir auf Seite 508 unter »Das Käfig-Transformationwerkzeug« näher ein.

▲ **Abbildung 21.2**
Diese Werkzeugeinstellungen sind beim DREHEN-, SKALIEREN-, SCHEREN- und PERSPEKTIVE-Werkzeug vorhanden.

▲ **Abbildung 21.3**
Das Ausgangsbild, mit dem die beiden Optionen NORMAL (VORWÄRTS) und KORRIGIEREND (RÜCKWÄRTS) demonstriert werden

Transformation | Im Bereich TRANSFORMATION stehen Ihnen drei Schaltflächen ❶ zur Verfügung, mit denen Sie einstellen, auf welchen Bereich die Transformation angewendet werden soll:

▶ 🖼: Klicken Sie diese Schaltfläche an, beziehen Sie alle Arbeiten auf die Auswahlen der aktuellen Ebene. Gibt es keine Auswahl, wird die gesamte Ebene transformiert.

▶ 🟥: Verwenden Sie diese Schaltfläche, bezieht sich das aktive Werkzeug nur auf die Auswahl selbst – genauer, auf die schwarz-weiße Umrisslinie der Auswahl. Der Bildinhalt bleibt, im Gegensatz zu 🖼, unberührt. Gibt es im Bild keine Auswahl, wirkt das Werkzeug auf die ganze Ebene (aber nach wie vor, ohne den Inhalt zu verändern).

▶ ✒: Wenn Sie diese Schaltfläche aktivieren, können Sie nur Pfade transformieren.

Richtung | Im Bereich RICHTUNG ❷ stellen Sie mit den beiden Optionen NORMAL (VORWÄRTS) und KORRIGIEREND (RÜCKWÄRTS) ein, wie das Bild, einzelne Ebenen, Auswahlen oder Pfade transformiert werden sollen.

Die Option NORMAL (VORWÄRTS) arbeitet erwartungsgemäß: Wenn Sie damit ein Bild mit Hilfe der Griffpunkte transformieren und diese Transformation ausführen, wird das Bild transformiert. Ob Sie von der Transformation eine Bildvorschau sehen oder nur die eingestellten HILFSLINIEN ❹ alleine, hängt davon ab, ob Sie ein Häkchen vor BILDVORSCHAU ANZEIGEN ❸ gesetzt haben.

▲ **Abbildung 21.4**
Diese Ebene wird gerade mit dem DREHEN-Werkzeug und der Option NORMAL (VORWÄRTS) um –15° gedreht. Das hier eine Vorschau zu sehen ist, ist dem Häkchen vor BILDVORSCHAU ANZEIGEN ❸ zu verdanken.

▲ **Abbildung 21.5**
Das Ergebnis nach der Drehung, wie man es erwartet hätte (und nach dem Befehl BILD • LEINWAND AN EBENEN ANPASSEN, um die komplette Ebene anzuzeigen)

Die zweite Option, KORRIGIEREND (RÜCKWÄRTS), ist zunächst etwas verwirrend und eignet sich eher, wenn Sie das Raster, oder

21.1 Perspektive korrigieren (Transformation)

genauer die eingestellten HILFSLINIEN ❹, als Vorschau für die Transformierung verwenden, um Bilder zu korrigieren, die nicht korrekt ausgerichtet sind. Praktischerweise können Sie hierzu über den darunterliegenden Schieberegler ❻ die Anzahl oder auch den Abstand der Rasterlinien anpassen. Alternativ können Sie aber auch bei den HILFSLINIEN dieselben Optionen wie beim ZUSCHNEIDEN-Werkzeug verwenden ❺ (beispielsweise GOLDENER SCHNITT, DRITTELREGEL usw.).

Scans und Bilder ausrichten
Die Option KORRIGIEREND (RÜCKWÄRTS) ist nützlich, um Scans und Bilder zu korrigieren, die schief eingescannt bzw. aufgenommen wurden.

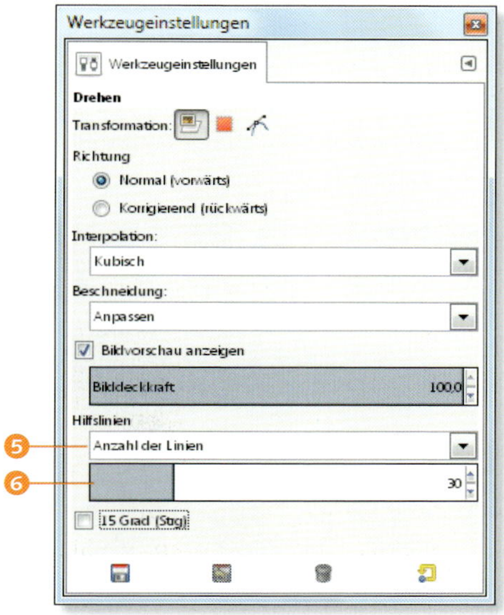

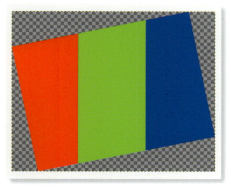

◀ **Abbildung 21.6**
Um die Option KORRIGIEREND (RÜCKWÄRTS) sinnvoll zu verwenden, müssen Sie ein paar Vorkehrungen bei den Werkzeugeinstellungen treffen.

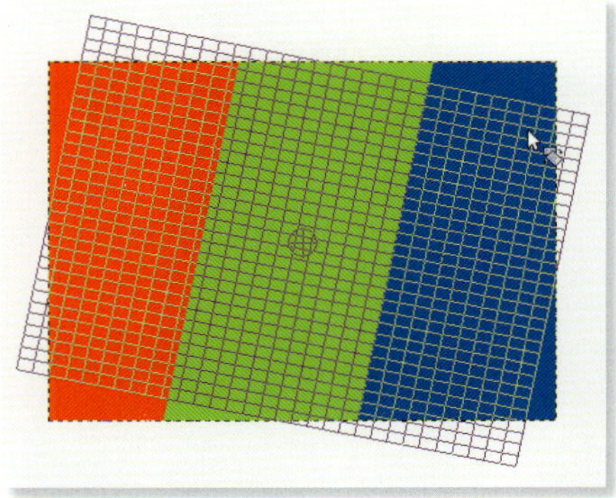

▲ **Abbildung 21.7**
Diese Ebene wird nochmals mit dem DREHEN-Werkzeug gedreht, aber diesmal mit der Option KORRIGIEREND (RÜCKWÄRTS). Zuvor wurden noch die entsprechenden Einstellungen beim DREHEN-Werkzeug vorgenommen. Hierbei wird das Raster an den schrägen Linien des Bildes ausgerichtet und damit vorgegeben, was später im Bild gerade sein soll …

▲ **Abbildung 21.8**
…wodurch die senkrechten Linien nach der Drehung recht ordentlich ausgerichtet wurden.

Interpolation | Mit der INTERPOLATION legen Sie die Qualität der Transformierung, genauer die Interpolationsmethode, fest. Die einzelnen Methoden wie KEINE, LINEAR, KUBISCH und SINC (LANCZOS3) wurden bereits auf Seite 471, »Pixelmaße ändern über ›Bild skalieren‹«, ausführlich beschrieben.

Beschneidung | Über die BESCHNEIDUNG geben Sie an, wie das Element nach der Transformierung zugeschnitten werden soll. Hierbei können Sie zwischen folgenden Methoden wählen:

- ANPASSEN: Damit wird die Ebenengröße auf den kompletten Inhalt angepasst, damit alles hineinpasst. Allerdings müssen Sie die Leinwandgröße anschließend noch selbst über BILD • LEINWAND AN EBENEN ANPASSEN ändern, wenn Sie das gesamte Bild sehen wollen.

Abbildung 21.9 ▶
Das Bild wurde mit der Option ANPASSEN mit dem Werkzeug SCHEREN in eine Trapezform gebracht. Dass die Ebene größer als die Leinwand ist, erkennen Sie an den weißen Rändern des gelbschwarzen Umrisses.

Abbildung 21.10 ▶
Das Gleiche nochmals, nur wurde hier noch der Befehl LEINWAND AN EBENEN ANPASSEN verwendet, womit die komplette Ebene sichtbar wird.

- BESCHNEIDEN: Die Ebenengröße ändert sich hiermit nicht, sondern der transformierte Inhalt wird an den überstehenden Ecken beschnitten.

21.1 Perspektive korrigieren (Transformation)

◄ **Abbildung 21.11**
Hier wurde die Ebene mit der Option BESCHNEIDEN mit dem DREHEN-Werkzeug gedreht, wodurch die Ecken des Bildes beschnitten wurden.

▶ AUF ERGEBNIS BESCHNEIDEN: Hierbei handelt es sich um das Gegenstück zu ANPASSEN. Eine Transformation mit dieser Option beschneidet die leeren Bereiche an den Kanten.

◄ **Abbildung 21.12**
Hier wurde die Option AUF ERGEBNIS BESCHNEIDEN mit dem SCHEREN-Werkzeug angewendet. Im Gegensatz zur Option ANPASSEN wurde hier nicht das Bild um die überstehenden Ecken erweitert, sondern anhand der leeren Bereiche beschnitten.

▶ AUF SEITENVERHÄLTNIS BESCHNEIDEN: Dabei handelt es sich um eine weitere Form des Befehls AUF ERGEBNIS BESCHNEIDEN, nur dass hiermit das Seitenverhältnis von Höhe und Breite der Ebenen nicht verändert wird.

Vorschau | Wenn Sie ein Häkchen vor BILDVORSCHAU ANZEIGEN ❶ setzen, wird die Transformation auch direkt im Bildfenster angezeigt. Natürlich belastet diese Option den Rechner mehr. Wenn Sie ein Häkchen vor BILDVORSCHAU ANZEIGEN gesetzt haben, können Sie zusätzlich noch über den Schieberegler BILDDECKKRAFT ❷ festlegen, mit welcher Deckkraft die Transformation über dem Originalbild angezeigt werden soll. Standardmäßig wird hier mit dem Wert 100 die volle Deckkraft verwendet. Je niedriger dieser Wert ist, desto mehr scheint das Originalbild darunter hervor.

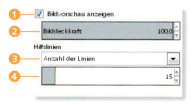

Abbildung 21.13 ▲
Bildvorschau und Hilfslinien bei der Transformation einstellen

▲ Abbildung 21.14
Hier ist das PERSPEKTIVE-Werkzeug im Einsatz, und es wurde die Option BILDVORSCHAU ANZEIGEN ❶ aktiviert.

▲ Abbildung 21.15
Dasselbe nochmals, nur wurde hier die Option BILDVORSCHAU ANZEIGEN ❶ deaktiviert.

Egal, ob Sie nun ein Häkchen vor BILDVORSCHAU ANZEIGEN gesetzt haben oder nicht, die ausgewählten HILFSLINIEN ❸ werden immer bei der Transformation angezeigt. Standardmäßig ist hier die Option ANZAHL DER LINIEN aktiviert. Die entsprechende Anzahl können Sie dann selbstverständlich im Schieberegler ❹ darunter noch anpassen.

Neben der Anzahl der Linien finden Sie hier noch viele weitere Optionen vor, die Sie zum Teil vom ZUSCHNEIDEN-Werkzeug her kennen.

▲ Abbildung 21.16
Verschiedene HILFSLINIEN ❸ stehen Ihnen zur Auswahl.

▲ Abbildung 21.17
Hier wurde GOLDENER SCHNITT als HILFSLINIE mit aktiver Bildvorschau verwendet.

▲ Abbildung 21.18
Hier wurde für HILFSLINIEN ein LINIENABSTAND von gleichmäßigen 128 Pixel verwendet.

Da Sie jetzt die allgemeinen Werkzeugoptionen der Transformationswerkzeuge DREHEN, SKALIEREN, SCHEREN und PERSPEKTIVE kennen, möchte ich noch ein wenig auf die einzelnen Werkzeuge eingehen.

21.1 Perspektive korrigieren (Transformation)

Drehen

Mit dem Werkzeug DREHEN 🌀 (⇧+R) können Sie eine Ebene, eine Auswahl oder einen Pfad drehen. Das Werkzeug wird gerne zum Ausrichten von Bildern verwendet, um beispielsweise den Horizont zu begradigen. Wir werden das Werkzeug in Abschnitt 21.2, »Bilder gerade ausrichten mit dem Drehen-Werkzeug«, ausführlich kennenlernen.

Scheren

Mit dem Werkzeug SCHEREN 🔲 (⇧+S) können Sie Ebenen, Auswahlen oder Pfade scheren. Beim Scheren wird das Bild in eine Richtung geneigt, wodurch ein Trapez entsteht. Wenn Sie mit dem Werkzeug in das Bildfenster klicken, erscheint auch hier wieder ein Dialogfenster, über das Sie die Scherneigung für X ❹ (horizontale Verschiebung) oder Y ❺ (vertikale Verschiebung) eingeben und mit der Schaltfläche SCHEREN ❻ die Transformation durchführen. Natürlich können Sie die Scherung auch mit gedrückter linker Maustaste im Bildfenster ausführen. Die restlichen Werkzeugeinstellungen entsprechen wieder exakt den Beschreibungen ab Seite 487 unter »Werkzeugeinstellungen der Transformationswerkzeuge«.

Scherung nur in eine Richtung
Es ist nicht möglich, eine Scherung in die Richtungen X und Y gleichzeitig durchzuführen. Hierfür müssen Sie das Werkzeug zweimal verwenden.

◄ **Abbildung 21.19**
Das Informationsfenster wird während des Scherens angezeigt. Hier können Sie auch manuell Werte eingeben. Ausgeführt wird die Scherung mit der Schaltfläche SCHEREN.

◄ **Abbildung 21.20**
Das SCHEREN-Werkzeug bei der Ausführung

Perspektive

Mit dem Werkzeug PERSPEKTIVE ![] ([⇧]+[P]) verzerren Sie Ebenen, Auswahlen oder Pfade. Klicken Sie mit aktivem Werkzeug auf die Ebene, Auswahl oder den Pfad, erscheint, abhängig von der Werkzeugeinstellung VORSCHAU, ein Umriss oder Gitter mit vier Griffpunkten um die Auswahl oder die ganze Ebene herum. Anhand dieser Griffpunkte können Sie das Bild jetzt mit gedrückter linker Maustaste verzerren. Wie auch bei den anderen Werkzeugen erscheint hier ein Dialogfenster mit den Informationen zur Verzerrung (in diesem Fall eine Transformationsmatrix). Wenn Sie mit dem Verzerren der Perspektive fertig sind, klicken Sie die Schaltfläche TRANSFORMATION ❶ an, um die Manipulation durchzuführen. Wir werden das Werkzeug auf Seite 502, »Verzerren mit dem PERSPEKTIVE-Werkzeug«, noch näher kennenlernen.

Die Werkzeugeinstellungen entsprechen wieder exakt den Beschreibungen aus Abschnitt 21.1, »Werkzeugeinstellungen der Transformationswerkzeuge«.

Transformationsmatrix
In den drei Zeilen des PERSPEKTIVE-Dialogs wird eine Matrix aus drei Zeilen und drei Spalten angezeigt. Ich denke mir aber, Sie werden Verständnis dafür haben, dass in einem solchen Buch jetzt keine mathematischen Vorträge zu einer 3×3-Faltungsmatrix folgen.

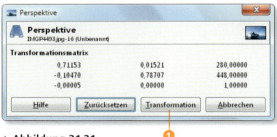

▲ **Abbildung 21.21**
Dialog zur Information der Perspektivenverzerrung (genannt TRANSFORMATIONSMATRIX)

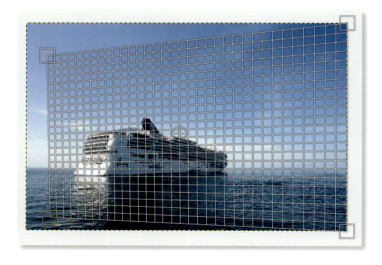

Abbildung 21.22 ▶
Das PERSPEKTIVE-Werkzeug im Einsatz

Spiegeln

Das Werkzeug SPIEGELN (⇧+F; »f« für *flip*) dient dazu, eine Ebene, Auswahl oder einen Pfad horizontal zu spiegeln. Die Anwendung ist relativ einfach: Klicken Sie einfach mit dem aktiven Werkzeug in das Bild, und abhängig von der Werkzeugeinstellung RICHTUNG ❸ – die entweder HORIZONTAL oder VERTIKAL eingestellt ist – wenden Sie die Transformation auf Ebenen, Auswahlen und Pfade an (abhängig von WIRKT AUF ❷). Alternativ wechseln Sie zur jeweils anderen Richtung, indem Sie während der Verwendung des Werkzeugs die Strg/Ctrl-Taste gedrückt halten.

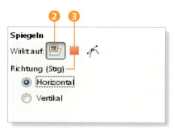

▲ **Abbildung 21.23**
Werkzeugeinstellungen für das SPIEGELN-Werkzeug

◂◂ **Abbildung 21.24**
Bild horizontal gespiegelt. Sie erkennen es am spiegelverkehrten Text.

◂ **Abbildung 21.25**
Hier wurde das Bild vertikal gespiegelt. Das kann recht nützlich sein, wenn man eine Wasserspiegelung oder einen Schatten auf einer neuen Ebene erzeugen will.

Skalieren

Mit dem Werkzeug SKALIEREN (⇧+T) verändern Sie die Größe einer Ebene, einer Auswahl oder eines Pfades. Im Buch wurde das Werkzeug bereits auf Seite 475, »Pixelmaße ändern mit dem Werkzeug ›Skalieren‹«, ausführlich beschrieben.

21.2 Bilder gerade ausrichten mit dem Drehen-Werkzeug

Ein Bild gerade auszurichten ist ein häufiger Arbeitsschritt in der digitalen Bildbearbeitung. Denn nicht immer gelingt es, die Kamera gerade zu halten. Für solche und weitere Zwecke bietet GIMP das DREHEN-Werkzeug (Tastenkürzel ⇧+R) an, mit dem Sie Bilder, Ebenen, Auswahlen und Pfade beliebig drehen.

Kapitel 21 Bilder ausrichten

Werkzeug anwenden | Wenn Sie das Werkzeug ausgewählt haben und in das Bild, die Ebene, die Auswahl oder den Pfad klicken, erscheint ein Dialog mit den Drehinformationen. Darin stellen Sie über ein Zahlenfeld ❶ oder den Schieberegler ❷ den WINKEL ein, um den Sie das Bild drehen wollen. Mit den beiden Zahlenwerten ❸ ZENTRUM X und ZENTRUM Y legen Sie den Mittelpunkt ❹ im Bild fest, um den gedreht werden soll.

Abbildung 21.26 ▸
Der Dialog mit den Drehinformationen

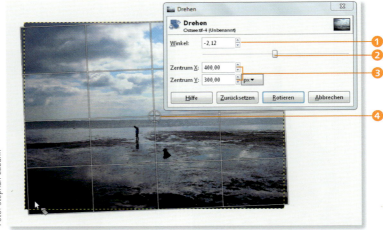

Natürlich können Sie ein Bild auch ohne den Dialog drehen, indem Sie im Bild mit gedrückter linker Maustaste ziehen. Auch den Rotationspunkt ❹ in der Mitte können Sie hier mit gedrückter Maustaste verschieben.

Werkzeugeinstellungen | Die mit den übrigen Transformationswerkzeugen identischen Werkzeugeinstellungen werden auf Seite 487, »Werkzeugeinstellungen der Transformationswerkzeuge« beschrieben. Nur die Einstellung 15 GRAD (STRG) ❺ ist eine spezielle Option des DREHEN-Werkzeugs. Damit schränken Sie die Rotation auf 15°-Schritte ein. Dasselbe erreichen Sie auch, wenn Sie mit gedrückter linker Maustaste das Bild drehen und dabei die ⌈Strg⌉/⌈Ctrl⌉-Taste drücken.

▴ **Abbildung 21.27**
Die Werkzeugeinstellungen des DREHEN-Werkzeugs

Ostsee.jpg

Schritt für Schritt:
Horizont gerade ausrichten

Häufig ist der Horizont im Bild nicht ganz gerade. Was unser Auge automatisch ausgleichen kann, schafft die Kamera leider nicht. Zum Glück bietet GIMP aber auch hier die geeigneten Werkzeuge.

21.2 Bilder gerade ausrichten mit dem Drehen-Werkzeug

1 Bild messen

Laden Sie das Bild in GIMP, wählen Sie das MASSBAND (⇧+M), und aktivieren Sie die Werkzeugeinstellung INFO-FENSTER VERWENDEN. Suchen Sie jetzt im Bild auf der linken Seite am Ende des Horizonts zwischen Himmel und Meer einen Punkt ❻, ziehen Sie die Maus mit gedrückter linker Maustaste auf die rechte Seite, und wählen Sie dort auch einen Punkt ❽ am Ende des Horizonts zwischen Himmel und Meer. Die Angaben unter WINKEL ❼ im Info-Fenster (oder in der Statusleiste) ist der Wert, den wir benötigen (hier 1,40°).

Raster verwenden

Anstatt den Winkel mit dem MASSBAND zu messen, können Sie auch die Werkzeugeinstellung VORSCHAU des DREHEN-Werkzeugs auf RASTER stellen und das Bild anhand des Rasters ausrichten.

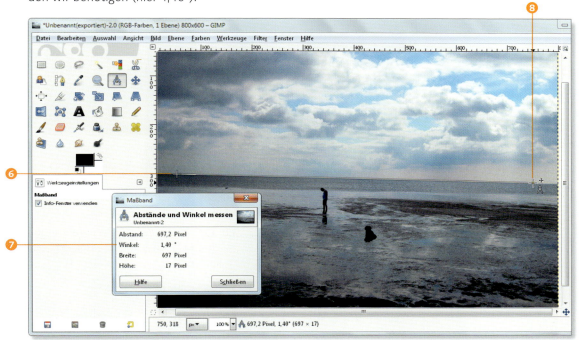

▲ **Abbildung 21.28**
Schieflage des Bildes messen

2 Bild gerade ausrichten

Verwenden Sie jetzt das DREHEN-Werkzeug (⇧+R), und stellen Sie bei den Werkzeugeinstellungen unter BESCHNEIDUNG ❶ (Abbildung 21.29) den Wert auf BESCHNEIDEN, damit das Bild auch gleich automatisch beschnitten wird. Alternativ können Sie natürlich das Bild auch nachträglich mit dem ZUSCHNEIDEN-Werkzeug beschneiden. Klicken Sie jetzt mit dem Werkzeug in das Bild, und geben Sie den in Schritt 1 ermittelten WINKEL im gleichnamigen Zahlenfeld ❷ ein (im Beispiel »–1,40«). Bestätigen Sie den Dialog mit ROTIEREN ❸.

Kapitel 21 Bilder ausrichten

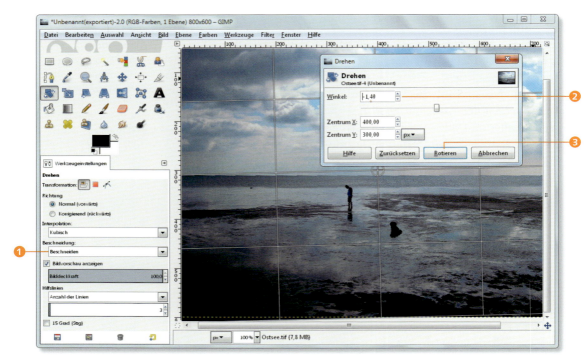

Abbildung 21.29 ▲
Bild gerade ausrichten

Nach der Korrektur haben Sie das Bild exakt horizontal begradigt und automatisch in Form gebracht.

▲ **Abbildung 21.30**
Links die Originalversion und rechts das mit dem Drehen-Werkzeug gerade ausgerichtete Bild

Befehle zum Drehen von Bildern

Neben den Transformationswerkzeugen bietet GIMP natürlich auch einfache Befehle zum Drehen von Bildern an. Sie erreichen diese Befehle über das Menü Bild • Transformation.

Hier finden Sie mit HORIZONTAL SPIEGELN und VERTIKAL SPIEGELN auch zwei Möglichkeiten, das komplette Bild zu spiegeln. Beachten Sie allerdings, dass mit diesen Befehlen alle Ebenen entsprechend gespiegelt werden. Wollen Sie nur die aktive Ebene spiegeln, finden Sie dieselben Befehle auch im Menü EBENE • TRANSFORMATION wieder; allerdings berücksichtigen diese Befehle wiederum keine Auswahlen und Pfade. Wollen Sie nur die aktuelle Ebene, Auswahl oder einen Pfad spiegeln, sollten Sie daher auf das Werkzeug SPIEGELN ([⇧]+[F]) zurückgreifen.

Mit den klassischen Befehlen UM 90° IM UHRZEIGERSINN DREHEN, UM 90° GEGEN DEN UHRZEIGERSINN DREHEN und UM 180° DREHEN rotieren Sie das Bild entsprechend. Diese Befehle werden häufig verwendet, wenn Sie beispielsweise mit einer Digitalkamera vertikal fotografiert haben und das Bild auf der Seite steht.

▲ **Abbildung 21.31**
Einfache Befehle zum Transformieren von Bildern

21.3 Objektivfehler korrigieren

Einen nützlichen Filter, der auch sehr gut zur Beschreibung von Transformation passt, finden Sie über FILTER • VERZERREN • OBJEKTIVFEHLER. Mit Hilfe des Filters können Sie typische Verzerrungen korrigieren oder absichtlich ins Bild einfügen, die gewöhnlich durch Objektivfehler auftreten.

Kissen- und tonnenförmige Verzerrung

Wollen Sie kissen- oder tonnenförmige Verzerrungen in einem Bild korrigieren oder hinzufügen, verwenden Sie den Regler BILD ❶. Mit diesem Regler korrigieren Sie Verzerrungen des Bildes aus der Mitte heraus. Tonnenverzerrungen (siehe Abbildung 21.34) beheben Sie, indem Sie den Regler nach links zu den negativen Werten ziehen. Dadurch erhalten Sie ein konvexes Bild. Das Gegenteil von Tonnenverzerrung ist eine Kissenverzerrung (siehe Abbildung 21.33), die Sie berichtigen, indem Sie den Regler nach rechts in den positiven Bereich ziehen, wodurch ein konkaves Bild entsteht.

▲ **Abbildung 21.32**
Kissenverzerrung

Verzeichnung (Kanten)

Genauso wie der Regler BILD funktioniert auch der Regler KANTEN ❷, nur dass Sie hiermit nicht die Verzeichnungen aus der Mitte heraus, sondern von den Kanten her ändern. So erzeugen Sie beispielsweise einen Fisheye-Effekt.

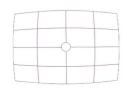

▲ **Abbildung 21.33**
Tonnenverzerrung

Abbildung 21.34 ►
Der Dialog OBJEKTIVFEHLER

▲ Abbildung 21.35
Der nach links gezogene Regler VIGNETTIERUNG verstärkt die Vignettierung.

▲ Abbildung 21.36
Der Regler VIGNETTIERUNG wurde nach rechts gezogen und so die Abdunklung vermindert, in dem Fall gar das Bild aufgehellt.

Vergrößerung

Mit dem Regler VERGRÖSSERUNG ❸ erzielen Sie eine Bildvergrößerung oder -verkleinerung, als würde man durch eine hypothetische Linse schauen.

Vignettierung

Vignettierungen ❹ sind zu dunkle Ränder – Objektivfehler, die entstehen, wenn man die falsche Blendeneinstellung verwendet. Allerdings wird dies häufig absichtlich gemacht, um einen unscharfen Hintergrund zu erhalten, was gerade bei Porträtaufnahmen häufig gewünscht wird. Vignettierungen werden aber auch gerne als Stilmittel zu Bildern hinzugefügt. Verschieben Sie den Regler VIGNETTIERUNG nach links (negativer Wert; siehe Abbildung 21.35), erhöhen Sie die Abdunklung. Schieben Sie den Regler nach rechts (positive Werte; siehe Abbildung 21.36), vermindern Sie die Abdunklung. Den Effekt können Sie allerdings nur sehen, wenn der Regler BILD ❶ oder KANTEN ❷ nicht auf null steht.

X-Verschiebung und Y-Verschiebung

Mit den beiden Eigenschaften X-VERSCHIEBUNG und Y-VERSCHIEBUNG ❺ können Sie das Bild entlang der X- und Y-Achse verschieben. Solche Verschiebungen entstehen mit Objektiven, bei denen

21.3 Objektivfehler korrigieren

die Linsen nicht exakt zentriert sind. Wie auch bei der VIGNETTIERUNG ❹ sehen Sie hier erst einen Effekt, wenn die Werte von BILD ❶ oder KANTEN ❷ ungleich null sind.

Stürzende Linien

In Abbildung 21.38 wurde der Dialog OBJEKTIVFEHLER auf die stürzenden Linien angewendet, die gewöhnlich entstehen, wenn man hohe Gebäude von unten nach oben fotografiert. Zwar war diese Perspektive in diesem Bild so erwünscht, trotzdem ist es ein gutes Beispiel für eine solche Objektivkorrektur.

▲ **Abbildung 21.37**
Beispiel einer Y-VERSCHIEBUNG um den Wert 100

Historisches Museum.jpg

◀ **Abbildung 21.38**
Auch stürzende Linien lassen sich mit dem Filter verbessern.

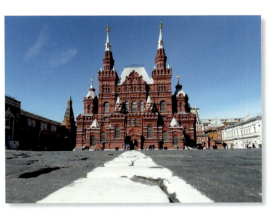

Foto: Jürgen Wolf

▲ **Abbildung 21.39**
Links das Ausgangsbild, rechts das Bild nach der Korrektur mit dem Dialog OBJEKTIVFEHLER

501

Das Ergebnis hängt allerdings auch davon ab, wie stark die stürzenden Linien vorhanden sind. Ab einem gewissen Grad wird es schwer, die Verzerrung noch über den Dialog OBJEKTIVFEHLER zu beheben. In solch einem Fall könnten Sie es mit dem PERSPEKTIVE-Werkzeug probieren, das im nächsten Abschnitt eingesetzt werden soll.

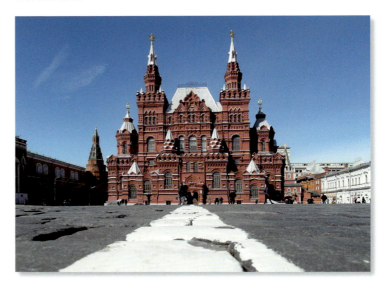

Abbildung 21.40 ▶
Zur Demonstration das Ergebnis nach der Bearbeitung mit dem PERSPEKTIVE-Werkzeug. Das Bild wirkt nicht mehr so stark verzerrt.

Gardes_de_la_flamme.jpg

21.4 Bild durch Verzerren korrigieren

Im Abschnitt zuvor haben Sie das Werkzeug OBJEKTIVFEHLER kennengelernt, mit dem Sie auch Kameraverzerrungen korrigieren können. Allerdings klappt dies mit diesem Dialog nicht immer gleich gut.

Verzerren mit dem Perspektive-Werkzeug

Als Alternative, um beispielsweise stürzende Linien zu korrigieren, würde sich das PERSPEKTIVE-Werkzeug 🔺 (⇧+P) empfehlen.

Schritt für Schritt:
Perspektive durch Verzerren anpassen

1 Raster einblenden
Öffnen Sie das Bild in GIMP, und blenden Sie das Raster über ANSICHT • RASTER ANZEIGEN ein. Wie Sie das Raster verändern kön-

21.4 Bild durch Verzerren korrigieren

nen, wurde auf Seite 111, »Raster einstellen und verwenden«, beschrieben.

2 Bildansicht anpassen

Passen Sie als Nächstes die Bildansicht an. Bedenken Sie, dass Sie durch eine Transformation gegebenenfalls mehr Platz benötigen, um eine Verzerrung in die Höhe und Breite durchzuführen. In diesem Beispiel habe ich die Zoomstufe auf 12,5 % ❶ gestellt. Das hängt allerdings natürlich auch von der Bildschirmauflösung ab, die Sie verwenden.

▼ **Abbildung 21.41**
Das Bild wird für die Verzerrung vorbereitet.

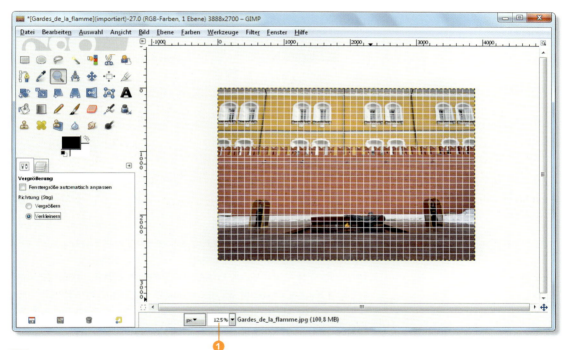

3 Perspektive verzerren

Wählen Sie das PERSPEKTIVE-Werkzeug ([⇧]+[P]) aus dem Werkzeugkasten aus. Stellen Sie bei den Werkzeugeinstellungen die BESCHNEIDUNG auf den Wert BESCHNEIDEN ❷ (Abbildung 21.42). Die restlichen Einstellungen belassen Sie, wie sie sind. Klicken Sie mit dem Werkzeug in das Bild, und ziehen Sie den linken oberen Anfasser nach links ❸, bis sich die Regenrinne parallel zum Raster befindet. Passen Sie dann den rechten oberen Anfasser ❹ an, indem Sie die andere Regenrinne parallel zum Raster setzen. Im Beispiel wurde dieser Anfasser nach rechts gezogen. Eventuell werden Sie den einen oder anderen Anfasser noch etwas öfter anpassen müssen. Sind Sie mit der Verzerrung zufrieden, klicken Sie auf die Schaltfläche TRANSFORMATION ❺.

Kapitel 21 Bilder ausrichten

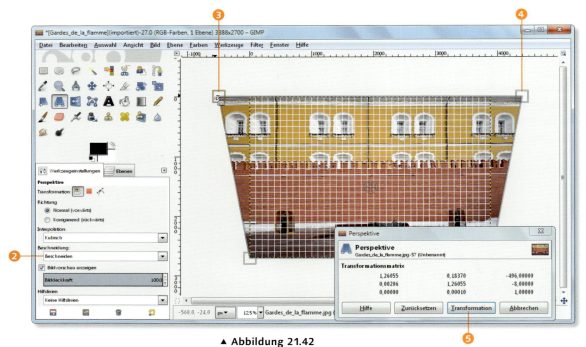

▲ **Abbildung 21.42**
Mit Hilfe des Rasters lässt sich das Bild beim Ändern der Perspektive ziemlich genau verzerren.

4 Bild skalieren

Da das Bild durch das Ändern der Perspektive in diesem Fall ziemlich zusammengestaucht wurde und die Wächter jetzt eher wie Zwerge wirken, sollten Sie es unproportional skalieren. Rufen Sie BILD • BILD SKALIEREN auf. Entfernen Sie das Kettensymbol ❽, und ändern Sie die Maßeinheit auf Prozent ❼. Skalieren Sie jetzt nur die HÖHE ❻ auf den Wert 120% hoch, und klicken Sie auf die Schaltfläche SKALIEREN.

Abbildung 21.43 ▶
Gestauchtes Bild in die Höhe skalieren

504

5 Nachschärfen

Durch das Verzerren verlieren Bilder meistens auch an Schärfe, besonders an den Kanten. Diese Schärfe können Sie über ein Nachschärfen wieder verbessern. Verwenden Sie hierzu FILTER • VERBESSERN • UNSCHARF MASKIEREN. Als RADIUS ❾ wurde hierfür ein Wert von »5,0« und für MENGE ❿ der Wert »0,3« eingesetzt. Bestätigen Sie den Dialog mit OK.

Andere Schärfetechniken
Bessere Schärfetechniken wurden in Abschnitt 12.6, »Spezielle Schärfe-Techniken«, beschrieben. Hier würden sich auch Lab- oder Hochpass-Schärfen empfehlen.

◄ **Abbildung 21.44**
Verzerrte Bilder verlieren häufig an Schärfe. Ein Nachschärfen ist fast immer nötig.

▲ **Abbildung 21.45**
Links das Bild in der Originalfassung, rechts die Version, in der die Perspektive mit dem gleichnamigen Werkzeug verzerrt wurde.

Kapitel 21 Bilder ausrichten

FunnyGirl.jpg

Verzerren mit IWarp

Einen recht interessanten Filter finden Sie über FILTER • VERZERREN • IWARP. Mit ihm können Sie Bilder deformieren und davon (optional) auch noch eine Animation erzeugen. Aufgeteilt ist der Filter in die beiden Register EINSTELLUNGEN ❷, wo sich die Deformationseinstellungen befinden, und ANIMIEREN ❸, wo die Eigenschaften für die Animation versammelt sind.

Einstellungen zum Deformieren | Zum Deformieren wählen Sie rechts im Dialog den entsprechenden DEFORMIERUNGSMODUS ❹ aus. Mit dem Mauszeiger und gedrückter linker Maustaste in der Vorschau ❶ führen Sie die gewählte Deformierung aus.

Abbildung 21.46 ▼
Der Filter IWARP

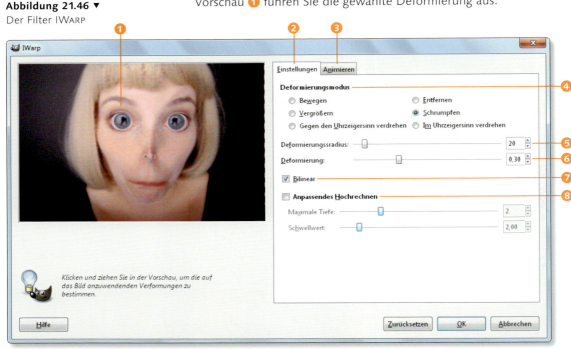

Zum Deformieren stehen folgende Modi zur Verfügung:
▶ BEWEGEN: Mit diesem Modus verschieben Sie einzelne Bildteile.
▶ ENTFERNEN: Dieser Modus ist sehr nützlich, weil Sie hiermit Deformierungen, die Sie mit einem anderen Modus zuvor aufgetragen haben, wieder auf die Ursprungsform zurücksetzen können.
▶ VERGRÖSSERN: Hiermit werden die Bildbereiche vergrößert.
▶ SCHRUMPFEN: Mit diesem Modus können Sie einzelne Bildbereiche verkleinern, er stellt also das Gegenstück zum Modus VERGRÖSSERN dar.

▶ Gegen den Uhrzeigersinn verdrehen: Diese Option dreht Bildteile gegen den Uhrzeigersinn.
▶ Im Uhrzeigersinn verdrehen: Umgekehrt verdrehen Sie hiermit Bildteile im Uhrzeigersinn, also rechtsherum.

Wie stark und in welchem Umfang einzelne Bildteile deformiert werden sollen, geben Sie mit den beiden Werten Deformierungsradius ❺ und Deformierung ❻ an. Je höher der Wert von Deformierungsradius ist, desto größer ist die Fläche eines Deformationsvorgangs. Wie stark der Vorgang dann wirkt, stellen Sie mit Deformierung ein.

Die Qualität der Deformation bestimmen Sie mit Bilinear und den Reglern unter Anpassendes Hochrechnen. Mit dem Häkchen vor Bilinear ❼ wirkt das Endergebnis weicher. Mit den Schiebereglern Anpassendes Hochrechnen ❽ können Sie das Endergebnis noch aufwendiger berechnen lassen.

> **Stärkeeinstellung**
> Welche Werte Sie für den Deformierungsradius ❺ und die Deformierung ❻ verwenden, hängt natürlich auch von der Bildgröße ab. Bei größeren Bildern können Sie hier auch höhere Werte einsetzen.

◀ **Abbildung 21.47**
Oben das Ausgangsbild in der Originalfassung und unten das Bild nach einer Deformierung mit dem Filter IWarp. Hier wurden die Augen vergrößert und die Nase, der Mund und das Kinn geschrumpft. Das Beispiel soll allerdings nicht darüber hinwegtäuschen, dass sich mit dem Filter auch ernsthafte Deformierungen erstellen lassen.

GIF-Animation

Wie Sie aus den einzelnen Ebenen der mit dem Filter IWARP erstellten Animation eine GIF-Animation erzeugen, erfahren Sie in Abschnitt 37.1, »GIF-Animation«.

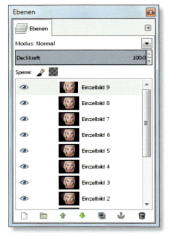

▲ **Abbildung 21.48**
Bei einer Animation mit dem Filter IWARP werden mehrere Ebenen, bei einer Animation auch Frames genannt, erzeugt.

Tipp: Animation abspielen

Wollen Sie die Animation mit den einzelnen Ebenen sofort abspielen, ohne das Bild im GIF-Format zu speichern, verwenden Sie das Plugin FILTER • ANIMATION • ANIMATION ABSPIELEN.

 Das KÄFIG-TRANSFORMATION-Werkzeug ist neu mit GIMP 2.8 hinzugekommen.

LIBERTY.jpg

Animation | Über den zweiten Reiter ANIMIEREN können Sie eine Animation erstellen. Hierzu müssen Sie zunächst die Checkbox ANIMIEREN aktivieren. Über ANZAHL DER EINZELBILDER legen Sie fest, aus wie vielen einzelnen Bildern, sogenannten Frames, die Animation bestehen soll. Die Einzelbilder werden als einzelne Ebenen in das Bild eingefügt.

Soll die Animation vom veränderten zum Originalbild ablaufen, aktivieren Sie die Checkbox UMGEKEHRT. Mit PING-PONG wird eine Animation erzeugt, die zuerst vorwärts und dann rückwärts läuft.

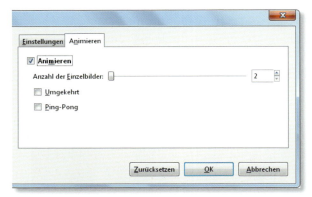

▲ **Abbildung 21.49**
Die Optionen von IWARP unter dem Reiter ANIMIEREN

Das Käfig-Transformation-Werkzeug

Mit dem Werkzeug KÄFIG-TRANSFORMATION (⇧+G) können Sie eine bestimmte Auswahl im Bild separat transformieren. Die Verwendung ist relativ einfach. Sie erstellen eine Auswahl um einen Bildteil, den Sie verändern wollen, und verschieben dann die einzelnen Käfig-Knoten, um den Bildteil zu transformieren. Ein kleiner Workshop soll Ihnen das Werkzeug näherbringen.

Schritt für Schritt
Einzelne Bildteile mit dem Käfig-Transformation-Werkzeug transformieren

Das Werkzeug ist noch nicht voll ausgereift: Es funktioniert im Augenblick nur innerhalb des Käfigs, den Sie erstellt haben. Das bedeutet aber leider auch, dass Bildteile außerhalb dieses Käfigs nicht beeinflusst werden und daher durch die Transformierung deutliche Kanten entstehen. Beachten Sie dies bitte bei der Auswahl Ihres Bildes, auch wenn Sie nachträglich noch diese Kanten durch eine separate Retusche verschwinden lassen können.

21.4 Bild durch Verzerren korrigieren

▲ **Abbildung 21.50**
Bei diesem Bild wurde vorher bereits der Himmel entfernt, um unschöne Kanten zu vermeiden.

Hoher Rechenaufwand

Eine Transformation mit dem KÄFIG-TRANSFORMATION-Werkzeug verursacht einen enormen Rechenaufwand. Ein Rechenvorgang kann schon einmal etwas länger dauern. Natürlich hängt das auch von der Bildquelle ab: Je größer das Bild, desto mehr Rechenaufwand wird benötigt.

1 Käfig erstellen

Wählen Sie das KÄFIG-TRANSFORMATION-Werkzeug (⇧ + G) im Werkzeugkasten aus, und legen Sie jetzt eine Auswahl um die Statue. Einzelne Käfig-Knoten legen Sie mit einem Mausklick an den gewünschten Stellen an. Am Mauszeiger ist hierbei ein Plus-Symbol ❶ zu erkennen.

Haben Sie einen Käfig-Knoten an einer falschen Stelle gesetzt, können Sie ihn jederzeit wieder mit der ← -Taste entfernen. Mit Esc löschen Sie alle Käfig-Knoten.

Sind Sie mit der Käfigauswahl zufrieden, müssen Sie nur noch den Anfang und das Ende der Auswahl miteinander verbinden. Dies geschieht entweder, indem Sie vom letzten Käfig-Punkt auf den Anfang klicken ❷, oder indem Sie einfach ↵ betätigen.

▲ **Abbildung 21.51**
Das Plus-Symbol ❶ zeigt an, dass das KÄFIG-TRANSFORMATION-Werkzeug bereit ist für einen weiteren Käfig-Knoten, der per Mausklick angelegt wird.

▼ **Abbildung 21.52**
Einen Käfig um den zu transformierenden Bildbereich legen.

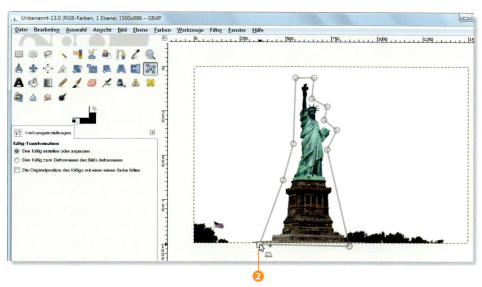

Tipp: Mehrere Knoten-Punkte gleichzeitg verschieben
Wollen Sie mehrere Knotenpunkte gleichzeitig auswählen und somit auch gleichzeitig verändern, brauchen Sie nur die entsprechenden Käfig-Knoten mit gedrückt gehaltener ⇧-Taste anzuklicken.

2 Den Käfig deformieren

Wenn der Käfig geschlossen wurde, springt automatisch die Radioschaltfläche von Den Käfig erstellen oder anpassen ❸ auf Den Käfig zum Deformieren des Bilds deformieren ❹. Ist die Radioschaltfläche ❹ aktiv, können Sie über die einzelnen Käfig-Knoten ❻ mit gedrückt gehaltener Maustaste den Inhalt des Käfigs transformieren. Im Beispiel wendet sich die Statue jetzt nach links.

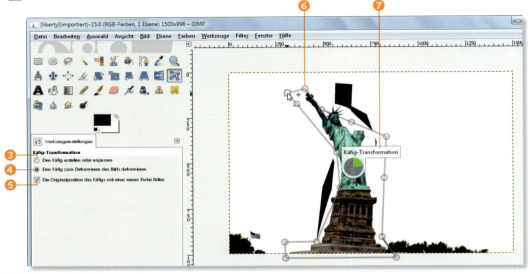

▲ **Abbildung 21.53**
Das Käfig-Transformation-Werkzeug bei der Arbeit. Da hierbei sehr viel Rechenaufwand betrieben wird, werden Sie stets mit einem Feedback ❼ informiert, dass GIMP noch beschäftigt ist und nicht eingefroren ist ;-)

▲ **Abbildung 21.54**
Hier ist die Option Die Originalposition des Käfigs mit einer reinen Farbe füllen ❺ deaktiviert, weshalb hier der ursprünglich Inhalt ❽ des Käfigs dahinter angezeigt wird.

Außerdem wurde hier ein Häkchen vor Die Originalposition des Käfigs mit einer reinen Farbe füllen ❺ gesetzt, womit der ursprüngliche Inhalt des Käfigs mit einer reinen Farbe (hier schwarz) gefüllt wird. Deaktivieren Sie das Häkchen, wird der ursprüngliche Inhalt ❽ des Käfigs dahinter angezeigt. Mit einem Tastendruck auf ↵ führen Sie die Transformation dann letztendlich aus.

3 Nacharbeiten durchführen

Wie bereits zu Beginn erwähnt, hinterlässt die Transformierung mit dem Käfig-Transformation-Werkzeug sein Spuren. Der nächste Schritt nach der Transformierung dürfte daher fast immer das Nacharbeiten von unschönen Kanten sein.

21.4 Bild durch Verzerren korrigieren

Schwierigere Nacharbeiten

Nicht immer gestaltet sich die Nacharbeit so einfach wie hier. Häufig muss eine umfangreichere Retusche mit dem HEILEN-Werkzeug oder dem KLONEN-Werkzeug durchgeführt werden.

◀ **Abbildung 21.55**
Nachbearbeiten der Kanten, die durch die Transformation entstanden sind.

In unserem Fall war es einfach, weil der Hintergrund ohnehin weiß war. Hier wurden nur noch die schwarzen Bildbereiche mit dem FÜLLEN-Werkzeug weiß eingefärbt ❾. Alternativ können Sie auch mit dem PINSEL-Werkzeug weiße Farbe darüber malen.

◀ **Abbildung 21.56**
Das Ausgangsbild …

◀ **Abbildung 21.57**
… und das Bild nach der Käfig-Transformation! Es wurde noch ein blau-weißer Verlauf als Hintergrund, ein Text und ein paar Bälle im Bild eingefügt.

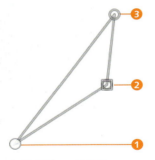

▲ **Abbildung 21.58**
Verschiedene Zustandsformen der Käfig-Knoten

Zum Schluss sollte hier noch ergänzt werden, dass es drei Zustände der einzelnen Käfig-Knoten gibt:

▶ Ein einfacher Käfig-Knoten wird als leerer Ring ❶ dargestellt.
▶ Ein oder (mit gehaltener ⇧-Taste) mehrere aktive Käfig-Knoten, die bereit für die Transformation sind oder gerade transformiert werden, erkennen Sie an einem Quadrat ❷.
▶ Gehen Sie nur mit dem Mauszeiger über den Käfig-Knoten, wird dieser als gefüllter Kreis ❸ angezeigt.

Teil VII
Auswählen und freistellen

Kapitel 22
Auswahlen im Detail

Auswahlen sind neben den Ebenen wichtige Arbeitstechniken in der digitalen Bild- und Fotobearbeitung. Sie werden vorwiegend eingesetzt, wenn Sie nicht das komplette Bild oder ganze Ebenen bearbeiten wollen und natürlich zum Freistellen von komplexeren Objekten.

22.1 Die Auswahlwerkzeuge im Überblick

GIMP bietet über den Werkzeugkasten und auch das Menü Werkzeuge • Auswahlwerkzeuge sieben unterschiedliche Auswahlwerkzeuge für verschiedene Anwendungsbereiche an. Jedes davon hat dabei ganz spezielle Eigenschaften:

- Rechteckige Auswahl : Wird für quadratische oder rechteckige Auswahlen verwendet.
- Elliptische Auswahl : Erstellt runde und ovale Auswahlbegrenzungen.
- Freie Auswahl : Legen Sie hiermit frei gezeichnete Auswahlen an.
- Vordergrundauswahl : Damit stellen Sie Objekte eines Bildes oder der aktiven Ebene frei.
- Zauberstab : Erstellt eine Auswahl mit ähnlichen Farbwerten bei den benachbarten Pixeln.
- Nach Farbe auswählen : Wählt ähnliche Farbwerte im kompletten Bild aus.
- Magnetische Schere (bzw. Intelligente Schere im Menü Werkzeuge) : Das Werkzeug wird gerne verwendet, um eine Auswahl aus einem Bildbereich zu erstellen, die farblich deutlich abgegrenzt ist.

▲ **Abbildung 22.1**
Die Auswahlwerkzeuge

Kapitel 22 Auswahlen im Detail

In gewisser Hinsicht könnte man auch das PFADE-Werkzeug zu den Auswahlwerkzeugen zählen, weil sich ein Pfad in eine Auswahl umwandeln lässt. Aber da das PFADE-Werkzeug noch mehr bietet, wird es in Teil IX des Buches extra behandelt.

Funktionsprinzip von Auswahlen | Auswahlen sind recht einfach aufgebaut. Sobald Sie eine Auswahl erzeugt haben, egal mit welchem Werkzeug, können Sie sie jederzeit nachträglich weiterbearbeiten, in die Zwischenablage kopieren, als neues Bild verwenden oder für eine Montage auf eine eigene Ebene legen. Beachten Sie auch, dass Sie auf den restlichen Bereich außerhalb der Auswahl während dieser Zeit nicht zugreifen können.

Eine Auswahl erkennen Sie an der schwarz-weiß gestrichelten Linie ❶ rund um den ausgewählten Bereich. Diese Linie wird manchmal auch als *Ameisenlinie* bezeichnet, weil es den Anschein hat, als würden Ameisen hintereinander um die Auswahl laufen. Die gelb-schwarze Linie hingegen ist der Ebenenrahmen ❷.

> **Auswahl nicht sichtbar**
> Wenn die schwarz-weißen Ameisenlinien der Auswahl nicht angezeigt werden oder Sie diese kurz abschalten wollen, (de-)aktivieren Sie sie über ANSICHT • AUSWAHL ANZEIGEN oder die Tastenkombination [Strg]/[Ctrl]+[T].

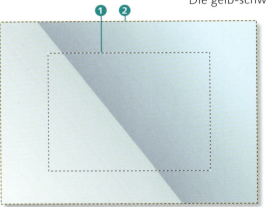

▲ Abbildung 22.2
Hier wurde eine rechteckige Auswahl erstellt.

▲ Abbildung 22.3
Auswahlen können aber auch komplexer werden. Hier wurden die Erdbeere grob vom Hintergrund isoliert.

22.2 Allgemeine Werkzeugeinstellungen

Bevor auf die einzelnen Auswahlwerkzeuge und ihre Einstellungen eingegangen wird, werden hier noch Werkzeugeinstellungen beschrieben, die alle Auswahlwerkzeuge betreffen. Die speziellen und weiteren Werkzeugeinstellungen werden dann beim entsprechenden Werkzeug erläutert.

▲ Abbildung 22.4
Diese Werkzeugeinstellungen sind bei allen Auswahlwerkzeugen vorhanden.

Modus

Über die Schaltflächen hinter MODUS ❸ legen Sie fest, wie eine neue Auswahl zu einer bereits erstellten Auswahl hinzugefügt wird. Folgende Bedeutung haben die vier Modi:

▶ AKTUELLE AUSWAHL ERSETZEN : Mit diesem Modus wird eine vorhandene Auswahl durch die neue Auswahl ersetzt.

◀ **Abbildung 22.5**
Mit AKTUELLE AUSWAHL ERSETZEN wird bei jeder Verwendung des Auswahlwerkzeugs eine neue Auswahl erzeugt. In der Abbildung wurde die Auswahl zur Verdeutlichung hellgrün eingefärbt.

▶ ZUR AKTUELLEN AUSWAHL HINZUFÜGEN : Damit wird die neue Auswahl zur aktuellen Auswahl hinzugefügt, ohne dass die vorhandene Auswahl verschwindet. Beim Mauszeiger ist hierbei ein Plus-Symbol ❹ zu sehen. Alternativ aktivieren Sie diesen Modus, indem Sie beim Aufziehen einer Auswahl die ⇧-Taste gedrückt halten.

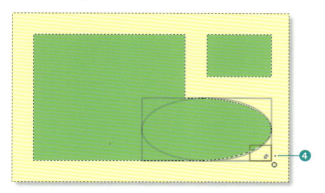

◀ **Abbildung 22.6**
Mit ZUR AKTUELLEN AUSWAHL HINZUFÜGEN bilden mehrere Auswahlen eine Einheit. Auch hier wurde die Auswahl zur Verdeutlichung grün eingefärbt.

▶ VON DER AKTUELLEN AUSWAHL ABZIEHEN : Hiermit entfernen Sie die überlappenden Bereiche zwischen der zu erzeugenden Auswahl und der vorhandenen Auswahl. Der Mauszeiger enthält hierbei ein Minus-Symbol ❺ (Abbildung 22.7). Der Modus lässt sich auch verwenden, wenn Sie die Strg/Ctrl-Taste gedrückt halten, während Sie eine neue Auswahl erstellen. Überlappen sich die Auswahlen nicht, bleibt die bestehende Auswahl erhalten.

Kapitel 22 Auswahlen im Detail

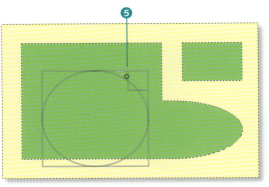 

▲ **Abbildung 22.7**
Mit VON DER AKTUELLEN AUSWAHL ABZIEHEN wird die neue Auswahl von der vorhandenen Auswahl abgezogen.

▶ AUSWAHLSCHNITTMENGE BILDEN ▭: Hiermit erstellen Sie aus dem überlappenden Bereich zwischen der bestehenden Auswahl und der neuen Auswahl eine neue Auswahl. Als Symbol wird ein auf dem Kopf stehendes »U« ❻ angezeigt. Diesen Modus können Sie auch mit dem Tastenkürzel ⇧+Strg/Ctrl verwenden.

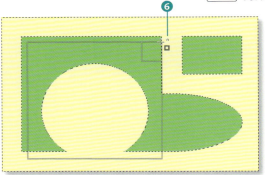 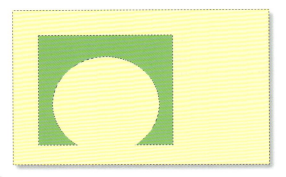

▲ **Abbildung 22.8**
Mit dem Modus AUSWAHLSCHNITTMENGE BILDEN bleiben nur die übereinanderliegenden Auswahlbereiche erhalten.

Kanten glätten

Wenn Sie die Option KANTEN GLÄTTEN in den Werkzeugeinstellungen aktivieren, werden die Auswahlkanten weichgezeichnet. Außer bei dem Werkzeug VORDERGRUNDAUSWAHL ▭ ist diese Option standardmäßig aktiviert. Bei dem Werkzeug RECHTECKIGE AUSWAHL ▭ lässt sich diese Einstellung nicht deaktivieren.

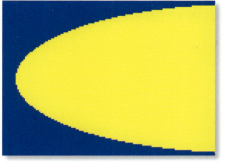 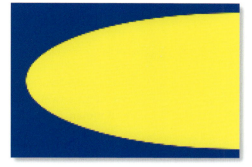

▲ **Abbildung 22.9**
Im linken Bild wurde eine ovale Auswahl ohne die Option KANTEN GLÄTTEN erstellt, im rechten Bild mit dieser Option. Zur Verdeutlichung wurden diese Bereiche eingefärbt.

Kanten ausblenden

Wenn Sie die Einstellung KANTEN AUSBLENDEN aktivieren, erscheint ein Schieberegler, über den Sie die Länge der ausgeblendeten Kanten festlegen. Möglich sind Werte von 0 (keine Überblendung) bis 100 (maximale Überblendung). Die Einstellung hat allerdings keine Auswirkung auf eine aktuelle Auswahl; der eingestellte Wert wird erst bei einer neuen Auswahl verwendet.

Mit dieser Option werden die Kanten um die Auswahl weich in den Hintergrund überblendet. Es kann auch sein, dass Sie auf den ersten Blick davon gar nichts erkennen. Gerade bei kreisförmigen Auswahlen ist dies nicht immer gleich auf den ersten Blick ersichtlich. Rechteckige Auswahlen hingegen haben abgerundete Ecken. Erst wenn Sie beispielsweise die Auswahl mit dem FÜLLEN-Werkzeug mit einer anderen Farbe einfärben, können Sie den Effekt der Option KANTEN AUSBLENDEN deutlicher sehen ❼.

Zum Nachlesen
Zusätzliche Informationen zum Ausblenden einer Auswahl finden Sie auf Seite 527, »Auswahl ausblenden«, wo das entsprechende Kommando behandelt wird.

◀ **Abbildung 22.10**
Zur Demonstration sehen Sie hier jeweils zwei kreisförmige Auswahlen, die mit dem FÜLLEN-Werkzeug gelb eingefärbt wurden. Bei der linken Auswahl ❼ wurde die Option KANTEN AUSBLENDEN mit einem RADIUS von 100 verwendet. Sie sehen dabei sehr schön, wie die Auswahl weich in den Hintergrund ausgeblendet wird. Bei der rechten kreisförmigen Auswahl ❽ wurde die Option KANTEN AUSBLENDEN nicht aktiviert, weshalb hier die Auswahl vollkommen mit Gelb gefüllt wurde.

22.3 Einfache Auswahlwerkzeuge

Zu den etwas einfacheren Auswahlwerkzeugen können die Werkzeuge RECHTECKIGE AUSWAHL und ELLIPTISCHE AUSWAHL gezählt werden. Sie sind sehr nützlich bei Anwendungszwecken wie beispielsweise:

- **Rahmen erstellen**: Für verschiedene kreative und gestalterische Zwecke erstellen Sie mit den zwei Werkzeugen runde, ovale und eckige Rahmen.
- **Auswahl füllen**: Sehr häufig werden die beiden Werkzeuge auch verwendet, um eine Auswahl mit einer Farbe oder einem Muster zu füllen oder einen Text darauf zu platzieren.

Abbildung 22.11 ▶
Solche transparenten Rahmen lassen sich ohne großen Aufwand mit dem Werkzeug RECHTECKIGE AUSWAHL erstellen.

Auch wenn Ihnen diese beiden Werkzeuge vielleicht recht trivial vorkommen, erläutert Ihnen dieser Abschnitt doch viele grundlegende Techniken für Auswahlen, die Sie auch bei den anderen Auswahlwerkzeugen recht ähnlich verwenden können. Das Durcharbeiten dieses etwas theoretischen Abschnitts lohnt sich daher.

Rechteckige Auswahl

Mit dem Werkzeug RECHTECKIGE AUSWAHL (Tastenkürzel R) erstellen Sie rechteckige Auswahlen eines Bildes oder der aktuellen Ebene.

Werkzeug verwenden | Die Bedienung des Werkzeugs ist schnell erklärt: Nachdem Sie das Werkzeug aktiviert haben, bewegen Sie den Mauszeiger in das Bildfenster und ziehen mit gedrückter linker Maustaste über den Bereich, den Sie auswählen wollen ❶. Wenn Sie die Maustaste loslassen, wird die Auswahllinie angezeigt ❷.

22.3 Einfache Auswahlwerkzeuge

 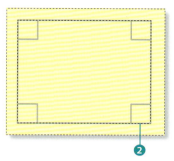

◄ Abbildung 22.12
Im linken Bild wird die Auswahl aufgezogen. Rechts sehen Sie die Auswahl, nachdem Sie die Maustaste losgelassen haben.

Halten Sie **während des Aufziehens** des Auswahlrahmens die `Strg`/`Ctrl`-Taste gedrückt, wird der Startpunkt des Auswahlrahmens als Mittelpunkt für die neue Auswahl verwendet. Drücken Sie hingegen die `Strg`/`Ctrl`-Taste **vor dem Aufziehen** und halten sie gedrückt, wird der Modus auf Von der Auswahl abziehen umgestellt.

Drücken Sie **während des Aufziehens** die `⇧`-Taste, wird die Werkzeugeinstellung Fest verwendet. Standardmäßig wird hier bei der ersten Auswahl eine quadratische Auswahl (bei der Standardeinstellung Seitenverhältnis) erstellt. Diese Einstellungen wurden bereits beim Werkzeug Zuschneiden umfassend in Abschnitt 19.1, »Das Zuschneiden-Werkzeug« behandelt.

Drücken Sie hingegen die `⇧`-Taste **vor dem Aufziehen** und halten sie gedrückt, wird der Auswahlmodus auf Zur aktuellen Auswahl hinzufügen geschaltet.

Halten Sie **während des Aufziehens** die Tasten `Strg`/`Ctrl`+`⇧` gedrückt, erstellen Sie eine quadratische Auswahl mit dem Startpunkt des Auswahlrahmens als Mittelpunkt der neuen Auswahl. Drücken Sie hingegen `Strg`/`Ctrl`+`⇧` **vor dem Aufziehen** der Auswahl und halten sie gedrückt, schalten Sie den Auswahlmodus auf Auswahlschnittmenge bilden.

Auswahl verändern im Bearbeitungsmodus | Wenn Sie eine Auswahl mit dem Werkzeug Rechteckige Auswahl erstellt haben, können Sie sie mit dem Werkzeug jederzeit nachträglich verändern, solange Sie nicht mit `↵` oder einem Mausklick innerhalb der Auswahl bestätigen. Zum Ändern einer noch nicht bestätigten Auswahl stehen Ihnen drei Möglichkeiten zur Verfügung:

► **Auswahlen hinzufügen oder entfernen**: Über die verschiedenen Auswahlmodi (siehe Abschnitt 22.2, »Allgemeine Werkzeugeinstellungen«) können Sie jederzeit weitere Auswahlen hinzufügen, Auswahlen entfernen oder Schnittmengen bilden. Der Mauszeiger muss hier die Form ❸ haben.

Zum Nachlesen
Die einzelnen Modi, die Sie bei den Auswahlen verwenden können, werden in Abschnitt 22.2, »Allgemeine Werkzeugeinstellungen«, beschrieben.

▲ Abbildung 22.13
Sieht der Mauszeiger im Bild so aus, können Sie weitere Auswahlen hinzufügen und Auswahlen entfernen.

▲ **Abbildung 22.14**
Auswahl in der rechten unteren Ecke. Klicken Sie innerhalb dieses Bereichs und ziehen Sie, können Sie die Auswahl nach links, rechts, oben und unten vergrößern und verkleinern.

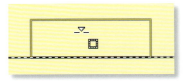

▲ **Abbildung 22.15**
Auswahl an der unteren Seite der Auswahl. Klicken Sie innerhalb der Griffleiste und ziehen Sie, können Sie die Auswahl nach oben und unten verkleinern oder vergrößern.

▲ **Abbildung 22.16**
Erscheint dieses Symbol, können Sie die Auswahl verschieben.

Nichts auswählen

Jederzeit und bei jedem Auswahlwerkzeug können Sie eine Auswahl abbrechen oder verwerfen über AUSWAHL • NICHTS AUSWÄHLEN oder die Tastenkombination [Strg]/[Ctrl]+[⇧]+[A].

▶ **Auswahlgröße ändern**: Die Größe der Auswahl können Sie an den vier Ecken und Seiten verändern. Sobald Sie mit dem Mauszeiger über diese Flächen fahren, erscheinen Griffbereiche, mit denen Sie die Größe anpassen können. Entsprechend ändert sich auch der Mauszeiger. Wenn Sie mit dem Mauszeiger innerhalb eines dieser Griffbereiche sind, können Sie die Auswahlgröße auch pixelgenau ändern, indem Sie die Pfeiltasten verwenden. Drücken Sie dabei noch die [⇧]-Taste, vergrößern oder verkleinern Sie die Auswahl in 25-Pixel-Schritten.

▶ **Auswahl verschieben**: Befinden Sie sich mit dem Mauszeiger im inneren Bereich, verändert sich wieder der Mauszeiger ❶, und Sie können die komplette Auswahl durch Klicken und Ziehen verschieben. Auch dabei dienen die Pfeiltasten dazu, die Auswahl pixelgenau zu verschieben. Und auch hier können Sie mit gedrückter [⇧]-Taste die Auswahl in 25-Pixel-Schritten verschieben.

Auswahl bestätigen oder verwerfen | Sind Sie mit dem Auswahlrahmen zufrieden und wollen Sie mit der Auswahl weitere Arbeitsschritte durchführen, müssen Sie den Bearbeitungsmodus verlassen. Die erstellte Auswahl bestätigen Sie, indem Sie entweder [↵] drücken oder innerhalb der Auswahl die linke Maustaste klicken (oder das Werkzeug wechseln). Anschließend können Sie die Auswahl nicht mehr in der Größe ändern oder verschieben. Allerdings können Sie über die Auswahlmodi nach wie vor weitere Auswahlen hinzufügen oder bestehende Auswahlen entfernen.

Wollen Sie hingegen den Bearbeitungsmodus abbrechen, ohne dass eine Auswahl erstellt wird, klicken Sie außerhalb der Auswahl, oder betätigen Sie die Taste [Esc].

Werkzeugeinstellungen | Die ersten drei allgemeinen Einstellungen – MODUS, KANTEN GLÄTTEN und KANTEN AUSBLENDEN – wurden bereits in Abschnitt 22.2, »Allgemeine Werkzeugeinstellungen«, beschrieben.

Setzen Sie vor ABGERUNDETE ECKEN ❷ ein Häkchen, erscheint ein Schieberegler, mit dem Sie den Radius (0,0 bis 100,0) einstellen können, der bestimmt, wie stark die Ecken der Auswahl abgerundet werden.

MIT AUS DER MITTE AUFZIEHEN ❸ ziehen Sie eine Auswahl auf, bei der die Position, an der Sie die Auswahl starten, als Mittelpunkt für den gewählten Bereich verwendet wird. Das Gleiche erreichen Sie auch während des Aufziehens des Auswahlrahmens mit gedrückter [Strg]/[Ctrl]-Taste.

22.3 Einfache Auswahlwerkzeuge

Die restlichen Einstellungen wurden bereits beim Werkzeug Zu-SCHNEIDEN umfassend behandelt. Blättern Sie daher bei Informationsbedarf zurück zu Abschnitt 19.1, »Das Zuschneiden-Werkzeug«.

Elliptische Auswahl

Für runde oder ovale Auswahlflächen steht Ihnen das Werkzeug ELLIPTISCHE AUSWAHL (Tastenkürzel E) zur Verfügung. Seine Anwendung und seine Werkzeugeinstellungen entsprechen exakt dem Werkzeug RECHTECKIGE AUSWAHL. Deshalb gilt alles, was beim Werkzeug RECHTECKIGE AUSWAHL im Abschnitt zuvor beschrieben wurde, auch für das Werkzeug ELLIPTISCHE AUSWAHL. Einzig die Werkzeugeinstellung ABGERUNDETE ECKEN steht (logischerweise) nicht zur Verfügung.

▲ **Abbildung 22.17**
Die Werkzeugeinstellungen des Werkzeugs RECHTECKIGE AUSWAHL

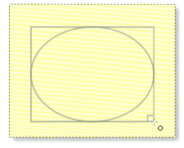 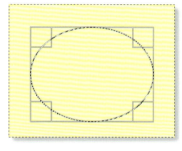

▲ **Abbildung 22.18**
Im linken Bild wird eine elliptische Auswahl aufgezogen. Rechts sehen Sie die Auswahl, nachdem Sie die Maustaste losgelassen haben.

Kapitel 23
Auswahlbefehle und -optionen

Von sehr großer Bedeutung für die Arbeit mit Auswahlwerkzeugen ist auch die Kenntnis der speziellen Auswahlbefehle und -optionen. Um die Beschreibung einfach und verständlich zu machen, werde ich hierfür auf die Werkzeuge »Rechteckige Auswahl« und »Elliptische Auswahl« zurückgreifen. In der Praxis lassen sich diese Befehle aber auch auf alle anderen Auswahlwerkzeuge anwenden.

23.1 Auswahlbefehle

Neben der Arbeit mit den Auswahlwerkzeugen haben Sie auch die Möglichkeit, die Befehle aus dem Menü AUSWAHL zu nutzen.

Alles auswählen | Mit dem Befehl ALLES AUSWÄHLEN (Tastenkombination [Strg]/[Ctrl]+[A]) erstellen Sie eine Auswahl, die die komplette aktive Ebene umfasst. Vorhandene Auswahlen werden hierbei nicht berücksichtigt.

Nichts auswählen | Der Befehl NICHTS AUSWÄHLEN (Tastenkombination [Strg]/[Ctrl]+[⇧]+[A]) ist sehr nützlich, um vorhandene Auswahlen schnell zu entfernen. Auf schwebende Auswahlen hat dieser Befehl allerdings keinen Einfluss.

Invertieren | Der Auswahlbefehl INVERTIEREN (Tastenkürzel [Strg]/[Ctrl]+[I]) wird recht häufig verwendet; er kehrt eine Auswahl um (genauer: invertiert sie). Haben Sie beispielsweise in einem Bild ein Motiv ausgewählt und bearbeitet, können Sie die Auswahl mit diesem Befehl invertieren, um alles andere außerhalb des Motivs zu bearbeiten.

In Abbildung 23.2 wurde links ein einfacher Kreis zur Bearbeitung ausgewählt. Im rechten Bild wurde die Auswahl mit Aus-

▲ **Abbildung 23.1**
Eine Sammlung an Auswahlbefehlen finden Sie im Menü AUSWAHL.

WAHL • INVERTIEREN umgekehrt. Jetzt ist alles außerhalb des Kreises und innerhalb der beiden Ameisenlinien markiert.

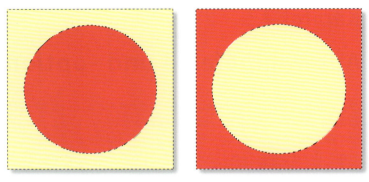

Abbildung 23.2 ▶
Eine invertierte Auswahl. Zur Verdeutlichung wurde die betreffende Auswahl leicht rötlich eingefärbt.

Schwebend | Der Befehl SCHWEBEND (Tastenkombination ⌃/Ctrl+⇧+L) erstellt aus einer vorhandenen Auswahl eine schwebende Auswahl. Schwebende Auswahlen werden allerdings nicht mehr so häufig verwendet, weil sich eigentlich alles auch über Ebenen realisieren lässt.

Zum Nachlesen
Mehr zu den schwebenden Auswahlen erfahren Sie auf Seite 534, »Schwebende Auswahl«.

Nach Farbe | Mit dem Befehl NACH FARBE rufen Sie das Auswahlwerkzeug NACH FARBE AUSWÄHLEN (Tastenkürzel ⇧+O) auf. Eine Beschreibung dieses Werkzeugs finden Sie auf Seite 549, »Nach Farbe auswählen«.

Vom Pfad | Mit VOM PFAD (Tastenkombination ⇧+V) erstellen Sie aus einem Pfad eine Auswahl. Ist der Pfad nicht geschlossen, erfolgt dies über die beiden Endpunkte des Pfades. Der Pfad bleibt trotz dieses Kommandos erhalten. Auf die Pfade wird in Teil IX des Buches eingegangen.

Auswahleditor | Das Kommando AUSWAHLEDITOR öffnet das Dialogfenster des Auswahleditors, der die Auswahl des aktuellen Bildes anzeigt und Kommandos für den Zugriff darauf anbietet. Mehr zu diesem Editor finden Sie auf Seite 533, »Der ›Auswahleditor‹-Dialog«.

23.2 Auswahloptionen

Die meisten der weiteren Funktionen im Menü AUSWAHL sind Optionen, mit denen Sie eine einmal erstellte Auswahl nachbearbeiten können.

Auswahl ausblenden

Den Befehl Auswahl • Ausblenden kennen Sie eigentlich schon aus den allgemeinen Werkzeugeinstellungen der Auswahlwerkzeuge (siehe Abschnitt 22.2, »Allgemeine Werkzeugeinstellungen«). Über das Menü ist diese Funktion jederzeit zu erreichen und sorgt für einen weichen Übergang zwischen der Auswahl und der Umgebung.

Im sich öffnenden Dialogfenster stellen Sie im Zahlenfeld ❶ ein, wie breit der Übergang an der Auswahlkante werden soll. Daneben finden Sie eine Dropdown-Liste, über die Sie die Maßeinheit ❷ auswählen.

Hierzu ein einfaches Beispiel, das die Verwendung des Kommandos Ausblenden etwas sinnvoller demonstrieren soll. In Abbildung 23.4 wurde eine runde Auswahl mit dem Werkzeug Elliptische Auswahl  um die Iris des Auges gezogen.

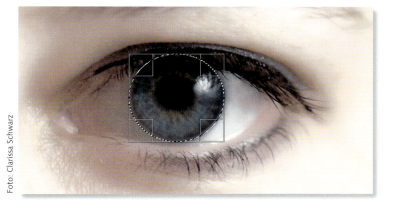

▲ **Abbildung 23.3**
Der Dialog Auswahl ausblenden

◀ **Abbildung 23.4**
Eine elliptische Auswahl um die Iris

Die Auswahl der Iris wurde in Abbildung 23.5 mit dem Werkzeug Farben • Einfärben umgefärbt. Links wurde die Auswahl belassen, wie sie war, wodurch recht harte Kanten bei der Umfärbung zu erkennen sind und die Manipulation gleich auffällt. Rechts wurde die Auswahl zuvor um 30 Pixel ausgeblendet, und der Übergang kann sich sehen lassen.

▼ **Abbildung 23.5**
Links das Umfärben der Iris ohne einen weichen Übergang und rechts mit

Auswahl schärfen

Der Befehl AUSWAHL • SCHÄRFEN ist quasi das Gegenstück zu AUSBLENDEN. Damit können Sie den Befehl AUSBLENDEN wieder rückgängig machen. Die Kantenglättung geht hiermit allerdings auch verloren, wodurch recht harte Übergänge entstehen können.

Auswahl verkleinern

▲ Abbildung 23.6
Der Dialog AUSWAHL VERKLEINERN

Mit AUSWAHL • VERKLEINERN können Sie eine Auswahl im Bild verkleinern. Über das Zahleneingabefeld geben Sie den Wert ein, um den Sie die Auswahl verkleinern wollen. Daneben bestimmen Sie über die Dropdown-Liste die Maßeinheit. Die Option VOM BILDRAND VERKLEINERN ist interessant, wenn Sie eine Auswahl entlang der Bildkante verkleinern wollen, um beispielsweise einen gleichmäßigen Rahmen zu erzeugen.

Schritt für Schritt:
Einfachen Bilderrahmen erstellen

1 Alles auswählen
Öffnen Sie das Bild in GIMP. Erstellen Sie eine Auswahl um das komplette Bild mit AUSWAHL • ALLES AUSWÄHLEN (oder [Strg]/[Ctrl]+[A]).

bride.xcf

2 Auswahl verkleinern
Rufen Sie AUSWAHL • VERKLEINERN auf, und geben Sie als Zahlenwert ❶ 200 PX ein, um die wir verkleinern wollen. Setzen Sie außerdem das Häkchen vor VOM BILDRAND VERKLEINERN ❷, und bestätigen Sie den Dialog mit OK.

Abbildung 23.7 ▶
Auswahl VOM BILDRAND VERKLEINERN

3 Auswahl nachziehen
Jetzt sollten Sie im Bild eine rechteckige Auswahl mit 200 Pixeln Entfernung vom Rand haben. Wählen Sie im Werkzeugkasten Weiß als Vordergrundfarbe aus. Zunächst wollen wir diese Aus-

wahl mit BEARBEITEN • AUSWAHL NACHZIEHEN nachzeichnen. Verwenden Sie die Option NACHZIEHEN ❸ mit einer LINIENBREITE ❺ von 15 Pixeln. Malen Sie mit VOLLFARBE ❹, und starten Sie den Vorgang mit der Schaltfläche NACHZIEHEN ❻.

◂ **Abbildung 23.8**
Auswahlrahmen mit einer Farbe nachziehen

4   Schlagschatten hinzufügen

Um ein wenig für Räumlichkeit zu sorgen, fügen Sie rechts unten mit FILTER • LICHT UND SCHATTEN • SCHLAGSCHATTEN einen Schatten hinzu. Wählen Sie für X und Y ❼ einen VERSATZ von 20, den WEICHZEICHNENRADIUS belassen Sie ebenfalls auf 32, die FARBE bleibt Schwarz, die DECKKRAFT auf 80 %, und das Häkchen vor GRÖSSENÄNDERUNG ZULASSEN ❽ entfernen Sie.

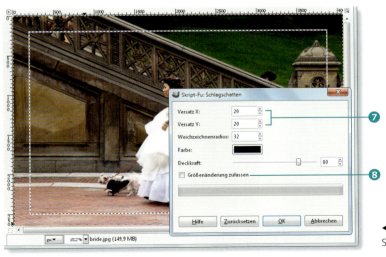

◂ **Abbildung 23.9**
SCHLAGSCHATTEN hinzufügen

5 Auswahl invertieren

Kehren Sie die Auswahl mit AUSWAHL • INVERTIEREN (oder `Strg`/`Ctrl`+`I`) um. Jetzt haben Sie alles zwischen dem Bildrand und der zuvor erstellten Auswahl markiert.

6 Rahmen abdunkeln und weichzeichnen

Zunächst wollen wir den ausgewählten Rahmen etwas abdunkeln. Im Beispiel soll dies mit dem Befehl FARBEN • HELLIGKEIT/KONTRAST gemacht werden, indem Sie den Regler von HELLIGKEIT ❶ auf −127 ziehen und den Dialog dann mit OK bestätigen. Zusätzlich soll der Rahmen auch noch weichgezeichnet werden. Rufen Sie hierzu FILTER • WEICHZEICHNEN • GAUSSSCHER WEICHZEICHNER auf, setzen Sie den WEICHZEICHNENRADIUS ❷ jeweils auf 50 Pixel, und bestätigen Sie auch hier mit OK.

▲ **Abbildung 23.10**
Rahmen etwas abdunkeln …

▲ **Abbildung 23.11**
… und weichzeichnen.

▲ **Abbildung 23.12**
Links das Ausgangsbild und rechts das Bild nach dem Hinzufügen eines Rahmens

Auswahl vergrößern

Das Gegenstück zum Verkleinern einer aktuellen Auswahl finden Sie über den Befehl AUSWAHL • VERGRÖSSERN. Im Zahlenfeld ❸ geben Sie an, um welchen Wert Sie die Auswahl vergrößern wollen. Daneben können Sie die Maßeinheit ❹ dazu einstellen.

Wenn Sie eine rechteckige Auswahl vergrößern, werden die Ecken abgerundet. Wollen Sie diese abgerundeten Ecken wieder eckig haben, rufen Sie einfach AUSWAHL • ABGERUNDETES RECHTECK auf und setzen den RADIUS auf 0.

▲ **Abbildung 23.13**
Der Dialog AUSWAHL VERGRÖSSERN

◀ **Abbildung 23.14**
Die Auswahl in der linken Abbildung wurde um 30 Pixel vergrößert, wie Sie in der rechten Abbildung sehen können. Als Nebeneffekt werden hierbei allerdings auch die Ecken abgerundet.

Auswahl mit Rand

Mit dem Befehl AUSWAHL • RAND erstellen Sie um die Auswahlkante eine neue Auswahl als Form. Im Zahleneingabefeld geben Sie die Breite des Auswahlrandes an. Daneben über die Dropdown-Liste wählen Sie eine entsprechende Maßeinheit dazu aus.

Wenn Sie einen weicheren Übergang erzeugen wollen, aktivieren Sie die Option KANTEN AUSBLENDEN ❻. Ist die Option AUSWAHL AN DEN BILDSCHIRMKANTEN EINRASTEN ❺ aktiviert, bleiben die Kanten einer rechteckigen Auswahl unverändert, wenn diese am Bildrand eingerastet sind.

▲ **Abbildung 23.15**
Der Dialog AUSWAHL UMRANDEN

▲ **Abbildung 23.16**
Links sehen Sie eine rechteckige Auswahl. In der Mitte wurde die Auswahl mit einem Rand von 20 Pixeln erstellt. Dasselbe wurde auch im rechten Bild gemacht, nur wurde hier die Option KANTEN AUSBLENDEN verwendet. Zur Verdeutlichung wurde die Auswahl blau eingefärbt.

Abgerundetes Rechteck

Mit dem Kommando Auswahl • Abgerundetes Rechteck fügen Sie bei einer rechteckigen Auswahl abgerundete Ecken hinzu. Über den Regler oder das Zahleneingabefeld Radius ❶ stellen Sie ein, wie stark (0 bis 100%) die Ecken abgerundet werden sollen. Aktivieren Sie Konkav ❷, werden die Ecken nach innen statt nach außen gebogen.

▲ **Abbildung 23.17**
Der Dialog Abgerundetes Rechteck

Abbildung 23.18 ▶
Links sehen Sie eine abgerundete Auswahl, deren Ecken konvex (nach außen) gebogen sind, rechts sind sie konkav (nach innen). Auch hier wurde die Auswahl zur Verdeutlichung blau eingefärbt.

Auswahl verzerren

Das Kommando Auswahl • Verzerren ist eher für kreative Arbeiten geeignet. Es verzerrt eine Auswahl. Allerdings lässt sich hierbei nie genau vorhersagen, wie das Ergebnis aussehen wird.

Mit dem Schwellwert ❸ können Sie die verzerrte Auswahl vergrößern (kleinerer Wert) oder verkleinern (größerer Wert). Den Grad der Verzerrung stellen Sie mit Verteilen ❹ ein. Mit Körnigkeit ❺ erhöhen Sie die Verzerrung noch mehr, mit Glätten ❻ hingegen reduzieren Sie sie wieder. Deaktivieren Sie die Optionen Horizontal glätten und Vertikal glätten, wird die Verzerrung noch mehr verstärkt.

23.3 Weitere Auswahlen von GIMP

❸
❹
❺
❻

◀ **Abbildung 23.19**
Der Dialog VERZERREN

◀ **Abbildung 23.20**
Links die Auswahl vor und rechts nach der Verzerrung. Zur Verdeutlichung wurde die Auswahl blau eingefärbt.

Die restlichen Befehle | Die restlichen Kommandos, SCHNELL-MASKE UMSCHALTEN (Abschnitt 24.2, »Schnellmaske verwenden«), IN KANAL SPEICHERN (Abschnitt 24.3, »Kanäle und Auswahlmasken«) und NACH PFAD (Abschnitt 29.1, »Pfad aus Auswahl erstellen«), werden noch gesondert behandelt.

23.3 Weitere Auswahlen von GIMP

In diesem Abschnitt sollen ein paar nützliche (und auch ein paar weniger nützliche) Hilfsmittel zu Auswahlen beschrieben werden.

Der »Auswahleditor«-Dialog

Diesen Editor starten Sie über AUSWAHL • AUSWAHLEDITOR. Er zeigt die aktuelle Auswahl und dient dem schnellen Zugriff auf einzelne Auswahlkommandos, die alle auch über das Menü AUSWAHL erreichbar sind.

Unterhalb des Dialogs stehen Ihnen sechs häufig verwendete Auswahlbefehle als Schaltflächen zur Verfügung. Von links nach rechts sind dies: ALLES AUSWÄHLEN, NICHTS AUSWÄHLEN, INVER-

Wozu der Auswahleditor?
Der Dialog ist nicht, wie vielleicht erhofft, zum direkten Bearbeiten von Auswahlen gedacht, sondern dient lediglich dazu, schneller auf die einzelnen Auswahlbefehle zuzugreifen, die Sie im Abschnitt zuvor mit dem Menü AUSWAHL kennengelernt haben.

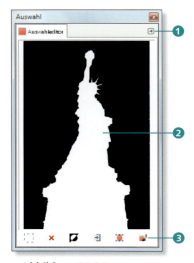

▲ Abbildung 23.21
Der AUSWAHLEDITOR

▲ Abbildung 23.22
Eine SCHWEBENDE AUSWAHL ❻ im EBENEN-Dialog

TIEREN, IN KANAL SPEICHERN, NACH PFAD und AUSWAHL NACHZIEHEN ❸ – alles Befehle, die Sie bereits kennen oder gleich noch kennenlernen. Weitere Befehle können Sie über das kleine Symbol ❶ am Reiter aufrufen.

Die Auswahl selbst wird im Vorschaubereich ❷ in Weiß mit schwarzem Hintergrund gezeigt. Alternativ könnten Sie auch in den Vorschaubereich klicken, um Ihre Auswahl zu erstellen. Die Auswahl wird dann so erzeugt, als ob Sie mit dem Werkzeug NACH FARBE AUSWÄHLEN arbeiten würden. Allerdings ist diese Funktion so nicht unbedingt für den Praxiseinsatz geeignet, da Sie quasi »blind« arbeiten müssen.

Schwebende Auswahl

Wenn Sie etwas in die Zwischenablage kopieren und in GIMP beispielsweise mit [Strg]/[Ctrl]+[V] einfügen, wird dieser Inhalt erst einmal als *schwebende Auswahl* eingefügt. Eine schwebende Auswahl ist so etwas wie eine temporäre Ebene. Solange sich im Bild eine schwebende Auswahl befindet, können Sie keine anderen Ebenen als die schwebende Auswahl bearbeiten.

Wenn Sie mit der Bearbeitung fertig sind, stehen Ihnen zwei Möglichkeiten zur Verfügung, wie Sie mit der schwebenden Auswahl weiter vorgehen. Öffnen Sie hierfür am besten den EBENEN-Dialog (zum Beispiel mit [Strg]/[Ctrl]+[L]):

▶ **Neue Ebene**: Klicken Sie auf die Schaltfläche links unten ❹ im EBENEN-Dialog (bzw. EBENE • NEUE EBENE oder [⇧]+[Strg]/[Ctrl]+[N]), und aus der schwebenden Auswahl wird eine neue Ebene. Der Vorteil an dieser Möglichkeit ist, dass Ihnen das eingefügte Bild zur weiteren Bearbeitung zur Verfügung steht.

▶ **Ebene verankern**: Klicken Sie auf die Schaltfläche mit dem Anker ❺ im EBENEN-Dialog (bzw. EBENE • EBENE VERANKERN oder [Strg]/[Ctrl]+[H]), um die schwebende Ebene mit der darunterliegenden Ebene zu einer Ebene zusammenzufassen.

Auswahl zu einer schwebenden Auswahl machen | Um aus einer vorhandenen Auswahl eine schwebende Auswahl zu machen, verwenden Sie den Befehl AUSWAHL • SCHWEBEND (oder [Strg]/[Ctrl]+[⇧]+[L]). Beachten Sie allerdings, dass Sie hiermit die Auswahl aus der aktuellen Ebene ausschneiden. In der aktuellen Ebene wird dieser Bereich entweder mit der eingestellten Hintergrundfarbe oder mit Transparenz (wenn ein Alphakanal vorhanden ist) gefüllt.

23.3 Weitere Auswahlen von GIMP

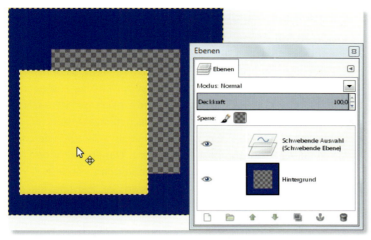

▲ **Abbildung 23.23**
Aus der Auswahl im rechten Bild, die zur Verdeutlichung mit gelber Farbe gefüllt wurde, wurde mit dem Befehl AUSWAHL • SCHWEBEND eine schwebende Auswahl erstellt. Links ist zu sehen, wie diese Auswahl verschoben wurde.

Neue Hilfslinien aus Auswahl

Wenn Sie eine Auswahl erstellt haben und diese Position sichern wollen, hilft Ihnen der Befehl BILD • HILFSLINIEN • NEUE HILFSLINIEN AUS AUSWAHL. Damit werden an den äußeren Rändern einer Auswahl (egal in welcher Form) vier Hilfslinien hinzugefügt.

Zum Nachlesen
Mehr zu den Hilfslinien können Sie auf Seite 113, »Hilfslinien einstellen und verwenden«, nachlesen.

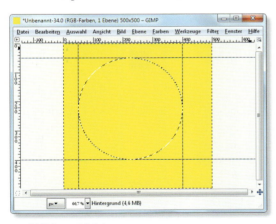
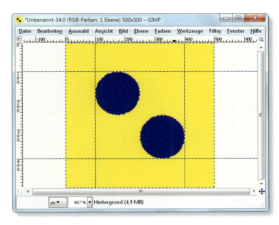

▲ **Abbildung 23.24**
Im linken Bild wurden Hilfslinien zu den Rändern der Auswahl hinzugefügt. Das funktioniert natürlich auch bei komplexeren Auswahlen, wie das rechte Bild demonstriert. Die Hilfslinien werden immer an den äußersten Rändern hinzugefügt.

▲ **Abbildung 23.25**
GEHRUNGSLIMIT = 0

▲ **Abbildung 23.26**
GEHRUNGSLIMIT = 100

Auswahl nachziehen

Über das Menü BEARBEITEN • AUSWAHL NACHZIEHEN finden Sie eine Funktion, um eine im Bild befindliche Auswahl nachzuziehen. Diese Funktion ist natürlich nur aktiviert, wenn Sie eine Auswahl im Bild erstellt haben. Ansonsten ist der Eintrag ausgegraut. Wenn Sie für die Nachzieheinstellung die Option NACHZIEHEN ❶ verwenden, können Sie folgende Stile dazu auswählen:

▶ LINIENBREITE ❸: Über das Zahlenfeld stellen Sie ein, wie breit die Linie sein soll, die gezeichnet wird. Daneben können Sie über eine Dropdown-Liste die Maßeinheit dafür ändern.

▶ VOLLFARBE oder MUSTER ❷: Hier legen Sie fest, ob Sie die eingestellte Vordergrundfarbe zum Nachzeichnen verwenden wollen oder das aktive Muster (siehe FENSTER • ANDOCKBARE DIALOGE • MUSTER bzw. [Strg]/[Ctrl]+[⇧]+[P]).

▶ LINIENSTIL ❹: Hier finden Sie viele verschiedene Einstellungen. Mit AUFSATZSTIL bestimmen Sie den Anfang und das Ende einer Linie. Der VERBINDUNGSSTIL legt fest, wie Verbindungsstücke einer Linie (beispielsweise um die Ecke) nachgezeichnet werden sollen. Wurde beim Verbindungsstil GEHRUNG (standardmäßig der Fall) ausgewählt, können Sie mit GEHRUNGSLIMIT ❺ einstellen, wie stark die Eckverbindungen zugespitzt werden und die Linienstärke verbreitert wird. Mit STRICHMUSTER können Sie Ihre eigenen Strichmuster erzeugen, indem Sie auf die Linie klicken, oder Sie wählen darunter aus vordefinierten Strichen aus. Mit KANTENGLÄTTUNG werden runde Kanten besser geglättet.

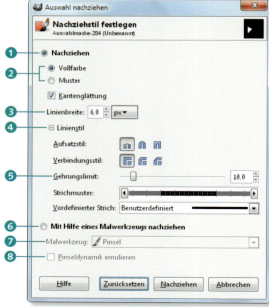

Abbildung 23.27 ▶
Der Dialog AUSWAHL NACHZIEHEN

Wählen Sie hingegen die Option Mit Hilfe eines Malwerkzeugs nachziehen 6 aus, bestimmen Sie in der entsprechenden Dropdown-Liste 7 das zu benutzende Malwerkzeug. Hierbei werden immer die zuletzt gemachten Werkzeugeinstellungen des entsprechenden Malwerkzeugs verwendet. Mit Pinseldynamik emulieren 8 können Sie auch die eingestellte Pinseldynamik der Werkzeuge verwenden.

◄ **Abbildung 23.28**
Neben dem Nachziehen von üblichen Auswahlen, wie im linken Bild zu sehen, lassen sich mit Auswahl nachziehen auch kreativere Ergebnisse erstellen, wie im rechten Bild mit einer Textauswahl.

23.4 Auswahl(en) aus Alphakanal erstellen

Mit dem Befehl Ebene • Transparenz • Auswahl aus Alphakanal wandeln Sie den Ebeneninhalt der aktiven Ebene in eine Auswahl um, wenn das Bild einen Alphakanal enthält. Andere bereits vorhandene Auswahlen im Bild werden verworfen.

Beachten Sie hierbei, dass bei der Auswahl nur Bildbereiche beachtet werden, deren Alphawert größer als ca. 127 (nach eigenen Messungen) ist. Werte unterhalb des transparenten Wertes werden nicht mit ausgewählt.

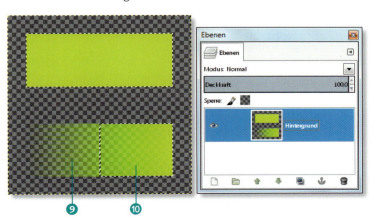

◄ **Abbildung 23.29**
Hier wurden die nichttransparenten Pixel der aktiven Ebene mit Auswahl aus Alphakanal ausgewählt. Beim unteren, grünen Farbverlauf 10 wurde nicht der komplette Ebeneninhalt ausgewählt, weil die Deckkraft der Auswahl im linken Teil 9 nicht mehr ausreichend war.

Die anderen drei Befehle im Menü EBENE • TRANSPARENZ – ZUR AUSWAHL HINZUFÜGEN, VON AUSWAHL ABZIEHEN und SCHNITTMENGE BILDEN – können Sie in ähnlicher Weise in Abhängigkeit von der Transparenz verwenden.

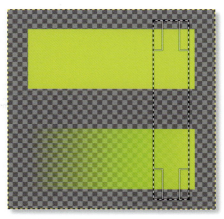

▲ **Abbildung 23.30**
Hier wurde eine rechteckige Auswahl erstellt…

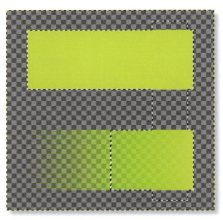

▲ **Abbildung 23.31**
…und mit dem Befehl ZUR AUSWAHL HINZUFÜGEN wurden die nichttransparenten Pixel zur Auswahl hinzugefügt…

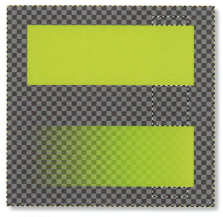

▲ **Abbildung 23.32**
…während hier mit dem Befehl VON AUSWAHL ABZIEHEN die nichttransparenten Pixel von der Auswahl entfernt wurden…

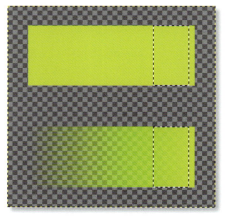

▲ **Abbildung 23.33**
…und in diesem Beispiel mit dem Befehl SCHNITTMENGE BILDEN die nichttransparenten Pixel mit der Auswahl geschnitten wurden.

23.5 Auswahlen in Ablagen verwalten

Wenn Sie mit Auswahlen arbeiten, wird es häufiger vorkommen, dass Sie den Inhalt einer Auswahl sichern und später wiederverwenden wollen. In der Praxis können Sie hierfür die klassische Zwischenablage oder den Dialog ABLAGEN verwenden.

23.5 Auswahlen in Ablagen verwalten

Neben der gewöhnlichen Zwischenablage, die eigentlich vom Betriebssystem bereitgestellt wird, bietet GIMP auch eigene Ablagen, die Sie bequem verwalten und verwenden können. Eine eigene Ablage in GIMP hat im Gegensatz zur allgemeinen Zwischenablage den Vorteil, dass Sie mehrere Ablagen verwalten und verwenden können. Bei der einfachen Zwischenablage wird nach jedem erneuten Kopieren von Bildern der alte Inhalt überschrieben und kann somit nicht mehr verwendet werden.

Funktionen, um etwas zu dieser Ablage hinzuzufügen, finden Sie im Menü BEARBEITEN • ABLAGEN. Mit dem darin enthaltenen Befehl IN ABLAGE VERSCHIEBEN schneiden Sie ein Bild, eine Auswahl oder eine Maske in die Ablage aus (nicht mit der Zwischenablage verwechseln!). Ähnliches erreichen Sie mit IN ABLAGE KOPIEREN, nur dass Sie hiermit das Bild oder die Auswahl nur in die Ablage kopieren und nicht gleich vom Original entfernen.

Die Ablage ist nicht identisch mit der Zwischenablage!
Es kann nicht oft genug betont werden, dass es sich bei der GIMP-Ablage *nicht* um die Zwischenablage des Betriebssystems handelt.
In die typische Zwischenablage können Sie jederzeit ein Bild oder eine Auswahl mit BEARBEITEN • KOPIEREN (oder [Strg]/[Ctrl]+[C]) oder BEARBEITEN • AUSSCHNEIDEN (oder [Strg]/[Ctrl]+[X]) einfügen und mit BEARBEITEN • EINFÜGEN (oder [Strg]/[Ctrl]+[V]) oder mit einer der Funktionen unter BEARBEITEN • EINFÜGEN ALS in GIMP einfügen. Das Einfügen funktioniert natürlich auch, wenn Sie ein Bild im Webbrowser oder in den meisten anderen Programmen in die Zwischenablage kopieren und in GIMP wieder einfügen.

▲ **Abbildung 23.34**
Das Menü wird über BEARBEITEN • ABLAGEN aufgerufen.

Wenn Sie eines der Kommandos aufgerufen haben, öffnet sich ein Dialog, in dem Sie den Namen für die neue Ablage vergeben.

▲ **Abbildung 23.35**
Einen Namen für die neue Ablage vergeben

Dialog »Ablagen«

Um auf die GIMP-eigene Ablage zuzugreifen, wird der dockbare Dialog ABLAGEN verwendet, den Sie über das Menü FENSTER • ANDOCKBARE DIALOGE • ABLAGEN aufrufen. Die Miniaturvorschaugröße und die Listen- oder Rasterdarstellung können Sie über das Reitermenü ❶ (Abbildung 23.36) anpassen. Ganz oben ❷ in dem Dialog finden Sie außerdem auch (falls vorhanden) den

GIMP beenden
Wenn Sie GIMP beenden, wird auch diese Ablage geleert und steht beim nächsten Start nicht mehr zur Verfügung. Die einzige Möglichkeit, diese Ablage zu sichern, ist, aus den Ablagen über die dritte Schaltfläche ❻ ein neues Bild zu erstellen und in einem gängigen Format abzuspeichern.

▲ **Abbildung 23.36**
Übersicht über die verschiedenen ABLAGEN im gleichnamigen Dialog. In diesem Beispiel finden Sie drei wiederverwendbare Ablagen ❸.

Abbildung 23.37 ▼
Hier wurde die Ablage durch einen Doppelklick oder einen Klick auf die erste Schaltfläche von links ❹ in das aktive Bild (ein einfacher Verlauf) als schwebende Auswahl eingefügt ❽. Verankern können Sie die Auswahl mit dem Ankersymbol ❾ im EBENEN-Dialog.

Inhalt der klassischen ZWISCHENABLAGE wieder, den Sie beispielsweise mit BEARBEITEN • EINFÜGEN (oder `Strg`/`Ctrl`+`V`) als schwebende Auswahl einfügen können. Über den Dialog können Sie die klassische Zwischenablage allerdings nicht verwalten.

Die Ablageneinträge werden mit einer Miniaturvorschau, dem Namen, den Sie der Ablage gegeben haben, und der Bildgröße (Breite×Höhe) in Pixel angezeigt. Wenn Sie einen Eintrag in der Ablagenliste doppelklicken, wird diese Ablage als schwebende Auswahl komplett in das zuletzt aktive Bild eingefügt. Das Gleiche hätten Sie auch über die erste Schaltfläche links unten ❹ im Dialog erreicht. Auch wenn im Bild eine aktive Auswahl vorhanden ist, die kleiner als das Ablagenobjekt ist, wird trotzdem das komplette Ablagenobjekt eingefügt und die vorhandene Auswahl entfernt.

Mit der zweiten Schaltfläche ❺ wird die Ablage in eine Auswahl eingefügt. Dies bedeutet: Besitzt das aktive Bild eine Auswahl, wird der Ablageninhalt in diese Auswahl eingefügt. Besitzt das aktive Bild hingegen keine Auswahl, verhält sich die zweite Schaltfläche wie die erste und fügt die komplette Ablage als schwebende Auswahl ein. Wie viel von der eingefügten Ablage angezeigt wird, hängt von der Größe der Auswahl ab. Ist zum Beispiel die Auswahl kleiner als das Ablagenbild, wird nur ein Teil im aktiven Bild angezeigt.

Mit der dritten Schaltfläche ❻ wird aus dem Inhalt der aktiven Ablage ein neues Bild erstellt, und mit der letzten Schaltfläche ❼ entfernen Sie einen Eintrag aus der ABLAGE und löschen ihn von der Liste.

◀ **Abbildung 23.38**
Hier wurde das Bild nochmals in eine Auswahl ⓫ eingefügt, die kleiner als das Bild ist (zu erkennen an der inneren schwarz-weiß gestrichelten Linie). Um den Rest des Bildes wird ebenfalls eine schwarz-weiße Auswahllinie ⓬ eingeblendet. Auch diese Ablage wird als schwebende Auswahl ❿ eingefügt.

23.6 Wichtige Auswahltechniken

Jetzt kennen Sie bereits alle Auswahlwerkzeuge und die Optionen und Befehle aus dem AUSWAHL-Menü. Darüber hinaus gibt es noch einige alltägliche, aber durchaus wichtige Auswahltechniken.

Auswahllinie verschieben

Alle Auswahllinien (oder Ameisenlinien), egal mit welchem Auswahlwerkzeug sie erstellt wurden, lassen sich mit dem VERSCHIEBEN-Werkzeug (M) verschieben. Hierzu müssen Sie lediglich in den Werkzeugeinstellungen des Modus für VERSCHIEBEN auf AUSWAHL ⓭ stellen.

▲ **Abbildung 23.39**
Wenn Sie den Modus VERSCHIEBEN auf AUSWAHL ⓭ stellen...

▲ **Abbildung 23.40**
...dann lässt sich nur die Auswahllinie verschieben.

Kapitel 23 Auswahlbefehle und -optionen

Auswahlinhalte verschieben

> **Inhalt verschieben (2)**
>
> Mit den Werkzeugen Rechteckige Auswahl und Elliptische Auswahl können Sie mit Hilfe der Tastenkombination `Alt`+`Strg`/`Ctrl` und gedrückter linker Maustaste den Auswahlinhalt verschieben, wenn die Auswahl noch nicht betätigt wurde (sprich, die Griffpunkte noch vorhanden sind). Wollen Sie hingegen den aktuellen Inhalt der Auswahl erhalten und trotzdem eine Kopie der Auswahl verschieben, verwenden Sie die Tastenkombination `Alt`+`⇧`, allerdings auch nur bei den beiden anfangs erwähnten Werkzeugen.

Der einzige Weg, den Inhalt einer Auswahl zu verschieben, ist, diese zuvor mit Auswahl • Schwebend oder `Strg`/`Ctrl`+`⇧`+`L` in eine schwebende Auswahl umzuwandeln.

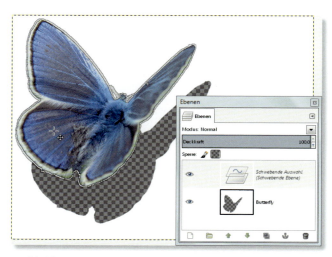

▲ **Abbildung 23.41**
Den Auswahlinhalt verschieben Sie mit einer schwebenden Auswahl.

Auswahlinhalt löschen

Den Auswahlinhalt entfernen Sie, indem Sie die `Entf`-Taste betätigen oder Bearbeiten • Löschen wählen. Abhängig davon, ob das Bild oder die Ebene einen Alphakanal hat oder nicht, wird das entstandene Loch entweder mit der aktuell eingestellten Hintergrundfarbe oder mit Transparenz gefüllt. Einen Inhalt können Sie auch mit Bearbeiten • Ausschneiden entfernen.

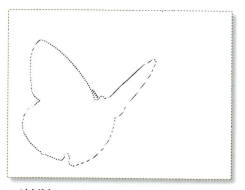

▲ **Abbildung 23.42**
Die Auswahl wurde gelöscht. Da diese Ebene keinen Alphakanal besitzt, wurde der freie Platz mit der eingestellten Hintergrundfarbe (hier Weiß) gefüllt.

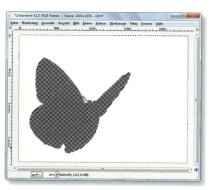

▲ **Abbildung 23.43**
Hier wurde ebenfalls die Auswahl gelöscht. Da diese Ebene einen Alphakanal hatte, wird der entfernte Bereich transparent.

Kapitel 24
Bildbereiche freistellen mit Auswahlen

Benötigen Sie etwas ungleichmäßigere oder speziellere Auswahlen oder wollen Sie ein Motiv freistellen, dann brauchen Sie speziellere Auswahlwerkzeuge dafür. GIMP bietet Ihnen auch hierfür einige interessante Spezialisten für unterschiedliche Anwendungsfälle an, auf die in den folgenden Abschnitten eingegangen wird.

24.1 Werkzeuge für komplexe Auswahlen

Nachdem Sie mit den Werkzeugen RECHTECKIGE AUSWAHL und ELLIPTISCHE AUSWAHL die Grundlagen der Auswahlen kennengelernt haben, ist es an der Zeit, die etwas komplexeren Werkzeuge unter die Lupe zu nehmen. Mit »komplex« ist hier natürlich nicht die Bedienung des Werkzeugs gemeint, sondern eher, dass sich mit diesen Werkzeugen komplexere Auswahlen erstellen lassen.

Freie Auswahl (Lasso-Werkzeug)

Mit dem Werkzeug FREIE AUSWAHL (Tastenkürzel F) wählen Sie Bereiche eines Bildes oder einer Ebene frei aus. Das Werkzeug wird gerne für grobe Vorarbeiten verwendet. Wollen Sie beispielsweise ein Objekt freistellen, können Sie mit diesem Werkzeug eine grobe Auswahl erstellen und diese mit anderen Werkzeugen nach und nach verfeinern. Für präzise Auswahlen eignet sich das Werkzeug allerdings weniger.

Werkzeugeinstellungen
Das Werkzeug hat neben den üblichen Auswahlmodi nur die beiden Einstellungen KANTEN GLÄTTEN und KANTEN AUSBLENDEN. Die Modi und Einstellungen wurden bereits in Abschnitt 22.2, »Allgemeine Werkzeugeinstellungen«, beschrieben.

Bedienung | Das Werkzeug lässt sich sehr komfortabel auf zwei Arten verwenden:

- **Freie Auswahl**: Eine freie Auswahl erstellen Sie, indem Sie mit gedrückter linker Maustaste auf dem Bild um den Bereich herumfahren, den Sie auswählen wollen. Das Werkzeug lässt sich noch besser mit Hilfe eines Grafiktabletts verwenden, falls Sie eines besitzen.

▶ **Polygonale Auswahl**: Die zweite Möglichkeit, das Werkzeug zu nutzen, ist durch Klicken und Ziehen. Durch jedes Klicken legen Sie hierbei einen Kontrollpunkt an, der, wenn Sie einen weiteren Kontrollpunkt durch Klicken erstellen, immer mit dem zuletzt erstellten Kontrollpunkt verbunden wird. Natürlich können Sie hier auch jederzeit wieder mit gedrückter linker Maustaste um die Auswahl herum weiterziehen. Mit gedrückter ⟨Strg⟩/⟨Ctrl⟩-Taste erzeugen Sie eine weitere Auswahllinie in 15°-Schritten.

Abbildung 24.1 ▶
Bei beiden Abbildungen wurde das Werkzeug FREIE AUSWAHL verwendet. In der linken Abbildung wurde die Auswahl mit gedrückter linker Maustaste und im rechten Bild mit mehreren Kontrollpunkten erzeugt.

Um eine mit dem Werkzeug FREIE AUSWAHL erstellte Auswahl zu bestätigen, damit ein Auswahlrahmen angezeigt wird, haben Sie mehrere Möglichkeiten:

▶ Wenn Sie das Werkzeug mit gedrückter linker Maustaste benutzen, lassen Sie die Maustaste genau über dem Anfangspunkt ❶ los.
▶ Verbinden Sie den letzten Kontrollpunkt mit dem Start-Kontrollpunkt ❷, indem Sie auf Letzteren klicken.

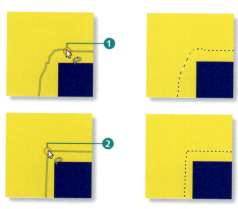

Abbildung 24.2 ▶
Lassen Sie die Maustaste beim Aufziehen der Auswahl mit gedrückter linker Maustaste exakt über dem Startpunkt ❶ los, wird die Auswahl mit dem Auswahlrahmen angezeigt.

Abbildung 24.3 ▶
Verbinden Sie den zuletzt erstellten Kontrollpunkt mit dem Start-Kontrollpunkt ❷, wird die Auswahl ebenfalls bestätigt.

▶ Betätigen Sie einfach die ⏎-Taste. Dann wird der zuletzt angelegte Kontrollpunkt, egal von welcher Position, kerzengerade zum Startpunkt gezogen und die Auswahl geschlossen.

Die Position eines Kontrollpunktes verschieben Sie, indem Sie mit dem Mauszeiger exakt über den Kontrollpunkt gehen. Am Mauszeiger erkennen Sie jetzt das Verschieben-Symbol ❸, und Sie können mit gedrückter linker Maustaste die Position und sogar die Größe der bisher erstellten freien Auswahl ändern.

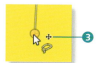

▲ **Abbildung 24.4**
Über den Kontrollpunkt können Sie mit gedrückter linker Maustaste die Position und Größe der bisherigen Auswahl ändern.

Zauberstab

Mit dem ZAUBERSTAB (U) wählen Sie mit einem Klick ins Bild oder in die aktive Ebene ähnliche, benachbarte Bereiche aus. Entscheidend für die erfolgreiche Verwendung des Werkzeugs ZAUBERSTAB ist der optimale Startpunkt. Am besten funktioniert der ZAUBERSTAB natürlich mit Bildern, in denen sich einzelne Bildelemente stark voneinander abgrenzen.

Werkzeugeinstellungen | Ebenfalls ausschlaggebend für einen erfolgreichen Einsatz des Werkzeugs sind die Werkzeugeinstellungen. Die allgemeinen Einstellungen für die Auswahlwerkzeuge – MODUS, KANTEN GLÄTTEN und KANTEN AUSBLENDEN – wurden bereits in Abschnitt 22.2, »Allgemeine Werkzeugeinstellungen«, ausführlich beschrieben.

Ist TRANSPARENTE BEREICHE AUSWÄHLEN ❹ aktiviert, lassen sich mit dem ZAUBERSTAB auch transparente Bereiche markieren, was standardmäßig der Fall ist, aber nicht immer wünschenswert ist.

Wenn Sie mehrere Ebenen haben, bei denen die aktive Ebene etwas durchsichtig ist und die darunterliegenden Ebenen sichtbar sind, oder die oberste sichtbare Ebene einen anderen Ebenenmodus als NORMAL verwenden, können Sie die Option VEREINIGUNG ÜBERPRÜFEN ❺ aktivieren. Hiermit wird das aktuelle Gesamtbild – genauer das, was Sie gerade sehen können – beim Auswählen mit dem ZAUBERSTAB verwendet. Wenn die Option deaktiviert ist (Standardeinstellung), wird nur die aktive Ebene bei der Auswahl beachtet.

Die wichtigste Option ist SCHWELLWERT ❻, mit der Sie den Schwellwert eingeben und festlegen, wie sensibel das Werkzeug auf die Farbunterschiede reagieren soll. Je niedriger Sie diesen Wert einstellen, desto weniger unterschiedliche Farben werden berücksichtigt. Je höher dieser Wert ist, desto mehr unterschiedliche Farben werden bei der Auswahl berücksichtigt. Mit einem maximalen Wert von 255 würden Sie praktisch alle Pixel im Bild

Abbildung 24.5 ▲
Werkzeugeinstellungen des Werkzeugs ZAUBERSTAB

auswählen und mit dem Wert 0 nur exakt dieselbe Farbe, die Sie angeklickt haben.

Über die Dropdown-Liste AUSWÄHLEN NACH ❼ bestimmen Sie, welche der Komponenten ROT, GRÜN, BLAU, FARBTON, SÄTTIGUNG und WERT GIMP zur Berechnung der Ähnlichkeit beim Auswählen mit dem ZAUBERSTAB verwenden soll.

Schritt für Schritt:
Zauberstab verwenden

Atlas.jpg und Himmel.jpg

1 Bereich auswählen

Laden Sie das Bild in GIMP, und wählen Sie den ZAUBERSTAB (U). Stellen Sie den MODUS bei den Werkzeugoptionen auf ZUR AKTUELLEN AUSWAHL HINZUFÜGEN ❶ ein. Verwenden Sie bei SCHWELLWERT ❸ den Wert 50. Die Option KANTEN GLÄTTEN ❷ lassen Sie aktiviert.

Ziel ist es, den Himmel auszuwählen und anschließend zu entfernen. Legen Sie daher im Bild mit EBENE • TRANSPARENZ • ALPHAKANAL HINZUFÜGEN einen Alphakanal an. Gehen Sie jetzt mit dem ZAUBERSTAB in das Bild, und klicken Sie einmal im Bereich des Himmels.

Abbildung 24.6 ▶
Die Auswahl nach dem ersten Klick

2 Weitere Bereiche auswählen

Wiederholen Sie den Vorgang mehrmals in Bereichen, die beim ersten Mal nicht ausgewählt wurden. Da Sie gleich den Modus

24.1 Werkzeuge für komplexe Auswahlen

auf ZUR AKTUELLEN AUSWAHL HINZUFÜGEN ❶ eingestellt haben, wird die neue Auswahl zur vorhandenen hinzugefügt. Reduzieren Sie bei den Details auch den SCHWELLWERT, weil sonst meistens mehr ausgewählt wird, als Sie vielleicht wollen.

◄ Abbildung 24.7
Details auswählen

3 Schnellmaske verwenden

Um deutlicher zu sehen, was Sie ausgewählt haben und was nicht, sollten Sie die Schnellmaske über AUSWAHL • SCHNELLMASKE UMSCHALTEN (bzw. [Strg]/[Ctrl]+[Q]) verwenden. Die Schnellmaske können Sie auch über die kleine Schaltfläche ❹ links unten im Bildfenster (de-)aktivieren.

Mit Schnellmaske auswählen

Die Schnellmaske dient nicht nur dazu, eine Auswahl zu beurteilen. Sie können mit der Schnellmaske und den Malwerkzeugen die Auswahl auch verbessern. Darauf wird in Abschnitt 24.2, »Schnellmaske verwenden«, eingegangen.

◄ Abbildung 24.8
In der Schnellmaske wird rot angezeigt, was sich nicht in der Auswahl befindet.

547

Kapitel 24 Bildbereiche freistellen mit Auswahlen

Bedienung
Die Bedienung des Werkzeugs ZAUBERSTAB ist zwar im Grunde sehr einfach, aber es kann ein wenig Übung und Geduld erfordern, bis man ein Fingerspitzengefühl für den SCHWELLWERT und den Auswahlbereich bekommt. Wenn das aber einmal sitzt, geht die Auswahl mit dem Werkzeug recht einfach von der Hand.

4 Details von der Auswahl abziehen
Natürlich wird es häufig auch vorkommen, dass Sie mehr ausgewählt haben, als Sie benötigen. In dem Fall stellen Sie den Modus des Werkzeugs auf VON DER AKTUELLEN AUSWAHL ABZIEHEN ❶ oder halten die `Strg`/`Ctrl`-Taste beim Auswählen gedrückt. Den SCHWELLWERT ❷ sollten Sie hierbei auch etwas reduzieren, damit Sie nicht wieder Teile des Himmels abwählen. Eine noch bessere Ergänzung, um die Auswahl nachträglich zu verfeinern, wären die Schnellmaske und die Malwerkzeuge.

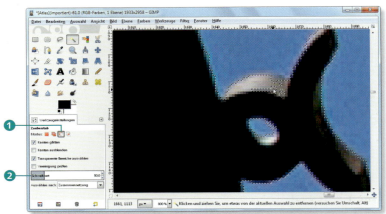

Abbildung 24.9 ▶
Zu viel ausgewählte Bereiche wieder entfernen

5 Himmel entfernen
Mit einem Tastendruck auf `Entf` oder mit BEARBEITEN • LÖSCHEN entfernen Sie den ausgewählten Himmel. Im Beispiel habe ich dann einen anderen Himmel als neue Ebene hinter der transparenten Fläche des Bildes platziert und so den Himmel ausgetauscht.

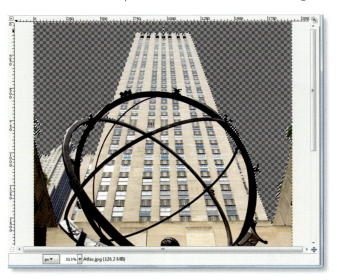

Abbildung 24.10 ▶
Der Himmel wurde entfernt.

24.1 Werkzeuge für komplexe Auswahlen

▲ Abbildung 24.11
Das Ausgangsbild

▲ Abbildung 24.12
Mit neuem Himmel im Hintergrund erscheint das Bild wesentlich interessanter.

Nach Farbe auswählen

Das Werkzeug NACH FARBE AUSWÄHLEN (Tastenkürzel ⇧+O) lässt sich genauso verwenden wie der ZAUBERSTAB und hat auch die gleichen Werkzeugeinstellungen. Daher gilt alles, was im Abschnitt zuvor bei dem ZAUBERSTAB beschrieben wurde, auch für das Werkzeug NACH FARBE AUSWÄHLEN.

Der Unterschied zwischen diesen beiden Werkzeugen liegt darin, dass mit dem Werkzeug NACH FARBE AUSWÄHLEN **alle Bereiche** im Bild ausgewählt werden, deren Farben ähnlich zum ausgewählten Punkt sind. Der ZAUBERSTAB hingegen markiert nur die **benachbarten Bereiche** ähnlicher Farbe im Bild.

Kiwi.jpg

◀ Abbildung 24.13
Das Ausgangsbild

▲ **Abbildung 24.14**
Hier wurde mit dem ZAUBERSTAB der schwarze Hintergrund ausgewählt und zur Verdeutlichung lila eingefärbt.

▲ **Abbildung 24.15**
Dasselbe wurde jetzt auch mit den gleichen Einstellungen mit dem Werkzeug NACH FARBE AUSWÄHLEN durchgeführt. Dass hier auch die schwarzen Kerne in der Mitte ausgewählt wurden, liegt daran, dass das Werkzeug auf alle Bereiche des Bildes wirkt.

Magnetische Schere

Das Werkzeug MAGNETISCHE SCHERE (Tastenkürzel [I]), auch als *Intelligente Schere* bekannt (und im Menü WERKZEUGE so benannt), ist eine Mischung aus dem Werkzeug FREIE AUSWAHL und dem PFADE-Werkzeug. Das Werkzeug wird auch manchmal als *Intelligente Schere* bezeichnet, weil es sehr gut beim Auswählen von farblich deutlich abgehobenen Bildbereichen wirkt und selbstständig die Kanten und Kurven um diese Region herum auszuwählen versucht.

> **Fein-Tuning mit Schnellmaske**
>
> Nicht immer arbeitet die MAGNETISCHE SCHERE so, wie Sie es vielleicht gerne hätten. Häufig bekommen Sie hiermit eher unsaubere Kanten bei den Auswahlen. Solche Kanten sollten Sie im Modus SCHNELLMASKE mit den Malwerkzeugen verbessern. Wie dies funktioniert, erfahren Sie in Abschnitt 24.2, »Schnellmaske verwenden«.

Abbildung 24.16 ▶
Obwohl diese beiden Kontrollpunkte um die Kurve gehen, findet das Werkzeug die Farbkanten. Allerdings funktioniert das nicht immer so gut wie in dieser Abbildung.

Foto: Brigitte Bolliger/pixelio.de

24.1 Werkzeuge für komplexe Auswahlen

Bedienung | Wenn Sie mit dem Werkzeug ins Bild klicken, wird ein neuer Kontrollpunkt erzeugt. Dieser Kontrollpunkt wird immer automatisch mit dem vorherigen Kontrollpunkt verbunden. Das Werkzeug versucht dabei, immer vom vorherigen Kontrollpunkt zum aktuellen Kontrollpunkt die optimalen Kanten zu finden (siehe Abbildung 24.16).

Wenn Sie mit einem Kontrollpunkt nicht zufrieden sind, können Sie diesen jederzeit durch Anklicken und Ziehen verschieben. Einzig der Startpunkt und der letzte Punkt lassen sich nicht verschieben. Wenn Sie einen Kontrollpunkt verschieben können, erkennen Sie dies am Mauszeiger, an dem das Verschieben-Symbol ❶ angezeigt wird.

Wenn das Werkzeug die Farbkante nicht richtig erkannt hat, können Sie jederzeit nachträglich neue Punkte einbringen. Klicken Sie hierzu mit der linken Maustaste auf die Kurve ❷, die Sie korrigieren wollen, und halten Sie die Maustaste gedrückt. Ziehen Sie jetzt mit gedrückter Maustaste diese Kurve mit dem neuen Kontrollpunkt an die Kante ❸. Lassen Sie die Maustaste los, sollte das Werkzeug schon ein besseres Ergebnis liefern ❹. Ist dies nicht der Fall, können Sie noch weitere Punkte hinzufügen.

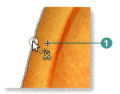

▲ **Abbildung 24.17**
Abgesehen vom ersten und letzten Kontrollpunkt können alle nachträglich verschoben werden.

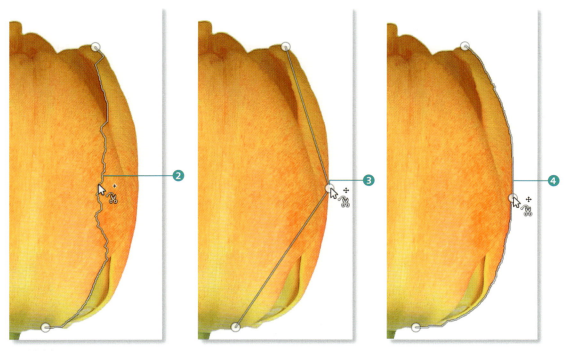

▲ **Abbildung 24.18**
War die Auswahlgrenze nicht gut genug, können Sie weitere Auswahlpunkte hinzufügen.

Kapitel 24 Bildbereiche freistellen mit Auswahlen

Zum Bestätigen einer Auswahl gehen Sie mit dem Mauszeiger über den Startpunkt, so dass neben dem Mauszeiger ein Ringsymbol ❶ ist, und klicken Sie. Jetzt haben Sie die Auswahl geschlossen. Wollen Sie die Auswahl bestätigen, klicken Sie innerhalb der Auswahl ❷ (der Mauszeiger enthält einen Ring) oder betätigen ⏎, und die Auswahlpunkte und Kurven verwandeln sich in eine echte Auswahllinie ❸.

Wollen Sie hingegen nach dem Schließen der Auswahlpunkte den Vorgang abbrechen, betätigen Sie [Esc]. Solange Sie die Auswahlpunkte noch sehen, können Sie jederzeit weitere Punkte hinzufügen und/oder vorhandene Punkte verschieben, auch wenn Sie die Auswahl bereits geschlossen haben.

Abbildung 24.19 ▼
Aus den Auswahlpunkten eine Auswahl erstellen

Werkzeugeinstellungen | Die allgemeinen Werkzeugeinstellungen kennen Sie bereits aus Abschnitt 22.2, »Allgemeine Werkzeugeinstellungen«.

Zusätzlich bietet das Werkzeug eine Option INTERAKTIVE UMRANDUNG ❹. Wenn Sie diese Option aktivieren, beim Erstellen des nächsten Kontrollpunktes die linke Maustaste gedrückt halten und damit das gewünschte Motiv umfahren, wird nach der Erstellung eines Kontrollpunktes die Kurve sofort, ausgehend von diesem Kontrollpunkt, an der Farbkante entlanggeführt. Sonst wird die Verbindung zu den einzelnen Punkten mit einer geraden Linie angezeigt, und die Berechnung der Farbkanten erfolgt erst nach Loslassen der Maustaste, was auch einen deutlich höheren Rechenaufwand mit sich bringt.

Diese Option ist eine interessante Möglichkeit, weil Sie so die Kantenauswahl sofort beim Ziehen sehen können.

24.1 Werkzeuge für komplexe Auswahlen

▲ **Abbildung 24.20**
Die Werkzeugeinstellungen des Werkzeugs Magnetische Schere

▲ **Abbildung 24.21**
Mit der Option Interaktive Umrandung wird die Kurve sofort bei der Erstellung um die Farbkante angezeigt, wenn Sie die linke Maustaste gedrückt halten.

Vordergrundauswahl

Mit dem Werkzeug Vordergrundauswahl wählen Sie Objekte aus einem Bild oder einer Ebene aus. Zugegeben, das können Sie mit den anderen Werkzeugen auch, nur nicht so interaktiv.

Das Vordergrundauswahl-Werkzeug lässt sich nicht einfach mit ein paar Worten erklären, weshalb hierzu gleich eine Schritt-für-Schritt-Anleitung mit der grundlegenden Bedienung des Werkzeugs folgt.

Blume.jpg

Schritt für Schritt:
Objekt mit Vordergrundauswahl extrahieren

1 Vordergrund grob auswählen

Wählen Sie zunächst mit dem Werkzeug Vordergrundauswahl grob den gewünschten Bereich aus. Das Werkzeug lässt sich zunächst wie das Werkzeug Freie Auswahl verwenden. Sie können diese Auswahl mit gedrückter linker Maustaste ziehen oder mehrere Auswahlpunkte verwenden. Sobald Sie die Auswahlpunkte bestätigen, wird der ausgewählte Teil des Bildes mit einer transparenten blauen Farbe überdeckt.

Zum Nachlesen

Das Werkzeug Freie Auswahl wird auf Seite 543, »Freie Auswahl (Lasso-Werkzeug)«, näher beschrieben.

553

Kapitel 24   Bildbereiche freistellen mit Auswahlen

Abbildung 24.22 ▶
Erste grobe Auswahl um das Objekt erstellt

2   Objekt zum Auswählen markieren

Nun verändert sich das Verhalten des Werkzeugs: Es arbeitet wie ein Pinsel. Maskieren Sie daher nun mit dem Pinsel das Objekt, das Sie auswählen wollen. Vermeiden Sie es, über das Objekt hinauszumalen. Die Pinselgröße passen Sie vorher über den Schieberegler ❶ in den Werkzeugeinstellungen an. Als Farbe wird die eingestellte Vordergrundfarbe im Werkzeugkasten verwendet. Welche Farbe Sie benutzen, ist egal. Sobald Sie die Maustaste beim Malen absetzen, versucht das Werkzeug, das Objekt auszuwählen. Das ist aber nicht unbedingt schlimm, weil Sie den Vorgang auch in mehreren Durchgängen durchführen können, denn es wurde noch keine echte Auswahl erstellt.

Abbildung 24.23 ▼
Vordergrund ausmalen

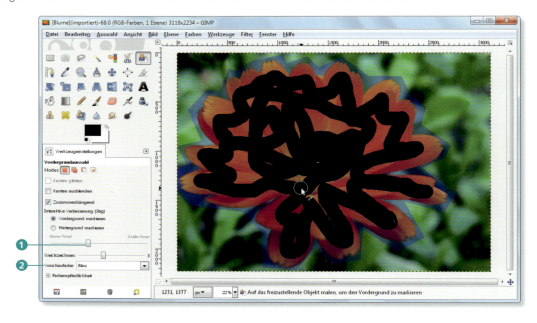

554

24.1 Werkzeuge für komplexe Auswahlen

3 **Ausgewählten Bereich überprüfen**

Wenn Sie die Maustaste nach dem Anmalen des Vordergrunds loslassen, wird der ausgewählte Bereich in der eingestellten VOR-SCHAUFARBE ❷ abgedunkelt (im Beispiel mit Blau). An dieser Stelle muss ich hinzufügen, dass ich mehrere Anläufe brauchte, bis bei mir die Auswahl so gut gelang wie in der Abbildung. Also, geben Sie nicht auf, wenn es nicht gleich auf Anhieb klappt.

◄ **Abbildung 24.24**
Der ausgewählte Bereich wird abgedunkelt.

4 **Auswahl bestätigen**

Am Ende drücken Sie die ⏎-Taste, um die Auswahl zu bestätigen. Weitere Nacharbeiten können Sie jetzt jederzeit noch mit der Schnellmaske (siehe Abschnitt 24.2, »Schnellmaske verwenden«) durchführen. Um die Auswahl freizustellen, invertieren Sie sie einfach mit Strg/Ctrl+I und löschen den Hintergrund mit Entf, vorausgesetzt, die Ebene besitzt einen Alphakanal.

▲ **Abbildung 24.25**
Das Objekt wurde ausgewählt …

▲ **Abbildung 24.26**
… die Auswahl dann invertiert und der Hintergrund entfernt. Frei ist unsere Blume.

Kapitel 24 Bildbereiche freistellen mit Auswahlen

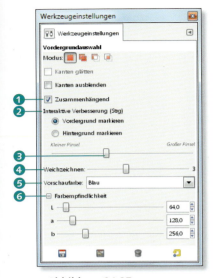

▲ **Abbildung 24.27**
Die Werkzeugeinstellungen der VORDERGRUNDAUSWAHL

Werkzeugeinstellungen | Die ersten drei Einstellungen – MODUS, KANTEN GLÄTTEN (hier nicht aktivierbar) und KANTEN AUSBLENDEN – wurden bereits in Abschnitt 22.2, »Allgemeine Werkzeugeinstellungen«, näher beschrieben.

Mit aktiver Option ZUSAMMENHÄNGEND ❶ werden nur die benachbarten Pixel ausgewählt. Ohne diese Option werden diese ähnlich farbigen Bereiche im gesamten Bild ausgewählt.

Über INTERAKTIVE VERBESSERUNG ❷ können Sie zwischen VORDERGRUND MARKIEREN und HINTERGRUND MARKIEREN auswählen. Alles, was Sie mit der Vordergrundfarbe anmalen, wird ausgewählt, und was Sie mit der Hintergrundfarbe auswählen, wird nicht ausgewählt (bzw. ausradiert). Sie können zwischen diesen beiden Optionen auch mit gehaltener [Strg]/[Ctrl]-Taste umschalten. Als Farbe für die beiden Pinsel werden die im Werkzeugkasten eingestellte Vorder- und Hintergrundfarbe verwendet. Die Pinselgröße stellen Sie über den Schieberegler ❸ darunter ein.

Mit dem Regler WEICHZEICHNEN ❹ können Sie die anschließende Auswahl etwas weichzeichnen, um so kleinere Stellen wie Löcher bei der Auswahl zu überdecken. Die Option bezieht sich wohlgemerkt nur auf die Auswahl. Über die VORSCHAUFARBE ❺ legen Sie die Farbe fest, mit der Sie den nicht ausgewählten Bereich maskieren. Zur Auswahl stehen ROT, GRÜN und BLAU. Auch die Empfindlichkeit der Farbe können Sie über die drei Regler bei FARBEMPFINDLICHKEIT ❻ nach dem Lab-Farbmodell einstellen. Das ist recht nützlich bei Bildern mit unterschiedlichen Farbtönen in gleicher Farbe, um hiermit die Empfindlichkeit bei der Auswahl der Farbe zu verstärken.

24.2 Schnellmaske verwenden

Bei fast allen komplexeren Auswahlwerkzeugen wurden Sie auf diesen Abschnitt verwiesen. Irgendwie auch logisch, weil Sie nur mit Hilfe der Schnellmaske Pixel für Pixel auswählen können. Mit der Schnellmaske können Sie quasi eine Auswahl mit den Malwerkzeugen auf Ihr Bild aufpinseln oder entfernen. Ein häufiger Arbeitsvorgang ist es, eine Auswahl zunächst mit einem der typischen Auswahlwerkzeuge zu erstellen und die Feinarbeiten anschließend mit der Schnellmaske zu erledigen. Wenn Sie sich jetzt ein wenig an die Ebenenmasken erinnert fühlen, dann liegen Sie damit recht gut – die Schnellmasken sind in der Anwendung nicht ganz unähnlich.

Die Schnellmaske selbst können Sie über den Menübefehl AUSWAHL • SCHNELLMASKE UMSCHALTEN bzw. [Strg]/[Ctrl]+[Q]

> **Schnellmaske und Kanäle**
>
> Die Schnellmaske ist eine andere Form der Auswahlmaske (siehe Abschnitt 24.3, »Kanäle und Auswahlmasken«), weshalb Sie sie auch im Dialog KANÄLE wiederfinden.

 Bausteine.jpg

24.2 Schnellmaske verwenden

oder mit einem Mausklick auf die linke untere Schaltfläche im Bildfenster ❼ jederzeit (de-)aktivieren. Im Dialog KANÄLE (FENSTER • ANDOCKBARE DIALOGE • KANÄLE) finden Sie einen Eintrag SCHNELLMASKE ❽, über den Sie ebenfalls die Maske mit Hilfe des Augensymbols ❾ ausblenden können. Standardmäßig wird die Schnellmaske in transparenter (50 %) roter Farbe eingeblendet. Dies lässt sich allerdings jederzeit nachträglich ändern.

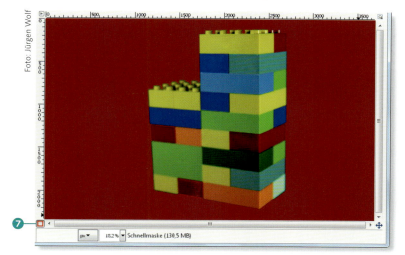

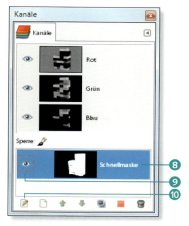

▲ **Abbildung 24.28**
Eine Auswahl mit eingeschalteter Schnellmaske

▲ **Abbildung 24.29**
Schnellmaske im KANÄLE-Dialog

Farbe und Deckkraft der Schnellmaske ändern

Zum Ändern der Farbe, der Deckkraft und des Namens der Schnellmaske doppelklicken Sie im KANÄLE-Dialog die SCHNELLMASKE oder klicken auf die linke untere Schaltfläche ❿.

Im sich öffnenden Dialog KANALEIGENSCHAFTEN können Sie unter KANALNAME ⓫ einen anderen Namen angeben. Interessanter ist aber die Option, die DECKKRAFT ⓬ der Schnellmaske zu ändern. Die Farbe stellen Sie über einen einfachen Klick auf das Farbsymbol ⓭ ein.

◀ **Abbildung 24.30**
Eigenschaften der Schnellmaske ändern

557

Eine neue Auswahl mit der Schnellmaske anlegen

In der Regel wird eine Schnellmaske verwendet, um eine Auswahl zu verfeinern. Es ist aber auch kein Problem, damit eine komplett neue Auswahl zu erstellen. Hierzu können Sie ein Pinselwerkzeug Ihrer Wahl verwenden. Öffnen oder erstellen Sie ein Bild, und schalten Sie auf die Schnellmaske um. Wenn Sie jetzt mit einer weißen Farbe ❶ in der Schnellmaske malen ❷, wird die transparente rötliche Farbe der Schnellmaske entfernt.

Abbildung 24.31 ▼
Mit weißer Farbe auf der Schnellmaske malen

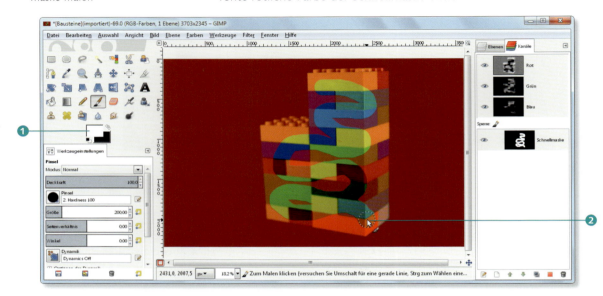

Auswahl aufpinseln
Wollen Sie bei aktiver Schnellmaske eine Auswahl aufpinseln, malen Sie einfach mit der Farbe Weiß und einem Pinselwerkzeug darauf. Entfernen können Sie eine eventuell vorhandene Auswahl mit dem Aufpinseln der Farbe Schwarz. Es stehen Ihnen aber nicht nur Schwarz oder Weiß zur Verfügung. Sie können auch alle anderen Graustufen dazwischen verwenden, um beispielsweise Auswahlen mit weichen Kanten zu erstellen.

Schalten Sie jetzt die Schnellmaske wieder aus, finden Sie an der Stelle, wo Sie mit einem weißen Pinselstrich ins Bild gemalt haben, eine neue Auswahl ❸.

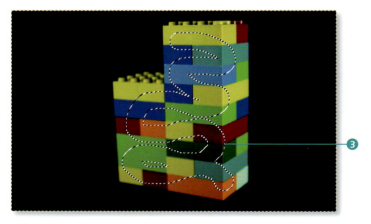

▲ **Abbildung 24.32**
Diese Auswahl wurde mit der Schnellmaske erstellt bzw. aufgepinselt.

Die Auswahl entfernen Sie, indem Sie zurück in die Schnellmaske schalten und die Auswahl mit schwarzer Farbe ❹ wegpinseln. Im Falle der Schnellmaske wird der rötliche Farbton wieder zur Schnellmaske aufgemalt ❺. Schalten Sie die Schnellmaske wieder ab, ist die Auswahl an den Stellen verschwunden ❻, wo Sie mit einem schwarzen Pinselwerkzeug gemalt haben.

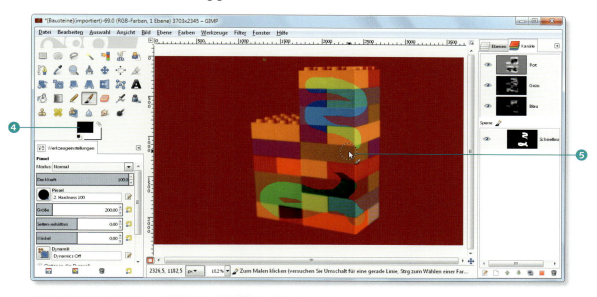

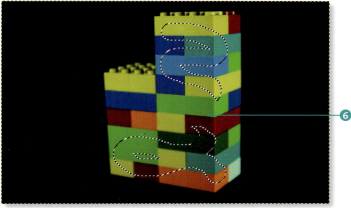

▲ **Abbildung 24.33**
Malen Sie mit schwarzer Farbe auf die Schnellmaske …

◄ **Abbildung 24.34**
… um vorhandene Auswahlen zu entfernen.

Eine vorhandene Auswahl mit der Schnellmaske bearbeiten

Häufig wird die Schnellmaske für das Fein-Tuning von komplexeren Auswahlen verwendet, die mit anderen Werkzeugen erstellt wurden. Nicht immer werden die Kanten sauber ausgewählt, oder es sind mitten im Objekt Bereiche ausgewählt, die nicht gewollt sind.

▲ **Abbildung 24.35**
Hier wurde zu viel ausgewählt.

In Abbildung 24.35 wurden beispielsweise mit dem ZAUBERSTAB 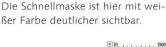 zu viele Bausteine ausgewählt. Hier können Sie entweder nochmals mit dem ZAUBERSTAB und einem anderen SCHWELLWERT darübergehen, oder Sie verwenden eine Schnellmaske.

Schritt für Schritt:
Auswahl verfeinern mit der Schnellmaske

Zugegeben, dieses Beispiel ist etwas trivial, soll aber auch nur die Verwendung der Schnellmaske in solchen Fällen demonstrieren.

1 Schnellmaske aktivieren

Nachdem Sie eine Auswahl erstellt haben, aktivieren Sie die Schnellmaske mit [Strg]/[Ctrl]+[Q] oder über die kleine Schaltfläche links unten ❸ im Bildfenster. Die rötliche Farbe eignet sich in diesem Beispiel nicht so gut, weil hier auch rötliche Bereiche in der Auswahl vorhanden sind. Rufen Sie daher FENSTER • ANDOCKBARE DIALOGE • KANÄLE auf. Doppelklicken Sie den Kanal mit der SCHNELLMASKE ❹, und wählen Sie im Dialog KANALEIGENSCHAFTEN Weiß ❷ als Farbe mit einer DECKKRAFT ❶ von 75 aus. Jetzt können Sie die Auswahl mit Hilfe der Schnellmaske wesentlich deutlicher erkennen.

Abbildung 24.36 ▼
Die Schnellmaske ist hier mit weißer Farbe deutlicher sichtbar.

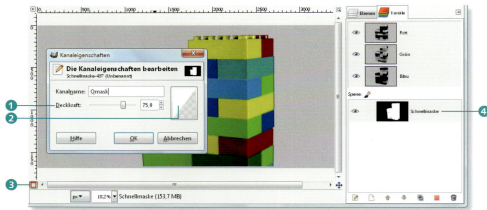

2 Auswahl erweitern

Zoomen Sie jetzt in die Bildbereiche, wo Sie die Auswahl korrigieren wollen. Am besten verwenden Sie hierzu eine 100%-Ansicht. Als Werkzeug habe ich den PINSEL ([P]) verwendet. Als Vordergrundfarbe ❺ müssen Sie hier Weiß benutzen. Damit die neue Auswahl nicht zu hart zum Rest erscheint, habe ich eine weiche Pinselspitze ❻ ausgewählt. Malen Sie jetzt alle weißen Flächen innerhalb der Bausteinfläche mit dem Pinsel weg ❼.

24.2 Schnellmaske verwenden

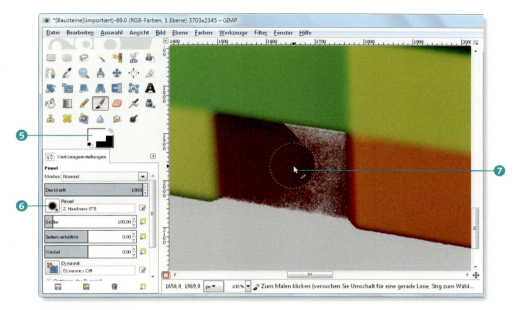

▲ **Abbildung 24.37**
Auswahl mit weißer Farbe hinzumalen

3 Auswahl vergleichen

Schalten Sie immer wieder zwischen der Schnellauswahl und der normalen Auswahl hin und her, um die Qualität der Auswahl zu überprüfen. Haben Sie zu viel ausgewählt, übermalen Sie diesen Bereich einfach in der Schnellmaske mit der Farbe Schwarz.

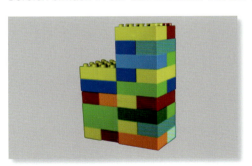
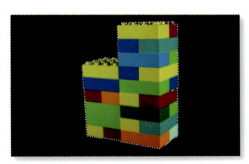

▲ **Abbildung 24.38**
Wenn Sie zwischen der Schnellmaske und der normalen Auswahl umschalten, können Sie sich ein gutes Bild von der Auswahl machen und jederzeit in der Schnellmaske nacharbeiten.

4 Auswahl weiterverwenden

Am Ende können Sie die so freigestellte Auswahl kopieren und in eine neues Bild oder eine neue Ebene einfügen. Oder Sie invertieren einfach die Auswahl, fügen einen Alphakanal hinzu und löschen den Hintergrund.

Schnellmaske in Kanal speichern
Sie können mit Hilfe der Schnellmaske auch eine Auswahl in einem Kanal speichern. Hierzu steht Ihnen das Kommando AUSWAHL • IN KANAL SPEICHERN zur Verfügung. Mehr zu den Kanälen erfahren Sie in Abschnitt 24.3, »Kanäle und Auswahlmasken«.

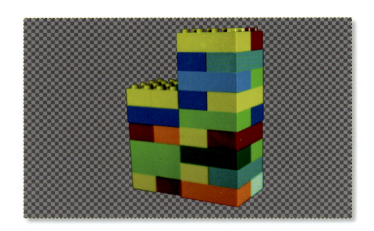

Abbildung 24.39 ▶
Die Auswahl wurde freigestellt und ist für die weitere Bearbeitung bereit.

24.3 Kanäle und Auswahlmasken

Primär geht es in diesem Abschnitt um die Auswahlmasken. Da hierbei aber auch der KANÄLE-Dialog zum Einsatz kommt, der neben den Auswahlmasken auch die RGB-Kanäle enthält, soll an dieser Stelle kurz darauf eingegangen werden. Außerdem lassen sich die einzelnen RGB-Kanäle auch für Auswahlen verwenden, um nur einen bestimmten Farbanteil zu markieren und zu verändern.

Der »Kanäle«-Dialog

Den Dialog KANÄLE finden Sie über FENSTER • ANDOCKBARE DIALOGE • KANÄLE. Er dient der Verwaltung der Kanäle eines Bildes, ähnlich dem EBENEN-Dialog. Der Dialog ist in zwei Teile aufgeteilt: Im oberen Bereich werden die RGB-Farbkanäle ❶ des Bildes angezeigt und im unteren Bereich die Auswahlmasken ❷.

Farbkanäle | Die RGB-Kanäle ROT, GRÜN und BLAU werden in Graustufen dargestellt. Besitzt das Bild einen Alphakanal, finden Sie hier einen Eintrag DECKKRAFT und, wenn vorhanden, auch die Transparenz eines Bildes in Graustufen in der Miniaturvorschau. Indizierte Bilder haben hierbei nur einen Kanal. Sie können jederzeit über das Augensymbol die einzelnen Kanäle ein- und ausblenden. Wenn Sie einen Kanal abschalten, sehen Sie dies auch gleich auf dem Bildschirm. Die Farbkanäle können Sie nicht löschen oder verschieben, aber einen Kanal duplizieren, um eine Auswahlmaske daraus zu erzeugen.

Wollen Sie Operationen auf nur einem Kanal durchführen, müssen Sie darauf achten, dass nur dieser Kanal im Dialog in

▲ **Abbildung 24.40**
Der Dialog KANÄLE

Blau markiert ist. Standardmäßig sind alle Kanäle aktiv. Achten Sie daher darauf, dass Sie nicht vergessen, alle Kanäle wieder zu aktivieren.

Kanäle einzeln bearbeiten | In Abbildung 24.41 wurde nur der Kanal ROT aktiviert. Malen Sie jetzt beispielsweise auf das Bild, wirkt sich dies nur auf diesen Kanal aus. Im Beispiel wurde der GAUSSSCHE WEICHZEICHNER auf diesen Kanal angewandt (wie sich in der Miniaturvorschau erkennen lässt). Die beiden anderen Ebenen wurden von diesem Filter nicht berücksichtigt.

◀ **Abbildung 24.41**
Kanäle lassen sich auch einzeln bearbeiten. In der Abbildung wurde nur der rote Farbkanal weichgezeichnet, was dem kleinen Kerl einen sphärischen Schein verleiht.

Auswahlmasken

Die Auswahlmasken sind den Schnellmasken recht ähnlich. Nur haben die Auswahlmasken den Vorteil, dass Sie die Auswahlen speichern, nachträglich verändern und auch in anderen Dateien wiederverwenden können. Diese Auswahlmasken werden über Kanäle im KANÄLE-Dialog realisiert und verwaltet.

Auswahlmasken erstellen | Zum Erstellen einer Auswahlmaske stehen Ihnen vier Möglichkeiten zur Verfügung:
- Wenn bereits eine Auswahl existiert, erzeugen Sie daraus eine Auswahlmaske über den Menübefehl AUSWAHL • IN KANAL SPEICHERN. Die Auswahlmaske erscheint dann gewöhnlich unter dem Namen »Qmask-Kopie« ❶ (Abbildung 24.42).
- Über den Dialog KANÄLE erstellen Sie einen neuen Kanal für die Auswahlmaske, indem Sie auf die entsprechende Schaltfläche klicken ❺. Der neue Kanal mit der Auswahlmaske hat den Namen »Kanal« ❷, falls Sie im sich öffnenden Dialog keinen neuen Namen angeben.

Auswahlmaske aus RGB-Kanal
Wenn Sie einen Rot-, Grün- oder Blau-Kanal duplizieren und eine Auswahlmaske davon erstellt haben, können Sie beispielsweise mit einem duplizierten roten Kanal den Kontrast verbessern, mit dem grünen Kanal lassen sich die Details in Bildern verbessern, und mit einem blauen Kanal können Sie zum Beispiel das Bildrauschen reduzieren. Wenn Sie einen Farbkanal in die Auswahlmaske kopieren, müssen Sie diese Auswahl natürlich auch noch mit dem Augensymbol sichtbar machen.

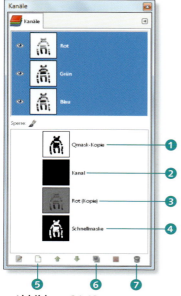

- Sie erzeugen im Dialog KANÄLE eine Auswahl aus einem Kanal. Wählen Sie beispielsweise den Kanal ROT, GRÜN oder BLAU mit der rechten Maustaste aus, und klicken Sie im Kontextmenü auf KANAL DUPLIZIEREN. Alternativ können Sie auch die Schaltfläche zum Duplizieren ❻ verwenden. Haben Sie zum Beispiel den Kanal ROT gewählt, erscheint der duplizierte Kanal mit dem Namen »Rot (Kopie)« ❸.
- Und natürlich nicht zu vergessen: Ebenfalls ein neuer Kanal mit einer Auswahlmaske wird erzeugt, wenn Sie eine Schnellmaske erstellen (siehe Abschnitt 24.2, »Schnellmaske verwenden«). Der Name der Maske lautet dann auch »Schnellmaske« ❹.

Abbildung 24.42
Hier wurden verschiedene Typen von Auswahlmasken erzeugt.

Auswahlmaske löschen | Benötigen Sie eine Maske nicht mehr, können Sie sie jederzeit löschen, indem Sie sie anwählen und auf das Mülleimersymbol ❼ klicken. Das Gleiche erreichen Sie auch über das Kontextmenü (rechter Mausklick auf die Auswahlmaske).

Auswahlmaske bearbeiten | Um eine erstellte Auswahlmaske nachträglich zu bearbeiten, müssen Sie sie im Dialog KANÄLE über das Augensymbol ❽ erst einmal sichtbar machen. Die Sichtbarkeit erkennen Sie im Bildfenster daran, dass der nicht ausgewählte Bereich dunkel ❾ und der ausgewählte Teil hell ❿ ist. Die Farbe und Transparenz lassen sich aber auch hier über einen Doppelklick auf die Auswahlmaske im KANÄLE-Dialog ändern.

 Monster.jpg

Aktive Auswahlmaske
Beachten Sie: Solange die Auswahlmaske über das Augensymbol aktiviert ist, wirken alle Arbeiten nur auf die Auswahlmaske.

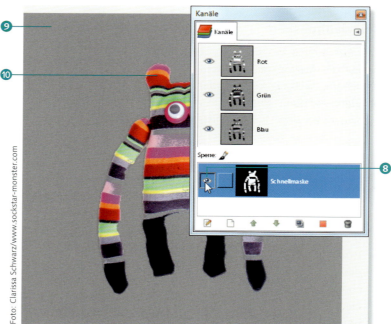

Foto: Clarissa Schwarz/www.sockstar-monster.com

Abbildung 24.43 ▶
Die Auswahlmaske sichtbar gemacht

Wenn Sie jetzt das Augensymbol ⓫ im EBENEN-Dialog entfernen, wird die Auswahlmaske mit einem schwarzweißen Umriss angezeigt.

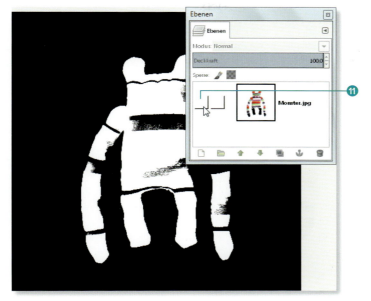

◀ **Abbildung 24.44**
Wird die Sichtbarkeit der Ebene im EBENEN-Dialog abgeschaltet, wird nur noch der Umriss der Auswahlmaske angezeigt.

In dieser Schwarzweißansicht können Sie die Auswahlmaske relativ bequem nachträglich erweitern oder reduzieren. Es stehen Ihnen folgende aus den Schnellmasken bekannte Möglichkeiten zur Verfügung:
- Zum **Erweitern** der Auswahl malen Sie mit einem beliebigen Malwerkzeug mit **weißer Farbe** auf.
- Zum **Reduzieren** der Auswahl malen Sie ebenfalls mit einem beliebigen Malwerkzeug, allerdings mit **schwarzer Farbe**.
- Zum Auftragen von **weichen Übergängen** verwenden Sie **Grautöne**.

Schritt für Schritt:
Bild mit Hilfe der Auswahlmaske freistellen

1 **Auswahl erstellen**
In diesem Beispiel wollen wir das Sockenmonster von Clarissa Schwarz aus Abbildung 24.45 freistellen. Verwenden Sie den ZAUBERSTAB (U). Stellen Sie den Wert für SCHWELLWERT in den Werkzeugeinstellungen auf 10,0, und klicken Sie damit auf dem weißen Hintergrundbereich im Bild. Invertieren Sie jetzt die Auswahl mit Strg/Ctrl+I, und Sie haben das Monster

Abbildung 24.45 ▼
Unser Monster wurde ausgewählt und eine Auswahlmaske erstellt.

ausgewählt. Beim genauen Betrachten der Auswahl fällt auf, dass auch im Monster viele weiße Flächen mit ausgewählt wurden. Speichern Sie daher die Auswahl über Auswahl • In Kanal speichern in einer Auswahlmaske ❶.

2 Auswahlmaske aktivieren

Da die Auswahl jetzt in der Auswahlmaske gespeichert ist, entfernen Sie sie mit Auswahl • Nichts auswählen. Aktivieren Sie das Augensymbol vor der Auswahlmaske im Kanäle-Dialog. Jetzt sollten der ausgewählte Bereich und der nicht ausgewählte Bereich dunkel im Bildfenster angezeigt werden. Wollen Sie die Farbe und die Transparenz dieser Farbe ändern, doppelklicken Sie im Kanäle-Dialog auf der Auswahlmaske ❷.

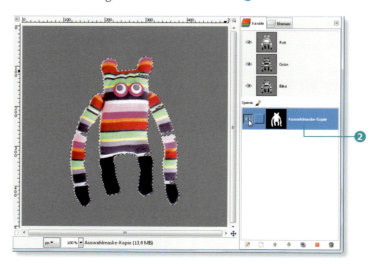

Abbildung 24.46 ▶
Auswahlmaske aktiviert

3 Auswahlmaske bearbeiten

Verwenden Sie jetzt ein beliebiges Malwerkzeug, und stellen Sie als Vordergrundfarbe Weiß ein. Übermalen Sie damit im Bild die Bereiche, die Sie noch zur Auswahlmaske hinzufügen wollen. Haben Sie zu viel angemalt oder wurde zuvor schon zu viel ausgewählt, malen Sie diesen Bereich mit einer schwarzen Vordergrundfarbe aus der Auswahlmaske weg.

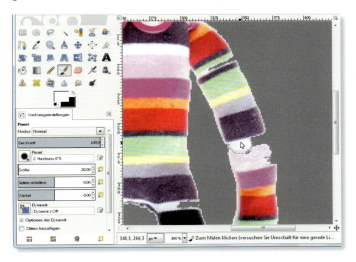

◀ **Abbildung 24.47**
Bereich mit weißer Farbe zu Auswahlmaske hinzufügen

4 Auswahl aus Auswahlmaske erstellen

Jetzt entfernen Sie das Augensymbol im KANÄLE-Dialog wieder und klicken auf die Schaltfläche ❸, womit Sie aus der Auswahlmaske wieder eine Auswahl erstellen. Das Gleiche erreichen Sie auch über das Kontextmenü mit einem rechten Mausklick auf die Auswahlmaske im KANÄLE-Dialog.

◀ **Abbildung 24.48**
Aus der Auswahlmaske eine Auswahl erstellen

Kapitel 24 Bildbereiche freistellen mit Auswahlen

5 Auswahl weiterbearbeiten

Nachdem Sie die Auswahl erstellt haben, können Sie sie beliebig weiterverwenden, beispielsweise in ein anderes Bild einfügen, als neue Ebene benutzen oder als neues Bild öffnen.

Abbildung 24.49 ▶
Mit Hilfe der Auswahlmaske sauber freigestellt. Vorher wurde die Auswahl hier natürlich nochmals invertiert, damit auch wirklich das Monster und nicht der Hintergrund freigestellt wird.

Teil VIII
Reparieren und Retuschieren

Kapitel 25
Bildstörungen beheben und hinzufügen

Weil man Bilder selten in der 1:1-Ansicht (Zoom 100 %) betrachtet, werden Bildstörungen häufig gar nicht erkannt. Erst bei näherer Betrachtung fallen Störungen wie Bildrauschen, Staub auf der Linse oder beim Einscannen und starke Kompressionsspuren auf, die beispielsweise beim Abspeichern im JPEG-Format entstehen. Solche Fehler lassen sich zwar nicht mehr komplett beseitigen, aber Sie können trotzdem den Gesamteindruck des Bildes nachträglich verbessern.

 Wolken.jpg

◄ **Abbildung 25.1**
Bei solch stimmungsvollen Aufnahmen des Himmels fällt das Bildrauschen erst bei genauerer Betrachtung auf.

25.1 Flecken und Rauschen beheben

Verrauschte Bilder entstehen zum Beispiel, wenn viele fehlerhafte Pixel im Bild eingestreut sind. Diese störenden Pixel fallen aufgrund ihrer gegenüber den anderen Pixeln des Bildes veränderten Helligkeit und Farbe deutlich auf. Vorwiegend geschieht dies bei dunklen Bildbereichen und Nachtaufnahmen. Häufig wird hierfür eine hohe ISO-Einstellung verwendet, was das Bild, abhängig von der Qualität der Kamera, noch mehr verrauscht.

 Traudl.jpg

Kapitel 25 Bildstörungen beheben und hinzufügen

▲ Abbildung 25.2
Der NL-Filter ist sehr vielseitig.

Empfehlungen
Der Filter an sich wirkt schon recht stark weichzeichnend auf das Bild, und ich würde ihn nur empfehlen, wenn die (alten eingescannten) Bilder beispielsweise durchgehend Streifen oder einen Moiré-Effekt enthalten. Flecken und Kratzer können Sie auch viel besser mit dem Heilen-Werkzeug korrigieren. Und gegen das Bildrauschen gibt es auch andere Lösungen, wie zum Beispiel den Filter Selektiver Gaussscher Weichzeichner.

Zum Reduzieren von leichten Bildschäden wie dem Rauschen bietet GIMP mehrere Möglichkeiten, die im Folgenden vorgestellt werden.

NL-Filter

Der NL-Filter wurde bereits in den Abschnitten zum Schärfen (Abschnitt 12.5, »Schärfen mit dem NL-Filter«) und Weichzeichnen (Abschnitt 13.5, »Weichzeichnen mit dem NL-Filter«) näher erläutert. Der Filter lässt sich aber außerdem recht gut verwenden, um beispielsweise Flecken und Bildrauschen aus dem Bild zu entfernen. Sie rufen ihn über Filter • Verbessern • NL-Filter auf.

Flecken entfernen | Für das Entfernen von Flecken eignet sich die Option Alphabasierter Mittelwert ❶. Als Startwert werden für Alpha der Wert 0,8 und für Radius der Wert 0,6 empfohlen. Für einen stärkeren Effekt können Sie beide Regler bis auf das Maximum (1,0) erhöhen.

Bildrauschen minimieren | Bildrauschen lässt sich mit der Option Optimale Schätzung ❷ sehr gut minimieren. Ein guter Startwert für Alpha ist 0,2 und für den Radius 1,0. Jetzt können Sie den Wert von Alpha so lange erhöhen, bis Sie mit dem Ergebnis zufrieden sind.

Flecken entfernen

Den Filter Flecken entfernen können Sie verwenden, um Staub und Kratzer von eingescannten Bildern zu entfernen. Auch der Moiré-Effekt, der beim Scannen von Bildern mit periodischen Strukturen oder von Siebdrucken auftreten kann, lässt sich damit abschwächen. Den Filter erreichen Sie über Filter • Verbessern • Flecken entfernen.

Ist die Option Anpassend ❹ aktiviert, wird der Radius der Filterwirkung automatisch unter Verwendung eines Histogramms an den Inhalt des Bildes angepasst. Deaktivieren Sie diese Option, können Sie über den Schieberegler Radius ❻ diese Einstellung manuell vornehmen, was meist zu besseren Ergebnissen führt. Die Werte für den Radius haben hierbei allerdings nichts mit dem tatsächlichen Radius zu tun, sondern sind intern mit einem Wertebereich von 1 (3×3 Pixel) bis 20 (41×41 Pixel) vorgegeben. Wenn Sie die Option Anpassend ❹ aktiviert haben, hat der eingestellte Radius keine Wirkung.

25.1 Flecken und Rauschen beheben

Aktivieren Sie die Option REKURSIV ❺, wird der Filter mehrfach ausgeführt, was die Wirkung verstärkt. Da Sie stets die Vorschau ❸ vor sich haben, können Sie diese Optionen jederzeit testen, um so das beste Ergebnis zu ermitteln.

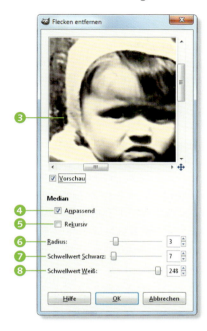

◄ **Abbildung 25.3**
Der Filter FLECKEN ENTFERNEN

Über den Regler SCHWELLWERT SCHWARZ ❼ stellen Sie ein, welche Pixel unter dem angegebenen Wert entfernt werden, und mit SCHWELLWERT WEISS ❽, welche Pixel über dem angegebenen Wert entfernt werden. Die beiden Schieberegler bieten die Funktionen des Dialogs FARBEN • WERTE, wo Sie die Lichter und Tiefen anhand des Diagramms anpassen.

▲ **Abbildung 25.4**
Ein eingescanntes Bild mit Staub, Kratzern und Streifen…

▲ **Abbildung 25.5**
…und das Ergebnis nach dem Filter FLECKEN ENTFERNEN.

Selektiver Gaußscher Weichzeichner

Der SELEKTIVE GAUSSSCHE WEICHZEICHNER wurde bereits in Abschnitt 13.2, »Selektiver Gaußscher Weichzeichner«, näher beschrieben. Den Filter rufen Sie über FILTER • WEICHZEICHNEN • SELEKTIVER GAUSSSCHER WEICHZEICHNER auf. Er eignet sich relativ gut, um Bildrauschen zu entfernen. Der Vorteil des Filters gegenüber anderen Weichzeichnern liegt darin, dass er nur auf die Pixel wirkt, deren Farbe höchstens um einen bestimmten Wert abweicht. So bleiben klare Kanten im Bild erhalten, und das Bild wird nicht extrem weichgezeichnet.

Den Wert für diese Farbdifferenz geben Sie mit dem Schieberegler MAX. DELTA ❷ ein. Wie groß die Fläche – und somit Intensität – ist, auf die der Filter angewendet wird, legen Sie mit WEICHZEICHNENRADIUS ❶ fest.

Weichzeichnen auf die Kanäle
Bildrauschen tritt in den seltensten Fällen in allen drei RGB-Kanälen auf. Sie können auch den SELEKTIVEN GAUSSSCHEN WEICHZEICHNER auf nur einen Farbkanal verwenden. Meistens betrifft das Rauschen verstärkt den roten und blauen Kanal. Daher können Sie auch über den KANÄLE-Dialog nur diese beiden (oder einen dieser Kanäle) auswählen und darauf den SELEKTIVEN GAUSSSCHEN WEICHZEICHNER anwenden. Wie Sie auf die einzelnen RGB-Kanäle zugreifen, haben Sie in Abschnitt 24.3, »Kanäle und Auswahlmasken«, erfahren.

Ein ähnliches Ergebnis erzielen Sie, wenn Sie das Bild in den Lab-Modus zerlegen und nur die Kanäle »a« und »b« (oder einen davon) weichzeichnen, also ähnlich, wie Sie das im Workshop zum Schärfen im Lab-Modus auf Seite 332, »Schärfen im Lab-Modus«, gesehen haben, nur dass Sie eben nicht den L-Kanal schärfen, sondern die anderen beiden Kanäle »a« und/oder »b« weichzeichnen.

Abbildung 25.6 ▶
Der SELEKTIVE GAUSSSCHE WEICHZEICHNER eignet sich sehr gut, um Bildrauschen zu entfernen.

Plugin »Wavelet denoise«

Als Plugin zum Korrigieren von Bildrauschen empfehle ich Ihnen *Wavelet denoise*. Mit diesem Plugin können Sie das Bildrauschen aus jedem Kanal entfernen. Standardmäßig ist YCbCr eingestellt, womit sich am besten die sogenannte chromatische Aberration unterdrücken lässt. Dieser Fehler ist ein Abbildungsfehler bei Objektiven, der auftritt, wenn das Licht, das auf die Linse strahlt, unterschiedlich gebrochen wird und nicht auf ein und demselben Punkt auftrifft. Auch RGB ist als Option vorhanden. Den Filter können Sie sich von *http://registry.gimp.org/* herunterladen.

Zum Nachlesen
Wie Sie GIMP um Plugins erweitern, wird ausführlich in Abschnitt 39.1, »Plugins installieren«, beschrieben.

Schnellanleitung | Über PREVIEW CHANNEL ❸ stellen Sie ein, was Sie in der Vorschau des Filters sehen. Standardmäßig wird mit ALL immer das komplette Bild mit allen Kanälen angezeigt. Hierbei können Sie auch nur den ausgewählten Kanal als Graustufen (SELECTED (GRAY)) oder in Farbe (SELECTED COLOR)) darstellen lassen. Auf welchen Kanal sich der Filter auswirkt, bestimmen Sie über CHANNEL SELECT ❺. Hier können Sie aus den einzelnen Farbkanälen von YCbCr oder RGB auswählen. Die vorhandenen Kanäle hängen davon ab, welches Farbmodell Sie über COLOR MODEL ❻ aktiviert haben. Das Bildrauschen entfernen Sie dann über die beiden Schieberegler in CHANNEL THRESHOLDS ❹. Mit AMOUNT stellen Sie ein, wie stark das Bildrauschen bearbeitet werden soll, und mit DETAIL, in welcher Frequenz dies geschehen soll. Je höher der Wert (standardmäßig 1,00), desto schärfer bleibt das Bild hinterher.

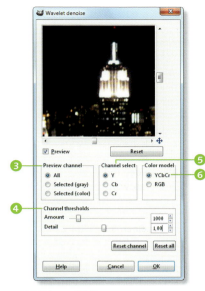

25.2 Streifen entfernen

Über FILTER • VERBESSERN • STREIFEN ENTFERNEN finden Sie einen Filter, mit dem Sie vertikale Störstreifen, die beim Scannen entstehen können, beseitigen. Der Filter fügt dem Bild in einer Art Negativbild ein Streifenmuster hinzu, das genau diesen Fehler beheben kann. Über den Regler BREITE ❼ stellen Sie die Stärke des Filters ein. Ein Wert von über 60 wird nicht empfohlen, weil dann Artefakte in das Bild eingefügt werden. Wollen Sie das Negativbild mit den Streifen sehen, aktivieren Sie die Checkbox HISTOGRAMM ERSTELLEN ❽.

Abbildung 25.7 ▲
Ein empfehlenswertes Plugin zum Reduzieren von Bildrauschen ist Wavelet denoise.

Der Filter »Streifen entfernen«
Oft bewirkt der Filter nur, dass noch weitere Streifen hinzugefügt werden oder die Qualität des Bildes eher verschlechtert wird. Voraussetzung dafür, dass dieser Filter funktioniert, ist auch, dass die Streifen wirklich vertikal sind. Anderenfalls –, weil das Bild beim Scannen beispielsweise schief gelegen hat – nützt dieser Filter nichts. Es hilft außerdem auch, wenn Sie den Filter mehrmals anwenden.

◀ **Abbildung 25.8**
Störende vertikale Streifen des Scanners lassen sich mit dem Filter STREIFEN ENTFERNEN abschwächen.

25.3 Entflackern

Der Filter ENTFLACKERN (englisch *Deinterlacing*) hat keine Wirkung auf gewöhnliche Bilder. Er dient dazu, Bilder von Fernsehaufnahmen, die beispielsweise mit einer TV-Karte aufgenommen wurden, zu verbessern. Durch diese Technik kommt es vor, dass die gerade oder ungerade Zeile nicht korrekt angezeigt wird. Dies wird auch als *Kammeffekt* bezeichnet. Mit FILTER • VERBESSERN • ENTFLACKERN können Sie diese Anzeige verbessern, indem Sie die geraden oder ungeraden Zeilen des Bildes entfernen. Der Filter extrahiert dabei die beiden Halbbilder aus dem zusammengesetzten Vollbild und ersetzt die fehlende vertikale Auflösung durch eine Zeilenverdopplung. Sie können hierbei aus UNGERADE ZEILEN ERHALTEN und GERADE ZEILEN ERHALTEN auswählen.

Wozu Halbbilder?

Wenn Videobilder in sogenannten Halbbildern (auch als »Zeilensprungverfahren« bekannt) erstellt wurden, bedeutet dies, dass nicht 25 Bilder pro Sekunde auf dem Bildschirm angezeigt werden, sondern 50 Halbbilder. Hierbei werden immer zwei Halbbilder (einmal mit den geraden und einmal mit den ungeraden Zeilen) zu einem Vollbild zusammengesetzt. Sind im Bild schnelle Bewegungen vorhanden, werden diese Stellen eigentlich falsch dargestellt. Da aber das menschliche Auge zu langsam ist, fällt dies nicht auf. Wenn Sie jedoch ein Bild aus einem Videomaterial mit dem Halbbildverfahren erstellen, ist dies ganz deutlich zu bemerken.

▲ **Abbildung 25.9**
Ein typisches Fernsehbild, im Halbbildverfahren aufgenommen. Hier wurde die VORSCHAU zur Demonstration noch deaktiviert.

▲ **Abbildung 25.10**
Nachdem die VORSCHAU aktiviert wurde, werden die beiden Halbbilder extrahiert und zu einem ganzen Bild zusammengesetzt.

25.4 Bildstörungen hinzufügen

Neben der Möglichkeit, Bildfehler wie das Rauschen zu beseitigen, gibt es natürlich auch Filter, um Störungen gezielt hinzuzufügen. Damit setzen Sie beispielsweise Raucheffekte ein, die entstehen, wenn Sie das Bild mit einem hochempfindlichen Film aufgenommen hätten. Das Hinzufügen solcher Bildstörungen dient kreativen Zwecken oder auch dem Vertuschen von Manipulationen bei retuschierten Bildern, Ebenen oder Auswahlen.

25.4 Bildstörungen hinzufügen

HSV-Rauschen hinzufügen | Mit dem Filter HSV-RAUSCHEN führen Sie ein Rauschen mit dem HSV-Farbmodell durch. Sie erzeugen das Rauschen über FARBTON ❷ (**H**ue), SÄTTIGUNG ❸ (**S**aturation) und (Leucht-)WERT ❹ (**V**alue). Über den Regler FESTHALTEN ❶ stellen Sie ein, wie stark die Farbe eines veränderten Pixels von der ursprünglichen Farbe geändert werden darf (1 = starke Veränderung bis 8 = geringe Veränderung). Den Filter erreichen Sie über FILTER • RAUSCHEN • HSV-RAUSCHEN.

RGB-Rauschen hinzufügen | Der Filter RGB-RAUSCHEN fügt Ihrem Bild ein Rauschen nach dem RGB-Farbmodell hinzu. Er liefert von allen Rauschfiltern das natürlichste Rauschen zurück. Dabei können Sie entweder unabhängig voneinander den Rauschanteil von ROT, GRÜN und BLAU ❼ eines jeden Pixels hinzufügen oder, indem Sie die Option UNABHÄNGIGE RGB-KANÄLE ❻ deaktivieren, allen drei Schiebereglern den gleichen Wert zuweisen. Der Regler ALPHA ❽ ist nur aktiv, wenn die Ebene einen Alphakanal besitzt. Mit ihm können Sie quasi auch noch transparentes Rauschen hinzufügen. Mit der Option KORRELIERTES RAUSCHEN ❺ machen Sie jeden Kanal von der Höhe des Pixelwertes abhängig. Damit bleiben dunklere Bildbereiche auch dunkel. Sie erreichen den Filter über FILTER • RAUSCHEN • RGB-RAUSCHEN.

Zum Nachlesen
Das HSV-Farbmodell wird kurz auf Seite 121, »Farbmodelle«, behandelt.

Graustufen
In einem Graustufenbild (BILD • MODUS • GRAUSTUFEN) finden Sie nur den Regler GRAU statt der RGB-Regler wieder. Bei indizierten Bildern funktioniert der Filter hingegen nicht.

▲ **Abbildung 25.11**
Rauschen hinzufügen mit dem HSV-Farbmodell

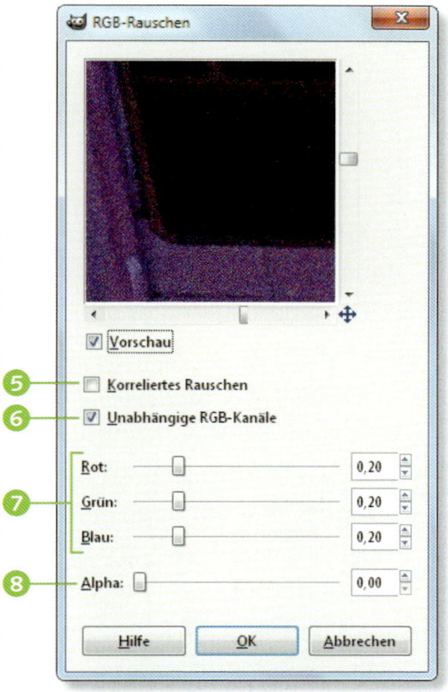

▲ **Abbildung 25.12**
Für die besten Rauschergebnisse sollten Sie den Filter RGB-RAUSCHEN verwenden.

▲ Abbildung 25.13
Weil die Prioritäten beim HSV-Rauschen mehr auf den Eigenschaften wie Leuchtkraft, Farbton und Sättigung liegen, wird zwar mehr auf den Bildinhalt beim Rauschen geachtet, aber dieses Rauschen wirkt nicht so natürlich.

▲ Abbildung 25.14
Das RGB-Rauschen hingegen erzeugt ein natürlicheres und gleichmäßiges Rauschen.

 Rosaviolett.jpg

Die restlichen Rauschfilter | Die restlichen Rauschfilter im Untermenü Filter • Rauschen sind alle eher verspielter Natur. Daher hierzu nur eine kurze Beschreibung:

- Auswählen: Mit diesem Filter wird ein Pixel durch ein zufälliges direktes Nachpixel ersetzt. Wie viel Prozent der Pixel einer Ebene oder Auswahl ersetzt werden, stellen Sie mit dem Filter ein.
- Schmelzen: Es entsteht der Effekt, als würden die Farben wie heißes Wachs nach unten laufen. Die einzelnen Pixel werden dabei immer mit einem Pixel direkt darüber oder schräg darüber ersetzt. Auch hier geben Sie mit einem Prozentsatz an, wie viele Pixel in der Ebene oder Auswahl verändert werden.
- Verstreuen: Damit wird ein Pixel der aktiven Ebene oder Auswahl mit einem anderen Pixel aus der Umgebung getauscht. Den Verteilungsumfang geben Sie im Dialog horizontal und/oder vertikal vor. Der Filter fügt keine weitere Farbe zum Bild hinzu, sondern vertauscht nur die vorhandenen Pixel im Bild. Das bedeutet, dass der Filter nicht auf einfarbige Bilder wirkt.
- Verwirbeln: Der Filter verändert ein Pixel in eine Zufallsfarbe. Wie viele Pixel Sie dabei ändern, geben Sie wieder in Prozent ein. 100 % bedeutet natürlich, dass das Ergebnis nichts mehr mit dem Ausgangsbild zu tun hat. Der Filter verwirbelt auch den Alphakanal, falls einer vorhanden ist.

25.4 Bildstörungen hinzufügen

Zur besseren Übersicht finden Sie zum Schluss einige Abbildungen, die von den diesen Rauschfiltern produziert wurden.

▲ **Abbildung 25.15**
Filter AUSWÄHLEN

▲ **Abbildung 25.16**
Filter SCHMELZEN

▲ **Abbildung 25.17**
Filter VERSTREUEN

▲ **Abbildung 25.18**
Filter VERWIRBELN

Kapitel 26
Retuschewerkzeuge

Viele kleinere, aber auch größere Retuschearbeiten wie das Entfernen von Flecken oder Kratzern sollten Sie nicht den Filtern überlassen, sondern selbst Hand anlegen. Neben dem Heilen von kleineren Stellen können Sie mit diesen Werkzeugen auch ganze Objekte (weg-)klonen und woanders platzieren.

26.1 Retusche mit dem Klonen-Werkzeug

Mit dem KLONEN-Werkzeug (Tastenkürzel C) malen Sie aufgenommene Bildbereiche an einer anderen Stelle im Bild oder auch in einem Bild in einem anderen Bildfenster wieder auf. Das Werkzeug wird vorwiegend dazu verwendet, Objekte zu duplizieren, Fehler aus dem Bild zu entfernen oder Objekte in einem Foto zu überdecken. Entscheidend für eine gute Retusche mit dem KLONEN-Werkzeug ist immer der aufgenommene Bildbereich.

▲ Abbildung 26.1
War da jemand auf dem Bild oder nicht?

▲ Abbildung 26.2
Hund und Herrchen fielen im nebenstehenden Bild dem KLONEN-Werkzeug zum Opfer…

Kapitel 26 Retuschewerkzeuge

▲ **Abbildung 26.3**
Es muss erst eine Quelle zum Klonen ausgewählt sein.

> **Hinweis für Anfänger**
>
> Das KLONEN-Werkzeug ist wirklich eine feine Sache, um Objekte zu manipulieren. Trotzdem werden Sie hierbei etwas mehr Zeit und Übung investieren müssen, um saubere Manipulationen zu erstellen. Und denken Sie daran, dass Sie zusätzlich andere Techniken wie Auswahlen, Auswahlmasken oder Ebenen verwenden können. Das ist auch ein Fehler, den viele Einsteiger machen: Häufig reicht es nicht allein aus, einfach das KLONEN-Werkzeug zu verwenden. Arbeiten mit dem KLONEN-Werkzeug sollten Sie besser vorher etwas planen, anstatt einfach drauflozuarbeiten.

Eagle.jpg

Grundlegende Bedienung | Die grundlegende Bedienung des Werkzeugs ist relativ einfach: Wenn Sie mit aktivem Werkzeug ins Bildfenster gehen, dürften Sie zunächst ein Stoppsymbol ❶ am Mauszeiger sehen. Dies bedeutet, dass Sie zuerst noch eine Quelle auswählen müssen, um das Werkzeug zu verwenden.

Um eine Quelle auszuwählen, klicken Sie die Stelle, die Sie klonen wollen, mit gehaltener [Strg]/[Ctrl]-Taste an. Das Symbol ändert sich dann zu einem Fadenkreuz ❸. Die Stelle, die Sie jetzt als Quelle festgelegt haben, wird auch mit einem kleinen Kreuz markiert.

▲ **Abbildung 26.4**
Zum Klonen von Objekten wird eine leere transparente Ebene ❷ empfohlen.

▲ **Abbildung 26.5**
Einen Bildbereich zum Klonen auswählen

Es ist immer sinnvoll, das Klonen auf einer neuen transparenten Ebene ❷ durchzuführen. So sind nachträgliche Korrekturen und bessere Auswahlen in diesem Bereich wesentlich einfacher.

Ausgehend von der ausgewählten Quellposition können Sie jetzt mit gedrückter linker Maustaste an einer anderen Stelle malen. Beim aktuell geklonten Bereich wird ebenfalls der Pinselstrich mit einem Kreuz angezeigt. In der Standardeinstellung wird nach jedem Loslassen der Maustaste die ausgewählte Startposition der Quelle verwendet. Dieses Verhalten lässt sich aber natürlich in den Werkzeugeinstellungen ändern.

26.1 Retusche mit dem Klonen-Werkzeug

▲ Abbildung 26.6
Bildbereich klonen ❹

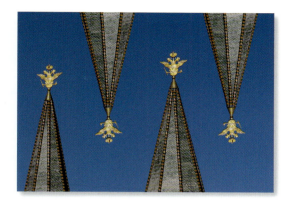

▲ Abbildung 26.7
Hier wurde beispielsweise die Turmspitze zweimal auf eine leere transparente Ebene geklont, dann um 180° gedreht und das Bild zusammengefügt.

Werkzeugoptionen | Die allgemeinen Eigenschaften der Malwerkzeuge wie hier MODUS, DECKKRAFT, PINSEL, SKALIEREN, PINSELDYNAMIK, VERBLASSEN, ZITTERN HINZUFÜGEN und HARTE KANTEN wurden bereits auf Seite 221, »Gemeinsame Werkzeugeinstellungen«, beschrieben.

Unter QUELLE bestimmen Sie, was genau geklont werden soll. Hier stehen Ihnen folgende Optionen zur Auswahl:

▶ BILD ❺: Diese Option ist die Voreinstellung. Damit klonen Sie Bildbereiche, die Sie bei gehaltener [Strg]/[Ctrl]-Taste mit der linken Maustaste angeklickt haben. Standardmäßig wird zum Klonen immer die aktive Ebene verwendet. Wollen Sie allerdings die aktuelle Ansicht klonen, in der zum Beispiel Objekte von darunterliegenden Ebenen durchscheinen, dann müssen Sie die Eigenschaft VEREINIGUNG PRÜFEN ❻ aktivieren.

▶ MUSTER ❼: Mit dieser Option müssen Sie nicht extra einen Quellbereich auswählen, sondern verwenden das Muster, das Sie direkt darunter auswählen können. Das Aufmalen von Mustern ist eher für kreative Arbeiten geeignet.

▲ Abbildung 26.8
Die Werkzeugeinstellungen des KLONEN-Werkzeugs

Mit der Werkzeugoption AUSRICHTUNG ❽ bestimmen Sie die Position der Quelle, wenn das Werkzeug nach der Verwendung neu ausgerichtet wird (oder einfacher, die Maustaste losgelassen wurde). Folgende Optionen stehen Ihnen dafür zur Verfügung:

▶ KEIN: Das ist die Standardeinstellung des Werkzeugs. Hiermit wird nach jedem gemachten Strich (bzw. nach dem Loslassen der Maustaste) der zum Start gewählte Quellpunkt als Ausgangspunkt für das Weiterzeichnen verwendet.

Abbildung 26.9 ▶
Nachdem die Maustaste bei der linken Turmspitze kurz losgelassen wurde, wird als Quelle wieder der Anfangspunkt ❶ für den geklonten Inhalt ❷ verwendet.

▶ AUSGERICHTET: Mit dieser Einstellung bleibt der Abstand zwischen dem Quellbereich ❸ und dem zu malenden Bereich ❹ immer konstant. Der Abstand wird durch den Anfangspunkt festgelegt und ändert sich auch nicht, wenn Sie die Maustaste loslassen.

Abbildung 26.10 ▶
Ist einmal der Anfangspunkt festgelegt, bleibt der Abstand zwischen Quelle ❸ und dem geklonten Inhalt ❹ immer gleich, egal, ob Sie die Maustaste loslassen oder nicht.

▶ REGISTRIERT: Der Modus ist optimal dafür geeignet, den Quellbereich auf eine andere Ebene desselben Bildes zu klonen. Mit diesem Modus malen Sie quasi die Pixel der Quellebene auf dieselbe Position der Zielebene. Haben Sie keine Zielebene, wird beim Klonen auf das Bild nichts passieren.

26.1 Retusche mit dem Klonen-Werkzeug

▲ **Abbildung 26.11**
Damit es mit dem Modus REGISTRIERT auch klappt, brauchen Sie eine weitere Ebene. Hier wurde eine transparente Ebene ❺ angelegt.

▲ **Abbildung 26.12**
Da Sie ja mit dem Modus REGISTRIERT auf der Stelle malen, sieht man nicht viel vom geklonten Inhalt. Erst wenn Sie die Sichtbarkeit der Quellebene über das Augensymbol ❻ deaktivieren, können Sie den geklonten Bereich in der neuen Ebene betrachten.

▶ FEST: Der Modus spricht eigentlich fast schon für sich: Er verwendet immer den ausgewählten Anfangspunkt zum Malen. Der Quellpunkt ❽ wird hierbei nicht bewegt.

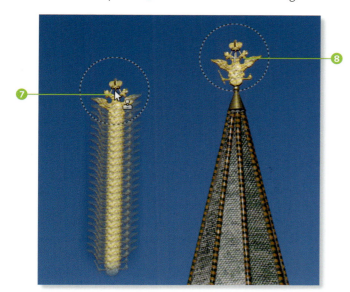

◀ **Abbildung 26.13**
Beim Modus FEST wird immer der anfangs ausgewählte Quellpunkt ❽ zum Malen ❼ verwendet.

Schritt für Schritt:
Unerwünschte Objekte entfernen

Das KLONEN-Werkzeug eignet sich nicht nur zum Klonen, sondern auch für die Retusche, um etwa unerwünschte Bildteile zu

Museum.jpg

585

entfernen. Allerdings kommen Sie bei dieser Aufgabe selten um den zusätzlichen Einsatz des HEILEN-Werkzeugs herum, so auch in diesem Workshop nicht.

Abbildung 26.14 ▶
Bei diesem Bild sollen die beiden Personen entfernt werden.

▲ **Abbildung 26.15**
Optional malen Sie die Korrekturen auf der transparenten Ebene auf.

1 Transparente Ebene anlegen

Dieser Schritt ist optional. Die Idee dahinter, eine neue transparente Ebene anzulegen, ist, dass der zu korrigierende Bereich zunächst auf der darüberliegenden transparenten Ebene bearbeitet wird. So können Sie diesen Bereich jederzeit wieder nachkorrigieren. Erst am Ende des Workshops, wenn Sie mit der Korrektur zufrieden sind, fügen Sie die beiden Ebenen zusammen. Der Weg über die transparente Ebene ist allerdings nicht unproblematisch, weil man hier schnell einmal vergisst, die richtige Ebene auszuwählen. Wenn Sie beispielsweise einen Anfangspunkt von der Quellebene ausgewählt haben, müssen Sie zuvor immer wieder die darüberliegende transparente Ebene anwählen.

2 Klonen-Werkzeug auswählen

Aktivieren Sie das KLONEN-Werkzeug (C). Verwenden Sie einen etwas weicheren PINSEL ❶, und passen Sie die GRÖSSE ❷ entsprechend an. Als QUELLE sollte BILD ❸ und für AUSRICHTUNG der Wert KEIN ❺ gewählt sein. Abhängig vom Bildmotiv können Sie hierbei aber auch den Wert AUSGERICHTET verwenden. Im Bild würde das durchaus ganz gut funktionieren, wenn Sie die Treppenstufe perfekt beim Klonen über der Person treffen.

3 Pixel für die Person wählen

Zoomen Sie mindestens auf 100 % in das Bild, und wählen Sie mit gehaltener Strg/Ctrl-Taste per Mausklick einen geeigneten Bildbereich ❹ aus, den Sie zum Ersetzen verwenden wollen. Ich empfehle Ihnen, immer einen Bereich auszuwählen, der auch zu den Farb- und Lichtverhältnissen und natürlich der Struktur der Umgebung passt. Meistens liegen diese Bereiche in der näheren Umgebung. Achten Sie außerdem darauf, falls Sie eine transparente Ebene verwenden, dass Sie zum Auswählen die Hintergrundebene aktiviert haben.

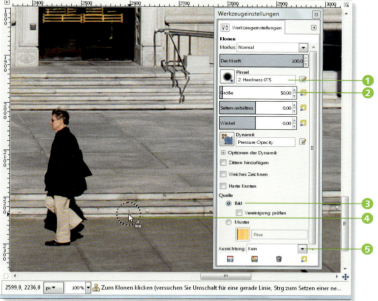

◄ **Abbildung 26.16**
Mit dem KLONEN-Werkzeug einen passenden Bildbereich aufnehmen

4 Person wegstempeln

Aktivieren Sie die transparente Ebene ❻, und stempeln oder klonen Sie die Person mit gedrückter linker Maustaste und/oder einzelnen Mausklicks weg. Im Beispiel habe ich hier auf derselben »Stufe« der Treppe angefangen und die Person quasi mit einem »Wisch« (ohne die Maustaste loszulassen) entfernt.

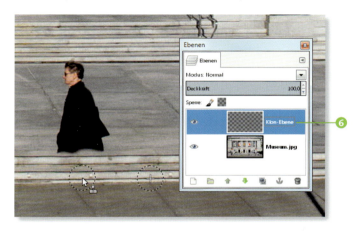

◄ **Abbildung 26.17**
Störende Objekte wegstempeln

Zum Nachlesen
Das HEILEN-Werkzeug wird in Abschnitt 26.2, »Retusche mit dem Heilen-Werkzeug«, näher beschrieben.

5 Arbeitsschritte 3 und 4 wiederholen
Wiederholen Sie Arbeitsschritt 3 und 4 mit anderen Bildbereichen wie der zweiten Person im Bild auf der rechten Seite. Voraussetzung für ein gutes Ergebnis sind immer ein guter Quellbereich zum Klonen und die richtige Größe und Härte der Werkzeugspitze. Sie können bei schwierigeren Bereichen durchaus mehrere Stellen als Quellbereiche verwenden.

An vielen Stellen kommen Sie kaum um das HEILEN-Werkzeug herum. Alles in allem erfordert das Wegstempeln von unerwünschten Bildmotiven sehr viel Geduld und Zeit.

Abbildung 26.18 ▶
Oben das Bild im Originalzustand und unten nach dem Wegstempeln von unerwünschten Bildobjekten.

Klonen über Bildgrenzen hinaus

Es wurde bereits erwähnt, dass das Klonen von Bildmotiven nicht nur auf die Ebenen beschränkt ist, sondern auch über die Dateigrenze hinaus durchgeführt werden kann. Sie können so Bildbereiche aus einem Bildfenster als Quelle wählen ❶ und den Inhalt in ein anderes Bildfenster malen ❷.

26.1 Retusche mit dem Klonen-Werkzeug

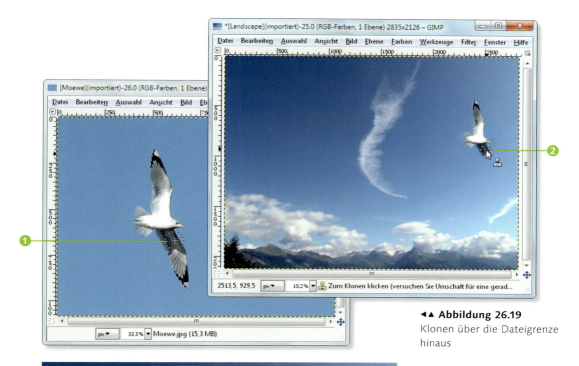

◂▴ **Abbildung 26.19**
Klonen über die Dateigrenze hinaus

◂ **Abbildung 26.20**
Das Endergebnis. Für den Vogel wurde eine transparente Ebene verwendet, weil die Himmelsfarbe des Quellbildes nicht mit dem Zielbild übereinstimmte und daher nachbearbeitet werden musste.

Transparenz beim Klonen

Volltransparente Bereiche als Quellpunkt können nicht geklont werden. Sie werden zwar geklont, aber das Ergebnis entspricht der darunterliegenden Farbe – und die wird dadurch nicht verändert. Halbtransparente Flächen hingegen lassen sich durchaus klonen.

Abbildung 26.21 ▶
Die halbtransparenten Bereiche der Quelle ❶ lassen sich mit in das weiße Zielbild ❷ übertragen. Volle Transparenz der Quelle hingegen hat im Zielbild keine Wirkung.

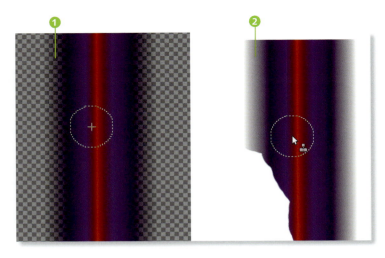

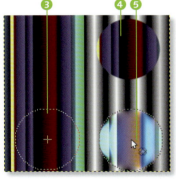

▲ **Abbildung 26.22**
Der Fleck rechts oben ❹ wurde durch die Quelle links unten ❸ mit dem KLONEN-Werkzeug eingefügt. Der Fleck rechts unten ❺ wurde mit derselben Quelle mit dem HEILEN-Werkzeug eingefügt.

Abbildung 26.23 ▼
Links das Original; in der Mitte wurde das KLONEN-Werkzeug verwendet, rechts das HEILEN-Werkzeug

26.2 Retusche mit dem Heilen-Werkzeug

Das HEILEN-Werkzeug (Tastenkürzel H) ist dem KLONEN-Werkzeug recht ähnlich. Auch beim HEILEN-Werkzeug wählen Sie zuvor einen Quellbereich im Bild aus, mit dem Sie den Zielbereich dann füllen. Allerdings wird beim Füllen des Zielbereichs außerdem die Struktur und Umgebung beachtet. Die Wirkung mit dem HEILEN-Werkzeug ist daher nicht so drastisch wie mit dem KLONEN-Werkzeug.

In der Praxis wird das HEILEN-Werkzeug bei eher komplexen Stellen mit detaillierten Bereichen oder unterschiedlichen Lichtern und Tiefen verwendet. Bei Porträtaufnahmen wird das Werkzeug auch für die Retusche der Haut (Hautunreinheiten, Falten etc.) verwendet.

Um Ihnen die Unterschiede zwischen dem KLONEN- und dem HEILEN-Werkzeug noch einmal bildlich zu demonstrieren, finden Sie in Abbildung 26.23 ein Beispiel aus der Porträtretusche. Im linken Bild sehen Sie den Originalzustand. Im mittleren Bild wurde das KLONEN-Werkzeug verwendet, um die dunklen Augenränder zu entfernen. Dies wirkt recht »aufgeklebt«. Im rechten Bild wurde das HEILEN-Werkzeug benutzt, wodurch der Effekt viel natürlicher wirkt als mit dem KLONEN-Werkzeug.

Foto: Clarissa Schwarz

26.2 Retusche mit dem Heilen-Werkzeug

In Abbildung 26.24 wird der Schmutz von der Straße mit dem HEILEN-Werkzeug entfernt. Wie schon beim KLONEN-Werkzeug, wählen Sie auch hier mit gehaltener [Strg]/[Ctrl]-Taste einen sauberen Bereich ❻ aus, mit dem Sie den schmutzigen übermalen wollen. Anschließend entfernen Sie mit leichten Tupfern ❼ oder kleinen »Ziehern« Stück für Stück den Schmutz mit einer weichen Pinselspitze.

◀ **Abbildung 26.24**
Oben das Ausgangsbild vor und unten das Bild nach dem »Saubermachen« mit dem HEILEN-Werkzeug

Bedienung und Werkzeugeinstellungen | Die Bedienung und die Werkzeugeinstellungen können Sie beim KLONEN-Werkzeug (siehe Abschnitt 26.1, »Retusche mit dem Klonen-Werkzeug«) nachlesen. Das HEILEN-Werkzeug lässt sich genauso bedienen, nur eben mit einer anderen Wirkung. Die Werkzeugeinstellungen sind auch gleich, nur ist die Option QUELLE, bei der Sie aus BILD oder MUSTER wählen konnten, beim HEILEN-Werkzeug nicht vorhanden.

Schritt für Schritt:
Hautunreinheiten korrigieren

Niemand ist perfekt, auch wenn uns das die Bilder vieler Magazine glauben machen. Ich habe noch keinen natürlichen Menschen ohne den kleinsten Makel gesehen. Zwar lässt sich häufig mit Schminke und Make-up einiges verdecken, aber vieles muss trotzdem nachträglich am Computer gemacht werden. Daher soll natürlich auch hier auf das unverzichtbare Thema eingegangen werden, Porträts nachträglich zu korrigieren.

 Dressman.jpg

Falten entfernen
Wie die Hautunreinheiten in dieser Schritt-für-Schritt-Anleitung können Sie natürlich auch andere Hautmerkmale wie Falten, dunkle Augenringe usw. entfernen.

Kapitel 26 Retuschewerkzeuge

▲ Abbildung 26.25
Auf den ersten Blick ist das Bild perfekt …

▲ Abbildung 26.26
… erst in der 100 %-Ansicht sind die Hautunreinheiten auf der Stirn und am Mundwinkel zu erkennen.

▲ Abbildung 26.27
Die Einstellungen für das HEILEN-Werkzeug

1 Heilen-Werkzeug auswählen und einstellen
Wählen Sie das HEILEN-Werkzeug ([H]), und verwenden Sie eine weiche Pinselspitze ❶ (hier HARDNESS 050) mit einer GRÖSSE ❷ von 50,00. Als AUSRICHTUNG ❸ wurde hier KEIN verwendet.

2 Anfangspunkt auswählen
Zoomen Sie näher in das Bild hinein, am besten in der 100 %-Ansicht mit dem Tastendruck [1]. Wählen Sie einen sauberen Hautbereich aus ❹, indem Sie diese Stelle mit gedrückter [Strg]/[Ctrl]-Taste anklicken.

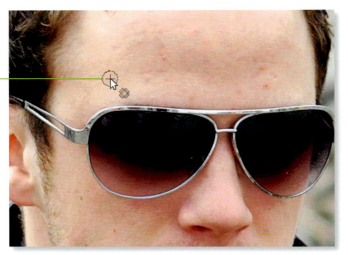

Abbildung 26.28 ▶
Einen sauberen Hautbereich auswählen

3 Hautunreinheiten entfernen

Gehen Sie mit dem Mauszeiger an die Stellen im Bild, wo Sie die Hautunreinheiten, Irritationen, Muttermale und Pickel entfernen wollen. Klicken (tupfen) Sie diese Stellen (beispielsweise ❺) mit der linken Maustaste weg. Bei Bedarf wählen Sie eine andere Position als Quellpunkt aus.

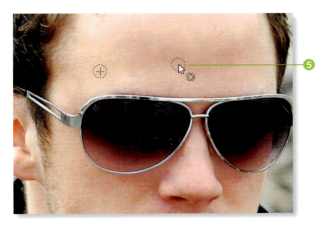

◄ **Abbildung 26.29**
Unreine Stellen auf der Haut werden weggetupft.

Sie sollten bei der Beseitigung von Hautunreinheiten immer die Natürlichkeit im Auge behalten. Wie weit Sie hierbei gehen, bleibt letztendlich Ihnen überlassen. Ob Sie jede Sommersprosse oder jedes Muttermal im Bild entfernen wollen, müssen Sie selbst entscheiden.

▲ **Abbildung 26.30**
Das Ausgangsbild vor der digitalen Kosmetik

▲ **Abbildung 26.31**
Bei näherem Hineinzoomen sehen Sie, dass die Hautunreinheiten an Stirn und Mundwinkel weggetupft wurden.

Yvonne.jpg

Schritt für Schritt:
Fältchen entfernen

Natürlich lässt sich das HEILEN-Werkzeug auch bestens zum Entfernen von Fältchen verwenden. Natürlich sollten Sie das Entfernen mit Stil einsetzen und nicht bei einer 85 Jahre alten Dame die Falten entfernen.

Abbildung 26.32 ▶
Bei dieser Dame wollen wir die Lachfältchen an der Wange und Stirn entfernen.

1 Hautbereich zum Fältchen entfernen auswählen

Wählen Sie das HEILEN-Werkzeug ([H]), und verwenden Sie eine weiche Pinselspitze ❶ – hier HARDNESS 050 – mit einer GRÖSSE ❷ von 50,00. Als AUSRICHTUNG wurde hier KEIN verwendet. Zoomen Sie näher in das Bild hinein. Wählen Sie einen sauberen Hautbereich aus ❸, indem Sie diese Stelle mit gedrückter [Strg]/[Ctrl]-Taste anklicken. Da hier unterschiedliche Lichteinstrahlungen vorhanden sind, sollten Sie immer möglichst einen Bereich in der Nähe verwenden.

Abbildung 26.33 ▶
Hautbereich auswählen

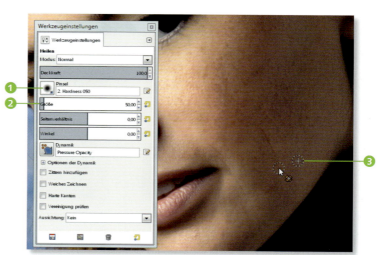

26.2 Retusche mit dem Heilen-Werkzeug

2 Fältchen wegtupfen
Gehen Sie mit dem Mauszeiger an die Stellen im Bild, an denen Sie die Fältchen entfernen wollen. Klicken (tupfen) Sie diese Stellen (hier beispielsweise ❹) mit der linken Maustaste weg. Bei den Lachfältchen um die Mundwinkel sollten Sie, sofern Sie diese wirklich entfernen wollen, einen neuen Hautbereich direkt in der Nähe mit ähnlichen Lichtverhältnissen auswählen.

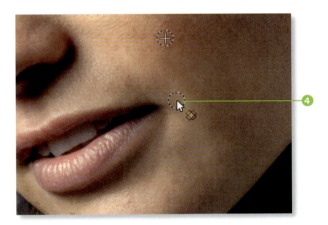

◀ **Abbildung 26.34**
Fältchen werden weggetupft

3 Fältchen an der Stirn und gegebenenfalls unter den Augen entfernen
Wiederholen Sie die letzten beiden Arbeitsschritte an der Stirn und an den Augen. Bei den Augen sollten Sie allerdings immer Vorsicht walten lassen, weil es hier schnell »nachbearbeitet« aussieht.

▲ **Abbildung 26.35**
Links sehen Sie das Bild im Originalzustand und rechts nach dem Entfernen der Fältchen.

595

Anregung: Alte Bilder restaurieren

Auch zum Restaurieren (sehr) alter eingescannter Fotos eignen sich die Werkzeuge HEILEN und KLONEN bestens. Kratzer, Flecken und Staub entfernen Sie am besten mit dem HEILEN-Werkzeug. Fehlende oder kaputte Bildbereiche können Sie auch, wenn Sie ganz genau vorgehen, mit dem KLONEN-Werkzeug wiederherstellen (bzw. neu erstellen).

Abbildung 26.36 ▶
Links das Ausgangsbild nach dem Einscannen und rechts das Bild nach langer Retuschearbeit mit dem HEILEN- und KLONEN-Werkzeug. Die Ecken wurden Stück für Stück mit umliegenden Bildflächen und dem KLONEN-Werkzeug erstellt und mit dem HEILEN-Werkzeug wieder retuschiert, bis es nun kaum noch auffällt.

Foto: Jürgen Wolf

26.3 Retusche mit dem Werkzeug »Perspektivisches Klonen«

Das Werkzeug PERSPEKTIVISCHES KLONEN ermöglicht es Ihnen, Bildbereiche in einer beliebigen Perspektive zu klonen. Das Werkzeug führt wohl eher ein Nischendasein und wird kaum beachtet. Dies liegt vermutlich auch ein wenig daran, dass das Werkzeug nicht ganz so einfach zu verwenden ist.

Das Prinzip ist allerdings relativ einfach: Zunächst setzen Sie die gewünschte Perspektive (genauer die Fluchtlinien). Dies funktioniert genauso wie mit dem PERSPEKTIVE-Werkzeug (siehe Abschnitt 21.1, »Perspektive korrigieren (Transformation)«). Danach können Sie einen Bereich exakt wie mit dem KLONEN-Werkzeug klonen.

Werkzeugeinstellungen | Die Werkzeugeinstellungen sind exakt dieselben wie schon beim KLONEN-Werkzeug (siehe Abschnitt 26.1, »Retusche mit dem Klonen-Werkzeug«), weshalb ich Sie

26.3 Retusche mit dem Werkzeug »Perspektivisches Klonen«

bei Bedarf darauf verweisen möchte. Lediglich der MODUS bei diesem Werkzeug ist anders. Hier können Sie aus PERSPEKTIVE ÄNDERN und PERSPEKTIVISCHES KLONEN wählen. Beide Optionen benötigen Sie für das Werkzeug, weshalb deren Funktionen in einer Schritt-für-Schritt-Anleitung demonstriert werden sollen.

Schritt für Schritt:
»Perspektivisches Klonen« verwenden

Im Bild in Abbildung 26.37 sollen durch perspektivisches Klonen weitere Spielfiguren etwas weiter hinten aufgemalt werden, so dass der Eindruck einer räumlichen Tiefe entsteht.

 Figuren.jpg

1 Perspektive anpassen

Aktivieren Sie das Werkzeug PERSPEKTIVISCHES KLONEN , und wählen Sie PERSPEKTIVE ÄNDERN ❶, falls nicht schon vorgegeben. Klicken Sie in das Bild, und ziehen Sie die seitlichen Vierecke zur gewünschten Perspektive. Im Beispiel sollen die Spielfiguren perspektivisch geklont werden, damit der Eindruck entsteht, dass diese immer weiter entfernt sind. Ziehen Sie daher den linken oberen ❷ und rechten oberen ❸ Griff mit gedrückter linker Maustaste nach innen. Je enger Sie die Regler zusammenziehen, desto weiter entfernt wirken anschließend die geklonten Spielfiguren. Jetzt haben Sie die gewünschte Perspektive für das Klonen angegeben.

▲ **Abbildung 26.37**
Das Ausgangsbild

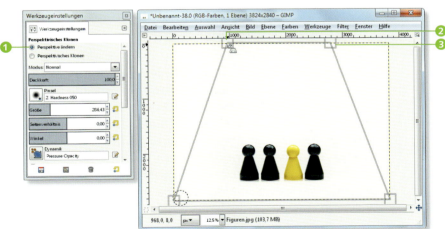

◄ **Abbildung 26.38**
Perspektive ändern

2 Perspektivisches Klonen

Wählen Sie in den WERKZEUGEINSTELLUNGEN nun PERSPEKTIVISCHES KLONEN ❹ (Abbildung 26.39) aus. Stellen Sie einen passenden PINSEL ❺ (hier HARDNESS 050) und eine passende GRÖSSE ❻ (hier 250,00) ein. Wählen Sie im Bild das untere Ende einer

Spielfigur als Quelle ❽ zum Klonen aus, indem Sie mit gedrückter ⌈Strg⌉/⌈Ctrl⌉-Taste darauf klicken. Bestimmen Sie einen Abstand zur nächsten Gruppe von Spielfiguren, und kopieren Sie die neue Figur mit gedrückter linker Maustaste auf ❼. Lassen Sie die Maustaste nach der ersten fertigen Spielfigurengruppe los, und wiederholen Sie diesen Vorgang gegebenenfalls mit weiteren Figuren im Bild. Sie brauchen hierfür übrigens keine neue Quelle mehr für die jeweils nächsten Spielfiguren auszuwählen, sondern verwenden immer das zu Beginn ausgewählte Objekt als Quelle. Sie werden feststellen, dass das Werkzeug durch die Einstellung der Perspektive auch den zunehmenden Abstand beachtet.

Abbildung 26.39 ▼
Eine weitere Spielfigurengruppe wird perspektivisch geklont.

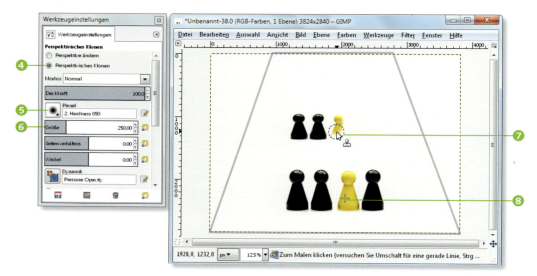

▲ **Abbildung 26.40**
Das Endergebnis nach dem Einfügen einer neuen Spielgruppe mit dem Werkzeug PERSPEKTIVISCHES KLONEN. Es sieht jetzt wirklich aus, als würde diese neue Gruppe weiter hinten stehen.

Sollte das Ergebnis nicht zu Ihrer Zufriedenheit ausfallen, können Sie es auch mit einer anderen Perspektive probieren, indem Sie die Werkzeugeinstellung wieder auf PERSPEKTIVE ÄNDERN stellen und die Perspektive über die vier Griffe anpassen. Die zuvor geklonten Bereiche bleiben hierbei allerdings in der Perspektive erhalten und können nicht nachträglich verändert werden. Das Werkzeug ist zwar zunächst etwas gewöhnungsbedürftig, aber wenn Sie ein wenig damit experimentieren, bekommen Sie den Dreh recht schnell raus.

Kapitel 27
Eingescannte Bilder nachbearbeiten

Wie Sie Bilder vom Scanner auf die Festplatte bekommen, wurde bereits in Abschnitt 2.2, »Dateien von Kamera oder Scanner importieren«, beschrieben. Hier geht es nun um die Nachbearbeitung Ihrer Scans, denn nicht immer ist die Bildqualität zufriedenstellend.

Auflösung für das Scannen | Für die optimale Auflösung müssen Sie zunächst wissen, was Sie mit dem Bild machen wollen. Verwenden Sie die Bilder nur für den Bildschirm oder das Internet, genügt eine Auflösung von 72 bis 96 dpi.

Für den Druck brauchen Sie auf jeden Fall eine höhere Auflösung. Wie hoch Sie hierbei die Auflösung wählen, hängt von der Größe ab, in der Sie das Bild drucken wollen. In der Praxis reicht für die üblichen Bildformate 9 × 13 cm oder 10 × 15 cm eine Auflösung von **300 dpi**. Für einen Posterdruck dürfen es dann schon mal 600 dpi sein.

Zum Nachlesen
Mehr zum Thema Auflösung erfahren Sie in Abschnitt 4.2, »Bildgröße und Auflösung«.

27.1 Bildqualität verbessern

Eingescannte Bilder sind nicht immer ein Musterbeispiel an Farbe und meistens auch etwas unscharf. In einer Schritt-für-Schritt-Anleitung sollen die typischen Arbeitsabläufe gezeigt werden, die üblicherweise verwendet werden, um Scannerschwächen auszugleichen.

 Strassenszene.jpg

Schritt für Schritt: Scannerschwächen ausgleichen

1 Höhen und Tiefen korrigieren

Eingescannte Bilder wirken häufig flau, wie hinter einem Nebelschleier. Öffnen Sie hierzu den Dialog FARBEN • WERTE. Am Histogramm erkennen Sie, dass es dem Bild ein wenig an Höhen und Tiefen fehlt. Korrigieren Sie diesen Fehler Kanal für Kanal. Wählen Sie hierbei zunächst den roten Kanal ❶, und ziehen Sie den schwarzen Anfasser nach rechts zum Anfang des Histogrammhügels ❷. Ziehen Sie den weißen Regler ❸ nach links zum Anfang der Hügellandschaft. Fahren Sie genauso beim grünen und blauen Kanal ❶ fort, und bestätigen Sie den Dialog mit OK.

Zum Nachlesen
Das Histogramm und die Tonwertkorrektur werden in Abschnitt 6.2, »Werkzeuge zur Tonwertkorrektur«, ausführlich beschrieben.

Abbildung 27.1 ▶
Das Ausgangsbild mit den Scannerschwächen

Abbildung 27.2 ▶
Nach der Tonwertkorrektur sollte das Bild nicht mehr so flau wirken.

2 Bild schärfen

Das nächste Problem bei eingescannten Bildern ist meistens etwas fehlende Schärfe. Hierzu greifen Sie entweder auf das klassische Schärfen mit FILTER • VERBESSERN • UNSCHARF MASKIEREN zurück oder auf eine andere Schärfetechnik. Ich habe mich hier für UNSCHARF MASKIEREN und einen RADIUS ❹ von 5,0 sowie eine MENGE ❺ von 0,30 entschieden.

Zum Nachlesen
Mehr zum Thema Schärfen, insbesondere zu den besseren Techniken wie Hochpass-Schärfen und Schärfen im Lab-Modus, erfahren Sie in Abschnitt 12.6 unter »Hochpass-Schärfen« und »Schärfen im Lab-Modus«.

◀ **Abbildung 27.3**
Häufig müssen eingescannte Bilder nachgeschärft werden.

3 Bildrauschen entfernen

Eingescannte Bilder weisen häufig ein etwas verstärktes Bildrauschen auf. Durch das Schärfen im Arbeitsschritt zuvor wurde der Effekt noch etwas verstärkt. Das Bildrauschen können Sie hier mit FILTER • VERBESSERN • NL-FILTER abschwächen. Im Beispiel habe ich mich für die Option ALPHABASIERTER MITTELWERT ❻ mit maximalem Wert für ALPHA und RADIUS entschieden, weil hierbei neben dem Bildrauschen auch sehr gut Staub und Flecken im Bild verschwinden, die Sie sonst per Hand mit dem HEILEN-Werkzeug wegtupfen müssten. Alternativ verwenden Sie hierfür FILTER • WEICHZEICHNEN • SELEKTIVER GAUSSSCHER WEICHZEICHNER.

4 Staub und Flecken entfernen

Gegebenenfalls müssen Sie jetzt noch vorhandenen Staub und Flecken entfernen, wo der NL-FILTER das nicht geschafft hat. Hierzu verwenden Sie das HEILEN-Werkzeug mit einer weichen Werkzeugspitze, um Staub und unerwünschte Flecken wegzutupfen. Der Filter FLECKEN ENTFERNEN ist weniger für solche Arbeiten geeignet, weil er das Bild zu weich zeichnet.

▲ **Abbildung 27.4**
Bildrauschen, Staub und Flecken reduzieren

Kapitel 27   Eingescannte Bilder nachbearbeiten

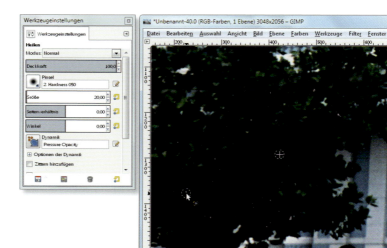

Abbildung 27.5 ▶
Flecken und Staub mit dem HEILEN-Werkzeug entfernen

Zum Nachlesen
Das Thema Bildrauschen und Flecken entfernen wird in Kapitel 25, »Bildstörungen beheben und hinzufügen«, behandelt.

5 Analyse
Im direkten Vorher-nachher-Vergleich fällt der Unterschied deutlich auf. Solche Ergebnisse hängen allerdings auch wesentlich von der Qualität des Scanners ab.

▲ **Abbildung 27.6**
Links das Bild nach dem Einscannen und rechts nach Überarbeitung

27.2 Unerwünschter Raster-Effekt – Moiré abschwächen

Eine Frage, die mir häufiger gestellt wird, ist, wie man am besten den Moiré-Effekt entfernt, der beispielsweise beim Scannen von Bildern aus Zeitungen oder Zeitschriften auftritt. Ein solcher Effekt fällt meistens bei der Überlagerung von Rastern und Linien durch das Auftreten von neuen Linien auf.

27.2 Unerwünschter Raster-Effekt – Moiré abschwächen

◀ **Abbildung 27.7**
Ein sehr alter Zeitungsausschnitt einer meiner Urahnen mit einem Moiré-Effekt, der bei der Rasterung des Bildes für den Zeitungsdruck entstanden ist.

Schritt für Schritt:
Moiré-Effekt reduzieren

1 Moiré-Effekt abschwächen

Zur Reduzierung des Moiré-Effekts bieten sich zwei Filter an: FILTER • WEICHZEICHNEN • SELEKTIVER GAUSSSCHER WEICHZEICHNER oder FILTER • VERBESSERN • NL-FILTER. Welcher das bessere Ergebnis liefert, müssen Sie selbst testen. Auch zu den Einstellungen des Filters kann ich keine pauschale Aussage machen, weil dies davon abhängt, wie stark der Moiré-Effekt und wie die Pixelgröße im Allgemeinen ist.

AnnaWolf.jpg

Moiré-Effekt vermeiden

Einen Moiré-Effekt beim Einscannen zu vermeiden, ist nicht so einfach. Zwar bieten die Scanprogramme gewöhnlich Funktionen an, um Moiré-Effekte zu vermeiden (oder zu reduzieren), aber erfahrungsgemäß wird das Bild damit häufig zu unscharf. Das hängt allerdings auch wieder von der Qualität des Scanners und natürlich der verwendeten Software ab.

◀ **Abbildung 27.8**
Hier wurde der NL-FILTER mit der Option ALPHABASIERTER MITTELWERT verwendet. Mit OPTIMALE SCHÄTZUNG könnte es auch ganz gut klappen. In diesem Beispiel wurde der maximale Wert verwendet. Gegebenenfalls können Sie den Filter auch zweimal hintereinander verwenden.

Kapitel 27   Eingescannte Bilder nachbearbeiten

Abbildung 27.9 ▶
In extremeren Fällen hilft auch der Filter SELEKTIVER GAUSSSCHER WEICHZEICHNER. Hier wirkt der Filter allerdings einfach zu stark weichzeichnend.

2   Bild nachschärfen

Zum Nachschärfen des Bildes empfehle ich Ihnen, auf jeden Fall das Schärfen im Lab-Modus (auf dem Helligkeitskanal) zu verwenden. Diese Schärfemethode liefert hier definitiv die besten Ergebnisse. Entweder führen Sie dieses Schärfen manuell durch, wie in der Schritt-für-Schritt-Anleitung auf Seite 332, »Schärfen im Lab-Modus«, beschrieben wurde, oder Sie verwenden das Plugin »LAB Sharpen« dafür.

Abbildung 27.10 ▶
Nachschärfen im Lab-Modus

3   Analyse

Natürlich dürfen Sie jetzt keine Wunder von GIMP erwarten oder, dass Sie ein perfektes Bild erhalten. Sie können lediglich den Effekt reduzieren. Aber vergleichen Sie selbst anhand der folgenden Abbildungen. Persönlich finde ich, dass Sie mit dem NL-FILTER eine bessere Kompromisslösung als mit dem Filter SELEKTIVER GAUSSSCHER WEICHZEICHNER erzielen. Zwar entfernen Sie mit den NL-FILTER das Raster nicht so stark, aber mit dem Filter SELEKTIVER GAUSSSCHER WEICHZEICHNER wird das Bild einfach zu stark

▲ **Abbildung 27.11**
Das Ausgangsbild

aufgeweicht, und trotzdem sind viele hässliche Rasterpunkte erhalten geblieben.

▲ **Abbildung 27.12**
Moiré-Effekt mit dem NL-Filter reduziert

▲ **Abbildung 27.13**
Moiré-Effekte mit dem Filter Selektiver Gaussscher Weichzeichner reduziert

Teil IX
Pfade und Formen

Kapitel 28
Pfade erstellen und anpassen

Das Pfade-Werkzeug (Tastenkürzel B) und die Pfade im Allgemeinen hätten eigentlich auch bei den Auswahlwerkzeugen beschrieben werden können, aber sie sind doch etwas spezieller und zunächst auch komplexer. Der Vorteil des Pfade-Werkzeugs gegenüber den anderen Auswahlwerkzeugen ist, dass Sie damit wesentlich komplexere und genauere Konturen auswählen können.

In diesem Kapitel erfahren Sie, wie Sie Pfade anlegen und verändern. Es geht hier also zunächst einmal nur um die Verwendung des PFADE-Werkzeugs, da es gerade für Einsteiger zunächst nicht so einfach zu bedienen ist.

28.1 Was sind Pfade?

Pfade sind Vektorlinien bzw. -kurven und können damit als eine Schnittstelle zwischen der Pixel- und der Vektorwelt angesehen werden. Man spricht in diesem Zusammenhang mit diesen Linien und Kurven übrigens auch von *Bézierkurven* bzw. *Bézierpfaden*. GIMP selbst ist ja ein Bearbeitungsprogramm von Pixelgrafiken. Die Pfade hingegen sind Formen, die mathematisch beschrieben sind, so wie dies bei Vektorgrafiken der Fall ist.

Zum Nachlesen
Der Unterschied zwischen Pixel- und Vektorgrafiken wird in Abschnitt 4.1, »Pixel- und Vektorgrafiken«, beschrieben.

Pixelbild bleibt Pixelbild
Sie sollten sich merken, dass eine mit Pfaden angereicherte Datei mit GIMP trotzdem ein Pixelbild bleibt. Ein Pixelbild mit mathematischen Informationen kann niemals mit einem echten Vektorbild verglichen werden.

Einsatzgebiete für Pfade

Die Anwendungsgebiete von Pfaden sind sehr vielseitig. Hier einige Beispiele:

▶ Wandeln Sie einen Pfad in eine Auswahl um, um komplexere und genauere Auswahlen zu erstellen.
▶ Erzeugen Sie mit Pfaden neue Grundformen, Logos oder Grafiken. Zeichnen Sie beispielsweise mit dem PFADE-Werkzeug

Zum Nachlesen
Das Thema »Text und Pfade« wird erst in Abschnitt 32.3 näher behandelt, weil dort auch auf die Typografie eingegangen wird.

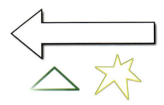

▲ Abbildung 28.1
Einige geometrische Formen, die mit Pfaden realisiert wurden

▲ Abbildung 28.2
Auch kreativere Formen, wie hier mit einem Ornament, lassen sich über Pfade erstellen.

Geometrische Formen
SVG ist ein allgemeingültiges Vektorgrafikformat und kein spezielles Format für oder von GIMP. Das bedeutet auch, dass Sie hiermit neben Pfaden auch geometrische Formen wie Rechtecke, Ellipsen, Kreise oder Polygone speichern können. Mit GIMP können Sie zwar die komplette SVG-Datei auch importieren und als Pixelgrafik öffnen, aber nur die Pfade als Vektorgrafik bearbeiten.

Buchstaben nach, können Sie diese anschließend komplett in der Form verändern.

▶ Verwenden Sie Pfade auch, um nur bestimmte Elemente nachzuzeichnen. Das ist zum Beispiel besonders bei kurvigen Linien hilfreich.

▶ Pfade dienen auch dazu, Bildelemente zu vektorisieren, um so die Grafik in einem Vektorprogramm (beispielsweise Inkscape) weiterzubearbeiten. Das Gleiche gilt auch andersherum: Vektorgrafiken mit gespeicherten Pixelgrafiken, die im SVG-Format gesichert wurden, können in GIMP geöffnet und weiterbearbeitet werden.

▶ Konvertieren Sie einen Text in einen Pfad und versehen Sie so diesen Text zum Beispiel durch Transformieren und/oder Nachziehen des Pfades erheblich vielseitiger mit tollen und hochwertigeren Effekten, als dies auf Pixelebene möglich ist.

▶ Sie können auch einen Text auf die Linien eines Pfades stellen. Hiermit lässt sich praktisch ein Text auf eine bestimmte Form bringen (beispielsweise ein kreisförmig angeordneter Text).

Einschränkungen | Dass GIMP mit Hilfe von Pfaden Bézierkurven zeichnen kann und somit auch vektorfähig ist, soll aber nicht heißen, dass Sie deswegen kein Vektorprogramm für Vektorgrafiken benötigen. Mit dem Pfade-Werkzeug lassen sich sehr komfortabel Grafiken wie Logos, Icons, Cliparts und einfachere Zeichnungen erstellen und bearbeiten, aber für kompliziertere Arbeiten benötigen Sie nach wie vor einen Vektorspezialisten (wie zum Beispiel das kostenlose Inkscape).

Des Weiteren ist das Konstruieren von Pfaden mit GIMP nicht ganz so einfach zu bewerkstelligen, und Sie brauchen auf jeden Fall etwas Übung, um mit den etwas umständlichen Knotenpunkten umzugehen. Betrachten Sie also das Erstellen von Pfaden mit GIMP eher als Hilfsmittel und nicht als ein tägliches Arbeitsmittel.

SVG – das Datenformat für Pfade

Wie bereits erwähnt, können Sie in GIMP erstellte Pfade auch in anderen Programmen verwenden und umgekehrt. Voraussetzung dafür ist, dass Sie die Datei mit den Pfaden im SVG-Format (kurz für **S**calable **V**ector **G**raphics, ein Vektorgrafikformat) gespeichert haben. Das SVG-Format gewinnt bei den Vektorgrafiken immer mehr an Bedeutung.

GIMP geht mit Pfaden genauso um, wie es das SVG-Format beschreibt, und daher lassen sich auch Pfadinformationen genauso in einer SVG-Datei speichern. Ein gängiger Workflow ist es beispielsweise, eine SVG-Grafik mit Pfaden, die in einem Vektorgrafikprogramm (beispielsweise mit Inkscape) erstellt wurden, in GIMP zu importieren und die Pfade dort weiterzubearbeiten. Anschließend können Sie den so bearbeiteten Pfad in GIMP erneut als SVG-Datei exportieren und zum Beispiel mit einem weiteren Programm (wie etwa dem kostenlosen Blender) mit Licht, Material und verschiedenen Kameraeinstellungen rendern.

Wie Sie eine SVG-Grafik mit Pfaden in GIMP importieren und weiterbearbeiten, erfahren Sie in der Schritt-für-Schritt-Anleitung »SVG-Dateien mit Pfaden in GIMP importieren« in Abschnitt 28.4.

28.2 Das Pfade-Werkzeug

Die Handhabung des PFADE-Werkzeugs (Tastenkürzel B) wird Sie sicherlich zunächst an das Werkzeug MAGNETISCHE SCHERE (siehe Seite 550, »Magnetische Schere«) erinnern, wo Sie mit jedem Mausklick einen neuen Kontrollpunkt anlegen. Dieser wird automatisch mit dem vorherigen Kontrollpunkt verbunden. Die Pfade unterscheiden sich davon insofern, als die Kontrollpunkte als *Knotenpunkte* bezeichnet werden. Auch die Art und Weise, wie diese Punkte miteinander verbunden werden, ist bei den Pfaden etwas anders.

Rückgängig machen
Eine weitere Stärke bei der Verwendung des PFADE-Werkzeugs ist es, dass Sie die einzelnen Aktionen jederzeit wieder (beispielsweise mit Strg/Ctrl + Z) rückgängig machen können.

Grundlegende Bedienung des Pfade-Werkzeugs

Wenn Sie das PFADE-Werkzeug aktiviert haben und mit dem Erstellen eines Pfades beginnen wollen, klicken Sie mit der linken Maustaste an die Stelle im Bild(-fenster), wo Sie die Pfadauswahl beginnen wollen. In GIMP erkennen Sie diese Markierung anhand des kleinen Kreises ❶. Wenn Sie mit dem Mauszeiger direkt über diesen Knotenpunkt gehen, sehen Sie am Mauszeiger ein Verschieben-Symbol ❷, mit dem Sie diesen Knotenpunkt jederzeit mit gedrückter linker Maustaste verschieben können.

Nachdem Sie den ersten Knotenpunkt der Pfadauswahl gesetzt haben, fügen Sie durch Klicks der linken Maustaste beliebig viele Knotenpunkte hinzu. Die einzelnen Knotenpunkte werden immer mit einer Pfadlinie verbunden. Dass das Werkzeug bereit ist für einen weiteren Knotenpunkt, erkennen Sie am Plus-Symbol ❸ neben dem Mauszeiger. Der zuletzt bearbeitete Knotenpunkt wird immer mit einem Quadrat über einem durchsichtigen Kreis ❹ dargestellt.

▲ **Abbildung 28.3**
Der erste Knotenpunkt wurde festgelegt.

▲ **Abbildung 28.4**
Hier wurde ein Pfad aus drei Knotenpunkten zusammengesetzt.

Zum Nachlesen
Der PFADE-Dialog wird separat in Abschnitt 28.3, »Der ›Pfade‹-Dialog«, behandelt.

»Pfade«-Dialog | Um die Übersicht über den oder die Pfade zu behalten, bietet GIMP einen speziellen Dialog an. Den Dialog zeigen Sie über FENSTER • ANDOCKBARE DIALOGE • PFADE an.

Offene und geschlossene Pfade | Ein Pfad ist entweder geschlossen oder offen. Ein offener Pfad hat eindeutige Endpunkte, ein geschlossener Pfad hingegen (logischerweise) nicht.

▲ Abbildung 28.7
Der Dialog PFADE

▲ Abbildung 28.5
Ein offener Pfad mit zwei eindeutigen Endpunkten

▲ Abbildung 28.6
Ein geschlossener Pfad

Um einen Pfad zu schließen, halten Sie die [Strg]-Taste gedrückt, und klicken Sie auf den Anfangsknoten des Pfades. Der Endknoten wird dann mit dem Anfangsknoten verbunden und der Pfad geschlossen. Ansonsten bleibt der Pfad, bei standardmäßiger Werkzeugeinstellung, offen. Auf die genauere Handhabung wird auf Seite 615, »Pfad schließen«, eingegangen.

Werkzeugeinstellungen

Um die weitere Bedienung des PFADE-Werkzeugs zu erläutern, muss ich zuerst die Werkzeugeinstellungen dafür beschreiben, weil sich nicht jede Aktion mit derselben Werkzeugeinstellung durchführen lässt.

Von besonders wichtiger Bedeutung ist der BEARBEITUNGSMODUS ❶. Folgende Optionen stehen Ihnen hier zur Auswahl:

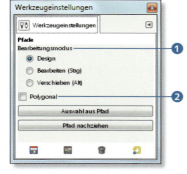

▲ Abbildung 28.8
Die Werkzeugeinstellungen des PFADE-Werkzeugs

▶ DESIGN: Der (Standard-)Modus DESIGN wird zum Setzen von zusätzlichen Knotenpunkten und zum Verschieben verwendet.
▶ BEARBEITEN: Mit diesem Modus können Sie nur einen existierenden Pfad bearbeiten. Hierzu gehören Dinge wie Knoten hinzufügen oder entfernen.
▶ VERSCHIEBEN: Damit verschieben Sie den gesamten Pfad.
▶ POLYGONAL ❷: Diese zusätzliche Option wird benötigt, wenn Sie nur gerade Linien erzeugen wollen.

Pfade mit geraden Linien

Um Pfade mit geraden Linien zu erstellen, sollten Sie die Option POLYGONAL ❹ im BEARBEITUNGSMODUS • DESIGN ❸ verwenden.

28.2 Das Pfade-Werkzeug

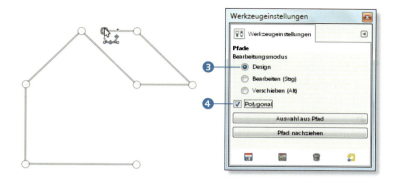

◄ Abbildung 28.9
Das Zeichnen von Geraden ist sehr einfach.

Pfade mit Kurven

Für Objekte mit einer Kurve müssen Sie nicht extra unzählige Punkte anlegen. Theoretisch reichen hierfür sogar zwei Punkte aus, die miteinander verbunden sind. Allerdings bedarf es durchaus ein wenig der Übung, das PFADE-Werkzeug mit Kurven sicher zu verwenden.

Eine Kurve legen Sie an, indem Sie beim Setzen des Knotenpunktes die linke Maustaste gedrückt lassen und die Maus aus dem Knotenpunkt herausziehen. GIMP erstellt dann automatisch zwei quadratische Griffpunkte ❺, die jeweils über eine gestrichelte Linie mit dem Knotenpunkt verbunden sind. Je weiter Sie diese beiden Griffpunkte vom Knotenpunkt wegziehen, desto länger werden die Linien und desto stärker wird die Krümmung ❻ der Kurve. Über den Drehwinkel der beiden Griffpunkte beeinflussen Sie außerdem, in welche Richtung die Krümmung gedreht wird ❼.

»Polygonal« deaktivieren

Wenn Sie Kurven erstellen wollen, achten Sie darauf, dass Sie die Werkzeugeinstellung POLYGONAL deaktiviert haben. Solange diese Einstellung aktiviert ist, lassen sich keine Kurven erzeugen.

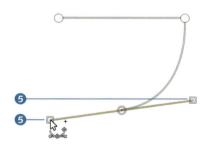
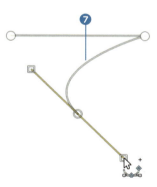

▲ Abbildung 28.10
Beim Erstellen einer Bézierkurve können Sie auch gleich die Stärke und Richtung der Krümmung bestimmen.

Griffpunkte bearbeiten | Wenn Sie eine Kurve angelegt und die Maustaste losgelassen haben, können Sie jeden der Griffpunkte separat anfassen ❶ (Abbildung 28.11) und **asymmetrisch verändern**, um so die Krümmung der Kurve weiter anzupassen.

Wollen Sie wieder den **symmetrischen Modus** ❷ verwenden, wo beide Griffpunkte eine gerade Linie bilden, halten Sie die ⇧-Taste gedrückt, während Sie die Griffpunkte verschieben. Den symmetrischen Modus benötigen Sie beispielsweise, wenn mehrere Kurven, die mit Knotenpunkten verbunden sind, wie »aus einem Strich gezogen« wirken sollen. Genaueres dazu entnehmen Sie bitte der Schritt-für-Schritt-Anleitung »Kreative Ornamente erstellen« auf Seite 619.

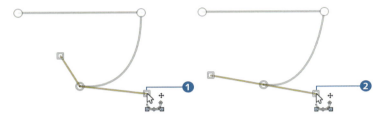

▲ Abbildung 28.11
Auf der linken Seite wird die Kurve mit den Griffpunkten asymmetrisch verändert. Rechts wurde mit gehaltener ⇧-Taste wieder der symmetrische Modus verwendet.

▲ Abbildung 28.12
Zum Hinzufügen neuer Griffpunkte ist der Modus BEARBEITEN nötig, der sich kurzfristig auch mit gehaltener Strg/Ctrl-Taste aus dem DESIGN-Modus heraus einschalten lässt.

Griffpunkt nachträglich hinzufügen | Wollen Sie aus einer geraden Linie nachträglich eine Kurve machen, müssen Sie dem angrenzenden Knotenpunkt (oder auch beiden) Griffpunkte hinzufügen. Dazu stellen Sie die Werkzeugeinstellung des BEARBEITUNGSMODUS auf BEARBEITEN ❸. Jetzt gehen Sie mit dem Mauszeiger auf den gewünschten Knotenpunkt und ziehen die Griffpunkte mit gedrückter linker Maustaste heraus ❹. Hierbei müssen Sie jeden der beiden Griffpunkte separat herausziehen. Anschließend können Sie die Griffpunkte entweder asymmetrisch ❺ verändern, oder Sie nutzen den symmetrischen Modus ❻, indem Sie während des Verschiebens der Griffpunkte die ⇧-Taste gedrückt halten.

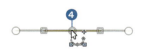

▲ Abbildung 28.13
Sie können jederzeit Griffpunkte zu den Knotenpunkten hinzufügen, um asymmetrische oder symmetrische Krümmungen hinzuzufügen.

Griffpunkte löschen | Wollen Sie einen oder beide Griffpunkte wieder entfernen, um aus einer Kurve wieder eine geraden Pfad zu machen, klicken Sie den Griffpunkt mit der ⇧-Taste an. Im Mauszeiger sehen Sie dann ein Minus-Symbol ❼. Voraussetzung hierfür ist, dass Sie beim BEARBEITUNGSMODUS die Option BEARBEITEN ausgewählt haben. Alternativ erreichen Sie Selbiges auch aus dem DESIGN-Modus heraus, indem Sie mit gehaltenen Strg/Ctrl+⇧-Tasten auf die Griffpunkte klicken.

▲ Abbildung 28.14
Griffpunkte wieder entfernen

Pfadsegment weg

Wenn Sie beide Griffpunkte löschen, wird natürlich auch die Kurve (das Pfadsegment) entfernt und der Knotenpunkt wieder mit einer geraden Linie mit den angrenzenden Knotenpunkten verbunden. Hatten Sie das nicht beabsichtigt, können Sie glücklicherweise jeden Arbeitsschritt wieder rückgängig machen und die Segmente wiederherstellen.

Pfad schließen

Wollen Sie einen Pfad im DESIGN-Modus schließen, klicken Sie einfach mit gedrückter Strg/Ctrl-Taste auf den ersten Knotenpunkt. Der Mauszeiger enthält dann ein Ringesymbol ❽. Einen geschlossenen Pfad können Sie natürlich nach wie vor bearbeiten, wie beispielsweise neue Knotenpunkte hinzufügen, vorhandene Knotenpunkte verschieben oder Griffpunkte für Kurven erstellen ❾. Ist der BEARBEITUNGSMODUS hingegen auf BEARBEITEN eingestellt, müssen Sie zum Schließen eines Pfades gar keine zusätzliche Taste drücken, während Sie auf den ersten Knotenpunkt klicken.

Auswahl aus Pfad erstellen

Wer jetzt gerne eine Auswahl aus dem geschlossenen Pfad hätte, der klickt einfach beispielsweise bei den Werkzeugeinstellungen auf die Schaltfläche AUSWAHL AUS PFAD.

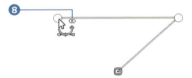  

▲ Abbildung 28.15
Auch das Schließen von Pfaden ist schnell erledigt, und der Pfad lässt sich nach wie vor bearbeiten.

Pfade und Knotenpunkte verschieben

Einzelne Knotenpunkte, egal ob mit oder ohne Griffpunkte, können Sie jederzeit mit gedrückter linker Maustaste auf den Knotensymbolen verschieben. Als BEARBEITUNGSMODUS müssen Sie dafür allerdings DESIGN verwenden, weil Sie im Modus BEARBEITEN Griffpunkte für Krümmungen anlegen würden.

Sie können auch mehrere Knotenpunkte gleichzeitig verschieben, wenn Sie diese im DESIGN-Modus mit gedrückter ⇧-Taste auswählen. Die markierten Knotenpunkte werden dann wie gewöhnlich mit durchsichtigen Kreispunkten angezeigt.

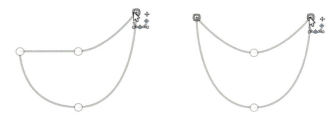

Abbildung 28.16 ▶
Es lassen sich auch mehrere Knotenpunkte mit gehaltener ⇧-Taste auswählen und verschieben.

Kompletten Pfad verschieben | Wollen Sie hingegen den kompletten Pfad verschieben, stellen Sie den BEARBEITUNGSMODUS auf VERSCHIEBEN. Alternativ können Sie diesen Modus auch kurzfristig aus anderen Modi mit gehaltener Alt-Taste verwenden.

Pfadsegmente bearbeiten

Die Pfadsegmente lassen sich auch noch bearbeiten. Voraussetzung hierfür ist, dass Sie den BEARBEITUNGSMODUS auf DESIGN stellen. Dann können Sie das Pfadsegment (die Pfadlinie) mit gedrückter linker Maustaste verbiegen ❷.

Diese asymmetrische Verbiegung wird dabei über neue Griffpunkte realisiert, die den Knotenpunkten an beiden Enden des Pfadsegments hinzugefügt werden (❶ und ❸). Wollen Sie die Biegung des Pfadsegments symmetrisch durchführen ❹, halten Sie während der Biegung die ⇧-Taste gedrückt.

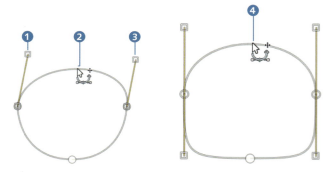

Abbildung 28.17 ▶
Die Pfadsegmente lassen sich asymmetrisch wie auch symmetrisch verbiegen.

Übrigens lässt sich auf diese Weise auch sehr einfach aus einem geraden Pfadsegment eine Kurve machen. Die benötigten Griffpunkte an den Knotenpunkten fügt GIMP automatisch hinzu.

28.2 Das Pfade-Werkzeug

◄ **Abbildung 28.18**
Hier wird aus einem geraden Pfadsegment ganz einfach eine Kurve gemacht.

Pfade verbinden | Wollen Sie zwei offene Pfade verbinden, bietet GIMP auch hierfür eine einfache Lösung: Klicken Sie hierzu auf den Knotenpunkt am Ende des einen Pfades ❻, und gehen Sie dann mit dem Mauszeiger auf den Start- oder Anfangspunkt des anderen Pfades ❺, wodurch am Mauszeiger ein Ringesymbol zu sehen ist. Klicken Sie jetzt mit der linken Maustaste, werden die beiden Knotenpunkte mit einem Pfadsegment verbunden ❼. Der Modus muss dabei auf BEARBEITEN stehen.

Offene Pfade

Das Hinzufügen von neuen Pfadsegmenten funktioniert allerdings nur bei offenen Pfaden und nicht bei geschlossenen. Auch neue Pfadsegmente können Sie nur an den End- und Startknoten eines Pfades hinzufügen.

◄ **Abbildung 28.19**
Auch das Einfügen neuer Pfadsegmente zwischen zwei offenen Pfaden ist möglich.

Knotenpunkte hinzufügen oder entfernen

Zum Hinzufügen neuer Knotenpunkte müssen Sie den BEARBEITUNGSMODUS auf BEARBEITEN stellen (oder die [Strg]/[Ctrl]-Taste gedrückt halten). Jetzt gehen Sie einfach mit dem Mauszeiger auf ein Pfadsegment, wodurch Sie ein Plus-Symbol am Mauszeiger sehen ❽. Klicken Sie jetzt mit der linken Maustaste, wird ein neuer Knotenpunkt angelegt ❾, den Sie wie jeden beliebigen Knotenpunkt ändern können ❿.

▲ **Abbildung 28.20**
Einen neuen Knotenpunkt hinzufügen

Knotenpunkt entfernen | Zum Entfernen eines Knotenpunktes gehen Sie im BEARBEITEN-Modus mit gehaltener [⇧]-Taste mit dem Mauszeiger über den Knoten, wodurch am Mauszeiger ein Minus-Symbol ❹ zu sehen ist, und klicken den Knoten mit der linken Maustaste an. Alternativ erreichen Sie Selbiges auch aus dem DESIGN-Modus heraus mit den [Strg]/[Ctrl]+[⇧]-Tasten.

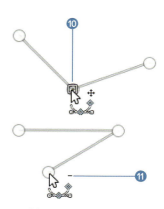

▲ **Abbildung 28.21**
Einen Knotenpunkt entfernen

28.3 Der »Pfade«-Dialog

Zwar können Sie die meisten Befehle für die Pfade über die Werkzeugeinstellungen des PFADE-Werkzeugs oder das Menü aufrufen, aber wesentlich komfortabler und vor allem übersichtlicher ist der PFADE-Dialog. Diesen Dialog erreichen Sie über FENSTER • ANDOCKBARE DIALOGE • PFADE. Er bietet neben den üblichen Kommandos für Pfade auch Möglichkeiten zur Verwaltung von Pfaden. Schließlich können Sie bei einem Bild durchaus mehrere Pfade erstellen, duplizieren und wieder löschen.

Miniaturgröße ändern
Die Größe der Miniaturvorschau ❸ des Pfades können Sie über die Reiterschaltfläche ❻ rechts oben ändern.

Wenn Sie bereits mit dem EBENEN-Dialog vertraut sind, dürften Sie mit dem PFADE-Dialog kein Problem mehr haben. Über das Augensymbol ❶ blenden Sie die Sichtbarkeit des Pfades im Bildfenster ein und aus. Mit dem Kettensymbol ❷ verknüpfen Sie mehrere Pfade miteinander, beispielsweise um diese alle gleichzeitig zu verschieben, oder heben diese Verknüpfung wieder auf. Daneben sehen Sie ein Miniaturbild ❸ und den Namen des Pfades ❹. Den Pfadnamen können Sie durch einen Doppelklick darauf umbenennen.

Der aktive Pfad, den Sie gerade im Bildfenster bearbeiten oder auf den Sie die verschiedenen Befehle ausführen können, wird mit einer Markierung ❺ im PFADE-Dialog angezeigt. Durch das Anklicken eines anderen Pfades im Dialog wählen Sie diesen als aktiven Pfad aus. Der im PFADE-Dialog aktive Pfad wird im Bildfenster mit roten Linien ⓯ angezeigt. Die inaktiven Pfade hingegen werden mit einer blauen Linie ⓮ dargestellt.

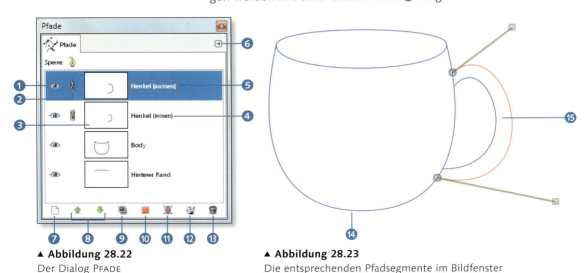

▲ **Abbildung 28.22**
Der Dialog PFADE

▲ **Abbildung 28.23**
Die entsprechenden Pfadsegmente im Bildfenster

Schaltflächen

Über die Schaltflächen unterhalb des PFADE-Dialogs können Sie viele Befehle für Pfade ausführen, die sonst ziemlich verstreut in den Menüs verteilt sind. Die genaueren Funktionalitäten der einzelnen Befehle werden Sie noch im Verlaufe des Kapitels näher kennenlernen. Trotzdem eine kurze Übersicht zu den einzelnen Befehlen:

- NEUER PFAD ❼: Damit fügen Sie einen neuen Pfad in der Liste hinzu.
- PFAD ANHEBEN und PFAD ABSENKEN ❽: Diese Befehle verschieben die Reihenfolge der Pfade in der Liste. Die Positionen der einzelnen Pfade in der Liste spielen allerdings in der Praxis keine Rolle, anders als beispielsweise bei den Ebenen.
- PFAD DUPLIZIEREN ❾: Damit erstellen Sie eine 1:1-Kopie eines Pfades mit allen vorhandenen Pfadelementen.
- AUSWAHL AUS PFAD ❿: Konvertiert einen Pfad in eine Auswahl. Halten Sie dabei ⇧ gedrückt, wird die erstellte Auswahl zu einer eventuell vorhandenen Auswahl hinzugefügt. Mit Strg/Ctrl wird, nachdem der Pfad in eine Auswahl umgewandelt wurde, diese Auswahl von einer eventuell vorhandenen Auswahl abgezogen, und die Schnittmenge bilden Sie mit dem Halten der Tasten Strg/Ctrl + ⇧.
- PFAD AUS AUSWAHL ⓫: Hiermit konvertieren Sie eine Auswahl in einen Pfad. Drücken Sie dabei die ⇧-Taste, erhalten Sie einen weiteren Dialog mit erschlagend vielen Parametern für die Konvertierung.
- AM PFAD ENTLANG ZEICHNEN ⓬: Mit diesem Kommando öffnet sich ein weiterer Dialog, in dem Sie einstellen können, wie Sie einen im Bild befindlichen Pfad nachziehen wollen.
- PFAD LÖSCHEN ⓭: Hiermit löschen Sie den aktiven Pfad.

Kontextmenü

Die meisten dieser Befehle und noch einige mehr erreichen Sie auch mit einem rechten Mausklick im PFADE-Dialog über das Kontextmenü, insbesondere auch Befehle zum Importieren und Exportieren von Pfaden.

Schritt für Schritt:
Kreative Ornamente erstellen

Ideal als Übung für gleichmäßige kurvige Pfade dürfte das Erstellen von Ornamenten (lateinisch *ornare* = schmücken) sein. Ornamente sind abstrakte Formen, die häufig zum Schmücken von

Tipp: Genaueres Arbeiten
Das Erstellen von symmetrischen Kurven und Linien mit dem PFADE-Werkzeug ist kein Hexenwerk, wenn Sie ein entsprechendes Raster konfigurieren, über ANSICHT • RASTER ANZEIGEN sichtbar machen und dieses dann gegebenenfalls noch über ANSICHT • MAGNETISCHES RASTER magnetisch machen.

▲ **Abbildung 28.24**
Das Kontextmenü des PFADE-Dialogs

ornamente_mit_pfade.xcf

Kapitel 28 Pfade erstellen und anpassen

Ornamente abmalen
Wenn Ihnen die Kreativität für so etwas fehlt, können Sie auch einfach Ornamente von Stoffen oder Kirchen abfotografieren und auf einer leeren transparenten Ebene mit Pfaden »nachziehen«.

Stoffen, Wänden eines Raumes oder Kirchen verwendet werden. In der digitalen Bildbearbeitung werden solche Ornamente gerne zur Verzierung und Gestaltung von Bildern oder Collagen eingesetzt (beispielsweise als Bilderrahmen). Erstellen Sie dann noch einen Pinsel aus dem selbst gezeichneten Ornament, können Sie darauf immer wieder in unterschiedlichen Größen zurückgreifen, wenn Sie ein solches Stilmittel benötigen.

1 Knotenpunkte anlegen

Erstellen Sie ein neues leeres Bild mit weißem Hintergrund. Öffnen Sie außerdem den PFADE-Dialog über FENSTER • ANDOCKBARE DIALOGE • PFADE. Wählen Sie das PFADE-Werkzeug (B), und belassen Sie den BEARBEITUNGSMODUS 1 auf DESIGN. Im gesamten Workshop bleibt dieser Modus auch so eingestellt. Legen Sie jetzt zunächst nur die grundlegenden Knotenpunkte und Pfadsegmente für das Ornament an. Lassen Sie sich anfangs nicht davon stören, dass die einzelnen Knotenpunkte mit geraden Pfadsegmenten verbunden sind. Um die Kurven kümmern wir uns im nächsten Schritt.

Abbildung 28.25 ▼
Erste grobe Umrisse für das Ornament anlegen

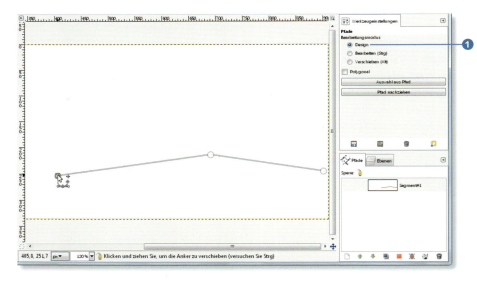

2 Pfadsegmente verbiegen

Verbiegen Sie die einzelnen Pfadsegmente 2, wodurch das Ornament die ersten Kurvenformen bekommt. Dadurch erhalten Sie zusätzlich gleich die Griffpunkte 3 für das Fein-Tuning der Kurven.

Abbildung 28.26 ▶
Durch das Verbiegen erhalten die Pfadsegmente ihre erste Form und als Nebeneffekt auch gleich die Griffpunkte.

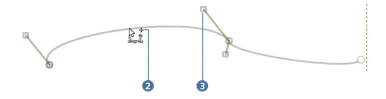

28.3 Der »Pfade«-Dialog

3 Kurven sauber biegen

Richten Sie mit gedrückter ⇧-Taste an allen Knotenpunkten die Griffpunkte ❹ symmetrisch aus, damit am Ende eine saubere Kurve entsteht, die aussieht, als wäre sie mit einem Strich gezogen worden. Wem zuvor noch nicht ganz klar war, wozu dieser symmetrische Modus überhaupt gut sein soll, dem dürfte sich spätestens bei diesem Beispiel der Sinn erschließen. Ohne den symmetrischen Modus mit gehaltener ⇧-Taste bekommen Sie die Kurven, die mit einem Knotenpunkt verbunden sind, nie so sauber hin.

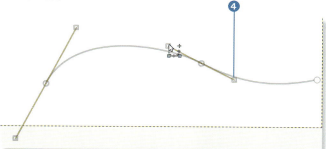

◀ **Abbildung 28.27**
Über die Griffpunkte werden die Kurven mit gehaltener ⇧-Taste symmetrisch ausgerichtet.

4 Weitere Kurven

Erstellen Sie so, wie dies in den Schritten 1 bis 3 gezeigt wurde, weitere Pfade. Ich empfehle Ihnen, dabei mehrere neue Pfade über die entsprechende Schaltfläche im Pfade-Dialog ❺ anzulegen. Ich rate Ihnen auch, für jeden Strich, den Sie anschließend nachziehen wollen, einen gesonderten Pfad anzulegen.

◀ **Abbildung 28.28**
Das Ergebnis nach mehreren kurvigen Pfaden

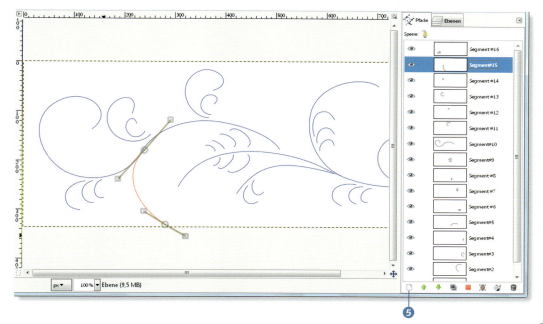

▲ Abbildung 28.29
Werkzeug zum Nachziehen der Pfade einstellen; hier die Werkzeugeinstellungen des TINTE-Werkzeugs

5 Farbe und Malwerkzeug einstellen

Bevor Sie die Pfade nachziehen, sollten Sie das Malwerkzeug einstellen, das Sie zum Nachziehen verwenden wollen. Recht dynamisch wirkt hierbei das Werkzeug TINTE ([K]). Hierbei können Sie entweder für alle Pfade dieselbe Werkzeugeinstellung, speziell GRÖSSE ❶, verwenden, oder Sie wechseln nach einem nachgezeichneten Pfad die Einstellungen. Was sich recht gut bewährt hat, ist, wie bei einem Baum mit seinen Ästen vorzugehen: Der Haupttast ist dicker, und daran hängen etwas dünnere Äste. Natürlich können Sie hierfür auch andere Malwerkzeuge verwenden. Als Farbe für das Nachziehen der Pfade wird die eingestellte Vordergrundfarbe verwendet.

6 Pfade nachziehen

Wählen Sie im PFADE-Dialog den Pfad ❺ aus, den Sie nachziehen wollen, und klicken Sie auf die Schaltfläche AM PFAD ENTLANG ZEICHNEN ❻. Im sich öffnenden Dialog verwenden Sie MIT HILFE EINES MALWERKZEUGS NACHZIEHEN ❷ und wählen in der Dropdown-Liste ❸ das gewünschte Werkzeug aus.

Im Beispiel wollen wir das TINTE-Werkzeug dazu verwenden, für das Sie in Schritt 5 schon die Einstellungen vorgegeben haben. Setzen Sie außerdem ein Häkchen vor PINSELDYNAMIK EMULIEREN ❹. Klicken Sie dann auf die Schaltfläche NACHZIEHEN, und der erste Strich für das Ornament wurde gezeichnet bzw. nachgezogen. Wiederholen Sie diesen Schritt mit den anderen Pfaden. Hierbei können Sie jederzeit die Werkzeugeinstellungen oder Farbe für das Malwerkzeug ändern.

Abbildung 28.30 ▼▶
Nachziehen von Pfaden

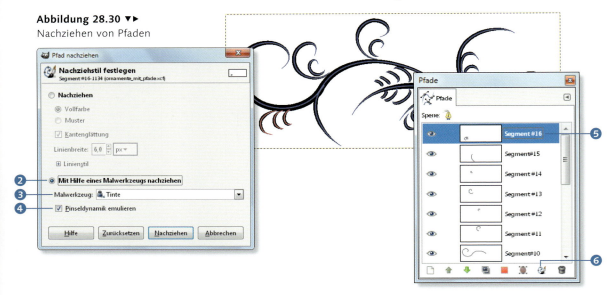

7 Weitere Tipps

Um die Ornamente immer wieder als Stilmittel verwenden zu können, sollten Sie daraus eine Pinselspitze machen. Auf das Thema wird ausführlich auf Seite 238, »Eigene Pinselformen erstellen und verwalten«, eingegangen.

Natürlich müssen es nicht immer so komplexe Dinge wie Ornamente sein. Sie können mit dieser Technik auch häufig benötigte geometrische Formen wie Pfeile, Kreuze oder andere Symbole erstellen. Die Hilfslinien können Sie dabei übrigens auch verwenden.

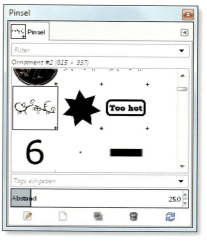

◄▲ **Abbildung 28.31**
Hier wurde aus dem erstellten Ornament eine Pinselspitze erstellt und als Tattoo in das Bild gemalt.

28.4 Pfade und SVG-Dateien

In diesem Abschnitt will ich Ihnen zeigen, wie Sie mit GIMP eine SVG-Datei mit Pfaden importieren und weiterbearbeiten. Das Thema setzt allerdings auch etwas tiefer greifende Kenntnisse über Vektorgrafiken und Pixelgrafiken voraus. Sie sollten also die vorangegangenen Abschnitte in diesem Buchteil bereits gelesen haben.

Schritt für Schritt:
SVG-Dateien mit Pfaden in GIMP importieren

Stern.svg

Im Beispiel wurde eine SVG-Datei mit dem kostenlosen Vektorprogramm Inkscape erstellt und unter dem Namen »Stern.svg« gespeichert. Diese Datei wollen wir jetzt in GIMP mitsamt den Pfaden importieren.

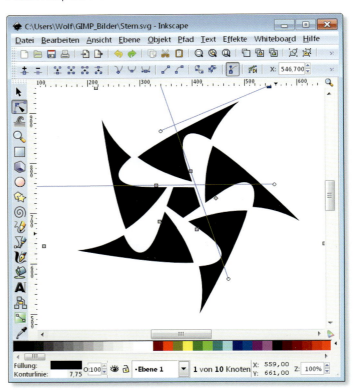

Abbildung 28.32 ▶
Ein mit Inkscape erstellter Stern

Nur Pfade sind vektorisiert
Beachten Sie, dass es nur die Pfade sind, die Sie bei einer SVG-Datei als echten mathematischen Vektorteil importieren können. Der farbige Teil, den Sie hier importieren, wird als Pixelgrafik gerendert und kann auf Vektorbasis nicht weiterverwendet werden!

1 SVG-Datei importieren
Zum Importieren einer SVG-Datei gehen Sie zunächst wie beim Öffnen einer gewöhnlichen Bilddatei über DATEI • ÖFFNEN vor. Wenn Sie die SVG-Datei ausgewählt haben, wird ein Dialog angezeigt, in dem Sie die SVG-Datei eigentlich nur als ganz normale Pixeldatei öffnen können. Die Vektorgrafik wird hierfür gerendert. Neben den Einstellungen der Bildgröße und Auflösung ist hier für das Importieren der Pfade ganz besonders die Option PFADE IMPORTIEREN ❶ wichtig, die Sie auf jeden Fall aktivieren müssen, wenn Sie diese Pfade importieren wollen und nicht nur eine einfache Pixelgrafik. Sollte die SVG-Datei mehrere Pfade enthalten, können Sie außerdem die Option IMPORTIERTE PFADE ZUSAMMENFÜGEN ❷ aktivieren, um alles in einem Pfad zusammenzufassen.

28.4 Pfade und SVG-Dateien

◀ **Abbildung 28.33**
Pfade importieren

2 Nur Pfade verwenden

Wie bereits erwähnt, sind wir hier nur am mathematischen Vektorteil, den Pfaden, interessiert und nicht an der gerenderten Rastergrafik. Machen Sie daher im PFADE-Dialog den Pfad über das Augensymbol ❸ sichtbar, und entfernen Sie das Augensymbol im EBENEN-Dialog ❹, wo die Pixelgrafik angezeigt wird. Im Beispiel wurde zur besseren Ansicht noch eine leere weiße Ebene ❺ angelegt. Wenn Sie wollen, löschen Sie die Pixelgrafik im EBENEN-Dialog über das Mülleimersymbol ❻.

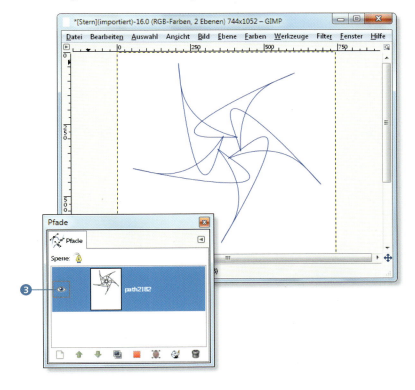

◀ **Abbildung 28.34**
Uns interessiert hier nur der Pfad und nicht die Pixelgrafik.

Kapitel 28 Pfade erstellen und anpassen

3 **Pfad nachbearbeiten**
Jetzt können Sie den Pfad mit dem PFADE-Werkzeug ([B]), wie in Abschnitt 28.2, »Das Pfade-Werkzeug«, beschrieben, nachbearbeiten.

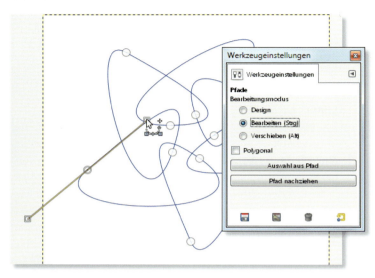

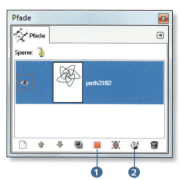

▲ **Abbildung 28.35** ▶
Pfade bearbeiten

4 **Pfad für die weitere Arbeit mit GIMP verwenden**
Sind Sie mit dem Nachbearbeiten des Pfades zufrieden, können Sie den Pfad für weitere Arbeiten verwenden. Im Beispiel wurde der Pfad mit der entsprechenden Schaltfläche ❷ im PFADE-Dialog nachgezeichnet und eine Auswahl ❶ daraus erstellt. Die Auswahl wurde dann mit dem Werkzeug FÜLLEN gefüllt.

Pfad speichern
Wollen Sie den Pfad des Bildes speichern, aber keine SVG-Datei verwenden, können Sie das Bild auch als XCF-Datei abspeichern. Dabei bleiben auch die Pfadinformationen erhalten.

▲ **Abbildung 28.36** ▶
Aus dem Pfad wurde mit GIMP eine Grafik erstellt.

Pfade exportieren

Natürlich können Sie den in GIMP veränderten Pfad auch wiederum in eine SVG-Datei exportieren und in anderen Programmen wie beispielsweise mit Inkscape oder Blender zum Rendern öffnen.

Schritt für Schritt:
Pfade als SVG-Datei exportieren

1 Export aufrufen
Zum Exportieren der Datei klicken Sie im PFADE-Dialog mit der rechten Maustaste und wählen im Kontextmenü den Befehle PFAD EXPORTIEREN ❸ aus.

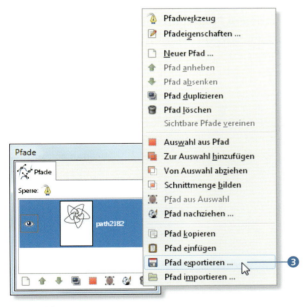

▲ **Abbildung 28.37**
PFAD EXPORTIEREN aufrufen

2 Export durchführen
Jetzt öffnet sich ein Dialog, mit dem Sie Pfade nach SVG exportieren. Neben dem üblichen Dateinamen und dem Verzeichnis können Sie hier auch über eine Dropdown-Liste ❹ auswählen, ob Sie nur den AKTIVEN PFAD EXPORTIEREN wollen oder ALLE PFADE DIESES BILDES. Mit einem Klick auf SPEICHERN (Abbildung 28.38) schließen Sie den Export ab.

Blender
Blender ist eine freie und sehr leistungsstarke 3D-Grafiksoftware zum Modellieren von 3D-Grafiken. Demnächst erscheint bei Rheinwerk Design ein umfassendes Handbuch zu Blender, falls Sie sich dafür interessieren sollten.

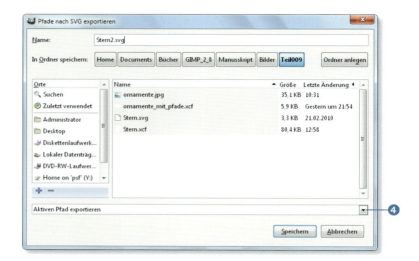

Abbildung 28.38 ▶
Pfade als SVG-Datei exportieren

3   Pfad(e) in anderem Programm importieren

Die Pfade, die Sie mit GIMP in der SVG-Datei gespeichert haben, können Sie jetzt in vielen anderen Programmen, die das Importieren von SVG-Dateien mit Pfaden unterstützen, verwenden.

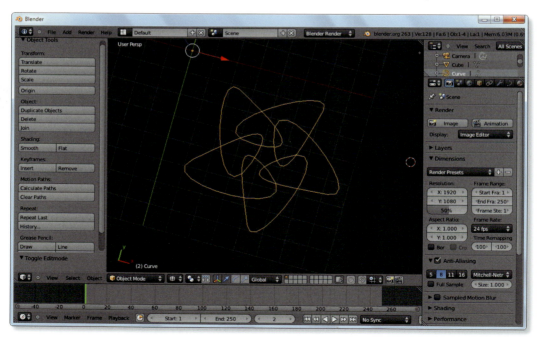

▲ **Abbildung 28.39**
Hier wurde unser Pfad in Blender für die Weiterbearbeitung importiert.

Kapitel 29
Pfade und Auswahlen

Wie bereits erwähnt, können Sie in GIMP Pfade in Auswahlen konvertieren und umgekehrt. Dies hat den Vorteil, dass Sie, wenn Sie beispielsweise eine Auswahl in einen Pfad umwandeln, mit Hilfe des Pfade-Werkzeugs die Auswahl noch wesentlich genauer umranden können, als dies mit den Auswahlwerkzeugen möglich ist. In der Praxis ist das natürlich eher sinnvoll bei Objekten mit grafischen Primitiven wie Quadraten, Rechtecken, Kreisen, Ellipsen usw. als bei Arbeiten mit feinsten Strukturen.

29.1 Pfad aus Auswahl erstellen

Um aus einer beliebigen Auswahl (auch wenn das nicht immer sinnvoll ist) einen Pfad zu erstellen, stehen Ihnen zwei Möglichkeiten zur Verfügung: Entweder rufen Sie den Befehl über das Menü AUSWAHL • NACH PFAD auf, oder Sie verwenden den PFADE-Dialog und klicken auf die entsprechende Schaltfläche ❷. Der Pfadname für den so erstellten Pfad lautet hierbei »Auswahl« ❶.

Tipp: Auswahl zu Pfad
Da der Dialog, der angezeigt wird, wenn Sie die Schaltfläche ❷ mit gehaltener ⇧-Taste anklicken, nicht ins Deutsche übersetzt wurde und Sie so wenig Knotenpunkte wie möglich verwenden wollen, stellen Sie einfach die Werte mit ganzen Dezimalzahlen auf den maximalen Wert. Die reellen Werte (Gleitkommawerte) hingegen lassen Sie, wie sie sind.

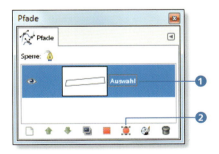

◄ **Abbildung 29.1**
Aus einer Auswahl einen Pfad erstellen

In der Praxis ist allerdings die Erstellung eines Pfades aus einer Auswahl meistens nur bei klar geometrischen Figuren sinnvoll, weil häufig viel zu viele Knotenpunkte angelegt werden. Zwar können Sie mit Klick auf die Schaltfläche ❷ bei gehaltener ⇧-Taste einen Dialog aufrufen, in dem Sie dies einschränken können, aber der Dialog ist alles andere als anwenderfreundlich (auf

Auswahl ausblenden

Wenn Sie aus einer Auswahl einen Pfad erstellt haben, bleibt die Auswahl nach wie vor bestehen, und auch der Pfad wird nicht angezeigt. Beides müssen Sie explizit (de-)aktivieren. Die Auswahl blenden Sie mit AUSWAHL • NICHTS AUSWÄHLEN aus und den Pfad über das Augensymbol im PFADE-Dialog ein.

Dreieckige Auswahlen

Die Frage, wie Sie eine dreieckige Auswahl erstellen können, sollten Sie jetzt ganz klar beantworten können: Erstellen Sie einfach einen dreieckigen Pfad und daraus dann eine Auswahl.

mich macht er einen vergessenen Eindruck). Ich empfehle Ihnen daher, nur dann einen Pfad aus einer Auswahl zu erstellen, wenn das Bild nicht allzu komplex ist, sprich nicht zu viele Details enthält.

▲ **Abbildung 29.2**
In der Standardeinstellung werden einfach zu viele Knotenpunkte erstellt, so dass der Pfad eigentlich unbrauchbar ist.

29.2 Auswahl aus Pfad erstellen

Das Gegenstück zur eben vorgestellten Funktion und insgesamt wohl auch der häufigere Fall ist, aus einem Pfad eine Auswahl zu machen. Das lässt sich in GIMP an verschiedenen Stellen aufrufen:

▶ mit dem Tastenkürzel ⇧+V
▶ mit dem Menübefehl AUSWAHL • VOM PFAD
▶ über die Werkzeugeinstellungen des PFADE-Werkzeugs mit der Schaltfläche AUSWAHL AUS PFAD ❶
▶ Über die entsprechende Schaltfläche ❷ im PFADE-Dialog. Halten Sie hierbei ⇧ gedrückt, wird die erstellte Auswahl zu einer eventuell vorhandenen Auswahl hinzugefügt. Mit Strg/Ctrl wird, nachdem der Pfad in eine Auswahl konvertiert wurde, diese Auswahl von einer eventuell vorhandenen Auswahl abgezogen, und die Schnittmenge bilden Sie über das Halten der Tasten Strg/Ctrl+⇧.

29.2 Auswahl aus Pfad erstellen

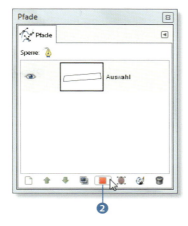

◄◄ **Abbildung 29.3**
Die Werkzeugeinstellungen des PFADE-Werkzeugs

◄ **Abbildung 29.4**
Der PFADE-Dialog

Bilder nachzeichnen

Pfade eignen sich prima, um verschiedene Formen für Logos, Grafiken, Icons oder Zeichnungen zu erstellen. Natürlich können Sie hierfür auch etwas freihändig zeichnen. Aber es geht auch einfacher: Wer nicht so begabt ist und eine Grafik nicht einfach so aus dem Handgelenk zaubern kann, verwendet einfach das PFADE-Werkzeug, paust das darunterliegende Bild ab und erstellt daraus eine Grafik. Das Schöne daran ist, dass es Ihnen egal sein kann, wie gut die Qualität des Bildes ist. Mit dieser Technik erstellen Sie kreative Grundformen oder Ornamente, die Sie für weitere Montagen und Collagen verwenden können.

Hierbei können Sie durchaus komplexere und aufwendigere Bilder verwenden. Allerdings sollten Sie dann auch unbedingt etwas mehr Zeit einplanen. Hier soll nur ein einfaches, nachvollziehbares Beispiel erstellt werden, damit Sie ein wenig mehr Gefühl im Umgang mit dem PFADE-Werkzeug bekommen.

> **Vektorisieren**
>
> Mit dieser Schritt-für-Schritt-Anleitung haben Sie auch gleich einen Vorschlag, wie Sie aus einem Pixelbild eine Vektorgrafik machen können. Mit Hilfe der Pfade können Sie das Bild ja anschließend als SVG-Datei in einem Vektorgrafikprogramm wie dem freien Inkscape öffnen. Bedenken Sie allerdings auch, dass Sie das Erstellen von Pfaden auch gleich in einem Vektorprogramm durchführen können, meistens auch wesentlich komfortabler.

Schritt für Schritt:
Aus Bildern Grafiken erstellen

◄ **Abbildung 29.5**
Aus diesem einfachen Schild wollen wir eine Grafik erzeugen.

631

Kapitel 29 Pfade und Auswahlen

LasVegas.jpg,
LasVegas.xcf, LasVegas_danach.jpg

1 Umrandung nachfahren

Verwenden Sie zunächst das PFADE-Werkzeug (B), und öffnen Sie auch den PFADE-Dialog. Als BEARBEITUNGSMODUS sollten Sie einstweilen DESIGN ❶ verwenden. Bei der Umrandung des Schildes benötigen wir außerdem vorerst keine Kurven, also aktivieren Sie zusätzlich die Checkbox POLYGONAL ❷. Schließen Sie die Auswahl, indem Sie mit gehaltener Strg/Ctrl-Taste auf den ersten Knotenpunkt klicken ❸.

Wiederholen Sie denselben Schritt nun mit der inneren Umrandung des Schildes.

▲ Abbildung 29.6
Umrandung des Schildes nachfahren

2 Buchstaben nachfahren

Etwas aufwendiger wird es schon, wenn Sie die Buchstaben mit dem PFADE-Werkzeug nachfahren. Wo Sie das große »N« am Anfang noch als Polygon mit einfachen Mausklicks an den Eckpunkten erstellen können, müssen Sie ab dem zweiten Buchstaben mit Kurven arbeiten – die ideale Übung für Pfade, finde ich. Um mir das Leben einfacher zu machen, habe ich mir beim Buchstaben »G« erst einmal eine eckige Pfadauswahl ❹ erstellt. Anschließend habe ich einfach die Pfadsegmente so weit wie möglich gebogen ❺.

Tipp

Beginnen Sie am Anfang der Pfadauswahl nicht gleich mit den Details wie Kurven; das ist meistens viel zu zeitaufwendig. Suchen Sie sich zunächst die wichtigen Eckpunkte der Grundform aus, und verkrümmen Sie nachträglich die Geraden entweder über die Pfadsegmente und/oder über neue Knotenpunkte zu einer Kurve. Verzagen Sie außerdem nicht gleich, wenn es nicht sofort so klappt, wie Sie wollen. Die Verwendung von Pfaden braucht einfach ein wenig Übung. Wichtig ist es auf jeden Fall, dass Sie die Grundlagen aus Abschnitt 28.2, »Das Pfade-Werkzeug«, darüber gelesen und verstanden haben.

▲ Abbildung 29.7
Den Buchstaben »G« mit einem Pfad nachgezogen

29.2 Auswahl aus Pfad erstellen

Im letzten Schritt habe ich dann, wo nötig, weitere Knotenpunkte ❻ mit gehaltener [Strg]/[Ctrl]-Taste hinzugefügt, um die Pfadauswahl zu verfeinern. Für die Buchstaben habe ich außerdem im PFADE-Dialog einen neuen Pfad angelegt ❼. Gegebenenfalls erstellen Sie für jeden Buchstaben einen neuen Pfad. Fahren Sie so oder so ähnlich mit den anderen Buchstaben fort.

3 Pfade speichern

Damit Sie jetzt die Pfade bei Bedarf in einer späteren Arbeit wiederverwenden können, sollten Sie die Datei im GIMP-eigenen XCF-Format sichern, wo auch die Pfade mitgespeichert werden. Möchten Sie die so erstellten Formen hingegen in einem anderen Programm öffnen, sollten Sie die Datei im SVG-Format speichern.

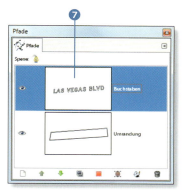

▲ Abbildung 29.8
Nach dem Erstellen der Pfade sollten Sie diese sichern.

4 Neue Ebene anlegen

Da wir nun die Grundform unseres Bildes haben, können Sie den EBENEN-Dialog öffnen und eine neue leere weiße Ebene erzeugen. Die Ebene mit dem Bild, das Sie abgepaust haben, brauchen Sie nicht mehr, weshalb Sie sie über die entsprechende Schaltfläche ❽ löschen können. Am Ende sollten Sie nur noch eine leere weiße Ebene mit den Pfaden vor sich haben.

▲ Abbildung 29.9
Ein leeres Bild mit den Pfaden

5 Pfade vereinen

Wenn Sie mehrere Pfade zum Nachzeichnen der Grafik verwendet haben, können Sie mit der rechten Maustaste im PFADE-Dialog klicken und SICHTBARE PFADE VEREINEN auswählen. Damit werden alle Pfade im PFADE-Dialog zu einem Pfad zusammengefasst.

6 Pfad zu Auswahl

Wandeln Sie den Pfad in eine Auswahl um, indem Sie beispielsweise im PFADE-Dialog auf die entsprechende Schaltfläche ❾ klicken (oder [⇧]+[V] drücken). Da in diesem Fall die Buchstaben und der Rahmen als Auswahl aktiv sind, sollten Sie diese Auswahl mit [Strg]/[Ctrl]+[I] invertieren.

▲ Abbildung 29.10
Die Pfade zu einem Pfad zusammengefasst

Abbildung 29.11 ▶
Eine aus dem Pfad erstellte Auswahl

7 Auswahl füllen/nachziehen

Jetzt können Sie sich an der Auswahl nach Belieben mit den Malwerkzeugen austoben und beispielsweise die Auswahl über Bearbeiten • Auswahl nachziehen mit einem Konturstift nachziehen und mit dem Füllen-Werkzeug füllen.

Abbildung 29.12 ▲▶
Links die Grafik, die mit Hilfe von Pfaden erstellt wurde, und rechts wurde diese Grafik für kreative Zwecke verwendet.

8 Schlussbemerkung

Sicherlich hätten Sie das Beispiel auch mit dem Zauberstab als Werkzeug erstellen und anschließend die Auswahl der einzelnen Buchstaben in einen Pfad umwandeln können. Allerdings hätten Sie hierbei wahrscheinlich das Problem, dass einfach zu viele Knotenpunkte angelegt werden (siehe Abschnitt 29.1, »Pfad aus Auswahl erstellen«). Wollen Sie mit den Pfaden weiterarbeiten (siehe beispielsweise Seite 673, »Text in Pfade konvertieren«), sind zu viele Knotenpunkte eher hinderlich. Außerdem eignet sich ein solches Beispiel bestens, um den Umgang mit dem Pfade-Werkzeug zu üben.

Zum Nachlesen
Die Verwendung des Dialogs zum Nachziehen eines Pfades entspricht genau dem Gegenstück zum Nachziehen einer Auswahl. Blättern Sie daher bei Bedarf auf Seite 536, »Auswahl nachziehen«, zurück.

29.3 Pfad nachziehen

Als Gegenstück zum Nachziehen von Auswahlen finden Sie dasselbe bei den Pfaden, wo Sie ebenfalls einen im Bild sichtbaren Pfad mit einem Strich nachzeichnen lassen können. Sie rufen diesen Dialog auf über:

29.3 Pfad nachziehen

- das Menü BEARBEITEN • PFAD NACHZIEHEN
- die Schaltfläche PFAD NACHZIEHEN in den Werkzeugeinstellungen des Pfade-Werkzeugs
- die entsprechende Schaltfläche im PFADE-Dialog

◄ **Abbildung 29.13**
Der Dialog zum Nachziehen von Pfaden

Ein Beispiel, wie Sie diese Funktion kreativ einsetzen, finden Sie in der Schritt-für-Schritt-Anleitung »Kreative Ornamente erstellen« auf Seite 619.

Teil X
Typografie

Kapitel 30
Das Text-Werkzeug

Zur Verwendung und Erstellung von Text bietet Ihnen GIMP das Text-Werkzeug A *(Tastenkürzel* T *) an. Jeder Text, den Sie hiermit eingeben, wird auf einer neuen Textebene platziert.*

30.1 Text eingeben und editieren

Mit der neuen Version von GIMP wurde das TEXT-Werkzeug erheblich verbessert; es macht jetzt richtig Spaß, damit zu arbeiten. Ich möchte Sie aber dennoch darauf hinweisen, was bei GIMP nicht funktioniert, was der eine oder andere von Ihnen aber vielleicht von einer anderen Software her kennt:

- Die Textebene kann nicht transformiert und danach wieder editiert werden. Wenn Sie eine Textebene transformieren (DREHEN, PERSPEKTIVE, SKALIEREN, SCHEREN usw.), wird sie sofort in eine gewöhnliche Ebene umgewandelt.
- Es gibt keinen direkten vertikalen Text. Sie können ihn aber ganz einfach realisieren, indem Sie einen Zeilenumbruch nach jedem Buchstaben eingeben (siehe Seite 641).

 In der Version 2.8 von GIMP wurde das TEXT-Werkzeug komplett erneuert und massiv verbessert. Das Update des TEXT-Werkzeugs darf neben dem Einzelfenster-Modus als einer der Höhepunkte der 2.8er-Version gelten.
Endlich kann das TEXT-Werkzeug in GIMP Office-ähnlich und somit sehr intuitiv verwendet werden.

Alternativen

Sollten Sie beim TEXT-Werkzeug etwas vermissen, kann ich Ihnen einen Blick auf das Vektorgrafikprogramm Inkscape empfehlen. Oder erstellen Sie Ihr Textlogo mit dem PFADE-Werkzeug.

Grundlegende Bedienung

Klicken Sie mit aktivem TEXT-Werkzeug ins Bildfenster, öffnet sich oberhalb des Textblocks ein halbdurchsichtiges Eingabemenü ❶, über das Sie den Text jederzeit nachträglich gestalten können, der sogenannte *Editiermodus* (dazu mehr auf Seite 645, »Text editieren über den Editiermodus«).

Eine neue Textebene ❷ wird im EBENEN-Dialog angelegt, sobald Sie einen Buchstaben eingegeben haben. Als Name der

Zum Nachlesen
Auf die Textebenen wurde bereits in Abschnitt 14.3 unter »Textebene« kurz eingegangen. Wie Sie (Text-)Ebenen umbenennen, wird in Abschnitt 15.3, »Ebenen benennen«, beschrieben.

Textebene werden die ersten 30 eingegebenen Zeichen der ersten Zeile verwendet. Natürlich können Sie den Namen der Textebenen im EBENEN-Dialog auch nachträglich umbenennen, ohne dass dies Einfluss auf den Text selbst hat.

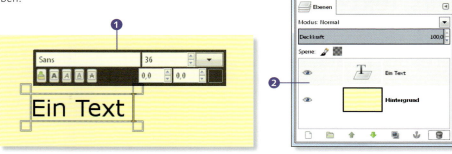

▲ **Abbildung 30.1**
Das TEXT-Werkzeug wird verwendet: Links sehen Sie das Texteingabefeld und das Eingabemenü des Editiermodus, rechts das EBENEN-Bedienfeld mit einer Textebene.

Einzeiliger Text

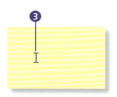

▲ **Abbildung 30.2**
Der Balken ❸ symbolisiert hier, dass Sie an dieser Stelle einen Text einfügen können.

Zum Erstellen eines (einzeiligen) Textes klicken Sie einfach mit aktivem TEXT-Werkzeug [A] im Bildfenster auf die Position, an der Sie den Text eingeben wollen. Der Mauszeiger hat die Form eines Balkens ❸, wie dieser bei Texteditoren oder Office-Anwendungen üblich ist.

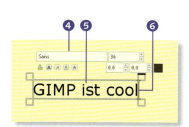

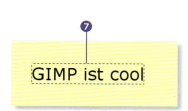

▲ **Abbildung 30.3**
Der Text, den Sie tippen ❻, wird sofort im Textrahmen des Bildfensters ❺ angezeigt (zumindest die ersten 30 Zeichen).

Wenn Sie auf die gewünschte Stelle mit der linken Maustaste geklickt haben, erscheint der Textblock (mit einem halbdurchsichtigen Eingabemenü ❹ darüber), in den Sie den Text eingeben können. Sobald Sie hier einen Text tippen, erscheint dieser sofort im Textrahmen ❺. Der gelbe Balken am Ende des Textes ist der Eingabecursor ❻. Eine neue Textebene (mit dem Icon »T«)

wurde natürlich auch noch dafür angelegt (daher auch der gelbschwarze Ebenenrahmen ❼ um den Text, wenn sich dieser nicht im Editiermodus befindet).

Sind Sie mit der Eingabe des Textes fertig, wechseln Sie einfach das Werkzeug oder beenden den Editiermodus mit [Esc].

Vertikaler Text | Zwar können Sie Text nicht direkt vertikal in GIMP eintippen, aber bei der Eingabe im Textblock können Sie sich eines Tricks bedienen: Geben Sie in jeder Zeile einen Buchstaben des vertikalen Textes ein (Zeilenumbruch mit [↵] eingeben), und Sie haben einen vertikalen Text. Eine Notlösung, aber es funktioniert, und der Text lässt sich immer noch editieren.

Mehrzeiliger Text

Einen mehrzeiligen Text können Sie auf zwei verschiedene Arten erstellen:
1. mit Hilfe eines manuellen Zeilenumbruchs
2. indem Sie einen Textrahmen aufziehen

▲ **Abbildung 30.4**
Ein editierbarer vertikaler Text lässt sich über Umwege erstellen.

Manueller Zeilenumbruch | Sie erzeugen im Textblock einen Zeilenumbruch mit der [↵]-Taste, wodurch auch der Platz im Textrahmen automatisch an die Größe für eine weitere Textzeile angepasst wird.

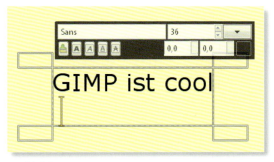 

▲ **Abbildung 30.5**
In der linken Abbildung wurde mit [↵] ein Zeilenumbruch eingefügt und der Eingabecursor zur Verdeutlichung um ein Zeichen nach rechts gerückt. Im rechten Bild wurde dann die zweite Zeile mit Text gefüllt.

Allerdings hat diese Methode den Nebeneffekt, dass sich die Breite und Höhe der Textebene (zu erkennen am Textrahmen ❶ (Abbildung 30.6)) flexibel um den geschriebenen Text nach rechts und nach unten erweitert. Sie können damit quasi über die Leinwandgröße hinausschreiben. Wünschen Sie dies nicht, müssen Sie die zweite Methode verwenden und einen Rahmen aufziehen.

Abbildung 30.6 ▶
Bei einem einzeiligen Text kann die dynamische Erweiterung zu einem mehrzeiligen Text zu unerwünschten Nebeneffekten führen.

Copy & Paste
Selbstverständlich können Sie, wie bei einem Texteditor, einen Text von einer anderen Anwendung in die Zwischenablage kopieren und im Textblock mit einem rechten Mausklick im Editor über den Kontextmenübefehl EINFÜGEN als neuen Text einfügen und verwenden.

Rahmen aufziehen | Die bessere Methode, einen mehrzeiligen Text anzulegen, ist es, gleich mit dem TEXT-Werkzeug von GIMP bei gedrückter linker Maustaste einen Rahmen aufzuziehen ❷, in den Sie anschließend den Text eingeben.

Den Text geben Sie dann genauso wie zuvor den einzeiligen Text im Textblock ein. Der Vorteil an dieser Methode ist außerdem, dass Sie hiermit den Rahmen für den Text fest vorgeben. Geben Sie hier mehr Zeichen ein, als in die Breite des Textrahmens passt, wird der Text bei einer passenden Gelegenheit (gewöhnlich einem Leerzeichen) automatisch umbrochen.

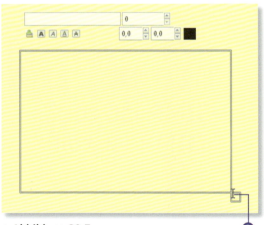

▲ **Abbildung 30.7**
Mit dem Aufziehen des Rahmens legen Sie eine fixe Größe für den Text fest.

▲ **Abbildung 30.8**
Bei der Eingabe im Textblock wird kein Zeilenumbruch verwendet. An der Textrahmenbegrenzung wird der Text automatisch umbrochen.

Allerdings kann es auch hier zu unschönen Nebeneffekten kommen, wenn der Text zu lang ist, denn dann wird der restliche Text einfach verschluckt ❸.

30.1 Text eingeben und editieren

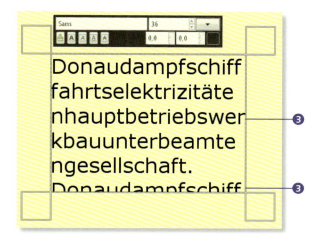

Zu viel Text im Textrahmen
Haben Sie zu viel Text eingegeben, können Sie entweder die Größe des Rahmens anpassen oder die Größe der Schrift reduzieren.

◀ **Abbildung 30.9**
Während zu lange Wörter nach wie vor ordentlich umbrochen werden (auch wenn kein Leerzeichen vorhanden ist), wird zu viel Text nach unten im festen Rahmen nicht mehr angezeigt.

Textrahmen anpassen

Haben Sie einen zu kleinen Rahmen verwendet oder wollen Sie einem einzeiligen Text auch eine feste Rahmengröße verpassen, vergrößern oder verkleinern Sie den Rahmen über die Griffpunkte an den Ecken und Seiten, ähnlich wie bei den Werkzeugen Rechteckige Auswahl oder Zuschneiden. Hierzu aktivieren Sie die Textebene und klicken mit aktivem Text-Werkzeug ❹ auf den Text, so dass der Textrahmen zu sehen ist. Mit gedrückter linker Maustaste an den Griffpunkten der Ecken oder Seiten können Sie jetzt die Größe des Textrahmens verändern.

Zeilenumbruch
Beachten Sie, dass bei einer Größenänderung des Rahmens gegebenenfalls auch der Zeilenumbruch im Text erneuert wird.

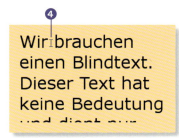 

▲ **Abbildung 30.10**
In der linken Abbildung wird mit dem aktiven Text-Werkzeug auf dem Text geklickt ❹, wodurch der Textrahmen des Editiermodus erscheint. Mit dem rechten unteren Griff ❺ wird dieser Textrahmen vergrößert (mittlere Abbildung), so dass der komplette Text sichtbar wird (rechte Abbildung).

Textrahmen verschieben | Das Verschieben von Textebenen erledigen Sie, wie bei normalen Ebenen auch, mit dem Verschieben-Werkzeug M. Aktivieren Sie als Erstes die Textebene, klicken

> **Hilfslinien verwenden**
>
> Zum exakten Positionieren eines Textrahmens empfehle ich Ihnen Hilfslinien. Mehr zu den Hilfslinien erfahren Sie auf Seite 113, »Hilfslinien einstellen und verwenden«.

Sie dann innerhalb des Textrahmens bei aktiviertem VERSCHIEBEN-Werkzeug mit der linken Maustaste, und halten Sie diese gedrückt. Allerdings müssen Sie darauf achten, dass Sie exakt auf den Text klicken bzw. gedrückt halten, weil sonst die darunterliegende Ebene verschoben wird. Oder Sie machen es sich einfacher und verwenden die Option AKTIVE EBENE VERSCHIEBEN ❶ bei den Werkzeugeinstellungen des VERSCHIEBEN-Werkzeugs. Dann verschieben Sie mit gedrückter linker Maustaste den Textrahmen an die gewünschte Position und lassen ihn fallen (Maustaste loslassen).

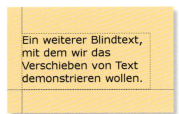

▲ **Abbildung 30.11**
Textrahmen mit gedrückter linker Maustaste und dem TEXT-Werkzeug verschieben und an den Hilfslinien ausrichten

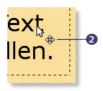

▲ **Abbildung 30.12**
Das Symbol ❷ zeigt an, dass Sie die aktive Textebene erfasst haben und diese somit mit gedrückt gehaltener linker Maustaste verschieben können.

▲ **Abbildung 30.13**
Das Symbol ❸ hingegen zeigt an, dass Sie die darunterliegende Ebene erfasst haben und somit bei gedrückt gehaltener linker Maustaste die orangefarbene Ebene verschieben würden.

Textrahmen transformieren | Es ist zwar möglich, die Textebene zu transformieren (DREHEN, PERSPEKTIVE, VERZERREN, SKALIEREN usw.), aber anschließend kann der Text nicht mehr nachbearbeitet werden, weil GIMP die Textebene nach der Transformation in eine gewöhnliche Ebene umwandelt.

30.1 Text eingeben und editieren

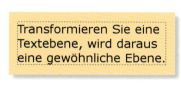

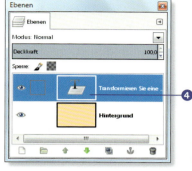

◀ **Abbildung 30.14**
Transformieren Sie eine Textebene ❹ …

◀ **Abbildung 30.15**
… macht GIMP daraus eine normale Ebene, wie Sie am Ebenensymbol im EBENEN-Dialog ❺ erkennen. Hier wurde die Textebene gedreht.

Text editieren über den Editiermodus

Einen Text können Sie jederzeit nachträglich editieren. Wie schon erwähnt, öffnet sich der Editiermodus, sobald Sie mit dem TEXT-Werkzeug ins Bildfenster oder auf eine vorhandene Textebene im Bildfenster klicken. Der Text, den Sie hier eingeben, wird sofort im Textrahmen des Bildfensters angezeigt. Echte Zeilenumbrüche können Sie mit der ⏎-Taste einfügen.

Copy & Paste | Natürlich können Sie auch das klassische Kopieren, Ausschneiden, Einfügen und Löschen verwenden. Rufen Sie hierfür mit der rechten Maustaste im Editiermodus ein Kontextmenü auf, oder benutzen Sie die üblichen Tastenkürzel Strg/Ctrl+V für Einfügen, Strg/Ctrl+C für Kopieren, Strg/Ctrl+X für Ausschneiden und Entf für Löschen. Wobei sich die Befehle Kopieren, Ausschneiden und Löschen hier natürlich auf einen markierten Text im Textblock beziehen.

Text importieren | Sie haben außerdem die Möglichkeit, weiteren Text einzufügen und natürlich auch wieder zu entfernen. Über TEXTDATEI ÖFFNEN im Kontextmenü rufen Sie einen Dateidialog auf, mit dem Sie eine Textdatei öffnen und ihren Inhalt im Ein-

Das Eingabefeld
Oberhalb des Textrahmens (oder auch Textblock genannt) finden Sie im Editiermodus ein halbdurchsichtiges Eingabemenü, mit dem Sie den Text jederzeit gestalten können (dazu mehr auf Seite 651, »Text mit Styles gestalten«).

▲ **Abbildung 30.16**
Das Kontextmenü wird bei einem rechten Mausklick im Editiermodus geöffnet.

gabefeld laden. Anlog gilt dies natürlich auch für den Text, der dann im Bildfenster angezeigt wird. Der Befehl LÖSCHEN spricht für sich: Damit löschen Sie den gesamten Text im Eingabefeld (unabhängig, ob markiert oder nicht).

Weitere Möglichkeiten des Kontextmenüs | Auch finden Sie hier die Befehle TEXT AN PFAD bzw. PFAD AUS TEXT. Hierauf gehen wir in Kapitel 32, »Praktische Typografietechniken«, weiter ein.

Dahinter können Sie die Textrichtung einstellen: Standardmäßig ist hier VON LINKS NACH RECHTS eingestellt, wie es in der westlichen Welt gebräuchlich ist. Darunter finden Sie das Gegenstück, also VON RECHTS NACH LINKS, wie es beispielsweise in hebräischer Schrift verwendet wird. Am Ende unter EINGABEMETHODEN können Sie auf Kyrillisch oder andere spezielle Eingabemethoden umstellen.

Unicode-Zeichen eingeben | Wollen Sie Unicode-Zeichen im Editiermodus eingeben, drücken Sie die Tastenkombination [Strg]/[Ctrl]+[⇧]+[U]. Jetzt erscheint ein eingerahmtes »u« ❶, in das Sie ohne ein weiteres Leerzeichen den hexadezimalen Wert für das Unicode-Zeichen eingeben ❷. Beachten Sie, dass Sie bei manchen Unicode-Zeichen danach noch ein Leerzeichen einfügen müssen.

Eine Liste von Unicode-Blöcken und weitere Informationen zu diesem Thema finden Sie unter *http://de.wikipedia.org/wiki/Unicode*.

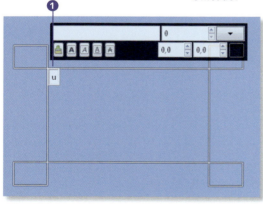

▲ **Abbildung 30.17**
[Strg]/[Ctrl]+[⇧]+[U] bereitet auf die Eingabe eines Unicode-Zeichens vor.

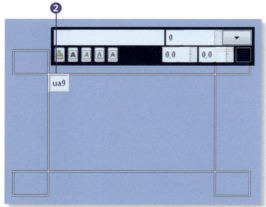

▲ **Abbildung 30.18**
Der hexadezimale Wert (a) und (9) …

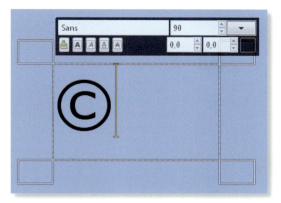

▲ Abbildung 30.19
…ergibt das Copyright-Zeichen.

▲ Abbildung 30.20
Das Symbol für registrierte Warenzeichen ® hat den hexadezimalen Wert »AE«, und das chinesische Schriftzeichen wurde mit dem hexadezimalen Wert »4444« eingegeben.

30.2 Text gestalten

Da Sie jetzt wissen, wie Sie Text eingeben, editieren und den Rahmen anpassen, wird es Zeit, sich mit der Gestaltung des Textes zu befassen. Basiseinstellungen geben Sie über die Werkzeugeinstellungen des TEXT-Werkzeugs **A** ein, spezielle Einstellungen nehmen Sie mit dem halbdurchsichtigen Eingabemenü über dem Textblock vor.

Grundlegende Textgestaltung über die Werkzeugeinstellungen

Die Basiseinstellungen zum Text lassen sich über die Werkzeugeinstellungen des TEXT-Werkzeugs vornehmen. Damit die Textgestaltung Auswirkung auf einen bereits geschriebenen Text hat, muss sich die Textebene, wie im Abschnitt zuvor beschrieben, im Editiermodus befinden.

Natürlich können Sie auch lediglich die Gestaltung für einen Text erstellen, die Sie bei der nächsten Verwendung des TEXT-Werkzeugs anwenden wollen.

Weitere Gestaltungsmöglichkeiten (mit sogenannten *Styles*) finden Sie im halbdurchsichtigen Eingabemenü oberhalb des Textblocks vor, wenn Sie sich im Editiermodus befinden. Dank dieser Styles wird erst möglich, einzelne Wörter oder gar einzelne Buchstaben nachträglich umzugestalten. Aber dazu erfahren Sie mehr auf Seite 651, »Text mit Styles gestalten«.

Abbildung 30.21 ▶
Die WERKZEUGEINSTELLUNGEN des TEXT-Werkzeugs

Abbildung 30.22 ▶
Im Editiermodus finden Sie ebenfalls oberhalb des Textblocks verschiedene Einstellungen, um den Text zu »stylen«.

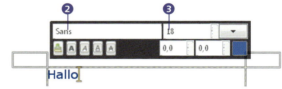

▲ **Abbildung 30.23**
Der gleiche Text in drei verschiedenen Schriftfamilien

Schriftfamilie auswählen | Über SCHRIFT wählen Sie die Schriftfamilie aus, mit der der Text im Bildfenster angezeigt werden soll. Klicken Sie auf die Schaltfläche links neben SCHRIFT ❶, wird der Schriftenbrowser mit allen installierten Schriften zur Auswahl angezeigt. Mit einem einfachen Klick wählen Sie die Schrift aus. Alternativ verwenden Sie hierfür den Dialog FENSTER • ANDOCKBARE DIALOGE • SCHRIFTEN. Sie können auch den Namen der gewünschten Schrift in das Eingabefeld ❷ schreiben, GIMP vervollständigt Ihre Eingabe kontextsensitiv, das heißt, die zu den eingegebenen Buchstaben passenden Schriften werden aufgelistet.

Schriftgröße auswählen | Darunter stellen Sie die GRÖSSE ❸ der Schriftart ein. Standardmäßig sind hier als Maßeinheit Pixel vorgegeben, was Sie aber über die Dropdown-Liste daneben ändern können.

Texteditor verwenden | Aktivieren Sie die Option TEXTEDITOR BENUTZEN ❹ und klicken Sie dann auf die Zeichenfläche, öffnet sich der GIMP-Texteditor. Dieser war in früheren Versionen von GIMP die einzige Eingabemöglichkeit für Text, heute ist seine Verwendung seltener geworden. Sie können Ihren Text direkt eingeben und/oder dort mit Styles versehen. Dies sind dieselben Styles wie beim halbdurchsichtigen Eingabemenü oberhalb des Textblocks. Daher will ich Sie für die einzelnen Styles auf Seite 651, »Text mit Styles gestalten«, verweisen.

▲ **Abbildung 30.24**
Die gleiche Schriftfamilie in unterschiedlichen Größen

▲ **Abbildung 30.25**
Text, den Sie im GIMP-Texteditor bearbeiten …

▲ **Abbildung 30.26**
… wirkt sich direkt auf die Textebene aus.

Oberhalb des Texteditors finden Sie einige Schaltflächen: Über ÖFFNEN rufen Sie einen Dateidialog auf, über den Sie eine Textdatei in den Editor laden können. Mit der Schaltfläche LÖSCHEN daneben entfernen Sie den kompletten Text wieder. Daneben können Sie die Textrichtung ändern. Hierzulande und in vielen anderen Sprachen auch dürfte von LINKS NACH RECHTS der Standard sein. Von RECHTS NACH LINKS würden Sie beispielsweise für hebräische Schrift benötigen.

Kanten glätten | Mit der Option KANTEN GLÄTTEN ❺ werden die Kanten der Schrift geglättet (auch bekannt als *Antialiasing*). Die Kantenglättung sollten Sie bei großen Schriften verwenden. Bei besonders kleinen Schriften sollten Sie diese Option hingegen deaktivieren, weil die Darstellung sonst unscharf wird.

Hinting | Diese Option ❻ hilft ebenfalls dabei, die Buchstaben deutlicher zu zeichnen. Besonders hilfreich ist das HINTING bei kleinerer Schrift, die hiermit besser lesbar wird. Hinting wird für gewöhnlich von den Schriftfamilien zur Verfügung gestellt.

▲ **Abbildung 30.27**
Im linken G wurde die Option KANTEN GLÄTTEN verwendet und im rechten G wurde diese deaktiviert.

Abbildung 30.28
Derselbe Schriftzug in verschiedenen Farben

Abbildung 30.29 ▶
Oben wurde der Text linksbündig am Textrahmen ausgerichtet. Darunter wurde er rechtsbündig und in der dritten Zeile zentriert ausgerichtet, in der letzten Zeile schließlich als Blocksatz. Zur Verdeutlichung wurden hier Hilfslinien am Anfang und Ende der Textebenen angebracht.

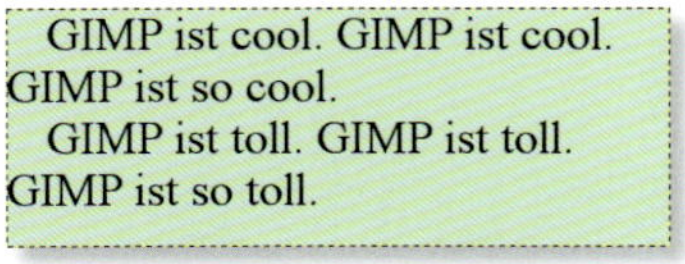

Abbildung 30.30
Ein Einzug bei jeder ersten Zeile eines Absatzes lässt sich über EINZUG einstellen.

Farbe auswählen | Über einen Klick auf die Schaltfläche FARBE ❼ stellen Sie über einen Farbauswahldialog die Farbe für die Schrift ein. Standardmäßig wird immer die aktuell eingestellte Vordergrundfarbe verwendet.

Ausrichtung | Über die AUSRICHTUNG ❽ legen Sie mit den kleinen Schaltflächen die Ausrichtung des Textes im Textrahmen fest. Hierbei besteht die Möglichkeit, den Text links- oder rechtsbündig, zentriert oder als Blocksatz auszurichten.

Einzug | Über EINZUG ❾ geben Sie für die erste Zeile eines Absatzes vor, wie weit der Text nach rechts eingerückt werden soll. Mit einem negativen Wert können Sie die Zeile aber auch nach links aus dem Textrahmen herausziehen.

Zeilenabstand und Zeichenabstand | Über ZEILENABSTAND ❿ stellen Sie den Leerraum zwischen den Zeilen und mit ZEICHENABSTAND ⓫ den zwischen den einzelnen Zeichen ein. Dabei sind auch negative Werte möglich, womit die Abstände enger werden.

Feste oder dynamische Textbox | Mit Hilfe der Option BOX ⓬ stellen Sie ein, ob der Textfluss im Textblock FEST ist (wie bei einem einzeiligen Text) oder DYNAMISCH ist und bei Betätigen von ↵ in eine neue Zeile springt, wobei die Textbox auch dynamisch in die Breite erweitert wird. (wie dies bei einem mehrzeiligen Text typisch ist).

Sprache | Hier ⓭ geben Sie die entsprechende Textsprache an, die Sie verwenden. Diese Einstellung kann sich auf die Darstellung des Textes auswirken.

30.2 Text gestalten

Text mit Styles gestalten

Vielleicht störte es Sie in den Vorversionen von GIMP, dass sich die Werkzeugeinstellungen des TEXT-Werkzeugs immer auf die komplette Textebene bezogen haben und Sie beispielsweise für jeden andersfarbigen Text eine neue Textebene anlegen mussten. Wollen Sie in der aktuellen Version nur einzelne Sätze, Wörter oder gar Buchstaben gestalten, müssen Sie lediglich den entsprechenden Text im Editiermodus mit der linken Maustaste markieren und über das halbdurchsichtige Eingabemenü oberhalb des Textblocks den Text mit sogenannten *Styles* versehen.

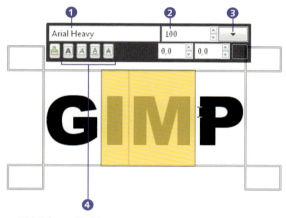

▲ **Abbildung 30.31**
Hier wurden die Buchstaben »IM« im Editormodus des TEXT-Werkzeugs mit gedrückt gehaltener linker Maustaste markiert und können über das durchsichtige Eingabemenü darüber mit Styles versehen werden.

Schriftfamilie selektiv ändern | Wollen Sie einen markierten Text mit einer neuen Schriftenfamilie versehen, können Sie dafür im halbdurchsichtigen Eingabemenü im Textfeld ❶ die gewünschte Schrift eingeben. Passend zu den eingegebenen Buchstaben (als Suchmuster) werden dann die passenden Schriften aufgelistet.

Schriftgröße selektiv verändern | Auch die Schriftgröße für markierten Text können Sie im Eingabemenü ❷ einstellen. In der Dropdown-Liste daneben ❸ können Sie die Maßeinheit ändern.

Schriftauszeichnung selektiv ändern | Mit den kleinen Schalflächen darunter ❹ können Sie die Schriftauszeichnung für markierten Text ändern. Zur Verfügung stehen Ihnen hierfür die klassischen Auszeichnungen wie FETT, KURSIV, UNTERSTRICHEN und DURCHGESTRICHEN.

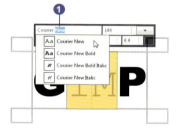

▲ **Abbildung 30.32**
Über das Eingabemenü können Sie im Textfeld ❶ nur den markierten Text mit einer Schriftfamilie versehen. Ist kein Text markiert, passiert hier gar nichts.

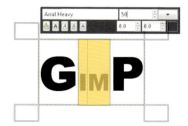

▲ **Abbildung 30.33**
Hier wurde die Schriftgröße des markierten Textes geändert.

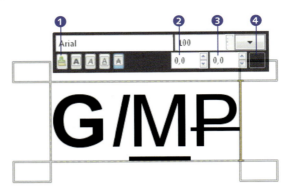

▲ **Abbildung 30.34**
Hier wurde jeder Buchstabe mit einer anderen Schriftauszeichnung versehen. Für G wurde FETT, für I KURSIV, für M UNTERSTRICHEN und für P wurde DURCHGESTRICHEN verwendet.

Grundlinie ändern | Mit der nächsten Option GRUNDLINIE ❷ können Sie die Grundlinien des ausgewählten Textes ändern, das heißt, Sie können den markierten Text oberhalb oder unterhalb (negativer Wert) der Grundlinie verschieben.

Markierten Text unterschneiden | Mit der nächsten Option UNTERSCHNEIDUNG ❸ ist es möglich, ausgewählten Text zu unterschneiden. Vereinfacht bedeutet das: Sie können den Zeichenabstand einzelner Buchstaben oder Wörter anpassen.

▲ **Abbildung 30.35**
Mit dieser Option ❷ können Sie den Text höher oder tiefer zur Grundlinie setzen.

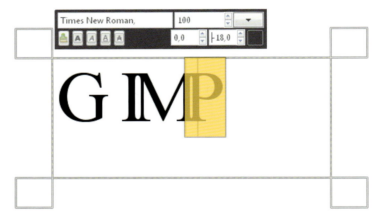

Abbildung 30.36 ▶
Wenn es enger werden soll, können Sie auch den Zeichenabstand einzelner Buchstaben ändern.

Farbe selektiv ändern | Zu guter Letzt ist auch die Farbe des ausgewählten Textes über die kleine farbige Schaltfläche ❹ einstellbar. Bei einem Klick auf diese Schalfläche erscheint ein Dialog mit Einstellungsmöglichkeiten für die gewünschte Farbe.

30.2 Text gestalten

▲ **Abbildung 30.37**
Damit es schön bunt wird, können Sie für den markierten Text…

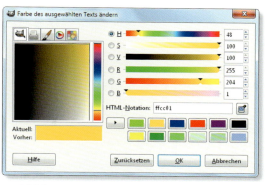

▲ **Abbildung 30.38**
…recht bequem eine Farbe über den entsprechenden Farbauswahldialog auswählen.

Styles löschen | Wollen Sie Styles für einen markierten Text löschen, finden Sie hierzu das kleine Pinselsymbol ❶. Der markierte Text wird dann auf die eingestellten Werte der Werkzeugeinstellungen des Text-Werkzeugs zurückgesetzt.

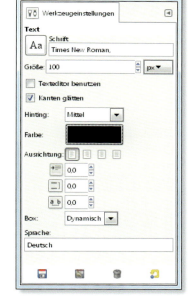

▲ **Abbildung 30.39**
Hier wurde der komplette Text markiert, um jetzt auf das Pinselsymbol ❶ zu klicken…

▲ **Abbildung 30.40**
…wodurch der markierte Text auf die ursprünglichen Werkzeugeinstellungen des Text-Werkzeugs…

▲ **Abbildung 30.41**
…zurückgesetzt wird.

653

30.3 Textebene in eine Ebene umwandeln

Sind Sie mit dem Text fertig, werden Sie aus der Textebene eine normale Ebene machen wollen, weil auf einer Textebene viele Funktionen, Filter oder Werkzeuge nicht angewendet werden können. In folgenden Fällen wird aus einer Textebene ganz automatisch eine normale Ebene:

- Wenn Sie den Text transformieren (DREHEN, VERZERREN, SKALIEREN, SCHEREN usw.), werden die Textinformationen verworfen, und es wird eine normale Ebene daraus erstellt.
- Sie fügen mehrere Ebenen zu einem Bild zusammen oder vereinen die Textebene mit der darunterliegenden Ebene.
- Nach Verwendung der meisten Filter im gleichnamigen Menü oder Funktionen im Menü FARBEN wird die Textebene in eine normale Ebene umgewandelt.

Sie können aber auch selbst bestimmen, dass die Textebene umgewandelt wird: Klicken Sie dazu die Textebene im EBENEN-Dialog mit der rechten Maustaste an, und wählen Sie im sich öffnenden Kontextmenü den Befehl TEXTINFORMATIONEN VERWERFEN ❶ aus. Denselben Befehl erreichen Sie auch über das Menü EBENE • TEXTINFORMATIONEN VERWERFEN, wenn die Textebene aktiv ist.

Textebene speichern
Bevor Sie eine Textebene in eine normale Ebene umwandeln, sollten Sie gegebenenfalls den aktuellen Zustand mit der oder den Textebene(n) abspeichern. Hierzu können Sie allerdings nur das GIMP-eigene XCF-Format verwenden. Alle anderen Datenformate würden die Ebenen nur vereinen und die Textinformationen verwerfen.

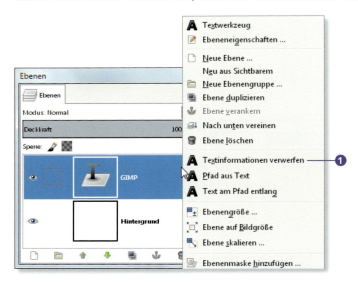

Abbildung 30.42 ▶
Der übliche Weg, eine Textebene in eine normale Ebene umzuwandeln, führt über das Kontextmenü des EBENEN-Dialogs und den Befehl TEXTINFORMATIONEN VERWERFEN ❶.

Wenn Sie eine Textebene in eine normale Ebene umwandeln, wird der Text gewöhnlich auf einem transparenten Hintergrund angezeigt und hat somit natürlich auch einen Alphakanal.

30.3 Textebene in eine Ebene umwandeln

Umwandlung rückgängig machen | Wenn Sie eine Textebene transformiert oder mit einem Malwerkzeug bearbeitet haben, wird daraus ja eine normale Ebene. Wenn Sie jetzt mit dem TEXT-Werkzeug auf den Ebenenrahmen im Bildfenster klicken (nicht im EBENEN-Dialog), erscheint ein Hinweis, der Sie darüber informiert, dass die ausgewählte Ebene eine ehemalige Textebene ist, die mit einem anderen Werkzeug bearbeitet wurde, wodurch die Textinformationen verworfen wurden. Der Dialog bietet Ihnen jetzt an, aus der Ebene wieder eine Textebene zu erstellen. Hierzu können Sie entweder eine NEUE EBENE mit dem Text erstellen oder die Textebene mit BEARBEITEN wiederherstellen.

Rückgängig machen
Die Funktion, um aus einer ehemaligen Textebene wieder eine Textebene herzustellen, ist zwar ganz nett, aber im Grunde eher etwas wie eine erweiterte »Rückgängigmachen«-Funktion. Es wird zwar ein Text aus der Ebene wiederhergestellt, aber alle Veränderungen (also auch Transformationen), die Sie zuvor auf der Ebene vorgenommen haben, gehen hierbei wieder verloren.

◄ **Abbildung 30.43**
Aus einer ehemaligen Textebene kann wieder eine Textebene mit denselben Eigenschaften wie vor der Umwandlung in eine normale Ebene erstellt werden.

Kapitel 31
Texteffekte

Sehr beliebt sind die Texteffekte von GIMP, mit denen Sie einen Text mit verschiedenen Farben, Mustern, Schatten und Formen gestalten können. Solche Texte werden gerne für Logos, Werbebanner oder andere kreative Arbeiten verwendet. GIMP bietet von Haus aus eine tolle Sammlung von Texteffekten an. Wem das nicht reicht, der kann natürlich auch selbst kreativ werden oder sich im Internet nach weiteren Skript-Fu-Programmen umsehen.

31.1 Texteffekte im Überblick

Eine interessante Sammlung von vordefinierten Texteffekten in GIMP finden Sie unter dem Menü Datei • Erstellen • Logos.

Die Verwendung der Logo-Skripte ist immer recht ähnlich: Nach dem Aufruf eines Skriptes erscheint ein Dialogfenster, und Sie geben lediglich noch einen Text ❶ ein und wählen die Schriftgröße, -farbe und -familie aus. Viele Skripte haben weitere spezielle Optionen. Am besten wird es sein, wenn Sie hier selbst ein wenig herumexperimentieren.

▲ **Abbildung 31.1**
Ein typischer Dialog zum Erstellen eigener Textlogos

▲ **Abbildung 31.2**
Texteffekte satt im Menü Datei • Erstellen • Logos

Die Textlogos werden gewöhnlich in mehreren Ebenen und meistens auch mit einem Hintergrund erstellt (zur Demonstration). Die Textebenen selbst liegen hierbei nur noch in einer normalen Ebene vor und lassen sich nachträglich nicht mehr editieren.

▲ **Abbildung 31.3**
Da die Textlogos in mehreren Ebenen erstellt werden, steht einer nachträglichen Bearbeitung nichts im Wege. So können Sie jederzeit die Hintergrundebene entfernen und den Text in einem anderen Bild verwenden. Nur den Text selbst können Sie nachträglich nicht mehr ändern.

Hierzu folgen ein paar Abbildungen (gleich mit den entsprechenden Namen) einiger Schriftlogos, die mit den vordefinierten Skript-Fu-Programmen aus dem Menü DATEI • ERSTELLEN • LOGOS erstellt wurden.

Abbildung 31.4 ▼
Ausgesuchte Beispiele aus dem Menü DATEI • ERSTELLEN • LOGOS

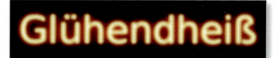
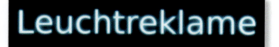

31.2 Eigene Texteffekte erstellen

Natürlich sind Sie nicht nur auf Skript-Fu-Programme zum Erstellen von Texteffekten angewiesen. Sie können auch die vorhandenen Filter von GIMP auf Textebenen anwenden oder gleich selbst Hand anlegen.

Mit vorhandenen Filtern

Eine weitere schier unerschöpfliche Quelle an Möglichkeiten, eigene Texteffekte zu erzeugen, bieten die verschiedenen Filter im gleichnamigen Menü, von denen Sie viele auch auf Textebenen anwenden können. Wollen Sie beispielsweise Text verzerren oder verkrümmen, finden Sie einige Möglichkeiten unter FILTER • VERZERREN. Für Licht und Schatten werden Sie bei FILTER • LICHT UND SCHATTEN und für kreative Arbeiten unter FILTER • KÜNSTLERISCH fündig.

> **Achtung**
> Wenn Sie einen Filter auf eine Textebene anwenden, wird auch diese anschließend in eine gewöhnliche Ebene umgewandelt und kann nicht mehr im Textmodus editiert werden. Beim Verkrümmen von Text sollten Sie außerdem beachten, dass bei zu intensiver Verwendung, besonders bei Vergrößerungen, der Text recht »verschmiert« oder »verpixelt« werden kann und somit nicht mehr sehr ansehnlich wirkt.

Schlagschatten | Die einzelnen Filter erläutert Kapitel 35, »Die Filter von GIMP«, etwas genauer. Allerdings soll hier kurz auf den Filter SCHLAGSCHATTEN eingegangen werden. Den Filter finden Sie unter FILTER • LICHT UND SCHATTEN. Einen Schlagschatten zu einem Text hinzuzufügen ist relativ beliebt und wird in der Praxis sehr häufig verwendet (darum wurde ja auch das Skript-Fu-Programm erstellt).

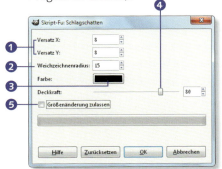

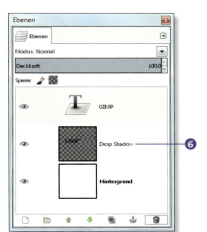

▲ Abbildung 31.6
Das Skript-Fu-Programm zum Erstellen eines Schlagschattens

▲ Abbildung 31.5
Der Text nach dem Erstellen eines Schlagschattens. Der Schlagschatten wird als neue Ebene ❻ unterhalb der Textebene angelegt. Die Textebene bleibt zwar nach der Verwendung des Filters erhalten, aber eine Änderung am Text wird nicht an die Ebene mit dem Schlagschatten weitergegeben.

Der Filter lässt sich denkbar einfach verwenden: Über VERSATZ X und VERSATZ Y ❶ geben Sie an, um wie viele Pixel der Schatten hinter dem Text versetzt werden soll. Wie hart der Versatz werden soll, bestimmen Sie mit dem WEICHZEICHNENRADIUS ❷, wofür intern der Gaußsche Weichzeichner verwendet wird. Mit der Schaltfläche FARBE ❸ wählen Sie die Farbe für den Schlag-

Kapitel 31 Texteffekte

»Alpha als Logo«
Die Texteffekte finden Sie übrigens auch unter FILTER • ALPHA ALS LOGO wieder. Die Effekte sind dieselben, können aber auch für alle Arten von Ebenen mit einem Alphakanal verwendet werden (natürlich auch wieder Textebenen). Der Filter wird dann auf jedes Pixel angewendet, dessen Alphawert größer als 0 ist. Damit können Sie quasi mit einem einfachen Pinselstrich auf einer transparenten Ebene dasselbe machen wie mit den Textlogos im Menü DATEI • ERSTELLEN • LOGOS.

Massenhaft Anleitungen
Wenn Sie keine Lust haben, selbst kreativ zu sein, finden Sie im Internet unzählige Anleitungen, wie Sie verschiedenste Texteffekte erstellen können. Besuchen sollten Sie hier auf jeden Fall die Seiten *http://www.gimpusers.de*, *http://www.gimp-werkstatt.de* und *http://www.psd-tutorials.de* im deutschsprachigen Raum.

schatten und über DECKKRAFT ❹, mit welcher Deckkraft die neue Ebene mit dem Schlagschatten angezeigt werden soll. Die Deckkraft können Sie nachträglich noch im EBENEN-Dialog anpassen. Für den Fall, dass der Schatten nicht ins Bild passt, können Sie die Option GRÖSSENÄNDERUNG ZULASSEN ❺ aktivieren.

Texteffekte selbst erstellen

GIMP bietet von Haus aus also viele Mittel an, um den Text mit tollen Effekten zu versehen. Allerdings muss man hierbei auch ehrlich sein und sagen, dass viele dieser Effekte bei intensiver Anwendung schnell recht kitschig oder verbraucht wirken. Daher dürften Sie die besten Ergebnisse erzielen, wenn Sie selbst kreativ werden.

Schritt für Schritt:
Transparenten Glastext erstellen

Eine Anregung, wie Sie selbst Effekte für Ihren Text erstellen können, soll Ihnen die folgende Schritt-für-Schritt-Anleitung bieten. Als Effekt wollen wir einen einfachen transparenten Glastext erstellen.

In diesem Beispiel sehen Sie außerdem, wie Sie eine Art inneres und äußeres Glühen an den Buchstaben anbringen können, was in der Praxis sehr beliebt ist.

1 Neues Bild anlegen

Erstellen Sie zunächst über DATEI • NEU eine neue Bilddatei. Hierbei können Sie sich gleich überlegen, welche Größe und gegebenenfalls welche Hintergrundfarbe Sie verwenden wollen. Im Beispiel wurde eine 640 × 400 Pixel große Datei mit weißem Hintergrund erzeugt.

2 Text erstellen

Wählen Sie das TEXT-Werkzeug A (T) aus. Stellen Sie in den Werkzeugeinstellungen die gewünschte Schriftart, Größe und Farbe ein. Im Beispiel habe ich die Schriftfamilie BOOKMAN OLD STYLE SEMI-BOLD ❶ ausgewählt. Die GRÖSSE ❷ der Schrift betrug 150 Pixel. Als FARBE ❸ habe ich ein anderes Rot (HTML: ff0000) verwendet.

Klicken Sie mit dem TEXT-Werkzeug ins Bildfenster, und geben Sie den gewünschten Text im Textblock ❹ ein.

31.2 Eigene Texteffekte erstellen

▲ **Abbildung 31.7**
Eingabe des Textes

3 Weitere Einstellungen

Stellen Sie die DECKKRAFT ❺ der Textebene auf 50, und erstellen Sie anschließend noch einen neuen Pfad ❼ aus dieser Ebene, indem Sie mit der rechten Maustaste auf dem Text (im Editiermodus (!)) klicken und im Kontextmenü den Befehl PFAD AUS TEXT ❻ auswählen.

  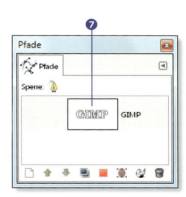

▲ **Abbildung 31.8**
Weitere notwendige Einstellungen

4 Schlagschatten hinzufügen

Wählen Sie die Textebene aus, und fügen Sie mit FILTER • LICHT UND SCHATTEN • SCHLAGSCHATTEN einen solchen hinzu. Für VERSATZ X und VERSATZ Y schlage ich jeweils den Wert 2 vor. Als WEICHZEICHNENRADIUS verwenden Sie einen Wert von 20, und die FARBE bleibt Schwarz. Die DECKKRAFT belassen Sie ebenfalls auf 80, und die Option GRÖSSENÄNDERUNG ZULASSEN deaktivieren Sie.

661

Kapitel 31   Texteffekte

Abbildung 31.9 ▶
Die Einstellungen für den Schlagschatten

5   Auswahl aus Pfad

Erstellen Sie eine neue leere, transparente Ebene mit derselben Größe, und fügen Sie auf dieser Ebene den zuvor erstellten Pfad als neue Auswahl mit AUSWAHL • VOM PFAD (oder Strg/Ctrl+V) ein. Blenden Sie diese Auswahl jetzt mit AUSWAHL • AUSBLENDEN um 10 Pixel ❶ aus.

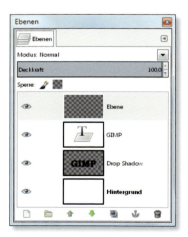

▲ **Abbildung 31.10**
Auswahl ausblenden

6   Äußeres Glühen hinzufügen

Verwenden Sie das FÜLLEN-Werkzeug mit einer hellen gelben Farbe (HTML: f1f3b2), und füllen Sie die Auswahl damit. Verkleinern Sie die Auswahl mit AUSWAHL • VERKLEINERN um 3 Pixel, und entfernen Sie die Auswahl jetzt mit BEARBEITEN • LÖSCHEN (oder Entf). Stellen Sie jetzt noch den MODUS der Ebene auf BILDSCHIRM ❷, und reduzieren Sie die DECKKRAFT ❸ auf 50.

31.2 Eigene Texteffekte erstellen

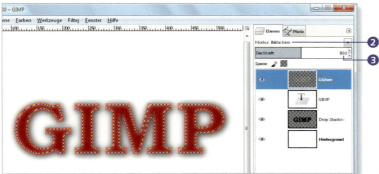

◂ **Abbildung 31.11**
Äußeres Leuchten wurde erstellt.

7 Schritt 5 wiederholen
Wiederholen Sie Arbeitsschritt 5, indem Sie eine weitere transparente Ebene mit einer Auswahl aus dem Pfad anlegen.

8 Inneres Glühen hinzufügen
Dieser Schritt ist recht ähnlich wie Arbeitsschritt 6. Verkleinern Sie hier die Auswahl mit AUSWAHL • VERKLEINERN um 8 Pixel 6, und füllen Sie die verkleinerte Auswahl der Buchstaben mit schwarzer Farbe. Stellen Sie jetzt noch den MODUS der Ebene auf ÜBERLAGERN 4, und reduzieren Sie die DECKKRAFT 5 auf 50.

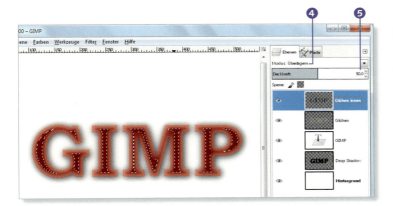

◂▴ **Abbildung 31.12**
Inneres Glühen hinzufügen

Diese Schritt-für-Schritt-Anleitung stellt natürlich nur eine Basisanleitung dar, die Sie noch beliebig erweitern oder mit anderen Farben versehen können.

◂ **Abbildung 31.13**
Der fertige durchsichtige Text mit äußerem und innerem Glühen

31.3 Erweiterungen für Texteffekte

Zum Nachlesen
Wie Sie GIMP um Skript-Fu-Programme erweitern, erfahren Sie auf Seite 826, »Skript-Fu-Programme installieren«.

Natürlich finden Sie unter *http://registry.gimp.org* einige interessante Erweiterungen speziell für Texteffekte. Diese werden zwar in der Regel nicht als Texteffekte ausgewiesen, aber Sie müssen bedenken, dass Sie ja fast jede Erweiterung und fast jeden Filter auch auf Textebenen anwenden können und somit unzählige Möglichkeiten zur Verfügung haben. Zwei davon will ich kurz vorstellen.

Steel Text | Mit diesem Skript-Fu-Programm verleihen Sie einem Text einen metallischen Stil. Rufen Sie es über DATEI • ERSTELLEN • LOGOS • STEEL auf, um gleich ein Textlogo zu erstellen, oder starten Sie es über FILTER • ALPHA ALS LOGO • STEEL, um es auch auf andere Objekte außer Text anzuwenden, die einen transparenten Bereich enthalten.

Abbildung 31.14 ▶
Dank des Skript-Fu-Programms »Steel Text« lassen sich solche metallisch wirkenden Texte im Handumdrehen erstellen.

60's Text Effect Script | Mit diesem Skript erstellen Sie einen Text, wie er in den 1960er Jahren gerne verwendet wurde. Sie finden das Skript-Fu-Programm nach der Installation unter DATEI • ERSTELLEN • LOGOS • 60'S TEXT.

Abbildung 31.15 ▶
Text im Stil der 1960er Jahre mit dem Skript-Fu-Programm »60's Text Effect Script«

Kapitel 32
Praktische Typografietechniken

Nachdem Sie mit den Grundlagen des Text-Werkzeugs vertraut sind, können wir uns ein paar typische und beliebte Typografietechniken ansehen.

32.1 Text-Bild-Effekte

Eine beliebte Technik in der Werbung ist es, einen Text in ein Bild zu stellen. Werden Sie kreativ!

Schritt für Schritt:
Bild mit Text versehen

Einfach einen Text ins Bild einzufügen, ist auf den ersten Blick mit dem TEXT-Werkzeug ein Kinderspiel. Ein Gefühl für die richtige Schriftart und -größe zu bekommen, ist allerdings nicht mehr so einfach und hängt natürlich auch vom Bildmotiv selbst ab.

Adler.jpg und Adler.xcf

Foto: Ingo Jung/www.digital-express-labor.de

1 Initiale verwenden
Um dem Text eine besondere Note zu verleihen, soll ein extra großer Anfangsbuchstabe, eine sogenannte Initiale, verwendet werden. Passend zum Bildmotiv, dem Adler, wollen wir hier seinen Namen mit einem großen »A« darstellen.

Eine wichtige Wahl ist die ideale Schriftart. Im Beispiel habe ich mich für die Schrift BOOK ANTIQUA ❷ (Abbildung 32.2) mit einer GRÖSSE von 600 Pixeln ❸ entschieden. Als FARBE habe ich Schwarz ❹ gewählt. Schreiben Sie nun das Wort »Adler« links oben in das Bild, wodurch Sie jetzt eine neue Textebene ❶ mit Namen »Adler« erstellt haben.

▲ **Abbildung 32.1**
Dieses Bild soll mit einem Text versehen werden.

Kapitel 32   Praktische Typografietechniken

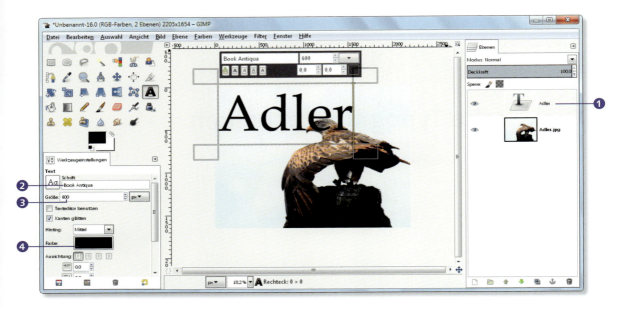

▲ **Abbildung 32.2**
Einen großen Anfangsbuchstaben einsetzen

2   Ausgewählte Buchstaben verkleinern

Markieren Sie jetzt im Editiermodus mit dem TEXT-Werkzeug die Buchstaben »dler«. Ändern Sie die Schriftgröße ❻ der markierten Buchstaben über das durchsichtige Eingabemenü über dem Textblock auf 250 Pixel. Zusätzlich wurde hier die Grundlinie des ausgewählten Textes auf 40 Pixel ❺ erhöht.

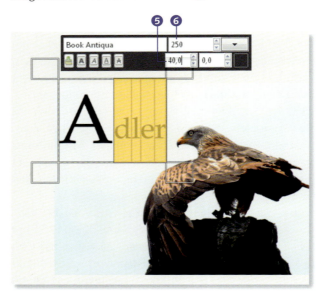

Abbildung 32.3 ▶
Die restlichen Buchstaben mit Styles formatieren

3 Text in anderer Farbe

Immer nur Text in ein und derselben Farbe zu verwenden, wirkt schnell langweilig. Allerdings ist es auch schwer, eine passende Textfarbe zu finden, ohne dass die Farben unpassend wirken und vom Bild ablenken. Im Beispiel habe ich einen weiteren Text, »Herr der Lüfte«, als neue Textebene ❼ hinzufügt. Damit sich der Text nicht vom eigentlichen Haupttext »Adler« hervorhebt, habe ich zwar wieder dieselbe Schriftart verwendet, aber die Größe auf 150 Pixel gesetzt. Als Farbe habe ich bc2323 (als HTML-Notation) gewählt. Um die neue Textebene sauber an der oberen Kante des »A« und an der linken Seite von »dler« auszurichten, habe ich mir außerdem Hilfslinien an dieser Stelle angelegt.

▼ **Abbildung 32.4**
Fügen Sie einen weiteren Text in einer anderen Farbe hinzu. Hilfslinien helfen Ihnen dabei, den Text auszurichten.

4 Begleitenden Text hinzufügen

Vielleicht sind Sie jetzt bereits mit dem Ergebnis zufrieden. Im Beispiel soll aber noch eine weitere Textebene, ein begleitender Text, hinzugefügt werden. Auch hierfür habe ich mir zuvor noch Hilfslinien angelegt und dann einen Textrahmen aufgezogen. Die Schriftart bleibt dieselbe, aber die Größe habe ich jetzt auf 60 Pixel gesetzt. Die Schwierigkeit, hier einen Begleittext zu verwenden, liegt darin, die Zeilenlänge in etwa an das Bildmotiv anzupassen, so dass es aussieht, als schöbe der Adler mit seinem Flügelschlag den Text zur Seite. Hier müssen Sie sich vorher überlegen, was Sie schreiben, um einen entsprechenden Zeilenumbruch zu erzeugen. Klappt das nicht, tauschen Sie notfalls das ein oder andere Wort aus.

Abbildung 32.5 ▶
Hinzufügen von begleitendem Text

5 Analyse

Wenn Sie mit dem Ergebnis zufrieden sind, fügen Sie alle Ebenen zusammen. Das Ergebnis kann sich schon sehen lassen. Dass es wie ein Ausschnitt aus einem Dokumentationsartikel einer Zeitschrift aussieht, war natürlich beabsichtigt.

Abbildung 32.6 ▶
Das Bild nach dem Einsetzen von Text

StBasil.jpg

Schritt für Schritt:
Text in Foto montieren

Ein weiterer beliebter Effekt ist, einen Text in ein Foto zu montieren, als wäre dieser ein fester Teil des Bildes.

1 Text setzen

Verwenden Sie das TEXT-Werkzeug ▨, und legen Sie eine neue große Textebene auf das Bild. Im Beispiel wurde zuerst ein großer Rahmen mit dem TEXT-Werkzeug über das Bild gezogen und dann der Text eingegeben. Als SCHRIFT wurde hier ARIAL BOLD ❶ mit einer GRÖSSE von 600 Pixeln ❷ und mit Weiß als FARBE ❸ verwendet. Die AUSRICHTUNG wurde hier auf ZENTRIERT ❹ gesetzt. Damit der Text auch in den Rahmen passt, wurde dieser markiert und als Style bei UNTERSCHNEIDUNG ❺ auf –40 gesetzt.

▼ **Abbildung 32.7**
Text ins Bild setzen

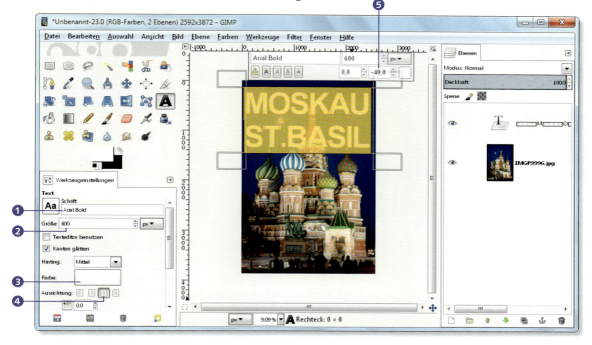

2 Textebene in normale Ebene umwandeln

Wandeln Sie jetzt die Textebene in eine normale Ebene um, indem Sie sie im EBENEN-Dialog aktivieren und im Menü EBENE • TEXTINFORMATIONEN VERWERFEN auswählen.

3 Übereinanderliegende Textteile entfernen

Jetzt sollen die Textteile, unter denen sich etwas befindet, entfernt werden. Hierbei haben Sie die Qual der Wahl, wie Sie vorgehen: Entweder radieren Sie einfach die Teile mit dem RADIERER auf der Ebene weg, oder Sie verwenden eine Ebenen- oder Auswahlmaske. Aber es geht in diesem Beispiel sogar noch einfacher.

Aktivieren Sie die Ebene mit dem Text ❾ (Abbildung 32.9). Stellen Sie den MODUS auf UNTERSCHIED oder FASER MISCHEN ❽, wodurch darunterliegende Bildbereiche durchscheinen. Wählen Sie das Werkzeug NACH FARBE AUSWÄHLEN . Aktivieren Sie die Werkzeugeinstellung VEREINIGUNG PRÜFEN ❻, damit beide Ebenen anschließend berücksichtigt werden, und stellen Sie den SCHWELLWERT auf 40 ❼.

▲ **Abbildung 32.8**
Textebene in normale Ebene umwandeln

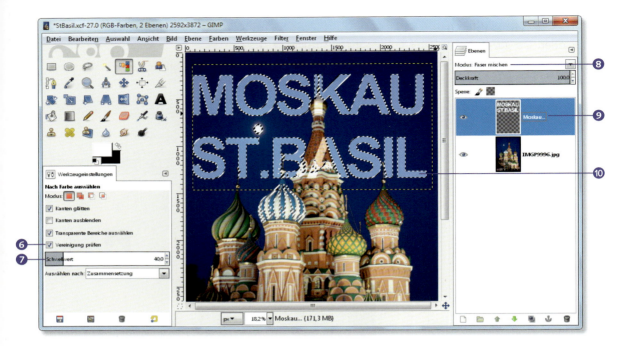

Abbildung 32.9 ▲
Textbereiche auswählen, die entfernt werden sollen

Tipp
Wenn Sie die Auswahl verfeinern wollen oder wenn Sie zu viel ausgewählt haben, können Sie jederzeit die Auswahlmasken zur Korrektur verwenden. Die Auswahlmasken wurden in Abschnitt 24.2, »Schnellmaske verwenden«, beschrieben.

Klicken Sie mit dem Werkzeug auf einen Bereich ❿ des Textes. Jetzt sind die Pixel des Textes in der Ebene mit dem Text ausgewählt und der Text, der über der St. Basil-Kathedrale liegt, nicht. Wenn mehr Bereiche unterhalb des Bildes (nicht der Textebene) ausgewählt wurden, ist dies nicht schlimm. Sie sollten nur die Ebene ❾ mit dem Text im Fokus haben. Invertieren Sie die Auswahl mit [Strg]/[Ctrl]+[I].

Abbildung 32.10 ▶
Für eine bessere Übersicht empfehle ich, die Schnellmaske ⓫ einzuschalten und gegebenenfalls mit schwarzem oder weißem Pinsel Auswahlbereiche hinzuzufügen oder zu entfernen. Die Verwendung der Schnellmaske wurde in Abschnitt 24.2, »Schnellmaske verwenden«, umfassend beschrieben.

32.1 Text-Bild-Effekte

4 **Auswahl ausblenden**

Blenden Sie gegebenenfalls die Auswahl über AUSWAHL • AUSBLENDEN um 20 Pixel aus, damit die Kanten anschließend nicht zu hart wirken. Löschen Sie diese Auswahl mit ⌊Entf⌋ oder BEARBEITEN • LÖSCHEN, woraufhin kein Buchstabe mehr die Kathedrale überdecken sollte.

◀ Abbildung 32.11
Jetzt wirkt der Text schon mehr ins Bild integriert.

5 **Text gestalten**

Zum Schluss können Sie die Ebenen mit dem Text noch nach Belieben gestalten. Verwenden Sie beispielsweise einen Filter aus dem Menü FILTER • ALPHA ALS LOGO oder sonstige kreative Gestaltungen.

▼ Abbildung 32.12
Einige Beispiele, wie solche kreativen Gestaltungen des Textes aussehen könnten

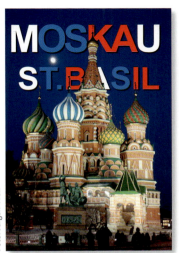

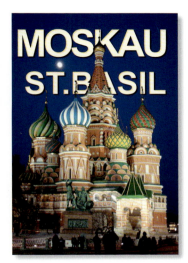

32.2 Text mit Verlauf und Muster füllen

Um einen Text mit einem Verlauf oder Muster zu füllen, ist kein großer Aufwand nötig. Sie müssen lediglich aus einer Textebene eine Auswahl erstellen. Wie Sie hierbei vorgehen können, soll die folgende Schritt-für-Schritt-Anleitung demonstrieren.

Schritt für Schritt:
Text mit Verlauf und Muster füllen

1 Text eingeben
Verwenden Sie das TEXT-Werkzeug mit einer beliebigen Schriftart und Größe, und geben Sie Ihren Text ein.

▲ **Abbildung 32.13**
Zuerst geben Sie einen Text ein.

2 Auswahl aus Text
Klicken Sie die Textebene ❷ mit der rechten Maustaste an, und wählen Sie im Kontextmenü PFAD AUS TEXT. Diesen Befehl, und noch einige mehr, finden Sie auch über das Untermenü EBENE • PFAD AUS TEXT. Im nächsten Schritt erstellen Sie über das Menü AUSWAHL • VOM PFAD eine Auswahl.

Danach blenden Sie entweder die Textebene über das Augensymbol ❶ aus und arbeiten mit der Auswahl auf einer anderen Ebene weiter, oder Sie löschen den Text der Textebene, wenn Sie diesen nicht mehr benötigen, mit `Entf` oder BEARBEITEN • LÖSCHEN, wodurch automatisch eine leere transparente Ebene mit der Textauswahl daraus wird, wie dies in diesem Beispiel auch gemacht wurde.

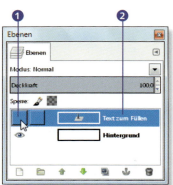

Abbildung 32.14 ▲▶
Auswahl aus einem Text erstellen

3 Textauswahl befüllen

Nachdem Sie jetzt eine Auswahl vom Text haben, können Sie diese mit allen Mitteln bearbeiten, die Sie für eine ganz gewöhnliche Auswahl auch verwenden können. Füllen Sie beispielsweise die Auswahl mit dem FÜLLEN-Werkzeug mit einem Muster oder mit dem Werkzeug FARBVERLAUF mit einem beliebigen Verlauf. Natürlich spricht auch nichts dagegen, die Auswahl mit BEARBEITEN • AUSWAHL NACHZIEHEN nachzufahren. Es gibt sicherlich noch eine Menge weiterer kreativer Dinge, die Sie jetzt damit machen können.

Text aus Bild

Natürlich können Sie auf diese Art und Weise mit der Auswahl eines Textes auch einen Text aus einem Bild erzeugen. Sie stechen quasi den Text aus dem Bild aus. Gewöhnlich werden Sie hier noch die Auswahl invertieren müssen, um den Hintergrund der Auswahl zu entfernen. Alternativ verwenden Sie hierfür zum Beispiel Ebenenmasken, wie dies in der Schritt-für-Schritt-Anleitung »Text aus Bild erstellen« auf Seite 432 gezeigt wurde.

◄ **Abbildung 32.15**
Text mit einem Muster gefüllt…

◄ **Abbildung 32.16**
… oder hier mit einem Farbverlauf

32.3 Text und Pfade

Zum Schluss des Kapitels fehlt Ihnen noch das Wissen, wie Sie einen Text in einen Pfad konvertieren und wie Sie einen Text auf einen Pfad bringen.

Text in Pfade konvertieren

Der Hauptvorteil, einen Text in Pfade zu konvertieren, dürfte an der beliebigen Transformation von Pfaden liegen. Wenn Sie gewöhnlichen Text auf Pixelebene transformieren, führt dies häufig zu unschönen Verzerrungen und zu nicht so sauberen Ergebnissen wie bei den Pfaden. Außerdem können Sie mit Pfaden einen Text beliebig gestalten und Zeichen verwenden, die es nicht als Schriftart gibt.

▲ **Abbildung 32.17**
Solche kreativen Spielereien mit den einzelnen Buchstaben sind nur noch den Pfaden vorbehalten.

Abbildung 32.18 ▶
Zur Demonstration: Der linke Text wurde als Pixelebene transformiert, wodurch die Kanten recht ausgefranst sind. Der Text auf der rechten Seite hingegen wurde als Pfad transformiert, nachträglich gefüllt und mit schwarzer Farbe an den Kanten nachgezogen, wodurch die Kanten schön glatt geblieben sind.

Schritt für Schritt:
Text als Pfad transformieren

In dieser einfachen Schritt-für-Schritt-Anleitung will ich Ihnen zeigen, wie Sie einen einfachen Text in einen Pfad umwandeln und diesen dann transformieren.

1 Text erstellen

Verwenden Sie das TEXT-Werkzeug A (T), und erstellen Sie in einer neuen Datei einen Text Ihrer Wahl. Im Beispiel wurde eine 640×400 Pixel große Datei erzeugt und mit der Schriftart ARIAL BOLD ❶ und einer GRÖSSE von 150 Pixeln ❷ die Textfolge »GIMP« geschrieben.

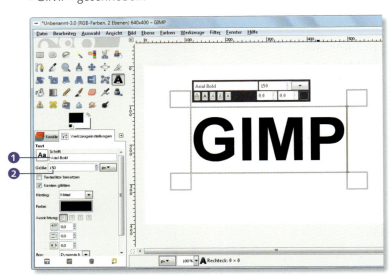

Abbildung 32.19 ▶
Text erstellen

2 Pfad aus dem Text erstellen

Erstellen Sie einen Pfad aus diesem Text, und zwar entweder über einen rechten Mausklick mit dem TEXT-Werkzeug im Editormodus, wo Sie im sich öffnenden Kontextmenü den Befehl PFAD AUS TEXT finden, über das Menü EBENE • PFAD AUS TEXT oder mit einem rechten Mausklick auf der Textebene im EBENEN-Dialog. Voraussetzung ist natürlich immer, dass die Textebene aktiv ist.

32.3 Text und Pfade

Jetzt können Sie die Textebene wieder löschen und den PFADE-Dialog über FENSTER • ANDOCKBARE DIALOGE • PFADE öffnen. Klicken Sie auf das Augensymbol ❸ im PFADE-Dialog, und die Textumrisse des Pfades ❹ werden in der aktiven Ebene im Bildfenster angezeigt.

◀ **Abbildung 32.20**
Text als Pfad einblenden

Zum Nachlesen
Die Transformationswerkzeuge werden unter anderem in Abschnitt 21.1, »Werkzeuge für die Transformation«, näher erläutert.

3 Pfad transformieren

Jetzt können Sie den Pfad und somit auch den Text beliebig mit den Transformationswerkzeugen (DREHEN, SCHEREN, PERSPEKTIVE) von GIMP transformieren. Im Beispiel wurde der Pfad mit dem PERSPEKTIVE-Werkzeug verzerrt. Entscheidend dafür, dass die Transformation von Pfaden mit den Transformationswerkzeugen auch funktioniert, ist, dass Sie bei den Werkzeugeinstellungen unter TRANSFORMATION die Option PFADE ❺ ausgewählt haben.

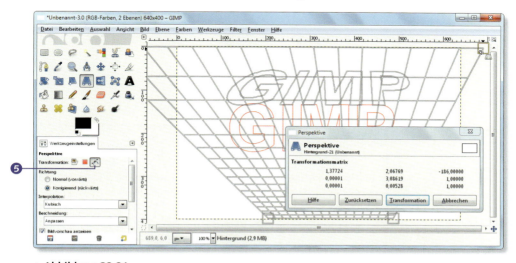

▲ **Abbildung 32.21**
Den Pfad und somit auch den Text transformieren. Hier wurde das PERSPEKTIVE-Werkzeug dafür verwendet.

4 Text gestalten

Sind Sie mit der Transformation des Textes (bzw. Pfades) fertig, können Sie den Text gestalten. Versehen Sie beispielsweise den Pfad über BEARBEITEN • PFAD NACHZIEHEN mit einer Kontur. Wollen Sie den Text mit dem FARBVERLAUF-Werkzeug oder dem FÜLLEN-Werkzeug farblich gestalten oder füllen, konvertieren Sie den Pfad einfach mittels ⇧+V oder AUSWAHL • VOM PFAD in eine Auswahl. Natürlich können Sie auch einer Auswahl nachträglich über BEARBEITEN • AUSWAHL NACHZIEHEN eine Kontur verpassen. Sie können aber auch den einen oder anderen Filter anwenden und noch vieles mehr mit dem Text anstellen. Seien Sie an dieser Stelle selbst kreativ. In dieser Anleitung ging es nur darum, Ihnen zu zeigen, wie Sie einen Text möglichst schonend transformieren.

Abbildung 32.22 ▶
In diesem Beispiel wurde FILTER • ALPHA ALS LOGO • FROSTIG auf den Text angewendet.

Schritt für Schritt: Text verformen

Ähnlich können Sie auch vorgehen, wenn Sie die einzelnen Buchstaben im Text verformen wollen. Die folgende Schritt-für-Schritt-Anleitung setzt die ersten beiden Arbeitsschritte aus der Schritt-für-Schritt-Anleitung »Text als Pfad transformieren« voraus, das heißt, dass Sie bereits aus einer Textebene einen Pfad gemacht und den Pfad eingeblendet haben.

1 Text mit dem Pfade-Werkzeug auswählen

Wählen Sie das PFADE-Werkzeug aus, und klicken Sie damit auf den Pfad im Bild, wodurch die einzelnen Knotenpunkte sichtbar werden, die durch das Kommando PFAD AUS TEXT erstellt wurden.

32.3 Text und Pfade

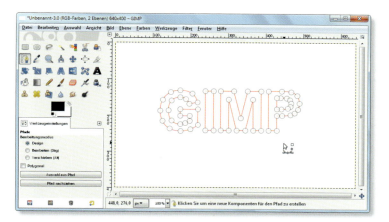

◄ **Abbildung 32.23**
Knotenpunkte, mit dem PFADE-Werkzeug sichtbar gemacht

2 Text mit Pfade-Werkzeug gestalten

Jetzt können Sie den Text bzw. die Pfade mit dem PFADE-Werkzeug anhand der einzelnen Knotenpunkte nach Belieben gestalten, verformen, verbiegen, verschieben oder neue Knotenpunkte hinzufügen. Auch einzelne Buchstaben können Sie hiermit verschieben und woanders platzieren. Die Transformationswerkzeuge stehen Ihnen hier natürlich ebenfalls zur Verfügung.

Zum Nachlesen
Das PFADE-Werkzeug wird in Teil IX des Buches umfangreich beschrieben. Die grundlegende Bedienung können Sie auf Seite 611, »Grundlegende Bedienung des Pfade-Werkzeugs«, nachlesen.

◄ **Abbildung 32.24**
Der Pfad nach vielen kleinen Detailarbeiten

3 Text gestalten

Sind Sie mit der Arbeit an dem Pfad fertig, können Sie den Text nach Belieben weiter gestalten. Wollen Sie beispielsweise den Text mit dem FARBVERLAUF-Werkzeug oder dem FÜLLEN-Werkzeug farblich gestalten oder füllen, konvertieren Sie den Pfad mit ⇧+V oder AUSWAHL • VOM PFAD in eine Auswahl. Hier können Sie sich kreativ austoben, wie es Ihnen gefällt.

677

Abbildung 32.25 ▶
Der Text nach der Gestaltung

Abbildung 32.26 ▶
Mit etwas Kreativität lassen sich natürlich auch die Buchstaben hiermit sehr schön an die Umgebung eines Bildes anpassen und verformen. Hierbei entsteht der Eindruck, die Buchstaben wären hier platziert worden.

Foto: Hanspeter Bolliger

Text nicht mehr editierbar

Wenn Sie einen Text erst einmal auf einen Pfad gebracht haben, können Sie ihn nicht mehr editieren, weil aus dem Text letztendlich auch wieder nur ein Pfad erstellt wird, der auf den vorgegebenen Pfad gebracht wird.

Text auf den richtigen Pfad gebracht

Wie man Text auf eine bestimmte Linie oder Spur bringt, wird sehr oft nachgefragt. Wie bereits am Anfang des Kapitels erwähnt, ist GIMP zwar nicht unbedingt das Maß aller Dinge in puncto Text, aber dank der Möglichkeit, einen Text auf einen Pfad zu bringen, lässt sich doch wieder einiges herausholen.

Schritt für Schritt:
Text auf einen Pfad gebracht

1 Text erstellen

Erstellen Sie ein neues leeres Bild, und verwenden Sie zunächst das TEXT-Werkzeug **A** mit einer Schrift Ihrer Wahl. Im Beispiel wurde eine 640×400 Pixel große Datei angelegt. Als Schriftart wurde ARIAL BOLD ❶ mit einer GRÖSSE von 150 Pixeln ❷ verwendet. In das leere Bild wurde die Textfolge »GIMP« eingegeben.

32.3 Text und Pfade

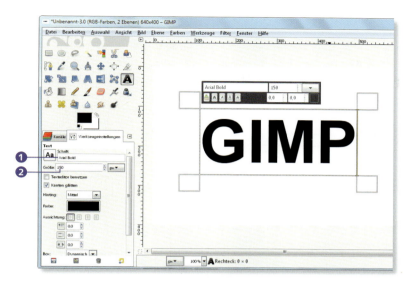

◀ **Abbildung 32.27**
Text eingeben

2 Pfad erstellen

Wählen Sie jetzt das PFADE-Werkzeug , und erstellen Sie einen Pfad, auf dem der Text anschließend platziert werden soll.

Zum Nachlesen

Umfangreiche Informationen zum PFADE-Werkzeug finden Sie in Teil IX des Buches. Die grundlegende Bedienung erläutert Seite 611, »Grundlegende Bedienung des Pfade-Werkzeugs«.

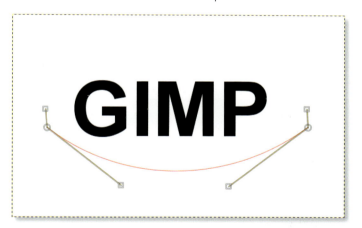

◀ **Abbildung 32.28**
Pfad für den Text erstellen

3 Text an den Pfad bringen

Wenn Sie den Text noch inhaltlich ändern wollen, ist jetzt der richtige Zeitpunkt dafür. Ist der Text erst einmal an den Pfad gebracht, gibt es keine Möglichkeit mehr, den Inhalt des Textes zu ändern.

Öffnen Sie den PFADE-Dialog über FENSTER • ANDOCKBARE DIALOGE • PFADE, und machen Sie den eben erstellten Pfad über das Aktivieren des Augensymbols ❻ (Abbildung 32.29) sichtbar. Um jetzt Text auf diesen Pfad zu bringen, wählen Sie wieder das TEXT-Werkzeug , und aktivieren Sie die Textebene, indem Sie auf das »T« ❺ doppelklicken. Klicken Sie jetzt mit dem TEXT-

Abbildung 32.29 ▼
Text auf den Pfad gebracht

Werkzeug mit der rechten Maustaste und im Editiermodus über dem Text, und wählen Sie im Kontextmenü den Befehl TEXT AN PFAD ❸ aus, und der Text wird auf den Pfad gebracht – oder genauer, aus dem Text ist jetzt auch ein Pfad geworden ❹.

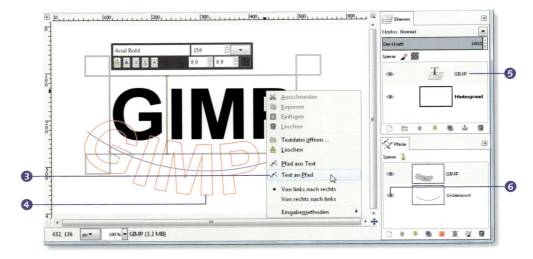

4   Pfad bzw. Text weitergestalten

Jetzt können Sie den auf den Pfad gebrachten Text weitergestalten, wie Sie dies bereits in den Schritt-für-Schritt-Anleitungen auf Seite 674 gesehen haben.

Abbildung 32.30 ▶
Hier wurde beispielsweise einfach eine Auswahl aus dem Pfad gemacht, mit einer schwarzen Farbe gefüllt, eine transparente Ebene angelegt und mit FILTER • ALPHA ALS LOGO • GLÜHENDHEISS bearbeitet.

Planet.jpg

Schritt für Schritt:
Einen kreisförmigen Text erstellen

Es wird immer wieder gefragt, wie man einen kreisförmigen Text erstellt. Diese Anleitung präsentiert einen Lösungsvorschlag. Analog funktioniert dies natürlich auch mit rechteckigen Bildbereichen, die Sie mit einem Text versehen wollen.

32.3 Text und Pfade

1 Auswahl erstellen

Bei einem Text, den Sie kreis- oder ellipsenförmig anordnen wollen, ist es einfacher, wenn Sie zunächst das Werkzeug ELLIPTISCHE AUSWAHL dafür verwenden. Bei den Werkzeugeinstellungen habe ich außerdem in diesem Beispiel die Option FEST ❼ aktiviert und beim Seitenverhältnis 1:1 ❽ vorgegeben, um einen schönen runden Kreis um den Planeten zu erstellen.

Ziehen Sie jetzt mit gedrückter linker Maustaste eine runde Auswahl um den Planeten im Bild, so dass dieser etwa in der Mitte liegt. Machen Sie die Auswahl auf jeden Fall größer als den Planeten, weil der Text ja mittig auf den Pfad gebracht wird. Haben Sie die Auswahl angelegt, erstellen Sie mit AUSWAHL • NACH PFAD einen Pfad, den Sie dann im PFADE-Dialog ❾ vorfinden.

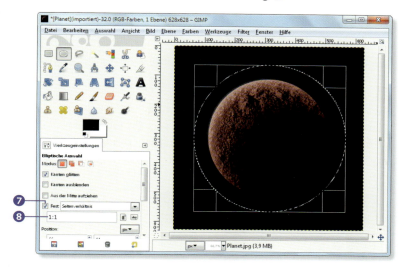

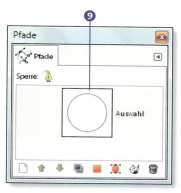

◀▲ **Abbildung 32.31**
Pfad aus einer runden Auswahl erstellen

2 Text erstellen

Die Auswahl brauchen wir nicht mehr, weshalb Sie sie mit AUSWAHL • NICHTS AUSWÄHLEN oder [Strg]/[Ctrl]+[⇧]+[A] entfernen sollten. Geben Sie jetzt mit dem TEXT-Werkzeug A einen Text Ihrer Wahl ein, der anschließend auf den Pfad gestellt werden soll. Im Beispiel wurde hier wieder die Schriftart ARIAL BOLD ❿ (Abbildung 32.32) mit einer GRÖSSE von 25 Pixeln ⓫ ausgesucht. Die GRÖSSE der Schrift müssen Sie natürlich passend zum Pfad wählen.

Im PFADE-Dialog, den Sie über FENSTER • ANDOCKBARE DIALOGE • PFADE aufrufen, blenden Sie den Pfad über das Augensymbol ⓬ ein.

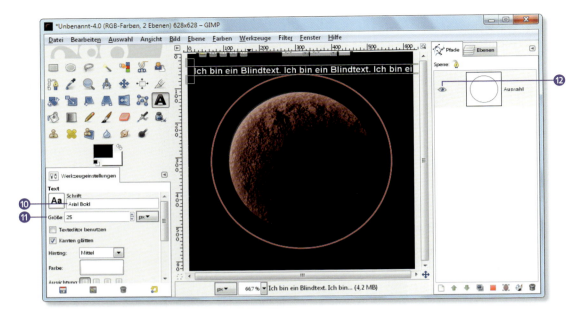

Abbildung 32.32 ▲
Text für den Pfad erstellen

3 Text an den Pfad bringen

Klicken Sie mit aktivem Text-Werkzeug **A** auf den Text, und wählen Sie im Kontextmenü Text an Pfad ⓫, womit der Text als neuer Pfad ⓮ angelegt wird. Die Textebene selbst löschen Sie jetzt gegebenenfalls.

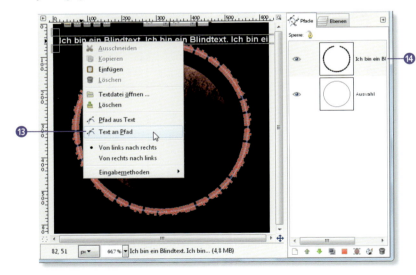

Abbildung 32.33 ▶
Text an den Pfad gebracht

4 Text gestalten

Jetzt können Sie den auf den Pfad gebrachten Text weitergestalten, wie Sie dies bereits in den Schritt-für-Schritt-Anleitungen auf Seite 674 gesehen haben.

32.3 Text und Pfade

▲ **Abbildung 32.34**
Ein Tipp am Rande sollte hier noch angebracht werden: Da wir in diesem Beispiel ziemlich weit über den Rand hinausschreiben und somit wohl jede Übersicht verlieren, was wir überhaupt noch schreiben, bietet sich in diesem Fall der GIMP-Texteditor an, den Sie ja jederzeit über die Checkbox TEXTEDITOR BENUTZEN bei den Werkzeugeinstellungen des TEXT-Werkzeugs aktivieren können.

◀ **Abbildung 32.35**
Kreativ sein ist nicht schwer.

683

Teil XI
RAW, HDR und DRI

Kapitel 33
Bilder im RAW-Format mit UFRaw entwickeln

Um RAW-Dateien mit 16 Bit pro Farbkanal zu bearbeiten, benötigen Sie das (kostenlose) Plugin namens UFRaw von Udi Fuchs. Bevor Sie eine Einführung zur Verwendung des Plugins erhalten, soll natürlich auch kurz das RAW-Format im Allgemeinen ein wenig beschrieben werden.

33.1 Wissenswertes zum RAW-Format

Sicherlich fragen Sie sich, warum häufig empfohlen wird – so auch einige Male in diesem Buch –, das RAW-Format zum Fotografieren zu verwenden.

Der Name RAW-Format (was so viel bedeutet wie »Rohformat«) sagt es eigentlich schon aus: Damit speichern Sie Ihre Bilder in der Kamera möglichst unbearbeitet. Wenn Sie ein solches RAW-Bild öffnen, werden Sie zunächst etwas unangenehm überrascht sein, weil RAW-Bilder häufig etwas dunkler und trüber sind, als Sie das von Bildern im üblichen Format gewohnt sind. Das, was Sie hier sehen, ist das Foto, wie es tatsächlich in der Kamera aufgenommen wurde. Dass die Bilder sonst anders aussehen, liegt daran, dass sie in der Kamera vor dem Abspeichern noch entsprechend bearbeitet werden.

Manche Kameras bieten die Möglichkeit an, die Bilder sowohl im RAW- als auch im JPEG-Format zu speichern. Gerade bei ungünstigen Lichtverhältnissen können Sie hierbei vergleichen, was die Kamera alles zusätzlich mit den Bildern macht.

RAW verwenden
Wollen Sie Bilder im RAW-Format verwenden, müssen Sie gewöhnlich erst in Ihrer Kamera einstellen, dass die Bilder in diesem Format gespeichert werden sollen. Viele Kameras bieten hier auch gleich die Möglichkeit, die Bilder sowohl im JPEG- als auch im RAW-Format zu speichern. Ziehen Sie hierzu gegebenenfalls das Handbuch der Kamera zu Rate. Allerdings bietet nicht jede Kamera das RAW-Format an. Gerade bei Kompaktkameras im niedrigeren Preissegment entfällt das Speichern im RAW-Format komplett. Daher sollten Sie vielleicht schon vor dem Kauf darauf achten, dass Ihre Kamera auch das RAW-Format beherrscht.

Abbildung 33.1
Links sehen Sie das rohe Bild direkt aus der Kamera, nachdem es im RAW-Format unbehandelt an GIMP weitergegeben wurde. Rechts wurde das Bild mit dem Plugin UFRaw behandelt und dann an GIMP weitergegeben.

Vorteile des RAW-Formats

Definitiv möchte ich Ihnen empfehlen, das RAW-Format zu verwenden, wenn Ihre Kamera dies unterstützt. Zwar müssen Sie hiermit die Bilder anschließend noch mit einem RAW-Konverter, wie beispielsweise dem Plugin UFRaw, nachbearbeiten und in einem gängigen Format wie JPEG oder TIFF speichern, aber Sie haben eine gewaltige Menge an Vorteilen auf Ihrer Seite. Einige davon sind dies:

- **Belichtung nachträglich anpassen**: Das ist wohl das beste Feature des RAW-Formats. Gerade als Einsteiger in die Fotografie ist es schwer, die richtige Einstellung für die Belichtung zu finden, sofern man nicht den Automatikmodus verwendet. Wenn das Bild zu hell oder zu dunkel ist, stehen Ihnen dank 16 Bit pro Kanal (im Gegensatz zu den 8 Bit pro Kanal von GIMP) wesentlich mehr Informationen zur Verfügung, um die Belichtung anzupassen oder um noch Details aus dem Bild hervorzuholen. Ein einfaches Rechenbeispiel zur Demonstration: In der Regel speichern viele Kameras die Helligkeitsinformationen für RGB im RAW-Modus mit 12 Bit pro Kanal ab. Somit stehen Ihnen im RAW-Format 4.096 Helligkeitsstufen (2^{12}) zu Verfügung. Im Vergleich sind es bei GIMP mit seinen 8 Bit pro Kanal hingegen nur 256 Helligkeitsstufen (2^8).
- **Keine Kompression**: Da beim Speichern im RAW-Format auf eine Komprimierung verzichtet wird, werden keinerlei Informationen verworfen. Auf den ersten Blick fallen solche fehlenden Informationen nicht auf. Aber wenn Sie beispielsweise Tiefen in einem Bild nachträglich mit GIMP aufhellen wollen, macht sich diese Kompression bemerkbar. Natürlich bedeutet ein Speichern im RAW-Format auch einen erheblich höheren Speicherplatzbedarf für die Mehrzahl an Informationen.
- **Einfacheres Fotografieren**: Sie müssen beim Fotografieren nicht so streng auf die einzelnen Einstellungen achten, weil Sie

diese nachträglich mit UFRaw ändern können. Dies ist besonders für Einsteiger interessant.
- **Bessere Bilder**: Mit zunehmender Erfahrung werden Sie aus dem RAW-Format bessere Ergebnisse herausholen, als dies mit dem kameraüblichen Format möglich gewesen wäre.

Nachteile des RAW-Formats

Natürlich gibt es auch einige Nachteile bei der Verwendung des RAW-Formats. Aber im Gegensatz zu den Vorteilen sind sie nicht so gewichtig. Folgendes könnte man als Nachteil empfinden:

- **Mehr Speicherplatz nötig**: Ganz klar ist, dass mehr Informationen in einem Bild auch bedeutend mehr Speicherplatz sowohl in der Kamera als auch später beim Importieren auf der Festplatte benötigen. Bilder im RAW-Format haben nicht selten die vier- bis fünffache Speichergröße wie dieselben Bilder in einem gängigen Format wie zum Beispiel JPEG.
- **Kamera wird gebremst**: Wenn Sie Serienbilder schießen, schafft die Kamera weniger Bilder in der Sekunde, weil eine größere Menge Daten auf die Speicherkarte geschrieben werden muss. Moderne Kameras verwenden allerdings mittlerweile einen Zwischenspeicher oder andere Techniken, so dass diese Bremse eigentlich keine mehr ist.
- **Unterschiedliche RAW-Formate**: Leider gibt es auch das Problem unterschiedlicher RAW-Formate. RAW selbst ist nur ein Sammelbegriff für verschiedene herstellerabhängige Formate. So kann es passieren, dass Sie eine nagelneue Kamera besitzen und (abgesehen von einer hauseigenen Software) kein passendes Programm für die Bearbeitung des RAW-Formats haben. Hier könnte lediglich eine Konvertierung in das von Adobe eingeführte und **herstellerunabhängige DNG-Format** (**D**igital **N**egativ **F**ormat) helfen.

Verschiedene RAW-Formate

Es wurde bereits erwähnt, dass RAW kein universelles Format ist, sondern ein Sammelbegriff für Kamera-Rohdaten. Die Rohdaten liegen von Hersteller zu Hersteller mit einer anderen Dateierweiterung vor (siehe Tabelle 33.1) und sind nicht miteinander kompatibel. Daher ist es auch nicht sicher, dass die Software (in unserem Fall »UFRaw«) mit allen Rohdatenformaten umgehen kann. Eine Liste der Kameras, die von UFRaw unterstützt werden, finden Sie auf der Seite *http://ufraw.sourceforge.net/Cameras.html*.

DNG: herstellerunabhängiges RAW-Format

Wenn Ihr RAW-Format nicht von der Software (einem RAW-Konverter) unterstützt wird, können Sie immer noch das herstellerabhängige RAW-Format (siehe Tabelle 33.1) in das herstellerunabhängige RAW-Format DNG (Digital Negativ) konvertieren. Hierzu stellt Adobe auf seiner Webseite *http://www.adobe.com/de/products/dng* den kostenlosen *Adobe DNG Converter* (für Windows und Mac) zur Verfügung. Viele Kamerahersteller bieten aber häufig schon an, ein RAW-Bild im DNG-Format zu speichern.

Kapitel 33 Bilder im RAW-Format mit UFRaw entwickeln

Dateierweiterung	Hersteller
DNG	Adobe
TIF, CRW, CR2	Canon
ERF	Epson
RAF	Fuji
3FR	Hasselblad
DCR, DCS, KDC	Kodak
RAW, DNG	Leica
MRW, MDC	Minolta
NEF	Nikon
ORF	Olympus
RAW, RW2	Panasonic
PEF, DNG	Pentax
X3F	Sigma
SRF, SR2, ARW	Sony

Tabelle 33.1 ▶
Herstellerabhängige Dateierweiterungen

RAW-Dateien importieren

Zum Laden oder Importieren von RAW-Dateien von der Kamera auf die Festplatte bietet GIMP leider auch keine eigene Funktion, und dies funktioniert daher genauso, wie Sie dies in Abschnitt 2.2, »Dateien von Kamera oder Scanner importieren«, gelesen haben.

»UFRaw« installieren
Wie Sie UFRaw installieren, wird auf der Webseite *http://ufraw.sourceforge.net/Install.html* für jedes System beschrieben. Unter Linux oder BSD wird für solche Zwecke gewöhnlich der Paketmanager genutzt. Für Mac OS X müssen Sie die MacPorts dazu verwenden. Aber mittlerweile wurde bei der Mac-Version von *http://gimp.lisanet.de* UFRaw gleich als Plugin mit integriert. Bei Windows liegt hierfür eine einfache Installationsroutine bei.

33.2 Das UFRaw-Plugin

Bevor Sie das Plugin UFRaw verwenden können, sollten Sie sich die aktuellste Version für Ihr System von *http://ufraw.sourceforge.net* herunterladen. UFRaw ist für alle gängigen Systeme (Windows, Linux, Mac OS X) erhältlich. Sie können es als selbstständig laufendes Programm, aber auch als Plugin für GIMP verwenden.

Nach der Installation von UFRaw können Sie Bilder im RAW-Format in GIMP wie gewöhnlich mit DATEI • ÖFFNEN oder [Strg]/[Ctrl]+[O] öffnen. Dann wird das UFRaw-Bildfenster angezeigt. Alternativ führen Sie UFRaw auch ohne GIMP aus. Dabei öffnet sich beim Programmstart sofort eine Dateiauswahl-Dialogbox, mit der Sie das RAW-Bild zum Bearbeiten auswählen und laden.

33.2 Das UFRaw-Plugin

Troubleshooting UFRaw unter Windows | Unter Windows 7 (64 Bit) gibt es im Augenblick noch Probleme mit dem Plugin UFRaw mit der Version 0.18 und GIMP 2.8. UFRaw kann hierbei im Augenblick noch nicht als eigenständige Anwendung verwendet werden, sondern eben nur über GIMP mit DATEI • ÖFFNEN.

Wenn es dann mit DATEI • ÖFFNEN nicht klappt, wurde UFRaw vermutlich ins falsche Verzeichnis installiert. In dem Fall müssen Sie UFRaw nochmals deinstallieren und dann neu installieren. **Wichtig** hierbei ist, dass Sie das Verzeichnis auswählen, in das GIMP installiert wurde. Achten Sie außerdem auch darauf, dass Ihnen der Assistent beim Setup **keinen** (!) extra Ordner mit dem Namen UFRAW ans Ende hängt, was dann wiederum nicht funktionieren würde.

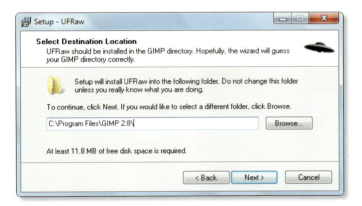

◄ **Abbildung 33.2**
Wichtig, damit UFRaw über GIMP mit Bildern arbeiten kann, ist das richtige Installationsverzeichnis.

Die Arbeitsoberfläche

Auf der linken Seite der Arbeitsoberfläche von UFRaw finden Sie die verschiedenen Einstellungen und Informationen zum RAW-Bild. Über die einzelnen Reiter ❷ (Abbildung 33.3) können Sie zu weiteren verschiedenen Einstellungen wechseln, die im Laufe des Kapitels noch beschrieben werden. Das RAW-HISTOGRAMM mit den Konvertierungskurven der einzelnen Farbkanäle und dem dazugehörenden Regler zur Belichtungskorrektur links oben ❶ sowie das LIVE-HISTOGRAMM links unten ❸ bleiben immer eingeblendet. Auf der rechten Seite finden Sie das Bild in einer Live-Vorschau ❹. Änderungen bei den Einstellungen auf der linken Seite werden sofort in dieser Vorschau angezeigt. Darunter sehen Sie verschiedene Schaltflächen ❺, mit denen Sie die Bildvorschau ändern, das RAW-Bild speichern oder mit OK in GIMP öffnen können.

Kapitel 33 Bilder im RAW-Format mit UFRaw entwickeln

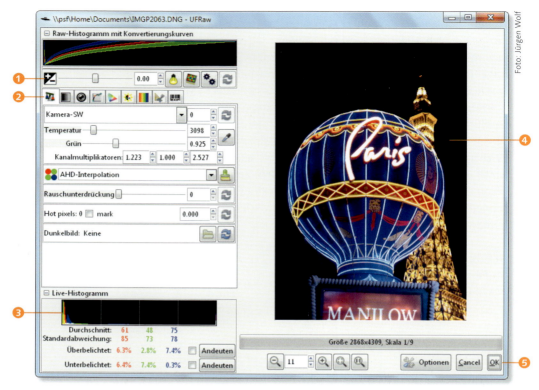

Abbildung 33.3 ▲
UFRaw nach dem Laden eines Bildes im RAW-Format

Belichtungskorrektur

Der Regler für die Belichtungskorrektur ❼ ist ständig eingeblendet. Damit stellen Sie ein, wie hell oder wie dunkel die Lichter und Tiefen des Bildes sind. Standardmäßig steht der Belichtungswert, wenn Sie ein RAW-Bild öffnen, immer in der Mitte auf 0,0; Sie verwenden ja das RAW-Format und müssen den Belichtungswert selbst mit dem RAW-Konverter einstellen. Schieben Sie den Regler nach links, wird das Bild abgedunkelt. Schieben Sie ihn nach rechts, hellen Sie das Bild auf.

Die Änderungen werden sofort im Bild angezeigt. Im RAW-HISTOGRAMM ❻ sehen Sie die Helligkeit bzw. die Brillanz des Bildes. Mit einem rechten Mausklick auf das Histogramm können Sie aus der Ansicht LINEAR (Standard) und LOGARITHMISCH auswählen.

Abbildung 33.4 ▶
Belichtungskorrektur mit RAW-HISTOGRAMM

33.2 Das UFRaw-Plugin

Neben dem Regler für die Belichtungskorrektur finden Sie vier weitere Schaltflächen. Mit der ersten ❽ wählen Sie eine von drei möglichen Einstellungen, um die Details bei negativer Belichtung (kurz auch EV = *Exposure Value*) wiederherzustellen. Dies wird benötigt, wenn Sie den Regler für die Belichtungskorrektur negativ (kleiner als 0,0) einstellen. Mit der zweiten Schaltfläche ❾ hingegen wählen Sie aus zwei Möglichkeiten, wie Glanzlichter bei einem positiven Belichtungswert hervorgehoben werden, damit diese nicht so überstrahlen. Diese Optionen benötigen Sie, wenn Sie den Regler zur Belichtungskorrektur positiv (größer als 0,0) einstellen. Mit der dritten Schaltfläche ❿ können Sie die Belichtung von UFRaw automatisch durchführen lassen, und die letzte Schaltfläche ⓫ setzt den Belichtungswert wieder auf den Standardwert zurück.

Belichtungswerte korrigieren | Über die Schaltfläche ❽ bietet Ihnen UFRaw folgende Möglichkeiten, um negative Belichtungswerte zu korrigieren:

- : Hiermit bleiben der Farbton und die Farben erhalten, während die Luminanz wiederhergestellt wird. So behalten Sie die **weicheren Details** bei den Lichtern bei.
- : Lichter werden im HSV-Farbraum wiederhergestellt, wodurch Sie die **schärferen Details** bei den Lichtern behalten.
- : Damit verhindern Sie, dass durch die Beschneidung der Lichter unschöne Artefakte bei der Wiederherstellung der Lichter auftreten.

Folgende Optionen haben Sie, um positive Belichtungswerte ❾ zu ändern:

- : Die Lichter werden **abgesoftet**. Das sorgt gewöhnlich für das bessere Ergebnis.
- : Damit erzielen Sie **härtere Details**, indem versucht wird, einen digitalen Sensor nachzubilden. Dadurch können die Glanzlichter allerdings etwas unruhig wirken.

▼ **Abbildung 33.5**
Mit einer Belichtungskorrektur lässt sich beinahe zwischen Tag und Nacht bestimmen. Wichtiger allerdings ist die Möglichkeit, damit Unter- oder Überbelichtung auszugleichen.

Foto: Martin Conrad

Weißabgleich

Mit dem Weißabgleich wird die Farbtemperatur des Bildes eingestellt. Ein falscher Wert führt gewöhnlich zu einem Farbstich im Bild. In der Dropdown-Liste ❶ wählen Sie aus einer Liste von kameraabhängigen Weißabgleichoptionen aus. Standardmäßig ist hierbei meistens die kameraseitige Einstellung (KAMERA-SW) aktiviert. Weitere Weißabgleichoptionen sind hier beispielsweise TAGESLICHT, verschiedene Leuchtstofflampen (TAGESLICHT-FLUORESZIEREND, NEUTRAL FLUORESZIEREND, WEISS FLUORIZIEREND), WOLFRAM(-lampe), SCHATTEN, WOLKIG und BLITZ. Hier finden Sie mit AUTOMATISCHES SW auch eine Option, die einen automatischen Weißabgleich durchführt.

Darunter stellen Sie mit dem Schieberegler TEMPERATUR ❷ manuell die Farbtemperatur ein, die sich hauptsächlich auf den roten und den blauen Farbkanal auswirkt. Der Wert wird hierbei in Kelvin (K) gemessen. Je höher dieser Wert ist, desto wärmer (rötlicher) wirkt die Lichtfarbe. Das Gegenteil ist der Fall bei niedrigeren Werten – dann wirkt das Bild kühler (bläulich).

Für den grünen Farbkanal (genauer Grün und Magenta) finden Sie darunter einen weiteren Schieberegler ❸ (GRÜN). Je weiter Sie diesen Regler nach rechts ziehen, desto mehr Grün geben Sie dem Bild zu. Ziehen Sie den Regler nach links, wird der Magentaanteil verstärkt. Sobald Sie einen der Regler verschieben, wird der Wert der Dropdown-Liste ❶ auf MANUELLES SW gestellt.

> **Lichttemperatur oder Farbtemperatur**
>
> Um hier gleich Missverständnisse auszuräumen: Mit dem Schieberegler TEMPERATUR ❷ verändern Sie natürlich nicht die Lichttemperatur, sondern stellen ein, welche Lichtart im Bild als neutral eingestellt werden soll. Daher wirkt das Bild rötlicher und wärmer, wenn Sie den Wert erhöhen, und kühler und bläulicher, wenn Sie den Wert reduzieren.

Abbildung 33.6 ▶
Einstellungen für den Weißabgleich

Bei KANALMULTIPLIKATOREN finden Sie die Werte, die an die Werte TEMPERATUR und GRÜN gekoppelt sind. Die ersten beiden Zahlen stehen für den roten und blauen Kanal und die letzte für den grünen Kanal. Damit können Sie quasi die einzelnen Werte des roten, blauen und grünen Anteils im Bild verändern. Zwar können Sie über die KANALMULTIPLIKATOREN auch den Weißabgleich durchführen, doch ist diese Verwendung eher unüblich, aber zur Feinjustierung eventuell zu gebrauchen.

Weißabgleich mit der Pipette | Alternativ passen Sie den Weißabgleich über die Pipette ❺ an. Die Verwendung ist sehr einfach: Wählen Sie im Bild einen weißen, grauen oder schwarzen Bereich durch Anklicken aus. Sie können auch mit gedrückter linker Maustaste einen größeren rechteckigen Bereich markieren, aus dem ein Durchschnittswert berechnet wird. Klicken Sie anschließend die Pipetten-Schaltfläche ❺ an, und UFRaw berechnet die Farbtemperatur anhand des weißen, grauen oder schwarzen Punktes neu.

Zur Kontrolle der ausgewählten Pixelwerte finden Sie den RGB-Wert im Bereich des RAW-Farbhistogramms unter PUNKTWERTE ❹. Die ersten drei Zahlen stehen für Rot, Grün und Blau.

Zum Nachlesen
Wie Sie den RGB-Farbwert von PUNKTWERTE ❺ lesen, erfahren Sie im Abschnitt »RGB-Farbmodell« in Abschnitt 4.3.

◀ **Abbildung 33.7**
Mit der Pipette ❹ lässt sich der Weißabgleich anhand von weißen, grauen oder schwarzen Pixelwerten berechnen.

Sehen Sie in der Dropdown-Liste zum Auswählen einer kameraabhängigen Einstellung ein Warndreieck ❻, bedeutet dies, dass UFRaw keine Weißabgleicheinstellungen für diese Kamera finden konnte. In dem Fall müssen Sie die Schieberegler oder die Pipette zum Einstellen des Weißabgleichs verwenden.

▲ **Abbildung 33.8**
Das Warndreieck ❻ wird angezeigt, wenn eine Kamera keine Weißabgleich-Einstellungen zur Verfügung stellt bzw. von UFRaw nicht gelesen werden kann.

Eigene Farbtemperaturen | Wenn Sie eigene Farbtemperaturen mit dem Regler TEMPERATUR festlegen wollen, sollten Sie ein wenig mit den verschiedenen Temperaturen der Lichtquellen und Beleuchtungssituationen vertraut sein. In Tabelle 33.2 finden Sie eine Liste mit den Farbtemperaturen gängiger Lichtquellen.

Temperatur	Lichtquelle
1.500 K–1.900 K	Kerzenlicht
2.000 K–3.000 K	Glühlampe (40–200 W)
3.000 K	Halogenlampe
3.400 K	Sonnenuntergang
4.000 K	Leuchtstofflampe
5.000 K	Morgensonne

◀ **Tabelle 33.2**
Temperaturen gängiger Lichtquellen (die Angaben sind natürlich nur als ungefähre Richtwerte zu sehen)

Tabelle 1.2 ▶
Temperaturen gängiger Lichtquellen (die Angaben sind natürlich nur als ungefähre Richtwerte zu sehen) (Forts.)

Temperatur	Lichtquelle
5.500 K	Mittagsonne
5.500 K	Blitzlicht
7.000 K	bedeckter Himmel
7.500 K–8.000 K	Nebel
8.000 K–11.000 K	blauer Himmel zur Blauen Stunde
13.000–25.000 K	nördliches Himmelslicht

▲ **Abbildung 33.9**
Der Weißabgleich trägt stark zur Stimmung eines Fotos bei. Links wurden 4.000 K verwendet, wodurch das Bild recht kühl wirkt. In der Mitte wurden 4.900 K und im letzten Bild 7.800 K verwendet, wodurch die Aufnahmen wärmer wirken.

Bayer-Matrix
Nach dem Prinzip der Bayer-Matrix arbeiten alle Fotosensoren. Dabei handelt es sich um ein schachbrettartiges Muster, das mit einem Farbfilter überzogen ist und zu je 25 % aus Rot und Blau besteht, während Grün die restlichen 50 % ausmacht.

▲ **Abbildung 33.10**
Verschiedene Interpolationsmethoden

Interpolation | Wenn Sie den Weißabgleich durchführen, wird immer eine Farbinterpolation nach dem Konzept der Bayer-Matrix (englisch *Bayer-Pattern*) durchgeführt. Hierfür bietet UFRaw mehrere mathematische Berechnungen (Algorithmen) an, die Sie über die Dropdown-Liste ❶ auswählen können. Hierbei spricht man von einem *demosaicing* Algorithmus, der verwendet wird, um ein Bild aus den Rohdaten des farbgefilterten Bildsensors zu interpolieren. Um überhaupt etwas beurteilen zu können, sollten Sie die Ansicht in der Vorschau immer auf 100 % stellen. Zwischen folgenden Algorithmen können Sie wählen:

▶ AHD-INTERPOLATION: Diese Interpolation ist standardmäßig eingestellt und eignet sich bestens für detailreiche Bilder. Sie versucht, möglichst viele Kanten im Bild zu erkennen, um diese Informationen für die Interpolation zu verwenden. Damit lässt sich mehr Schärfe aus dem Bild herausholen. Allerdings sollten Sie beachten, dass mehr Schärfe auch gegebenenfalls das Rauschen im Bild verstärkt und damit auch Farbartefakte in den Tiefen auftreten können.

▶ VNG-INTERPOLATION: Bei Bildern, die weniger von der Kantenschärfe leben oder kontrastärmer sind, wie beispielsweise Porträtaufnahmen, empfiehlt sich, diese Interpolationsmethode zu verwenden. Treten außerdem bei der Verwendung der AHD-INTERPOLATION Farbsäume (Halo-Effekt) an den Kanten auf, ist die VNG-INTERPOLATION ein probates Mittel, weil hier die Säume nicht so stark ausgeprägt auftreten. Allerdings erzeugt die VNG-INTERPOLATION wiederum mehr auffällige und gesättigte einfarbige Pixel – sogenannte Farbartefakte.

- VNG-VIERFARBINTERPOLATION: Wenn im Bild verstärkt rote und blaue Ränder in den Pixeln auftreten (Artefakte, die im Bayer-Muster vorkommen können), ist diese Einstellung einen Versuch wert.
- PPG-INTERPOLATION: Diese Interpolation liefert häufig die besten Ergebnisse bei Bildern mit hoher Kontrastauflösung und farbentreuer Wiedergabe mit vielen feinen Strukturen und erzeugt häufig auch weniger Farbartefakte als die VNG-INTERPOLATION.
- BILINEARE INTERPOLATION: Die definitiv schlechteste Lösung und eigentlich kaum sinnvoll in der Pixelwelt. In der Praxis kommt diese Interpolation vorwiegend bei der Skalierung von Rastergrafiken (Vektorgrafiken) und zur Darstellung von gerenderten Texturen zum Einsatz.

Rauschunterdrückung | Zum Reduzieren von Bildrauschen finden Sie den Regler RAUSCHUNTERDRÜCKUNG. Je weiter Sie den Regler nach rechts ziehen, desto mehr wird der Schwellwert für das Bildrauschen unterdrückt. Auch hierfür müssen Sie das Bild in der 100 %-Ansicht betrachten, um den Effekt beurteilen zu können.

▲ **Abbildung 33.11**
Bildrauschen unterdrücken

Schwarzweißbilder

Recht nützlich ist auch die Option, mit UFRaw gleich Schwarzweißbilder zu erzeugen. Hierzu finden Sie im Reiter GRAUSTUFEN ❷ mehrere Modi. Neben den Modi HELLIGKEIT, LEUCHTDICHTE und WERT bietet die Software hier auch mit KANALMIXER die Möglichkeit, die einzelnen RGB-Kanäle manuell zu steuern.

Zum Nachlesen
Die Bedeutung der Funktionen im Reiter GRAUSTUFEN können Sie auf Seite 306 unter »Farbe entfernen mit ›Entsättigen‹« und Seite 311 unter »Mit dem Kanalmixer in Schwarzweiß konvertieren« nachlesen, weil diese Funktionen im Grunde den GIMP-Funktionen entsprechen.

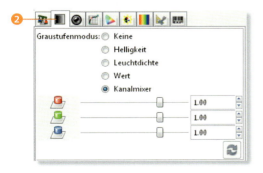

◄ **Abbildung 33.12**
Verschiedene Möglichkeiten, ein RAW-Bild gleich als Schwarzweißbild zu speichern oder zu öffnen

Linsenkorrektur

Im Reiter LINSENKORREKTUR ❶ finden Sie weitere Reiter mit verschiedenen Funktionen zur Korrektur von Fehlern, die durch das Linsensystem entstehen können. Leider wurden die vorhandenen Funktionen etwas seltsam (!) eingedeutscht:

Im ersten Reiter finden Sie eine Funktion zur Behebung der Chromatischen Aberration. Das sind farbige Ränder (oder Säume), die an einer Seite eines Motives auftreten können. Daneben hilft der Reiter Randbeschattungen (Vignettierungen) zu beheben (oder hinzuzufügen). Der dritte Reiter bietet die Möglichkeit, Linsenverzerrungen (auch als Verzeichnung oder optische Verzerrung bezeichnet) wie kissenförmige oder tonnenförmige Verzeichnungen zu beheben. Im letzten Reiter können Sie die Linsengeometrie ändern. So können Sie beispielsweise die Geometrie, die Sie mit einem Fish-eye-Objektiv aufgenommen haben, in eine Weitwinkelaufnahme verändern.

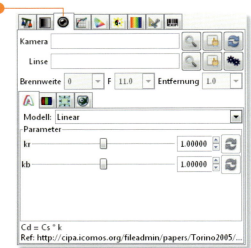

Abbildung 33.13 ▶
Nützliche Funktionen für die Linsenkorrektur

Gradationskurve (Tonwerte)

Unter dem nächsten Reiter BASISKURVE ❷ finden Sie eine klassische Gradationskurve, mit der Sie Kontrast- und Helligkeitseinstellungen der einzelnen Bildbereiche verbessern können. Die Gradationskurve funktioniert hier genauso, wie Sie auf Seite 150 »Gradationskurve – der Kurven-Dialog« gelesen haben. Zusätzlich können Sie hier über die Schaltfläche mit dem Ordnersymbol ❸ gespeicherte Kurven öffnen und verwenden. Mit der Schaltfläche daneben ❹ können Sie eine Kurve für eine spätere Anwendung speichern. Mit der kleinen Schaltfläche rechts unten ❺ setzen Sie die Kurve wieder zurück.

33.2 Das UFRaw-Plugin

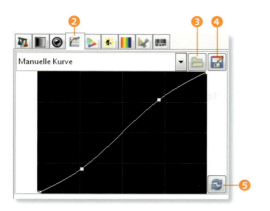

◄ **Abbildung 33.14**
Auch die klassische Gradationskurve gibt es für das RAW-Format. Hier wurde eine S-Kurve verwendet, um den Kontrast im Bild zu verbessern.

Farbverwaltung

Über den Reiter FARBVERWALTUNG ❻ stellen Sie das Farbprofil ein. Da das Thema Farbverwaltung bzw. Farbprofil etwas mehr als einen Absatz für eine Erklärung benötigt, können Sie bei Interesse in Anhang F.1 mehr dazu nachlesen. Für das Weiterlesen in diesem Kapitel ist dieses Wissen nicht unbedingt entscheidend.

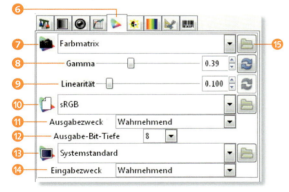

◄ **Abbildung 33.15**
Die FARBVERWALTUNG von UFRaw

Eingabe-Profil | Über EINGABE-ICC-PROFIL ❼ finden Sie das Farbprofil Ihrer Kamera. Mit dem Ordnersymbol ⓯ daneben laden Sie ein anderes Farbprofil. Mit den beiden Reglern GAMMA ❽ und LINEARITÄT ❾ justieren Sie die Gammawerte Ihrer Kamera.

Ausgabe-Profil | Über AUSGABE-ICC-PROFIL ❿ legen Sie das Ausgabeprofil Ihrer Arbeitsumgebung fest. Dieser Wert hängt natürlich von Ihrer Arbeitsumgebung ab und kann ein Druckerprofil sein oder einfach nur sRGB. Das Profil wird dann auch zum Ausgabebild hinzugefügt. Wenn Sie sich nicht sicher sind, welches Profil die Software verwendet, mit der Sie das Bild anschließend öffnen, belassen Sie einfach den Wert sRGB; damit kann jede Software umgehen. Auf den Wert von AUSGABEZWECK ⓫ wird gleich noch näher eingegangen. Über AUSGABE-BIT-TIEFE ⓬ können Sie außerdem einstellen, ob das Bild mit 8 Bit oder 16 Bit ausgegeben werden soll.

Monitor-Profil | Über ICC-PROFIL ⑬ können Sie das Ausgabeprofil für den Monitor setzen. Wird auf dem System ein Standardprofil verwendet, ist dieser Wert auf SYSTEMSTANDARD gesetzt.

Zunächst muss noch erwähnt werden, dass gewöhnlich die Umwandlung vom EINGABE-ICC-PROFIL zum AUSGABE-ICC-PROFIL durchgeführt wird. Wenn Sie aber bei EINGABEZWECK die Option WEICHEN KORREKTURABZUG AUSSCHALTEN auswählen, wird das AUSGABE-ICC-PROFIL ignoriert und für die Umwandlung das ICC-PROFIL für den Monitor verwendet.

Vom Eingabe- zum Ausgabeprofil | Jetzt noch zu den Werten AUSGABEZWECK ⑪ bzw. EINGABEZWECK ⑭ (Abbildung 33.15), wo Sie die Umwandlung vom EINGABE-ICC-PROFIL zum AUSGABE-ICC-PROFIL festlegen.

- WAHRNEHMEND (englisch *perceptual*): Die Standardeinstellung, mit der alle Farben des Quellraums verändert werden, aber trotzdem das Verhältnis zwischen den Farben erhalten bleibt. Damit erzielen Sie wohl das beste Ergebnis für das Auge. Diese Einstellung ist nicht geeignet, wenn die darstellbaren Farben im Zielraum eines Bildes erhalten bleiben sollen. Allerdings ist diese Einstellung die beste für das Drucken auf Tintenstrahldrucker. Diese Option ist allerdings nicht für Proofs gedacht.
- RELATIV KOLORIMETRISCH (englisch *relative colorimetric*): Wenn WAHRNEHMEND nicht die ideale Einstellung ist und es Ihnen mehr auf den Erhalt der Originalfarben ankommt, ist diese Option die bessere Lösung. Sie bildet die nicht darstellbaren Farben des Quellraums auf die nächstliegenden Farben im (Ziel-)Farbraum ab. Diese Option ist optimal für Proofs und Offset-Druck.
- SÄTTIGUNG (englisch *Saturation*): Die gesättigten Farben im Quellraum werden hier auch als gesättigte Farben im Zielraum verwendet. Als Ergebnis bleiben die kräftigeren Farben erhalten und können bei der Übertragung vom Quellraum zum Zielraum bei einer eventuellen Farbverschiebung recht kräftig und unnatürlich wirken. Für den Druck von Fotos eignet sich diese Option nicht, sondern eher für Grafiken wie Statistiken mit Balken- oder Tortendiagrammen oder CAD-Anwendungen.
- ABSOLUT KOLORIMETRISCH (englisch *absolute colorimetric*): Der Weißpunkt wird im Zielfarbraum genauso wie im Quellfarbraum abgebildet. Farbpunkte außerhalb des Bereichs werden gegebenenfalls abgeschnitten. Diese Option ist nur dann

---

Proofs und Offset-Druck

Als Proof wird ein Prüfdruck im Druckverfahren bezeichnet, der zum Testen eines Druckergebnisses für die Revision gedacht ist (auch als »Druckfahne« oder »Satzfahne« bekannt). Allerdings muss hier nicht immer ein Druckmaterial verwendet werden. Es gibt auch sogenannte Softproofs, die die Darstellung auf dem Bildschirm simulieren.

Der eigentliche und endgültige Druck wird als Offset-Druck bezeichnet. Vor einem Offset-Druck wird allerdings immer erst ein Proof gemacht, um Farben und Farbwirkung der Bilder noch vor dem Druck zu überprüfen und gegebenenfalls zu verbessern.

sinnvoll, wenn es nicht so auf die Erhaltung der Originalfarben ankommt, weil es hierbei vorkommen kann, dass Farben, die zuvor im Quellraum vorhanden waren, im Zielraum verschwunden sind. Ansonsten ist die Option RELATIV KOLORIMETRISCH vorzuziehen.

Farbkorrektur

Im Reiter LEUCHTSTÄRKE UND SÄTTIGUNG KORRIGIEREN ❶ können Sie eine Farbkorrektur durchführen. Über den Regler SÄTTIGUNG ❷ passen Sie die Farbsättigung an. Der Standardwert ist hierbei 1,00. Je weiter Sie den Regler nach links ziehen, desto mehr entsättigen Sie das Bild (bis hin zum Schwarzweißbild). Ziehen Sie den Regler hingegen nach rechts über den Wert 1,00, erhöhen Sie die Farbsättigung.

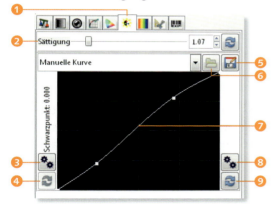

◄ **Abbildung 33.16**
Die Farbkorrekturen

Mit der Gradationskurve ❼ darunter steuern Sie die Helligkeit. Allerdings handelt es sich hierbei lediglich um eine weitere Gradationskurve wie schon im Reiter BASISKURVE (Tonkurve). Zusätzlich verfügt diese Gradationskurve allerdings über eine Schaltfläche AUTOMATISCH ANGEPASSTER SCHWARZPUNKT ❸, mit der versucht wird, automatisch einen Schwarzpunkt im Bild zu setzen. Diese Möglichkeit können Sie verwenden, wenn das Bild recht trüb und flau wirkt. Mit der Schaltfläche ❹ darunter setzen Sie diesen Wert wieder zurück. Auf der anderen Seite finden Sie eine Schaltfläche AUTOMATISCH ANGEPASSTE KURVE ❽, mit der UFRaw versucht, eine optimale Kurve anhand des Histogramms zu erzeugen. Damit lassen sich manchmal sehr ansehnliche und kontrastreiche Ergebnisse erzielen. Allerdings geht es hiermit häufiger auch mal total daneben. Probieren sollten Sie diese Funktion auf jeden Fall. Zurücksetzen lässt sich dieser Vorgang jederzeit wieder mit der Schaltfläche ❾ darunter.

Kurven speichern
Über das Diskettensymbol ❺ und das Ordnersymbol ❻ daneben können Sie auch hier Kurven durch Speichern und Laden wiederverwenden.

▲ **Abbildung 33.17**
Bilder mit sehr unterschiedlichen Farbsättigungen. Im linken Bild wurde die SÄTTIGUNG auf 0,50 gestellt. Beim mittleren Bild wurde die Standardeinstellung 1,00 verwendet, rechts liegt die SÄTTIGUNG bei 1,50.

Helligkeit einzelner Farbtöne regeln

Feine Änderungen
Die Regulierung der Helligkeit einzelner Farbtöne führt nicht zu dramatischen Änderungen im Bild. Aber als letzter Schritt für den Feinschliff des Bildes ist diese Funktion bestens geeignet.

Mit dem Regler LIGHTNESS ADJUSTMENT ❶ (der leider nicht eingedeutscht wurde) regulieren Sie die Helligkeit von bis zu drei verschiedenen Farbtönen. Die Verwendung ist ähnlich einfach wie bei der Pipette für den Weißabgleich: Zuerst klicken Sie einen Punkt, genauer einen Farbton, im Bild an, oder Sie ziehen einen größeren Auswahlrahmen. Im RAW-HISTOGRAMM oben bei PUNKTWERTE ❷ können Sie überprüfen, um welchen Farbton es sich dabei handelt. Klicken Sie jetzt auf die Pipette ❸, die zunächst die einzige Einstellung von LIGHTNESS ADJUSTMENT ist.

Jetzt erhalten Sie einen neuen Schieberegler ❹, der standardmäßig mit dem Wert 1,00 versehen ist. Schieben Sie den Regler nach links unterhalb von 1,00, verdunkeln Sie den ausgewählten Farbton (siehe PUNKTWERTE). Um den Farbton wiederum aufzuhellen, ziehen Sie den Regler nach rechts (größer als 1,00). Das Abdunkeln bzw. Aufhellen können Sie ebenfalls wieder über PUNKTWERTE betrachten. Hierbei werden lediglich die roten, grünen und blauen Werte um maximal einen Punkt reduziert bzw. erhöht.

Insgesamt können Sie drei Regler zum Ändern der Helligkeit einzelner Farbtöne anlegen und verwenden. Zusätzlich haben die Regler an der Seite drei kleine Schaltflächen. Mit der ersten Schaltfläche ❺ stellen Sie den Standardwert (1,00) des Reglers wieder her. Mit der zweiten Pipetten-Schaltfläche ❻ können Sie einen anderen Punkt im Bild auswählen, um die Helligkeit des Farbtons zu verändern. Die Einstellungen des zuvor gewählten Punktes gehen dabei wieder verloren. Mit der letzten Schaltfläche ❼ entfernen Sie den Regler und die damit getroffenen Einstellungen.

▲ Abbildung 33.18
Eine Funktion zum Regeln der Helligkeit einzelner Farbtöne

Zuschneiden und Drehen

Über den Reiter SCHNEIDEN UND DREHEN ❽ können Sie das Bild zuschneiden, drehen und auch kleiner skalieren. Mit den Textfeldern ❾ KOPFENDE (oben), LINKS, FUSSENDE (unten) und RECHTS stellen Sie die neuen Maße für das Bild ein. Im Bildfenster erkennen Sie diesen Ausschnitt an dem verdunkelten Rahmen ⓰. Standardmäßig wird nach dem Bildverhältnis zugeschnitten. Dieses fest eingestellte Bildverhältnis können Sie allerdings deaktivieren, indem Sie auf das Schlosssymbol ⓯ neben ASPEKTVERHÄLTNIS klicken. Über die Dropdown-Liste ❿ von ASPEKTVERHÄLTNIS können Sie außerdem aus vielen gängigen Bildverhältnissen auswählen, nach denen das Bild zugeschnitten werden soll.

Zuschnittrahmen verschieben

Den Zuschnittrahmen ⓯ in der Bildvorschau können Sie auch mit gedrückter linker Maustaste verschieben. Auch die Größe des Rahmens lässt sich mit gedrückter linker Maustaste an den Seiten des Rahmens verändern.

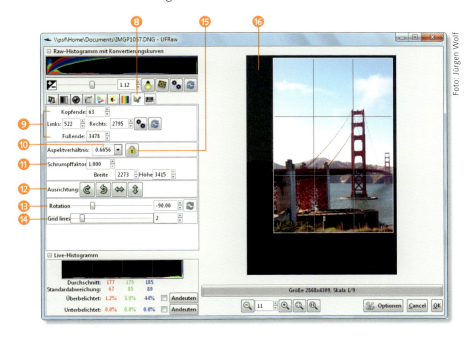

◄ Abbildung 33.19
Ein RAW-Bild wird zugeschnitten.

Mit der Option SCHRUMPFFAKTOR ⓫ (Abbildung 33.19) verkleinern Sie das Bild um einen bestimmten Faktor. Alternativ geben Sie die Größe über die Werte HÖHE und BREITE ein. Über die Schaltflächen bei AUSRICHTUNG ⓬ drehen Sie das Bild nach rechts oder nach links oder spiegeln es horizontal oder vertikal.

Mit ROTATION ⓭ drehen Sie das Quellbild um die eigene Achse um einen Winkel von –180° bis +180°. Passend dazu finden Sie außerdem den (leider nicht eingedeutschten) Regler GRID LINES ⓮, mit dem Sie eine bestimmte Anzahl von Ausrichtungslinien über den Zuschnittbereich legen. Diese Linien dienen natürlich nur als Hilfslinien für die Rotation und werden im fertigen Bild nicht mit angezeigt.

Speichern

Im Reiter SICHERN ❶ nehmen Sie die Einstellungen für das Speichern des Bildes vor. Über PFAD ❷ wählen Sie das Verzeichnis aus, und unter DATEINAME ❸ geben Sie den Namen ein, unter dem das Bild gespeichert werden soll. Das Format wählen Sie neben dem Dateinamen über die Dropdown-Liste ❾ aus. Möglich sind hierbei die Formate TIFF, JPG, PNG und PPM.

> **Speichern mit GIMP**
>
> Der Reiter SICHERN ❶ wird nur dann angezeigt, wenn Sie das Bild **nicht** über GIMP geöffnet, sondern UFRaw ohne GIMP aufgerufen haben. Wenn Sie ein RAW-Bild über GIMP aufgerufen und mit UFRaw bearbeitet haben, wird das Bild anschließend wieder in einem GIMP-Bildfenster ungespeichert geöffnet. Das Abspeichern des Bildes, das Sie mit UFRaw bearbeitet haben, müssen Sie dann selbst, wie in Abschnitt 2.6, »Datei speichern bzw. exportieren«, beschrieben wurde, durchführen. Welches Dateiformat sich hierfür am besten eignet, erfahren Sie in Abschnitt 2.7, »Dateiformate und Kompression«.

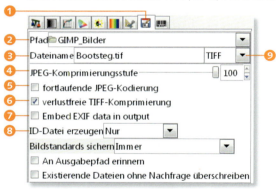

Abbildung 33.20 ▶
Bild in einem anderen Format speichern

Zum Nachlesen
Mehr zu den Dateiformaten und ihren verschiedenen Optionen und Auswirkungen können Sie in Abschnitt 2.7, »Dateiformate und Kompression«, nachlesen.

Darunter finden Sie mehrere Einstellungen, mit denen Sie bestimmen, was alles und wie gespeichert werden soll. Über JPEG-KOMPRIMIERUNGSSTUFE ❹ können Sie beispielsweise durch einen kleineren Wert das Bild stärker komprimieren und Speicherplatz sparen. Zusätzlich können Sie hierfür FORTLAUFENDE JPEG-KOMPRIMIERUNG ❺ aktivieren.

Zu erwähnen ist auch die Option VERLUSTFREIE TIFF-KOMPRIMIERUNG ❻, mit der Sie für TIFF-Bilder eine verlustfreie Kompression (LZW) verwenden können. Mit EMBED EXIF DATA IN OUTPUT ❼ (leider nicht eingedeutscht) speichern Sie auch die EXIF-Daten in der Ausgabedatei.

Mit ID-Datei erzeugen ❽ können Sie eine UFRaw-ID-Datei mit der Endung ».ufraw« sichern, um so alle gemachten Einstellungen für das Bild beim nächsten Zugriff wieder zu verwenden. Hier speichern Sie entweder nur die UFRaw-ID-Datei (mit Nur) oder beides, Bild und UFRaw-ID-Datei (mit Ausserdem). Mit Nein wird keine UFRaw-ID-Datei angelegt.

Die Einstellungen im Reiter Sichern werden angewendet, sobald Sie in UFRaw auf die Schaltfläche Speichern rechts unten im Fenster klicken (siehe auch Abbildung 34.27). Natürlich gilt auch hier wieder, dass die Schaltfläche Speichern nur sichtbar ist, wenn Sie das RAW-Bild **nicht** über GIMP geöffnet haben.

Wenn Sie hingegen das Bild über GIMP geöffnet haben, finden Sie stattdessen die Schaltfläche OK an dieser Stelle wieder, mit der Sie das mit UFRaw bearbeitete Bild in GIMP öffnen. Von GIMP aus müssen Sie dann selbst das Bild in einem gängigen Format (zum Beispiel TIFF oder JPEG) speichern.

EXIF-Daten

Im letzten Reiter, EXIF ❿, sehen Sie noch eine kleine Übersicht der EXIF-Daten, die die Kamera im Bild abspeichert. Darin finden Sie Angaben über den Kamerahersteller, das Kameramodell, die Aufnahme- und Belichtungszeit, die Blende, den ISO-Wert und einige Angaben mehr.

▲ **Abbildung 33.21**
Informationsangaben zum Bild mit den EXIF-Daten

Live-Histogramm

Links unten im Fenster von UFRaw finden Sie ein Live-Histogramm. Wie Sie ein solches Histogramm lesen, erläutert Abschnitt 6.1.1, »Das Histogramm von GIMP«. Standardmäßig wird das RGB-Histogramm angezeigt, aber wenn Sie dieses mit der rechten Maustaste anklicken, können Sie über das Kontextmenü auch andere Histogramme auswählen.

▲ **Abbildung 33.22**
Das Kontextmenü öffnet sich, wenn Sie mit der rechten Maustaste auf das Live-Histogramm klicken.

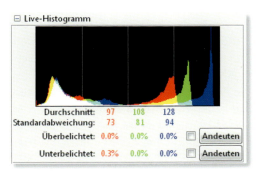

◀ **Abbildung 33.23**
Das Live-Histogramm

Unterhalb des Histogramms können Sie außerdem mit ÜBERBELICHTET und UNTERBELICHTET die Belichtung kontrollieren. Setzen Sie hier ein Häkchen in der Zeile von ÜBERBELICHTET ❶ oder UNTERBELICHTET ❷, wird die Über- bzw. Unterbelichtung im Bild blinkend in Schwarz bzw. Weiß angezeigt. Die über- bzw. unterbelichteten RGB-Bereiche werden auch in Prozent ❸ angegeben. Ideal wäre natürlich immer ein Wert von 0 %.

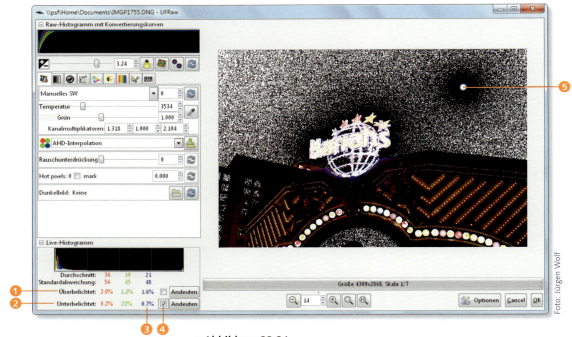

▲ **Abbildung 33.24**
Das Bild ist stark unterbelichtet, wie Sie aus den RGB-Prozentangaben von UNTERBELICHTET ❷ herauslesen können. Durch Setzen des Häkchens ❹ wird dieser Bereich im Bild mit weißer Farbe ❺ blinkend angezeigt.

Alternativ können Sie zur Kontrolle auch die Schaltflächen ANDEUTEN ❼ daneben gedrückt halten, wodurch die über- bzw. unterbelichteten Bereiche gemäß den RGB-Prozentangaben in der entsprechenden Farbe (Rot, Grün oder Blau) angedeutet werden. Ist der Bildschirm komplett schwarz, gibt es keinen unterbelichteten Bereich im Bild. Ähnlich ist es beim überbelichteten Bereich, wenn Sie dort die ANDEUTEN-Schaltfläche gedrückt halten, nur dass hierbei das Bild in der Vorschau dann komplett weiß ist, wenn es keine überbelichteten Bereiche im Bild gibt. Allerdings können Sie diese Angaben schon vorher aus den Prozentwerten ablesen.

33.2 Das UFRaw-Plugin

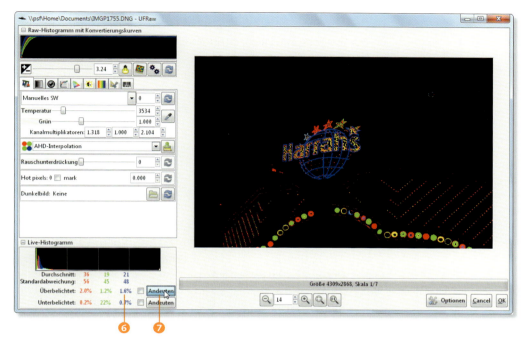

▲ **Abbildung 33.25**
Durch das Drücken der Schaltfläche ANDEUTEN ❼ bei ÜBERBELICHTET werden alle überbelichteten Bereiche gemäß den Prozentangaben ❻ im Bild in Rot, Grün und/oder Blau angezeigt.

Schaltflächen unter der Vorschau

Unterhalb der Bildvorschau können Sie die Zoomstufe über die Schaltflächen oder das Texteingabefeld einstellen. Maximal ist derzeit eine Zoomstufe von 100 % möglich.

▲ **Abbildung 33.26**
Schaltflächen unter der Bildvorschau

▲ **Abbildung 33.27**
Wird UFRaw nicht über GIMP aufgerufen finden Sie weitere Schaltflächen vor.

Über die Schaltfläche OPTIONEN finden Sie die Einstellungen für UFRaw. Hier verwalten Sie die verschiedenen Farbprofile und Kurven, wenn Sie welche mit UFRaw gespeichert oder geladen haben. Mit CANCEL beenden Sie UFRaw ohne irgendwelche Änderungen. Mit der letzten Schaltfläche OK wird das Bild direkt in GIMP geöffnet und kann dort weiterbearbeitet werden.

707

Kapitel 33 Bilder im RAW-Format mit UFRaw entwickeln

Basis-RAW-Entwicklung

Die folgende Schritt-für-Schritt-Anleitung zeigt Ihnen, wie Sie ein RAW-Bild mit UFRaw bearbeiten und anschließend an GIMP für eventuelle weitere Arbeiten weitergeben. Behandelt wird nur die grundlegende RAW-Bearbeitung. In der Praxis hängt ein solcher Arbeitsablauf natürlich vom Bild ab.

Schritt für Schritt
Ein RAW-Bild entwickeln

1 Bild öffnen

Sie können ein RAW-Bild direkt aus GIMP heraus über DATEI • ÖFFNEN oder [Strg]/[Ctrl]+[O] in UFRaw öffnen. Voraussetzung dafür ist natürlich, dass UFRaw bereits auf dem Rechner installiert ist. Alternativ starten Sie nur das Programm UFRaw und wählen im sich öffnenden Dateiauswahl-Dialog ein RAW-Bild aus, das Sie bearbeiten wollen.

> **Öffnen mit GIMP**
>
> Die Schaltfläche, um ein Bild mit GIMP zu öffnen, wird nur dann angezeigt, wenn Sie das RAW-Bild nicht über GIMP geöffnet haben, genau wie bei der Schaltfläche SPEICHERN. Sie können UFRaw somit als selbstständiges Programm oder als GIMP-Plugin verwenden. Mit dem Mülleimersymbol können Sie gar die RAW-Datei nach einer Sicherheitsrückfrage löschen.

horses.dng

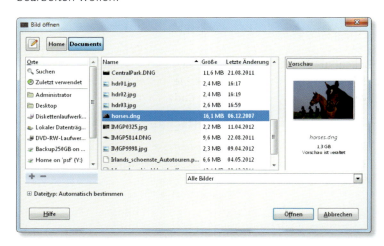

Abbildung 33.28 ▶
Ein RAW-Bild aus GIMP öffnen

2 Weißabgleich durchführen

Als Erstes empfiehlt sich ein Weißabgleich. Hierfür sollten Sie entweder über die Dropdown-Liste ❶ einen vordefinierten Wert verwenden oder über den Regler TEMPERATUR ❷ selbst Hand anlegen. Alternativ können Sie auch einen weißen, grauen oder schwarzen Bereich im Bild auswählen und auf die Pipette ❸ für einen automatischen Weißabgleich klicken. Im Beispiel habe ich mich für den Weißabgleich von der Kamera (KAMERA-SW) aus der Dropdown-Liste ❶ entschieden.

33.2 Das UFRaw-Plugin

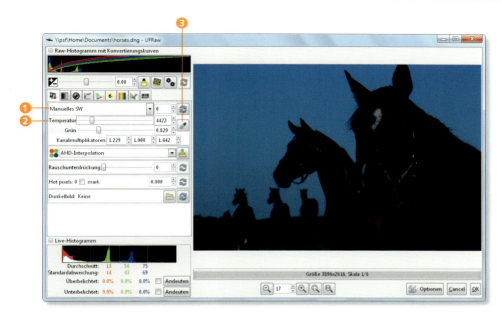

▲ Abbildung 33.29
Weißabgleich durchführen

3 Tiefen kontrollieren

Als Nächstes kontrollieren Sie die über- oder unterbelichteten Bereiche. An den Prozentangaben ❹ unterhalb des LIVE-HISTO-GRAMMS erkennen Sie gleich, dass es in diesem Beispiel nur unterbelichtete Bereiche gibt. Aktivieren Sie daher das entsprechende Häkchen ❺, und die zu dunkel geratenen Bereiche werden in weißer Farbe blinkend ❻ in der Bildvorschau angezeigt.

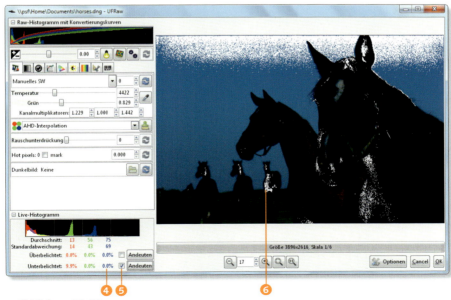

▲ Abbildung 33.30
Unterbelichtete Bildbereiche werden angezeigt ❻.

709

4 Belichtung anpassen

Der Unterbelichtung wollen wir zu Leibe rücken, indem wir den Regler von BELICHTUNG ❷ auf 2,00 setzen. An der Prozentangabe ❹ bei UNTERBELICHTET sehen Sie, dass die unterbelichteten Werte nach der Korrektur schon weitaus geringer sind.

Über den Reiter BASISKURVE ❶ wurde außerdem eine leichte S-Kurve ❸ verwendet, um den Kontrast des Bildes zu verbessern.

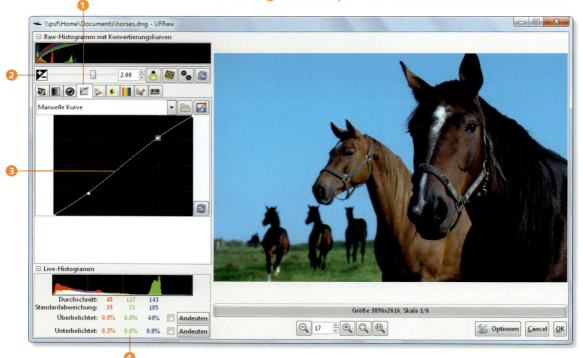

▲ **Abbildung 33.31**
Belichtung und Kontrast angepasst

5 Farbkorrektur

Im nächsten Schritt ist eine Farbkorrektur an der Reihe. Im Beispiel war mir die Farbe einfach zu kräftig.

Wählen Sie daher den Reiter LEUCHTSTÄRKE UND SÄTTIGUNG KORRIGIEREN ❺, und reduzieren Sie die SÄTTIGUNG ❻ auf 0,90. Zusätzlich habe ich die Schaltfläche ❼ angeklickt, um automatisch den Schwarzpunkt anzupassen, und eine weitere S-Kurve ❽ verwendet, um die Leuchtkraft des Bildes noch etwas zu verstärken.

33.2 Das UFRaw-Plugin

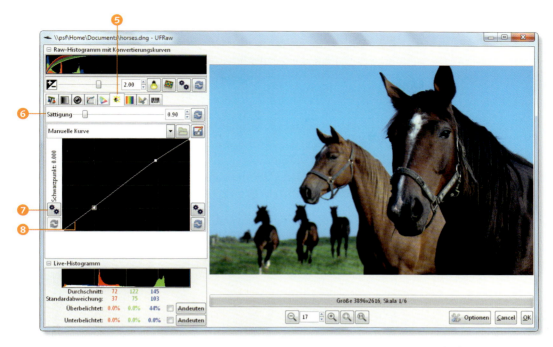

▲ Abbildung 33.32
Farben im Bild anpassen

6 Bild zuschneiden
Zum Schluss schneiden Sie bei Bedarf das Bild zu. Aktivieren Sie den Reiter SCHNEIDEN UND DREHEN 9. Gegebenenfalls müssen Sie das Schloss 10 von ASPEKTVERHÄLTNIS deaktivieren.

▲ Abbildung 33.33
Bild zuschneiden

711

7 Mit GIMP weiterbearbeiten

Klicken Sie auf die Schaltfläche OK im UFRaw-Fenster, wird das Bild in GIMP in einem neuen Bildfenster geöffnet. Allerdings müssen Sie das Bild hier noch selbst in einem von Ihnen gewünschten Format speichern.

Hatten Sie allerdings anfangs das Bild nicht über GIMP geöffnet, sichern Sie das Bild über die Schaltfläche SPEICHERN. Hierbei sollten Sie aber vorher noch die nötigen Einstellungen im Reiter SICHERN vornehmen. Alternativ geben Sie das Bild über die entsprechende Schaltfläche 1 an GIMP weiter.

▲ **Abbildung 33.34**
Die letzten beiden Schaltflächen werden nur angezeigt, wenn Sie das RAW-Bild nicht über GIMP geöffnet haben.

Abbildung 33.35 ▶
Das Bild nach der Behandlung mit UFRaw in einem GIMP-Bildfenster

Kapitel 34
Die DRI-Technik

GIMP selbst bietet keine eigenen Möglichkeiten an, um Techniken wie das Exposure Blending oder HDR (DRI) durchzuführen. In diesem Kapitel werden Sie aber erfahren, wie Sie mit GIMP das Exposure Blending mit ein paar Handgriffen selbst durchführen können. Und für echte HDR-Bilder will ich Ihnen die kostenlose Software »Luminance HDR« vorstellen, mit der HDR-Bilder zum Kinderspiel werden.

34.1 Was ist DRI?

DRI ist die Abkürzung für *Dynamic Range Increase*. Bei dieser Technik werden von ein und demselben Motiv mehrere Bilder mit unterschiedlicher Belichtung aufeinandergelegt und jeweils die überstrahlten bzw. überbelichteten Bereiche entfernt, bis zuletzt ein schön ausgeglichenes Bild übrig bleibt. Mit DRI lässt sich der Dynamikumfang der Aufnahmen verbessern. Derzeit werden für diese Technik zwei Methoden verwendet:

- **Exposure Blending**: Mit Hilfe von Ebenen und Masken werden verschiedene Belichtungen überblendet. Ebenen und Masken kennt auch GIMP, und somit lässt sich damit auch ohne größeren Aufwand ein *Exposure Blending* durchführen.
- **HDR** (*High Dynamic Range*): DRI und HDR werden gerne in einen Topf geworfen. Im Gegensatz zur Technik des *Exposure Blendings* reichen im HDR-Verfahren nicht mehr die 8 Bit pro Farbkanal aus. HDR-Bilder werden gewöhnlich mit 16 Bit pro Farbkanal oder mehr erzeugt. Natürlich bedeutet dies auch, dass HDR-Bilder einen noch höheren Dynamikumfang besitzen als Bilder, die mit Exposure Blending erstellt wurden. Um es kurz zu machen: GIMP beherrscht kein HDR, aber Sie werden in diesem Buch ein anderes Programm dafür kennenlernen.

> **DRI (HDR) aus der Kamera**
> Mittlerweile gehen immer mehr Kamerahersteller dazu über, HDR-Bilder (bzw. DRI-Bilder) direkt in der Kamera zu erzeugen. Künftig werden vermutlich solche Bilder nur noch aus der Kamera kommen. Aber bis dahin ist diese Technik noch vorwiegend eine Domäne der Computer.

34.2 Bilder für DRI erstellen

Wenn Sie eigene DRI-Bilder erstellen wollen, sind schon ein paar Vorkenntnisse dafür nötig. DRI-Bilder gehören bereits zur etwas höheren Kunst der Fotografie, die allerdings mit ein wenig Übung auch von Einsteigern zu meistern ist. Daher werde ich hier nochmals ein paar grundlegende Aspekte zum Erstellen von DRI-Bildern beschreiben.

Kamera mit manueller Belichtungszeit | Die Grundvoraussetzung, um überhaupt DRI-Bilder zu erstellen, ist eine Kamera, die Ihnen eine manuelle Einstellung der Belichtungszeit ermöglicht. Wie Sie eine solche manuelle Belichtung durchführen, hängt natürlich von Ihrer Kamera ab. Meistens müssen Sie hierfür den Modus der Kamera verändern. Halten Sie auf jeden Fall bei Bedarf die Anleitung für die Kamera bereit. Bei einigen Kameras müssen Sie dann für das Erstellen der Bilder den Auslöser so lange niederdrücken, wie Sie das Motiv belichten möchten. Andere Kameras bieten hierfür auch die Möglichkeit an, die Belichtungszeit manuell in der Kamera einzugeben oder gar eine ganze Belichtungsreihe zu erstellen.

Fester Standort mit Stativ | Um die Einzelaufnahmen später auch wirklich deckungsgleich übereinanderlegen zu können, dürfen Sie natürlich den Standort nicht mehr wechseln. Hilfreich ist hierbei vor allem ein Stativ für die Kamera.

Anzahl der Bilder | Wie viele Bilder Sie erstellen, hängt vom Motiv, vom Umgebungslicht und natürlich auch von der persönlichen Erfahrung ab. Minimal würde ich Ihnen drei Bilder empfehlen – mindestens ein unterbelichtetes, ein normal und ein überbelichtetes Bild. Je mehr Aufnahmen Sie haben, desto besser kann das Ergebnis werden und desto mehr Möglichkeiten stehen Ihnen bei der Montage in GIMP später zur Verfügung.

Auch für die Belichtungszeiten gibt es keine festen Regeln. Sie hängen natürlich vom Umgebungslicht ab. Bei Aufnahmen in der Nacht werden Sie mehrere Bilder mit längerer Belichtungszeit benötigen als bei Aufnahmen nur mit dunklen Schatten am Tage. Hierbei können Sie Belichtungszeiten von $1/16$, 1, 3, 5, 10, 20, 30 bis 60 Sekunden verwenden. Erstellen Sie sicherheitshalber lieber mehr Aufnahmen mit unterschiedlichen Belichtungszeiten, als umsonst Arbeit und Zeit zu investieren. Glücklicherweise kann man die Ergebnisse schon an Ort und Stelle in der Kamera recht gut beurteilen.

HDR nicht darstellbar

Auf herkömmlichen Ausgabegeräten wie Monitor und Drucker lassen Sie echte HDR-Bilder übrigens gar nicht darstellen, sondern müssen in LDR-Bilder (LDR = *Low Dynamic Range*) umgewandelt werden. Es gibt zwar schon seit Längerem Prototypen von Geräten für die HDR-Ausgabe, aber die meisten dieser Geräte kommen bisher nur im Digitalkinobereich zum Einsatz. Bei diesem Vorgang, der auch als **Tone Mapping** bekannt ist, werden die Helligkeitskontraste im Bild verringert.

Buch-Tipp

Themen wie HDR können in einem Software-Handbuch wie diesem gar nicht so umfassend behandelt werden, wie das vielleicht nötig ist. Wenn Sie mehr als nur in die HDR-Welt hineinschnuppern wollen, empfehle ich Ihnen das Buch »HDR-Fotografie« von Jürgen Held, das ebenfalls bei Rheinwerk Design erschienen ist.

DRI mit nur einer Aufnahme | Bei Bildern im Rohformat (RAW) können Sie ein DRI-Bild auch aus nur einer Aufnahme erstellen. Hierzu müssen Sie lediglich mehrmals dasselbe Bild mit Ihrem RAW-Programm (hier beispielsweise UFRaw) öffnen und das Bild mit unterschiedlichen Belichtungseinstellungen (siehe Seite 692, »Belichtungskorrektur«) in verschiedenen Bilddateien speichern. Am Ende haben Sie mehrere Bilder in unterschiedlichen Helligkeits- bzw. Belichtungsstufen.

Natürlich erhalten Sie auf diese Weise nicht so gute Ergebnisse wie mit echten unterschiedlich belichteten Aufnahmen, aber das Ergebnis kann sich nach wie vor sehen lassen. Und bei **bewegten Aufnahmen** bleibt einem häufig gar nichts anderes übrig. Das haben übrigens auch die professionellen Hersteller von HDR-Software erkannt und bieten mittlerweile Funktionen an, um aus einzelnen Aufnahmen fertige DRI-Bilder zu erstellen. Sie ersparen sich somit den Zwischenschritt mit den RAW-Programmen.

Kameraeinstellungen | Auch die Kameraeinstellung hängt von dem Motiv und dem Umgebungslicht ab. Für eine bessere Schärfentiefe würde sich beispielsweise eine **höhere Blendenzahl** empfehlen. Können Sie an einem Ort nicht lange genug für längere Belichtungszeiten stehen bleiben, können Sie auch die **ISO-Zahl erhöhen**. Allerdings nimmt das Bildrauschen mit höheren ISO-Werten zu. Besonders wichtig ist auch, dass Sie, wenn Sie das Bild erst einmal scharf gestellt haben, den **Autofokus deaktivieren**, damit immer dieselben Bedingungen vorhanden sind.

> **Nur für Exposure Blending**
> DRI mit nur einer Aufnahme eignet sich allerdings nur für das manuelle Exposure Blending.

▲ **Abbildung 34.1**
Mit unterschiedlichen Belichtungseinstellungen können Sie auch aus nur einer Aufnahme DRI-Bilder erstellen (hier der Regler ❶ der Belichtungskorrektur von UFRaw).

34.3 DRI-Techniken in der Praxis

Sie werden nun sehen, wie Sie selbst am Computer die DRI-Techniken wie Exposure Blending und HDR durchführen können. Exposure Blending ist noch manuell mit GIMP möglich. Für das echte HDR müssen Sie allerdings auf externe Programme zurückgreifen. Im Buch wird hierfür das kostenlose *Luminance HDR* (bekannter unter seinem alten Namen *Qtpfsgui*) verwendet.

Exposure Blending mit GIMP

Die vier gleich folgenden Bilder wurden aus einem Bild mit vier unterschiedlichen Belichtungen erstellt. Genauso gehen Sie selbstverständlich auch vor, wenn Sie Bilder mit unterschiedlichen Belichtungszeiten erstellt haben. Der Workshop zeigt das grundlegende Prinzip, wie Sie Exposure Blending manuell durchführen.

dri01.jpg, dri02.jpg, dri03.jpg, dri04.jpg

Schritt für Schritt
Ein einfaches Exposure Blending erstellen

1 Bilder übereinanderlegen

Öffnen Sie zuerst die Bilder so, dass diese übereinander als Stapel im EBENEN-Dialog (anzeigen mit [Strg]/[Ctrl]+[L]) liegen. Am schnellsten erledigen Sie dies, indem Sie alle Bilder über DATEI • ALS EBENE ÖFFNEN auswählen.

Die Reihenfolge der Bilder ist sehr wichtig; sie sollte unten anfangen mit dem Bild mit der kürzesten Belichtungszeit ❷ (gewöhnlich das dunkelste Bild) und nach oben aufsteigen bis zum Bild mit der längsten Belichtungszeit ❶ (das hellste Bild).

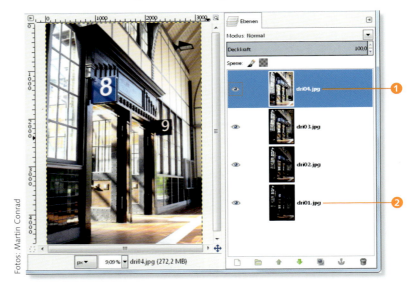

▲ Abbildung 34.2
Die richtige Reihenfolge der unterschiedlich belichteten Bilder ist von enormer Bedeutung.

2 Alphakanal hinzufügen

Abgesehen von der untersten Ebene, sollten Sie jetzt bei allen anderen Ebenen einen Alphakanal hinzufügen. Klicken Sie dazu jeweils die Ebene mit der rechten Maustaste an, und wählen Sie im Kontextmenü ALPHAKANAL HINZUFÜGEN ❸ aus. Am Ende sollten die obersten (drei) Ebenen einen Alphakanal besitzen. Sie erkennen dies daran, dass die Schrift des Ebenennamens nicht mehr fett hervorgehoben ist.

34.3 DRI-Techniken in der Praxis

◂ **Abbildung 34.3**
Abgesehen von der untersten Ebene wird bei allen darüberliegenden Ebenen ein Alphakanal hinzugefügt.

3 Überstrahlte Bereiche auswählen

Aktivieren Sie das Werkzeug NACH FARBE AUSWÄHLEN. Setzen Sie bei den Werkzeugeinstellungen vor allen Optionen **außer** VEREINIGUNG PRÜFEN ein Häkchen. Stellen Sie den Wert von RADIUS ❺ auf 11 und von SCHWELLWERT ❻ auf 135. Wählen Sie jetzt die oberste Ebene ❽ im EBENEN-Dialog aus, und klicken Sie mit dem Werkzeug auf den hellsten Punkt ❹ im Bild. Es empfiehlt sich, außerdem die Auswahlmaske über die kleine Schaltfläche (oder mit ⇧+Q) im Bildfenster links unten ❼ zu aktivieren, um die Auswahl besser zu erkennen.

▾ **Abbildung 34.4**
Die Auswahl der überstrahlten Lichter in der obersten Ebene

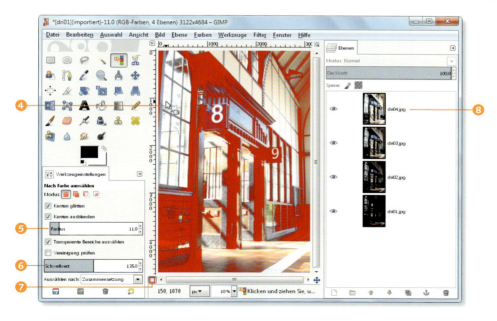

▲ **Abbildung 34.5**
Ebenenmaske zu Auswahl hinzufügen

4 Ebenenmaske hinzufügen

Schalten Sie die rote Auswahlmaske mit ⇧+Q wieder aus, und klicken Sie mit der rechten Maustaste auf die oberste Ebene im EBENEN-Dialog, wo Sie auch gerade die Auswahl erstellt haben. Wählen Sie im sich öffnenden Kontextmenü EBENENMASKE HINZUFÜGEN aus. Im erscheinenden Dialog wählen Sie jetzt die Radioschaltfläche AUSWAHL ❶ aus und setzen bei MASKE INVERTIEREN ❷ ein Häkchen. Bestätigen Sie den Dialog mit der Schaltfläche HINZUFÜGEN.

5 Zwischenanalyse

Mit dem Schritt zuvor haben Sie in der obersten Ebene den hellsten Bereich ausgewählt und entfernt. Entfernen Sie zum besseren Verständnis bis auf die oberste Ebene alle Augensymbole vor den Ebenen, dann können Sie den entfernten Bereich deutlicher erkennen. Nach dem Prinzip, die überstrahlten Bereiche zu entfernen, fahren wir jetzt Ebene für Ebene fort, nur mit geringeren Werten bei den Werkzeugeinstellungen des Werkzeugs NACH FARBE AUSWÄHLEN.

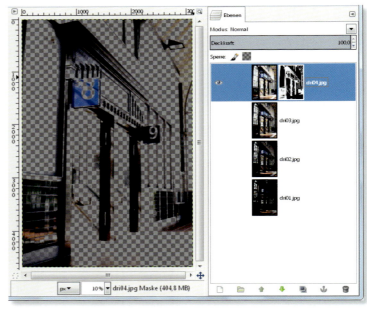

Abbildung 34.6 ▶
Die oberste Ebene nach dem Entfernen der überstrahlten Lichter

6 Weitere Ebenen bearbeiten

Wiederholen Sie die Arbeitsschritte 3 und 4 mit den nächsten beiden Ebenen. Verändern Sie allerdings die Werte der Werkzeugeinstellungen des Werkzeugs NACH FARBE AUSWÄHLEN. Stellen Sie bei der zweiten Ebene den Wert von RADIUS auf 10 und von SCHWELLWERT auf 90. Bei der dritten Ebene von oben verwenden Sie hingegen nur noch den Wert 9 für RADIUS, und den SCHWELLWERT reduzieren Sie auf 45. Am Ende besitzen die drei obersten Ebenen jeweils eine Ebenenmaske, bei der die überstrahlten Lichter entfernt wurden. Die einzigen Lichter, die jetzt noch angezeigt werden, liegen auf der untersten Ebene.

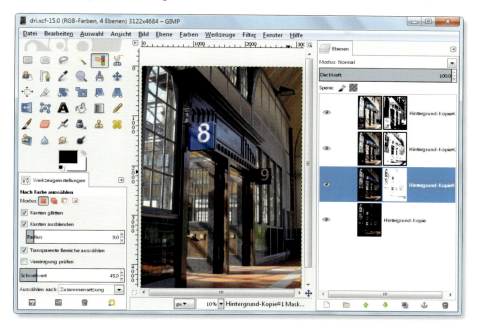

▼ **Abbildung 34.7**
Alle überstrahlten Lichter wurden entfernt.

7 Ebenen zusammenfügen

Am Ende brauchen Sie nur noch eine der Ebenen im EBENEN-Dialog mit der rechten Maustaste anzuklicken und im Kontextmenü SICHTBARE EBENEN VEREINEN auszuwählen. Den folgenden Dialog bestätigen Sie mit der Option NACH BEDARF ERWEITERT ❸ und mit der Schaltfläche VEREINEN ❹. Im EBENEN-Dialog finden Sie jetzt nur noch eine Ebene, das fertige DRI-Bild, vor.

◀ **Abbildung 34.8**
Ebenen zu einem Bild zusammenfügen

8 Analyse

Wenn Sie mit dem Ergebnis nicht zufrieden sind, können Sie jederzeit andere Werte für RADIUS und/oder SCHWELLWERT bei den Werkzeugeinstellungen des Werkzeugs NACH FARBE AUSWÄHLEN ausprobieren. Durch das Entfernen der überstrahlten Bereiche, von den helleren bis zu den dunkleren Bildern, erhalten Sie als Ergebnis ein Bild mit einem höheren Dynamikumfang, als dies mit normalen Mitteln möglich gewesen wäre.

▲ **Abbildung 34.9**
Drei verschiedene Beispiele, bei denen jeweils ein etwas anderer Wert für die Werkzeugeinstellungen RADIUS und SCHWELLWERT beim Werkzeug NACH FARBE AUSWÄHLEN verwendet wurde.

▲ **Abbildung 34.10**
Im linken Bild sehen Sie das Originalbild bei normaler Beleuchtung. Rechts wurde aus diesem Bild mit unterschiedlichen Belichtungen ein DRI-Bild generiert. Ohne die DRI-Technik wäre im Bild entweder das Dunkel ins Schwarz verschwunden oder das Weiß extrem überstrahlt. Mit der DRI-Technik können Sie sowohl die Tiefen als auch die Lichter hervorholen.

HDR mit »Luminance HDR«

Leider bietet GIMP noch keine echte HDR-Unterstützung an, weshalb Sie dafür auf eine andere Software umsteigen müssen. Ich kann Ihnen hierfür das kostenlose *Luminance HDR*, ehemals *Qtpfsgui*, von der Webseite *http://qtpfsgui.sourceforge.net* empfehlen. Die Software liefert mittlerweile sehr gute HDR-Ergebnisse. Auch bei der folgenden Schritt-für-Schritt-Anleitung wird natürlich nur wieder die grundlegende Verwendung der Software demonstriert. Das Programm Luminance HDR ist durchaus in der Lage, viele manuelle Arbeiten zu erledigen, und bietet auch viele versteckte Optionen an. Diese allerdings hier ausführlich zu beschreiben, würde den Rahmen des Buches sprengen. Hier möchte ich Sie zum Experimentieren ermutigen.

1ultrashort.jpg, 2extrashort.jpg, 3short.jpg, 4normal.jpg, 5long.jpg, 6extralong.jpg, 7extreamlong.jpg, 8ultralong.jpg

Schritt für Schritt
HDR-Bilder erstellen

1 Neues HDR-Bild erstellen

Wenn Sie die Software korrekt installiert haben, können Sie diese auch gleich starten. Klicken Sie als Erstes auf die Schaltfläche Neues HDR-Bild ❶. Das Schöne an der Software ist, dass sie neben RAW-Dateien auch JPEG- und TIFF-Dateien mit 8 oder 16 Bit Farbtiefe unterstützt.

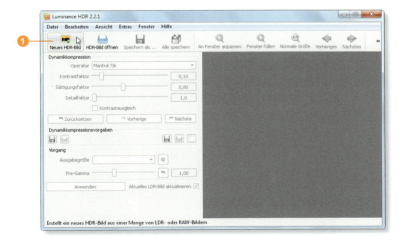

◀ **Abbildung 34.11**
Die Benutzeroberfläche von Luminance HDR

2 Bilder laden

Im nächsten Dialog öffnen Sie die Bilder über die Schaltfläche Bilder laden ❷ (Abbildung 34.12). Im Dateiauswahl-Dialog können Sie mit gehaltener ⌈Strg⌉/⌈⌘⌉-Taste auch gleich mehrere Bilder auf einmal öffnen. Wenn die Software die Exif-Daten nicht lesen kann, müssen Sie gegebenenfalls die Lichtwerte für das jeweilige Bild über den entsprechenden Regler ❸ manuell setzen. Klicken Sie auf die Schaltfläche WEITER.

Abbildung 34.12 ▶
Bilder für die HDR-Erstellung auswählen

❸ Einzelne Bilder ausrichten

Im nächsten Fenster können Sie Einstellungen zu den einzelnen Bildern vornehmen. Leicht versetzte Bilder können Sie hier beispielsweise ausrichten. Bei einer guten Belichtungsreihe sollten hier allerdings keine Einstellungen mehr nötig sein. Klicken Sie auf die Schaltfläche WEITER.

Abbildung 34.13 ▼
Letzte Einstellungen für die einzelnen Bilder

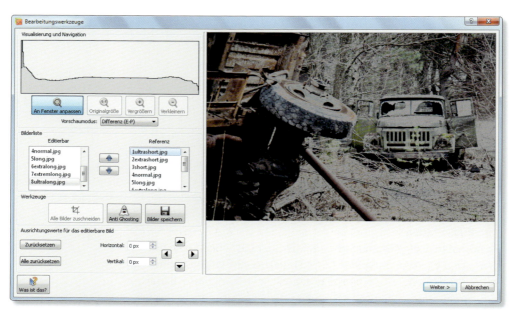

4 Profil auswählen

Im nächsten Fenster können Sie über die Dropdown-Liste ❹ ein vorgefertigtes Profil zur HDR-Erstellung auswählen. In der Praxis erzielen Sie mit PROFIL 1 die besten Ergebnisse. Aber lassen Sie sich nicht davon abhalten, das selbst auszuprobieren. Klicken Sie jetzt auf die Schaltfläche FERTIGSTELLEN, beginnt die Berechnung des HDR-Bildes. Dies kann, abhängig von der Rechenleistung, etwas Zeit in Anspruch nehmen.

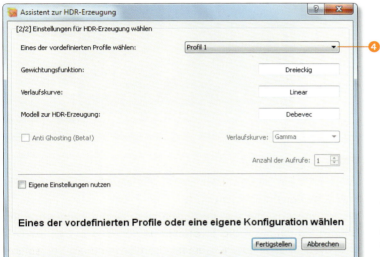

◄ **Abbildung 34.14**
Hier bestimmen Sie mit verschiedenen vorgefertigten Profilen, wie das HDR-Bild berechnet werden soll.

5 Tone Mapping durchführen

Um aus dem HDR-Bild jetzt ein für den Monitor darstellbares LDR-Bild zu machen, müssen Sie das sogenannte Tone Mapping durchführen. Die Einstellung dazu finden Sie auf der linken Bildfensterseite unter DYNAMIKKOMPRESSION ❺. Hier können Sie über die Dropdown-Liste OPERATOR ❻ aus einer Vielzahl von Tone-Mapping-Algorithmen auswählen, die das fertige LDR-Bild berechnen. Unterhalb davon finden Sie die verschiedenen Einstellmöglichkeiten für das ausgewählte Tone-Mapping-Verfahren. Auf die einzelnen Einstellungen der verschiedenen Tone-Mapping-Verfahren einzugehen, würde hier wohl den Rahmen sprengen. Hier empfiehlt es sich, selbst damit zu experimentieren.

Über PRE GAMMA ❾ können Sie den Gammawert noch vor der Farbabbildung ändern. Wollen Sie die einzelnen Tone-Mapping-Verfahren testen, klicken Sie einfach die Schaltfläche ANWENDEN ❿ an, und es wird ein Vorschaubild in der Größe erstellt, die Sie mit AUSGABEGRÖSSE ❽ eingestellt haben.

Einstellungen zurücksetzen
Über die Schaltfläche ZURÜCKSETZEN ❼ unterhalb der Einstellungen können Sie die Standardwerte für das verwendete Tone-Mapping-Verfahren wiederherstellen.

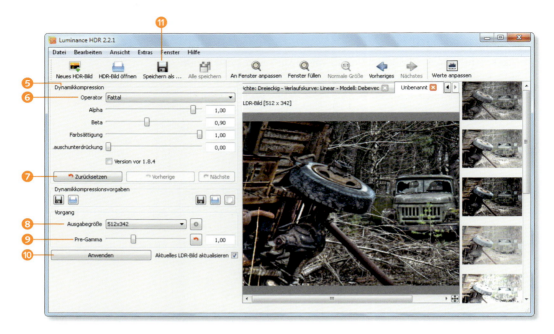

Abbildung 34.15 ▲
Erzeugen Sie verschiedene Tone-Mapping-Verfahren nur als Vorschau, um sie so miteinander zu vergleichen.

6   Bild speichern

Wollen Sie ein Bild in maximaler Größe erzeugen und anschließend das Ergebnis speichern, wählen Sie bei Ausgabegrösse ❽ die maximale Größe aus, und bestätigen Sie mit Anwenden ❿. Klicken Sie dann auf die Schaltfläche Speichern als ⓫, und sichern Sie im Dateiauswahl-Dialog das Bild in einem Verzeichnis Ihrer Wahl als LDR-Bild (beispielsweise im JPEG-Dateiformat mit »*.jpg«).

▲ **Abbildung 34.16**
Beispiel eines aus einem HDR-Bild generierten LDR-Bildes. Im linken Bild wurde das Tone-Mapping-Verfahren Mantiuk und im rechten Bild Fattal verwendet.

Andere Software für HDR | Wenn Ihnen die grundlegenden HDR-Funktionen von Luminance HDR nicht ausreichen oder gefallen oder wenn Sie sich wirklich ernsthaft mit HDR-Bildern befassen wollen, können Sie sich auch nach anderer kommerzieller oder kostenloser Software hierfür umsehen. Folgende Programme für HDR-Fotos können Sie sich einmal ansehen und testen:

- **Photomatix**: Diese Software ist eigentlich der Klassiker schlechthin für die Erstellung von HDR-Fotos. Photomatix bietet auch an, ein HDR-Bild aus nur einem RAW-Foto zu machen. Allerdings ist diese Software nur für Windows-Anwender (32 und 64 Bit) und Mac OS X-Nutzer (ebenfalls 32 und 64 Bit) erhältlich. Linux-Freunde bleiben leider außen vor. Eine Lizenz gibt es bereits für ca. 70 €. Sie können die Software auch kostenlos testen. Hierbei wird allerdings dann ein Wasserzeichen in das Bild eingefügt (Bezugsquelle: *http://www.hdrsoft.com/de*).
- **FDRTools**: Diese Software ist gerade zu erschlagend in puncto Funktionsvielfalt. Wenn Sie an jedem möglichen Rädchen und jedem Bildchen drehen wollen, sind Sie hier richtig. Das Programm ist ohne weitere Plugins derzeit für 39 € zu haben (Bezugsquelle: *http://www.fdrtools.com*).
- **Picturenaut**: Die Software ist kostenlos, bietet aber nicht so viele Einstellmöglichkeiten. Wem Luminance HDR mit seinen Funktionen zu überladen ist und wer kein Geld für eine HDR-Software ausgeben will, der sollte sich vielleicht diese Software ansehen. Picturenaut bietet außerdem erweiterte Plugins an, mit denen Sie die Software um zahlreiche Funktionen wie Motion-Blur und verschiedene Tone-Mapping-Algorithmen erweitern können (Bezugsquelle: *http://www.picturenaut.de*).
- **Traumflieger – DRI-Tool**: Sind Ihnen alle HDR-Tools zu komplex und zu umfangreich, dann sollten Sie diese Software ins Auge fassen. Damit können Sie mit ein paar Mausklicks ein HDR-Bild erstellen (Bezugsquelle: *http://www.traumflieger.de/desktop/DRI/dri_tool2.php*).

Teil XII
Filter, Effekte und Tricks

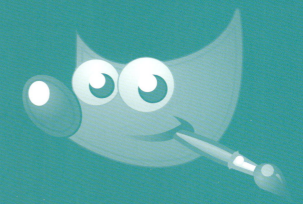

Kapitel 35
Die Filter von GIMP

GIMP bietet standardmäßig eine tolle Sammlung an Filtern über das gleichnamige Menü »Filter« an. Viele davon haben Sie bereits in dem einen oder anderen Abschnitt dieses Buches verwendet und etwas näher kennengelernt. In diesem Kapitel geht es nicht darum, Ihnen jeden einzelnen Filter mit seinen Einstellmöglichkeiten zu beschreiben. Das würde den Rahmen des Buches sprengen. Auf umfassende Erläuterungen wurde also verzichtet. Alle Filter werden anhand des Bildbeispiels, eines Clowns, demonstriert. Damit es nicht zu einseitig wird, wird später dazu noch ein Bild mit einem Schmetterling verwendet.

▲ Abbildung 35.1
Das erste Bild für die Demonstration der Filter …

▲ Abbildung 35.2
… und das zweite

Hinweise zu den Filtern | Bei der Verwendung der Filter müssen Sie einige Dinge beachten:

▶ Die Filter haben nur eine Auswirkung auf die aktiven Bildbereiche, wie etwa die aktive sichtbare Ebene oder eine Auswahl in der aktiven Ebene.

▶ Fast alle Filter lassen sich nur bei echten RGB-Bildern verwenden (BILD • MODUS • RGB). Einige Filter lassen sich auch mit Graustufenbildern einsetzen, nur wenige hingegen bei Bildern mit indizierten Farben.

Nachschub

Noch mehr Filter und Skript-Fu-Programme können Sie sich von der Webseite *http://registry.gimp.org* herunterladen. Die Sammlung dort ist mittlerweile enorm umfangreich. Wie Sie diese Plugins dann installieren können, lesen Sie in Teil XIV des Buches.

Clown.jpg,
Tagpfauenauge.jpg

▲ **Abbildung 35.3**
Die ersten vier Einträge im Menü FILTER sind spezielle Befehle.

Plugins im Filtermenü?

Abgesehen von den ersten vier Einträgen sind alle Kommandos im Menü FILTER über Plugins realisiert. GIMP beschränkt allerdings Plugins nicht auf das Filtermenü. Hinter vielen anderen Befehlen von GIMP verbergen sich häufig auch wieder Plugins, die also nicht zwangsläufig im Menü FILTER platziert sind. Ebenso kann dies bei Plugins der Fall sein, die Sie nachinstallieren. Diese müssen sich nach der Installation auch nicht zwangsläufig im Menü FILTER befinden.

▶ Den zuletzt verwendeten Filter können Sie mit der Tastenkombination ⌊Strg⌋/⌊Ctrl⌋+⌊F⌋ mit denselben Einstellungen erneut ausführen, ohne den entsprechenden Dialog dazu aufzurufen. Mit der Tastenkombination ⌊Strg⌋/⌊Ctrl⌋+⌊⇧⌋+⌊F⌋ hingegen lassen Sie den zuletzt verwendeten Filter erneut anzeigen. Dies ist sinnvoll, wenn Sie den Filter erneut, aber mit anderen Werten verwenden wollen. Beide Funktionen erreichen Sie auch über die ersten beiden Menüeinträge von FILTER. Über das Untermenü FILTER • ZULETZT GEÖFFNET können Sie aus einer Liste einen Filter auswählen, der zuletzt geöffnet war. Mit FILTER • ALLE FILTER ZURÜCKSETZEN setzen Sie die Filter auf ihre Standardeinstellung zurück.

Filtervorschau | Viele Filter bieten eine Vorschau innerhalb des Dialogfensters an, über die Sie sehen, wie sich die Einstellungen auf das Bild auswirken würden, ohne diese Werte direkt auf das tatsächliche Bild anzuwenden.

▲ **Abbildung 35.4**
Über einen rechten Mausklick in der Vorschau öffnet sich ein Kontextmenü, mit dem Sie einstellen können, wie die transparenten Bereiche in der Vorschau angezeigt werden sollen. Änderungen wirken sich hierbei allerdings nur auf die aktuelle Vorschau des Filters aus.

35.1 Weichzeichnen

Mit den Weichzeichnenfiltern aus dem Menü FILTER • WEICHZEICHNEN setzen Sie die Schärfe des Bildes anhand verschiedener mathematischer Berechnungen herab. Da das Weichzeichnen eine häufig verwendete Routine in der digitalen Bildbearbeitung ist, wurden diese Filter bereits ausführlich in Kapitel 13, »Bilder weichzeichnen«, beschrieben.

▲ **Abbildung 35.5**
Verschiedene Filter zum Weichzeichnen

35.2 Verbessern

Im Untermenü FILTER • VERBESSERN finden Sie alle Filter, die zur Verbesserung von Bildern beitragen. Dabei handelt es sich um Filter zur Behebung von kleineren Bildfehlern wie Staub, Bildrauschen oder Streifen. Diese Filter wurden bereits zum größten Teil in Kapitel 25, »Bildstörungen beheben und hinzufügen«, behandelt. Auch die Filter zum Schärfen wie SCHÄRFEN und UNSCHARF MASKIEREN wurden bereits in Kapitel 12, »Bilder schärfen«, beschrieben.

▲ **Abbildung 35.6**
Verschiedene Filter zum Beheben von Bildstörungen und zu geringer Schärfe finden Sie in der Kategorie VERBESSERN.

Schritt für Schritt
Rote Augen entfernen

Einen Klassiker wollen wir hier natürlich nicht übersehen. Auch wenn sich viele Kamerahersteller um das Problem schon beim Fotografieren kümmern, tritt er immer wieder auf – die Rede ist vom Rote-Augen-Effekt, der sich bei Aufnahmen mit Blitzlicht einstellen kann.

roteAugen.jpg

1 **Auswahl um die roten Augen**
Verwenden Sie das Werkzeug ELLIPTISCHE AUSWAHL (E). Stellen Sie den MODUS gleich auf ZUR AKTUELLEN AUSWAHL HINZUFÜGEN ❷, damit Sie beide Augen in einer gemeinsamen Auswahl erfassen können. Ziehen Sie nacheinander um jedes der beiden roten Augen ❶ eine grobe elliptische Auswahl auf.

◄ **Abbildung 35.7**
Rote Augen auswählen

2 Rote Augen entfernen

Rufen Sie FILTER • VERBESSERN • ROTE AUGEN ENTFERNEN auf. In der Vorschau ❶ erkennen Sie, wie stark der Filter auf die roten Augen wirkt. Mit dem Regler SCHWELLWERT ❷ steuern Sie diese Wirkung. Je höher der Wert, desto stärker wird der Filter angewendet. Im Beispiel wurde dieser Wert auf 75 gestellt. Bestätigen Sie den Dialog mit OK, und die roten Augen sollten entfernt sein.

Abbildung 35.8 ▲▶
Die roten Augen entfernen

35.3 Verzerren

Mit diesen Filtern verzerren Sie ein Bild auf unterschiedliche Art und Weise.

▲ **Abbildung 35.9**
Mit dem Filter DREHEN UND DRÜCKEN können Sie das Bild auf konzentrische Weise unterschiedlich stark drehen und/oder drücken.

▲ **Abbildung 35.10**
Mit EINROLLEN legen Sie an einer beliebigen Ecke ein Eselsohr auf einer neuen Ebene an. Neben der Orientierung können Sie hiermit auch die Deckkraft der Ecke und Farbe einstellen.

35.3 Verzerren

▲ **Abbildung 35.11**
Mit GRAVUR erstellen Sie ein Bild mit einem Gravureffekt mit horizontalen schwarzen Balken auf weißen Streifen. Der Effekt soll alte Buchillustrationen simulieren. Für die Verwendung des Filters müssen Sie zur aktiven Ebene einen Alphakanal hinzufügen.

▲ **Abbildung 35.12**
Mit dem Filter IWARP können Sie sowohl lustige als auch ernste Effekte erzielen, indem Sie einzelne Bildbereiche mit der Maus deformieren. Zusätzlich können Sie von der Deformation auch eine Animation erstellen. Der Filter wurde auf Seite 506 umfassender behandelt.

▲ **Abbildung 35.13**
Mit JALOUSIE fügen Sie horizontale oder vertikale Streifen wie bei einer Jalousie hinzu. Hat das Bild einen Alphakanal, können Sie auch Transparenz hinzufügen.

▲ **Abbildung 35.14**
Mit LUPENEFFEKT ANWENDEN lassen Sie eine Auswahl oder Ebene erscheinen, als würden Sie sie durch eine Lupe betrachten.

▲ **Abbildung 35.15**
Mit dem Filter JEDE ZWEITE ZEILE LÖSCHEN können Sie jede zweite Zeile oder Spalte löschen und nach Wunsch auch mit der aktiven Hintergrundfarbe füllen. Hat die Ebene einen Alphakanal, werden die gelöschten Zeilen oder Spalten transparent.

▲ **Abbildung 35.16**
Mit MOSAIK wird die aktuelle Ebene oder Auswahl in Vielecke zerschnitten, leicht erhöht und beleuchtet, so dass der Eindruck entsteht, dass Bild wäre aus mehreren Mosaikteilchen zusammengeklebt worden. Der Effekt lässt sich mit vielen Einstellungen steuern.

▲ **Abbildung 35.17**
Der Filter OBJEKTIVFEHLER wird gewöhnlich verwendet, um typische Verzerrungen zu erstellen oder zu korrigieren, die durch Objektivfehler auftreten. Neben ernsthaften Korrekturen ist dieser Filter natürlich auch für kreative Zwecke nützlich. Umfassende Informationen zu diesem Filter finden Sie in Abschnitt 21.3, »Objektivfehler korrigieren«.

▲ **Abbildung 35.18**
Mit dem Filter POLARKOORDINATEN erzeugen Sie rechteckige oder runde Ansichten des Bildes in verschiedenen Variationen. Auch Text können Sie hiermit verbiegen.

▲ **Abbildung 35.19**
RELIEF erstellt ein Relief mit unterschiedlichen Höhen und Tiefen. Es entsteht außerdem der Eindruck, als würde Licht auf das Relief fallen.

▲ **Abbildung 35.20**
Mit dem Filter VERBIEGEN verformen Sie die aktuelle Auswahl oder Ebene anhand einer Kurve.

▲ **Abbildung 35.21**
Mit VERSCHIEBEN verrücken Sie alle Zeilen oder Spalten horizontal oder vertikal um einen bestimmten Betrag.

▲ **Abbildung 35.22**
Mit VIDEO wird das Bild gerastert, als wäre es von einem Bildschirm abfotografiert worden. Hierbei werden verschiedene rote, grüne und blaue Bereiche in auswählbaren Formen hinzugefügt. Damit der Effekt auch im Buch zu erkennen ist, wurde der Bildausschnitt vergrößert.

35.3 Verzerren

▲ **Abbildung 35.23**
Mit WELLEN erstellen Sie eine Wasseroberfläche über dem Bild, die aussieht, als würde etwas hineingeworfen.

▲ **Abbildung 35.24**
Der Filter WERT PROPAGIEREN verteilt die Pixel, abhängig vom Nachbarpixel, in eine bestimmte Richtung. Damit werden die Farbkanten verändert. In der Abbildung wurde dieser Effekt mehrmals hintereinander durchgeführt, wodurch das Bild einen gemalten Effekt erhalten hat.

▲ **Abbildung 35.25**
WIND zeichnet eine Bewegungsunschärfe in eine Richtung in das Bild, indem weiße und schwarze Linien an den Kanten des Bildes gezeichnet werden. Die Stärke lässt sich hierbei regeln.

▲ **Abbildung 35.26**
Mit ZACKEN fügen Sie eine zackige oder wellenförmige Verzerrung in der Ebene oder Auswahl hinzu.

◄ **Abbildung 35.27**
Mit ZEITUNGSDRUCK erzeugen Sie eine Rasterung des Bildes wie beim Zeitungsdruck. Dabei wird die Auflösung des Bildes für eine bessere Darstellung eines Zeitungsdrucks ersetzt, indem unter anderem einzelne Farbinformationen verworfen werden. Im Beispielbild wurde dieser Effekt etwas übertrieben verwendet, damit Sie die Rasterung im Buch auch erkennen können.

735

35.4 Licht und Schatten

Im Untermenü FILTER • LICHT UND SCHATTEN finden Sie verschiedene Filter, um Beleuchtungseffekte, Schatten oder Glaseffekte einer Ebene oder Auswahl hinzuzufügen.

▲ **Abbildung 35.28**
Mit dem Filter GLITZERN bringen Sie an den hellsten Stellen im Bild kleine Sterne an. Wollen Sie hierbei gezielt ein Glitzern hinzufügen, malen Sie einfach vor der Anwendung des Filters mit weißer Farbe kleine Punkte an den Stellen in das Bild, wo das Glitzern erscheinen soll.

▲ **Abbildung 35.29**
Mit LICHTEFFEKTE erzeugen Sie einen Effekt, als würden Sie mit einem Scheinwerfer auf das Bild leuchten.

▲ **Abbildung 35.30**
LINSENREFLEX fügt einem Bild an einer ausgewählten Position einen Lichtreflex hinzu.

▲ **Abbildung 35.31**
Mit SUPERNOVA fügen Sie einen großen Stern, eine Supernova, in beliebiger Farbe in das Bild ein. Für den Effekt in der Abbildung wurden mehrere Ebenen dupliziert und unterschiedliche Ebenenmodi verwendet.

35.4 Licht und Schatten

▲ Abbildung 35.32
Mit VERLAUFSAUFHELLUNG bringen Sie den sogenannten »Gradient Flare«-Effekt auf ein Bild auf. Der Filter bietet verschiedene Lichtflecken zur Auswahl an. Auch die Stärke und der Umfang lassen sich regeln.

▲ Abbildung 35.33
Mit dem Filter PERSPEKTIVE versehen Sie eine Ebene oder Auswahl mit einem perspektivischen Schatten. Sie können hierbei Länge, Farbe und Winkel des Schattens auswählen. Gegebenenfalls müssen Sie das Bild vergrößern, um den Schatten sichtbar zu machen. Der Filter übernimmt das leider nicht für Sie, wie dies beispielsweise beim Filter SCHLAGSCHATTEN der Fall ist.

▲ Abbildung 35.34
Mit SCHLAGSCHATTEN fügen Sie einer Ebene oder Auswahl einen Schatten mit einer gewünschten Farbe, Position, Deckkraft und Weichheit hinzu. Auf Wunsch lassen Sie bei Bedarf auch eine Größenänderung zu. Der Schattenhintergrund ist transparent.

▲ Abbildung 35.35
Mit XACH-EFFEKT wird eine Art 3D-Effekt zu einer Ebene oder Auswahl hinzugefügt. Das Ergebnis sieht so aus, als läge ein transparentes 3D-Objekt auf dem Bild. Im Grunde ist dieser Filter eine Erweiterung von SCHLAGSCHATTEN, der neben Glanzlichtern an den Seiten eine teilweise transparente Ebene hinzufügt. Im Beispiel wurde der Filter auf eine rechteckige Auswahl im Bild angewendet.

35.5 Rauschen

Über FILTER • RAUSCHEN können Sie einem Bild gezielt Rauscheffekte hinzufügen, womit ein Effekt simuliert wird, als sei das Bild mit einem hochempfindlichen Film aufgenommen worden. Auch für kreative Zwecke sind diese Rauschfilter natürlich geeignet. Diese Filter wurden bereits in Abschnitt 25.4, »Bildstörungen hinzufügen«, behandelt.

Tipp
Duplizieren Sie eine Ebene, und wenden Sie auf das Duplikat einen der Filter im Untermenü KANTEN FINDEN an. Wenn Sie dann den MODUS der Ebene verändern, lassen sich durchaus interessante Effekte erzielen. Mit einigen Kantenerkennungsfiltern lassen sich hiermit sogar die Schärfe oder der Kontrast im Bild verbessern.

35.6 Kanten finden

Über das Untermenü FILTER • KANTEN FINDEN erreichen Sie sogenannte Kantenerkennungsfilter, mit denen Sie Umrisse von Objekten und Bildern ermitteln. Mit Hilfe von Ebenenüberlagerungen können Sie hiermit unter anderem interessante Effekte gestalten oder auch einfach nur die Farbumgebung oder Bildschärfe verbessern.

▲ **Abbildung 35.36**
Mit DIFFERENZ DER NORMALVERTEILUNG wird der GAUSSSCHE WEICHZEICHNER mit zwei verschiedenen Stärken (Radien) auf die Ebene oder Auswahl angewendet. Verwenden Sie für den Filter immer zwei unterschiedliche Radien. Als Ergebnis erhalten Sie die Differenz der beiden Ergebnisse. **Tipp:** Duplizieren Sie die Ebene, und führen Sie den Filter auf der oberen der beiden Ebenen aus. Stellen Sie dann den MODUS der oberen Ebene auf NACHBELICHTEN. Als Ergebnis erhalten Sie ein Bild mit schärferen Kanten.

▲ **Abbildung 35.37**
Der Filter KANTEN bietet viele bekannte mathematische Berechnungen zur Kantenerkennung an. Die Algorithmen wären hierbei SOBEL, PREWITT-KOMPASS, VERLAUF, ROBERTS, DIFFERENTIELL und LAPLACE. Bei allen Algorithmen können Sie zudem die Stärke des Filters angeben. Den Filter LAPLACE gibt es auch noch in einer eigenen Version, aber ohne Anpassen der Stärke. Als Ergebnis erhalten Sie extrem dünne Linien, die als Kanten angezeigt werden.

▲ **Abbildung 35.38**
Mit dem Filter NEON leuchten die Kanten in einer kräftigen Neonfarbe.

▲ **Abbildung 35.39**
Der Filter SOBEL extrahiert ebenfalls sehr gut horizontale und/oder vertikale Kanten. Hat das Bild oder die Auswahl einen Alphakanal, ist das Ergebnis ein transparentes Bild mit schwarzen Linien und ganz wenig Farbe.

35.7 Allgemein

Das Untermenü FILTER • ALLGEMEIN versammelt unterschiedliche Filter, genauer gesagt eigentlich nur drei.

▲ **Abbildung 35.40**
Mit dem Filter ERODIEREN reduzieren Sie die hellen Bereiche im Bild. Intern wird FILTER • VERZERREN • WERT PROPAGIEREN dafür verwendet.

▲ **Abbildung 35.41**
ERWEITERN ist das Gegenstück zu ERODIEREN und vergrößert die helleren Bildbereiche. Auch hierbei wird im Grunde nur FILTER • VERZERREN • WERT PROPAGIEREN ausgeführt.

Komplexer Filter
Eine umfangreiche Beschreibung dürfte an dieser Stelle wohl eher noch mehr verwirren als hilfreich sein. Ich empfehle Ihnen daher, selbst ein wenig mit den Zahlenfeldern zu experimentieren. Beispielsweise wurde mit den Zahleneinstellungen in der Abbildung das Bild aufgehellt und nachgeschärft.

Faltungsmatrix | Mit FALTUNGSMATRIX erstellen Sie eigene Filtereffekte. Ein eigener Filter wird über eine Faltung einer 5 × 5-Matrix realisiert. In der Mitte ❶ der Matrix wird als Ausgangsbasis das Zentralpixel verwendet. Je höher dieser Wert ist, desto stärker wird die Helligkeit. Haben das Zentralpixel und DIVISOR ❷ jeweils den Wert 1 und alle anderen Felder den Wert 0, so ergibt dies das Bild im Originalzustand.

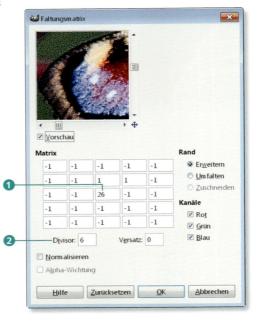

◀ Abbildung 35.42
Dem Erstellen eigener Filtereffekte dient der Dialog FALTUNGSMATRIX.

35.8 Kombinieren

Das Menü FILTER • KOMBINIEREN bietet die Filter, die aus mehreren Bildern ein Bild erstellen.

▲ Abbildung 35.43
Mit dem Filter FILMSTREIFEN kombinieren Sie ein oder mehrere Bild(er) zu einem Filmstreifen. Dabei stehen Ihnen viele Einstellungen zur Verfügung.

35.9 Künstlerisch

◀ **Abbildung 35.44**
Mit TIEFENKOMBINATION können Sie Bilder oder Ebenen ineinanderblenden und einstellen, welche Teile davon sichtbar bleiben. Um den Filter verwenden zu können, müssen die Bilder dieselbe Größe haben. Alle Bilder müssen außerdem in einem einzelnen Bildfenster oder im Ebenenstapel geöffnet sein. Interessante Effekte lassen sich daher auch mit Farbverläufen und Bildern kombiniert erstellen.

35.9 Künstlerisch

Im Untermenü FILTER • KÜNSTLERISCH finden Sie viele kreative Filter, die üblicherweise verschiedene künstlerische Malstile und -techniken simulieren.

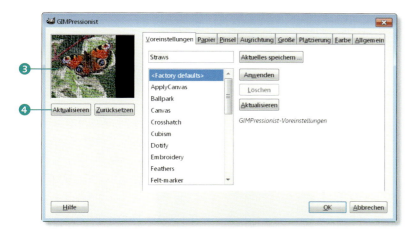

◀ **Abbildung 35.45**
Ein wahrer Fundus an künstlerischen Filtern, mit denen Ihre Bilder wie gemalt wirken, finden Sie mit GIMPPRESSIONIST. Der Filter lädt geradezu zum Experimentieren ein. Die Vorschau ❸ müssen Sie hierbei manuell mit der Schaltfläche AKTUALISIEREN ❹ erneuern.

◀ **Abbildung 35.46**
Mit dem Filter GLASBAUSTEINE erwecken Sie den Eindruck, als würde jemand durch ein gekacheltes Glasfenster schauen. Die Kachelgröße können Sie regeln.

741

Kapitel 35   Die Filter von GIMP

▲ **Abbildung 35.47**
Nach dem Filter CARTOON wirkt die aktive Ebene oder Auswahl, als wäre sie mit einem schwarzen Stift, wie bei einem Comic üblich, gezeichnet.

▲ **Abbildung 35.48**
Mit FOTOKOPIE sieht das Bild aus, als wäre es in einem Schwarzweißkopierer dupliziert worden. Die dunklen Pixel im Bild werden dabei schwarz und die hellen Pixel werden weiß. Die Stärke des Effekts können Sie mit mehreren Reglern anpassen.

▲ **Abbildung 35.49**
Mit KUBISMUS hat es den Anschein, das Bild läge unter einer transparenten quadratischen Folie. Die Größe der Quadrate lässt sich ändern. **Tipp:** Im Filter GIMPPRESSIONIST gibt es diesen Filter mit noch mehr Einstellungen.

▲ **Abbildung 35.50**
LEINWAND fügt eine Struktur einem Bild hinzu, das danach den Eindruck erweckt, als wäre es auf einer Leinwand gemalt. Auch hierfür bietet Ihnen GIMP-PRESSIONIST mehr und flexiblere Möglichkeiten.

▲ **Abbildung 35.51**
Wie es der Name des Filters, ÖLGEMÄLDE, schon vermuten lässt, erwecken Sie hiermit den Eindruck, das Bild sei in Öl gemalt.

▲ **Abbildung 35.52**
Mit PREDATOR fügen Sie einem Bild eine Art thermografische Wärmebildansicht hinzu. Der Name und der Filter selbst sind natürlich dem gleichnamigen Film entlehnt und sollen dem Sehen des Predators entsprechen.

35.10 Dekoration

▲ Abbildung 35.53
Mit Stoffmalerei erzielen Sie den Effekt, als wäre das Bild auf einen Stoff gemalt oder gedruckt. Auch hierbei bietet GIMPPressionist etwas mehr.

▲ Abbildung 35.54
Van Gogh (LIC) ist ein sehr komplex und wissenschaftlich programmierter Filter. Er wird bevorzugt verwendet, um etwas richtungsabhängig weichzuzeichnen oder Texturen zu erstellen.

▲ Abbildung 35.55
Mit Warmes Leuchten versehen Sie ein Bild mit einem sanften Leuchten. Dabei werden die hellen Bildbereiche noch mehr aufgehellt und weichgezeichnet.

▲ Abbildung 35.56
Mit Weben fügen Sie dem Bild einen Gewebeeffekt als neue Ebene hinzu.

35.10 Dekoration

Über das Untermenü Filter • Dekoration erreichen Sie bildunabhängige Skript-Fu-Programme, mit denen Sie einem Bild dekorative Rahmen und andere Effekte hinzufügen.

▲ **Abbildung 35.57**
Mit ALTES FOTO erzielen Sie den Effekt eines alten, unscharfen und sepiafarbenen Fotos.

▲ **Abbildung 35.58**
Mit CHROM AUFKLEBEN fügen Sie einem Bild einen Chromeffekt auf zwei Ebenen mit Ebenenmaske hinzu. Das Bild muss dabei im Graustufen-Modus vorliegen.

▲ **Abbildung 35.59**
DIA umrandet das Bild mit einem schwarzen Dia-Rahmen mit Zahnradlöchern und einer veränderbaren Beschriftung.

▲ **Abbildung 35.60**
Mit KAFFEEFLECKEN fügen Sie einem Bild in der Tat solche Flecken hinzu. Jeder Fleck wird dabei auf einer neuen Ebene angelegt.

▲ **Abbildung 35.61**
RAND ABSCHRÄGEN fügt eine neue Ebene mit einer leichten Schräge hinzu. Voraussetzung für den Filter ist eine aktive Auswahl. Im Beispiel wurde hierbei zuvor der Schmetterling mit dem Werkzeug RECHTECKIGE AUSWAHL ausgewählt.

▲ **Abbildung 35.62**
Mit RAND AUSBLENDEN blenden Sie den Rand des Bildes aus. Hierbei lassen sich unter anderem die Breite, der Schatten und die Farbe anpassen.

35.11 Abbilden

▲ **Abbildung 35.63**
Mit RAND HINZUFÜGEN erstellen Sie einen Rahmen mit einstellbarer Höhe, Breite und Farbe. Der Rahmen wird dabei so angelegt, dass der Eindruck entsteht, das Bild läge etwas erhöht auf einer Unterlage.

▲ **Abbildung 35.64**
Mit RUNDE ECKEN fügen Sie im Bild einstellbar runde Ecken mit einem Schlagschatten hinzu.

◄ **Abbildung 35.65**
SCHABLONE EINRITZEN erzeugt ein Bild wie graviert. Dabei werden zwei gleich große Bilder bearbeitet. Das Quellbild, mit dem Sie dieses Skript-Fu-Programm aufrufen, muss ein Graustufenbild ohne einen Alphakanal sein. Ansonsten ist der Befehl ausgegraut. Das herauszuarbeitende Bild hingegen darf ein farbiges RGB-Bild sein, so dass am Ende wieder ein farbiges Bild entsteht. Auch wenn Sie zwei Graustufenbilder hierfür verwenden, erhalten Sie als Ergebnis immer ein RGB-Bild in einem neuen Bildfenster.

35.11 Abbilden

Die Filter im Untermenü FILTER • ABBILDEN werden bevorzugt verwendet, um 3D-Effekte zu erzeugen, indem Bilder auf Formen oder andere Bilder abgebildet werden.

▲ **Abbildung 35.66**
Mit AUF OBJEKT ABBILDEN bringen Sie ein oder mehrere Bilder auf geometrische Objekte wie einen Quader, einen Zylinder, eine Kugel oder eine Fläche auf. Dabei können Sie auch Faktoren wie Licht, Material und die Ausrichtung einstellen. Es lassen sich auch unterschiedliche Bilder auf ein geometrisches Objekt abbilden.

▲ **Abbildung 35.67**
BUMP-MAP erzeugt einen 3D-Effekt im Bild, indem die Kanten des Bildes höher abgebildet werden. Natürlich hängen diese Höhen der Bumps (deutsch = Beulen) auch von der Helligkeit der Pixel ab. Neben den Höhen und Tiefen lässt sich hiermit auch das Licht steuern. Im Beispielbild wurden die Beulen extrem verwendet, um Ihnen den Effekt deutlich zu demonstrieren.

▲ **Abbildung 35.68**
Mit FRAKTALSPUR generieren Sie ein Mandelbrot-Fraktal (auch »Apfelmännchen« genannt) aus Ihrem Bild.

▲ **Abbildung 35.69**
Mit ILLUSION wird das Bild zersplittert und sieht danach wie ein Kaleidoskop aus.

▲ **Abbildung 35.70**
KACHELN erstellt mehrere Kopien des Bildes und kachelt sie zu einem neuen Bild zusammen. Voraussetzung dafür ist, dass das neue Bild größer als das Ursprungsbild ist. Wem dieser Filter zu umständlich ist, verwendet den Filter KLEINE KACHELN.

▲ **Abbildung 35.71**
Mit KLEINE KACHELN erstellen Sie eine variable Anzahl von Kopien des Bildes, die innerhalb des Originalbildes abgebildet werden. Im Gegensatz zum Filter KACHELN müssen sich hier nicht mit der Größe des zu erstellenden Bildes herumschlagen.

▲ **Abbildung 35.72**
Mit Nahtlos machen verändern Sie ein Bild so, dass es nahtlos zusammengesetzt werden kann. Das Bild können Sie dann entweder als Muster zum Füllen oder als Hintergrundbild für Webseiten verwenden. Das linke Bild wurde nahtlos gemacht und im rechten Bild als Muster zum Füllen verwendet.

▲ **Abbildung 35.73**
Mit Papierschnipsel können Sie eine Ebene oder Auswahl in viele quadratische Stücke aufteilen und voneinander verschieben.

▲ **Abbildung 35.74**
Ähnlich komplex ist auch der Filter Verformen, der ein Bild anhand der Helligkeitswerte eines anderen Verformungsbildes verformt.

▲ **Abbildung 35.75**
Der Filter Verschieben ist ein etwas komplexerer Filter und verschiebt ein Bild anhand eines Verschiebungsbildes, das ein Graustufenbild mit der gleichen Größe wie das Ursprungsbild sein sollte.

35.12 Render

Viele nützliche Filter, um bestimmte Muster zu erzeugen, finden Sie im Untermenü Filter • Render. Die meisten dieser Filter arbeiten nicht auf Ebenenbasis; wenn Sie ein Bild mit diesen Filtern verwenden, wird meistens keine Rücksicht auf den Inhalt der Ebene oder Auswahl genommen und einfach darauf oder darüber gezeichnet.

▲ Abbildung 35.76
WOLKEN • DIFFERENZ-WOLKEN erzeugt eine zufällige wolkenähnliche Textur und fügt diese im Ebenenmodus DIFFERENZ zur aktuellen Ebene oder Auswahl hinzu.

▲ Abbildung 35.77
Mit dem Filter WOLKEN • FOG fügen Sie eine neue Ebene mit einem Nebel-Effekt hinzu. Hierbei können Sie die Farbe, Turbulenzen und Deckkraft des Nebels festlegen

▲ Abbildung 35.78
Mit dem Filter WOLKEN • PLASMA generieren Sie farbige Wolken. Der Inhalt der Ebene oder Auswahl wird bei diesem Filter »übermalt«.

▲ Abbildung 35.79
WOLKEN • PLASTISCHES RAUSCHEN dient der Erstellung von wolkenähnlichen Texturen. Der Bildinhalt wird ignoriert und »übermalt«.

35.12 Render

▲ **Abbildung 35.80**
Der Filter NATUR • FLAMMEN erzeugt fraktale Flammenmuster nach dem Zufallsprinzip. Allerdings scheint dieser Filter einige Probleme mit größeren Bildern zu haben, dort funktioniert er nicht.

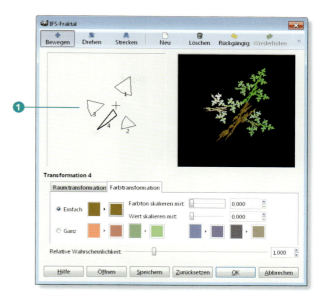

▲ **Abbildung 35.81**
Ebenfalls ein sehr komplexer und mächtiger Filter ist NATUR • IFS-FRAKTAL, der einzigartige und natürliche Formen wie Bäume, Zweige oder Blätter erzeugt. Der Filter hat allerdings den Nachteil, dass er sehr empfindlich ist. Haben Sie einmal ein gutes Bild erstellt, dann sollten Sie es dabei belassen, weil der Arbeitsraum auf der linken oberen Seite ❶ des Filters einfach zu klein ist.

▲ **Abbildung 35.82**
Mit dem Filter MUSTER • BEUGUNGSMUSTER erstellen Sie Beugungs- oder Interferenzmuster, die sehr gut als Texturen geeignet sind. Da der Filter sehr viele Einstellungen bietet, lassen sich damit interessante und kreative Effekte erzielen.

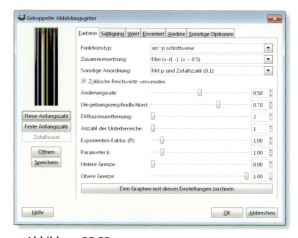

▲ **Abbildung 35.83**
Mit MUSTER • CML-EXPLORER öffnet sich das Dialogfenster GEKOPPELTE ABBILDUNGSGITTER. Mit diesem Filter erschaffen Sie ebenfalls interessante Texturen. Allerdings ist dieser Filter extrem komplex und umfangreich. Mit dem CML-EXPLORER ist es außerdem möglich, vorhandene Bildinhalte zu berücksichtigen.

749

Kapitel 35   Die Filter von GIMP

▲ **Abbildung 35.84**
MUSTER • GITTER versieht das Bild mit einem Gitter mit Schnittpunkten in variabler Größe und Farbe.

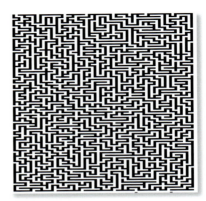

▲ **Abbildung 35.85**
MUSTER • LABYRINTH zeichnet ein schwarzweißes Labyrinth mit einem Zufallsmuster.

▲ **Abbildung 35.86**
Der Filter MUSTER • PUZZLE zerlegt das Bild in mehrere Puzzleteile.

▲ **Abbildung 35.87**
Mit MUSTER • QBIST erzeugen Sie interessante zufallsgesteuerte Texturen.

▲ **Abbildung 35.88**
MUSTER • SCHACHBRETT erstellt ein Schachbrettmuster aus der eingestellten Vorder- und Hintergrundfarbe.

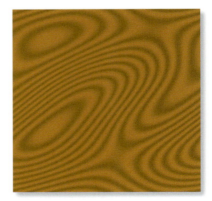

▲ **Abbildung 35.89**
Mit MUSTER • SINUS lassen sich wellenförmige Texturen mit der Verwendung der Sinusfunktion erzeugen.

35.12 Render

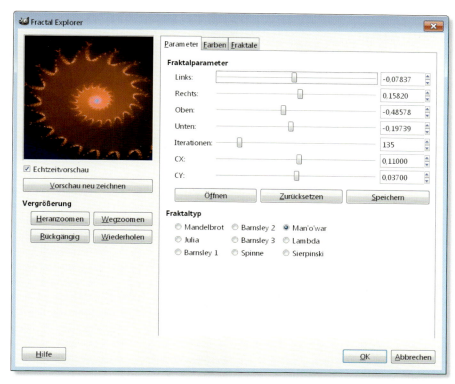

▲ **Abbildung 35.90**
Zum Erzeugen von vielen unterschiedlichen Fraktalen bietet Ihnen der Filter FRAKTAL-EXPLORER unzählige Möglichkeiten.

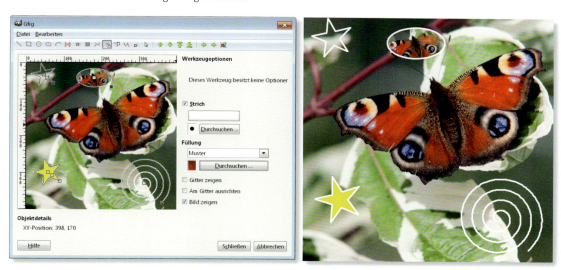

▲ **Abbildung 35.91**
Der Filter GFIG fügt dem Bild verschiedene geometrische Formen in unterschiedlicher Füllung und Farbe hinzu. Diese Elemente werden auf einer leeren transparenten Ebene eingefügt.

Abbildung 35.92 ▶
Mit dem umfangreichen Filter KUGEL-DESIGNER erzeugen Sie eine 3D-Kugel.

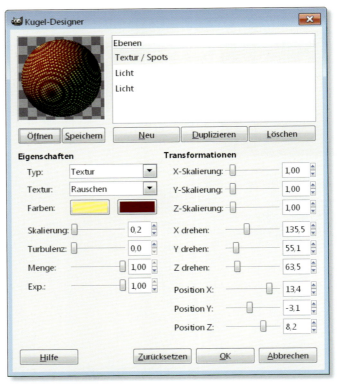

▲ **Abbildung 35.93**
LAVA erstellt eine lavaartige Textur. Dafür wird eine neue Ebene angelegt. Die aktive Ebene oder Auswahl wird nicht »übermalt«.

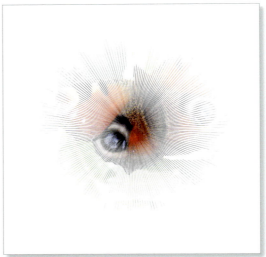

▲ **Abbildung 35.94**
Mit LINIENEXPLOSION fügen Sie einer Ebene ein Strahlen in der Vordergrundfarbe, ausgehend von der Mitte, hinzu. Bildinhalte in der Mitte bleiben teilweise erhalten.

▲ **Abbildung 35.95**
Platine erstellt eine Textur wie von einer Leiterplatte, einem Trägerelement für elektronische Bauteile. Die Farbe wurde in der Abbildung mit Farben • Einfärben geändert.

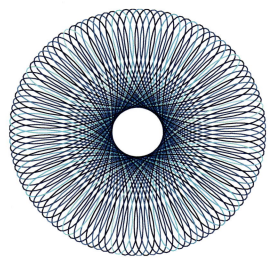

▲ **Abbildung 35.96**
Mit dem Filter Spyrogimp können Sie unterschiedliche geometrische Linienfiguren mit vielen Einstellungen zeichnen.

35.13 Web

Das Untermenü Filter • Web listet derzeit zwei Filter auf: Einmal ImageMap, mit dem Sie klickbare Grafiken für das Internet erstellen. Damit wird auch gleich der nötige HTML-Code erzeugt. Dieser Filter wird in Abschnitt 37.3, »Eine Image-Map erstellen«, beschrieben.

Zweitens finden Sie hier Semi-Abflachen. Dieser Filter wird verwendet, wenn Sie bei einem Bild ohne Alphakanal eine Halbtransparenz simulieren wollen. Semi-Abflachen wird auf Seite 778, »Semi-Abflachen«, behandelt.

35.14 Animation

Dem Ansehen und Optimieren von Animationen dienen die Plugins im Untermenü Filter • Animation. Das Thema Animation und auch diese Filter werden in Abschnitt 37.1, »GIF-Animation«, näher beschrieben.

35.15 Alpha als Logo

Die Gegenstücke zu den Skript-Fu-Programmen aus DATEI • ERSTELLEN • LOGOS, die in Abschnitt 31.1, »Texteffekte im Überblick«, beschrieben sind, finden Sie auch im Untermenü FILTER • ALPHA ALS LOGO wieder. Allerdings können Sie diese Filter nicht nur auf Texte, sondern auf alle Arten von Ebenen mit einem Alphakanal anwenden (was natürlich auch wieder die Textebenen einschließt).

Kapitel 36
Effekte und Tricks mit Filtern

GIMP ist nicht nur das ideale Werkzeug zur Korrektur oder Manipulation von Bildern. Auch für Spielereien und tolle Effekte lässt sich das Programm einsetzen. In diesem Kapitel werden Ihnen einige solcher kreativen Beispiele als Anregung in Schritt-für-Schritt-Anleitungen gezeigt.

36.1 Andy-Warhol-Effekt

Andy Warhol war ein bekannter Künstler und einer der Erfinder der Pop Art. Er veröffentlichte unzählige Kunstwerke, aber wenn bei der Bildbearbeitung die Rede vom Warhol-Effekt ist, dann ist meistens das Kunstwerk gemeint, in dem er als Ausgangsbild ein Foto von Marilyn Monroe aus dem Film »Niagara« verwendete und verfremdete. Im Grunde ein Porträtfoto mit vielen Farbvariationen in Pop-Art-Farben, genannt »Marilyn Diptych«. Mit GIMP ist es kein großer Aufwand, diesen Effekt nachzumachen.

 vamp.jpg

Schritt für Schritt
Warhol-Effekt erstellen

1 Bild quadratisch zuschneiden
Wählen Sie zunächst das ZUSCHNEIDEN-Werkzeug (⇧+C) aus, und setzen Sie ein Häkchen vor FEST ❷. Verwenden Sie in der Dropdown-Liste daneben SEITENVERHÄLTNIS ❶, und tippen Sie im Textfeld darunter ❸ den Wert »1:1« ein, womit Sie auf jeden Fall einen quadratischen Bereich zuschneiden können. Ziehen Sie jetzt mit gedrückter linker Maustaste den gewünschten quadratischen Rahmen ❹ im Bildfester auf, den Sie zuschneiden wollen. Klicken Sie innerhalb des Rahmens, um das Bild zuzuschneiden.

▲ **Abbildung 36.1**
Dieses Foto soll für den Warhol-Effekt verwendet werden.

Kapitel 36 Effekte und Tricks mit Filtern

▲ **Abbildung 36.2**
Bild auf eine quadratische Fläche zuschneiden

2 Bild auf zwei Farben reduzieren

Reduzieren Sie die Farben auf Schwarz und Weiß, indem Sie FARBEN • SCHWELLWERT verwenden und dort den schwarzen Schieberegler ❺ auf 180 schieben. Bestätigen Sie den Dialog mit OK.

Abbildung 36.3 ▶
Farben auf Schwarz und Weiß reduzieren

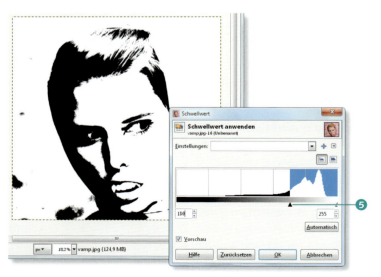

36.1 Andy-Warhol-Effekt

3 Bereich wegradieren

Verwenden Sie den RADIERER ([⇧]+[E]) oder einen weißen PINSEL ([P]), um die überflüssigen schwarzen Pixel um den Kopf herum zu entfernen ❻.

4 Hintergrundfarbe erstellen

Erstellen Sie eine neue leere Ebene über die entsprechende Schaltfläche ❾ im EBENEN-Dialog, und füllen Sie diese Fläche mit dem FÜLLEN-Werkzeug ([⇧]+[B]) mit einer Farbe Ihrer Wahl aus. Im Beispiel wurde eine gelbe Farbe (HTML-Wert: f1ff0e) verwendet. Stellen Sie den MODUS auf MULTIPLIKATION ❼ und die DECKKRAFT ❽ auf 50.

▲ **Abbildung 36.4**
Unerwünschte Bereiche entfernen

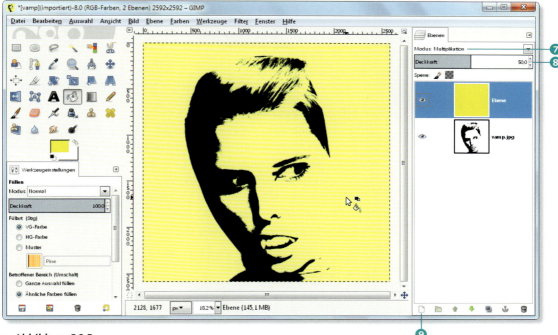

▲ **Abbildung 36.5**
Jetzt kommt Farbe ins Spiel.

5 Noch mehr Farbe

Jetzt können Sie mit unterschiedlichen Farben und dem PINSEL-Werkzeug ([P]) typische Pop-Art-Farben auf die einzelnen Bereiche im Bild malen. Im Beispiel wurde hierbei für jeden Bereich eine neue leere transparente Ebene angelegt, weil sich so jederzeit zu viel Ausgemaltes wieder wegradieren lässt. Durch unterschiedliche Ebenenmodi ❿ und DECKKRAFT-Einstellungen ⓫ müssen Sie nicht so genau malen.

757

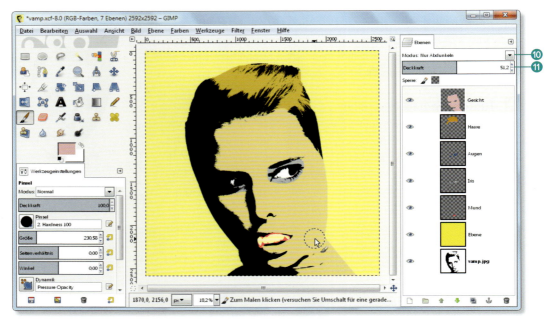

Abbildung 36.6 ▲
Hier wurde noch ein bisschen ausgemalt.

6   **Bild skalieren**

Sind Sie mit dem Ergebnis zufrieden, sollten Sie alle Ebenen im EBENEN-Dialog zu einem Bild zusammenfügen (rechter Mausklick und dann BILD ZUSAMMENFÜGEN wählen). Jetzt sollten Sie das Bild noch verkleinern, damit es am Ende nicht übertrieben groß wird. Wählen Sie BILD • BILD SKALIEREN, und verwenden Sie für die neue Bildgröße ❶ je 500 Pixel BREITE und HÖHE. Bestätigen Sie den Dialog mit SKALIEREN ❷.

Abbildung 36.7 ▶
Bild skalieren

7   **Bild kacheln**

Rufen Sie FILTER • ABBILDEN • KACHELN auf, und verwenden Sie für die HÖHE und BREITE exakt den doppelten Wert der aktuellen

Bildgröße. Im Beispiel haben Sie das Bild im Arbeitsschritt zuvor auf 500 × 500 Pixel skaliert, weswegen Sie hier also 1.000 × 1.000 Pixel verwenden sollten. Damit schaffen Sie Platz für insgesamt vier Bilder. Bestätigen Sie den Dialog mit OK. Natürlich können Sie hier auch mehr als nur vier Bilder für den Warhol-Effekt verwenden. Mit dem dreifachen Wert der Bildgröße werden beispielsweise neun Bilder gekachelt.

▲ **Abbildung 36.8**
Bilder kacheln

8 Kachel auswählen

Wählen Sie das Werkzeug RECHTECKIGE AUSWAHL ([R]), und setzen Sie ein Häkchen vor FEST ❹. Stellen Sie in der Dropdown-Liste daneben ❸ GRÖSSE ein, und geben Sie im Textfeld darunter die ursprüngliche Bildgröße ein, in der das Bild vor dem Kacheln vorlag. Im Beispiel waren dies 500 × 500 Pixel. Ziehen Sie jetzt eine rechteckige Auswahl um die erste Kachel rechts oben ❺ im Bildfenster. Damit es einfacher geht, sollten Sie das magnetische Raster über ANSICHT • MAGNETISCHES RASTER aktivieren.

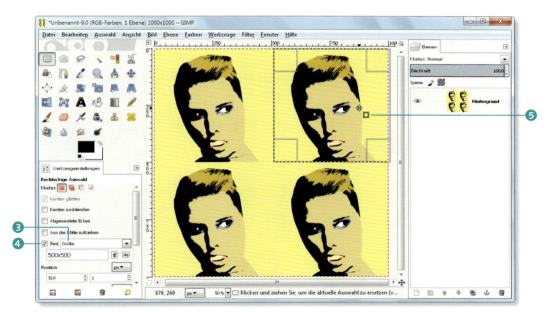

▲ **Abbildung 36.9**
Eine Kachel auswählen

9 Farbton ändern

Öffnen Sie den Dialog FARBEN • FARBTON/SÄTTIGUNG (zweiter Menüeintrag), und verändern Sie den Regler FARBTON ❻, wie es Ihnen gefällt. Im Beispiel wurde der Regler ganz nach links auf –180 gezogen. Bestätigen Sie den Dialog mit OK.

Kapitel 36 Effekte und Tricks mit Filtern

▲ Abbildung 36.10
Farbton verändern

10 Schritt 8 und 9 wiederholen
Wiederholen Sie die Arbeitsschritte 8 und 9 mit den unteren beiden Kacheln, und fertig ist ein einfacher Warhol-Effekt.

▲ Abbildung 36.11
Das Endergebnis

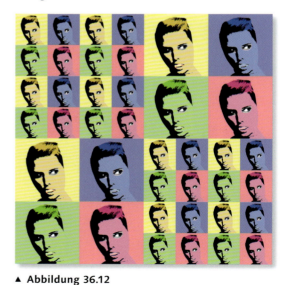

▲ Abbildung 36.12
Ein weitere Möglichkeit mit unterschiedlichen Kachelgrößen

36.2 Sin-City-Effekt

Spätestens seit dem Kinofilm »Sin City«, einer Comic-Verfilmung, ist dieser Film-noir-ähnliche Stil sehr beliebt. Der Sin-City-Effekt ist eine Mischung aus düsteren Schwarzweißbildern, wo sich immer wieder vereinzelte, aber kräftige Farben ins Bild mischen. Es gibt viele Wege, diesen Effekt zu erstellen. In diesem Buch soll einer davon beschrieben werden.

Red.jpg
Foto: Ingo Jung/www.digital-expresslabor.de

Schritt für Schritt
Sin-City-Effekt erstellen

1 **Schwarzweißbild erstellen**
Sofern Ihr Bild noch nicht als Schwarzweißbild vorliegt, sollten Sie es zunächst noch in ein solches umwandeln. Hierfür würde sich auf die Schnelle die Funktion FARBEN • ENTSÄTTIGEN anbieten. Wichtig ist, dass Sie das Bild weiterhin im RGB-Modus belassen; der Graustufen-Modus eignet sich nicht für diesen Effekt.

▲ **Abbildung 36.13**
Mit diesem Foto soll der Sin-City-Effekt demonstriert werden.

◄ **Abbildung 36.14**
Zunächst benötigen Sie ein Schwarzweißbild für den Effekt.

2 **Hintergrundebene duplizieren**
Öffnen Sie den EBENEN-Dialog (beispielsweise mit [Strg]/[Ctrl]+[L]), und duplizieren Sie die Hintergrundebene über die entsprechende Schaltfläche ❸. Entfernen Sie vor der kopierten Ebene das Augensymbol ❶, damit diese zunächst nicht angezeigt wird. Aktivieren Sie anschließend wieder die untere Ebene ❷.

3 **Ebene posterisieren**
Zunächst sollen die Farben der untersten Ebene reduziert werden. Verwenden Sie hierfür FARBEN • POSTERISIEREN, und wählen Sie beim Regler FARBANZAHL ❹ den Wert 3 aus. Bestätigen Sie den Dialog mit OK.

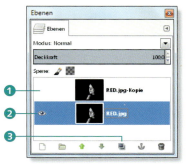

Abbildung 36.15 ▲
Hintergrundebene duplizieren

Kapitel 36   Effekte und Tricks mit Filtern

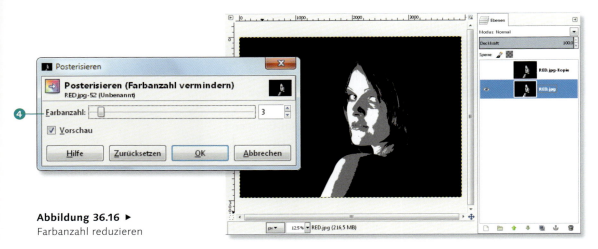

Abbildung 36.16 ▶
Farbanzahl reduzieren

4 Ebene duplizieren und Cartoon erstellen

Duplizieren Sie die eben posterisierte Ebene mit der entsprechenden Schaltfläche ❾ im EBENEN-Dialog, und aktivieren Sie die Kopie ❽. Wenden Sie auf diese Ebene FILTER • KÜNSTLERISCH • CARTOON an. Verwenden Sie für die beiden Optionen ❺ MASKENRADIUS und SCHWARZANTEIL den maximal möglichen Wert, und bestätigen Sie den Dialog mit OK. Stellen Sie den MODUS dieser Ebene auf NACHBELICHTEN ❻, und reduzieren Sie die DECKKRAFT ❼ auf 50. Dank dieser Ebene erhält das Gesamtbild wieder mehr Details, ohne allzu realistisch zu wirken, was wir ja in diesem Fall nicht wollen.

▲ **Abbildung 36.17**
Die zweite Ebene bekommt einen Comic-Effekt.

762

36.2 Sin-City-Effekt

5 Schwellwert verwenden

Setzen Sie in der obersten Ebene im EBENEN-Dialog wieder das Augensymbol ⑫, um diese Ebene wieder anzuzeigen, und aktivieren Sie diese Ebene auch gleich. Ändern Sie den Modus der Ebene auf ÜBERLAGERN ⑪. Rufen Sie FARBEN • SCHWELLWERT auf, und stellen Sie den schwarzen Regler ⑩ auf den Wert 100. Bestätigen Sie den Dialog mit OK. Jetzt hat unser Gesamtbild noch mehr dunkle Details erhalten, ohne »zu echt« zu wirken.

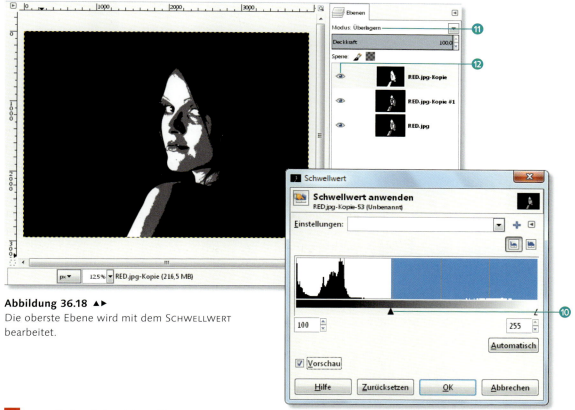

Abbildung 36.18 ▲▶
Die oberste Ebene wird mit dem SCHWELLWERT bearbeitet.

6 Vertikale Linien hinzufügen

Um den Sin-City-Effekt zu verstärken, soll nun noch »Regen« hinzugefügt werden. Erstellen Sie dazu zunächst über die entsprechende Schaltfläche ⑯ im EBENEN-Dialog eine neue leere transparente Ebene. Aktivieren Sie diese Ebene ⑮, und rufen Sie FILTER • RENDER • MUSTER • GITTER auf. Lösen Sie das Kettensymbol unterhalb von BREITE ⑫, und stellen Sie die Linienstärke für HORIZONTAL auf 0 und für VERTIKAL auf 3. Den ABSTAND ⑬ stellen Sie zunächst jeweils auf 50. Der VERSATZ spielt hier keine große Rolle. Ändern Sie außerdem die Farbe der vertikalen Linie auf Weiß ⑭, und bestätigen Sie den Dialog mit OK.

763

Kapitel 36 Effekte und Tricks mit Filtern

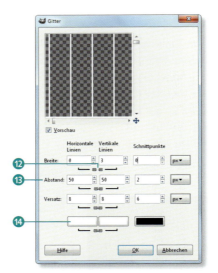
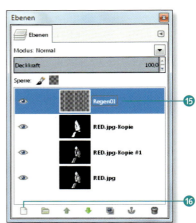

Abbildung 36.19 ▶
Vertikale Linien für den Regen hinzufügen

7 Vertikale Linien verzerren

Damit der Regen nicht einfach senkrecht herunterfällt, sollten Sie ihn mit dem Werkzeug PERSPEKTIVE verzerren. Im Beispiel wurde lediglich der Griffpunkt rechts unten ❶ weiter nach unten und rechts gezogen. Klicken Sie auf die Schaltfläche TRANSFORMATION.

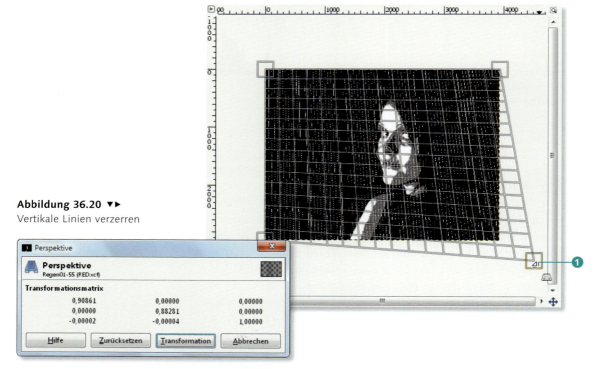

Abbildung 36.20 ▼▶
Vertikale Linien verzerren

764

8 Linien weichzeichnen

Stellen Sie jetzt zunächst den MODUS der Ebene mit den vertikalen Linien auf FASER MISCHEN ❸, und rufen Sie dann FILTER • WEICHZEICHNEN • GAUSSSCHER WEICHZEICHNER mit einem WEICHZEICHNENRADIUS von jeweils 10 Pixeln ❷ auf.

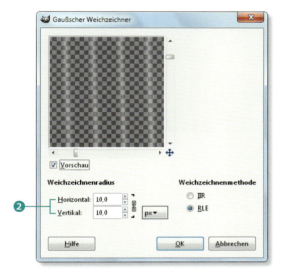

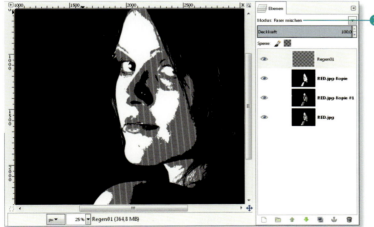

◂ **Abbildung 36.21**
Linien weichzeichnen, damit kein Moiré-Effekt auftritt

9 Schritt 6 bis 8 wiederholen

Wiederholen Sie die Schritte 6 bis 8 zweimal (oder auch öfter), verwenden Sie dabei aber für die vertikalen Linien andere Linienstärken und Abstände. Auch die Perspektive der Linien sollten Sie immer etwas anders verzerren. Um die Härte der einzelnen vertikalen Linien ein wenig abzuschwächen, reduzieren Sie bei Bedarf die DECKKRAFT ❹ bei den einzelnen Ebenen etwas. Im Beispiel wurde am Ende der Regen aus drei Ebenen ❺ erstellt.

Kapitel 36   Effekte und Tricks mit Filtern

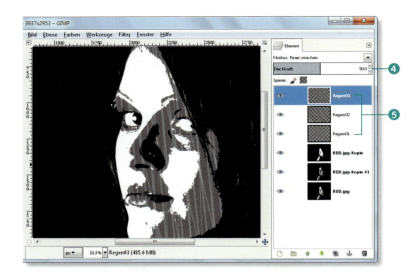

Abbildung 36.22 ▶
Nachdem die Arbeitsschritte 6 bis 8 zweimal wiederholt wurden

10   Analyse

Im Grunde ist nun der Sin-City-Effekt fertig. Sie brauchen nur noch alle Ebenen zusammenzufügen. Wenn Sie wollen, versehen Sie das Bild auch noch mit einem Text. Oder fügen Sie zum Wasser auf einer leeren transparenten Ebene eine knallige Farbe hinzu.

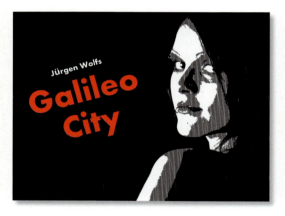

▲ **Abbildung 36.23**
Ein einfacher und schneller Sin-City-Effekt …

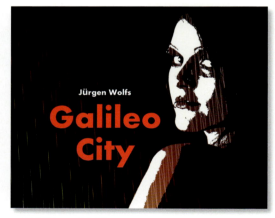

▲ **Abbildung 36.24**
… alternativ mit etwas mehr Farbe.

766

Teil XIII
Präsentieren und weitergeben

Kapitel 37
GIMP für das Internet

Viele Anwender verwenden GIMP auch zur Erstellung von Webgrafiken wie GIF-Animationen, Buttons, Bannern oder Hintergründen. GIMP kann aber noch mehr. So können Sie damit auch den HTML-Code für Image-Maps erzeugen.

37.1 GIF-Animation

Natürlich lässt sich auch unter GIMP mit einfachen Mitteln eine Animation im GIF-Format erstellen. Eine solche Reihenfolge von Bildern, die gerne für Banner, Logos oder kreative Zwecke verwendet wird, lässt sich über Ebenen realisieren. Jede Ebene wird bei einer Animation auch als **Frame** bezeichnet. Von besonderer Wichtigkeit ist natürlich die richtige Reihenfolge, in der Sie die einzelnen Bilder im EBENEN-Dialog stapeln. Im EBENEN-Dialog liegt immer unten das erste Bild, in der Reihenfolge nach oben bis zum letzten Bild. Eine Animation wird im GIF-Dateiformat gespeichert.

Wenn Sie eine GIF-Animation in GIMP über DATEI • ÖFFNEN oder [Strg]/[Ctrl]+[O] öffnen, können Sie die einzelnen Frames im EBENEN-Dialog betrachten.

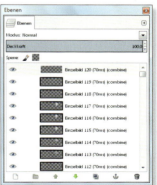

▲ **Abbildung 37.1**
Das Logo von Galileo Design von der Webseite *http://www.galileo-design.de* besteht beispielsweise aus 120 einzelnen Frames. Trotzdem beträgt die Dateigröße nur 82 Kilobyte.

Eine eigene Animation erstellen

Um eine eigene Animation zu erstellen, müssen Sie sich zuerst überlegen, was die Animation tun soll. In diesem Beispiel begnügen wir uns mit einem einfachen Ball, der durch das Bild hüpft. Sie können genauso gut einen Text oder freigestellte Bilder hierfür verwenden. In diesem Kapitel geht es allerdings nur um die Grundlagen der Erstellung von GIF-Animationen und die Hilfsmittel, die Sie dazu verwenden können.

Kapitel 37 GIMP für das Internet

Schritt für Schritt
GIF-Animation erstellen

1 Hintergrund anlegen

Erstellen Sie zunächst ein Hintergrundbild, das Sie für die Animation verwenden wollen. Im Beispiel wurde ein 300 × 200 Pixel großes Bild angelegt und eine kleine Landschaft mit Bäumen darauf gemalt.

Hintergrund.xcf, ball10.gbr, animation.gif

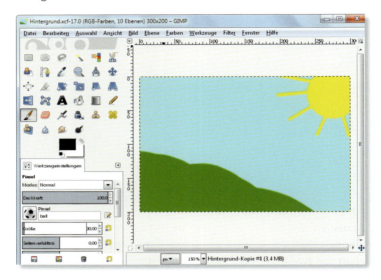

Abbildung 37.2 ▶
Das Hintergrundbild für unsere Animation

Für Fotos ungeeignet
Beachten Sie, dass das GIF-Dateiformat nur 256 Farben unterstützt. Daher sind Animationen eher nicht für hochauflösende Fotos mit vielen Farben geeignet.

2 Ebene mehrmals duplizieren

Duplizieren Sie jetzt die Ebene über die entsprechende Schaltfläche ❶ im EBENEN-Dialog mehrmals, um gleich mehrere Flächen zum Zeichnen zur Verfügung zu haben.

3 Ball malen (1)

Jetzt sollten Sie bei allen Ebenen bis auf die aktive Ebene ❷, die Sie bearbeiten wollen, das Augensymbol deaktivieren, damit die gerade nicht bearbeiteten Ebenen über der aktiven Ebene nicht mehr sichtbar sind. Die Ebenen darunter im EBENEN-Dialog können Sie immer sichtbar lassen.

Malen Sie den ersten Ball auf das Bild. Im Beispiel habe ich hierfür das PINSEL-Werkzeug mit einer harten und selbst erstellten Pinselspitze verwendet und damit den ersten Punkt ❸ an der Stelle in das Bild gemalt (bzw. getupft), wo der Ball in das Bild hineinfliegt. Sie können aber auch einfach eine einfarbige Pinselspitze verwenden. Die Hintergrundebene sollten Sie allerdings nicht bemalen, um so gegebenenfalls weitere Kopien dieser Ebene erstellen zu können.

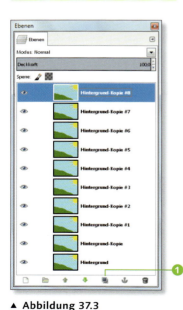

▲ **Abbildung 37.3**
Mehrere Kopien der Ebene erstellt

37.1 GIF-Animation

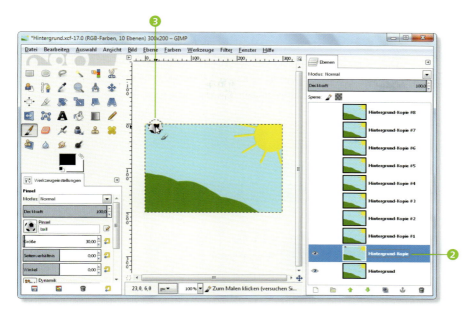

▲ **Abbildung 37.4**
Der Ball kommt ins Bild.

4 Ball malen (2)

Aktivieren Sie die darüberliegende Ebene ❹; lassen Sie das Augensymbol aber noch deaktiviert. Klicken Sie mit dem Pinsel-Werkzeug im Bild an der Stelle ❺, wo der Ball im zweiten Frame erscheinen soll. Natürlich können Sie das auf dem Bild noch nicht erkennen. Aktivieren Sie das Augensymbol dieser Ebene, und Sie haben das zweite Bild der Animation erstellt.

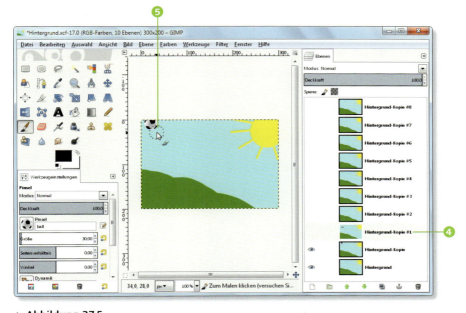

▲ **Abbildung 37.5**
Einen weiteren Ball aufmalen

5 Schritt 4 wiederholen

Wiederholen Sie Arbeitsschritt 4 mehrmals, bis der Ball aus dem Bild gesprungen ist. Reichen Ihnen die Hintergrundbilder nicht aus, können Sie jederzeit aus der untersten Ebene weitere Kopien hinzufügen.

Abbildung 37.6 ▶
Nach 21 Ebenen ist unser Ball aus dem Bild »gehüpft«.

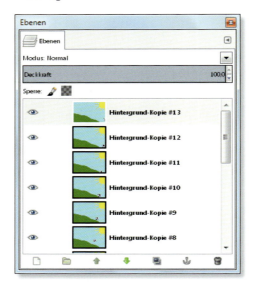

6 Animation abspielen

Jetzt wird es Zeit für einen Probelauf, um die Animation zu testen. GIMP bietet hierfür ein Werkzeug an, das die einzelnen Frames auf dem EBENEN-Dialog abspielt. Diesen Dialog rufen Sie über FILTER • ANIMATION • ANIMATION ABSPIELEN auf. Mit der Schaltfläche WIEDERGABE ❶ spielen Sie die Animation ab. Um das Fenster zu schließen, klicken Sie auf das kleine X rechts oben (oder beim Mac links oben) ❷ im Dialog.

Abbildung 37.7 ▶
Animation abspielen

37.1 GIF-Animation

7   Als animiertes GIF abspeichern

Wenn Sie mit dem Ergebnis der Animation zufrieden sind, speichern Sie diese über DATEI • EXPORTIEREN als animiertes GIF ab. Wählen Sie im Dialog unter DATEITYP ❸ GIF-BILD aus. Klicken Sie auf EXPORTIEREN ❹.

Als Nächstes erscheint ein weiterer Dialog, in dem Sie angeben müssen, wie das GIF-Bild gespeichert werden soll. Diesen Dialog erkläre ich im nächsten Schritt.

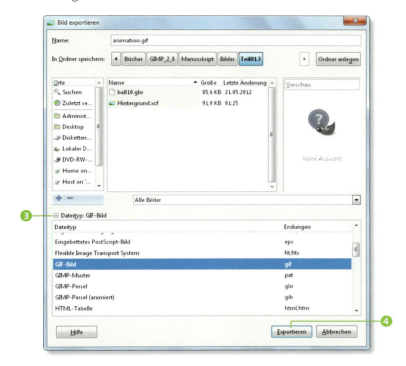

◀ **Abbildung 37.8**
Bild als GIF abspeichern

8   Animationseinstellungen anpassen

Es erscheint ein weiterer Dialog, wo Sie Einstellungen für die Animation vornehmen können (siehe Abbildung 37.9). Aktivieren Sie INTERLACE ❺, wird das Bild zeilenweise beim Laden einer Webseite aufgebaut. Die Einstellung stammt noch aus Zeiten langsamer Internetverbindungen und ist nicht mehr sinnvoll. Mit GIF-KOMMENTAR ❻ können Sie einen solchen als 7-Bit-ASCII-Code (ohne Umlaute) in das Bild einbetten. Verwenden Sie trotzdem Umlaute, wird der Kommentar nicht mitgespeichert. Setzen Sie auf jeden Fall eine Häkchen vor der Option ALS ANIMATION ❼.

Aktivieren Sie SCHLEIFE ENDLOS WIEDERHOLEN ❽, wird die Animation ständig wiederholt. Über PAUSE ZWISCHEN EINZELBILDERN (WENN NICHT SPEZIFIZIERT) ❾ bestimmen Sie, wie lange ein Bild (Frame) angezeigt werden soll (im Beispiel 100 Millisekunden), bis die Animation zum nächsten springt. Die Zeit ist in Millisekunden (1 Sekunde = 1.000 Millisekunden) angegeben. Mit Einzelbildübergang (wenn nicht spezifiziert) ❿ stellen Sie ein, wie die Ebenen überblendet werden sollen. Hierfür gibt es drei Möglichkeiten:

▶ Egal: Jeder Frame überschreibt den vorherigen Frame. Die einzelnen Frames sollten dabei nicht transparent sein.
▶ Kumulative Ebenen (Kombinieren): Der vorherige Frame wird beim Abspielen der Animation nicht gelöscht, wenn der nächste Frame angezeigt wird.
▶ Ein Einzelbild pro Ebene (Ersetzen): Der Inhalt eines Frames wird gelöscht, bevor der nächste Frame angezeigt wird.

Mit der Option Obige Pause für alle Einzelbilder verwenden ⓫ können Sie erzwingen, dass alle Einzelbilder den angegebenen Wert ⓮ in Millisekunden verwenden, auch wenn Sie in der Ebene manuell eine andere Zeit vorgegeben haben (mehr dazu erfahren Sie nach diesem Workshop). Das Gleiche gilt für die Option Obigen Übergang für alle Einzelbilder verwenden ⓬, womit Sie die Angaben von ❿ erzwingen können, auch wenn etwas anderes in den Ebenen eingestellt wurde. Klicken Sie am Ende auf die Schaltfläche Exportieren ⓭.

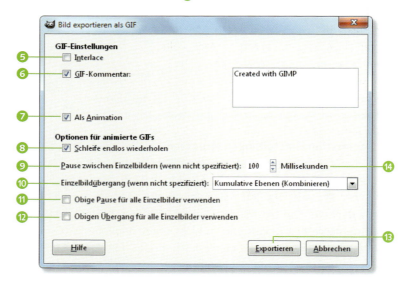

Abbildung 37.9 ▶
Einstellungen für die GIF-Animation

9 **Animation im Webbrowser betrachten**
Nachdem Sie eine GIF-Animation erstellt haben, können Sie sie auf einer Webseite veröffentlichen oder einfach nur im Webbrowser betrachten. Jeder Webbrowser kann GIF-Animationen anzeigen.

37.1 GIF-Animation

◀ **Abbildung 37.10**
Die fertige Animation im Webbrowser

Unterschiedliche Pausen zwischen den Frames | Wenn Sie das fertige Bild »animation.gif« öffnen, und einen Blick in den EBENEN-Dialog werfen, werden Sie feststellen, dass sich die Ebenennamen beim Abspeichern geändert haben. Die Zeile jetzt hat immer folgenden Aufbau:

 animation.gif

```
Ebenenname (100ms) (combine)
```

Diese Zeitangaben wurden bei der Schritt-für-Schritt-Anleitung in Arbeitsschritt 8 hinzugefügt. Mit `(100ms)` wird die Länge der Pause angegeben, nach welcher der nächste Frame (Ebene) angezeigt werden soll. Sie können diesen Wert jederzeit nachträglich ändern und das Bild wieder als Animation speichern. Sie können aber diese Werte auch sofort im EBENEN-Dialog angeben, bevor Sie das Bild als GIF-Animation speichern. Dies empfiehlt sich in der Praxis bei einzelnen Bildern, die unregelmäßig länger oder kürzer als andere angezeigt werden sollen. Gerade beim Start oder Ende einer Animation, die unendlich wiederholt wird, ist eine solche zusätzliche Verzögerung durchaus sinnvoll.

Gleiches gilt auch für den zweiten Wert, hier `(replace)` (»ersetzen«), mit dem Sie die Überblendung zwischen den einzelnen Frames einstellen. Neben `(replace)` können Sie hier `(combine)` (»kombinieren«) verwenden.

▲ **Abbildung 37.11**
Ebenennamen mit Pausenangaben und dem Frame-Überblendungsmodus

Animation optimieren

Eine Animation, die aus vielen einzelnen Frames besteht, kann eine ziemliche Dateigröße erreichen. Gerade wenn Sie Animationen im Webbereich einsetzen, ist die Dateigröße von einiger Bedeutung. Über FILTER • ANIMATION finden Sie mit OPTIMIEREN (DIFFERENZ) und OPTIMIEREN (FÜR GIF) zwei Möglichkeiten, die Dateigröße Ihrer Animation zu optimieren (sprich, zu verringern). Die Optimierung geschieht, indem aus den einzelnen Frames Elemente entfernt werden, die identisch sind.

▲ **Abbildung 37.12**
Weitere Hilfsfunktionen zum Erstellen besonderer Animationen

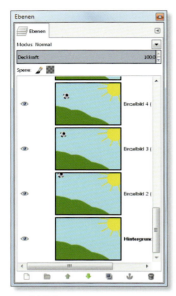 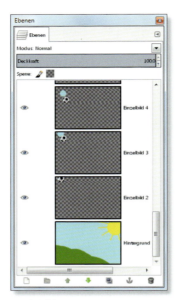 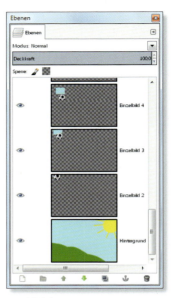

▲ **Abbildung 37.13**
Die herkömmlich gespeicherte Animation ohne eine Optimierung; die Dateigröße beträgt 62 Kilobyte.

▲ **Abbildung 37.14**
Nach dem Aufruf von OPTIMIEREN (DIFFERENZ) sind nur noch an den Stellen Teile des Hintergrundes erhalten, die zuvor vom gelben Ball verdeckt waren. Die Größe der Animation beträgt jetzt nur noch 12 Kilobyte.

▲ **Abbildung 37.15**
Hier wurde OPTIMIEREN (FÜR GIF) verwendet. Damit wurden die einzelnen Ebenen noch stärker reduziert, womit die tatsächliche Dateigröße nur noch 11,4 Kilobyte beträgt.

Optimieren
Wenn Sie sich nicht sicher sind, was hier passiert, deaktivieren Sie einfach über das Augensymbol im EBENEN-Dialog alle Ebenen bis auf eine, und Sie werden verstehen, was beim Optimieren passiert ist. Achten Sie auch auf die Größe des Ebenenrahmens.

»Animation«-Filter

Neben den Filtern, die bei der Erstellung von GIF-Animationen helfen, finden Sie über FILTER • ANIMATION auch einige weitere kleine Helferlein, um aus einem Bild eine bestimmte Animation zu erzeugen.

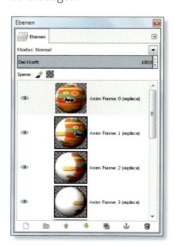

Abbildung 37.16 ▶
Mit DREHENDER GLOBUS erzeugen Sie eine Animation durch das Abbilden des aktiven Bildes auf einer rotierenden Kugel.

37.1 GIF-Animation

▲ **Abbildung 37.17**
Mit EINBRENNEN erstellen Sie einen animierten Zwischeneffekt, eine Überblendung, zwischen zwei Ebenen.

▲ **Abbildung 37.18**
FLATTERN fügt dem Bild einen animierten Effekt hinzu, als würde das Bild als Fahne im Wind wehen.

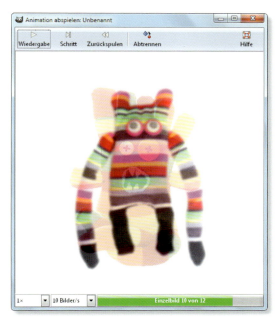

▲ **Abbildung 37.19**
Mit ÜBERBLENDEN erzeugen Sie aus mindestens dreiverschiedenen Ebenen eine weiche und animierte Überblendung der einzelnen Ebenen.

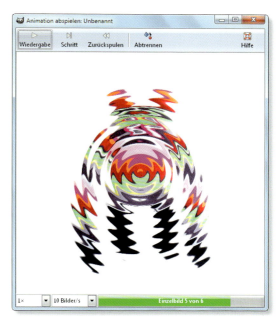

▲ **Abbildung 37.20**
Mit WELLEN entsteht ein animierter Effekt, als hätte jemand einen Stein in das Bild geworfen.

»Semi-Abflachen«

Den Befehl Ebene • Transparenz • Semi-Abflachen finden Sie auch als Filter über Filter • Web • Semi-Abflachen. Das Semi-Abflachen wird gewöhnlich beim GIF-Format verwendet. Da das GIF-Format keine Halbtransparenz (Alphawert: 1 bis 254) kennt, kann ein Pixel nur entweder komplett deckend oder eben komplett transparent sein. Für den Antialias-Effekt ist dies eher störend. Mit Semi-Abfachen lassen sich halbtransparente Pixel erzeugen.

Wenn Sie diesen Filter verwenden wollen, müssen Sie die Hintergrundfarbe an der Stelle kennen, wo Sie das Bild verwenden wollen. Am einfachsten ermitteln Sie diese Hintergrundfarbe mit der Farbpipette und stellen diese als aktive Hintergrundfarbe im Werkzeugkasten ein.

Ohne »Semi-Abflachen« | Der Buchstabe in Abbildung 37.21 wurde mit dem Text-Werkzeug und der dort vorhandenen Werkzeugeinstellung Kanten glätten erstellt.

Weil das GIF-Format nur die Alphawerte 0 und 255 kennt, sind die Glättungen, die durch Alphawerte von 1 bis 254 entstehen, in Abbildung 37.22 verschwunden. Die Darstellung wirkt recht kantig und grob.

> **Antialias-Effekt**
> Mit dem Antialiasing wird versucht, den unerwünschten Treppeneffekt, auch Alias-Effekt genannt, zu vermindern und so ein kantiges Erscheinungsbild abzumildern. Hierbei spricht man auch von Kantenglättung.

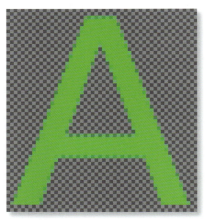

▲ Abbildung 37.21
Das Bild ist hier zur Verdeutlichung achtfach (800 %) vergrößert.

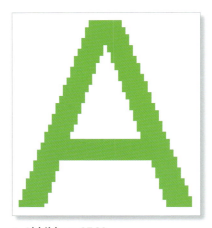

▲ Abbildung 37.22
Hier wurde der Buchstabe im GIF-Format gespeichert und auf einem weißen Hintergrund eingefügt.

Mit »Semi-Abflachen« | Bevor Sie diese Funktion benutzen, müssen Sie natürlich wissen, welche Hintergrundfarbe beispielsweise die Webseite hat, auf der Sie das Bild verwenden wollen. Stellen

Sie die aktive Hintergrundfarbe in GIMP dementsprechend ein. Im Beispiel wurde Weiß verwendet.

Die Funktion Semi-Abflachen müssen Sie aufrufen, bevor Sie das Bild im GIF-Format abspeichern.

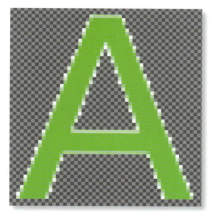

▲ **Abbildung 37.23**
Hier wurde Semi-Abflachen angewendet. Die aktive Hintergrundfarbe und die grüne Farbe des Bildes wurden entsprechend gemischt und somit das Antialiasing mit einer kompletten Transparenz (Alphawert von 0 oder 255) erstellt.

▲ **Abbildung 37.24**
Dank Semi-Abflachen blieb jetzt auch hier bei einem weißen Hintergrund das Antialiasing beim GIF-Format erhalten, was sich im Vergleich zur Version ohne Semi-Abflachen in der 8:1-Ansicht deutlich bemerkbar macht.

37.2 Buttons und Banner

Buttons und Banner sind bekannte und beliebte Navigations-, Stil- und auch Werbemittel im Internet. Natürlich möchte ich Ihnen auch hierfür einige Anregungen geben, wie Sie selbst solche grafischen Elemente erstellen können.

Buttons (Schaltflächen)

Viele Webseiten verwenden immer noch grafische Buttons zur Navigation. Einige dieser Buttons sind sehr schön, andere wiederum kitschig, und einige fallen gar nicht mehr als Button auf. In der Praxis findet man allerdings grafische Buttons auf Webseiten immer seltener. Stattdessen wird hierfür immer häufiger auf CSS-Techniken (CSS = *Cascading Style Sheet*) zurückgegriffen, wofür keinerlei Grafiken nötig sind, was auch das Datenaufkommen (bekannt als *Traffic*) verringert.

Vordefinierte Schaltflächen erstellen | GIMP selbst bietet über das Untermenü Datei • Erstellen • Schaltflächen mit Einfach, abgeschrägt sowie mit Runder Knopf zwei Skript-Fu-Programme an, um schnell vorgefertigte Schaltflächen zu erstellen. Allerdings dürfen Sie sich davon nicht zu viel erhoffen; die zwei Skript-Fu-Programme sind nur einfache und schnelle Mittel zum Zweck. Immerhin bieten beide auch die Möglichkeit an, einen niedergedrückten bzw. aktiven Knopf zu erstellen, den Sie mit einer JavaScript-Technik (= *Mouseover*) überblenden können.

▲ **Abbildung 37.25**
Beide Buttons wurden mit Einfach, abgeschrägt erstellt. Der linke Button ist dabei unbetätigt und der rechte niedergedrückt.

▲ **Abbildung 37.26**
Diese beiden Buttons wurden mit dem Skript-Fu-Programm Runder Knopf erstellt. Auch hier sehen Sie einen unbetätigten und einen betätigten Button.

Eigene Buttons erstellen | In der Praxis werden Sie wohl eher dazu tendieren, eigene Buttons zu erstellen, die nicht alle wie aus einem Guss erstellt aussehen. Hierfür gibt es natürlich wieder unzählige Möglichkeiten. Die folgende Schritt-für-Schritt-Anleitung sollten Sie daher nur als Anregung sehen.

Schritt für Schritt
Runden Button erstellen

1 Neue Datei anlegen

Legen Sie zunächst über Datei • Neu eine neue Datei für den Button an. Im Beispiel wurde hierfür eine 500 × 500 Pixel große Bilddatei in weißer Farbe erstellt. Verwenden Sie hierbei eine etwas größere Bilddatei, damit Sie mehr Platz zum Arbeiten haben; anschließend können Sie das Bild immer noch zuschneiden. Achten Sie außerdem darauf, dass Sie den Button in einer Größe erstellen, die für Ihre Webseite angemessen ist. Darüber sollten Sie sich vorher schon Ihre Gedanken machen. Ein nachträgliches Skalieren würde nur zu Qualitätsverlusten führen.

37.2 Buttons und Banner

◂ **Abbildung 37.27**
Neue Datei für den Button anlegen

2 Auswahl erstellen

Verwenden Sie das Werkzeug ELLIPTISCHE AUSWAHL ([E]), und ziehen Sie für den Button eine runde Auswahl etwa in der Mitte des Bildes auf. Drücken Sie während des Aufziehens der Auswahl die ⇧-Taste, um einen schönen runden Kreis zu erhalten.

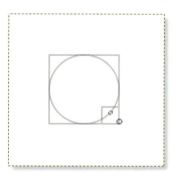

◂ **Abbildung 37.28**
Eine runde Auswahl für den Button erstellen

3 Mit Verlauf füllen

Wählen Sie als Nächstes das Werkzeug FARBVERLAUF ([L]) aus. Stellen Sie eine entsprechende Vordergrund- und Hintergrundfarbe ❶ ein, mit der Sie die Auswahl füllen wollen. Im Beispiel wurde für die Vordergrundfarbe #dfdff6 und für die Hintergrundfarbe #828d93 (jeweils in der HTML-Notation) verwendet. Wählen Sie bei den Werkzeugeinstellungen bei FARBVERLAUF VG NACH HG (RGB) ❷ aus. Die anderen Optionen können Sie in der Standardeinstellung belassen. Ziehen Sie mit gedrückter linker Maustaste eine senkrechte Linie ❸ (halten Sie [Strg]/[Ctrl] gedrückt) **von oben nach unten** über die Auswahl, und lassen Sie die Maustaste los.

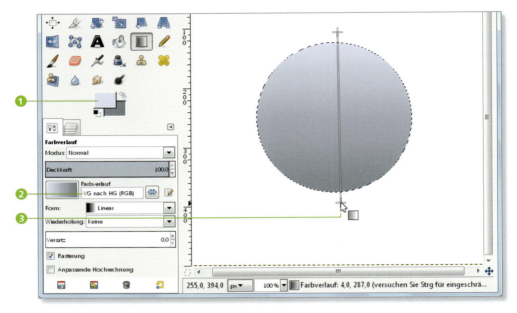

Abbildung 37.29 ▲
Auswahl mit Verlauf füllen

4 Auswahl verkleinern

Verkleinern Sie die Auswahl über AUSWAHL • VERKLEINERN um 20 Pixel ❹. Verwenden Sie erneut das FARBVERLAUF-Werkzeug mit demselben Verlauf wie im Arbeitsschritt zuvor. Ziehen Sie mit gedrückter linker Maustaste eine senkrechte Linie ❺ (halten Sie `Strg`/`Ctrl` gedrückt) **von unten nach oben** über die Auswahl, und lassen Sie die Maustaste los. Jetzt erhält der Button allmählich einen 3D-Effekt.

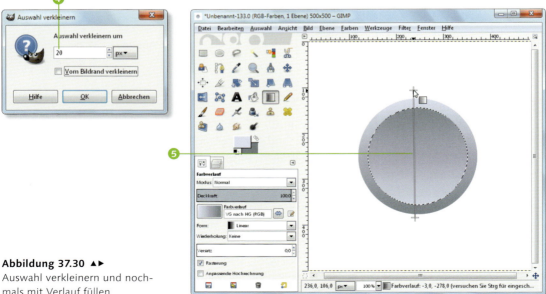

Abbildung 37.30 ▲▶
Auswahl verkleinern und nochmals mit Verlauf füllen

5 Rand abschrägen

Rufen Sie FILTER • DEKORATION • RAND ABSCHRÄGEN auf, und verwenden Sie eine DICKE 6 für das Abschrägen von 1 Pixel. Bestätigen Sie den Dialog mit OK.

▼ Abbildung 37.31
Noch einen Schatten zum Button hinzugefügt

6 Text hinzufügen

Am Ende fügen Sie den Text mit dem TEXT-Werkzeug A in den Button ein. Im Beispiel wurde hierfür die SCHRIFT 7 SANS BOLD mit einer GRÖSSE 8 von 40 Pixeln in schwarzer FARBE 9 verwendet.

7 Mouseover-Button erstellen

Wollen Sie außerdem einen Button erstellen, der angezeigt wird, sobald die Maus darauf zeigt, dann sollten Sie den erstellten Button duplizieren und aus der Kopie einen weiteren Button, beispielsweise mit einer helleren Schrift, erstellen. Ihrer Kreativität sind hierbei keinerlei Grenzen gesetzt.

Sind Sie mit dem Button fertig, müssen Sie nur noch alle Ebenen zusammenfügen.

◄ Abbildung 37.32
Text zum Button hinzufügen

8 Button zuschneiden

Am Ende sollten Sie die Schaltfläche mit dem Werkzeug Zuschneiden in der Größe anpassen.

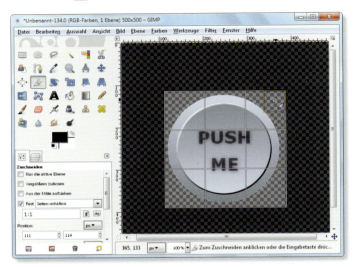

Abbildung 37.33 ▶
Den Button passend zuschneiden

9 Schlussbemerkung

Zwar wurde in diesem Beispiel ein runder Knopf erzeugt, aber Sie können mit dem Rechteckige Auswahl-Werkzeug genauso gut eckige Schaltflächen (mit gerundeten Ecken) erstellen. Die weiße Hintergrundfläche im Bild machen Sie transparent, indem Sie dem Bild einen Alphakanal spendieren und mit dem Zauberstab die weiße Fläche auswählen und löschen. Damit der Button beim Erstellen eines transparenten Hintergrundes nicht zu pixelig wird, sollten Sie Ebene • Transparenz • Semi-Abflachen verwenden; mehr dazu erfahren Sie auf Seite 778, »Semi-Abflachen«. Zum Sparen von Speicherplatz sollten Sie außerdem mit Bild • Modus • Indiziert die Farben reduzieren. Zum Abspeichern würde sich das GIF- oder PNG-Format (wegen der Transparenz) sehr gut eignen.

Abbildung 37.34 ▶
Zwei einfache runde Schaltflächen, die mit dem eben gezeigten Workflow erstellt wurden

37.2 Buttons und Banner

Werbebanner erstellen

Das Werbebanner ist eine gerne eingesetzte Form der Internetwerbung. Meistens wird hierbei eine Werbung als Grafik im GIF-Format (manchmal auch als Flash-Datei) in die Webseite eingebettet. Klickt ein Besucher das Banner an, wird er zur werbenden Seite weitergeleitet. Dafür können Sie ein statisches Banner verwenden, das beispielsweise auch auf Ihrer Webseite als Topleiste dienen kann, oder ein animiertes Banner (im GIF- oder SWF-Format).

Mittlerweile gibt es schon Standards für die Größe solcher Banner. Am häufigsten kommt das Format 468 × 60 Pixel (auch *Fullsize Banner* genannt) vor.

Flash- oder Grafikdatei
Wenn Sie animierte Banner erstellen, werden Sie sich zwischen einer GIF-Animation und einer Flash-Animation (SWF-Datei) entscheiden müssen. Flash bietet natürlich mehr Spielereien und aufwendigere Aktionen an. Aber dafür muss beim Webbrowser ein Flash-Plugin installiert sein. GIF-Animationen hingegen können mit jedem beliebigen Browser dargestellt werden. GIMP kann außerdem nicht mit Flash-Dateien umgehen.

Schritt für Schritt
Einen Banner erstellen

1 Bild zuschneiden

Bevor Sie ein Banner erstellen, benötigen Sie ein passendes Bild dafür. Entweder verwenden Sie ein Panorama, oder Sie schneiden aus einem fertigen Bild einen passenden Streifen heraus, was aber gar nicht so einfach ist. Wählen Sie hierfür zunächst das ZUSCHNEI-DEN-Werkzeug (⇧+C). Wir wollen ein 468 × 60 Pixel großes Banner erstellen. Das Seitenverhältnis beträgt hierbei 7,8 : 1 (468 / 60 = 7,8). Setzen Sie daher bei den Werkzeugeinstellungen vor FEST ❸ ein Häkchen, und wählen Sie in der Dropdown-Liste daneben SEITENVERHÄLTNIS ❷. In der Textzeile darunter ❹ geben Sie jetzt das Seitenverhältnis »7,8:1« ein. Erstellen Sie im Bild mit gedrückter linker Maustaste einen entsprechenden Zuschnittrahmen ❶, und schneiden Sie das Bild zu.

Größe	Bezeichnung
468 × 60	Fullsize-Banner
234 × 60	Halfsize-Banner
728 × 90	Superbanner
160 × 600	Wide Skyscraper

▲ **Tabelle 37.1**
Einige gängige Bannergrößen, die derzeit standardmäßig verwendet werden

Lion.jpg, Banner.jpg

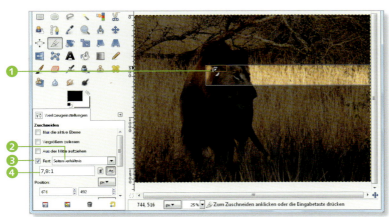

Foto: Brigitte Bolliger/pixelio.de

◀ **Abbildung 37.35**
Ein Zuschnitt im Verhältnis eines Fullsize-Banners

Kapitel 37 GIMP für das Internet

Abbildung 37.36 ▲▶
Eine neue leere Ebene und Ebenenmaske hinzugefügt

2 Ebenenmaske erstellen

Fügen Sie im EBENEN-Dialog über die entsprechende Schaltfläche ❹ eine leere weiße Ebene in der Größe des Banners hinzu. Schieben Sie diese weiße Ebene ❸ unter die Ebene mit dem Bild. Klicken Sie die Ebene mit dem Bild ❷ mit der rechten Maustaste an, und wählen Sie EBENENMASKE HINZUFÜGEN. Initialisieren Sie die Ebenenmaske mit WEISS (VOLLE DECKKRAFT) ❶.

3 Bildbereich ausblenden

Aktivieren Sie die Ebenenmaske ❼ im EBENEN-Dialog. Wählen Sie das Werkzeug FARBVERLAUF (L) aus. Stellen Sie den FARBVERLAUF ❻ auf VG NACH HG (RGB). Ziehen Sie jetzt mit gedrückter linker Maustaste von rechts ❽ nach links bis kurz vor den Augen des Löwen ❺ eine gerade Linie, und lassen Sie die Maustaste los. Dank der Ebenenmaske sollte jetzt auf der rechten Seite des Bildes ein Teil sanft mit der darunterliegenden weißen Ebene überblendet sein. Klicken Sie anschließend mit der rechten Maustaste auf eine der Ebenen, und wählen Sie BILD ZUSAMMENFÜGEN.

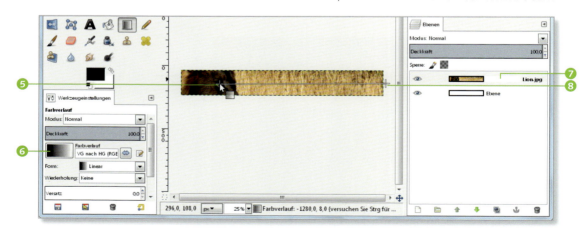

▲ Abbildung 37.37
Mit Hilfe der Ebenenmaske wird das Bild rechts sanft mit der darunterliegenden Ebene überblendet.

37.2 Buttons und Banner

4 **Bild skalieren**

Bevor wir Text zum Banner hinzufügen, soll das Bild auf die Standardbannergröße von 468 × 60 Pixel skaliert werden. Rufen Sie hierzu BILD • BILD SKALIEREN auf. Normalerweise genügt es, wenn Sie bei der BREITE ❾ 468 Pixel eingeben. Automatisch sollte jetzt bei aktivierter Kette ⓬ die HÖHE ❿ auf 60 Pixel angepasst werden. Für die Webanwendung reicht außerdem die Auflösung ⓫ von 72 dpi völlig aus. Bestätigen Sie den Dialog mit der Schaltfläche SKALIEREN ⓭.

◀ **Abbildung 37.38**
Das Bild wird in ein echtes Fullsize-Banner skaliert.

5 **Text hinzufügen**

Wenn Sie mit den Arbeiten für das Hintergrundbild fertig sind, geben Sie abschließend mit Hilfe des TEXT-Werkzeugs [A] ([T]) den gewünschten Text ein. Hier wurde mit der SCHRIFT ⓬ PALATINO LINOTYPE ITALIC und einer GRÖSSE ⓭ von 28 Pixeln der Text »Willkommen in Afrika« hinzugefügt.

▲ **Abbildung 37.39**
Text für das Banner hinzufügen

Kapitel 37 GIMP für das Internet

6 Analyse

Diese Anleitung, ein Banner zu erstellen, war natürlich nur auf das Nötigste beschränkt. Sie können selbstverständlich noch viel aufwendigere Banner erstellen, beispielsweise über eine GIF-Animation den Text alle zwei bis drei Sekunden wechseln (siehe Abschnitt 37.1, »GIF-Animation«), sprich, alle zwei bis drei Sekunden ein anderes Bild mit einem anderen Text anzeigen, wofür Sie drei Ebenen bräuchten. Auch viele andere kreative Dinge lassen sich damit erstellen.

▲ **Abbildung 37.40**
Ein einfaches Fullsize-Banner für das Internet

37.3 Eine Image-Map erstellen

GIMP hat auch ein integriertes Plugin, mit dem Sie eine verweissensitive Grafik (englisch *Image-Map*) erstellen können. Hiermit haben Sie die Möglichkeit, mehrere Weblinks (in der Fachsprache: Hyperlinks) in einer Grafik zu verwenden. Häufig anzutreffende und nützliche Beispiele hierfür sind Landkarten auf der Webseite, die auf bestimmte Regionen verweisen.

GIMP hält über FILTER • WEB • IMAGEMAP ein sehr umfangreiches Werkzeug bereit, das den nötigen HTML-Code für verweissensitive Grafiken erstellt. Oben in IMAGEMAP sehen Sie die Menüleiste ❶, wo Sie alle Befehle für das Werkzeug erreichen. Die wichtigsten und gängigsten Befehle finden Sie aber auch als Schaltflächen unterhalb ❷ der Menüleiste im Fenster wieder, weshalb hier nicht näher auf das Menü eingegangen wird.

In der senkrechten Schaltflächenleiste auf der linken Seite ❸ finden Sie die verschiedenen Werkzeuge, mit denen Sie die klickbaren Bereiche definieren. Als Formen stehen Ihnen Rechteck, Ellipse bzw. Kreis und Polygon zur Verfügung. Die aufgezogenen Bereiche können Sie jederzeit nachträglich editieren.

Die Mitte, der größte Teil des Fensters, stellt den Arbeitsbereich ❹ dar, wo Sie die Formen mit den Werkzeugen ❸ einfügen. Ganz rechts im Bildfenster finden Sie den AUSWAHL-Bereich ❻, wo die ausgewählten und künftig klickbaren Bereiche aufgelistet werden. Auch diese Bereiche können Sie nachträglich bearbeiten. Links daneben finden Sie ebenfalls eine senkrechte Leiste ❺ mit Schaltflächen, mit denen Sie diese Bereiche bearbeiten und löschen.

▲ **Abbildung 37.41**
Ein Banner mit 160 × 600 Pixeln (Wide Skyscraper), wie es oft auf Webseiten am rechten oder linken Rand verwendet wird.

HTML-Grundkenntnisse nötig

Mit dem Plugin IMAGEMAP wird nur der HTML-Code für das Bild erstellt und nicht das komplette Grundgerüst für eine Webseite. Sie müssen daher den Quellcode aus einer MAP-Datei mit den map-Tags in die HTML-Datei einfügen. Sie können nicht einfach die mit IMAGEMAP erstellte Datei als HTML-Datei abspeichern.

37.3 Eine Image-Map erstellen

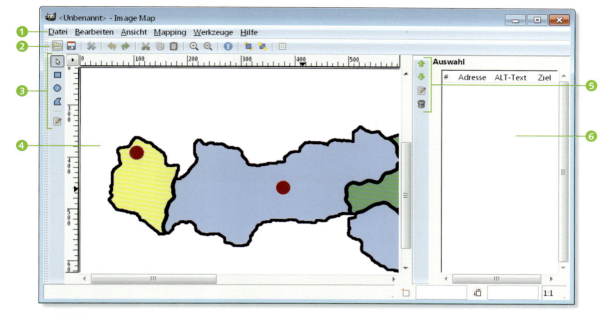

▲ **Abbildung 37.42**
Das Fenster des Filters IMAGEMAP

Schritt für Schritt
Verweissensitive Bereiche erstellen

Um Sie nicht mit unzähligen Funktionen und Beschreibungen zum Filter IMAGEMAP zu langweilen, zeige ich Ihnen in einem Workshop, wie Sie einer Grafik einen verweissensitiven Bereich hinzufügen und wie Sie ihn im Internet verwenden können.

 Austria.png und Austria.html

◄ **Abbildung 37.43**
Bei dieser Landkarte von Österreich sollen die neun Bundesländer ausgewählt und mit ihren offiziellen Webseiten verlinkt werden.

1 **Bild öffnen**

Öffnen Sie das Bild »Austria.png« über DATEI • ÖFFNEN wie gewöhnlich mit GIMP. Rufen Sie FILTER • WEB • IMAGEMAP auf, und die Landkarte ist mit dem Werkzeug IMAGEMAP geöffnet.

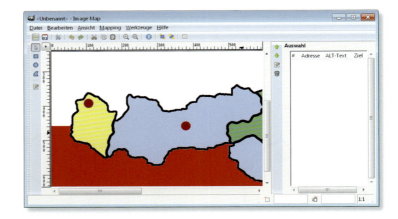

Abbildung 37.44 ▶
Die Landkarte wurde mit IMAGE-MAP geöffnet.

2 Verweissensitiven Bereich festlegen

Aktivieren Sie das Werkzeug, um einen polygonalen Bereich ❶ auszuwählen, und erstellen Sie hiermit Klick für Klick eine Umrandung um ein Bundesland ❷. Lassen Sie sich nicht davon irritieren, dass die Auswahl immer geschlossen ist und ein Linie quer durch das Bundesland geht. Am Ende, wenn Sie alles umrahmt haben, haben Sie eine saubere Auswahl.

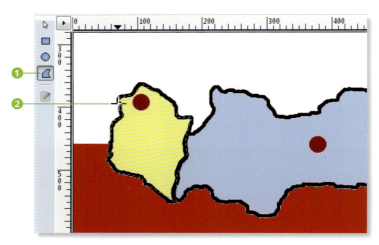

▲ **Abbildung 37.45**
Eine polygonale Auswahl wird erstellt.

3 Einstellungen für Bereich anpassen

Wenn Sie die Auswahl erstellt haben, doppelklicken Sie auf das Polygon. Der Doppelklick ist übrigens nur beim Polygon nötig. Jetzt öffnet sich ein Dialogfenster, wo Sie die Einstellungen für den verweissensitiven Bereich anpassen können. Um was für eine Art von Verknüpfung es sich handelt, wählen Sie unter VERKNÜPFUNGSTYP ❸ aus. Im Beispiel ist es ein Link auf eine INTERNET-SEITE.

37.3 Eine Image-Map erstellen

In der Textzeile darunter ❹ geben Sie ein, welche Datei oder Adresse geöffnet werden soll, wenn dieser Bereich angeklickt wird. Im Beispiel wird dieser Bereich mit der offiziellen Webseite des Bundeslands Vorarlberg verknüpft. Soll die Adresse in einem Frame geöffnet werden, müssen Sie in der nächsten Textzeile ❺ den Frame-Namen angeben. In diesem Beispiel ist dies nicht nötig, weil keine Frames verwendet werden. In der letzten Textzeile ALT-TEXT ❻ geben Sie einen Alternativtext an, der eingeblendet wird, wenn die Webseite mit einem Textbrowser oder mit abgeschalteter Bildunterstützung aufgerufen wird. Nach W3C-Spezifikation sind diese Angaben vorgeschrieben. Bestätigen Sie den Dialog mit OK.

Weitere Register
Im Register daneben (hier POLYGON) können Sie die Abmessungen nachträglich anpassen und erweitern. Unter JAVASCRIPT können Sie erweiterte JavaScript-Befehle für die einzelnen Mausereignisse (onMouseover, onMouseout, onFocus und onBlur) angeben.

◀ **Abbildung 37.46**
Einstellungen für den verweissensitiven Bereich

4   Bereich nachbearbeiten

Im rechten Teil des Fensters unterhalb von AUSWAHL sehen Sie jetzt den Bereich in der Liste ❾. Wollen Sie diesen Bereich editieren, doppelklicken Sie ihn oder klicken Sie auf die entsprechende Schaltfläche ❽ daneben. Sind Sie mit der Auswahl nicht zufrieden, können Sie sie auch über das Mülleimersymbol ❿ löschen. Im AUSWAHL-Bereich können Sie die polygonale Auswahl auch nachträglich ändern, indem Sie das Werkzeug mit dem Pfeil ❼ auswählen und die einzelnen Punkte ⓫ mit gedrückter linker Maustaste verschieben.

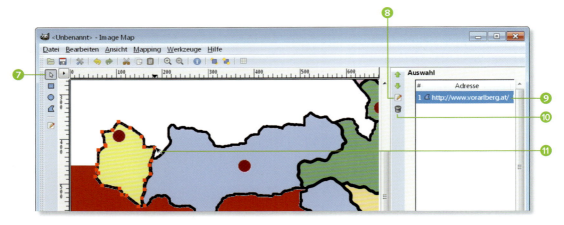

Abbildung 37.47 ▲
Erstellte Bereiche lassen sich jederzeit nachträglich bearbeiten.

5 Bereiche innerhalb von Bereichen verwenden

Wollen Sie einen verweissensitiven Bereich innerhalb eines ausgewählten Bereichs anlegen, kann dies sehr knifflig werden, und Sie sollten das in der Praxis besser vermeiden. Es ist dennoch möglich. So wurde beispielsweise in der Abbildung die Hauptstadt des Bundeslandes Vorarlberg, Bregenz ⓬, über einen runden Auswahl-Bereich mit der offiziellen Homepage verlinkt. Um jetzt allerdings diese Hauptstadt auch später anklicken und öffnen zu können (genauer: zu verhindern, dass der kleinere Bereich vom größeren verdeckt wird), markieren Sie den entsprechenden Eintrag mit gehaltener Strg/Ctrl-Taste im Auswahl-Bereich ⓮, und klicken Sie auf die Schaltfläche Nach hinten setzen ⓭. Jetzt sollte die Reihenfolge in der Liste umgekehrt sein ⓯ – zuerst wird also die Hauptstadt, dann das Bundesland aufgelistet. Wesentlich einfacher können Sie es sich hierbei machen, indem Sie immer gleich den inneren Bereich vor dem äußeren Bereich erstellen.

Abbildung 37.48 ▼
Verweissensitive Bereiche innerhalb vorhandener Bereiche können recht komplex werden, ein Bereich den anderen überdecken kann.

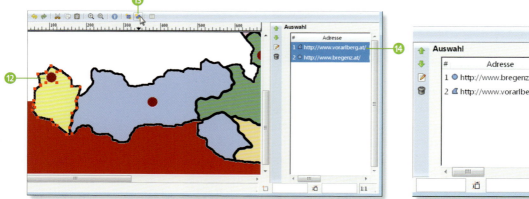

6 Schritte 2 bis 5 wiederholen

Jetzt wiederholen Sie die Arbeitsschritte 2 bis 5 mit den anderen Bundesländern und, wenn Sie wollen, deren Hauptstädten.

Wenn Sie die Hauptstädte verwenden, sollten Sie diese immer vor den Bundesländern wählen.

▼ **Abbildung 37.49**
Die Landkarte viele hinzugefügte Bereiche später ...

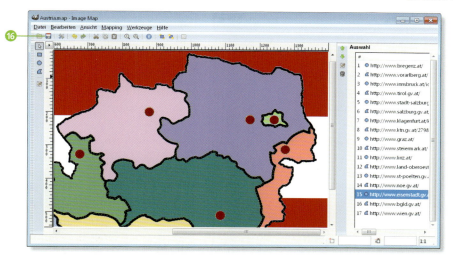

7   Datei speichern

Speichern Sie jetzt die MAP-Datei über das Diskettensymbol ⓰ in der Werkzeugleiste oder mit Datei • Speichern unter. Zwar speichern Sie hier HTML-Code, aber um diesen Code fehlt noch ein HTML-Grundgerüst. Sie können aber trotzdem die Datei mit der Endung »*.html« speichern und mit einem Webbrowser Ihrer Wahl testen. Wichtig dabei ist auf jeden Fall, dass die HTML-Datei und das Bild im selben Verzeichnis liegen. Zur Demonstration habe ich Ihnen das hier erstellte Beispiel auch auf die Webseite *http://pronix.de/imagemap/Austria.html* hochgeladen. Auch auf der Buch-DVD finden Sie selbstverständlich dieses Beispiel mit dem kompletten HTML-Code wieder.

HTML-Quellcode
Wenn Sie nur den HTML-Quellcode der Image-Map benötigen und diesen über Copy & Paste in einen HTML-Editor einfügen wollen, rufen Sie im ImageMap-Editor das Menü Ansicht • Quelle auf. Dann wird der Quellcode angezeigt. Ob Sie jetzt den Code per Copy & Paste kopieren oder nicht, speichern sollten Sie ihn unbedingt. So können Sie jederzeit die Datei über ImageMap mit Datei • Öffnen laden und damit weiterarbeiten.

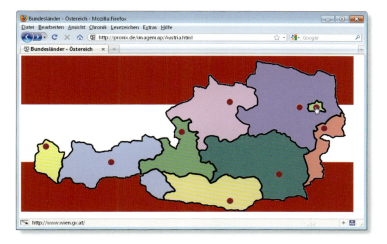

◄ **Abbildung 37.50**
Die verweissensitive Grafik bei der Ausführung

8 Noch ein paar Tipps

Zum Schluss muss natürlich hinzugefügt werden, dass der IMAGE-MAP-Editor von GIMP ein sehr tolles Werkzeug für Webentwickler ist. Leser, die allerdings mit HTML und Co. nicht viel zu tun haben, werden dem Tool wohl nicht viel abgewinnen können. Möchten Sie trotzdem eine solche Grafik mit dem entsprechenden Code im Web veröffentlichen und wissen nicht, wo Sie dabei anfangen sollen, können Sie sich gerne bei mir melden. Ein Tipp noch am Rande, wie Sie eine eigene Landkarte am besten erstellen: Verwenden Sie einen Atlas, zeichnen Sie die gewünschte Karte auf ein Stück Papier, scannen Sie das Bild ein, und verwenden Sie dann das PFADE-Werkzeug, um die Umrisse nachzuziehen. Am Ende brauchen Sie nur noch die einzelnen Bereiche mit einer Farbe zu füllen.

37.4 Bilder für das Internet

Wenn Sie Bilder für das Internet verwenden wollen, sollten Sie sie dafür extra anpassen. Vor allem die Datenmenge müssen Sie stets im Auge behalten. Wenn Sie Fotos im Internet veröffentlichen, sollten Sie aber dennoch auch auf die Qualität achten.

Bildgröße (Pixelgröße)

amanda.jpg

Für Fotos auf einer Webseite ist es wenig sinnvoll, die Bilder in voller Pixelauflösung mit beispielsweise 4.000 × 3.000 Pixeln und unkomprimiert mit 3 bis 5 Megabyte zu verwenden. Die hohe Pixelanzahl bringt bei der Darstellung im Webbrowser recht wenig. Ganz im Gegenteil, die meisten Webbrowser skalieren die Ansicht des Bildes noch entsprechend herunter, damit dieses im Webbrowser-Fenster komplett angezeigt werden kann. Dabei wirkt allerdings das Bild, je nach Größe, schnell recht zusammengestaucht. Durchschnittliche Standardwerte von Monitoren sind in der Regel 1.024 × 768 oder auch 1.280 × 800 Pixel. Alles über diesen Werten wird vom Webbrowser (herunter-)skaliert dargestellt.

Auch die Datenmenge des Bildes ist mit 1,82 Megabyte nicht unbedingt gering. Zwar sind solche Datenmengen mit den heutigen Internetverbindungen binnen Sekunden geladen, aber es soll auch noch Leute geben, die in Gebieten leben, wo solch hohe Geschwindigkeiten noch nicht erhältlich sind. Solche Websurfer werden sich das nicht antun, und Sie werden sie wohl auch nie wieder auf Ihrer Website sehen.

Foto-Hoster

Wenn Sie wirklich vorhaben sollten, viele Bilder

in hoher Qualität auf Webseiten zu präsentieren, sollten Sie sich einmal sogenannte Foto-Hoster ansehen:
www.flickr.com
www.fotocommunity.de
www.ipernity.com

37.4 Bilder für das Internet

▲ **Abbildung 37.51**
In der Titelleiste des Webbrowsers erkennen Sie sehr schön, dass dieses 4.000 × 3.000 Pixel große Bild auf 17 % skaliert wurde, damit es komplett auf dem Bildschirm angezeigt werden kann. Durch das Herunterskalieren verliert das Bild deutlich an Schärfe.

▲ **Abbildung 37.52**
Wenn Sie das Bild im Webbrowser mit einer 100 %-Ansicht ansähen, so bekämen Sie nur diesen Bildausschnitt zu sehen.

Das zweite Übel bei solch großen Datenmengen ist der Traffic (der Datenverkehr), den sie verursachen. Wenn Sie sich Platz bei einem Webhoster besorgt haben, wo Sie Ihre Bilder künftig präsentieren wollen, summieren sich diese Datenmengen, wenn Ihre Webseite häufig besucht wird. Bei 100 Besuchern kommen schnell 180 bis 200 Megabyte pro Bild zusammen. Wenn Sie ein Limit einhalten müssen, werden Sie diese Grenze schnell überschreiten.

Für das Web speichern

Um also ein Bild für das Web zu speichern, sind in der Regel zwei bis drei Schritte nötig. Die einzelnen Funktionen wurden zwar im Buch schon behandelt, aber nicht im direkten Kontext mit dem Web.

Bildgröße (Pixelgröße) anpassen | Als Erstes sollten Sie die Bildgröße (Pixelgröße) des Bildes anpassen. In der Praxis werden Sie die Pixelmaße mit BILD • BILD SKALIEREN verringern.

Auf welche BILDGRÖSSE Sie ein Bild verkleinern, bleibt zunächst Ihnen überlassen. Als Fixpunkt für die maximale Auflösung können Sie beispielsweise 1.024 × 768 verwenden. Foto-Hoster bieten die Bilder in mehreren verschiedenen Größen an. Allerdings müssen Sie sich in solch einem Fall selten selbst um das Skalieren kümmern.

Zum Nachlesen

Wie Sie möglichst schonend ein Bild skalieren, erfahren Sie auf Seite 471, »Pixelmaße ändern über ›Bild skalieren‹«. Die Grundlagen zum Thema »Bildgröße und Auflösung« werden außerdem in Abschnitt 4.2 beschrieben.

Abbildung 37.53 ▶
Pixelmaße für das Web anpassen

Sie müssen sich außerdem überlegen, ob Sie das Bild anschließend flächenfüllend in einem Browserfenster anzeigen möchten oder ob Sie die Grafik in einem laufenden Text einfügen wollen. Hier würde es sich dann empfehlen, das Bild etwas kleiner zu skalieren (640 × 480 oder kleiner) und dem Leser anzubieten, das Bild durch Anklicken vergrößert in einem neuen Fenster anzusehen.

Die Auflösung ❷ ist für das Web nicht von großer Bedeutung. Daher können Sie einen relativ niedrigen Wert wie 72 oder 96 dpi für die Bildschirmdarstellung verwenden.

Als netter Nebeneffekt wird durch das Verkleinern des Bildes auch die Datenmenge reduziert. Im Beispiel wurde das Bild von 4.000 × 3.000 Pixel (Dateigröße 1,82 Megabyte) auf 800 × 600 skaliert und hat nur noch 132 Kilobyte.

Zum Nachlesen
Das Thema »Datei speichern« wird in Abschnitt 2.6, »Dateien speichern bzw. exportieren«, behandelt. Mehr über Dateiformate lesen Sie in Abschnitt 2.7, »Dateiformate und Kompression«.

Dateiformat | Zum Speichern von Bildern für das Web kommen eigentlich nur die Dateiformate JPEG, PNG oder GIF in Frage. Für Fotos wird vorwiegend das JPEG-Format verwendet. Wichtig ist, dass Sie, wenn Sie ein Foto im JPEG-Format über DATEI • SPEICHERN UNTER (bzw. Strg/Ctrl+⇧+S) sichern, das Bild mindestens in der 1:1-Ansicht (100%-Ansicht) (beispielsweise mit dem Tastenkürzel 1) betrachten.

Bei den Einstellungen im Fenster ALS JPEG SPEICHERN sollten Sie außerdem auf jeden Fall die Option VORSCHAU IM BILDFENSTER ANZEIGEN ❺ aktiviert lassen. Hierbei wird auch gleich eine geschätzte DATEIGRÖSSE ❹ berechnet. Die QUALITÄT stellen Sie über den gleichnamigen Schieberegler ❸ ein. Je höher der Wert, desto höher bleibt die Qualität. Zu stark sollten Sie den Regler allerdings nicht herunterziehen, weil sonst unschöne Artefakte im Bild auftreten. Der Standardwert 85 ist immer eine gute Wahl.

▲ **Abbildung 37.54**
Beim Abspeichern des Bildes als JPEG-Datei lassen sich QUALITÄT und DATEIGRÖSSE nach der Komprimierung sehr schön überwachen.

Bild schärfen | Wenn Sie ein Bild skaliert haben, verliert es in der Regel etwas an Schärfe. Daher ist ein letzter Schritt vor der Veröffentlichung des Bildes im Web häufig noch ein leichtes Nachschärfen. Hierfür würde ich Ihnen die »sanften« Schärfemethoden wie das Schärfen im Lab-Modus (siehe Seite 332, »Schärfen im Lab-Modus«) oder das Hochpass-Schärfen (Seite 329) empfehlen.

Wasserzeichen | Zum Schluss würde ich Ihnen noch empfehlen, das Bild mit einem Wasserzeichen zu versehen, um es so vor Bilderdiebstahl zu schützen. Wie Sie einen eigenen Pinsel für solche Zwecke erstellen, zeigt die Schritt-für-Schritt-Anleitung »Eigene Pinselspitze erstellen und verwenden« ab Seite 240. Oder Sie schreiben ein eigenes Skript-Fu-Programm dafür, wie dies auf Seite 859, »Ein Skript auf ein bestehendes Bild anwenden«, exakt für einen solchen Zweck (= Wasserzeichen) demonstriert wird.

37.5 Bilder aus dem Internet

GIMP bietet Ihnen auch die Möglichkeit an, Bilder direkt aus dem Internet herunterzuladen und zu öffnen. Des Weiteren können Sie auch ein Bildschirmfoto einer kompletten Webseite erstellen (also auch des Inhalts, der eigentlich gescrollt werden müsste).

Bilder vom Internet öffnen

Um Bilder direkt von einer Webseite in GIMP zu öffnen, benötigen Sie die genaue Webadresse. Gewöhnlich können Sie diese mit einem rechten Mausklick über dem Bild in Ihrem Webbrowser ermitteln.

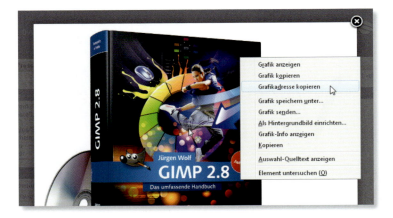

Abbildung 37.55 ▶
Bildadresse ermitteln (hier mit Firefox)

Jetzt müssen Sie diese Adresse über DATEI • ADRESSE ÖFFNEN im Adressfeld ❶ einfügen, und das Bild wird in GIMP geöffnet.

Abbildung 37.56 ▲▶
Der Dialog zum Herunterladen von Bildern aus dem Internet, um diese in GIMP zu öffnen

Bildschirmfoto einer ganzen Webseite erstellen

Auch für das Erstellen eines Bildschirmfotos einer ganzen Webseite benötigen Sie selbstverständlich die komplette URL der Webseite, welche Sie in der Adressleiste des Webbrowsers finden. Dann müssen Sie nur den BEFEHL DATEI • ERSTELLEN • VON WEBSEITE aufrufen und im sich öffnenden Dialog im Textfeld ❷ die entsprechende Adresse eingeben. Zusätzlich können Sie hier noch die BREITE ❸ und SCHRIFTGRÖSSE ❹ der Webseite vorgeben. Mit ERSTELLEN wird die Webseite heruntergeladen und als Bildschirmfoto in GIMP geöffnet.

 Die Funktion zum Erstellen eines Bildschirmfotos einer ganzen Webseite wurde neu mit GIMP 2.8 eingeführt.

◀ **Abbildung 37.57**
Das Erstellen eines Bildschirmfotos einer ganzen Webseite stellt kein Problem für GIMP dar.

Kapitel 38
Drucken mit GIMP

Wenn Sie vorhaben, Bilder mit GIMP auszudrucken, sollten Sie, wenn möglich, schon beim Erstellen bedenken, in welchem Format Sie das Bild später drucken wollen. In diesem Kapitel erfahren Sie aber auch, wie Sie ihre Ausdrucke mit individuellen Rahmen verschönern können.

38.1 Auflösung und Bildgröße ändern

Für den Druck in einem bestimmten Format bietet GIMP eine Reihe von Vorlagen an, die Sie beispielsweise schon bei DATEI • NEU auswählen können (Abbildung 38.1). Natürlich spricht auch nichts dagegen, sich eigene Vorlagen wie die fototypischen 10×15 cm oder 9×13 cm zu erstellen. Mit Drag & Drop können Sie sich dann jederzeit ein Bild in diese leere Vorlage ziehen. GIMP macht daraus dann eine eigene Ebene.

Ebenso sollten Sie auch gleich die Auflösung für den Druck festlegen. Übliche Auflösungen wie 72 dpi oder 96 dpi sind für den Druck eher ungeeignet. Für gute Ergebnisse bei einem Tintenstrahldrucker sollten Sie mindestens **150 dpi** bis **220 dpi** verwenden. Bei günstigeren Standarddruckern erzielen Sie allerdings mit der häufig empfohlenen Auflösung von **300 dpi** auch keine besseren Ergebnisse. Solche Auflösungen sind eher für den professionellen Druck sinnvoll oder wenn Sie das Bild vielleicht von einem Fotoservice oder einer Druckerei drucken lassen.

Wie Sie die Auflösung und Bildgröße für den Druck ändern, wird auf Seite 478, »Relative Auflösung für den Druck einstellen«, beschrieben. Den entsprechenden Dialog rufen Sie über BILD • DRUCKGRÖSSE auf (Abbildung 38.2).

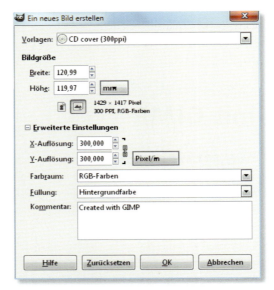

▲ **Abbildung 38.1**
Neue Datei aus den Vorlagen wählen

Abbildung 38.2 ▶
Der Dialog zum Einstellen der Größe und Auflösung für den Druck

Zum Nachlesen
Wie bereits erwähnt, haben hier die Bildgröße mit Höhe und Breite und die Auflösung dieselbe Bedeutung wie beim Dialog DRUCKGRÖSSE, weshalb ich Sie hier für mehr Informationen auf Seite 478, »Relative Auflösung für den Druck einstellen«, verweisen will, wo ich die Bedeutung dieser Werte für den Druck beschreibe.

38.2 Bildeigenschaften für das Drucken einrichten

Den Druckbefehl von GIMP rufen Sie über DATEI • DRUCKEN auf. Neben dem Standarddialog, der von System zu System (Windows, Mac OS X, Linux) unterschiedlich aussieht, aber die gleichen grundlegenden Funktionen bietet, finden Sie einen zusätzlichen Reiter BILDEIGENSCHAFTEN, unter dem Sie die Bildmaße ❶ (BREITE und HÖHE) und die Auflösung ❷ (X, Y) wie im Dialog BILD • DRUCKGRÖSSE einstellen können.

Unten im Dialog legen Sie bei POSITION ❸ fest, wie das Bild auf dem Papier gedruckt werden soll. Sie können über die Werte LINKS, RECHTS, OBEN und UNTEN die Position des Bildes bestimmen oder mit gedrückter linker Maustaste auf der Vorschau ❹ das Bild verschieben. Mit der Schaltfläche Drucken ❺ starten Sie dann den Druckvorgang.

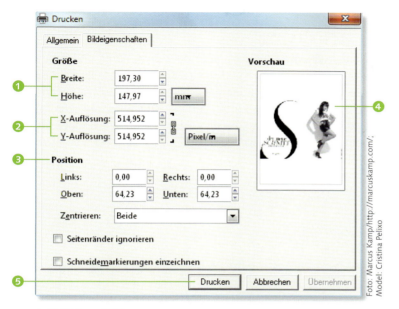

▲ **Abbildung 38.3**
Über den Reiter Bildeigenschaften des Druckdialogs können Sie ein Bild in der gewünschten Auflösung ❷ und Größe ❶ drucken.

Mehrere Fotos drucken

Für einzelne Fotos ist GIMP zum Drucken ganz gut geeignet, aber wenn Sie mehrere Bilder auf ein Blatt bringen wollen, kommen Sie mit Bordmitteln nicht mehr weiter. Hier sollten Sie sich dann auf Ihrem System nach einer entsprechenden Alternative umsehen. Für Windows würde sich auch die integrierte *Windows Druck- und Faxanzeige* bestens eignen. Mac OS X-Anwender werden hier vielleicht auf *iPhoto* zurückgreifen, und Linux-Anwender sind mit *Gnome Photo Printer* bestens bedient.

Drucken mit Gutenprint (Plugin)

Haben Sie Probleme mit Druckertreibern unter Linux oder anderen Unix-basierten Systemen wie Mac OS X, empfehle ich Ihnen das Programm *Gutenprint* (ehemals GIMP-Print). Es ist eine Sammlung von freien (auch vielen älteren) Druckertreibern. Gutenprint ist zwar nicht abhängig von GIMP, aber für Sie als GIMP-Anwender ist Gutenprint auch ein nützliches Plugin zum besseren Drucken. Die neueste Version finden Sie auf der offiziellen Webseite *http://gimp-print.sourceforge.net*.

38.3 Visitenkarten erstellen

Irgendwie gehört der Abschnitt über das Erstellen einer Visitenkarte einfach hierher zum Drucken. Dieses Vorhaben ist mit GIMP relativ einfach und schnell realisiert. Dieser Workshop geht zwar nur auf die Grundlagen dazu ein, aber lassen Sie sich nicht davon abhalten, selbst kreativ zu werden.

visitenkarte.xcf

Kapitel 38 Drucken mit GIMP

Schritt für Schritt
Visitenkarte erstellen

1 Datei anlegen

Als Erstes sollten Sie über DATEI • NEU (bzw. ⎡Strg⎤/⎡Ctrl⎤+⎡N⎤) eine neue Datei für Ihre Visitenkarte erstellen. Wählen Sie als Maßeinheit ❶ entweder Millimeter oder Zentimeter, und geben Sie anschließend in HÖHE und BREITE ❷ die gewünschte Größe für Ihre Visitenkarte an. Im Beispiel soll eine Standardvisitenkarte mit 85 × 55 mm (bzw. 8,5 × 5,5 cm) erstellt werden. Klicken Sie außerdem auf ERWEITERTE EINSTELLUNGEN ❸, und verwenden Sie eine Auflösung ❹ von jeweils 300 dpi. Als FÜLLUNG ❺ bietet sich hier WEISS an.

Tipp
Sie können auch ein passendes Hintergrundbild auf die Größe der Visitenkarte skalieren oder zuschneiden.

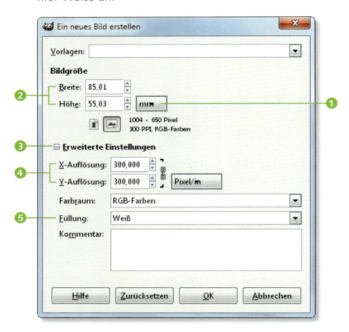

Abbildung 38.4 ▶
Neue Datei mit den Maßen für die Visitenkarte erstellen

2 Raster aktivieren

Zur besseren Orientierung und Ausrichtung sollten Sie das Raster über ANSICHT • RASTER ANZEIGEN aktivieren und über ANSICHT • MAGNETISCHES RASTER magnetisch machen. Einstellen können Sie das Raster über BILD • RASTER KONFIGURIEREN. Im Beispiel wurde der ABSTAND ❻ für BREITE und HÖHE jeweils auf 50 Pixel gesetzt.

38.3 Visitenkarten erstellen

▲ **Abbildung 38.5**
Raster zur Hilfe für die einfache Ausrichtung verwenden

3   Namen eingeben

Verwenden Sie das TEXT-Werkzeug [A], und wählen Sie eine passende SCHRIFT ❼ und GRÖSSE ❽ aus. Im Beispiel wurde die Schriftart SANS BOLD ITALIC mit einer GRÖSSE von 50 Pixeln verwendet. Als FARBE ❾ wurde Schwarz benutzt. Ziehen Sie mit dem Mauszeiger einen kleinen Rahmen an der Stelle im Bildfenster auf, wo Sie den Text positionieren wollen, und geben Sie ❿ Ihren Namen ein.

▼ **Abbildung 38.6**
Namen eingeben

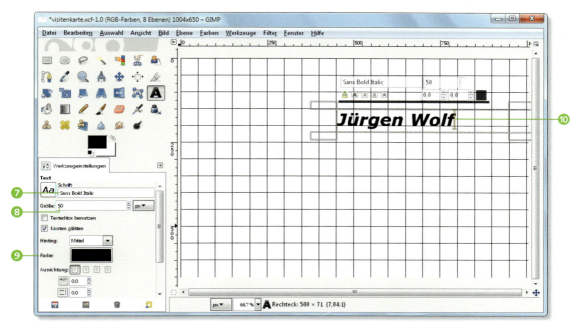

4 Adresse hinzufügen

Ändern Sie die SCHRIFT ❶ in SANS ITALIC, und reduzieren Sie die GRÖSSE ❷ auf 35 Pixel. Ziehen Sie unterhalb des Namens einen weiteren Textrahmen auf ❸, in den Sie die restlichen Daten eingeben. Dank des magnetischen Rasters sollte es kein Problem sein, den Text sauber unter dem Namen anzuordnen.

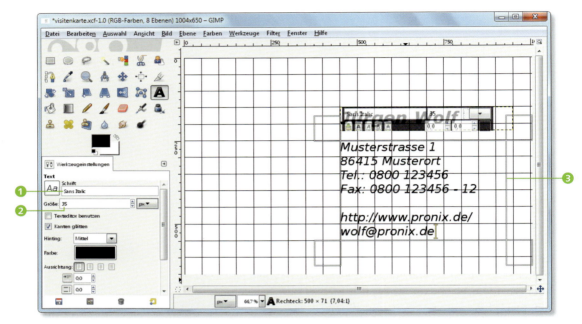

▲ **Abbildung 38.7**
Die restlichen Textdaten in einer anderen Größe eingeben

Rahmen hinzufügen
Verschiedene Möglichkeiten, wie Sie einen Rahmen zu einem Bild oder hier zu einer Visitenkarte hinzufügen können, finden Sie in Abschnitt 38.4, »Bilderrahmen erstellen«.

5 Layout erzeugen

Jetzt erstellen Sie das Layout für Ihre Visitenkarte. Lassen Sie dabei Ihrer Fantasie freien Lauf. Neben verschiedenen Mustern, Füllungen oder Verläufen können Sie auch eine Grafik einfügen. In der Regel werden Sie solche Grafiken nachträglich skalieren müssen. Im Beispiel habe ich mit dem Werkzeug RECHTECKIGE AUSWAHL einen Rahmen mit Schlagschatten hinzugefügt. Auch die kleinen Quadrate habe ich mit dem RECHTECKIGE AUSWAHL-Werkzeug mit Hilfe des magnetischem Rasters gleichmäßig erstellt und mit dem FARBVERLAUF-Werkzeug gefüllt. Ein kleines Bild als Logo mit einem Hammer habe ich ebenfalls im Bild platziert.

38.4 Visitenkarten erstellen

◄ Abbildung 38.8
So könnte ein einfaches Layout für eine Visitenkarte aussehen.

6 Ebenen vereinen und Bild speichern

Zum Schluss brauchen Sie nur noch alle Ebenen auf eine zu reduzieren und das Bild zu speichern. Die erstellte Visitenkarte finden Sie natürlich auch auf der Buch-DVD wieder.

7 Visitenkarten drucken

Das Drucken der Visitenkarten ist leider nicht direkt über GIMP möglich, weil GIMP kein eigenes Druckermodul mitliefert. Sie könnten zwar hergehen und auf einer DIN-A4-Vorlage mehrere Visitenkarten neben- und übereinander legen und so drucken, aber das ist doch etwas umständlich. Verwenden Sie dann noch ein spezielles, vorangeschnittenes Papier für Visitenkarten und die einzelnen Visitenkarten liegen ein paar Millimeter daneben, klappt das hiermit nicht mehr. An dieser Stelle muss ich Ihnen daher empfehlen, die gespeicherten Visitenkarten (beispielsweise im JPEG-Format) mit einem Office-Programm wie Word oder OpenOffice zu öffnen und dort die Druckerfunktion für Etiketten bzw. Visitenkarten zu verwenden. Alternativ können Sie auch ein echtes Layoutprogramm verwenden. Als kostenloses Layoutprogramm kann ich Ihnen beispielsweise Scribus (*www.scribus.net*) empfehlen.

▼ Abbildung 38.9
Zwei einfache Beispiele für Visitenkarten

807

isabel.jpg

38.4 Bilderrahmen erstellen

Auch Bilderrahmen werden gerne verwendet, um ein Bild zu präsentieren oder weiterzugeben. Verteilt im Buch haben Sie sicherlich schon den einen oder anderen Filter dazu gesehen. Der Übersichtlichkeit halber finden Sie hier nochmals einige solcher Hausmittel und weitere Anregungen in einem Abschnitt zusammengefasst.

Rahmen von GIMP verwenden

Die einfachste Möglichkeit, Rahmen zu verwenden, sind die GIMP-eigenen Hausmittel. Bei den folgenden Abbildungen wird jeweils in der Bildunterschrift beschrieben, wie dieser Rahmen zustande gekommen ist.

Abbildung 38.10 ▶
Der beliebteste Klassiker dürfte immer noch der Schatten sein, den Sie über FILTER • LICHT UND SCHATTEN • SCHLAGSCHATTEN hinzufügen.

Abbildung 38.11 ▶
Ebenfalls recht einfach ist der XACH-EFFEKT, den Sie mit FILTER • LICHT UND SCHATTEN • XACH-EFFEKT aufrufen. In der Abbildung wurde zuvor eine rechteckige Auswahl erstellt und dann invertiert, bevor der Xach-Filter darauf angewendet wurde.

▲ Abbildung 38.12
Ebenfalls einen interessanten Rahmeneffekt erreichen Sie mit Filter • Dekoration • Dia. Mehrere Bilder auf einmal können Sie über Filter • Kombinieren • Filmstreifen mit einem ähnlichen Effekt versehen.

▲ Abbildung 38.13
Für sanftere Ränder bietet sich Filter • Dekoration • Rand ausblenden an.

▲ Abbildung 38.14
Einen etwas härteren Rand fügen Sie mit Filter • Dekoration • Rand hinzufügen ein.

▲ Abbildung 38.15
Runde Ecken mit Schlagschatten erhalten Sie mit Filter • Dekoration • Runde Ecken.

Eigene Rahmen erstellen

Wenn Ihnen die Bordmittel von GIMP nicht ausreichen, können Sie selbstverständlich selbst kreativ werden. Einen eigenen Rahmen zu erstellen, ist nicht schwer und basiert immer auf denselben Grundlagen. Daher natürlich auch hierzu wieder ein paar grundlegende Anregungen.

roller_lady.jpg

Tipp
Wollen Sie den Rahmen nicht direkt innerhalb des Bildes erstellen, müssen Sie zuvor über BILD • LEINWANDGRÖSSE die Zeichenfläche des Bildes erweitern.

Schritt für Schritt
Eigenen Rahmen über Auswahlen erstellen

1 Auswahl erstellen

Um einen gleichmäßigen Rahmen um ein Bild zu erstellen, sollten Sie zunächst das komplette Bild über AUSWAHL • ALLES AUSWÄHLEN (oder [Strg]/[Ctrl]+[A]) markieren. Anschließend verkleinern Sie die Auswahl über AUSWAHL • VERKLEINERN um den Wert, den Sie als Rahmenstärke verwenden wollen. Setzen Sie hierbei außerdem ein Häkchen vor VOM BILDRAND VERKLEINERN ❶, ehe Sie mit OK bestätigen. Ganz wichtig ist jetzt, dass Sie die Auswahl über AUSWAHL • INVERTIEREN (oder [Strg]/[Ctrl]+[I]) umkehren, damit nicht das Bildmotiv innen, sondern der Rahmen außen ❷ ausgewählt ist.

Abbildung 38.16
Eine Auswahl für einen Rahmen erstellen

2 Neue Ebene für den Rahmen

Um nicht direkt auf dem Bild zu arbeiten, sollten Sie mit [Strg]/[Ctrl]+[⇧]+[N] eine neue leere und transparente Ebene anlegen und diese Ebene im EBENEN-Dialog auch gleich aktivieren ❸.

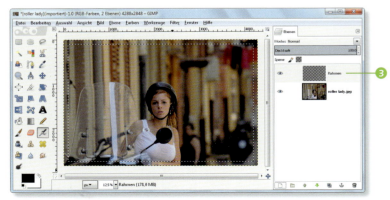

Abbildung 38.17
Neue transparente Ebene für den Rahmen anlegen

3 Rahmen gestalten

Jetzt können Sie den Rahmen nach Ihren eigenen Vorstellungen mit den Werkzeugen FÜLLEN oder FARBVERLAUF füllen oder verschiedene andere Filter dafür verwenden.

▲ **Abbildung 38.18**
Ein Bilderrahmen wurde mit dem FARBVERLAUF-Werkzeug hinzugefügt.

▲ **Abbildung 38.19**
Über AUSWAHL • ABGERUNDETES RECHTECK können Sie natürlich auch Bilderrahmen mit runden Ecken erzeugen.

▲ **Abbildung 38.20**
Für einen unregelmäßigen Rahmen ist AUSWAHL • VERZERREN eine gute Möglichkeit.

▲ **Abbildung 38.21**
Es spricht auch nichts dagegen, als Rahmen die Auswahl über BEARBEITEN • AUSWAHL NACHZIEHEN einfach mit einem Werkzeug Ihrer Wahl nachzuziehen.

Bilderrahmen über Leinwandgröße | Sie können auch einfach und schnell einen einfarbigen Bilderrahmen über die Funktion BILD • LEINWANDGRÖSSE erstellen. Wie dies funktioniert, lesen Sie ab Seite 483, »Beispiele in der Praxis«.

Abbildung 38.22 ▶
Der einfarbige Rahmen wurde über die Funktion BILD • LEINWANDGRÖSSE erstellt. Einmal wurde der Farbton der Augen und einmal der des Mundes als Hintergrundfarbe ausgewählt.

border02.xcf

Klassische Rahmen | Zu guter Letzt können Sie als Vorlage für Ihre Rahmen auch echte Bilderrahmen verwenden. Echte Bilderrahmen lassen sich am einfachsten imitieren, indem Sie sie von vorn abfotografieren und dann alles um den Rahmen und darin entfernen. Interessante Rahmen finden Sie auch bei verschiedenen Spiegeln in Möbelgeschäften. Natürlich können Sie sich auch im Internet (beispielsweise unter *http://browse.deviantart.com*, Suchbegriff »frames«) nach fertigen Rahmen umsehen und diese für den privaten Gebrauch verwenden.

Solche Rahmen, die im Idealfall außerdem komplett in Transparenz daherkommen, ziehen Sie dann einfach mit gedrückter linker Maustaste von der Miniaturenvorschau ❶ über die andere Miniaturenvorschau in das gewünschte Bildfenster ❷ und lassen sie fallen. Gewöhnlich werden Sie noch den Bilderrahmen oder das Bild, das Sie mit einem Rahmen versehen wollen, anpassen (skalieren und/oder zuschneiden) müssen. Alternativ, wenn Sie nicht den Einzelfenster-Modus verwenden, können Sie natürlich auch den Rahmen vom EBENEN-Dialog in das gewünschte Bildfenster ziehen und fallen lassen.

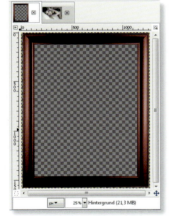

▲ **Abbildung 38.23**
Noch authentischer wirken natürlich echte Fotorahmen.

Abbildung 38.24 ▶
Ebene mit dem Bilderrahmen in das gewünschte Bild ziehen und fallen lassen

Rahmen über Plugins erstellen

Neben den üblichen Werkzeugen von GIMP finden Sie aber auch viele weitere Plugins (unter *http://registry.gimp.org*), um einen Rahmen zu einem Bild hinzuzufügen. Ein paar dieser Plugins will ich Ihnen hier kurz vorstellen.

Wie Sie GIMP um Plugins und Skripte erweitern, beschreibt Teil XIV des Buches.

Line Border | Mit dem Skript-Fu-Programm *Line Border* erstellen Sie einen Rahmen mit (optional) innerer und äußerer Linie. Alle Größen lassen sich sehr flexibel anpassen. Sehr schön ist auch die Möglichkeit, links, in der Mitte und rechts vom Bild einen Text einzufügen. Das Skript lässt sich nach der Installation über FILTER • DEKORATION • BORDERS aufrufen.

▲ **Abbildung 38.25**
Die Ebene mit dem Bild sollten Sie bei Bedarf noch drehen oder skalieren und dann auf den Bilderrahmen zuschneiden.

▲ **Abbildung 38.26**
Die Erweiterung Line Border nimmt Ihnen viel Handarbeit ab, wenn Sie einen einfarbigen Rahmen erstellen wollen.

▲ **Abbildung 38.27**
Einstellungen von Line Border

Photo Border | Mit dem Skript-Fu-Programm *Photo Border* fügen Sie den beliebten Polaroid-Effekt zum Bild hinzu. Ein Text lässt sich optional auch verwenden. Das Schöne an diesem Skript-Fu-Programm ist, dass die Werte alle in Prozent angegeben werden, was die Arbeit mit diesem Skript erheblich vereinfacht, da Sie keine pixelweisen Eingaben machen müssen. Das Skript erreichen Sie nach der Installation über FILTER • DEKORATION • PHOTO BORDER.

Abbildung 38.28 ▲▶
Photo Border erstellt im Handumdrehen ein Polaroid-Foto.

▼ **Abbildung 38.29**
Das Plugin G'MIC bietet neben einigen Rahmen auch viele weitere Filter an und sollte daher in keiner Sammlung fehlen.

G'MIC | Neben enorm vielen Filtern bietet das Plugin *G'MIC* (offizielle Webseite: *http://gmic.sourceforge.net*) eine Reihe von Filtern, um einen Rahmen zu erstellen. Das Plugin starten Sie nach der Installation über FILTER • G'MIC.

FX Foundry | Ebenfalls sehr zu empfehlen ist *FX Foundry*, eine riesige Sammlung von Skript-Fu-Programmen von der Webseite *http://gimpfx-foundry.sourceforge.net*. Unter den enorm vielen Filtern finden Sie auch ein paar Funktionen, um einen Rahmen um das Bild zu erstellen.

Teil XIV
GIMP erweitern

Kapitel 39
GIMP erweitern über Plugins und Skript-Fu

In diesem Teil werden Sie erfahren, wie Sie GIMP erweitern können. Sie installieren Plugins und Skript-Fu-Programme und ergänzen GIMP so um spannende Funktionen.

Sie können GIMP auf zwei verschiedene Arten erweitern: entweder über **Plugins** oder mit **Skript-Fu**. Zwischen diesen beiden Möglichkeiten besteht ein gravierender Unterschied: Mit Plugins erweitern Sie GIMP um echte neue Funktionen, mit Skript-Fu hingegen schreiben Sie eigene Skripte (oder auch Makros), die Funktionen enthalten, die der Benutzer auch über die grafische Oberfläche verwenden kann. Skript-Fu-Programme sind also eher zur Automatisierung geeignet.

Während Plugins über die Programmiersprache C in eine Maschinensprache übersetzt (kompiliert und gelinkt) werden, werden Skript-Fus von einem Interpreter ausgeführt. Fertig übersetzte Plugins sind abhängig von dem System, auf dem sie ausgeführt werden. So kann ein für Mac OS X übersetztes Plugin nicht auf Windows- oder Linux-Systemen verwendet werden. Hierfür müsste aus dem Quellcode des Plugins das Programm auf dem entsprechenden System kompiliert werden.

Die Skript-Fu-Programme hingegen sind systemunabhängig. Hierbei muss nur der entsprechende Interpreter auf dem System installiert sein, der das Skript ausführt. GIMP unterstützt mittlerweile die folgenden drei Programmiersprachen:

- **Skript-Fu mit Scheme**: Scheme ist ein LISP-Dialekt und ist standardmäßig bei GIMP seit der ersten Version mit installiert. Daher sind auch die meisten erhältlichen Skript-Fu-Programme in Scheme geschrieben.

Kapitel 39 GIMP erweitern über Plugins und Skript-Fu

Interpreter vs. Compiler

Ein **Interpreter** ist ein Programm, das den geschriebenen Quelltext Zeile für Zeile ausführt. Der Quelltext ist bei einem Interpreter somit unabhängig von der Maschine, auf der er ausgeführt wird. Nachteilig an einer interpretierten Sprache ist, dass die Laufzeit wesentlich langsamer ist und Fehler erst bei der Laufzeit des Programms gefunden werden.

Ein **Compiler** ist ebenfalls ein Programm, das den Quelltext in einen Maschinencode übersetzt; dieser ist dann allerdings systemabhängig. Ein unter Windows erstellter Maschinencode läuft beispielsweise nicht unter Linux oder Mac OS X. Der Vorteil ist allerdings, dass der Maschinencode wesentlich schneller ausgeführt wird und Fehler zur Übersetzungszeit gefunden werden. Eine Compilersprache ist wesentlich schwieriger zu erlernen, weil man sich hierbei auch mit Dingen, wie zum Beispiel der Speicherverwaltung, auseinandersetzen muss.

▶ **GIMP-Python** (oder auch **Python-Fu**): Um GIMP-Python zu verwenden, muss natürlich der Python-Interpreter (und noch ein paar Dinge mehr) nachinstalliert werden. GIMP-Python ist Skript-Fu mit Scheme recht ähnlich, mit der Ausnahme, dass Sie hiermit umfangreicher auf die GIMP-Bibliothek zugreifen können, als dies mit Scheme möglich ist. GIMP-Python wird in letzter Zeit immer häufiger verwendet.

▶ **GIMP-Perl** (oder auch **GIMP-Fu**): Ähnlich wie GIMP-Python, natürlich muss hierfür ein Perl-Interpreter installiert sein. GIMP-Perl wird allerdings seltener eingesetzt als GIMP-Python. Dies liegt wohl daran, dass Python mittlerweile die beliebtere Sprache ist.

39.1 GIMP um Plugins erweitern

GIMP um Plugins zu erweitern, ist eine feine Sache. Solche Plugins sind auf dem System (meistens) binäre Programme, die relativ eng mit dem GIMP-Hauptprogramm zusammenarbeiten. Trotzdem ist es möglich, mit diesen Plugins die Fähigkeiten von GIMP zu erweitern. Über das Menü BEARBEITEN • EINSTELLUNGEN • ORDNER • PLUGINS können Sie das Verzeichnis zu den Plugins ermitteln. Werfen Sie einen Blick in das Verzeichnis, und Sie werden überrascht sein, wie viele GIMP-Funktionen als Plugins realisiert sind. Eine Übersicht zu aktuell geladenen Erweiterungen erhalten Sie auch mit dem Dialogfenster HILFE • PLUGIN-BROWSER.

Abbildung 39.1 ▶
Das Dialogfenster PLUGIN-BROWSER in der Listenansicht. Die Auflistung der Plugins mit den Parametern hier dient allerdings eher der Verwendung für Skript-Fu als der Übersicht über die Plugins. Sie können diese Plugins also auch zur Skript-Fu-Programmierung verwenden.

Plugins installieren

An dieser Stelle muss nochmals erwähnt werden: Jeder kann Plugins entwickeln. Anders als bei den Plugins, die von GIMP mitgeliefert werden, können Sie daher nicht davon ausgehen, dass nachinstallierte Plugins von zuverlässigen Entwicklern getestet und weitergepflegt werden.

Leider treffen Sie im Web auf sehr viele tolle Plugins, die allerdings nicht an die verschiedenen Systeme angepasst wurden. Meistens finden Sie dann nur das Plugin in binärer Form für Windows, Linux oder (leider eher seltener) für Mac OS X vor. Zwar liefern die Entwickler auch meistens den Quellcode mit, aber gerade unter Windows-Systemen ist es nicht ganz so einfach, diesen Quellcode zu übersetzen.

Häufig kommen auch verschiedene GIMP-Versionen zum Einsatz. Einige Plugins funktionieren beim Versionswechsel nicht mehr, so dass Sie sie portieren müssten, was leider auch nicht immer so einfach ist, wie es häufig geschrieben wird. Gehen Sie daher zunächst auf Nummer sicher, und überprüfen Sie, ob das Plugin auch mit Ihrer GIMP-Version ausführbar ist.

Zusammengefasst sollten Sie sich über folgende Punkte im Klaren sein, wenn Sie externe Plugins nachinstallieren wollen:

- Es gibt keine Garantie, dass ein Plugin ordentlich getestet und gepflegt wurde. Eine häufige Folge ist, dass sich das Plugin mit einer Fehlermeldung beendet.
- Plugins sind binäre Programme und somit systemabhängig. Wenn Sie ein Plugin herunterladen und es sich um ein Windows-Binary (»*.exe«) handelt, dann lässt es sich auch nur unter Windows installieren. Gibt es keine Version für Mac OS X oder Linux, bleibt Ihnen nur noch der Versuch, das Plugin mit Hilfe des Quellcodes selbst zu übersetzen.
- Da Plugins auf die Bibliotheken von GIMP (Windows-Anwender kennen diese beispielsweise als DLL-Dateien) zurückgreifen, kann es sein, dass dieses Plugin nicht funktioniert, wenn Sie eine neuere GIMP-Version verwenden, die die entsprechende Bibliothek nicht enthält. Plugins sind also auch von der GIMP-Version abhängig.
- Die meisten Plugins sind nicht übersetzt (oder nur teilweise in seltsamer Übersetzung) und liegen meistens in englischer Sprache vor. Wenn Sie kein Wort davon verstehen, kommen Sie nicht um das Ausprobieren herum.

Plugins contra GIMP-Kern
Der Grund, dass in GIMP sehr vieles mit Plugins realisiert wird, ist, dass es einfacher ist, einzelne Plugins zu verwalten und zu verändern, als den kompletten GIMP-Kern zu ändern. Auf der anderen Seite müssen Sie, wenn Sie externe Plugins nachinstallieren, daran denken, dass diese echte binäre Programme sind, die alles machen können, was auch andere Programme machen können – also auch schädlichen Code ausführen. Achten Sie daher darauf, dass Sie weitere Plugins nur aus vertrauenswürdigen Quellen (beispielsweise *http://registry.gimp.org*) besorgen und gegebenenfalls auch auf Viren prüfen.

Schritt für Schritt
Plugins installieren

1 Plugin besorgen

Zunächst müssen Sie sich ein Plugin besorgen. Im Beispiel verwende ich das Plugin »Save for Web« von der Webseite *http://registry.gimp.org*, wo Sie eine ganze Menge Plugins und Skript-Fu-Programme für GIMP finden. Im Beispiel lade ich die binäre Version für Windows (Win32) herunter.

▲ **Abbildung 39.2**
Einen wahren Fundus an Plugins und Skript-Fu-Programmen für GIMP finden Sie unter *http://registry.gimp.org* – immer die erste Anlaufstelle für solche Zwecke.

2 Plugin-Verzeichnis ermitteln

Als Nächstes sollten Sie das Plugin-Verzeichnis auf Ihrem System ermitteln. Am einfachsten geht dies über Bearbeiten • Einstellungen • Ordner • Plugins. Hier finden Sie gewöhnlich zwei Einträge, einen im Heimatverzeichnis und den anderen im Programmverzeichnis von GIMP. In der Praxis empfehle ich Ihnen, immer das Heimatverzeichnis ❶ zu verwenden, das in diesem Fall C:\Users\promix\.gimp-2.8\plug-ins lautet.

39.1 GIMP um Plugins erweitern

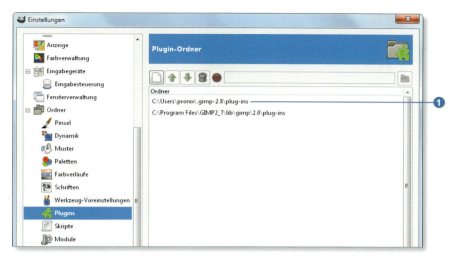

▲ **Abbildung 39.3**
Die vorgegebenen Plugin-Verzeichnisse von GIMP

3 **Plugin entpacken**

Wechseln Sie in das Verzeichnis, wo Sie das Plugin heruntergeladen haben. Meistens ist das Plugin gepackt. Entpacken Sie es in jetzt in das in Arbeitsschritt 2 ermittelte Plugin-Verzeichnis von GIMP. Im Beispiel bleiben wir bei C:\USERS\PRONIX\.GIMP-2.8\PLUG-INS. Wichtig ist auch, dass die binäre Datei (hier die EXE-Datei) **direkt** im Verzeichnis PLUG-INS liegt. Bei einem weiteren Unterverzeichnis klappt es meistens mit dem Plugin nicht.

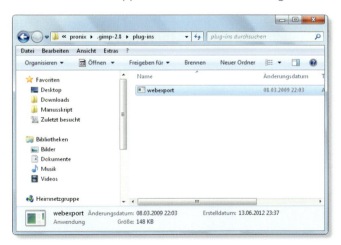

◄ **Abbildung 39.4**
Heruntergeladenes Plugin direkt in das Plugin-Verzeichnis entpacken

4 **Plugin ausführen**

Starten Sie GIMP neu. Wo Sie das Plugin jetzt vorfinden, hängt natürlich davon ab, wo der Programmierer des Plugins dies gewollt hat. Viele Plugins finden Sie im Menü FILTER. Unser Beispiel-Plugin allerdings starten Sie über DATEI • SAVE FOR WEB. Jetzt können Sie das Plugin nach Herzenslust testen.

Abbildung 39.5 ▶
Das installierte Plugin bei der Ausführung

Viele Plugins, die beispielsweise für die GIMP-Versionen 2.4 oder 2.6 ausgeschrieben sind, funktionieren meistens trotzdem mit Version 2.8. Wenn Sie wirklich sichergehen wollen, kommen Sie allerdings nicht um das Ausprobieren herum. Notfalls entfernen Sie das entpackte Plugin manuell wieder, indem Sie es ganz einfach manuell von Platte löschen, beispielsweise indem Sie einen rechten Mausklick auf die Datei ausführen und dann LÖSCHEN auswählen.

Einige nützliche Plugins im Überblick

Hier finden Sie eine kurze Übersicht über Plugins, die auf keinen Fall in der Sammlung fehlen sollten. Wenn Sie der Meinung sind, hier verdient ein weiteres Plugin Erwähnung, dann dürfen Sie sich gerne bei mir melden. Einen riesigen Fundus an weiteren Plugins finden Sie auf der Webseite *http://registry.gimp.org*.

G'MIC | Das Plugin *G'MIC* (kurz für **G**REY's **M**agic **I**mage **C**onverter) ist eine riesige Sammlung von Funktionen, die man in GIMP häufig schmerzlich vermisst. Auf der Webseite *http://gmic.sourceforge.net/gimp.shtml* können Sie sich regelmäßig die neueste Version des Plugins für alle gängigen Systeme herunterladen. Hier finden Sie außerdem auch gleich eine Foto-Galerie und ein Tutorial, das das Plugin näher erläutert. Dank einer Vorschau können Sie mit diesem Plugin nach Belieben herumexperimentieren. Besonders erfreulich ist außerdem, dass G'MIC für alle gängigen Systeme (Windows, Linux und Mac OS X) erhältlich ist.

39.1 GIMP um Plugins erweitern

▲ **Abbildung 39.6**
Ein riesige Sammlung an Funktionen macht G'MIC zu einem unverzichtbaren Werkzeug in Ihrer Plugin-Sammlung.

MathMap | Photoshop-Anwender vermissen in GIMP häufig die Aktionen, mit denen beliebige Arbeitsschritte komfortabel zusammengestellt werden können. Mit dem Plugin *MathMap* haben Sie nun diese Möglichkeit. Das Plugin geht sogar noch weiter: Mit ihm können Sie mit einer mächtigen, aber sehr einfachen Programmiersprache eigene Effekte entwickeln. MathMap ist sowohl für den Laien als auch für den Profi geeignet. Der Laie verwendet einfach vorhandene Funktionen. Der Profi erstellt neue Funktionen oder kapselt vorhandene Funktionen zusammen. Auf der Webseite *http://www.complang.tuwien.ac.at/schani/mathmap* finden Sie neben der neuesten Version für alle gängigen Systeme auch viele weitere Anleitungen und Videos, wie das Plugin verwendet und erweitert werden kann. Den Filter erreichen Sie nach der Installation über das Menü FILTER • ALLGEMEIN.

▼ **Abbildung 39.7**
Wesentlich mächtiger, als es auf den ersten Blick erscheint – das Plugin MathMap. Eine gewisse Einarbeitung lohnt sich aber.

Foto: Hanspeter Bolliger/pixelio.de

823

Kapitel 39   GIMP erweitern über Plugins und Skript-Fu

David's Batch Processor (DBP) | Müssen Sie viele Bilder auf einmal skalieren, umbenennen, zuschneiden, scheren, drehen, ihr Datenformat ändern usw., kommen Sie nicht um eine Stapelverarbeitung herum. Glücklicherweise gibt es mit *David's Batch Processor* ein solches Plugin, das all diese Arbeiten in einem Rutsch für Sie übernimmt und GIMP automatisiert.

Abbildung 39.8 ▶
Optimal für die Stapelverarbeitung – das Plugin David's Batch Processor

UserFilter | Mit dem Plugin *UserFilter* können Sie Photoshop-Filter in das GIMP-Format umwandeln und in GIMP verwenden. Zusätzlich bietet es einige fertige Filter. Der Clou dabei: Es lassen sich auch die Photoshop-Filter unter Linux nutzen.

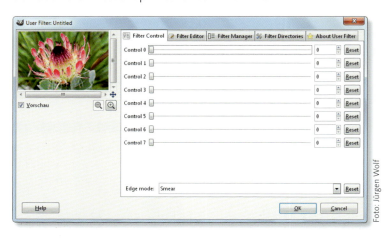

Abbildung 39.9 ▶
Photoshop-Filter für GIMP (auch unter Linux) sind mit dem Plugin UserFilter möglich.

824

GIMP# | *GIMP#*, auch GIMP-Sharp (# = *Sharp*) genannt, ist eine Programmiersprache zwischen einer Skripting-Sprache und C, mit der Sie schnell und einfach eigene Plugins erstellen können. Der Vorteil dabei ist: Diese Sprache ist einfacher als C zu erlernen und produziert bessere (schnellere) Ergebnisse als eine Skript-Sprache (wie beispielsweise Scheme, Python oder Perl). Außerdem sind eine Menge toller, fertiger Plugins mit schönen Effekten an Bord. Die offizielle Webseite dazu lautet: *http://gimp-sharp.sourceforge.net*.

39.2 Eigene Plugins in C schreiben oder übersetzen

An dieser Stelle auf die Entwicklung von eigenen Plugins einzugehen, dürfte wohl für ein solches Buch zu weit gehen. Sie werden zwar später (in Kapitel 40, »Eigene Skript-Fu-Programme schreiben«) noch erfahren, wie Sie eigene Skript-Fu-Programme in Scheme erstellen, aber das hier mit der Programmiersprache C zu erläutern, würde den Rahmen doch sprengen und viele Leser komplett ausschließen. Daher nur einen kurzen Überblick dazu, für Leser, die mit der Programmiersprache C vertraut sind.

Vorhandenen Quellcode übersetzen | Wie Sie einen vorhandenen Quellcode übersetzen, hängt auch vom Betriebssystem ab. Während auf *Linux-Rechnern* meistens schon alles an Bord vorhanden ist, um den Quellcode zu übersetzen, wie Entwicklungswerkzeuge und die benötigten Bibliotheken, stehen Sie auf einem *Windows-System* meistens vor einem leeren Blatt.

Für *Mac OS X* gilt dasselbe wie für Linux, wenn Sie GIMP über die Ports (DarwinPorts) installiert haben. Viele Plugins sind auch schon fix und fertig über die Ports erhältlich. Wenn Sie GIMP beim Mac allerdings als vorgefertigte Anwendung installiert haben, stehen die Chancen sehr schlecht, daraus eine binäre Datei zu machen.

Wenn Sie dann eine funktionierende Entwicklungsumgebung aufgesetzt haben, hängt es davon ab, wie das Plugin ausgeliefert wird. Im einfachsten Fall handelt es sich um eine einzige C-Datei. Dann können Sie beispielsweise den Befehl `gimptool-2.0` verwenden, der an diesem Punkt alles für Sie übernimmt (inklusive Installation). Bei mehreren Quelldateien liegt vielleicht ein Makefile bei; dann brauchen Sie nur noch `make` darauf auszuführen.

Eigene Plugins schreiben | Natürlich können Sie auch eigene Plugins für GIMP entwerfen. Wenn Sie gute Kenntnisse in C ha-

Programmiersprache C

Wollen Sie echte eigene Plugins schreiben, müssen Sie sich vorher intensiv mit der Programmiersprache C beschäftigen. Plugins in GIMP werden bevorzugt damit geschrieben. Sollte es Ihnen tatsächlich ernst hiermit sein, könnte ich Ihnen mein Buch »C von A bis Z« empfehlen, das ebenfalls beim Rheinwerk Verlag erschienen ist.

Plugins mit Windows übersetzen

Da es zu diesem Thema kaum eine nützliche Dokumentation im Web gibt und damit nicht jeder Entwickler gleich wieder bei null anfangen muss, habe ich hierzu eine Anleitung geschrieben und auf der Buch-DVD (einfach den Link PLUG-IN auf der »index.html« anklicken) und auf der Webseite *http://www.pronix.de/pronix-1212.html* hinterlegt. Die Anleitung kann theoretisch auch von Nichtprogrammierern verwendet werden.

ben, ist der Schwierigkeitsgrad gar nicht mal so hoch. Eine erste Anlaufstelle hierzu ist *http://developer.gimp.org*.

Auf dieser Webseite finden Sie neben einem Einstieg in »Writing a Plug-In« auch die sehr gut dokumentierte API-Referenz zur GIMP-Bibliothek.

39.3 GIMP mit Skript-Fu-Programmen erweitern

Zum Weiterlesen
Wie Sie eigene Skript-Fu-Programme erstellen, erfahren Sie in Kapitel 40, »Eigene Skript-Fu-Programme schreiben«.

Skript-Fu ist vergleichbar mit einer Makro-Sprache. Die meisten Skript-Fu-Programme von GIMP sind mit der Programmiersprache Scheme realisiert. Allerdings gibt es auch für die Sprachen Perl, Tcl und Python sogenannte Skripterweiterungen. Solche Skript-Fu-Programme (kurz häufig auch nur als Skript-Fus bezeichnet) werden gewöhnlich verwendet, um bestimmte Vorgänge zu automatisieren oder komplizierte Workflows mit einem Klick durchzuführen. Sie können damit praktisch auf alle Funktionen zugreifen, die Sie mit GIMP auch verwenden können. Das hört sich zunächst recht unspektakulär an, aber auf Seite 829 unter »Nützliche Skript-Fu-Programme im Überblick« werden Sie einige sehr interessante Skripte, oder besser ganze Pakete davon, kennenlernen.

Skript-Fu-Programme installieren

Der Vorteil von Skript-Fus ist, dass Sie sich nicht darum kümmern müssen, auf welcher Plattform sie ausgeführt werden. Skript-Fus, die mit Scheme entwickelt wurden, laufen auf jedem System, auf dem auch GIMP verwendet wird.

Schritt für Schritt
Skript-Fu installieren

1 Skript besorgen

Zunächst müssen Sie sich das Skript zum Installieren besorgen. Eine tolle Quelle mit vielen Scheme-Skripten für GIMP finden Sie (wie immer) unter *http://registry.gimp.org*. Solche Scheme-Skripte haben die Dateiendung »*.scm«. In diesem Beispiel soll ein tolles Kalenderskript von Moritz Mekelburger von der Webseite *http://www.mekelburger.org/moritz/linux/gimp.shtml* heruntergeladen und installiert werden.

39.3 GIMP mit Skript-Fu-Programmen erweitern

◄ **Abbildung 39.10**
Skript-Fu herunterladen

2 Skriptverzeichnis ermitteln

Sollte das geladene Skript im ZIP- oder einem anderen Format gepackt sein, müssen Sie es erst entpacken. Jetzt müssen Sie die Skript-Datei mit der Endung »*.scm« nur noch in das Skriptverzeichnis von GIMP installieren. Wo dieses Verzeichnis auf Ihrem System ist, können Sie mit BEARBEITEN • EINSTELLUNGEN • ORDNER • SKRIPTE ermitteln. In der Regel finden Sie hier einen Pfad im Heimatverzeichnis und einen im Programmverzeichnis von GIMP. In der Praxis empfehle ich Ihnen, das Skriptverzeichnis im Heimatverzeichnis zu verwenden (in der Abbildung wäre dies C:\USERS\PRONIX\.GIMP-2.8\SCRIPTS ❶).

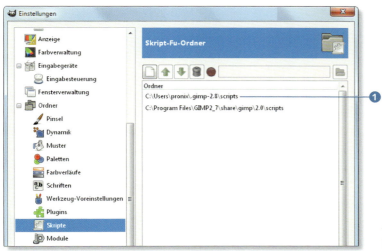

◄ **Abbildung 39.11**
Das Skriptverzeichnis ermitteln

827

3 Skript installieren

Kopieren Sie das Skript mit der Dateiendung »*.scm« in das eben ermittelte Skriptverzeichnis.

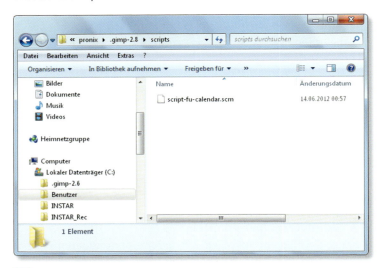

Abbildung 39.12 ▶
Skript in das Skriptverzeichnis kopieren

4 Sammlung aktualisieren

Das neue Skript-Fu-Programm steht Ihnen jetzt nach einem Neustart von GIMP oder über den Befehl FILTER • SKRIPT-FU • SKRIPTE AUFFRISCHEN zur Verfügung.

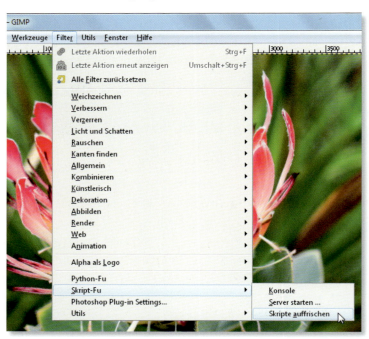

Abbildung 39.13 ▶
Skripte auffrischen

5 Skript ausführen

Nun können Sie das Skript-Fu ausführen. Meistens finden Sie das neue Skript im FILTER-Menü wieder. Aber es sind auch ganz andere Pfade möglich. Hier müssen Sie gegebenenfalls etwas suchen oder im Quelltext des Skriptes selbst nachsehen. In diesem Beispiel rufen Sie das Skript über UTILS • KALENDER auf.

◄ **Abbildung 39.14**
Das Skript bei der Ausführung …

◄ **Abbildung 39.15**
… und sein Ergebnis

Nützliche Skript-Fu-Programme im Überblick

Hier gebe ich Ihnen eine kurze Übersicht zu einigen Skript-Fus, die auf keinen Fall in Ihrer Sammlung fehlen sollten. Einen riesigen Fundus an weiteren Skript-Fus finden Sie unter anderem auf der Webseite *http://registry.gimp.org*.

FX Foundry | Das Paket *FX Foundry* ist eine gewaltige Sammlung von Skript-Fus. Unter den fast 100 Skripten, die alle über ein neues Menü FX-FOUNDRY aufgerufen werden können, finden

829

Sie beispielsweise auch bekannte Photoshop-Effekte wie innerer oder äußerer Schatten. Die neueste Version können Sie von der Webseite *http://gimpfx-foundry.sourceforge.net* beziehen.

Abbildung 39.16 ▲
Bei den unglaublich vielen Skripten von FX Foundry werden Sie einige Stunden mit dem Ausprobieren beschäftigt sein.

Pandora | Das Plugin *Pandora* hilft Ihnen beim Zusammen-»Stitchen« von mehreren Bildern, um ein **Panorama** zu erstellen. Das Skript funktioniert erstaunlich gut. Eine genaue Anleitung und die neueste Version finden Sie auf der Webseite *http://www.shallowsky.com/software/pandora*. Das Skript erreichen Sie nach der Installation über das Menü FILTER • KOMBINIEREN.

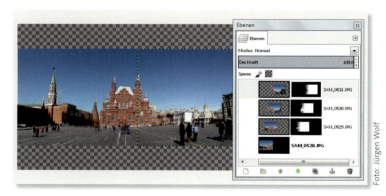

Abbildung 39.17 ▶
Die Ergebnisse des Skriptes »Pandora« sind erstaunlich gut. Dieses Panorama entstand aus vier Bildern.

Layer Effects | *Layer Effects* ist das Schweizer Taschenmesser für die Dekoration von Ebenen mit Schatten, Leuchten, Rahmen etc. Um das Skript verwenden zu können, muss die Ebene einen Alphakanal besitzen. Standardmäßig finden Sie das Skript-Fu-Programm über ein neues Menü in SCRIPT-FU • LAYER EFFECTS. Das Skript finden Sie auf der Webseite *http://registry.gimp.org*.

Kapitel 40
Eigene Skript-Fu-Programme schreiben

GIMP bietet eine umfangreiche Sammlung an Plugins und Skript-Fu-Programmen im Web zum Herunterladen und Installieren an. Fehlt dann trotzdem etwas Passendes oder wollen Sie einen bestimmten Effekt oder Workflow automatisieren, können Sie immer noch ein eigenes Skript-Fu-Programm schreiben.

Dieses Kapitel richtet sich an die fortgeschrittenen Anwender, weil Sie hier auch ein wenig in die Welt der Programmierung einsteigen müssen. Wenn Ihnen dieses Kapitel zu komplex erscheint, können Sie es auch einfach überspringen.

Die folgenden Ausführungen sind keine Referenz. Das würde am Hauptthema des Buches vorbeigehen. Sie erhalten einfach einen leichten Einstieg in das Thema, ohne dass zu sehr auf die Interna der Sprache eingegangen wird. Nach dem Durcharbeiten des Kapitels sollten Sie in der Lage sein, andere Skript-Fus zu lesen und den eigenen Bedürfnissen anzupassen.

Zu komplex!
Der eine oder andere wird sich fragen, warum ich so ein Thema in das Buch aufgenommen habe. Ich habe mir das auch lange überlegt und bin zu dem Entschluss gekommen, die Thematik hier zu behandeln, weil es sich zum einen um ein Handbuch rund um GIMP handelt und das Programmieren auch dazugehört. Zum anderen gibt es zu diesem Thema recht wenige nützliche Informationen.

40.1 Eine Einführung in Scheme

GIMP verwendet als Programmiersprache für Skript-Fus Scheme (gesprochen »skiem«). Scheme ist eine LISP-Variante (eine uralte Programmiersprache), ist recht einfach zu erlernen und kann sehr einfach erweitert werden. Allerdings hat Scheme leider auch den Nachteil, bei umfangreicheren Programmen sehr unübersichtlich zu werden, weil es übertrieben häufig Klammern verwendet. Daher ist diese Sprache für längere Programme weniger geeignet (und auch nicht unbedingt dafür gedacht).

Wohin mit dem Code?

Damit Sie den kleinen Kurs zu Scheme anschließend auch in der Praxis nutzen können, werden Sie sich sicherlich fragen, wohin mit dem geschriebenen Code. Hier bietet Ihnen GIMP die SKRIPT-FU-KONSOLE. Sie rufen sie über FILTER • SKRIPT-FU • KONSOLE auf.

▲ **Abbildung 40.1**
Die Befehle von Scheme werden mit der SKRIPT-FU-KONSOLE ausgeführt.

Im Texteingabefeld ❷ unten geben Sie den interaktiven Scheme-Befehl ein und bestätigen mit ⏎ . Der Befehl wird dann im Hauptfenster ❶ mit einer Antwort ausgeführt.

Aufbau einer Anweisung

In Abbildung 40.1 wird das bekannte »Hallo Welt«-Programm ausgeführt, das nichts anderes macht, als die Textfolge »Hallo Welt« auf der Konsole auszugeben. An der Zeile erkennen Sie außerdem schon den grundlegenden Aufbau eines Scheme-Befehls:

```
(display "Hallo Welt")
```

> **Polnische Notation**
>
> Die Syntax von Scheme verwendet eine Präfixnotation (auch Polnische Notation genannt). Statt
> operand1 operator operand2
> (beispielsweise 2 + 3; auch Infixnotation genannt) lautet die Syntax:
> operator operand1 operand2
> (zum Beispiel + 2 3). Dies kann zunächst sehr verwirrend sein.

Jede Anweisung in Scheme **muss** hierbei zwischen Klammern gesetzt werden, wobei **das erste Element** der Klammer immer die Funktion oder Prozedur ist. Außerdem müssen Sie zwischen dem Befehl bzw. Operator und den einzelnen Operanden immer ein **Leerzeichen** lassen. Die Anweisung des Befehls (hier display) steht immer am Anfang, die Eigenschaften (hier "Hallo Welt") folgen dahinter. Text (hier "Hallo Welt") wird in doppelte Anführungsstriche gesetzt. Diesen Text (Eigenschaften) übergeben Sie an die Funktion (auch Prozedur genannt) display. Die Funktion display gibt im Fensterbereich einen Text aus. Die meisten Funktionen oder Prozeduren haben einen Wert und geben diesen zurück. Im Beispiel von (display "Hallo Welt") wäre der Rückgabewert Hallo Welt.

40.1 Eine Einführung in Scheme

Arithmetische Operatoren | Genauso funktioniert dies auch mit einfachen arithmetischen Berechnungen. Eine Addition führen Sie beispielsweise folgendermaßen durch:

(+ 123 345)

Geben Sie diese Zeile ein und betätigen Sie mit ⏎, erhalten Sie als Ergebnis (Rückgabewert) 468 im Hauptfenster. Hier wurde die Prozedur + (für eine Addition) auf die beiden Ganzzahlen 123 und 345 angewendet. Das Gleiche funktioniert natürlich auch mit den anderen arithmetischen Operatoren - (Subtraktion), * (Multiplikation) und / (Division).

Schwieriger wird es dann schon bei einer Berechnung von zum Beispiel 3 + 5 + (2 * 6). Hier sieht der Scheme-Befehl wie folgt aus:

(+ 3 5 (* 2 6))

Ich empfehle Ihnen, ein wenig mit den arithmetischen Ausdrücken in der Skript-Fu-Konsole zu experimentieren, um ein Gefühl für die Präfixschreibweise zu bekommen.

Zusammengefasst gelten folgende grundlegende Regeln für Scheme:
- Um zwei Wörter voneinander zu trennen, sind Leerzeichen oder Zeilenumbruchzeichen nötig. In anderen Programmiersprachen ist es beispielsweise erlaubt, 5+5 zu schreiben. In Scheme gäbe die Schreibweise (+5 5) nur die Zahl 55 aus und würde keine Addition 5 + 5 durchführen.
- Linke Klammern müssen in gleicher Anzahl und Art mit den rechten Klammern übereinstimmen.
- Jede Funktion wird in Klammern geschrieben. Das erste Element ist hierbei der Name der Funktion.
- Fast alle Funktionen haben einen Wert, den sie zurückgeben.
- Es wird die Schreibweise der Präfixnotation verwendet. Statt der gewohnten Infixschreibweise, wie beispielsweise in 1 + 2, verwendet Scheme also + 1 2.

Vergleichsoperatoren | Auch Vergleichsoperatoren, = (ist gleich), < (kleiner als), <= (kleiner als oder gleich wie), > (größer als) und >= (größer als oder gleich wie), lassen sich wie schon die arithmetischen Operatoren verwenden. Der Rückgabewert für die Vergleiche beträgt #t (für *true*, wahr) oder #f (für *false*, falsch). Hierzu einige Beispiele (dahinter jeweils die Auswertung #t oder #f):

> »#f« und »#t«
>
> In der SKRIPT-FU-KONSOLE finden Sie oft in der Ausgabe die Zeichen #t oder #f vor. Keine Sorge, dies ist kein Ausgabefehler, sondern die Darstellung von Wahrheitswerten bei Scheme. Hierbei steht #t für *true*, also wahr, und #f für *false* und somit unwahr. Wenn also ein Ausdruck in Scheme als Wahrheitswert ausgewertet wurde, wird #t zurückgegeben. Machen Sie sich jetzt keine Gedanken darüber. Ich wollte lediglich die Zeichen etwas näher erläutern.

```
(= 12 34)     := #f
(= 12 12)     := #t
(< 12 34)     := #t
(<= 12 34)    := #t
(<= 12 12)    := #t
(> 12 34)     := #f
(>= 12 34)    := #f
(>= 12 12)    := #t
```

Variablen

Keine Programmiersprache ohne Variablen, und natürlich kommen auch Skript-Fus nicht ohne Variablen aus. Scheme bietet mehrere Möglichkeiten an, Variablen und Prozeduren zu deklarieren. In diesem Abschnitt beginnen wir mit den Variablen.

Als Nichtprogrammierer können Sie sich Variablen als eine Art Kiste vorstellen, in der Sie jeden beliebigen Inhalt speichern können. In der IT-Welt handelt es bei einem solchen Inhalt meistens um Zahlen oder einen Text. Der Name sagt auch schon, dass eine Variable veränderbar (variabel) ist. Indem Sie eine Variable speichern, können Sie jederzeit später bei Bedarf wieder darauf zurückgreifen.

Globale Definition mit »define« | Die globale Definition wird mit dem Schlüsselwort `define` erstellt. Damit binden Sie einen Wert global an einen Namen. »Global« bedeutet hierbei, dass diese Variable an einer beliebigen Position im Programm verwendet werden kann. Als Beispiel folgende Zeile:

```
(define eineNummer 999)
```

Damit binden Sie die Zahl 999 an den Namen `eineNummer`. Diese Nummer können Sie jetzt jederzeit mit der Prozedur `display` ausgeben:

```
(display eineNummer)
```

Diesen Namen können Sie natürlich auch wieder mit Operatoren zum Rechnen verwenden, zum Beispiel so:

```
(* eineNummer 2)
```

Hiermit wird der Wert von `eineNummer` (hier 999) mit dem Wert 2 multipliziert.

Namensvergabe

Die Vergabe von Variablennamen ist *case-sensitive*. Das bedeutet, es wird zwischen Groß- und Kleinschreibung unterschieden. Bei `val`, `Val` und `VAL` handelt es sich beispielsweise um drei verschiedene Namen. Bei der Benennung müssen Sie außerdem auf Umlaute und Sonderzeichen verzichten. Ansonsten können Sie eine Variable benennen, wie Sie wollen.

Prozeduren

Prozeduren sind in Scheme ebenfalls Werte und können daher auch mit dem Schlüsselwort `define` als globale Prozedur definiert werden. In der Praxis wird das Schlüsselwort `define` auch tatsächlich meistens verwendet, um globale Funktionen und Konstanten zu deklarieren. Es ist auch möglich, `define` innerhalb eines lokalen Rumpfes (siehe nächsten Abschnitt) zu nutzen. In diesem Fall ist dieser Bezeichner auch nur global, innerhalb dieses Rumpfes, zu verwenden. Hierbei spricht man von einer internen Definition, weil dann die Sichtbarkeit an den Rumpf gebunden wird. Allerdings will ich hierauf nicht genauer eingehen.

40.1 Eine Einführung in Scheme

▲ **Abbildung 40.2**
Globale Variablen mit dem Schlüsselwort define

Lokale Definition mit »let*« | Für Variablen mit einer lokalen Bindung, die in der Praxis häufiger als globale Variablen verwendet werden, wird das let*-Konstrukt verwendet. »Lokal« bedeutet, dass Variablen oder Prozeduren, die innerhalb der let*-Anweisung definiert wurden, auch nur darin verwendet werden können. Ein einfaches Beispiel hierzu.
Geben Sie Folgendes ein:

```
(let* ( (var1 100) (var2 200) )
```

Hiermit haben Sie die lokalen Variablen var1 und var2 definiert. Wenn Sie diese Werte jetzt für folgende Addition verwenden:

```
(+ var1 var2)
Error: eval: unbound variable: var1
```

erhalten Sie eine Fehlermeldung, dass Sie diese Variablen nicht benutzen können. Sie können diese Namen nur innerhalb der Klammern des let*-Ausdrucks verwenden. Korrekt wäre also:

```
(let* ( (var1 100) (var2 200) ) (+ var1 var2) )
300
```

Hier werden die Variablen var1 und var2 innerhalb der Klammerung (bzw. des Rumpfes) von let* verwendet. Und das ist es, was als lokale Variable bezeichnet wird. Hierbei erkennen Sie auch gleich, warum Scheme als die »Klammeritis« der Programmiersprachen gilt. Hier nochmal die Syntax von let*:

```
(let* (
      (name1 ausdruck1)
      (name2 ausdruck2)
      (name3 ausdruck3)
      ...
      (nameN ausdruckN)
      )
; Hier ist der Rumpf des let-Ausdrucks,
; wo die lokalen Variablen name1 bis nameN
; mit weiteren Funktionen verwendet werden können.
)
```

> **Kommentare**
> Die Zeilen, die mit einem Semikolon (;) beginnen, werden vom Scheme-Interpreter ignoriert und als Kommentare angesehen, die den Code etwas dokumentieren sollen.

Alles in eine Zeile | Für die SKRIPT-FU-KONSOLE müssen Sie diese Anweisungen immer in eine Zeile schreiben. Wenn Sie allerdings umfangreichere Scheme-Skripte schreiben, werden Sie diese gewöhnlich in einen Texteditor eintippen. Hier empfehle ich Ihnen, auf jeden Fall einen ordentlichen Einrückungsstil zu verwenden, um die Übersicht zu behalten. Der Scheme-Interpreter ignoriert alle Leerzeichen, Zeilenvorschub- und Tabulatorzeichen im Quelltext. Umfangreiche Skripte werden Sie im Texteditor nicht so formatieren

```
(let* ( (var1 100) (var2 200) ) (+ var1 var2) )
```

sondern eher wie folgt:

```
(let* (
      ;Werte an Bezeichner binden
      (var1 100)
      (var2 200)
      )
      ;lokalen Werte verwenden
      (+ var1 var2)
)
```

Einer Variablen einen neuen Wert zuweisen (»set!«) | In Skript-Fus wird häufig von der set!-Anweisung Gebrauch gemacht. Diese Anweisung wird verwendet, wenn Sie eine Variable bereits mit einem Wert initialisiert haben und diesen Wert später im Skript wieder ändern wollen. Ein Beispiel hierzu:

```
(let* ( (aNumber 123) )(set! aNumber(* 100 2)))
200
```

Hier wurde der lokalen Variablen `aNumber` zunächst der Wert `123` zugewiesen. Innerhalb der Anweisung wird dieser Wert dann durch den Wert der Multiplikation »100 * 2« ausgetauscht.

Typfrei | Die Programmiersprache Scheme ist typfrei. Das bedeutet, Sie können einen Variablennamen mit Zeichenketten, Ganzzahlen oder Gleitpunktzahlen binden. Es gibt keine Typprüfung des Interpreters. Eine solche Typfreiheit ist auf den ersten Blick sehr praktisch, weil man sich um nichts kümmern muss. Allerdings kann hiermit auch viel falsch gemacht werden. Übergeben Sie beispielsweise einer Prozedur eine Zeichenkette, obwohl sie eine Ganzzahl erwartet, wird der Programmablauf abgebrochen, wenn die fehlerhafte Stelle erreicht wird.

Typüberprüfung für Zahlen | Trotzdem gibt es auch in Scheme einige Prozeduren, um Zahlen zu testen. Wollen Sie zum Beispiel überprüfen, ob eine Variable eine Ganzzahl (Integer) ist, können Sie dies wie folgt realisieren:

```
(integer? var)
```

Je nachdem, ob `var` eine Ganzzahl ist oder nicht, wird entweder `#t` (für *true*), also wahr, oder `#f` (für *false*) und somit falsch zurückgegeben. Neben Ganzzahlen (`integer`) gibt es auch Prozeduren für rationale (`rational`) Zahlen, reelle Zahlen (`real`) und komplexe Zahlen (`complex`). Einige Beispiele:

```
(integer? 123)      ;= #t
(integer? 2/4)      ;= #f
(rational? 3/8)     ;= #t
(rational? 0.123)   ;= #t
(rational? 1+2i)    ;= #f
(real? 1.23)        ;= #t
(real? 1+2i)        ;= #f
(complex? 1+2i)     ;= #t
```

Typüberprüfung für Zeichen | Zeichen überprüfen Sie mit der Prozedur `char`. Da ein einzelnes Zeichen in Scheme mit dem Präfix `#\` dargestellt wird, müssen Sie dieses Präfix auch beim Testen verwenden. Anderenfalls würde Scheme nach einer Variablen oder einem Bezeichner mit dem Namen *z* suchen. Das Zeichen *z* wird also in Scheme `#\z` geschrieben. Um also auf ein Zeichen mit der Prozedur `char` zu testen, gehen Sie wie folgt vor:

```
(char? #\z)      ;= #t (z ist ein Zeichen.)
(char? z)        ;= #f (Bezeichner z ist kein Zeichen.)
```

Typüberprüfung für Zeichenketten | Auch für Zeichenketten gibt es mit der Prozedur string eine Möglichkeit zur Überprüfung. Wollen Sie also testen, ob es sich bei der Variablen um eine Zeichenkette handelt, geben Sie Folgendes ein:

```
(string? "Hallo Welt")     ;#t
(string? "1234")           ;#t
(string? 1234)             ;#f
```

Zahlenschreibweise | Neben den natürlichen Zahlen können Sie mit Hilfe der Präfixe #b (binär), #o (oktal), #x (hexadezimal) und #d (dezimal) auch eine andere Schreibweise verwenden. Hierbei müssen Sie nicht einmal Klammern setzen. Tippen Sie beispielsweise ein:

```
#b1001011    ;binär = 75
#o123        ;oktal = 83
#xff         ;hexadezimal = 255
#d123        ;dezimal = 123
```

Prozeduren (Funktionen) schreiben

Das Wichtigste für Sie als angehenden GIMP-Skript-Fu- und Scheme-Entwickler im Allgemeinen sind die Prozeduren (auch als **Funktionen** bekannt). Weil Scheme diese ebenfalls wie gewöhnliche Variablen behandelt, können Sie auch hierfür die Schlüsselwörter let und define verwenden.

Prozeduren für Einsteiger | Häufig schreiben Sie mehrere Zeilen an Anweisungen, um ein Problem zu lösen. In solch einem Fall bietet es sich an, all diese Anweisungen zu einer Zeile zusammenzufassen. Dies wird dann als Prozedur bezeichnet. Der Vorteil einer solchen Prozedur ist, dass Sie sie mehrmals und auch mit unterschiedlichen Werten aufrufen können.

Und für Skript-Fus gilt natürlich: Erst mit Prozeduren können wir echte GIMP-Skript-Fus erstellen.

40.1 Eine Einführung in Scheme

Prozedur erstellen | Zunächst soll eine einfache Prozedur entworfen werden. Hierbei wird die Kreisfläche anhand des Radius berechnet. Die Formel dazu lautet:

Kreisfläche = Radius * Radius * Pi

Nehmen wir beispielsweise an, wir haben einen Radius von 5,22, dann könnten Sie dies mit Scheme wie folgt berechnen (für Pi verwenden wir der Einfachheit halber 3,14):

```
(* 5.22 5.22 3.14)
85.559976
```

Wenn Sie dasselbe jetzt nochmals mit anderen Werten berechnen wollen, müssten Sie die komplette Rechnung erneut eingeben. Wesentlich komfortabler wäre doch hierzu eine Prozedur. Der Aufwand dafür ist nicht viel umfangreicher. Die entsprechende Prozedur mit dem Bezeichner Kreis sähe so aus:

```
(define (Kreis r) (* r r 3.14) )
```

Wenn Sie diese Prozedur eingegeben haben, können Sie künftig folgendermaßen auf den Bezeichner Kreis zur Kreisflächenberechnung zugreifen:

```
(Kreis 5.22)
85.559976
```

Probieren Sie es am besten selbst mit verschiedenen Werten aus. Wenn Sie jetzt auch noch eine Funktion benötigen, die das Volumen eines Zylinders berechnet – wofür ja auch die Kreisfläche benötigt wird –, können Sie diese Prozedur in der neuen Prozedur einbauen und mitverwenden. Hier die Formel, um das Volumen eines Zylinders zu berechnen:

VolumenZylinder = Radius * Radius * Pi * Höhe

Die Prozedur – hier soll sie Hoehe heißen –, die auch gleich die zuvor erstellte Prozedur Kreis verwendet, kann wie folgt realisiert werden:

```
(define (Hoehe r h) (* (Kreis r) h) )
```

Ausführen können Sie diese Prozedur jetzt wie folgt:

`(Hoehe 5.22 10.0)`
855.59976

Der Prozedur `Hoehe` mussten Sie jetzt nur noch als ersten Parameter den Radius und als zweiten Parameter die Höhe des Zylinders übergeben. Berechnet wird dieser Wert mit dem Ausdruck `(* (Kreis r) h)`. Hierbei wird in der Klammerung die Kreisfläche mit der Prozedur `Kreis` berechnet, ehe dieser Wert mit der Höhe (h) multipliziert wird.

Die Syntax einer Prozedur ist somit wie folgt aufgebaut:

```
(define (Prozedurname parameter1 parameterN)
   (Anweisungen1)
   (Anweisungen2)
   (AnweisungenN)
)
```

Wie viele Parameter Sie einer Prozedur übergeben, ist beliebig. Das Gleiche gilt auch für die Anweisungen. Aufrufen können Sie eine solche Prozedur dann mit folgender Syntax:

`(Prozedurname parameter1 parameterN)`

In der Skript-Fu-Praxis werden Sie allerdings Ihre selbst geschriebenen Prozeduren etwas anders aufrufen. Aber dazu in Kürze mehr in Abschnitt 40.2, »Das erste Scheme-Skript für GIMP«.

Tipp für die Logik
Wenn Sie hier das Gefühl für den Sinn verlieren, denken Sie einfach daran, dass die Listen letztendlich nur dafür da sind, Daten zu speichern. Also im Prinzip sind die Listen nichts anderes als gewöhnliche Variablen, mit denen Sie, vereinfacht ausgedrückt, einfach eine ganze Liste von Variablen unterschiedlichen Typs speichern und verwenden.

Listen

Wenn Ihnen der Abschnitt zuvor schon Kopfzerbrechen bereitet hat, dann habe ich eine schlechte Nachricht für Sie: Es wird noch schlimmer. Allerdings schreibe ich hierbei mehr GIMP-spezifisch, um es nicht zu komplex zu machen. Sie werden hier also keine fachinformatikspezifische Abhandlung von Listen (und Paaren) in Scheme bekommen, versprochen!

Scheme macht regen Gebrauch von Listen; genauer gesagt, kann man sagen, ein Scheme-Programm besteht im Grunde nur aus Listen. Eine Liste wird durch zwei Klammern und ihren Inhalt dargestellt. Beispielsweise:

`(1 2 3 4)`

Hier haben Sie eine Liste mit vier Elementen. Ähnlich sieht auch ein Prozeduraufruf aus:

`(prozedurname argument1 argument2)`

Ein Prozeduraufruf ist also letztendlich auch nur eine Liste. Eine Liste hat folgenden Aufbau:

`'(x y z)`

Mit dem Hochkomma (') vor der Klammer geben Sie an, dass es sich im folgenden Klammerausdruck bei x y z nicht um Prozeduren, sondern um eine Liste handelt. Innerhalb von Listen können natürlich weitere Listen vorhanden sein. Allerdings brauchen Sie Listen innerhalb von Listen nicht mehr mit einem Hochkomma einzuleiten. Zum Beispiel:

`'(x y z (a b c))`

Der Vorteil von Listen, um die Daten zu strukturieren, liegt darin, dass Sie hiermit alle Arten von Daten speichern können, egal welchen Typs, beispielsweise:

`'("Hallo" 4.44 999 \#z)`

Variablen zu einer Liste hinzufügen (»cons«) | Um Variablen zu einer Liste zusammenzufügen, wird die Prozedur cons verwendet. Erstellen Sie beispielsweise die folgenden drei Werte:

```
(define x 123)
(define y 345)
(define z ("Hallo")
```

Verwenden Sie jetzt die Prozedur cons wie folgt:

`(cons x (cons y (cons z '()))) ;= (123 345 "Hallo")`

Hiermit wird zunächst die Variable z zur leeren Liste '() hinzugefügt. Dann folgt die Variable y und am Ende die Variable x. In der Praxis sollten Sie allerdings solche Anweisungen nicht in eine Zeile quetschen, was sich natürlich durch die SKRIPT-FU-KONSOLE nicht vermeiden lässt. Hier dasselbe Beispiel nochmals mit einer besseren Übersicht:

```
(cons x (
        cons y(
               (cons z '() )
              )
        )
)
```

Eine Liste aus Variablen erzeugen (»list«) | Um eine Liste aus einzelnen Werten und zuvor definierten Variablen zu erstellen, wird die Prozedur list verwendet, zum Beispiel:

```
(let* ( (a 3.14) ) (list a 666 "Welt" x y z) )
(3.14 666 "Welt" 123 345 "Hallo")
```

Hier wurde noch der lokale Wert a mit 3.14 definiert und dann mit in die Liste aufgenommen. Zusätzlich wurden eine Ganzzahl (666) und die Zeichenkette "Welt" zur Liste hinzugefügt. Die Werte x, y und z wurden bereits im Abschnitt zuvor beim Schlüsselwort cons global definiert und ebenfalls in die Liste aufgenommen, wie die Ausgabe auch bestätigt. Auch hier das Beispiel nochmals mit einer besseren Übersicht:

```
(let*  (
          (a 3.14)
        )
   (list a 666 "Welt" x y z)
)
```

Auf die Werte der Liste zugreifen | Einzelne Listenelemente bestehen aus zwei Teilen: zum einen aus dem Teil, der auf das Element (die Daten) verweist, und zum anderen aus dem Teil, der auf das nächste Listenelement verweist. Das Element, das auf die Daten verweist, wird als **car**-Teil bezeichnet. Das andere Element der Liste, das auf das nächste Element in der Liste verweist, wird **cdr**-Teil genannt. Eine Liste mit den Elementen (123 345 "Hallo") würde somit dargestellt wie in Abbildung 40.3.

Abbildung 40.3 ▶
Drei Listenelemente

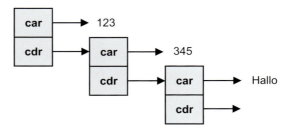

Um auf diese Elemente in der Liste zugreifen zu können, gibt es auch die Prozeduren car und cdr. Einzeln nützen diese Funktionen allerdings zunächst recht wenig. Bezogen auf die Abbildung 40.3 können Sie mit car auf das erste Element in der Liste zugreifen und mit cdr auf den Rest. In der Praxis bedeutet dies:

```
(car '(123 345 "Hallo"))
123
(cdr '(123 345 "Hallo"))
(345 "Hallo")
```

Nur auf das erste oder die restlichen Elemente zuzugreifen, ist noch nicht sehr hilfreich. Erstellen Sie zunächst unsere Liste mit:

```
(define L '(123 345 "Hallo"))
```

Um jetzt auf das letzte Element in der Liste mit dem Bezeichner L, die Zeichenkette "Hallo", zuzugreifen, müssen Sie Folgendes eingeben:

```
( car ( cdr (cdr L) ) )
"Hallo"
```

Wenn Ihnen dies unlogisch erscheint, betrachten Sie Abbildung 40.3. Ausgewertet werden die Klammerungen hier von innen nach außen. Zunächst verweisen Sie mit der innersten Klammerung (cdr L) auf den Rest der Liste hinter dem ersten Element, was hier die Listenelemente (345 "Hallo") sind. Ein weiteres cdr (hier (**cdr** (cdr L))) bewirkt, dass Sie jetzt auf den nächsten Rest der Liste verweisen, also ("Hallo"). Da wir ja den Wert dieser Liste haben wollen, verwenden wir ganz außen im Ausdruck noch ein car (hier (**car** (cdr (cdr L))), womit das letzte Element in der Liste ausgegeben wird. Auf das zweite Element in der Liste, L, greifen Sie folgendermaßen zu:

```
( car ( cdr L))
345
```

»Wozu Listen?«, werden Sie sich jetzt fragen. Als Beispiel eine einfache Liste, die die Farbe Rot präsentiert. Ein solcher Vorgang ist ziemlich gängig bei der Erstellung von Skript-Fus.

```
(define red '(255 0 0))
```

Kapitel 40 Eigene Skript-Fu-Programme schreiben

Weiteres zu Scheme

An diesem Punkt soll die Einführung in Scheme beendet werden. Sie kennen jetzt die allernötigsten Grundfunktionen zu dieser Sprache, um eigene Skript-Fus zu erstellen. In der Praxis mit GIMP werden Sie ohnehin meistens auf Prozeduren der GIMP-Datenbank (PDB = **P**rozedurale **D**aten**b**ank) zugreifen. Und hierfür reichen diese hier gezeigten Grundlagen in der Regel aus.

Auf Dinge wie Bedingungsabfragen mit `if`, Wahrheitswerte und Prädikate oder Fallunterscheidungen mit `cond` wurde verzichtet. Auch komplexere Datentypen wie Vektoren und Strukturen wurden nicht behandelt. Das Thema Listen wurde auch nur auf das Nötigste beschränkt.

> **Referenz im Web**
> Sofern Sie der englischen Sprache mächtig sind, können Sie das klassische Referenzbuch dazu online lesen unter: *www.scheme.com/ tspl2d/index.html*.

40.2 Das erste Scheme-Skript für GIMP

Bisher haben Sie Ihre Befehle über die SKRIPT-FU-KONSOLE eingegeben. In der Praxis werden Sie dies natürlich nicht so machen (obgleich es natürlich auch möglich ist). Geben Sie zum Beispiel folgende Zeilen in die SKRIPT-FU-KONSOLE ein:

```
(define bild (car (gimp-image-new 300 150 RGB)))
(gimp-display-new bild)
```

Wenn Sie nach dem letzten Befehl mit ⏎ betätigt haben, erzeugt GIMP ein leeres transparentes Bild mit 300 × 150 Pixeln.

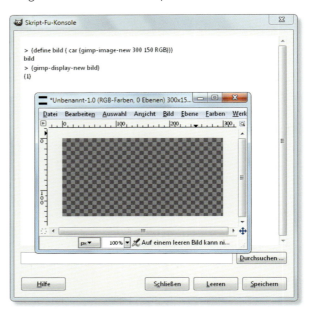

Abbildung 40.4 ▶
Theoretisch könnten Sie eigene Skript-Fus über Eingabe in die SKRIPT-FU-KONSOLE erstellen. Allerdings ist dies ziemlich fehleranfällig und bei einem Skript mit mehr als zehn Zeilen eher unübersichtlich (wo Scheme doch schon mit der Klammerung etwas unübersichtlich ist).

PDB-Datenbank

Der Befehl oder genauer die Prozedur (gimp-image-new) mit drei Parametern (Höhe, Breite und Farbmodell), den Sie eben gesehen haben, ist natürlich keine reine Standard-Scheme-Prozedur mehr, sondern eine Prozedur der GIMP-Datenbank PDB.

Natürlich müssen Sie diese Prozeduren nicht alle auswendig kennen. GIMP bietet hierfür einen Browser zur Anzeige der in der Datenbank vorhandenen (GIMP-)Prozeduren und der Werte, die diese erwarten, an.

Schritt für Schritt
GIMP-Prozedur mit Parameter suchen

1 Skript-Fu-Konsole aufrufen

Rufen Sie zunächst die SKRIPT-FU-KONSOLE über FILTER • SKRIPT-FU • KONSOLE auf, und klicken Sie auf die Schaltfläche DURCHSUCHEN ❶. Alternativ starten Sie den PROZEDUREN-BROWSER direkt über HILFE • PROZEDUREN-BROWSER.

◀ **Abbildung 40.5**
Über die SKRIPT-FU-KONSOLE können Sie den PROZEDUREN-BROWSER aufrufen.

2 Prozedur suchen

Im Textfeld SUCHE ❷ können Sie namentlich nach der Prozedur suchen. Die Sortierkriterien stellen Sie über die Dropdown-Liste daneben ❸ ein. Anhand des Sortierkriteriums finden Sie die Prozeduren dann in der Liste ❹. Standardmäßig sind hier ohne eine Eingabe im Textfeld SUCHE alle Prozeduren aufgelistet. Auf der rechten Seite ❺ werden Ihnen die Parameter zu dieser Prozedur aufgelistet und was diese bedeuten (und noch weitere Informationen). Im Beispiel wurde die Prozedur gimp-image-new gesucht, die die drei Parameter width, height und type enthält.

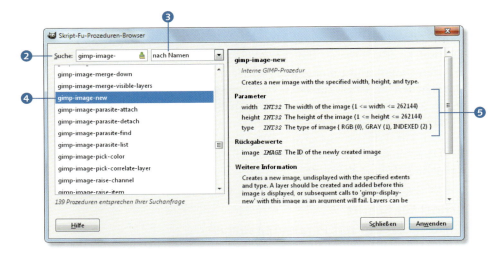

▲ **Abbildung 40.6**
Der PROZEDUREN-BROWSER zum Auffinden von GIMP-Prozeduren ist für eigene Skript-Fus unverzichtbar.

Datentypen von Parametern und Rückgabewerte | Bei den GIMP-Prozeduren finden Sie auf der rechten Seite bei den Informationen im PROZEDUREN-BROWSER neben den Parametern und Rückgabewerten auch verschiedene Datentypen aufgelistet, die dort verwendet oder zurückgegeben werden. Es ist nämlich durchaus von Bedeutung, ob Sie einer Prozedur die Zahl 20 oder die Zeichenkette "20" übergeben. Im Beispiel der in Abbildung 40.6 gezeigten Prozedur gimp-image-new werden jeweils drei Parameter vom Datentyp INT32 benötigt. Zurück gibt diese Prozedur eine eindeutige Identifikationsnummer vom Datentyp IMAGE. Hierbei ist es immer wichtig, dass Sie den richtigen Datentyp verwenden, weshalb ich hier die Datentypen auflist, denen Sie bei GIMP-Skript-Fus des Öfteren begegnen werden:

- COLOR: Erwartet eine RGB-Farbangabe in Listenform, wie beispielsweise '(255 0 0) für Rot.
- DRAWABLE: Ist eine eindeutige Identifikationsnummer einer Zeichenfläche (= Ebene).
- FLOAT: Ist eine Zahl mit Nachkommastelle(n) (englisch *Float* = Gleitpunktzahl). Beachten Sie hierbei, dass Sie als Dezimaltrennzeichen einen Punkt (.) und nicht ein Komma (,) verwenden.
- FLOATARRAY: Enthält mehrere Werte vom Datentyp FLOAT.
- LAYER: Enthält eine eindeutige Nummer einer Ebene.
- STRING: Ist eine Kette von Zeichen, die für einen Text verwendet wird. Diese Werte müssen immer zwischen doppelte Hochkommas gesetzt werden.
- STRINGARRAY: Enthält mehrere Werte vom Datentyp STRING.

- ▸ `INT32`: Ist eine Ganzzahl (»INT« = Integer) ohne Nachkommastelle.
- ▸ `INT8ARRAY`: Enthält mehrere Werte von einem INT mit 8 Bit Länge (also einem maximalen Wert von 255).
- ▸ `IMAGE`: Enthält eine eindeutige Identifikationsnummer des Bildes.

Skript erstellen und speichern

Die Beispiele für die Skript-Fus tippen Sie am besten in einen beliebigen ASCII-Texteditor (bitte kein Microsoft Word oder Ähnliches verwenden) ein. Für jedes Betriebssystem gibt es kostenlose Texteditoren wie Sand am Meer. Meistens liefert das Betriebssystem auch schon einen hauseigenen Editor mit.

Nachdem Sie das Skript-Fu-Programm geschrieben haben (darauf wird gleich eingegangen), müssen Sie den Speicherort für das Skript wählen. Sinnvoll ist es, ein systemweites Skriptverzeichnis zu verwenden, wo GIMP natürlich bekannt ist. Als Dateiendung sollten Sie ».scm« verwenden.

Hier können Sie entweder das Skriptverzeichnis verwenden, in dem GIMP seine Skripte im Allgemeinen speichert, oder eben das Heimatverzeichnis .GIMP-2.6, das GIMP in Ihrem persönlichen Verzeichnis erstellt. GIMP sucht beim Start nach diesen Verzeichnissen und fügt darin vorhandene Skript-Fu-Programme der Skript-Fu-Datenbank hinzu. Wo sich dieses Skriptverzeichnis auf Ihrem System (Windows, Mac OS X oder Linux) befindet, können Sie sich über BEARBEITEN • EINSTELLUNGEN • ORDNER • SKRIPTE anzeigen lassen.

Hauseigene Editoren

Windows liefert beispielsweise *Notepad* von Haus aus mit. Bei Linux hängt dies vom verwendeten Fenstermanager ab (KDE oder Gnome zum Beispiel). Hier sind es dann meistens die Editoren *kedit* oder *gedit*. Konsolenfreunde verwenden *Emacs* oder *Vi*. Bei Mac OS X heißt der Hauseditor *TextEdit*.

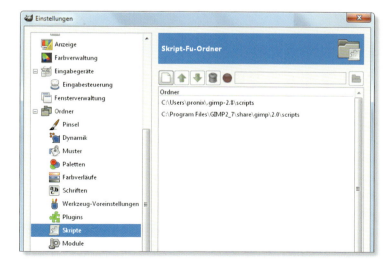

◂ **Abbildung 40.7**
Wozu suchen? GIMP gibt uns alle Informationen zu den beiden Skriptverzeichnissen an, wo die Skript-Fu-Programme auch gefunden werden, wenn Sie diese dort abspeichern.

Prozedur erstellen

Ihre erste Prozedur, die Sie schreiben werden, wird nichts anderes machen, als ein quadratisches Bild mit einer bestimmten Hintergrundfarbe zu erzeugen. Zugegeben, das ist nicht spektakulär, aber dieses Skript enthält ein typisches Grundgerüst für künftige Skript-Fus.

Hier Ihre erste GIMP-Skript-Fu-Prozedur, die anschließend genauer erläutert werden soll (die Zeilennummern geben Sie nicht mit ein, sie dienen nur der anschließenden Erläuterung):

Testscript.scm

```
01 (define (mein-skript-fu size color)
02 (let*
03    (
04       ;lokale Variablen definieren
05       ; Zuerst das Bild
06       (dasBild ( car
07              (gimp-image-new size size RGB)
08           )
09       )
10       ;jetzt die Ebene
11       (dieEbene ( car
12              (gimp-layer-new
13                    dasBild
14                    size size
15                    RGB-IMAGE "Hallo-Welt"
16                    100 NORMAL
17              )
18           )
19       )
20    ) ;Ende der lokalen Variablen
21    (gimp-image-add-layer dasBild dieEbene 0)
22    (gimp-palette-set-background color)
23    (gimp-edit-fill dieEbene BG-IMAGE-FILL)
24    (gimp-display-new dasBild)
25 ) ;Ende let*
26 ) ;Ende der Prozedur mein-skript-fu
```

In Zeile **01** wird der Prozedurname `mein-skript-fu` mit den Parametern `size` und `color` definiert. In den Zeilen **02** bis **20** werden die lokalen Variablen deklariert, die verwendet werden sollen.

In den Zeilen **06** bis **09** wird die Variable `dasBild` mit der GIMP-Prozedur `gimp-image-new` angelegt. Die Prozedur verlangt mit Breite, Höhe und Typ des Bildes drei Parameter. Verwenden

40.2 Das erste Scheme-Skript für GIMP

Sie hierzu den PROZEDUREN-BROWSER, wie in der Schritt-für-Schritt-Anleitung »GIMP-Prozedur mit Parameter suchen« auf Seite 845 beschrieben wurde.

Hier benutzen wir außerdem auch gleich den Parameter size, der beim Aufruf der Prozedur in Zeile **01** übergeben werden muss. Natürlich könnten Sie diese Werte später im Skript wieder ändern. Dass wir hierbei außerdem die Prozedur car verwenden, mag ein wenig seltsam aussehen. Aber alle GIMP-Prozeduren geben immer eine Liste zurück, selbst wenn diese aus nur einem Element besteht. Und nur mit car können Sie auf den Rückgabewert der Funktion zugreifen (hier die Identifikationsnummer des neu erstellen Bildes). Beachten Sie bitte, dass Sie bis jetzt nur den Umriss des Bildes festgelegt haben und noch eine Zeichenfläche benötigen. Und dafür müssen Sie noch eine Ebene anlegen. Dies erwähne ich hier, weil es ein häufiger Fehler ist.

Zum Nachlesen

Wenn Sie nicht mehr genau wissen, was es mit car und cdr auf sich hat, sollten Sie sich nochmals den Abschnitt »Auf die Werte der Liste zugreifen« auf Seite 842 genauer ansehen. Das Wissen darüber ist wichtig, um zu verstehen, warum Sie hier car verwenden, obwohl hier nicht gleich eine Liste erkenntlich ist. Außerdem sollten Sie immer daran denken, dass die ganze Scheme-Programmierung eigentlich nur auf Listen basiert. Merken Sie sich einfach: Wenn eine Skript-Fu-Prozedur einen Wert zurückgibt, ist dieser immer in einer Liste eingekapselt, egal, ob nur ein oder mehrere Werte zurückgegeben werden.

```
05          ; Zuerst das Bild
06          (dasBild ( car
07                     (gimp-image-new size size RGB)
08                   )
09          )
```

In den Zeilen **11** bis **19** wird noch eine lokale Variable dieEbene, hier eine Ebene, mit der Prozedur gimp-layer-new angelegt. Wichtig ist hierbei der erste Parameter der Prozedur, mit dem Sie gleich die Identifikationsnummer dasBild des gerade erstellten Bildes übergeben. Mit dem Parameter zwei und drei geben Sie auch hier die Breite und Höhe an. Der vierte Parameter ist der Ebenentyp. Mit Parameter fünf legen Sie den Ebenennamen fest. Parameter sechs ist die Deckkraft der Ebene und der letzte Parameter der Ebenenmodus. Genaueres hierzu entnehmen Sie wieder dem PROZEDUREN-BROWSER.

```
11          (dieEbene ( car
12                      (gimp-layer-new
13                          dasBild
14                          size size
15                          RGB-IMAGE "Hallo-Welt"
16                          100 NORMAL
17                      )
18                    )
19          )
```

Nachdem die lokalen Variablen in den Zeilen **02** bis **20** definiert wurden, können Sie mit den eigentlichen Anweisungen fortfahren, dem Gestalten, wie hier mit den Zeilen **21** bis **24**. Im Beispiel wurde lediglich in Zeile **21** mit der Prozedur `gimp-image-add-layer` die Ebene zum Bild hinzugefügt. In Zeile **22** wurde die Hintergrundfarbe mit `gimp-palette-set-background` auf den in Zeile **01** übergebenen Parameter der Prozedur, `color`, gesetzt. In Zeile **23** füllen wir mit der Prozedur `gimp-edit-fill` die Ebenen mit der zuvor gesetzten Hintergrundfarbe. Mit dem letzten Prozeduraufruf in Zeile **24**, `gimp-display-new`, zeigen Sie das neu erstellte Bild an.

```
21    (gimp-image-add-layer dasBild dieEbene 0)
22    (gimp-palette-set-background color)
23    (gimp-edit-fill dieEbene BG-IMAGE-FILL)
24    (gimp-display-new dasBild)
```

Prozedur registrieren und ausführen

Im Abschnitt zuvor haben Sie die Prozedur für Ihr erstes Skript-Fu-Listing lediglich erstellt. Angezeigt und sichtbar wird hiermit noch nichts. Dazu müssen Sie die Prozedur zuvor noch bei der GIMP-Prozeduren-Datenbank (kurz PDB) registrieren. Für unsere Prozedur sieht die Registrierung wie folgt aus:

```
01 (script-fu-register "mein-skript-fu"
02    "<Toolbox>/MeineSkripte/Test/MeinSkript…"
03    "Erzeugt ein quadratisches neues Bild"
04    "J. Wolf <wolf@pronix.de>"
05    "2012"
06    "J. Wolf"
07    ""
08    SF-VALUE "Groesse" "100"
09    SF-COLOR "Farbe" '(255 0 0)
10 )
```

In Zeile **01** teilen Sie der Datenbank mit, wie der Name der Prozedur lautet, die registriert werden soll. Dies erledigen Sie mit dem Befehl `script-fu-register` gefolgt vom Namen der Prozedur (hier `"mein-skript-fu"`), den Sie im vorherigen Abschnitt definiert haben. Der Prozedurname wird in doppelte Hochkommas gestellt und dient als Einsprungpunkt für das Skript.

40.2 Das erste Scheme-Skript für GIMP

In der Zeile **02** geben Sie an, über welche Menüstruktur das Skript erreicht werden soll. Wenn Sie die Struktur wie im Beispiel verwenden, legt GIMP automatisch einen neuen Menüpunkt an, falls der Pfad noch nicht existiert. Wollen Sie den klassischen FILTER-Pfad verwenden, geben Sie einfach Xtns (Abkürzung für *Extens*ion = Erweiterung) an: "<Toolbox>/**Xtns**/MeineSkripte/Test/MeinSkript…"

◀ **Abbildung 40.8**
Hier wurde die Menüstruktur
"<Toolbox>/MeineSkripte/Test/MeinSkript…" verwendet.

◀ **Abbildung 40.9**
Hier wurde "<Toolbox>/File/MeineSkripte/Test/Mein-Skript…" verwendet.

Die Zeilen **03** bis **06** erscheinen im PROZEDUREN-BROWSER. Hier geben Sie mit Zeile **03** zunächst eine Beschreibung der Prozedur an, die auch in der Statusleiste des Bildfensters angezeigt wird, wenn Sie mit dem Mauszeiger über dem Menüelement stehen. Zeile **04** enthält Kontaktdaten des Autors, Zeile **05** das Erstellungsdatum und Zeile **06** den Urheber des Skripts. Rufen Sie den PROZEDUREN-BROWSER auf und suchen Sie nach unserem Skript-Fu mein-skript-fu, werden diese Daten angezeigt.

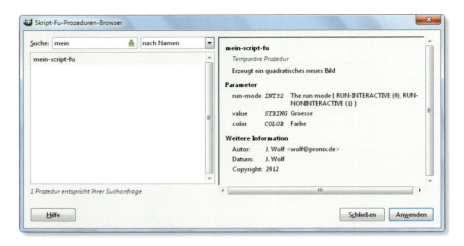

Abbildung 40.10 ▲
Alle Angaben werden im PROZE-
DUREN-BROWSER angezeigt.

Mit Zeile **07** geben Sie den Typ des Bildes an (beispielsweise RGB, RGBA, GRAY …). Sie können das Feld auch leer lassen, wie dies im Beispiel gemacht wurde.

Ab Zeile **08** folgt der Block mit den Parametern, die unsere Prozedur benötigt. Betrachten Sie nochmals die Parameterzeile unserer Prozedur, die Sie im Abschnitt zuvor erstellt haben:

```
(define (mein-skript-fu size color)
...
```

Werte vertauschen

In diesem Beispiel würde ein Vertauschen der Werte der Zeilen **08** und **09** zu einer Fehlermeldung bei der Ausführung des Skriptes führen. Wenn Sie allerdings ein Skript mit mehreren gleichen Parametertypen haben und Sie die Werte versehentlich durcheinanderbringen, so könnte das Ergebnis des Skriptes ein ganz anderes sein, als geplant. Hier ist also immer Vorsicht geboten.

In Zeile **08** übergeben Sie der Prozedur `mein-skript-fu` den ersten Parameter `size` mit 100 Pixeln, was in diesem Beispiel die voreingestellte Bildgröße ist. Als Typ wurde hier `SF-VALUE` mit der Bezeichnung `"Groesse"` verwendet, womit der Wert eine Zahl oder Zeichenkette sein muss. Wichtig ist auch die richtige Reihenfolge der Parameterübergabe; Sie dürfen die Zeilen **08** und **09** nicht vertauschen.

Skriptparameter | Den zweiten Parameter übergeben Sie mit Zeile **09**, hier wiederum ein roter Farbwert (R = 255, G = 0, B = 0). Mit dem Parametertyp `SF-COLOR` und der Bezeichnung `"Farbe"` zeigen wir an, dass dieser Parameter eine Farbe sein muss. Die Syntax solcher Parameterübergaben ist immer gleich:

```
Parameter-Typ "Text-vor-dem-Widget" "Standardwert"
```

Um das hier gleich klarzustellen: Erst mit den Skriptparametern stellen Sie die interaktive grafische Benutzeroberfläche für die Eingabe zur Verfügung.

Tabelle 40.1 listet die verschiedenen Parametertypen und deren Bedeutung auf.

Parametertyp	Beschreibung

SF-ADJUSTMENT	Erzeugt einen Schieberegler oder eine Spinbox.
	`SF-ADJUSTMENT "bezeichnung" '(`
	` wert min max schrittweite`
	` sprungweite stellen typ )`
	▶ `"bezeichnung"`: Text vor dem Widget
	▶ `wert`: eingestellter Anfangswert
	▶ `min`: kleinstmöglicher Wert
	▶ `max`: größtmöglicher Wert
	▶ `schrittweite`: Werte-Erhöhung oder -Reduzierung pro Schritt
	▶ `sprungweite`: Werte-Erhöhung oder -Reduzierung mit `Bild↑`- bzw. `Bild↓`-Taste
	▶ `stellen`: Anzahl der Nachkommstellen
	▶ `typ`: Schieberegler (SF-SLIDER oder 0) oder Spinbox (SF-SPINNER oder 1).

SF-BRUSH	Erstellt eine Ansicht des Pinsels und eine Schaltfläche, um den Pinsel zu ändern. `SF-BRUSH "bezeichnung" '("Circle (11)" 100 50 0)` `"bezeichnung"` ist wieder der Text neben dem Widget. Die Pinseleinstellungen erfolgen in Listenform mit folgenden selbsterklärenden Bedeutungen: `'("Pinselname" Deckkraft Abstand Modus)`.

SF-COLOR	Erzeugt eine Farbwahlschaltfläche, mit der Sie durch Anklicken eine Farbe auswählen können.
	`SF-COLOR "bezeichnung" '(R G B)`
	oder
	`SF-COLOR "bezeichnung" "farbname"`
	`"bezeichnung"` ist wieder der Text vor dem Widget. Die Farbe können Sie entweder nach typischer RGB-Manier mit Werten von `(0 0 0)` bis `(255 255 255)` eingeben oder als Farbnamen in der CSS-Notation (beispielsweise `"red"` für Rot).

SF-DIRNAME	Hiermit können Sie ein Verzeichnis auswählen. Zurückgegeben wird der Name des Ordners. `SF-DIRNAME "bezeichnung" "pfad"` `"bezeichnung"` ist der Text vor dem Widget. Mit `"pfad"` können Sie ein vorbelegtes Verzeichnis vorgeben. Geben Sie keinen oder einen ungültigen Pfad an, verwendet GIMP das standardmäßige Bildverzeichnis des Systems.
SF-DRAWABLE	Arbeitet das Skript bereits mit einem geöffneten Bild (über `SF-IMAGE`), können Sie hiermit mit dem nächsten Bild (bzw. der nächsten Ebene) arbeiten. `SF-DRAWABLE "Ebene" 1`
SF-FILENAME	Damit wird eine Schaltfläche erzeugt mit dem Namen einer Datei. Klicken Sie diese Schaltfläche an, können Sie aus dem Dialog eine Datei auswählen. Zurückgegeben wird der Name der Datei als Zeichenkette. `SF-FILENAME "bezeichnung" "dateiname.jpg"` `"bezeichnung"` steht vor dem Widget, und `"dateiname.jpg"` ist der Name der Datei.

▲ **Tabelle 40.1**
Die verschiedenen Parametertypen für die interaktive grafische Oberfläche

Parametertyp	Beschreibung
SF-FONT	Erstellt eine Schaltfläche mit einer voreingestellten Schrift. Klicken Sie auf diese Schaltfläche, können Sie über einen Dialog eine neue Schrift aus vorhandenen Schriftarten auswählen. Zurückgegeben wird der Schriftname als Zeichenkette. SF-FONT "bezeichnung" "zeichensatz" "bezeichnung" steht vor dem Widget, und "zeichensatz" ist der Name des voreingestellten Zeichensatzes.
SF-GRADIENT	Zeigt eine Schaltfläche mit dem aktuell verwendeten Verlauf an. Wenn Sie diesen Schalter drücken, öffnet sich ein Dialog, wo Sie einen anderen Verlauf auswählen können. SF-GRADIENT "bezeichnung" "CD" "bezeichner" steht hierbei vor dem Widget. Der Name des Farbverlaufs lautet hier "CD". Zurückgegeben wird der Name des Verlaufs.
SF-IMAGE	Soll das Skript auf ein geöffnetes Bild angewendet werden, sollte dieses Bild als Parameter übergeben werden. Sind mehrere Bilder in GIMP geöffnet, so werden auch diese in der Dropdown-Liste mit aufgelistet. SF-IMAGE "Das Bild" 0
SF-OPTION	Erzeugt eine Dropdown-Liste mit übergebenen Werten. Die erste Option ist immer die Voreinstellung. SF-OPTION "bezeichnung" '("Option1" "Option2") Der Rückgabewert ist immer die Nummer (angefangen bei 0) der ausgewählten Option.
SF-PALETTE	Erzeugt eine Schaltfläche, die die aktuelle Palette enthält. Klicken Sie diese Schaltfläche an, öffnet sich ein Dialog, über den Sie eine andere Palette auswählen können. SF-PALETTE "bezeichner" "palette" Zurückgegeben wird der Name der Palette als Zeichenkette. "bezeichner" steht neben dem Widget, und "palette" ist die voreingestellte Palette.
SF-PATTERN	Erstellt eine Mustervorschau mit einer Schaltfläche, um ein anderes Muster über ein weiteres Dialogfenster auszuwählen. SF-PATTERN "bezeichner" "Wood" Der "bezeichner" steht neben dem Widget. Der zweite Parameter ist der Name des voreingestellten Musters. Zurückgegeben wird der Name des Musters.
SF-STRING	Erstellt ein einzeiliges Text-Eingabefeld, das eine Zeichenkette akzeptiert. SF-STRING "bezeichner" "Irgendein Text" "bezeichner" ist der Text neben dem Widget und der zweite Parameter ein gegebenenfalls vorgegebener Text.
SF-TEXT	Wie SF-STRING, nur wird hiermit ein mehrzeiliges Texteingabefeld erzeugt.
SF-TOOGLE	Erstellt ein Kontrollkästchen für einen Booleschen Wert. SF-TOGGLE "bezeichner" TRUE Der erste Parameter ist der Titel, der neben dem Kontrollkästchen steht. Verwenden Sie beim zweiten Parameter TRUE, setzen Sie standardmäßig das Häkchen; mit FALSE wird das Häkchen nicht gesetzt. Zurückgegeben wird TRUE oder FALSE.
SF-VALUE	Wie SF-STRING. Akzeptiert Zahlen und Zeichenketten. Da allerdings Anführungszeichen im Text maskiert werden müssen, empfehle ich Ihnen, für Zeichenketten SF-STRING zu verwenden.

▲ Tabelle 40.1
Die verschiedenen Parametertypen für die interaktive grafische Oberfläche (Forts.)

40.2 Das erste Scheme-Skript für GIMP

◄ **Abbildung 40.11**
Alle Skript-Fu-Parameter aus Tabelle 40.1 in einem Fenster. Das entsprechende Skript-Fu dazu finden Sie auf der Buch-DVD wieder.

 Parameter.scm

Skripte ausführen | Zurück zu unserem ersten Skript-Fu, wo wir nichts anderes gemacht haben, als ein quadratisches neues Bild mit der eingestellten Hintergrundfarbe anzulegen. Hierzu nochmals das komplette Skript im Überblick (die Zeilennummern geben Sie nicht mit ein):

Komplexere GUI-Elemente
Wenn Sie andere GUI-Elemente als die über die SF-*-Variablen angebotenen brauchen (beispielsweise Bildervorschau), kommen Sie nicht darum herum, echte GIMP-Plugins in der Sprache C (oder Python) zu schreiben (siehe Abschnitt 39.2, »Eigene Plugins in C schreiben oder übersetzen«).

 TestScript.scm

```
01 (define (mein-skript-fu size color)
02 (let*
03     (
04         ;lokale Variablen definieren
05         ; Zuerst das Bild
06         (dasBild ( car
07                 (gimp-image-new size size RGB)
08                 )
09         )
10         ;jetzt die Ebene
11         (dieEbene ( car
12                 (gimp-layer-new
13                     dasBild
14                     size size
15                     RGB-IMAGE "Hallo-Welt"
16                     100 NORMAL
17                 )
18             )
```

855

```
19           )
20        )  ;Ende der lokalen Variablen
21        (gimp-image-add-layer dasBild dieEbene 0)
22        (gimp-palette-set-background color)
23        (gimp-edit-fill dieEbene BG-IMAGE-FILL)
24        (gimp-display-new dasBild)
25 )  ;Ende let*
26 )  ;Ende der Prozedur mein-skript-fu

27 (script-fu-register "mein-skript-fu"
28        "<Toolbox>/MeineSkripte/Test/MeinSkript…"
29        "Erzeugt ein quadratisches neues Bild"
30        "J. Wolf <wolf@pronix.de>"
31        "2010"
32        "J. Wolf"
33        ""
34        SF-VALUE "Groesse" "100"
35        SF-COLOR "Farbe" '(255 0 0)
36 )
```

Ausgehend davon, dass Sie das Skript im richtigen Verzeichnis mit der Dateiendung »*.scm« (hier beispielsweise »TestSkript.scm«) abgespeichert haben (siehe Seite 847, »Skript erstellen und speichern«), können Sie es jetzt ausführen.

Ein neu erstelltes Skript können Sie entweder nach dem Neustart von GIMP ausführen oder wenn Sie die Bibliothek mit den Skripten aktualisieren, und zwar mit dem Befehl FILTER • SKRIPT-FU • SKRIPTE AUFFRISCHEN.

Beim Auffrischen der Skripte-Bibliothek wird auch gleich die Syntax der Skripte überprüft. Findet der Interpreter hier bereits einen Fehler, werden Sie mit einer entsprechenden Dialogbox darauf hingewiesen. In diesem Fall müssen Sie den Fehler beheben und die Skripte-Bibliothek erneut auffrischen.

Abbildung 40.12 ▶
Wir haben einen (Tipp-)Fehler im Skript.

Wenn Sie beim Erneuern der Skripte-Bibliothek keine Fehlermeldung erhalten, können Sie das erste Skript über FILTER • MEINE-SKRIPTE • TEST • MEINSKRIPT aufrufen und starten.

40.2 Das erste Scheme-Skript für GIMP

▲ Abbildung 40.13
Bei unserem ersten Skript geben Sie über GROESSE ❶ die Höhe und Breite für unser neues quadratisches Bild an. Durch Anklicken der Schaltfläche bei FARBE ❷ wählen Sie über einen Farbauswahl-Dialog die Hintergrundfarbe für das neue Bild. Mit der Schaltfläche OK ❸ wird das neue Bild erzeugt.

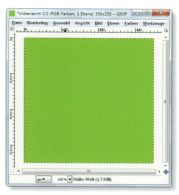

▲ Abbildung 40.14
Unser erstes Bild, das mit Hilfe eines Skript-Fus erzeugt wurde

Zusammenhang zwischen Prozedurparameter und Parametertypen | Das folgende Skript soll nochmals kurz den Zusammenhang zwischen den Parametern der Prozedur und den Parametertypen bei der Registrierung demonstrieren. Dies ist enorm wichtig, um die Skript-Fus zu verstehen.

```
01 (define (test-funktion Parameter_a Parameter_b)
02     ; Keine Anweisungen
03 )

04 ; Skript registrieren
05 (script-fu-register "test-funktion"
06    "<Toolbox>/Xtns/MeineSkripte/Test/Test"
07    "Skript ist ein Testfunktion"
08    "J.Wolf"
09    "2010"
10    "J.Wolf"
11    ""
12    SF-ADJUSTMENT "Para A" '(400 1 2000 1 10 0 1)
13    SF-ADJUSTMENT "Para B" '(300 1 2000 1 10 0 1)
14 )
```

In diesem Beispiel wurden die Parameter bei der Prozedur test-funktion und die entsprechenden Parametertypen bei der Registrierung des Skriptes fett hervorgehoben. Die Prozedur im Beispiel macht überhaupt nichts; es werden nur zwei Schieberegler angezeigt.

Achtung: Fehlerquelle
Ein häufiger Fehler beim Registrieren der Prozedur ist, dass nicht exakt derselbe Prozedurname (hier in Zeile **01** mit test-funktion) auch bei der Registrierung (hier in der Zeile **05**) verwendet wird. Auch ist es nicht möglich, einen bereits existierenden Prozedurnamen erneut zu registrieren.

857

Kapitel 40 Eigene Skript-Fu-Programme schreiben

Hierbei wird quasi die Prozedur `test-funktion` mit den beiden Parametern aus Zeile **12** und **13** mit vordefinierten Werten aufgerufen. In der Prozedur `test-funktion` könnten Sie beispielsweise ab der Zeile **02** auf diese Werte zurückgreifen und sie auch ändern. Allerdings müssen Sie in der Prozedur die Bezeichner `Parameter_a` und `Parameter_b` verwenden.

Fehlersuche

Wenn Sie eigene Skript-Fus entwickeln, werden Sie schnell feststellen, dass selten auf Anhieb alles fehlerfrei oder überhaupt läuft. Schlimmer ist es natürlich dann noch, wenn Sie nicht einmal eine Fehlermeldung erhalten. Hierzu ein paar Tipps, mit denen Sie sich das Leben leichter machen können.

Editor für Scheme
Sehr geläufig ist der Editor *DrRacket* (ehemals DrScheme), der auch in vielen Universitäten zur Schulung eingesetzt wird. Den Editor gibt es für alle gängigen Systeme (Windows, Linux, Mac OS X) unter *http://racket-lang.org* zum kostenlosen Download.

Syntaxüberprüfung | Der wohl häufigste Fehler, den Sie bei Scheme machen werden, ist, dass Sie irgendwo eine Klammer zu viel oder zu wenig verwendet haben. Hier ist beispielsweise ein Editor sehr hilfreich, der die Programmiersprache Scheme optisch hervorheben kann (auch *Syntax-Highlighting* genannt). Solche Editoren zeigen auch gleich an, welche sich öffnende Klammer zur entsprechenden schließenden Klammer gehört.

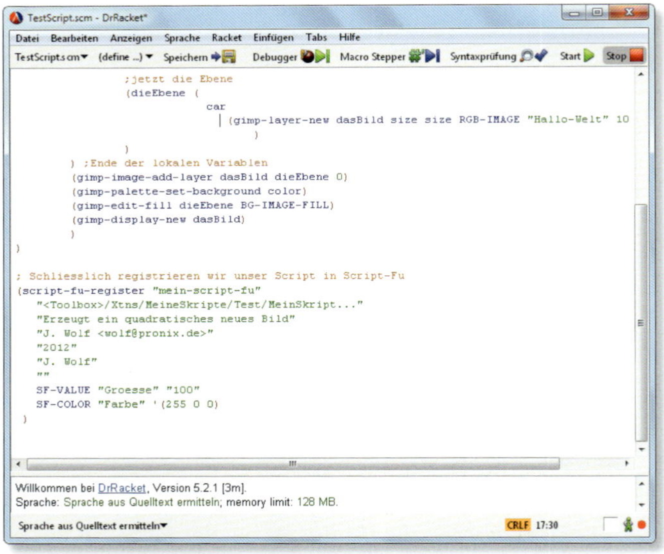

Abbildung 40.15 ▶
Dank der Hervorhebung der Syntax, wie hier mit dem Editor DrRacket, fällt das Schreiben von Skripten mit Scheme erheblich leichter.

»car« vergessen? | Ein sehr häufiger Fehler ist es, `car` bei der Rückgabe von Werten nicht zu verwenden. Wenn Sie sich nicht sicher sind, kopieren Sie einfach den Code in die SKRIPT-FU-KONSOLE von GIMP und rufen Sie ihn manuell auf.

40.3 Eigenes Skript-Fu-Programm bauen

Nachdem Sie den etwas theoretischeren Teil hinter sich haben, folgt jetzt ein praxislastigeres Kapitel. Natürlich wird dabei auch darauf eingegangen, warum Sie was tun sollten. So nebenbei werden Sie hier weitere Techniken rund um Skript-Fu und Scheme kennenlernen.

Prozeduren-Browser verwenden
Wenn Sie sich wirklich ernsthaft mit der Erstellung eigener Skript-Fus befassen wollen, sollten Sie immer den PROZEDUREN-BROWSER geöffnet haben (HILFE • PROZEDUREN-BROWSER), um die einzelnen Prozeduren besser kennenzulernen. Dies gilt auch beim Studieren anderer Skript-Fus.

Ein Skript auf ein bestehendes Bild anwenden

In der Einführung des Abschnitts »Prozedur erstellen« auf Seite 848 haben Sie bereits gesehen, wie Sie ein neues Bild mit einem Skript-Fu-Programm erstellen. Häufig werden Sie aber auch ein Skript-Fu schreiben wollen, mit dem Sie Befehle auf das aktuell geöffnete Bild anwenden können. Für den Fall finden Sie hier ein einfaches und übersichtliches Beispiel, das ein Wasserzeichen in der rechten unteren Ecke eines geöffneten Bildes einfügt. Solche Wasserzeichen werden häufig und gerne verwendet, um den Eigentümer des Fotos zu kennzeichnen. Mit unserem Skript soll dieser immer wieder notwendige Vorgang automatisiert werden. Hierbei zunächst das Skript-Fu, anschließend die Erläuterung (Kommentare sind in Normalschrift, und Code ist fett hervorgehoben):

wasserzeichen.scm,
wasserzeichen2.scm,
wasserzeichen3.scm,
wasserzeichen4.scm

```
01 (define ( skript-fu-wasserzeichen
              bild text schrift hoehe deckkraft )
02   (let*
03 ; Vordergrundfarbe in Variable varFG sichern
04     ((varFG(car (gimp-palette-get-foreground))))
05 ; Vordergrundfarbe auf Weiß für Schrift setzen
06     (gimp-palette-set-foreground '(255 255 255))
07     (let*
08 ; Breite und Höhe des Bildes ermitteln
09       ((bild_B (car (gimp-image-width bild)))
10        (bild_H (car (gimp-image-height bild)))
11 ; X und Y-Position von der rechten unteren Ecke
12 ;   mit 25 Pixeln Abstand berechnen
13        (ytext(- (- bild_H hoehe) 25))
14        (text_breite (car (
15            gimp-text-get-extents-fontname
16              text hoehe 0 schrift) ) )
17        (xtext(- (- bild_B text_breite) 25))
18 ; Neue Ebene für das Wasserzeichen anlegen
19        (T_Ebene (car (
```

```
                    gimp-text-fontname
                       bild -1 xtext ytext text -1
                       TRUE hoehe 0 schrift))))
20 ; Deckkraft für das Wasserzeichen einstellen
21      (gimp-layer-set-opacity T_Ebene deckkraft)
22 ; Ebene mit Bild zusammenfügen
23       (gimp-image-flatten bild)
24    )
24 ; Alte Vordergrundfarbe wiederherstellen
25     (gimp-palette-set-foreground varFG)
26    )
27 ; Bildschirmansicht auffrischen
28   (gimp-displays-flush)
29 )


30 ; Skript registrieren
31 (script-fu-register "skript-fu-wasserzeichen"
32   "<Toolbox>/MeineSkripte/Test/Wasserzeichen"
33   "Erstellt ein Wasserzeichen"
34   "J.Wolf"
35   "J.Wolf"
36   "2012"
37   ""
38   SF-IMAGE "Das Bild" 0
39   SF-STRING "Text für Wasserzeichen" "Dein Text"
40   SF-FONT "Schriftart" "Arial"
41   SF-ADJUSTMENT "Schiftgroesse (Pixel)"
      '(100 0 1000 5 10 0 1)
42   SF-ADJUSTMENT "Deckkraft" '(25 0 100 5 10 0 1)
43 )
```

In Zeile **01** erzeugen wir die Funktion `skript-fu-wasserzeichen` mit allen Parametern, die vom Benutzer übergeben werden. Hier verwenden wir das Bild (IMAGE), den Text als Zeichenkette (STRING), die Schriftart, die Größe der Schrift und die Deckkraft für das Wasserzeichen.

In Zeile **04** wird die Vordergrundfarbe in der Variablen varFG mit der Prozedur `gimp-palette-get-foreground` gesichert. Es ist ein guter Stil, die Farben zu sichern, bevor sie für weitere Verwendungen im Skript geändert werden, um diese am Schluss wiederherstellen zu können. In Zeile **06** wird die Vordergrundfarbe mit der Prozedur `gimp-palette-set-foreground` auf Weiß ('(255 255 255)) gesetzt. Diese Farbe wird für den Wasserzeichentext verwendet.

40.3 Eigenes Skript-Fu-Programm bauen

In den Zeilen **09** und **10** werden mit den Prozeduren `gimp-image-width` und `gimp-image-height` die Breite und Höhe des Bildes ermittelt und in der Variablen `bild_B` bzw. `bild_H` gespeichert.

In Zeile **13** bekommt die Variable `ytext` den Wert der unteren Bildkante plus 25 Pixel zum Hochrücken des Textes. Die Texthöhe muss hierbei auch berücksichtigt werden; daher wird die Höhe der Schrift von der Höhe des Bildes subtrahiert. Vom Ergebnis wird wiederum 25 abgezogen, damit der Text ein wenig von der unteren Kante des Bildes eingerückt wird.

Das Gleiche geschieht auch in der Zeile **17**, nur dass hier das Wasserzeichen an der rechten Kante des Bildes gesetzt wird. Hierbei muss die Textbreite berücksichtigt werden. Diese wurde in Zeile **15** mit der Prozedur `gimp-text-get-extents-fontname` ermittelt und an die Variable `text_breite` übergeben.

In Zeile **19** fügen Sie mit der Prozedur `gimp-text-fontname` eine neue Textebene zum Bild hinzu. Der Rückgabewert der neuen Ebene wird in der Variablen `T_Ebene` gespeichert. In Zeile **21** stellen Sie die Deckkraft der Textebene mit der Prozedur `gimp-layer-set-opacity` ein. Zeile **23** fügt das Bild zusammen. Mit der Hauptarbeit unseres Bildes sind wir jetzt fertig, weshalb in Zeile **25** die alte Vordergrundfarbe wiederhergestellt wird. Mit der Funktion `gimp-displays-flush` in Zeile **28** werden alle noch nicht sichtbar ausgeführten Änderungen durchgeführt.

In den Zeilen **30** bis **43** wird die Prozedur registriert, und die Parametertypen werden definiert.

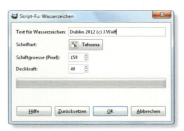

▲ **Abbildung 40.16**
Das Skript-Fu zum Hinzufügen eines Wasserzeichens bei der Ausführung

◄ **Abbildung 40.17**
Hier wurde rechts unten das Wasserzeichen hinzugefügt.

Skript um Fallunterscheidungen erweitern

Wenn Sie in Ihrem Skript den Parametertyp `SF-OPTION` verwenden, mit dem Sie dem Benutzer mehrere Optionen zur Auswahl zur Verfügung stellen, müssen Sie auswerten, welche Option der Anwender ausgewählt hat, und entsprechend reagieren. Um das nochmals auf unser Beispiel mit dem Wasserzeichen anzuwenden, könnten Sie den Parametertyp SF-OPTION wie folgt nutzen:

```
SF-OPTION "Ausrichtung" '( "Links unten"   ; 0
                          "Rechts unten"  ; 1
                          "Links oben"    ; 2
                          "Rechts oben" ) ; 3
```

Für solche Zwecke bietet sich die Fallunterscheidung cond an. Die Syntax einer solchen Fallunterscheidung sieht in Scheme wie folgt aus:

```
(cond ( frage1 antwort1 )
      ( frage2 antwort2 )
      …
      ( frageN antwortN ) )
```

Diese Fallunterscheidung gibt den Wert der Antwort zurück, der bei den Ausdrücken der Frage als Erstes wahr (TRUE oder 1) ist. Wichtig ist hierbei auch, dass jede Fallunterscheidung zwei Ausdrücke (eine Frage und eine Antwort) enthalten muss. Des Weiteren muss jede Fallunterscheidung von einem Klammerpaar umschlossen werden. Optional kann am Ende auch das Schlüsselwort else verwendet werden, für den Fall, dass keiner der Ausdrücke wahr ist. Hierzu ein einfaches Beispiel:

```
(cond ( (= var1 50)   'wert1)
      ( (= var1 100)  'wert2)
      ( else 'keinWert)  )
```

Ist die Variable var1 gleich 50, gibt diese Fallunterscheidung wert1 zurück. Ist var1 gleich 100, wird wert2 zurückgegeben. Trifft keiner der Fälle zu, wird auf jeden Fall keinWert zurückgegeben. Ein häufiger Fehler ist folgende Verwendung:

```
(cond  (= var1 50)    'wert1
       (= var1 100)   'wert2
      ( else 'keinWert)  )
```

Hier wurden die Klammerpaare zwischen den zwei Ausdrücken vergessen, die im selben Beispiel zuvor fett hervorgehoben sind.

40.3 Eigenes Skript-Fu-Programm bauen

Im Gegensatz zu unserem Beispiel mit dem Wasserzeichen aus dem vorigen Abschnitt sieht das Skript-Fu jetzt wie folgt aus (die Neuerungen sind fett hervorgehoben, und einige Kommentare wurden weggelassen):

```
01 (define (skript-fu-wasserzeichen2
         bild text schrift farbe hoehe
         ausrichtung deckkraft)
02   (let*
03     ((varFG (car(gimp-palette-get-foreground))))
04     (gimp-palette-set-foreground farbe)
05   (let*
06     ((bild_B (car (gimp-image-width bild)))
07      (bild_H (car (gimp-image-height bild)))
08      (ytext 0)
09      (xtext 0)
10 ; Fallunterscheidung für Y-Position auswerten
11      (ytext (cond
           ; unten
           ((<=ausrichtung 1)(- (- bild_H hoehe)25))
           ((>= ausrichtung 2) 25))) ; oben

12      (text_breite (car (
13          gimp-text-get-extents-fontname
14            text hoehe 0 schrift) ) )

15 ; Fallunterscheidung für X-Position auswerten
16      (xtext (cond
           ((= (fmod ausrichtung 2) 0) 25) ; links
           ((= (fmod ausrichtung 2) 1) ;rechts
            (- (- bild_B text_breite) 25))))

17      (T_Ebene (car (gimp-text-fontname
             bild -1 xtext ytext text -1 TRUE
             hoehe 0 schrift))))
18      (gimp-layer-set-opacity T_Ebene deckkraft)
19      (gimp-image-flatten bild)
20   )
21   (gimp-palette-set-foreground varFG)
22   )
23   (gimp-displays-flush)
24 )

25 ; Skript registrieren
```

```
26  (script-fu-register "skript-fu-wasserzeichen2"
27    "<Toolbox>/MeineSkripte/Test/Wasserzeichen2"
28    "Erstellt ein Wasserzeichen"
29    "J.Wolf"
30    "J.Wolf"
31    "2012"
32    ""
33    SF-IMAGE "Das Bild" 0
34    SF-STRING "Text fuer Wasserzeichen"
              "Dein Text"
35    SF-FONT "Schriftart" "Arial"
36    SF-COLOR "Schriftfarbe" '(255 255 255)
37    SF-ADJUSTMENT "Schiftgroesse (Pixel)"
         '(100 0 1000 5 10 0 1)
38    SF-OPTION "Ausrichtung"
39      '("Links unten" "Rechts unten"
40        "Links oben" "Rechts oben")
41    SF-ADJUSTMENT "Deckkraft"
         '(25 0 100 5 10 0 1)
42  )
```

Zusätzlich wurde in diesem Skript eine Farbauswahl für die Schrift hinzugefügt, weil sich nicht überall eine weiße Farbe als Wasserzeichen eignet.

In diesem Skript wurde in den Zeilen **11** und **16** jeweils eine Fallentscheidung eingebaut, die Ihnen vielleicht zunächst nicht ganz logisch erscheint. Daher nochmals die Fallunterscheidung aus Zeile **11**:

```
(ytext (cond
  ((<=ausrichtung 1)(- (- bild_H hoehe)25)) ; unten
  ((>= ausrichtung 2) 25)) ; oben
)
```

Zuerst überprüfen Sie, ob der Wert von `ausrichtung` kleiner oder gleich (<=) 1 ist, was bedeuten würde, dass der Benutzer die Option "`Links unten`" oder "`Rechts unten`" ausgewählt hat. In dem Fall ist die Y-Position des Bildes auf jeden Fall unten, weshalb hier `ytext` die Position von der Bildhöhe (hier `bild_H`) erhält. Da allerdings die Schrift dabei nicht mehr im Bild angezeigt würde, subtrahieren wir von diesem Wert die Schrifthöhe (*Bildhöhe – Schrifthöhe*). Damit die Schrift ganz unten an den Bildrand geschrieben wird, rücken wir nochmals um 25 Pixel ein, die von der Bildhöhe abgezogen werden: *(Bildhöhe – Schrifthöhe) – 25*.

> **Tipp: Einrückung einbauen**
> Wenn Sie wollen, bauen Sie in diesem Skript noch einen weiteren Parametertypen mit ein, mit dem Sie auch noch die Einrückung, die hier immer mit 25 Pixeln festgelegt ist, vom Benutzer eingeben lassen. Im Grunde brauchen Sie hier nur einen Parametertyp `SF-ADJUSTMENT` wie bei der Schriftgröße zu verwenden und diesen Parameter überall im Skript gegen den Wert 25 auszutauschen. Auf der Buch-DVD finden Sie auch eine Version mit dieser Option.

Die zweite Fallunterscheidung auf `ausrichtung` überprüft, ob der Wert größer oder gleich (>=) 2 ist. Ist dies der Fall, hat der Benutzer "`Links oben`" oder "`Rechts oben`" gewählt, und daher ist die Y-Position des Bildes auf jeden Fall oben. Zwar wurde `ytext` standardmäßig in Zeile **08** mit dem Wert 0 initialisiert, aber auch hier soll nochmals um 25 Pixel von oben eingerückt werden, damit die Schrift nicht ganz oben am Rand angebracht wird.

Wenn Sie sich nicht mehr sicher sind, warum hier auf die Werte <= 1 oder >= 2 geprüft wird, sehen Sie sich einfach die Zeilen **38 - 40** im Skript an, die hier nochmals abgedruckt ist:

```
SF-OPTION "Ausrichtung" '( "Links unten"    ; =0
                          "Rechts unten"    ; =1
                          "Links oben"      ; =2
                          "Rechts oben" )   ; =3
```

Nachdem also mit einer Fallunterscheidung überprüft wurde, ob der Anwender das Wasserzeichen oben oder unten anbringen will, fehlt noch die Unterscheidung, ob der Text rechts oder links stehen soll. Dies fragen wir mit Zeile **16** ab:

```
(xtext (cond
  ( (= (fmod ausrichtung 2) 0) 25)    ; links
  ( (= (fmod ausrichtung 2) 1)        ;rechts
     (- (- bild_B text_breite) 25))))
```

Hier überprüfen wir zunächst mit `fmod`, ob der Ausdruck `ausrichtung` dividiert durch 2 keinen Wert (= 0) zurückgibt. `fmod` steht für den Modulo-Operator. Dieser führt eine Division zwischen zwei Zahlen durch und gibt den Rest davon zurück. Vereinfacht, prüfen wir mit dem ersten Ausdruck, ob es sich um eine gerade Zahl handelt. Dividieren Sie eine gerade Zahl durch 2, ergibt sich niemals ein Rest. Im Beispiel wäre dies der Fall, wenn der Benutzer "`Links unten`" oder "`Links oben`" gewählt hätte. In dem Fall übergeben wir der Variablen `xtext` den Wert 25, um ein wenig vom linken Rand einzurücken.

Die zweite Überprüfung auf `ausrichtung` entspricht im Grunde fast der ersten, nur wird hier getestet, ob die Division des Wertes `ausrichtung` durch 2 einen Rest (also 1) zurückgibt. Ist dies der Fall, wurden die Optionen "`Rechts unten`" oder "`Rechts oben`" gewählt. Dann bekommt `xtext` den Wert von *Bildhöhe – Textbreite*. Die Textbreite wurde zuvor in den Zeilen **12** bis **14** ermittelt. Auch sie ist hier ziemlich wichtig, weil sonst keinerlei Text zu sehen wäre. Um auch hier den Text nicht ganz rechts anzubringen, werden von diesem Wert nochmals 25 Pixel subtrahiert, um eine Einrückung zu bewirken.

▲ **Abbildung 40.18**
Unser erweitertes Skript-Fu. Jetzt kann der Text auch noch an den Ecken ausgerichtet werden. Zusätzlich lassen sich die Schriftfarbe und die Einrückung an den Ecken einstellen.

▲ **Abbildung 40.19**
Dank einer Erweiterung wird unser Skript-Fu erheblich vielseitiger.

»if«-Fallunterscheidung | Häufig werden Sie in Skript-Fus auch if-Fallunterscheidungen verwenden. Die if-Fallunterscheidung wird der cond-Fallunterscheidung vorgezogen, wenn das Programm entweder in die eine oder in die andere Richtung weiter ausgeführt werden soll. Für mehr als nur zwei Wege ist die cond-Fallunterscheidung komfortabler. Die Syntax einer solchen if-Abfrage sieht wie folgt aus:

```
(if (bedingung)
    (then-Anweisung)
    (else-Anweisung)
)
```

Das liest sich folgendermaßen: Trifft bedingung zu, dann wird then-Anweisung ausgeführt, ansonsten else-Anweisung. Das Ganze etwas praktischer:

```
( if ( = val 100 )
    (print "val ist gleich 100")
    (print "val ist nicht gleich 100")
)
```

Ist hierbei der Wert der Variablen val gleich 100, wird die erste Anweisung ausgegeben: "val ist gleich 100". Ansonsten – wenn val also nicht gleich 100 ist – wird auf jeden Fall die zweite Anweisung, "val ist nicht gleich 100", ausgegeben.

In der Praxis von Skript-Fu-Programmen würde sich diese if-Fallunterscheidung auch sehr gut zur Fehlerüberprüfung eignen. Das Thema wird von vielen Skript-Fus schlicht und einfach ignoriert. Wenden Sie beispielsweise einmal unser zuvor erstelltes Skript mit dem Wasserzeichen mit GIMP an, ohne dass Sie ein Bild geöffnet haben. Ich bekomme hierbei die Fehlermeldung aus Abbildung 40.20.

◀ **Abbildung 40.20**
Das Skript wurde ausgeführt, ohne dass ein Bild geöffnet war.

Wenn Sie das Skript selbst entwickelt haben und die Fehlermeldung in Ruhe durchlesen, kommen Sie dem Fehler schon selbst auf die Schliche. Allerdings müssen Sie bedenken, dass die meisten Anwender, die Ihr Skript verwenden, keine tieferen Kenntnisse darüber haben. Rein praktisch müssten wir also Folgendes überprüfen:

```
( if( existiert_bild_nicht )
    ( bild_existiert_nicht )
    ( bild_existiert )
)
```

Bezogen auf Scheme und GIMP-Skript-Fu werden diese Zeilen wie folgt realisiert:

```
(if (= (car (gimp-image-is-valid bild)) FALSE)
    (gimp-message "Es wurde kein Bild gefunden!!!")
    (gimp-message "Ok, es ist ein Bild vorhanden"))
```

Fügen Sie diese Zeilen am besten gleich am Anfang nach der Prozedurdefinition ein. Zunächst wird in der if-Abfrage überprüft, ob die Prozedur gimp-image-is-valid den Wert FALSE zurückgibt. Dies würde bedeuten, dass dieses Bild nicht existiert. In dem

Fall wird mit der Prozedur `gimp-message` der Text in der Nachrichtenbox ausgegeben. Existiert das Bild hingegen, gibt `gimp-image-is-valid` den Wert TRUE zurück, und es wird in einer Nachrichtenbox mitgeteilt, dass ein Bild vorhanden ist. Allerdings geben Sie so etwas natürlich in der Praxis nicht aus, es dient hier nur der Demonstration für die `else`-Anweisung.

▲ **Abbildung 40.21**
Neben der üblichen Fehlermeldung erhalten Sie jetzt auch einen weiteren und für den Anwender besser verständlichen Text.

▲ **Abbildung 40.22**
Dieser Hinweis dient nur der Demonstration. Er wird ausgegeben, wenn ein Bild vorhanden ist.

»while«-Schleife | Schleifen werden Sie ebenfalls des Öfteren in Skripten vorfinden. Schleifen sind immer dann sinnvoll, wenn Sie eine bestimmte Aktion mehrfach ausführen müssen. Anstatt also beispielsweise mehrfach hintereinander denselben Code zu schreiben, verwenden Sie eine Schleife, in die Sie den Code nur einmal eingeben müssen. Wollen Sie zum Beispiel einen bestimmten Code fünfmal ausführen, sähen Ihre Programmzeilen wie folgt aus:

```
(anweisung)
(anweisung)
(anweisung)
(anweisung)
(anweisung)
```

Wenn Sie hierbei eine `while`-Schleife verwenden, sähe der theoretische Code wie folgt aus:

```
...
(zaehler 0)
```

Achtung: Endlosschleife

Ganz wichtig, wenn Sie Schleifen verwenden, ist, dass die Bedingung in der Schleife irgendwann zutrifft. Ist dies nicht der Fall, läuft das Skript in einer Endlosschleife und füllt im schlimmsten Fall den Arbeitsspeicher, so dass der Rechner überhaupt nicht mehr reagiert (dies hängt natürlich von der Aktion ab, die Sie in der Schleife durchführen).

```
...
(while (< zaehler 5 )
       (anweisung)
       (set! Zaehler (+ zaehler 1))
```

Die while-Schleife wird jetzt so lange ausgeführt, bis eine bestimmte Bedingung wahr ist. In dem Fall wird anweisung in der while-Schleife so oft wiederholt, bis die Bedingung, dass die Variable zaehler kleiner als 5 ist, unwahr wird. Damit dies auch irgendwann passiert, wird in der Schleife der Wert der (Schleifen-)Variablen nach jedem Durchlauf mit set! um 1 erhöht.

Hierzu soll ein einfaches Beispiel erstellt werden, um die while-Schleife zu demonstrieren. Wir schreiben ein Skript-Fu, das den Benutzer fragt, wie oft er eine Ebene duplizieren will. Außerdem soll der Benutzer die Option haben, dass im Falle einer Auswahl nur diese Auswahl entsprechend oft dupliziert wird. Wenn der Anwender beispielsweise eine Ebene dreimal duplizieren will, müssen Sie dafür sorgen, dass unsere Schleife dreimal durchläuft und sich dann beendet. Hierzu das komplette Skript:

dupLayer.scm

```
01 (define (skript-fu-dupLayer
             bild auswahl duplikate check)
02     (gimp-image-undo-group-start bild)

03 ; Nur Auswahl oder komplette Ebene?
04     (if (= check FALSE)
05         (gimp-selection-all bild))

06 ; Auswahl bzw. komplette Ebene in Zwischenablage
07     (gimp-edit-copy auswahl)

08     ; Schleifenanfang
09     (while (> duplikate 0)
10         ; Aus Auswahl eine Ebene machen
11         (gimp-floating-sel-to-layer (car (
              gimp-edit-paste auswahl -1)))
12     (set! duplikate (- duplikate 1)))
13 ; Schleifenende

14     (gimp-image-undo-group-end bild)
15     (gimp-displays-flush)
16 )

17 ; Skript registrieren
```

```
18 (script-fu-register "skript-fu-dupLayer"
19 "<Toolbox>/MeineSkripte/Test/Ebenen duplizieren"
20    "Demonstriert die while-Schleife"
21    "J.Wolf"
22    "J.Wolf"
23    "2012"
24    ""
25    SF-IMAGE "Das Bild" 0
26    SF-DRAWABLE "Die Ebene" 0
27    SF-ADJUSTMENT "Anzahl der Kopien"
         '(3 0 100 5 10 0 1)
28    SF-TOGGLE "Nur Auswahl duplizieren" FALSE
29 )
```

Nach der Prozedurdefinition finden Sie in Zeile **02** ein Konstrukt, dem Sie häufiger in Skript-Fus begegnen werden; dazu in Kürze mehr.

In Zeile **04** wurde eine `if`-Fallentscheidung eingebaut. Sie prüft, ob die Checkbox (`SF-TOOGLE`) aus Zeile **28** abgehakt wurde. Ist sie nicht aktiviert und befindet sich eine aktive Auswahl im Bild, wird trotzdem das komplette Bild in Zeile **05** mit `gimp-selection-all` zum Duplizieren ausgewählt. Ist die Checkbox ausgewählt, wird nur die Auswahl dupliziert und Zeile **05** nicht ausgeführt.

In Zeile **07** wird das komplette Bild oder nur eine Teilauswahl (siehe Zeilen **04** und **05**) mit `gimp-edit-copy` in die Zwischenablage kopiert.

In den Zeilen **09** bis **12** finden Sie jetzt die Schleife. Die Abbruchbedingung der Schleife ist die Anzahl der gewünschten Duplikate, die Sie mit dem GUI-Element in Zeile **27** eingegeben haben. Solange die Anzahl der Duplikate größer als 0 ist (`duplikate > 0`), wird die Schleife durchlaufen. In der Schleife selbst fügen Sie mit `gimp-edit-paste` die zuvor kopierte Auswahl ein. Um aus der schwebenden Auswahl gleich eine Ebenen zu machen, wird in Zeile **11** die Prozedur `gimp-floating-sel-to-layer` auf den Rückgabewert von `gimp-edit-paste` ausgeführt.

Enorm von Bedeutung ist jetzt Zeile **12**: Hier reduzieren Sie den Wert der Variablen `duplikate` nach jedem Schleifendurchlauf um 1. Vergessen Sie dies oder unterläuft Ihnen hierbei ein Fehler, werden in einer Endlosschleife Ebenen eingefügt, bis der Rechner nicht mehr reagiert.

Nachdem der Wert `duplikate` um 1 reduziert wurde, beginnt die `while`-Schleife von Neuem, so lange, bis die Bedingung

40.3 Eigenes Skript-Fu-Programm bauen

(duplikate > 0) zutrifft. Dann wird mit der Ausführung hinter der Schleife fortgefahren.

```
08      ; Schleifenanfang
09      (while (> duplikate 0)
10          ; Aus Auswahl eine Ebene machen
11          (gimp-floating-sel-to-layer (car (
             gimp-edit-paste auswahl -1)))
12      (set! duplikate (- duplikate 1)))
13  ; Schleifenende
```

Hinter der Schleife finden Sie in Zeile **14** das Gegenstück zu Zeile **02**, worauf gleich eingegangen wird. Zum Schluss soll mit `gimp-display-flush` wieder die Ansicht des Bildschirms aufgefrischt werden.

◀ **Abbildung 40.23**
Das Skript-Fu bei der Ausführung

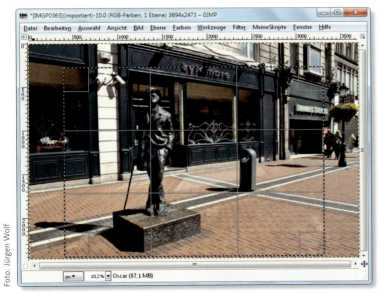

◀◀ **Abbildung 40.24**
Hier wurden zwei Kopien der Auswahl erstellt.

871

Skript mit nur einem Schritt rückgängig machen

Die Zeilen **02** und **14** aus dem eben erstellten Skript wurden schon kurz erwähnt. In der Praxis werden Sie diese Zeilen in fast jedem Skript-Fu vorfinden.

```
02      (gimp-image-undo-group-start bild)
…
14      (gimp-image-undo-group-end bild)
```

Alle Prozeduren und Befehle, die Sie zwischen diesen beiden Befehlen ausführen, werden als ein Arbeitsschritt behandelt. Dies ist sehr nützlich und sinnvoll, wenn der Anwender das Skript-Fu verwendet und den Effekt rückgängig machen will. Würden Sie diese beiden Befehle nicht verwenden, müsste der Anwender mehrmals einen Befehl rückgängig machen. Kommentieren Sie beispielsweise diese beiden Befehle aus, öffnen Sie BEARBEITEN • JOURNAL, und führen Sie das Skript aus.

▲ **Abbildung 40.25**
Hier wurden erneut zwei Kopien einer Ebene erstellt, allerdings ohne die Befehle `gimp-image-undo-group-start` und `gimp-image-undo-group-end`, wodurch der Anwender jetzt vier Arbeitsschritte rückgängig machen müsste, um das Basisbild wiederherzustellen (natürlich nicht im Journal).

▲ **Abbildung 40.26**
Mit den Befehlen `gimp-image-undo-group-start` und `gimp-image-undo-group-end` wird aus dem kompletten Skript-Fu nur noch ein Arbeitsschritt.

Fortschrittsbalken

Zum Schluss noch ein paar Zeilen zum Fortschrittsbalken. Auch hierzu bietet GIMP mehrere Prozeduren an, die alle mit `gimp-progress-...` beginnen. In der Praxis sind allerdings nur die beiden Befehle `gimp-progress-set-text` und `gimp-progress-update` für Sie interessant.

Mit `gimp-progress-set-text` fügen Sie einen benutzerdefinierten Text ein, womit der Leser erkennt, was das Skript gerade macht. Dies ist beispielsweise bei längeren Rechenoperationen angebracht. Ansonsten ist der Befehl wenig sinnvoll, weil auch GIMP mit seinen Kommentaren dazwischenschreibt.

Den Fortschritt des Zustandsbalkens selbst stellen Sie mit dem Befehl `gimp-progress-update` ein. Den aktuellen Zustand geben Sie mit Werten von `0` (0 %) bis `1` (100 %) an. Schreiben Sie zum Beispiel `(gimp-progress-update 0.5)`, ist der Fortschrittsbalken halb gefüllt (also auf 50 %). Bei Skripten, die binnen 2–3 Sekunden fertig sind, können Sie allerdings den Fortschrittsbalken auch getrost sich selbst überlassen.

Plugins verwenden

Natürlich können Sie auch die meisten Plugins von GIMP mit Ihren Skript-Fu-Programmen verwenden. Eine Übersicht zu den Plugins und deren Parametern finden Sie im Menü HILFE • PLUG-IN-BROWSER. Die Verwendung ist relativ einfach:

```
(plugin-name parameter1 parameter2 … parameterN)
```

Wie geht's weiter?

Sie haben jetzt einen kleinen, aber ziemlich umfassenden Einblick in die Skript-Fu-Programmierung mit Scheme erhalten. Anhand des Gelesenen werden Sie auf jeden Fall andere Skript-Fus lesen und besser verstehen können. Mit Hilfe anderer Skript-Fus (viele Beispiele finden Sie beispielsweise auf *http://registry.gimp.org*) können Sie weiterlernen, indem Sie mit diesen Skripten experimentieren (sie ändern und erweitern). Beachten Sie allerdings die Lizenzen der Skripte, wenn Sie diese weitergeben wollen.

Damit Sie auch wissen, was die einzelnen Befehle machen, kommen Sie natürlich nicht um den PROZEDUREN-BROWSER über HILFE • PROZEDUREN-BROWSER herum. Nach und nach werden Sie ihre eigenen kleinen Skripte schreiben, allerdings nur dann, wenn Sie wirklich bei der Sache bleiben. Oft tritt der Aha-Effekt nicht gleich ein.

40.4 Python-Skripte verwenden

An dieser Stelle habe ich mir überlegt, ob ich auch noch eine Einführung in die Programmierung mit Python-Skripten für GIMP erstelle. Allerdings würde dies wohl doch zu weit führen. Für viele Leser war sicher schon die Einführung in die Skript-Fu-Programmierung ziemlich harter Stoff. Außerdem kann ich nicht auf nur zehn Seiten einmal schnell eine Einführung in Python geben. Hierfür würde ich etwas weiter ausholen müssen, damit Sie danach auch sinnvolle Programme erstellen können.

Sollten Sie hier anderer Meinung sein, können Sie sich gerne bei mir oder direkt beim Verlag melden. Wir prüfen dann, ob in der nächsten Auflage nicht vielleicht doch Platz für ein einführendes Kapitel ist. In diesem Abschnitt beschränke ich mich darauf, Ihnen zu zeigen, wie Sie GIMP auch um Python-Skripte erweitern können. Mehr Informationen und einen Einstieg in GIMP-Python bietet die Webseite *http://www.gimp.org/docs/python/index.html*.

Was ist GIMP-Python?

GIMP-Python (auch PyGIMP oder Python-Fu genannt) ist eine Schnittstelle, um die GIMP-Bibliothek (`libgimp`) zu verwenden, womit Sie Plugins in der Programmiersprache Python erstellen können. GIMP-Python ist ähnlich wie Skript-Fu mit Scheme.

Während allerdings bei den Skript-Fu-Programmen in Scheme ein kleines Plugin, der TinyScheme-Interpreter, das Skript ausführt, ist bei GIMP-Python das Skript in der Kontrolle des Python-Interpreters, der allerdings kein Plugin oder Bestandteil von GIMP ist. Der Vorteil von GIMP-Python ist, dass Sie hiermit viel besser und einfacher auf Fehler hin überprüfen können, und zum anderen ist GIMP-Python nicht auf die üblichen Prozeduren (siehe HILFE • PROZEDUREN-BROWSER) beschränkt, sondern kann auf den kompletten Umfang der GIMP-Bibliothek (`libgimp`), inklusive der niedrigeren Ebene (= *Low Level*), zugreifen. Ganz klar, das bedeutet auch, dass Sie »mehr« damit machen können als mit den Skript-Fus in Scheme.

Installieren

Als Schnittstelle zwischen GIMP und Python dient ein Paket namens *PyGIMP*.

40.4 Python-Skripte verwenden

Linux | Wenn Sie unter Linux GIMP aus den Paketen installieren, wird gewöhnlich das Paket für Python automatisch mit installiert. Wenn nicht, lässt sich dies über die Paketverwaltung ohne großen Aufwand nachholen.

Windows | Unter Windows benötigen Sie noch ein paar Softwarepakete und müssen gegebenenfalls GIMP neu installieren. Im Klartext heißt dies für Windows-Anwender in folgender Reihenfolge (bitte einhalten):

1. Die neueste Version von Python von *http://www.python.org/download* herunterladen und installieren. Hier finden Sie jeweils eine Installer-Version für 32 und 64 Bit.
2. Gehen Sie auf die Webseite von *http://pygtk.org/downloads.html*, und laden Sie sich PyGTK herunter. Hier brauchen Sie folgende drei Pakete (Achtung, es sind drei EXE-Dateien):
   - PyCairo
   - PyGObject
   - PyGTK
3. Installieren Sie GIMP neu. Am besten deinstallieren Sie zuvor die bereits vorhandene GIMP-Installation. Wichtig dabei ist, dass Sie während der Installationsroutine auf CUSTOMIZE ❶ statt auf INSTALL NOW klicken und in einem der nächsten Fenster GIMP PYTHON EXTENSION ❷ aktivieren.

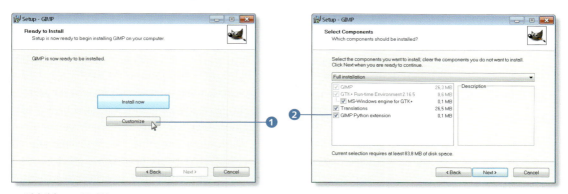

▲ **Abbildung 40.27**
Gegebenenfalls müssen Sie eine benutzerdefinierte Installation durchführen und die Schnittstelle zwischen Python und GIMP manuell auswählen.

4. Wenn alles geklappt hat, sollten Sie beim Start von GIMP über FILTER • PYTHON-FU • KONSOLE eine Kommandozeile öffnen, in die Sie direkt Befehle für den Python-Interpreter eingeben können.

Abbildung 40.28 ▶
Es hat alles geklappt. Wir können Skripte verwenden, die in Python für GIMP geschrieben wurden.

Mac OS X | Bei Mac OS X müssen Sie ebenfalls zunächst Python von *www.python.org* herunterladen. PyGTK läuft ebenfalls perfekt unter Apples X11 Server. Auch über die DarwinPorts (*http://darwinports.opendarwin.org*) gibt es recht einfache Möglichkeiten, GTK für Mac OS X nachzuinstallieren.

GIMP-Python-Skripte installieren

GIMP-Python-Skripte können Sie jetzt genauso in das heimische Plugin-Verzeichnis installieren oder kopieren, wie dies für die ausführbaren Plugins im Abschnitt »Plugins installieren« auf Seite 819 beschrieben wird. Obwohl GIMP-Plugins in Python eigentlich Skripte sind, müssen sie in das Plugin-Verzeichnis kopiert werden.

Viele tolle GIMP-Python-Skripte finden Sie natürlich auch wieder unter *http://registry.gimp.org/*.

Besonders empfehlen möchte ich an dieser Stelle *Photolab*. Das oder besser die Python-Skripte in dem Paket Photolab sind eine ganze Sammlung von wirklich interessanten Werkzeugen für die digitale Bildbearbeitung. Neben vielen Batch-Skripten für die Automatisierung einzelner Arbeitsschritte auf mehreren Bildern finden Sie hier auch Werkzeuge, um eine ganze Webgalerie zu erzeugen. Auch mit EXIF-Daten kann Photolab umgehen. Die offizielle Webseite mit einer umfangreichen Beschreibung zu Photolab finden Sie unter *http://gimpfr.org/contrib_photolabo.php*.

Anhang

Anhang A
Tastenkürzel von GIMP

A.1 Werkzeuge und ihre Tastenkürzel

Werkzeug	Icon	Tastenkürzel
Rechteckige Auswahl		R
Elliptische Auswahl		E
Freie Auswahl (Lasso-Auswahl)		F
Zauberstab		U
Nach Farbe auswählen		⇧+O
Magnetische Schere		I
Vordergrundauswahl		keines
Pfade		B
Farbpipette		O
Vergrößerung/Verkleinerung		Z+[+]/[-]
Maßband		⇧+M
Verschieben		M
Ausrichten		Q
Zuschneiden		⇧+C
Drehen		⇧+R
Skalieren		⇧+T
Scheren		⇧+S
Perspektive		⇧+P
Spiegeln		⇧+F

Anhang A Tastenkürzel von GIMP

Werkzeug	Icon	Tastenkürzel
Käfig-Transformation		⇧+G
Text		T
Füllen		⇧+B
Farbverlauf		L
Stift		N
Pinsel		P
Radierer		⇧+E
Sprühpistole		A
Tinte		K
Klonen		C
Heilen		H
Perspektive klonen		keines
Weichzeichnen/Schärfen		⇧+U
Verschmieren		S
Abwedeln/Nachbelichten		⇧+D

A.2 Die wichtigsten Tastenkürzel

Ansicht	Tastenkürzel
1:1 (100 %-Ansicht)	1
Auswahl anzeigen	Strg/Ctrl+T
Bild in Fenster einpassen	⇧+Strg/Ctrl+J
Fenster anpassen	Strg/Ctrl+J
Hilfslinien anzeigen	⇧+Strg/Ctrl+T
Lineale anzeigen	⇧+Strg/Ctrl+R
Vergrößern	+
Verkleinern	−
Vollbild	F11

A.2 Die wichtigsten Tastenkürzel

Auswahl	Tastenkürzel
Alles auswählen	Strg/Ctrl + A
Invertieren	Strg/Ctrl + I
Nach Farbe	⇧ + O
Nichts auswählen	⇧ + Strg/Ctrl + A
Schnellmaske umschalten	⇧ + Q
Schwebend	⇧ + Strg/Ctrl + L
Vom Pfad	⇧ + V

Bearbeiten	Tastenkürzel
Aus Ablage einfügen	⇧ + Strg/Ctrl + V
Ausschneiden	Strg/Ctrl + X
Einfügen	Strg/Ctrl + V
Sichtbares kopieren	⇧ + Strg/Ctrl + C
Einfügen als • Neues Bild	⇧ + Strg/Ctrl + X
Kopieren	Strg/Ctrl + C
Löschen	Entf
Mit Hintergrundfarbe füllen	Strg/Ctrl + .
Mit Muster füllen	Strg/Ctrl + ⇧ + ,
Mit Vordergrundfarbe füllen	Strg/Ctrl + ,
Rückgängig	Strg/Ctrl + Z
Wiederherstellen	Strg/Ctrl + Y

Bild	Tastenkürzel
Bildeigenschaften	Alt + ↵
Duplizieren	Strg/Ctrl + D
Sichtbare Ebenen vereinen	Strg/Ctrl + M

Datei	Tastenkürzel
Alle schließen	⇧ + Strg/Ctrl + W
Als Ebene öffnen	Strg/Ctrl + Alt + O

Anhang A Tastenkürzel von GIMP

Datei	Tastenkürzel
Beenden	`Strg`/`Ctrl`+`Q`
Drucken (nicht bei Mac OS X)	`Strg`+`P`
Erstellen • Aus Zwischenablage	`⇧`+`Strg`/`Ctrl`+`V`
Exportieren nach	`Strg`/`Ctrl`+`E`
Exportieren	`⇧`+`Strg`/`Ctrl`+`E`
Neu	`Strg`/`Ctrl`+`N`
Öffnen	`Strg`/`Ctrl`+`O`
Schließen	`Strg`/`Ctrl`+`W`
Speichern	`Strg`/`Ctrl`+`S`
Speichern unter	`⇧`+`Strg`/`Ctrl`+`S`
Zuletzt geöffnet	`Strg`/`Ctrl`+`0`, `Strg`/`Ctrl`+`1` bis `Strg`/`Ctrl`+`9`

Dialoge	Tastenkürzel
Ebenen	`Strg`/`Ctrl`+`L`
Farbverläufe	`Strg`/`Ctrl`+`G`
Muster	`⇧`+`Strg`/`Ctrl`+`P`
Pinsel	`⇧`+`Strg`/`Ctrl`+`B`

Ebene	Tastenkürzel
Ebene drehen	`⇧`+`R`
Ebene duplizieren	`⇧`+`Strg`/`Ctrl`+`D`
Ebene verankern	`Strg`/`Ctrl`+`H`
Nächste Ebene auswählen	`Bild↓`
Neue Ebene	`⇧`+`Strg`/`Ctrl`+`N`
Oberste Ebene auswählen	`Pos1`
Unterste Ebene auswählen	`Ende`
Versatz (Ebene verschieben)	`⇧`+`Strg`/`Ctrl`+`O`
Vorherige Ebene auswählen	`Bild↑`

Filter	Tastenkürzel
Letzten Filter erneut anzeigen	⇧+Strg/Ctrl+F
Letzten Filter wiederholen	Strg/Ctrl+F

Hilfe	Tastenkürzel
Hilfe	F1
Kontexthilfe	⇧+F1

A.3 Werkzeuge und Maus

Die hier folgenden Tastenkürzel sind eine Mischung aus Tastatur- und Mauskombinationen, die gewöhnlich verwendet werden können, wenn ein bestimmtes Werkzeug aktiviert wurde. Bei diesen Kürzeln gilt, dass Sie immer zuerst die Taste der Tastatur und dann die entsprechende Maustaste drücken müssen. »MR« steht hierbei für das Mausrad und »LMT« für die linke Maustaste.

Befehl	Tastenkürzel
Aktiven Farbverlauf ändern	Alt+Strg/Ctrl+MR
Aktiven Font ändern	⇧+Alt+Strg/Ctrl+MR
Aktiven Pinsel ändern	⇧+Strg/Ctrl+MR
Aktives Muster ändern	⇧+Alt+MR
Auswahl abziehen	Strg/Ctrl+LMT
Auswahl hinzufügen	⇧+LMT
Auswahl zerschneiden	⇧+Strg/Ctrl+LMT
Bildausschnitt nach oben/unten	MR
Hinein-/herauszoomen	Strg/Ctrl+MR

Pfade-Werkzeug	Tastenkürzel
Neue Komponente erstellen	⇧+LMT
Pfad bearbeiten	Strg/Ctrl+LMT
Pfad verschieben	Alt+LMT

Anhang A Tastenkürzel von GIMP

Pipetten	Tastenkürzel
Hintergrundfarbe setzen	[Strg]/[Ctrl]+LMT
Infofenster anzeigen	[⇧]+LMT
Vordergrundfarbe setzen	[Alt]+LMT

Vergrößerung/Verkleinerung	Tastenkürzel
Herauszoomen	[Strg]/[Ctrl]+LMT
Hereinzoomen	LMT

Verschieben-Werkzeug	Tastenkürzel
Aktive Ebene verschieben	[⇧]+LMT
Aktive Auswahl verschieben	[Alt]+LMT
Aktiven Pfad verschieben	[⇧]+[Strg]/[Ctrl]+LMT
Pfad auswählen	[Strg]/[Ctrl]+LMT

Drehen, Skalieren, Scheren, Perspektive	Tastenkürzel
Drehen ausführen	[Strg]/[Ctrl]+[⇧]+LMT
DREHEN-Dialog anzeigen	[Strg]/[Ctrl]+LMT

Spiegeln-Werkzeug	Tastenkürzel
Horizontal/vertikal spiegeln	[Strg]/[Ctrl]+LMT

Füllen-Werkzeug	Tastenkürzel
Füllart VG-FARBE/HG-FARBE	[Strg]/[Ctrl]+LMT
Ganze Auswahl füllen/ Ähnliche Farben füllen	[⇧]+LMT

Stift, Pinsel, Tinte, Sprühdose	Tastenkürzel
Gerade Linie zeichnen	[⇧]+LMT
Linie mit eingeschränktem Winkel zeichnen	[⇧]+[Strg]/[Ctrl]+LMT
Vordergrundfarbe mit Pipette ändern	[Strg]/[Ctrl]+LMT

Radierer	Tastenkürzel
Gerade Linien radieren	⇧+LMT
Hintergrundfarbe mit Pipette ändern	Strg/Ctrl+LMT
Linie mit eingeschränktem Winkel radieren	⇧+Strg/Ctrl+LMT
Un-Radieren	Alt+LMT

Klonen, Heilen	Tastenkürzel
Gerade Linie zeichnen	⇧+LMT
Quelle für Klonen oder Heilen setzen	Strg/Ctrl+LMT

Weichzeichnen/Schärfen	Tastenkürzel
Gerade Linie weichzeichnen/ schärfen	⇧+LMT
Weichzeichnen/Schärfen umschalten	Strg/Ctrl+LMT

Abwedeln/Nachbelichten	Tastenkürzel
Abwedeln/Nachbelichten umschalten	Strg/Ctrl+LMT
Gerade Linie abwedeln/ nachbelichten	⇧+LMT

A.4 Tastenkombinationen konfigurieren

GIMP bietet Ihnen auch die Freiheit, einer Funktion eigene Tastenkürzel zuzuordnen oder vorhandene Tastenkürzel nachträglich zu ändern oder zu deaktivieren. Hierbei gibt es
▶ einen dynamischen Weg oder
▶ einen speziellen Editor für Tastenkürzel.

Beide Möglichkeiten stelle ich hier kurz vor.

Anhang A Tastenkürzel von GIMP

Schritt für Schritt
Tastenkürzel dynamisch anlegen

1 Einstellung aktivieren

Öffnen Sie zunächst BEARBEITEN • EINSTELLUNGEN, und wählen Sie das Einstellungsmenü OBERFLÄCHE ❶. Aktivieren Sie hier die Option DYNAMISCHE TASTENKOMBINATIONEN BENUTZEN ❷. Lassen Sie außerdem auch gleich die Option TASTENKOMBINATION BEIM BEENDEN SPEICHERN ❸ aktiviert, wenn Sie die erstellten Tastenkürzel beim nächsten Start von GIMP ebenfalls wieder verwenden wollen. In der Praxis empfehle ich Ihnen, die Option DYNAMISCHE TASTENKOMBINATION BENUTZEN ❷ nur so lange aktiviert zu lassen, wie Sie weiter Tastenkürzel zuordnen wollen, um nicht aus Versehen ein nicht gewolltes Tastenkürzel zu erzeugen.

Tastenkürzel wiederherstellen
Sollten Sie den Ursprungszustand von GIMP wiederherstellen wollen, erreichen Sie dies mit der Schaltfläche TASTENKOMBINATIONEN AUF STANDARDWERTE ZURÜCKSETZEN ❹.

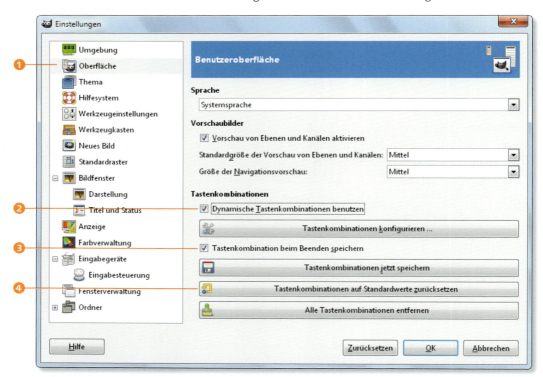

Abbildung A.1 ▲
Um dynamische Tastenkürzel zu erzeugen, müssen Sie zuerst eine Checkbox aktivieren ❷.

2 Menübefehl auswählen

Jetzt können Sie jedem Menübefehl ein Tastenkürzel zuordnen. Das schließt übrigens auch die Werkzeuge nicht aus. Wollen Sie beispielsweise für das Werkzeug VORDERGRUNDAUSWAHL ein Tastenkürzel anlegen, gehen Sie ebenso vor. Zeigen Sie hierfür mit der Maus auf einen Menübefehl, so dass dieser hervorgehoben wird ❺. Bewegen Sie den Mauszeiger jetzt nicht mehr.

A.4 Tastenkombinationen konfigurieren

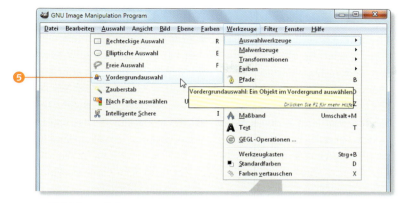

▲ **Abbildung A.2**
Mit dem Mauszeiger auf einem beliebigen Menübefehl verweilen (im Beispiel: WERKZEUGE • AUSWAHLWERKZEUGE • VORDERGRUNDAUSWAHL)

3 Tastenkürzel zuweisen

Weisen Sie nun dem Menübefehl eine beliebige Sequenz von Tasten zu, indem Sie die gewünschte Tastenkombination betätigen. Im Beispiel wurde die Sequenz [Strg]+[Alt]+[V] gedrückt, wodurch diese Sequenz auch rechts ❻ neben dem Befehl angezeigt wird. Jetzt können Sie künftig den Befehl oder das Werkzeug mit dieser Tastenkombination aufrufen. Wollen Sie ein Tastenkürzel wieder entfernen, wählen Sie erneut diesen Menübefehl wie in Arbeitsschritt 2 aus, und drücken Sie die [←]-Taste.

Vorhandene Tastenkürzel überschreiben

Beachten Sie hierbei allerdings, dass Sie auch vorhandene Tastenkürzel ohne Warnung verwenden und zuweisen können. In der Praxis bedeutet dies, dass ein ursprüngliches Tastenkürzel für den zuvor verwendeten Befehl gelöscht und künftig für den neuen Befehl verwendet wird.

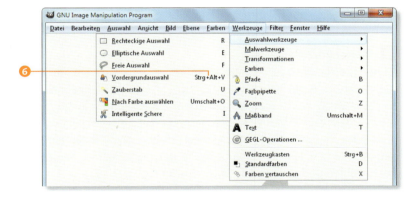

◀ **Abbildung A.3**
Neues Tastenkürzel nach der Zuweisung

Schritt für Schritt
Tastenkürzel mit dem Editor anlegen und bearbeiten

1 Tastenkürzel-Editor aufrufen

Den Tastenkürzel-Editor rufen Sie über BEARBEITEN • TASTENKOMBINATIONEN oder BEARBEITEN • EINSTELLUNGEN • OBERFLÄCHE mit der Schaltfläche TASTENKOMBINATIONEN KONFIGURIEREN auf.

Anhang A   Tastenkürzel von GIMP

Aktionen

Dass beim Tastenkürzel-Editor die Rede von »Aktionen« und nicht mehr von »Menübefehlen« ist, liegt daran, dass Sie hiermit in der Tat fast alle Aktionen von GIMP mit einem Tastenkürzel belegen können. Sie können damit auch die Optionen der verschiedenen Werkzeugeinstellungen mit einem Tastenkürzel belegen. Daher stoßen Sie bei vielen Einträgen auf kleine Symbole, damit Sie besser erkennen, zu welchem Werkzeug dieser Eintrag gehört.

2   Aktion auswählen

Im Tastenkürzel-Editor wählen Sie unter AKTION ❷ einen entsprechenden Befehl aus, dem Sie ein neues Tastenkürzel zuweisen wollen. Da hier enorm viele Befehle (noch mehr als über das Menü) aufgelistet sind, können Sie auch über die Textzeile SUCHE ❶ gezielt danach suchen. Haben Sie den gewünschten Befehl gefunden, wählen Sie diese Aktion aus ❸, so dass unter der Spalte TASTENKOMBINATION jetzt NEUE TASTENKOMBINATION ❹ und nicht mehr DEAKTIVIERT steht.

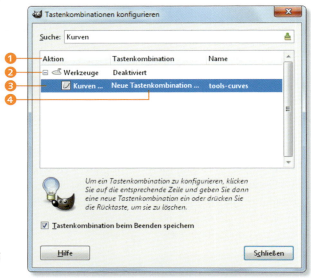

Abbildung A.4 ▶
Eine Aktion für ein neues Tastenkürzel auswählen (hier der Dialog KURVEN)

3   Tastenkürzel zuweisen

Geben Sie für die ausgewählte Aktion eine neue Sequenz über die Tastatur ein. Im Beispiel wurde [Strg]+[Alt]+[G] eingetippt, so dass künftig die Gradationskurve über diese Sequenz aufgerufen werden kann. Wenn Sie den Tastenkürzel-Editor schließen, wird diese Sequenz automatisch abgespeichert. Wollen Sie eine Sequenz wieder löschen, brauchen Sie nur diese Aktion wieder auszuwählen und die [←]-Taste zu drücken.

Abbildung A.5 ▶
Neues Tastenkürzel über den Editor zuweisen

A.5 Windows- oder Linux- und Mac-Tastatur

▲ Abbildung A.6
Teil einer Mac-Tastatur

▲ Abbildung A.7
Teil einer PC-Tastatur, wie sie mit Windows und Linux üblicherweise verwendet wird

In der folgenden Tabelle werden die entsprechenden Gegenstücke der Tasten unter Windows/Linux und Mac OS X beschrieben.

Beschreibung	Windows/Linux	Mac
Steuerungs- oder Befehlstaste	Strg ❽	⌘ ❺
Alt-Taste	Alt ❾	Alt ❹
Umschalttaste	⇧ ❼	⇧ ❷
Tabulator	⇥ ❻	⇥ ❶
Rechte Maustaste		Ctrl ❸
Entfernen/löschen	Entf	⌘ + ←

Anhang B
GIMP installieren

B.1 Betriebssysteme für GIMP

Dass der Quellcode von GIMP offen vorliegt, hat den Vorteil, dass GIMP auf viele Plattformen portiert wurde und auch portiert werden kann. Aktuell ist GIMP für alle gängigen Systeme erhältlich, wie Microsoft Windows, Mac OS X, Linux, verschiedene BSD-Systeme, Solaris, HP-UX, SunOS, BeOS und noch einige mehr.

Für das Buch wurde GIMP unter Microsoft Windows (XP, Vista und Windows 7), Mac OS X (Version 10.5 und 10.6) und Linux (Ubuntu 9.10) verwendet und getestet.

Unterschiede der Tastenbelegung beim Mac

Rein funktionell unterscheiden sich die einzelnen Versionen auf den verschiedensten Betriebssystemen nicht. Klar, dass das »Look & Feel« vom Fenstermanager des Betriebssystems abhängt. Ansonsten unterscheiden sich nur die Tastenbelegungen beim Mac gegenüber anderen Versionen.

Beim Mac wird statt der Strg-Taste die Ctrl-Taste verwendet (siehe Anhang A.5, »Windows oder Linux- und Mac-Tastatur«). Lesen Sie im Buch daher die Tastenkombination Strg/Ctrl+O, müssen Sie unter Windows und Linux die Tasten Strg+O und auf dem Mac Ctrl+O gleichzeitig drücken.

Daher empfehle ich an dieser Stelle für die Verwendung von GIMP mit dem Mac eine Dreitastenmaus, weil Mac gewöhnlich Ctrl für einen rechten Mausklick reserviert, wenn Sie eine Eintastenmaus verwenden. Das ist in GIMP nicht mehr möglich, weil Ctrl hier anders vergeben ist.

Auf *http://darwingimp.sourceforge.net/guides/using_cmd* wird beschrieben, wie Sie trotzdem die ⌘-Taste statt der Ctrl-Taste in GIMP verwenden können, indem Sie die X11-Umgebung dazu »überreden«.

B.2 GIMP installieren

Die Installation von GIMP ist im Grunde keine große Sache. Sie finden auf der Buch-DVD jeweils eine installierbare Version von GIMP für Microsoft Windows, Mac OS X und Linux wieder. Auf die Installation der einzelnen Systeme soll hier kurz eingegangen werden.

Microsoft Windows (XP, Vista und Windows 7)

Die Installation von GIMP unter Windows ist recht trivial. Führen Sie einfach die Installationsdatei »gimp-2.8.0-setup.exe« von der Buch-DVD aus (oder laden Sie die neueste Version von *http://www.gimpusers.de/downloads* herunter). Anschließend folgen Sie den üblichen Installationsanweisungen auf dem Bildschirm.

Mac OS X

Um GIMP unter Mac OS X zu installieren, müssen Sie zunächst einige Voraussetzungen schaffen und gegebenenfalls die Installations-DVD von Mac OS X zur Hand haben. Sie können GIMP auf zwei Arten installieren:

- Sie installieren GIMP von der Buch-DVD als fertiges Paket mit einer Installationsroutine oder laden sich die neueste Version aus dem Internet, beispielsweise von der Webseite *http://gimp.lisanet.de*, herunter, oder Sie verwenden das Paket »GIMP-2.8.0-SnowLeopard-Lion.dmg« von der Buch-DVD. Voraussetzung für das fertige Paket ist:
    - Das X11-Paket muss auf dem Rechner installiert sein. Bei einigen Versionen ist die X11-Umgebung von Haus aus dabei, und bei anderen Versionen müssen Sie diese von der Mac-Installations-DVD nachinstallieren. X11 wird gewöhnlich in das Verzeichnis PROGRAMME/DIENSTPROGRAMME installiert.
    - Ebenso benötigt GIMP seit Version 2.8 XQuartz. GIMP ermittelt, ob XQuartz installiert ist, und bietet gegebenenfalls an, es herunterzuladen und zu installieren. Wollen Sie XQuartz selbstständig installieren, können Sie sich die neueste Version von *http://xquartz.macosforge.org* herunterladen.
- Sie erstellen GIMP selbst aus den neuesten Quellen mit den MacPorts (ehemals DarwinPorts). Keine Sorge, das ist nicht komplizierter, als das fertige GIMP-Paket zu installieren. Allerdings kann dies erheblich mehr Zeit beanspruchen, weil dabei die Quelltexte der Software heruntergeladen, übersetzt und installiert werden. Auch benötigte Abhängigkeiten werden

hier überprüft und vorher installiert (was am meisten Zeit beansprucht). Für die Installation mit den MacPorts sind folgende Dinge (der Reihenfolge nach) nötig:

- Auch hier muss die X11-Umgebung installiert sein (gegebenenfalls von der Installations-DVD nachinstallieren).
- Die *Xcode Developer Tools* müssen ebenfalls auf dem Rechner verfügbar sein. Gewöhnlich finden Sie dieses Paket auch auf der Installations-DVD oder auf der offiziellen Apple-Website unter *http://developer.apple.com/technologies/tools/xcode.html*.
- Die MacPorts selbst müssen Sie natürlich auch installieren. Hierzu liegen auf der Webseite *http://www.macports.org/install.php* installationsfertige Pakete für die verschiedenen Mac-Versionen bereit. Natürlich können Sie hier auch den Quellcode der MacPorts übersetzen und installieren.
- Zum Schluss können Sie GIMP von den Quellen über MacPorts im Terminal (zu finden über PROGRAMME/DIENSTPROGRAMME) mit folgender Zeile in der Kommandozeile installieren:
`sudo port install gimp`

Linux

Unter Linux haben Sie es häufig am einfachsten, weil GIMP in der Regel standardmäßig mitgeliefert wird und meistens bereits installiert ist. Ansonsten sollten Sie das Paketverwaltungstool der entsprechenden Distribution verwenden.

Ubuntu verwendet hierfür beispielsweise APT als Paketverwaltung. Damit Sie nicht mit der Kommandozeile hantieren müssen, gibt es hierfür auch grafische Frontends wie *aptitude*, *Synaptic* und *gnome-apt* für die Desktop-Umgebung. KDE stellt hierfür *Adept* oder *KPackageKit* als Frontend zur Verfügung. openSuse verwendet als Paketverwaltung gewöhnlich *YaST* oder *Zypper*.

Für erfahrene Leser spricht auch nichts dagegen, GIMP aus den Quellen selbst zu übersetzen.

Hilfesystem installieren und verwenden

GIMP bietet auch ein Benutzerhandbuch an, ein sogenanntes Hilfesystem, das Sie bei der Arbeit mit GIMP unterstützen soll. Zwar handelt es sich hierbei um eine HTML-Version des GIMP-Benutzerhandbuches, aber Sie können aus GIMP heraus einzelne Themen mit [F1] aufrufen. Viele Dialoge in GIMP bieten außerdem eine HILFE-Schaltfläche. Wenn Sie diese anklicken, wird auch die entsprechende HTML-Hilfeseite aufgerufen.

Wenn das Hilfesystem nicht auf dem lokalen Rechner installiert ist, versucht GIMP, über den Standardwebbrowser eine Internetverbindung zur entsprechenden Hilfeseite im Internet aufzubauen. Sie können das Hilfesystem aber auch auf dem lokalen Rechner installieren. Noch mehr Informationen zum Hilfesystem finden Sie in Anhang D.4, »Hilfesystem«.

Laden Sie zur Installation des Hilfesystems die neueste Version von *http://docs.gimp.org/download.html* herunter, oder verwenden Sie die Dateien von der Buch-DVD. Für Windows und Mac OS X führen Sie einfach die Installationsdatei aus und folgen den Anweisungen auf dem Bildschirm. Linux-Anwender haben das Hilfesystem gewöhnlich schon mit GIMP installiert oder können dies bequem über das Paketverwaltungswerkzeug nachholen.

B.3 GIMP-Versionsnummern

Die aktuellste stabile Version von GIMP ist 2.8. Die nächste neue stabile Version 2.10 von GIMP wird erst für das Jahr 2013 erwartet. Allerdings ist es schwer, bei solchen Projekten einen genauen Zeitpunkt zu nennen.

»Wo ist hier die Version 2.9?«, werden Sie sich fragen. Die geraden Versionsnummern (2.6, 2.8, 2.10, 2.12 usw.) sind die stabilen Versionen, die für den Endbenutzer gedacht sind. Die Versionen mit den ungeraden Zahlen (2.7, 2.9, 2.11 usw.) sind Entwicklungsversionen und in der Regel nicht offiziell als installierbares Paket vorhanden. Diese Pakete sind gewöhnlich nur für die Entwickler, Beta-Tester und Buchautoren gedacht.

Aktuell wird gerade an der Version 2.9 gearbeitet. Wer den Quellcode selbst übersetzen kann, der kann jederzeit die neuesten Features von GIMP testen und ausprobieren. Allerdings sollten Sie gewarnt sein: Diese Versionen sind alles andere als stabil und sollten für die ernsthafte Bildbearbeitung nicht verwendet werden.

Anhang C
Vergleich mit Photoshop

C.1 GIMP als Photoshop-Alternative

Die Überschrift ist etwas provokant und wird gerne in Glaubenskriegen in unterschiedlichen Internetforen aufgegriffen. Hier sollen aber keine wilden Spekulationen angestellt, sondern Fakten beschrieben werden, wo die Unterschiede sind. Oder genauer, ab wann Sie in Erwägung ziehen können, 1.000 € für ein Bildbearbeitungsprogramm wie Photoshop auszugeben, und ob sich das für Sie überhaupt lohnt.

Ein direkter Vergleich beider Programme wäre nicht fair. Bedenken Sie, dass GIMP von freiwilligen Entwicklern, die meistens in ihrer Freizeit an dem Programm schreiben, erstellt wurde und Adobe ganze Heerscharen von festen und gut bezahlten Entwicklern dafür zur Verfügung hat.

Nachfolgend werden die einzelnen möglichen K.o.-Kriterien für GIMP aufgelistet. Entscheiden Sie selbst, ob Ihnen diese fehlenden Funktionen 1.000 € wert sind.

Drucken und CMYK

GIMP kann zwar **drucken**, aber diese Funktionen sind vom Betriebssystem abhängig. Unter Windows ist dies sowieso kein Problem, weil die Druckerhersteller hier den Anwender bestens mit Treibern und umfangreicher Druckersoftware unterstützen. Häufig gibt es Selbiges auch für Mac OS X, aber Linux-Anwender haben es häufig etwas schwerer, Treiber für ihren Drucker zu bekommen. Tendenziell hat sich dies in den letzten Jahren allerdings etwas gebessert. Zusätzlich gibt es für GIMP ein Plugin namens *Gutenprint*, das unzählige (auch ältere) Drucker unterstützt. GIMP selbst bietet kein umfangreicheres Druckermodul an, um spezielle Dinge wie Abzüge, Etiketten oder Visitenkarten zu drucken.

Auch der Farbraum **CMYK** wird von GIMP nicht standardmäßig unterstützt. Für den Hausgebrauch über den heimischen

Drucker ist dies auch nicht nötig, weil diese Aktion vom Heimgerät selbst übernommen wird. Für die professionelle Druckvorstufe müssen die Daten allerdings im CMYK-Farbraum vorliegen. Meistens wird dieser Arbeitsvorgang allerdings von der Druckerei übernommen. GIMP bietet trotzdem die Möglichkeit an, über das Plugin *Separate+* ein Bild in die Druckerfarben CMYK zu konvertieren.

Scannen

Ähnlich sieht dies auch mit dem Scannen aus. Mit GIMP können Sie lediglich über die Standard-TWAIN-Schnittstellen, bzw. unter Linux über SANE, scannen. Mehr als reines Einscannen ist hiermit also nicht möglich. Moiré-Effekte entfernen oder Entrasterung müssen Sie nachträglich selbst mit GIMP erledigen. Allerdings liefern auch hier die Scannerhersteller gewöhnlich spezielle Treiber und Software mit.

Bequemlichkeitsfaktoren

GIMP bietet leider noch keine Funktionen wie Ebenenstile, mit denen Sie Bilder mit einem Muster, Rahmen und unzähligen anderen Dekorationen schmücken können, die sich jederzeit ein- oder ausblenden oder gegen einen anderen Stil austauschen lassen. Zwar können Sie mit GIMP über Filter, Plugins oder andere Techniken auch jegliche Art von Dekoration erstellen, diese sind nur eben nicht so komfortabel mit einem Mausklick auszuwählen.

Auch Einstellungsebenen fehlen in GIMP noch gänzlich, stehen aber auf der To-do-Liste für eine der nächsten Versionen. Mit Einstellungsebenen können Sie einzelne Bildkorrekturen auf ein Bild ausführen, ohne das Bild zunächst selbst zu ändern. Damit lassen sich jederzeit weitere Korrekturen in Form von Einstellungsebenen hinzufügen oder einzelne Korrekturen nachträglich ein- und wieder ausblenden. Solche »Wie würde das hiermit aussehen«-Funktionen sind sehr komfortabel.

Vektorgrafik

Logos und andere Illustrationen werden häufig mit Vektorgrafiken erstellt, die nur die Umrisse definieren, die sich später mit einem Farbverlauf oder Muster füllen lassen. Der Vorteil solcher Vektorgrafiken liegt darin, dass sie verlustfrei skaliert und verbogen werden können. GIMP bietet hierbei zumindest das grundlegende PFADE-Werkzeug an, aber sonst leider keine weiteren Hilfsmittel wie ein spezielles Werkzeug für Formen, mit dem einiges leichter zu erstellen wäre und nicht alles »von Hand« gemacht werden müsste.

Allerdings greifen professionelle Grafiker in der Regel auch nicht zu Photoshop, wenn sie Vektorgrafiken benötigen. Für solche Fälle werden spezielle Vektorprogramme wie Adobe Illustrator, CorelDRAW oder das kostenlose Inkscape verwendet.

Bilderverwaltung

GIMP bietet keine eigene Bilderverwaltungs-Software an. Photoshop liefert hier mit Adobe Bridge ein umfangreiches Programm mit, mit dem sich komfortabel Bilder verwalten lassen. Allerdings gibt es hier auch viele kostenlose und günstige Alternativen für die verschiedenen Betriebssysteme. Um einige zu nennen:

- XnView (kostenlos für privaten Gebrauch; für Linux, Mac OS X und Windows; Bezugsquelle: *www.xnview.com/de*)
- digiKam (kostenlos; für Linux, Mac OS X [über Macports], Windows [benötigt KDE]; Bezugsquelle: *www.digikam.org*)
- iPhoto (für Mac OS X; ist Bestandteil des Pakets iLife und häufig schon auf dem Rechner installiert; ansonsten im Paket mit iMovie, GarageBand, iWeb und iDVD für ca. 80 € erhältlich).
- Picasa (kostenlos; für Linux, Mac OS X und Windows; Bezugsquelle: *http://picasa.google.de*)

Schlussbemerkung

Abschließend kann hinzugefügt werden: Wer gegenüber freier Software nicht verschlossen ist und gelegentlich auch nichts gegen zusätzliche Software – als Lösung, um ans Ziel zu kommen – einzuwenden hat, der kommt mit GIMP häufig zum selben Endergebnis wie mit Photoshop. Zumindest was den üblichen Hausgebrauch betrifft.

Ich kann Ihnen nur empfehlen, GIMP eine Chance zu geben. Wenn Sie damit trotzdem an die Grenzen des Machbaren kommen, können Sie immer noch überlegen, ob Sie eine kommerzielle Software wie Photoshop (oder das kleine Photoshop Elements) verwenden wollen.

> **Tipp**
> Wer unbedingt komfortabel und schnell viele Effekte verwenden will, der sollte sich auch einmal Photoshop Elements ansehen. Die Software kostet nur einen Bruchteil vom großen Photoshop (ca. 100 €) und ergänzt sich prima mit GIMP. GIMP kann einige Dinge mehr (Ebenenmasken, Kanäle, Pfade usw.), die das kleine Photoshop Elements nicht kann. Und umgekehrt wiederum kann Elements mit Einstellungsebenen umgehen und hat enorm viele Ebenenstile und Effekte, die mit einem Klick ein- und ausgeschaltet werden können. Natürlich finden Sie auch zu Photoshop Elements ein umfangreiches Handbuch aus meiner Feder vom selben Verlag.

Anhang D
Einstellungen von GIMP ändern

Über das Menü »Bearbeiten • Einstellungen« bietet GIMP viele verschiedene Optionen an, um GIMP den persönlichen Bedürfnissen anzupassen.

D.1 Umgebung

Im Bereich UMGEBUNG ❶ (Abbildung D.2) passen Sie Einstellungen für den Ressourcenverbrauch, Vorschaubilder, Verhalten beim Speichern und den Dokumentenindex an.

Unterhalb von RESSOURCENVERBRAUCH ❷ finden Sie folgende Einstellungen:

- MINIMALE ANZAHL AN JOURNALSCHRITTEN: Hier legen Sie fest, wie viele Arbeitsschritte Sie – ausgehend von dem Laden des Bildes – rückgängig machen können. Die einzelnen Schritte finden Sie auch über BEARBEITEN • JOURNAL in der Reihenfolge wieder. Der Standardwert von fünf Schritten ist von GIMP ein wenig niedrig eingestellt. Wenn Ihr Rechner kein älteres Modell ist und etwas mehr Arbeitsspeicher hat, können Sie diesen Wert durchaus erhöhen. Persönlich verwende ich hier den Wert »20«. Die Einstellung gilt natürlich für jedes Bildfenster.
- MAXIMALER SPEICHER FÜR DAS JOURNAL: Wenn Sie in der Einstellung zuvor mehrere Schritte gewählt haben, sollten Sie auch etwas mehr Arbeitsspeicher für die Rücknahme von Arbeitsschritten reservieren. Speicher über diesem angegebenen Wert wird wieder freigegeben. Dieser Wert hat allerdings nur die zweite Priorität gegenüber MINIMALE ANZAHL AN JOURNALSCHRITTEN.

GIMP-Konfigurationsdatei (»gimprc«)

Gespeichert werden diese Einstellungen im persönlichen GIMP-Verzeichnis in der Datei »gimprc«. Diese Datei können Sie auch mit einem Texteditor betrachten und manuell editieren, sofern Sie wissen, was Sie hier tun. Mehr Informationen dazu finden Sie in der Manual-Page von »gimprc« oder im Internet unter *www.gimp.org/man/gimprc.html*. Beachten Sie, dass es neben der persönlichen Konfigurationsdatei auch eine systemweite gleichnamige Datei im GIMP-Programmverzeichnis gibt.

Anhang D Einstellungen von GIMP ändern

▶ GRÖSSE DES GESAMTEN SPEICHERS: Hier geben Sie an, wie viel Speicher GIMP für die Bilder insgesamt verwenden darf. Benötigt GIMP mehr Arbeitsspeicher als hier vorgegeben, wird die Festplatte zum Auslagern verwendet, was unerträglich langsam werden könnte. Ich empfehle Ihnen, mindestens die Hälfte des vorhandenen Arbeitsspeichers für GIMP zu reservieren.

▲ **Abbildung D.1**
Fehlermeldung, wenn die MAXIMALE GRÖSSE NEUER BILDER überschritten wird

▶ MAXIMALE GRÖSSE NEUER BILDER: Damit stellen Sie ein, wie viel Arbeitsspeicher GIMP für die Erstellung eines neuen Bildes verwenden darf. Wird mehr als der angegebene Wert benötigt, fragt GIMP nochmals nach, ob das beabsichtigt ist. Den voreingestellten Wert von 128 Megabyte überschreiten Sie beispielsweise, wenn Sie ein neues 4.000 × 4.000 Pixel großes Bild anlegen. Sinn und Zweck ist es natürlich, nicht versehentlich ein Bild zu erstellen, das den Rechner total ausbremst.

▶ ZAHL DER ZU VERWENDENDEN PROZESSOREN: Viele Prozessoren haben mittlerweile mehr als nur einen Kern, und hier können Sie mehrere aktivieren oder gegebenenfalls bei Bedarf auch weniger verwenden.

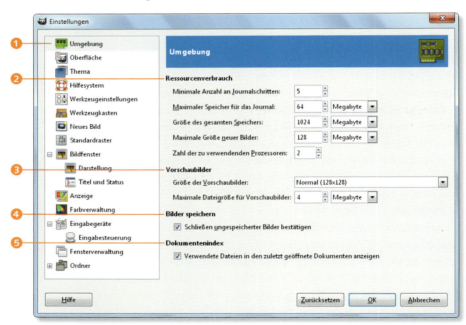

Abbildung D.2 ▲
Diverse Einstellungen der allgemeinen GIMP-UMGEBUNG

Unter VORSCHAUBILDER ❸ finden Sie zwei Optionen:

▶ GRÖSSE DER VORSCHAUBILDER: Bestimmt, wie groß die Miniaturbilder beim ÖFFNEN-Dialog (DATEI • ÖFFNEN) angezeigt werden sollen. Hier gibt es nur die Möglichkeiten KEINE VORSCHAU, 128 × 128 Pixel (Standardeinstellung) oder 256 × 256 Pixel.

▶ MAXIMALE DATEIGRÖSSE FÜR VORSCHAUBILDER: Bei Bildern, die diese Datengröße überschreiten, wird keine automatische Miniaturvorschau angelegt. Gewöhnlich steht hier dann in der Vorschau ANKLICKEN UM VORSCHAU ZU ERSTELLEN, womit Sie die Miniaturvorschau manuell erstellen. Der Standardwert von 4 Megabyte ist bei vielen Vollformatkameras heutzutage schon recht gering bemessen.

Unter BILD SPEICHERN ❹ finden Sie mit SCHLIESSEN UNGESPEICHERTER BILDER BESTÄTIGEN ein Kontrollkästchen, mit dem Sie, wenn aktiviert, erinnert werden, wenn beim Schließen eines Bildes noch Änderungen gespeichert werden müssen.

Unterhalb von DOKUMENTENINDEX ❺ können Sie mit aktivierter Option VERWENDETE DATEIEN IN DEN ZULETZT GEÖFFNETEN DOKUMENTEN ANZEIGEN bewirken, dass alle geöffneten und gespeicherten Bilder im Dokumentenindex aufgelistet werden. Auf diesen Index greifen Sie über DATEI • ZULETZT GEÖFFNET zu.

D.2 (Benutzer-)Oberfläche

Über die Einstellung OBERFLÄCHE ❻ konfigurieren Sie die Vorschaubilder von Ebenen, Kanälen, den Navigationsdialog und die Tastenkombinationen.

Über SPRACHE ❼ können Sie die verwendete Sprache von GIMP ändern. Die Standardeinstellung ist hierbei die Sprache (welche in der Umgebungsvariablen LANG steht), mit der das Betriebssystem läuft (bei den meisten dürfte dies de_DE für Deutsch sein). Über das Dropdown-Menü können Sie eine andere Sprache (beispielsweise Englisch) auswählen.

Unterhalb von VORSCHAUBILDER ❽ bestimmen Sie mit VORSCHAU VON EBENEN UND KANÄLEN AKTIVIEREN, ob im Ebenen- und KANÄLE-Dialog automatisch Miniaturbilder erstellt werden sollen. Auch die Größe der Bilder können Sie über STANDARDGRÖSSE DER VORSCHAU VON EBENEN UND KANÄLEN festlegen. Über GRÖSSE DER NAVIGATIONSVORSCHAU skalieren Sie die Vorschau für die Navigation, die Sie über das Bildfenster rechts unten verwenden können.

Die Optionen unterhalb von TASTENKOMBINATIONEN ❾ werden in Anhang A.4 näher erläutert.

Anhang D Einstellungen von GIMP ändern

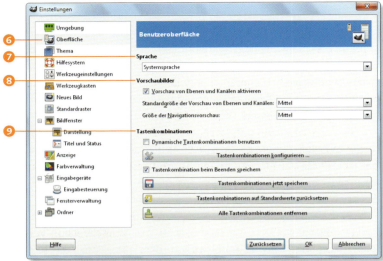

Abbildung D.3 ▶
Anpassen der Benutzeroberfläche

D.3 Thema

Über THEMA ❶ können Sie aus den zwei Standardthemen DEFAULT und SMALL wählen. Sie können aber auch aus dem Internet (beispielsweise über *http://art.gnome.org/themes/gtk2*) andere Themen herunterladen und in das heimische Themenverzeichnis (siehe BEARBEITEN • EINSTELLUNGEN • ORDNER • THEMEN) kopieren. Nach einem Neustart von GIMP steht dann das neue Thema zum Auswählen zur Verfügung.

▲ **Abbildung D.4**
GIMP unter Windows mit einem anderen Thema

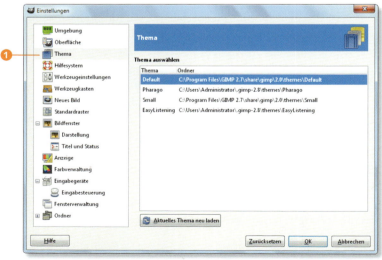

▲ **Abbildung D.5**
Andere Themen für GIMP auswählen

D.4 Hilfesystem

Über HILFESYSTEM ❷ konfigurieren Sie das GIMP-Hilfesystem. Unter ALLGEMEIN ❹ können Sie mit dem Kontrollkästchen MINIHILFEN ANZEIGEN veranlassen, dass die Minihilfen (auch *Tooltips* genannt) angezeigt werden, wenn Sie mit dem Mauszeiger kurz auf einem Bedienelement verweilen. Ist die Option HILFESCHALTFLÄCHE ANZEIGEN aktiviert, wird in den Dialogen (wie beispielsweise WERTE, KURVEN) eine HILFE-Schaltfläche angezeigt, mit der Sie auf die zum Dialog gehörende Hilfeseite geleitet werden. Aber auch ohne diese Schaltfläche erreichen Sie diese Hilfeseite über [F1].

Über die Dropdown-Liste BENUTZERHANDBUCH wählen Sie, ob Sie das lokal installierte Handbuch oder die Online-Version verwenden wollen. Die lokale Version muss für eine Auswahl natürlich auf dem Rechner installiert sein.

Benutzerhandbuch
Die Startseite der GIMP-Dokumentation, von wo Sie auch das Benutzerhandbuch herunterladen können, lautet: *http://docs.gimp.org*.

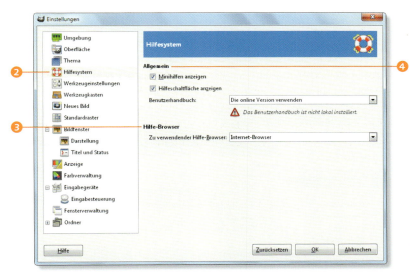

◄ **Abbildung D.6**
Das Hilfesystem für GIMP einrichten

Unterhalb von HILFE-BROWSER ❸ richten Sie ein, ob zum Lesen des Benutzerhandbuches der Internetbrowser oder der GIMP-Hilfe-Browser (ein Plugin) verwendet werden soll.

Unter Mac OS X können Sie außerdem den Internetbrowser auswählen, mit dem Sie das Benutzerhandbuch lesen wollen.

D.5 Werkzeugeinstellungen

Mit WERKZEUGEINSTELLUNGEN ❺ lassen sich das Verhalten und die Einstellungen von Werkzeugen ändern.

Anhang D Einstellungen von GIMP ändern

Unterhalb von ALLGEMEIN ❽ finden Sie folgende Einstellungen:
- WERKZEUGEINSTELLUNGEN BEIM BEENDEN SPEICHERN: Wenn Sie diese Option aktivieren, speichert GIMP beim Beenden immer die Werkzeugeinstellungen ab, so dass diese beim nächsten Programmstart wieder zur Verfügung stehen.
- WERKZEUGEINSTELLUNGEN JETZT SPEICHERN: Damit speichern Sie die aktuellen Einstellungen, damit diese künftig beim Programmstart immer mit denselben Werten zur Verfügung stehen. Das ist beispielsweise sinnvoll, wenn Ihnen die Standardeinstellungen nicht zusagen.
- WERKZEUGEINSTELLUNGEN JETZT AUF VORGABEWERTE SETZEN: Damit stellen Sie den Ursprungszustand der Werkzeugeinstellungen von GIMP wieder her, wie diese nach der Installation zur Verfügung standen.

Wenn Sie magnetische Hilfslinien oder das magnetische Raster verwenden, können Sie mit REICHWEITE DES MAGNETEN ❾ einstellen, innerhalb welcher Reichweite (in Pixel) das automatische Einrasten bei Hilfslinien oder Rasterlinien aktiv wird. Natürlich müssen Sie hierfür auch die magnetischen Funktionen über ANSICHT • MAGNETISCHE HILFSLINIEN bzw. ANSICHT • MAGNETISCHES RASTER einschalten.

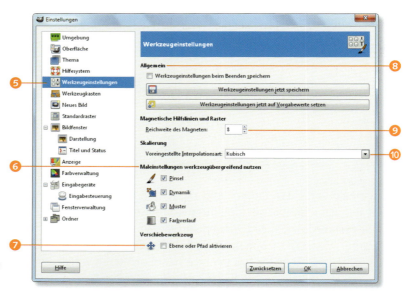

Abbildung D.7 ▶
Verhalten und Einstellungen von Werkzeugen ändern

Über VOREINGESTELLTE INTERPOLATIONSART ❿ bestimmen Sie, welche Interpolation bei den Transformationswerkzeugen wie DREHEN, SKALIEREN, SCHEREN und PERSPEKTIVE standardmäßig eingestellt sind. Die einzelnen Methoden dazu wie LINEAR, KUBISCH und SINC (LANCZOS3) wurden im Abschnitt »Pixelmaße ändern über ›Bild skalieren‹« auf Seite 471 ausführlich beschrieben.

Unterhalb von MALEINSTELLUNGEN WERKZEUGÜBERGREIFEND NUTZEN ❻ können Sie aktivieren, dass die gewählte Pinselspitze, das Muster und/oder der Farbverlauf für alle Werkzeuge ebenso verwendet werden, wenn Sie das Werkzeug wechseln. Wenn Sie also eine bestimmte Pinselspitze beim PINSEL-Werkzeug verwenden, wird dieselbe Pinselspitze auch beim Wechseln zum Werkzeug RADIERER beibehalten. Das Gleiche gilt für Dynamik, Muster und Farbverlauf.

Mit EBENE ODER PFAD AKTIVIEREN ❼ können Sie beim VERSCHIEBEN-Werkzeug veranlassen, dass die aktive Ebene oder der aktive Pfad verschoben wird. Das war die Standardeinstellung von früheren GIMP-Versionen.

D.6 Werkzeugkasten

Im Bereich WERKZEUGKASTEN ⓫ können Sie zusätzliche Bereiche im Werkzeugkasten (de-)aktivieren:

VORDERGRUND- UND HINTERGRUNDFARBE ANZEIGEN: Diese Option ist standardmäßig aktiviert und zeigt die aktuelle Vorder- und Hintergrundfarbe ⓮ im Werkzeugkasten an. Durch Anklicken eines dieser beiden Bereiche lässt sich die Farbe ändern.

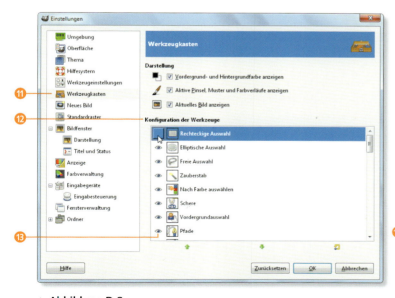

▲ Abbildung D.8
Verschiedene Bereiche und Werkzeuge lassen sich über WERKZEUGKASTEN (de-)aktivieren.

▲ Abbildung D.9
Der Werkzeugkasten mit weiteren aktivierten Bereichen

Anhang D Einstellungen von GIMP ändern

- **AKTIVE PINSEL, MUSTER UND FARBVERLÄUFE ANZEIGEN:** Hiermit wird der gerade aktive Pinsel, das gewählte Muster und der eingestellte Farbverlauf im Werkzeugkasten angezeigt ❻. Klicken Sie hierbei das Entsprechende, können Sie auch gleich über einen Dialog einen anderen Pinsel, ein anderes Muster und einen anderen Farbverlauf auswählen.
- **AKTUELLES BILD ANZEIGEN:** Das gerade aktive Bild wird angezeigt ❺. Klicken Sie diesen Bereich an, wird auch gleich der BILDER-Dialog (FENSTER • ANDOCKBARE DIALOGE • BILDER) aufgerufen.

Unter KONFIGURATION DER WERKZEUGE ⓬ können Sie die Werkzeuge aus dem Werkzeugkasten über das Augensymbol ⓭ ein-/ausblenden oder per Drag & Drop die Reihenfolge ändern.

D.7 Neue Bilder erstellen (Voreinstellung)

Mit NEUES BILD ❶ können Sie die Vorgabeeinstellungen des Dialogs ❷ zum Erstellen eines neuen Bildes ändern, den Sie über DATEI • NEU aufrufen. Die einzelnen Einstellungen dazu erläutert Abschnitt 2.3, »Eine neue Datei anlegen«. Ebenfalls einstellen können Sie hier die Standardfarbe für die SCHNELLMASKE ❸.

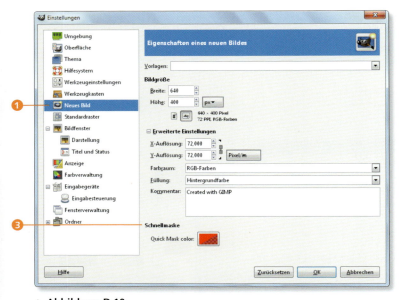

▲ **Abbildung D.10**
Hier können Sie die Einstellungen für neue Bilder ändern …

▲ **Abbildung D.11**
… die dann standardmäßig für den entsprechenden Dialog über DATEI • NEU verwendet werden.

D.8 Standardraster

Unter STANDARDRASTER ❸ können Sie die Standardeinstellung für das Bildraster ändern, das Sie über den Menübefehl ANSICHT • RASTER ANZEIGEN (de-)aktivieren. Nachträglich können Sie diese Standardeinstellungen für das Raster auch mit BILD • RASTER KONFIGURIEREN ändern. Mehr zu den einzelnen Werten und deren Bedeutung erfahren Sie im Abschnitt »Raster einstellen und verwenden« auf Seite 111.

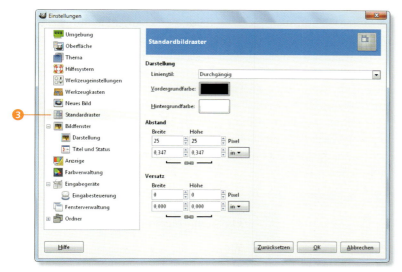

▲ Abbildung D.12
Die Einstellungen für das Raster, …

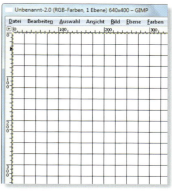

▲ Abbildung D.13
… das Sie über ANSICHT • RASTER ANZEIGEN aktivieren

D.9 Bildfenster

Die meisten Einstellungen ermöglicht der Bereich BILDFENSTER ❻. Weil nicht alles in den Dialog passte, wurden hierfür gleich mit ERSCHEINUNGSBILD und TITEL UND STATUS zwei weitere Unterpunkte hinzugefügt.

Allgemeine Einstellungen

Unter ALLGEMEIN ❹ können Sie mit »PUNKT FÜR PUNKT« ALS STANDARD VERWENDEN (de-)aktivieren, dass jedes Pixel des Bildes auch ein Pixel auf dem Bildschirm darstellt. Für Grafiken im Web sollten Sie diese Option unbedingt eingeschaltet lassen. Deaktivieren Sie diese Option, hängt die Darstellungsgröße von der Auflösung des Bildes ab, was für den Druck recht sinnvoll sein kann.

Manuell können Sie diese Option auch über ANSICHT • PUNKT FÜR PUNKT (de-)aktivieren. Über den Wert für GESCHWINDIGKEIT DER LAUFENDEN AMEISEN stellen Sie ein, wie schnell die schwarzweißen Hilfslinien bei einer Auswahl abwechselnd angezeigt werden. Je **niedriger** dieser Wert ist, desto **schneller** findet diese »Bewegung« statt.

Unterhalb von VERHALTEN BEI GRÖSSENÄNDERUNGEN ❺ bestimmen Sie, wie sich das Bild bzw. Bildfenster bei einer Größenveränderung verhalten soll. Mit FENSTERGRÖSSE BEIM VERGRÖSSERN UND VERKLEINERN ANPASSEN (de-)aktivieren Sie, dass die Bildfenstergröße automatisch an die Bildgröße angepasst wird, wenn die Ansicht vergrößert oder verkleinert wird. (De-)aktivieren Sie FENSTERGRÖSSE ANPASSEN, WENN SICH DIE BILDGRÖSSE ÄNDERT, wird die Größe des Bildfensters automatisch an die Leinwand angepasst, wenn sich die Fenstergröße ändert. Über ANFÄNGLICHER VERGRÖSSERUNGSFAKTOR bestimmen Sie, ob das Bild nach dem Öffnen an das Fenster angepasst oder in der Originalgröße angezeigt werden soll. Bei der 1:1-Ansicht kann dies natürlich bedeuten, dass das Bild nicht komplett zu sehen ist und Sie scrollen müssen.

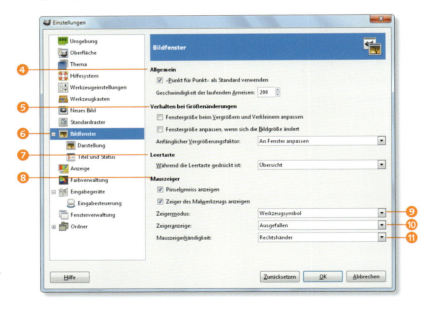

Abbildung D.14 ▶
Verschiedene Einstellungen für das Bildfenster

Unterhalb von LEERTASTE ❼ wählen Sie über die Dropdown-Liste mit WÄHREND LEERTASTE GEDRÜCKT IST aus, was passieren soll, wenn Sie die Leertaste im Bildfenster drücken.

Darunter finden Sie verschiedene Einstellungen zur Darstellung vom MAUSZEIGER ❽ im Bildfenster. Mit PINSELUMRISS ANZEI-

GEN (de-)aktivieren Sie, dass der Umriss der aktuellen Pinselspitze angezeigt wird, und mit ZEIGER DES MALWERKZEUGS ANZEIGEN, dass neben dem Mauszeiger das Symbol des Werkzeugs angezeigt wird, das im Augenblick verwendet wird.

Mit der Dropdown-Liste ZEIGERMODUS ❾ bestimmen Sie, ob nur das Werkzeugsymbol, das Werkzeugsymbol mit Fadenkreuz oder nur ein Fadenkreuz angezeigt wird. Voraussetzung für diese Option ist natürlich, dass ZEIGER DES MALWERKZEUGS ANZEIGEN aktiviert ist. Mit der vorletzten Einstellung, ZEIGERANZEIGE ❿, legen Sie fest, ob das Werkzeugsymbol am Zeiger AUSGEFALLEN (Standardeinstellung) oder als SCHWARZ UND WEISS-Symbol (was weniger Ressourcen benötigt) angezeigt wird. Mit der letzten Einstellung MAUSZEIGERHÄNDIGKEIT ⓫ stellen Sie ein, auf welcher Seite das Werkzeugsymbol angezeigt werden soll. Zur Auswahl stehen – für sich sprechend – LINKSHÄNDER und RECHTSHÄNDER.

Darstellung

Unter DARSTELLUNG ❶ können Sie verschiedene Vorgabeeinstellungen des Bildfensters (de-)aktivieren. Viele dieser Einstellungen lassen sich auch nachträglich über das Menü ANSICHT ändern. Aufgeteilt sind die Einstellungen in die Darstellung des normalen Fenstermodus ❷ und des Vollbildmodus ❸ (ANSICHT • VOLLBILD oder F11). Die einzelnen Einstellungen benötigen eigentlich keine Beschreibung und sprechen für sich.

▲ **Abbildung D.15**
Für das genauere Malen ist ein Fadenkreuz hilfreich.

▲ **Abbildung D.16**
Auch den Zeiger des Malwerkzeugs können Sie ändern.

▲ **Abbildung D.17**
Hier wurde MAUSZEIGERHÄNDIGKEIT auf LINKSHÄNDER geändert, wie Sie am Pinselsymbol schön erkennen können.

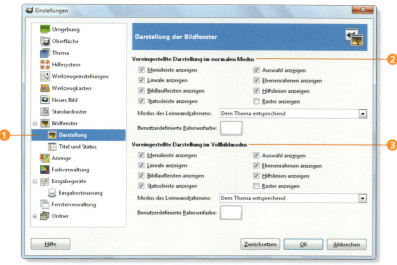

◀ **Abbildung D.18**
Über DARSTELLUNG lassen sich vorwiegend einzelne Elemente im Bildfenster (de-)aktivieren.

Titel und Status

Die Einstellungen in TITEL UND STATUS ❶ dürften auf den ersten Blick recht kryptisch anmuten. Hier können Sie ein vordefiniertes Format für den Bildtitel ❷ und die Statusleiste ❸ auswählen und verwenden.

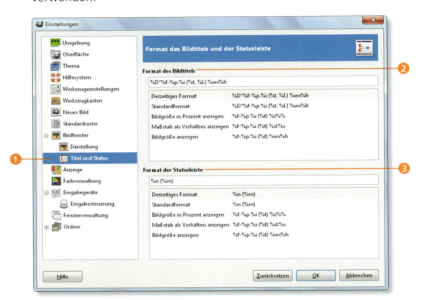

Abbildung D.19 ▶
Auch die Titel- und Statusleiste lassen sich den persönlichen Bedürfnissen anpassen.

Alternativ können Sie auch ein eigenes Format, genannt Formatzeichenkette, erstellen. Wer Erfahrung in der C-Programmierung hat, dem dürften diese Zeilen mit den Formatvariablen nicht so kryptisch erscheinen. Alles, was Sie in den Eingabezeilen eingeben, wird in der Titel- oder Statusleiste wieder so ausgegeben. In Abbildung D.20 wurde beispielsweise in die Eingabezeile ❺ des Bildtitels »Mein Titel« eingegeben, weshalb dies auch im Titel des Bildfensters ❹ wiedergegeben wird.

Abbildung D.20 ▶
Ein eigener Text in der Statusleiste

Einfache Texte bringen allerdings recht wenig in der Titel- oder Statusleiste, weshalb GIMP verschiedene Formatvariablen anbietet, die eine feste Bedeutung haben und von GIMP interpretiert werden. Alle Formatvariablen von GIMP beginnen mit dem Prozentzeichen (%), gefolgt von einem oder weiteren Buchstaben ohne Leerzeichen (siehe Tabelle D.1). Beispielsweise steht `%f` für den Dateinamen und `%m` für die Speichernutzung. Geben Sie zum Beispiel »Bildname: %f (Speichernutzung: %m)« ❼ ein, ersetzt GIMP die beiden Formatvariablen `%f` und `%m` entsprechend, wie die Titelleiste ❻ in Abbildung D.21 zeigt.

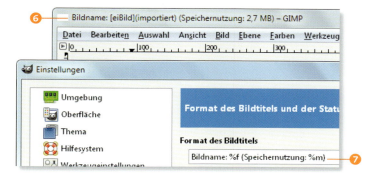

◄ **Abbildung D.21**
Die Formatvariablen werden in der Titel- oder Statusleiste entsprechend ersetzt.

Die in Tabelle D.1 genannten Formatvariablen stehen Ihnen für eine benutzerdefinierte Ausgabe in der Titel- oder Statusleiste zur Verfügung (alphabetisch sortiert).

Formatvariable	Beschreibung
`%Cx`	Wenn das Bild nach dem letzten Speichern **nicht** verändert wurde, wird aus diesem Zeichen ein x. Ansonsten wird hiermit gar nichts ausgegeben.
`%d`	Damit wird der Zielskalierungsfaktor angegeben (100 % = 1, 200 % = 2 usw.). Wird gewöhnlich in Kombination mit dem Quellskalierungsfaktor `%s` verwendet.
`%Dx`	Das Gegenstück zu `%Cx`. Wenn das Bild nach dem letzten Speichern verändert wurde, wird aus diesem Zeichen ein x. Ansonsten wird hiermit gar nichts ausgegeben.
`%f`	Dateiname ohne Pfad. Wurde die Datei noch nicht gespeichert, wird »Unbenannt« angezeigt.

◄ **Tabelle D.1**
Formatzeichen für eine benutzerdefinierte Titel- oder Statusleiste

Formatvariable	Beschreibung
%F	Dateiname mit absolutem Pfad oder »Unbenannt«, falls die Datei noch nicht gespeichert wurde
%h	Bildhöhe in Pixel
%H	Bildhöhe mit der eingestellten Maßeinheit. Standardmäßig ist dies auch Pixel.
%i	Nummer der Ansicht des Bildes. Über ANSICHT • NEUE ANSICHT erstellen Sie beispielsweise eine weitere Ansicht desselben Bildes (siehe Abschnitt 2.5, »Geöffnete Bilder verwalten«, Abschnitt »Bilder vergleichen [Neue Ansicht]« ab Seite 101).
%l	Anzahl der vorhandenen Ebenen
%L	Anzahl der vorhandenen Ebenen mit dem Zusatz »Ebene« oder »Ebenen«
%m	Arbeitsspeicherausnutzung des Bildes
%n	Name der aktiven Ebene
%p	Eindeutige Bild-Identifikationsnummer (siehe Abschnitt 2.5, »Geöffnete Bilder verwalten«, und Abschnitt »Bilder vergleichen [Neue Ansicht]« ab Seite 101)
%P	Gibt die eindeutige Identifikationsnummer der aktiven Ebene oder des aktiven Kanals aus.
%s	Der Quellskalierungsfaktor. Wird meistens in Kombination mit dem Zielskalierungsfaktor %d verwendet.
%t	Typ des Bildes (RGB, Graustufen, indiziert)
%u	Zeigt das Symbol für die verwendete Maßeinheit an, beispielsweise px für Pixel oder " für Zoll.
%U	Zeigt statt eines Symbols für die verwendete Maßeinheit die Abkürzung an, falls vorhanden, beispielsweise in für Zoll.
%w	Bildbreite in Pixel
%W	Bildbreite mit der eingestellten Maßeinheit. Standardmäßig ist dies auch Pixel.
%z	Zoomfaktor in Prozent (zum Beispiel 50%, 100%)
%%	Gibt das Prozentzeichen (%) aus.

Tabelle D.1 ▶
Formatzeichen für eine benutzerdefinierte Titel- oder Statusleiste (Forts.)

D.10 Anzeige

Im Bereich ANZEIGE ❸ ändern Sie die Transparenzansicht und Bildschirmauflösung.

Unterhalb von TRANSPARENZ ❶ stellen Sie den SCHACHBRETT-STIL und die SCHACHBRETTGRÖSSE für die Anzeige der transparenten Bereiche ein. Bei BILDSCHIRMAUFLÖSUNG ❷ können Sie die Monitorauflösung manuell eingeben oder mit Hilfe eines Lineals kalibrieren. Standardmäßig ist hier die automatische Erkennung aktiv.

D.11 Farbverwaltung

Die FARBVERWALTUNG ❹ wird in Anhang F etwas umfangreicher behandelt, weil Sie sich hierbei auch mit den ICC-Farbprofilen auseinandersetzen müssen.

◀ **Abbildung D.22**
Anzeige der Transparenz und Bildschirmauflösung ändern

D.12 Eingabegeräte

Mit EINGABEGERÄTE ❺ richten Sie erweiterte Geräte wie Grafiktabletts oder MDI-Tastaturen über die Schaltfläche ERWEITERTE EINGABEGERÄTE KONFIGURIEREN ein. Gewöhnlich findet die Konfiguration in einem erweiterten Dialog statt.

Anhang D   Einstellungen von GIMP ändern

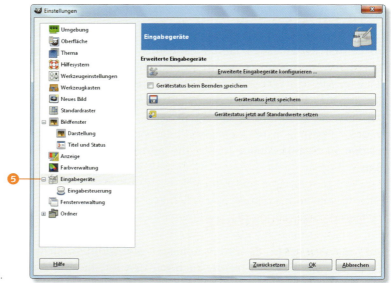

Abbildung D.23 ▶
Erweiterte Eingabegeräte wie Grafiktabletts richten Sie hier ein.

Eingabesteuerung | Mit EINGABESTEUERUNG ❻ können Sie weitere verfügbare Steuerungen zur aktiven Steuerung hinzufügen und natürlich auch konfigurieren, indem Sie auf das entsprechende Gerät doppelklicken. Hiermit passen Sie beispielsweise die Funktionen für das Mausrad (MAIN MOUSE WHEEL) an. Das Gleiche gilt natürlich auch für andere Geräte, wie zum Beispiel die Tastatur.

Abbildung D.24 ▶
Übersicht zu verfügbaren und aktiven Steuerungen. Mit einem Doppelklick auf dem Eintrag eines der aktiven Geräte können Sie auch hier Änderungen durchführen.

914

D.13 Fensterverwaltung

Über FENSTERVERWALTUNG ❹ konfigurieren Sie Einstellungen zwischen GIMP und dem verwendeten Fenster-Manager (auch als Window-Manager bekannt). Das Verhalten der einzelnen Funktionen hängt allerdings vom verwendeten Fenster-Manager und vor allem auch vom System ab.

Unter FENSTER-MANAGER-HINWEISE ❶ passen Sie die Fenster für den Werkzeugkasten an. Mit NORMALES FENSTER wird jedes Fenster wie auf dem System typisch behandelt und angezeigt. Bei WERKZEUGFENSTER sind keine Minimieren- und Maximieren-Schaltflächen vorhanden. Mit ZUOBERST BEHALTEN weisen Sie den Fenster-Manager an, das Fenster immer im Vordergrund zu halten, so dass es nie von anderen Fenstern überdeckt werden kann. Mit DAS FOKUSSIERTE BILD AKTIVIEREN ❷ wird ein Bild zum aktiven Bild, wenn das Fenster den Fokus erhält. Diese Funktion sollten Sie aktiviert lassen, wenn der Fenster-Manager das allgemein übliche »Fokus durch Anklicken« verwendet.

Ganz am Ende unter FENSTERPOSITIONEN ❸ können Sie die aktuelle Position der Fenster speichern (entweder beim Beenden oder sofort über die Schaltfläche) und diese Werte wieder auf den Standard zurückstellen, der nach der Installation vorhanden war.

▲ **Abbildung D.26**
Verschiedene Einstellungen zur Fensterverwaltung

▲ **Abbildung D.25**
Den Werkzeugkasten als NORMALES FENSTER mit den Minimieren- und Maximieren-Schaltflächen anzeigen lassen.

D.14 Ordner

Über ORDNER ❶ finden Sie das Verzeichnis TEMPORÄRER ORDNER, wo die Sitzungsdateien von GIMP gespeichert werden. Der AUSLAGERUNGSORDNER hingegen wird verwendet, wenn GIMP nicht mehr genügend Arbeitsspeicher zur Verfügung steht; dann wird der Speicher in diesen Ordner ausgelagert. Die Pfade zu beiden Verzeichnissen lassen sich natürlich auch ändern.

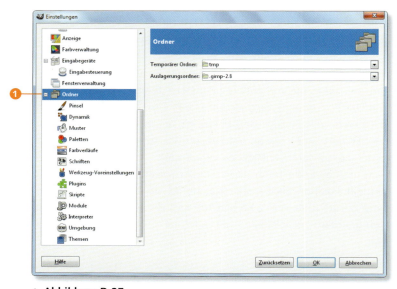

▲ **Abbildung D.27**
Die Ordnerverwaltung von GIMP

Unterhalb von ORDNER können Sie viele weitere Datenordner ermitteln und hinzufügen, wo GIMP seine Ressourcen wie Pinsel, Muster, Paletten usw. speichert.
Gewöhnlich sehen Sie immer zwei Verzeichnisse:
▶ ein System-Verzeichnis, wo gewöhnlich nur die Ressourcen gespeichert werden, die von GIMP bei der Installation ausgeliefert wurden,
▶ sowie als zweites meistens das persönliche GIMP-Verzeichnis, wo Sie weitere Ressourcen hinzufügen und speichern können.

Wenn Sie also einmal nicht wissen, wohin mit den heruntergeladenen Pinseln, Mustern, Schriften, Plugins oder Skript-Fu-Programmen, dann können Sie hier nachsehen. Des Weiteren können Sie hier natürlich auch weitere Pfade zu den passenden Ressourcen hinzufügen.

D.15 Einstellungen wiederherstellen

Wenn Sie GIMP wieder komplett auf die Werkseinstellung zurücksetzen wollen, wie diese nach der Installation vorlag, klicken Sie einfach im EINSTELLUNGEN-Dialog auf die Schaltfläche ZURÜCKSETZEN ❸. Daraufhin öffnet sich ein Dialog ❷, wo Sie zur Sicherheit nochmals gefragt werden, ob Sie wirklich alles zurücksetzen wollen.

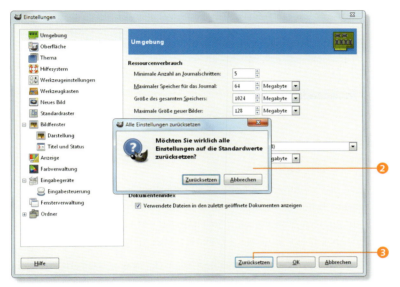

▲ **Abbildung D.28**
Alle Einstellungen wieder zurücksetzen

D.16 Neue Maßeinheiten definieren

Reichen Ihnen die Maßeinheiten in GIMP nicht aus oder wollen Sie eine Maßeinheit ändern (beispielsweise das Symbol oder die Abkürzung), verwenden Sie hierfür BEARBEITEN • EINHEITEN.

Über die Schaltfläche NEU ❹ legen Sie eine neue Einheit an. Da die vorhandenen Einheiten schreibgeschützt sind, müssen Sie sie zuvor über DUPLIZIEREN ❺ kopieren und können dann eine vorhandene Maßeinheit ändern bzw. als »neue« Maßeinheit speichern.

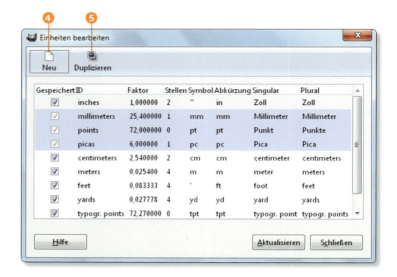

Abbildung D.29 ▶
Maßeinheiten ändern und anlegen

D.17 Eigene Werkzeug-Voreinstellungen erstellen

Seit der Version 2.8 können Sie häufig verwendete Werkzeug-Voreinstellungen erstellen und sichern, um bei Bedarf wieder darauf zugreifen zu können. Sie finden diesen Dialog unter FENSTER • ANDOCKBARE DIALOGE • WERKZEUG-VOREINSTELLUNGEN.

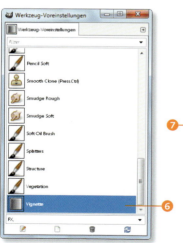

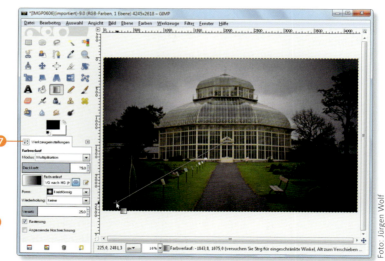

▲ **Abbildung D.30**
Vordefinierte Werkzeugeinstellungen. Hier wurde VIGNETTE ❻ ausgewählt …

▲ **Abbildung D.31**
… womit das FARBVERLAUF-Werkzeug mit entsprechenden Werkzeugeinstellungen ❼ aktiviert und gleich verwendet werden kann. Hier wurde beispielsweise mit den Werkzeugeinstellungen eine Vignette in das Bild gezeichnet.

Selbstverständlich können Sie auch eigene Werkzeug-Voreinstellungen erstellen, speichern und bei Bedarf wiederverwenden. Hierzu ein einfaches Beispiel zur Demonstration, wie Sie einen Pinsel erstellen, mit dem roter Lippenstift aufgemalt werden kann.

Schritt für Schritt
Eigene Werkzeug-Voreinstellung erstellen

1 Werkzeugeinstellungen vornehmen

Zunächst müssen Sie die gewöhnlichen Werkzeugeinstellungen vornehmen. Im Beispiel verwenden wir das PINSEL-Werkzeug ▨ P. Als VORDERGRUNDFARBE ❽ wurde hier ROT gewählt (für den Lippenstift) und der MODUS ❾ auf FARBE gestellt. Zusätzlich wurde noch eine weichere Pinselspitze ❿ ausgewählt mit einer Grösse ⓫ von 75,00. Sie können noch die DECKKRAFT reduzieren oder die DYNAMIK ändern, aber in diesem Fall wurde hier nichts mehr eingestellt.

2 Neue Werkzeug-Voreinstellung erzeugen

Öffnen Sie jetzt den Dialog WERKZEUG-VOREINSTELLUNGEN über FENSTER • ANDOCKBARE DIALOGE, und klicken Sie auf die Schaltfläche ⓬, um eine neue Werkzeug-Voreinstellung zu erstellen.

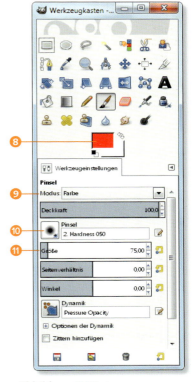

Abbildung D.32 ▲
Werkzeugeinstellung anpassen

◄ **Abbildung D.33**
Eine neue Werkzeug-Voreinstellung erstellen

Daraufhin öffnet sich ein Editor, in den Sie den Namen und das Symbol der neuen Voreinstellung eingeben und in dem Sie weitere Einstellungen vornehmen können. Im Beispiel wurden nur der Name ⓭ und das SYMBOL ⓮ geändert. Außerdem müssen Sie hier noch ein Häkchen vor GESPEICHERTE VG/HG-FARBE ANWEN-

Anhang D   Einstellungen von GIMP ändern

DEN ⓯ setzen. Klicken Sie dann auf das Diskettensymbol ⓰, und die neue Werkzeug-Voreinstellung wird dauerhaft gespeichert.

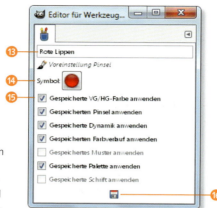

Abbildung D.34 ▶
Editor für die Werkzeug-Voreinstellung

Nicht universell einsetzbar
Solche Werkzeug-Voreinstellungen lassen sich natürlich nicht allgemeingültig einsetzen. Das Aufmalen von roten Lippen zum Beispiel funktioniert mit diesen Einstellungen nicht bei jedem Mund und Bild. Das Beispiel soll nur zeigen, wie Sie etwas häufiger verwendete Arbeiten mit dem Werkzeug als Voreinstellungen wiederverwenden können. Nachjustieren können Sie jederzeit, auch ohne dass die gespeicherten Einstellungen dabei verloren gehen.

3   Werkzeug-Voreinstellung verwenden

Jetzt müssen Sie nur bei Bedarf den Dialog WERKZEUG-VOREINSTELLUNGEN über FENSTER • ANDOCKBARE DIALOGE öffnen und die neu erstellte Werkzeug-Voreinstellung ROTE LIPPEN anklicken ⓱. Daraufhin wird das PINSEL-Werkzeug mit sämtlichen gespeicherten WERKZEUGEINSTELLUNGEN aktiviert. Jetzt können Sie die roten Lippen auf den Mund in einem Bild aufmalen ⓲.

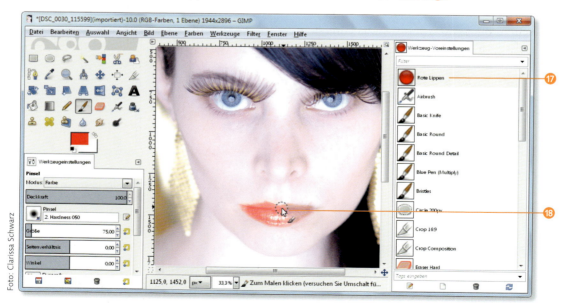

▲ **Abbildung D.35**
Unsere selbst erstellte Werkzeug-Voreinstellung im Einsatz.

Anhang E
GEGL-Operationen

Sicherlich haben Sie schon öfter von den neuen geplanten GEGL-Funktionen bzw. der GEGL-Bibliothek gehört. Der Hauptgrund, auf eine neue Bibliothek zu setzen, liegt darin, dass GIMP immer noch nur bis zu einer Farbtiefe von 8 Bit pro Farbkanal arbeitet. Mit GEGL soll es künftig möglich sein, interne Arbeiten mit 16 Bit (Ganzzahlen) bzw. 32 Bit (Fließkommazahlen) Genauigkeit im sRGB-Farbraum auszuführen. Damit lassen sich auch HDR-Aufnahmen bearbeiten.

GEGL aktivieren | Experimentell können Sie schon jetzt über das Menü FARBEN • GEGL VERWENDEN ❶ diese Bibliothek aktivieren. Hiermit wird GEGL für viele Farboperationen im Menü FARBEN verwendet. Allerdings sollten Sie bedenken, dass GEGL hier noch nicht in der endgültigen Fassung vorliegt und immer noch recht langsam ist.

Mehr als 8-Bit-Genauigkeit

Die GEGL-Operationen werden auch nur mit einer 8-Bit-Genauigkeit verwendet, wenn Sie GEGL nicht explizit über FARBEN • GEGL VERWENDEN aktivieren.

◀ **Abbildung E.1**
GEGL wird hier verwendet.

GEGL-Operationen | Auch echte GEGL-Operationen können Sie schon einmal testen. Über das Menü WERKZEUGE • GEGL-

Anhang E   GEGL-Operationen

OPERATIONEN öffnet sich eine Dialog-Box, wo Sie aus der Dropdown-Liste OPERATION ❶ aus einer Reihe von GEGL-Funktionen auswählen und diese testen können. Natürlich können Sie diese Funktionen auch auf das aktive Bild im Bildfenster anwenden. Allerdings muss ich Sie hier auch warnen: Abhängig von der Rechenleistung sind viele dieser Operationen noch extrem langsam und teilweise instabil.

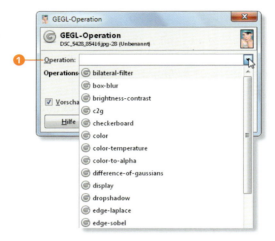

Abbildung E.2 ▶
Über diese Box lassen sich verschiedene GEGL-Operationen verwenden und testen.

Wenn Sie eine OPERATION ausgewählt haben, werden die OPERATIONSEINSTELLUNGEN ❷ gleich darunter angezeigt. Die Einstellungen hängen natürlich von der ausgewählten OPERATION ab. Über das Häkchen VORSCHAU ❸ können Sie sofort eine Voransicht der ausgewählten OPERATION im Bildfenster anzeigen lassen. Mit der Schaltfläche ZURÜCKSETZEN stellen Sie die OPERATIONSEINSTELLUNGEN wieder auf die Vorgabewerte. Mit ABBRECHEN beenden Sie die GEGL-Operationen, und mit OK führen Sie die ausgewählte OPERATION mit den OPERATIONSEINSTELLUNGEN auf das Bild aus.

Abbildung E.3 ▶
Nach dem Auswählen der OPERATION werden die entsprechenden OPERATIONSEINSTELLUNGEN darunter angezeigt.

Anhang F
Farbmanagement und Farbprofile

»Farbmanagement« ist ein unangenehmes Thema, das man beim Bücherschreiben am liebsten übersehen würde und als Leser gerne anderen oder gar dem Zufall überlässt. Aber jeder, der mit einem PC arbeitet, kommt mit diesem Thema in Berührung, besonders wenn er sich mit digitaler Bildbearbeitung auseinandersetzt. Daher soll dieser Anhang ein paar Grundlagen vermitteln. Ich werde mich dabei so einfach und kurz wie möglich halten, damit Sie zumindest wissen, was es mit dem Farbmanagement und den Farbprofilen auf sich hat.

WYSIWYG oder doch nicht? | Die Abkürzung WYSIWYG steht für »What you see is what you get« und bedeutet »Was du siehst, ist, was du bekommst«. Leider ist es nicht so bei der digitalen Bildbearbeitung. Hier können Sie sich nicht einfach darauf verlassen, dass ein Bild, das Sie mit der digitalen Kamera fotografiert oder mit einem Scanner eingescannt und auf dem Rechner mit GIMP bearbeitet haben, mit denselben Farben ausgedruckt oder auf einem anderen Monitor dargestellt wird. Es kann sogar sein, dass Ihr Bild einen Farbstich hat, obwohl Sie das gar nicht auf den ersten Blick am Monitor erkennen. Die Farben des Bildes können nach einem Ausdruck weniger gesättigt oder gar verwaschen wirken.

In Abbildung F.1 sehen Sie einen solchen Fall (*worst case* = der schlechteste Fall). Das Ursprungsbild ❶ wurde mit einem Scanner eingescannt und wirkt danach recht trist und farblos ❷. Daraufhin wurde das Bild mit GIMP (es kann auch ein anderes Bildbearbeitungsprogramm sein) geöffnet und nachbearbeitet, wodurch es wieder satte Farben bekam ❸. Im anschließenden Ausdruck ❹ werden die Farben des Bildes aber wieder viel zu hell ausgegeben und sehen anders aus, als das vielleicht gewollt war.

Genau aus diesem Grund gibt es ein Farbmanagement, das sicherstellen soll, dass ein Bild, das von einem Eingabegerät (Kamera, Scanner) eingelesen oder erstellt wird, genauso oder möglichst ähnlich auf dem Ausgabegerät (Drucker, Bildschirm) wiedergegeben wird.

Anhang F Farbmanagement und Farbprofile

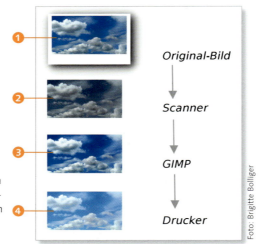

Abbildung F.1 ▶
Ohne ein klares Farbmanagement kann es bei den verschiedenen Ein- und Ausgabegeräten zu verschiedenen Farbabbildungen kommen, obwohl eigentlich immer dasselbe Bild verwendet wurde.

F.1 Farbprofile – der Vermittler zwischen den Geräten

Da also bei der digitalen Bildbearbeitung vom Aufnehmen oder Einscannen des Fotos bis hin zum Druck viele verschiedene Geräte – und daher leider auch viele verschiedene Farbeigenschaften – zum Einsatz kommen, wird ein genormter Datensatz benötigt, der den Farbraum der einzelnen Geräte beschreibt. Für solche Zwecke werden sogenannte **ICC-Profile** (häufig auch einfach **Farbprofil** genannt) verwendet.

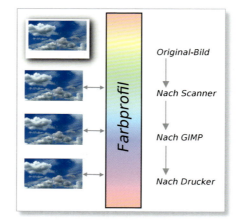

Abbildung F.2 ▶
Um einen möglichst einheitlichen Farbraum zwischen den Geräten zu schaffen, muss die Farbcharakteristik beschrieben werden. Der gemeinsame Nenner dafür wird als »Farbprofil« bezeichnet. Die Abbildung ist natürlich nur vereinfacht dargestellt, weil nicht jedes Gerät dasselbe Farbprofil verwendet.

Ein Farbprofil können Sie vereinfacht als eine Farbtabelle (genauer *Look-up-Table*, kurz LUT) mit einer speziellen Farbcharakteristik betrachten, die zur Umwandlung von geräteabhängigen Farbbeschreibungen (Geräteprofilen) in einen geräteunabhängigen Austausch-Farbraum verwendet wird. Zusätzlich können Sie mit Hilfe des Farbprofils die Farbdarstellung eines Geräts auf einem anderen Gerät annähernd ähnlich darstellen. Vereinfacht ausgedrückt, können Sie mit dem richtigen Farbprofil erreichen, dass die Farben eines Bildes auf dem Monitor fast identisch auf einem Drucker ausgegeben werden (eine 100%ige Übereinstimmung gibt es nicht).

Hierbei müssen wir zwischen drei verschiedenen Profiltypen unterscheiden:

- **Input-Profil** (Eingabe-Profil): Das Profil wird für Scanner und Digitalkameras verwendet.
- **Work-Profil** (auch Arbeitsprofil oder Monitorprofil genannt): Das Profil wird für sämtliche Bildschirme benutzt.
- **Output-Profil** (Ausgabeprofil): Das Profil wird für Drucker oder Druckerpressen verwendet.

> **Minimum: sRGB**
> Wenn Sie sich nicht um das Farbmanagement kümmern, verwaltet das Betriebssystem das Farbprofil der einzelnen Geräte. Sind hierbei keinerlei Farbprofile vorhanden, wird mindestens der sRGB-Farbraum (sRGB = Standard-RGB) verwendet.

Wenn Sie ein Foto auf einem Drucker ausdrucken wollen und das Farbmanagement-System findet im Bild einen orangefarbenen Pixelwert mit (R = 255, G = 127, B = 0), sieht das Farbmanagement-System in der Farbtabelle des ICC-Profils für den Drucker nach, ordnet den Wert (255, 127, 0) zu und sendet diesen Wert für das Pixel an den Drucker. Existiert im ICC-Farbprofil kein solch exakter Farbwert, wird dieser interpoliert. Findet der Drucker zum Beispiel nur einen Wert von (255, 131, 0) und war der Wert des Fotos (255, 127, 0), wird aus diesen beiden Werten ein Mittelwert mit beispielsweise (255, 129, 0) gebildet.

Kalibrierung und Profilierung von Geräten

Spätestens an dieser Stelle dürfte Ihnen klarwerden, dass eine möglichst vereinheitlichte Farbdarstellung nur dann funktioniert, wenn die Farbwerte der Geräte bekannt sind. Sprich, Sie müssen für die Geräte eine Kalibrierung und Profilierung (Erstellung eines Profils) durchführen.

Kalibrierung und Profilerstellung von Bildschirmen | Wenn es Ihnen wirklich ernst mit der farbgetreuen Darstellung der Geräte ist, kommen Sie nicht um die Anschaffung von neuer Hardware, einem Kalibrierungswerkzeug (auch Farbmessgerät oder Kolorimeter genannt), herum.

Hierzu installieren Sie eine zum Kalibrierungswerkzeug gehörende Software auf dem Rechner und verbinden anschließend das Messgerät mit dem zu kalibrierenden Rechner (meistens über den USB-Anschluss). Das Kalibrierungsgerät hängen Sie an den

> **CIE-Lab**
> Das CIE-Lab-Farbmodell ist ein geräteunabhängiges, aber standardisiertes Farbmodell, das als Richtlinie im Farbmanagement verwendet wird.

Bildschirm. Während der Kalibrierung zeigt die Kalibrierungs-Software verschiedene einzelne RGB-Farben auf dem Bildschirm an, deren genauer RGB-Wert der Software natürlich bekannt ist. Das Kalibrierungsgerät wiederum liefert den CIE-Lab-Wert der angezeigten RGB-Farbe an die Software zurück. Nach der Kalibrierung kann jeder RGB-Farbe ein CIE-Lab-Wert zugeordnet und somit ein Monitor-Profil erstellt werden.

Eine Kalibrierung und erneute Profilierung des Bildschirms sollte in regelmäßigen Abständen erfolgen, weil sich die Darstellungsqualität mit der Zeit ändert.

> **Regelmäßig kalibrieren**
> Auch die Scannerkalibrierung müssen Sie in regelmäßigen Abständen durchführen. Eine einmalige Kalibrierung reicht auch hier auf Dauer nicht aus.

Kalibrierung und Profilerstellung von Scannern | Für die Profilerstellung von Scannern kommt eine kleine Vorlage mit Referenzfarbfeldern zum Einsatz, die als IT-8-Target bezeichnet wird. Diese Vorlage ist in verschiedenen Größen erhältlich und muss mit Hilfe einer speziellen Scansoftware, die die Farbwerte der IT-8-Target-Vorlage kennt, eingescannt werden. Diese Scansoftware misst den tatsächlichen Wert der Farben nach und vergleicht diesen Wert mit den Referenzfarbwerten auf dem IT-8-Target. Anhand dieser Differenzen zwischen dem tatsächlich gemessenen Wert und dem IT-8-Target erstellt die Scansoftware dann das ICC-Profil für den Scanner.

Kalibrierung und Profilerstellung von Digitalkameras | Es ist auch möglich, eine Digitalkamera zu kalibrieren und ein Profil dafür zu erstellen (zumindest bei den teureren Modellen). Das Prinzip ist im Grunde recht ähnlich wie bei einem Scanner: Sie fotografieren ein spezielles Target mit Farbfeldern ab, laden das Bild mit einer speziellen Software, und die fotografierten Farbwerte werden mit den Referenzfarbwerten verglichen. Aus der Differenz erstellt die Software dann ein ICC-Profil. Eine spezielle Software hierzu finden Sie unter *www.silverfast.com* mit SilverFast DCPro.

> **Drucker kalibrieren mit Scanner**
> Um ein Profil für einen Drucker zu erstellen, müssen Sie nicht unbedingt ein Spektralfotometer kaufen, sondern können mit Hilfe der Software SilverFast (*www.silverfast.com/de*) zunächst ein Test-Target ausdrucken und mit einem Scanner wieder einlesen. Hiermit wird praktisch der Scanner zum Erstellen eines Profils für den Drucker verwendet.

Kalibrierung und Profilerstellung von Druckern | Die Kalibrierung und anschließende Profilierung von Druckern ähnelt der Bildschirmkalibrierung. Bei der Druckerkalibrierung drucken Sie mit Hilfe einer Kalibrierungs-Software eine Testseite (ein sogenanntes Test-Target) mit einzelnen Farbfeldern aus. Diese Testseite ist im Grunde einem IT-8-Target wie bei der Scannerkalibrierung recht ähnlich. Mit einem speziellen Kalibrierungsgerät (genauer einem Spektralfotometer) wiederum messen Sie die Farben der ausgedruckten Testseite aus und schicken sie über den USB-Anschluss an den Rechner mit der Kalibrierungs-Software. Je mehr Farbfelder Sie hierbei ausdrucken und messen, desto exakter wird das ICC-Profil für den Drucker. In der Praxis bedeutet dies natürlich auch, dass eine umfangreiche Druckerkalibrierung erheblich mehr Zeit in Anspruch nimmt als eine Monitor- oder Scannerkalibrierung.

Softwarebedingte Kalibrierung | Es gibt natürlich auch die Möglichkeit, eine softwarebasierte Kalibrierung über das Betriebssystem durchzuführen. Allerdings sollten Sie dabei immer bedenken, dass Sie die Kalibrierung nach Augenmaß durchführen. In der Praxis ist dies häufig aber immer noch besser, als gar keine Kalibrierung zu verwenden.

Standard-Farbprofil sRGB

Das am häufigsten anzutreffende Profil mit dem kleinsten Farbraum ist der sRGB-Farbraum. Verwenden Sie dieses Profil, dürften Sie am wenigsten Probleme haben, wenn ein Bild auch auf anderen Bildschirmen angezeigt wird. Jeder Monitor verfügt mindestens über den sRGB-Farbraum, und für Bilder, die Sie im Internet veröffentlichen, reicht sRGB völlig aus. Zwar beherrschen viele Webbrowser mittlerweile auch schon den Umgang mit Farbprofilen, aber Sie sollten doch bedenken, dass sich ein Otto Normalanwender kaum mit dem Thema Farbprofile im Allgemeinen auseinandersetzen will und somit den Browser mit den Standardeinstellungen verwenden wird.

Auch Digitalkameras bieten sRGB häufig neben anderen Profilen an. Für den fortgeschrittenen Bereich ist sRGB allerdings zu wenig. Sie sollten immer daran denken, dass die heutigen Fotodrucker erheblich mehr Farben als sRGB darstellen können. Auch die aktuellen Monitore sind mit dem sRGB-Farbraum absolut unterfordert.

Warnung
An dieser Stelle möchte ich noch eine Warnung aussprechen: Wenn Sie nicht wirklich wissen, was Sie tun, sollten Sie den sRGB-Farbraum belassen, weil bei falscher Anwendung natürlich auch die Farben komplett falsch angezeigt werden.

Das etwas bessere Profil: Adobe RGB (1998)

Adobe RGB (1998) umfasst erheblich mehr Farben als sRGB und liefert häufig auch viel sattere Farben. Außerdem wird der Farbraum von Adobe als Druckvorstufe empfohlen, weil sich hiermit die Cyan- und Magentafarbtöne (für den CYMK-Druck) viel besser abbilden lassen. Adobe RGB (1998) enthält aber auch den kompletten sRGB-Farbraum. Mittlerweile bieten auch immer mehr günstigere Monitore diesen Farbraum mit an. Zwar wird dieser noch nicht 100%ig damit dargestellt, aber die Ergebnisse sind deutlich besser als mit sRGB. Adobe RGB (1998) können Sie sich von der offiziellen Adobe-Webseite unter *www.adobe.com/ digitalimag/adobergb.html* herunterladen.

Adobe RGB (1998) im Web?
Wollen Sie die Bilder im Farbraum Adobe RGB (1998) hingegen im Web veröffentlichen, sollten Sie etwas vorsichtig sein, weil auf dem Großteil der Rechner im Web nun einmal sRGB eingestellt ist. Für die Weitergabe im Web sollten Sie also nach wie vor das sRGB-Farbprofil verwenden.

Das Profil für die Profis: ProPhoto RGB

ProPhoto RGB bietet einen noch größeren Farbraum als Adobe RGB (1998) und wird besonders gerne von Fotografen verwendet. Allerdings sollten Sie hierbei bedenken, dass dieses Profil nur mit 16 Bit Farbtiefe pro Kanal arbeitet. Somit fällt ProPhoto RGB für das Web oder für JPEG-Fotos völlig aus. Eine Reduzierung der Farbtiefe auf 8 Bit hinterlässt ein nicht akzeptables Ergebnis. GIMP kann außerdem noch gar nicht mit 16 Bit Farbtiefe umgehen. Allerdings ist ProPhoto RGB ein zukunftweisendes Farbprofil, das sich irgendwann auch in bezahlbarer Hardware verwenden lassen könnte.

Für die Druckvorstufe: ECI-RGB

Der ECI-RGB-Farbraum wird von der ECI (European Color Initiative) als Farbraum für die professionelle Bildbearbeitung empfohlen und deckt zudem auch alle Druckfarben ab. Ein entsprechendes ICC-Profil für GIMP (und natürlich andere Bildbearbeitungsprogramme) und für die Einstellung des Monitors können Sie sich von der Webseite *www.eci.org* herunterladen.

F.2 Farbmanagement mit GIMP

An dieser Stelle dürften Sie sich jetzt fragen: Und wie ist das jetzt mit GIMP als Bildbearbeitungsprogramm dazwischen? GIMP verwendet zunächst als Standardprofil auch sRGB. Allerdings können Sie auch hier mittlerweile den Farbraum ändern oder importieren.

▲ **Abbildung F.3**
Ist in einem Bild ein ICC-Profil jenseits von sRGB eingebettet, können Sie entscheiden, ob das Bild in den sRGB-Farbraum konvertiert ❶ werden soll oder ob Sie den eingebetteten Farbraum behalten ❷ wollen.

Import des Farbmanagements | Digitalkameras fügen häufig ein anderes Farbprofil als sRGB in das Bild ein. Wenn Sie mit GIMP ein solches Bild laden, werden Sie gefragt, ob Sie das eingebettete Farbprofil behalten oder das Bild in den sRGB-Farbraum konvertieren wollen. Ist kein Profil im Bild eingebettet, bedeutet dies, dass das Bild bereits im sRGB-Farbraum vorliegt und verwendet wird. Sie können natürlich auch jederzeit nachträglich ein (anderes) Farbprofil zuweisen.

Farbprofil auslesen | Wollen Sie wissen, mit welchem Farbprofil das aktuell geöffnete Bild verwendet wird, wählen Sie über BILD • BILDEIGENSCHAFTEN (oder [Alt]+[↵]) den Reiter FARBPROFIL ❸ aus.

F.2 Farbmanagement mit GIMP

◄ **Abbildung F.4**
Aktuelles Farbprofil ermitteln

Farbprofil fest einstellen | Wollen Sie künftig, wenn Sie ein Bild mit GIMP erstellen und anzeigen oder wenn ein eingebettetes Farbprofil vorhanden ist, ein anderes Farbprofil als sRGB verwenden, gelangen Sie über BEARBEITEN • EINSTELLUNGEN in die FARB-VERWALTUNG ❹. Hier müssen Sie nur die entsprechenden ICC-Profile auswählen und verwenden.

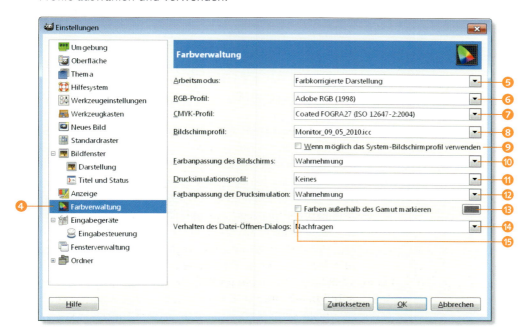

▲ **Abbildung F.5**
Einstellungen zum GIMP-Farbmanagement

Über ARBEITSMODUS ❺ bestimmen Sie, wie das Farbmanagement auf GIMP wirken soll. Folgende Eigenschaften stehen hierfür zu Verfügung:

- KEINE FARBVERWALTUNG: Das Farbmanagement ist in GIMP komplett abgestellt. Öffnen Sie dann ein Bild mit einem eingebetteten Farbprofil, wird dieses Profil einfach verwendet und keine Konvertierung in sRGB angeboten.

- FARBKORRIGIERTE DARSTELLUNG: Das ist die Standardeinstellung von GIMP. Das Farbmanagement von GIMP wird verwendet, und die Anzeige auf dem Bildschirm erfolgt farbkorrigiert. Das Farbmanagement von GIMP wirkt sich allerdings lediglich auf die eingebetteten Farbprofile aus, die Sie nach sRGB konvertieren oder beibehalten können.
- DRUCKSIMULATION: Die Ausgabe auf dem Drucker wird auf dem Bildschirm simuliert. Hierbei wird auch das eingestellte ICC-Profil für die Druckersimulation verwendet. Mehr als eine Simulation ist allerdings mit GIMP beim Drucken von Bildern nicht möglich. GIMP bietet kein eigenes Druckmodul an, um echte ICC-Profile für Drucker zu verwenden. Welches Profil hierzu verwendet werden soll, legen Sie über die Dropdown-Liste DRUCKSIMULATIONSPROFIL ⑪ fest. Über FARBANPASSUNG DER DRUCKSIMULATION ⑫ wählen Sie, welche Farbanpassung für die Drucksimulation genutzt werden soll. Mehr zu den möglichen Einstellungen entnehmen Sie bitte der Beschreibung von FARBANPASSUNG DES BILDSCHIRMS ⑩ auf der nächsten Seite, oder gleich dem Abschnitt »Farbverwaltung« auf Seite 699. Aktivieren Sie außerdem die Checkbox FARBEN AUSSERHALB DES GAMUT MARKIEREN ⑮, werden alle nichtdruckbaren Bildbereiche mit der entsprechenden Farbe, die Sie daneben bestimmen können ⑬, farblich im Bild markiert.

Über die Dropdown-Liste RGB-PROFIL ⑥ stellen Sie ein, mit welchem ICC-Profil GIMP arbeiten soll. Standardmäßig verwendet GIMP sRGB. Sie können hier aber jederzeit ein anderes ICC-Profil festlegen. Von Adobe können Sie beispielsweise von der offiziellen Webseite unter *www.adobe.com/digitalimag/adobergb.html* fertige Profile (unter anderem Adobe RGB [1998]) herunterladen und hier benutzen.

Über CMYK-PROFIL ⑦ bestimmen Sie das CMYK-Profil, das verwendet wird, wenn Sie ein Bild im RGB-Farbraum in CMYK umwandeln. Zwar unterstützt GIMP selbst diesen Modus nicht, aber wenn Sie das Plugin *Separate+* (siehe Abschnitt »CMYK-Farbmodell« auf Seite 121) installiert haben, ist dieses hier eingestellte CMYK-PROFIL dort standardmäßig als Zielfarbraum vorgewählt.

In der Dropdown-Liste BILDSCHIRMPROFIL ⑧ wählen Sie das Farbprofil, das Sie gewöhnlich für Ihren Monitor verwenden und das auch GIMP als Profil zur Ausgabe auf dem Bildschirm nutzen soll. Gewöhnlich entscheiden Sie sich hier für das ICC-Profil, das erstellt wird, wenn Sie den Monitor kalibriert und profiliert haben. Alternativ können Sie hier auch nur ein Häkchen vor

Wenn möglich das System-Bildschirmprofil verwenden ❾ setzen, um das Farbprofil zu nutzen, das auch vom Betriebssystem verwendet wird.

Bei Farbanpassung des Bildschirms ❿ konfigurieren Sie, wie die Farben auf dem Monitor dargestellt werden sollen. Die möglichen Einstellungen sind:

- ▶ Wahrnehmung: Mischung aus Kolorimetrisch (relativ) und Sättigung
- ▶ Kolorimetrisch (relativ): beste Darstellung von Volltonfarben oder Farben, die anhand einer Nummer eindeutig darstellbar sind
- ▶ Sättigung: kräftigere Farben
- ▶ Kolorimetrisch (absolut): vorwiegend für Proofs verwendet

Mit der Dropdown-Liste Verhalten des Datei-Öffnen-Dialogs ⓮ bestimmen Sie, wie GIMP beim Öffnen einer Bilddatei mit einem eingebetteten Profil vorgehen soll, wenn es sich nicht um das von GIMP verwendete RGB-Profil ❻ handelt. Die Einstellungen sprechen für sich.

Bei der Standardeinstellung Nachfragen werden Sie jedes Mal gefragt, ob das eingebettete Profil verwendet werden oder das Bild in den Arbeitsfarbraum von GIMP konvertiert werden soll. Aktivieren Sie Eingebettetes Profil behalten, verwendet GIMP automatisch immer das eingebettete Profil des Bildes und fragt nicht mehr nach. Mit In RGB-Farbraum umwandeln konvertiert GIMP jedes Bild automatisch in den Arbeitsfarbraum von GIMP (RGB-Profil ❻).

Farbprofil nachträglich zuweisen | Mit dem Befehl Bild • Modus • Farbprofil zuweisen können Sie dem Bild nachträglich ein ICC-Profil zuweisen.

Zum Nachlesen

Mehr zu den einzelnen Werten für die Farbanpassung des Bildschirms erfahren Sie im Abschnitt »Farbverwaltung« auf Seite 699.

◀ **Abbildung F.6**
Einem Bild ein ICC-Farbprofil zuweisen

Farbprofil konvertieren | Wollen Sie hingegen ein Farbprofil in ein anderes umwandeln, verwenden Sie den Befehl Bild • Modus • Zu Farbprofil umwandeln. Damit konvertieren Sie den

Anhang F Farbmanagement und Farbprofile

Zum Nachlesen
Mehr zu den einzelnen Werten für die RENDERING-ABSICHT ❸ können Sie im Abschnitt »Farbverwaltung« ab Seite 699 nachlesen.

Farbraum von DERZEITIGES FARBPROFIL ❶ in ein Profil, das Sie in der Dropdown-Liste KONVERTIEREN NACH ❷ auswählen. Über RENDERING-ABSICHT ❸ legen Sie die Methode zum Konvertieren fest. Mit SCHWARZPUNKT-KOMPENSATION ❹ wird der Schwarzpunkt bei der Konvertierung optimal versetzt (was aber nicht zwangsläufig zu besseren Ergebnissen führt).

Abbildung F.7 ▶
Ein ICC-Farbprofil in ein anderes konvertieren

Zuweisen oder konvertieren? | Da Sie die Frage mit Sicherheit hier stellen werden, soll kurz auf den Unterschied eingegangen werden.

Wenn Sie einem Bild ein Profil zuweisen, ändert sich zwar die Darstellung des Bildes, aber die Farbwerte bleiben gleich. Das Bild wird praktisch nur so dargestellt, wie es im Farbraum gedruckt würde. Wenn Sie aber ein Profil konvertieren, ändert sich im Idealfall die Darstellung des Bildes nicht, sondern nur die Farbwerte.

Für den, dem das jetzt zu konfus war und für den es keinen Sinn ergibt, ein einfaches Beispiel: Nehmen wir an, Sie haben im Bild ein Pixel mit dem RGB-Farbwert (255, 100, 50). Wenn Sie dem Bild jetzt ein anderes Profil zuweisen, wird nach wie vor mit dem RGB-Wert (255, 100, 50) gedruckt, egal, wie dies optisch auf dem Bildschirm aussehen mag.

Konvertieren Sie hingegen das Bild in ein anderes Profil, wird jetzt versucht, möglichst das optische Gegenstück von (255, 100, 50) zu erreichen, egal wie dies beim Druck jetzt aussieht.

Zuweisen sollten Sie daher immer, wenn ein Bild kein Profil mitliefert. Ansonsten sollten Sie immer konvertieren.

Anhang G
Die DVD zum Buch

Der Inhalt der beiliegenden DVD-ROM ist auf vier Ordner mit den Namen »fotos«, »software«, »plugins« und »video-lektionen« aufgeteilt.

Ordner »fotos« | Die Bilder, die unter anderem in den Schritt-für-Schritt-Anleitungen verwendet werden, finden Sie alle, sortiert nach den einzelnen Buchteilen, in den entsprechenden Unterordnern wieder. Um die Bearbeitung der Bilder am eigenen Rechner nachzuverfolgen, müssen Sie einfach die jeweilige Datei von der Buch-DVD in GIMP öffnen.

Ordner »software« | In diesem Ordner finden Sie GIMP für Windows, Mac OS X und Linux. Außerdem finden Sie hier auch das offizielle Benutzerhandbuch von GIMP zur Installation auf Ihrem Rechner. Neben UFRaw finden Sie außerdem noch einige andere interessante Software-Pakete (oder einen Link dazu) auf der DVD. Ein Blick in den Ordner lohnt sich.

Ordner »plugin« | In diesem Ordner finden Sie nützliche Plugins und Skript-Fu-Programme für GIMP. Da es einige Plugins und Skript-Fu-Programme nicht mehr rechtzeitig auf die DVD geschafft haben, finden Sie eine HTML-Webseite mit interessanten Weblinks dazu (»index.html« öffnen).

Ordner »video-lektionen« | In diesem Ordner finden Sie ein attraktives Special: Als Ergänzung zum Buch möchten wir Ihnen relevante Lehrfilme aus dem Video-Training »GIMP 2.8« von Bernhard Stockmann (ISBN 978-3-8362-1724-8) zur Verfügung

Anhang G Die DVD zum Buch

stellen. So haben Sie die Möglichkeit, dieses neue Lernmedium kennen zu lernen und gleichzeitig Ihr Wissen um GIMP 2.8 zu vertiefen.

Um das Training zu starten, gehen Sie auf der Buch-DVD in den Ordner VIDEO-LEKTIONEN und klicken dort die Datei »start.exe« (Windows) bzw. »start.app« (Mac) auf der obersten Ebene doppelt an. Alle anderen Dateien können Sie ignorieren.

Das Video-Training startet, und Sie finden sich auf der Oberfläche wieder. Bitte vergessen Sie nicht, die Lautsprecher zu aktivieren oder gegebenenfalls die Lautstärke zu erhöhen. Sollten Sie Probleme mit der Leistung Ihres Rechners feststellen, können Sie alternativ die Datei »start.html« aufrufen. Sie finden folgende Filme:

Kapitel 1: Grundlegende Techniken
1.1 Die Ebenentechnik verstehen (14:05 Min.)
1.2 Bild- und Dateiformate (15:37 Min.)
1.3 Arbeitsschritte protokollieren (02:58 Min.)

Kapitel 2: Bildkorrektur
2.1 Kontraste schärfen (06:36 Min.)
2.2 Helligkeitswerte ausgleichen (04:07 Min.)
2.3 Bilder drehen und zuschneiden (06:45 Min.)

Kapitel 3: Komplexe Effekte mit GIMP
3.1 HDR/DRI simulieren (28:03 Min.)
3.2 Digitales Feuer erzeugen (13:32)

Index

Symbole

1:1-Ansicht 98
1 Bit Farbtiefe 132
2-Dimensional Gradient
 (Skript-Fu-Programm) 285
3D-Effekt 745
8 Bit Farbtiefe 132
16 Bit Farbtiefe 132
60's 664
100 %-Ansicht 85, 96
*.abr, Pinselspitze 239

A

Abbilden 268
Abbildungsgröße 95
Abbildungsmatrix 228
Abgerundetes Rechteck
 Auswahl 532
Abgleichen 154
Ablage 539
Ablagen-Dialog 53, 539
Absolute Auflösung 119, 471
Absolut Kolorimetrisch 700
Abwedeln-Modus 444
Abwedeln/Nachbelichten 45
Abwedeln-Werkzeug 172
Abziehen-Modus 448
Addition-Modus 448
AdobeRGB (1998) 927
Adresse öffnen 70, 798
Airbrush → Sprühpistole 232
Alien-Map 294
Alles auswählen 525
Alpha als Logo 660, 754
Alphakanal 355, 363
 Auswahl erstellen 537
 Ebenenmaske 415
 entfernen 356
 Farbtiefe 356
 hinzufügen 356
 sperren 361

Alpha-Schwellwert 359
Altes Bild restaurieren 596
Altes Foto 744
Andockbare Dialoge 40
 Ablagen 53, 539
 andocken 54
 Ansichtsnavigation 51
 ausblenden 49
 Auswahleditor 51
 Bilder 76, 53
 Bildvorlagen 54
 Dokumentenindex 54
 Ebenen 50, 354, 367
 Farben 210
 Farbtabelle 51
 Farbverläufe 53, 274
 Fehlerausgabe 54
 Gerätestatus 50
 Histogramm 51
 Journal 52, 139
 Kanäle 51, 406, 557, 562
 Muster 52, 261
 Navigation 100, 325
 Paletten 53, 212, 295
 Pfade 51, 618
 Pinsel 52, 227, 238, 252
 Prüfpunkte 52
 Reitermenü 58
 Schriften 53
 Übersicht 49
 VG/HG-Farbe 52, 210
 Vorlagen 73
 Werkzeugeinstellungen 50, 218
 Werkzeug-Voreinstellungen 53
 Zeiger 105
 Zeigerinformationen 52
Andockleisten 55
Andy-Warhol-Effekt 755
Animation 769
 abspielen 772
 Drehender Globus 776
 Einbrennen 777
 erstellen 769
 Filter 775, 776
 Flattern 777

 im Webbrowser betrachten 774
 optimieren 775
 Überblenden 777
 Wellen 777
Animationseinstellungen 773
Anordnen, Ebene 380
Ansicht
 1:1 98
 100% 98
 Andere 98
 Bild in Fenster einpassen 98
 Fenster anpassen 98
 Fenster füllen 98
 neue Ansicht 77, 103
 Punkt für Punkt 480
 Raster anzeigen 111
 vergrößern 98
 Vergrößerung zurücksetzen 98
 verkleinern 98
Ansicht-Menü 37, 62, 97
Ansichtsnavigation-Dialog 51
Antialiasing 231, 234, 272, 318,
 778, 779
 Text 649
Arbeitsoberfläche 35
Arbeitsschritt 138
Auf Auswahl zuschneiden
 Ebene 396
Auf Farbverlauf 290
Aufhellen
 Bildrauschen 197
 einzelne Bereiche 173
Auflösung
 absolute 119, 471
 Bild skalieren 471
 Druck 478
 relative 120, 478
Auf Objekt abbilden 746
Augenringe, entfernen 591
Ausblenden, Auswahl 527
Ausrichten-Werkzeug 45, 403
 Werkzeugoptionen 404
Auswahl
 Abgerundetes Rechteck 531
 abrunden 532

935

Index

alles auswählen 525
anzeigen 516
aufpinseln 558
aufziehen 521
aus Alphakanal 537
ausblenden 396, 527
aus Pfad 630
aus Text 433, 672
Auswahlinhalt 542
bestätigen 522
Ebenenmaske 423
elliptische 523
Farbkanten finden 550
Freie Auswahl 543
Funktionsprinzip 516
Inhalt löschen 542
invertieren 525
Kanten ausblenden 519
Kanten glätten 518
Menü 525
Modus 517
Nach Farbe auswählen 549
nach Pfad 629
nachziehen 528, 536
Nichts auswählen 522, 525
nicht sichtbar 516
Pfad 629
Rand 531
rechteckige 520
schärfen 528
Schnellmaske 556
schwebende 526, 534
skalieren 476
umranden 531
verändern 521
verfeinern 560
vergrößern 531
verkleinern 528
verschieben 522, 541, 542
verwerfen 522
verzerren 532
Vom Pfad 526, 630
weicher Übergang 527
Zauberstab 545
zuschneiden 467
Auswahlbefehle 525
Auswahleditor 526, 533
Auswahleditor-Dialog 51
Auswählen, Rauschen 578

Auswahlmaske 563
  bearbeiten 564
  erstellen 563
Auswahl-Menü 37
Auswahloptionen 526
Auswahltechniken 541
Auswahlwerkzeuge 44, 515
  Freie Auswahl 543
  Magnetische Schere 550
  Nach Farbe auswählen 549
  Vordergrundauswahl 553
  Werkzeugeinstellungen 516
  Zauberstab 545
Auszeichnung 651
Automatisch, Farben 154

B

Banner erstellen 785
Bannergrößen 785
Bayer-Matrix 696
Bearbeiten
  Ablagen 539
  Journal 139
  rückgängig 138
  verblassen 139
  wiederholen 138
Bearbeiten-Menü 37
Belichtungskorrektur
  RAW-Format 692
Belichtungszeit, DRI 714
Betriebssysteme, Unterschiede 36
Bewegungsunschärfe 345
Bézierkurven 46, 609
Bild
  abdunkeln 454
  Auf Auswahl zuschneiden 468
  aufhellen 161, 453
  aus dem Web laden 70
  ausrichten 487
  automatisch zuschneiden 469
  Dialog 53, 76
  drehen 498
  duplizieren 103
  eingescanntes nachbearbeiten 599
  Fanatisch zuschneiden 469
  flaues korrigieren 156
  für Internet 794

  gerade ausrichten 495
  in Fenster einpassen 98
  kontrastarmes 455
  mehrere öffnen 69
  Modus 123
  schärfen 323
  sichtbare Ebenen ausrichten 401
  skalieren 471, 795
  strecken 473
  tonen 287, 295
  überbelichtetes 188
  unterbelichtetes 188
  vergleichen 103
  verzerren 494
  vom Internet laden 797
  wiederherstellen 139
  zuschneiden 461, 465
Bildansicht anpassen 96
Bildausschnitt 95
  verändern 465
Bildbereiche freistellen 543
Bildbetrachter 73
Bildeigenschaften 106
Bilder-Dialog 53, 76
Bilderrahmen 390, 528, 806, 808
Bildfenster 35, 59, 101
  Bildrahmen 61
  Darstellung 62
  Darstellung anpassen 62
  Fortschrittsbalken 62
  Größe ändern 102
  Lineal 61
  Maßeinheit 62
  mehrere 69
  Menüleiste 61
  Navigation 61, 101
  Rahmenfarbe 137
  Raster 111
  schließen 102
  Schnellmaske 61
  Statusleiste 62
  Steuerelemente 63
  Titelleiste 61
  vergrößern 61
  Vollbild 62
  Zeigerposition 61
Bildgröße 95, 794
  anpassen 795
  Leinwandgröße 482

Index

Bildkomposition erstellen 429
Bildkorrektur
  Bildrauschen 197
  Glanzstellen abdecken 455
  Grundlagen 135
  Helligkeit 195
  Histogramm 143
  Kontrast 195
  Lichter 143
  Tiefen 143
  Tipps 137
  Tonwertkorrektur 148
Bild-Menü 38
Bild neu berechnen 472
Bildpartie aufhellen 173
Bildrahmen 61
Bildrauschen 197, 324
  auswählen 578
  beheben 571
  HSV-Rauschen hinzufügen 577
  minimieren 571
  minimieren mit dem NL-Filter 572
  RGB-Rauschen hinzufügen 577
  schmelzen 578
  Selektiver Gaußscher Weichzeichner 574
  Verstreuen 578
  verwirbeln 578
  Wavelet denoise (Plugin) 574
Bildschirmfoto
  einer Website erstellen 799
  erstellen 74
  Von Webseite 799
Bildschirmgrafik 119
Bildschirm-Modus 443
Bild speichern
  mit Ebenen 386
Bildstörung hinzufügen 576
Bildvorlagen-Dialog 54
Bild zusammenfügen 384
Bitmap 243, 315
  erstellen 317
Blue Sky & Clouds (Skript-Fu-Programm) 286
Blur → Weichzeichnen 341
Brush → Pinselspitze 226
Bump-Map 746
Button 779
  einfacher, abgeschrägter 780
  erstellen 779

rund 780
runder Knopf 780
bz2-Format 91
bzip2 91

C

c2g (color2grey) 313
Cartoon 742
Checkboxen 65
Chrom aufkleben 744
CIE-Lab 925
CMYK 127
  aus RGB 127
CMYK-Farbmodell 122
Colorkey 308
Comic-Effekt 762
Compiler 818
Containerfenster 49
Copy & Paste 645
  Ebene 375
Core Pointer 50
Crop → Zuschneiden 461
CSS-Notation
  Farbe 209

D

Datei
  Adresse öffnen 70
  als Vorlage speichern 80
  erstellen, Bildschirmfoto 74
  erstellen, Scanner/Kamera 71
  exportieren 79
  komprimieren 91
  Kopie speichern 80
  leer anlegen 73, 80
  neu 73
  öffnen 67
  schließen 75, 102
  speichern 78
  vom Scanner 71
  von Kamera 71
  wiederherstellen 139
  zuletzt geöffnet 70
Dateiformat 81, 83
  für das Web 796
  GIF-Format 87

  JPEG-Format 83
  PNG-Format 89
  PSD-Formate 91
  TIFF-Format 85
  Transparenz 363
  XCF-Format 91
Datei-Menü 37
Datei speichern
  GIF 88
  JPEG 84
  neu in GIMP 2.8 78
  PNG 89
  TIFF 86
Datenkompression 81
  unkomprimiert 81
  verlustbehaftete 82
  verlustfreie 81
Deckkraft
  Ebene 362
  Schnellmaske 557
Deinterlacing 576
Dekoration, Filter 743
Dia 744
Dialog
  gruppieren 54
  verwenden 65
Differenz der Normalverteilung 738
Division-Modus 443
DNG-Format 689
Dock 35, 49
  Dialog herauslösen 57
  mit Reitern 55
  Reiter umgruppieren 56
Docks verbergen 49
Dokumentenindex 71
Dokumentenindex-Dialog 54
Doppelgänger erzeugen 426
Downscaling 472
Drag & Drop
  Ebene 374
  Ebenen anordnen 380
Drehen 46, 498
  Ebene 397
  Farben 296
  RAW-Format 703
Drehen und drücken 732
Drehen-Werkzeug 493, 495
DRI 713
  bewegte Aufnahme 715
  Bild erstellen 714

937

Index

Exposure Blending 715
HDR 721
Dropdown-Listen 63
Drucken 801
　Auflösung 120, 478
　Gutenprint 803
　Tonwertumfang 171
Druckgröße 478, 801
　auf Bildschirm anzeigen 480
Duplizieren, Ebene 373
Durchgestrichen 651
Durchsichtigkeit → Transparenz 355
Dynamik 222

E

Ebene 353
　aktive 369
　Alphakanal entfernen 356
　Alphakanal hinzufügen 356
　Alphakanal sperren 361
　an Bildgröße anpassen 394
　an Hilfslinien ausrichten 407
　anlegen 373
　anordnen 380
　Anordnung 362
　Auf Auswahl zuschneiden 396, 468
　ausrichten 401
　Ausrichten-Werkzeug 403
　aus Sichtbarem erstellen 376
　Auswahl aus Alphakanal 537
　auswählen 369
　automatische Namensvergabe 377
　benennen 377
　Bildebene 365
　Bild zusammenfügen 384
　Copy & Paste 375
　Deckkraft 362
　Drag & Drop 374
　drehen 397
　duplizieren 373
　Ebenengröße 387
　Ebenenmaske 413
　entfernen 378
　Farbe zu Transparenz 356
　Größe anpassen 387
　Hintergrundebene 363
　Horizontal spiegeln 397
　Inhalt verschieben 412
　kopieren 374
　löschen 378
　Miniaturansicht ändern 381
　Modus 439
　Nach unten vereinen 382
　Name vergeben 377
　normale 365
　Pixel-Sperre 370
　Reihenfolge 362
　Reihenfolge ändern 380
　schwebende Auswahl 366, 375, 477
　Semi-Abflachen 778
　sichtbare vereinen 383
　Sichtbarkeit 371
　Sichtbarkeit umkehren 372
　skalieren 395, 475
　speichern 386
　Textebene 365, 654
　transformieren 397
　Transparenz 355
　Typen 363
　umbenennen 378
　verankern 385
　verketten 379
　Versatz 399
　Vertikal spiegeln 397
　zusammenfügen 382
Ebene-Menü 38
Ebenen-Dialog 50, 354, 367
　aktive Ebene 369
　Alphakanal sperren 361
　Ebene auf Bildgröße 394
　Miniaturansicht ändern 381
　Neu aus Sichtbarem 376
　Neue Ebene 373
　Sichtbare Ebenen vereinen 383
　Sichtbarkeit umkehren 372
Ebenengröße 387
Ebenengruppe 384, 407
Ebenengruppe vereinen 411
Ebeneninhalt ausrichten 401
Ebenenmaske 413
　Alphakanal 415
　anwenden 420
　anzeigen 421
　ausblenden 422
　Auswahl 423
　bearbeiten 421
　deaktivieren 422
　Graustufenmaske 415
　hinzufügen 417
　löschen 421
　maskieren 416
　unmaskieren 416
Ebenenmodus 439
Ebenenrahmen 370, 394, 412
ECI-RGB 928
Editiermodus 639, 645
Editor für Zeichendynamik 228
Effekt
　Andy Warhol 755
　Sin City 761
Einfärben-Dialog 287
Eingabemethoden 646
Eingescanntes Bild nachbearbeiten 599
Einheiten 917
Einrollen 732
Einstellungen
　Anzeige 913
　Benutzeroberfläche 901
　Bildfenster 907
　Darstellung 909
　Eingabegeräte 913
　Eingabesteuerung 914
　Farbverwaltung 913, 929
　Fensterverwaltung 915
　Hilfesystem 903
　Neues Bild 906
　Ordner 916
　Standardraster 907
　Thema 902
　Titel und Status 910
　Umgebung 899
　Werkzeugeinstellungen 903
　Werkzeugkasten 905
　wiederherstellen 917
Einzelfenster-Modus 36, 50, 36
　Navigationsleiste 77
Elliptische-Auswahl-Werkzeug 44, 523
Entflackern 576
Entsättigen 306
Erodieren 739
Erstellen, Logos 657
Erweitern 739
EXIF-Daten, RAW-Format 705
EXIF-Informationen 106

Index

EXIF Viewer 106
Exportieren 79
Exposure Blending 713, 715

F

Falten entfernen 591, 594
Faltungsmatrix 740
Farbabgleich 166, 181, 183
Farbanalyse 177
Farbe 205
  Alien-Map 294
  Auf Palette 295
  austauschen 297, 298
  automatisch 154
  CSS-Noation 209
  drehen 296
  einfärben 287
  entfernen 225
  entsättigen 306
  Farbabgleich 183
  Farbe zu Transparenz 356
  Farbton/Sättigung 185
  Filter 302
  Filterpaket 192
  Grundlagen 121
  Helligkeit/Kontrast 198
  HTML-Notation 208
  invertieren 293
  kolorieren 299
  Kurven 150, 201
  Maximales RGB 302
  messen 218
  mit Palette tonen 295
  posterisieren 293
  reduzieren 293
  Retinex 303
  Schwellwert 318
  tauschen 296
  Text 652
  umkehren 293
  vertauschen 47, 298
  Werte 148, 203
  Wert umkehren 294
  wieder zusammenfügen 130
Farbe-Modus 450
Farben-Dialog 210
Farben-Menü 39
Farbkanäle 562

Farbkorrektur
  RAW-Format 701
Farbmanagement 923
Farbmodell 121
  CMYK 122
  HSV 123
  RGB 121
  wieder zusammensetzen 130
  zerlegen 128
Farboptionen 223
Farbpipette 46, 218, 230
Farbprofil 923
  ermitteln 928
  konvertieren 931
  zuweisen 931
Farbraum
  ändern 123
  ermitteln 123
Farbstich
  beheben 193
  entfernen 164
  Graubalance messen 177
  RAW-Format 694
Farbstich beheben → Graubalance 180
Farbtabelle-Dialog 51
Farbtiefe 132
  1 Bit 132
  8 Bit 132
  16 Bit 132
  Alphakanal 356
Farbton 185, 193, 287
  ändern 189
  regeln 702
Farbton-Modus 450
Farbverbesserung 155
Farbverfremdung 287
  Einfärben-Dialog 287
  Gradationskurve 288
  posterisieren 293
  Werte-Dialog 289
Farbverlauf 45, 223
  2-Dimensional Gradient (Skript-Fu-Programm) 285
  aufmalen 272
  Bild tonen 290
  blauen Himmel erstellen 286
  eigenen erstellen 277
  installieren 275
  verwalten 273
Farbverläufe-Dialog 53, 274

Farbverlaufsbrowser 273
Farbverlaufseditor 274, 277, 278, 282
Farbverlauf-Werkzeug 269
Farbverwaltung
  Einstellungen 929
  RAW-Format 699
Farbwahlbereich 207
Farbwähler 208
Faser-extrahieren-Modus 446
Faser-mischen-Modus 447
Fehlerausgabe-Dialog 54
Fenster
  anpassen 98
  füllen 98
Fenstergröße anpassen 101
Fenster-Menü 39, 49
Fett 651
Filmkörnung 446
Filmstreifen 740
Filter
  Abbilden 745
  Allgemein 739
  Alpha als Logo 754
  Animation 775, 776
  Auswählen 578
  Bewegungsunschärfe 345
  Dekoration 743
  Entflackern 576
  Flecken entfernen 572
  HSV-Rauschen 577
  Kachelbarer Weichzeichner 268
  Kanten finden 738
  Kombinieren 740
  Künstlerisch 741
  Licht und Schatten 736
  Nahtlos machen 268
  NL-Filter 572
  Rauschen 578
  Render 747
  RGB-Rauschen 577
  Schmelzen 578
  Streifen entfernen 575
  Übersicht 729
  Verstreuen 578
  Verwirbeln 578
  Verzerren 732
  Voraussetzungen 729
  Web 753
Filter-Menü 39
Filterpaket 192

939

Index

Fisheye-Effekt 499
Flammen 749
Fleck
  entfernen 572
  entfernen mit dem NL-Filter 572
Fortschrittsbalken 62
Fotokopie 742
Fraktal-Explorer 751
Fraktalspur 746
Freie-Auswahl-Werkzeug 44, 543
Füllen 45, 269
Füllen-Werkzeug 256
  Muster 259
Füllfederhalter 255
Für Web speichern 795

G

Gammaregler 160
GAP 267
Gaußscher Weichzeichner 341
GEGL
  aktivieren 921
  c2g (color2grey) 313
  mono-mixer 313
  Schwarzweißbild 313
Gerade ausrichten 495
Gerade Linie 230
Gerätestatus-Dialog 50
Gfig 751
GIF-Animation 769
  erstellen 770
GIF-Format 87, 359
  Semi-Abflachen 778
GIMP-Einstellungen ändern 899
GIMP-Fu 818
GIMP-Perl 818
GIMPPressionist 741
GIMP-Python 818, 874
gimprc 899
Glasbausteine 741
Glaseffekt 660
Glitzern 736
Glühen 662
Goldener Schnitt 464, 465, 466
Gradationskurve 150, 180, 201
  Farbverfremdung 288
  Helligkeit regeln 201

Kontrast 202
RAW-Format 698
Grafik
  aus Bild erstellen 631
Grafiktablett 221, 255, 256, 544
  Pinseldynamik einstellen 228
Graubalance messen 177
Graustufen 240
  Modus 308
Graustufenmaske 415
Graustufen-Modus 124
Gravur 733
Grundlinie ändern 652
Guillotine 470
Gutenprint 803
gz-Format 91
gzip 91

H

Halbtransparenz 359
Halo-Effekt 324
Harte-Kanten-Modus 445
Hautunreinheiten korrigieren 591
HDR 713
  Luminance HDR 721
  Software 724
HDR-Bilder erstellen 721
Heilen-Werkzeug 45, 590
Heiß 302
Helligkeit 193, 195
  anpassen 196
  Bildrauschen 197
  Gradationskurve 201
  Werte-Dialog 203
Helligkeit-Dialog 198
Hextriplet 208
Hilfe-Menü 39
Hilfslinie 110, 113
  aus Auswahl 115
  ausblenden 113
  Ebene ausrichten 407
  entfernen 116
  erstellen 113
  positionieren 114
Himmel entfernen 546
Hintergrund entfernen 451
Hintergrundebene 363

Hintergrundfarbe 40, 47, 207, 218
Hintergrundfarbe ändern 208
Hinting 649
Histogramm
  analysieren 137, 143, 195
  durchlöchertes 148
  Helligkeit 196
  Kontrast 196
  RAW-Bild 705
Histogramm-Dialog 51
Hochpass-Schärfen 329
Horizont gerade ausrichten 496
Horizontal spiegeln
  Ebene 397
HSV-Farbmodell 123
HSV-Rauschen 577
HSV strecken 155

I

ICC-Profil 924
  AdobeRGB (1998) 927
  ECI-RGB 928
  ermitteln 928
  konvertieren 931
  ProPhoto RGB 928
  sRGB 925, 927
  zuweisen 931
IFS-Fraktal 749
Illusion 746
Image-Map erstellen 788
Import
  Kamera nicht erkannt 72
  vom Scanner 71
  von der Kamera 71
Indizierte Farben 88
Indizierter Modus 125
Informationen
  Bild 104
  Histogramm 144
Inkscape 611
Intelligente Schere → Magnetische-Schere-Werkzeug 550
Interlace 88
Internet, Bild öffnen 798
Interpolation 472
  AHD-Interpolation 696
  Bilineare Interpolation 697

PPG-Interpolation 697
RAW-Format 696
VNG-Interpolation 696
VNG-Vierfarbinterpolation 697
Interpreter 818
Invertieren
 Auswahl 525
 Farbe 293
IT-8-Target 926
IWarp 506, 733

J

Jalousie 733
Jede zweite Zeile löschen 733
Journal
 andockbare Dialoge 139
 Anzahl Schritte ändern 142
 löschen 141
Journal-Dialog 52, 54
JPEG-Format 83, 796

K

Kachelbarer Weichzeichner 343
Kacheln 746
Kaffeeflecken 744
Käfig-Transformation-Werkzeug 46, 508
Kalibrierung 925
Kalligrafie → Tinte-Werkzeug 254
Kammeffekt 576
Kanäle
 extrahieren 129
 wieder zusammenfügen 130
 wieder zusammensetzen 130
Kanäle-Dialog 51, 406, 557, 562
Kanaleigenschaften 557
Kanalmixer
 Schwarzweißbild 311
Kanten 738
Kanten ausblenden
 Auswahl 519
Kanten finden, Filter 738
Kanten glätten 649
 Auswahlen 518
Kantenglättung 778

Kleine Kacheln 746
Klonen-Werkzeug 49, 581
 Muster 260
Kolorieren 299
Komplementärfarbe 183
Konsole
 Skript-Fu 832
Kontrast 195
 anpassen 196
 Gradationskurve 202
 verbessern 168
Kontrast-Dialog 198
Kontrastspreizung 155
Kontrastverbesserung
 schärfen 334
Kopie speichern 80
Kopieren, Ebene 374
Kratzer entfernen 572
Kreisförmiger Text 680
Kubismus 742
Kugel-Designer 752
Kursiv 651
Kurven
 Dialog 150
 Einstellungen sichern 170
Kurven-Dialog 288

L

Lab-Modus, schärfen 332
Länge des Verblassens 223
Laplace 738
Lava 752
Leinwand 742
Leinwandgröße 482, 811
Lichteffekte 736
Lichter 143
Lineal 61, 107
 Maßeinheit einstellen 108
 Nullpunkt 108
Linie
 gerade, zeichnen 230
 senkrechte 230
 waagerechte 230
Linienexplosion 752
Linkshänder 909
Linsenreflex 736
Live-Histogramm 145
 UFRaw 705

Logo 657
Löschen
 Ebene 378
Luminance HDR 721
Lupeneffekt 733

M

Magnetische-Schere-Werkzeug 44, 550
Malwerkzeuge 44
 Werkzeugeinstellungen 221
Maske 416
Maßband 46, 109
 Hilfslinie 110
Maßeinheit ändern 62
Maßeinheiten → Einheiten 917
Mauszeiger
 Koordinaten 105
Mauszeigerhändigkeit 909
Maximales RGB 302
Menü
 Ansicht 37, 62, 97
 Auswahl 37, 525
 Bearbeiten 37
 Bild 38
 Datei 37
 Ebene 38
 Farben 39
 Fenster 39, 49
 Filter 39
 Hilfe 39
 Werkzeuge 39
Menüleiste 37, 61
Messen
 Farbe 218
 Graubalance 177
 Hilfslinie 110
 Strecke 109
 Winkel 109
Messwerkzeuge 46
Metadaten 107
Metallisch 664
Miniaturansicht
 Ebene 381
Minihilfe 42
Mit Hintergrundfarbe füllen 269
Mit Muster füllen 260, 269
Mit Vordergrundfarbe füllen 269

Index

Modus
  Abwedeln 444
  Abziehen 448
  Addition 448
  Auswahl 517
  Bild 123
  Bildschirm 443
  CMYK 127
  Division 443
  Ebene 439
  Farbe 450
  Farbe entfernen 225
  Farbton 450
  Faser extrahieren 446
  Faser mischen 447
  Graustufen 124, 240, 308
  Harte Kanten 445
  Hinter 224
  Indiziert 125
  Multiplikation 442
  Nachbelichten 445
  Normal 441
  Nur Abdunkeln 449
  Nur Aufhellen 449
  RGB 124
  Sättigung 450
  Überlagern 444
  Unterschied 447
  Vernichtend 224, 442
  Weiche Kanten 446
  Wert 451
Moiré-Effekt 572, 602
mono-mixer 313
Montage
  Bildercollage 429
  Bild in mehrere Rahmen aufteilen 390
  Doppelgänger 426
Mosaik 733
Mouseover-Button erstellen 783
Multiplikation-Modus 442
Muster 259
  Beugungsmuster 749
  CML-Explorer 749
  erstellen 267
  Gitter 750
  installieren 262
  Klonen-Werkzeug 260
  Labyrinth 750
  Nahtlos machen 268
  Photoshop-Muster 264
  Puzzle 750
  Qbist 750
  Schachbrett 750
  Sinus 750
  Text 672
  Zwischenablage 262
Muster-Dialog 52, 261

N

Nachbelichten-Modus 445
Nachbelichten-Werkzeug 172
Nach-Farbe-auswählen-Werkzeug 44, 549
Nachzeichnen 631
Nachziehen, Auswahl 536
Nahtlos machen 747
Navigation
  Andockbare Dialoge 100
  Bildfenster 61
Navigation-Dialog 325
Navigationswerkzeuge 46
Neon 739
Neue Ansicht 77, 103
Neue Datei 73, 80
Neue Ebene 373
Neues Muster
  Skript-Fu-Programm 266
Nichts auswählen 522, 525
NL-Filter
  Bildrauschen minimieren 572
  Flecken entfernen 572
  schärfen 329
  weichzeichnen 347
Normalisieren 155
Normal-Modus 441
NTSC 302
Nullpunkt 108
Nur-Abdunkeln-Modus 449
Nur-Aufhellen-Modus 449

O

Objekt
  duplizieren 581
  entfernen 581, 585
Objektivfehler 734
  korrigieren 499

Öffnen
  Datei 67
  per Drag & Drop 67
Offset-Druck 700
Ölgemälde 742
Optionen der Dynamik 223
Ornament 256, 619

P

PAL 302
Palette
  importieren 216
  löschen 216
Paletten-Dialog 53, 212, 295
Paletteneditor 214
Panorama 830
Papierschnipsel 747
Pattern → Muster 259
Perceptual → Wahrnehmend 700
Perspektive
  Filter 737
  korrigieren 487, 502
Perspektive-Werkzeug 494
Perspektivisches-Klonen-Werkzeug 45, 596
Pfad 609
  aus Auswahl 629
  aus dem Text erstellen 674
  aus Text 673
  Auswahl 629
  Definition 609
  erstellen 609
  exportieren 627
  gerade Linie 612
  geschlossener 612
  importieren 624
  Knotenpunkt entfernen 617
  Knotenpunkt hinzufügen 617
  Kurve 613
  nachziehen 622, 634
  offener 612
  schließen 612, 615
  Segment bearbeiten 616
  SVG-Datei 623
  transformieren 674, 675
  verbinden 617
  verschieben 615
Pfad aus Text 672, 674

Index

Pfade-Dialog 51, 618
Pfade-Werkzeug 46, 611
   Bedienung 611
   Werkzeugeinstellungen 612
Pfad nachziehen 676
Photoshop
   Pinselspitze 239
Photoshop-Filter 824
Photoshop-Muster verwenden 264
Pinsel 45
   als Bild öffnen 254
   eigene erstellen 240
   installieren 238
Pinsel-Dialog 52, 227, 238, 252
Pinseldynamik 222, 228
Pinseleditor 250
Pinselspitze 226
   animierte 227
   animierte Spitze erstellen 247
   aus Bild erstellen 242
   erstellen 240
   farbige 227
   farbige Spitze erstellen 245
   installieren 238
   mit Tags 242
   normale 226
   parametrisierte 227
   Photoshop 239
   Pinseleditor 250
   verwalten 252
   Zwischenablage 252
Pinsel-Werkzeug 231
Pixeldarstellung 95
Pixelgrafik 117, 609
Pixelmaße ändern 471
   Skalieren-Werkzeug 475
Pixel-Sperre 370
Platine 753
Plugin 817, 818
   DavidĐs Batch Processor 824
   erstellen 825, 855
   FX Foundry 814
   GAP 267
   GIMP# (GIMP-Sharp) 825
   GĐMIC 814, 822
   HighPass Sharpen 332
   installieren 819, 876
   LAB Sharpen 334
   Line Border 813
   MathMap 823
   Photo Border 813
   Photoshop Pattern Loader 264
   Separate+ 127
   UFRaw 690
   UserFilter 824
Plugin-Browser 818
PNG-Format 89
Polarkoordinaten 734
Polaroid-Effekt 813
Polygonale Auswahl
   Freie-Auswahl-Werkzeug 544
Porträtretusche 590, 591, 594
Posterisieren 293
POV-Ray 275
Predator 742
Primärfarbe verschieben 189
Profilierung 925
Proof 700
Prozedur
   registrieren 850
   Skript-Fu 834
Prozeduren-Browser 845
Prüfpunkte-Dialog 52
PSD-Format 91
Punkt für Punkt 480
Python-Fu 818
Python-Skript 874

Q

Qtpfsgui 721

R

Radierer-Werkzeug 45, 233, 243
Radiergummi → Radierer 233
Radioschaltflächen 65
Rahmen 743
Rahmenfarbe 137
Rand
   abschrägen 744, 783
   ausblenden 744
   Auswahl 531
   hinzufügen 745
Raster
   einstellen 111
   magnetisches 112
Raster-Effekt 602
Rauschen
   beheben 571
Rauschunterdrückung 697
RAW-Bild
   entwickeln 708
RAW-Format 687
   Dateierweiterungen 690
   DNG-Format 689
   Herstellerformate 689
   Nachteile 689
   UFRaw 690
   Vorteile 688
RAW-Modus 314
Rechteckige-Auswahl-Werkzeug 44, 520
Rechtshänder 909
Relative Auflösung 120, 478
Relativ Kolorimetrisch 700
Relief 734
Retinex 303
Retusche
   altes Bild restaurieren 596
   Augenringe 591
   Falten entfernen 591, 594
   Haut 590, 591
   Heilen-Werkzeug 590
   Klonen-Werkzeug 581
   Objekt duplizieren 581
   Objekt entfernen 585
   Perspektivisches-Klonen-Werkzeug 596
Retuschewerkzeuge 581
RGB nach CMYK 127
RGB-Farbmodell 121
RGB-Kanäle 562
RGB-Modus 124
RGB-Rauschen 577
Rote Augen entfernen 731
Rückgängig-Dialog 52
Rückgängigmachen 138
   Journal 139
Runde Ecken 745

S

Sättigung 185, 193
Sättigung-Modus 450

Index

Scannen 71, 599
  Auflösung 599
  Bildqualität verbessern 599
  Streifen entfernen 575
Scannerschwächen ausgleichen 600
Schablone einritzen 745
Schachbrettmuster → Transparenz 355
Schaltfläche → Button 779
Schaltflächen 63
Schärfen 323
  Auswahl 528
  einzelnen Bildbereich 336
  Fehler 324
  HighPass 332
  Hochpass 329
  Kontrastverbesserung 334
  Lab-Modus 332
  NL-Filter 329
  Unscharf maskieren 325
Schärfen-Filter 328
Schärfentiefe 338, 341
Schärfen-Werkzeug 336
Scheme
  Einführung 831
Scheren-Werkzeug 46, 493
Schieberegler 64
Schlagschatten 529, 659, 661, 737
  hinzufügen 392
Schließen, Bildfenster 102
Schmelzen, Rauschen 578
Schnellmaske 533, 547, 550, 555, 556, 564
  Auswahl verfeinern 560
  Deckkraft 557
  Farbe ändern 557
Schriftauszeichnung 651
Schriften-Dialog 53
Schriftfamilie 648, 651
Schriftgröße 651
Schwarzweiß
  mit Farbe mischen 435
Schwarzweißbild 305
  Bitmap 315
  c2g (color2grey) 313
  Colorkey 308
  entsättigen 306
  Farben erhalten 308
  GEGL-Operation 313

Graustufen-Modus 308
Kanalmixer 311
  kolorieren 299
  mono-mixer 313
  RAW-Format 697
  RAW-Modus 314
  UFRaw 697
Schwebende Auswahl 366, 375, 477, 526, 534
  verankern 385
Schwellwert 318
Screenshot von Webseite 799
Seitenverhältnis 464
Selektiver Gaußscher Weichzeichner 342, 574
Semi-Abflachen 778
Senkrechte Linie 230
Separate+ 127
Sichtbarkeit, Ebene 371
Sin-City-Effekt 761
Skalieren 46
  Auswahl 476
  Ebene 395
  schwebende Auswahl 477
Skalieren-Werkzeug 475
Skript-Fu
  GIMP-Prozedur 845
  Konsole 832
  PDB-Datenbank 845
  Prozedur 834
  Skripte auffrischen 856
Skript-Fu-Programm 817, 826
  2-Dimensional-Gradient 285
  Blue Sky & Clouds 286
  erstellen 831
  FX Foundry 829
  installieren 826
  Layer Effects 830
  Pandora 830
S-Kurve 169, 202, 335
Sobel 739
Sortieren
  Ebenen 380
Speichern 78
  RAW-Format 704
Spiegeln 46, 499
Spiegeln-Werkzeug 495
Sprache ändern 901
Sprühpistole-Werkzeug 45, 232
Spyrogimp 753
sRGB 925, 927

Stapelverarbeitung 824
Statusleiste 62, 99, 104
Staub entfernen 572
Steel Text 664
Steuerelement 63
Stift-Werkzeug 45, 231
Stoffmalerei 743
Strecke messen 109
Streifen entfernen 575
Strich
  gerader, zeichnen 230
  senkrechter 230
  waagerechter 230
Stürzende Linien 501
Styles 645, 647, 649, 651
  löschen 653
Suchfeld 65
Supernova 736
SVG-Datei
  exportieren 627
  importieren 624
  Pfad 623
SVG-Format 118, 610

T

Tablett-Unterstützung 228
Tastenkürzel 879
  Ansicht-Menü 880
  Auswahl-Menü 881
  Bearbeiten-Menü 881
  benutzerdefinierte 885
  Bild-Menü 881
  Datei-Menü 881
  Dialoge 882
  dynamisch anlegen 886
  Ebene-Menü 882
  Editor 887
  Filter-Menü 883
  Hilfe-Menü 883
  Werkzeuge 47, 879
  wiederherstellen 886
Tauschen, Farben 296
Text
  Absatztext 641
  Antialiasing 649
  auf Pfad 678
  aus Bild erstellen 432
  Ausrichtung 650

944

Index

editieren 645
eingeben 640
einzeiliger 640
Einzug 650
Farbe 652
Farbe auswählen 650
formatieren 647
gestalten 647
Größe 648
Grundlinie ändern 652
importieren 645
in Foto 668
in Pfade konvertieren 673
in Pfade umwandeln 673
kreisförmiger 680
Logo 657
mehrzeiliger 641
mit Muster füllen 672
mit Verlauf füllen 672
Schlagschatten 659
Schriftfamilie 648
Sprache 650
transformieren 644, 674
Unicode-Zeichen 646
unterschneiden 652
verformen 676
verschieben 643
vertikaler 641
Zeilenumbruch 641
Text an Pfad 680, 682
Text-Bild-Effekt 665
Textbox, dynamische 650
Textebene
 in Ebene umwandeln 654
Texteditor 640, 648, 683
Texteffekt 657
 erstellen 659
 Erweiterungen 664
 Glastext 660
 mit Filtern 659
Texteingabefeld 65
Textmontage 668
Textrahmen 642
 anpassen 643
Textrichtung 646
Text-Werkzeug 46, 639
 Textebene 365
 Werkzeugeinstellungen 647
Tiefen 143
Tiefenkombination 741
TIFF-Format 85

Tinte-Werkzeug 45, 254
Titelleiste 61
Tonen 287
 mit Palette 295
 mit Verlauf 290
Tonwertkorrektur 148
Tonwertspreizung 148
Tonwertumfang reduzieren 171
Transformation 487
 Bild drehen 498
 drehen 493
 IWarp 506
 Objektivfehler korrigieren 499
 Perspektive 494
 scheren 493
 skalieren 495
 spiegeln 495
 Werkzeuge 492
Transformationsmatrix 494
Transformationswerkzeuge 45, 487
Transformieren
 Ebene 397
 Text 644
Transparenz 355
 aus Farbe 301
 Dateiformat 363
 Halbtransparenz 359
 Klonen 589
 schützen 361
Typografie 639

U

Überlagern-Modus 444
UFRaw 687
 Arbeitsoberfläche 691
 Basiskurve 698
 Belichtungskorrektur 692
 Bildvorschau 707
 drehen 703
 EXIF 705
 Farbkorrektur 701
 Farbtöne regeln 702
 Farbverwaltung 699
 Gradationskurve 698
 Interpolation 696
 Live-Histogramm 705
 Rauschunterdrückung 697

RAW-Konverter 690
 speichern 704
 Weißabgleich 694
 Zoom 707
 zuschneiden 703
Umbenennen, Ebene 378
Umkehren, Farbe 293
Unicode-Zeichen 646
Unscharf maskieren 325, 474
Unterschied-Modus 447
Unterschneiden 652
Unterstrichen 651
Upscaling 472

V

Van Gogh (LIC) 743
Vektorgrafik 118, 609
Vektorisieren 631
Verankern
 schwebende Auswahl 385
Verbessern
 Rote Augen entfernen 731
Verbiegen 734
Verblassen 223
 Arbeitsschritt 139
Verformen 747
Vergrößern 98
 Auswahl 531
Vergrößerung 46
 Werkzeug 96
Vergrößerung zurücksetzen 98
Verketten, Ebene 379
Verkleinern 98
 Auswahl 528
Verlauf, Text 672
Verlaufsaufhellung 737
Vernichtend 224
Vernichtend-Modus 442
Verpixeln 348
Versatz, Ebene 399
Verschieben 45, 734, 747
 Auswahlinhalt 542
 Auswahllinie 541
 Ebeneninhalt 412
 Text 643
Verschieben-Werkzeug 541
Verschmieren-Werkzeug 45, 349
Verstreuen, Rauschen 578

945

Index

Vertikal spiegeln, Ebene 397
Verweissensitive Grafik → Image-Map 788
Verwirbeln, Rauschen 578
Verzerren
 Auswahl 532
 Filter 732
 IWarp 506
 Objektivfehler 499
 Perspektive korrigieren 502
 Perspektive-Werkzeug 494
VG/HG-Farbe-Dialog 52, 210
Video 734
Vollansicht 102
Vollbildmodus 62
Vom Pfad
 Auswahl 526
Von Webseite 799
Vordergrundauswahl-Werkzeug 44, 553
Vordergrundfarbe 40, 47, 207, 218
 ändern 208
 für Text 650
Vorlage erstellen 80
Vorlagen 73, 801

W

Waagerechte Linie 230
Wahrnehmend 700
Warmes Leuchten 743
Wasserzeichen 240, 797
Weben 743
Weiche-Kanten-Modus 446
Weichzeichnen 341
 Automatik 348
 Bewegungsunschärfe 345
 einzelnen Bildbereich 349
 Gaußscher Weichzeichner 341
 Kachelbarer Weichzeichner 343
 NL-Filter 347
 Selektiver Gaußscher Weichzeichner 342
 Verpixeln 348
Weichzeichnen/Schärfen 45, 336, 349
Weichzeichnen-Werkzeug 336, 349

Weißabgleich 155, 694
Wellen 735
Werbebanner → Banner 785
Werkzeuge
 Abwedeln 172
 ausblenden 42
 Ausrichten 403
 Drehen 493, 495
 Elliptische Auswahl 523
 Farbpipette 218
 Farbverlauf 269
 Freie Auswahl 543
 Füllen 256
 Heilen 590
 hinzufügen zum Werkzeugkasten 42
 Klonen 581
 Magnetische Schere 550
 Maßband 109
 Nachbelichten 172
 Nach Farbe auswählen 549
 Perspektive 494
 Perspektivisches Klonen 596
 Pfade 611
 Pinsel 231
 Radierer 233
 Rechteckige Auswahl 520
 Schärfen 336
 Scheren 493
 Skalieren 475
 Spiegeln 495
 Sprühpistole 232
 Stift 231
 Tastenkürzel 47
 Text 639
 Tinte 254
 Vergrößerung 96
 Verschmieren 349
 Vordergrundauswahl 553
 Weichzeichnen 336, 349
 Zauberstab 545
 Zuschneiden 461
Werkzeugeinstellungen 40, 105, 218
 Malwerkzeuge 221
 öffnen 41
 Pinselspitze 226
 zurücksetzen 41
Werkzeugeinstellungen-Dialog 50, 218
Werkzeuge-Menü 39

Werkzeugkasten 35, 40
 andockbarer Bereich 58
 anpassen 42
 Farbwahlbereich 207
 Minihilfe 42
Werkzeug-Voreinstellungen 918
Werkzeug-Voreinstellungen-Dialog 53
Wert
 Dialog 148
 eingeben 63
Werte-Dialog 203, 289
 Farbverfremdung 289
 Helligkeit 203
Wert-Modus 451
Wert propagieren 735
Wiederherstellen, Bild 139
Wiederholen, Arbeitsschritt 138
Wieder zusammenfügen 130
Wieder zusammensetzen 130
Wind 735
Winkel messen 109
Wolken
 Differenz-Wolken 748
 Plasma 748
 Plastisches Rauschen 748

X

Xach-Effekt 737
XCF-Dateiformat 353
XCF-Format 91
XMP 85
XnView 73

Z

Zacken 735
Zauberstab-Werkzeug 44, 545
 Schwellwert 545
 verwenden 546
Zeichenabstand anpassen 652
Zeichendynamik 223
Zeiger 105
Zeigerinformationen-Dialog 52
Zeilenabstand 650
Zeitungsdruck 735

Index

Zerlegen 128
  Alpha 130
  CMYK 130
  Farbmodelle 128
  HSV 130
  LAB 130
  RGB 129
  RGBA 129
  wieder zusammenfügen 130
  wieder zusammensetzen 130
  YCbCr 130

Zielwerte 171
Zittern hinzufügen 223
Z-Kurve 168, 203
Zoomen 96
Zoomfaktor 99
Zoomstufe 95
Zuletzt geöffnet 70
Zurücksetzen 58
Zuschneiden 46, 461
  Auswahl 467
  automatisch 469

  fanatisch 469
  Goldener Schnitt 464, 465
  Guillotine 470
  RAW-Format 703
Zuschneiden-Werkzeug 461
  Werkzeugeinstellungen 462
Zwischenablage 539
Zwischenablage-Muster 262
Zwischenablage-Pinsel 252

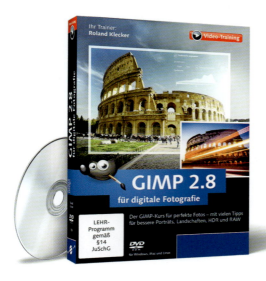

- Praxisnahes Lernen mit Profi-Fotograf Roland Klecker
- Für Einsteiger und Fortgeschrittene geeignet
- Extra-Kapitel: Optimale RAW-Entwicklung mit GIMP

Roland Klecker

GIMP 2.8 für digitale Fotografie
Der GIMP-Kurs für perfekte Fotos

Sie suchen einen Lernkurs, der Ihnen praxisnah zeigt, wie Sie mit GIMP 2.8 bessere Bilder gestalten? Dann ist dieses Video-Training mit Profi-Fotograf Roland Klecker der perfekte Begleiter auf Ihrem Weg zu optimalen Fotos. Lernen Sie alles, was ein Digitalfotograf wissen muss – von der RAW-Entwicklung bis zum Erstellen von HDR-Panoramen. Sehen Sie, wie Sie mit GIMP flaue Bilder wieder zum Strahlen bringen und erzeugen Sie eigene Bildlooks und fotografische Effekte. Das Training für alle, die mehr aus ihren Bildern machen möchten!

DVD oder Download, Windows, Mac und Linux, 12 Stunden Spielzeit, 39,90 Euro
ISBN 978-3-8362-1758-3
erschienen August 2012
www.rheinwerk-verlag.de/2855

Videos im Web!

- Das umfassende Handbuch zur digitalen Fotografie

- Digitale Technik verständlich erklärt

- Mit zahlreichen Tipps für die fotografische Praxis

Christian Westphalen

Die große Fotoschule
Digitale Fotopraxis

Alles zur Fotografie im digitalen Zeitalter! Vollständig und verständlich präsentiert dieses Schwergewicht unter den Fotoschulen Kamera- und Objektivtechnik, Regeln und Prinzipien der Bildgestaltung, Umgang mit Licht und Beleuchtung, Blitzfotografie, Techniken der Scharfstellung, Filmen mit der Systemkamera und vieles mehr. Die großen Fotogenres werden vorgestellt, und Sie erhalten Anregungen und Kniffe für Ihre tägliche Fotopraxis. Dieses Werk ist Ihr Begleiter auf Ihrem fotografischen Weg!

712 Seiten, gebunden, in Farbe, 39,90 Euro
ISBN 978-3-8362-2384-3
2. Auflage 2014
www.rheinwerk-verlag.de/3367

- Der Mensch als Motiv: von natürlichen Porträts bis Lifestyle und Fashion
- Finden Sie Ihren Weg in der People- und Porträtfotografie
- Praxistipps zu Bildgestaltung, Lichtsetzung und Kameratechnik

Marian Wilhelm

Porträtfotografie. Die große Fotoschule

Fragen Sie sich, wie Sie richtig gute, noch dazu ausdrucksstarke Porträts erzielen können? In diesem Buch zeigt Ihnen der Fotograf Marian Wilhelm, wie Sie Ihren Blick für das Motiv Mensch schärfen. Er gibt Ihnen Tipps für einen entspannten Umgang mit Ihren Modellen und erklärt, wie Sie durch gezielte Bildgestaltung zu wirkungsvollen Aufnahmen gelangen. Fotoprojekte des Autors zeigen Ihnen anschaulich die Bandbreite der Porträtfotografie – lassen Sie sich davon zu eigenen Projekten anregen!

332 Seiten, gebunden, in Farbe, 39,90 Euro
ISBN 978-3-8362-2490-1
erschienen Oktober 2014
www.rheinwerk-verlag.de/3402

Das gesamte Buchprogramm: www.rheinwerk-verlag.de

- Naturmotive gekonnt in Szene setzen
- Der umfassende Einstieg in die Naturfotografie
- Aufnahmepraxis pur: Landschaften, Pflanzen und Tiere
- Inkl. Panorama, HDR, Video- und Zeitrafferaufnahmen

Hans-Peter Schaub

Naturfotografie. Die große Fotoschule

In diesem Buch erfahren Sie alles, was Sie über die Naturfotografie wissen möchten! Der erfahrene Naturfotograf Hans-Peter Schaub führt Sie in die heimischen Landstriche und zeigt Ihnen, dass überall um Sie herum Naturmotive zu finden sind – egal, ob Sie bevorzugt Landschaften, Tiere oder Pflanzenmakros fotografieren. Dieses Buch inspiriert Sie mit wunderschönen Bildern zu Ihren eigenen Fotografien und liefert Ihnen wichtige Praxistipps, damit Sie im richtigen Moment bei bestem Licht auslösen können!

396 Seiten, gebunden, in Farbe, 39,90 Euro
ISBN 978-3-8362-1936-5
2. Auflage 2013
www.rheinwerk-verlag.de/3150

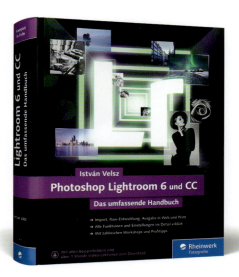

- Import, Raw-Entwicklung, Ausgabe in Web und Print
- Alle Funktionen und Einstellungen im Detail erklärt
- Mit zahlreichen Workshops und Profitipps

István Velsz

Photoshop Lightroom 6 und CC
Das umfassende Handbuch

Dieses umfassende Handbuch zu Lightroom 6 und CC lässt keine Frage offen! Der Fotograf István Velsz erklärt Ihnen alle Funktionen und Werkzeuge von Lightroom: Sie erfahren, wie Sie Ihre Bildbestände sinnvoll archivieren und verwalten, Raw-Bilder umwandeln und bearbeiten, Ihre Bilder ansprechend präsentieren, veröffentlichen und drucken. Ein Schnelleinstieg für den ersten Überblick und Workshops zu verschiedenen Arbeitsabläufen erleichtern die ersten Schritte mit Lightroom.

996 Seiten, gebunden, in Farbe, 49,90 Euro
ISBN 978-3-8362-3488-7
erschienen August 2015
www.rheinwerk-verlag.de/3763

Leseprobe im Web!

- Fotografisch sehen lernen

- Motive kreativ interpretieren, Bildideen entwickeln

- Mit Kreativ-Übungen für die Fotopraxis

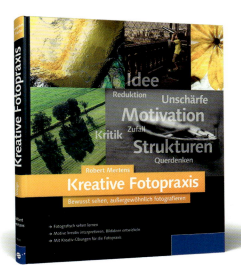

Robert Mertens

Kreative Fotopraxis

Bewusst sehen, außergewöhnlich fotografieren

Kennen Sie das Gefühl, alles was Sie fotografieren, so oder ähnlich schon woanders gesehen zu haben? Mangelt es Ihnen an originellen Bildideen, und wünschen Sie sich, einfach „anders" zu fotografieren? Das können Sie lernen! Der Fotograf und Fototrainer Robert Mertens zeigt Ihnen in diesem einzigartigen Buch, wie Sie Ihr kreatives fotografisches Potenzial wecken und entwickeln können. So lernen Sie, mit frischem Blick an das Fotografieren heranzugehen, um andere und neue Bilder zu erschaffen. Das Praxisbuch für die kreative Fotografie – fotografisch sehen und wahrnehmen, neu interpretieren und gestalten!

240 Seiten, gebunden, in Farbe, 39,90 Euro
ISBN 978-3-8362-1676-0
erschienen Dezember 2011
www.rheinwerk-verlag.de/2479

- Fotografieren, veröffentlichen, verwerten, Rechte schützen

- Recht verständlich gemacht: Beispiele, Merksätze und Empfehlungen

- Aktuelles und praktisches Wissen für den fotografischen Alltag

Wolfgang Rau

Recht für Fotografen
Der Ratgeber für die fotografische Praxis

Darf ich das fotografieren? Darf ich das Foto veröffentlichen? Wolfgang Rau sagt Ihnen, was geht und was nicht. Ob es um Fotos von Natur, Architektur oder Menschen geht, um Begriffe wie Urheberrecht, Panoramafreiheit oder das Recht am eigenen Bild, um die Frage, wie Sie Ihre Rechte schützen oder selbst Verträge aufsetzen – alles wird in diesem Buch kompetent und verständlich erklärt. In der Neuauflage jetzt auch mit eigenen Kapiteln zum Fotorecht in Österreich und der Schweiz sowie zu den Besonderheiten der Bildveröffentlichung im Internet.

436 Seiten, gebunden, in Farbe, 34,90 Euro
ISBN 978-3-8362-2580-9
2. Auflage 2013
www.rheinwerk-verlag.de/3427

Immer gut informiert: Bestellen Sie unseren Newsletter!

- Zahlreiche Praxisworkshops zu Motiven und Techniken

- Mit vielen Ausrüstungstipps auch für das Ministudio zu Hause

- Inkl. Fokus-Stacking, Makropanoramen, Rauschreduzierung u.v.m.

Björn K. Langlotz

Makrofotografie. Die große Fotoschule

Entdecken Sie die Facetten der Makrofotografie! Björn Langlotz erklärt Ihnen, wie Sie attraktive Makrobilder aufnehmen. Lassen Sie sich von seinen Fotoprojekten u. a. im heimischen Garten, auf Bergwiesen und an Gewässern inspirieren. Weitere Tipps für die Fotopraxis gibt es rund um Technik und Zubehör: vom Selbstbau eines Blitzreflektors bis hin zum Fotografieren von Pflanzen im Regen. Sie lernen außerdem, Ihren Makroaufnahmen durch Focus Stacking oder Schärfen in der Bildnachbearbeitung den letzten Schliff zu geben.

372 Seiten, gebunden, in Farbe, 39,90 Euro
ISBN 978-3-8362-2389-8
3. Auflage 2014
www.rheinwerk-verlag.de/3369

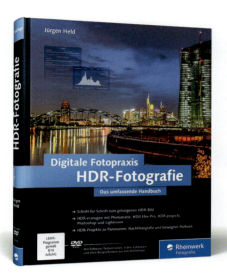

- Schritt für Schritt zum gelungenen HDR-Bild

- HDR erzeugen mit Photomatix, HDR Efex Pro, HDR projects, Photoshop und Lightroom

- HDR-Projekte zu Panoramen, Nachtfotografie und bewegten Motiven

Jürgen Held

Digitale Fotopraxis HDR-Fotografie
Das umfassende Handbuch

Bringen Sie Licht ins Dunkel! Dieses Buch zeigt Ihnen, wie Sie beeindruckende HDR-Bilder erzeugen – vom Fotografieren der Ausgangsbilder bis zur Kombination der einzelnen Aufnahmen in der Bildbearbeitung. In vielen Workshops lernen Sie Schritt für Schritt die Bearbeitungstechniken kennen. Schauen Sie Jürgen Held bei seinen Beispielprojekten über die Schulter, und lassen Sie sich zu eigenen Bildern anregen.

366 Seiten, gebunden, in Farbe, mit DVD, 39,90 Euro
ISBN 978-3-8362-3012-4
4. Auflage 2015
www.rheinwerk-verlag.de/3677

Inhaltsverzeichnis im Web!

- Schritt für Schritt zu spektakulären Panoramen

- Techniken für Einsteiger und Profis: von der Aufnahme bis zur Ausgabe

- Inkl. interaktive Aufbereitung für das Web und mobile Endgeräte

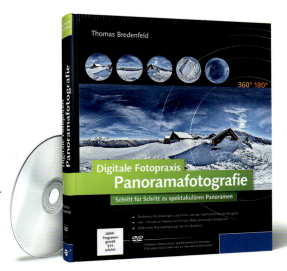

Thomas Bredenfeld

Digitale Fotopraxis Panoramafotografie

Erstellen Sie Panoramen wie ein Profi! Thomas Bredenfeld führt Sie in die Welt der digitalen Panoramafotografie: Erfahren Sie, welche Ausrüstung sinnvoll ist, lernen Sie anhand von anschaulichen Beispielen die richtige Aufnahmetechnik kennen und wie Sie Ihre Vorlagen am Rechner perfekt zusammenfügen. Mit Schritt-für-Schritt-Anleitungen schaffen Sie schnell und leicht den Einstieg in den komplexen Workflow. Die beiliegende DVD beinhaltet u.a. Beispielbilder und eigens für das Buch produzierte Videolektionen.

379 Seiten, gebunden, in Farbe, mit DVD, 39,90 Euro
ISBN 978-3-8362-1861-0
2. Auflage 2012
www.rheinwerk-verlag.de/3027

- Alle Werkzeuge, Funktionen und Techniken
- Mit zahlreichen Workshops, Praxis-Tipps und Insider-Infos
- Großer Infoteil mit Tastenkürzeln, Troubleshooting u.v.m.

Sibylle Mühlke

Adobe Photoshop CS6 und CC
Das umfassende Handbuch

Sie wollen das komplette Photoshop CC-Wissen stets griffbereit? Dann sind Sie hier richtig, denn mit dem Buch unserer Autorin Sibylle Mühlke halten Sie das deutsche Standardwerk zu Photoshop in Ihren Händen: Bewährt, praxisnah und randvoll mit Informationen finden Sie hier immer, was Sie brauchen. Egal ob professionelle Retuschen, komplexe Montagen oder Digital Paintings – alle Funktionen der Software werden ausführlich und leicht verständlich erklärt. Inkl. DVD, Tastenkürzel-Übersicht, Infoteil, Zusatzinfos im Web u.v.m.

1.220 Seiten, gebunden, in Farbe, mit DVD, 59,90 Euro
ISBN 978-3-8362-2466-6
erschienen November 2013
www.rheinwerk-verlag.de/3396

Versandkostenfrei bestellen: www.rheinwerk-verlag.de

- Attraktive Websites gestalten: Layouts, Typografie, Farbe, Bilder
- Website-Konzeption, Usability und Responsive Webdesign
- Mit vielen inspirierenden Website-Beispielen!

Martin Hahn

Webdesign
Das Handbuch zur Webgestaltung

150 Millisekunden – so viel Zeit haben Sie im Durchschnitt einen Nutzer davon zu überzeugen, dass sich der Besuch Ihrer Website lohnt. Dieses Buch vermittelt die Designprinzipien, mit denen Sie diese Herausforderung annehmen können! Es begleitet Sie bei allen Fragestellungen, die für die Gestaltung einer attraktiven Website wichtig sind. Sie lernen, worauf es bei Schriftwahl, dem Einsatz von Farben und unterschiedlichen Medien ankommt, gestalten Layouts und Navigationsmenüs und erfahren, was alles bei der Konzeption beachtet werden muss. Auch auf Barrierefreiheit, Usability und Responsive Webdesign wird eingegangen. Nutzen Sie das Buch als Inspirationsquelle und Ideengeber – und perfektionieren Sie Ihre Webdesigns!

783 Seiten, gebunden, in Farbe, mit DVD, 49,90 Euro
ISBN 978-3-8362-2692-9
erschienen Dezember 2014
www.rheinwerk-verlag.de/3509

Impressum

Wir hoffen, dass Sie Freude an diesem Buch haben und sich Ihre Erwartungen erfüllen. Bitte teilen Sie uns doch Ihre Meinung mit. Eine E-Mail mit Ihrem Lob oder Tadel senden Sie direkt an die Lektorin des Buches: ruth.lahres@rheinwerk-verlag.de. Im Falle einer Reklamation steht Ihnen gerne unser Leserservice zur Verfügung: service@rheinwerk-verlag.de. Informationen über Rezensions- und Schulungsexemplare erhalten sie von: ralf.kaulisch@rheinwerk-verlag.de.

Informationen zum Verlag und weitere Kontaktmöglichkeiten finden Sie auf unserer Verlagswebsite www.rheinwerk-verlag.de. Dort können Sie sich auch umfassend und aus erster Hand über unser aktuelles Verlagsprogramm informieren und alle unsere Bücher versandkostenfrei bestellen.

An diesem Buch haben viele mitgewirkt, insbesondere:

Lektorat Ruth Lahres
Korrektorat Annette Lennartz, Bonn
Herstellung Norbert Englert
Layout Vera Brauner, Maxi Beithe
Einbandgestaltung Klasse 3b, Hamburg
Coverbild Fotolia:_6489066_M_©Tatyana Lykova, 14148822_L_© ann triling, 17996755_XL_© Alexander Yakovlev, 20249809_L_© 3d_kot, 22029434_M_©trusty78, 18911299_L_© Okea, 15530987_V_© virtua73
Satz Markus Miller, München
Druck und Bindung Media-Print Informationstechnologie GmbH, Paderborn

Dieses Buch wurde gesetzt aus der Linotype Syntax (9,25 pt/13 pt) in Adobe InDesign CS6. Gedruckt wurde es auf matt gestrichenem Bilderdruckpapier (115 g/m^2).

Bibliografische Information der Deutschen Nationalbibliothek:
Die Deutsche Nationalbibliothek verzeichnet diese Publikation in der Deutschen Nationalbibliografie; detaillierte bibliografische Daten sind im Internet über http://dnb.d-nb.de abrufbar.

ISBN 978-3-8362-1721-7
1. Auflage 2012, 3. Nachdruck 2016
© Rheinwerk Verlag GmbH, Bonn 2012

Das vorliegende Werk ist in all seinen Teilen urheberrechtlich geschützt. Alle Rechte vorbehalten, insbesondere das Recht der Übersetzung, des Vortrags, der Reproduktion, der Vervielfältigung auf fotomechanischem oder anderen Wegen und der Speicherung in elektronischen Medien.

Ungeachtet der Sorgfalt, die auf die Erstellung von Text, Abbildungen und Programmen verwendet wurde, können weder Verlag noch Autor, Herausgeber oder Übersetzer für mögliche Fehler und deren Folgen eine juristische Verantwortung oder irgendeine Haftung übernehmen.

Die in diesem Werk wiedergegebenen Gebrauchsnamen, Handelsnamen, Warenbezeichnungen usw. können auch ohne besondere Kennzeichnung Marken sein und als solche den gesetzlichen Bestimmungen unterliegen.

Wie hat Ihnen dieses Buch gefallen?
Bitte teilen Sie uns mit, ob Sie zufrieden waren,
und bewerten Sie das Buch auf:
www.rheinwerk-verlag.de/feedback

Ausführliche Informationen zu unserem aktuellen
Programm samt Leseproben finden Sie ebenfalls
auf unserer Website. Besuchen Sie uns!

www.rheinwerk-verlag.de